1868(明治元)年，陸奥を磐城・岩代・陸前・陸中・陸奥に，出羽を羽前・羽後に分けた

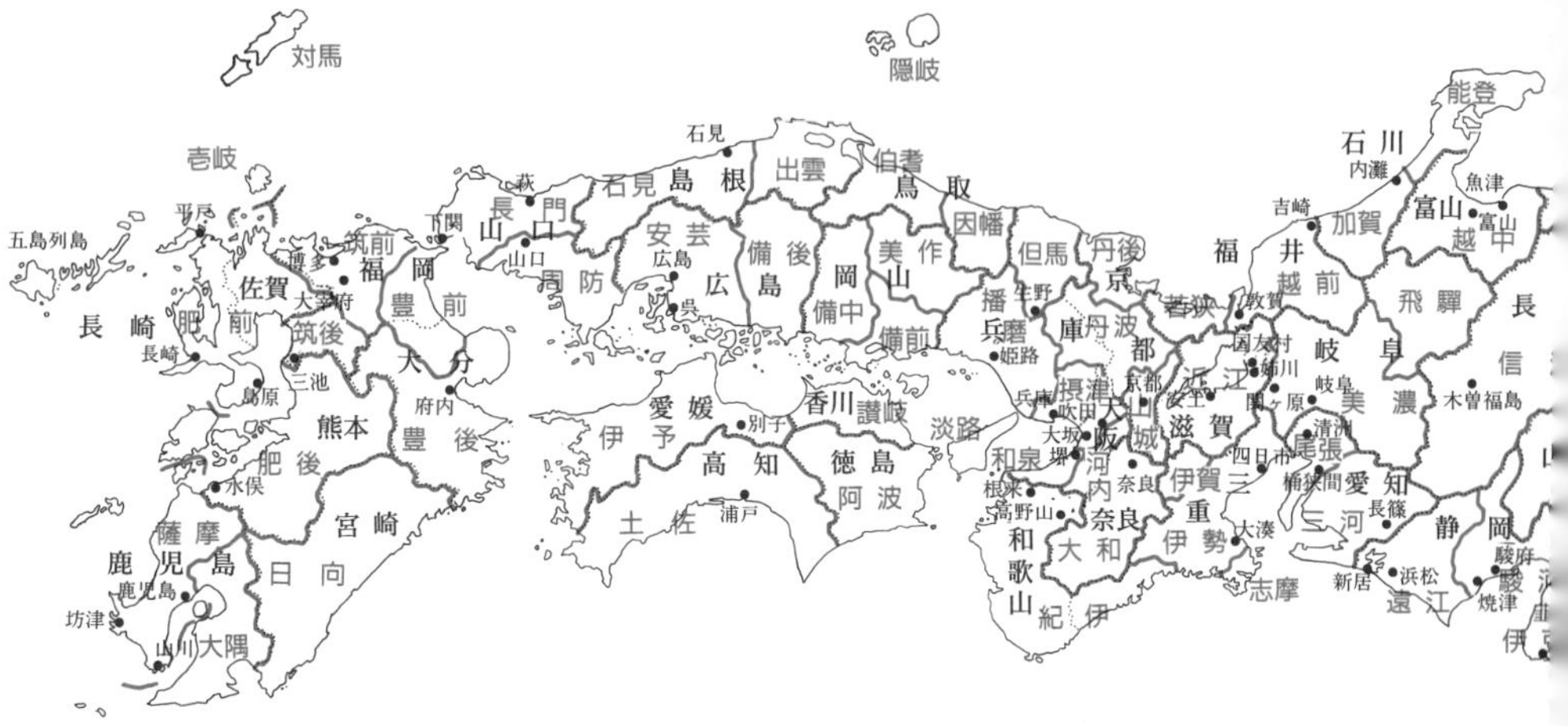

度量衡表

	令制以前	大宝令制	和銅の制
度〔長さ〕	尺＝高麗尺＝令大尺 ＝曲尺約1.173尺(約35.5cm) 古周尺＝曲尺0.64尺 漢尺(周尺)＝曲尺0.76尺	大尺＝高麗尺＝小尺1.2尺(約35.5cm) 小尺＝唐小尺＝曲尺0.978尺(約29.6cm) (土地の測量は大尺,その他は小尺を使用) 1丈＝10尺　1尺＝10寸　1寸＝10分 1里＝300歩　1歩＝6尺	大尺＝令小尺＝小尺1.2尺 小尺＝唐小尺＝曲尺0.80尺 (太陽の影の測定以外は大尺を常用) 1里＝6町＝300歩 1歩＝6尺
量〔容積〕	斗・升 ＊詳細は不明だが，令制と同一らしい。	大升＝唐大升＝京枡0.4升余 小升＝唐小升＝京枡0.13升 1斛(石)＝10斗　1斗＝10升 1升＝10合　1合＝10勺	大升＝令大升＝小升3升＝京枡約0.4升 小升＝令小升
衡〔重さ〕	両 ＊詳細は不明だが，令制と同一らしい。	大両＝小両3両 (大両は銀，銅，穀の計量時に使用する) 1斤＝16両　1両＝24銖 (1銖は黍100粒の重さ) 大1斤＝小3斤	大両＝小両3両＝10匁 ＊小両は湯薬のみで，それ以外は大両
地積〔広さ〕	1しろ(代，頃)＝5歩 ＝1束の稲がとれる田の広さ 1歩＝6尺四方(高麗尺) 1町＝500代＝2500歩＝10段 1段＝360歩	歩＝5尺四方(令大尺) 1段＝360歩＝穫稲50束(上田) 1町＝10段＝穫稲500束(上田)	歩＝6尺四方(和銅大尺) 1段＝360歩 1町＝10段

まえがき

私たちが歴史上の事柄を知ろうとする際、最も頼りになるのは、当時を生きた人々が書き記した史料です。もちろん、時代が古くなればなるほど、残された史料の数も少なくなってきますが、後世の人々が編纂した歴史書なども含めて、文字史料は日本史を学ぶ上での根幹です。ただ、史料を書き残した人々も、客観的・第三者的な立場でその史料を書き記したわけではなく、どんな史料でも、書いた人の立場や属性に左右されながら記されていますので、私たちが歴史の事実にたどり着こうとする時、そうしたベールを一枚一枚丁寧に剝がしながら、史料を厳密に解釈していくことが求められています。

二〇二二年度から開始された新学習指導要領下における新科目『日本史探究』・『歴史総合』では、そうした史料の精密な読解が重視されており、大学入試においても今後ますます史料の重要性が高まってくると思われます。本書では、これまで取り上げられてこなかった史料を大幅に増補し、語釈や解説も充実させました。本書により、より一層、歴史の学びを深めて頂ければ幸いです。

本書の利用に際して

一　基礎学習から受験まで幅広く対応できるように、史料は教科書掲載史料や最近の大学入試出題史料を踏まえて精選した。

二　原則として、史料ごとに「語注」と「解説」をつけた。「語注」は、史料が読みこなせるようにできるだけ多く取り上げ、かつ詳しくした。「解説」は、史料の歴史的意義や時代背景など読み取ってほしい内容を簡潔に示した。

三　特に重要な史料には史料の下段に「全通釈」を、それ以外の史料にも適宜必要に応じ「部分通釈」をつけ、理解が図れるようにした。

史料文中の重要部分は赤色の太字で示し、下段の「全通釈」に該当する箇所も赤字とし、学習の便を図った。

四　史料の理解を深め、かつ定着を図るため、「設問」を上段に設けた。設問は入試を意識し、思考力の育成を目的とした論述形式とした。

また、基本的な知識の定着を図るため、裏表紙のQRコードを読み込むことによって、掲載史料に関連する一問一答問題に取り組めるようにした。

五　史料はできるだけ原文を尊重したが、漢文・和様漢文・和漢混交文は、原則としてわかりやすく書き下した。

六　史料や解説にはふりがなを多くつけ、やさしく読み進められるよう配慮した。

七　出典解説は原則として初出箇所に入れた。再出の場合は、初出ページを明示した。

八　巻頭には史料の読み解き方について解説した特集、史料集中には随所に多面的・多角的な思考力を養うコラムを入れた。

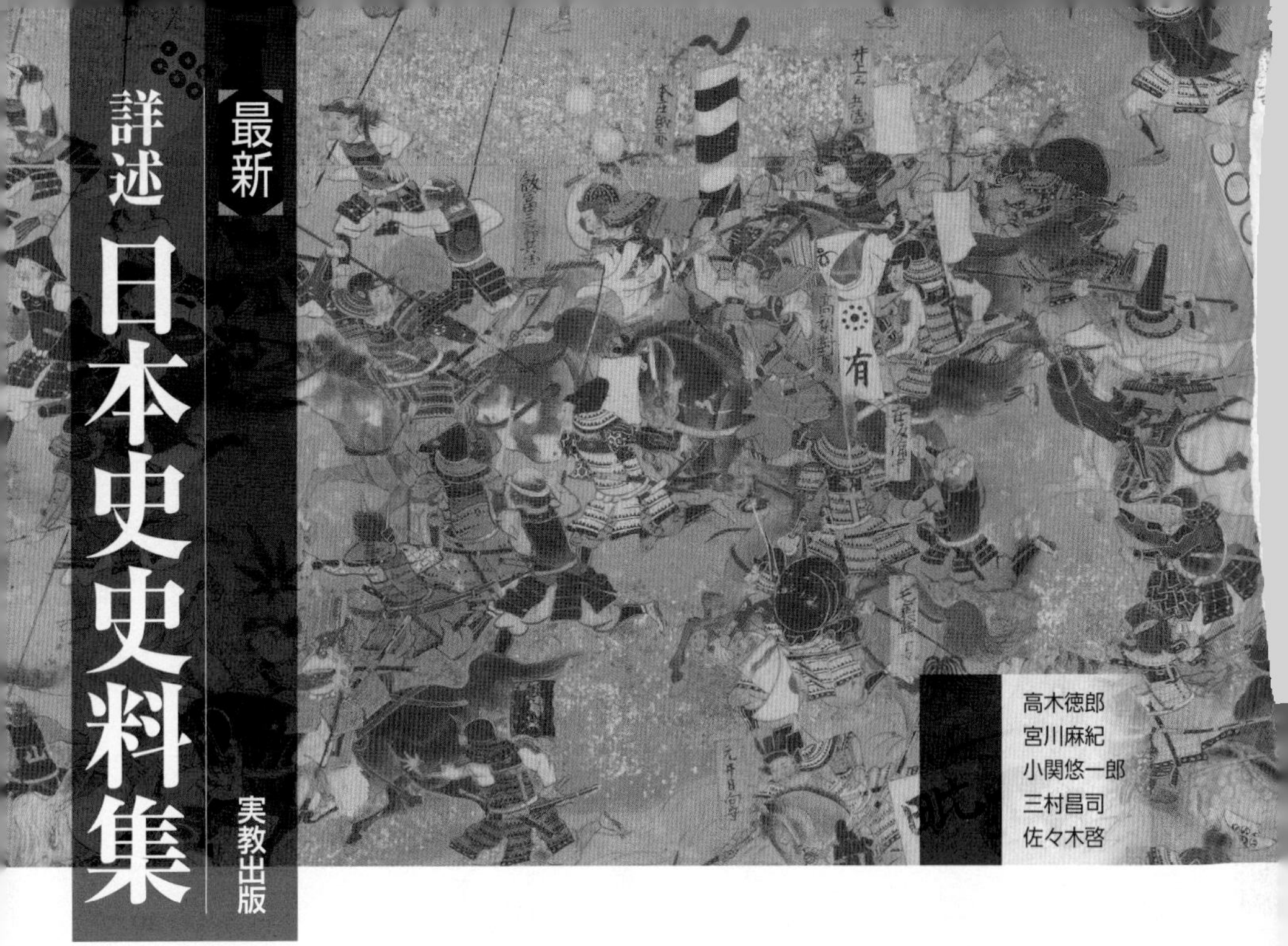

最新
詳述 日本史史料集
実教出版
高木徳郎
宮川麻紀
小関悠一郎
三村昌司
佐々木啓

◉目次

第7章　幕藩体制の展開と近世文化の成立

第8章　幕藩体制の動揺と文化の成熟

第13章　戦後の日本と世界

巻頭特集❶ 身近なものも史料になる——学級日誌——

学級日誌とは

多くの学校では、学級日誌を書いていると思います。学級日誌は、クラスの日直がその日一日の出来事を記録したもので、「進度内容」や「授業態度・先生からの注意」、「感想・反省」などを書く欄《らん》があります。みなさんの中には、学級日誌を書くのが面倒だと思っている人もいるのではないでしょうか。なぜ学級日誌を書くのでしょうか。下の写真は、ある高等学校の二年生が書いた学級日誌で、二〇二一年九月十六日の出来事が記録されています（個人名の部分には「〇〇」という修正を施しました）。

戦前の学級日誌が今に残る理由

現代の生徒だけでなく、戦前の生徒も学級日誌を書いていました。例えば、大津市・瀬田《せた》国民学校の五年生の女生徒たちは一九四四年四月から四五年三月までの一年間、学級日誌を書き、それが現在でも残っています。なぜ残っているのでしょうか。敗戦の混乱の中で、学校などに関する書物や記録などは、進駐軍の目に触れないようにと徹底的に廃棄《はいき》・隠滅《いんめつ》されました。この学級日誌が今に残っている理由は、担任の先生が学級日誌を学校に置かず、自宅に持ち帰り、押し入れで保存し続けたからです。史料は自然と残るものではありません。保存しようとする人がいたからこそ今に残り、私たちはそれを見ることができるのです。

現代との共通点

実際に、瀬田国民学校の学級日誌を見てみましょう。一九四四年四月二十四日には、「体操の時間になりました」、「じしゅう〔＝自習〕もおわって、理科になりました。川崎先生に、こうならいました。くわしく・ただしく・よくかんがえます。と、おっしゃいました。理科もおわって、きれいにそうじをしてかえりました」と書かれています。ここからは、体育、自習、理科、掃除といった現在の生徒と同じような日常を読み取ることができます。

現代との相違点

一方、一九四四年十二月八日には、「あの十六年十二月八日〔＝真珠湾《しんじゅわん》攻撃〕から、早、三年となりました」、「一億が心を一つにして、此の大東亜《だいとうあ》戦争を勝ち抜かねばならない」、「にくくも米軍が、わが本土をくうしゅう〔＝空襲〕に来たので、我が学

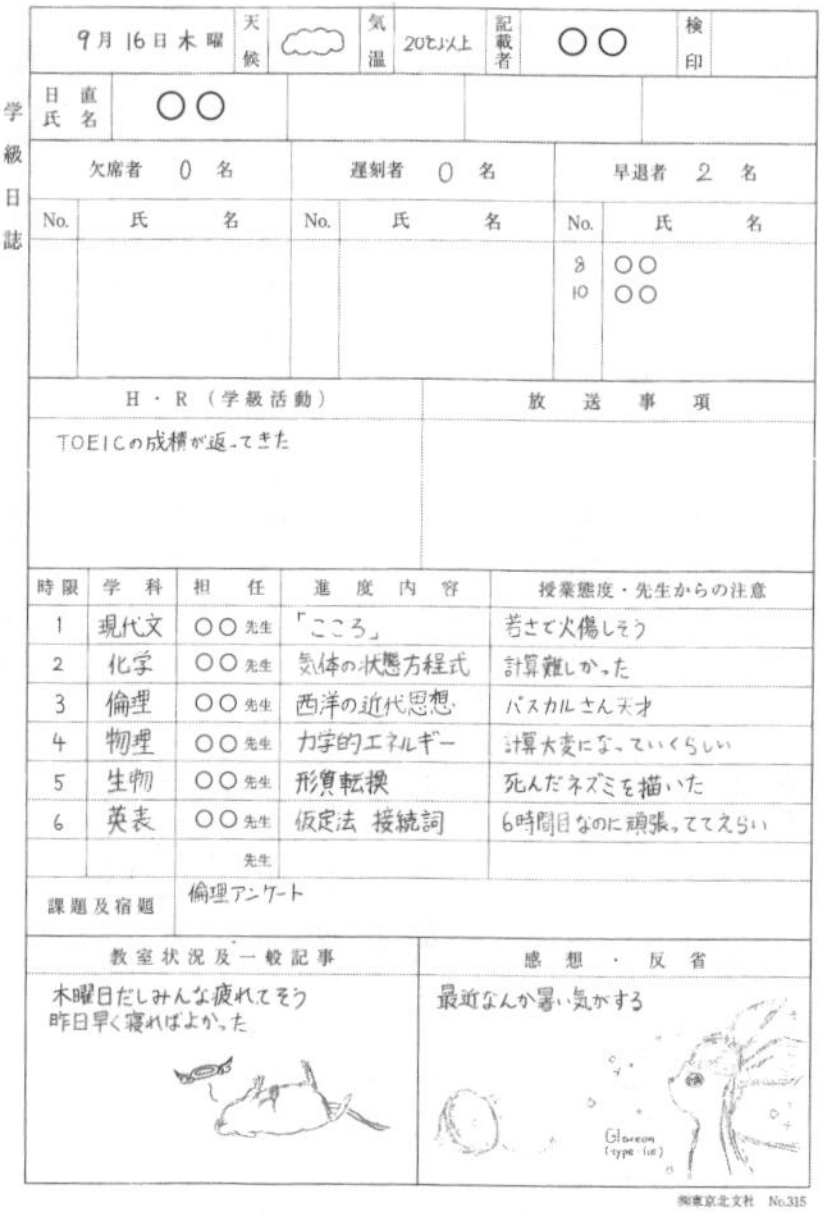
学級日誌

9月16日木曜	天候	(くもり)	気温	20℃以上	記載者	〇〇	検印	

日直氏名　〇〇

欠席者 0 名	遅刻者 0 名	早退者 2 名
No. 氏名	No. 氏名	No. 氏名
		8 〇〇
		10 〇〇

H・R（学級活動）	放送事項
TOEICの成績が返ってきた	

時限	学科	担任	進度内容	授業態度・先生からの注意
1	現代文	〇〇先生	「こころ」	若さで火傷しそう
2	化学	〇〇先生	気体の状態方程式	計算難しかった
3	倫理	〇〇先生	西洋の近代思想	パスカルさん天才
4	物理	〇〇先生	力学的エネルギー	計算大変になっていくらしい
5	生物	〇〇先生	形質転換	死んだネズミを描いた
6	英表	〇〇先生	仮定法 接続詞	6時間目なのに頑張っててえらい
		先生		

課題及宿題　倫理アンケート

教室状況及一般記事	感想・反省
木曜日だしみんな疲れてそう 昨日早く寝ればよかった	最近なんか暑い気がする

㈱東京北文社　No.315

▲2021年9月16日の学級日誌

校にも、けいかいけいほうが発せられ、私たちは、時局こうわ〔＝講和〕が出来なかった」と書かれています。ここからは、現在とは異なる戦時中の様子を読み取ることができます。第12章第7節2（四七六～四七七ページ）には「本土空襲」の史料が掲載されています。空襲といえば東京大空襲が有名ですが、滋賀県大津市にも「けいかいけいほう」が発せられました。警戒警報は全国至るところで発せられており、瀬田国民学校だけが特殊なのではありません。そのため、この日誌は、当時どこにでもあった戦争（銃後）の記録として大変重要であり、私たちは当時の人々の様子をはっきりとイメージすることができます。

学級日誌も史料である

どの時代の学級日誌を見ても、その時代の児童・生徒が、どのようなことを考えていたのか、どのような暮らしをしていたのか、どのような学校生活であったのかということが分かります。みなさんの書いている学級日誌も、将来貴重な史料になるかもしれません。また、学級日誌を通して、一九四四年と現代を比較してみると、今との違いがはっきりと分かり、現代を見つめなおすことができます。史料は難しいというイメージを持ちがちですが、身近な学級日誌も貴重な史料です。苦手意識を持たずに史料を読み、当時の人々の言葉に注目してみてください。

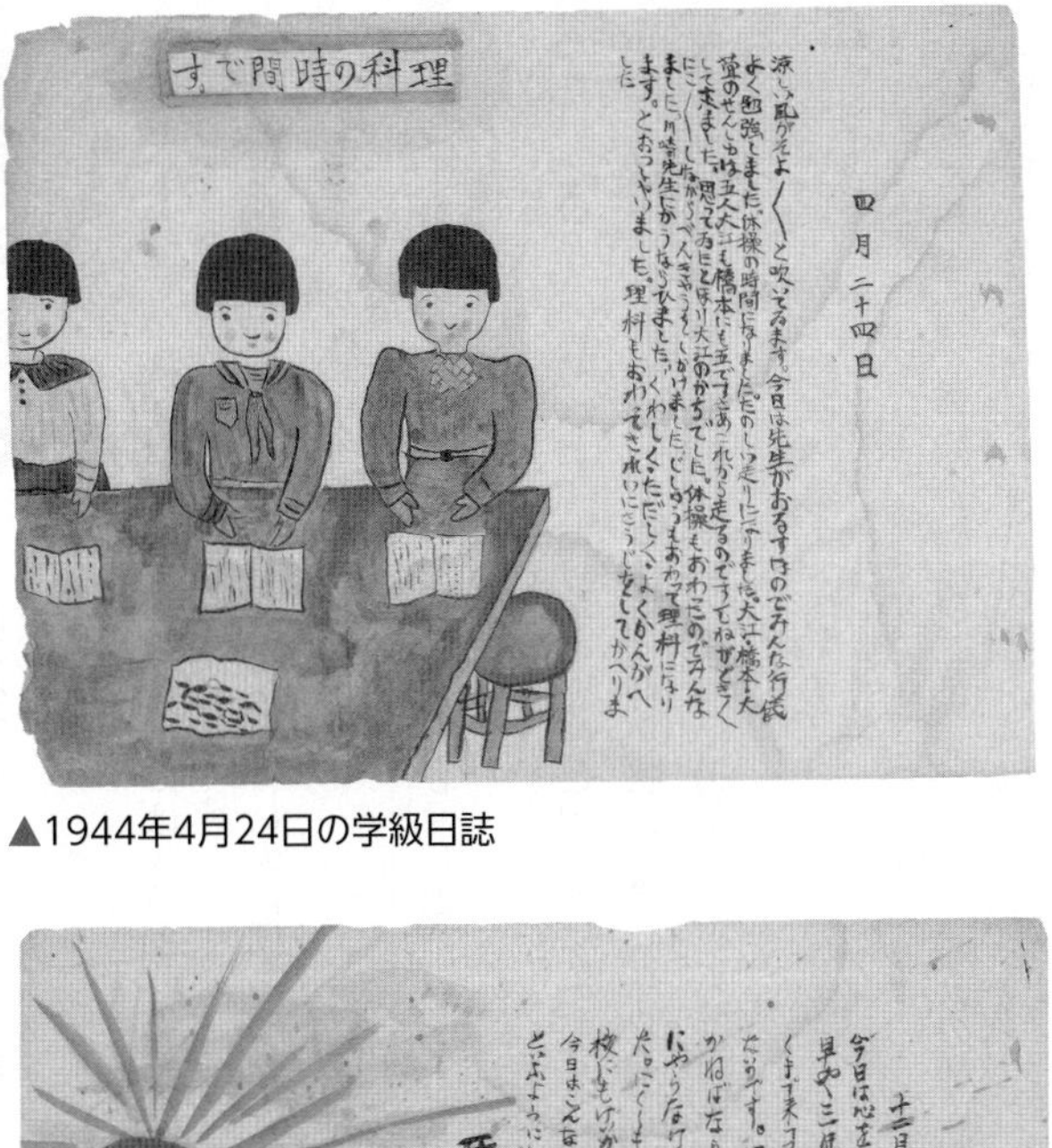

▲1944年4月24日の学級日誌

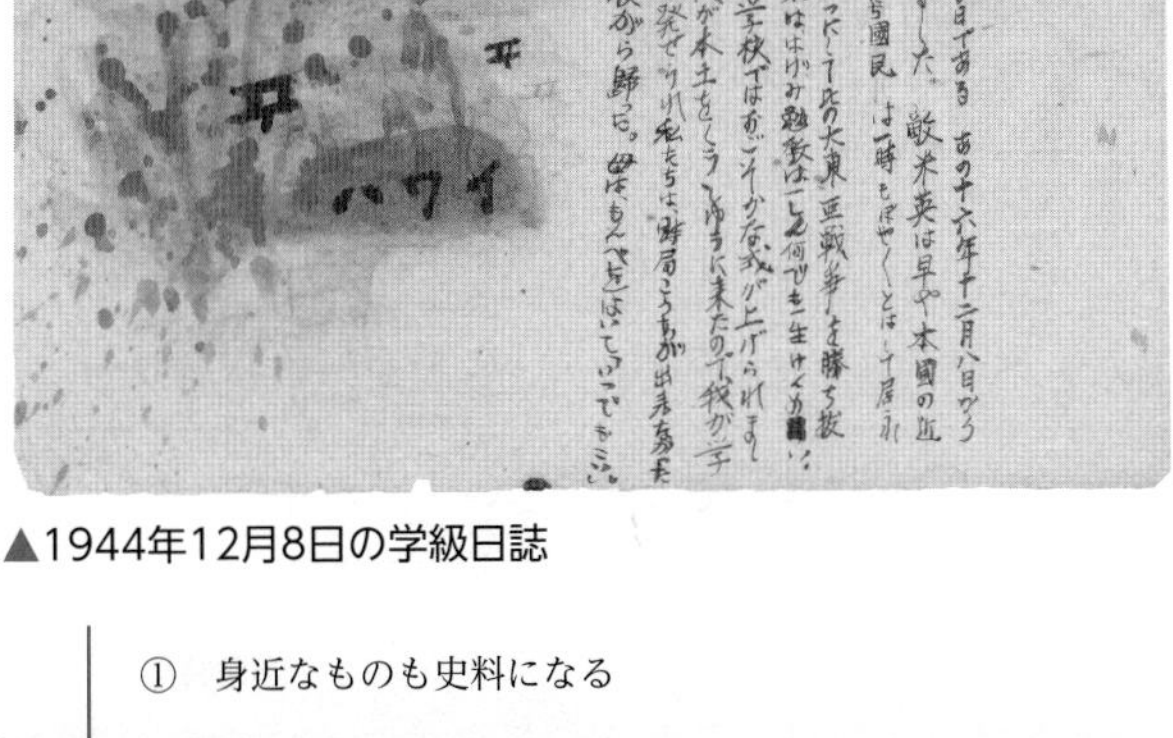

▲1944年12月8日の学級日誌

史料の背後を読む——生類憐みの令は悪法か——

「生類憐みの令」のイメージ

皆さんは「生類憐《しょうるいあわれ》みの令」という法令をご存じでしょう。例えば日本史の用語集には次のように説明されています。

> 五代将軍綱吉が一六八五年以降に出した極端な動物愛護令。一六八七年以降、特に犬に関して極端化し、九五年に四谷・大久保・中野の犬小屋に野犬を養い、綱吉は犬公方と称される。一七〇九年に廃止。
> （『日本史用語集　改訂版』山川出版社）

この法令は、江戸時代の極端な動物愛護令として有名ですが、当時の社会を混乱させた悪法として、あまりよいイメージを持たれていないのが一般的な理解でしょう。

しかし理解の根拠となっている**史料がいったいどのように残されており、それがどのように解釈され私たちの理解につながっているか**を考えたことがあるでしょうか。あらためて史料を読み、なおかつ当時の政治・社会状況に降り立って考えてみると、この法令が犬を偏愛した将軍による単なる悪法であったとは言い切れない面が浮かび上がります。本書に掲載している関連史料を実際に読んでみることにしましょう。

史料から意図や時代性を読み取る

> ①一、主無《あるじな》き犬、頃日《けいじつ》ハ食物給《たべ》させ申さず候様に相聞《あいきこえ》候。畢竟《ひっきょう》食物給させ候えバ、其《その》人の犬の様に罷成《まかりな》り、以後迄《まで》六ケ敷《むつかしき》事と存じ、いたハり申さずと相聞、不届《ふとどき》に候。向後左様《きょうこうさよう》これ無き様相心《あいこころう》得べき事。
> ②一、犬計《ばかり》に限らず、惣《すべ》て生類《しょうるい》人々慈悲《じひ》の心を本《もと》といたし、あハれミ候儀肝要《ぎかんよう》の事。
> 以上
> 卯四月　日

これは本書の二五一ページに記されているものです。①では、当時、野良犬に「食べ物」を与えるとなついてしまうからという理由でエサを与えない人々が多くなっている江戸の様子が記されており、それは不届きなことであると述べられています。また②では、殺伐《さつばつ》とした江戸の状況を憂《うれ》いた幕府は、「惣て生類人々慈悲の心を本といたし、あハれミ候儀肝要」であること、つまり犬に限らずあらゆる生き物に慈悲や憐みの気持ちを持って臨むことが肝要であると述べています。この内容から法令の意図をくみとるならば、むしろ現代人の動物への愛護の精神と近いものを感じる人も多いのではないでしょうか。

もちろんこの法令が天下の将軍による命令としてやがて独り歩きしていき、結果的には庶民を苦しめる悪法として機能した面は否定できません。しかし史料上からは、むしろ仏教的な慈悲の心を前面に出し、荒廃《こうはい》した人心《じんしん》を教化させたいという綱吉の意図を感じることができるでしょう。また綱吉が江戸幕府の将軍十五代の中でも特に儒学《じゅがく》に精通し、儒学に基づく国家像を思い描いていたという人物像を背景として、この史料をもう一歩深く読みこんでみれば、人の命を軽んじる戦国の世から泰平《たいへい》の世へ移行して半世紀が経った十七世紀後半において、庶民をいかに道徳的な方向へと成熟させていこうとしていたか、綱吉の苦心をも読み取ることができます。このようにみていくと、「生類憐みの令」とは、文治主義的な傾向へ向かおうとする十七世紀後半の政治・社会の姿が鮮明に示された事例として、歴史に位置づけることも可能と言えます。

実は「生類憐みの令」という法令は存在しない

またこの史料は『御当家令条《ごとうけれいじょう》』という、主に十七世紀の幕府法令をまとめたものからの抜粋です。いくつもある綱吉の文治主義政策のうちの一つを、現代の我々が特別に名付け、史料として取り上げているものであることにも注意すべきでしょう。綱吉の数々の政策全体を見渡した上でこの法令の位置づけを考えてみると、この法令だけが特異なものとして理解されるべきではないことが分かるはずです。史料を読む上で、**その史料がどのような由来を持つか（誰によって、いつ、どのような状況で書かれ、それがいったいどのように残されているか）**によっても、史料の印象は大きく変わるでしょう。

このように史料の背後にある筆者の意図や社会的な情勢、文化的な背景、さらに史料の位置付けなどを含めて読み込むことによって、私たちは常に新しい歴史像と出会える可能性があります。皆さんもこの史料集を通じて、**歴史の授業で学習する出来事などは、いったいどのような史料に基づいて現在の私たちの目の前に存在しているのかを理解し、さらにその出来事の解釈は本当に妥当なのかを考えてほしいと**思います。

本書には各史料に段階的な設問を多く配し、皆さんが自然と多様な史料の解釈に向かうような工夫を施しています。答えは一つではありません。皆さん一人ひとりがそれぞれにとっての〝史料の背後にある歴史像〟に出会うことこそ、史料を読む上でとても大切にしてほしいことです。

巻頭特集③

歴史書以外の史料から分かること

史料と歴史学 歴史学は、歴史資料（史料）をもとに過去の人間の営みについて考える学問です。ですが、過去に起こったすべての出来事について史料がのこされているわけではありません。一般に史料は時間が経つにつれて失われていくものなので、古代史の史料は数が限られています。こうした中で日本古代史の研究では、『日本書紀《にほんしょき》』や『続日本紀《しょくにほんぎ》』などの歴史書が大きな役割を果たしています。これらの歴史書は重要な事柄を時系列でまとめる**紀伝体《きでんたい》**で書かれているため、古代に起こった出来事の流れを、我々に分かりやすく伝えてくれます。

歴史書の問題点 歴史書から歴史像を読み解く際には、注意しなければならないことがあります。それは、**歴史書は誰かが、何らかの意図をもって書いたもの**だということです。特に『日本書紀』や『続日本紀』などは、国家によって公式に編纂された**正史**と呼ばれる歴史書です。日本では七二〇年に成立した『日本書紀』から九〇一年に成立した『日本三代実録《にほんさんだいじつろく》』に至るまで、六つの正史（あわせて「**六国史《りっこくし》**」といいます）が作られました。もともと、天武《てんむ》天皇の時代に国史の編纂《へんさん》事業は開始され、それをうけて作られた『**日本書紀**』は、神代《じんだい》から持統《じとう》天皇に至る時代を、天皇を中心に描いています。この時期に正史の編纂が行われたのは、天武・持統朝以降、王権の力が強まって天皇を中心とする中央集権国家が目指される中で、天皇家による日本列島支配の過程を歴史的に説明し、正統化するという意図があったと考えられます。こうした点を踏まえて正史に書かれている内容を検討する必要があるのです。このような作業を「**史料批判**」といいます。例えば『**日本書紀**』では、朝鮮半島にあった百済《くだら》や新羅《しらぎ》や高句麗《こうくり》から倭《わ》国に外交使節がやってくることを、「朝貢《ちょうこう》」と表現しています。朝貢とは属国が貢物《みつぎもの》を持ってあいさつしに行くという意味なので、朝鮮半島諸国は倭国の属国だったということになります。しかし実際には、倭国がこれらの国々を従属させていたわけではありません。あくまで、朝鮮半島諸国から使節がやってきたことについて、『日本書紀』が「朝貢」という語を用いて表現しているに過ぎないのです。『日本書紀』の記述は、朝鮮半島への進出を目指し、半島の諸国を属国として扱おうとした古代日本の為政者《いせいしゃ》たちの主観的な国際認識を反映したものであることを踏まえて理解する必要があります。

一次史料と二次史料 歴史書はあくまでも編纂物である（これを「**二次史料**」といいます）ため、何らかの意図によって書かれていたり、都合のいいように書き換えられていたりする可能性があります。それに対して、**当時の人々によって**、**その時に**、**その場で**、書かれたものを「**一次史料**」といいます。一次史料には、記述内容に誤りがある可能性はあるものの、改ざんされた可能性は低いという特徴があります。二次史料である歴史書のみをもとに歴史を考えることには問題があるため、一次史料を含めた様々な史料を参照することが重要です。

木簡 二次史料である歴史書を補う一次史料には、**木簡《もっかん》**などの**出土文字資料**があります。木簡は木の板に文字が書かれたものです。古代は紙が貴重だったこともあり、文字を記す際にはしばしば木簡が用いられました。例えば、各地の特産物などを納める税目である調《ちょう》は、中央政府の財源とされたため都に運ばれましたが、各地から輸送されてきた調には、物品名や送り元の地名などを記した荷札《にふだ》が付けられていました。これらが廃棄《はいき》されて地中にのこり、発掘されると「**荷札木簡**」と呼ばれます。それぞれの地域からどのような物が調として送られていたかについて、歴史書にはあまり記載がありません。そのため荷札木簡は、**地方の実態を知るための重要な史料**なのです。

「正倉院文書」

奈良の正倉院《しょうそういん》にのこされた「**正倉院文書《もんじょ》**」と呼ばれる史料群もまた、古代史を考える上で貴重な存在です。東大寺《とうだいじ》には造《ぞう》東大寺司《し》という役所が置かれていましたが、「正倉院文書」はこの役所で使用されていた書類などから構成されています。こうした書類の作成にあたっては、しばしば上級の役所から払い下げられた紙が用いられました。貴重な紙を再利用するために、使用済みの書類を下級の役所に払い下げ、裏紙が利用されたのです。そのため、「正倉院文書」の中には古代の**戸籍**などの重要な史料が含まれています。戸籍は六年に一度、各国で作成されて中央に送られましたが、その保管期間は三十年間とされていました。造東大寺司へは保管期間を過ぎた戸籍が払い下げられ、裏紙が事務帳簿として利用されたのです。こうしてたまたま現代まで伝えられた戸籍からは、古代の一般の人々の家族制度など、歴史書からはうかがうことができないことがらを知ることができます。

歴史書以外の史料の重要性

六国史の一つである『続日本紀』は、日常的な出来事は盛り込まないことや、人物は原則として五位以上の貴族しか登場させないということを編纂方針としています。つまり、**奈良時代の一般的な政務のあり方や、庶民や下級官人について歴史書から知ることはできない**のです。そのため、木簡や「正倉院文書」などの様々な一次史料を活用することで、二次史料である歴史書の問題点を補いつつ、より豊かな歴史像を明らかにすることができるのです。

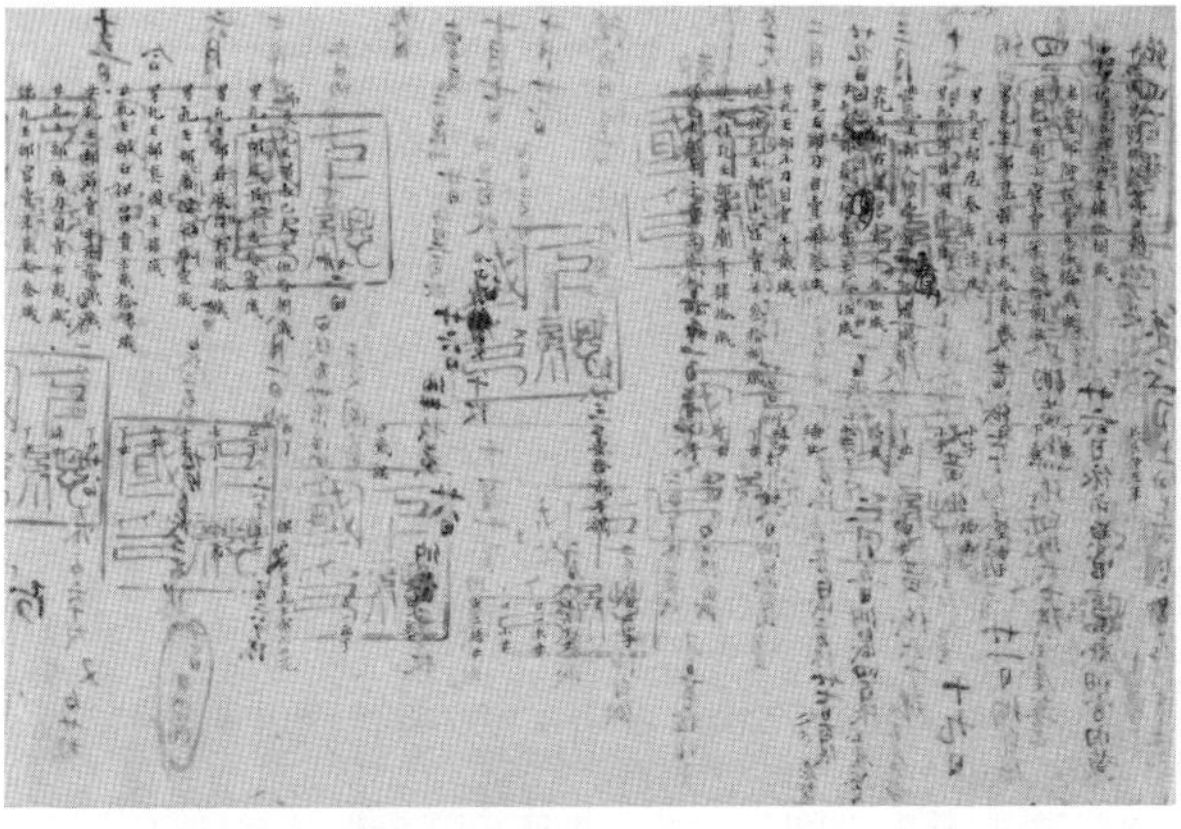

▲「正倉院文書」下総《しもうさ》国葛飾《かつしか》郡大嶋《おおしま》郷戸籍　裏紙が別の用途に用いられたため，裏面の文字が透けて見える。（正倉院宝物）

年		天皇	政治・経済・社会	収録史料(年代は目安)
712	5		出羽国をたてる。翌年、大隅国をたてる	P.74『古事記』の編纂 P.61 浮浪・逃亡 P.76『風土記』の撰上 P.60 労役・運脚の苦しみ
718	養老2	元正	藤原不比等ら、養老律令を完成	P.52 貢納物の荷札木簡 P.73 行基の布教活動
720	養老4		舎人親王らによる日本書紀の撰上	P.58 戸籍と計帳
722	6		百万町歩の開墾計画	
723	7		三世一身法を施行(P.67)	
724	神亀1	聖武	陸奥国に多賀城を設置	
727	4		渤海使の来日(以降200年間、34回)	
729	天平1		長屋王の変、光明子が皇后に(P.64)	P.62 貧窮問答歌
740	12		藤原広嗣の乱。恭仁京に遷都(P.64)	P.56 遣唐使の苦難 P.70 国分寺の創建
743	15		墾田永年私財法を制定(P.67)	P.71 大仏造立の詔
753	天平勝宝5	孝謙	鑑真来日、律宗を伝える(P.56)	P.77『懐風藻』の序文
757	天平宝字1		橘奈良麻呂の変(P.65)	P.72 大仏開眼 P.63 防人の歌
764	8	淳仁	藤原仲麻呂(恵美押勝)の乱(P.65)	P.57 阿倍仲麻呂の歌
765	天平神護1	称徳	道鏡、太政大臣禅師となる	P.68 加墾禁止令
769	神護景雲3		宇佐八幡神託事件(P.66)	
770	宝亀1	光仁	道鏡を下野薬師寺別当に左遷	P.76『万葉集』
780	11		伊治呰麻呂の乱(蝦夷の蜂起)	P.69 富豪の登場
784	延暦3	桓武	長岡京に遷都	
792	11		諸国の軍団を廃し、健児をおく(P.81)	
794	13		平安京に遷都(P.78)	P.79 右京の荒廃
797	16		坂上田村麻呂が征夷大将軍に任命される	
801	20		畿内の班田を12年につき1度とする	
802	21		坂上田村麻呂、胆沢城を築く	P.79 蝦夷対策
805	24		藤原緒嗣の意見で軍事・造作を中止(P.80)	
810	弘仁1	嵯峨	藤原冬嗣、蔵人頭に。平城太上天皇の変(P.82)	
823	14		大宰府管内に公営田制を実施	P.83 格式の編纂
833	天長10	仁明	清原夏野ら、令義解を撰上	
838	承和5		事実上，最後の遣唐使が大宰府を出発	
842	9		承和の変(P.89)	
858	天安2	清和	藤原良房、摂政となる(P.90)	
866	貞観8		応天門の変(P.90)	
879	元慶3	陽成	畿内に官田をおく	
884	8	光孝	藤原基経、関白となる(P.91)	
888	仁和4	宇多	阿衡の紛議	
894	寛平6		菅原道真の建議で遣唐使の派遣中止(P.88)	
901	延喜1	醍醐	道真を大宰権帥に左遷。延喜の治はじまる	P.98 僦馬の党
902	2		延喜の荘園整理令(P.84)	P.103 かな文学の発達
914	14		三善清行が意見封事十二箇条を提出(P.85)	
935	承平5	朱雀	天慶の乱(P.99,100)	P.105 浄土信仰の浸透
947	天慶10	村上	天暦の治	P.98 押領使・追捕使
969	安和2	冷泉	安和の変(P.92)	
988	永延2	一条	尾張国郡司百姓ら国司の非法を訴える(P.94)	P.95 貪欲な受領 P.104 極楽往生の教え
995	正暦6		藤原道長に内覧の宣旨	
1017	寛仁1	後一条	道長、太政大臣に(P.92)。頼通、摂政に	P.101 武士の条件
1019	3		刀伊の入寇(P.102)。頼通、関白に	
1028	長元1		平忠常、房総半島で反乱	P.97 田堵の農業経営

第Ⅰ編

年		天皇	政治・経済・社会	収録史料(年代は目安)
前1Cごろ			倭の百余国分立(P.20)	
後57			倭の奴国王、後漢に遣使(P.20)	
107			倭国王帥升ら、後漢に遣使(P.20)	
239			卑弥呼、魏に遣使。親魏倭王の称号(P.21)	
248ごろ			卑弥呼没、壹与が女王となる(P.21)	
266			壹与、晋に遣使	
			ヤマト政権の形成進む	
391			倭国、朝鮮半島へ進出(P.26)	P.27 石上神宮七支刀
413			倭国、東晋に遣使	P.31 渡来人の来住
421			倭王讃、宋に遣使(P.28)	
438			倭王珍、宋に遣使、安東将軍の称号(P.28)	
443			倭王済、宋に遣使、安東将軍の称号(P.28)	
462			済の世子の興、安東将軍の称号(P.28)	
478			倭王武、宋に上表、安東大将軍の称号(P.28)	P.29 稲荷山古墳出土鉄剣銘
				P.30 江田船山古墳出土大刀銘
512		継体	大伴金村、百済に加耶4県の支配容認	
513			百済より五経博士が渡来	
527			筑紫国造(君)磐井の乱(P.34)	P.33 仏教の私伝
538(552)		欽明	百済の聖明王、仏教を伝える(P.32)	
562			新羅、加耶を滅ぼす	
587		用明	蘇我馬子、物部守屋を滅ぼす	
592		崇峻	馬子、崇峻天皇を暗殺	
593		推古	厩戸王(聖徳太子)、推古天皇の摂政となる	
603			冠位十二階を定める	
604			憲法十七条をつくる(P.35)	
607			小野妹子を遣隋使とする(P.37)	
608			隋使裴世清来日(P.37)	
630		舒明	第1回遣唐使(犬上御田鍬ら)	P.39 仏教の興隆
643		皇極	蘇我入鹿、山背大兄王を自殺させる	P.40 大化の改新直前の社会
645	大化1	孝徳	乙巳の変(P.41)。大化の改新	
646	2		改新の詔を宣布(P.42)	
647	3		渟足柵を築く(翌年には磐舟柵を築く)	
652	白雉3		班田収授を行う	
658		斉明	阿倍比羅夫、蝦夷を討つ	
663		天智	白村江の戦い(P.43)	
667			近江大津宮に遷都	
670			庚午年籍を作成	
672			壬申の乱(P.44)	P.45 部曲の廃止　P.45 天皇の神格化
684		天武	八色の姓を定める	
689		持統	飛鳥浄御原令を施行	
690			庚寅年籍を作成	
694			藤原京に遷都	
701	大宝1	文武	大宝律令の制定(P.48)	P.48 官制と給与　P.49 戸籍・計帳制度
			日本国号の成立(P.46)	P.50 土地制度　P.57 税制と兵役
708	和銅1	元明	和同開珎を鋳造(P.55)	
710	3		平城京に遷都(P.54)	P.54 造営工事の困難
711	4		蓄銭叙位令を制定(P.55)	

第1章

古代国家の形成

1 小国の分立

1 百余国の分立
——紀元前一世紀頃の日本

夫《そ》れ楽浪《らくろう》❶海中に倭人《わじん》❷有り、分れて百余国を為《な》す。歳時《さいじ》を以《もっ》て❸来《きた》り献見《けんけん》す❹と云《い》ふ。

（『漢書《かんじょ》』地理志《ちりし》）

通釈

楽浪郡の海のむこうに倭人が住んでいて、百余りの小国にわかれている。彼らは定期的に貢《みつぎ》物《もの》をもって楽浪郡にあいさつに来ているとのことである。

解説

中国の文献に「倭《わ》」が登場する古い例は『山《せん》海経《がいきょう》』だが、確実に日本のことを記しているのは**『漢書《かんじょ》』地理志《ちりし》**が最初である。この史料から、紀元前一世紀頃の日本には多くの**小国**が分立しており、それらの国の中には、**楽浪郡《らくろうぐん》**を通じて中国の**前漢**王朝に**朝貢《ちょうこう》**するものもあったことがわかる。こうした倭の中の「国」は、いくつかの集落を統合したものである。小国の首長たちは、中国から先進技術を得るのみでなく、「国」内での地位を認めてもらうことで、支配権を強めようとしたのである。

◀百余国の分立

❶**楽浪**　楽浪郡のこと。前漢の武帝が紀元前一〇八年、朝鮮半島においた四郡（楽浪・臨屯《りんとん》・真番《しんばん》・玄《げん》菟《と》）の一つ。今の平壌《ピョンヤン》付近にあった。

❷**倭人**　古代の中国・朝鮮半島で用いられた日本人の古称。

❸**歳時を以て**　毎年、定期的に。

❹**献見す**　貢物をもってあいさつに来る。

出典◉**『漢書』**　前漢（前二〇二〜後八年）の正史（国家が正式に編纂《へんさん》した歴史書）。後漢の班固《はんこ》が編集した。

2 小国の統合
——一・二世紀の日本

建武中元《けんむちゅうげん》二年、❶倭の奴国《なこく》、❷貢《みつぎ》を奉じて朝賀《ちょうが》す。使人自《みずか》ら大夫《たいふ》❸と称す。倭国の極南界なり。光武《こうぶ》、賜《たま》ふに印《いん》

通釈

建武中元二（五七）年、倭の奴国が、貢物《みつぎもの》を奉り光武帝にあいさつしにきた。その使者は自分のことを大夫と称した。奴国は倭国の最南端にある。光武帝は奴国王に印綬（印章と組紐《くみひも》）を与えた。

◀小国の統合

❶**建武中元二年**　後漢の光武帝の年号。西暦五七年にあたる。

綬《じゅ》❹を以《もっ》てす。

安帝《あんてい》の永初《えいしょ》元年❺、倭の国王帥升《すいしょう》等、生口《せいこう》❻百六十人を献じ、請見《せいけん》を願ふ。

桓《かん》・霊《れい》の間❼、倭国大いに乱れ、更《こもご》も相攻伐《あいこうばつ》し、歴年主無し。（『後漢書《ごかんじょ》』東夷伝《とういでん》）

安帝の永初元（一〇七）年、倭の国王帥升等が、百六十人の奴隷を献上し、皇帝の謁見《えっけん》を願い求めた。

桓帝・霊帝の時代（二世紀半ば〜後半）、倭国では内乱が続き、長い間、統一する王がいなかった。

解説

この史料は、一〜二世紀頃の日本列島の様子を伝えている。一世紀半ば、倭《わ》の小国の一つである**奴国**《なこく》の王が、使者を後漢に派遣して**印**《いん》**綬**《じゅ》（印章と組紐《くみひも》）を与えられた。このように中国の保護下に属することで、小国内の支配を強めようとする王もいた。二世紀初めにも、倭の国王**帥升**《すいしょう》が生口《せいこう》（奴《ど》隷《れい》）を皇帝に献上している。この頃までに、王や大夫、生口といった身分が成立していたことも分かる。なお、光武《こうぶ》帝が奴国王に授けた印は、一七八四（天明《てんめい》四）年に博多湾の志賀島《しかのしま》で発見された**「漢委奴国王」**の金印がそれにあたると有力視されている。金印の「委奴国」や『後漢書《ごかんじょ》』の「倭奴国」を「伊都国《いとこく》」とみる説もあるが、「倭の奴国」であれば、福岡県の博多の那津《なのつ》のあたりと考えられる。ここは、ヤマト政権・律令国家の外交窓口である大宰府《だざいふ》が置かれた場所である。その後、二世紀後半に大乱が起きたとあり、この間に政治的統合が進み、**邪馬台国**のような政治的連合が生まれる。

❷奴国　博多湾付近にあったと考えられている小国。のちの「儺《な》の県《あがた》」と関連するか。

❸大夫　中国古代の官名で、一般に大臣などの高級官人をさす。

❹印綬　印章とそれについている組紐。地位に応じて印材や紐の色の区別があった。

❺永初元年　後漢の安帝の年号で、西暦一〇七年にあたる。

❻生口　奴隷のこと。捕虜の意味にも用いられる。

❼桓・霊の間　後漢の桓帝（在位一四七〜一六七）と霊帝（在位一六八〜一八九）の時代。

出典◉『**後漢書**』　後漢（二五〜二二〇年）の正史。南朝宋《そう》の范曄《はんよう》と晋《しん》の司馬彪《しばひょう》の撰《せん》。

3 邪馬台国

① 【位置】

倭人《わじん》は帯方《たいほう》❶の東南大海の中に在《あ》り。山島に依《よ》りて国邑《こくゆう》を為《な》す。旧《もと》百余国。漢の時朝見《ちょうけん》する者有り。今、使訳《しやく》通ずる所❷三十国。郡より倭《わ》に至《いた》るには、海岸に循《したが》ひて水行し、韓《かん》国❸を歴《へ》て、乍《しばら》く南《みなみ》し乍く東《ひがし》し、其《そ》の北岸

通釈

① 【位置】

倭人は帯方（郡）の東南の大海の中に住んでいて、山の多い島の上に国をつくっている。もとは百余りの国があり、漢の時代には来朝して皇帝に拝謁《はいえつ》する国もあった。今、使者や通訳が往来しているのは三十国である。（帯方）郡より倭に行くには、まず海岸に沿って水上を行き、馬韓を経由して、あるいは南に、あるいは東に

◀邪馬台国

① 【位置】

❶帯方　後漢末、楽浪郡の南をさいて設置された帯方郡のこと。

❷使訳通ずる　魏と使節や通訳を交わす。

❸韓国　三韓（馬韓《ばかん》・辰韓《しんかん》・弁韓《べんかん》）。ここでは特に馬韓。

❹**瀚海**　対馬海峡にあたる。
❺**一大国**　他の史書には一支国とあり、壱岐《いき》国のこと。
❻**末盧国**　現在の佐賀県東松浦《まつうら》半島の名護屋か唐津付近。
❼**伊都国**　現在の福岡県糸島《いとしま》市付近。

▼**邪馬台国への里程**

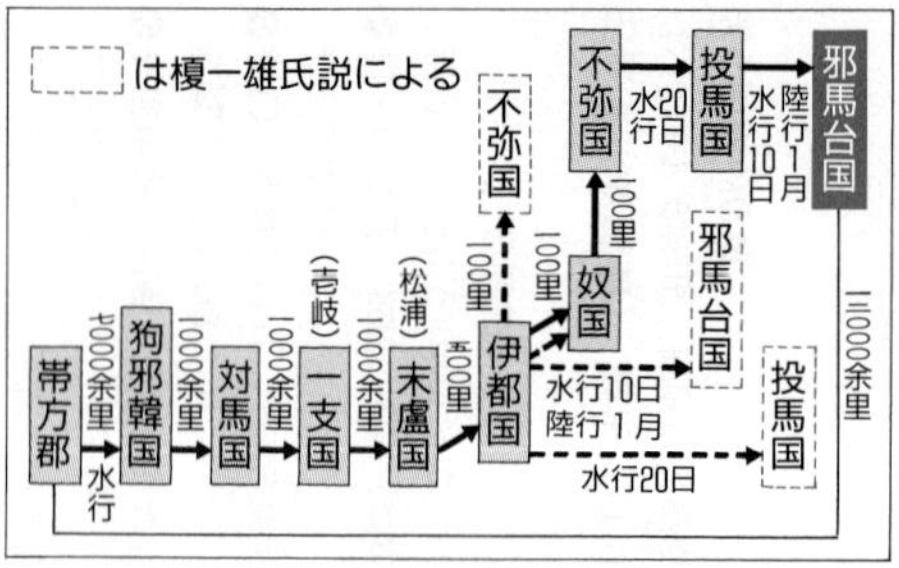

② **【風俗習慣】**
❶**黥面文身**　顔や身体に入れ墨《ずみ》をする。
❷**東冶**　会稽郡東冶県。今の福建《ふっけん》省福州の地にあてられる。

狗邪韓国《くやかんこく》に到ること七千余里。始めて一海を度《わた》ること千余里、**対馬国**《つしま》に至《いた》る。……又南《みなみ》して一海を渡ること千余里、名づけて瀚海《かんかい》と曰《い》ふ❹。一大国❺に至る。……又一海を渡ること千余里、末盧《まつら》国❻に至る。……東南陸行すること五百里にして、伊都《いと》国❼に到る。……千余戸有り。世々《よよ》王有るも、皆女王国に統属す。郡使の往来し、常に駐《とど》まる所なり。東南奴《な》国に至ること百里。……東行して不弥《ふみ》国に至ること百里。……南して投馬《とうま》国に至ること水行二十日。……南して**邪馬台国**に至る。**女王の都**する所なり。水行十日、陸行一月。……七万余戸可《ばか》り。……其の南に狗奴《くな》国有り。男子を王と為す。……女王に属せず。郡より女王国に至ること万二千余里。

② **【風俗習慣】**

男子は大小となく、皆黥面文身《げいめんぶんしん》す❶。……其の道里を計るに、まさに会稽《かいけい》の東冶《とうや》❷の東に在るべし。其の風俗淫《みだら》ならず。男子は皆露紒《ろかい》し❸、木緜《ゆう》❹を以《もっ》て頭に招《か》く。其の衣は横幅にして、ただ結束して相連《あいつら》ね、ほぼ縫《ぬ》ふことなし。婦人は被髪屈紒《ひはつくっかい》し❺、衣を作ること単被《たんぴ》の如《ごと》く、其の中央を穿《うが》ち、頭を貫きて之《これ》を衣《き》る❻。禾稲《かとう》・紵麻《ちょま》を種《う》ゑ、蚕桑緝績《さんそうしゅうせき》し❼、細紵《さいちょ》・縑緜《けんめん》❽を出す。其の地には牛・馬・虎・

進んで、倭の北方の対岸にあたる狗邪韓国に到着するまで七千里ほどある。はじめて海を渡り、千余里ほどで対馬国に到着する。……さらに南へ千余里の海を渡る。この海を瀚海と言い、一大国（壱岐）に到着する。……また海ひとつを渡り、千余里行って末盧国に到着する。……東南へ陸上を五百里行くと、伊都国に到着する。……人家は千余戸ある。代々王がいるが、みな女王国に服属してきた。ここは（帯方）郡からの使者が往来《おうらい》する時に常に滞在するところである。（伊都国から）東南に百里で奴国に至る。……東に行くこと百里で不弥国に至る。……南に水上を行くこと二十日で投馬国に至る。……南に水上を行くこと十日、陸上を行くこと一か月で、女王が都を置いている邪馬台国に至る。……人家は七万戸余りである。……その南に狗奴国がある。男子が王になっており、……女王国に服属していない。帯方郡から女王国までは、一万二千余里である。

② **【風俗習慣】**

この国では男子は年齢の大小にかかわらず、みな顔や身体に入れ墨《ずみ》をしている。……倭までの道程を計算すると、会稽郡東冶県の東方にあたるはずである。その風俗は乱れていない。男子はみな冠をつけずに髪を結《ゆ》い、植物繊維を織ったもので頭を縛っている。衣服は横幅の広い布をただ結び束ねているだけで、ほとんど縫っていない。婦人は髪を結いあげずにそのまま下ろしたり、ただ後ろで束ねたりしており、衣服は単衣《ひとえ》のようにつくり、衣の中央に穴をあけて、

❸**露紒**　冠をつけず髪を両耳のあたりで結ぶ。みずらに結うこと。
❹**木緜**　植物の皮をはぎ、その繊維で織《お》った布。
❺**被髪屈紒**　髪を結いあげずにそのまま下ろしたり、髻《まげ》を結ったりしている。
❻**頭を貫きて之を衣る**　貫頭衣《かんとうい》のこと。
❼**蚕桑緝績**　蚕を飼って糸を紡ぐこと。
❽**細紵・縑緜**　苧麻《ちょま》の繊維で細かく織った布や、生糸で堅く織った絹布や、真綿。
❾**徒跣**　はだしのこと。
❿**籩豆**　高坏。
⓫**槨無く**　棺をおさめる外槨がない。

③**【倭人の社会と制度】**
❶**大人**　身分の高い人。
❷**跪拝**　ひざまずいて拝む。
❸**寿考**　寿命。
❹**下戸**　身分の低い人。
❺**妒忌せず**　嫉妬しない。
❻**盗竊せず**　盗みをしない。
❼**妻子を没し**　妻子をとりあげ、奴隷にする。
❽**宗族を滅す**　一族を滅ぼす。
❾**租賦**　租税や賦役。
❿**邸閣**　大きな倉庫。

豹《ひょう》・羊・鵲《かささぎ》なし。兵には矛《ほこ》・楯《たて》・木弓を用う。木弓は下を短く上を長くし、竹箭《ちくせん》は或《あるい》は鉄鏃《ぞく》、或は骨鏃なり。……倭の地は温暖、冬夏生菜《せいさい》を食す。皆徒跣《とせん》。❾屋室有り、父母兄弟臥息《がそく》処《ところ》を異にす。……食飲には籩豆《へんとう》❿を用ゐ手食す。其の死には棺《かん》有るも槨《かく》無く、⓫土を封じて冢《つか》を作る。……其の俗、挙事行来《きょじこうらい》に、云為《うんい》する所有れば、輒《すなわ》ち骨を灼《や》きて卜《ぼく》し、以て吉凶《きっきょう》を占《うらな》ひ、……

③ **【倭人の社会と制度】**

其の会同・坐起《ざき》には、父子男女別無し。人性酒を嗜《たしな》む。**大人《たいじん》**❶の敬する所を見れば、但《ただ》手を摶《う》ち以て跪拝《きはい》❷に当《あ》つ。其の人の寿考《じゅこう》、❸或は百年、或は八、九十年。其の俗、国の大人は皆四、五婦、**下戸《げこ》**❹も或は二、三婦。婦人淫《いん》せず、妒忌《とき》せず。❺盗竊《とうせつ》せず❻、諍訟《そうしょう》少なし。其の法を犯《おか》すや、軽き者は其の妻子を没し、❼重き者は其の門戸《もんこ》及び宗《そう》族《ぞく》を滅す。❽**尊卑各差序《そんぴおのおのさじょ》有り**、相臣服《あいしんぷく》するに足る。**租賦《そふ》**❾を収む、邸閣《ていかく》❿有り、国国市《いち》有り、有無《うむ》を交易《こうえき》し、大倭《だいわ》⓫をして之《これ》を監《かん》せしむ。女王国より以北には、特に一大率《いちだいそつ》を置き諸国を検察せしむ。諸国之を畏憚《いたん》す。常に伊都《いと》国に治《ち》す。国中において刺史《しし》⓬の如き有り。……下戸、大人と道路に相逢《あいあ》へば、逡巡《しゅんじゅん》して草に入り、辞《ことば》を伝へ事を説

そこに頭を通して着ている。稲や麻の一種を植え、養蚕し、糸を紡《つむ》いで細糸の麻布や細かく織った絹や真綿を産出する。その地には牛・馬・虎・豹・羊・鵲はいない。武具には矛・楯・木弓を使い、その木弓は下部が短く上部が長く、竹箭に鉄の鏃《やじり》や骨の鏃を用いている。……倭の地は温暖で、冬でも夏でも生野菜を食べ、みな裸足である。家屋を建て、父母兄弟はそれぞれ寝所を別々にしている。……飲食には高坏《たかつき》を用い、手づかみで食べる。人が死ぬと棺に納めるが、槨は無く、土盛りして塚を作る。……習俗としては、行事や旅をする際、問題となることがあれば、骨を灼いて吉凶を占う。……

③ **【倭人の社会と制度】**

その集会では、座席の順序や立居ふるまいに父子や男女の区別がない。人々は生来、酒を好む。大人の敬意の表し方はただ手を打つだけであるが、これは(中国の)跪拝の礼にあたる。人々は長寿で百歳とか八、九十歳の者もいる。彼らの習俗では、大人はみな四、五人の妻を持ち、下戸でも二、三人の妻を持つ者がいる。婦人は貞節《ていせつ》で嫉妬《しっと》しない。盗みもなく訴訟が少ない。法を犯すと、軽い場合は妻子をとりあげ、重い場合はその家族および一族を根絶する。身分に尊卑の差別があり、下の者は上の者に完全に服従している。租税や賦役を徴集し、それらを収納する大倉庫がある。国々には市があって、産物を交換しあっており、大倭にその監督をさせている。女王国より北には、特別に一大率をおき、諸国を監察させ、国々はこれをおそれている。一

⓫**大倭**　倭人中の大人という説、邪馬台国の設置した官という説、ヤマト政権のこととする説の三説がある。

⓬**刺史**　中国の州の長官。

④ **【女王卑弥呼】**

❶**鬼道に事へ**　神がかりして、神託を伝えること。シャーマニズム。

❷**楼観**　物見のたかどの。

⑤ **【中国との交渉】**

❶**景初二年**　魏の明帝《めいてい》の年号。二年の部分は三年の誤りで、西暦二三九年にあたるという説が有力である。

❷**郡**　帯方郡。

❸**太守**　郡の長官。

❹**京都**　魏の都、洛陽。

❺**金印紫綬**　後漢の制では、天子の玉印黄赤綬、太子・諸王の金印朱綬に次ぐ三公（最高の大臣クラス）に許された印綬。

⑥ **【卑弥呼の死後】**

❶**壹与**　臺与（とよ）の誤りであるとも考えられている。

出典◉「**魏志**」**倭人伝**　晋の陳寿《ちんじゅ》（二三三～九七）が撰《えら》んだ『三国志』の中の「魏志」烏丸鮮卑《うがんせんび》東夷伝倭人条の俗称。魏の魚豢《ぎょかん》の『魏略』を手

くには、或は蹲《うずくま》り或は跪《ひざまず》き、両手は地に拠《よ》り、之が恭敬《きょうけい》を為す。対応の声を噫《あい》といふ。比するに然諾《ぜんだく》の如し。

④ **【女王卑弥呼】**

其《そ》の国、本亦《もとまた》男子を以て王と為《な》し、住《とど》まること七、八十年。倭国乱れ、相攻伐《あいこうばつ》すること歴年、乃《すなわ》ち共に一女子を立てて王と為す。名づけて卑弥呼《ひみこ》と曰《い》ふ。鬼道《きどう》に事《つか》へ❶、能《よ》く衆を惑《まど》はす。年已《すで》に長大なるも、夫壻《ふせい》無く、男弟《だんてい》有り、佐《たす》けて国を治む。王と為りしより以来、見ること有る者少なく、婢《ひ》千人を以て自《みずか》ら侍《じ》せしむ。唯《ただ》男子一人有り、飲食を給し、辞《じ》を伝へ居処《きょしょ》に出入す。宮《きゅう》室《しつ》・楼観《ろうかん》❷・城柵《じょうさく》、厳《おごそ》かに設け、常に人有り、兵を持《じ》して守衛す。

⑤ **【中国との交渉】**

景初《けいしょ》二年❶六月、倭の女王、大夫難升米《たいふなしめ》等を遣《つか》はし、郡❷に詣《いた》り、天子に詣りて朝献せむことを求む。太守《たいしゅ》❸劉夏《りゅうか》、吏《り》を遣はし、将《もつ》て送りて、京都《けいと》❹に詣らしむ。其の年十二月、詔書《しょうしょ》して倭の女王に報じて曰《のたま》はく、「……今汝《なんじ》を以て親魏倭王《しんぎわおう》と為し、金印紫綬《しじゅ》❺を仮《ゆる》し、装封《そうふう》して帯方《たいほう》の太守に付し、仮授《かじゅ》せしむ。……」と。

⑥ **【卑弥呼の死後】**

大率は常に伊都国におかれていて、それぞれの国にとって中国の刺史のような役割をしている。……下戸が大人と道で出会うと、後ずさりして道端の草むらに入る。言葉を伝えたり、説明するときは、うずくまったりひざまずいたりして、両手を地面につけて尊敬の意を表す。返事の声は「あい」というが、これは中国で承諾を示す返事のようなものである。

④ **【女王卑弥呼】**

邪馬台国はもと男子が王であったが、それが七、八十年続いた頃に、倭国に争乱が起こり、長年の間たがいに攻撃しあっていた。そこで国々は一人の女子を共立して王とした。その名は卑弥呼という。呪術《じゅじゅつ》をよくして、人々の心をとらえていた。すでにかなりの年齢であるが、夫をもたず、弟が補佐して国を治めていた。卑弥呼が王となってからは、彼女を見た者は少なく、侍女千人を侍《はべ》らせ、ただ一人の男子が飲食物を運び、言葉を取りつぐために出入りしていた。宮殿や物見櫓《やぐら》や城柵を厳重に設け、常時、兵器を持った人々が守衛している。

⑤ **【中国との交渉】**

魏の明帝の景初三（二三九）年六月、倭の女王は大夫難升米たちを帯方郡に派遣して天子に拝謁《はいえつ》し、献上品を奉ることを願い出た。帯方郡の太守劉夏は役人を派遣して、彼らを引率して魏の王都〔洛陽《らくよう》〕に送り届けた。その年の十二月、倭の女王にこたえた明帝の詔書には、「……いま汝を親魏倭王とし、金印紫綬を授け、封をして帯方郡太守に託して授けようと思う。

本にしたといわれ、史書としての成立年代は『後漢書』よりも古い。倭人の条の記述は、三世紀前半に倭に来た魏の使者の見聞に基づくものと考えられる。

設問1 **1**❶❷を読み、奴国王や帥升らは、なぜ中国の皇帝のもとへ使者を送ったか、説明しよう。
2❸を読み、卑弥呼が魏の皇帝から親魏倭王の称号を授けられたことには、どのような意味があったか、邪馬台国の国家としてのありかたや、対外関係を踏まえて説明しよう。

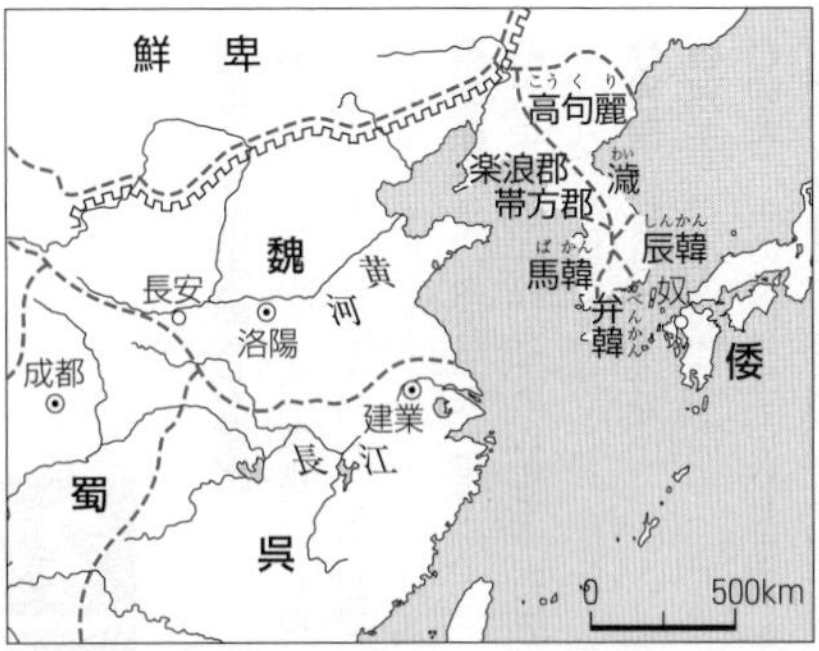

▲三世紀半ばの東アジア

卑弥呼以て死す。大いに家《つか》を作る。径百余歩、徇葬《じゅんそう》する者、奴婢《ぬひ》百余人。更に男王を立てしも、国中服せず、更々《こもごも》❶相誅殺《ちゅうさつ》し、当時千余人を殺す。復《ま》た卑弥呼の宗女《そうじょ》壹与《いよ》年十三なるを立てて王と為し、国中遂《つい》に定まる。……

（「魏志《ぎし》」倭人伝《わじんでん》）70

……」とあった。

⑥【卑弥呼の死後】 卑弥呼が死んだ時、大きな塚をつくった。その直径は百余歩で、殉葬された奴婢は百余人であった。新たに男王を立てたが、国中が服従せず、殺し合いが続いて、この時千余人が殺された。そこで再び卑弥呼の宗族の娘で十三歳の壹与が立てられて王となったところ、国内が安定した。……

解説

「魏志《ぎし》」倭人伝《わじんでん》には、三世紀頃の倭国の様子が詳細に記されている。中には誤りや誇張もあり、特に数字は信頼できないものもあるが、『漢書』で「百余国」とされた小国のうち、三十国が魏に朝貢《ちょうこう》していることが分かる。それらの国は「**邪馬台国**」と呼ばれる有力な国を中心に連合を形成し、単なる小国の分立状態から脱している。

邪馬台国の位置については諸説あり、帯方郡からの方位と里程を記述のまま信じると、九州南方の海上に存在することとなる。そこで、方位はそのままで里程を修正したものが**九州説**、里程はそのままで方位を東に修正したものが**近畿《きんき》説**である。いずれにしろ、倭人伝の記述のままでは矛盾が生じるが、これは実際よりも日本列島が南方にあると考える魏の認識によるもので、倭人伝に記される倭の習俗も南方的なものが多い。

また、王・大人《たいじん》・下戸《げこ》・奴婢《ぬひ》などの**身分制**がみられるほか、国々の市を監督する大倭《だいわ》や、諸国を監察する一大率《いちだいそつ》などの役職もあった。門戸や宗族といった親族組織や、**刑罰・租税の制度**も存在したとされる。

女王卑弥呼《ひみこ》は小国の連合により共同して立てられた支配者で、呪術《じゅじゅつ》による統治をしているが、「**男弟**」による補佐もあった。法や制度による支配はまだ十分にできあがっておらず、**祭政一致**の段階にあった。それは、卑弥呼の死後、再びシャーマン（巫女《みこ》）的な少女が王として立てられたことからも分かる。

対外関係では、小国連合に対する支配を強めるため、**魏**に朝貢してその権威を後ろ盾《だて》にしようとしている。これに対して、魏は呉《ご》と対立していたため、卑弥呼に「**親魏倭王《しんぎわおう》**」の称号や金印紫綬《きんいんしじゅ》を与えて厚遇し、東アジア世界の中で優位な立場を築こうとしている。

卑弥呼は**狗奴《くな》国**との戦乱のさなかに死去したと考えられる。奈良県の**箸墓《はしはか》古墳**は初期の**前方後円墳**であり、これを卑弥呼の墓にあてる説もある。卑弥呼の死後に男王を立てたが再び戦乱が起きたので、卑弥呼の一族の少女壹与《いよ》（臺与《とよ》）が立てられ、その**呪術的権威**により倭国内の戦乱はおさまったとされる。

2 ヤマト政権の成立と国土統一の進展

1 倭の朝鮮半島への進出

百残《ひゃくざん》❶・新羅《しらぎ》は旧是《もとこ》れ属民にして、由来朝貢《ゆらいちょうこう》す。而《しか》るに倭《わ》、辛卯《しんぼう》の年❷よりこのかた、海を渡りて百残を破り、新羅を□□し、以て臣民と為《な》す。六年丙申《へいしん》❸を以て、王躬《みずか》ら水軍を率《ひき》ゐて残国❹を討伐す。……而《しか》して残主❺困逼《こんひつ》して男女の生口《せいこう》一千人・細布千匹を献出し、王に跪《ひざまず》きて自ら誓ふ。「今従《よ》り以後、永く奴客《どきゃく》❻と為らむ」と。……九年己亥《きがい》、❼百残、誓に違《たが》ひ、倭と和を通ず。王、平《へい》穰《じょう》を巡下す。而して新羅の遣使、王に白《もう》して云《いわ》く、「倭人、其の国境に満ち、城池《じょうち》を潰破《かいは》し、奴客を以て民と為す。王に帰して命《めい》を請《こ》はむ」と。……十年庚子《こうし》、❽歩騎《ほき》五万を遣《つか》はして、往《ゆ》きて新羅を救はしむ。……十四年甲辰《こうしん》、❾而《すなわ》ち、倭、不軌《ふき》❿にも帯方界に侵入す。……倭寇《わこう》潰敗《かいはい》し、斬殺《ざんさつ》すること無数なり。

（高句麗好太王碑文《こうくりこうたいおうひぶん》）

◀倭の朝鮮半島への進出

❶**百残**　百済のこと。残は、いわゆる卑字で、百済を見下した表記である。
❷**辛卯の年**　西暦三九一年。
❸**六年丙申**　好太王の六年で、西暦三九六年にあたる。
❹**残国**　百済のこと。
❺**残主**　百済王のこと。
❻**奴客**　王の前にみずからを卑下《ひげ》していう言葉。
❼**九年己亥**　西暦三九九年。
❽**十年庚子**　西暦四〇〇年。
❾**十四年甲辰**　西暦四〇四年。
❿**不軌**　そむくこと。

出典◉高句麗好太王碑文　好太王（広開土王《こうかいどおう》）の子の長寿王が、父の功績を讃《たた》えるために、高句麗の王城、丸都《がんと》（現在の中華人民共和国吉林省集安市通溝《つうこう》）の地に、四一四年に建碑。高さ約六・三四m、幅約二mの方柱の四面に約一八〇〇字にわたって王の功績などが刻まれている。

通釈

百済および新羅はもともとわが高句麗に服属しており、従来から朝貢していた。ところが、辛卯年（三九一年）以来、倭が海を渡って百済と新羅を打ち破り、倭の臣民としてしまった。そのため、好太王の六年にあたる丙申年（三九六年）に王自ら水軍を率いて、百済を討伐した。……百済王は困り果てて男女の奴隷《どれい》一千人・細布千匹を献上し、好太王に帰順して自ら誓約し「これからのちは永く王に臣隷《しんれい》いたします」と誓った。……九年己亥の年（三九九年）に、百済は先の誓約を破って倭によしみを通じた。王は南下して平穰を巡視した。そのとき、新羅王の派遣した使者が、好太王に「倭人が新羅の国境にあふれ、城を打ち破り、王の臣下であるはずの新羅の民を臣民にしてしまっている。新羅王は好太王に帰順して、その指示を仰ぎたい」と申し上げた。……十年庚子の年（四〇〇年）に歩兵・騎兵を五万人派遣して、新羅を救援した。……十四年甲辰の年（四〇四年）、倭は再び約束にそむいて帯方地方に侵入した。……倭の賊は敗退し、斬殺されたものは数知れない。

解説

三世紀後半の壹与《いよ》（臺与《とよ》）による西晋への遣使以降、五世紀初めの倭の五王の記事まで、中国史書には日本についての記述がない。そのため、ヤマト政権の成立期にあたる四世紀の状況を記すものとして、「高句麗《こうくり》好太王碑文《こうたいおうひぶん》」は貴重な史料である。この碑文は、好太王（広開土王《こうかいどおう》、在位三九一〜四一二）の功績をたたえるため、子の長寿王《ちょうじゅおう》が四一四年に建てた碑であり、中国の鴨緑江《おうりょくこう》沿いの地（吉林《きつりん》省集安《しゅうあん》市）にある。石碑の四面にわたって文字が刻まれ、王家の由来や系譜、好太王の功績、王陵の守墓人についての規定などが記されている。

　高句麗は紀元前一世紀に興り、三一三年に楽浪郡《らくろうぐん》を滅ぼし、平壌《へいじょう》を都として成立した国である。碑文によれば四世紀後半、倭が高句麗の支配下にある新羅《しらぎ》・百済《くだら》の民を「臣民」にしたとあるが、この記述をすべて史実とすることはできない。ただし、南下政策をとる高句麗に対し、新羅や百済、そしてそれらと密接な関係にある倭が対立していたことは事実とみてよい。この時期、朝鮮半島ではこれらの国や加耶《かや》諸国の国家形成が進み、また日本列島では古墳が巨大化しているように、ヤマト政権の勢力が伸長していった。

　この碑文は十九世紀後半に発見されたものであるが、日本軍が碑文に石灰を塗って内容を改ざんしたとする説も出された。しかし、その後の調査により、石灰の塗布は拓本をつくる過程での碑文の補強が目的であることが明らかとなった。また、石灰塗布以前の拓本が新たに発見されたことにより、現在では改ざんの可能性が否定されている。

◀石上神宮七支刀（表）

2 倭と百済（石上神宮七支刀）

〔表〕泰《たい》□四年❶□(五)月十六日丙午《へいご》の正陽《せいよう》❷に百練《ひゃくれん》□(鉄)の七支刀を造る。□百兵を辟《さ》く❸。供供たる侯王《こうおう》を宜《よろ》しくす。□□□□の作。

〔裏〕先世以来、未《いま》だ此《こ》の刀有らず。百□□(済王)世□(子)、❹奇生聖音❺、故《ゆえ》に倭王旨❻の為《た》めに造り、□世に伝□せむとす。

（石上神宮七支刀銘《いそのかみじんぐうしちしとうめい》）

◀倭と百済（石上神宮七支刀）
❶**泰□四年**　東晋の太和四（三六九）年とする説が有力。ほかに、南宋の泰始四（四六八）年、北魏の太和四（四八〇）年などの説がある。
❷**丙午の正陽**　日中正午の意。火勢が最も強い時刻。
❸**百兵を辟く**　兵難から身を守るための吉祥句。
❹**百□□世□**　百済王とその世継ぎ。近肖古王とその王子貴須か。
❺**奇生聖音**　百済王貴須とする説が有力。
❻**倭王旨**　倭王讃とする説や、「倭王の御旨によって」と解する説などがある。

出典◉**石上神宮七支刀銘**　奈良県天理市にある物部《もののべ》氏の氏神《うじがみ》とされる石上神宮に伝えられた鉄剣。左右に三本ずつの小剣が枝分かれしている。剣の両面に六十一字の銘文が金象嵌《きんぞうがん》されている。

解説
石上神宮七支刀《いそのかみじんぐうしちしとう》の銘文には損傷《そんしょう》や錆《さび》のため判読困難な部分も多く、その解釈にも諸説ある。①『日本書紀』神功皇后《じんぐうこうごう》五十二年条にある「七枝刀」献上の記事と関連させ、百済《くだら》王世子（近肖《きんしょう》古《こ》王の太子、後の貴須《きす》王）が倭王に服属の証として献上したとする説、②当時の倭と百済の地位からみて、百済王が倭王に下賜したとする説、③中国の東晋が百済を介して倭王に下賜《かし》したとする説、④高句麗《こうくり》との対抗のため、対等な友好関係にある証として百済王が倭王に贈ったとする説などがある。

設問2　❶四世紀に倭が高句麗と交戦したことは、倭にどのような影響を与えたか説明しよう。
❷百済から日本列島へは、七支刀の他にどのようなものが伝えられたか、説明しよう。

❸ 倭の五王

高祖《こうそ》❶の永初《えいしょ》二年❷、詔《みことのり》して曰《のたま》はく、「倭讃《わさん》❸、万里《ばんり》貢《みつぎ》を修む。遠誠《えんせい》宜《よろ》しく甄《あきらか》にすべく、除授《じょじゅ》を賜《たま》うべし」と。太祖《たいそ》❹の元嘉《げんか》二年❺、讃、又司馬曹達《しばそうたつ》を遣《つか》はして表を奉《たてまつ》り方物を献ず。讃死して弟珍《ちん》❻立つ。使を遣はして貢献《こうけん》す。……二十年❼、倭国王済《せい》❽、使を遣はして奉献《ほうけん》す。復以《またもっ》て安《あん》東《とう》将軍倭国王と為《な》す。……済死して、世子興《せいしこう》❾、使を遣はして貢献す。……興死して、弟武《ぶ》❿立ち、自ら使持節都督《しじせっととく》⓫倭・百済《くだら》・新羅《しらぎ》・任那《みまな》・加羅《から》・秦韓《しんかん》・慕韓《ぼかん》⓬七国諸軍事安東大将軍倭国王と称す。

順帝《じゅんてい》⓭の昇明《しょうめい》二年⓮、使を遣はして表を上《たてまつ》りて曰《い》はく、「封国《ほうこく》⓯は偏遠《へんえん》にして藩を外に作《な》す。昔より祖禰《そでい》⓰躬《みずか》ら甲《かっ》冑《ちゅう》を擐《つらぬ》き、山川《さんせん》を跋渉《ばつしょう》して、寧処《ねいしょ》に遑《いとま》あらず⓱。東は毛人《もうじん》⓲を征すること五十五国、西は衆夷《しゅうい》⓳を服すること六十六国、渡りて海北を平《たいら》ぐること九十五国。……」と。詔《みことのり》して武を使持節都督倭・新羅・任那・加羅・秦韓・慕韓六国⓴諸軍事安東大将軍倭王に除す。

（『宋書《そうじょ》』倭国伝《わこくでん》）

【通釈】

永初二（四二一）年、宋の高祖は詔して言った。「倭讃が万里のかなたから貢物《みつぎもの》を献上してきた。遠くから忠誠をつくしており、顕彰に値するので、爵号《しゃくごう》を与えよ」と。

太祖の元嘉二（四二五）年、倭王の讃が司馬曹達を遣《つか》わして上表文を奉り貢物を献上した。讃が死んで、弟の珍が王となり、使者を派遣して貢物を献上した。……元嘉二十（四四三）年、倭国王の済が使を遣わして貢物を献上した。珍と同じく済も安東将軍倭国王に任命した。……済が死んで、あとつぎの興が使者を遣わして貢物を献上してきた。……興が死んで、弟の武が王位についた。武は使持節都督倭・百済・新羅・任那・加羅・秦韓・慕韓七国諸軍事安東大将軍倭国王と自称した。

順帝の昇明二（四七八）年、武は使者を遣わし上表文を奉った。その上表文には「わが国は、中国からは遥《はる》か遠くを領域としています。昔からわが先祖は自ら甲冑をまとい、山河をかけめぐり、休む暇もなく戦ってきました。東は毛人を征服すること五十五国、西は衆夷を服属させること六十六国、海を渡って北方を平定すること九十五国にものぼりました。……」とあった。そこで順帝は詔して、倭王武を使持節都督倭・新羅・任那・加羅・秦韓・慕韓六国諸軍事安東大将軍倭王に任命した。

◀倭の五王

❶**高祖**　宋の初代武帝。
❷**永初二年**　西暦四二一年。
❸**讃**　仁徳《にんとく》・履中《りちゅう》あるいは応神《おうじん》天皇とする説がある。
❹**太祖**　宋の第三代の文帝。
❺**元嘉二年**　西暦四二五年。
❻**珍**　『梁書《りょうしょ》』では彌《み》。仁徳天皇と反正《はんぜい》天皇の両説がある。
❼**二十年**　西暦四四三年。
❽**済**　允恭天皇。
❾**興**　安康天皇。
❿**武**　雄略天皇。
⓫**使持節都督**　中国の軍政官。
⓬**秦韓・慕韓**　辰韓《しんかん》・馬韓《ばかん》をさすが五世紀当時は存在しない。
⓭**順帝**　宋の第八代皇帝。
⓮**昇明二年**　西暦四七八年。
⓯**封国**　中国の天子から王として封ぜられた国。
⓰**祖禰**　父祖の意。
⓱**寧処に遑あらず**　休む間もないの意。
⓲**毛人**　東国の人々をさげすんだ語。
⓳**衆夷**　九州南部の人々をさげすんだ語。
⓴**六国**　武の上表文《じょうひょうぶん》では七国諸軍事安東大将軍を自称したが、すでに百済が宋に朝貢して、爵号を受けていたため、百済を除いた六国

諸軍事安東大将軍の称号が与えられた。

出典◉『宋書』 中国南朝の宋（四二〇～四七九年）の正史。梁《りょう》の沈約《しんやく》の撰。倭国伝は俗称で、正しくは夷蛮《いばん》伝といい、その中に倭国の条がある。

設問3 倭の五王が求めた官職には、なぜ朝鮮半島の国名が入っているか説明しよう。

解説 五世紀になると、倭《わ》国は中国南朝の宋《そう》に朝貢《ちょうこう》するようになった。使者を派遣した五人の倭国王は、**讃《さん》・珍《ちん》・済《せい》・興《こう》・武《ぶ》**で、**「倭の五王」**と呼ばれている。高句麗《こうくり》の強大化が進む中、倭は中国南朝から将軍号・国王号を与えられることにより、国内や朝鮮半島諸国における立場を優位にしようとした。一方、中国南朝も、北朝や朝鮮半島諸国と対抗する上で、倭国王が要請する朝鮮半島の軍事指揮権をある程度認めざるをえなかった。ただし、百済《くだら》を味方につける必要があったため、倭国王に与える称号の中に、すでに冊封《さくほう》していた百済を含めることは認めなかった。

「倭の五王」が『日本書紀』のどの天皇にあたるかは諸説あるが、済を允恭《いんぎょう》、興を安康《あんこう》、武を雄略《ゆうりゃく》にあてる点はほぼ異論がない。いずれもヤマト政権の大王の名の一部を、中国風に漢字一字で表したものと考えられる。『宋書』では、珍と済との血縁関係が不明であり、倭国王の系譜が血縁関係により継承されたかどうかは議論もある。

4 ワカタケル大王

一 稲荷山古墳出土鉄剣銘

辛亥《かのとい》の年❶七月中記す。乎獲居臣《おわけのおみ》、上《かみ》つ祖《おや》名は意冨比垝《おほひこ》、❷其《そ》の児多加利足尼《たかりのすくね》……其の児、名は乎獲居臣《おわけのおみ》、世々**杖《じょう》刀人《とうじん》**の首として、事《つか》へ奉《まつ》り来り今に至る。**獲加多支鹵《わかたける》大王**❸の寺、❹斯鬼《しき》宮❺に在る時、吾《われ》**天下**を左《たす》け治む。此《こ》の百練《ひゃくれん》の利刀を作らしめ、吾が事へ奉る根原を記すなり。（稲荷山古墳出土鉄剣銘《いなりやまこふんしゅつどてっけんめい》）

▶稲荷山古墳出土鉄剣（裏）

◀稲荷山古墳出土鉄剣銘

❶**辛亥の年** 四七一年説が有力。

❷**意冨比垝** 崇神紀《すじんき》の大彦命《おおひこのみこと》か。

❸**獲加多支鹵** 倭の五王の武にあたる雄略天皇と考えられている。雄略天皇は『古事記』および『日本書紀』でオオハツセノワカタケルと呼称されている。

❹**寺** ここでは役所を指す。

❺**斯鬼** 奈良盆地の東南部の磯城《しき》地方。

出典◉稲荷山古墳出土鉄剣銘 稲荷山古墳は埼玉県行田《ぎょうだ》市の埼玉《さきたま》古墳群の中にある前方後円墳。一九六八年の発掘調査で鉄剣が出土し、十年後の一九七八年に保存処理のためX線調査したところ金象嵌《きんぞうがん》で一一五の文字が発見された。

通釈 辛亥の年（四七一年）七月中に記す。乎獲居臣、その祖先は意冨比垝、その児多加利足尼……その児の名が乎獲居臣である。代々大王の親衛兵の長として朝廷に仕えてきた。獲加多支鹵大王（雄略《ゆうりゃく》天皇）の朝廷が斯鬼宮にあった時に、大王の統治を助けた。それでこのよく鍛練した刀を作らせて、自分が大王にお仕えしてきた由来を記すことにする。

二 江田船山古墳出土大刀銘

天の下《あめのした》治《しろしめ》しし**獲□□□鹵大王《わかたけるのおおきみ》**❶の世、奉《つかえ》□(事)《たてまつる》**典曹人《てんそうじん》**名は无《む》□(利)《り》弖《て》、八月中、大なる鐺釜《かま》、并《なら》びに四尺の廷刀《ていとう》❷を用ゐ、八十たび錬《ね》り、九十たび振《う》つ、三寸の上《すぐ》れて好《よ》き□刀なり。此《こ》の刀を服するものは長寿にして、子孫は注々、三恩を得る也。其《そ》の統《す》ぶる所を失はず。刀を作る者の名は、伊太加《いたか》、書ける者は張安《ちょうあん》なり。

(江田船山古墳出土大刀銘《えたふなやまこふんしゅつどたちめい》)

【通釈】

獲加多支鹵大王が天下を治《おさ》められる世に、典曹人として仕え、名は无□(利)弖という。八月中に、大きな釜と四尺の廷刀を用いて、よく鍛練《たんれん》した三寸の立派な刀を作った。この刀を帯《お》びる者は長寿に恵まれ、子孫もその恩恵を受けることができ、その支配するところも失うことはない。この刀を製作した者の名は伊太加、銘文を書いた者は張安である。

解説

稲荷山古墳《いなりやまこふん》出土鉄剣銘《てっけんめい》と**江田船山古墳《えたふなやまこふん》出土大刀銘《たちめい》**にはともに「**獲加多支鹵大王《わかたける》**」と記されており、それは**雄略《ゆうりゃく》天皇**(「倭《わ》の五王」の**武**)にあたることが有力視されている。前者は埼玉県、後者は熊本県で発掘されたものであることから、**ヤマト政権**が関東から九州まで支配下に置き、各地方の首長を従えていたことが分かる。『宋書《そうじょ》』の倭王武の上表文《じょうひょうぶん》には、武の時代までに倭王が支配領域を拡大したと記されており、これを裏付けるものである。このように広域を支配に入れたヤマト政権の君主号として、「**大王《おおきみ》**」の号はふさわしい。また、「杖刀人《じょうとうじん》」や「典曹人《てんそうじん》」のように、後の伴造《とものみやつこ》制につながる役職もみられる。

◀江田船山古墳出土大刀銘

❶**獲□□□鹵大王**　この部分には解読困難な字もあるが、稲荷山古墳鉄剣銘文の発見により、「獲加多支鹵」と読んで雄略天皇とする説が有力である。

❷**廷刀**　刀の素材の鉄鋌《てってい》のこと。

出典◉江田船山古墳出土大刀銘　江田船山古墳は熊本県玉名郡和水《なごみ》町の前方後円墳で、明治初年に鏡・冠帽をはじめ多数の遺物が発掘された。史料の大刀《たち》には銀象嵌《ぎんぞうがん》で七十五字が刻まれている。

3 大陸文化の摂取

1 渡来人の来往

(応神《おうじん》天皇十四年)是歳《このとし》、**弓月君《ゆづきのきみ》**❶、百済《くだら》より来帰す。因《よ》りて以《もっ》て奏して曰《もう》さく、「臣、己《おの》が国の

◀渡来人の来往

❶**弓月君**　秦氏《はた》の祖と伝えられる。秦《しん》の始皇帝《しこうてい》の末裔《まつえい》というが、確証はない。

人夫《たみ》百 廿《(二十)》県を領《ひき》ゐて帰化す。然《しか》れども新羅《しらぎ》人の拒《ふせ》ぐに因《よ》りて、皆加羅《から》国❷に留《とどま》れり」と。爰《ここ》に葛《かつ》城襲津彦《らぎのそつひこ》❸を遣《つか》はして弓月の人夫を加羅に召す。『日本書紀《にほんしょき》』

(応神天皇十五年秋八月)丁卯《ひのとう》、百済の王、**阿直岐**《あちき》を遣はして良馬二匹を貢《たてまつ》る。……阿直岐、亦《また》能《よ》く経典《ふみ》を読めり。即《すなわ》ち太子菟道稚郎子《うじのわきいらつこ》❹の師としたまふ。是《ここ》に天皇、阿直岐に問ひて曰《のたま》はく、「如《も》し汝《いまし》に勝《まさ》れる博士、亦有りや」と。対《こた》へて曰はく、「**王仁**《わに》❺といふ者有り、是《こ》れ秀《すぐ》れたり」と。……仍《よ》りて王仁を徴《め》さしむ。……十六年春二月、王仁来れり。則ち太子菟道稚郎子、師としたまふ。……所謂《いわゆる》王仁は、是れ書 首《ふみのおびと》❻等の始祖《しそ》なり。『日本書紀』

(応神天皇二十年秋九月)倭 漢 直《やまとのあやのあたい》❼の祖、**阿知使主**《あちのおみ》、其の子都加使主《つかのおみ》、並びに己が党類十七県を率ゐて来帰す。『日本書紀』

❷**加羅国**　朝鮮半島南部の加耶地域に属した小国の一つ。
❸**葛城襲津彦**　四～五世紀の大和の有力氏族であった葛城氏の祖の一人。
❹**菟道稚郎子**　応神《おうじん》天皇の皇子、仁《にん》徳《とく》天皇の弟。
❺**王仁**　阿直岐の推薦で百済から招かれた。応神天皇の時に来朝し、『論語《ろんご》』十巻、「千字文《せんじもん》」一巻を伝来したと記されている。
❻**書首**　文首とも書き、東 文氏《やまとのふみうじ》に対して、西 文氏《かわちのふみうじ》ともいう。
❼**倭漢直**　秦氏と並ぶ渡来系氏族の雄族で、東漢氏とも書く。直は姓《かばね》の一種。

出典◉『**日本書紀**』　七二〇年に完成した、わが国最初の正史。神代より持統《じとう》天皇までの時代を漢文の編年体で著《あらわ》す。

解説　**渡来人**《とらいじん》に関する伝承は、『古事記』『日本書紀』の応神《おうじん》天皇の段に集中しており、複数の渡来伝承をまとめて記したと考えられる。そのため、すべてが史実とはいえないが、飛鳥文化の発展に貢献した「今来漢人《いまきのあやひと》」より前に、渡来人集団が存在したことは確かである。こうした朝鮮半島からの渡来人は、機織《はたお》り・金属工芸・製陶《せいとう》・土木工事などの技術や、馬の飼育・乗馬方法・文字の知識などをもたらした。ヤマト政権は、渡来人を韓鍛冶部《からかぬちべ》・陶 部《すえつくりべ》・錦織《にしごり》部《べ》・鞍作部《くらつくりべ》などの**部**に編成し、技術や知識を独占して、日本列島の支配を強化した。

四世紀～五世紀		**楽浪郡・帯方郡からの渡来 — 漢人《あやひと》** 新しい技術の招来 機織・金属工芸・製陶・土木技術 馬の飼育や乗馬法・文字の知識など おもな渡来伝承(応神朝) 弓月君……秦氏の祖　京都府南部 阿知使主…東漢氏の祖　奈良盆地南部 王仁………西文氏の祖　河内平野
六世紀～七世紀前半		**百済・加羅(任那)など朝鮮半島からの渡来 — 今来漢人《いまきのあやひと》** 中国の南北朝系統の新しい文化や技術 中央集権的な国家制度の進展と飛鳥文化の発達に大きな役割
	継体	五経博士の招来(百済から) 司馬達止　仏教私伝(522年?)
	欽明	538年／552年仏教公伝(百済から) 易・暦・医博士渡来
	推古	595年慧慈(高句麗)　聖徳太子の師 602年観勒(百済)　暦法・天文・地理 610年曇徴(高句麗)　彩色・紙墨の法

▲おもな渡来人

2 仏教の伝来と受容

一 仏教の公伝

【戊午《つちのえうま》（五三八）年説】志癸嶋《しきしま》天皇❶の御世《みよ》、戊午《つちのえうまの》年《とし》❷の十月十二日、**百済《くだら》国主明《めい》王**❸、始めて仏像経教并《あわ》せて僧等を度《わた》し奉る。勅《ちょく》して**蘇我稲目宿禰大臣《そがのいなめのすくねのおおおみ》**❹に授《さず》けて興隆せしむる也。

『上宮聖徳法王帝説《じょうぐうしょうとくほうおうていせつ》』

【壬申《みずのえさる》（五五二）年説】（欽明《きんめい》天皇十三年❺）冬十月、**百済の聖明王《せいめいおう》**、更の名は聖王。西部《せいほう》❻姫氏達率《きしだちそち》❼奴唎斯《ぬりし》致契《ちけい》らを遣はし、釈迦仏《しゃかぶつ》の金銅像一軀《ひとはしら》、幡蓋《はたきぬがさ》❽若干《そこら》、経論《きょうろん》若干《そこら》巻《まき》を献《たてまつ》る。……乃《すなわ》ち群臣に歴問《となめと》ひて曰《のたま》はく、「西蕃《にしのとなりのくに》の献れる仏の相貌《かお》端厳《きらぎら》し❾。全《もは》ら未《いま》だ曾《かつ》て有らず。礼《いやま》ふべきや不《いな》や」と。**蘇我大臣稲目宿禰**奏して曰《もう》さく、「西蕃の諸国、一《もはら》に皆礼ふ。豊秋日本《とよあきつやまと》❿、豈独《あにひと》り背《そむ》かむや」と。**物部大連尾輿《もののべのおおむらじおこし》・中臣連鎌子《なかとみのむらじかまこ》**、同じく奏して曰さく、「我が国家《みかど》の天《あめ》の下《した》に王《きみ》とましますは、恒《つね》に天地社稷《あまつやしろくにつやしろ》の百八十神《ももあまりやそがみ》を以て、春夏秋冬、祭拝《まつ》りたまふことを事《わざ》とす。方《まさ》に今改めて蕃神《あだしくにのかみ》を拝《おが》みたまは

◀仏教の公伝

【戊午（五三八）年説】

❶志癸嶋天皇　欽明天皇。

❷戊午年　五三八年。

❸明王　聖明王《せいめいおう》のこと。

❹蘇我稲目宿禰大臣　大臣の蘇我稲目（馬子《うまこ》の父）。ここでの宿禰は敬称。

【壬申（五五二）年説】

❺欽明天皇十三年　五五二年。

❻西部　百済の行政区画の五部のひとつ。

❼達率　百済の官品（官位）で第二階。

❽幡蓋　幡は寺院の荘厳具で、竿《さお》につけて垂《た》らした旗《はた》。蓋は仏像の上にかざす天蓋《てんがい》のこと。

❾相貌端厳　顔形《かおかたち》が端整《たんせい》で、美しいさま。

❿豊秋日本　日本の美称。

出典◉『上宮聖徳法王帝説』　厩戸王（聖徳太子）の伝記集で、王の事績・系譜・伝説などを、平安中期に集大成したもので、編者は不明。記紀と異なる記事も多く載せ、史料として貴重。

【通釈】

【戊午（五三八）年説】　欽明天皇の治世の戊午の年（五三八年）の十月十二日、百済の国主明王（聖明王）が初めて仏像・経文を伝え、僧侶をおくってきた。そこで天皇は大臣蘇我稲目に仏像などを授けて、仏教を興隆させた。

【壬申（五五二）年説】　欽明天皇十三（五五二）年冬十月に、百済の聖明王、またの名を聖王という王が、西部姫氏達率奴唎斯致契らを遣わし、釈迦仏の金銅の像一体、幡蓋若干、経論若干巻を献上してきた。……群臣の一人一人に「西の隣国から献上してきた仏の顔は美しくおごそかで、今まで見たこともないものだ。礼拝すべきか否か」とたずねた。蘇我大臣稲目は、「西の隣の諸国がみな礼拝しております。日本だけがそれに背くべきではありません」と申し上げた。物部大連尾輿と中臣連鎌子は、ともに「わが国を統治されている王として、常に天地の神々への春夏秋冬の祭礼をそのつとめとしておられます。それなのに、今あらためて外国からの神を礼拝されるならば、恐らくはわが国の神々の怒りを招くことになりましょう」と申し上げた。天皇は「礼拝を願っている稲目宿禰に授け、試みに礼拝させてみることにしよう」といった。

ば、恐るらくは国神《くにつかみ》の怒《いかり》を致したまはむ」と。天皇曰はく、「宜《よろ》しく情願《こころねが》ふ人、稲目宿禰に付けて、試《こころみ》に礼ひ拝ましむべし」と。

『日本書紀《にほんしょき》』

二 仏教の私伝

第廿七《(二十七)》代継体《けいたい》天皇即位十六年❶壬寅《みずのえとら》、大唐《もろこし》の漢人《あやひと》案部《くらつくりの》村主《すぐり》司馬達止《しばたつと》、❷此《この》年の春二月に入朝す。即《すなわ》ち草堂《そうどう》を大和国高市《たけち》郡坂田原に結びて、本尊を安置し、帰依礼拝《きえらいはい》す。世を挙《あ》げて皆云《い》ふ。是《こ》れ大唐の神なりと。

『扶桑略記《ふそうりゃくき》』

解説

六世紀中頃の欽明《きんめい》朝には、**百済《くだら》**の**聖明王《せいめい》**から仏像・仏具・経典などが日本に伝えられた。この「仏教公伝」の年代には二説あり、『上《じょう》宮聖徳法王帝説《ぐうしょうとくほうおうていせつ》』と『元興寺伽藍縁起《がんこうじがらんえんぎ》幷《ならびに》流記資財《るきしざい》帳《ちょう》』に基づくと五三八年、『日本書紀』では五五二年になるが、前者の方が有力である。また、それより早く、渡来人《とらいじん》の司馬達止《しばたつと》により民間ルートでの伝来があったと『扶桑略記《ふそうりゃくき》』に記されている。

百済が仏教などの先進文化を日本に伝えた背景には、百済が高句麗《こうくり》・新羅《しらぎ》の圧迫を受けていたことがあり、日本と提携するための手段として仏教を利用したと考えられる。日本としても、中国との直接交渉がない時代にあって、百済経由で文化を受容する必要があった。また、仏教は教養のみでなく、建築や金属工芸、漢字、暦法などの先進文化とも密接に結びついていたことから、受容のメリットが大きかった。

崇仏派《すうぶつ》の蘇我《そが》氏と**排仏派《はいぶつ》**の物部《もののべ》氏・中臣《なかとみ》氏との間で争いがあったとされるが、これにはむしろ政治的主導権の争いが関係していたとされている。

なお、当時の仏教は氏《うじ》の繁栄や病気平癒《へいゆ》などを祈願し、祖先祭祀と結びついた呪術《じゅじゅつ》的なもので、仏は在来の神々と共存する「蕃神《あだしくにのかみ》」と捉えられていた。

『日本書紀』 本書三二ページ参照。

◀仏教の私伝

❶**継体天皇即位十六年** 五二二年。

❷**司馬達止** 司馬達等とも表記される(『日本書紀』敏達《びだつ》紀)。鞍作《くらつくり》氏の祖で、鞍作鳥《とり》(止利仏師《とりぶっし》)の祖父にあたる。

出典◉**『扶桑略記』** 平安末期に成立した歴史書。延暦寺の僧皇円《こうえん》の著。神武《じんむ》天皇から堀河《ほりかわ》天皇までの記事があり、漢文の編年体で記されている。内容は仏教関係のものが多い。

設問4 ❶❶を読み、ヤマト政権は渡来人をどのように掌握し、支配に利用したか、説明しよう。
❷仏教が百済経由で公伝されたことの国際的背景について説明しよう。

4 中央集権への歩み

1 磐井《いわい》の乱

（継体《けいたい》天皇）二十一年❶夏六月の壬辰《みずのえたつ》の朔《ついたちきのえうま》甲午に、近江毛野臣《おうみのけぬのおみ》、衆《いくさ》六万を率《い》て、任那《みまな》に往《ゆ》きて、新羅《しらぎ》に破られし南加羅《から》❷・喙己呑《とくことん》❸を為復《かえ》し興建《た》てて、任那に合《あわ》せむとす。是《ここ》に、**筑紫国造磐井**《つくしのくにのみやつこいわい》、陰《ひそか》に叛逆《そむ》くことを謨《はか》りて、……恒《つね》に間隙《ひま》を伺《うかが》ふ。新羅、是《これ》を知りて、密《ひそか》に貨賂《まいない》を磐井が所《もと》に行《おく》りて、勧《すす》むらく、毛野臣の軍《いくさ》を防遏《た》へよと。❹是に、磐井、火《ひのくに》・豊《とよのくに》、❺二つの国に掩《おそ》ひ拠《よ》りて、使修職《つかえまつ》らず（磐井は火・豊の二国にも勢力を張って朝廷の職務を行わなかった）。……

二十二年の冬十一月の甲寅《きのえとら》の朔甲子《きのえね》に大将軍**物部大連麁鹿火**《もののべのおおむらじあらかひ》、❻親《みずか》ら賊の帥《ひとごのかみ》❼磐井と、筑紫の御井《みい》郡❽に交戦《あいたたか》ふ。……遂《つい》に磐井を斬《き》りて、果して疆場《さかい》❾を定む。十二月に、筑紫君葛子《つくしのきみくずこ》、父のつみに坐《よ》りて誅《つみ》せられむことを恐《おそ》りて、**糟屋屯倉**《かすやのみやけ》❿を献《たてまつ》りて、死罪贖《あがな》はむことを求《もう》す（死罪を償いたいと申し出た）。

『日本書紀《にほんしょき》』

◀磐井の乱

❶**継体天皇二十一年**　五二七年。

❷**南加羅**　金官加羅国（現在の慶《キョン》尚南道《サンナムド》金海《キメ》付近）とその周辺地域。

❸**喙己呑**　慶尚北道《プクド》 慶山《キョンサン》付近か。

❹**防遏へよ**　防ぎ止めよ。

❺**火・豊**　火は肥前《ひぜん》・肥後《ひご》の肥、豊は豊前《ぶぜん》・豊後《ぶんご》の豊。

❻**物部大連麁鹿火**　『古事記』には物部荒甲《あらかひ》・大伴金村二人が派遣されたと記す。

❼**帥**　首領。

❽**筑紫の御井郡**　現福岡県三井《みい》郡・久留米市付近。

❾**疆場**　境界。

❿**糟屋屯倉**　現福岡県糟屋郡付近に置かれた屯倉。

出典◉『**日本書紀**』　本書三一ページ参照。

設問5　磐井の乱の後に、屯倉が設置されるようになったことのヤマト政権にとっての意義について説明しよう。

解説

五世紀後半から六世紀前半にかけて、ヤマト政権が地方支配を強化したため、吉《き》備《び》氏の反乱や武蔵国造《むさしのくにのみやつこ》の抗争など、有力な**地方豪族**の反乱が各地で起きた。磐井《いわい》の乱はそのなかでも最大級の反乱であった。

五二七年、ヤマト政権は新羅《しらぎ》の「任那《みまな》」（加耶《かや》地域）進出に対抗して、近江毛野《おうみのけぬ》が率いる大軍を派遣しようとした。これに対し、新羅と結んだ**筑紫君磐井**《つくしのきみいわい》が北九州で反乱を起こしたが、物部麁鹿火《もののべのあらかひ》と大伴金村《おおとものかなむら》により討たれた。

ヤマト政権はこうした反乱をおさえ、地方豪族の支配領域に大王の直轄地である**屯倉**《みやけ》を設置することで、さらに支配を強めた。統一国家の形成へと進んでいったのである。

第2章 律令国家の形成と展開

1 推古朝の政治と飛鳥文化

1 推古朝の政治

一 憲法十七条

（推《すい》古《こ》天皇十二年）❶夏四月丙寅《ひのえとら》の朔《ついたちつちのえたつ》戊辰、皇太子、親《みずか》ら肇《はじ》めて憲法十七条を作りたまふ。

一に曰《い》はく、**和《やわらぎ》を以《もっ》て貴《とうと》しと為《な》し**、❷**忤《さから》ふることなきを宗《むね》とせよ**。人皆党《たむら》❸有り、亦達《またさと》れる者少《すくな》し。是《ここ》を以て、或《あるい》は君父に順《したが》はず、乍隣里《またりんり》に違《たが》ふ。然《しか》れども上和《かみやわ》らぎ、下睦《しもむつ》びて、事を論《あげつら》ふに諧《かな》ふときは、則《すなわ》ち事理《ことわり》自《おのずか》ら通ふ。❹何事か成らざらむ。

二に曰はく、**篤《あつ》く三宝《さんぼう》を敬《うやま》へ**。三宝とは仏《ほとけ》・法《のり》・僧《ほうし》なり。❺……

三に曰はく、**詔《みことのり》を承《うけたまわ》りては必ず謹《つつし》め**。**君は則ち天《あめ》とし、臣《やつこら》は則ち地《つち》とす**。天は覆《おお》ひ、地は載《の》す。四時順《めぐ》

通釈

推古天皇の十二年目（六〇四年）の夏四月三日に皇太子は、自らはじめて憲法十七条を作った。

一にいう。和を大切にし、人といさかいをせぬようにせよ。人には皆それをとりまく仲間や派閥があって、道理《どうり》をさとっている者もまた少ないものである。それゆえに、とかく君主や父に逆らったり、まわりの人々とも仲違いを起こしたりする。しかし、上にたつ者と下の者とが、なごやかに睦《むつま》じく意見を出し合えば、自然と事は筋道に適《かな》い、すべての事がうまく運ぶであろう。

二にいう。厚く三宝を崇敬《すうけい》しなさい。三宝とは仏と、その教えと、その教えを説く僧侶のことである。……

三にいう。天皇の命をうけたならば、必ずそれに従え。君は天、臣は地。天が万物を覆《おお》い、

◀憲法十七条

❶**推古天皇十二年**　六〇四年。

❷**和を以て……為し**　『論語《ろんご》』や『礼記《らいき》』など儒教《じゅきょう》の書物を典拠《てんきょ》にしている。

❸**党**　派閥や仲間。朋党の存在は国家にとって害がある、とする考えは中国の法家《ほうか》の思想にみられる。

❹**事理自ら通ふ**　道理が自然に通じる。

❺**仏・法・僧**　仏教のこと。仏は悟《さと》りをひらいた者、法はその教え、僧はその教えを伝える者。

り行きて、万気《ばんき》通ふことを得《う》。❻……

四に曰はく、群卿百寮《まえつきみたちつかさつかさ》、❼礼《いやび》を以て本《もと》と為《せ》よ。其《そ》れ民を治むるの本は要《かなら》ず礼に在り。……

十一に曰はく、功過❽を明察して、賞罰は必ず当《あ》てよ。……

十二に曰はく、国司《くにのみこともち》❾国造《くにのみやつこ》、百姓《おおみたから》に斂《おさ》めとること勿《なか》れ。❿国に二《ふたり》の君非《あら》ず、民に両《ふたり》の主《あるじ》なし。……

十五に曰はく、私を背《そむ》きて公に向《ゆ》くは、是《こ》れ臣の道なり。……

十六に曰はく、民を使ふに時を以てするは、⓫古《いにしえ》の良き典《のり》なり。……

十七に曰はく、夫《そ》れ事を独《ひと》り断《さだ》むべからず。必ず衆《もろもろ》とともに論《あげつら》ふべし。……

『日本書紀《にほんしょき》』

地は万物を載《の》せる。それによって四季は正しく移りゆき、万物が活動できるのである。……

四にいう。役人たちはみな礼をものごとの基本とせよ。民を治める根本はすべて礼にある。

十一にいう。役人の功績・過失をはっきりとみて、賞罰を厳格にせよ。……

十二にいう。国司や国造は百姓を私的に収奪《しゅうだつ》してはならない。国に二人の君はなく、民に二人の主人はいない。……

十五にいう。私心を去って公に尽くすのが、臣下たるものの道である。……

十六にいう。民を使役《しえき》するのに時節《じせつ》を考えよ、ということは昔からのよるべき教えである。……

十七にいう。ものごとは、独断で行ってはならない。必ず皆でよく議論を尽くして事にあたれ。……

❻四時順り……通ふ　季節の移りかわりが順調にすすみ、人畜草木《じんちくそうもく》に生気が通《かよ》うこと。

❼群卿百寮　群卿は天皇の前に伺候《しこう》する高い身分の者。百寮はすべての官司のこと。群卿百寮ですべての官人を意味する。

❽功過　功績と過失。

❾国司　国司の設置記事は「改新之詔《かいしんのみことのり》」が最初である。そのため、「憲法十七条偽作《ぎさく》説」の論拠の一つとされてきた。この条文の国司は天皇の「御言《みこと》」を国造らに伝え、彼らを統括するために派遣された官人で、律令制で設置された国司とは異なるものと考えれば、矛盾しない。

❿斂めとること勿れ　収奪《しゅうだつ》してはならない。

⓫時を以てする　民の生業を妨《さまた》げない時期に行うこと。

出典◉**『日本書紀』**　本書三二ページ参照。

解説

六世紀末、崇峻《すしゅん》天皇の暗殺後、**推古天皇《すいこ》**が即位した。以後、推古天皇は**厩戸王《うまやと》**（**聖《しょう》徳太子《とくたいし》**）・**蘇我馬子《そがのうまこ》**とともに共同執政を行ったとされる。ただし、唯一の皇位継承者を定める皇太子制は未確立で、厩戸王が任命されたとする摂政《せっしょう》も平安時代のそれとは異なり、有力王族による政治参加を指すと考えられる。推古朝の内政では、他に**「冠位十二階」**の制定や仏教奨励、『天皇記』・『国記』の編纂《へんさん》などがある。

「憲法十七条」は日本最初の成文法とされ、豪族たちに**官僚としての政治理念**や道徳的訓戒《くんかい》を説き、**天皇**（大王）**を中心とした官僚制の形成**を目指すものであった。条文には、仏教・儒教・法家思想の影響がみられ、陰陽の極数である八と九の和が条文数とされている。「国司」など当時の用語ではないものが使われているため、偽作《ぎさく》説もある。しかし、後世に手が加えられた部分もあるものの、全てが偽作とはいえないだろう。

◀遣隋使

❶開皇二十年　開皇は隋の高祖文帝の年号で、六〇〇年にあたる。

二　遣隋使

開皇《かいこう》二十年❶、倭王姓は阿毎《あめ》、字《あざな》は多利思比孤《たりしひこ》❷、**阿輩《おお》雞彌《きみ》**❸と号す。使を遣《つか》はして闕《けつ》❹に詣《いた》る。**上《しょう》❺、所司をして其の風俗を訪ね令《し》む。**使者言ふ、「倭王は天を以て兄と為《な》し、日を以て弟と為す。天未《いま》だ明けざる時、出でて政《まつりごと》を聴き、跏趺《かふ》❻して坐《ざ》す。日出づれば便《すなわ》ち理務《りむ》❼を停《とど》め、我が弟に委《ゆだ》ねんと云ふ」と。高祖《こうそ》❽曰《のたま》はく、「**此《こ》れ太《はなは》だ義理なし**❾」と。……

大業《たいぎょう》三年❿、其《そ》の王多利思比孤、使を遣はして朝貢《ちょうこう》す。使者曰《い》はく「聞く、海西の菩薩《ぼさつ》天子⓫、重ねて仏法を興《おこ》すと。故《ゆえ》に遣はして朝拝《ちょうはい》せしめ、兼《か》ねて沙門《しゃもん》⓬数十人をして、来りて仏法を学ばしめん」と。其の国書に曰はく「**日出《い》づる処《ところ》の天子、書を日没《ぼつ》する処の天子に致す。恙《つつが》無きや**⓭云々《うんぬん》」と。**帝⓮之《これ》を覧《み》て悦《よろこ》ばず**、鴻臚卿《こうろけい》⓯に謂《い》ひて曰はく「蛮夷《ばんい》の書、無礼なる者有り、復《ま》た以《もっ》て聞《ぶん》する勿《なか》れ⓰」と。明年、**上⓱、文林郎裴清《ぶんりんろうはいせい》⓲を遣はして倭国に使せしむ。**

（『隋書《ずいしょ》』倭国伝《わこくでん》）

（推古《すいこ》天皇十五年⓳）秋七月戊申《つちのえさる》の朔庚戌《ついたちかのえいぬ》に、大礼《だいらい》⑳

❷多利思比孤　天皇の諱《いみな》の「タラシヒコ」のことと考えられる。天皇一般の称号として用いられたとすれば、推古天皇にあたるが、ヒコは男性を示す語であるから、厩戸王を指すという説もある。
❸阿輩雞彌　オホキミ（大君）あるいは、アメキミ（天君）。
❹闕　宮廷のことで、ここでは隋の都長安《ちょうあん》を指す。
❺上　ここでは文帝。
❻跏趺　あぐら。
❼理務　政務の処理。
❽高祖　文帝。
❾義理なし　道理に合わない。
❿大業三年　大業は煬帝の年号で、六〇七年にあたる。
⓫菩薩天子　隋の天子煬帝を指す。
⓬沙門　僧侶のこと。
⓭恙無きや　お元気ですか、の意。
⓮帝　煬帝。
⓯鴻臚卿　隋の官。外国からの朝貢や交易を扱う役所の長官。
⓰聞する勿れ　耳にいれるな。
⓱上　ここでは煬帝。
⓲文林郎裴清　文林郎は官名で、裴清は『日本書紀』では裴世清とみえる。
⓳推古天皇十五年　六〇七年。

通釈

開皇二十（六〇〇）年、倭の王は、姓がアメ、字はタリシヒコであり、オオキミと称している。使者を派遣して、隋《ずい》の朝廷に到った。文帝は担当の役人にその風俗を尋ねさせた。使者はこう言った。「倭王は天を兄とし、太陽を弟としている。夜が明けないうちに、政殿に出て政治を行い、その間にあぐらをかいて座っている。太陽が出ると政務をやめ、私の弟である太陽に任せようという。」文帝は「それはとても道理に合わない。」と言った。……

大業三（六〇七）年、倭の王タリシヒコが使者を派遣して朝貢してきた。使者が言うには、「海西の菩薩のような天子が、今までよりさらに仏教を興隆《こうりゅう》なさっていると聞いている。それ故に使者を派遣して朝拝させ、同時に僧侶数十人を遣わして、仏法を学ばせたい」と。その国書には、「太陽が昇るところにいる天子が、書を太陽が沈むところにいる天子に届ける。無事息災《そくさい》でおられるか。」と書かれていた。煬帝《ようだい》はこれを見て、不機嫌になり、鴻臚卿に「蛮人の国書に無礼きわまるものがあるならば、二度と奏上するでない。」と言った。翌年、煬帝は文林郎の裴清を倭国に使者として派遣した。

推古天皇の十五（六〇七）年、秋七月三日に、大礼小野妹子を隋に派遣した。鞍作福利を通訳とした。……十六（六〇八）年、夏四月小野臣妹子が隋から帰国した。隋は妹子を蘇因高と名

⑳大礼 冠位十二階の第五階。
㉑通事 通訳のこと。
㉒蘇因高 小野妹子の名を音で表した唐名。
㉓日文 旻《みん》に同じ。

出典◉『隋書』 隋（五八一～六一八年）の正史。唐の初期、魏徴《ぎちょう》らの撰。
『日本書紀』 本書三二ページ参照。

設問1 ❶一の憲法十七条の十二条にみえる「国に二の君非ず、民に両の主なし」とは、どのようなことを言おうとしているか、説明しよう。
❷隋の皇帝の煬帝が倭国の国書をみて激怒した理由について、三の国書の中の表現に注目して説明しよう。

小野臣妹子《おののおみいもこ》を大唐《もろこし》に遣《つか》はし、鞍作福利《くらつくりのふくり》を以て通事《つうじ》と㉑為《な》す。……

十六年夏四月小野臣妹子、大唐より至る。唐国《もろこしのくに》、妹子臣《おみ》を号《なづ》けて蘇因高《そいんこう》㉒と曰ふ。即《すなわ》ち大唐の使人**裴世清**《はいせいせい》、下客《しもべ》十二人、妹子臣に従ひて、筑紫《つくし》に至る。……（九月）辛巳《かのとみ》、唐客裴世清罷《まか》り帰る。則《すなわ》ち復《ま》た小野妹子臣を以て大使となし……唐客に副《そ》へて遣はす。爰《ここ》に天皇、唐帝を聘《とぶら》ふ。其《そ》の辞《ことば》に曰はく「東《やまと》の天皇、敬《つつし》みて西《もろこし》の皇帝に白《もう》す。……」と。是《こ》の時に唐国に遣はせる学生は、倭漢直福因《やまとのあやのあたいふくいん》・奈羅訳語恵明《ならのおさえみょう》・**高向漢人玄理**《たかむこのあやひとげんり》・新漢人大圀《いまきのあやひとだいこく》・学問僧**新漢人日文**《にちもん》㉓・**南淵漢人請安**《みなぶちのあやひとしょうあん》・志賀漢人恵隠《しがのあやひとえおん》・新漢人広済《こうさい》ら幷《あわ》せて八人なり。
『日本書紀』

付けた。隋の使節裴世清と従者十二人とが、妹子に従って筑紫に到着した。……九月十一日に隋の客人の裴世清が帰途についた。よって再び小野臣妹子を大使とし、……隋の客人に随行させた。天皇は隋の皇帝の煬帝に挨拶のことばを送り「東の天皇が、謹《つつし》んで西の皇帝に申し上げます……」と書いた。この時、隋に派遣された者は、学生の倭漢直福因・奈羅訳語恵明・高向漢人玄理・新漢人大圀、および学問僧の新漢人日文・南淵漢人請安・志賀漢人恵隠・新漢人広済ら、あわせて八人である。

解説

五八九年に中国を統一した**隋**《ずい》は、高句麗《こうくり》を攻撃するなど朝鮮半島にも影響力を及ぼした。朝鮮半島三国は次々と隋に朝貢し、倭《わ》国も遅ればせながら隋に遣使する。倭は六世紀後半に失った加耶《かや》地域における影響力の回復を目指し、新羅を攻撃したが、成果をあげられなかった。そうした中で新羅が隋から冊封をうけたため、倭も朝鮮半島諸国の問題を有利に進める目的で、隋に朝貢したのである。

『隋書』にある六〇〇年の遣使は、『日本書紀』に記録がない。これは、この遣隋使が政務のあり方について、隋の高祖から「太《はなは》だ義理なし」と言われたことも関係するのであろう。以後、冠位十二階などの政策が実施されていく。しかし、六〇七年の倭の国書は隋皇帝と天皇をともに**「天子」**と記し、対等関係を求めたものと隋皇帝に解釈され、激怒された。それでも隋が倭に使者を派遣したのは、高句麗と交戦中の隋にとって、倭との関係は無視できなかったためと考えられる。やがて、帰国した遣隋使や留学生・留学僧は、新知識をもって「大化の改新」に大きな役割を果たす。

2 飛鳥文化

一 仏教の興隆

(推古《すいこ》天皇三十二年)❶秋九月甲戌《きのえいぬ》の朔《ついたち》丙子《ひのえね》に、寺及び僧尼を校《かんが》へて❷、具《つぶさ》に其《そ》の寺の造れる縁《ことのよし》❸、亦《また》僧尼の入道《おこな》ふ縁《ことのよし》、及び度《いえで》せる❹年月日を録《しる》す。是の時に当りて、寺四十六所❺、僧八百十六人、尼五百六十九人、幷《あわ》せて一千三百八十五人有り。

『日本書紀《にほんしょき》』

解説

五九四(推古《すいこ》天皇二)年には、厩戸王《うまやと》と蘇我馬子《そがのうまこ》に対して、三宝《さんぽう》(仏教)を興隆《こうりゅう》せよという詔が出されている。これを機に、様々な氏族がきそって寺院を建立するようになった。こうした各氏族の寺を氏寺《うじでら》という。

この時代の代表的な寺院として、蘇我氏や厩戸王による創建とされる**飛鳥寺《あすかでら》(法興寺《ほうこうじ》)**・**四天王寺《してんのうじ》**・**斑鳩寺《いかるがでら》(法隆寺《ほうりゅうじ》)**がある。飛鳥地域には飛鳥寺を中心に、多くの寺院が広がっていた。僧尼《そうに》となる者も、はじめは蘇我氏の配下の渡来系氏族や、蘇我氏と密接な関係にある氏族出身者が多かったが、やがてそれ以外の者にも増えていった。六二四年には、一人の僧が祖父を殺したことをきっかけに、僧尼を統制する僧官である僧正《そうじょう》・僧都《そうず》が設置された。また、ここに挙げた史料からも分かるように、寺と僧尼の調査がなされ、縁起や出家の理由と年月日を記録することとされた。

◀仏教の興隆

❶**推古天皇三十二年**　六二四年。

❷**校へて**　調べて。

❸**縁**　寺院の縁起、創建の経緯。

❹**度せる**　得度する、正式に僧尼となる。

❺**寺四十六所**　文献や遺跡から確認できる七世紀前半の寺院数はこれに近く、ほぼ実数とされている。

出典◉**『日本書紀』**　本書三二ページ参照。

2 律令国家の形成

1 大化の改新

一 大化の改新直前の社会

(大化《たいか》元年九月)❶甲申《きのえさる》、使者を諸国に遣《つか》はして、民《おおみたから》の元数《おおかず》を録《しる》す。❷仍《よ》りて詔《みことのり》して曰《のたま》はく、「古《いにしえ》より以降《このかた》、天皇の時毎《みよごと》に、代《しろ》の民《おおみたから》❸を置き標《あらわ》して、名《みな》を後《のち》に垂《た》る。**其《そ》れ臣連《おみむらじ》等・伴造《とものみやつこ》・国造《くにのみやつこ》、各《おのおの》己が民を置きて、情《こころ》の恣《ほしきまま》に駈使《つか》ふ。又《また》、国県《くにあがた》の山海・林野・池田を割《さきと》りて、己《おの》が財《たから》として、争ひ戦ふこと已《や》まず。**或《あるい》は数万頃《あまたよろずしろ》❹の田を兼《か》ね幷《あわ》す。或は全《もっぱ》ら容針少地《はりさすばかりのところ》も無し。調賦《みつぎ》❺進《たてまつ》る時に、其の臣連・伴造等、先《ま》づ自《みずか》ら収《おさ》め斂《と》りて、然《しこう》して後に分《わか》ち進《たてまつ》る。……方《まさ》に今、百姓❻猶《なお》乏《とも》し。而《しか》るを勢い有る者は、水陸《たはたけ》を分け割《さ》きて、私の地とし、百姓に売り与へて❼、年《としごと》にその価《あたい》を索《こ》ふ。今より以後、地売ること得《え》じ。妄《みだ》りに主《あるじ》と作《な》りて、劣《つたな》く弱きを兼ね幷《あわ》すこと勿れ」と。百姓大きに悦ぶ。

『日本書紀《にほんしょき》』

◀大化の改新直前の社会

❶**大化元年**　六四五年。
❷**民の元数を録す**　人口調査。元数は全部の数。
❸**代の民**　名代の民(皇室の部民《べみん》)。
❹**頃**　田地の面積の単位。
❺**調賦**　租税。
❻**百姓**　一般の人民を指す。
❼**売り与へ**　農民に土地を貸して一年ごとに地代をとること。律令にいう賃租《ちんそ》のこと。

出典◉**『日本書紀』**　本書三一ページ参照。

通釈

大化元年九月甲申、使者を諸国に派遣して、民の総数を記録した。そして、次のような詔が出された。「昔から今まで、天皇の治世ごとに名代《なしろ》の民を置いて、天皇の名を後世に伝えてきた。臣・連・伴造・国造は、それぞれ自分の部民を置いて、思い通りに使役してきた。また、国や県の山海・林野・池田を割き取り、自身の財産として、争い戦い続けてきた。ある者は数万頃《しろ》の田を合わせ取り、ある者はわずかの土地も持てない状況となっている。租税を進上する時に、臣・連・伴造は、まず自身の分を取り、その後に残りを進上している。……現在、人民はとても貧しい。それなのに、勢力のある者は水田・陸田(田畑)を分割して自分の土地とし、人民に貸して毎年その地代をとっている。今後は、土地を貸すことを禁止する。勝手に土地の主となり、弱い者の土地を合わせ取ることのないようにしなさい。」人民は大変喜んだ。

解説 この史料は、六四五年六月に起きた蘇我《そが》氏打倒のクーデタ（いわゆる「乙巳《いっし》の変」）の三か月後に出された詔《みことのり》で、当時の社会の実情を伝えるものである。それによれば、豪族が人民や土地を私的に使役・所有していたといい、中央政府はそれを禁止するために全国の人口調査をし、民の把握につとめたようである。この翌年に出される改新の詔や、その後の政策の必要性を示唆する史料といえるだろう。

二 乙巳《いっし》の変

（皇極天皇四年❶六月戊申）倉山田麻呂臣《くらのやまだのまろのおみ》、❷進みて三韓《みつのからひと》の表文《ふみ》❸を読み唱《あ》ぐ。……中大兄、子麻《こま》呂《ろ》❹等の入鹿が威に畏《おそ》りて、便旋《めぐら》ひて進まざるを見て曰《のたま》はく、「咄嗟《やあ》」と。即ち子麻呂等と共に、……剱《つるぎ》を以て入鹿が頭肩を傷《やぶ》り割《そこな》ふ。……中大兄、地に伏して奏して曰《もう》さく、「鞍作《くらつくり》、❺天宗《きみたち》を尽くし滅ぼして、日位《ひつぎのくらい》を傾《かたぶ》けむとす。豈《あ》に天孫《あめみま》を以て鞍作に代へむや（入鹿は皇族を滅ぼして、皇位を傾けようとしています。どうして天孫に、入鹿がなりかわってよいものでしょうか）」と。……天皇❻、即《すなわ》ち起《た》ちて殿の中に入りたまふ。佐伯連《さえきのむらじ》子麻呂・稚犬養連《わかいぬかいのむらじ》網田《あみた》、入鹿臣を斬りつ。……

『日本書紀』

解説 蘇我馬子《そがのうまこ》の後、子の**蝦夷**《えみし》、孫の**入鹿**《いるか》へと政権が引き継がれた。『日本書紀』は蘇我氏の「専横」が激化し、それが蘇我本宗家の滅亡につながっていくとするが、**乙巳の変**《いっし》と大化《たいか》の改新《かいしん》を正当化するための潤色も含むとされている。実際には、唐による高句麗《こうくり》征討や高句麗・新羅《しらぎ》・百済《くだら》の政変と権力集中の影響を受け、蘇我氏への権力集中や乙巳の変が起きたと考えられる。また、乙巳の変を経て**孝徳天皇**《こうとく》が即位したことから、改新の主体を中大兄《なかのおおえ》皇子でなく孝徳天皇とみる説もある。

◀乙巳の変

❶**皇極天皇四年** 六四五年。

❷**倉山田麻呂臣** 蘇我倉山田石川麻呂《そがのくらやまだのいしかわまろ》。

❸**三韓の表文** 百済・高句麗・新羅の使者が持参した国書。ただし、実際に三国の使者が同時に奏したとは考えにくい。

❹**子麻呂** 佐伯連子麻呂。葛城稚犬養連網田とともに、蘇我入鹿暗殺を命じられた。

❺**鞍作** 蘇我入鹿。

❻**天皇** 皇極《こうぎょく》天皇。

出典◉『日本書紀』 本書三一ページ参照。

三 改新《かいしん》の詔《みことのり》

(大化《たいか》)二年❶の春正月甲子《きのえね》の朔《ついたち》、賀正《みかどおがみ》の礼畢《ことおわ》りて、即《すなわ》ち改新《かいしん》之《の》詔《みことのり》を宣《の》べて曰《のたま》ふ。

其《そ》の一に曰はく、昔在《むかし》の天皇等の立てたまへる子代《こしろ》の民❷、処々《ところどころ》の屯倉《みやけ》❸、及び別《こと》には、臣《おみ》・連《むらじ》・伴造《とものみやつこ》・国《くにの》造《みやつこ》・村首《むらのおびと》の所有《たもて》る部曲《かきべ》の民❹、処々の田荘《たどころ》❺を罷《や》めよ。仍《よ》りて食封《じきふ》❻を大夫《まえつきみ》❼より以上に賜《たま》ふこと各《おのおの》差《しな》有《あ》らむ。降《くだ》りて布帛《ふはく》❽を以て官人、百姓に賜ふこと差《しな》有《あ》り。……

其の二に曰はく、初めて京師《みさと》を修め❾、畿内国司❿・郡司・関塞《せきそこ》・斥候《うかみ》・防人《さきもり》⓫・駅馬《はゆま》・伝馬《つたわりうま》⓬を置き、及び鈴契《すずしるし》⓭を造り、山河を定めよ⓮。……

其の三に曰はく、初めて戸籍・計帳⓯・班田収授の法を造れ。凡《およ》そ五十戸を里《り》と為《な》し、里毎に長《おさ》一人を置け。……凡そ田は長さ卅《(三十)》歩《ぶ》、広さ十二歩を段《たん》と為《な》し、十段を町《ちょう》と為《せ》よ。段ごとに租稲《そとう》二束《そく》二把《わ》、町ごとに租稲廿《(二十)》二束とせよ。

其の四に曰はく、旧《もと》の賦役《えつき》を⓰罷《や》めて、田の調《みつぎ》を行へ。凡そ絹・絁《あしぎぬ》・絲《いと》・⓱綿は並びに郷土の出す所に随《したが》へ。……別《こと》に戸別の調を収《と》れ。……凡そ仕丁《つかえのよぼろ》⓲は、旧《もと》の卅戸

通釈

大化二年の春正月の甲子の朔に、正月の拝賀の儀式が終わってから、改新の詔を宣布《せんぷ》し、次のようにおっしゃった。

その一に、昔から代々の天皇が設置された子代の民や、各地の屯倉、それにまた、諸豪族の所有する部曲の民や田荘を廃止せよ。そして、食封を大夫以上の者にそれぞれの地位に応じて賜い、以下の官人・百姓にはそれぞれ布帛を地位に応じて授ける。……

その二に、はじめて京師(都城)の制を作り、畿内の国司・郡司・関・防塁・斥候・防人・駅馬・伝馬を置き、鈴契を造り、地方の行政区画を定めなさい。……

その三に、はじめて戸籍・計帳・班田収授の法を造れ。およそすべて五十戸を里とし、里ごとに長(里長)一人をおけ。……およそ田は、長さ三十歩、広さ十二歩を段とする。十段を一町とする。一段につき租の稲は二束二把、一町につき租の稲は二十二束徴収せよ。

その四に、旧来の租税や力役の制度をやめて、田に課する調の制度を行え。およそ絹・絁・糸・綿は、それぞれその土地に産出するものをさし出させよ。……田の調とは別に、戸別の調を収めさせなさい。……およそ仕丁は、旧来の三十戸ごとに一人をとっていたのを改めて、……五十戸について一人をとり、各官司にわりあてよ。……およそ采女は郡司の少領以上の者の姉妹・子女の容姿端正な者をたてまつらせよ。

◀改新の詔

❶大化二年　六四六年。

❷子代の民　名代《なしろ》の民と同じく皇室のために置かれた部民《べみん》。

❸屯倉　皇室の直轄領。

❹部曲の民　豪族の私有する部民。

❺田荘　豪族の私有地。

❻食封　一定数の民戸を指定して、そこからとれる租税のあらましを上級の豪族に与えた制度。

❼大夫　天皇の前に伺候《しこう》し、朝政に参議した高い身分の豪族。

❽布帛　麻布や絹。

❾京師を修め　都城の制を定める。

❿畿内国司　畿内を監察する役人。畿内・国司と読む説もある。

⓫関塞・斥候・防人　関塞は関所や防塁。斥候は敵の様子や動きをさぐる兵士。防人は辺境を防備した兵士のこと。

⓬駅馬・伝馬　駅馬は宿駅に公用のために置かれた馬。伝馬は駅馬とは別に設置され、令制では郡ごとに五頭の馬が置かれた。

⓭鈴契　鈴は駅鈴《えきれい》、契は木契《もっけい》。鈴と木契に刻まれた剋数によって利用できる馬の頭数が決められていた。

⓮山河を定め　地方行政区画を定めること。

⓯計帳　調・庸収取の台帳。

毎《ごと》に一人せしを改め、……五十戸毎に一人を、……以て、諸司《しょし》に充《あ》てよ。……凡そ采女《うねめ》⑲は郡の少領《すけのみやつこ》以上の姉妹及び子女の形容端正《かおきらぎら》しき者を貢《たてまつ》れ。……　『日本書紀』

解説　乙巳《いっし》の変の後、孝徳《こうとく》天皇らは**難波長柄豊碕宮**《なにわながらとよさきのみや》に遷都し、翌六四六年正月一日には「改新之詔《かいしんのみことのり》」を発布した。詔は主文と「凡《およ》そ」ではじまる副文とから成っている。その内容は、①王族・豪族の**私有地や私有民の廃止**と、その代わりとしての**食封**《じきふ》・布帛《ふはく》の支給、②都・畿内国司・郡司といった**行政区画・官人**や、関・防塁・斥候《うかみ》・防人《さきもり》、駅伝制の設定、③**戸籍・計帳**の作成やそれに基づく**班田収授法**《はんでんしゅうじゅ》の制定、④田の調や戸別の調など新しい税制の設定、の四つであり、中央集権国家を目指すものであった。

しかし、当時の制度としては整いすぎている上に、副文は大宝《たいほう》令・養老《ようろう》令の条文と酷似《こくじ》しているため、詔の信憑《しんぴょう》性が問われてきた。特に、第二条の「郡」の字については**郡評論争**《ぐんぴょう》も起きたが、七世紀後半の金石文《きんせきぶん》や木簡などでは「評《こおり》《ひょう》」の字が使われていることから、「評」が「郡《こおり》《ぐん》」に変わるのは大宝律令施行後であることが判明した。そのため、『日本書紀』が改新の詔を八世紀の知識を用いて文飾《ぶんしょく》・潤色《じゅんしょく》していることは確実だが、内容面でどこまで信憑性があるかについては議論が尽きない。改新そのものが虚構であるとする説もあるが、これには批判も出されている。その他に、文飾はあるものの、改新の詔のような形で詔が出されたことを認め、もととなる詔があったとする説がある。あるいは、改新の詔のような形ではないものの、何年かにわたって出された複数の法令が改新の詔としてまとめられたとみる説もある。いずれにしても、七世紀半ば頃から行われた改革により、律令体制が構築されていったことは確かといえよう。

2 白村江の戦い

(天智《てんじ》天皇二年❶秋八月) 戊戌《つちのえいぬ》、……大唐《もろこし》の軍将、戦船《いくさぶね》一百七十艘《そう》を率《ひき》ゐて、白村江《はくすきのえ》❷に陣烈《つらな》れり。戊申《つちのえさる》、日本の船師《ふないくさ》の初《ま》づ至る者と、大唐の船師と合ひ戦ふ。日本不利《ま》けて退《しりぞ》く。大唐、陣を

⑯**旧の賦役**　改新以前の税制。
⑰**絁・絲・綿**　絁は織目の荒い絹。絲は生糸のこと。綿は真綿のこと。
⑱**仕丁**　古代の労役の一種。主に官司の雑役に従事。
⑲**采女**　後宮の女官の一つ。令制以前から国造が姉妹や娘を差し出していた。

出典◉『日本書紀』　本書三一ページ参照。

設問2　改新の詔で屯倉・田荘・子代・部曲を廃止するとされていることには、国家運営上どのような意味があるか、説明しよう。

◀白村江の戦い
❶**天智天皇二年**　六六三年。
❷**白村江**　錦江《きんこう》が黄海にそそぐ河口付近とされる。

堅《かた》めて守る。己酉《つちのととり》、……日本の伍《つら》乱れたる❸中軍❹の卒を率《ひき》ゐて、進みて大唐の陣を堅くせる軍を打つ。大唐、便《すなわ》ち左右より船を夾《はさ》みて繞《かこ》み戦ふ。須臾《とき》の際《ま》に❺、官軍敗績《やぶ》れぬ。水に赴《おもむ》きて溺《おぼ》れ死ぬる者衆《おお》し。『日本書紀《にほんしょき》』

（天智天皇三年）❻是《こ》の歳《とし》、対馬嶋《つしま》・壱岐嶋《いきのしま》・筑紫国《つくしのくに》等に 防《さきもり》と烽《とぶひ》❼とを置く。又筑紫に大堤《おおつつみ》を築きて水を貯《たくわ》へしむ。名《なづ》けて水城《みずき》❽と曰《い》ふ。『日本書紀』

❸**伍乱れたる**　隊伍が整っていないさま。
❹**中軍**　前中後の三軍編成の中軍。
❺**須臾の際**　しばらくの間に。
❻**天智天皇三年**　六六四年。
❼**防と烽**　防人とのろし。
❽**水城**　大宰府防衛のために設置された土塁。福岡県大野城《おおのじょう》市・太宰府市の境に遺構がある。

出典◉『**日本書紀**』　本書三一ページ参照。

解説　唐による高句麗《こうくり》征討、百済《くだら》・高句麗と新羅《しらぎ》との抗争など、七世紀は東アジアに動乱が起きていた。六六〇年、**唐・新羅連合軍は百済を攻め**、義慈《ぎじ》王が降伏し、ついに百済は滅んだ。滅亡後も**百済復興**の動きは続き、倭に対して救援軍の派遣と、倭に滞在していた余豊璋《よほうしょう》（義慈王の子）の返還を要請してきた。倭は百済と深い関係にあったため、救援軍を派遣した。**斉明《さいめい》天皇**自らも筑紫に出向いたが、六六三年、朝鮮半島の白村江《はくそんこう》《はくすきのえ》で唐・新羅軍に大敗した。敗戦後の倭は、唐・新羅軍の侵攻に備える一方、中央集権的国家の形成も急いだ。六六七年、中大兄《なかのおおえ》皇子は**近江大津宮《おうみおおつ》**に遷都し、翌年に即位した（**天智《てんじ》天皇**）。防衛体制構築をはじめとする政治には、亡命百済人の知識・技術が利用された。

3 壬申《じんしん》の乱（勃発《ぼっぱつ》と終結）

（天武《てんむ》天皇元年）❶六月辛酉《かのととり》の朔 壬午《ついたちみずのえうま》に、村国連男依《むらくにのむらじおより》・和珥部臣君手《わにべのおみきみて》・身毛君広《むげつのきみひろ》に❷詔《みことのり》して曰《のたま》はく、「今聞く、近江朝庭《おうみのみかど》の臣❸等、朕《ちん》❹が為《ため》に害《そこな》はむことを謀《はか》る。是《ここ》を以て、汝等三人、急《すみや》かに美濃国に往《まか》りて、安八磨《あはちま》郡❺の湯沐令《ゆのうながし》❻多臣品治《おおのおみほむじ》に告げて、機要❼を宣《の》べ示《しめ》して、先《ま》づ当郡の兵を発《おこ》せ。仍《よ》りて国司等に経《ふ》れて、諸軍を差し発《おこ》して、急《すみやか》に不破道《ふわのみち》❽を塞《ふさ》げ。朕今発路せむ」と。……

（七月辛亥《かのとい》）男依《おより》等瀬田《せた》❾に到る。時に大友皇子及び群臣等、共に橋の西に営《いおり》して、大ひに陣を成せり。其《そ》の後見えず。旗《はた》幟野を蔽《おお》ひ、埃塵《ちり》天に連なる。鉦鼓《かねつづみ》❿の声《おと》、数十里に聞ゆ。列《つら》なれる

◀**壬申の乱**
❶**天武天皇元年**　六七二年。
❷**村国連男依……身毛君広**　大海人皇子に従った豪族ら。
❸**近江朝庭の臣**　大友皇子に従った者。
❹**朕**　ここでは大海人皇子のこと。
❺**安八磨郡**　美濃《みの》国の郡名で現在の岐阜県安八《あんぱち》郡と海津《かいづ》市の一部。
❻**湯沐令**　湯沐は皇太子などに支給される食封《じきふ》の一種で、湯沐令はその地の役人。
❼**機要**　肝心なところ。
❽**不破道**　岐阜県不破《ふわ》郡にあたり、畿内から東国に向かう要路。
❾**瀬田**　現在の滋賀県大津市瀬田町。瀬田川にのぞむ地。
❿**鉦鼓**　かねと鼓。

弩《ゆみ》⑪乱れ発《はな》ちて、矢の下ること雨の如《ごと》し。其の将智尊《ちそん》、⑫精兵を率《ひき》ゐて、先鋒《せんぽう》として距《ふせ》ぐ。……衆悉《ことごと》く乱れて散走し、禁《とど》むべからず。時に将軍智尊、刀を抜きて退《に》ぐる者を斬《き》る。而《しか》れども止《とど》むること能《あた》わず。……壬子《みずのえね》……是《ここ》に、大友皇子、走《に》げて入らむ所無し。乃《すなわ》ち還《かえ》りて山前《やまさき》⑬に隠れて、自ら縊《くび》れぬ。時に左右大臣及び群臣、皆散り亡《う》せぬ。

『日本書紀《にほんしょき》』

⑪**弩** 大きな弓《ゆみ》。
⑫**智尊** 大友皇子側の将。
⑬**山前** 山城の山崎、すなわち今の京都府乙訓《おとくに》郡大山崎町か。大津市長等山《ながらやま》の前、すなわち今の三井寺（園城寺）付近という説もある。

出典◉『**日本書紀**』 本書三一ページ参照。

解説 六七二年、天智《てんじ》天皇の子の**大友《おおとも》皇子**と天皇の弟の**大海人《おおあま》皇子**とが王位継承をめぐって、戦闘を繰り広げた。この時期、王位継承について父子直系継承の原理が現れ、大海人皇子の地位は不安定化した。また、白村江《はくそんこう（はくすきのえ）》の敗戦後、外交面で朝鮮半島と唐のどちらと親しくするかという方針の相違も、両派の対立を引き起こしたとされる。さらには、「大《たい》化の改新《かいしん》」以来の政治改革に対する豪族や民衆の不安や動揺も、乱の背景にあったと考えられる。乱に勝利した大海人皇子が即位し（**天武《てんむ》天皇**）、朝鮮半島を通じた唐の律令継受と中央集権化が進展する。

4 天武朝の政治

一 部曲《かきべ》の廃止

（天武《てんむ》天皇四年二月）❶己丑《つちのとうし》、詔《みことのり》して曰《のたま》はく、「甲子《きのえね》の年に諸氏に給へりし部曲《かきべ》は、❷今より以後、皆除《や》めよ。又親王❸・諸王❹及び諸臣弁《あわせ》て諸寺等に賜《たま》へりし山沢・嶋浦《しまうら》・林野・陂池《いけ》は、前《さき》も後《のち》も並《ならび》に除めよ」と。

『日本書紀《にほんしょき》』

◀**部曲の廃止**
❶**天武天皇四年** 六七五年。
❷**甲子の年に諸氏に給へりし部曲** 与えられた豪族私有民の意。六六四（天智《てんじ》三）年、諸氏に対して、六六四年に定められた民部《かきべ》・家部《やかべ》の一部がそれにあたると考えられる。
❸**親王** 天皇の兄弟・皇子のこと。
❹**諸王** 天皇の二世（孫）から五世の男子。

出典◉『**日本書紀**』 本書三一ページ参照。

二 天皇の神格化

壬申《じんしん》の年の乱の平定《へいてい》しぬる以後《のち》の歌二首

大君《おおきみ》は　神にし坐《ま》せば❶　赤駒《あかごま》の　匍匐《はらば》ふ田井《たい》を　都となしつ　（大伴御行《おおとものみゆき》）

◀**天皇の神格化**
❶**神にし坐せば** 神であられるので。

大君は　神にし坐せば　水鳥《みずとり》の　多集《すだ》く水沼《みぬま》を❷　都となしつ　（作者未詳）

天皇、雷丘《いかづちのおか》に御遊《いでま》しし時、柿本朝臣人麿《かきのもとのあそんひとまろ》の作る歌一首

大君は　神にし坐せば　天雲《あまくも》の　雷《いかづち》の上に　廬《いほ》らせるかも　（柿本人麻呂《かきのもとのひとまろ》）

『万葉集《まんようしゅう》』

解説

中大兄《なかのおおえ》皇子は六六四年、甲子《かっし》の宣により民部《かきべ》・家部《やかべ》という豪族支配民の所有を認めた。これら支配民は「大化《たいか》の改新《かいしん》」で廃止することができず、豪族の職務執行上必要なものとして認められたものだった。しかし、壬申の乱により**中央豪族の権力が弱まる一方、天皇の権威が高まり**、天武《てんむ》朝では**豪族の官僚化政策**が進められた。その一つとして、甲子の宣で認められた部曲《かきべ》（ここでは特に民部とされている）の廃止が命じられたのである。なお、より隷属《れいぞく》性が強かったとされる家部は、そのまま残ったという説がある。また、豪族の経済基盤であった山沢林野を没収して国家のものとすることも命じられ、豪族の給与は食封《じきふ》（封戸《ふこ》）に移行されていく。こうして、公民制と豪族官僚化の政策が進められ、中央集権的な政治が推進されていった。

天武朝には**天皇の神格化**も進められたといわれている。**天皇号**の成立時期には諸説あるが、飛鳥池工房《あすかいけこうぼう》遺跡出土の木簡《もっかん》に「天皇」と記されたものがあることから、天武朝説が有力な説の一つとなっており、天皇権威の高まりと深く関わるものとみられている。また、天武朝に制定された**八色《やくさ》の姓《かばね》**も、天皇や皇族を中心とする新しい秩序の形成を目指すものといえる。

5 日本国号の成立

（慶雲《けいうん》元年）❶秋七月甲申《かのえさる》の朔《ついたち》、正四位下粟田朝臣真人《あわたのあそんまひと》、❷唐国より至る。初め唐に至りし時、人有り、来《きた》りて問ひて曰《い》はく、「何処《いずこ》の使人ぞ」といふ。答へて曰はく、「日本国の使なり」といふ。

『続日本紀《しょくにほんぎ》』

日本国は倭国の別種なり。その国日辺《にちへん》にあるを以て、故に日本を以て名となす。あるいはいふ、倭国自らその名の雅《みやび》ならざるを悪《にく》み、改めて日本となすと。あるいはいふ、日本は旧小国《もと》、

❷**多集く水沼**　たくさん巣をつくっている沼。

出典◉『**万葉集**』　現存する最古の歌集。複雑な編集経過をたどったと考えられるが、最終的には八世紀後半に成立。編者は未詳であるが、大《おお》伴家持《とものやかもち》が成立に深く関わった。上古から八世紀中頃までの長歌・短歌・旋頭歌《せどうか》など約四五〇〇首を収める。

◀日本国号の成立

❶**慶雲元年**　七〇四年。

❷**粟田朝臣真人**　七〇二（大宝二）年に遣唐使長官として渡唐し、七〇四（慶雲元）年に帰国した。大宝律令の編纂にも参加した。

出典◉『**続日本紀**』『日本書紀』の次に編纂された勅撰史書で六国史の一つ。奈良時代から編まれ、最終的には平安初期の七九七（延暦《えんりゃく》十六）年、菅野真道《すがののまみち》らによって撰進《せんしん》された。六九七（文武《もんむ》元）年から七九一年までを編年体で記す。

『**旧唐書**』　唐（六一八～九〇七年）の正史。五代後晋《こうしん》の劉昫《りゅうく》らの撰。

設問3　❶❷を読み、白村江の戦いの後に防人や烽、水城が整備された理由について説明しよう。

倭国の地を併《あわ》せたりと。

（『旧唐書《くとうじょ》』倭国日本伝《わこくにほんでん》）

2 天武天皇の時代に天皇を神格化する歌が詠まれるようになった背景について、天武天皇の権力掌握の過程を踏まえて説明しよう。

3 七世紀末に「日本」国号が成立した理由について、天武・持統朝より以前と以後の国家構造の違いを踏まえて説明しよう。

解説

七〇一（大宝《たいほう》元）年に**大宝律令**が施行されると、前回の六七〇年から約三十年ぶりに遣唐使《けんとうし》が派遣された。この時、はじめて倭《わ》から日本へと国号を変更したことを唐に報告した。ところが、唐も武則天《ぶそくてん》（則天武后《そくてんぶこう》）の即位を機として、国号を周《しゅう》に変更していたことが判明する。

「日本」国号は「日の昇る本のところ」の意で、中国からみた東を意味するものと捉えられたため、中国を世界の中心とする中華思想にも適《かな》い、唐の承認を得られたと考えられる。日本国号が国際的に発表されたのは七〇一年であるが、国内では天智《てんじ》朝や天武《てんむ》朝頃から使用されていたとする説がある。

コラム1 郡評論争

「改新《かいしん》の詔《みことのり》」の第二条では、地方行政区画について記述されている。この中には「郡」とあるが、当時の金石文《きんせきぶん》や氏族系譜では、「国」の下の単位として「評」と記されているものが多い。そのため「改新の詔」を『日本書紀』に載せる際に、編者がその時点の制度に基づいて「評」の表記を「郡」と書き改めたとする説が提起された。これにより展開されたのが「郡評論争」である。

この論争は、一九六七年に藤原宮《ふじわらきゅう》跡から「己亥《きがい》年十月上捄国《かずさのくに》阿波評《あわのこおり》松里《まつのさと》」と表記された木簡（図版）が出土したことで決着をみた。七〇一年に大宝令が施行される直前の「己亥（六九九）年」まで、「評」と表記されていたことが明らかになり、さらに七〇一年以降の木簡は「郡」と表記されていることから、大宝令の施行により、「評」から「郡」へと改められたと考えられている。

郡評論争の結果、「改新の詔」には潤色が加えられていることが確実となり、大化の改新そのものの信憑性を疑う大化の改新否定論も提起されるに至った。この議論は決着をみていないが、大化の改新が行われたとされる孝徳《こうとく》朝には、六四九年に「天下立評」という評制の全国的な施行が行われ、国造《くにのみやつこ》の勢力基盤を再編することで地方支配の強化が試みられている。そのため、孝徳朝において集権化に向けた動きがあったことは確かだろう。

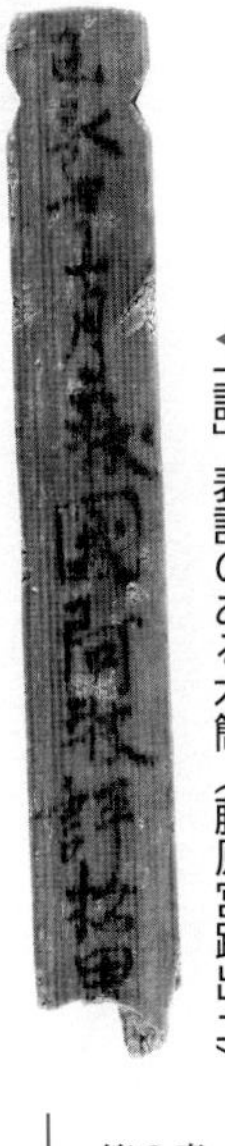

▲「評」表記のある木簡（藤原宮跡出土）

1 大宝律令の制定

（大宝《たいほう》元年八月❶）癸卯《みずのとう》、三品《さんぼん》❷刑部《おさかべ》親王・正三位《しょうさんみ》藤原朝臣《あそん》不比等《ふひと》・従四位下《じゅしいのげ》下毛野《しもつけぬの》朝臣古麻《こま》呂《ろ》・従五位下《じゅごいのげ》伊吉連博徳《いきのむらじはかとこ》・伊余部連馬養《いよべのむらじうまかい》らを遣《つか》はして律令を撰定せしむ。是《ここ》に於《おい》て始めて成る。大略浄御原朝庭《きよみはらのみかど》を以《もっ》て准正《じゅんせい》となす。❸

『続日本紀《しょくにほんぎ》』

◀大宝律令の制定
❶**大宝元年**　七〇一年。
❷**三品**　親王《しんのう》に与えられた位を品位といい、その第三。品位は一品から四品まであり、品田や品封などが与えられた。
❸**准正となす**　より所とするの意。
出典◉**『続日本紀』**　本書四六ページ参照。

解説　日本での律令編纂《へんさん》は天智《てんじ》朝の近江《おうみ》令にはじまるとする史料もあるが、『日本書紀』には記されておらず、その存在に疑義が出されている。持統《じとう》朝に施行された**飛鳥浄御原令**《あすかきよみはら》は、『日本書紀』にその内容が記されている部分もあり、大宝《たいほう》令がこれをよりどころとして編纂されたこともわかる。ただし、律の完成と施行は、大宝律がはじめてとされている。大宝律令は現存していないが、『**令集解**《りょうのしゅうげ》』に引用されているため、部分的に条文を知ることができる。七五七（天平宝字《てんぴょうほうじ》元）年に**養老律令**《ようろう》が施行されるまで、律令国家の基本法であった。養老律令は養老年間に藤原不比等《ふひと》らが大宝律令をもとに改修した法で、律はほぼ散逸《さんいつ》しているが、令は大部分が『**令義解**《りょうのぎげ》』に収録される。大宝律令と内容的に大きくは異ならなかった。これら日本の令は、唐令と異なる独自の条文も多く、日本社会の実情を知る有効な手段とされている。

2 律令の諸制度

一 官人と給与

【位田《いでん》】凡《およ》そ位田は、一品《いっぽん》に八十町、二品《にほん》に六十町……正一位《しょういちい》に八十町……従五位《じゅごい》に八町……

◀官人と給与
❶**職分田**　大宝令では職田という。次の条にある郡司の職分田も同様である。

【職田《しきでん》】 凡そ職分田❶は太政大臣《だいじょうだいじん》に卌《(四十)》町、左右大臣に卅《(三十)》町、大納言《だいなごん》に廿《(二十)》町。……「田令《でんりょう》」

【郡司《ぐんじ》の職田】 凡そ郡司の職分田は、大領❷に六町、少領❸に四町、主政❹・主帳❺に各二町。……

【封戸《ふこ》】 凡そ封戸には、皆課戸《かこ》❻を以て充《あ》てよ。調庸は全《すべ》て給へ。其の田租《でんそ》は二分して一分は官に入れ、一分は主に給へ。「賦役令《ぶやくりょう》」

【郡司の任用】 凡そ郡司は、性識清廉《せいしきせいれん》❼にして時務《じむ》に堪《た》える者❽を取りて、大領・少領と為《せ》よ。其れ、**大領少領は、才用同じならば、先に国造を取れ。**……「選叙令《せんじょりょう》」

解説

律令制では、正一位《しょういちい》から少初位下《しょうそいのげ》までの三十階の位階にそれぞれ対応する官職につくことが定められており、これを**官位相当制《かんいそうとうせい》**という。上級官人には位田《いでん》・職田《しきでん》や、封戸《ふこ》が支給され、そこから租庸調《そようちょう》を徴収した。官人の中でも五位以上の貴族は多くの特権を与えられ、上級官職を独占した。その子孫も若くして上級の位階を授けられた。これを**蔭位《おんい》の制**という。特に奈良時代前半まで、五位以上（貴族）は一部の有力氏族の間で再生産され、**ヤマト政権以来の伝統的な氏族**が律令国家のもとでも力を持った。

中央官制は**二官八省《にかんはっしょう》一台五衛府《いちだいごえふ》**が根幹であった。特に太政官《だいじょうかん》はすべての官庁を統轄するとともに、太政大臣《だいじょうだいじん》・左右大臣・大納言《だいなごん》が法案の立案・審議権をもった。地方では、**中央派遣官の国司**のもと、旧国造《くにのみやつこ》などの地方豪族の中から任命される郡司が実務を行った。国司は四年（当初は六年）任期であるが、郡司は任期がない。各地域で力を持つ複数氏族の間で郡司を交替していたともいわれる。

❷大領 郡司の長官。
❸少領 郡司の次官。
❹主政 郡司の第三等官。
❺主帳 郡司の第四等官。
❻課戸 課役（調庸雑徭《ぞうよう》）を負担するものがいる戸のこと。
❼性識清廉 人となりや行いが清く正しいこと。
❽時務に堪える者 職務を全うできる者。

二 戸籍・計帳制度

【戸《こ》と里《り》】 凡《およ》そ戸は、五十戸を以《もっ》て里と為《せ》よ。里毎《ごと》に長《おさ》一人を置け。戸口を検校《けんぎょう》し、農桑《のうそう》を課《おお》せ殖《う》えしめ、非違《ひい》を禁察《きんさつ》し❶、賦役《ぶやく》を催駈《さいく》する❷ことを 掌《つかさど》る。……

【戸主および課戸《かこ》・不課戸《ふかこ》】 凡そ戸主❸には、皆家長を以て為《せ》よ。戸の内に課口《かこう》有❹らば、課戸《かこ》と❺

◀戸籍・計帳制度
❶非違を禁察し 不法を取り締まる。
❷賦役を催駈 調や庸の取り立て。
❸戸主 行政上の基礎的単位である戸の法的責任者で戸籍の筆頭に記される。郷戸主のこと（五八ページの戸籍を参照）。
❹課口 課役を負担する者。
❺課戸 課口のいる戸のこと。

為よ。課口無くば、不課戸と為よ。不課といふは、皇親、及び八位以上、男年十六以下、幷《あわ》せて蔭子《おんし》、❻耆《き》、❼廃疾《はいしつ》、篤疾《とくしつ》、❽妻《さい》、妾《しょう》、女《むすめ》、❾家人《けにん》、❿奴婢《ぬひ》を謂《い》ふ。

【計帳《けいちょう》】　凡そ計帳⓫を造らむことは、年毎に六月の卅《(三十)》日以前に、京・国の官司、所部《しょぶ》⓬の手実《しゅじつ》⓭を責《こ》へ。具《つぶさ》に家口、年紀⓮を注《しる》せ。……

【戸籍《こせき》】　凡そ戸籍⓯は、六年に一たび造れ。十一月の上旬より起して、式⓰により勘《かんが》へ造れ。里別に巻と為《な》せ。惣《す》べて三通を写せ。……五月卅日より内に訖《おわ》らしめよ。二通は太政官に申し送れ。一通は国に留めよ。……

凡そ戸籍は、恒《つね》に五比《ごひ》⓱を留めよ。其れ遠き年のは次《ついで》に依りて⓲除け。近江の大津の宮の庚午年《こうごねん》籍《じゃく》⓳は除かず。

「戸令《こりょう》」

解説

「改新之詔《かいしんのみことのり》」で戸籍《こせき》・計帳《けいちょう》の作成と班田《はんでん》収授《しゅうじゅ》について述べられているが、六七〇年の**庚午年籍《こうごねんじゃく》**が最初の全国的な造籍である。この戸籍は根本台帳として永年保存が義務付けられたが、現存していない。また、令に基づく六年一造の戸籍は、六九〇年の**庚寅《こういん》年籍**が最初であった。当初は**戸籍の六年一造**や**口分田《くぶんでん》の六年一班**が励行されるが、次第に実施が困難になっていく。戸籍は口分田班給の基本台帳であるとともに、氏姓や良賤の身分確定、計帳作成の基礎資料といった機能ももっていた。**計帳は毎年作成**され、**調庸《ちょうよう》**を徴収するための台帳で、賦役《ふえき》からの逃亡に対処するため、一人ひとりの身体的特徴まで記した。戸籍や計帳の一部は**正倉院文書《しょうそういんもんじょ》**として現存している。

三　土地制度

【田積《でんせき》・田租《でんそ》】　凡《およ》そ田は、長さ卅《(三十)》歩、広さ十二歩を段《たん》と為《せ》よ。十段を町《ちょう》と為よ。段の租稲《そとう》二束《そく》二把《わ》、町の租稲廿《(二十)》二束。

【口分田《くぶんでん》】　凡そ口分田を給はむことは、男に二段。女は三分之《の》一を減ぜよ。五年以下には給は

❻**蔭子**　五位以上の者の子。
❼**耆**　六十六歳以上の者。
❽**廃疾、篤疾**　心身の障害や疾病《しっぺい》の程度で区分されたもの。
❾**女**　未婚の女性。
❿**家人**　五色《ごしき》の賤《せん》の一つ。私有民で奴婢《ぬひ》とは異なり家族を営み、身柄の売買は禁止された。
⓫**計帳**　戸籍と並ぶ民政の基本帳簿。調庸賦課《ふか》の基本台帳である。
⓬**所部**　管轄しているところ。
⓭**手実**　計帳作成に用いる戸主による申告書。
⓮**家口、年紀**　家族数やそれぞれの年令。
⓯**戸籍**　班田収授の基本的台帳として六年ごとに作成。
⓰**式**　施行細則のこと。ここでは戸籍をつくるための造籍式。
⓱**五比**　五回分すなわち三十年。
⓲**次に依りて**　順番に。
⓳**庚午年籍**　六七〇年作成の戸籍。

◀**土地制度**
❶**寛狭**　人口に比して土地の広い所や狭い所。
❷**易田**　土地がやせているために、一年おきにしか耕作できない土地。

ざれ。其《そ》の地に寛狭《かんきょう》有らば❶、郷土の法に従《よ》れ。易田《やくでん》❷は倍して給へ。給ひ訖《おわ》りなば、具《つぶさ》に町段及び四至《しいし》を録《しる》せ。

【班田《はんでん》】　凡そ田は、六年に一たび班《たま》へ。神田《しんでん》、寺田《じでん》は此《こ》の限りに在らず。若《も》し身死にたるを以て田を退《かえ》すべくんば、班年に至らむ毎《ごと》に、即《すなわ》ち収授に従へよ。

【賤民《せんみん》の口分田】　凡そ官戸奴婢《かんこぬひ》❸の口分田は、良人《りょうにん》と同じ。家人《けにん》奴婢❹は郷の寛狭に随《したが》ひて、並《ならび》に三分之一を給へ。「田令《でんりょう》」

解説　律令制下では、唐の均田《きんでん》制にならった**班《はん》田収授《でんしゅうじゅ》制**が行われた。これは、戸籍《こせき》をもとに六年ごとの班田が行われる制度で、造籍時に**六歳以上の者に対して一定額の口分田《くぶんでん》を班給**し、**死亡すると収公**（国家に返却）することとなっていた。女子や奴婢《ぬひ》にも口分田が班給されるのが、唐制と異なる点である。日本の班田制は、国家が把握する民に網羅的に口分田を班給するもので、支配の基礎となる戸を形成する上で大きな役割を果たした。土地は大規模に造成されて**条里**（方形に土地を区画したもの）が敷かれ、田の所在地は○条○里という形で表されるようになっていく。

四　税制と兵役

【調《ちょう》】　凡《およ》そ調の絹・絁《あしぎぬ》❶・糸❷・綿❸・布❹は、並《ならび》に郷土の所出《しょしゅつ》に随《したが》へよ。正丁《せいてい》❺一人に絹・絁は八尺《しゃく》五寸《すん》……糸は八両、綿は一斤《きん》、布は二丈《じょう》六尺、……京及び畿内は、皆正丁一人に、調の布一丈三尺、次丁《じてい》❻二人・中男《ちゅうなん》❼四人は各《おのおの》一正丁に同じ。

【歳役《さいえき》と庸《よう》】　凡そ正丁の歳役❽は十日。若《も》し庸を収《と》るべくんば、布二丈六尺。……次丁二人は一正丁に同じ。中男及び京・畿内は庸を収るの例に在《あ》らず。……

【運脚《うんきゃく》】　凡そ調庸の物は、年毎に、八月中旬より起《おこ》りて輸《いだ》せ。……其《そ》の運脚❾は均しく庸調の家

❸**官戸奴婢**　ここでは官戸および官奴婢（公奴婢《くぬひ》）を指す。官戸は官有の家人。
❹**家人奴婢**　私有の賤民《せんみん》である家人と私奴婢《しぬひ》。

◀**税制と兵役**
❶**絁**　平織の絹布《けんぷ》で、絹に比べて粗《あら》いもの。
❷**糸**　絹糸《けんし》。
❸**綿**　絹の一種である真綿《まわた》のことで、木綿《もめん》ではない。
❹**布**　麻布《あさぬの》。
❺**正丁**　二十一～六十歳（のち二十二～六十、さらに二十二～五十九歳に短縮）の公民男子。
❻**次丁**　大宝《たいほう》令では老丁《ろうてい》という。六十一～六十五歳（のち六十～六十四歳）までの公民男子。
❼**中男**　大宝令では少丁《しょうてい》という。十七歳～二十歳（のち十八～二十一歳）までの公民男子。
❽**歳役**　一年に十日間、京で労役に従事。
❾**運脚**　徒歩で物資の輸送に従事した人夫。調庸は都まで運ばれたが、その運送の負担は、調庸を負った戸が負担した。

に出さしめよ。……

【雑徭《ぞうよう》】凡そ令条の外《ほか》の雑徭⑩は、人毎《ひとごと》に均《ひと》しく使へ。惣《す》べて六十日に過ぐることを得ざれ。「賦役令《ぶやくりょう》」

【上番《じょうばん》】凡そ兵士の上番せむは、京に向はむは一年、防《ぼう》に向はむは三年、行程《こうてい》を計《かぞ》へず⑪。

【衛士《えじ》・防人《さきもり》】凡そ兵士の京に向ふをば、衛士《えじ》と名づく。……辺《ほとり》を守るをば防人《さきもり》と名づく。「軍防令《ぐんぼうりょう》」

解説　律令制の租税のうち、**租**《そ》は口分田《くぶんでん》から徴収され、公出挙《くすいこ》の利稲《りとう》とともに、**地方の財源**や経費にあてられた。**調**《ちょう》は繊維《せんい》製品や**諸国の特産品**を中央に納めるもので、布や米などで納められる**庸**《よう》とともに、これらを負担する民により運ばれ、**中央の財源**とされた。**雑徭**《ぞうよう》は国司によって年間六十日以内の労働を課せられる重い負担である。この他に、正丁《せいてい》三～四人に一人の割合で**兵士**を徴発し、地方の**軍団**に配属して訓練をさせた。中には都の警備をする**衛士**《えじ》や、九州北部の沿岸警備などをする**防人**《さきもり》にあてられる者もいた。兵士は課役が免除されるが、働き盛りの男子をとられることは一家にとっても大きな負担であった。

五　貢納物の荷札木簡

【調《ちょう》の荷札《にふだ》】

「紀伊国安諦郡幡陁郷《あてはた》①戸主秦人小麻呂《はたひとのおまろ》調塩三斗天平」

（平城宮跡出土木簡《へいじょうきゅうあとしゅつどもっかん》）

【長屋王家《ながやおうけ》への贄《にえ》②の貢納】

「長屋《ながや》親王③宮鮑大贄《あわびおおにえ》十編」

（長屋王家木簡《ながやおうけもっかん》）

⑩**雑徭**　一年に六十日以内で、国司の権限により、地方で労役に従事。

⑪**行程を計へず**　往復の日数は含まれない。

出典◉『令義解』（一～四ともに）　養老令の官撰注釈書。平安初期の八三三（天長《てんちょう》十）年に、清原夏野《きよはらのなつの》らによって撰上。一～四の令文は、すべてこの条文によっている。

◀**貢納物の荷札木簡**

①**紀伊国安諦郡幡陁郷**　今の和歌山県有田《ありだ》市付近にあたる。

②**贄**　神や天皇に貢納される食品。ワカメ・フナ・タイのなれずし、サメなど、水産物が中心。賦役《ぶやく》令には贄の税目はないが、おそらく調の一部として貢納されていたと考えられる。

③**長屋親王**　長屋王（六八四～七二九）。天武《てんむ》天皇の孫、太政大臣《だいじょう》高市《たけち》皇子の子。令制に従えば「長屋王」。藤原不比等《ふひと》の死後、政界を主導したが、七二九（天平《てんぴょう》元）年、長屋王の変で自殺した。

出典◉**平城宮跡出土木簡**　平城宮跡の発掘調査で発見された木簡。一九六一年に木簡が発見されて以来、数万点の木簡が出土している。
長屋王家木簡　一九八六年から一九八九年の長屋王邸宅跡の発掘調査で発見された木簡。約三万五〇〇〇点余が出土した。

設問4 **1**律と令はそれぞれどのようなことを定めた法令か、説明しよう。
2律令税制は成年男子に負担が偏重しているといわれ、これが後に偽籍が横行する要因になったとされる。では、どのような点で成年男子への負担が重いか説明しよう。

解説

木簡《もっかん》は木の材質を活かしながら紙の文書と併用され、命令の伝達や物品の請求・支給・進上などに使われた。平城宮跡出土の木簡には、調《ちょう》や庸《よう》など地方から貢進された租税の荷札《にふだ》として使われたものも多い。それらには、納税者の居住する国郡里（郷）名、租税の種類や数量、納入年月日などが記されている。ただし、個人に賦課される調庸も、実際には国府や郡家の工房で集団労働により生産される場合が多かったといわれる。長屋王《ながやおう》家木簡には、「長屋親王」の表記や、本来は神や天皇に貢納される食品を指す「贄《にえ》」の表記が使われている木簡がある。長屋王家に仕える多くの人々や広大な経済基盤などとあわせて、長屋王の権力や上級貴族の豪勢な暮らしがうかがえる。

▼班田農民の負担

	正丁	次丁(老丁)	中男(少丁)	備考
租《そ》	田一段につき稲二束二把（七〇六年より一束五把。計量方法の変化によるもので、負担量は同じ。収穫の約三%）			諸国の正倉に蓄積国衙の財源
調《ちょう》	（正調）絹・絁・糸・綿・布から一種類一定量を納める（調雑物）正調の代わりとして、鉄・海産物など特産品三十四種	正丁の½	正丁の¼	京・畿内は他の½
	（調副物《ちょうのそわつもの》）調の付加物。紫・紅などの染料、油、紙など（七一七年廃止）			京・畿内は免除
庸《よう》	歳役（都で年十日間の労役）の代わりに布二丈六尺	正丁の½		京・畿内は免除
公出挙《くすいこ》	正倉に蓄えられた稲を強制的に貸し付け、利息（五割）をつけて返納させた。はじめは個人単位、のちには田の面積に応じて割当て			出挙の利稲は諸国国衙の財源
義倉《ぎそう》	凶作に備え、戸の貧富の差（九等級）に応じて一定量の粟を納める			等外戸は免除
雑徭《ぞうよう》	地方での労役、年間六十日以下	正丁の½	正丁の¼	国司が使役
兵役	令では正丁三人に一人の割合で徴兵。実際には一戸一兵士の点兵率。交代で軍団配備。衛士一年防人三年の従事が原則			兵士は役（庸と雑徭）免除。衛士・防人は調も免除
仕丁《しちょう》	五十戸ごとに二人の正丁が三年間都で官庁の雑役・労役に従事			課（調）と役（庸・雑徭）を免除

注：正丁は21～60歳、次丁（老丁）は61～65歳、中男（少丁）は17～20歳。
：皇親、八位以上、16歳以下、66歳以上、蔭子孫、廃疾、篤疾、女子、家人、奴婢は不課口

4 奈良の都

1 平城遷都

一 平城遷都

(和銅《わどう》元年❶二月) 戊寅《つちのえとら》、詔《みことのり》して曰《のたま》はく、……京師《けいし》❷は百官の府、四海《しかい》❸の帰する所なり。……方《まさ》に今、平城の地は、四禽図《しきんと》に叶《かな》ひ、❹三山鎮《さんざんちん》を作《な》し、❺亀筮並《きぜいなら》びに従ふ。❻宜《よろ》しく都邑《とゆう》を建つべし。

『続日本紀《しょくにほんぎ》』

(和銅三年❼三月) 辛酉《かのととり》、始めて都を平城に遷《うつ》す。左大臣正二位石上朝臣麻呂《いそのかみのあそんまろ》を以て留守となす。

『続日本紀』

青丹《あおに》よし 寧楽《なら》の京師《みやこ》は 咲《さ》く花《はな》の 薫《にお》ふがごとく 今盛《いまさか》りなり (大宰少弐《だざいのしょうに》❽小野朝臣老《おゆ》)

『万葉集《まんようしゅう》』

二 造営工事の困難

(和銅《わどう》四年❶九月) 丙子《ひのえね》、勅《ちょく》すらく、「頃《このごろ》聞く、諸国の役民《えきみん》、造都に労《いたつ》きて、奔亡《ほんぼう》❷すること猶《なお》多し。禁ずと雖《いえど》も止《や》まず。今、宮垣《みやがき》❸いまだ成らず。防守備《そな》はらず。宜《よろ》しく権《かり》に軍営❹を立て兵庫《ひょうご》❺を禁守《きんしゅ》すべし」と。

『続日本紀』

解説 **藤原京《ふじわらきょう》**は本格的な条坊《じょうぼう》制が敷かれた画期的な都城《とじょう》だが、わずか十七年で平城遷都《せんと》となった。数ある歴史的背景のうち、大宝《たいほう》律令の制定と施行で中央集権的な国家機構が拡大され、それに見合う大規模な**都城**が必要とされたこと、唐の**長安城《ちょうあんじょう》**にならった先進的な儀式空間を備えた都城の建設の意識が高まったことは重要である。平城遷都の詔《みことのり》は**元明天皇《げんめいてんのう》**即位の翌年(七〇八〈和銅《わどう》元〉年)に出され、七一〇年には遷都が行われたが、役民《えきみん》の逃亡もあり工事は進まず、その後も多数の役民が造営に動員され続けた。

◀平城遷都

❶**和銅元年** 七〇八年。

❷**京師** 都。

❸**四海** 天下。

❹**四禽図に叶ひ** 東に青龍《せいりゅう》(川の流れ)、南に朱雀《すざく》(窪地《くぼち》)、西に白虎《びゃっこ》(大道)、北に玄武《げんぶ》(高山)の四神相応の地。

❺**三山鎮を作し** 三方が山で都の守りになっている。

❻**亀筮並びに従ふ** 亀卜《きぼく》(亀甲《きっこう》を焼いて占う)と易筮《えきぜい》(筮竹《ぜいちく》で占う)の両方の占いにも従っている。

❼**和銅三年** 七一〇年。

❽**大宰少弐** 大宰府《だざいふ》の次官。

出典◉ 『**続日本紀**』 本書四六ページ参照。

『**万葉集**』 本書四六ページ参照。

◀造営工事の困難

❶**和銅四年** 七一一年。

❷**奔亡** 逃亡すること。

❸**宮垣** 平城宮の築地塀《ついじべい》。

❹**軍営** 軍隊の駐屯所《ちゅうとんじょ》。

❺**兵庫** 武器庫。

2 和同開珎と蓄銭叙位令《ちくせんじょいれい》

一 和同開珎の鋳造

和銅《わどう》元年❶春正月乙巳《きのとみ》、武蔵国秩父郡《むさしのくにちちぶぐん》❷、和銅❸を献ず。……故《かれ》、慶雲《けいうん》五年を改めて和銅元年として御世《みよ》の年号《な》と定め賜《たま》ふ。……二月甲戌《きのえいぬ》、始めて催鋳銭司《さいじゅぜんし》を置く。……五月壬寅《みずのえとら》、始めて銀銭《ぎんせん》❹を行ふ。……（七月）丙辰《ひのえたつ》、近江国をして銅銭を鋳せしむ。八月己巳《つちのとみ》、始めて銅銭を行ふ。

『続日本紀《しょくにほんぎ》』

▲富本銭

▲和同開珎

二 蓄銭叙位令

（和銅《わどう》四年❶冬十月甲子《きのえね》）又詔《みことのり》して曰《のたま》はく、夫《そ》れ銭《ぜに》の用《もちい》たるは、財を通して有無《うむ》を貿易❷する所以《ゆえん》なり。当今《いま》、百姓《ひゃくせい》なほ習俗に迷ひて、未《いま》だその理を解せず、僅《わず》かに売り買ひすと雖《いえど》も、なほ銭を蓄《たくわ》ふる者なし。その多少に随《したが》ひて節級して❸位を授けよ。其れ従六位以下、蓄銭一（十）十貫《かん》❹以上有《あ》る者には位一階を進めて叙《じょ》す。（二十）廿貫以上には二階を進めて叙す。……或《あるい》は他の銭を借りて官を欺《あざむ》き為《な》す者は、其の銭は没官《もっかん》し、身は徒《ず》❺一年、与ふる者も同罪。

『続日本紀』

出典◉『続日本紀』本書四六ページ参照。

◀和同開珎の鋳造
❶**和銅元年** 七〇八年。
❷**武蔵国秩父郡** 今の埼玉県秩父郡・秩父市。
❸**和銅** 銅鉱石ではなく、天然の熟銅。
❹**銀銭** 翌年には廃止されている。

出典◉『続日本紀』本書四六ページ参照。

◀蓄銭叙位令
❶**和銅四年** 七一一年。
❷**有無を貿易** 交換、売買のこと。
❸**節級して** 段階をつけて。
❹**貫** 一貫は銭一〇〇〇枚。
❺**徒** 律の五刑《ごけい》（笞《ち》・杖《じょう》・徒《ず》・流《る》・死《し》）の一つ。懲役にあたる。

出典◉『続日本紀』本書四六ページ参照。

設問5 ❶❶を読み、都城の役割について説明しよう。
❷❷を読み、和同開珎はどのような用途で用いられたか、説明しよう。

解説 一九九九（平成十一）年、奈良県の飛鳥《あすか》池《いけ》工房遺跡から「富本銭《ふほんせん》」が発見され、「和同開珎《わどうかいちんほう》」よりも古い貨幣の存在が確認された。七世紀後半には、銅銭や銀銭、銀の地金《じがね》が使用されたことが『日本書紀』から分かり、「富本銭」もそれに含まれていたと考えられる。ただし、「富本銭」は流通貨幣か、まじない銭か、意見の対立もある。

七〇八（和銅《わどう》元）年に武蔵国秩父郡《むさしのくにちちぶぐん》から和銅が献上されると、「和同開珎」の鋳造がはじまった。官庁財政や官人給与の円滑化とともに、中国を模範として政

治・経済体制を整えることも目的の一つであった。それに加え、都城造営にあたる労働者の給与としても大きな意味をもった。政府は銭貨の流通を促進させるために、**蓄銭叙位令《ちくせんじょいれい》**を出した。また、京・畿内《きない》を中心に調《ちょう》・庸《よう》を銭で納めさせたり、郡司の任用に蓄銭六貫以上の条件をつけたりしたが、畿内とその周辺での流通にとどまった。蓄銭叙位令は銭貨の死蔵を招いたため、八〇〇(延暦《えんりゃく》十九)年に廃止された。

3 遣唐使

一 遣唐使の苦難

(天平《てんぴょう》十一年)❶十一月辛卯《かのとう》、平群朝臣広成《へぐりのあそんひろなり》ら拝朝す。初め広成は天平五年に大使多治比真人広成《たじひのまひとひろなり》に随《したが》ひて入唐す。六年十月、事畢《ことおわ》りて却帰《かえ》るに、**四船同じく発《た》ちて**蘇州《そしゅう》❷より海に入りき。悪《あ》しき風忽《たちま》ちに起りて彼此《ひし》相失ふ。広成の船一百一十五人、崑崙《こんろん》国❸に漂着す。賊兵《ぞくへい》有りて来り囲み、遂《つい》に拘執《とらわ》る。船人、或《ある》は殺され、或は迸《はし》り散る。自余《そのほか》の九十余人、瘴《やまい》❹に着かれて死《し》亡ぬ。広成ら四人、僅《わず》かに死を免《まぬか》れて崑崙王に見《まみ》ゆることを得。……七年に至りて……唐国に帰る。本朝の学生阿倍中満《あべのなかまろ》❺に逢《あ》ひ、便奏《びんそう》❻して将《もち》て入朝し、**渤海《ぼっかい》❼の路を取りて帰朝せむこと**を請《こ》ふ。天子❽これを許し、船粮《せんりょう》を給ひて発遣す。十年三月、登州《とうしゅう》❾より海に入りき。五月、渤海の界《さかい》に到る。適《たまたま》その王大欽茂《だいきんも》の使《つかわ》を差して我が朝を聘《とぶら》はむと欲《す》るに遇《あ》ふ。即時《すなわち》同じく発《た》つ。沸海《ふっかい》❿を渡るに及びて、渤海の一船浪《なみ》に遇《あ》ひ傾き覆《くつがえ》りぬ。大使胥要徳《しょようとく》ら卌《(四十)》人没死《ぼっし》す。広成ら、遺《のこ》れる衆《ひとびと》を率ゐて出《で》羽《わ》国に到り着く。『続日本紀《しょくにほんぎ》』

二 鑑真《がんじん》の来日

◀遣唐使の苦難

❶**天平十一年**　七三九年。

❷**蘇州**　今の中華人民共和国江蘇《こうそ》省呉県。

❸**崑崙国**　『旧唐書《くとうじょ》』南蛮《なんばん》伝は、林邑《りんゆう》(インドシナ半島メコン川下流地域)以南の総称とする。

❹**瘴**　熱病。

❺**阿倍中満**　阿倍仲麻呂《なかまろ》。七一七(養老《ようろう》元)年に入唐。帰国途中遭難したため唐の朝廷に仕えた。唐名は朝衡《ちょうこう》で、詩仙《しせん》の李白《りはく》と親交があった。

❻**便奏**　仲麻呂を通じて玄宗《げんそう》に奏上した。

❼**渤海**　中国東北地方の東部から朝鮮半島北部にあった国。

❽**天子**　玄宗(在位七一二〜七五五)。

❾**登州**　今の中華人民共和国山東《さんとう》省牟平《むへい》県。

❿**沸海**　風や浪がさかまく海。

出典◉『続日本紀』　本書四六ページ参照。

◀鑑真の来日

❶**天宝元載**　唐の玄宗《げんそう》の時の年号で七四二年。

❷**大和上**　高僧。鑑真《がんじん》のこと。

（天宝《てんぽう》元載❶冬十月）時に**大和上《だいわじょう》**❷**揚州《ようしゅう》**❸**大明寺《だいめいじ》**にあり、衆僧のために律を講ず。**栄叡《ようえい》・普照《ふしょう》**❹師大明寺に至り、大和上の足下《そっか》に頂礼《ちょうらい》し❺、具《つぶ》さに本意を述べて曰《い》はく、「……願はくは和上東遊して化を興《おこ》せ❻」と。大和上答へて曰はく、「……**誠にこれ仏法興隆有縁《うえん》の国なり**。今我が同法の衆中、誰かこの遠請《えんせい》に応《こた》へ、日本国に向ひて法を伝ふる者あるや」と。時に衆黙然《もくねん》として一《ひとり》の対《こた》ふる者無し。……和上曰はく、「これ法事のためなり、何《いずくん》ぞ身命を惜しまむ。諸人去《ゆ》かざれば、我すなわち去くのみ」と。……（天宝九載❼）……時に和上頻《しき》りに炎熱を経て、眼光暗昧《あんまい》たり❽。……遂《つい》に療治《りょうじ》を加ふるも、眼遂に失明せり。……（天宝十二載❾十二月）……廿日乙酉《きのととり》午時、第二舟薩摩国阿多《あた》郡秋妻屋浦❿に著く。……（天平勝宝《てんぴょうしょうほう》六年⓫）四月、**初めて盧遮那仏《るしゃなぶつ》殿の前に戒壇《かいだん》を立つ**。**天皇⓬初めて登壇し菩薩戒《ぼさつかい》⓭を受く**。

『唐大和上東征伝《とうだいわじょうとうせいでん》』

❸**揚州**　今の中華人民共和国江蘇省揚州市。
❹**栄叡・普照**　興福寺の僧。入唐して鑑真の来日を懇請した。
❺**頂礼**　頭を地につけて拝《おが》む。
❻**化を興せ**　人々を教化すること。
❼**天宝九載**　七五〇年。
❽**暗昧**　暗くぼんやりする。
❾**天宝十二載**　七五三年。
❿**薩摩国阿多郡秋妻屋浦**　今の鹿児島県南さつま市付近の海岸。
⓫**天平勝宝六年**　七五四年。
⓬**天皇**　聖武太上天皇。
⓭**菩薩戒**　菩薩が受持すべき戒律。

出典◉『**唐大和上東征伝**』　淡海三《おうみのみ》船《ふね》の撰《せん》。鑑真が日本に戒律を伝えた経緯《けいい》と唐招提寺《とうしょうだいじ》の縁起《えんぎ》を述べたもの。七七九（宝亀十）年成立。

三　阿倍仲麻呂の歌

唐土《もろこし》❶にて月を見てよみける
あまの原　ふりさけ見れば　春日《かすが》なる❷　三笠の山❸に　いでし月かも

『古今和歌集《こきんわかしゅう》』

◀阿倍仲麻呂の歌
❶**唐土**　唐。
❷**春日**　現在の奈良県にある春日大社の付近。
❸**三笠の山**　春日山の一峯。

出典◉『**古今和歌集**』　最初の勅撰《ちょくせん》和歌集。紀友則《きのとものり》・紀貫之《つらゆき》・凡河内躬《おおしこうちのみ》恒《つね》・壬生忠岑《みぶのただみね》の撰《せん》。十世紀初めに成立。

解説

遣唐使《けんとうし》は、六三〇年の**犬上御田鍬《いぬがみのみたすき》**派遣から、八九四（寛平六）年に**菅原道真《すがわらのみちざね》**の建《けん》議《ぎ》により派遣が中止されるまで二十回程度任命され、十六回ほど渡唐した。七世紀には船二隻《せき》二五〇人ほどで**朝鮮半島沿岸をたどった**（**北路**）が、新羅《しらぎ》との関係悪化により、八世紀以降は船四隻五〇〇人前後で**東シナ海を横断した**（**南路**）。一行は、大使・副使・判官・録事の四等官、通訳、医師や神官などの技手、船員に加え、多くの留学生・留学僧が随行した。遣唐使の性格は**朝貢使《ちょうこうし》**で、遠方であることを理由に八世紀にはほぼ二十年ごとの派遣であった。派遣の目的は、①唐の先進的な文化や制度の導入、②新羅に対する優越的地位を唐から認められること、③朝貢貿易などであった。**阿倍仲麻呂《あべのなかまろ》**や二〇〇四年に中国で墓誌が発見された井真成《せいしんせい》は同時期の留学生で、その後も唐の朝廷に仕え続けた。一方、**鑑真《がんじん》**は七五四（天平勝宝《てんぴょうしょうほう》六）年に東大寺に**戒壇《かいだん》**を設け、聖武《しょうむ》太上天皇・光明《こうみょう》皇太后・孝《こう》謙《けん》天皇らに**戒律《かいりつ》**を授け、**唐招提寺《とうしょうだいじ》**の創建にも尽力した。

5 律令制の動揺

1 農民の生活

一 戸籍と計帳

【戸籍】

「下総《しもうさ》国葛飾《かつしか》郡大嶋《おおしま》郷❶戸籍《こせき》 養老《ようろう》五年❷」

❸戸主孔王部佐留《あなほべのさる》 年肆拾漆(四十七)歳 残疾❹ 課戸❺

母孔王部乎弖売《おてめ》 年漆拾参(七十三)歳 耆女《きじょ》

妻孔王部若大根売 年参拾漆(三十七)歳 丁妻

男孔王部古麻呂 年拾伍(十五)歳 小子 嫡子

男孔王部麻麻呂 年拾弐(十二)歳 小子 嫡弟

…………(以下十名を中略)…………

合口壱拾伍(二十五)
- 口壱拾弐(十二)不課
  - 口五 小子
  - 口三 丁女
  - 口三 小女
  - 口一 耆女
- 口参(三)課
  - 口一 兵士
  - 口一 正丁
  - 口一 残疾

戸孔王部子諸《こもろ》 年伍拾伍(五十五)歳 正丁 課戸
 戸主孔王部佐留従父兄《いとこ》

男孔王部結《ゆい》 年参拾(三十)歳 正丁

【計帳】

「山背国愛宕《おたぎ》郡出雲《いずも》郷❶計帳《けいちょう》 神亀《じんき》三年❷」

戸主出雲臣吉事《よごと》戸

 去年帳定 良賎口参拾(三十)人 男五 女十九 奴二 婢四

 帳後新附壱(一)人 小女

今年計帳定見良賎大小口参拾壱(三十一)人 男五 女廿 奴二 婢四

 不課口参拾(三十)人 旧廿九 新一

  男肆(四)人 小子三 篤疾一

  女弐拾肆(二十四)人 妻一 丁女十三 小女二 老女二 残女一 耆女一 婢四

 課口壱(一)人

  見輸《げんゆ》壱(一)人 正丁

 輸調銭❸玖(九)文

戸主出雲臣吉事、年参拾肆(三十四)歳、癲《てん》狂❹、篤疾《とくしつ》、左頬黒子《ほほほくろ》、

母酒人連鳥木売、年陸拾弐(六十二)歳、一目盲、残疾、
 右頬黒子、

男出雲臣豊島、年捌(八)歳、小子

◀戸籍と計帳

【戸籍】

❶**下総国……大嶋郷** 今の東京都葛飾・江戸川《えどがわ》両区にまたがる付近。大嶋郷に含まれる島俣《しままた》里は葛飾区柴又《しばまた》に、甲和里は江戸川区小岩《こいわ》と考えられる。

❷**養老五年** 七二一年。

❸**戸主** 口分田の班給は、戸主を通じて行われた。

❹**残疾** 令で規定されている身体障害者で、廃疾《はいしつ》や篤疾《とくしつ》よりは軽度の者。庸《よう》・雑徭《ぞうよう》は免除されたが、調《ちょう》は課せられた。

❺**課戸** 課口《かこう》のいる戸。

❻**廃疾** 令で規定されている身体障害者で残疾より重く篤疾よりは軽い者。調・庸・雑徭が免除された。

【計帳】

❶山背国……出雲郷　現在の京都市左京区付近。賀茂川と高野川の合流点北方にあたる。

❷神亀三年　七二六年。

❸輸調銭　調を銭で納めた。

❹癲狂　精神障害のある人。

❺括首　これまで計帳に記載もれしていた者。

出典◉「正倉院文書」　正倉院に伝わる、奈良時代を主とする古文書群の総称で、総数一万数千点に及ぶ。奈良時代の政治・社会・経済・文化の実相を伝える貴重な史料である。

壱	弐	参	肆	伍	陸	漆	捌	玖	拾
一	二	三	四	五	六	七	八	九	十

▲数値表記

…………（以下三名を中略）…………

合口伍(五)
　口弐(二)不課　口一　小子　口一　丁女
　口参(三)課　口二　正丁　口一　少丁

戸孔王部小国　年弐拾漆歳　廃疾❻　不課戸
　孔王部古諸従子《おい》
母長谷部小宮売　年陸拾漆歳(六十七)　耆女
女孔王部刀自売　年伍歳(五)　小女
妹孔王部弟阿古売　年参拾玖歳(三十九)　丁女

…………（以下三名を中略）…………

合口漆(七)
　口漆(七)不課　口一　廃疾　口一　緑児　口二　丁女　口一　小女　口一　緑女　口一　耆女

「正倉院文書《しょうそういんもんじょ》」

男出雲臣豊成、年肆歳(四)、小子
女出雲臣豊日売、年陸歳(六)、括首《かっしゅ》❺
姉出雲臣真飛鳥売《まあすかめ》、年参拾漆歳(三十七)、丁女　右頬黒子
姉出雲臣宅主売《やかぬしめ》、年参拾漆歳(三十七)、丁女　右頬黒子、
　養老六年逃
姉出雲臣辞无売《ことなしめ》、年参拾肆歳(三十四)、丁女　左唇黒子
姑出雲臣形名売、年陸拾陸歳(六十六)、耆女　和銅六年逃
婢乎都貴売《おっきめ》、年陸拾壱歳(六十一)、左頤《おとがい》黒子　戸主婢
（以下略）

「正倉院文書」

解説

「正倉院文書《しょうそういんもんじょ》」には八世紀の**戸籍**《こせき》として、七〇二（大宝《たいほう》二）年の美濃《みの》国・西海道《さいかいどう》諸国や七二一（養老《ようろう》五）年の下総《しもうさ》国のものなどが伝わる。同じ七〇二年の戸籍でも、美濃国と西海道とでは様式が異なり、飛鳥浄御原《あすかきよみはら》令の式によるか、大宝令の式によるかの違いとされる。右の「下総国葛飾《かつしか》郡大嶋《おおしま》郷戸籍」は、七一五〜四〇年頃まで施行された郷里《ごうり》制（従来の国―郡―里から国―郡―郷―里に変更）のもとで造られ、戸（郷戸《ごうこ》）が小さな戸（房戸《ぼうこ》）に分けられていた時期のものであるが、戸籍に記された戸は郷戸である。なお、戸籍が実際の家族のあり方を反映しているか諸説あるが、少なくとも律令制による支配を研究する上では重要史料である。

計帳《けいちょう》は戸籍をもとに毎年造られる帳簿で、調庸《ちょうよう》収取の基本台帳であった。右の「山背《やましろ》国愛宕《おたぎ》郡出雲《いずも》郷計帳」にも、年による戸の人員変動のほか、性別・年齢や身体的特徴、現在の居住地などが記され、賦役《ふえき》からの逃亡に備える機能ももっていたことが分かる。

区分	年齢
緑児（緑女）〈黄〉	1〜3歳
小子（小女）	4〜16歳
少丁（少女）〈中男〉	17〜20歳
正丁（丁女）	21〜60歳
次丁（次女）〈老〉	61〜65歳
耆老（耆女）	66歳以上

▲年令規定

二　労役・運脚の苦しみ

和銅《わどう》五年❶春正月乙酉《きのとのとり》、詔《みことのり》して曰《のたま》はく、「諸国の役民《えきみん》、❷郷に還らむ日、食糧絶《た》え乏《とぼ》しくして、多く道路に饉《う》ゑて、溝壑《こうがく》に転塡《てんてん》❸すること其《そ》の類《たぐい》少なからず。国司ら宜《よろ》しく勤めて撫養《ぶよう》❹を加へ、量《はか》りて賑恤《しんじゅつ》❺すべし。如《も》し死ぬる者あらば、且《しばら》く埋葬を加へ、其の姓名を録《しる》して本属❻に報ぜよ」と。（和銅六年）三月壬午《みずのえうま》……また詔すらく、「諸国の地、江山遐《こうさんはる》かに阻《へだ》たりて、❼負担の輩《ともがら》、久しく行役《こうえき》❽に苦しむ。資粮《しろう》❾を具備《そな》へむとせば、納貢の恒数❿を闕《か》き、重負を減損せば、⓫路《みち》に饉《う》うることの少なからざるを恐る。宜しく各《おのおの》一嚢《のう》の銭⓬を持ちて炉《ろ》に当たるの給と作《な》し、永く労費を省《はぶ》き、往還に便《べん》を得しむ⓭べし。宜しく国郡司ら豪富の家に募《つの》りて、米を路《みち》の側《かたわら》に置きて、其の売買に任すべし。……」と。

『続日本紀《しょくにほんぎ》』

◀労役・運脚の苦しみ

❶**和銅五年**　七一二年。
❷**役民**　都で労役についた人。
❸**溝壑に転塡**　溝や谷に転がり落ちること。
❹**撫養**　いつくしみ、養うこと。
❺**賑恤**　物をめぐみ与えること。
❻**本属**　本籍地。
❼**江山遐かに阻たりて**　河や山で遠く隔てられている、の意。
❽**行役**　都へ物を運ぶ労役。
❾**資粮**　旅行中の食糧。
❿**納貢の恒数**　調や庸など納入しなければならない規定の量。
⓫**重負を減損せば**　食糧などを減らして重い荷を減らせば、の意。
⓬**一嚢の銭**　一ふくろの銭。七〇八年に和同開珎が鋳造されている。
⓭**便を得しむ**　便利にする。

出典◉『**続日本紀**』　本書四六ページ参照。

通釈

和銅五年春正月乙酉、天皇は次のように詔《みことのり》した。「諸国で労役についた民は、故郷に帰る際に食糧が絶えて乏しくなり、多くの者が帰途で飢えて、溝や谷に転がり落ちるようなことも少なくない。国司らはつとめて彼らをいつくしみ養い、状況に応じて物をめぐみ与えるようにせよ。もし死ぬ者がいれば、埋葬するとともに、その姓名を記して本籍地の役所に報告せよ。」（和銅六年）三月壬午……また天皇が次のように詔した。「諸国の地は、河や山で都から遠く隔てられているので、調・庸などの運脚《うんきゃく》夫は、長いこと都へ物を運ぶ労役に苦しんでいる。移動中の食糧を十分に備えようとすれば、納入すべき税を規定量よりも不足させることになり、食糧などの重い荷を減らせば、途中で飢えることが少なくないことを恐れる。そこで、それぞれ一袋の銭を持って食事をする際の費用とし、労力と費用を省き、行き来を便利にしなさい。国司・郡司は富豪の家に募って、米を道ばたに置き、売買させるようにせよ。……」

解説

律令制下では民が様々な課役《かえき》を負担するとともに、都と地方とを往来する際の食糧なども自分たちで用意しなければならなかった。前半の史料は、平城遷都の二年後の七一二（和銅《わどう》五）年のもので、遷都後も都の造営が続き、地方から民が労働に駆り出されている。史料からは労働の過酷さに加え、食糧も用意されない帰途の惨状がうかがえる。後半の史料のように、調庸《ちょうよう》などの**運脚**《うんきゃく》も同様であった。政府はこれらに対応策を出すものの、相変わらず食糧の支給はせず、国司や郡司、地方の富豪などに頼っている。

三　浮浪《ふろう》・逃亡《とうぼう》

（霊亀《れいき》元年）❶五月辛巳朔《かのとみのついたち》。諸国の朝集使《ちょうしゅうし》❷に勅《ちょく》して曰《のたま》はく、天下の百姓、多く本貫《ほんがん》に背《そむ》きて他郷に流宕《るとう》し、❸課役を規避《きひ》す。其《そ》の浮浪逗留《ふろうとうりゅう》して、三月以上を経《へ》る者は、即《すなわ》ち土断《どだん》して❹、調庸を輸さしむること、当国の法に随《したが》へ。

（養老《ようろう》元年❺五月）丙辰《ひのえたつ》。詔《みことのり》して曰《のたま》はく、「率土《そつど》の❻百《ひゃく》姓《せい》、四方に浮浪して、課役《かえき》を規避し、遂《つい》に王臣に仕《つか》へて、或《あるい》は資人《しじん》❼を望み、或は得度《とくど》❽を求む。王臣、本属を経《へ》ず❾して、私に自ら駈使《くし》し、国郡に嘱請《しょくせい》❿して、遂《つい》に其の志を成す。茲《これ》に因《よ》りて、天下に流宕して、郷里《ごうり》に帰らず。若《も》し斯《こ》の輩《ともがら》有りて、輙《たやす》く私に容止《ようし》せ⓫ば、状を揆《はか》りて罪を科《おお》せむこと、並《なら》びに律令の如《ごと》くせよ。……」と。

『続日本紀』

【通釈】

（霊亀元〈七一五〉年）五月一日、天皇は諸国の朝集使に対して次のように勅した。天下の人民の多くは、その本籍地を離れて他郷に流浪して、課役を逃れている。そこで、浮浪して他郷に逗留することが三か月以上たった者については、現地で帳簿に登録して調庸をその国の法によって納めさせよ。

（養老元〈七一七〉年五月）十七日、天皇は次のように詔した。「国中の人民は、四方に浮浪して課役をたくみに逃れ、ついには王族や貴族に仕えて、その資人になることを望んだり、得度して僧になることを求めたりしている。王族や貴族は本籍地の役所を通さずに、彼らをひそかに使役し、国司や郡司に頼んで、思い通りにことを運んでしまう。このため、天下をさすらい、郷里に帰らなくなっているのだ。もし、このような者がいて、安易にそれをかくまってとどめている者は、その状態をみて、律令のきまりに従って罪を科せよ……」と。

◀浮浪・逃亡

❶**霊亀元年**　七一五年。
❷**朝集使**　諸国の一年間の政務を中央に報告する使い。任国の国司の一人があたった。
❸**流宕**　遠方にでること。
❹**土断**　現地で帳簿に登録する、という意味。「土断」を「云断」（「ここに断ちて」）とする写本もある。
❺**養老元年**　七一七年。
❻**率土**　陸地の続く限り。
❼**資人**　「とねり」「つかいひと」と読み、王臣のために配属され、主人の護衛や雑務に従事した。官位によって与えられる位分資人と官職によって与えられる職分資人とがあった。
❽**得度**　正式に出家すること。得度したものは調庸などの課役を免除された。
❾**本属を経ず**　本籍地の官司を通さないで。
❿**嘱請**　たのみ請うこと。
⓫**容止**　ここでは、かくまいとどめるという意味。

出典◉『続日本紀』　本書四六ページ参照。

解説

律令国家は民を戸籍《こせき》や計帳《けいちょう》で把握し、口《く》分田《ぶんでん》の班給や課役《かえき》の収取を行っていた。そのため、民が安易に本籍地から離れることを嫌い、本《ほん》貫地《がんち》主義と呼ばれる姿勢をとっていた。しかし、民は重い負担から逃れるため**浮浪《ふろう》・逃亡《とうぼう》**したり、出挙《すいこ》や交易で稲などを蓄える一方、口分田耕作や課役を忌避したりしたため、本籍地に民をしばることは難しかった。当初は浮浪・逃亡した者を本籍地に送還していたが、七一五（霊亀《れいき》元）年には浮浪先で戸籍に附さないまま、調庸《ちょうよう》を賦課《ふか》することとした。さらに七三六（天平《てんぴょう》八）

年、浮浪先で戸籍に附す代わりに浮浪人帳に記し、課役を賦課することとなった。いくら対策しても、浮浪・逃亡は絶えなかったのである。八世紀後半からは、貴族・寺社が大規模な土地の耕作に彼らを利用していく。

四 貧窮問答歌《ひんきゅうもんどうか》

風雑《まじ》へ　雨降る夜の　雨雑へ　雪降る夜は　術《すべ》もなく
寒くしあれば　堅塩《かたしお》を❶　取りつづしろひ❷　糟湯酒《かすゆざけ》　うち
啜《すす》ろひて　咳《しわぶ》かひ❸　鼻びしびしに❹　しかとあらぬ❺　鬚《ひげ》
かき撫《な》でて　我《あれ》を除《お》きて　人は在《あ》らじと　誇《ほこ》ろへど　寒
くしあれば　麻衾《あさぶすま》❻　引き被《かがふ》り　布肩衣《ぬのかたぎぬ》❼　有《あ》りのことご
と❽　服襲《きそ》へども❾　寒き夜すらを　我よりも　貧しき人の
父母は　飢《う》ゑ寒《こご》ゆらむ　妻子《めこ》どもは　吟《によ》び泣くらむ　此《こ》
の時は　如何《いか》にしつつか　汝《な》が世は渡る
天地《あめつち》は　広しといへど　吾《あ》が為《ため》は　狭《さ》くやなりぬる
日月《ひつき》は　明《あか》しといへど　吾が為は　照りや給はぬ　人皆
か　吾《あ》のみや然《しか》る　わくらばに❿　人とはあるを　人並《なみ》に
吾《あれ》も作《なれ》るを　綿も無き　布肩衣の　海松《みる》の⓫如《ごと》　わわけさ
がれる⓬　襤褸《かがふ》の⓭み　肩にうち懸《か》け　伏廬《ふせいお》の⓮　曲廬《まげいお》の⓯内に
直土《ひたつち》に⓰　藁《わら》解《と》き敷きて　父母は　枕の方《かた》に　妻子《めこ》どもは
足の方に　囲《かく》み居《い》て　憂《うれ》へ吟《さまよ》ひ⓱　竈《かまど》には　火気《ほけ》ふき立
てず　甑《こしき》⓲には　蜘蛛《くも》の巣懸《か》きて　飯炊《いいかし》く　事も忘れて

通釈

風をまじえて雨の降る夜で、さらにその雨に雪がまじって降る夜は、どうしようもなく寒いので、堅塩を少しずつかじり、糟湯酒をすすりながら飲んでいる。しきりに咳《せき》を繰り返し、鼻水をすすりあげ、少しばかりの髭を撫でては、「自分をさしおいては能ある人間もあるまい」と誇ってはみても、寒さばかりは身にこたえ、麻ぶとんをひっかぶり、麻の袖無しの服をあるだけ全部重ねて着てもまだ寒いこのような夜を、私よりも貧しい人の父母はおなかをすかせて寒さにふるえているだろうし、妻や子は力なく泣いていることだろう。このような時は、どのようにしてお前は暮らしていくのか。

天地は広いというけれど、私のためには狭くなってしまったのか。太陽や月は明るいものだというけれど、私のためには照っては下さらないのか。だれでもがそうなのか、自分だけがそうなのか。たまたま人として生まれ、人として大きくなったけれど、綿も入ってない麻の肩衣の、海松のようにやぶれさがったボロばかりを肩に打ちかけて、おしつぶれたような家の中に、地べたに藁を解きしいて、父母は自分の枕の方に、妻子たちは足もとに寝かせているが、こんな自分を囲んで悲しんだり、うなったりし

◀貧窮問答歌

❶**堅塩**　未精製の固形の塩。
❷**取りつづしろひ**　少しずつ食う。
❸**咳かひ**　しきりに咳をする。
❹**鼻びしびしに**　鼻をすすりあげる音。
❺**しかとあらぬ**　少しばかりの。
❻**麻衾**　麻でできた寝具。
❼**布肩衣**　麻布製のの袖無しの服。
❽**有りのことごと**　あるだけ全部。
❾**服襲へども**　重ねて着るけれども。
❿**わくらばに**　たまたま偶然にも。
⓫**海松**　海草の一種。
⓬**わわけさがれる**　破れてぼろぼろになる。
⓭**襤褸**　ぼろ。
⓮**伏廬**　潰《つぶ》れたような家。
⓯**曲廬**　曲がって倒れかかった家。
⓰**直土に**　地面に直接。
⓱**憂へ吟ひ**　嘆《なげ》き悲しんで。
⓲**甑**　米を蒸す道具。
⓳**鵼鳥**　トラツグミという鳥。悲しげに鳴くので、呻吟ふの枕詞《まくらことば》。
⓴**いとのきて……端截ると**　短いものの端をさらにきるように、という意味。悪い上にも悪いことが重なるという諺。
㉑**楚**　笞のこと。
㉒**五十戸良**　五十戸すなわち一里で、里長のこと。

鵺鳥《ぬえどり》の⑲　呻吟《のどよ》ひ居《お》るに　いとのきて　短き物を　端截《はしき》る
と⑳　云《い》へるが如く　楚取《しもと》る㉑　五十戸良《さとおさ》㉒が声は　寝屋戸《ねやど》
まで　来立《きた》ち呼《よ》ばひぬ　斯《か》くばかり　術無《すべな》きものか　世《よ》の
間《なか》の道
世間《よのなか》を　憂《う》しとやさしと　思へども　飛び立ちかね
つ　鳥にしあらねば　『万葉集《まんようしゅう》』

て眠っている。かまどには湯気けむりも立てず、米を蒸す甑には蜘蛛の巣が張り、飯の炊くことも忘れ、か弱く嘆《なげ》いているのに、そうでなくても短いものを、その端を切るという諺《ことわざ》のように、悪い上にも悪いことが重なり、笞《むち》をもった里長の声が寝屋の口までやって来て呼び立てている。こんなにまでもやるせないものか、人の世に生きていくことは。

世の中を、身も細るような辛《つら》いものだと思ってはみても、何処かへ飛んで行ってしまうこともできはしない。鳥ではないのだから。

解説

貧窮問答歌《ひんきゅうもんどうか》は、**山上憶良《やまのうえのおくら》**が筑前守《ちくぜん》（筑前国司の長官）として赴任していた七三一（天平《てんぴょう》三）年頃に作った長歌《ちょうか》である。この歌は貧者と窮者の問答形式で、農民の貧しい生活が詠まれている。憶良は遣唐使《けんとうし》として入唐《にっとう》した経験もあるため、中国六朝時代の詩人である陶淵明《とうえんめい》の影響や、唐で流行していた王梵志《おうぼんし》の漢詩の影響もあると指摘されている。そのため、当時の民衆生活の実態をそのまま記したものとは言い切れないが、憶良が国司として現地で見聞したことがもととなって、この歌が作られたと考えられる。

竪穴《たてあな》住居の中の貧しい生活や、厳しい税のとりたての様子などが、文学的に表現された歌である。

五　防人《さきもり》の歌❶

今日よりは　顧《かえり》みなくて❷　大君の　醜《しこ》の御楯《みたて》❸と　出《い》で立つわれは
水鳥の　発《た》ちの急《いそ》きに　父母に　物言《ものは》ず来《け》にて❹　今ぞ悔《くや》しき
吾等《わろ》旅は　旅と思《おめ》ほど　家《いひ》にして　子持《こめ》ち痩《や》すらむ　わが妻《み》かなしも❺
父母が　頭《かしら》かき撫《な》で　幸《さ》くあれていひし　言葉《けとば》ぜ❻　忘れかねつる

『万葉集』

出典◉『万葉集』　本書四六ページ参照。

◀**防人の歌**

❶**防人**　諸国兵士の中から交代で北九州の防備のため派遣された兵士。七三〇（天平《てんぴょう》二）年以後は東国の兵士に限られるが、実際には当初から主として東国の兵士を防人にしたと考えられる。
❷**顧みなくて**　後ろをふり返らずに。
❸**醜の御楯と**　強靭《きょうじん》な楯として。醜は頑強という意味。
❹**物言ず来にて**　言葉もかけずに来てしまい。
❺**かなしも**　いとおしい。
❻**言葉ぜ**　方言で「ことばぞ」と同じ。
出典◉『万葉集』　本書四六ページ参照。

設問6　1 二を読み、都での労役や都に税を納めに行った帰路に百姓が飢えることが問題となっているのはなぜか、理由を説明しよう。
2 三を読み、課役を逃れるために浮浪・逃亡以外に一般庶民がとった行動としては、どのようなものがあるか、説明しよう。
3 五を踏まえ、防人の兵士の出身地の特徴について説明しよう。

解説 **防人**《さきもり》の歌は、『**万葉集**《まんようしゅう》』の編集に関わったとされる**大伴家持**《おおとものやかもち》が、兵部少輔《ひょうぶしょうゆう》として防人の監督にあたる中で集めたものと考えられる。防人の大部分が東国から派遣され、難波から船で北九州に赴いた。歌は基本的に、妻や恋人、父母などとの別離を詠んだものである。防人は三年交替であったが、期限がきれても故郷に帰れない者も多かったとされる。

❷ 奈良時代の政変

一 長屋王の変と光明立后《こうみょうりっこう》

(天平《てんぴょう》元年)❶二月辛未《かのとひつじ》、左京の人従七位下漆部造《ぬりべのみやつこ》君足《きみたり》・无位《むい》中臣宮処連《みやこのむらじ》東人等密《みつ》を告げて、「左大臣正二位**長屋王**《ながやおう》**私**《ひそか》**に左道**《さどう》❷**を学びて国家**《みかど》**を傾けんと欲す**」と称す。其《そ》の夜使《つかい》を遣はして固く三関《さんげん》❸を守らしむ。因《よ》りて式部卿《しきぶきょう》従三位藤原朝臣宇合《あそんうまかい》……❹等を遣はして六衛《りくえ》❺の兵を将《ひき》いて、**長屋王宅を囲ましむ**。……癸酉《みずのととり》、**王をして自尽**《じじん》**せしむ**。其の室二品《にほん》吉備内親王、男《おのこ》従四位下膳夫《かしわでの》王《おう》……等、同じく亦《また》自ら経《くび》る❻。……**長屋王は天武天皇の孫、高市親王**《たけちのみこ》**の子なり**。吉備内親王は日《ひ》並知皇子尊《なみしのみこのみこと》❼の皇女なり。……(三月甲午《きのえうま》)、中納言正三位藤原朝臣武智麻呂《むちまろ》❽を以て大納言と為《な》す。……(八月)戊辰《つちのえたつ》、**詔**《みことのり》**して正三位藤原夫人**《ぶにん》❾**を立てて皇后と為す**。

『続日本紀《しょくにほんぎ》』

二 藤原広嗣《ひろつぐ》の乱と恭仁遷都《くにせんと》

(天平《てんぴょう》十二年八月)❶癸未《みずのとひつじ》、大宰少弐《だざいのしょうに》従五位下**藤原朝臣広嗣**《あそんひろつぐ》、表を上《たてまつ》りて時政の得失を指し(時の政治の乱れや失政を指摘し)、天地の災異《さいい》を陳《の》べ、因りて、**僧正玄昉**《げんぼう》**法師**、右衛士督《うえじのかみ》従五位上**下道朝臣**《しもつみちのあそん》**真備**《まきび》❷**を除かんことを以て**、**言**《こと》**と為**《な》**す**。九月丁亥《ひのとい》、**広嗣遂**《つい》**に兵を起こして反す**。……(十一月)戊子《つちのえね》、大将軍東人等言《もう》す。「今月一日を以て、肥前国松浦《まつら》郡に於いて広嗣・綱手《つなて》を斬ること已《すで》に

◀長屋王の変と光明立后

❶**天平元年**　七二九年。

❷**左道**　邪道《じゃどう》。よこしまな道。

❸**三関**　伊勢の鈴鹿関《すずかのせき》・美濃《みの》の不破《ふわの》関《せき》・越前《えちぜん》の愛発関《あらちのせき》の三関。天皇崩御や国家的反乱の際に固められることを固関《こげん》という。

❹**藤原朝臣宇合**　不比等《ふひと》の第三子。式家《しきけ》の祖。

❺**六衛**　五衛府《ごえふ》と、前年新設された中衛府《ちゅうえふ》をあわせていう。天皇や宮城の警備を行った。

❻**自ら経る**　首を括《くく》って自殺する。

❼**日並知皇子尊**　草壁皇子《くさかべ》。天武《てんむ》天皇と持統《じとう》天皇との間の皇子。

❽**藤原朝臣武智麻呂**　不比等の第一子。南家《なんけ》の祖。

❾**藤原夫人**　光明子《こうみょうし》。

◀藤原広嗣の乱と恭仁遷都

❶**天平十二年**　七四〇年。

❷**下道朝臣真備**　吉備真備《きびのまきび》。

❸**恭仁郷**　現在の京都府木津川市加茂町付近。

訖《おわ》んぬ。……」広嗣は式部卿《しきぶきょう》馬養《うまかい》の第一子なり。……（十二月戊午《つちのえうま》）是《こ》の日、右大臣橘宿禰諸《たちばなのすくねもろ》兄《え》、前に在りて発して山背《やましろ》国相楽《さがらか》郡恭仁《くに》❸郷を経略す。遷都を擬《ぎ》するを以ての故なり。『続日本紀』

三　橘《たちばなの》奈良麻呂《ならまろ》の変

（天平宝字《てんぴょうほうじ》元年❶七月庚戌《かのえいぬ》）勅使、又奈良麻呂に問ひて云はく、「逆謀何に縁《よ》りてか起こせし」と。款《もう》して云はく、「内相《ないしょう》❷政《まつりごと》行うこと甚《はなは》だ無道《むどう》多し。……」と。又問ふ、「政《まつりごと》無道と称するは何等の事をか謂《い》ふや。」款して云はく、「東大寺を造りて人民苦辛して氏々の人等も亦《また》是れ憂と為す。又剗《せき》❸を奈羅《なら》に置き、已《すで》に大憂と為す。」問ふ、「称する所の氏々とは何等の氏をか指すや、又寺を造ることは元《もと》、汝の父❹の時より起これり。今人の憂を噵《い》ふは、其の言《げん》似《に》たらず」と。是に於いて奈良麻呂辞屈《ことばつま》りて服す。『続日本紀』

四　藤原仲麻呂の乱

（天平宝字《てんぴょうほうじ》八年❶九月）壬子《みずのえね》、軍士石村村主石楯《いわれのすぐりいわたて》、押勝《おしかつ》❷を斬《き》りて、首を京師に伝ふ。押勝は近江《おうみ》朝の内大臣藤原朝臣鎌足《かまたり》の曾孫《そうそん》、平城朝の贈《ぞう》太政大臣武智麻呂《むちまろ》の第二子なり。……天平六年❸従五位下を授けられて、歴任通顕《つうけん》なり（要職につぎつぎについてきた）。勝宝元年❹正三位大納言兼紫微令《しびれい》❺中衛大将に至る。枢機《すうき》の政、独《ひと》り掌握より出づ。是《これ》に由《よ》りて豪宗右族《ごうそうゆうぞく》❻皆其の勢ひを妬《ねた》む。宝字元年❼橘奈良麻呂《たちばなのならまろ》等謀りて之《これ》を除かんと欲す。事《こと》廃立に渉《わた》りて、反《かえ》りて為に滅さる。其の年紫微内相に任ぜらる。二年大保《たいほ》❽に拝せらる。……四年大師《たいし》❾に転ぜらる。……時に道鏡常に禁掖《きんえき》❿に侍《じ》して、甚だ寵愛《ちょうあい》せらる。押勝之を患ひて、懐《こころ》自ら安からず。……遂《つい》に兵を起して反す。『続日本紀』

◀橘奈良麻呂の変

❶天平宝字元年　七五七年。
❷内相　紫微《しび》内相の藤原仲麻呂のこと。
❸剗　関の小規模なもの。
❹汝の父　橘諸兄《もろえ》。

◀藤原仲麻呂の乱

❶天平宝字八年　七六四年。
❷押勝　恵美押勝《えみのおしかつ》、すなわち藤原仲《なか》麻《ま》呂《ろ》のこと。淳仁《じゅんにん》天皇からこの名を賜った。
❸天平六年　七三四年。
❹勝宝元年　七四九年。
❺紫微令　紫微中台の長官。紫微中台は光明《こうみょう》皇后の皇后宮職を改称したもので、仲麻呂はその長官となって権力をふるった。長官はもと紫微令といったが、紫微中台を太《だい》政官《じょうかん》と同格にするため、内相と改めた。
❻豪宗右族　有力な家や名門。
❼宝字元年　七五七年。
❽大保　右大臣《うだいじん》の唐名。太保とも書く。
❾大師　太政大臣の唐名。太師とも書く。
❿禁掖　禁中・宮廷。

五　宇佐八幡神託事件

（神護景雲《じんごけいうん》三年❶九月己丑《つちのとうし》）初め大宰主神《だざいのかんづかさ》❷習宜阿曾麻呂《すげのあそまろ》、旨《うまき》を希《ねが》ひて道鏡に媚《こ》び事《つか》ふ。因《より》て八幡神❸の教と矯《いつわ》りて言はく、「道鏡をして皇位に即《つ》かしめば、天下太平ならむ」といふ。道鏡これを聞きて、深く喜びて自負す。天皇、清麻呂《きよまろ》❹を牀下《しょうか》に召して、勅して曰《のたま》はく、「……宜しく汝《いまし》清麻呂相代《あいかわ》りて往きて、彼の神の命を聴くべし」とのたまふ。……大神詫宣《たくせん》して曰はく、「我が国家開闢《くにひら》けて以来、君臣定りぬ。臣を以て君と為すこと、未だ有らざるなり。天《あめ》の日嗣《ひつぎ》は必ず皇緒《こうしょ》を立てよ。无道《むどう》の人は宜しく早《すみやか》に掃《はら》ひ除くべし。」とのたまふ。清麻呂来《きた》り帰りて、奏すること神の教の如し。是に道鏡大きに怒りて、清麻呂が本官を解きて、出《いだ》して因幡員外介《いなばのいんげのすけ》❺と為す。

……

『続日本紀』

◀宇佐八幡信託事件

❶**神護景雲三年**　七六九年。

❷**大宰主神**　大宰府で祭祀をつかさどる官人。

❸**八幡神**　宇佐八幡宮の祭神。

❹**清麻呂**　和気清麻呂《わけのきよまろ》。

❺**因幡員外介**　因幡国（現在の鳥取県）の国司次官であるが、員外は定員外に置かれた者を指す。ここでの因幡員外介任官は、清麻呂が流罪とされたことを意味している。なお、最終的には大隅《おおすみ》国（現在の鹿児島県）に流罪となった。

出典◉『続日本紀』（一～五ともに）　本書四六ページ参照。

解説

聖武《しょうむ》天皇と光明子《こうみょうし》との子が立太子の後に夭折すると、**光明子の立后**や、皇位継承候補である長屋王《ながやおう》家の排除のため、**「長屋王の変」**と呼ばれる事件が起きた。その後、藤原四子が疫病《えきびょう》により相次いで死去し、**橘諸兄**《たちばなのもろえ》政権がはじまると、宇合《うまかい》の子の広嗣《ひろつぐ》が**玄昉**《げんぼう》と**吉備真備**《きびのまきび》の排斥《はいせき》を求めて反乱を起こす（**「藤原広嗣の乱」**）。そうした中、聖武天皇は東国に行幸《ぎょうこう》した後、恭仁《くに》京に遷都《せんと》する。相次ぐ遷都のはじまりである。

聖武天皇譲位後、**孝謙**《こうけん》**天皇**のもとで光明皇太后と**藤原仲麻呂**《なかまろ》が政権を握る。彼らに対して、橘奈良麻呂《ならまろ》がクーデタ未遂事件を起こし、協力した**大伴**《おおとも》**氏・佐伯**《さえき》**氏**といった伝統的な氏族の政治的な立場も低下した（**「橘奈良麻呂の変」**）。光明皇太后死後、仲麻呂（恵美押勝《えみのおしかつ》）とその後ろ盾《だて》であった**淳仁**《じゅんにん》**天皇**は、孝謙太上天皇との争いに敗北する（**「藤原仲麻呂の乱」**）。重祚《ちょうそ》した称徳《しょうとく》天皇は**道鏡**《どうきょう》を太政大臣禅師《ぜんじ》、後に法王《ほうおう》とし、即位も望んだが、**「宇佐八幡神託事件」**《うさはちまんしんたくじけん》で失敗に終わる。

設問7　奈良時代には、政権が変わると前の政権担当者の関係者がクーデタや反乱を起こすことがしばしば見られた。では、藤原広嗣の乱と橘奈良麻呂の変について、それぞれの時期の政権交代を踏まえて説明しよう。

3　土地政策の転換

一 三世一身法《さんぜいっしんのほう》

（養老《ようろう》七年❶四月）辛亥《かのとい》、太政官奏《そう》すらく、「頃者《このごろ》百姓漸《ようや》く多くして、田池窄狭《さくきょう》なり❷。望み請《こ》ふらくは、天下に勧《すす》め課《おお》せて田疇《でんちゅう》❸を開闢《ひら》かしめむことを。其《そ》れ新たに溝池《こうち》を造り、開墾を営む者あらば、多少を限らず、給ひて三世《さんぜ》❹に伝へしめむ。若《も》し旧《もと》の溝池を逐《お》はば❺、其の一身に給《たま》はむ」と。奏可《そうか》す。

『続日本紀《しょくにほんぎ》』

通釈

七二三（養老七）年四月十七日、太政官は次のように天皇に奏上した。「近頃、人口が次第に増加し、田や池が不足しています。そこで天下の人民に奨励して田地を開墾《かいこん》させたいと思います。その際、新たに溝や池を造って開墾した者があれば、田地の多少にかかわらず三代目までの所有を認め、もし、古い溝や池を利用して開墾した場合は、本人一代のみ所有を認めることにしたいと思います」と。天皇はこの奏上を許可した。

◀三世一身法
- ❶**養老七年**　七二三年。
- ❷**窄狭**　せまい。
- ❸**田疇**　田地。
- ❹**三世**　田令功田《でんりょうこうでん》条によれば、子・孫・曾孫の三代。本人・子・孫の三代を指すという説もある。
- ❺**旧の溝池を逐はば**　もとあった溝や池を利用して。

出典◉**『続日本紀』**　本書四六ページ参照。

解説

律令国家が行う班田《はんでん》制には、人口に見合う口分田《くぶんでん》の確保が必要である。しかし、貴族や寺社の土地占有や、浮浪《ふろう》・逃亡《とうぼう》の多発による口分田の荒廃、人口増加などにより、**口分田の不足**が問題となる。

そもそも、律令国家はすでに開墾されている田のみを口分田とする方針をとり、開墾地《かいこんち》（墾田《こんでん》）の権利者を定めていなかった。そこで、**「三世一身法《さんぜいっしんのほう》」**により墾田の権利者をはっきりさせ、期限つきで班田制の対象外とした。一方で、収公の期限も明示することにより、**墾田を班田制に組み込もうとした**のである。

二 墾田永年私財法《こんでんえいねんしざいほう》

（天平《てんぴょう》十五年❶五月）乙丑《きのとうし》、詔《みことのり》して曰《のたま》はく、「聞くならく、墾田《こんでん》は養老《ようろう》七年の格《きゃく》❷に依《よ》りて限《げん》満るの後❸、例に依りて収授《しゅうじゅ》す❹。是《これ》に由《よ》りて農夫怠倦《たいけん》して❺、開ける地後に荒ると。今自《よ》り以後は、任《ほしきまにま》❻に私財と為《な》し、三世一

通釈

七四三（天平十五）年五月二十七日、（聖武《しょうむ》天皇は）詔して、次のように言った。「聞くところによると、墾田は養老七年の格（三世一《さんぜいっ》身法《しんのほう》のこと）によって、三世または一身の期限が過ぎると例によって収公されることになっている。このため農民は耕作をなまけるようになり、せっかく開墾した土地も再び荒廃《こうはい》してしま

◀墾田永年私財法
- ❶**天平十五年**　七四三年。
- ❷**養老七年の格**　先の三世一身法をさす。格は、律令の修正や補足のためにだされた法のこと。
- ❸**限満るの後**　期限がきれた後。
- ❹**収授**　収公する。
- ❺**怠倦**　なまける。
- ❻**任に**　意のままに。

身を論ずること無く、咸悉《みなことごとく》に永年取ること莫《なか》れ❼。其《そ》れ親王《しんのう》❽の一品《いっぽん》❾及び一位には五百町、二品《にほん》及び二位には四百町、……六位已下《いか》八位已上には五十町、初位已下《そい》庶人に至るまでは十町、但《ただ》し郡司には、大領《たいりょう》❿・少領《しょうりょう》⓫に三十町、主政《しゅせい》⓬・主帳《しゅちょう》⓭に十町……」と。　『続日本紀』

うという。今後は墾田をそのまま私財として認め、三世一身という期限に関係なく、みなすべて永久に収公しないようにせよ。親王の一品、王臣で一位のものには五百町、二品および二位の者は四百町、……六位以下、八位以上の者には五十町、初位から庶民までは十町、ただし郡司には大領・少領に三十町、主政・主帳には十町までの範囲で、開墾地の私有を許可する。……」

解説　「三世一身法《さんぜいっしんのほう》」には墾田《こんでん》の収公期限が設定されていたため、施行から二十年近く経って期限が迫り、耕作が放棄され荒廃《こうはい》する土地も増加した。そこで、七四三（天平《てんぴょう》十五）年に「**墾田永年私財法**《こんでんえいねんしざいほう》」が出され、**墾田を永久に収公しない**ことが定められた。これにより、開墾が促進されていった。ただし、**開墾に国司の許可を必要と**することもあり、実際には農民ではなく、貴族や有力寺社が国司や郡司の協力を得て大規模な開墾を進め、**初期荘園**《しょうえん》が形成されるきっかけをつくったといわれている。一方で、土地公有の原則は崩れたものの、この法により**開墾面積の上限がはじめて設定**されたことや、墾田が**輸租田**《ゆそでん》として登録されたことから、政府による**墾田の支配・管理が進んだ**と考えられている。古代国家は班田制にはなかった開墾の規則を定め、墾田を政府の管理下に取りこんだのである。

三　加墾《かこん》禁止令

（天平神護《てんぴょうじんご》元年❶三月）丙申《ひのえさる》、勅《ちょく》すらく、「今聞く、墾田は天平十五年の格《きゃく》❷に縁《よ》るに、今より以後、任《ほしきまにま》に私財と為《な》し、三世一身を論ずること無く、咸悉《みなことごとく》に永年取ること莫《なか》れ、と。是《これ》に由《よ》りて、天下の諸人、競ひて墾田を為《な》し、勢力ある家は百姓《ひゃくせい》を駈役《くえき》し、貧窮の百姓は自存するに暇《いとま》なし❸。今より以後、一切《いっさい》に禁断して加墾《かこん》せしむること勿《なか》れ。但《ただ》し、寺の先来《さきころ》定むる地❹の開墾の次《ついで》は禁ずる限《かぎり》に在《あ》らず。又、当土の百姓❺、一、二町はまた宜《よろ》しくこれを許すべし」と。　『続日本紀』

❼**永年取ること莫れ**　永久に収公してはならない。
❽**親王**　天皇の兄弟・皇子を親王、姉妹・皇女を内親王《ないしんのう》という。
❾**一品**　一品から四品までは親王の位。王臣は一位から初位まであわせて三十階の位があった。
❿**大領**　郡司の長官。
⓫**少領**　郡司の次官。
⓬**主政**　郡司の判官。
⓭**主帳**　郡司の主典。
出典◉『続日本紀』　本書四一八ページ参照。

◀加墾禁止令
❶**天平神護元年**　七六五年。
❷**天平十五年の格**　墾田永年私財法のこと。
❸**自存するに暇なし**　生活を維持していくゆとりがない。
❹**寺の先来定むる地**　これより先の七四九（天平勝宝《てんぴょうしょうほう》元）年に、諸寺の墾田地の限度を定めたことを指すと考えられる。
❺**当土の百姓**　その土地の百姓。
出典◉『続日本紀』　本書四一八ページ参照。

解説

（前頁より）八世紀後半、貴族や寺社、地方豪族が土地占有を進め、農民たちの生活に支障をきたす状況となっていた。そのような中、七六五（天《てん》平神護《びょうじんご》元）年に政府は「墾田永年私財法《こんでんえいねんしざいほう》」を一度撤回し、加墾《かこん》禁止の法令を出した。しかし、この法令は道鏡《どうきょう》政権下で出されたものであったため、寺院には開墾を認める優遇措置をとっており、農民による小規模な開墾も認めた不徹底な内容であった。道鏡が失脚すると、七七二（宝亀《ほうき》三）年にこの法令は廃止され、再び開墾が認められるようになった。その際、**「墾田永年私財法」に定められていた位階による開墾面積の上限規定も撤廃**された。これにより、**墾田の開発が一層進み、荘園《しょうえん》は増加**していくこととなった。

四　富豪の登場

田《た》中《なかの》真《ま》人《ひと》広虫女《ひろむしめ》は、讃岐国《さぬきのくに》美貴郡《みきぐん》❶の大領❷外従六位上《げじゅろくいのじょう》小屋県主宮手《おやのあがたぬしみやて》が妻なり。八子を産み生《な》し、富貴にして宝多し。馬牛・奴婢・稲・銭・田畠等あり。天年《ひととなり》道心無く、慳貪《けんどん》にして給与すること無し。酒に多《あまた》の水を加へ、沽《う》りて❸多くの直《あたい》を取る。貸す日は小さき升《ます》にて与へ、償《かえ》す日は大きなる升にて受く。出挙《すいこ》の時は小さき斤《はかり》を用い、償し収むる時には大きな斤を以てす。息利を強いて徴《はた》ること、いと甚だしく理にあらず。或いは十倍に徴り、或いは百倍に徴る。

『日本霊異記《にほんりょういき》』

解説

八世紀後半から九世紀にかけて、**「富豪之輩《ふごうのともがら》」**や「殷富之百姓《いんぷのひゃくせい》」と呼ばれる富裕《ふゆう》な者たちが地方に出現する。それらは、研究用語で**「富豪層」**と呼ばれることもあった。彼らは、馬牛や稲などの動産を大量に蓄積し、さらに**私出挙《しすいこ》**を行って農民から稲を収奪することで、富を蓄えていった。また、田の経営を通して農民を配下におさめ、支配を広げていくこともあった。九世紀後半以降には、中央の院宮《いんぐう》王臣家《おうしんけ》と呼ばれる皇族・貴族と結びつき、調庸《ちょうよう》などの納入を拒否したり、各地域で騒乱を起こしたりした。院宮王臣家の側も、彼らと結びつくことで大土地所有を可能にすることができた。国司や郡司はそれらの勢力と対立し、**律令制**のもとでの**地方支配は動揺**する。九〇二（延喜《えんぎ》二）年に**延喜の荘園整理令**が出され、富豪層と院宮王臣家との結託《けったく》を阻止しようとしたが、効果があったか定かではない。右の史料は説話であるが、九世紀初めまでの様相を色濃く反映し、私出挙により富を蓄積する様子がよく描かれている。

◀富豪の登場

❶**讃岐国美貴郡**　現在の香川県三木《みき》町、高松市。

❷**大領**　郡司の長官。

❸**沽りて**　物品を貸し付けて、利息を徴収することで、古代にはこの言葉で私出挙を行うことを表現する。

出典◉**『日本霊異記』**　九世紀前半の仏教説話集。薬師寺僧景戒《けいかい》の撰。正式には『日本国現報善悪《げんぽうぜんあく》霊異記』。

設問8　**1** 班田収授法には墾田に関する規定がなく、墾田永年私財法はその欠陥を補う意味があったと考えられる。では、墾田永年私財法によって国家の土地に対する支配がどのように変化したか、[二]を踏まえて説明しよう。

2 加墾禁止令はどのような点で不徹底なものであったか、[三]を踏まえて説明しよう。

3 調庸の納入を拒否するなどした富豪層は郡司や国司と対立したが、それにもかかわらず彼等が勢力を拡大することができたのはなぜか、[四]を踏まえて説明しよう。

6 天平文化

1 国家仏教の発展

一 国分寺・国分尼寺の創建

（天平《てんぴょう》十三年三月）❶ 乙巳《きのとみ》、詔《みことのり》して曰《のたま》はく、「朕《われ》、薄《はく》徳《とく》を以《もっ》て忝《かたじけな》くも重き任を承《う》けたまはる。未《いま》だ政化弘《ひろ》まらず。寤寐《ごび》❷に多く慙《は》づ。……頃者《このごろ》、年穀《ねんこく》豊かならず、疫癘頻《えきれいしきり》に至る❸。慙懼《ざんく》❹交々《こもごも》集りて、唯《ひと》り労して己《おのれ》を罪す。是《ここ》を以て、広く蒼生《そうせい》❺の為《ため》に遍《あまね》く景福《けいふく》❻を求む。……**宜《よろ》しく天下の諸国をして、各《おのおの》敬《つつし》んで七重塔一区を造らしめ、幷《あわ》せて金光明最勝王経《こんこうみょうさいしょうおうきょう》、妙法蓮華経《みょうほうれんげきょう》各一部を写さしむべし**。朕又別に擬《はか》りて、金字《こんじ》の金光明最勝王経を写して、塔毎《ごと》に各一部を置かしめむ。冀《こいねが》ふ所は、聖《しょう》法《ほう》❼の盛んなること、天地とともに永く流《つた》へ、擁護《ようご》の恩❽、幽明《ゆうめい》❾に被《こうむ》らしめて恒《つね》に満たんことを。……又国毎の僧寺❿には封⓫五十戸、水田十町を施《ほどこ》し、尼寺《にじ》⓬には水田十町。僧寺には必ず廿（二十）僧有らしめ、其の寺の名を**金光明四天王《してんのう》護国之寺《ごこくのてら》**と為《な》し、尼寺には一十尼、其の寺の名を**法華滅《ほっけめつ》**

【通釈】

天平十三（七四一）年三月二十四日、聖武《しょうむ》天皇は詔して、次のように言った。「朕は徳が薄い身でありながら、天皇の重任を引きついで、いまだ政治による民の教化が十分に行われておらず、寝ても覚めても身の至らなさを恥《は》じている。……近年は作物の収穫が豊かでなく、はやり病がしきりに起こっている。わが身の不徳を恥じる気持ちとおそれる気持ちが混ざり、ひとりで苦しみ自分を責めている。そこで、広く人々のために大いなる幸せを求めようと思う。……よろしく諸国に命じて、それぞれ七重塔一基を造り、金光明最勝王経、妙法蓮華経各々一部ずつを写させよ。朕は、それとは別に、金字で金光明最勝王経を写して、諸国の塔ごとに一部ずつおかせようと思う。自分が願うことは、仏法がますます盛んになり、天地のように永く伝えられ、仏の加護が現世も来世も常に満ちみちているということである。……また、国ごとの僧寺（国分寺）には封戸《ふこ》五十戸、水田十町を寄進して、尼寺（国分尼寺）には水田十町を寄進せよ。僧寺には必ず僧二十人をおき、その寺の名を金光明四天王護国之寺とせよ。尼寺には尼十人をおき、法華滅罪之寺とせよ。……」

◀国分寺・国分尼寺の創建

❶**天平十三年**　七四一年。なおこの詔《みことのり》が出された月日を三月乙巳（二十四日）としているが、後年の記載や他の史料から二月十四日の誤りである。
❷**寤寐**　寝ても覚めてもの意味。
❸**疫癘頻に至る**　流行病がしきりにおこる。
❹**慙懼**　恥じおそれる。
❺**蒼生**　人民。
❻**景福**　大いなる幸い。
❼**聖法**　仏法のこと。
❽**擁護の恩**　仏法がかばい護ってくれる恩のこと。
❾**幽明**　あの世とこの世。
❿**僧寺**　国分寺。
⓫**封**　封戸《ふこ》のこと。
⓬**尼寺**　国分尼寺。

出典◉『**続日本紀**』　本書四六ページ参照。

罪之寺《ざいじ》と為す。……」と。『続日本紀《しょくにほんぎ》』

解説

天平《てんぴょう》年間には、疫病《えきびょう》流行や飢饉《ききん》、七四〇（天平十二）年の藤原広嗣《ひろつぐ》の乱などが起き、政情が不安定であった。聖武《しょうむ》天皇は仏教の力によって社会不安をしずめるため**（鎮護《ちんご》国家）**、国分寺《こくぶんじ》建立や都での**東大寺建立・大仏造立**にふみだした。国分寺は武則天の大雲寺《だいうんじ》にならったもので、玄昉《げんぼう》が唐で見聞してきた仏教政策や寺院が影響を及ぼしたといわれている。

国分寺の構想は建立の詔が出される以前からあり、七三七年には釈迦三尊《しゃかさんぞん》像の造立と大般若経《だいはんにゃきょう》の書写が、七四〇年には七重塔の建設と法華経《ほけきょう》の書写が諸国に命じられ、それらが国分寺建立政策のはじまりといわれる。ただし、最終的には大般若経に代わり、**金光明《こんこうみょう》最勝王経《さいしょうおうきょう》**が**国分寺**に、**法華経**が**国分尼寺《こくぶんにじ》**に納められた。なお、諸国の国分寺建立は順調に進まなかったが、大養徳《やまと》（大和）国では金鐘寺《こんしゅじ》と福寿寺《ふくじゅじ》を統合することで、早くに国分寺（後に**東大寺**となる）が成立した。

◀復元された上総国分尼寺

二　大仏造立の詔

粤《ここ》に天平《てんぴょう》十五年❶歳《ほし》は癸未《みずのとひつじ》に次《やど》る十月十五日を以《もっ》て**菩薩《ぼさつ》の大願❷を発《おこ》して盧舎那仏《るしゃなぶつ》❸の金銅像一軀《ひとはしら》を造り奉る。**国の銅を尽《つく》して象《かたち》を鎔《とか》し❹、大きなる山を削《けず》りて以て堂を構へ、広く法界《ほっかい》❺に及ぼして朕《わ》が**智識《ちしき》**❻と為《な》し、遂《つい》に同じく利益《りやく》を蒙《こうむ》らしめ、共に菩提《ぼだい》を致さしめむ。**夫《そ》れ天下**の富を有《たも》つものは朕《われ》なり。天下の勢《いきおい》を有つものも朕なり。**此《こ》の富と勢を以て此の尊き像を造らむ。事や成り易《やす》くして心や至り難《がた》し。**……是《こ》の故に智識に預かる者は懇《ねんごろ》に至誠《しせい》を発《お》こさば、各《おのおの》介《おおい》なる福を招かむ。宜《よろ》しく日毎に盧舎那仏を三拝すべく、自《みずか》らまさに念《おもい》を存《たも》ちて、

◀**大仏造立の詔**

❶**天平十五年**　七四三年。

❷**菩薩の大願**　仏教を広く興隆したいという願い。

❸**盧舎那仏**　ビルシャナの音訳で毘盧舎那仏、遮那仏とも書く。「華厳《けごん》経《きょう》」「梵網経《ぼんもうきょう》」の本尊で、全宇宙的存在として万物を照らす仏。

❹**鎔し**　鋳造して。

❺**法界**　万物を包む全宇宙。世界。

❻**智識**　知識とも。造寺造仏その他の功徳《くどく》を協力して行う信者やその組織。

通釈

ここに天平十五（七四三）年十月十五日菩薩の大願をおこして、盧舎那仏の金銅像一体をお造りすることにした。国中の銅を使って仏像を鋳造し、大山を切りはらって仏殿を建て、広く世間に仏法を広め、人々を仏像造立のための智識（協力者）とし、自分と同じように仏のご利益を受けさせ、悟《さと》りを開かせよう。さて、天下の富をもつものは朕《われ》であり、天下の権勢をもつのも朕である。この富と権勢をもって仏像を造ろうとすれば、事は簡単に運ぶだろうが、仏の精神には届き難い。……それで、ともに仏像を造るために協力する人々は、心をこめて至誠をつくすならば大いなる幸福を招くであろう。よろしく毎日盧舎那仏を三拝し、心に仏を常に念じて盧舎那仏を造るようにせよ。もし、さらに

各盧舎那仏を造るべし。如更《もしさら》に人の一枝《し》の草一把《ぱ》の土を持ちて、像を助け造らむと情願《こころ》ふ者あらば、恣《ほしきまにま》にこれを聴《ゆる》せ。国郡等の司《つかさ》、此《こ》の事に因《よ》りて百姓を侵《おか》し擾《なや》まし、強《し》ひて収斂《おさ》め❼しむること莫《なか》れ。遐邇《かじ》❽に布告して朕が意《こころ》を知らしめよ。

『続日本紀』

人々が一枝の草や一つかみの土のような僅《わず》かな物をもって、仏像を造るのに協力したいと願うものがあれば、自由にこれを許可せよ。国司や郡司たちは、この盧舎那仏の造立を理由に人々の生活を侵し、困らせ、収奪してはならぬ。全国にそのことを告げて、朕の真意を知らせるようにせよ。

❼収斂め　収奪《しゅうだつ》する。
❽遐邇　遠近。
出典◉『続日本紀』　本書四六ページ参照。

解説　聖武《しょうむ》天皇は七四〇（天平《てんぴょう》十二）年に河内《かわち》国の智識寺《ちしきじ》で盧舎那仏《るしゃなぶつ》像を拝し、感銘を受けて大仏造立を決意したという。右の「**大仏造立《だいぶつぞうりゅう》の詔《みことのり》**」は**紫香楽《しがらき》宮**で出され、宮の近くの甲賀寺《こうかでら》で骨柱が建てられた。しかし、七四五年の平城還都にともない紫香楽での造立は中止され、平城京の東の地、現在の**東大寺**において再開された。人々が協力して造寺造仏をする「智（知）識」に感銘を受けた聖武天皇は、大仏造立への参加を広く呼びかけ、かつては政府による弾圧を受けた**行基《ぎょうき》**も庶民とともに参加した。

三　大仏開眼

（天平勝宝《てんぴょうしょうほう》四年）❶夏四月乙酉《きのととり》、**盧舎那大仏《るしゃなだいぶつ》の像成《な》りて、始めて開眼《かいげん》す**。是《こ》の日、東大寺に行《ぎょう》幸《こう》し、天皇❷親《みず》から文武の百官を率《ひき》ゐ、設斎《せっさい》❸大いに会せしむ。其《そ》の儀、一《もはら》に、元日に同じ。五位已上《いじょう》は礼服《らいぶく》を着し、六位已下《いか》は当色《とうじき》❹なり。僧一万を請《こ》ふ。既《すで》にして雅楽寮《ががくりょう》❺及び諸寺の種々《くさぐさ》の音楽、並《なら》びに咸《ことごと》く来たり集まる。……作《な》す所の奇偉《きい》❻勝《あ》げて記すべからず。仏法東帰してより、斎会《さいえ》❼の儀、未《いま》だ嘗《かつ》て此《かく》の如《ごと》く盛《さかん》なるは有らざるなり。是《こ》の夕《ゆうべ》、天皇、大納言藤原朝臣仲麿《あそんなかまろ》の田村第《たむらのだい》❽に還御《かんぎょ》して、以て御在所と為《な》す。

『続日本紀』

◀**大仏開眼**
❶**天平勝宝四年**　七五二年。
❷**天皇**　孝謙天皇。
❸**設斎**　僧尼《そうに》を集めて、法会《ほうえ》参加者に食事を設けること。
❹**当色**　位階に相当する色の朝服。
❺**雅楽寮**　治部《じぶ》省に所属し、祭祀《さいし》や節会《せちえ》その他の儀式に際して歌舞音曲の演奏や、楽生の養成を行った官司。
❻**奇偉**　めずらしく大いなること。
❼**斎会**　❸設斎に同じ。
❽**田村第**　藤原仲麻呂《なかまろ》の私邸。平城京左京四条二坊にあった。推定地の発掘調査で奈良時代中後期の大規模な礎石建物が検出された。
出典◉『続日本紀』　本書四六ページ参照。

解説　大仏鋳造は、渡来《とらい》系氏族の国君麻呂《くにのきみまろ》（国《くに》中連君麻呂《なかのむらじきみまろ》）が大仏師《だいぶっし》として指導する中、進められた。鋳造作業は七四七（天平《てんぴょう》十九）年から行われ、七五一（天平勝宝《しょうほう》三）年に完成した。この頃、陸奥《むつ》国で産金があり、鍍金《ときん》作業に入った。聖武天皇の病も影響したのか、七五二年四月九日に未完成のまま**開眼供養会《かいげんくようえ》**が開催された。供養会ではインド僧の**菩提《ぼだい》僊那《せんな》**が開眼師となり、聖武太上天皇・光明《こうみょう》皇太后・孝謙《こうけん》天皇、官人、僧侶らが参列した。そのとき開眼に用いた筆や綱が、東大寺正倉院に現存している。

四　行基の布教活動

（養老《ようろう》元年❶四月）壬辰《みずのえたつ》、詔《みことのり》して曰《のたま》はく、「……凡《およ》そ**僧尼《そうに》は寺家に寂居《じゃくきょ》して、教を受け道を伝ふ**。……方《まさ》に今、**小僧《しょうそう》**❷**行基《ぎょうき》**、幷《あわ》せて弟子等、街衢《がいく》に零畳《れいじょう》し❸、妄《みだり》に罪《ざい》福《ふく》を説き、朋党《ほうとう》を合せ構へ、指臂《しひ》を焚《た》き剝《は》ぎ❹、**歴門仮説《れきもんかせつ》**して強《し》ひて余物を乞《こ》ひ、詐《いつわ》りて聖道《しょうどう》と称し**百姓《ひゃくせい》を妖惑《ようわく》**す。道俗擾乱《どうぞくじょうらん》し、四民《しみん》業《なりわい》を棄《す》つ。進みては釈教《しゃくきょう》❺に違《たが》ひ、退きては法令を犯す。……今より以後、更《さら》に然《しか》するを得ず。村里に布告して、勤めて禁止を加へよ」と。

（天平三年❻八月　癸未《みずのとひつじ》）比年《としごろ》、**行基法師に随逐《したが》ふ優婆《うば》塞《そく》❼・優婆夷《うばい》❽等、法の如く修行する者は**、男は年六十一已上、女は年五十五以上、**咸《ことごと》く入道することを聴《ゆる》す**。……

（天平十五年❾十月）乙酉《きのととり》、皇帝❿、紫香楽《しがらき》宮⓫に御《おは》して、盧舎那仏《るしゃなぶつ》の像を造り奉《まつ》らんが為《ため》に、始めて寺地を開く。是《ここ》に於《おい》て、**行基法師、弟子等を率《ひき》ゐて衆庶《しゅうしょ》を勧誘す**。

『続日本紀』

通釈

（養老元年四月）壬辰、天皇が次のように詔した。「……一般的に僧尼は寺に居住して、仏教の教えを受け、仏道を伝えるものである。……今、小僧の行基と弟子たちが街角に集まって、みだりに仏教上の罪業《ざいごう》や信仰による救済について説き、信徒を集め、指を焼き、ひじの皮をはぎ、家ごとに教えを説いてまわって、強引に余り物を請い、偽って聖道と称して民衆を惑わせている。僧侶もそれ以外も大騒ぎして、民は仕事を捨ててしまう。一方では釈迦の教えに背き、一方では法令に違反している。……今より以後、そのようなことがないようにしなさい。村里に告げて、禁止するように努めなさい。」

（天平三年八月癸未）このごろ、行基法師につきしたがう在俗の信者たちで、法の範囲内で修行する者は、男は六十一歳以上、女は五十五歳以上であれば、みな出家して僧尼となることを許す。……

（天平十五年十月）乙酉、天皇は紫香楽宮にいらっしゃって、盧舎那仏の像を造るために、はじめて寺の土地を開いた。そこで、行基法師は弟子たちを率いて、民衆を造仏の工事に誘った。

◀行基の布教活動

❶**養老元年**　七一七年。
❷**小僧**　僧を侮《あなど》った表現。
❸**街衢に零畳し**　ちまたに群集して。
❹**指臂を焚き剝ぎ**　指を焼いて灯火としたり、臂《うで》の皮を剝《は》いで経を写したりすること。
❺**釈教**　釈迦の教え、仏教。
❻**天平三年**　七三一年。
❼**優婆塞**　在俗の男性の仏教信者。
❽**優婆夷**　在俗の女性の仏教信者。
❾**天平十五年**　七四三年。
❿**皇帝**　聖武天皇。
⓫**紫香楽宮**　七四二年に近江国甲賀《こうか》郡に造営された離宮。今の滋賀県甲賀市信楽《しがらき》町宮町地区から宮跡と考えられる建物跡や遺物が見つかっている。

出典◉『続日本紀』　本書四六ページ参照。

設問9　**1** 聖武天皇が仏教に深く帰依することになった原因と考えられる国内情勢について、聖武天皇の権力基盤にも言及しつつ説明しよう。**2** 四のように、政府が行基への対応を変えた理由について、行基が率いていた信者たちの活動内容を踏まえて説明しよう。

解説　政府は仏教に国家鎮護《ちんご》の役割を担わせる一方、**僧尼《そうに》の活動や出家について厳しく統制**した。**行基《ぎょうき》**の活動も当初は僧尼令《りょう》に違反し、社会秩序を乱すものとして、政府から弾圧された。しかし、行基は架橋《かきょう》や池溝・築堤などの工事、道路建設、布施《ふせ》屋《や》（運脚夫《うんきゃくふ》などのための宿泊施設）の建設などの**社会事業**を、そういった技術を持った人々（行基集団）を率いて行いながら、布教にはげみ、信者を増やした。これらの活動の背景には地方の富裕《ふゆう》層の存在もあったとされる。やがて、行基の活動は政府に承認された。行基は東大寺大仏の造立に民衆を率いて参加し、七四五（天平《てんぴょう》十七）年には**大僧正《だいそうじょう》**になった。

2 歴史書の編纂《へんさん》と文芸

一 『古事記』の編纂

臣安万侶《しんやすまろ》❶言《もう》す。……是《ここ》に天皇❷詔《みことのり》たまひしく、「朕《われ》聞く、諸家のもてる帝紀《ていき》❸及び本辞《ほんじ》、❹既に正実に違《たが》ひ、多く虚偽《きょぎ》を加ふ。今の時に当たりて其の失《あやまり》を改めずば、未《いま》だ幾年をも経《へ》ずして、其の旨《むね》滅びなむとす。斯《こ》れ乃《すなわ》ち邦家《ほうか》の経緯《けいい》、❺王化《おうか》の鴻基《こうき》なり。❻故惟《かれこ》れ、**帝紀《ていき》**を撰録し、**旧辞《きゅうじ》**を討覈《とうかく》して、❼偽《いつわ》りを削《けず》り、実《まこと》を定めて、後葉《のちのよ》❽に流《つた》へむと欲《おも》ふ」とのりたまひき。時に舎人《とねり》❾有りき。姓は稗《ひえ》田《だ》、名は阿礼《あれ》、年は是《こ》れ廿《（二十）》八、人と為《な》り聡明《そうめい》にして、目に度《わた》れば口に誦《よ》み、❿耳に払《ふ》るれば心に勒《しる》しき。即《すなわ》ち阿礼に勅語して帝皇日継《すめらみことのひつぎ》⓫及び先代旧辞《さきつよのふること》⓬を誦《よ》み習はしめたまひき。……和銅《わどう》四年九月十八日を以《もち》て、**臣安万侶**

通釈

私、安万侶が申し上げます。……そこで天武《てんむ》天皇が詔を下されて「私が聞くところによると、諸家に伝えられている帝紀（天皇の系譜《けいふ》）や本辞（朝廷の神話・伝説）が事実と違い、多くの偽《いつわ》りが加わっているという。今のうちにその誤りを改めなければ、幾年もたたないうちに本当のことが分からなくなってしまうであろう。歴史の記録というものは、国家のたて糸とよこ糸のような基本であり、天皇の徳をひろめる基礎である。よって、帝紀を撰《えら》んで記録し、旧辞をよく調べて確かめ、虚偽《きょぎ》を削《けず》り、真実を定めて、後世に伝えようと思う」といわれた。その時、舎人で稗田阿礼という、年は二十八歳になる者がいた。彼はたいへん聡明で、一目見ただけで声に出して読むことができ、一度聞いただけで記憶して忘れなかった。そこで天皇は阿礼に命じて天皇の系譜と古い物語を誦み習わせたのであった。……和銅四（七一一）年九月十八日、（元《げん》明《めい》天皇は）私、安万侶に命じて、「稗田阿礼の

◀『古事記』の編纂

❶**臣安万侶**　君主に対してへりくだって言う自称。安万侶は古事記の撰録者太安万侶《おおのやすまろ》で太安麻呂とも書く。一九七九年に銅板の墓誌が奈良市東方の茶畑で発見された。

❷**天皇**　天武天皇。

❸**帝紀**　あとの帝皇日継と同じもので、各天皇の即位から崩御にいたる皇統譜のような記録。

❹**本辞**　あとの先代旧辞と同じで、神話や伝説、歌物語を内容とした古伝。

❺**邦家の経緯**　邦家は国家の意味、経緯はたて糸とよこ糸で、国家の組織や基本秩序をいう。

❻**王化の鴻基**　天皇徳化の基本。

❼**討覈**　たずね、調べること。

❽**後葉**　のちの世。

❾**舎人**　天皇や皇族に近侍《きんじ》し、護衛や雑用にあたった下級官人。

❿**目に度れば口に誦み**　一見しただけでそらんじることができた。

に詔して「**稗田阿礼の誦む所の勅語の旧辞を撰録して献上せしむ**」といへれば、謹《つつし》みて詔の旨に随《したが》ひ、子細《しさい》に採《と》り摭《ひろ》ひぬ。⑬然《しか》れども上古の時、言意《ことばこころ》並びに朴《すなお》にして、文を敷き句を構《かま》ふること、字には即ち難《かた》し。已《ことごと》に訓に因《よ》りて述べたるは詞心《ことばこころ》に逮《およ》ばず。⑭全く音を以ちて連《つら》ねたるは事の趣《おもむき》更《さら》に長し。是《ここ》を以ちて今、**或《あるい》は一句の中に音訓を交《まじ》へ用ゐ、或は一事の内に全く訓を以ちて録《しる》しぬ**。……大抵《おおかた》記す所は、天地開闢《かいびゃく》⑮より始めて、小治田《おはりだ》の御世《みよ》⑯に訖《おわ》る。……并《あわ》せて三巻を録して、謹《つつし》みて献上《たてまつ》る。……

和銅五年⑰正月廿八日　正五位上勲《くん》五等太朝臣安万侶《おおのあそんやすまろ》

（『古事記《こじき》』序文）

誦み習った天武天皇勅命の旧辞を撰び録して献上せよ」といわれたので、謹んで詔の旨に従って事細かに採録した。しかしながら、上古の時代は、言葉やその意味は飾り気がなく、文章を書き表そうとしても、漢字では困難である。ことごとく訓を用いて記述すると、字の意味と言葉の意味が一致しない。かといってすべてを字音で書き連ねると、文章がたいへん長たらしくなってしまう。それで、ここではある場合は一句のうちに字音と字訓を交えて用い、ある場合にはまったく訓だけで書くことにした。……おおよそ天地開闢からはじめて推古《すいこ》天皇の御世までを記している。……合わせて三巻を撰録して、謹んで献上いたします。……

和銅五年正月二十八日　正五位上勲五等太朝臣安万侶

⑪**帝皇日継**　③に同じ。
⑫**先代旧辞**　④に同じ。
⑬**採り摭ひぬ**　採録した。
⑭**詞心に逮ばず**　訓を用いて書いたのでは真意がよく表せない、の意味。
⑮**天地開闢**　天地のはじめ。天地はもと混沌《こんとん》としていたのが分離してできたという考えによる。
⑯**小治田の御世**　推古天皇の時代。
⑰**和銅五年**　七一二年。

出典◉『古事記』　現存する歴史書として最古のもの。七一二(和銅五)年に太安万侶が撰録《せんろく》。三巻からなり上巻は神代の物語、中・下巻は神武天皇から推古天皇まで天皇一代ごとに系譜や物語や歌謡がまとめられている。

解説

律令国家建設にともない、**国史編纂《へんさん》**が行われた。天武《てんむ》朝の編纂事業をうけ、『**古事記**』が七一二（和銅《わどう》五）年、『**日本書紀**』が七二〇（養老《ようろう》四）年に完成した。これらの事業は、中央集権化が進む中で、**天皇による日本列島統治の正統性**を示す目的で行われた。『古事記』序文には編纂の目的や方法が記され、**歴史書編纂が天皇による支配の基礎固めに必要**なことが述べられている。また、口誦《こうしょう》されたものを漢文で記すことの困難さにもふれ、音・訓を混ぜる工夫をしたと述べる。なお、『古事記』には、推古《すいこ》朝までの歴史が記載されている。一方、『日本書紀』は中国の史書にならって、本格的な**漢文**の**編年体**で書かれた**正史**であり、持統《じとう》朝までの歴史が記載されている。『古事記』同様に帝紀《ていき》・旧辞《きゅうじ》をもとにしつつ、百済《くだら》関係の記録、官司・寺院や個人の記録、氏族伝承も素材とされるが、**神話的な部分や政治的な潤色も多く**、**史料批判が必要**である。『日本書紀』から『日本三代実録』までの正史をまとめて、**六国史《りっこくし》**という。

二 『風土記《ふどき》』の撰上

（和銅《わどう》六年）❶五月甲子《きのえね》、畿内七道❷諸国の郡郷の名は好《よ》き字❸を着《つ》けしむ。其《そ》の郡内に生ずる所の銀・銅・彩色・草木・禽獣《きんじゅう》・魚虫等の物は具《つぶさ》に色目《しきもく》❹を録《ろく》し、及び土地の沃塉《よくせき》、❺山川原野の名号《みょうごう》の所由《よる》、❻また古老相伝の旧聞異事《きゅうぶんいじ》は、❼史籍に載《の》せて言上《ごんじょう》せしむ。

『続日本紀《しょくにほんぎ》』

解説　七一三（和銅《わどう》六）年、全国に地誌の編纂《へんさん》が命じられ、国司が中央に提出したものが後に『**風土記**《ふどき》』と呼ばれるようになった。各郡の地名や地形、産物、伝承などが記されている。**天皇の支配領域内を記録する地誌**は、中央集権国家建設にとって必要なものであった。ほぼ完全に現存するのは**出雲**《いずも》**国**のみで、**常陸**《ひたち》**・播磨**《はりま》**・豊後**《ぶんご》**・肥前**《ひぜん》**国**のものが不完全ながら現存するほか、他書に引用された逸文もある。特に『出雲国風土記』は、『古事記』・『日本書紀』と異なる神話も載せており、重要な史料である。

三 『万葉集』

熟田津尓❶　船乗世武登　月待者　潮毛可奈比沼　今者許藝乞菜

（熟田津《にきたつ》に　船乗りせむと　月待てば　潮もかなひぬ　今は漕《こ》ぎいでな）

額田王《ぬかたのおおきみ》❷

東　野炎❸立所見而　反見為者　月西渡

（東《ひむがし》の　野にかぎろひの　立つ見へて　かへり見すれば　月傾きぬ）

柿本人麻呂《かきのもとのひとまろ》❹

田児之浦❺従　打出而見者　真白衣　不尽能高嶺尓　雪波零家留

（田児の浦ゆ　うち出《い》でて見れば　ま白にぞ　富士の高嶺《たかね》に　雪は降りける）

山部赤人《やまべのあかひと》❻

銀母　金母玉母　奈尓世武尓　麻佐礼留多可良　古尓斯迦米夜母

（銀《しろかね》も　金《くがね》も玉も　何せむに　勝《まさ》れる宝　子にしかめやも）

山上憶良《やまのうえのおくら》

新　年乃始乃　波都波流能　家布敷流由伎能　伊夜之家餘其騰

（新《あらた》しき　年の始めの　初春の　今日降る雪の　いや重《し》け吉事《よごと》）

大伴家持《おおとものやかもち》❼

『万葉集《まんようしゅう》』

◀『風土記』の撰上

❶**和銅六年**　七一三年。

❷**畿内七道**　全国を指す。畿内は大《や》和《ま》・摂津《せっつ》・河内《かわち》・和泉《いずみ》・山背《やましろ》、七道は東海道・東山道・北陸道・山陰道・山陽道・南海道・西海道。

❸**好き字**　めでたい字。

❹**色目**　物産の品目。

❺**沃塉**　土地が肥えているか、やせているか。

❻**所由**　理由、根拠。

❼**旧聞異事**　古い言い伝えやめずらしい出来事。

出典◉『続日本紀』　本書四六ページ参照。

◀『万葉集』

❶**熟田津**　今の愛媛県松山市付近にあった港。

❷**額田王**　七世紀後半の女流歌人。はじめ大海人《おおあま》皇子の寵《ちょう》をうけ、のち天智《てんじ》天皇の妃になった。六六一年、百済《くだら》救援のため九州に向かう斉明《さいめい》天皇に同行した時にこの歌を詠《よ》んだ。

❸**野炎**　日の出前に東の空にさす陽光。

❹**柿本人麻呂**　七世紀後半～八世紀はじめの宮廷歌人。

❺**田児之浦**　今の静岡県富士市・静岡市南部の蒲原《かんばら》・由比《ゆひ》・興津《おきつ》の海岸の海浜。

❻**山部赤人**　八世紀前半の宮廷歌人。
❼**大伴家持**　七世紀中後半の公卿・歌人。万葉集の編集に重要な役割を果たした。引用した歌は七五九（天平宝字三）年一月一日、因幡守《いなばのかみ》であった家持が、因幡国庁で詠んだ歌で、『万葉集』のなかで、年代が分かる最後の歌である。
出典◉『**万葉集**』　本書四六ページ参照。

解説

『**万葉集**』は、仁徳《にんとく》天皇の時代から七五九（天平宝字《てんぴょうほうじ》三）年までの歌四五〇〇首余りを収録する歌集である。ただし、古い時代のものは信《しん》憑《ぴょう》性が薄く、実質的には七世紀前半以降の歌が収められていると考えられる。様式は長歌《ちょうか》や短歌《たんか》など多種多様で、歌の作者も天皇から庶民まで様々である。なかには、東国の方言が使われ、素朴で生き生きとした東歌《あずまうた》や、家族との別離の情などを詠んだ防人《さきもり》の歌も含まれている。漢字の音・訓を仮名文字のように使う**万葉仮名**で書かれるのが、『万葉集』の特徴である。

編者は不明であるが、**大伴家持**《おおとものやかもち》が編集に大きく関与していると思われる。七～八世紀の天皇による命令をうけ、数次にわたって編纂《へんさん》されたと考えられている。

歌が作られた時期は四期に分けられ、第一期は壬申《じんしん》の乱までで、素朴な歌が多い。この時期の代表的歌人は、**額田王**《ぬかたのおおきみ》である。第二期は平城遷都までで、律令国家形成期において、宮廷歌人の**柿本人麻呂**《かきのもとのひとまろ》などが活躍した。第三期は七三三（天平五）年までで、唐の文化の影響もあり、知的な傾向や歌人の個性が際立つ傾向にある。代表的歌人は、**山部赤人**《やまべのあかひと》・**山上憶良**《やまのうえのおくら》・**大伴旅人**《たびと》である。第四期は七五九年までで、大伴家持が代表的歌人であり、四〇〇首以上の歌を詠んでいる。大伴氏は当時衰退しつつあった伝統的氏族であり、それが家持の歌にも影響を与えた可能性がある。

四　『懐風藻《かいふうそう》』の序文

余《われ》❶薄官《はくかん》❷の余間《よかん》を以ちて❸、心を文囿《ぶんゆう》❹に遊ばす。古人の遺跡❺を閲《み》て、風月の旧遊❻を想《おも》ふ。……遠く淡海《おうみ》より、云《ここ》に平都《へいと》に曁《およ》ぶまで❼、凡《すべ》て一百二十篇、勒《ろく》して❽一巻と成す。作者六十四人、具《つぶさ》に姓名を題《しる》し、幷《あわせて》爵里《しゃくり》❾を顕《あら》はし、篇首《へんしゅ》に冠《こうぶ》らしむ❿。余《わ》が此《こ》の文を撰《えら》ぶ意《こころ》は、将《まさ》に先哲《せんてつ》の遺風を忘れずあらむが為《ため》なり。故《かれ》懐風《かいふう》を以ちて名づくる云爾《ぞ》。時に天平勝宝《てんぴょうしょうほう》三年⓫歳《ほし》辛卯《かのとう》に在《やど》る冬十一月なり。

『懐風藻《かいふうそう》』

◀『懐風藻』の序文

❶**余**　懐風藻の撰者。
❷**薄官**　地位の低い役人。
❸**余間を以ちて**　暇《ひま》を利用して。
❹**文囿**　文の苑。文学の世界。
❺**遺跡**　先人が遺した文や書。
❻**風月の旧遊**　昔の人の詩歌の遊び。
❼**遠く淡海より……曁ぶまで**　天智天皇の時代から奈良時代まで。
❽**勒して**　整えて。
❾**爵里**　官位と郷里。
❿**篇首に冠らしむ**　各篇の詩のはじめに書く。
⓫**天平勝宝三年**　七五一年。
出典◉『**懐風藻**』　日本最古の漢詩集で七五一（天平勝宝《てんぴょうしょうほう》三）年に編集された。天智朝から奈良時代の六十四人の作者の漢詩一二〇篇を載せる。編者については淡海三船《おうみのみふね》、石上宅嗣《いそのかみのやかつぐ》など諸説がある。

解説

中国からの律令制受容にともない、貴族たちは漢籍の教養も重要視するようになった。官吏《かんり》養成機関である都の**大学**や地方の**国学**でも、儒教とともに漢詩文の学習が行われた。『**懐風藻**《かいふうそう》』の詩には六朝《りくちょう》詩や初唐詩の模倣《もほう》も多いが、**現存最古の漢詩集**として意義深い。ただし、作者は皇族や貴族、渡来系氏族が多く、中・下級官人にとって漢詩作成は困難であったと考えられる。

1 平安遷都

(延暦《えんりゃく》十三年十月丁卯《ひのとう》) 都を遷《うつ》す。詔《みことのり》して曰《のたま》はく云々《うんぬん》。葛野《かどの》の大宮地《おおみやどころ》❶は、山川も麗《うるわ》しく、四方《よも》の国の百姓の参り出来《いでき》る事も便《たより》にしてと云々。

(延暦十三年十一月丁丑《ひのとうし》) 詔して曰はく云々。山勢《さんせい》実に前聞《ぜんぶん》に合《かな》ふと云々。**此《こ》の国山河襟帯《さんがきんたい》して自然に城《き》を作《な》す**。斯《こ》の形勝に因《よ》り、新号を制すべし。**宜《よろ》しく山背《やましろ》国を改め山城《やましろ》国となすべし**。又子来《しらい》の民、謳歌《おうか》の輩《ともがら》、異口《いく》同辞《どうじ》にして、**号して平安京と曰ふ**。

『日本紀略《にほんきりゃく》』

通釈

(延暦十三年十月) 都が遷された。桓武天皇が詔していうには、都と定めたこの山背国葛野郡の地は、山川など地形も美しく、諸国の人々が集まるのにも便利である、とのことである。

(延暦十三年十一月) 天皇が詔していうには、この都の地形はいわれていたとおりである。この(山背) 国は山河が襟《えり》や帯のように巡《めぐ》り、自然に城のような要害となっている。この様子から新しく呼び名を定めるべきである。山背国を改め山城国とせよ、とのことである。また天皇の徳を慕う民衆や、ほめたたえる人々は、一様にこの都を平安京と呼んだ。

◀平安遷都

❶**葛野の大宮地** 山城国葛野郡。大宮地とは都のこと。

出典◉『日本紀略』 平安末期に成立した歴史書。神代～後一条天皇までを編年体で叙述。前半は六国史《りっこくし》を抄録《しょうろく》しており、『日本後紀』の散逸《さんいつ》部分を補うことができる。

解説

桓武《かんむ》天皇は七八四 (延暦《えんりゃく》三) 年に**平城京**から**長岡《ながおか》京**へと遷都する。これは天武《てんむ》天皇系の都で仏教勢力などの強い平城京から新たな地にうつるためであり、また交通の利便性を図るものでもあった。天皇は側近の**藤原種継《たねつぐ》**を**造長岡宮使長官**に任命したが、七八五年に種継は暗殺される。この事件に春宮坊官人の大伴《おおとも》氏・佐伯《さえき》氏が関与したこともあり、天皇の弟である皇太子**早良《さわら》親王**が処罰された。こうした政情不安や、洪水が起きやすい長岡京の地形といった原因のほか、宮や京の機能拡充の狙いもあり、再び遷都することになった。

七九三年、天皇は藤原小黒麻呂《おぐろまろ》と紀古佐美《きのこさみ》に山背《やましろ》国葛野《かどの》郡宇太《うだ》村を視察させた。すぐに長岡宮の建物解体がなされ、翌七九四年にはこの地に遷都した。その際、**山背国は山城国と改称**され、新京は**平安《へいあん》京**と称されることとなる。ただし、平安宮・京の造営には時間がかかり、この後も建設工事が続いていった。

2 右京の荒廃

予《われ》二十余年以来《よりこのかた》、東西の二京❶を歴《あまね》く見るに、西京《にしのきょう》は人家漸《ようや》くに稀《まれ》にして、殆《ほとほと》に幽墟《ゆうきょ》❷に幾《ちか》し。人は去ること有りて来《きた》ること無く、屋《いえ》は壊《やぶ》るること有りて造ること無し。其《そ》の移徙《いし》❸する に処無く、賤貧《せんぴん》に憚《はばか》ること無き者は是《こ》れ居《お》り（西京は人家が稀であり、廃墟に近い。出ていく人があっても新たに住む人はなく、壊れる家はあっても新たに建てられることはない。移り住もうと思ってもその場所がないものや、貧しいことを気にしないものだけが残っている）。……東京《ひがしのきょう》四条以北《よりきた》、乾《いぬい》・艮《うしとら》❹の二方は、人々貴賤《きせん》と無く、多く群聚《ぐんしゅう》する所なり。高き家は門を比《なら》べ堂を連ね、少《ちい》さき屋《いえ》は壁を隔《へだ》て簷《のき》を接《つら》ぬ。東隣《とうりん》に火災有れば、西隣《せいりん》余炎《えん》を免《のが》れず❺。南宅に盗賊《ぬすびと》有れば、北宅流矢《ながれや》を避《さ》り難《がた》し❻。

『池亭記《ちていき》』

解説　都城は天皇や官人などの居住地や、官司の所在地として政治的に作られた都市である。平安京もそうして作り出された都であったが、やがて多くの住民をともない、経済的にも発展していった。特に左京や鴨《かも》川東岸が繁栄する一方、右京は桂《かつら》川の湿地帯であるため荒廃したとされる。本史料には誇張もあるが、院政期における左京東北部（白河《しらかわ》・六《ろく》波羅《はら》）の繁栄につながる記述である。

◀右京の荒廃

❶東西の二京　東京は左京、西京は右京。

❷幽墟　廃墟。

❸移徙　移り住むこと。

❹乾・艮　乾は北西、艮は北東の方角。

❺東隣……免れず　東隣の家が火事になれば（家屋が密集しているために）、西隣の家も類焼を免れない。

❻南宅……避り難し　南隣の家に盗賊が入れば（家が接近しているため）、放った矢が北隣の家にも飛び込んでくる。

出典◉『池亭記』　慶滋保胤《よししげのやすたね》が都の様子などを記したもの。九八二（天《てん》元《げん》五）年成立。

3 蝦夷《えみし》対策

（延暦《えんりゃく》二十一年）❶夏四月庚子《かのえね》、造陸奥国胆沢城使《ぞうむつのくにいさわじょうし》陸奥出羽按察使《むつでわあぜち》従三位《じゅさんみ》坂上大宿禰田村麻呂《さかのうえのおおすくねたむらまろ》等言《もう》さく、「夷大墓公阿弖利為《えみしおおものきみあてりい》、❷盤具公母礼《いわぐのきみもれ》等❸、種類五百余人を率いて降る」と。

（延暦二十一年八月）丁酉《ひのととり》、夷大墓公阿弖利為・盤具公母礼等を斬《ざん》す。此の二虜《りょ》は、並びに奥地の賊首《ぞくしゅ》なり。二虜を斬する時、将軍❹等申して云はく、「此の度は願《ねがい》に任せて返入せしめ❺、其の賊

◀蝦夷対策

❶延暦二十一年　八〇二年。

❷大墓公阿弖利為　アテルイ。阿弖流為とも表記される。大墓公は姓。

❸盤具公母礼　モレ。盤具公は姓。

❹将軍　征夷大将軍坂上田村麻呂。

❺願に任せて返入せしめ　アテルイらの希望通り、故郷に帰すこと。

類を招かん」と。而《しか》るに公卿《くぎょう》執論《しつろん》して云はく、「野生《やせい》獣心《じゅうしん》にして、反覆《はんぷく》定《さだめ》无《な》し。儻《たま》ま朝威《ちょうい》に縁《よ》りて此の梟師《きょうすい》を獲《とら》う。縦《も》し申請に依りて奥地に放還すれば、所謂《いわゆる》虎を養いて患《うれい》を遺《のこ》すならん」と。即ち両虜を捉《とら》えて、河内国の植山《うえやま》に斬す。

『日本紀略《にほんきりゃく》』

出典◉『日本紀略』本書七八ページ参照。

設問10 ❶長岡京から平安京に遷都した事情について、天皇家内部の争いに注目して説明しよう。
❷❷を読み、中世以降の京都の街の中心地が、平安京の東側や鴨川以東に形成されていく理由について説明しよう。
❸蝦夷は後のアイヌと同じ民族ではなく、疑似的に創出された「異民族」概念である。では、❸を踏まえてなぜこうした「異民族」概念が創り出されたか説明しよう。

解説

「蝦夷《えみし》」とは、律令国家が支配のために創出した「異民族」概念で、中国の中華思想を参考にしている。七世紀には**阿倍比羅夫《あべのひらふ》**の遠征が行われ、八世紀はじめには**多賀城《たがじょう》**を拠点に「蝦夷」征圧が目指された。さらに、八世紀後半には桃生城《ものうじょう》や雄勝城《おがちじょう》、伊治城《これはりじょう》が築造され、大規模な派兵がなされた。この頃には、唐に対して「異民族」支配を見せつける必要も減ってきて、政府は「蝦夷」を完全に服属させ、公民化させようとし、大規模な派兵により圧力をかけた。こうした征圧は「蝦夷」の反発を買い、七七四(宝亀《ほうき》五)年には桃生城が攻撃される。以後八一一(弘仁《こうにん》二)年まで続く「蝦夷」との戦闘は、**三十八年戦争**と呼ばれる。中でも、七八〇年に起きた**伊治呰麻呂《これはりのあざまろ》**の乱は最大級の戦いで、陸奥《むつ》守の紀広純《きのひろずみ》が「蝦夷」出身の郡司呰麻呂により討たれた事件である。

桓武《かんむ》朝には大規模な「蝦夷」攻撃が行われ、八〇二(延暦《えんりゃく》二十一)年には**征夷大将軍坂上田村麻呂《さかのうえのたむらまろ》**が「蝦夷」族長の**アテルイ**や**モレ**などを降伏させた。そして、翌年には**志波城《しわじょう》**が築城されている。それでも「蝦夷」を完全に服属させることはできないまま、**「徳政相論」**の後に東北への派兵は中止されたようである。

4 徳政相論

(延暦《えんりゃく》二十四年❶十二月七日)……勅《ちょく》有りて、参議右衛士督《うえじのかみ》従四位下藤原朝臣緒嗣《おつぐ》と参議左大弁《さだいべん》正四位下菅野《すがの》朝臣真道《まみち》とをして、天下の徳政❷を相論《あいろん》ぜしむ。時に緒嗣議《ぎ》して云《い》はく、「方今《いま》、天下の苦しむ所は軍事と造作❸と也《なり》。此《こ》の両事を停《とど》めば、百姓安《やす》んぜん」と。真道異議を確執《かくしつ》❹し、肯《あえ》て聴《き》かず。帝❺、緒嗣の議を善《よ》しとして、即ち停廃に従ふ。有識《ゆうしき》❻これを聞き、感嘆《かんたん》せざるなし。

『日本後紀《にほんこうき》』

◀徳政相論
❶延暦二十四年　八〇五年。
❷徳政　善政を行うこと。
❸軍事と造作　「蝦夷」との戦いと平安京造営。
❹確執　自分の意見を主張し、譲らないこと。
❺帝　桓武《かんむ》天皇。
❻有識　学識のある人。

出典◉『日本後紀』　六国史の一つ。『続日本紀』のあとをうけて七九二（延暦十一）年～八三三（天長十）年までの出来事を記す。

解説　桓武《かんむ》天皇の二大政策は、**「軍事」（「蝦夷《えみし》」征討）**と**「造作《ぞうさく》」（平安京造営）**であった。いずれの政策も、国家財政を圧迫するとともに、民に大きな負担をかけた。政府は租税の減免や地方行政の整備も行ったが、それでも民を疲弊させることに変わりはない。八〇五（延暦《えんりゃく》二十四）年、天皇は天下の徳政《とくせい》（良い政治）について貴族たちに議論させた。**藤原緒嗣《おつぐ》**は二大政策の中止を訴え、**菅野真道《すがののまみち》**はこれに反対した。いずれも天皇の側近であったが、最終的には**緒嗣の意見が採用**され、**二大政策は中止**された。平安京は未完成に終わり、「蝦夷」征討も八一一（弘仁《こうにん》二）年に終了する。

5 健児《こんでい》の制

以前、右大臣❶の宣《せん》を被《こうむ》るに偁《いへら》く、「勅《ちょく》を奉《うけたまわ》るに、**今諸国の兵士、辺要《へんよう》の地❷を除くの外《ほか》、皆停《てい》廃《はい》に従へ。**其《そ》れ兵庫《ひょうご》❸、鈴蔵《れいぞう》❹及び国府❺等の類、**宜《よろ》しく健児《こんでい》を差《つかわ》し、以《もっ》て守衛に充《あ》つべし。宜しく郡司《ぐんじ》の子弟を簡《えら》び差《つかわ》し、**番を作りて❻守らしむべし」と。

『類聚三代格《るいじゅうさんだいきゃく》』

◀健児の制
❶**右大臣**　藤原継縄《つぐただ》。
❷**辺要の地**　国境地帯。辺境の要衝《ようしょう》。
❸**兵庫**　兵器をおさめておく倉庫。
❹**鈴蔵**　駅鈴《えきれい》をおさめておく倉庫。
❺**国府**　国司の勤務する役所。国衙に同じ。
❻**番を作りて**　交替で。

出典◉『**類聚三代格**』　弘仁《こうにん》・貞観《じょうがん》・延喜《えんぎ》の三代の格を編集したもの。十一世紀の成立といわれる。

解説　律令制下の**軍団**は、各戸の正丁から徴発する**兵士**により構成されていた。そのため、対「蝦夷《えみし》」戦争では、兵力の不十分さや公民の疲弊が問題化していった。七九二（延暦《えんりゃく》十一）年、**郡司など地方豪族の子弟を健児《こんでい》に採用し**、**防備にあてた**。人数は国により二十～二〇〇人と異なるが、いずれにしても国府に勤務し、平時は各国内の警察や追捕にあたったとされる。古くから地方豪族は兵士を率いていたが、健児の制が整えられることにより、富豪層の間で騎馬・騎射の兵力が高まっていき、全国的な治安悪化に結びついていくともいわれている。

6 平城太上天皇の変

(弘仁《こうにん》元年九月)❶ 癸卯《みずのとう》、太上天皇❷の命に依りて、平城に遷都せんと擬《ぎ》す。正三位《しょうさんみ》坂上《さかのうえの》大宿禰田村麻呂《たむらまろ》、従四位下藤原朝臣冬嗣《ふゆつぐ》、従四位下紀朝臣田上《きのあそんたがみ》等を造宮使《ぞうぐうし》❸と為す。

丁未《ひのとひつじ》、遷都の事に縁《よ》りて人心騒動《じんしんそうどう》す。仍《よ》りて使を遣して伊勢《いせ》・近江《おうみ》・美濃《みの》❹等三国の府幷《なら》びに故関《こげん》を鎮固《ちんご》せしむ。……詔して曰く、「……尚侍《ないしのかみ》❺正三位藤原朝臣薬子《くすこ》は、……御言《みこと》に非《あら》ぬ事を御言と云いつつ、褒《ほ》め貶《くだ》すこと心に任せて、曾《かつ》て恐れ憚《はばか》る所無《な》し。……二所朝《ふたところのみかど》庭をも言い隔《へだ》てて、遂《つい》には大き乱《みだれ》を起す可《べ》く、又先帝の万代宮《よろずよのみや》と定め賜《たま》へる平安京を、棄て賜ひ、停《や》め賜ひてし平《な》城《ら》の古京《ふるきみやこ》に遷さんと奏《もう》し勧めて天下を擾乱《みだ》り、百姓を亡弊《ついや》す。……」と。

戊申《つちのえさる》、……太上天皇、今日早朝、川口道《かわぐちどう》❻を取り東国❼に入《い》らんとす。……時に大納言正三位坂上大宿禰田村麻呂等を遣して軽鋭《けいえい》の卒《そつ》を率いて、美濃道《みのどう》より邀《むか》えしむ。

己酉《つちのととり》、……天皇❽遂に勢《いきおい》の蹙《じしま》ることを知り、乃《すなわ》ち宮に旋《かえ》りて剃髪《ていはつ》して入道《にゅうどう》す。藤原朝臣薬子自殺す。

『日本後紀《にほんこうき》』

◀平城太上天皇の変

❶**弘仁元年**　八一〇年。
❷**太上天皇**　平城太上天皇。
❸**造宮使**　平城宮改修を監督する官人。
❹**伊勢・近江・美濃**　現在の三重県・滋賀県・岐阜県。それぞれ鈴鹿関・逢坂関・不破関が置かれた。
❺**尚侍**　内侍司の長官。天皇と官人の取次ぎなどをつかさどった。
❻**川口道**　伊勢国川口頓宮《とんぐう》に沿う道。
❼**東国**　三関以東の国。
❽**天皇**　ここでは平城太上天皇のこと。

出典◉『**日本後紀**』　本書八一ページ参照。

格式名	巻数	おもな編者	成立
弘仁格	10巻	藤原冬嗣	820年
弘仁式	40巻	藤原冬嗣	820年
貞観格	12巻	藤原氏宗	869年
貞観式	20巻	藤原氏宗	871年
延喜格	10巻	藤原時平	907年
延喜式	50巻	藤原忠平	927年

▲三代格式の編纂

解説

桓武《かんむ》天皇の後に即位した**平城《へいぜい》天皇**は、地方監察官である観察使《かんさつし》の設置や、官司の統廃合などの改革を行ったが、病により弟の**嵯峨《さが》天皇**に譲位した。また、元の平城宮を改修し、御所とした。ところが、平城太上天皇はその後も国政に関与し、次第に嵯峨天皇と対立するようになっていった。この状態は「**二所朝廷《にしょちょうてい》**」とも呼ばれている。八一〇(弘仁《こうにん》元)年、太上天皇は平城遷都のため造宮使を任命し、天皇は混乱をおさめるという理由で固関《こげん》(鈴鹿《すずか》・逢坂《おうさか》・不破《ふわ》関を閉じること)を行い、太上天皇方の**藤原仲成《なかなり》**を射殺した。太上天皇らは坂上田村麻呂《さかのうえのたむらまろ》の軍によって逃亡を阻まれ、**太上天皇は剃髪《ていはつ》**、**藤原薬子《くすこ》は自殺**した。

従来は「薬子の変」と呼ばれた政変であり、『日本後紀《にほんこうき》』は薬子を首謀者であるかのように記す。しかし、平城遷都を命じたのは太上天皇であるため、現在では**「平城太上天皇の変」**と呼ばれるようになった。ただし、実際には平城太上天皇の動きを封じ込めるために嵯峨天皇が起こしたクーデタであったとする見方もある。この時代までは太上天皇が天皇と同等の権力を持ち、それがこの政変の原因ともなっていたが、嵯峨天皇は弟の淳和《じゅんな》天皇に譲位後、権力を放棄する姿勢を明らかにした。以後、天皇と太上天皇の関係性は変化する。また、嵯峨天皇が太上天皇方への情報漏《ろう》えいを防ぐため、**蔵人頭《くろうどのとう》**を設置したことも、重大な変化である。

7 格式《きゃくしき》の編纂《へんさん》

蓋《けだ》し聞く、**律**は懲粛《ちょうしゅく》を以《もっ》て宗《むね》と為《な》し、❶**令**は勧誡《かんかい》を以て本《もと》と為す。❷**格**は則《すなわ》ち時を量《はか》りて制を立て❸、**式**は則《すなわ》ち闕《けつ》を補《おぎな》ひて遺《のこ》れるを拾《ひろ》ふ。❹……以為《おもえら》く、**律令は是《こ》れ政《まつりごと》を従《な》すの本《もと》たり。格式は乃《すなわ》ち職を守るの要《かなめ》たり**（律令とは政治を行う上での根本となるものである。格式とは職務をまっとうするための基本である）。方今《いま》、律令頻《しきり》に刊修《かんしゅう》を経《ふ》ると雖《いえど》も、格式未だ編緝《へんしゅう》を加へず。之《こ》れ政道を稽《かんが》ふるに尚《なお》闕《か》く所有り。……爰《ここ》に綸言《りんげん》を❺降《くだ》し、尋《たず》ねて修撰《しゅうせん》せしむ。

『類聚三代格《るいじゅうさんだいきゃく》』

◀格式の編纂

❶**律は……為し**　律は悪を懲《こ》らしめるためのものであり。

❷**令は……為す**　令は善を勧め、悪を戒めるためのものである。

❸**格は……立て**　格は時期をみはからって制度を定め。

❹**式は……拾ふ**　式は足りないところを拾い補うものである。

❺**綸言**　天皇の命令。

出典◉**『類聚三代格』**　本書八一ページ参照。

設問11　**1** ◆5を読み、健児の制以前の諸国の兵制はどのようなものであったか説明しよう。

2 ◆6のように、平城太上天皇の嵯峨天皇への譲位後、「二所朝廷」と呼ばれる状況になった。なぜ平城太上天皇は朝廷を率いることができたのか、説明しよう。

3 格式はなぜ必要とされたか、◆7をもとに説明しよう。

解説　律令は、必要に応じて**詔勅《しょうちょく》**や**太政官符《だいじょうかんぷ》**によって改変や補足がなされた。こうした個別法令を**格《きゃく》**という。また、**律令の施行細則**のことを**式《しき》**という。律令制が運用される中でそれらの法令が増えていき、整理する必要が生じたので、桓武《かんむ》天皇のもとで格式の編纂《へんさん》がはじまった。その後、中断期間もあったが、嵯峨《さが》天皇のもとで再び編纂が進められ、八二〇（弘仁《こうにん》十一）年に撰進《せんしん》された。この**『弘仁格式』**の序文が右の史料で、格式編纂の経緯を知る上で重要なものである。こののち、**貞観《じょうがん》格式**、**延喜《えんぎ》格式**が編纂され、弘仁格式とあわせて三代格式とよばれている。これらは律令に代わる新たな法律として意義深く、**『類聚《るいじゅう》三代格』**に収録されている。

第3章
貴族社会の成熟と文化の発達

1 律令制の転換

1 延喜《えんぎ》の荘園整理令

太政官符《だいじょうかんぷ》す

応《まさ》に勅旨開田《ちょくしかいでん》❶并《なら》びに諸院諸宮《しょいんしょぐう》❷及び五位以上、百姓《ひゃくせい》の田地舎宅《でんちしゃたく》を買取り、閑地荒田《かんちこうでん》を占請《せんせい》す❸るを停止《ちょうじ》すべき事（勅旨田や、皇族・貴族等が人々の田地・家屋を買取り、空閑《くうかん》地や荒廃《こうはい》地を独占することを禁止すべき事）。

……頃年《このごろ》勅旨開田遍《あまね》く諸国に在《あ》り。空閑荒廃の地を占《し》むると雖《いえど》も、是黎元《これれいげん》❹の産業の便を奪ふ也《なり》。加之《しかのみならず》新たに庄家❺を立て、多く苛法《かほう》を施《ほどこ》す。……宜《よろ》しく当代以後、勅旨開田は皆悉《ことごと》く停止《ちょうじ》し、民をして負作《ふさく》❻せしめよ。……但《ただ》し元来相伝《そうでん》し、庄家として券契分明《けんけいぶんみょう》❼にして、国務に妨《さまた》げ無くば此《こ》の限りに在《あ》らず。仍《よ》りて須《すべか》らく官符到るの後百日内に弁行《べんこう》❽し、状を具《つぶさ》にし言上《ごんじょう》すべし。

延喜《えんぎ》二年❾三月十三日

『類聚三代格《るいじゅうさんだいきゃく》』

解説　九〇二（延喜《えんぎ》二）年、醍醐《だいご》天皇のもとで藤原時平《ときひら》が主導する政権は、諸国の国司に対して一連の太政官符《だいじょうかんぷ》を出した。右の史料はその一つで、**延喜の荘園整理令**《しょうえんせいりれい》と呼ばれている。主に、勅《ちょく》旨田《しでん》や**院宮王臣家**《いんぐうおうしんけ》と呼ばれる有力貴族による土地の集積が禁止された。同時に、院宮王臣家と地方の富豪《ふごう》層、国司とが結託することも禁止されている。他にも、班《はん》田《でん》の励行《れいこう》や調庸《ちょうよう》の確保を命じる官符が出されており、それらは律令制の維持を狙いとしていた。それだけ、院宮王臣家の動きは活発化していたのである。しかし、立荘《りっしょう》の由来が明らかな荘園は否定されず、院宮王臣家も成長していったので、一連の官符の効果は薄かった。班田収授も九〇二年を最後に行われなくなり、律令制の維持は困難であった。

◀延喜の荘園整理令

❶**勅旨開田**　天皇の命令によって開発された田地。
❷**諸院諸宮**　上皇・女院・皇后・皇太子など。
❸**占請**　占拠すること。
❹**黎元**　人民。
❺**庄家**　荘園などを管理する現地の役所。
❻**負作**　耕作すること。
❼**券契分明**　荘園売買を認可する手続き（立券）の由来が明確なこと。
❽**弁行**　急いで行うこと。
❾**延喜二年**　九〇二年。

出典◉『**類聚三代格**』　本書八一ページ参照。

設問1　延喜の荘園整理令は不徹底なものであったが、その理由はなぜか、説明しよう。

2 三善清行《みよしのきよゆき》の意見封事十二箇条

臣《しん》、去る寛平《かんぴょう》五年に備中介《びっちゅうのすけ》に任ず。かの国の下道《しもつみちの》郡《こおり》に**邇磨郷**《にまのさと》あり。ここにかの国の風土記《ふどき》を見るに、皇極《こうぎょく》天皇の六年❶に、大唐の将軍蘇定方《そていほう》、新羅《しらぎ》の軍を率《ひき》ゐ百済《くだら》を伐《う》つ。百済使を遣《つかわ》して救ひを乞《こ》ふ。天皇筑紫《つくし》に行幸《ぎょうこう》して将《まさ》に救兵を出さむとす。……従ひ行きて路に下道郡に宿す。一郷《ごう》を見るに、戸邑《こゆう》甚《はなは》だ盛《さかん》なり。天皇詔《みことのり》を下し、試《こころ》みに此《こ》の郷の軍士を徴《め》す。即《すなわ》ち**勝兵**❷**二万人**を得たり。天皇大いに悦《よろこ》びて、この邑《むら》を名づけて**二万《にま》郷**と曰《い》ふ。後に改めて邇磨郷と曰ふ。……而《しか》るに天平神護《てんぴょうじんご》年中❸、右大臣吉備朝臣《きびのあそん》❹、大臣を以《もっ》て本郡の大《たい》領《りょう》❺を兼《か》ね、試みにこの郷の戸口《ここう》を計《かぞう》るに、**纔《わずか》に課丁《かてい》**❻**千九百余人**あり。貞観《じょうがん》❼の初めに、故民部卿《こみんぶきょう》藤原保則《やすのり》朝臣、かの国の介《すけ》たりし時……大帳《だいちょう》❽を計るの次《ついで》に、その**課丁を閲《けみ》するに**、**七十余人**ありしのみ。某《それがし》任に到りて又《また》此の郷の戸口を閲するに、**老丁《ろうてい》**❾**二人**、**正丁《せいてい》**❿**四人**、**中《ちゅう》男《なん》**⓫**三人**ありしのみ。去る延喜《えんぎ》十一年⓬、かの国の介藤原公《きみ》利任《としにん》満《み》ちて都に帰る。清行、邇磨郷の戸口当今幾何《いくばく》ぞと問ふに公利答へて曰《いわ》く、**一人も有ることなしと**。**謹《つつし》ん**

◀三善清行の意見封事十二箇条

❶**皇極天皇の六年**　六六〇年。実際には斉明《さいめい》天皇六年。中大兄《なかのおおえ》皇子が滅亡した百済の遺臣の求めに応じ、斉明（皇極）天皇とともに朝鮮半島に出兵した際のことを指す。

❷**勝兵**　優れた兵。

❸**天平神護年中**　七六五～六七年。

❹**右大臣吉備朝臣**　吉備真備《きびのまきび》。

❺**大領**　郡大領。郡の長官。

❻**課丁**　調《ちょう》・庸《よう》・雑徭《ぞうよう》を負担するもの。

❼**貞観**　八五九～七七年。

❽**大帳**　大計帳。計帳《けいちょう》のこと。

❾**老丁**　六十一～六十五歳の男子。

❿**正丁**　二十一～六十歳の男子。

⓫**中男**　十七～二十歳の男子。

⓬**延喜十一年**　九一一年。

【通釈】

私は去る寛平五年に備中介に任命された。この国の下道郡に邇磨郷がある。備中国風土記を見ると斉明（皇極）天皇六年に、唐の将軍の蘇定方が新羅の軍を率いて百済を討ったので、百済は使を遣わして救援を求めてきた。そこで天皇は筑紫に行幸して、援軍を出そうとした。……その途中、下道郡に宿泊した。ある郷の様子を見たところ、とても栄えていた。そこで天皇は詔を下して、試しにこの郷より兵士を徴発したところ、優れた兵士二万人が集まった。天皇はたいへん喜んで、この郷を二万郷と名づけた。のちにこれを邇磨郷と改めた。……そうしたところ、天平神護年間に右大臣吉備真備が下道郡の大領を兼任した際、試しにこの郷の人口を調べると、課丁がわずか一九〇〇人余りしかいなかった。また、貞観年間の初め、故民部卿藤原保則が備中介であった時、……大帳を調べるついでに課丁を調べたところ、七十人余いるのみであった。また私清行が任命され、この郷の人口を調べたところ、老丁二人、正丁四人、中男三人がいるのみであった。去る延喜十一年、備中介藤原公利が、任期が終わり帰京したので、私清行が邇磨郷の人口は今どれだけかとたずねると、一人もいないと公利は答えた。謹んで年紀を数えてみると、皇極天皇六年より延喜十一年までわずか二五二年しかたっていないのに、以上のように衰えが速い。一つの郷の様子からで年紀《ねんき》を計るに皇極天皇六年庚申《かのえさる》より、延喜十一年辛《かのと》未《ひつじ》に至るまで、纔《わずか》に二百五十二年、衰弊《すいへい》の速《すみや》かなること亦既《またすで》に此《かく》の如《ごと》し。一郷を以《もっ》てこれを推《お》すに、天下の虚《きょ》耗《もう》⓭掌《たなごころ》を指して知るべし。……

一、諸国に勅して見口《げんこう》⓮の数に随《したが》ひて口分田を授けむことを請《こ》ふの事。……公家の口分田を班《わか》つ所以《ゆえん》は、調庸を収め正税《しょうぜい》⓯を挙《あ》げむが為《ため》なり。而《しか》るに今は已《すで》にその田を奸《かん》して、終《つい》に其《そ》の貢を闕《か》く。牧宰《ぼくさい》⓰空しく無用の田籍⓱を懐《いだ》き、豪富弥《いよいよ》幷《あわ》せ兼ねたる地利を収む。唯《ただ》公損《こうそん》の深きのみにあらず、亦《また》吏治《りち》⓲の妨《さまた》げを成す。……

延喜《えんぎ》十四年⓳四月廿（二十）八日

従四位上行《じゅしいじょうぎょう》⓴式部大輔《しきぶたいふ》臣《しん》三善《みよし》朝臣《あそん》清行《きよゆき》上《たてまつ》る

『本朝文粋《ほんちょうもんずい》』

推測するに全国の衰《おとろ》えは明らかである。……

一、諸国に命じて実際の人数に対し口分田を与えることを願う。……国家が口分田を分け与えるのは、調庸や正税を徴収するためである。それなのに、今やその田を不当に私物化して、とうとう税を納めなくなった。国司は役に立たなくなった土地台帳を持っているだけで、富裕《ふゆう》な者はますます土地を広げ、そこからの利益をあげる。これは単に国家の損失が大きいのみでなく、国司の職務の妨げにもなるのである。……

延喜十四（九一四）年四月二十八日

従四位上行式部大輔臣三善朝臣清行上る

⓭**天下の虚耗**　国の衰え。

⓮**見口**　実際の人数。

⓯**正税**　田租を蓄えたものを正税といい、公出挙《くすいこ》の財源として使用された。

⓰**牧宰**　国司。

⓱**田籍**　戸主の名や土地の面積などを記した土地台帳。

⓲**吏治**　国司の職務。

⓳**延喜十四年**　九一四年。

⓴**行**　官位相当制において、位階より官職が低いことを示す。式部大輔は正五位下に相当。

出典◉『**本朝文粋**』　漢詩文集。藤原明衡《あきひら》の撰《せん》による。十一世紀中頃の成立といわれる。

解説

九一四（延喜《えんぎ》十四）年、文章博士《もんじょうはかせ》の**三善《みよしの》清行《きよゆき》**が醍醐《だいご》天皇の諮問《しもん》に応える形式で**「意《い》見封事十二箇条《けんふうじじゅうにかじょう》」**を提出した。この時代、国司などの経験者が、地方の実態と必要な改革案をこのような形で報告するようになった。右の史料のうち、調庸《ちょうよう》など課役《かえき》の負担者である課丁《かてい》の減少を記した部分は、誇《こ》張《ちょう》もあるとはいえ、当時の地方社会の様子を反映したものとして貴重な記録である。特に平安京近辺では、六衛府《ろくえふ》の舎人《とねり》（下級の武官）になったり、院宮王臣家《いんぐうおうしんけ》の保護下に入ったりして、課役を免除される者も多かった。それに加えて、九世紀から十世紀にかけての気候変動や環境の変化により、集落の消滅も起きていたといわれている。国司は課丁の減少を阻止することが求められていたが、状況は良くならなかった。政府は調庸の確保のため、実際に赴任《ふにん》する国司の長官を**受《ず》領《りょう》**として、**徴税を請け負わせる**体制を整え（↓九七ページ）、徴税単位「名《みょう》（名田《みょうでん》）」の耕作を「田堵《たと》」に請け負わせる**負名《ふみょう》**の制度も確立させた。

コラム 2

ウソをつく戸籍――戸籍制度の限界――

史料はいつも真実を教えてくれるとは限らない。戸籍のように事実をそのまま記録したかのように見える史料ですら、ウソをつく。しかし、そのウソから本当のことが分かることもある。

日本古代の戸籍は六年に一度造られ、姓名・身分・年齢・戸主との続柄などが戸ごとに記されている。戸はある程度人工的に、いくつかの家族をまとめて作った集団である。中国では同じ所に住む人々が「家」を作り、政府はそれを「戸」として登録したが、日本古代には結婚も「通い婚」が多く、一緒に住んで生活を営む安定的な「家」というものがまだなかった。そのため、日本では戸籍を造る時に、少し無理をして「戸」を設定したという説がある。つまり、実際の家族をそのまま記録したものとは考えづらく、多少のフィクションを含むともいわれているのである。

それでもどうにか戸籍が作成されていたが、やがて調・庸の重い負担に耐えかねた人々が浮浪・逃亡し、政府の戸籍による支配からはずれていった。それに加え、戸籍を造る国司や郡司の都合もあり、戸籍制度を続けていくのはますます困難になる。国司や郡司は勤務をすると成績がつけられるが、その際に戸の人数を増やすと高評価をもらえる制度があった。ところが、戸の人数など、簡単に増やせるものではない。せめて減らないようにするため、もし戸の誰かが死亡しても、その人を戸籍から消したくないと思うのは自然なことであろう。しかも、その人が租税、特に調や庸を負担しない人ならば、国司や郡司にもそれらを集める責任が発生しない。だから、最も戸に残っていてほしいのは、調・庸を負担する成人男性ではなく、それらの負担をしない女性であった。戸の人々にとっても、女性は調・庸を納めなくてよい上に、口分田をもらえるので、とても都合のよい存在であった。国司や郡司と口裏を合わせて、戸の女性が死亡したことを隠したのかもしれない。いつの頃からか、女性たちが死亡しても、戸籍から彼女たちの名が削除されなくなっていった。その結果、調や庸を負担しない人々があまりに多く報告されるようになったため、それでは国家収入が減ってしまうと気づいた政府により、九世紀後半には先に述べたような国司や郡司の成績評価制度が変更された。

九〇二（延喜《えんぎ》二）年の阿波《あわ》国戸籍には、六十五歳以上の女性が不自然に多くみられ、中には一〇〇歳をこえる女性も複数記録されている。死亡したはずの女性の名が戸籍から削除されなくなり、一目でウソと分かるような戸籍が造られたのである。このことからは、戸籍制度を維持することがいかに難しかったか、よく分かるだろう。

3 遣唐使派遣の中止

諸公卿《しょくぎょう》をして遣唐使《けんとうし》の進止《しんし》❶を議定《ぎじょう》せしめんことを請《こ》ふの状

右、臣某《それがし》❷、謹《つつし》んで、在唐の僧中瓘《ちゅうかん》、去年三月商客❸王訥《おうとつ》等に附して到《いた》る所の録記《ろくき》を案ずるに、**大唐の凋弊《ちょうへい》**之《これ》に載《の》すること具《つぶさ》なり。……臣等伏《ふ》して旧記を検ずるに、**度々《たびたび》の使等、或《あるい》は海を渡りて命《めい》に堪《た》へざる者有り。**或は賊《ぞく》に遭《あ》ひて遂《つい》に身を亡《ほろ》ぼす者有り。唯未《ただいま》だ唐に至りて難阻飢寒《なんそきかん》❹の悲しみ有りしことを見ざるも、中瓘申し報ずる所の如《ごと》くんば、未然の事、推《お》して知るべし。臣等伏して願《ねが》くは、中瓘録記の状を以《もっ》て、遍《あまね》く公卿博士に下し、詳《つまびらか》に其《そ》の可否を定められんことを。国の大事にして独《ひと》り身の為《ため》のみにあらず。且《か》つは款誠《かんせい》❺を陳《の》べ、伏して処分を請ふ。謹んで言《もう》す。

寛平《かんぴょう》六年❻九月十四日　大使❼参議勘解由次官《かげゆのすけ》

従四位下兼守《けんしゅ》❽左大弁行《ぎょう》❾式部権大輔《しきぶごんのたいふ》❿春宮亮《とうぐうのすけ》⓫

菅原朝臣《すがわらのあそん》某

『菅家文草《かんけぶんそう》』

通釈

公卿たちに遣唐使派遣の是非について審議するよう、お願いする上申書

右のことは、謹んで私（菅原道真《みちざね》）が、去年の三月に在唐の僧中瓘から商人の王訥らに託されて届いた記録を見たところ、唐の衰退について詳しく書かれていました。……私がこれまでの記録を調べてみると、たびたびの遣唐使の中には、あるいは海で遭難する者もあり、あるいは海賊に遭遇して、とうとう命を落とした者もありました。今のところまだ唐に着いてから飢えや寒さなどの困難にあった者はいないものの、中瓘が報じた通りであれば、これからのことは推して知るべきでありましょう。私は中瓘の記録を公卿や博士たちに下して、詳しくその是非を定められることを願います。これは国家の大事であって、私個人のためにいっているのではありません。私は真心よりこのようなことを述べて、ご判断をお願いすることを謹んで言上いたします。

（日付以下略）

◀遣唐使派遣の中止

❶**進止**　是非について。

❷**臣某**　菅原道真が自分のことをへり下っていっている。

❸**商客**　商人。

❹**難阻飢寒**　飢えや寒さなど困難なこと。

❺**款誠**　まごころ。

❻**寛平六年**　八九四年。

❼**大使**　遣唐大使。

❽**守**　官位相当制において、位階よりも高い官職についていることを示す。左大弁は従四位上に相当。

❾**行**　官位相当制において、位階よりも低い官職についていることを示す。式部大輔は正五位下に相当。

❿**式部権大輔**　式部省の次官である大輔の権官。権大輔とは定員以外の大輔。

⓫**春宮亮**　東宮坊の次官。

出典◉**『菅家文草』**　菅原道真著。道真の漢詩文をおさめる。九〇〇（昌泰《しょうたい》三）年成立。

設問2 **1** 備中国下道郡邇摩郷では、課丁の数の減少が問題となっているが、邇摩郷の人口が実際に大幅に減少したとは考えがたい。邇摩郷ではどのようなことが起こったと考えられるか、説明しよう。**2** 寛平の遣唐使の派遣が中止された理由について、菅原道真の建議の内容以外でどのようなことが考えられるか、説明しよう。

解説 八九四（寛平《かんぴょう》六）年、遣唐《けんとう》大使に**菅原道真**《すがわらのみちざね》、副使に紀長谷雄《きのはせお》が任命された。その翌月、唐に滞在中の僧中瓘《ちゅうかん》が唐海商の王訥《おうとつ》らを通じて、唐の亡弊《ぼうへい》を伝えてきた。これを受けて、道真は航海の危険や唐の治安悪化を理由に、**派遣の中止を建議**《けんぎ》した。道真はその後も遣唐大使を名乗っており、遣唐使が廃止されたわけではないものの、以後、遣唐使が派遣されることはなかった。そのため、八三四（承和《じょうわ》元）年に任命された遣唐使（「承和の遣唐使」）が最後となったのである。当時の日本にとって、唐や新羅《しらぎ》などの政情不安に巻き込まれないようにすることが重要であったが、中央財政の窮乏《きゅうぼう》や新羅海賊の来襲も派遣中止の背景にあったとされている。また、唐が民間貿易を公認したことで、九世紀以降には唐商人が海外に進出するようになった。これにより、日本にも**唐商船が多く来航**するようになり、危険を侵さずとも**海外の文物や情報**が入手できるようになったことも、大きな要因と考えられる。

2 摂関政治

1 藤原北家の台頭

（承和《じょうわ》九年❶七月 己酉《つちのととり》）是の日、春宮坊《とうぐうぼう》❷帯刀《たちはき》**伴健岑**《とものこわみね》・但馬権守《たじまのごんのかみ》従五位下 **橘朝臣逸勢**《たちばなのあそんはやなり》等謀反し、**事発覚す**《ことはっかく》。六衛府《ろくえふ》❸をして宮門幷《なら》びに内裏を固守せしむ。……是より先、弾正尹《だんじょうのいん》❹三品《さんぽん》阿保《あぼ》親王❺、書を緘《かん》し、嵯峨《さが》太皇太后❻に上呈す。……其の詞《ことば》に曰はく、「今月十日伴健岑来り語りて云はく、嵯峨太上皇今将《まさ》に登遐《とうか》❼せんとす。国家の乱れ、待つべきに在るなり。請《こ》うらくは皇子を奉じて東国❽に入らんことを。」てへり。……

『続日本後紀《しょくにほんこうき》』

◀藤原北家の台頭

❶**承和九年**　八四二年。

❷**春宮坊**　皇太子に関する職務を行う官司。

❸**六衛府**　平安宮・平安京を守衛する左右衛門府《えもんふ》・左右兵衛府《ひょうえふ》・左右近衛府《このえふ》。

❹**弾正尹**　巡察と不法行為の糾弾《きゅうだん》を行う弾正台の長官。

❺**阿保親王**　平城《へいぜい》太上天皇の子。平城太上天皇の変に連座し左遷されたが、許されて京に戻っていた。

❻**嵯峨太皇太后**　橘嘉智子《たちばなのかちこ》。

❼**登遐**　亡くなること。

❽**東国**　三関（平安時代には鈴鹿《すずか》関・不破《ふわ》関・逢坂《おうさか》関）以東の国。反乱やそれに関与して逃亡する際、東国へ向かう場合が多かった。

解説 八四二（承和《じょうわ》九）年、嵯峨《さが》太上天皇の死の直後、**伴健岑**《とものこわみね》と**橘逸勢**《たちばなのはやなり》が皇太子恒貞《つねさだ》親王を連れて東国に行き、反乱を起こそうとしたことが発覚した。これは春宮坊《とうぐうぼう》官人らによる仁明《にんみょう》天皇への謀叛《むほん》事件とされ、恒貞親王は廃太子となる一方、**藤原良房**《よしふさ》の甥《おい》の道康《みちやす》親王（後の文徳《もんとく》天皇）が立太子した。

また、大納言《だいなごん》藤原愛発《ちかなり》らも左遷《させん》された。この事件後に中納言だった良房が大納言に昇進し、道康親王を立太子させていることから、良房の陰謀と見る説もあるが、事の真相は不明であり、むしろ彼は事件を利用して政治的地位を築いたと考えられる。良房は娘を道康親王のキサキとし、やがてその間に生まれた惟仁《これひと》親王が即位する（清和《せいわ》天皇）。良房は天皇の**外戚**《がいせき》としての地位を確立していったのである。

2 摂政のはじめ

天安《てんあん》二年❶戊寅《つちのえとら》　**摂政**《せっしょう》　従一位《じゅいちい》　藤良房《よしふさ》　五十五
十一月七日宣旨《せんじ》にて**摂政**と為す。　『公卿補任《くぎょうぶにん》』
（貞観《じょうがん》八年）❷八月十九日辛卯《かのとう》、**太政大臣**《だいじょうだいじん》に❸勅《ちょく》して天**下の政**《まつりごと》を**摂行**《せっこう》せしむ❹。……　『日本三代実録《にほんさんだいじつろく》』

通釈

天安二年十一月七日、従一位藤原良房（五十五歳）を宣旨によって摂政とした。
貞観八年八月十九日、太政大臣藤原良房に勅を下し、世の中の政治のことを天皇に代わって行うことを命令した。

解説

摂政《せっしょう》の職務は、**天皇に代わって政務を行うこと**である。当初は、太政大臣《だいじょうだいじん》が必要に応じて摂政や関白《かんぱく》に相当する職務も行っていた。**藤原良房**《よしふさ》も八五八（天安《てんあん》二）年に孫の**清和天皇**《せいわ》が九歳で即位すると、太政大臣としてこれを補佐した。『公卿《くぎょう》補任《ぶにん》』では、この時に良房が摂政となったとするが、正史である『日本三代実録《にほんさんだいじつろく》』は八六六（貞観《じょうがん》八）年に良房が摂政の勅《ちょく》を受けたとする。これについて、正式に摂政となったのが八六六年であるとする説もあるが、清和天皇の即位時に実質的に摂政となったものの、天皇元服とともに退き、八六六年の応天門《おうてんもん》の変の事後処理のために再び摂政を命じられたとする説もある。

3 応天門の変

（貞観《じょうがん》八年閏三月）❶十日乙卯《きのとう》、夜、**応天門**《おうてんもん》**火**あり❷、棲鳳《せいほう》・翔鸞《しょうらん》両楼《ろう》に延焼す。
（九月）廿（二十）二日甲子《きのえね》……是の日、**大納言伴宿禰善男**《とものすくねよしお》、善男の男右衛門佐《おのこうえもんのすけ》伴宿禰中庸《なかつね》、同じく

出典◉『続日本後紀』 六国史《りっこくし》の一つ。『日本後紀《にほんこうき》』のあとをうけて八三三（天長《てんちょう》十）年から八五〇（嘉祥《かしょう》三）年までの出来事を記す。

◀摂政のはじめ
❶**天安二年**　八五八年。
❷**貞観八年**　八六六年。
❸**太政大臣**　藤原良房。
❹**摂行**　職務を行うべき人に代わって行うこと。

出典◉『公卿補任』 神武《じんむ》天皇以降、その年の公卿の氏名・官職を列挙したもの。一八六八（明治元）年まで書き継がれた。**『日本三代実録』** 六国史《りっこくし》の一つ。『日本文徳《もんとく》天皇実録』のあとをうけ、八五八（天安二）年～八八七（仁和《にんな》三）年までの出来事を記す。

◀応天門の変
❶**貞観八年**　八六六年。
❷**応天門**　平安宮朝堂院《ちょうどういん》の正門。
❸**斬**　死刑の一種。斬首。
❹**死一等を降し**　死刑よりも刑罰を一等級軽くするということ。

謀《はか》る者紀豊城《きのとよき》、伴秋実《あきざね》、伴清縄《きよただ》等五人、応天門を焼くに坐し、斬《ざん》に当たる❸。詔して死一等を降《くだ》し❹、並びに遠流《おんる》に処す。……

『日本三代実録《にほんさんだいじつろく》』

出典◉『日本三代実録』　右ページ参照。

解説　八六六（貞観《じょうがん》八）年、平安宮《へいあんきゅう》の応天門《おうてんもん》が放火された。**伴善男《とものよしお》**は左大臣**源信《みなもとのまこと》**を告発したが、逆に伴善男・中庸《なかつね》父子が真犯人として捕えられ、配流された。藤原良相《よしみ》も右大臣を辞し、翌年死去した。一方、太政大臣《だいじょうだいじん》藤原良房《よしふさ》は、事件処理を担当する意味もあってか、摂政《せっしょう》の勅《ちょく》を受け、清和《せいわ》天皇の政務代行を命じられた。また、養子基経《もとつね》の妹高子《こうし》を清和天皇の女御《にょうご》とした。これにより、良房と基経は確固たる地位を築いたのである。事件の真相は明らかでないが、**「応天門の変」**を契機に良房は権力を握った。そして、伝統的氏族である**伴氏**（かつての**大伴氏《おおとも》**）が朝《ちょう》廷《てい》の要職から姿を消したことも、大きな変化といえる。

4　関白のはじめ

摂政太政大臣《せっしょうだいじょうだいじん》に万機《ばんき》❶を関《あずか》り白《もう》さしむるの詔《みことのり》を賜《たま》ふ。詔すらく、「朕《ちん》❷涼徳《りょうとく》❸を以《もっ》て茲《ここ》に乾符《けんぷ》を奉ず。❹……太政大臣の保護扶持《ふち》に非《あら》ざるよりは、何《いずくん》ぞ宝命《ほうめい》を黄図《こうと》に恢《ひろ》め、旋璣《せんき》を紫極《しきょく》に正《ただ》す❺を得んや。嗚呼《ああ》三代❻政《まつりごと》を摂《と》り、一心に忠を輸《いた》す。先帝聖明《しょうみょう》にして、其《そ》の摂籙《せつろく》を❼仰《あお》ぐ。朕の冲眇《ちゅうびょう》❽重ねて弧煢《こけい》❾を以てす。**其の万機《ばんき》巨細《こさい》、百官己《おのれ》に総《す》べ❿、皆太政大臣に関《あずか》り白《もう》し⓫、然《しか》る後に奏下《そうげ》すること、一に旧事《きゅうじ》の如《ごと》くせよ。**主者《つかさどるもの》施行《しぎょう》せよ」と。

仁和《にんな》三年⓬十一月廿《(二十)》一日

『政事要略《せいじようりゃく》』

通釈

摂政太政大臣藤原基経《もとつね》に、政務のすべてに関わらせて意見を申させるようにという詔を賜う。宇多《うだ》天皇が詔を下していうには、「私は徳が少ないにもかかわらず、皇位につくことができた。……太政大臣藤原基経の助けがなければ、どうして天皇の命令を広め、政治を正しく行っていけるだろうか。基経は三代の天皇に仕えて政務を行い、一心に忠を尽くしてきた。徳のある先帝光孝天皇は、基経の協力を得て政治を行った。いま、私は若くて未熟であるうえに、頼る者もいない。そのためすべての政務と官職を統括すべく、みな基経を通した上で奏上させ、かつ命令を下すことは、これまで通りに行うようにせよ。この旨を伝え、実行すること。」

◀関白のはじめ

❶**万機**　多くの重要な政務。

❷**朕**　宇多天皇。

❸**涼徳**　徳の薄いこと。

❹**乾符を奉ず**　皇位につくこと。

❺**宝命……正す**　天皇の命令を広め政治を正しく行うこと。宝命は天皇の命令。黄図・紫極は宮廷、旋璣は政治のこと。

❻**三代**　清和《せいわ》・陽成《ようぜい》・光孝《こうこう》の三天皇。

❼**摂籙**　摂政に同じ。

❽**冲眇**　年が若いこと。

❾**弧煢**　頼るべき者のないこと。

❿**万機巨細……総べ**　すべての政務と官職を統括し。

⓫**太政大臣に関り白し**　藤原基経を通した上で奏上し。

⓬**仁和三年**　八八七年。

解説　八八七（仁和《にんな》三）年、**宇多《うだ》天皇**が即位した。その際、天皇は太政大臣《だいじょうだいじん》**藤原基経《もとつね》**に対し、政務を**「関《あずか》り白《もう》す」**よう詔《みことのり》した。これが**「関白《かんぱく》」**の語の初見である。形式上、これを辞退した基経に対し、天皇は再度、**「阿衡《あこう》」**に任じる勅《ちょく》を出した。ところが、「阿衡」は中国古代の宰相《さいしょう》の官名で、職掌《しょくしょう》のない名誉職であることを理由に、基経は政務をみなかった。これは、太政大臣の職掌を確認しておきたかったためとも、勅の作者である橘広相《たちばなのひろみ》の影響力を排除したかったためともいわれている。天皇は勅を撤回し、太政大臣として「関白」の任を続けてほしいと勅した。この「阿衡の紛議《ふんぎ》」により、基経は太政官から天皇への奏上と、天皇から太政官に下すべきことを先にみて判断するという**関白の職務を確立**し、国政の主導権を握った。

5 安和の変

（安和《あんな》二年三月）❶二十五日壬寅《みずのえとら》、**左大臣兼左近衛大将《さこのえたいしょう》源高明《みなもとのたかあきら》**を以て、**大宰員外帥《だざいいんがいのそち》**❷と為す。右大臣藤原師尹《もろただ》を以て左大臣と為す。大納言同在衡《ありひら》を以て右大臣と為す。左馬助《さまのすけ》源満仲《みつなか》・前武蔵介藤原善時《よしとき》等、中務少輔《なかつかさしょうゆう》源連《つらぬ》・橘繁延《たちばなのしげのぶ》等の謀反《むほん》の由《よし》を密告す。……禁中の騒動、殆《ほとん》ど天慶《てんぎょう》の大乱❸の如し。

『日本紀略《にほんきりゃく》』

解説　冷泉《れいぜい》天皇即位の翌九六九（安和《あんな》二）年、皇太弟守平《もりひら》親王を廃して、為平《ためひら》親王にかえる策謀があると、**源満仲《みなもとのみつなか》**らが密告した。その結果、左大臣**源高明《たかあきら》**が**大宰権帥《だざいのごんのそち》に左遷《させん》**された。為平親王は高明の娘をキサキとしており、親王やその子が皇位継承候補となることを恐れた藤原師尹《もろただ》・伊尹《これただ》・兼家《かねいえ》らが陰謀《いんぼう》を企《くわだ》てたとされ、藤原氏による**他氏排斥《はいせき》事件の最後**ともいわれる。その後、守平親王が即位した（円融《えんゆう》天皇）。

6 道長の栄華

出典◉『政事要略』惟宗允亮《これむねのただすけ》編。平安中期の成立で、この時期の法・政務について収集・分類したもの。

◀安和の変

❶**安和二年**　九六九年。

❷**大宰員外帥**　大宰権帥に同じ。菅原道真《すがわらのみちざね》や源高明のように、中央貴族の左遷を意味する場合があった。

❸**天慶の大乱**　平将門《たいらのまさかど》・藤原純友《すみとも》の乱のこと。

出典◉『日本紀略』本書七八ページ参照。

◀道長の栄華

❶**寛仁二年**　一〇一八年。

❷**藤原威子**　前太政大臣藤原道長《みちなが》の三女。後一条天皇の皇后となる。

❸**太閤**　摂政・太政大臣の経験者。道長のこと。

❹**下官**　藤原実資。

❺**必ず和すべし**　必ず返歌をせよ。

❻**宿構**　あらかじめ作る。

❼**酬答に方無し**　返歌することができない。

❽**万寿二年**　一〇二五年。

❾**丹生使**　雨乞いのため、吉野の丹生神社に派遣される使。

⑩棟仲　平棟仲。
⑪能信　道長の五男、藤原能信。
⑫使　検非違使のこと。

出典◉『小右記』　右大臣藤原実資の日記。実資は道長と同時代の人で、摂関時代の基本史料の一つ。家名の小野宮と、実資の官名の右大臣から、「小右記」とよばれる。

▼天皇家と摂関家の婚姻関係

天皇	摂関家の関係者
村上天皇	中宮安子（師輔の娘）
冷泉《れいぜい》天皇	女御懐子《かいし》（伊尹《これただ》の娘、花山《かざん》天皇の母）
	女御超子《ちょうし》（兼家の娘、三条天皇の母）
円融《えんゆう》天皇	女御詮子《せんし》（兼家の娘、一条天皇の母）
一条天皇	中宮定子《ていし》（道隆の娘）
	中宮彰子《しょうし》（道長の娘、後一条・後朱雀天皇の母）
三条天皇	中宮妍子《けんし》（道長の娘、禎子内親王の母、後三条天皇の祖母）
後一条天皇	中宮威子《いし》（道長の娘）
後朱雀《ごすざく》天皇	女御嬉子《きし》（道長の娘）
	禎子《ていし》内親王（道長の孫、後三条天皇の母）
後冷泉《ごれいぜい》天皇	女御寛子《かんし》（頼通《よりみち》の娘）

（寛仁《かんにん》二年❶十月）十六日乙巳《きのとみ》、今日**女御《にょうご》藤原威子《いし》を以❷《もっ》て皇后に立つる**の日なり。前太政大臣《さきのだいじょうだいじん》の第三娘なり。一家に三后《さんこう》を立つるは未《いま》だ曾《かつ》て有らず……太閤《たいこう》、❸下官❹を招き呼びて云《いわ》く、「和歌を読まんと欲す。必ず和すべし❺」てへり。答へて云く、「何《いず》くんぞ和し奉《たてまつ》らざらんや」と。又云く、「誇りたる歌になむ有る。但《ただ》し宿構《しゅっこう》❻にあらず」てへり。「**此《こ》の世をば我が世とぞ思ふ望月《もちづき》のかけたる事も無しと思へば**」。余《よ》申して云く、「御歌優美なり。酬答《しゅうとう》に方無《すべな》し❼。満座只《ただ》この御歌を誦《じゅ》すべし」と。

（万寿《まんじゅ》二年❽七月）十一日辛卯《かのとう》……去る九日丹生《にう》使❾蔵人検非違使《くろうどけびいし》棟仲《むねなか》、❿大納言能信《よしのぶ》卿⓫の山城国の庄の雑人《ぞうにん》に小舎人《こどねり》の頭を打ち破らる。濫行《らんぎょう》極まりなし。仍《よ》りて使⓬の官人を遣《つか》わすと云々《うんぬん》。**天下の地、悉《ことごと》く一家《いちのいえ》の領となり、公領は立錐《りっすい》の地も無きか**。悲しむべきの世なり。『小右記《しょうゆうき》』

【通釈】

寛仁二年十月十六日は、女御威子を皇后に立てた日である。威子は前太政大臣藤原道長の三女で、一つの家から三人の皇后を立てるのはいまだかつてない。……道長は私（藤原実資《さねすけ》）を招いて「和歌を詠《よ》もうと思う。かならず返歌せよ」といわれるので、私は「どうして返歌しないことがありましょうか」と答えた。すると道長は「自慢した歌ではあるが、あらかじめ作ったものではない」といって、「この世の中は自分の世のように思われる。まるで満月のように、欠けていることがないように」と詠んだ。そこで私は「この歌はたいへん優《すぐ》れております。とても返歌は作れないので、みなでこの歌を繰り返し唱和することにしましょう」と答えた。

（万寿二年七月十一日）……去る九日、丹生使である蔵人検非違使平棟仲の一行が、山城国にある大納言藤原能信の荘園の雑人によって暴行され、小舎人が頭を負傷させられた。横暴極まりないことである。この事件のために検非違使が派遣されたという。全国の地はすべて摂関家のものとなり、公領は立錐の余地もないほどになってしまった。悲しむべき世の中である。

解説

十世紀末頃より、藤原北家の師輔《もろすけ》の子孫《ほっけ》が天皇の**外戚《がいせき》**として政治の実権を握るようになった。当時は婿入婚《むこいりこん》で、天皇やその子は妻方の両親が世話をした。**藤原道長《みちなが》**も外戚の立場で天皇を後見し、権勢をふるったのである。こうした中、道長の一族をはじめとする有力貴族に荘園《しょうえん》を寄進《きしん》する者も多く現れた。『**小右記《しょうゆうき》**』の筆者**藤原実資《さねすけ》**はもともと道長に対して批判的であり、誇張《こちょう》表現もあるが、引用史料からは道長への権力集中や、**有力貴族への荘園寄進**の様子がうかがわれる。

3 地方政治の動揺

1 国司の苛政《かせい》

尾張《おわり》国の郡司百姓等解《ひゃくせいらげ》❶し申す 官裁《かんさい》❷を請《こ》ふの事。裁断せられんことを請ふ、当国守《かみ》❸藤原朝臣元命《あそんもとなが》、三箇年の内に責め取る非法の官物《かんもつ》❹、幷《なら》びに濫行横法《らんぎょうおうほう》卅(三十)一箇条の愁状《しゅうじょう》。

一、(第一条)裁断せられんことを請ふ、例挙《れいこ》❺の外《ほか》に三箇年の収納、暗《そら》に以て加徴《かちょう》せる正税《しょうぜい》卌(四十)三万千二百卌八束《そく》の息利《そくり》十二万九千三百七十四束四把《わ》一分《ぶ》の事。

一、(第七条)裁断せられんことを請ふ、交易《きょうやく》❻と号して誣《し》ひ取る絹・手作布・信濃《しなの》の布・麻布・漆《うるし》・油・苧《からむし》・茜《あかね》・綿等の事。

一、(第三十条)裁断せられんことを請ふ、守元命朝臣、京より下向せるたび毎《ごと》に、有官《うかん》❼・散位《さんに》❽・従類・同じき不善の輩《ともがら》を引率する事。

以前の条の事、憲法の貴《とうと》きことを知らんがため言上《ごんじょう》すること件《くだん》の如《ごと》し。……望み請ふらくは、件の元命朝臣を停止《ちょうじ》し、改めて良吏《りょうり》を任じ、以て将《まさ》に他国の牧宰《ぼくさい》❾

◀国司の苛政

❶解　下級官司から上級官司に対して提出される上申文書。

❷官裁　太政官による裁定。

❸守　国司の長官。国司は通常、守・介《すけ》・掾《じょう》・目《さかん》の四等官から構成されていた。

❹官物　十世紀以降、公田に賦課されるようになった地税。

❺例挙　定められた出挙。

❻交易　交易雑物のこと。正税で地方の産物を買い、中央に送る制度。

❼有官　官職を有する者。

❽散位　位階がありながら特定の官職を持たない者。一線を退いた公卿や近い将来に任官が見込まれる者がなった。

❾牧宰　国司のこと。

❿治国優民　国を治め、民をいつくしむこと。

⓫永延二年　九八八年。

出典◉『尾張国郡司百姓等解』　尾張国の郡司・百姓らが尾張守藤原元命の解任を要求して提出した上申文書。

通釈

尾張国の郡司・百姓等が裁許を願い、申し上げます。

この国の国司である藤原元命がこの三年の間不当に責め取った税、および乱暴・非法のこと三十一か条につき裁許をお願いします。

一、裁許をお願いします。定められた出挙以外に、この三年間で新たに徴収した正税の稲四十三万一二四八束の利息十二万九三七四束四把一分について。

一、裁許をお願いします。交易雑物と称してだまし取った絹・手作布・信濃布・麻布・漆・油・苧・茜・綿などについて。

一、裁許をお願いします。尾張守の元命朝臣は、京から下向してくるたびに、官位ある者や、位階だけあって職のない者、その従者たち、さらには不善の者たちを引き連れてくることについて。

以上のことは、法の尊いことを示すためにこの通り言上するものです。……願わくば、かの元命を罷免し、新たに良い国司を任ずることによって、他国の国司たちに、国を治め、民をいつくしめば、その報いがあることを知らしめて下さい。……よって詳しく三十一か条の事柄を記し、申し上げる次第です。

をして治国優民《ちこくゆうみん》⑩の褒賞《ほうしょう》を知らしめんことを。……仍《よ》りて具《つぶさ》に卌一箇条の事状《じじょう》を勒《ろく》し、謹《つつし》みて解《げ》す。

永延《えいえん》二年⑪十一月八日　郡司百姓等

『尾張国郡司百姓等解《おわりのくにぐんじひゃくせいらげ》』

解説　十世紀になると、律令政府は財政再建のため、国司の権限を強化し、地方政治の立て直しを図った。そのため国司の中には、農民への課税を強化し、この史料の**尾張守藤原元命《おわりのかみふじわらのもとなが》**のように、郡司・百姓《ひゃくせい》等から訴えられ、解任される者もいた。しかし近年では、元命の非法は、財政再建という使命を実直に果たそうとしたまでだ、との見方もある。また、彼が下向のたびに引率した者たちは、中央政界で出世の道を絶たれた有能な官人たちであり、この史料からは、そうした社会の歪《ゆが》みの一端もうかがえる。

974（天延２）	尾張守藤原連貞、百姓の訴えにより解任
988（永延２）	尾張守藤原元命、郡司・百姓の訴えにより解任
999（長保元）	淡路守讃岐扶範、百姓の訴えにより解任
1012（長和元）	加賀守源政職、百姓訴えるが処分なし
1018（寛仁２）	長門守高階業敏、訴えにより解任
1019（寛仁３）	丹波守藤原頼任、百姓訴えるが処分なし
1023（治安３）	但馬守藤原実経、郡司の訴えにより停任、のち復任
〃（〃）	伯耆守藤原資頼、百姓落書をなすが、処分なし

▲おもな国司苛政上訴

❷ 貪欲《どんよく》な受領

今ハ昔、信濃守《しなののかみ》藤原ノ陳忠《のぶただ》ト云《い》フ人有《あり》ケリ。任国ニ下《くだり》テ国ヲ治《おさめ》テ任畢《はて》ニケレバ、上《のぼり》ケルニ御坂《みさか》❶ヲ越《こゆ》ル間ニ、多《おおく》ノ馬共に荷ヲ懸《か》ケ、人ノ乗タル馬員《かず》知レズ次《つづ》キテ行ケル程ニ、多ノ人ノ乗タル中ニ、守《かみ》ノ乗タリケル馬シモ、懸橋《かけはし》ノ鉉《はた》ノ木❷ヲ後足《しりあし》ヲ以《もっ》テ踏折《ふみおり》テ、守、逆様《さかさま》ニ馬ニ乗乍《のりなが》ラ落入《おちいり》ヌ。底何《いく》ラ許《ばかり》トモ知レヌ深《ふかさ》ナレバ、守生《いき》テ有ル可《べ》クモナシ。……守ノ叫ビテ物云《い》フ音遙《はる》カニ遠ク聞ユレバ……「旅籠《はたご》❸ニ縄ヲ長ク付ケテ下《おろ》セ」ト宣《のたま》フナド……底ニ「今ハ引キ上ゲヨ」トイフ音聞ユレバ……「軽キニ

通釈　今は昔のことだが、信濃守藤原陳忠という人がいた。任国（信濃国）に下って国務をとり、任期が終わったので京に上ろうと御坂にさしかかった。一行は、多くの馬に荷を負わせ、人を乗せた馬も数知れず続いた。ところが多くの人が乗った中で、陳忠の乗った馬が懸橋の端の木を後足で踏み折ってしまい、陳忠は馬に乗ったままま っさかさまに落ちてしまった。谷底ははかり知れぬほど深かったので、人々は陳忠はもう生きてはいるまいと思っていた。……ところが、はるか谷底の方から陳忠の声が聞こえてきた。……「旅籠に長い縄をつけて降ろせ」と言うのでそのようにしたところ、……また谷底から「今度は引き上げよ」との声がしたので、

◀貪欲な受領

❶**御坂**　信濃国（長野県）と美濃国《みの》（岐阜県）の境にある。現在の神坂峠《みさかとうげ》。

❷**懸橋ノ鉉ノ木**　かけ橋の端の木の意味か。

❸**旅籠**　旅行に必要な食料や手回り品を入れる籠《かご》。

❹平茸　キシメジ科のキノコの一種。
❺心モ得デ　わけが分からないで。
❻フタメキ落　何度も回転しながら落ちる。
❼現ニ　ほんとうに。
❽僻事　馬鹿なこと。つまらないこと。
❾受領　実際に任国に下った国司。一般的には守もしくは介。
❿倒ル所……掴メ　受領は倒れてもただ起きずに、土をもつかんで起きるということ（それほど受領は貪欲《どんよく》であるということ）。

出典◉『今昔物語集』　十二世紀の成立といわれる説話集。中国・インド・日本の仏教説話、民間説話を集めたもの。源　隆国《みなもとのたかくに》の編纂《へんさん》ともいわれるが、定かではない。

設問3　藤原元命や藤原陳忠のような国司が現れた背景には、中央政府が地方政治の仕組みを改めたことが関係している。では、十世紀頃から地方支配はどのように行われるようになったか、説明しよう。

コソ有《あり》メレ」ナド云テ集《あつまり》テ引ク程ニ、旅籠ヲ引上タルヲ見レバ、平茸《ひらたけ》❹ノ限リ一旅籠入タリ。然《しか》レバ心モ得デ❺互ニ顔共ヲ護《まぼ》テ、「此ハ何《い》カニ」ト云フ程ニ、亦《また》聞ケバ底ニ音有テ「然《さ》テ亦下セ」ト叫ブナリ。……数《あまた》ノ人懸《かか》リテ絡上《くりあげ》タルヲ見レバ、守、旅籠ニ乗テ絡上ラレタリ。守、片手ニハ縄ヲ捕ヘ給ヘリ。今片手ニハ平茸ヲ三総許《ふさばかり》持テ上リ給ヘリ。引上ツレバ懸橋ノ上ニ居《す》ヱテ、郎等《ろうとう》共喜合《よろこびあい》テ、「抑《そもそ》モ此ハ何ゾノ平茸ニカ候ゾ」ト問ヘバ、守ノ答フル様、「落入ツル時ニ馬ハ疾《と》ク底ニ落入ツルニ、我レハ送《(遅)》レテフタメキ落❻行ツル程ニ、木ノ枝ノ滋《しげ》ク指合《さしあい》タル上ニ不意ニ落懸《おちかか》リツレバ、其ノ木ノ枝ヲ捕ヘテ下《おり》ツルニ……其ノ木ニ平茸ノ多ク生《おい》タリツレバ見棄難《みすてがた》クテ、先《ま》ヅ手ノ及ビツル限リ取テ、旅籠ニ入レテ上《のぼせ》ツル也。未ダ残リヤ有《あり》ツラム。云ハム方无《かたな》ク多カリツル物カナ。極《いみじ》キ損ヲ取ツル心地コソスレ」ト云ヘバ、郎等共「現《あらは》ニ❼御損ニ候」ナド云テ、其ノ時ニゾ集テ散《さ》ト咲《わら》ヒニケリ。守「僻事《ひがごと》❽ナ云ヒソ。汝等《なんじら》ヨ、宝ノ山ニ入テ手ヲ空《むな》シクシテ返《かえり》タラム心地ゾスル。受領《ずりょう》ハ❾倒ル所ニ土ヲ掴《つか》メ❿トコソ云ヘ」ト云ヘバ、……此レヲ聞ケム人争《いか》ニ憾《にく》ミ咲《わらい》ケルトナム語リ伝ヘタルトヤ。

『今昔物語集《こんじゃくものがたりしゅう》』

……「ずいぶん軽いな」などと言いながら、皆で集まり引き上げてみると、旅籠のなかには平茸ばかりがいっぱいに入っていた。わけが分からず互いに顔を見合わせて、「これはどうしたことだ」と言っていると、また下から「旅籠を降ろせ」と叫ぶ声がした。……多くの人で旅籠を引き上げてみると、今度は陳忠が旅籠に乗って上がってきた。陳忠は片手に縄を持ち、もう一方の手に平茸を三束ほどつかんで上がってきた。従者たちは喜び合って陳忠を橋のところへ座らせ、「さて、この平茸はどうしたのですか」と尋ねた。陳忠は「谷底に落ちる時、馬は先に落ちていってしまったが、自分は途中の木の枝が茂っているところに引っかかったので、その木の枝につかまって谷底へと降りたところ、……その木にたくさんの平茸が生えていた。見捨てがたくて、手の届くかぎり採って旅籠のなかに入れて引き上げさせたのである。まだたくさん残っているだろう。ほんとうにたくさんあったのだ。たいへん損をした気がする」と答えたので、従者たちは「ほんとうに損をされたことですね」などと言って、集まって笑いあった。陳忠はこれを聞くと、「お前たちつまらないことを言うな。自分は宝の山に入って何もしないで帰ってきた気がするのだぞ。受領は倒れてもただでは起きず、土をもつかんで起き上がるというではないか」と言った。……これを聞いた人々はたいへん呆れて、笑いあったと語り伝えられている。

解説 律令制における国司制度は、**守**《かみ》・**介**《すけ》・**掾**《じょう》・**目**《さかん》**の四等官**《しとうかん》による共同統治体制であった。このうち、任国に下向して前任者から文書や施設の鍵などを受け取る首席者（**守**もしくは**介**）を**受領**《ずりょう》**国司**といい、それ以外の**任用**《にんよう》**国司**とは区別された（下向しない国司は**遙任**《ようにん》という）。十世紀における国司の権限強化により地方政治は一定の再建をみたが、その中心的な役割を担ったのが受領であり、任用国司は次第に国務から疎外《そがい》されていった。結果的に、地方の豊かな富は受領のもとに集まり、この史料が語るような貪欲《どんよく》な受領のイメージが定着していった。ここでも、任を終えて帰京する受領は、任地で蓄えた多くの財物を馬に乗せて持ち帰っており、また受領以外の任用国司の姿も描かれていない点には注意すべきである。

3 田堵《たと》の農業経営

三の君の夫は出羽権介《でわごんのすけ》❶田中豊益《たなかのとよます》なり。偏《ひとえ》に耕農を業《なりわい》と為《な》し、更《さら》に他の計《はからい》なし。数町❷の戸主《へぬし》、**大名の田堵**《たと》**なり**❸（もっぱら農業を行い、他の仕事はしていない。数町の田地を所有する家長であり、有力な田堵であった）。兼ねて水旱《すいかん》❹の年を想《おも》ひて、鋤鍬《すきくわ》を調《ととの》へ、暗《ひそ》かに腴《こ》え迫《や》せたる地を度《はか》りて、馬杷《うまぐわ》・犂《からすき》❺を繕《つくろ》ふ。或《あるい》は堰塞《いせき》・堤防《つつみ》・堺渠《ほりみぞ》・畔畷《あぜなわて》❻の忙《いとなみ》❼に於《お》いて、田夫農人《でんぷのうじん》を育《やしな》ひ、或は種蒔《たねまき》・苗代《なわしろ》❽・耕作・播殖《はしょく》の営《いとなみ》に於て五月男女《さおとめ》❾を労《いたわ》るの上手《じょうず》なり。……加之《しかのみならず》薗畠《そのはたけ》に蒔《ま》く所の麦・大豆《まめ》・大角豆《ささげ》・小豆《あずき》・粟《あわ》・黍《きび》・薭《ひえ》・蕎麦《そば》・胡麻《ごま》、員《かず》を尽《つく》して登《みの》り熟《じゅく》す。春は一粒をもて地面に散らすといへども、秋は万倍をもて蔵の内に納む。

『新猿楽記《しんさるがくき》』

◀田堵の農業経営

❶**出羽権介** 出羽国の定員外の国司の次官。

❷**数町** 一町は約一万二〇〇〇平方メートル。

❸**田堵** 荘園や公領の田地を請作《うけさく》によって耕作する者。

❹**水旱** 大水や日照り。

❺**馬杷・犂** 牛馬に引かせる耕作具。

❻**堰塞……畔畷** 水を引くための堰《せき》・堤防・水路・畦畔。

❼**忙** 仕事のこと。

❽**苗代** 稲の苗を育てるための水田。ここで十分に成長させてから本水田に移植するが、ここでは移植前の水田での諸作業を指す。

❾**五月男女** 田植えを行う男女。

出典◉『**新猿楽記**』 十一世紀頃の成立。藤原明衡《あきひら》の作。猿楽を観賞する家族の職業などを記している。

設問4 田堵が名において配下の農民を管理し、官物や公事の納入を請け負うようになった背景には、この時期に古代国家の課税の方法が転換したことが大きく関係している。では、課税の方法はどのように変化したか、説明しよう。

解説 十一世紀半ば以降、国家による課税対象が人から土地に転換すると、耕地は**名**《みょう》と呼ばれる課税単位に編成されていった。この名を耕作し、官物《かんもつ》・公事《くじ》の納入を請け負ったのが**田堵**《たと》であり、その経営規模が大きな者を**大名田堵**《だいみょうのたと》と呼んだ。ここに登場する田中豊益《たなかのとよます》は架空《かくう》の大名田堵であるが、これによると彼は、一方で出羽権介《でわごんのすけ》という**在庁官人**《ざいちょうかんじん》であり、日頃から天候不順に備えて農具を調え、灌漑《かんがい》施設の維持管理を怠《おこた》らないだけでなく、配下の農民を労《いたわ》ることに余念がなかったという。

1 僦馬《しゅうば》の党

此国《この》❶頃年《このごろ》強盗蜂起《ほうき》し、侵害尤《もっと》も甚《はなは》だし。静かに由緒《ゆいしょ》を尋《たず》ぬるに、皆僦馬《しゅうば》の党❷より出ず。何となれば、坂東《ばんどう》諸国の富豪《ふごう》の輩《ともがら》❸、ただ駄《だ》を以《もっ》て物を運ぶ。其《そ》の駄の出ずる所は皆掠奪《りゃくだつ》による（この上野《こうずけ》国ではこの頃強盗が出没し、その被害が甚大《じんだい》である。その盗賊の出自《しゅつじ》を調べたところ、みな「僦馬の党」から出た者であった。坂東諸国の地方豪族たちは馬による運搬を行っているが、その馬は皆掠奪したものである）。山道《さんどう》❹の駄を盗みて以て海道《かいどう》❺に就《つ》き、海道の馬を掠《かす》めて以て山道に赴《おもむ》く。爰《ここ》に一疋《ぴき》の駑《ど》に依《よ》りて百姓《ひゃくせい》の命を害《そこな》ひ❻、遂《つい》に群盗《ぐんとう》を結び、既《すで》に凶《きょう》賊《ぞく》となる。茲《ここ》に因《よ》りて当国隣国共に以て追討し、解散の類《やから》❼、件《くだん》等の堺《さかい》❽に赴く。

『類聚三代格《るいじゅうさんだいきゃく》』

解説

この史料は、八九九（昌泰《しょうたい》二）年九月の太政官符《だいじょうかんぷ》の一節で、上野国《こうずけ》から強盗による略奪《りゃくだつ》行為が増加している様子が報告されている。九世紀末頃から、東国で増えだした強盗・群盗はもとは退任した国司や地方に土着した王臣の子孫たちであり、

この史料では、そうした者たちが「**僦馬《しゅうば》の党《とう》**」「**富豪《ふごう》の輩《ともがら》**」と呼ばれていたことが分かる。律令政府は、こうした事態に対処するため、各国の受領《ずりょう》の下に押領《おうりょう》使を任命したが、そうした押領使たちの中から、後に武士《ぶし》と呼ばれる者たちが生まれていった。

2 押領使・追捕使の任命

従五位下《じゅごいのげ》下総守《しもうさのかみ》藤原朝臣有行《あそんありゆき》、誠に惶《おそ》れ、誠に恐《かしこ》み謹《つつし》んで言《もう》す。

特に天恩《てんおん》を蒙《こうむ》り、先例に因准《いんじゅん》し❶、押領使《おうりょうし》を兼《か》ね行《おこな》ひ、并《なら》びに随兵《ずいへい》卅（三十）人を給せられんことを請《こ》ふの状。右謹みて案内《あない》❷を検ずるに、当国隣国の司等、押領使を帯び、并びに随兵を給はりて、

◀**僦馬の党**

❶**此国**　上野国（群馬県）。
❷**僦馬の党**　馬による運搬に携《たずさ》わる集団。
❸**富豪の輩**　大名田堵《だいみょうのたと》のような有力農民や地方豪族。
❹**山道**　東山道の国々。
❺**海道**　東海道の国々。
❻**爰に……害ひ**　駑は鈍《にぶ》い馬、のろい馬。ここではわずかな数の馬（輸送業者）が多くの人に悪い影響を与えている状況を比喩《ひゆ》的に述べている。
❼**解散の類**　逃亡した者たち。
❽**件等の堺**　ここでは上野国の国境に位置する碓氷峠《うすいとうげ》を指す。

出典◉『**類聚三代格**』　本書八一ページ参照。

◀**押領使・追捕使の任命**

❶**因准し**　ならって。
❷**案内**　官庁で作成した文書の内容やこれまでの経緯。

公事《くじ》を勤行《ごんぎょう》すること❸、その例尤《もっと》も多し。近きは則《すなわ》ち前司《ぜんじ》従五位下❹菅原朝臣名明、天慶《てんぎょう》九年❺八月六日の符《ふ》に依《よ》りて、押領使を兼ね、幷びに随兵卅人を給はる。凡《およ》そ坂東諸国の不善《ふぜん》の輩《ともがら》、所《しょ》部《ぶ》❻に横行《おうこう》し、道路の間、物を取り、人を害す。かくの如《ごと》き物忩《ぶっそう》日夜絶えず。……若《も》し凶党の輩有らば、且《かつ》は以て追捕《ついぶ》し、且は以て言上《ごんじょう》せん（東国では悪事を行う者が各地に横行し、道々で掠奪を行ったり、人に危害を加えたりしているといったことが日々起こっている。……有行が押領使となって、こうした者を逮捕し且つ報告しようと思います）。有行誠に惶《おそ》れ、誠に恐《かし》み謹んで言す。

天暦《てんりゃく》四年❼二月廿（二十）日　　従五位下――❽

『朝野群載《ちょうやぐんさい》』

❸**公事を勤行する**　国内統治の業務を遂行する。
❹**前司**　前任の国司。
❺**天慶九年**　九四六年。
❻**所部**　管轄する地域。
❼**天暦四年**　九五〇年。
❽**従五位下――**　本来は藤原有行の署名となるが、『朝野群載』はこの文書を例文として収めているので、省略されている。

出典◉『**朝野群載**』　三善為康《みよしのためやす》編。平安後期の成立。平安時代の宣旨《せんじ》・官符《かんぷ》・詩文などを収める。

解説

十世紀に入ると、律令政府は、特に地方政治の退廃や軍事的緊張に対処するため、**延喜《えんぎ》の国政改革**と呼ばれる一連の改革を進めていった。受領《ずりょう》の下に**押領使《おうりょうし》・追捕使《ついぶし》**を置いたのもその一環であったが、この史料にみえるように、国内での群盗の蜂起《ほうき》、凶党《きょうとう》の横行《おうこう》に悩む受領たちの中には、自ら押領使を兼任し、律令政府から専門の随兵《ずいへい》の給付を受けて、その鎮圧に乗り出す者もいたことが分かる。

3 平将門の乱

それ聞《き》く、かの将門《まさかど》は、天国押撥御宇柏原《あめくにおしはるきあめのしたしろしめすかしわばら》天皇❶五代の苗裔《びょうえい》❷、三世高望《たかもち》王の孫なり。その父は陸奥《むっ》鎮守府《ちんじゅふ》将軍《しょうぐん》❸平朝臣良持《よしもち》なり。……部内《ぶない》の干戈《かんか》を集めて、堺外の兵類を発して、天慶《てんぎょう》二年❹十一月廿（二十）一日をもて、常陸《ひたち》国に渉《わた》る。将門報答《ほうとう》して云はく「将門が念《おも》ふところも啻《ただ》これのみ。……苟《いやし》くも将門、刹帝《せったい》❺の苗裔《びょうえい》、三世の末葉《まつよう》なり。同じくは八国❻より始めて、兼ねて王城を虜《りょ》

通釈

聞けば平将門は桓武天皇の五代目の子孫であり、高望王の孫にあたる。父は陸奥鎮守府将軍であった平良持である。……（将門は）国の内外から武器や軍勢を集め、天慶二（九三九）年十一月二十一日に常陸国に入った。……将門は（武蔵権守興世王の挑発に）答え、「自分もそう思う。……いやしくも自分は天皇家の子孫、三世高望王の末裔《まつえい》である。関東八か国を手始めに、都を攻め落とそうと思う。今まず諸国の国印や正倉の鍵を奪って、受領たちを都に追い返してしまおう。そうすればそれは関東八か国を手に

◀平将門の乱
❶**天国押撥御宇柏原天皇**　桓武《かんむ》天皇のこと。
❷**五代の苗裔**　五代目の子孫。
❸**鎮守府将軍**　陸奥国に設置された鎮守府の長官。
❹**天慶二年**　九三九年。
❺**刹帝**　王族。ここでは天皇家。
❻**八国**　坂東の八か国。

領《りょう》せむと欲《おも》ふ。いますべからく先《ま》ず諸国の印鎰《いんやく》を奪ひ、❼一向《いっこう》に受領《ずりょう》の限りを官堵《かんと》に❽追ひ上げてむ。然《しか》れば則《すなわ》ち且《か》つは掌《たなごころ》に八国を入れ、且《か》つは腰に万民《ばんみん》を附《つ》けむ」てへり。……ここに自ら製して諡号《おくりな》を奏す。将門を名《なづ》けて新皇《しんのう》と曰《い》ふ。……貞盛《さだもり》・秀郷《ひでさと》等、身命を棄てて力の限り合戦す。爰《ここ》に新皇は甲冑を着して騎馬を疾《と》くして身自ら相戦う。……新皇、暗に神鏑《しんてき》に中《あた》りて、終に涿鹿《たくろく》の野に戦いて独り蚩尤《しゆう》の地に滅びぬ。

『将門記《しょうもんき》』《まさかど》

入れたことになり、民衆を支配したのも同じことだ」と答えた。……そして自分で諡《いみな》をつけ、自らを新皇と呼んだ。……平貞盛・藤原秀郷らは、命を捨てて力の限り（将門と）合戦した。これに対し新皇も、自ら甲冑を着し、騎馬に乗って応戦した。……そうした中で、不意に新皇に矢が当たってしまい、ついに（中国の）黄帝と戦って滅ぼされた蚩尤と同じように、（新皇は）戦場に散ったのである。

解説　**平 将門《たいらのまさかど》**は、はじめ**滝口《たきぐち》の武士《ぶし》**などとして活動していたが、父の死後、東国に下向したことで、地域間トラブルに巻き込まれていった。九三九（天慶《てんぎょう》二）年、常陸《ひたち》国府に赴いた将門と国府軍との間で戦闘となり、結果的に将門は常陸・上野《こうずけ》・下野《しもつけ》の国司を追放し、自ら**新皇《しんのう》**を名乗った。これを聞いた朝廷は衝撃を受け、追討に成功した**平貞盛《さだもり》**・**藤原秀郷《ひでさと》**、最初に乱を報告した**源 経基《みなもとのつねもと》**に破格の恩賞を与えた。後に武士と呼ばれるようになった者たちの多くは、この乱の鎮圧に勲功《くんこう》のあった者たちの子孫であった。

4 藤原純友の乱

（天慶《てんぎょう》二年❶十二月二十一日）今日、伊予国解状《げじょう》を❷進む。前掾《さきのじょう》藤純友《すみとも》、❸去んぬる承平《じょうへい》六年、❹海賊を追捕《ついぶ》すべきの由《よし》、宣旨を蒙《こうむ》る。而《しか》るに近来相驚《あいおどろ》く事有り。随兵《ずいへい》等を率《ひき》い、巨海《きょかい》に出《い》でんと欲《ほっ》す。部内《ぶない》❺の騒ぎ、人民の驚き、紀淑人《きのよしひと》朝臣《あそん》、❻制止を加うると雖《いえど》も承引《しょういん》せず。早く純友を召上げ、国郡の騒ぎを鎮《しず》めよと云々《うんぬん》。

『本朝世紀《ほんちょうせいき》』

❼**印鎰**　国衙《こくが》の印と倉の鍵。国司の権力の象徴であった。

❽**官堵**　都のこと。

出典◉『**将門記**』　九四〇（天慶三）年成立。作者不詳。平将門の乱について記された軍記物。

▲平将門の乱関係図

◀藤原純友の乱

❶**天慶二年**　九三九年。

❷**解状**　解のこと。九四ページ参照。

❸**前掾藤純友**　前伊予掾藤原純友。掾は国司の三等官。

❹**承平六年**　九三六年。

❺**部内**　その地域。

❻**紀淑人朝臣**　伊予守。

出典◉『**本朝世紀**』　藤原通憲《みちのり》（信西《しんぜい》）が編纂《へんさん》した歴史書。平安末期に成立。

設問5 ❶押領使・追捕使は武士の源流の一つであるが、彼らがどのように武力を持つようになっていったかについて説明しよう。❷平将門の乱や藤原純友の乱は朝廷に大きな衝撃を与えたが、その理由について、将門や純友がもともとどのような立場であったかに注目して説明しよう。

◀武士の条件

❶**役トセリ**　仕事としていた。
❷**衣ノ要アリケレバ**　衣を用意する必要があったので。
❸**儲ケムト**　手に入れようと。
❹**スズロニ**　どこへというあてもなく。
❺**ナヨヨカナルヲ着テ**　柔らかくしなやかな衣服を着て。
❻**行キモヤラデ**　行くあてもなく、というほどの意味か。
❼**参リテ申セ**　私のところへ来て所望しなさい。
❽**誤マタルナ**　過《あやま》ちを犯すでない。
❾**摂津前司保昌**　前摂津守藤原保昌。藤原道長・頼通《よりみち》等に仕えた武勇の士として知られた。
❿**微妙**　趣深く、優れている様子。
⓫**公**　朝廷。

解説

藤原純友《すみとも》は、この史料に「前掾《さきのじょう》藤純友」（「藤」は藤原の略）とあるように、はじめ伊予《いよ》の国司の一員であった。また、その任務は、「海賊を追捕《ついぶ》すべきの由、宣旨《せんじ》を蒙る《こうむ》」とあるように、瀬戸内海の海賊の取り締まりであった。しかし純友は、退任後もこの地に残り、海賊集団を率いて「**南海の賊徒《ぞくと》の首**」と称された（『日本紀略《にほんきりゃく》』）。東国における平将門《たいらのまさかど》の乱鎮定後、律令政府は純友鎮圧を本格化させ、純友は大宰府《だざいふ》を襲撃するなどしたが、ついに九四一（天慶《てんぎょう》四）年六月、伊予国において討たれた。

5 武士の条件

今ハ昔、世ニ袴垂《はかまだれ》ト云フ盗人ノ大将軍アリケリ。心太ク力強ク、足早ク、手効キ、思量賢ク、世ニ並ビ無キ者ニナム有リケル。万人ノ物ヲバ隙《すき》ヲ伺《うかがい》テ奪ヒ取ルヲ以テ役トセリ❶。其レガ十月バカリニ衣ノ要アリケレバ❷、衣少シ儲《もう》ケムト思ヒテ❸、シカルベキ所々ヲ伺イ行キケルニ、……大路ニスズロニ❹衣ノ数《あまた》着タリケル主ノ、……ナヨヨカナルヲ着テ❺、只独リ笛ヲ吹キテ、行キモヤラデ❻練リ行ク人アリケリ。袴垂コレヲ見テ、「哀レ、コレコソ我ニ衣得サセニ出来ル人ナメリ」ト思エケレバ、喜ビテ走リ懸カリテ、打チ臥《ふ》セテ衣ヲ剝《は》ガムト思フニ、……弥《いよいよ》静ニ笛ヲ吹キテ行ケバ、……コノ人、大キナル家ノ有ル門ニ入リヌ。……入リテ即《すなわ》チ返リ出テ、袴垂ヲ召シテ、綿《わた》厚キ衣一ツヲ給ヒテ、「今ヨリカヤウノ要アラム時ハ、参リテ申セ❼。心モ知ラザラム人ニ取リ懸カリテ汝《なんじ》誤マタルナ❽」トゾ云ヒテ、内ニ入リニケリ。ソノ後、コノ家ヲ思ヘバ、号ヲ摂津前司保昌《せっつぜんじやすまさ》❾ト云フ人ノ家也ケリ。……**コノ保昌ハ家ヲ継ギタル兵《つわもの》ニモ非ズ**。……シカルニツユ家ノ兵ニモ劣ラズトシテ、心太ク、手効キ、強力ニシテ、思量ノ有ル事モ微妙《みみょう》ナレバ❿、公⓫モコノ人ヲ兵ノ道ニ仕ハルルニ、聊《いささか》モ心モト無キ事無カリキ。

『今昔物語集《こんじゃくものがたりしゅう》』

出典◉『今昔物語集』本書九六ページ参照。

解説

武士《ぶし》がいつ、どこで、どのように発生したのかについては様々な考え方があり、大きな論争となっている。この史料は、藤原道長《みちなが》らに仕えた藤原保昌《やすまさ》という人物について触れた『今昔物語《こんじゃくものがたり》集《しゅう》』の一節だが、この中で物語の作者は、保昌が「家を継いだ兵《つわもの》」ではないが、「家の兵」に勝るとも劣らない勇士であったと述べている。この点から考えるに、平安時代の人々は、**武芸**という職能を継承する**特定の「家」に生まれた者**という点を、武士の要件の一つと考えていたことがうかがえる。平将門《たいらのまさかど》・藤原純友《すみとも》の乱の鎮圧に勲功《くんこう》のあった者の子孫は、そうした武士と呼ばれる要件を十分に満たす存在であった。

6 刀伊《とい》の入寇《にゅうこう》

大宰府解《だざいふげ》し申す❶　官裁《かんさい》❷を請《こ》ふの事

言上《ごんじょう》す、刀伊《とい》の国の賊徒或《ある》いは撃取《うちと》り、或いは逃却《とうきゃく》するの状（侵入した刀伊の国の賊のある者は討ち取り、ある者は逃亡したことを言上《ごんじょう》いたします）。

……其の賊徒の船は或いは長さ十二箇尋《ひろ》❸、或いは八、九尋。一船の檝《かじ》三四十許《ばかり》、乗る所五六十人、二三十人。刃を耀《かがや》かせ奔騰《ほんとう》す❹。次いで弓矢を帯《たい》し、楯《たて》を負《お》う者七八十人許、相従《あいしたが》うこと此《かく》の如《ごと》し。一二十隊、山を登り野を絶《わた》り、馬牛を斬食《きりくら》ひ、又犬肉を屠《さ》き、叟嫗《そうおう》❺児童皆悉《ことごと》く斬殺さる。男女怯《おび》える者、追取りて船に載せること四五百人、又所々より穀米の類を運び取ること其の数を知らずと云々《うんぬん》。……

『朝野群載《ちょうやぐんさい》』

◀刀伊の入寇

❶**大宰府解**　大宰府から送られてきた上申文書。日付は一〇一九（寛仁三）年四月十六日。

❷**官裁**　太政官《だいじょうかん》の裁定。

❸**尋**　長さの単位。一定した長さではなく、約一・四～一・八m。

❹**奔騰**　かけのぼること。

❺**叟嫗**　老人・老女。

出典◉『**朝野群載**』本書九九ページ参照。

解説

一〇一九（寛仁《かんにん》三）年、対馬《つしま》・壱岐《いき》が「**刀**《と》**伊**《い》」の兵船により襲撃された。「刀伊」はツングース系の女真族《じょしんぞく》を指し、高麗《こうらい》では夷狄《いてき》を意味した。この時、壱岐守などの役人や島民が殺害された。これに立ち向かったのは**大宰権帥**《だざいのごんのそち》**藤原隆家**《たかいえ》などの軍勢であり、肥前《ひぜん》国松浦《まつら》郡まで侵入されたが、撃退した。

大宰府の解文《げぶみ》を受けた公卿《くぎょう》らは陣定《じんのさだめ》を開き、襲撃してきたのが高麗か刀伊か調査することや、警備強化、論功行賞《ろんこうこうしょう》について協議した。しかし、現実的な対応と言えず、公卿の海外への無関心さを示す事件とも言われる。他方、依然として貴族の「**唐物**《からもの》」（輸入品）需要は高く、大宰府での高麗や宋《そう》との貿易は続く。

設問6　❶平将門の乱や藤原純友の乱を鎮圧した者の子孫は、武士と呼ばれるようになっていったが、このことの背景について、武士と呼ばれる要件を踏まえて説明しよう。
❷八世紀から九世紀初めまでの日中交流と、それより以後、刀伊の入寇の時期に至るまでの日中交流のあり方の違いについて説明しよう。

5 平安時代の文化

1 かな文学の発達

やまとうたは、ひとのこゝろをたねとして、よろづのことの葉とぞなれりける（和歌は人の心が種となって、多くの言葉としてあらわれたものである）。世中にある人、ことわざ❶しげきものなれば、心におもふことを、見るもの、きくものにつけて、いひいだせるなり。花になくうぐひす、みづにすむかはづ❷のこゑをきけば、いきとしいけるもの、いづれかうたをよまざりける。ちからもいれずして、あめつちをうごかし❸、めに見えぬ鬼神《きしん》をも、あはれとおもはせ、お《(を)》とこ女のなかをもやはらげ、たけきものゝふのこゝろをも、なぐさむるは歌なり。

『古今和歌集《こきんわかしゅう》』仮名序

人はいさ心もしらずふるさとは花ぞむかしの香ににほひける　紀《きの》　貫之《つらゆき》

世中にたえてさくらのなかりせば春の心はのどけからまし　在原業平《ありわらのなりひら》

花の色はうつりにけりないたづらに我《わが》身《み》世《よ》にふるながめせしまに　小野小町《おののこまち》

『古今和歌集』

をとこ《(男)》もすなる日記といふものを、をむな《(女)》もしてみむとてするなり❹。それのとし❺のしはすのはつかあまりひとひのいぬのときに❻、かどです。そのよし、いさゝかものにかきつく。

『土佐日記《とさにっき》』

解説

仮名《かな》には真名《まな》（漢字）をくずした**平仮名**と、部首を用いた**片仮名**があり、九世紀頃から使用されるようになったといわれている。十世紀になると、最初の勅撰和歌集《ちょくせんわかしゅう》である**『古今和歌集《こきんわかしゅう》』**が編《へん》纂《さん》され、その序文《じょぶん》には漢文の序（真名序）と仮名の序（仮名序）がある。この頃から、**公式な場で使われていた漢文**に加えて、仮名で書かれた和歌や物語、日記などが登場する。漢文の日記は政務などの記録であったが、**仮名の日記**は**個人の心情や創作**も多く含んでいた。そして、**紀貫之《きのつらゆき》**が女性に仮託《かたく》して**『土佐日記《とさにっき》』**を記したように、仮名は女性のものとされ、**『源氏物語《げんじものがたり》』**や**『枕草子《まくらのそうし》』**などの優れた文学が女性により著《あらわ》された。

◀かな文学の発達

❶**ことわざ**　おこない。

❷**かはづ**　カエルのこと。

❸**ちから……うごかし**　歌によって力も入れずに天地をも動かすことができる。

❹**をとこ……するなり**　男が書くという日記を、女の私もしてみようと思って書くのである。

❺**それのとし**　某年ということ。実際には九三四（承平《じょうへい》四）年。

❻**しはすの……いぬのとき**　十二月二十一日、午後七時～九時頃。

出典◉**『古今和歌集』**　本書五七ページ参照。

『土佐日記』　紀貫之著。土佐守の任を終えた貫之が帰京するまでの様子を描いた紀行文。

設問7　仮名文字の普及によって個人の感情の機微などを表現する優れた文学作品が生まれた理由について、漢文と仮名文字の違いを踏まえて説明しよう。

2 浄土教の発達

一 極楽往生の教え

夫《そ》れ往生極楽《おうじょうごくらく》の教行《きょうぎょう》は、濁世末代《じょくせまつだい》の目足《もくそく》なり。道《どう》俗貴賤《ぞくきせん》、誰《たれ》か帰《き》せざる者あらんや。但《ただ》し顕密《けんみつ》の教法《きょうぼう》は❶其《そ》の文一《もんいつ》に非《あら》ず。事理《じり》の業因《ごういん》は、❷其の行《ぎょう》惟《こ》れ多し。利《り》智《ち》精進《しょうじん》の人❸は、未《いま》だ難《かた》しと為《な》さざらんも、予《よ》が如《ごと》き頑《がん》魯《ろ》の者、❹豈《あ》に敢《あ》えてせんや。是《こ》の故《ゆえ》に念仏《ねんぶつ》の一門に依《よ》りて、聊《いささ》か経論《きょうろん》の要文《ようもん》を集む。之《これ》を披《ひら》きて之《これ》を修《おさ》むるに、覚《さと》り易《やす》く、行い易からん。惣《すべ》て十門有り。分《わか》ちて三巻と為《な》す。一には厭離穢土《おんりえど》、❺二には欣求浄土《ごんぐじょうど》、❻三には極楽《ごくらく》の証拠、四には正修《しょうじゅ》念仏、❼五には助念《じょねん》の方法、六には別時《べつじ》念仏、❽七には念仏の利益《りやく》、八には念仏の証拠、九には往生の諸業、十には問答料簡《もんどうりょうけん》なり。❾之を座右《ざゆう》に置きて廃忘《はいもう》に備へん。❿

『往生要集《おうじょうようしゅう》』

◀極楽往生の教え

❶**顕密の教法**　これまでの顕教や密教の教え。

❷**事理の業因**　極楽往生のために行う仏道の修行。

❸**利智精進の人**　聡明《そうめい》で精進を積んだ人。

❹**頑魯の者**　かたくなで愚《おろ》かな人。

❺**厭離穢土**　穢《けが》れたこの世を厭《きら》い離れること。

❻**欣求浄土**　浄土にいくことを願うこと。

❼**正修念仏**　正しい念仏を修めること。

❽**別時念仏**　日数を限って念仏を行うこと。

❾**問答料簡**　問答をすることによって判断すること。

❿**廃忘**　信心を忘れてしまうこと。

出典◉**『往生要集』**　源信《げんしん》著。九八五（寛和《かんな》元）年成立。念仏による極楽往生を説く。

通釈

極楽へ往生するための教えや修行は、乱世末代となったこの世で、目や足のように導きとなるものである。出家した者も、そうでない者も、高貴な者から身分の低い者まで、その教えに帰《き》依《え》しない者があるだろうか。ただし、これまでの顕教や密教の教えには多くのものがあり、極楽往生のための修行もたくさんある。聡明で精進を積んだ人にとってはたやすいことだろうが、私のようにかたくなで愚かなものにはとてもできない。このため、念仏の教えに限り、少しばかり経文の重要な部分を集めた。これを開いて修行するならば、わかりやすく行うことができるだろう。全部で十の部分からなり、三巻にわかれている。一に汚れたこの世を離れ、二に浄土を求めること、三に極楽についての根拠、四に正しい念仏を修めること、五には念仏を助ける方法、六には日数を限って念仏すること、七には念仏にはどのような利益があるか、八には念仏によって極楽往生するという根拠、九には往生のための修行、十には問答をして判断することである。これを座右において、信心を忘れないように備えておくとよい。

解説

九世紀後半から、**阿弥陀如来《あみだにょらい》**を信仰して、極楽浄土《ごくらくじょうど》への往生《おうじょう》を願う浄土信仰が盛んになる。これは、天台宗《てんだいしゅう》の円仁《えんにん》が唐の五台山《ごだいさん》から念仏を持ち帰ったことがきっかけで、以後、天台宗の僧たちが浄土教を広めていく。比叡山《ひえいざん》で修行した**源信《げんしん》**（**恵《え》心僧都《すんそうず》**）は、後に横川《よかわ》に隠棲《いんせい》して**『往生要集《おうじょうようしゅう》』**を著《あらわ》した。**念仏**を唱え、修行することで往生することを説く源信の教えは、貴族たちにも影響を与えた。**藤原道《みち》長《なが》**は九体阿弥陀如来像を安置した**法成寺《ほうじょうじ》**を造営し、臨《りん》終《じゅう》の際には阿弥陀仏に結んだ糸を握って、極楽往生を願ったという。また、息子の**頼通《よりみち》**も**平等院鳳凰堂《びょうどういんほうおうどう》**を建立し、阿弥陀仏のいる極楽浄土を見事に再現している。

二　浄土信仰の浸透

沙門《しゃもん》❶空也《くうや》は、父母を言はず、❷亡命《ぼうめい》❸して世にあり。或《あるい》は云《いわ》く、潢流《こうりゅう》より❹出《い》でたりといふ。口に常に弥陀仏《みだぶつ》を唱《とな》ふ。故に世に阿弥陀聖《あみだのひじり》と号《な》づく。或は市中に住して仏事を作《な》し、また市聖《いちのひじり》と号《な》づく（常に南無阿弥陀仏《なむあみだぶつ》と唱《とな》えていたために、人々は阿弥陀聖と呼んだ。また市の中に住んで仏に仕えたため、市聖とも呼ばれた）。嶮《さか》しき路に遇ひては即《すなわ》ちこれを鏟《けず》り、橋なきに当りてはまたこれを造り、井なきを見るときは則《すなわ》ちこれを掘る。号《な》づけて阿弥陀の井と曰《い》ふ。

『日本往生極楽記《にほんおうじょうごくらくき》』

解説　十世紀前半、**空也**《くうや》は平安京《へいあんきょう》の市で布教し、念仏による極楽往生《ごくらくおうじょう》や、阿弥陀仏《あみだぶつ》への帰《き》依《え》を説いた。こうした活動から、彼は**市聖**《いちのひじり》と呼ばれた。また、諸国を巡り、橋の建造や井戸開削《かいさく》などの社会事業も行いながら、民衆への布教活動を続けたという。空也が建立した寺は後に**六波羅蜜寺**《ろくはらみつじ》と称され、人々の信仰を集めた。こうした念仏僧の活動は、貴族のみでなく庶民にも浄土教《じょうどきょう》を浸透《しんとう》させていったのである。

◀浄土信仰の浸透

❶**沙門**　僧。

❷**父母を言はず**　父母の名を語らず。

❸**亡命**　本籍地を離れること。

❹**潢流**　ここでは天皇家を指す。

出典◉『**日本往生極楽記**』　慶滋《よししげの》保胤《やすたね》著。十世紀後半の成立。往生した者の伝記を集めたもの。

三　末法思想

（永承《えいしょう》七年❶正月二十六日）千僧《せんそう》を大極殿《だいごくでん》に屈請《くっしょう》し、❷観音経《かんのんきょう》を転読《てんどく》せしむ。❸去年の冬より疾疫《しつえき》流行す。改年已後《いご》、弥《いよいよ》以《もっ》て熾盛《しせい》なり。❹仍《よ》って其《そ》の災《わざわい》を除かんが為也《ためなり》。今年始めて末法《まっぽう》に入る。

『扶桑略記《ふそうりゃくき》』

解説　平安時代の浄土《じょうど》信仰の流行は、**末法**《まっぽう》**思想**により拍車《はくしゃ》がかかった。これは、釈迦《しゃか》の入滅《にゅうめつ》後二千年をかけて、正法《しょうぼう》・像法《ぞうほう》の時代を推移し、最終的には釈迦の教え（教）はあっても、正しい実践（行）や悟り（証）がない末法の時代になるという思想である。日本では**一〇五二（永承**《えいしょう》**七）年に末法の時代に入り**、世の中が乱れると信じられた。十一世紀には院政《いんせい》の開始や地方政治の混乱、武士の活発化など社会不安も広がったが、こうした信仰により、平等院《びょうどういん》鳳凰堂《ほうおうどう》など数々の建築・美術が生まれた。

◀末法思想

❶**永承七年**　一〇五二年。

❷**千僧を……屈請し**　多くの僧を大極殿に招き。

❸**転読**　経典の字句を略し、必要な部分だけを読むこと。

❹**熾盛**　盛んとなること。

出典◉『**扶桑略記**』　本書三三ページ参照。

設問8　浄土信仰や末法思想の流行が、この時代の文化に与えた影響について説明しよう。

年		天皇	有力者	政治・経済・社会	収録史料(年代は目安)
1331	元弘1		北条守時	元弘の変	P.147 単独相続
1332	2			後醍醐天皇、隠岐配流。護良親王ら挙兵	
1333	3			鎌倉幕府滅亡。後醍醐天皇、京都に帰る	
1334	建武1		後醍醐天皇	建武の新政(～35)(P.158)	
1335	2	(↓南朝) (↓北朝)		中先代の乱。足利尊氏反乱	P.160 二条河原の落書
1336	延元1 建武3	**光明**	(↓将軍)	建武式目制定(P.162)。南北朝の対立	
1338	延元3 暦応1		足利尊氏	尊氏、征夷大将軍となる	
1341	興国2 暦応4	後村上		直義、天龍寺船を元に派遣	
1349	正平4 貞和5	**崇光**		足利基氏、鎌倉公方となる	P.166 守護の権限拡大
1350	正平5 観応1			観応の擾乱(～52)	P.160 一揆する国人
1352	正平7 文和1	**後光厳**		半済令発布(P.164)	
1378	天授4 永和4	長慶 **後円融**	足利義満	足利義満、室町に花の御所造営	
1390	元中7 明徳1	後亀山 **後小松**		土岐康行の乱	
1391	元中8 明徳2			明徳の乱(P.167)	
1392	明徳3			南北朝の合体(P.170)	
1394	応永1	後小松	足利義持	義満、太政大臣となる	
1399	6			応永の乱(P.167)	P.177 座の発達
1401	8			義満、第1回遣明船派遣(P.171)	
1402	9			義満、明使に会い国書に「日本国王臣源」と自署(P.172)	P.168 荘園年貢の守護請
1404	11			勘合貿易開始	
1416	23	称光		上杉禅秀の乱(～17)	
1419	26			応永の外寇	P.176 三毛作
1426	33			近江坂本の馬借一揆	P.196 能
1428	正長1	後花園		正長の土一揆(P.181)	
1429	永享1			播磨の土一揆(P.182)。尚巴志、三山を統一して琉球王国を建国	
1432	4		足利義教	義教、勘合貿易再開	P.173 遣明船
1438	10			永享の乱(～39)(P.187)	
1439	11			上杉憲実、足利学校を再興(P.194)	
1440	12			結城合戦(～41)	
1441	嘉吉1			嘉吉の乱(P.188)。嘉吉の徳政一揆(P.182)	P.169 土倉による年貢の請負
1443	3			対馬の宗氏、朝鮮との交易条約を結ぶ	P.179 惣の掟　P.169 禅僧による年貢の請負
1455	康正1		足利義政	足利成氏、下総古河に移る(古河公方)	P.187 享徳の乱
1457	3			アイヌの酋長コシャマインの蜂起(～58)。足利義政、弟の政知を伊豆堀越に置く(堀越公方)。	P.176 琉球の繁栄
1467	応仁1	後土御門		応仁・文明の乱(～77)(P.189, 191)	
1477	文明9		足利義尚	応仁・文明の乱、ほぼ鎮まる。京都焦土と化す	P.192 幕府の実力の後退 P.175 博多のようす
1485	17			山城の国一揆(～93)(P.183)	P.178 撰銭令　P.197 分国法
1488	長享2			加賀の一向一揆(P.185)	P.196 宗祇の連歌
1493	明応2			北条早雲、伊豆の堀越公方を滅ぼす	P.195 一向宗
1510	永正7	後柏原	足利義稙	三浦の乱	
1523	大永3		足利義晴	寧波の乱	
1532	天文1	後奈良		畿内各地に一向一揆・法華一揆おこる	P.186 百姓は王孫
1536	5			天文法華の乱	

第2編

年	天皇	有力者	政治・経済・社会	収録史料(年代は目安)
1045 寛徳2	後冷泉		寛徳の荘園整理令	
1051 永承6			前九年合戦(〜62)(P.117)	P.105 末法第一年(1052年)
1053 8			平等院鳳凰堂が落成	
1067 治暦3			頼通、関白をやめる	
1069 5	後三条		延久の荘園整理令、記録荘園券契所を置く(P.112)	
1072 延久4	白河		量衡制(延久の宣旨枡)	
1083 永保3			後三年合戦(〜87)	P.108 立荘による荘園の成立
1086 応徳3	堀河		白河上皇、院政を開始(P.114)	P.116 僧兵の横暴 P.117 源義家の名声 P.123 永長の大田楽
1156 保元1	後白河		保元の乱(P.119)	P.115 白河院政の専制 P.109 荘園境界の確定
1159 平治1			平治の乱	P.118 平氏の台頭 P.124 今様
1167 仁安2	六条		平清盛、太政大臣となる	P.120 平氏の全盛 P.121 殿下乗合事件
1177 治承1	高倉		鹿ケ谷事件	
1179 3			清盛、後白河法皇を幽閉	P.121 治承三年のクーデタ
1180 4	安徳		源頼朝挙兵(P.125)。頼朝、侍所を設置	P.122 福原遷都
1183 寿永2	後鳥羽		義仲、入京。頼朝、東国支配権確立(P.125)	
1184 元暦1		源頼朝	頼朝、公文所・問注所を設置	
1185 文治1			平氏滅亡。守護・地頭を設置(P.126)。義経追討の院宣が下る	
1189 5			奥州藤原氏滅亡	
1190 建久1			頼朝、権大納言右近衛大将となる	
1192 3			頼朝、征夷大将軍となる	
1199 正治1	土御門		頼朝死去。頼家、家督相続	
1203 建仁3		源実朝	比企の乱。実朝、将軍就任	
1205 元久2		(↓執権)	北条義時、執権就任	P.157 新古今和歌集
1213 建保1	順徳	北条義時	和田合戦	P.152 法然
1219 承久1			実朝、公暁に暗殺される	P.157 金槐和歌集 P.155 愚管抄
1221 3	仲恭		承久の乱(P.130)。六波羅探題設置	P.129 北条義時追討の官宣旨 P.130 北条政子の言葉
1225 嘉禄1	後堀河	北条泰時	連署設置。評定衆設置	P.132 新補地頭 P.140 地頭請
1226 2			九条頼経、将軍就任(摂家将軍)	
1232 貞永1	四条		御成敗式目制定(P.133,135)	P.139 惣領制
1247 宝治1	後深草	北条時頼	宝治合戦(P.138)	P.153 親鸞
1249 建長1			引付設置	P.155 道元
1252 4			宗尊親王、将軍就任(皇族将軍)	P.154 日蓮 P.141 下地中分
1268 文永5	亀山	北条政村	モンゴルの使者、国書をもたらす(P.144)	P.143 二毛作の普及
1274 11	後宇多	北条時宗	文永の役(P.146)	P.142 地頭の非法 P.146 非御家人の動員
1275 12			異国警固番役のはじまり	P.144 商業の発達
1281 弘安4			弘安の役	
1285 8		北条貞時	霜月騒動	
1293 永仁1	伏見		鎮西探題の設置。平頼綱の乱	
1297 5			永仁の徳政令発布(P.148)	
1317 文保1	花園	北条高時	両統迭立が定まる	
1321 元亨1	後醍醐		院政廃止、後醍醐天皇親政。記録所再興	
1324 正中1			正中の変	
1325 2			建長寺船、元に派遣	P.151 悪党

第4章　武家社会の成立

1　院政

1　荘園の成立

一　立荘《りっしょう》による荘園の成立

左弁官❶下す　醍醐《だいご》寺円光《えんこう》院……

一、まさに官使を遣わし、国司の守《かみ》源朝臣高実《たかざね》の任❷の四《しい》至《し》❸に任せて牓示《ぼうじ》❹を打ち、永く牢籠《ろうろう》❺を止むべき院領越前《えちぜん》国管大野《おおの》郡牛原《うしがはら》庄の事……

謹んで案内《あない》❻を検ずるに、当寺は公家《こうけ》❼、前中宮職《さきのちゅうぐうしき》❽のおんため、去る応徳《おうとく》二年❾草創せらるるところなり。その後、両部の曼荼羅《まんだら》❿を安んじ、六口の浄侶《じょうりょ》⓫を定め置き、朝暮《ちょうぼ》の二座、秘密の法⓬を修し、自余の仏事、又以て数あり。ここに近江《おうみ》国柏原《かしわばら》庄を以て施入《せにゅう》せらると雖《いえど》も、ただ仏《ぶっ》聖《しょう》供料《くりょう》⓭の用を支え、すでに僧侶の衣服の資にも乏し。しかる間、彼守源高実朝臣の任、応徳三年、枡房《しょうぼう》⓮の旧徳に報い奉らんがため、**彼の牛原の荒地二百余町を寺家**

通釈

左弁官から醍醐寺円光院に命じる……

一、確かに官使を派遣して、国司源高実の在任中に決めた範囲に境界の標識を打ち、今後の妨害を禁止すべき円光院領越前国大野郡牛原荘の事について……

謹んでこの間の経緯を調べてみると、醍醐寺円光院は、朝廷が故中宮（白河《しらかわ》上皇の中宮・賢《けん》子《し》）のために、去る応徳二（一〇八五）年に草創した寺院である。その後、両部の曼荼羅を安置するとともに、僧侶六名を置いて朝夕二回、秘密の修《す》法《ほう》を行っている他、多くの仏事を行っている。その費用を確保するため、近江国柏原荘を施入したところだが、そこから上がる収益だけでは仏に供える供物《くもつ》の費用をまかなうだけで精一杯で、僧侶の衣服さえ整えることも出来ないありさまである。そこで、越前国の国司・源高実の在任中の応徳三年、高実は故中宮の徳に報いるため、牛原の荒野二百余町を円光院に施入し、その範囲を定めて境界の標識を打ち、浪人たちを招き集めて、田地を開墾させたので

◀立荘による荘園の成立

❶**左弁官**　朝廷の行政事務機関の一つ。中務《なかつかさ》・式部《しきぶ》・治部《じぶ》・民部《みんぶ》省の事務を統括した。

❷**源朝臣高実**　この時の越前《えちぜん》守。中宮賢子《けんし》の娘である郁芳門院《いくほうもんいん》の女院《にょいん》別当も務めた。

❸**四至**　荘園等の領域、範囲。

❹**牓示**　荘園等の境界の標識。

❺**牢籠**　現地の支配を妨害する行為。

❻**案内**　事情、経緯。

❼**公家**　朝廷、もしくは国家のこと。

❽**前中宮職**　故中宮（白河上皇の中宮で源賢子）に関わる行政事務をつかさどった朝廷内の部局。

❾**応徳二年**　一〇八五年。

❿**両部の曼荼羅**　胎蔵《たいぞう》界・金剛《こんごう》界の曼荼羅。

⓫**浄侶**　僧侶。

⓬**秘密の法**　密教的な修法。

に施入し、すなはち四至を定めて牓示を打たしめ、ようやく浪人を招き田代を開墾す。……　『醍醐雑事記《だいごぞうじき》』

庄の本主は東大寺五師《ごし》⑮の忠範《ちゅうはん》なり。白河《しらかわ》院、堀河《ほりかわ》院⑯母后の中宮のおんため、円光院を立てらるるの時、六条右大臣⑰顕房《あきふさ》家の御沙汰⑱として、庄の券契《けんけい》⑲を尋ねらるるにより、忠範、件の文書を以て、遍智院僧都義範《へんちいんそうずぎはん》⑳に進上、義範、大臣殿㉑に寄進し立てらるるところなり。その時の見作田《げんさくでん》㉒廿町、自余は荒野なり。忠範しばらく下司《げし》㉓職として、はじめて立庄せらるるの日に札を懸《か》く㉔。　『醍醐雑事記』

ある。……

この牛原荘の本主は東大寺の五師・忠範であった。白河上皇は、堀河院を生んだ中宮（賢子）の菩提を弔うために円光院を建立した際、六条右大臣源顕房が中心となってこの荘園に関する権利書類を探し回ったところ、それに応えた忠範が遍智院僧都義範に持っていた書類を進上し、それをさらに六条右大臣に寄進して、この荘園を立荘したのである。その時、耕地は二十町であり、その他は荒野であった。忠範は下司職として、はじめて立荘の日に現地に境界を示す標識の札を立てた。

⑬**仏聖供料**　仏に供える供物。
⑭**枡房**　中宮の別称。
⑮**五師**　東大寺など奈良の諸大寺で寺務をつかさどった役僧。寺僧の中から適任の五人を選んだ。
⑯**堀河院**　白河天皇の皇子で、母は白河天皇の中宮・源賢子であった。
⑰**六条右大臣**　源顕房。白河天皇の中宮・賢子の実父。
⑱**沙汰**　ここでは指示、行動の意。
⑲**庄の券契**　荘園を領有する権利を証明する公的な証拠書類。
⑳**義範**　醍醐寺円光院の初代別当。中宮賢子の安産祈願を行い、その結果、堀河天皇が生まれたという。
㉑**大臣殿**　右大臣の源顕房。
㉒**見作田**　実際に耕作が行われている田地。
㉓**下司職**　荘園の現地代官。
㉔**札を懸く**　荘園の境界に目印となる標識を立てること。

出典◉『**醍醐雑事記**』　醍醐寺関係の重要史料を集成した文書集。一一八六（文治《ぶんじ》二）年成立。

◀**荘園現地における境界の確定**
❶**相賀荘**　紀伊《きい》国伊都《いと》郡にあった密厳院領の荘園。
❷**長承元年**　一一三二年。

解説

荘園《しょうえん》の成立過程には、個々に様々なパターンがあった。従来は、開発《かいはつ》領主等が自らの権益を確保するために、次々に上級の領主に土地の寄進を重ねる寄進地系荘園《きしんちけいしょうえん》が多かったと考えられてきたが（→一一一ページコラム）、最近では、**立荘《りっしょう》**による成立過程に注目が集まっている。この史料によると、白河《しらかわ》上皇は、寵愛《ちょうあい》していた故中宮《ちゅうぐう》の菩提《ぼだい》を弔《とむら》う寺（醍醐《だいご》寺円光《えんこう》院）を建立するための費用を確保しようと、荘園の設立を計画した。白河上皇はこのことを故中宮の実父・六条右大臣（源顕房《あきふさ》）にまず相談し、相談を受けた顕房は、つてを頼って東大寺僧・忠範《ちゅうはん》が持っていた二十町歩ほどの耕地の権利証文（「**券契《けんけい》**」）を手に入れた。その耕地は越前《えちぜん》国大野《おおの》郡にあった土地であったが、越前の国司・源高実《たかざね》は、たまたま故中宮（「枡房《しょうぼう》」）ともゆかりのある人物であったため、その「旧徳」に報いるため、二十町の耕地に加えて二〇〇余町の荒野を含めて荘園化することを許可した。このように、院（上皇）が大きな政治権力となるにともなって、院周辺の私的な縁故に基づく立荘が増加していったのである。

二　荘園現地における境界の確定

件《くだん》の相賀庄《おうがのしょう》❶は、去る長承《ちょうしょう》元年❷の冬ごろ、鳥羽《とば》院

通釈

相賀荘は、長承元（一一三二）年の冬、鳥羽上皇の治世下、証文に基づいてその領域を決め、

の御時、本公験《くげん》❸等の 理《ことわり》に任せて、四至《しいし》❹を堺し、牓示《ぼうじ》❺を打ち、御願寺《ごがんじ》❻密厳院《みつごん》❼の領たるべきの由、院宣《いんぜん》❽を下され、すでに畢《おわ》んぬ。よって御使・国使相ともに御牒《ちょう》❾ならびに庁宣《ちょうせん》❿等の旨に任せて、立券《りっけん》⓫庄領の刻《きざみ》、文書の道理により、すべからく牓示を打たるといえども、訴ふるに人無きがため、妻谷⓬を去らしむるのところ、別当権大僧《べっとうごんのだいそう》都《ず》光清、恩情を顧みず、みだりに院宣に背き、私使を放ち入れ、牓示を抜き棄て在家《ざいけ》⓭を追捕《ついぶ》し、違勅《いちょく》の罪科、むしろこれに過ぐることあらんや。……ここに、鳥羽禅《ぜん》定《じょう》法皇、ことに叡慮《えいりょ》⓮を凝らし、永く向後《きょうこう》の牢籠《ろうろう》⓯を絶たんがため、すなはち官使・佐伯国忠《さえきのくにただ》を下し遣はし、院《いんの》庁御下文《ちょうおんくだしぶみ》⓰ならびに国郡立券の道理に任せて、妻谷を以て東堺となし、牓示を打ち定め、永く御願寺密厳院の領たるべきの由、同じく長承二年十一月十一日、重ねて官《かん》符《ぷ》⓱を成し下され畢んぬ。

『根来要書《ねごろようしょ》』

牓示（境界の標識）を打ち立て、御願寺密厳院の所領である旨の院宣を下された荘園である。よって院の御使、紀伊国の使がともに牒や国司庁宣に基づいて、その地を荘園とする正式な手続きを行った際、文書の道理に従ってすべての牓示を現地に設置したところであるが、この際、妻谷に関しては、その領有権を主張する者がいなかったために、相賀荘の領域には含めずにおいた。すると石清《いわし》水《みず》八幡宮の別当権大僧都光清は、ご恩を無視して、みだりに院宣に背いてこの妻谷に私使を派遣し、勝手に牓示を打ち立て在家を没収してしまった。勅に背く罪科としてこれに過ぎるものはない。……ここに鳥羽法皇は特にお考えをめぐらせ、今後の混乱を防ぐため、官使の佐伯国忠を現地に派遣し、院庁下文や国郡において荘園を設置する際の習いに従って、妻谷を相賀荘の東堺として牓示を設置し、永く御願寺・密厳院の所領とするよう、長承二年十一月十一日、重ねて官符をお下しになったところである。

❸**本公験**　土地の所有等を証明する公的な証文。
❹**四至**　荘園の領域、範囲。
❺**牓示**　荘園等の境界を標示する標識。
❻**御願寺**　天皇や上皇等の発願で建立された寺院。
❼**密厳院**　高野山上にあった寺院。後の根来寺を創建した覚鑁《かくばん》の建立。
❽**院宣**　上皇の意思・命令を伝える文書。
❾**牒**　上下関係が明確でない役所間でやりとりされる公文書の一種。
❿**庁宣**　在京の国司から現地の国に下達された公文書の一種。
⓫**立券**　荘園を設立する手続き。
⓬**妻谷**　紀伊国相賀荘と隅田《すだ》荘（石清水八幡宮領）の境界付近の地名。
⓭**在家**　荘園内の住宅。
⓮**叡慮**　天皇・上皇の深い配慮。
⓯**牢籠**　妨害、混乱。
⓰**院庁御下文**　院庁から下される命令文書。
⓱**官符**　太政官から下される公文書。

出典◉**『根来要書』**　根来寺に関する重要文書を収録した文書集。

解説

多くの荘園が設立された近畿地方などでは、その現地において様々な紛争が生じることがあった。中でも荘園の境界をめぐる紛争が多く、荘園領主や朝廷、院権力は、そうした訴訟の調停に追われた。この史料でも、御使・国使・私使・官使と多種多様な立場の使者が次々に派遣され、現地での調査や、場合によっては土地を差し押さえる（標識を立てて領有権を示威《じい》する行為）などの実力行使に及んでいることが分かる。こうした使者には、**荘官**などの**在地領主**が任じられることも多く、荘園の設立や安定的な経営には、地域社会における合意と協力が不可欠であった。

コラム 3

荘園の成立と「鹿子木荘事書」

平安時代後期には、各地で多くの荘園が設立されたが、荘園《しょうえん》の成立過程には、個々の荘園ごとに様々な経緯があり、単純にこれをパターン化することは難しいが、従来、その典型的なパターンと考えられてきたのが寄進地系《きしんちけい》荘園である。すなわち、ある地域の開発を担った開発領主が、その権益を維持するために、権威を頼って中小の荘園領主に権益の一部（領家職《りょうけしき》）を寄進し、さらにその中小の荘園領主が院・摂関家・大寺社などの上級領主に権益の一部（本家《ほんけ》職）を寄進して、最終的な荘園の領有体系が成立するという説明である。

これまで、この説明の重要な根拠として用いられてきたのが、「鹿子木荘事書《かのこぎのしょうことがき》」と呼ばれる、京都の東寺《とうじ》に伝わった文書である。鹿子木荘は肥後《ひご》国飽田《あきた》郡にあった荘園（現在の熊本市北部・合志《こうし》市の一部に相当）だが、この「鹿子木荘事書」が多くの教科書で取り上げられてきたのは、その文書の中に、「開発領主」「領家」「預所《あずかりどころ》職」「本家」など、教科書で荘園について説明する際に必要な語が多く記されているためと考えられる。しかし、この「鹿子木荘事書」そのものは、院政期に、願西《がんさい》なる人物がいったんその本家職を寄進した後、さらなる荘園経営の安定化を意図して別の荘園領主に本家職を再寄進したことにより、その一方の権益を継承した東寺が、法廷での証言に備えた覚え書きとして作成したものであった。つまりはそもそも公的な効力を有さない性質の文書であり、ここに記された内容も、必ずしも荘園成立の実態を示すものではない。

史料とは、様々な立場の人間が様々な目的で書き記したものであることから、史料に書かれていることがすべて歴史的な真実であるわけではない。史料を利用し、それに基づいて歴史の真実を解明していくにあたっては、史料の性格を慎重に吟味《ぎんみ》する必要がある。

「鹿子木荘事書」

鹿子木の事

一、当寺の相承は、開発領主沙弥《しゃみ》①寿妙《じゅみょう》嫡々《ちゃくちゃく》相伝《そうでん》②の次第なり。

一、寿妙の末流《まつりゅう》高方《たかかた》③の時、権威を借らんが為《た》めに、実政《さねまさ》卿④を以て領家と号し、年貢四百石を以て割《さ》き分《わ》ち、高方は庄家《しょうけ》領掌《りょうしょう》進退《しんたい》⑤の預所職⑥となる。

一、実政の末流願西⑦微力の間、国衙《こくが》の乱妨《らんぼう》を防がず。この故に願西、領家の得分《とくぶん》⑧二百石を以て、高陽院内親王《かやのいんないしんのう》⑨に寄進す。件《くだん》の宮薨去《こうきょ》の後、御《ご》菩提《ぼだい》の為めに、勝功徳院《しょうくどくいん》を立てられ、かの二百石を寄せらる。その後、美福門院《びふくもんいん》⑩の御計《おんはからい》として、御室《おむろ》⑪に進付《しんぷ》せらる。これ則《すなわ》ち本家の始《はじめ》なり。

『東寺百合《ひゃくごう》文書』

①在俗の僧。②代々伝えてきた。③中原高方。寿妙の孫。④藤原実政。荘園の寄進を受けた一〇八六（応徳三）年には大宰大弐であった。⑤自由に扱うこと。⑥現地を支配する荘官職。⑦藤原隆通の法名。⑧領家の収益。⑨鳥羽天皇の皇女。⑩鳥羽天皇の皇后、藤原得子。⑪仁和寺。

2 荘園整理令

一 延久の荘園整理令

（延久《えんきゅう》元年❶二月廿《（二十）》三日）寛徳《かんとく》二年❷以後の新立《しんりつ》の荘園を停止《ちょうじ》すべし。たとえ彼の年以往《いおう》といえども、立券《りっけん》❸分明ならず、国務《こくむ》❹に妨《さまた》げあるにおいては、同じく停止するの由《よし》、宣下《せんげ》す❺。

（同年閏二月十一日）はじめて記録荘園券契所《けんけいじょ》を置き、寄人《よりうど》❻等《ら》を定む。官❼の朝所《あいたんどころ》❽においてこれを始め行う。

『百錬抄《ひゃくれんしょう》』

通釈

寛徳二年以後に新たに設置された荘園を停止せよ。たとえ寛徳二年以前からある荘園でも、荘園に認定する手続きに曖昧《あいまい》さがあり、国司の業務に支障をきたすものは、同様に停止せよとの宣旨が下された。

はじめて記録荘園券契所が開設され、寄人等が任命された。彼らは太政官の朝所で業務を開始した。

◀延久の荘園整理令

❶**延久元年**　一〇六九年。

❷**寛徳二年**　一〇四五年。この年、後冷泉《ごれいぜい》天皇が即位し、寛徳の荘園整理令が出された。

❸**立券**　朝廷が荘園領主に対して行う、荘園の設置認定の手続きのこと。

❹**国務**　国司の業務。

❺**宣下**　天皇の命令を記した宣旨と呼ばれる公文書を下すこと。

❻**寄人**　官公庁の職員のこと。

❼**官**　太政官のこと。

❽**朝所**　上級貴族の会食や儀礼の場に用いられた太政官内の一室。

出典◉『**百錬抄**』　鎌倉時代後期に編纂《へんさん》されたとされる歴史書。九六八（安和《あんな》元）年～一二五九（正元《しょうげん》元）年までの出来事を編年体で記述。

二 荘園整理令に対する頼通の反応

延久《えんきゅう》ノ記録所トテハジメテヲカレタリケルハ、諸国七道ノ所領ノ宣旨官符《せんじかんぷ》❶モナクテ公田《こうでん》❷ヲカスムル事、一天《いってん》四海《しかい》❸ノ巨害《こがい》ナリトキコシメシツメテアリケルハ、スナハチ宇治殿❹ノ時、一《いち》ノ所《ところ》ノ御領❺〱トノミ云《いい》テ、庄園諸国ニミチテ受領《ずりょう》ノツトメタヘガタシナド云《いう》ヲ、キコシメシモチタリケルニコソ。サテ宣旨ヲ下サレテ、諸人

通釈

後三条《ごさんじょう》天皇が延久の記録所をはじめて置かれたのは、全国の荘園が宣旨や太政官符もなく公田を侵害してきたことが大きな害悪だとお思いになっていたからである。そして藤原頼通《よりみち》の時代に、「この荘園は摂関家の荘園である、摂関家の荘園である」とばかり称する荘園が増え、受領による公田からの徴税が困難となっていることを聞いておられたのであろう。そこで宣旨を下して、荘園領主たちから、所有する荘園の

◀荘園整理令に対する頼通の反応

❶**宣旨官符**　宣旨は天皇の命令を受けて出される。官符は太政官符《だいじょうかんぷ》のことで、太政官が発給する。

❷**公田**　国が所有する田地。国衙領。

❸**一天四海**　全世界。世の中。

❹**宇治殿**　藤原頼通。

❺**一ノ所ノ御領**　摂関家領。
❻**御ウシロミ**　天皇の後見人《こうけんにん》。
❼**強縁**　強いて縁故を作ること。
❽**ヨセタビ候ヒシカバ**　寄進してきたので。
❾**カヤウノ事ハ……候ヘバ**　こうしたことは自分が進んで行うべき立場にあるので。
❿**カズヲツクシテ**　多数あるものをすべて。
⓫**御支度**　心づもり。
⓬**御案**　思案。
⓭**前太相国**　前太政大臣。藤原頼通のこと。

出典◉『愚管抄』　慈円《じえん》の著《あらわ》した歴史書。一二二〇年頃成立。神武《じんむ》～順徳《じゅんとく》天皇の時代の出来事を末法思想に基づき、道理という考え方で叙述している。

設問1　❶ 一 において、荘園はどのような存在として捉えられているだろうか。
❷後三条天皇が摂関家の所領を含めて荘園整理の対象とした背景を考えてみよう。
❸このの ち、朝廷の政治体制はどのように変わっていくだろうか。

領《りょう》知《ち》ノ庄園ノ文書ヲメサレケルニ、宇治殿ヘ仰《おおせ》ラレタリケル御返事ニ、「皆サ心得ラレタリケルニヤ、五十余年君ノ御ウシロミ❻ヲツカウマツリテ候《そうらい》シ間、所領モチテ候者ノ強縁《ごうえん》ニ❼センナド思《おも》ヒツ、ヨセタビ候ヒシカバ❽、サニコソナンド申タルバカリニテマカリスギ候キ。ナンデウ文書カハ候ベキ。タヾソレガシガ領ト申候ハン所ノ、シカルベカラズ、タシカナラズ聞シメサレ候ハンヲバ、イサヽカノ御ハヾカリ候ベキコトニモ候ハズ。カヤウノ事ハ、カクコソ申サタスベキ身ニテ候ヘバ❾、カズヲツクシテ❿タヲサレ候ベキナリ」ト、サハヤカニ申サレタリケレバ、アダニ御支度《おしたく》⓫相違ノ事ニテ、ムコニ御案《ごあん》⓬アリテ、別ニ宣旨ヲ下サレテ、コノ記録所ヘ文書ドモメスコトニハ、前太相国《さきのだいしょうこく》⓭ノ領ヲバノゾクト云《いう》宣下アリテ、中〱ト御沙汰《ごさた》ナカリケリ。

『愚管抄《ぐかんしょう》』

証拠文書を提出させたところ、藤原頼通は、「これまで皆がそのように承知していることだと思いますが、私は五十余年天皇の後見を務めてまいりましたので、所領を所有している者たちが私と縁故を作ろうとして荘園を寄進してきたのであり、『そうか』と言って受け取ってきただけで、どうして証拠文書などがありましょうか。ただ、私の荘園とされているもので、不都合なもの、不明確なものとお考えのところがあれば、私に対して少しも遠慮されることはありません。こうしたことは本来は自分が進んで行う立場にあるので、摂関家領の荘園すべて廃止されるべきでありましょう」とはっきり返答されたので、天皇は心づもりが狂ってしまい、長い間思案された末に、記録所に文書を提出させることについては、頼通の荘園を除くとの宣旨を別に下された。そのためなかなか徹底した処置はなされなかった。

解説　兄の後冷泉《ごれいぜい》天皇に成長した皇子が生まれなかったため、三十五歳という壮齢で即位した**後三条《ごさんじょう》天皇**は、王家（天皇家）の権威を復活させるべく、積極的に朝廷財政の再建に取り組んだ。その核となる政策が、一 にある**延久《えんきゅう》の荘園整理令**であった。ここでは一〇四五（寛徳《かんとく》二）年以後に新たに設置された荘園を一律廃止するとともに、それ以前に設置された荘園であっても、「国務に妨げある」場合、すなわち国司の徴税業務に支障をきたし、朝廷財政に影響を及ぼす恐れがあるものについては、積極的に廃止するようにした点に、後三条天皇の強い意志がうかがえる。荘園は摂関期に増加の一途をたどったが、特に 二 にあるように、「所領モチテ候者」が、摂関家との縁故を作ろうと強引に寄進したこともあって、摂関家領の荘園が急増し、それが摂関政治の隆盛を支える経済的基盤ともなっていた。一方、藤原頼通《よりみち》は後三条天皇の即位には反対していたことが知られるが、[二]では後三条天皇の徹底した姿勢を後見する姿勢（「君ノ御ウシロミ」「カクコソ申サタスベキ身」）もみせており、そうした姿勢に、天皇もいったんは方針転換を考える意向すら示していたことがうかがえる。しかし結局、この延久の荘園整理令は摂関家領も対象に強力に推進されることになり、時代は摂関政治の時代から院政の時代へと大きく移り変わっていったのである。

3 院政の成立と目的

(康和《こうわ》五年正月)❶十七日、卯の刻ばかり女御《にょうご》❷の許《もと》に参り向かう。藤《とう》大納言公❸・藤中納言仲❹に相逢わる。感悦の由《よし》、互いに以て言談す。すなわち内に馳《は》せ参る。近く御前に召し、勅語《ちょくご》❺を蒙《こうむ》りて云わく、「皇子の事、多年の思いただこの一事にあり。今すでに相叶うは、誠にこれ勝事《しょうじ》」❻の由、御気色《みけしき》あり。また聞く、上皇、御感の余り、すでに落涙に及ぶ。その理《ことわり》しかるべきか。天皇・法皇・孫皇子三代相並ぶ❼。延喜聖代《せいだい》❽の御時の宇多院❾以後、全くもってかくのごとき例なし。聖代の勝事、今この時にあり。誠にこれ朝《ちょう》のため世のため、衆人《しゅうじん》❿感嘆すといえり。

『中右記《ちゅうゆうき》』

通釈

康和五（一一〇三）年正月十七日、午前六時頃、女御のもとに行った。藤原公実《きんざね》と藤原仲実《なかざね》に会い、互いに喜びの言葉を述べ合った。その後、白河《しらかわ》上皇のいる部屋に参上したところ、上皇の御前に呼ばれ、直接、お言葉を賜った。上皇は「（堀河《ほりかわ》天皇に）皇子が生まれることは、長年このことだけを待ち望んでいたことだ。今ここにそれが叶ったことは、まことにめでたい」とのお気持ちであった。また、聞くところによると、上皇は感動して涙を流されたとのことだったが、それもそうであろう。天皇・法皇・孫の皇子と三代の皇位が自らの直系の子孫で並んだのであるから。このようなことは、聖代として知られた延喜年間の宇多上皇の時代以来、例のないことだ。その聖代の素晴らしい事が、今ここに再現されたのだ。これは朝廷にとっても、世の中にとってもそうであって、世間の人々は皆、これに感嘆しているという。

◀**院政の成立と目的**

❶**康和五年**　一一〇三年。

❷**女御**　一〇九八（承徳《じょうとく》二）年に入内していた堀河天皇の女御藤原苡子《いし》。

❸**藤大納言公**　藤原公実。

❹**藤中納言仲**　藤原仲実。

❺**勅語**　言葉の意味としては天皇の言葉という意味だが、ここでは白河上皇の言葉を意味している。

❻**勝事**　珍しいこと。めでたいこと。

❼**天皇・法皇・孫皇子三代相並ぶ**　白河上皇（法皇）の子である堀河天皇に子が生まれたことで、白河上皇直系の子孫が三代にわたって皇位を継承する見込みとなったこと。

❽**聖代**　優れた天子の治世。

❾**宇多院**　宇多上皇。在位八八七～九七。

❿**衆人**　世の中の人々。

出典◉『中右記』　藤原宗忠《むねただ》の日記。院政期の基本史料の一つ。家名の中《なか》御門《みかど》と、宗忠の最終官職・右大臣に由来してこの名がある。

4 白河院政の専制

(大治《だいじ》四年七月七日)❶禅定《ぜんじょう》法王❷は……同(延久《えんきゅう》)五年五月七日後三条《ごさんじょう》院の崩後、天下の政《まつりごと》を乗《と》ること五十七年、位にあること十四年、位を避りて後四十三年、**意に任《まか》せて法に拘《かか》わらず除目叙位《じもくじょい》を行ひ給ふ**。❸**古今未《いま》だ有らず**。……威は四海に満ち天下帰服す。**幼主三代❹の政を乗《と》り、斎王《さいおう》六人❺の親となること、桓武より以来絶へて例なし**。聖明《せいめい》の君、長久の主と謂《い》うべし。但し理非決断、賞罰分明、愛悪《あいお》を掲焉《けちえん》にし、❻貧富顕然なり。男女の殊寵《しゅちょう》多きに依《よ》り、已《すで》に天下の品秩《ひんちつ》❼を破るなり。『中右記《ちゅうゆうき》』

◀白河院政の専制

❶**大治四年**　一一二九年。

❷**禅定法王**　出家した上皇。ここでは白河上皇を指す。

❸**除目叙位**　官職に任じたり、位階を授けたりすること。

❹**幼主三代**　白河上皇が院政を行っている間の天皇。堀河・鳥羽・崇徳の三天皇。

❺**斎王**　伊勢神宮や賀茂《かも》神社に奉仕する未婚の皇女。

❻**愛悪を掲焉にし**　物事の好き嫌いがはっきりして。

❼**品秩**　位階と俸禄《ほうろく》。

出典◉『**中右記**』右ページ参照。

通釈

白河《しらかわ》上皇(法皇)は、……延久五年五月七日に後三条天皇が亡くなった後、天下の政務を執ること五十七年に及んだ。〈皇位に在ったのは十四年、退位した後も四十三年、政務を執った。〉自分の意のままに政治を行い、法の制約も受けることなく人事を行った。古今にそのような人はいない。……その権威はわが国を取り囲む四つの海に満ちあふれ、天下の者は皆、上皇に従った。幼い三代の天皇の政務を後見し、斎王六人の親となった。このような例は桓武天皇以来、その例がなく、聖明の君、長久の主と言うべきである。但し、理非の決断に優れ、賞罰を厳格に行い、物事の好き嫌いもはっきりしていたため、貧富の格差が広がった。男女にわたって寵《ちょう》愛《あい》を受けた者が多く、天下の秩序やそれにともなう俸禄は乱れた。

解説

後三条《ごさんじょう》天皇の親政の後、即位した**白河天皇《しらかわ》**は、在位十四年で当時八歳の子・堀河《ほりかわ》天皇に譲位したが、その後も四十三年にわたって政治の実権を握り続けた。いわゆる**院政《いんせい》**の開始である。この間、皇位は堀河・鳥羽《とば》・崇徳《すとく》と、白河上皇直系の幼い子孫へと次々に継承されたが、院政開始の第一の目的は、自らの直系の子孫に皇位を受け継がせる点にあった。その点は❸の史料にあるように、自らの子・堀河天皇に子が生まれた時、涙を流して喜んだ白河上皇の様子からもうかがうことができよう。そのような院政は、専制的な権力を握った院(**治天《ちてん》の君《きみ》**)の恣意《しい》によって人事や政策が左右されることもあったが、権力の所在が分散化する、中世に特徴的な新たな権力構造が生まれる端緒《たんしょ》ともなった。

設問2　1❸において、なぜ白河上皇は「落涙に及ぶ」ほど喜んでいるのだろうか。
2院政期における政治の特徴をまとめてみよう。

5 僧兵の横暴

❶山の所司《しょし》❷・神人《じにん》❸三十八人、院の陣に群参す。殿下❹、内の直廬《じきろ》❺において僉議《せんぎ》せらる。秉燭《へいしょく》❻、大炊殿《おおいでん》❼に御幸《ごこう》す❽。**僧徒二千余人、祇園《ぎおん》の神輿《しんよ》を昇《か》きて進み参る。武士、陣を張りて終夜、固守す。**僧徒の叫喚《きょうかん》の声、天を動かす。門前に近づき進む。**出羽守光国《みつくに》❾、丹後守正盛《まさもり》❿、甲冑《かっちゅう》を蒙《こうむ》りて進み寄る。**大衆⓫、万里小路《までのこうじ》方に数歩逃げ去る。**また左衛門尉為義《ためよし》⓬、守護して門にあり。**悪徒数人、剣を捧げて破り入る。為義の兵、鉾《ほこ》を夾《はさ》みて驚かさんと欲す。彼等身命に堪《た》えずして逐電《ちくでん》⓭すと云々。『長秋記《ちょうしゅうき》』

白河《しらかわ》の院は、賀茂《かも》川の水⓮、双六《すごろく》の賽《さい》、山法師《やまほうし》⓯、是《こ》れぞ朕《ちん》が心に随《したが》はぬ者と、常に仰《おお》せの有りけるとぞ申し伝へたる。『源平盛衰記《げんぺいじょうすいき》』

通釈

比叡山《ひえいざん》の僧侶や神人ら三十八人が、白河上皇の御所に押し寄せてきた。殿下（関白藤原忠実《ただざね》）は御所の中の部屋で対応を協議した。夕方、白河上皇は大炊殿に避難された。続いて比叡山の僧徒たち二〇〇〇人余りが、祇園社の神輿を担いで押し寄せてきたので、武士たちが陣を張り、夜通し院・天皇をお守りした。僧徒たちの叫び声が天を動かし、門前に近づいてきた。出羽守源光国や丹後守平正盛らが甲冑を着て僧徒たちに立ち向かうと、大衆（僧徒）たちは万里小路方面へと退却した。また、左衛門尉源為義も門を守護していた。僧徒のうちの数人が剣を持って門の中に押し入ってきたので、為義方の兵士が鉾でこれに応戦した。僧徒たちは命からがら逃げ去っていった。

白河上皇は、鴨川の水、双六のサイコロの目、比叡山の法師（僧徒）、これらは私の意向に従わぬものたちだ、と常におっしゃっていたと伝えられている。

◀僧兵の横暴

❶**山**　比叡山。
❷**所司**　寺務をつかさどる僧侶。
❸**神人**　神社（ここでは比叡山を守護する日吉社《ひえしゃ》）に奉祀する下級の神職。
❹**殿下**　摂政・関白・将軍など国政の指導者に対する敬称。ここでは関白藤原忠実を指している。
❺**直廬**　部屋。
❻**秉燭**　燭台《しょくだい》を灯す頃。夕方。
❼**大炊殿**　当時鳥羽《とば》天皇の里内裏《さとだいり》が置かれていた殿舎。
❽**御幸**　上皇が外出すること。
❾**出羽守光国**　源光国。
❿**丹後守正盛**　平正盛。清盛の祖父。
⓫**大衆**　延暦寺の僧徒。
⓬**左衛門尉為義**　源為義。頼朝の祖父。
⓭**逐電**　逃亡、失踪すること。
⓮**賀茂川の水**　賀茂川の治水。
⓯**山法師**　延暦寺の僧兵。

出典◉『**長秋記**』　白河・鳥羽上皇の近臣・源《みなもとの》 師時《もろとき》の日記。
『**源平盛衰記**』　『平家物語』の異本の一つとして知られた軍記物語。

解説

摂関期から院政期《いんせい》にかけて、**末法思想**《まっぽう》（釈《しゃ》迦《か》の入滅《にゅうめつ》から千年ごとに世の中は衰滅《すいめつ》に向かうという仏教の考え方の一つ）の高まりを背景に、寺社などの宗教勢力がもつ影響力が社会の中で大きくなってくると、興福寺《こうふくじ》（**南都**《なんと》）や比叡山延暦寺《ひえいざんえんりゃくじ》（**北**《ほく》**嶺**《れい》）などの大寺社では、人事や所有する荘園の支配をめぐって、朝廷に対し様々な要求を行うようになっていった。この際、大寺社では、衆徒《しゅと》（悪僧）と呼ばれる下級の僧侶を中心に武装集団が組織され、その武力によって自らの要求の実現をめざす**強訴**《ごうそ》がたびたび行われ、朝廷を悩ませた。彼らは神木《しんぼく》や神輿《しんよ》を掲げ、自らの行動は神の意志に叶ったものとして正当化したため、その沈静化は容易ではなかったが、史料にあるように、白河《しらかわ》上皇は、当時勢力を強めつつあった源氏や平氏などの武士の力を活用してしばしばこれを撃退した。この後、**保元《ほうげん》・平治《へいじ》の乱**を通じて源氏・平氏が台頭し、やがて平氏政権が誕生するのにはこうした伏線があったのである。

設問3 ❶朝廷・武士は、僧兵に対してそれぞれどのように対応しているか、❺から読み取れることをまとめてみよう。
❷なぜ、僧兵の横暴は黙認されていたのだろうか。社会の風潮やそれを受けた院の政策に注目しながら考えてみよう。

6 源氏の台頭

一 前《ぜん》九《く》年《ねん》合戦

六箇《ろっか》郡の司《つかさ》❶に安倍頼良《あべよりよし》❷といふ者ありき。これ同忠良《ただよし》が子なり。父祖倶《とも》に果敢《かかん》にして自《みずか》ら酋長《おさ》を称し、威権甚《いけんはなはだ》しくして、村落をして皆服《したが》へしめ、六郡に横行して、庶士を囚俘《とりこ》にし、驕暴滋蔓《きょうぼうじまん》❸にして、漸《ようや》くに衣川《ころもがわ》❹の外に出づ。賦貢《ふこう》を輸《いた》さず❺、徭役《ようえき》を勤《つと》むることなかりき。代々《よよ》己《おのれ》を恣《ほしいまま》にし蔑《ないがしろ》にすといへども、上制《せい》すること能《あた》はず。……ここに朝廷議《はかりごと》ありて追討将軍を択《えら》びぬ。衆議の帰《よ》りしところは、独《ひと》り源朝臣頼義《あそんよりよし》にあり。頼義は河内《かわち》守頼信《よりのぶ》朝臣の子なり。性《ひととなり》沈毅《ちんき》❻にして武略に多《まさ》り、最も将帥《しょうすい》の器《うつわもの》なり。……

『陸奥話記《むつわき》』

◀前九年合戦

❶**六箇郡の司**　陸奥国における北上《きたかみ》平野の中央部の六つの郡の司。
❷**安倍頼良**　のちに源頼義《よりよし》と同名のため、頼時と改める。
❸**驕暴滋蔓**　勢力を誇り、驕《おご》り高ぶること。
❹**衣川**　現在の岩手県平泉《ひらいずみ》町付近といわれる。奥六郡の南限にあたる。
❺**賦貢を輸さず**　租税を納めず。
❻**沈毅**　沈着にして剛毅《ごうき》なこと。

出典◉『陸奥話記』　作者不詳。十一世紀頃の成立。前九年合戦について記した軍記物だが比較的、史実には忠実とされる。

通釈

奥六郡の司に安倍頼良という人物がいた。この人物は安倍忠良の子である。父祖ともに果敢で、自ら酋長を名乗り、権威があり、村落をすべて服属させていた。奥六郡に勢力を広げ、一般の人々を俘虜とし、おごり高ぶって、衣川の外にまで勢力を伸ばしはじめた。租税を納めず、労役も務めなかった。安倍氏は代々、自らのほしいままに振る舞い、朝廷をないがしろにしてきたが、朝廷はこれを征伐できずにいた。……そこでこのたび朝廷は、協議を行ってこれを追討する将軍を選ぶことにした。全員の一致するところは源朝臣頼義がよいということであった。頼義は河内守頼信朝臣の子で、人柄は沈着で剛毅、武略に優れ、最も将軍の器にふさわしい人物であった。

二 源義家の名声

(寛治五年《一〇九一》)六月十二日、宣旨《せんじ》を五畿七道に給《たま》ひ、前陸《さきのむ》

通釈

寛治《かんじ》五（一〇九一）年六月十二日、宣旨を全

奥守義家《つのかみよしいえ》、随兵《ずいへい》❶の入京❷并《ならび》に諸国の百姓《ひゃくせい》❸、田畠の公験《くげん》❹を以《もっ》て、好みて義家朝臣《あそん》に寄する事を停止《ちょうじ》す。『百錬抄《ひゃくれんしょう》』

国に下して、前陸奥守義家の随兵たちの入京、および諸国の百姓たちが田畠を好んで義家に寄進することを禁止した。

解説

白河《しらかわ》上皇をはじめとする院政において武士が登用されるようになった前提には、地方（特に東国）における武士の成長があった。とりわけ、一〇二八（長元《ちょうげん》元）年に上総《かずさ》で起こった平忠常《たいらのただつね》の乱を鎮圧した**源頼信**《みなもとのよりのぶ》やその子・**頼義**《よりよし》ら**清和源氏**《せいわげんじ》の名声は大きく、一にあるように、陸奥《むつ》国において自ら俘囚《ふしゅう》の長を名乗っていた安倍頼良《あべのよりよし》（頼時《よりとき》）が朝廷に対し対抗的な態度をとると、朝廷は「最も将帥《しょうすい》の器」と評判の高かった源頼義を陸奥守・鎮守府《ちんじゅふ》将軍に任じてこれを鎮圧した。さらに、頼義の子・**義家**《よしいえ》も、その名声を引き継いでいたことは二からうかがえる。その名声により、「諸国の百姓」で義家に田畠を寄進する者が後を絶たなかったため、朝廷はこれを禁じていたことが分かる。こうして清和源氏は、地方の武士（在地領主）たちを組織し、**武家の棟梁**《とうりょう》として成長していくことになる。

2 平氏政権の成立

1 平氏の台頭

（仁平《にんぴょう》三年）❶正月十五日乙巳《きのとみ》、刑部卿忠盛《ぎょうぶきょうただもり》❷朝臣卒《あそんしゅっ》す。……数国の吏❸を経て、富は巨万を累《かさ》ね、奴僕《ぬぼく》は国に満ち、武《ぶ》威《い》は人に軼《す》ぐ。然《しか》れども、人となり恭倹《きょうけん》❹にして、未《いま》だ嘗《かつ》て奢侈《しゃし》の行有らず。時人これを惜《お》しむ。『宇槐記抄《うかいきしょう》』

通釈

仁平三年（一一五三）正月十五日、刑部卿忠盛朝臣が死去した。……（彼は）諸国の受領を歴任し、巨万の富を築き、家人は国中にたくさんおり、威勢は人よりも優れていた。しかしその性格は慎み深く、いまだかつて贅沢なことは好まなかったので、人々は忠盛の死を残念がった。

解説

武家の棟梁《とうりょう》として頭角をあらわしていったのは清和源氏にとどまらず、桓武平氏《かんむへいし》も同様であった。この史料は、平忠盛《たいらのただもり》が亡くなったという報に接した左大臣・藤原頼長《よりなが》の日記の一節であ

◀源義家の名声
❶**前陸奥守義家**　源義家。
❷**入京**　ここで義家の兵の入京が禁止されているのは、当時義家が弟の義綱《よしつな》と争い、戦いが起こる危険があったからである。
❸**百姓**　武士や在地領主。
❹**公験**　一般には土地の所有権を証明する文書。
出典◉『**百錬抄**』　本書一一二ページ参照。

◀平氏の台頭
❶**仁平三年**　一一五三年。
❷**刑部卿忠盛**　平忠盛。
❸**数国の吏**　数か国の国司。
❹**恭倹**　慎み深いこと。
出典◉『**宇槐記抄**』　藤原頼長の日記である「台記」（「宇槐記」とも呼ばれる）を抄出《しょうしゅつ》したもの。

設問4　平忠盛の富は、どのようにして「巨万を累ね」るまでになったのだろうか。

るが、忠盛は「数国の吏」すなわち諸国の受領《ずりょう》を歴任する間に巨万の富を蓄え、多くの人々を従えていたことがうかがえる。忠盛が受領を務めた備前《びぜん》・播磨《はりま》などは、後の平氏政権の重要な経済基盤となっていった。

2 保元《ほうげん》の乱

鶏鳴《けいめい》、清盛朝臣《きよもりあそん》・義朝《よしとも》・義康《よしやす》等❶、軍兵すべて六百余騎、白河❷に発向《はっこう》す。……辰の剋《こく》❸、東方に煙炎起つ。御方❹の軍すでに責め寄せ、火を懸けおわんぬと云々。清盛等、勝ちに乗じて逃ぐるを逐《お》い、上皇❺・左府❻、跡を晦《くら》まし逐電《ちくでん》す。白川御所等、焼失しおわんぬ。……上皇・左府、行方知れず。但し左府においては、すでに流矢に中《あた》る由、多く以て称し申す。為義《ためよし》❼以下の軍卒、同じく行方知れずと云々。宇治《うじ》入道殿❽、左府の事を聞こし召し、急ぎ南都❾に逃げ向かはしめ給ひおわんぬと云々。『兵範記《ひょうはんき》』

通釈

夜明け頃、平清盛朝臣・源義朝・義康等の軍兵計六〇〇騎が白河に出陣した。……午前八時頃、東方に煙と炎が立ち上った。味方の軍が責め寄せ、火を懸けたのだという。清盛等は勝利に乗じて逃げる敵を追い、崇徳《すとく》上皇と左大臣藤原頼長《よりなが》等は姿をくらませた。白河殿の御所は焼失した。……上皇と左大臣頼長は行方が分からなかったが、頼長は流矢に当たった、と多くの人が言っている。源為義以下の兵士たちも同様に行方が分からないという。宇治入道殿（藤原忠実《ただざね》）は、（息子の）左大臣頼長のことをお聞きになり、急いで奈良に逃げ向かわれたという。

解説

絶大な専制権力をふるって院政《いんせい》を行った鳥羽《とば》上皇が亡くなると、**崇徳《すとく》上皇**と**後白《ごしら》河《かわ》天皇**の間で、皇位継承をめぐる激しい対立が生じ、これに藤原摂関家内部の対立が結びついて、**保元《ほうげん》の乱**が起こった。後白河天皇が、**平清盛《たいらのきよもり》**・**源義朝《みなもとのよしとも》**ら朝廷の正規軍を動員したのに対し、崇徳上皇が動員できたのは、**源為義《ためよし》**ら摂関家の私兵が中心で、兵力にははじめから大きな差があった。兄・藤原忠通《ただみち》との対立から崇徳上皇側についていた左大臣**藤原頼長《よりなが》**は、この史料にあるように、戦闘の中で流矢に当たって戦死した。戦闘は現職の左大臣を戦死させるほどの激しいものであったのである。摂関家出身で『**愚管抄《ぐかんしょう》**』を著した**慈円《じえん》**は、この乱の後、時代は「ムサ（武者）ノ世」となったと記した。

◀保元の乱

❶**義康**　源義康。後の足利氏の祖。
❷**白河**　白河殿。当時、崇徳上皇の御所となっていた。
❸**辰の剋**　午前八時頃。
❹**御方**　この記事を書いている平《たいらの》信範《のぶのり》は、藤原忠実・忠通に仕える家司《けいし》であったので、「御方」とは、後白河天皇・藤原忠通側のことを指す。
❺**上皇**　崇徳上皇のこと。
❻**左府**　左府は左大臣を指す唐風の呼称。当時の貴族はこのような唐風の呼称を好んで用いた。
❼**為義**　源為義。
❽**宇治入道殿**　藤原忠実のこと。既に出家し、当時は藤原摂関家の別荘のある宇治にいることが多かったためにこう呼ばれていた。
❾**南都**　奈良のこと。
出典◉『**兵範記**』　兵部《ひょうぶ》卿平信範の日記。

3 平氏の全盛

一 平氏の全盛

六波羅《ろくはら》殿❶の御一家《ごいっか》の君達《きんだち》といひてしかば、花族《かしょく》❷も栄耀《えいよう》❸も面《おもて》をむかへ肩をならぶる人なし。されば入道相国《にゅうどうしょうこく》❹のこじうと(小舅)❺平大納言時忠卿《へいだいなごんときただきょう》❻ののたまひけるは「此《この》一門にあらざらむ人は皆人非人《にんぴにん》なるべし」とぞのたまひける。かゝりしかば、いかなる人も相構《あいかまえ》て其《その》ゆかりにむすぼゝれむとぞしける。……吾身《わがみ》❼の栄花を極《きはむ》るのみならず、一門共《とも》に繁昌《はんじょう》して、嫡子重盛《ちゃくししげもり》、内大臣の左大将、次男宗盛《むねもり》、中納言の右大将、……惣《そう》じて一門の公卿《くぎょう》❽十六人、殿上人《てんじょうびと》❾卅(三十)余人、諸国の受領《ずりょう》、衛府《えふ》、諸司《しょし》、都合《つごう》❿六十余人なり。世には又人なくぞみえられける。……

日本秋津島《あきつしま》⓫は纔《わず》かに六十六箇《か》国、平家知行《ちぎょう》の国、卅余箇国、既《すで》に半国にこえたり、其外《そのほか》庄園田畠いくらといふ数を知らず。

『平家物語《へいけものがたり》』

通釈

平清盛《たいらのきよもり》殿の御一家の公達と言えば清華家《せいがけ》の者でも英雄たちでも、これと肩を並べるほどの人はいない。だから、清盛殿の小舅《こじゅうと》の平時忠殿は、「この一門でないものは人にあらず」とおっしゃるのである。だから、どのような人もその縁につながろうとするのだ。……

自らの栄華を極めるだけでなく、一門の者はみな栄えて、嫡子重盛は内大臣で左大将、次男宗盛は中納言で右大将……となった。一門の公卿は十六人、殿上人は三十余人、受領・衛府・諸司はあわせて六十余人である。世間には平氏以外には、人がいないかのようである。……

日本はわずかに六十六か国しかないのに、平氏の知行国は三十余か国と、半数をこえている。それ以外に所有する荘園や田畠はその数を数えられないほどだ。

◀平氏の全盛

❶**六波羅殿**　平清盛のこと。平安京郊外の六波羅に平氏の館があったためにそのように呼ばれる。

❷**花族**　華族。清華家のこと。摂関家に次ぐ家格の貴族。

❸**栄耀**　英雄のこと。

❹**入道相国**　平清盛。

❺**こじうと**　配偶者の兄弟。

❻**平大納言時忠卿**　平時信《ときのぶ》の子。姉の時子《ときこ》が清盛の妻であった。

❼**吾身**　自分自身。ここでは平清盛を指す。

❽**公卿**　参議と三位以上の貴族。

❾**殿上人**　四・五位の貴族と六位の蔵人。

❿**都合**　あわせて。

⓫**日本秋津島**　日本の別称。

出典◉『**平家物語**』　鎌倉時代に成立した軍記物の代表作で、十二世紀末の動乱を平氏の栄華とその急速な衰えを軸に叙述する。琵琶法師《びわほうし》によって広められ、文学性に磨きがかけられた。

二　殿下乗合事件《でんかのりあい》

今日、❶法勝寺《ほっしょうじ》❷御八講《ごはっこう》❸の初めなり。御幸《ごこう》あり。摂政（近衛基房）、法勝寺に参らるるの間、途中において越前守資盛《すけもり》重盛《しげもり》卿の嫡男、女車❹に乗りて相逢う。しかるを摂政の舎人《とねり》・居《い》飼《かい》等❺、彼の車を打ち破り、事《こと》恥《ち》辱《じょく》に及ぶと云々。摂政、家に帰るの後、右少弁兼光《うしょうべんかねみつ》をもって使となし、舎人・居飼等を相具して、重盛卿❻のもとに遣はし、法に任せて❼勘当《かんどう》❽せらるべしと云々。亜相《あしょう》❾返上すと云々。『玉葉《ぎょくよう》』

通釈

今日は法勝寺の御八講の初日であった。後白《ごしら》河《かわ》上皇のお出ましがあった。摂政（近衛基房《このえもとふさ》）は法勝寺にお参りされる途中で、平重盛卿の嫡男・越前守資盛朝臣が乗る女車と行き会った。そこで摂政の付き人たちが、資盛の牛車《ぎっしゃ》に暴行を加え、辱《はずかし》めを与えてしまった。摂政は家に帰った後、右少弁兼光を使者に立て、付き人たちを連れて重盛卿のもとに向かわせ、（付き人たちの身柄を引き渡して）ひとどおりの叱責《しっせき》を行ったようだ。大納言（重盛）は納得せず、舎人らを摂政のもとに追い返した、という。

◀殿下乗合事件

❶**今日**　一一七〇（嘉応《かおう》二）年七月三日。

❷**法勝寺**　白河上皇によって建立された寺院。

❸**御八講**　法華経《ほけきょう》八巻を読む法会。

❹**女車**　朝廷の女房たちが外出時に乗る牛車。

❺**舎人・居飼**　貴人の護衛や牛馬の世話をする者。

❻**重盛卿**　平重盛。平清盛の嫡男。

❼**法に任せて**　慣例や法に従って。

❽**勘当**　叱責する。

❾**亜相**　大納言の唐風の呼称。ここでは平重盛を指す。

出典◉『玉葉』　九条兼実《くじょうかねざね》の日記。後白河院政期〜鎌倉時代前期の基本史料の一つ。

三　治承三年のクーデタ

（治承《じしょう》三年❶十一月）十五日、子の刻❷、人の伝へて云《いわ》く、天下の大事、出来《しゅったい》すと云々。くはしき事を聞かざるの間、寅の刻❸、大夫使隆職《たかもと》❹、注し送りて云く、関白藤基通《もとみち》❺、内大臣同じ、氏長者《うじのちょうじゃ》同じ。関白を止む、藤基房《もとふさ》❻。権中納言《ごんのちゅうなごん》・中将等を止む、同師家《もろいえ》。十七日、今日、解官《げかん》・除目《じもく》❼等あり。左に載す。

治承三年十一月十七日解官

太政大臣藤原朝臣❽、権大納言按察使《あぜち》源資賢《すけかた》、春宮太夫《とうぐうのだいぶ》

通釈

（治承三年十一月）十五日、午前〇時頃、人が伝えてくれたところによると、天下の一大事が発生したという。詳しいことを聞けなかったが、午前四時頃、大夫使の小槻隆職《おづきのたかもと》が書き送ってくれたところによると、近衛《このえ》基通を関白とする。内大臣・氏長者は留任。近衛基房を関白から解任。藤原師家を権中納言・中将から解任。

十七日、今日、解任の人事と除目があった。左記の通りである。

治承三年十一月十七日解任。

太政大臣藤原師長《もろなが》、権大納言・按察使源資賢、春宮太夫藤原兼雅、右衛門督平頼盛……

◀治承三年のクーデタ

❶**治承三年**　一一七九年。

❷**子の刻**　午前〇時頃。

❸**寅の刻**　午前四時頃。

❹**大夫使隆職**　小槻隆職。

❺**関白藤基通**　藤は藤原の略。藤原摂関家では少し前から、近衛家・九条家などの「家」に分かれており、近衛家が嫡流であった。基通は近衛基実《もとざね》の子で、この時二十歳。

藤原兼雅《かねまさ》、右衛門督《うえもんのかみ》平頼盛《よりもり》❾……

『玉葉』

❻藤基房　近衛基実の弟で、基実が若死にした後、継嗣の基通がまだ幼かったため、関白となっていた。松殿《まつどの》基房とも称した。
❼解官・除目　解任と叙任の人事。
❽太政大臣藤原朝臣　藤原師長。
❾平頼盛　平家の一門ながら、清盛とは不仲であった。
出典◉**『玉葉』**　本書一二一ページ参照。

解説

保元《ほうげん》・平治《へいじ》の乱の後、**平清盛**《たいらのきよもり》は朝廷内で急速に力を伸ばし、一一六七（仁安《にんあん》二）年には太政大臣《だいじょうだいじん》にまで上りつめた。その勢いは一門にも及び、朝廷の高位高官の多くを平氏が占め、一にあるように、「平氏一門でない者は人でない」という著名な一節がささやかれるような状況になっていった。この言葉は、もちろん文学作品中の言葉であって、実際にそうささやかれたかどうかは定かではないが、二にみられるように、こうした状況に対しては、既存の貴族社会から反発があったことは間違いない。二は「殿下乗合事件《でんかのりあいじけん》」として知られた事件で、摂政（殿下）が乗る牛車《ぎっしゃ》に対して下馬《げば》の礼を取らなかった平家の公達《きんだち》・資盛《すけもり》に対して、摂政の家人たちが暴行を加えたという事件である。この事件に際して、摂政の方が平氏方に謝りに行っている点、また摂政からの使者を平重盛《しげもり》が追い返している点に、この時期の力関係のあり方がうかがえる。さらに、三は、平氏打倒の陰謀をめぐらす**後白河上皇**《ごしらかわじょうこう》の動きを察知した清盛が、上皇に近い公卿・近臣三十九人をいっせいに解任した政変について記した史料である。

4 福原遷都

また、治承《じしょう》四年❶水無月《みなづき》❷の比《ころ》、にはかに都遷《みやこうつ》り侍《はべ》りき。いと思ひの外《ほか》なりし事なり。おおかた、この京のはじめを聞ける事は、嵯峨《さが》の天皇❸の御時《おんとき》、都と定まりにけるより後、すでに四百余歳を経《へ》たり。ことなるゆゑなくて、たやすく改まるべくもあらねば、これを、世の人、安からず憂《うれ》へあへる。実にことはりにも過ぎたり。されど、とかくいふかひなくて、帝《みかど》より始め奉《たてまつ》りて、大臣・公卿《くぎょう》

通釈

また、治承四（一一八〇）年六月頃、突然、遷都が行われた。本当に思いがけないことであった。おおよそこの平安京の始まりについて聞いていることは、嵯峨天皇の時代に都と定まって以降、既に四〇〇年余りが経っているということである。大した理由もなく、簡単に都が改まるはずもないので、このことを世の人はたいそう憂い合った。本当に当然のことだ。しかしどうすることもできず、天皇にはじまり、大臣・公卿も皆ことごとく移っていかれた。……軒を連ねていた人々の住まいは、日を追うごとに荒れ果てて、家屋は壊れて淀川に浮かび、敷地は眼

◀福原遷都
❶治承四年　一一八〇年。
❷水無月　六月。
❸嵯峨の天皇　嵯峨天皇のこと。ただし平安遷都は桓武《かんむ》天皇の時。
❹軒を争ひし　軒と軒が接するほど家屋が建っている。
❺淀河　京都から大阪に至り、瀬戸内海に注ぐ川。
❻馬・鞍をのみ重くす　武士のように馬に乗ることがはやって、馬や鞍を重んじる。
出典◉**『方丈記』**　鴨長明《かものちょうめい》が一二一二（建暦《けんりゃく》二）年に著《あらわ》した随筆。

みな悉《ことごと》く移ろひ給《たま》ひぬ。……軒を争ひし❹人のすまひ、日を経《へ》つゝ荒れゆく。家はこぼたれて淀河《よどがわ》❺に浮び、地は目のまへに畠となる。人の心みな改まりて、たゞ馬・鞍《くら》をのみ重くす。❻牛車《ぎっしゃ》を用する人なし。『方丈記《ほうじょうき》』

前で畠と化していった。人の心も移り変わっていって、武士のように馬や鞍を好むようになり、牛車を用いる人はいなくなってしまった。

設問5 **1**❷に関連して、保元の乱の歴史的な意義を考えてみよう。**2**❸❹から読み取れる平氏政権の特徴をまとめてみよう。

解説

治承《じしょう》三年のクーデタは朝廷内における平《たいらの》清盛《きよもり》の孤立を深める結果となり、平氏政権はやがて崩壊へと向かっていく。一一八〇（治承四）年、**以仁王**《もちひとおう》（後白河《ごしらかわ》上皇の皇子）と**源頼政**《みなもとのよりまさ》による平氏打倒の兵が挙げられると、清盛は圧倒的な軍事力によってこれを鎮圧したが、直後に周囲の反発を押し切り、自らの別荘があった摂津《せっつ》国**福原**《ふくはら》への遷都を強行した。『方丈記《ほうじょうき》』にはその時の様子が回想されているが、武士の世の中へと移り変わる中で、人々の心もどんどん変わっていく様子も記されている点が注目される。なお福原は、清盛が修築し、日宋《にっそう》貿易の拠点となっていた**大輪田泊**《おおわだのとまり》（現在の神戸港）に面した地であった。

5 院政期の文化

一 永長《えいちょう》の大田楽《だいでんがく》

この十余日間、京都の雑人《ぞうにん》、❶田楽を作《な》し、互ひにもつて遊興《ゆうきょう》す。なかんずく昨今、諸宮・諸家の青侍《あおざむらい》・下部《しもべ》❷等みなもつてこの曲を成す。昼はすなはち下人、夜はまた青侍、みな田楽を作し道路に満《み》ち盈《み》つ。高く鼓笛《こてき》の声を発し、已《すで》に往反❸の妨げとなる。いまだ是非を知らず。時の夭言《ようげん》❹の致すところか。事を祇園御霊会《ぎおんごりょうえ》❺に寄せ、万

◀永長の大田楽

❶**雑人** 身分の低い人たち。庶民。

❷**青侍・下部** 寺社や貴族の家に仕える身分の低い人たち。

❸**往反** 道路の往来。

❹**夭言** 妖しい言説。流言。

❺**祇園御霊会** 京都の祇園社で行われる、疫神《えきじん》や怨霊《おんりょう》を鎮めるための祭礼。現在の祇園祭の起源となったとされる。

通釈

この十日間余り、京都の庶民たちは田楽遊びに熱中している。特に最近では諸宮・諸家の青侍や下部たちが田楽に熱中している。昼は下人たちが、また夜は青侍たちが田楽に興じて道路に満ちあふれ、鼓笛などを打ち鳴らし、往来の妨げにもなっているありさまだ。これは果たしていかがなものだろうか。妖《あや》しい言説から発生したことなのかも知れない。祇園社の祭礼にかこつけて、万人が田楽に興じており、なかなかこれを制止することは難しい事態となっている。

出典◉『中右記』本書一一四ページ参照。

◀今様

❶**十悪五逆**　殺生、盗みなどの極悪の罪業。

❷**来迎引接**　臨終の際、阿弥陀仏の迎えにより極楽往生すること。

❸**馬にて……ならず**　馬で参詣しても苦行にならない。

❹**若王子**　熊野本宮の祭神の子を祀ったもの。

❺**遊び……生まれけん**　遊び、戯れをするために子供というものは生まれてきたのであろうか。

❻**空なる**　はかないこと、無駄なこと。

❼**妙なる法**　ありがたい仏道の教え。

出典◉『**梁塵秘抄**』平安後期成立の歌謡集。後白河法皇撰《せん》。今様などの歌謡を集めたもの。

設問6　この時代の文化の特徴について、永長の大田楽や後白河法皇による梁塵秘抄の編集からどのようなことが読み取れるだろうか。

人の田楽、制止あたはざるなり。

『中右記《ちゅうゆうき》』

二　今様《いまよう》

弥陀《みだ》の誓《ちか》ひぞ頼《たの》もしき、十悪五逆《じゅうあくごぎゃく》❶の人なれど、
一度御名《ひとたびみな》を称《とな》ふれば、来迎引接《らいごういんじょう》❷疑はず
熊野《くまの》に参《まい》らむと思へども、徒歩《かち》で参れば道遠し、
すぐれて山峻《きび》し、馬にて参れば苦行ならず、❸
空より参らむ、羽賜《はねた》べ若王子《にゃくおうじ》❹
遊びをせむとや生まれけむ、戯《たわぶ》れせんとや生まれけん、❺
遊ぶ子供の声聞けば、我が身さへこそ動《ゆる》がるれ
極楽浄土のめでたさは、一つも空《あだ》なる❻ことぞ無き、
吹く風立つ波鳥も皆、妙《たえ》なる法《のり》❼をぞ唱ふなる

『梁塵秘抄《りょうじんひしょう》』

通釈

阿弥陀如来の誓いはとても頼もしいものだ。極悪非道の罪人でも、ひとたびその名を唱えれば、臨終《りんじゅう》の際、阿弥陀如来《あみだにょらい》が迎えに来て極楽往《ごくらくおう》生《じょう》できるのだ。

熊野に詣でようと思っても、歩いて行くのには遠すぎる。山は険しいが、馬に乗って詣でるのでは苦行にはならない。では、空から詣でよう。若王子よ、羽を賜え。

子どもというものは、遊ぶために生まれてきたのだろうか。戯れるために生まれてきたのだろうか。遊ぶ子どもの声を聞けば、私の体も揺り動かされる。

極楽浄土の素晴らしさは、一つも無駄なところがない。吹く風、立つ波、鳥たちも皆、仏道の教えを唱えている。

解説

院政《いんせい》期には、絶大かつ専制的な権力を握った王権（院）が、**浄土《じょうど》教**や**御霊《ごりょう》信仰**を基盤とする仏教文化と結びついて、華やかで享楽的な文化を花開かせた。一方、都におけるそうした文化的基調は地方にも広がり、特に仏教建築などに優れた作品が生み出されるとともに、一からは、御霊信仰と結びついて庶民の間で流行していた**田楽《でんがく》**・**猿楽《さるがく》**に貴族たちの関心が集まっていた様子がうかがえる。また二の**今様《いまよう》**は、平安時代の中頃から都周辺の遊女や巫女《みこ》たちによって口ずさまれていたものが、貴族社会にも浸透した歌謡をいう。一般庶民の素朴な信仰や生活・風俗・世相が歌われ、院政期に特に流行した。後白河《ごしらかわ》法皇はこの今様をこよなく愛したことで知られ、これを多く分類・集成した『**梁塵秘抄《りょうじんひしょう》**』を編集した。

3 鎌倉幕府の成立

1 頼朝の挙兵

（治承《じしょう》四年九月三日）❶……謀叛の賊義朝《よしとも》の子❷、年来配所《はいしょ》の伊豆《いず》の国にあり。しかるを近日凶悪を事とし、去んぬるころ新司《しんし》の先使❸を凌礫《りょうれき》し❹、〈時忠卿《ときただ》❺知行《ちぎょう》の国なり〉およそ伊豆、駿河《するが》両国を押《おう》領《りょう》し了《おわ》んぬ。また為義《ためよし》の息❻、一両年熊野《くまの》の辺《あたり》に来たり住む。しかるに去んぬる五月の乱逆《らんぎゃく》❼の刻《きざみ》、坂東《ばんどう》方に赴《おもむ》き了《おわ》んぬ。かの義朝の子に与力《よりき》し、大略謀叛を企てるか。宛《あたか》も将門《まさかど》❽の如しと云々《うんぬん》。

『玉葉《ぎょくよう》』

解説

源頼朝《みなもとのよりとも》は平治《へいじ》の乱後、伊豆《いず》国に配流となっていたが、一一八〇（治承《じしょう》四）年八月、**以仁王《もちひとおう》の令旨《りょうじ》**に呼応する形で挙兵した。この史料から分かるように、最初の挙兵行動は、新任の国司・平時兼《たいらのときかね》の目代《もくだい》・山木兼隆《やまきかねたか》の屋敷の襲撃であり、頼朝の命を受けた伊豆・相模の武士たちにより、兼隆は討ち取られた。伊豆国は平時忠《ときただ》の知行国で、兼隆も平氏の縁者であったため、この行動は平氏、ひいては国家権力への反乱を意味した。この史料は、この頼朝挙兵の知らせに接した右大臣・**九条兼実**《くじょうかねざね》の日記の一節であるが、頼朝の名はまだ認識されておらず、平治の乱に敗れた「謀叛《むほん》の賊《ぞく》」源義朝の子とだけ記されている点には注意が必要である。また、その挙兵が「あたかも平将門《たいらのまさかど》の乱のようだ」と記されている点も興味深い。

2 頼朝の東国支配（寿永《じゅえい》二年十月宣旨《せんじ》）

（寿永《じゅえい》二年❶閏《うるう》十月）❷十三日、……そもそも「東海・東《とう》山《ざん》・北陸三道《さんどう》の庄園国領《こくりょう》❸、本の如《ごと》く領知《りょうち》❹すべきの由《よし》、

通釈

寿永二年閏十月十三日……頼朝は、「東海・東山・北陸三道の荘園・国衙《こくが》領について、平氏統治以前の領有権を元通り承認する宣下をして

◀頼朝の挙兵

❶**治承四年**　一一八〇年。
❷**義朝の子**　源頼朝。
❸**新司の先使**　この年伊豆守《いずのかみ》となった平時兼（平時忠の猶子）の目代山木兼隆。
❹**凌礫**　侮《あなど》り踏みにじること。
❺**時忠卿**　平時忠。平清盛の後室の弟。
❻**為義の息**　源行家《ゆきいえ》。
❼**五月の乱逆**　以仁王の乱。
❽**将門**　平将門。

出典◉『玉葉』　本書一一二ページ参照。

◀頼朝の東国支配

❶**寿永二年**　一一八三年。
❷**閏十月**　この年の二度目の十月。旧暦において、暦と実際の季節の食い違いを調節するため、五年に二度、十九年に七度、同じ月を二度置き、二度目の月を閏月と呼ぶ。こうした年は一年が十三か月ある。
❸**国領**　国衙領のこと。
❹**領知**　領有権を行使すること。

宣下《せんげ》せらるべき」の旨《むね》、頼朝《よりとも》申し請《こ》ふ。仍って宣旨《せんじ》❺を下さるるの処《ところ》、北陸道ばかり、義仲《よしなか》❻を恐るるに依り、その宣旨を成されず。頼朝これを聞かば、定めて鬱❼を結ぶか。(寿永二年閏十月)二十日、辛巳《かのとみ》、……今日、静賢《じょうけん》法印❽、院の御使として義仲の家に向ふ。……申して云く、「君を怨《うら》み奉《たてまつ》る事二箇条。其の一は……、其の二は東海・東山・北陸等の国々に下さるる所の宣旨に云く、「もしこの宣旨に随わざるの輩有らば、頼朝の命に随《したが》い追討すべし」と云々。この状、義仲生涯の遺恨❾たるなり」と云々。『玉葉《ぎょくよう》』

いただきたい」と要請してきた。そこでその通りの宣旨を下されたのだが、北陸道にだけは義仲を恐れてその宣旨を下さなかった。もし頼朝がこのことを聞いたら、きっと不愉快に思うに違いない。

寿永二年閏十月二十日……今日、静賢法印が後白河《ごしらかわ》法皇の使者として義仲邸に向かった。(義仲が)申すには、「上皇を怨むことは二つある。一つ目は……、二つ目は東海東山北陸道の諸国に下した宣旨に、『もしこの宣旨に従わない者がいたら、頼朝の命令によってこれを追討する』という旨が記されたことだ。これは義仲の生涯の遺恨である」とのことであった。

解説

源　頼朝《みなもとのよりとも》は挙兵後、後白河《ごしらかわ》法皇からの上洛の要請には応えず、鎌倉《かまくら》を本拠と定め、東国の経営に専念する。その背景には、挙兵に協力した南関東の武士たちの意向があったと考えられるが、頼朝としては、まずは**東海《とうかい》・東山《とうさん》・北陸《ほくりく》道**にある寺社・本所領の荘園や国衙《こくが》領の領有権を、平氏による領有以前の状態に戻し、寺社・本所の既得権の回復を図って東国の政治経済秩序を安定化するよう、後白河法皇に要請した。ただ、この史料にあるように、当初その対象に含まれていた北陸道は、この時点で京都を軍事的に制圧していた源(木曽《きそ》)義仲《よしなか》に配慮して除外された。しかし義仲にとっては、その点よりも、この宣旨に従わない者が頼朝によって追討されることが承認されていた点こそが大きな「遺恨」であった。**寿永《じゅえい》二年十月宣旨《せんじ》**と呼ばれるこの宣旨は、頼朝を謀反人《むほんにん》と捉えていた従来の認識を改め、朝廷が頼朝政権を一部で公認したという意味で、鎌倉幕府成立史上、きわめて大きな意味をもつと考えられている。

❺**宣旨**　天皇の命令を書いた文書。
❻**義仲**　源(木曽)義仲。
❼**鬱**　気がふさぐ思い。憂い。
❽**静賢法印**　後白河法皇の近臣。
❾**遺恨**　恨み。悔しい思い。

出典◉『**玉葉**』　本書一二二ページ参照。

設問7　1❶❷を通じて、朝廷の頼朝への見方は、どのように変化しているだろうか。2❷における東海道・東山道における頼朝の支配権認可は、朝廷・頼朝双方にとってどのようなメリットがあったのか考えてみよう。

③ 守護・地頭の設置

一　地頭設置を命じる頼朝下文

◀**地頭設置を命じる頼朝下文**
❶**花押**　肉筆によるサイン。この花押は源頼朝によるもの。
❷**伊勢国波出御厨**　伊勢神宮領の荘園。三重県津市付近か。

（花押《かおう》）❶
下《くだ》す　伊勢国波出御厨《はでのみくりや》❷
　補任《ぶにん》す❸　地頭職《じとうしき》の事
　　左兵衛尉惟宗忠久《さひょうえのじょうこれむねのただひさ》❹
右、件《くだん》の所は、故出羽守《でわのかみ》平信兼《のぶかね》❺の党類の領なり。しかるに信兼謀反《むほん》を発《おこ》すに依り、追討せしめ畢《おわ》んぬ。仍って先例に任せて公役《くやく》❻を勤仕《ごんし》せしめ❼んが為に、地頭職に補《ぶ》す❽ところなり。早く彼の職として沙汰致すべきの状、件《くだん》の如し。❾以《もっ》て下す。
元暦《げんりゃく》二年❿六月十五日
「島津《しまづ》家文書」

❸**補任**　任命する。
❹**左兵衛尉惟宗忠久**　島津忠久。
❺**出羽守平信兼**　桓武平氏の一流・常陸平氏に属する武士。
❻**公役**　荘園・公領に賦課される租税。
❼**勤仕**　（年貢等の租税を）負担すること。
❽**補す**　補任する。
❾**沙汰致すべきの状、件の如し**　地頭としての務めをしっかりと果たすべきこと、以上の通り。
❿**元暦二年**　一一八五年。

出典◉「島津家文書」　薩摩《さつま》藩主島津家に伝来した一五〇〇点余の古文書。国宝。東京大学史料編纂《へんさん》所蔵。本書裏表紙にて写真を掲載。

◀頼朝による地頭設置の要請
❶**文治元年**　一一八五年。
❷**今度の次第**　源義経《よしつね》・源行家《ゆきいえ》の反乱のこと。
❸**因幡前司広元**　大江広元。
❹**澆季**　末世。
❺**秋を得る**　時機をとらえて栄える。
❻**静謐**　平和で穏やかなこと。
❼**奸濫**　秩序を乱すこと。争乱。
❽**東士**　東国の武士。
❾**費**　無駄なこと。損失。

二　頼朝による地頭設置の要請

（文治《ぶんじ》元年❶十一月十二日）凡《およ》そ今度の次第《しだい》、❷関東の重事《ちょうじ》たるの間、沙汰《さた》の篇《へん》、始終《しじゅう》の趣《おもむき》、はなはだ思し召《おぼめ》し煩《わずら》うの処《ところ》、因幡前司広元《いなばのぜんじひろもと》申❸して云《いわ》く、「世已《すで》に澆季《ぎょうき》た❹り、梟悪《きょうあく》の者尤《もっと》も秋《とき》を得《う》る❺なり。天下反逆の輩《ともがら》あるの条、更に断絶すべからず。而《しか》して東海道の内においては、御居所《ごきょしょ》たるによって、静謐《せいひつ》せ❻しむと雖《いえど》も、奸濫《かんらん》定❼めて他方にも起こるか。これをあい鎮《しず》めんがため、毎度、東士《とうし》❽を発し遣《つかわ》されば、人々の煩《わずら》いなり。国の費《ついえ》❾なり。この次《ついで》をもって、諸国に御沙汰《ごさた》を交《まじ》へ、国衙《こくが》・庄園ごとに、守護・地頭を補《ぶ》せらるれば、強《あなが》ち怖るる所ある

【通釈】

文治元年十一月十二日、そもそも今度のことは、武家政権にとってきわめて重大な事なので、（頼朝《よりとも》殿は）今後これをどのように取り扱っていくべきか考えあぐねていたところ、大江広元《おおえのひろもと》が以下のように進言した。「現在の世は既に末世であり、悪者がはびこる時代です。天下に反逆する者が根絶されることはないでしょう。ただ東海道の諸国は（頼朝殿の）居所のあるところであるので平穏ですが、悪行はむしろそれ以外の地できっと起こるものと思われます。これを鎮《しず》めるために、そのたびに東国から武士たちを送り込むのであれば、人々にとっても、国にとっても大きな損失となります。これを機に諸国に指示して、国衙領・荘園ごとに守護・地頭

べからず。早く申し請はしめ給ふべし」と、云々《うんぬん》。二品《にほん》⑩殊《こと》に甘心《かんしん》し⑪、この儀《ぎ》をもって治定《じじょう》す⑫。……

(文治元年十一月)廿《(二十)》八日、丁未《ひのとひつじ》、諸国平均に守護・地頭を補任《ぶにん》す。権門勢家《けんもんせいか》の庄公《しょうこう》⑬を論ぜず、兵粮米《ひょうろうまい》⑭段別五升⑮を宛《あ》て課すべきの由《よし》、今夜、北条殿⑯、藤中納言経房《とうちゅうなごんつねふさ》⑰卿《きょう》に謁《えつ》し申すと云々。『吾妻鏡《あづまかがみ》』

(文治元年十一月)廿八日、丁未、陰晴《くもりはれ》定まらず。伝え聞く、頼朝の代官北条丸⑱、今夜経房《つねふさ》に謁すべしと云々。定めて重事《ちょうじ》等を示すか⑲。又聞く、**「くだんの北条丸以下の郎従《ろうじゅう》等⑳、あい分《わか》ちて五畿《ごき》・山陰・山陽・南海・西海の諸国を賜《たま》い、庄公を論ぜず、兵粮段別五升を宛《あ》て催《もよお》すべし、**ただに兵粮の催《もよおし》のみにあらず、惣《そう》じてもって田地を知《ち》行《ぎょう》すべし」と云々。凡そ言語の及ぶ所にあらず。『玉葉《ぎょくよう》』

を任命すれば、そうした心配はなくなるでしょう。早く(そのことを朝廷に)申請なさると良いと思います」と。頼朝殿はこの進言に感心し、その通りにすることとした。……

文治元年十一月二十八日、諸国に一律に守護・地頭を任命し、荘園・国衙領の区別なく、段別《たんべつ》五升の兵粮米を賦課《ふか》したいと、今夜、北条時政が藤原経房卿に謁見《えっけん》して申し入れたという。

文治元年十一月二十八日、晴れたり曇ったりの一日であった。伝え聞くところによると、頼朝の代官北条時政は、今夜、経房に謁見したという。きっと重要なことを提示したのだろう。また、聞くところによると、(その内容は)「北条時政以下、(頼朝殿の)家来等に五畿内・山陰・山陽・南海・西海の諸国を分け与え、荘園・公領の区別なく段別五升の兵粮米を徴収させ、それだけにとどまらず田地も支配させよ」とのことである。まったく言語道断《ごんごどうだん》のことである。

⑩**二品**　二位の別称。源頼朝。
⑪**甘心**　感服すること。
⑫**治定**　決定する。
⑬**権門勢家の庄公**　貴族・大寺社など権力をもった領主たちの荘園や公領。
⑭**兵粮米**　兵士たちに与える食糧。
⑮**段別五升**　一段(約一アール)あたり五升(約九リットル)ただし、中世の升の大きさは時期、地域により不定であった。
⑯**北条殿**　北条時政。
⑰**経房**　藤原(吉田)経房。後白河法皇の近臣。
⑱**北条丸**　北条時政。
⑲**重事**　重要なこと。
⑳**郎従**　家来。家人。

出典◉**『吾妻鏡』**　鎌倉幕府の事績(一一八〇〜一二六六)を編年体で記した歴史書。鎌倉時代後期の成立。
『玉葉』　本書一二一ページ参照。

設問8　地頭の任命をめぐる朝廷の認可と任命の実態について、❸からどのようなことが読み取れるだろうか。

解説

平家を滅亡させた後、源頼朝は自らを追討するよう後白河《ごしらかわ》法皇から命じられていた弟の義経《よしつね》らを逆に追討すべく、**北条時政《ほうじょうときまさ》**を上洛させ朝廷と交渉させた。時政は朝廷側の窓口であった藤原経房《つねふさ》と交渉し、九条兼実《くじょうかねざね》の日記『玉葉《ぎょくよう》』にあるように、諸国に**守護《しゅご》**・**地頭《じとう》**の設置を要請し、その翌日これが勅許《ちょっきょ》され、従来はこれをもって鎌倉幕府は実質的に成立した、と考えられてきた。ちなみに、『吾妻鏡《あづまかがみ》』にあるように、これは**大江広元《おおえのひろもと》**の発案によるものであった。しかし、これらを記述する『吾妻鏡』は、後世に編纂《へんさん》された歴史書であり、本当に勅許があったかどうかは疑わしい。実際、「島津《しまづ》家文書」によれば、地頭は『玉葉』の日付の半年前に設置されており、頼朝は勅許とは無関係に実力により地頭を設置していたことが分かる。一方、『玉葉』には、国ごとに頼朝の郎従《ろうじゅう》を配置し、荘園・公領から兵粮米《ひょうろうまい》を徴収する権限が与えられたことが記されている。研究上、この時配置された者を**国地頭《くにじとう》**と呼び、後の守護につながったとされる。

4 承久の乱

1 北条義時追討の官宣旨

右弁官《うべんかん》❶ 下《くだ》す、五畿内・諸国（東海・東山・北陸・山陰・山陽・南海・大宰府）

応《まさ》に早く陸奥守《むつのかみ》平義時朝臣《あそん》❷の身を追討し、院庁《いんのちょう》に参り、裁断を蒙《こうむ》らしむべき、諸国庄園守護人地頭等の事。

右、内大臣《ないだいじん》❸ 宣《せん》す。「勅《ちょく》を奉《うけたまわ》るに、さいつころ❹関東❺の成敗《せいばい》と称し、天下の政務を乱し、わずかに将軍の名を帯《お》ぶるといえども、なおもって幼稚の齢《よわい》❻に在り。しかる間、**かの義時朝臣、ひとへに言詞《げんし》を教命《きょうめい》❼に仮《か》り、ほしいままに裁断を都鄙《とひ》❽に致し、**あまつさえ己《おのれ》の威《い》を耀《かがやか》し、皇憲《こうけん》❾を忘るるがごとし。これを政道に論ずるに謀反《むへん》というべし。**早く五畿七道の諸国に下知《げち》し、かの朝臣を追討せしめ、**かねてまた諸国庄園の守護人地頭等、言上《ごんじょう》を経《ふ》べきの旨《むね》あらば、おのおの院庁に参り、よろしく上奏《じょうそう》を経《ふ》べし。状に随《したが》い聴断❿せん。そもそも国宰《こくさい》⓫ならびに領家等、事を綸綍《りんふつ》⓬に寄せ、更《さら》に濫行《らんぎょう》致すなかれ。これ厳密にして、違越《いえつ》せざれ」と。てえれば、諸国承知し、宣によりてこれを行え。

◀北条義時追討の官宣旨

❶**右弁官** 朝廷の二官八省のうち兵部・刑部・大蔵・宮内省を管轄する官庁。

❷**平義時朝臣** 北条義時。

❸**内大臣** 久我通光。

❹**さいつころ** 最近。

❺**関東** 鎌倉幕府。

❻**幼稚の齢** 四代将軍藤原頼経《よりつね》のことを言っている。ただし、この時点で頼経はまだ正式には将軍に就任していない。

❼**教命** ここでは北条政子の命令。鎌倉幕府では、三代将軍・源実朝の暗殺後、北条政子が「尼将軍」として実権を握っていた。

❽**都鄙** 都会と田舎。

❾**皇憲** 朝廷の法秩序。

❿**聴断** 訴えを聞いて裁くこと。

⓫**国宰** 国司。

⓬**綸綍** 天子のことば。

通釈

右弁官から命じる　五畿内・諸国〈東海・東山・北陸・山陰・山陽・南海・大宰府〉

早く諸国の荘園の守護人・地頭たちは、陸奥守平（北条）義時朝臣を追討し、院庁に参上して裁断を受けよ。

内大臣（久我通光《こがみちみつ》）から、「勅を承ったところによると、最近、『関東の成敗である』と称して天下の政務を乱し、将軍を名乗る者がいてもその者はいまだ幼い。この間、かの義時朝臣は北条政子の名をかたって勝手に全国に裁断を及ぼし、さらには自らの権威を見せつけ、朝廷の秩序を忘れたかのような振る舞いである。この政治は言わば謀叛と言うべきものである。早く五畿七道の諸国に下知し、かの義時朝臣を追討し、さらにその上で諸国の荘園の守護人・地頭たちの中で何か言上すべき事柄がある者は、それぞれ院庁に参上し上奏せよ。言上の内容に沿って裁断する。そもそも国司や領家の者たちは、天子の言葉にかこつけて邪な事を行ってはならないものだ。したがって以上のことは厳正に行われなければならず、決して違反してはならない」との勅命が伝えられた。よって諸国ではこのことを承知し、その通りとせよ。

承久《じょうきゅう》三年⓭五月十五日　大史三善《みよし》朝臣（個人蔵）
大弁藤原朝臣

承久三年五月十五日　大史三善朝臣
大弁藤原朝臣

⓭承久三年　一二二一年。

2 北条政子の言葉

（承久《じょうきゅう》三年五月十九日）❶二品《にほん》❷、家人《けにん》❸等を簾下《れんか》❹に招き、秋田城介景盛《じょうのすけかげもり》❺をもって示し含めて曰《いわ》く、「皆心を一《いつ》にして奉《うけたまわ》るべし。これ最期《さいご》の詞《ことば》なり。**故右大将軍《うだいしょうぐん》**❻、**朝敵《ちょうてき》を征罰《せいばつ》し、関東を草創《そうそう》して**以降《このかた》、官位といい俸禄《ほうろく》といい、その恩すでに山岳よりも高く、溟渤《めいぼつ》❼よりも深し。報謝《ほうしゃ》の志《こころざし》浅からんや。**而《しか》るに今、逆臣の讒《そしり》によって、非義《ひぎ》の綸旨《りんじ》**❽**を下さる。**名を惜《お》しむ❾の族《やから》は、**早く秀康《ひでやす》**❿**・胤義《たねよし》**⓫**等を討ち取り、三代将軍の遺跡《ゆいせき》を全《まっと》うすべし。**但《ただ》し、院中⓬に参ぜんと欲する者は、只《ただ》今申し切るべし」てえれば、群参《ぐんさん》の士悉《ことごと》く命に応じ、且《かつ》は涙に溺《おぼ》れて返報を申すに委《くわ》しからず。只命を軽んじて恩に酬《むく》いんことを思ふ。

『吾妻鏡《あづまかがみ》』

通釈

承久三年五月十九日、北条政子は御家人たちをすだれのそばに招き、安達《あだち》景盛を介して言い含めるようにして言った。「みな心を一つにして聞きなさい。これが最後の言葉である。亡くなった頼朝殿が朝敵を征伐《せいばつ》し幕府を創設して以後、官位といい俸禄といい、その恩はまことに山よりも高く海よりも深いものである。その恩に報いる思いが浅いはずがなかろう。ところが今、逆臣の讒言《ざんげん》によって不当な綸旨が下されてしまった。名声を汚《けが》すまいと思う者は、早く藤原秀康・三浦胤義等を討ちとり、三代にわたる将軍が残したものを守らなければならない。ただし、後鳥羽上皇に味方したいと望む者はただちに申し出よ。」集まっていた武士たちはみな命令に応じ、ただ涙にくれて十分に返答もできず、ひたすら命をかけて恩に報いようと思った。

◀北条政子の言葉

❶承久三年　一二二一年。
❷二品　北条政子。
❸家人　御家人。
❹簾下　すだれのそば。当時、北条政子はすだれを隔てて御家人たちと対面していた。
❺秋田城介景盛　安達景盛。秋田城介は、出羽国秋田城を守護する朝廷の官職。
❻故右大将軍　源頼朝。
❼溟渤　大海。
❽綸旨　天皇からの命令書。実際には、前の史料にあるように官宣旨であった。
❾名を惜しむ　名誉を重んじる。
❿秀康　藤原秀康。北面《ほくめん》の武士。
⓫胤義　三浦胤義。
⓬院中　後鳥羽上皇の御所。

出典◉『吾妻鏡』　本書一二八ページ参照。

3 承久の乱

　晩鐘《ばんしょう》の程、右京兆《うけいちょう》❶の館において、相州❷・武州❸・前大膳《さきのだいぜんの》大夫《だいぶ》入道❹・駿河前司❺・城介《じょうのすけ》入道❻等、評議を凝らす。意見まちまちに分かる。所詮、足柄《あしがら》・箱根《はこね》両方の道路を固関《こげん》❼し、相待つべきの由と云々。大官令覚阿《たいかんれいかくあ》❽の云く、「群議の趣、一旦は然るべし。但し東士一揆せずば、関を守りて日を渉《わた》るの条、還《かえ》りて敗北の因たるべきか。運を天道に任せて、早く軍兵を京都に発遣せらるべし」といえり。右京兆、両議を以て二品《にほん》❾に申すのところ、二品の云く、「上洛せずば、更に官軍を破り難きか。阿保《あぼ》刑部丞《ぎょうぶのじょう》実光❿以下、武蔵国勢を相待ち、参洛すべし」といえり。　『吾妻鏡《あづまかがみ》』

【通釈】

　夕方頃、北条義時《よしとき》の屋敷において、北条時房《ときふさ》・泰時《やすとき》・大江広元《おおえのひろもと》・三浦義村《みうらよしむら》・安達景盛《あだちかげもり》らが集まって評議を重ねた。皆の意見はバラバラであった。結局、足柄・箱根の関所を閉鎖し、官軍の下向を迎え撃つことになった。そこで、大江広元がこう言った。「議論の趣旨は分かりました。しかし、東国の武士たちが団結しなければ、関所を守って日を過ごすだけでは、かえって敗北の原因となります。ここは運を天に任せて、速やかに軍勢を京都に派遣すべきです。」義時は、両方の意見をもって北条政子のもとに赴いたところ、政子が言うには、「上洛しなければ官軍を破ることは出来ない。阿保刑部丞実光以下、武蔵国勢の援軍を待って、京都に攻め上りましょう」ということであった。

◀承久の乱

❶**右京兆**　右京職のこと。ここでは北条義時のこと。

❷**相州**　相模守北条時房のこと。義時の弟。

❸**武州**　武蔵守北条泰時のこと。義時の子。

❹**前大膳大夫入道**　大江広元のこと。

❺**駿河前司**　前駿河守三浦義村のこと。

❻**城介入道**　安達景盛。

❼**固関**　関所を閉鎖すること。

❽**大官令覚阿**　大官令は大膳大夫《だいぜんだいぶ》の別称。覚阿は大江広元の法名。

❾**二品**　北条政子。

❿**阿保刑部丞実光**　武蔵国の丹党《たんとう》と呼ばれる武士団の一員。承久の乱で討死する。

出典◉『**吾妻鏡**』　本書一二八ページ参照。

解説

　鎌倉幕府の二代将軍・頼家《よりいえ》、三代将軍・実《さね》朝《とも》が暗殺されると、朝廷において院政《いんせい》を行っていた**後鳥羽上皇**《ごとば》は、鎌倉幕府の実権を北条氏が掌握している状態に大きな不満を抱くようになっていた。しかし、そのような後鳥羽上皇も、既に政治権力として一定の安定をみせていた鎌倉幕府そのものを打倒するのは現実的ではないと考えていた。それよりはむしろ、鎌倉幕府から北条氏の存在を取り除くことが重要と考えていたことは、❶において、批判の矛先《ほこさき》が誰に向けられているかをみれば明らかであろう。一方、鎌倉幕府側でも朝廷との対決を前に**北条政子**は、❷にあるように、後鳥羽上皇本人ではなく、その近臣たち（秀康《ひでやす》・胤義《たねよし》等）を討ち取るよう、御家人たちを鼓舞《こぶ》していた。武士たちにとって、朝廷と戦うことは心理的にも物理的にも相当に困難なことであったのである。そうした中で行われた幕府首脳部の評議では、最初意見がまとまらなかった様子が❸からうかがえる。最終的には、下向してくるはずの官軍を迎え撃つことで意見がまとまりかけたが、京下りの官人であった大江広元《おおえのひろもと》だけが京都に攻め上ることを主張している点にも注意が必要である。**承《じょう》久《きゅう》の乱**における幕府側の勝利はあくまでも結果であって、そこへ至るには紆余曲折《うよきょくせつ》があったのである。

4 新補地頭《しんぽじとう》

去々年の兵乱❶以後、諸国の庄園郷保《ごうほ》に補《ぶ》せらるる所の地頭、沙汰《さた》の条々。

一、得分《とくぶん》❷の事。

右、宣旨《せんじ》❸の状の如《ごと》くんば、「仮令《けりょう》❹、**田畠《でんぱた》各《おのおの》拾一町❺の内、十町は領家国司分、一丁(町)は地頭分、広博狭小《こうはくきょうしょう》を嫌《いと》わず、この率法《りっぽう》❻をもって免給《めんきゅう》の上、加徴《かちょう》❼は段別五升《たんべつごしょう》を充《あ》て行はるべし**」と云々《うんぬん》。尤《もっと》もって神妙《しんみょう》。ただしこの中《うち》、もとより将軍家の御下知《げち》を帯《お》び、地頭たる輩《ともがら》の跡、没収の職《しき》として、改《あらた》め補《ぶ》せらるるの所々においては、得分《とくぶん》たとい減少すといえども、いまさら加増の限りにあらず。これ旧儀によるべきの故《ゆえ》なり。しかのみならず、新補《しんぽ》の中、本司《ほんし》❽の跡、得分尋常《じんじょう》❾の地に至りては、またもって成敗《せいばい》に及ばず。ただ得分なき所々を勘注《かんちゅう》し、宣《せん》下《げ》の旨《むね》を守り、計《はか》ひ充《あ》てしむべきなり。……

貞応《じょうおう》二年❿七月六日　前陸奥守《むつのかみ》⓫判

相模守《さがみのかみ》殿⓬

『新編追加《しんぺんついか》』

通釈

一昨年の兵乱(承久の乱)以後、諸国の荘園・郷・保に補任された地頭の職務権限の事

一、地頭の収益の事について

宣旨によると、「たとえば田畠十一町の内、十町は領家・国司の分、一町は地頭の分とする。土地の狭い広いにかかわりなく、この割合で免じ与える。加徴米は一段あたり五升を与える」ということである。もっともなことである。ただし、このうち、もとから将軍家の下文を持ち、地頭であった者が罪によって没収された土地に新たに地頭が補任された場合は、その者の収益がたとえ減少したとしても、加増はしない。これは旧来の土地所有秩序を改変しないためである。それのみならず、新しく任命される地頭のうち、地頭が置かれる以前の荘官の収益が妥当な場合は、改めてこの法を適用することはない。ただ、収益の規定のない土地を調査して記録し、宣旨の趣旨を守って執行《しっこう》せよ。……

貞応二(一二二三)年七月六日　前陸奥守判

相模守殿

◀新補地頭

❶**去々年の兵乱**　承久の乱のこと。

❷**得分**　収益。

❸**宣旨**　この法令が出される前に出た貞応二年六月十五日の新補地頭に関する官宣旨のこと。

❹**仮令**　たとえば。

❺**一町**　約一〇〇アール。

❻**率法**　割合。

❼**加徴**　加徴米。地頭が地頭給田以外の土地から一率に徴収する権利を与えられた税目。

❽**本司**　下司など、没収される以前の荘園に任じられていた元の荘官。

❾**尋常**　世間一般の水準。

❿**貞応二年**　一二二三年。

⓫**前陸奥守**　執権北条義時。

⓬**相模守**　六波羅探題《ろくはらたんだい》北条時房《ときふさ》。

出典◉『新編追加』　鎌倉幕府の追加法(本書一三七ページ解説参照)を集成・分類した法令集。

設問9　1❶では、将軍はどのような存在として記されているだろうか。

2❸では、幕府の意思決定は、どのようになされているだろうか。
3承久の乱以前と以後で、地頭の権利にはどのような違いがあるだろうか。
4承久の乱の結果、朝廷と幕府の関係はどのように変化したか考えてみよう。

◀御成敗式目制定の趣旨

❶本説　根拠となる確かな典拠。
❷謗難　非難。そしり。
❸本文　❶本説と同意。
❹兼日に　期日より以前の日。ここでは、あらかじめという意味。
❺つぎにして　二の次にして。ないがしろにして。
❻御成敗の躰　裁判の基準となる基本的な考え方。
❼偏頗　偏りがあって不公平なこと。

5 執権政治

解説

承久《じょうきゅう》の乱後、幕府は**後鳥羽《ごとば》上皇**ら三上皇を配流し、王家（天皇家）領や上皇方についた公家・武士の所領約三〇〇〇か所を没収して、その跡地の地頭に御家人たちを任命した。これにより、東国の御家人たちが多数、西国の荘園に進出していった。こうした御家人たちを西遷《せいせん》御家人と呼ぶが、これまで地頭が設置されていなかった荘園に地頭（**新補地頭《しんぽじとう》**）が新たに設置された場合の収益を新たに規定したのがこの史料である。これによると新補地頭は、十一町につき一町の給田と、一段（約一〇アール）あたり五升《しょう》の加徴米《かちょうまい》を徴収する権限が与えられた（これを**新補率法《りっぽう》**という）。しかし、もともと地頭が設置されていた荘園や、荘官などの収益が規定されていた荘園などは、できるだけ旧来の収益額が維持されるようにとの配慮もなされており、幕府が荘園制的な土地所有秩序をできるだけ存続させようとしている点にも注意が必要である。

1 御成敗式目制定の趣旨

さてこの式目《しきもく》をつくられ候事《そうろうこと》は、なにを本説❶として注《ちゅう》し載《の》せらるるの由《よし》、人さだめて謗難《ぼうなん》❷を加うる事候か。まことにさせる本文《ほんもん》❸にすがりたる事候はねども、**たゞ道理のおすところを記され候者なり。**かやうに兼日《けんじつ》❹に定め候はずして、或《あるい》はこと《（事）》の理非をつぎ《（次）》にして❺、其人《そのひと》のつよき《（強）》よはき《（弱）》により、或は、御裁許《ごさいきょ》ふりたる事をわすら《（忘）》かしておこしたて候。かくのごとく候ゆへ《（故）》に、**かねて御成敗の躰《てい》❻をさだ《（定）》めて、人の高下《こうげ》を論ぜず、偏頗《へんぱ》❼なく裁定せられ候はんために、**子細《しさい》記録しをか《（置）》れ候者也。この

通釈

この式目は何を典拠《てんきょ》として作られたのであろうかと、非難する人もいるものと思う。そのような明確な典拠に基づいているというよりは、ただただ道理に従って作ったものである。これまではこうした式目を制定していなかったので、物事の是非をないがしろにして、その人の（権勢の）強い弱いで判断してしまったり、判決が下っているのを忘れて（それとは異なる）判決を出したりしてしまっている。だから、裁判の基本的な基準を定めて、人の優劣《ゆうれつ》にとらわれることなく、また、えこひいきすることなく判決を出すために作成したのである。この式目は、律令とは少し異なった部分もあるかも知れないが、律令や格式は、漢字を知っている者のため

状は、法令《ほうりょう》❽のをしへ(教)に違《い》するところなど少々候へども、たとへば律令格式《りつりょうきゃくしき》はまな(真名)❾をしり(知)て候物(者)のために、やがて❿漢字をみ候がごとし。かな(仮名)ばかりをしれ(知)る物(者)のためには、まな(真名)にむかひ(向)候時は、人の目をしいたる⓫がごとくにて候へば、この式目は只《ただ》かな(仮名)をしれ(知)る物(者)の世間《せけん》におほく(多)候ごとく、あまねく人に心えやすからせんために、武家の人へのはからひのためばかりに候。これによりて、京都の御沙汰《ごさた》、律令のおきて(掟)、聊《いささか》もあらたまる(改)べきにあらず候也。凡《およそ》法令のおしへ(教)めでたく⓬候なれども、武家のならひ(習)、民間の法⓭、それをうかゞひしり(知)たる物(者)は、百千が中に一両もありがたく候歟《か》、仍《よって》諸人しらず候処《ところ》に、俄《にわか》に法意⓮をもて、理非を勘《かんが》え候時に、法令の官人⓯心にまかせて、軽重《けいちょう》の文⓰どもをひきかむがへ候なる間、其勘録《かんろく》⓱一同ならず候故《ゆえ》に、人皆迷惑と云々《うんぬん》、これによりて、文盲《もんもう》の輩《ともがら》もかねて思惟《しい》し、御成敗も変々ならず候はんために、この式目を注《ちゅう》し置《おか》れ候者也。京都人々の中に謗難《ぼうなん》を加うる事候はゞ、此趣《このおもむき》を御心得候て御問答あるべく候、恐々謹言《きょうきょうきんげん》。

貞永元

九月十一日　　武蔵守⓲在(判)

駿河《するが》守⓳殿

『唯浄裏書《ゆいじょううらがき》』

に作られたものなので、(それを知らない者には) ただただ漢字だけが並んでいるように見えてしまう。仮名《かな》だけしか知らない者にとっては、漢字に向かった時というのは、目が見えなくなってしまったかのようになる。この式目は、世間にはただ仮名だけを知っている者も多いので、多くの人が理解できるように、武家の人々を対象に作成したものである。これによって、京都の (公家がこれまでに作成した) 法令 (判例) や律令の法が変更されることは一切ない。律令の内容は立派なものであるが、武士・庶民でその内容に通じている者は皆無《かいむ》に近い。だから、ほとんどの人が (律令や公家の法を) 知らないのに (、それをいいことに)、法律の専門家たちが、恣意《しい》的に重要な判例もそうでない判例もごちゃまぜにして判決を下そうとするので、その判決の草案は一様ではなく、人々は迷惑しているという。以上のことから、文字の読めない人も前もって考えることができ、判決内容も一定となるように、この式目を作成したのである。京都で非難を加えるような人々には、以上の趣旨をよく伝え、批判に答えるようにしてほしい。よろしく。

九月十一日　　武蔵守在

駿河守殿

❽**法令**　公家の法。

❾**まな**　真字。漢字のこと。

❿**やがて**　すなわち。

⓫**しいたる**　機能を失わせる。

⓬**めでたく**　立派。

⓭**武家のならひ、民間の法**　ここでは、武家や民間に律令に匹敵する慣習法があるという意味ではなく、単に「武士や庶民の中で」という意味で記されている。

⓮**法意**　律令や公家法の趣旨。

⓯**法令の官人**　朝廷において裁判の実務を行う明法家《みょうぼうか》などの法律の専門家。

⓰**軽重の文**　重大な判例やそうでない判例。

⓱**勘録**　判決草案。

⓲**武蔵守**　北条泰時。

⓳**駿河守**　北条重時。泰時の弟でこの時、六波羅探題。

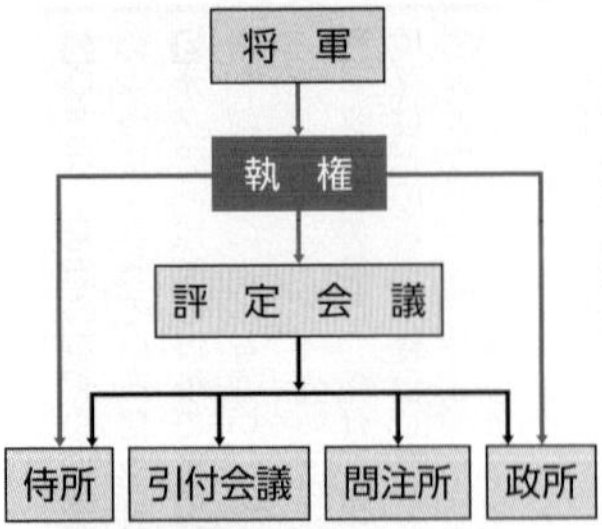

▲執権政治の仕組み

出典◉『唯浄裏書』　六波羅探題で奉行を務めた斎藤唯浄が著《あらわ》した、現存最古の御成敗式目の注釈書。一二八九年成立。

◀北条氏系図

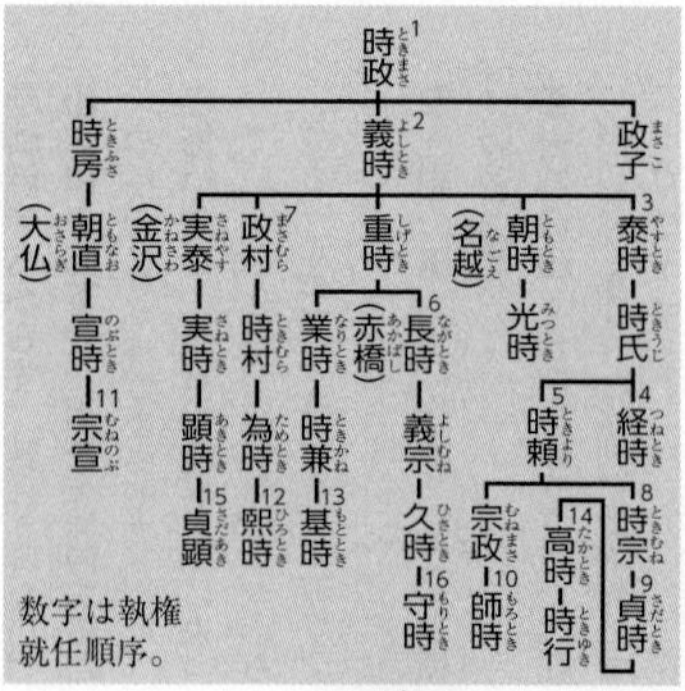

◀御成敗式目

❶**右大将家**　源頼朝。一一九〇（建久《けんきゅう》元）年に頼朝が、右近衛大将《うこのえたいしょう》に任ぜられたことにちなむ。

❷**大番催促**　京都大番役の催促。京都大番役は、内裏諸門の警固のこと。

❸**付たり**　補足事項を明示する語句。

❹**地利**　その土地から生ずる収益得分。

❺**所当**　年貢と同じ意味。

❻**結解**　決算。

❼**勘定を請く**　監察を受ける。

❽**犯用**　罪を犯すこと。

2 御成敗式目

解説

鎌倉幕府の成立からおよそ半世紀、承久《じょうきゅう》の乱が終わってようやく幕府政治も一定の安定をみせつつあった一二三二（貞永《じょうえい》元）年、幕府の執権・**北条泰時**《やすとき》は、三善康連《みよしのやすつら》らに命じて、今後の幕府法廷における基準となる基本法規の編纂《へんさん》を行わせた。この史料は、泰時が京都で**六波羅探題**《ろくはらたんだい》を務めていた弟の北条重時《しげとき》に宛てた手紙の一節で、この基本法規（泰時はこれを単に「式目《しきもく》」と呼んだ）の制定の趣旨を綴《つづ》ったものである。赤字になった部分にもあるように、泰時はこれによって公家法・本所法や律令、さらにはそれらに基づいてこれまで出された判例を変更するつもりは一切なく、武士や、文字の読めない人でも理解できるような「**道理**《どうり》」をベースにして、この法を制定したと述べている点が重要である。

（第一条）
一、神社を修理し、祭祀《さいし》を専《もっぱ》らにすべき事。

（第三条）
一、**諸国守護人奉行**《ぶぎょう》**の事。**

右、右大将家《うだいしょうけ》❶**の御時定め置かるる所は、大番催促**《おおばんさいそく》❷**・謀叛**《むほん》**・殺害人**《せつがい》付たり、❸夜討・強盗・山賊・海賊　**等の事なり。**しかるに近年、代官を郡郷《ぐんごう》に分《わか》ち補《ぶ》し、公事《くじ》を庄保《しょうほ》に充《あ》て課《おお》せ、国司にあらずして国務を妨《さまた》げ、地頭にあらずして地利❹を貪《むさぼ》る。所行《しょぎょう》の企《くわだ》てはなはだもって無道なり。……早く右大将家の御時の例に任《まか》せて、**大番役**《おおばんやく》**ならびに謀叛・殺害のほか、守護の沙汰**《さた》**を停止**《ちょうじ》**せしむべし。**……

（第五条）
一、諸国の地頭、年貢所当《ねんぐしょとう》❺を抑留《よくりゅう》せしむる事。

右、年貢を抑留するの由《よし》、本所《ほんじょ》の訴訟あらば、すなはち結解《けちげ》❻を遂《と》げ、勘定《かんじょう》を請《う》く❼べし。犯用《はんよう》❽の条もし遁《のが》るる

通釈

一、神社を修理し、祭典をしっかりととり行う事。

一、諸国の守護の職権の事。

右大将家の時に定められた職権は、大番役の動員、謀叛人・殺害人の逮捕《たいほ》（ほかに、夜討・強盗・山賊・海賊の逮捕を含む）である。しかしながら、最近は代官を郡・郷に派遣し、公事を荘園や国衙領《こくがりょう》に賦課《ふか》し、国司でないにもかかわらず国務に干渉し、地頭でもないのにその土地から収益を取り立てている。このような行為はまことに不当である。……早く頼朝《よりとも》殿の時の例にならって、大番役・謀叛人・殺害人の逮捕以外は、守護の職権行使を禁止する。……

一、諸国の地頭が年貢・所当を横領する事。

地頭が年貢を横領したことを本所（荘園領主）が訴えたならば、その時は決算を行って点検を受けなければならない。横領したことが間違い

ところなくば、員数《いんずう》❾に任《まか》せてこれを弁償すべし。ただし、少分においては早速沙汰致《さっそくさた》すべし。過分《かぶん》に至りては、三ケ年中に弁済《べんさい》すべきなり。なお、この旨《むね》に背《そむ》き難渋《なんじゅう》せ❿しめば、所職《しょしき》を改易《かいえき》せらるべきなり。

(第六条)

一、国司・領家《りょうけ》の成敗、関東の御口入《くにゅう》⓫に及ばざる事。

(第八条)

一、御下文《おんくだしぶみ》を帯《お》ぶると雖《いえど》も知行⓬せしめず、年序《ねんじょ》⓭をふる所領《しょりょう》の事。

右、当知行《とうちぎょう》⓮の後、廿(二十)ケ年を過ぎば、大将家の例に任《まか》せて理非⓯を論ぜず、改替《かいたい》⓰にあたはず。しかるに知行《ちぎょう》の由《よし》を申し、御下文を掠《かす》め給《たま》はるの輩《ともがら》、彼の状を帯ぶると雖《いえど》も叙用《じょよう》⓱に及ばず。

(第二三条)

一、女人養子の事。

右、法意《ほうい》の如《ごと》くば⓲、これを許さずと雖《いえど》も、大将家御時以来、当世に至るまで、その子なきの女人ら所領を養子に譲り与ふる事、不易《ふえき》の法⓳勝計《しょうけい》すべからず⓴。……

(第二六条)

一、所領を子息に譲り、安堵《あんど》の御下文㉑を給はるの後、その領を悔《く》い還《かえ》し㉒、他の子息に譲り与ふる事。

右、父母の意に任すべきの由、具《つぶさ》にもって先条に載《の》せ畢《おわん》ぬ。よって先判《せんぱん》の譲《ゆずり》㉓につきて安堵の御下文を給はると雖《いえど》も、その親これを悔い還し、他子に譲るにおい

なければ、規定額を返済すること。ただし、不正額が少なければすぐに弁償し、多ければ三年以内に弁償しなければならない。なお、以上の趣旨に反し不正を行うならば、地頭職をとり上げる。

一、国司・領家の支配権に幕府は介入しない事。

一、下文を所持しているにもかかわらず実際には支配せず、年数がたってしまった所領の事。

実際に所領を支配して二十年が経過すれば、頼朝殿の時の先例にならい、ことの当否を問わず、所領を取り上げることはしない。しかし、支配していると嘘を言って下文をだましとった者については、文書を所持していたとしても、その主張は認めない。

一、女性の養子の事。

律令ではこれを認めていないが、頼朝殿の時以来、現在に至るまで、子供がない女性らが所領を養子に譲与することは動かない法となっており、数多くの事例が存在する。……

一、所領を子供に譲与して（幕府から）安堵の御下文を頂戴《ちょうだい》した後、その所領を（その子供から）取り戻して他の子供に譲与する事。

このような場合、父母の意向に任すべきことは以前の条文に記した通りである。だから、先に花押《かおう》を捺《お》した譲状に基づいて安堵の下文を頂戴しているといっても、その親はこの所領を取り戻して他の子供に譲与する時は、後から花押を捺した別の譲状をもって権利を行使してよい。

❾員数　規定の数量。

❿難渋　すみやかに履行《りこう》しないこと。

⓫口入　干渉。

⓬知行　支配。

⓭年序　年数。

⓮当知行　実際に支配していること。

⓯理非　ことの当否。

⓰改替　別の者と交替すること。

⓱叙用　採用。

⓲法意の如くば　律令の解釈によること。

⓳不易の法　普遍的で不変の法。ここでは頼朝以来の先例を指す。

⓴勝計すべからず　数えきれない。

㉑安堵の御下文　相続を保障するために出された将軍家の下文。

㉒悔い還し　売買や譲渡などによっていったん他人の所有になったものを、元の所有者のもとに取り戻すこと。

㉓先判の譲　先に作成された、花押のある譲状。

㉔後判の譲　後から作成された、花押のある譲状。「先判」と対句になっている。

㉕官爵　朝廷の官位。

ては、**後判《こうはん》の譲**㉔**に任せて御成敗あるべし。**

一、（第三九条）官爵㉕所望の輩、関東の御一行《ごいちぎょう》㉖を申し請くる事。

……昇進のため挙状《きょじょう》㉗を申すの事、貴賤《きせん》㉘を論ぜず、一向にこれを停止すべし。但し、受領《ずりょう》㉙・検非違使《けびいし》㉚を申すの輩、理運たるにおいては、御挙状にあらずと雖も、ただ御免の由、仰せ下さるべきか。……

一、（第四二条）百姓逃散《ちょうさん》㉛の時、逃毀《にげこぼち》㉜と称して損亡《そんもう》せしむる事。

右、**諸国の住民逃脱**㉝**の時、その領主ら逃毀と称して、妻子を抑留《よくりゅう》し、資財**㉞**を奪い取る。所行《しょぎょう》の企《くわだて》はなはだ仁政《じんせい》に背《そむ》く。**もし召し決せらるるの処、年貢所当《しょとう》の未済《みさい》あらば、その償《つぐな》いを致すべし。然《しか》らずば、早く損物《そんもつ》㉟を糺《ただ》し返さるべし。ただし、**去留《きょりゅう》においてはよろしく民の意に任すべきなり。**

『御成敗式目《ごせいばいしきもく》』

一、朝廷の官位を望む者は、幕府からの推薦状を得る事。

……昇進のみをめあてに推薦状を出すことは、身分の上下にかかわらず禁止する。但し、受領・検非違使を望む場合は、合理的な理由があれば、幕府の推薦状なしで叙任されてもよい。……

一、百姓が逃散する時に、（領主が）逃散した者の家屋を没収すると称して、損害を与える事。

諸国の住民が逃散を行う際、その地の領主等が、逃亡人の家屋を没収するという名目で（逃散した者の）妻子を捕らえ、財産を奪い取るような行為は、まったく仁政の趣旨に反する。もし裁判において、（逃散した者の）年貢の未納が明らかになった時は、その差し押えた財物から弁済をさせなさい。逆に未納分がないことがはっきりすれば、早急に被害分を返済しなければならない。ただし、居住地に対する去留は、住民の意向に任せなさい。

㉖**関東の御一行**　鎌倉幕府からの推薦状。
㉗**挙状**　推薦状。
㉘**貴賤**　身分の高低。
㉙**受領**　現地に下向する国司集団のトップ。
㉚**検非違使**　都における司法・警察をつかさどった官職。
㉛**逃散**　近くの山に逃げ籠《こも》ること。
㉜**逃毀**　逃散した者が残した家屋等の財産を没収すること。
㉝**逃脱**　逃散のこと。
㉞**資材**　財産。
㉟**損物**　さしおさえた財物。

出典◉『御成敗式目』　一二三二（貞永《じょうえい》元）年に制定された最初の武家法典。貞永式目ともいう。

設問10　❶北条泰時が弟の重時に❶の手紙を書き送ったのはなぜだろうか。このときの重時の立場に注目しながら説明してみよう。❷なぜ、御成敗式目は制定されたのだろうか。制定時の社会的な背景に注目して考えてみよう。

解説

北条泰時《やすとき》の命によって一二三二（貞永《じょうえい》元）年に制定された**御成敗式目《ごせいばいしきもく》**は、全部で**五十一か条**から成る、はじめての体系的な武家法典である。この法典の制定にあたって重視されたのは、条文中で「右大将《うだいしょう》家の御時の例」などとして何度か出てくるような先例であった。「右大将」とは、一一九〇（建久《けんきゅう》元）年に右近衛大将《うこのえたいしょう》に任じられた源頼朝《みなもとのよりとも》を指し、この時代に行われた裁判の判例こそ、鎌倉幕府の法廷で最も重視された先例であった。ちなみに、第三条に規定されている守護の職権は、その後の室町《むろまち》幕府の守護にも継承されていった（**大犯《だいぼん》三カ条**）。御成敗式目の制定後、幕府によって制定された単行の法令は追加法と呼ばれ（御成敗式目制定以前の法令も、研究上は便宜的に追加法と呼ばれる）、御成敗式目は、武家の基本法として、室町幕府法や戦国《せんごく》大名の分国法《ぶんこくほう》にも大きな影響を与えた。そればかりでなく、江戸時代においては、寺子屋《てらこや》における手習いの教本などとしても普及し、庶民の教養の向上に大いに貢献した。

3 宝治合戦

去んぬる五日、前若狭守《わかさ》泰村《やすむら》三浦これなり、すでに旗を揚げ打ち立つ。よって時頼《ときより》❶、将軍家❷に参り、また打手《うって》等を遣はし合戦す。また放火す。風吹き掩《おお》うの間、泰村落ち了《おわ》んぬ。おのおの頼朝卿の墓堂《ぼどう》に追い入り自害す。巳《み》・午《うま》・未《ひつじ》の三箇時❸、勝負を決し了んぬ。泰村・光村《みつむら》泰村弟以下、三浦一族、皆誅《ちゅう》せられ了んぬ。惣じて自害の輩、三百人に及ぶと云々。……去年以後、泰村いよいよ威勢を繕《つくろ》ひ、今もってかくの如し。

『葉黄記《ようこうき》』

解説 源頼朝《みなもとのよりとも》の妻・政子の実家である北条氏は、頼朝の死後、二代将軍の頼家《よりいえ》を廃すなど、次第に幕府の中での地位を高めていった。北条義時《よしとき》は、和田義盛《わだよしもり》ら幕府の有力御家人を滅ぼす（和田合戦《かっせん》）と、幕府の政所《まんどころ》と侍所《さむらいどころ》の別当《べっとう》（長官）を兼ね、幕府の執権《しっけん》としてその実権を掌握《しょうあく》した。その地位はやがて、子の泰時《やすとき》、曾孫の時頼《ときより》へと受け継がれていったが、時頼は、源氏の血筋が絶えた後の将軍として京都から迎え入れていた藤原（九条《くじょう》）頼経《よりつね》と結んでいたことを口実に、有力御家人の三浦《みうら》氏を滅ぼした。宝治《ほうじ》合戦と呼ばれるこの戦闘では、三浦一族は頼朝の「墓堂《ぼどう》」に立て籠《こ》もって自害したことが史料から分かる。三浦氏は幕府草創以来の有力御家人であり、頼朝への思慕《しぼ》がことのほか強かったことがうかがえる。

◀宝治合戦

❶時頼 北条時頼。当時鎌倉幕府の執権であった。

❷将軍家 当時の将軍は藤原（九条）頼嗣《よりつぐ》。

❸巳・午・未の三箇時 午前九時頃から午後三時頃まで。

出典◉『葉黄記』 鎌倉時代中期の公卿・葉室定嗣《はむろさだつぐ》の日記。定嗣が務めた中納言の職が、別名で黄門《こうもん》と称されたことから、この名称がある。

設問11 北条時頼はどのようにして権力を確立していったのだろうか。

6 鎌倉期の武士社会と経済の発展

1 惣領制

所領配分の事

嫡男《ちゃくなん》❶　大炊助入道《おおいのすけ》❷分

相模国《さがみ》❸大友郷《おおども》❹地頭郷司職《ごうじしき》

◀惣領制

❶嫡男 嫡子《ちゃくし》。家督《かとく》の相続者。

❷大炊助入道 大友親秀《おおともちかひで》。

❸相模国 神奈川県。

❹大友郷 現在の小田原市付近。大友郷は大友氏の名字の地。

次男宅万《たくま》別当分❺　豊後《ぶんご》国❻大野庄❼内志賀村半分地頭職　別に注文❽あり、
大和太郎兵衛尉《ひょうえのじょう》分❾　同庄内上村半分地頭職　別に注文あり、
八郎❿分　同庄内志賀村半分地頭職　別に注文あり、
九郎入道⓫分　同庄内下村地頭職　但し、故豊前々司墓堂寄附院主職なり、
女子犬御前《いぬごぜん》分　同庄内中村地頭職
女子美濃局《みののつぼね》分　同庄内上村半分地頭職　別に注文あり、
帯刀左衛門尉《たてわきさえもんのじょう》⓬後家《ごけ》分　数子これあり、　同庄中村内保多田《ほただ》名《みょう》

右、件《くだん》の所領等は、故豊前々司能直《ぶぜんぜんじよしなお》⓭朝臣《あそん》、代々将軍家御下文《おんくだしぶみ》を賜《たまわ》り、相違なく知行《ちぎょう》し来たる所なり。しかして尼深妙《あましんみょう》、亡夫能直の譲《ゆず》りを得《え》、将軍家御下文を賜り、領掌《りょうしょう》⓮せしむる所なり。これにより能直の遺言に任《まか》せ、孚《ふ》数子⓯等のために、かくの如《ごと》く配分する所なり。しからば均分《きんぶん》の状《じょう》に任《まか》せ、依違《いい》なく⓰領掌《りょうしょう》せしむべきなり。ただし関東御公事《おんくじ》《みくうじ》⓱仰《おお》せ下《くだ》さるる時は、嫡男大炊助入道の支配⓲を守り、所領の多少に随《したが》い、その沙汰《さた》を致すべきなり（能直の遺言により、子らのためにこのように配分する。であるから配分した文書にしたがって間違いなく支配せよ。ただし関東御公事の納入を命じられた時は、嫡男の大炊助入道の分配にしたがい、所領の多少によって、納入しなければならない）。よって後日の証文のため惣配分《そうはいぶん》の状、くだんの如し。

延応弐年《えんおうにねん》⓳四月六日　尼深妙《あましんみょう》（花押《かおう》）

『志賀文書《しがもんじょ》』

❺宅万別当　詫磨能秀《たくまよしひで》。
❻豊後国　大分県。
❼大野庄　現在の豊後大野市付近。
❽注文　明細や内訳などを記した添付書類。
❾大和太郎兵衛尉　一万田景直《いちまんだかげなお》。
❿八郎　志賀能郷《よしさと》。
⓫九郎入道　豊前能基《よしもと》。
⓬帯刀左衛門尉　大友時直《ときなお》。
⓭故豊前々司能直　大友能直。
⓮領掌　支配。
⓯孚数子　孚は育てる。ここでは自分の子という意味。
⓰依違なく　間違いなく。
⓱関東御公事　御家人に賦課された課役。
⓲支配　この場合は、「配分」といった意味で用いている。
⓳延応弐年　一二四〇年。
出典◉『**志賀文書**』　豊後大友家の支流・志賀家に伝来した文書。

設問12　❶兄弟姉妹間での財産相続はどのようになされているだろうか、説明してみよう。❷嫡男にはどのような役割が求められているだろうか、説明してみよう。

解説

惣領《そうりょう》制とは、中世武士の、**惣領**を中心とした同族結合のことをいう。惣領とは、一家一族を代表する地位であるが、その地位は、前代の惣領が、親権に基づいて本人の力量を見極めた上で決定するので、必ずしも長男が惣領になるとは限らない。また、鎌倉幕府は惣領を**御家人**と認定することで、惣領によって統率された集団の全体を支配下に収め、御家人＝惣領に対し、軍役や御家人役、**関東御領《ごりょう》**における**関東御公事《おんくじ》《みくうじ》**を負担させ、惣領はそれらを**庶子《しょし》**にも割り当て、全体としての負担に応じていた。なお、鎌倉時代中頃からは女子も含めた**分割《ぶんかつ》相続**が一般化しはじめ、御家人の所領の細分化が進行していった。

2 地頭請《じとううけ》

下す　茜部《あかなべ》御庄住民等❶
早く地頭請所《うけしょ》として御年貢を進済《しんさい》せしむ❷べき事
右、当御庄は、これ預所《あずかりどころ》❸の沙汰《さた》として百疋《ひゃっぴき》・千両❹を弁《べん》じ難《がた》きにより、地頭❺の沙汰として、請文《うけぶみ》❻の状に任せて御年貢を進済《しんさい》せしむべきなり。住民等宜《よろ》しく承知し、違《い》失《しつ》すべからざるの状、くだんの如し。故《ことさら》に下す。
貞応《じょうおう》二年八月　日
別当僧正《べっとうそうじょう》前法務❼　在判
『東大寺文書《とうだいじもんじょ》』

通釈

茜部荘の住民等に命ず
早く地頭請の荘園として年貢を納入すべき事。
この荘園は、領家の預所の務めとして百疋・千両の年貢を納入するのは困難である。したがって地頭の指揮のもと、提出された請文に記載されている通りに御年貢を納入せよ。住民たちはこのことをよく承知し、間違いのないようにすること。以上の通り命ずる。
貞応二（一二二三）年八月　日
東大寺別当僧正（成宝《じょうほう》）花押あり

解説

鎌倉時代の荘園では、様々な要因で荘園領主による現地経営が困難となり、荘園領主による新たな経営方法が模索された。その一つが地頭請《じとううけ》で、荘園領主は、現地の経営を一定程度、地頭に委《ゆだ》ねる代わりに、毎年一定額の年貢の納入を地頭に請け負わせた。この史料は、美濃《みの》国茜部《あかなべ》荘という東大寺領の荘園で地頭請が成立したことを伝えるものであるが、「預所《あずかりどころ》の沙汰《さた》として、百疋《ひゃっぴき》・千両を弁《べん》じ難《がた》きにより」とあるように、この時期、東大寺が任じた預所では、年貢の納入が期待できない状況となっていたことが分かる。そこで東大寺では、承久《じょうきゅう》の乱の後、新たに設置された地頭の長井《ながい》氏に年貢の納入を請け負わせたのである。長井氏は大江広元《おおえのひろもと》の子・時広にはじまる鎌倉幕府の御家人。

◀地頭請
❶**茜部御庄**　美濃《みの》国厚見《あつみ》郡にあった東大寺領の荘園。現在の岐阜市南部に当たる地域。
❷**進済**　年貢を納入すること。
❸**預所**　荘園領主（この場合は東大寺）が任じた荘官《しょうかん》（代官）の一つ。
❹**百疋・千両**　茜部荘では、年貢として絹百疋と綿千両の納入が規定されていた。
❺**地頭**　承久《じょうきゅう》の乱後、茜部荘の地頭には有力御家人長井氏が任命されていた。
❻**請文**　地頭が年貢の納入を請け負うことを記した文書。
❼**別当僧正前法務**　東大寺別当の成宝。法務は僧職の最高位。
出典◉『**東大寺文書**』　東大寺に伝わる文書。一部は国宝に指定。

3 下地中分《したじちゅうぶん》

領家・地頭、和与《わよ》❶中分するの間、これより道路あるの

通釈

領家と地頭とで和解し、土地を中分するので、今後は道路があるところはその道をもって堺と

◀下地中分
❶**和与**　示談。双方が話し合いによって紛争を解決すること。

所々は、その路を以て堺となし、堺なきの所々はその際《さい》目《め》❷に通して朱を引き畢《おわ》んぬ。朱の跡は、両方❸寄り合いて掘り通さしめ畢んぬ。かくのごとくして、東西両方に中分し既に畢んぬ。……そもそも南方の堺にあたりて、置福寺・木谷寺❹この両寺の中間に朱を引きて掘り通し畢んぬ。しかるに件の堀の末、深山たるによりて、峰ありて谷あるの間、掘り通し能《あた》わず。しかればその際目の朱より、三朝《みささ》❺郷の堺に至るまでは、ただ朱の通りを端直《たんちょく》に見通して、東西の分領を存知せしむべきの状、件の如し。

正嘉二年十一月　日　沙弥舜《しゃみしゅん》

散位政久《さんにまさひさ》（花押影❻）

『伯耆国東郷荘絵図裏書《ほうきのくにとうごうのしょうえずうらがき》』

し、それがないところでは、土地の境目に朱を引いた。朱の境界線は、領家と地頭の両方が立ち会って堀を掘り通した。このように、東西に土地を中分したのである。……ところで、南方の堺では、置福寺・木谷寺の両寺の中間に朱の境界線を引き、堀を掘り通した。しかし、堀の延長線上は深山に入るので、峰あり谷ありで実際に堀を掘り通すわけにはいかない。そこで、堀の末端《まったん》から三朝郷の堺までは、堀の延長線上をまっすぐに見通して、東西の分け目をお互いに確認して堺と承知させるべきこと、以上の通り。

正嘉二（一二五八）年十一月　日　沙弥舜

散位政久（花押影）

❷際目　境界。

❸両方　ここでは地頭方と領家方。

❹置福寺・木谷寺　東郷荘絵図の中にも描かれた二つの寺院。置福寺が地頭方にあり、木谷寺が領家方に立地する。

❺三朝郷　伯耆国河村郡《かわむらぐん》にあった郷。現在の鳥取県三朝町の三徳《みとく》川流域付近。

❻花押影　模写された花押。

出典◉『伯耆国東郷荘絵図裏書』　東京大学史料編纂《へんさん》所に模本（原本は現在、所在不明）が所蔵されている絵図の裏面に記された文書の写し。同荘で行われた鎌倉時代の下地中分の実際のあり方が記されている。

設問13　1❷では、地頭の義務としてどのようなことが求められているだろうか、説明してみよう。2❸では、下地中分によって、荘園領主と地頭の関係はどのように変化したのだろうか、説明してみよう。3地頭請・下地中分から読み取れる、荘園領主の経営姿勢はどのようなものだろうか。

解説

下地中分《したじちゅうぶん》は、多くの場合、荘園内の田畠《たはた》や山野《さんや》を荘園領主や地頭《じとう》との間で分割し、その領有権を分有することをいう。**承久の乱**《じょうきゅう》などを経て主に西国の荘園に進出した地頭たちは、荘園の現地で年貢徴収や警察などの実務にあたりながら次第にその支配権を強めていったため、その伸張《しんちょう》を食い止める方策の一つとして、幕府などが仲介して行われることが多かった。**伯耆国東郷荘**《ほうきとうごう》は、京都の松尾《まつのお》大社を領家《りょうけ》とする荘園で、地頭の原田《はらだ》氏（東郷《とうごう》氏）との間で在地支配をめぐる紛争が起こったため、下地中分により解決が図られた。この史料は、その際に作成された絵図の裏面に記されたもので、下地中分にあたって、現地でどのように土地の分割が行われたかが具体的に記されている。絵図では境界線は朱色《しゅいろ》で引かれているが、現地ではその境界線に沿って堀が掘られたことが分かって興味深い。

4 地頭の非法

阿《あ》テ河《がわ》ノ上村❶百姓ラツヽシテ《謹》言上《ごんじょう》

一《第四条》 ヲンサイモク《御材木》❷ノコト《事》、アルイ《或》ワ《ハ》チトウ《地頭》ノキヤウ《京》シヤウ《上》、❸アルイ《或》ワチカフ《近夫》トマウシ《申》、カク《此》ノコトク《如》ノ人フ《夫》ヲ、チトウ《地頭》❹ノカタ《方》エ《へ》セメ《責》ツカワレ《使》候ヘハ、ヲマヒマ《暇》候ワス❺候、ソノ、コリ《残》、ワツカ《僅》ニモレ《洩》ノコリ《残》テ候人フ《夫》ヲ、サイモク《材木》ノヤマイタシ《山出》❻エ、イテタテ《出立》候エハ、「テウマウ《逃亡》ノアト《跡》❼ノムキ《麦》マケ《撒》」ト候テ、ヲイ《追》モト《戻》シ候イヌ、「ヲレラ❽カコノムキ《麦》マカ《撒》ヌモノナラハ、メコトモ《妻子共》❾ヲヲイコメ《追籠》❿、ミヽ《耳》ヲキリ《切》、ハナ《鼻》ヲソキ《削》、カミ《髪》ヲキリ《切》テ、アマ《尼》ニナシテ、ナワ《縄》ホタシ《絆》ヲウチ《打》テ、サイナマン《嘖》」⓫ト候ウテ、セメ《責》センカウ⓬セラレ候アイタ《間》、ヲンサイモク《御材木》イヨ〱ヲソナワリ《遅》候イヌ、ソノウエ百姓ノサイケイチウ《在家一宇》、チトウトノ《地頭殿》エコホチ《毀》トリ《取》⓭候イヌ。

……

コノテウ〱《条々》ノヒレイ《非例》ニテセメ《責》ラレ候アイタ《間》、百姓トコロ《所》ニアント《安堵》シタク《カ脱》候。

ケンチカンネン《建治元年》⓮十月廿《二十》八日

百姓ラ《等》カ上《たてまつ》ル

『高野山文書《こうやさんもんじょ》』

通釈

阿氏河荘《あてがわのしょう》上村の百姓が謹《つつし》んで申し上げます。

一、材木の納入が遅れていることについてですが、地頭の上洛《じょうらく》への随行や、近郷への人夫といって地頭にこき使われるので、まったくもって休む暇もありません。また、わずかに残った人夫を材木の山出しに向かわせようとすると、(地頭は)「逃亡人の残した土地に麦を蒔《ま》け」といって、追い戻すのです。「もしおまえらが麦を蒔かぬならば、妻たちを牢に入れ、耳を切り、鼻を削ぎ、髪を切って尼のようにし、縄で縛《しば》って苦しめてやるぞ」とひどく責め立てますので、材木の納入はいよいよ遅くなってしまいました。さらに、地頭は百姓の家を一軒壊して(その資材を)持って行ってしまいました。……

以上のような数々の非例により酷使されていますので、百姓たちはこの地に安心して住んでいられません。

建治《けんじ》元年十月二十八日　百姓等が申し上げます。

◀地頭の非法

❶**阿テ河ノ上村**　和歌山県有田郡有《あり》田《だ》川《がわ》町。

❷**ヲンサイモク**　領家に納める材木。阿氏河荘は材木を年貢とする荘園であった。

❸**キヤウシヤウ**　京へのぼること。この時、農民が人夫として動員され、荷物の運搬や馬の口取り(先導)をする。

❹**チトウ**　地頭の湯浅宗親《ゆあさむねちか》。本拠は和歌山県有田郡湯浅町周辺。

❺**ヲマヒマ候ワス**　「ヲマ」は下に続く「暇がない」という意味の「暇候ワス」を強調する表現。

❻**サイモクノヤマイタシ**　山のあちこちから集積地に材木を集めること。

❼**テウマウノアト**　逃亡の跡。本来耕作すべき農民が逃亡した跡の田畠。

❽**ヲレラ**　直接話法における二人称の表現で、「おまえら」を意味する。

❾**メコトモ**　妻子共。「妻」に接尾語の「子」がついた表現。

❿**ヲイコメ**　拘禁《こうきん》する。

⓫**サエナマン**　虐待《ぎゃくたい》する。

⓬**セメセンカウ**　「責める」をより強調する表現。

⓭**コホチトリ**　家の破却。年貢を納めない者に対して行われた刑罰のひとつ。
⓮**ケンチカンネン**　建治元年。一二七五年。

出典◉『**高野山文書**』　高野山金剛《こんごう》峰《ぶ》寺《じ》に伝わる文書。一部は国宝に指定。

解説　地頭《じとう》は本来、荘園内の治安維持などを基本的な職務としていたが、治承《じしょう》・寿永《じゅえい》の内乱や承久《じょうきゅう》の乱などを経て、次第に鎌倉幕府配下の御家人が西日本の荘園に進出していくようになると、徴税・勧農《かんのう》・開発・裁判など広範《こうはん》な機能をも担うようになり、荘園領主の支配との間に緊張関係を生むようになっていった。この史料は、**紀伊国阿氏河荘**《きいのくにあてがわのしょう》の領家《りょうけ》・寂楽寺《じゃくらくじ》が、農民たちを指導して書かせた十三か条に及ぶ訴状の第四条目で、地頭・湯浅宗親《ゆあさむねちか》が、夫役《ぶやく》（京《きょう》上夫《じょうふ》・近夫《ちかふ》）の賦課《ぶか》や、材木年貢の納入過程への強引な介入によって、荘園に対する支配権を強化していった様子が分かる。ただその一方で、農民たちもカタカナ書きのたどたどしい書き方ながら、地頭の非法を毅然《きぜん》と訴えている様子も見て取れる。

5 二毛作《にもうさく》の普及

諸国の百姓、田稲❶を苅《か》り取るの後、其《そ》の跡《あと》に麦を蒔《ま》き、田麦《たむぎ》と号して❷、領主等、件《くだん》の麦所当《しょとう》❸を徴取《ちょうしゅ》すと云々《うんぬん》。租税の法、あにしかるべけんや。**今より以後《いご》、田麦の所当を取るべからず。よろしく農民の依怙《えこ》たるべし。**❹此《こ》の旨《むね》を存じ、備後《びんご》・備前《びぜん》両国の御家人等に下知《げち》せしむべきの状、仰《おお》せによって執達件《しったつくだん》の如《ごと》し。

文永《ぶんえい》元年❺四月廿（二十）六日

武蔵守❻判
相模守❼判

因幡前司《いなばのぜんじ》殿❽

『新編追加《しんぺんついか》』

◀二毛作の普及

❶**田稲**　田地で作付された水稲。
❷**号して**　称して。
❸**所当**　割り当てられた租税。
❹**農民の依怙たるべし**　農民が自由にその収益としてよいという意味。
❺**文永元年**　一二六四年。
❻**武蔵守**　執権《しっけん》北条長時《ながとき》。
❼**相模守**　連署《れんしょ》北条政村《まさむら》。
❽**因幡前司**　備前と備後の守護長井泰重《やすしげ》。

出典◉『**新編追加**』　本書一三二ページ参照。

設問14　**1**❹を読み、地頭は農民をどのように使役しているだろうか、説明してみよう。
2❹・❺の史料から、どのような農民の姿が読み取れるだろうか。

解説　**二毛作**《にもうさく》は、十二世紀の伊勢《いせ》国において、収穫の終わった冬季の水田に麦を蒔《ま》いていることを示す史料があることから、その頃にははじまっていたことが分かる。一方でこの史料では、そうした冬作の麦を「田麦《たむぎ》」と称し、それに課税する動きがあったことが記されており、「田麦」への課税を禁じ、それを農民の収益とするよう命じたものと理解できる。おそらく鎌倉幕府としては、寛喜《かんぎ》・正嘉《しょうか》の二度の大飢《き》饉《きん》を経て、「田麦」が飢饉対策としても有効であると考えていたのであろう。この史料からは、そうした二毛作が、鎌倉時代半ばには西日本にも広がっていたことが読み取れる。

6 商業の発展

そのさいふ《割符》❶、いまたかへ《替》のほさせ給《たまい》候はす候ハヽ、この月のひんこ《備後》のふかつ《深津》のいち《市》❷へ、人を給候て、ようとう《用途》❸の□《候》はんほと、うけとら《受取》せ給候て、つ□せ給候へく候、……ふかつの市にては、た□つのあまこせん《尼御前》のかりや《仮屋》❹へ、人を給候へく候、『厳島神社蔵反古裏経紙背文書《いつくしまじんじゃぞうほごうらきょうしはいもんじょ》』

通釈

その割符をまだ現金に換えるためにこちらへよこしていないならば、今月、備後《びんご》国の深津《ふかつ》で市場が立つ日に、人を遣わして銭を受け取ってきてほしい。……深津の市場では、「た□つ」という尼御前《あまごぜん》の仮屋《かりや》（仮設の店舗のことか）へ、人を遣わすとよいと思う。

◀商業の発展

❶**さいふ**　割符。離れた地域間の商取引の決済に使われた為替手形。

❷**ひんこのふかつのいち**　備後の深津の市。現在の広島県福山市付近にあった市場。

❸**ようとう**　銭、貨幣。

❹**かりや**　仮屋。仮設の建物。ここでは両替などを行う店舗のことを指していると思われる。

出典◉**『厳島神社蔵反古裏経紙背文書』**　厳島神社に所蔵されている、反古（廃棄《はいき》）となった経典《きょうてん》の裏面に記されている文書。

解説

鎌倉時代も後半になると、貨幣経済をともなった商品流通が活発化し、新たな商取引の形態が生まれてきた。その一つが**割符**《さいふ》と呼ばれる為替手形《かわせてがた》の登場である。これは、一般には、送金額や受取人・支払人が明記された文書で、受取人が所定の支払人のもとに持参すると換金できるというシステムであった。この史料は、**定期市**《ていきいち》が開かれている備後《びんご》国の深津《ふかつ》市場にて、割符を換金するよう依頼している様子がうかがえる貴重な史料である。しかも差出人は、深津市場では「尼御前《あまごぜん》の仮屋《かりや》」に行くよう促しているので、女性商人とみられる尼御前が、この割符の決済に関わっていることがみてとれ、たいへん興味深い。

7 モンゴル襲来と幕府の衰退

1 モンゴルの牒状《ちょうじょう》

上天《じょうてん》の眷命《けんめい》せる大蒙古《もうこ》国皇帝❶、書を日本国王に奉《たてまつ》る。朕《ちん》❷惟《おも》んみれば

通釈

天の加護を受ける大蒙古国皇帝が書を日本国王に奉る。朕（私）が思うに、小国の王は、昔

◀モンゴルの牒状

❶**皇帝**　フビライ＝ハン。

❷**朕**　皇帝の自称。

❸**祖宗**　始祖。チンギス＝ハンのこと。
❹**区夏**　区は境域、夏は中華の意味で、区夏は天下という意味。
❺**奄有**　制圧する。
❻**遐方**　遠方の意。
❼**東藩**　東方の従属国。
❽**密邇**　まぢかく接する。
❾**王国**　日本のこと。
❿**不宣**　述べ尽くしていないという意味。手紙の末尾に記すあいさつの語句。
⓫**至元三年**　蒙古の年号。一二六六年。日本の年号では文永《ぶんえい》三年。

出典◉『**調伏異朝怨敵抄**』　東大寺を構成する寺院の一つ尊勝院に伝来した典籍の一つ。東大寺僧宗性《そうしょう》が京都で写したもので、この国書は『元史《げんし》』所収の写しよりも原文書の姿に近いと考えられる。

設問15　❶でフビライ＝ハンは日本に何を要求しているだろうか。

古《いにしえ》より小国の君、境土《けいど》あい接すれば、なお努《つと》めて信を講じ睦《むつび》を修《おさ》む。いわんや我が祖宗《そそう》❸、天の明命を受け、区夏《くか》❹を奄有《えんゆう》す❺。遐方《かほう》❻異域の威《い》を畏《おそ》れ徳に懐《なつ》く者、悉《ことごと》くは数うべからず。……**高麗《こうらい》は朕の東藩《とうばん》なり❼。日本は高麗に密邇《みつじ》し❽、国を開きて以来《このかた》、また時に中国に通ず。朕が躬《み》に至りては、一乗《いちじょう》の使《つかい》のもって和好《わこう》を通ずるなし。**なおおそらくは王国❾これを知ることいまだ審《つまびら》かならざらん。故《ゆえ》に特に使《つかい》を遣《つかわ》し、書を持ちて朕の志を布告せしむ。冀《こいねがわ》くは自今以往《いおう》、問を通じ好《よしみ》を結び、もって相《あ》い親睦《しんぼく》せん。且《また》聖人は四海《しかい》を以て家と為《な》す。相通好《あいつうこう》せざるは、豈《あ》に一家《いっか》の理ならんや。兵を用うるに至るは、それ孰《いず》れか好む所ならん。王それこれを図《はか》れ。不宣《ふせん》❿。
至元《しげん》三年⓫八月　日
『調伏異朝怨敵抄《ちょうぶくいちょうおんてきしょう》』

から境を接している国とは音信を交《かわ》し、友好関係を作るものだ。いわんやわが始祖は天の命令を受け、天下を取ったのであるから、遠方にあってその権威を畏怖し、また徳をしたう異域の者どもは多い。……高麗は朕の属国である。日本は高麗に近接し、開国以来、時おり中国に使者を派遣している。しかし、朕の時代になって一人の使者もよこしていない。貴国の王がこのことを知らないのではないかと不審に思っている。であるから特に使者を派遣し、文書で朕の意志を伝える。これ以後、連絡をとりあい親交を結ぼうではないか。そもそも聖人は四海を家としている。互いに通好しなければ、どうして一家となることができようか。兵を用いることを誰が望もうか。王はこのことを考えてほしい。
至元三（一二六六）年八月　日

解説

ユーラシア大陸の東西にまたがるモンゴル帝国を築き上げたチンギス＝ハンの孫・**フビライ＝ハン**は、一二六六（蒙古《もうこ》の年号で至元《しげん》三）年、初めて日本に対し服属を要求する国書を送ってきた。この史料は、東大寺僧の宗性《そうしょう》が著した『調伏異朝怨敵抄《ちょうぶくいちょうおんてきしょう》』に写されたその国書の写しである。これによれば、日本と間近に接する朝鮮半島の**高麗**《こうらい》はモンゴルの属国であり、日本は建国以来、何度も中国には使者を送ってきた歴史があるのにもかかわらず、フビライにはまだ一度も使者を送ってきていない、と不満をあらわにしている。この国書を持ったフビライの使者は、高麗を経由して日本に渡ろうとしたが、巨済島《きょさいとう》から対馬《つしま》海峡を望んでその荒波《あらなみ》に恐れをなし、帰国したという。フビライは激怒したというが、高麗はフビライの戦争に巻き込まれるのを嫌って、使者に日本との戦争の無益を諭《さと》したとされている。

2 文永・弘安の役の戦闘実態

はかた《博多》のちん《陣》をうちいて《打出》、ひこのくに《肥後国》［　　］一はん《番》とそん《存》し❶、すみよし《住吉》のとりゐ《鳥居》のまへをすき《過》、こまつはらをうちとをり《通》て、あかさかにはせむか《馳向》ふところに、あしけ《葦毛》なるむま《馬》❷に、むらさき《紫》さかおもたかのよろひ《鎧》に、くれなゐ《紅》のほろ❸をかけ《懸》たるむしや《武者》、そのせい《勢》百よき《余騎》はかりとみへて、けうと《凶徒》❹のちん《陣》を［　　］り、そくと《賊徒》をひおとし《追落》て、くひ《頸》二、たち《太刀》となきなた《長刀》のさきにつらぬき《貫》て、さう《左右》にもたせ❺、まことゆゝしく❻みへしに、たれ《誰》にてわたらせ給候そ❼、すゝしく❽こそみえ候へと申に、ひこのくにきくち《菊池》の二郎たけふさ《武房》と申すものに候、かくおほせられ候ハたれそととふ《問》、をなしき《同》うち、たけさき《竹崎》の五郎ひやうへ《兵衛》すゑなか《季長》、かけ《駆》候、御らん《覧》候へと申て、はせむかふ。

『蒙古《もうこ》襲来《しゅうらい》絵詞《えことば》』詞書《ことばがき》

解説

『蒙古《もうこ》襲来《しゅうらい》絵詞《えことば》』は、肥後《ひご》国の御家人・**竹**《たけ》**崎季長**《ざきすえなが》が、モンゴル襲来《しゅうらい》（文永《ぶんえい》の役・弘《こう》安《あん》の役）における自らの戦功と、それを認めた鎌倉幕府の恩賞奉行・**安達泰盛**《あだちやすもり》への報謝の気持ちを後世に伝えるため作成させた全二巻の絵巻物で、弘安の役後ほどなくして完成した。このうち文永の役から泰盛による恩賞下付《かふ》までを描いた上巻によると、季長は、戦場において同じく肥後国の大武士団を率いる菊池武房《きくちたけふさ》に会い、既に戦功を上げて引き上げてきた武房に向かって、これから相手の陣に懸《か》け入るので見ていて欲しいと述べている。武房の軍勢は「百余騎」の大集団であったが、季長勢はわずか数騎であった。

3 非御家人の動員

蒙古《もうこ》人対馬《つしま》・壱岐《いき》に襲来し、合戦を致《いた》すの間、軍兵を差《さ》し遣《つか》わさるる所なり。且《かつが》つ九国の住人❶等、その身たとえ御家人ならずといえども、軍功を致すの輩《ともがら》あらば、抽賞《ちゅうしょう》せらるべき（たと

◀文永・弘安の役の戦闘実態

❶**一はんとそんし**　一番と存じ。肥後国勢での一番駆けの戦功を立てようと。

❷**あしけなるむま**　葦毛なる馬。白毛の原毛色に青や黒などの色が混じった毛色の馬。

❸**ほろ**　戦場で背中に懸けた大型の布。流れ矢を防ぐとともに、存在の標識ともした。

❹**けうと**　凶徒。モンゴル勢。

❺**さうにもたせ**　左右にもたせ。二人分の首を刺した太刀と長刀を左右に控えさせて。

❻**ゆゝしく**　ゆゆしく。立派に。

❼**たれにてわたらせ給候そ**　誰にてわたらせ給候ぞ。「どなたがお通りになるのか」という意味の直接話法。

❽**すゝしく**　すずしく。すがすがしい。

出典◉**『蒙古襲来絵詞』**　肥後国の御家人・竹崎季長がモンゴル襲来の様子を描かせた絵巻物。

◀非御家人の動員

❶**九国の住人**　九州に住んでいる者。

❷**文永十一年**　一二七四年。

え御家人ではなくても、戦闘で功績をあげた者は、恩賞を与えるべきである）の由《よし》、あまねく告げ知らさしむべきの状、
仰《おお》せによって執達件《しったつくだん》のごとし。

文永《ぶんえい》十一年❷十一月一日

武蔵守❸在判
相模守❹在判

大友兵庫頭《ひょうごのかみ》入道❺殿

『大友文書《おおともぶんじょ》』

解説　一二七四（文永《ぶんえい》十一）年十月、元《げん》・高麗《こうらい》の大軍は壱岐《いき》・対馬《つしま》を経て筑前《ちくぜん》国に上陸した。たまたま吹いた大風によって元・高麗軍は撤退したが、幕府は二度目の襲来《しゅうらい》に備えて、これまでにない防御体制の構築を迫られた。それが、この史料にあるような、地頭職《じとうしき》の設置されていない荘園（**本所一円地《ほんじょいちえんち》**）への軍事動員である。**異国警固番役《いこくけいごばんやく》**と呼ばれたこの軍事動員は幕府の権限強化には違いなかったが、一方で幕府は非御家人への恩賞給付義務も背負うことになった。

❸**武蔵守**　連署《れんしょ》北条義政《よしまさ》。
❹**相模守**　執権《しっけん》北条時宗《ときむね》。
❺**大友兵庫頭入道**　豊後国守護大友頼泰《よりやす》。
出典◉『大友文書』　豊後国の武士・大友家に伝来した文書。

設問16　非御家人の動員が鎌倉幕府にもたらしたメリットとデメリットを説明してみよう。

4 単独相続

譲り渡す　所領の事
　合
一所　備後《びんご》国地毗庄《じびのしょう》本郷❶高山門田以下を除く、地頭職の事
一所　同庄多賀村❷一分地頭職の事
一所　摂津《せっつ》国富嶋《とみじま》庄❸地頭職の事
一所　信濃《しなの》国下平田郷❹地頭職の事
一所　相模《さがみ》国早河《はやかわ》庄❺一得名《いっとくみょう》内田子《たご》の田畠在家《ざいけ》屋敷❻等の事
一所　鎌倉甘縄《あまなわ》の地の事
右、くだんの所々は、長快《ちょうかい》俗名は通資、童名は長寿丸、相伝《そうでん》の所帯《しょたい》❼なり。しかるに次第の証文❽等を相副えて、嫡《ちゃく》子《し》彦三郎通時《みちとき》に譲り与うる所これ実《じち》なり。庶子《しょし》等に相分かつべしといえども、分限《ぶげん》❾狭少《きょうしょう》の間、**相分かたしむるにおいては、上の御大事に逢うべからざるに依り**❿、**通時一人に譲り渡すものなり。**後々末代たりといえども、長快の跡においては、子孫の中《うち》、一人を以てこれを相続せしむべし。

◀**単独相続**
❶**備後国地毗庄**　現在の広島県庄《しょう》原《ばら》市付近。
❷**同庄多賀村**　現在の広島県庄原市（旧高野《たかの》町）付近。
❸**摂津国富嶋庄**　現在の大阪府大阪市北区付近。
❹**信濃国下平田郷**　現在の長野県松本市付近。
❺**相模国早河庄**　現在の神奈川県小田原市付近。
❻**在家屋敷**　在家は本来、在家役が賦課される建物をいう。
❼**相伝の所帯**　先祖代々受け継いできた財産。
❽**次第の証文**　先祖代々に伝来してきた証拠書類。
❾**分限**　分割した場合の財産。
❿**上の御大事に逢うべからざるに依り**　幕府や将軍の万一の際に対応できないため。

元徳《げんとく》二年⑪三月十八日　沙弥《しゃみ》長快（花押《かおう》）

『山内首藤家文書《やまのうちすどうけもんじょ》』

解説

鎌倉時代半ば頃まで、惣領《そうりょう》に統率された武士団の「家」では、所領などの財産は庶子《しょし》も含めた**分割《ぶんかつ》相続**が一般的であった（→一三九ページ）。しかし、分割相続が進行すると、所領が劇的に増加していかない限り、個々の子の相続分は小さくなっていくため、幕府への軍役負担などの面において支障をきたし、幕府の軍事力編成上も大きな問題となっていった。こうした状況の中で、個々の武士団の「家」においては、鎌倉時代後期頃から、財産を嫡子《ちゃくし》が単独で継承する**単独《たんどく》相続**が一般化していった。

5 永仁の徳政令

関東御事書《おんことがき》の法

一、質券《しちけん》売買地①の事　永仁《えいにん》五年②三月六日

右、地頭・御家人の買得地《ばいとくち》においては、本条③を守り、廿（二十）箇年《かねん》を過ぐるは、本主《ほんしゅ》④取り返すに及ばず。非御家人ならびに凡下《ぼんげ》の輩《ともがら》⑤の買得地に至りては、年《ねん》記（紀）の遠近をいはず⑥、本主これを取り返すべし。

関東より六波羅《ろくはら》に送らるる御事書《おんことがき》の法

一、越訴《おっそ》⑦を停止《ちょうじ》すべき事

右、越訴の道、年をおって加増し、棄て置くの輩《ともがら》、多く濫訴《らんそ》に疲れ、理《り》を得るの仁《じん》、なお安堵《あんど》しがたし⑧。諸人の侘傺《たてい》⑨、もととしてこれによる。自今以後《じこんいご》これを停《ちょう》

通釈

鎌倉幕府の事書の法

一、質入れ・売買の土地の事　永仁五年三月六日

地頭・御家人の買った土地については、御成敗式目《ごせいばいしきもく》の規定通り、二十年を過ぎたものは、売主は取り返すことができない。御家人以外の武士と庶民の買った土地については、年限の長さにかかわりなく、売主は取り戻すことができる。

幕府から六波羅探題へ送られた事書の法

一、再審請求の禁止について

再度の訴訟が年を追って増加し、敗訴の者は、再審の申し立てのためにますます疲弊《ひへい》し、勝訴になった者は、応訴《おうそ》のために安心できない。諸人の苦しみはこのことが原因となっている。以

⑪**元徳二年**　一三三〇年。

出典◉**『山内首藤家文書』**　鎌倉幕府の御家人・山内首藤家に伝来した文書。

◀**永仁の徳政令**

①**質券売買地**　質入れや売買された土地のこと。

②**永仁五年**　一二九七年。

③**本条**　御成敗式目第八条に記された時効の規定。

④**本主**　売主。

⑤**凡下の輩**　一般の民衆。庶民。とりわけ高利貸の商人。

⑥**年記の遠近をいはず**　買得後の年数の長さにかかわらず。

⑦**越訴**　敗訴人の再審請求。

⑧**棄て置く……安堵しがたし**　いったん判決が出たのに再審請求が繰り返されると、原告人も被告人も疲弊してしまって安心できない。

⑨**侘傺**　困窮《こんきゅう》する。

止《じ》すべし。……

一、質券売買地の事

右、**所領をもって或《ある》いは質券に入れ流し**⑩**、或いは売買せしむるの条、御家人ら侘傺《たてい》の基《もとい》なり。向後《きょうこう》**⑪**においては停止に従うべし。**以前の沽却《こきゃく》⑫の分に至りては、本主領掌《りょうしょう》せしむべし。但《ただ》し或いは御下文《おんくだしぶみ》・下知状《げちじょう》⑬を成し給《たま》い、或いは知行《ちぎょう》廿箇年を過ぐるは⑭、公私の領を論ぜず、今更《いまさら》相違あるべからず。もし制符《せいふ》⑮に背《そむ》き、濫妨《らんぼう》を致すの輩あらば、罪科に処せらるべし。

次いで**非御家人・凡下《ぼんげ》の輩《ともがら》の質券買得地の事、年紀《ねんき》**⑯**を過ぐると雖《いえど》も、売主知行《ちぎょう》せしむべし。**

一、利銭出挙《すいこ》⑰の事

右、甲乙《こうおつ》の輩⑱要用《ようよう》の時⑲、煩費《はんぴ》⑳を顧《かえり》みず、負累《ふるい》せしむるにより、富有の仁㉑その利潤を専《もっぱ》らにし、窮困の族《やから》いよいよ侘傺に及ぶか。自今以後《じこんいご》成敗《せいばい》に及ばず。たとい下知状を帯《たい》し、弁償せざるの由《よし》、訴え申す事ありといえども、沙汰《さた》の限りに非ず㉒。ついで質物を庫倉㉓に入るる事、禁制に能《あた》はず。

……

越訴ならびに質券売買地、利銭出挙の事、事書一通こ

後はこれを禁止する。……

一、質入れ・売買した土地について

所領を質に入れて流したり、売買したりすることは、御家人の困窮の原因である。以後は禁止する。それ以前に売却してしまった分は、元の所有者に返還する。ただし、将軍からの下文《くだしぶみ》や幕府からの下知状《げちじょう》をもっている場合、またはその実効支配が二十年を経過している場合については、公領・私領にかかわりなく、いままで通りとする。もしこの法に背いて、強引に返還を迫る者は処罰する。

次に非御家人・一般庶民の質券買得地については、年限を過ぎても、元の売主が所有するものとする。

一、利子付きの貸借について

庶民が必要な時に、必要な出費を考えないで借銭を重ねるので、金融業者はますます利潤を稼ぎ、貧窮《ひんきゅう》の者はますます苦しんでいる。以後はこの訴訟を受け付けない。たとえ、下知状をもって金を貸した相手が弁償しないということを訴えてきても、取り上げない。また、質物を質屋に入れることは禁止しない。

……

再審請求・質入れ売買した土地・利子付きの

---

⑩**質券に入れ流し**　ある物を担保にして質屋から金を借り、その金を返せなくなった時、その物が質屋の所有に帰すること。

⑪**向後**　今後。

⑫**沽却**　売却。

⑬**御下文・下知状**　鎌倉幕府からの公式の命令書。

⑭**知行廿箇年を過ぐるは……**　二十年実効支配している所領は実際の占有者のものになるという法。

⑮**制符**　規則や命令。

⑯**年紀**　知行二十か年と同じ。

⑰**利銭出挙**　利息がついた金銭貸借。

⑱**甲乙の輩**　一般の民衆。凡下の輩とおおよそ同じ意味。

⑲**要用の時**　金銭が必要な時。

⑳**煩費**　出費の多さ。

㉑**富有の仁**　金融業者などの裕福な者。

㉒**沙汰の限りに非ず**　訴訟を受け付けない。

㉓**庫倉**　質屋のこと。

れを遣はす。この旨を守り、沙汰を致さるべきの状、仰《おお》せによって執達件《しったつくだん》のごとし。

永仁五年七月廿二日

陸奥守《むつのかみ》㉔宣時 在御判㉕
相模守《さがみのかみ》㉖貞時 在御判

上野前司殿《こうずけのぜんじ》㉗宗宣
相模右近大夫将監殿《さがみうこんだゆうしょうげん》㉘宗方

『東寺百合文書《とうじひゃくごうもんじょ》』

貸借についての箇条書の法を一通送る。この内容を守って、裁判を行うようにとの将軍からの命令である。その命令を伝達する。
（以下略）

㉔**陸奥守** 連署大仏宣時《れんしょおさらぎのぶとき》。
㉕**在御判** 御判とは花押《かおう》（サイン）の意で、この史料は写しであるため、差出人の花押が記されていないが、本来はこの位置に花押があることを示している。
㉖**相模守** 執権《しっけん》北条貞時《さだとき》。
㉗**上野前司** 六波羅探題《ろくはらたんだい》南方大仏宗宣《むねのぶ》。
㉘**相模右近大夫将監** 六波羅探題北方北条宗方《むねかた》。

出典◉**『東寺百合文書』** 東寺に伝来した古文書。江戸時代に、加賀《かが》藩主前田綱紀《つなのり》が寄進した約一〇〇個の箱に収められているので、この名がある。

解説

徳政《とくせい》とは本来、儒学《じゅがく》の理念に基づく仁政《じんせい》、徳のある政治をいう。日本を含む東アジア世界では古来、政治は天から付託《ふたく》を受けた徳のある者が行うべきもので、天変地異《てんぺんちい》や飢饉《ききん》、彗星《すいせい》の出現などは、為政者《いせいしゃ》が道に外れた政治を行ったことに対する天からの警鐘《けいしょう》と考えられていた。徳政は、そうした警鐘に対して為政者が行う、己《おのれ》の不徳《ふとく》を正すための道徳的実践に他ならず、武家政治に先行して公家《くげ》政治において平安時代後期頃から実践されてきた。そうした徳政の考え方の一つに、「現在の物事の状態は、本来のあるべき姿から変化した状態であるから、これを元の状態に戻すのが徳政である」という考え方があり、鎌倉時代後期以降の幕府政治で行われた**神領興行法《しんりょうこうぎょうほう》**や**永仁《えいにん》の徳政令**も、こうした文脈の中で理解する必要がある。したがって、売却した土地の無償《むしょう》での取り戻しが規定されるなど、現代的な感覚からすると奇異《きい》に感じられる徳政令の内容も、中世の人々からすると、驚天動地《きょうてんどうち》というような法令ではなかったと言える。

6 悪党

南禅寺《なんぜんじ》領播磨《はりま》国矢野《やの》庄別名《べつみょう》❶ 雑掌《ざっしょう》❷ 覚真《かくしん》謹んで言上す。

……

右、範家《のりいえ》法師法念《ほうねん》・孫太郎・安芸法橋《ほっきょう》以下の悪党《あくとう》等、山僧❸石見房ならびに当国坂越庄《さこしのしょう》地頭飽間《あきま》八

◀悪党
❶**別名** 播磨国矢野荘は例名《れいみょう》・別名の二地域に分かれていた。
❷**雑掌** 荘園の現地経営を担う代官。
❸**山僧** 比叡山の僧で、金融業も営んでいた。
❹**政所** 荘園領主が荘園を支配するための現地事務所。
❺**宇** 建造物を数える時の単位。軒と同じ。

郎泰継《やすつぐ》代親性《しんせい》以下の家人等・小犬丸《こいぬまる》地頭岩間三郎入道道貴・那波浦《なばのうら》地頭海老名孫太郎・下揖保庄《いぼ》東方地頭周防孫三郎入道・同上揖保庄揖保七郎・浦上誓願南五郎入道子息・書写《しょしゃ》坂本兵庫助以下、所々の悪党人等を引率し、坂越庄地頭泰継宿所より打ち越して、去る月廿（二十）八・九日両日、数百人の悪党等を率い、別名方に打ち入り、政所《まんどころ》❹以下、数十宇❺の民屋を焼き払い、刃傷《にんじょう》を致し、数百石の年貢を奪い取り、城郭を構え、当国他国の悪党等を籠《こ》め置き、種々の悪行を致すの条、近隣の耳目《じもく》を驚かし、国中その隠れなきものなり❻。……かの法念は、都鄙《とひ》名誉❼の悪党、違勅《いちょく》❽悪行の重科人なり。したがって去年庄家《しょうけ》❾を濫妨《らんぼう》❿せしめ、条々の狼藉《ろうぜき》を致すにより、武家⓫に仰せて、炳誡《へいかい》を加えらるべ⓬きの旨、厳密の院宣《いんぜん》⓭を下さるるといえども叙用《じょよう》せず⓮。……不日《ふじつ》⓯、法念以下の悪党等を召し捕り、重科に行われ、寺用⓰を全《まっと》うせんがため、粗々《あらあら》言上くだんの如し。

『東寺百合文書《とうじひゃくごうもんじょ》』

❻国中その隠れなき　国中の皆が知っている。

❼名誉　ここでは「よく知られた」「有名な」の意味で用いられている。

❽違勅　「天皇（朝廷）の命令に反した」という意。

❾庄家　荘園の現地。

❿濫妨　混乱させる、荒廃させる。

⓫武家　鎌倉幕府。

⓬炳誡を加え　処罰する。

⓭院宣　上皇（院）の意向を記した書面。

⓮叙用せず　（院宣の内容に）従わなかった。

⓯不日　早く。

⓰寺用　寺院の財政。

出典◉**『東寺百合文書』**　右ページ参照。

設問17　1❷・❺を読み、従来の分割相続にはどのような問題があり、それに対して幕府・御家人はどのような対応をしているだろうか、考えてみよう。
2❻の登場人物の記述から、矢野荘の悪党はどのような集団であったと考えられるだろうか。

解説

鎌倉時代の半ば頃から、各地の荘園では、**悪党《あくとう》**と呼ばれる人々の活動が活発になってくる。悪党とは本来、夜討《ようち》・強盗・山賊《さんぞく》・海賊《かいぞく》など、守護《しゅご》による検断《けんだん》（犯罪人の捜索《そうさく》・処断《しょだん》行為）の対象となる重犯罪人のことを指す法制用語で、決して単に「悪者」という意味の一般名詞ではない。鎌倉時代前半までにおいては、荘園領主の利益を侵害《しんがい》しないよう、守護は本所一円地《ほんじょいちえんち》には入れなかったが、十三世紀の後半頃からは、むしろ荘園領主の側から、自らの検断に従わない者や他荘からの侵入者を悪党として幕府に告発するような動きが出はじめてきた。この史料は、**播磨《はりま》国矢野《やの》荘**（現在の兵庫県相生《あいおい》市付近）の荘園領主・南《なん》禅寺《ぜんじ》が、「都鄙《とひ》名誉《めいよ》の悪党」すなわち全国に名の知れ渡っていた悪党・寺田法念《てらだほうねん》の逮捕を鎌倉幕府に求めた訴状の一部である。法念が近隣の地頭《じとう》や金融業者らと幅広く連携していた様子がよく分かる。

8 鎌倉文化

1 法然《ほうねん》

もろこし❶我がてう（朝）に、もろ〳〵の智者《ちしゃ》達のさた（沙汰）し申さるゝ❷、観念の念にも非《あら》ず。また、学文《がくもん》をして念の心を悟《さと》りて申《もう》す念仏《ねんぶつ》にも非《あら》ず。**たゞ往生極楽《おうじょうごくらく》のためには、南無阿弥陀仏《なむあみだぶつ》と申《もうし》て、疑《うたがい》なく往生するぞと思《おもい》とりて申《もう》す外《ほか》には別の子細候《しさいそうら》はず**（ただ極楽に往生するためには、南無阿弥陀仏と唱えれば間違いなく往生すると思って、南無阿弥陀仏と唱える以外には、別の方法はない）。但《ただ》し、三心《さんじん》❸四修《ししゅ》❹と申《もうす》事の候は、皆決定《みなけつじょう》して❺南無阿弥陀仏にて往生するぞと思ふ内に籠《こも》り候也。此外《このほか》にをく（奥）ふか（深）き事を存ぜば、二尊❻のあはれみ❼にはづれ、本願《ほんがん》にもれ（洩）候べし。念仏を信ぜん人は、たとひ一代の法《のり》❽を能々《よくよく》学すとも、一文《いちもん》不知の愚《ぐ》とん（鈍）の身になして、尼入道《あまにゅうどう》の無ち（智）のともがら（輩）に同《おなじう》して、智者《ちしゃ》のふるまいをせずして、**只一《ただいっ》かう（向）に❾念仏すべし**（ただひたすら念仏を唱えなさい）。

証のために両手をもって印す。

浄土宗の安心《あんじん》❿起行《きぎょう》、⓫此《この》一紙に至極《しごく》せり。源空《げんくう》⓬が所存《しょぞん》、此外に全く別義⓭を存ぜず。滅後の邪《じゃ》義《ぎ》⓮をふせがんが為《た》めに、所存を記し畢《おわんぬ》。

建暦《けんりゃく》二年⓯正月二十三日

源空（花押《かおう》）

『一枚起請文《いちまいきしょうもん》』

◀法然

❶**もろこし**　中国。
❷**さたし申さるゝ**　主張される。
❸**三心**　至誠心・深心・廻向発願心《えこうほつがんしん》。
❹**四修**　修行の軌則の恭敬修・無余修・無間修・長時修。
❺**決定して**　かならず。
❻**二尊**　釈迦牟尼仏《しゃかむにぶつ》と阿弥陀仏。
❼**あはれみ**　慈悲。
❽**一代の法**　仏陀《ぶっだ》の生涯をかけての教え。
❾**一かうに**　ひたすらに。
❿**安心**　本願を疑わず阿弥陀仏の絶対の救いを信ずる心。
⓫**起行**　称名《しょうみょう》念仏。
⓬**源空**　法然の実名。法然は号名。
⓭**別義**　ほかの考え。
⓮**邪義**　間違った考え。
⓯**建暦二年**　一二一二年。

出典◉『**一枚起請文**』　臨終の近いことを悟った法然が弟子に与えた念仏往生の要諦《ようてい》を記した書。

解説

中世の仏教界の中心勢力は、依然として天台《てんだい》・真言宗《しんごん》と南都六宗《なんとろくしゅう》の旧仏教であった。しかし、治承《じしょう》・寿永《じゅえい》の内乱とその被害が深刻になる中、仏教によってそれを止めることできなかったという反省は、仏教界を大きな改革へと導いていった。その中でも特に急進的な改革を求めたのが**法然《ほうねん》**で、

「南無阿弥陀仏《なむあみだぶつ》」の念仏《ねんぶつ》を唱えること（**専修念仏《せんじゅねんぶつ》**）だけが極楽往生《ごくらくおうじょう》の道であると説いた。こうした教えは九《く》条兼実《じょうかねざね》ら一部の貴族には支持されたが、朝廷や延暦《えんりゃく》寺《じ》・興福寺《こうふくじ》等から激しい弾圧を受けた。

2 親鸞《しんらん》

一、「善人《ぜんにん》❶なをもちて往生《おうじょう》をとぐ、いはんや悪人《あくにん》をや❷。しかるを、世の人常《つね》にいはく、『悪人なを往生《おうじょう》す、いかにいはんや善人をや』と。この条、一旦《いったん》そのいはれあるに似たれども、本願《ほんがん》❸他力《たりき》❹の意趣《いしゅ》に背《そむ》けり。その故《ゆへ》は、自力作善《じりきさぜん》❺の人は、偏《ひと》へに他力を頼む心かけ《（欠）》たるあひだ《（間）》、弥陀《みだ》の本願にあらず。しかれども、自力の心をひるがへして、他力を頼みたてまつれば、真実報土《しんじつほうど》❻の往生をとぐるなり。煩悩具足《ぼんのうぐそく》❼の我らは、いづれの行《ぎょう》にても生死をはなる《（離）》る❽ることあるべからざるを哀《あわ》れみたまひて、願《がん》を起こしたまふ本意《ほい》、悪人成仏《あくにんじょうぶつ》のためなれば、他力を頼みたてまつる悪人、もとも往生の正因《しょういん》❾なり。よりて善人だにこそ往生すれ、まして悪人は」と仰《おお》せ候《さぶら》ひき。『歎異抄《たんにしょう》』

【通釈】

一、「善人でさえ往生をとげる、ましてや悪人が往生しないことがあるだろうか。しかし、世間の人はいつも『悪人も往生をとげる。まして や善人はそうである』と言う。この言い方は一応もっともらしいが、阿弥陀如来《あみだにょらい》の誓願《せいがん》にすがって救われるという他力本願の趣旨には反している。その理由は、自分の力で善行ができる人は、ひたすら阿弥陀如来の本願にすがる心が欠けているので、阿弥陀如来による救済の対象ではない。しかし、そのような自力の考えをやめて、阿弥陀如来の力を頼りとするならば、往生極楽をとげることができる。（阿弥陀如来は）煩悩をもつわれわれがどんな行を行っても、生死から離れることはできないことを哀れみ下さって、（そういう人たちこそ救済するという）願を起こされた。その意図は悪人成仏のためであり、阿弥陀如来にすがる悪人は最も正しく往生できる。よって（親鸞上人は）善人でも往生するのであるから、ましてや悪人が往生しないことがあるだろうか」とおっしゃったのだ。

◀親鸞

❶**善人**　善行を積むことのできる人。

❷**悪人**　善行を行うことができない人。

❸**本願**　阿弥陀如来が念仏を行おうとする衆生《しゅじょう》（人々）を救おうとして立てた誓願。

❹**他力**　阿弥陀如来の力。

❺**自力作善**　自分の力で極楽往生をとげようと、寺を建てたり仏像を造ったりする善行を行うこと。

❻**真実報土**　極楽浄土。

❼**煩悩具足**　様々な悩みをもっていること。

❽**生死をはなるる**　輪廻《りんね》の苦しみを脱する。

❾**正因**　往生できるための真の原因。

出典◉『**歎異抄**』　親鸞の没後に弟子の唯円《ゆいえん》が親鸞の教えを編集したもの。

解説

法然《ほうねん》には多くの弟子がいたが、**親鸞《しんらん》**もその一人であった。親鸞は、法然の「専修《せんじゅ》念仏《ねんぶつ》」の教えをさらに推し進め、阿弥陀如来《あみだにょらい》が救済する対象は、仏像や寺院を作って善行《ぜんぎょう》を行うことのできる貴族らの善人《ぜんにん》ではなく、生活のためには動物なども殺生《せっしょう》せざるを得ず、阿弥陀如来にすがるしかない悪人たちである、という**悪人正機《あくにんしょうき》**の教えを説いた。なお、親鸞には『**教行信証《きょうぎょうしんしょう》**』などの著作もある。

◀日蓮

❶現当　現世と来世。
❷情慮　深い考え。
❸薬師経の七難　病気にかかる難（人衆疾疫の難）ほか六つの災難。
❹他国侵逼　他国からの侵略。
❺自界叛逆　国内の謀叛。
❻大集経の三災　穀物がなくなること（穀貴）・戦乱（兵革）・疫病の三つ。
❼仁王経の七難　自然災害に基づく七つの災難。
❽悪法　法華経《ほけきょう》以外の悪法を信仰することによって起こる災難。
❾実乗　法華経。
❿三界　現在の世界。

出典◉『**立正安国論**』　日蓮が執権《しっけん》北条時頼《ときより》に進上した仏教書。一二六〇（文応《ぶんおう》元）年に成立。

設問18　1❶を読み、法然の教えについて簡潔に説明してみよう。
2❷を読み、「善人」とはどのような人のことを指しているのだろうか、説明してみよう。
3❸は、どのような時代背景の中で書かれたのか説明してみよう。
4❶～❸の三つの宗派の共通点について考えてみよう。

❸ 日蓮《にちれん》

若《も》し先《ま》づ国土《こくど》を安《やす》んじて、現当《げんとう》❶を祈らんと欲せば、速《すみや》かに情慮《じょうりょ》❷を廻《めぐ》らし、いそいで対治《たいじ》を加えよ。ゆえは何《いか》ん。**薬師経《やくしきょう》の七難《しちなん》❸の内、五難たちまちに起り二難なお残せり。いわゆる「他国侵逼《しんぴつ》❹の難、自界叛逆《じかいほんぎゃく》❺の難」なり。**大集経《だいじっきょう》の三災❻の内、二災早く顕《あら》われ一災いまだ起こらず。いわゆる「兵革の災」なり。**金光明経《こんこうみょうきょう》の内、種種の災過一一《いちいち》起るといえども、「他方の怨賊《おんぞく》国内を侵《しん》掠《りゃく》する」、この災いまだ露《あら》われず、**この難いまだ来《きた》らず。仁王経《にんのうきょう》の七難❼の内、六難今盛《さかん》にして一難いまだ現ぜず。いわゆる「四方の賊来《きた》って国を侵すの難」なり。……先難これ明《あきら》かなり、後災なんぞ疑わん。もし残る所の難、悪法❽の科《とが》によって並び起り、競い来《きた》らば、其《そ》の時いかんかせんや。……汝《なんじ》、早く信仰の寸心《すんしん》を改めて、速かに実乗《じつじょう》❾の一善に帰《き》せよ。然《しか》れば則《すなわ》ち三界《さんがい》❿は皆仏国なり、仏国其れ衰《おとろ》えんや。

『立正安国論《りっしょうあんこくろん》』

通釈

もし国土の安泰《あんたい》と、現世・来世の安穏《あんのん》を願うならば、すみやかに熟慮を廻らし、急いで対策を立てねばならない。それはなぜかというと、「薬師経」に説く七難のうち、五難はすでに起こり二難がまだ残っている。いわゆる「他国から侵略される難と、自国内に謀叛《むほん》が起こる難」である。「大集経」に説く三災のうち、二災はすでに現れ、一災はまだ起こっていない。いわゆる「兵乱の災」である。「金光明経」の説く種々の災難はすでに起こっているが、「他国の賊が国内を侵略する」、この難はまだ起こっていない。「仁王経」の説く七難のうち、六難は今盛んに起きているが、そのうちの一難はいまだ現れていない。いわゆる「四方の賊が来って国を侵すの難」である。……すでに災難が起こっている以上、続いて災難が起こることは疑いないことである。もし残る災難が悪い教えの罪によって同時に起こったならば、どうしたらよいのであろうか。……あなたは早く信心を改めて、ただちに法華《ほっけ》の一善に帰依《きえ》しなさい。そうすれば、現在の世界はみな仏の国となる。仏国は衰えないのである。

解説

日蓮《にちれん》は、法華経《ほけきょう》だけが釈迦《しゃか》の教えを正しく伝えているとし、「**南無妙法蓮華経《なむみょうほうれんげきょう》**」と題目《だいもく》を唱えるだけで、人々は救われると説いた。その上で、他の宗派を激しく攻撃し、**北条時頼《ときより》**に『**立正《りっしょう》安国論《あんこくろん》**』を献呈《けんてい》して、このままでは他国から侵略《しんりゃく》を受けるなどと警告したため、厳しい弾圧を受けた。

4 道元《どうげん》

一日、弉《じょう》❶問《と》うて云《い》はく、「叢林《そうりん》❷の勤学《きんがく》の行履《あんり》❸というは如何《いかん》。」示《じ》に云《い》はく❹、「只管打坐《しかんたざ》なり❺。或《ある》いは閣上❻、或いは楼《ろう》❼下にして、常坐《じょうざ》を営《いとな》む。人に交《まじわ》り物語をせず、聾者《ろうしゃ》の如《ごと》く唖者《あしゃ》の如くにして、常に独坐を好むなり。」

『正法眼蔵随聞記《しょうぼうげんぞうずいもんき》』

通釈

ある日、懐弉が（道元禅師《どうげんぜんじ》に）問いかけていうには、「道場にあって仏道をつとめ学ぶ行為とはどのようなものでしょうか」と。禅師が答えて言われた。「ひたすら坐禅《ざぜん》をすることである。建物の上でも下でもどこでも常座（座禅）を行う。人と交わっても話をせず、耳が聞こえない人や、喋《しゃべ》れない人のようにして、常に一人で坐ることを好まなくてはならない。」と。

◀道元

❶弉　懐弉《えじょう》（道元の弟子）のこと。
❷叢林　修行の道場。
❸行履　日常の一切の行為。
❹示に云はく　道元の教示。
❺只管打坐　ひたすらに座禅を修すること。
❻閣　二階建の建物。
❼楼　何層にもなった建物。

出典◉『正法眼蔵随聞記』　道元の法語を弟子の懐弉が記録したもの。

解説

道元《どうげん》は、比叡山《ひえいざん》・建仁寺《けんにんじ》などで学んだ後、宋《そう》に渡り、帰国後は、政治に巻き込まれることを嫌って、鎌倉や京都での活動をせず、越前国《えちぜん》の永平寺《えいへいじ》に籠《こ》もった。文字で記された知識は修行の妨げになるとして、ひたすらな座禅（只管打坐《しかんたざ》）によって、高い悟りの境地に到達することを目指した。

5 『愚管抄《ぐかんしょう》』

年ニソヘ日ニソヘテハ、物ノ道理《どうり》❶ヲノミ思《おもい》ツヾケテ、老《おい》ノネザメ《（寝覚）》ヲモナグサメ《（慰）》ツヽ、イトヾ、年モカタブキ《（傾）》マカル《（罷）》❷マヽニ、世中《よのなか》モヒサシク《（久）》ミテ《（見）》侍《はべ》レバ、昔ヨリウツリ《（移）》マカル《（罷）》道理モアハレニオボエ《（覚）》テ、神ノ御代《みよ》ハシラズ、人代トナリテ神武《じんむ》天皇ノ御後《おんのち》、百王《ひゃくおう》トキコユル❸、スデニノコリ《（残）》スクナク《（少）》、八十四代❹ニモ成《なり》ニケルナカ《（中）》ニ、保元《ほうげん》ノ乱イデキノチ《（後）》ノコト《（事）》モ、マタ世継《よつぎ》ガモノガタリ《（物語）》❺ト申モ

通釈

年のたつにつれ、日のたつにつれ、ものの道理ばかりを考えつづけて、老人の寝覚めがちな夜の慰めにしているうちに、年齢も重なり、世の中の様子を長い間見ていると、昔から移り変わる道理もあわれに思われてくるのである。神々の時代のことは分からないが、人間の時代となって、神武天皇以後、百代の王までは続くと言われる王の数も残り少なくなり、八十四代になってしまったのに、保元の乱が起こって後のことは、世継物語（『大鏡《おおかがみ》』）のような歴史書を書き継いだ人もいない。少しはあるらしいと

◀『愚管抄』

❶物ノ道理　そうあるべき正しい筋道のこと。慈円は、歴史は、この道理に基づいて動かされていると考えて『愚管抄』を著《あらわ》したとされる。
❷年モカタブキマカル　老齢になる。
❸百王トキコユル　八幡大菩薩は百王を守護するが、百代の後は世が乱れるという考え方に基づいて述べている。
❹八十四代　順徳《じゅんとく》天皇の代。
❺世継ガモノガタリ　『大鏡』のこと。

ノモカキ《(書)》ツギ《(継)》タル人ナシ。少々アリトカヤウケタマワ《(承)》レドモ、イマダエミ侍ラズ。ソレハミナ《(皆)》タヾヨキ《(良)》事ヲノミシル《(記)》サントテ侍レバ、**保元《ほうげん》以後ノコトハミナ《(皆)》乱世ニテ侍レバ**、ワロキ《(悪)》事ニテノミアランズルヲハバカリ《(憚)》テ❻、人モ申ヲカヌニヤト、ヲロカ《(愚)》ニ覚テ❼、**ヒトスヂ《(一筋)》ニ世ノウツリカハリ《(変)》オトロヘ《(衰)》クダル《(下)》コトハリ《(理)》**、ヒトスヂ《(一筋)》ヲ申サバヤトオモヒテ思ヒツヾク《(続)》レバ、マコトニイハレテノミ覚ユルヲ、カクハ人ノオモハデ、道理ニソムク心ノミアリテ、イトヾ世モミダレ《(乱)》ヲダシカラヌ❽コトニテノミ侍レバ、コレヲ思ツヾクル心ヲモヤスメント思テカキ《(書)》ツケ侍《はべる》也《なり》。『愚管抄《ぐかんしょう》』

は聞いたこともあるが、実際には見たことがない。というのは、みなただ良いことだけを記そうとするので、保元以後のことはすべて乱世のことであるから、悪いことばかりあったことを憚って、書き残さなかったのではないか。しかしそれは表面的な理解だと思われる。一筋の原理で時代が移り変わり、衰えていく道理を述べようと思って考えていると、本当にすべてのことに道理が貫かれていると思うのである。しかし、そのようには人々は考えず、道理に反する心ばかりがあり、ますます世の中も乱れ、不安なことばかり起こってしまうのである。このようなことを思い込んでいる自らの心を休めようと思って、これを書くのである。

❻**ワロキ事……ハバカリテ**　悪いことばかりあったことを憚《はばか》って。
❼**ヲロカニ覚テ**　不十分だと思って。
❽**ヲダシカラヌ**　おだやかではない。

出典◉『**愚管抄**』　本書一一三ページ参照。

宗派	開祖	主要著書	中心寺院
浄土宗	法然	選択本願念仏集	知恩院（京都）
浄土真宗（一向宗）	親鸞	教行信証	本願寺（京都）
時宗	一遍	一遍上人語録	清浄光寺（神奈川）
日蓮宗（法華宗）	日蓮	立正安国論	久遠寺（山梨）
臨済宗	栄西	興禅護国論	建仁寺（京都）
曹洞宗	道元	正法眼蔵	永平寺（福井）

▲鎌倉仏教の新宗派

解説

『愚管抄《ぐかんしょう》』は長く右大臣などを務めた**九条《くじょう》兼実《かねざね》**の弟で、天台座主《てんだいざす》（天台宗の最高権威）も務めた**慈円《じえん》**が著《あらわ》した歴史書である。後鳥羽《ごとば》上皇にも近侍《きんじ》していた慈円は、**承久《じょうきゅう》の乱**を起こそうとしていた後鳥羽上皇を思い止まらせる目的で、この書を書いたと考えられている。この中で慈円は、保元《ほうげん》の乱（一一五六年）の勃発《ぼっぱつ》をきわめて重視し、この「日本国ノ乱《らん》逆《ぎゃく》」から後、時代は「武者《むさ》ノ世」となったと述べ、政治の実権が貴族から武士へと移り変わっていった事態を、「**道理《どうり》**」として理解しようとした。したがって、道理に基づいて成立した鎌倉幕府と敵対することの不合理を、慈円はこの書を後鳥羽上皇に読ませることで思い止まらせようとしたのである。しかし、幕府の存在を自らの院政を支えるべき存在と考えていた後鳥羽上皇は、三代将軍・**源実朝《さねとも》**が暗殺されるに及んで、将軍にとっては臣下にあたる北条氏が実権を掌握《しょうあく》する幕府とは連携できないと考え、幕府から北条氏を排除しようとして承久の乱を起こした。冷徹《れいてつ》なまなざしで国のはじまりからの歴史を独りで書ききり、その移り変わりに潜む道理を考えようとした点は高く評価されているが、一方で九条家の枠内でしか政治を考えられなかった限界も指摘されている。

6 鎌倉時代の和歌

一『新古今和歌集』

さびしさは其《そ》の色としもなかりけり❶　まき❷立つ山の秋の夕暮　寂蓮《じゃくれん》

心なき身にもあはれはしられけり　鴫《しぎ》立つ沢の秋の夕暮　西行《さいぎょう》

み渡せば花ももみぢもなかりけり　浦の苫屋《とまや》❸の秋の夕暮　定家《ていか》

『新古今和歌集《しんこきんわかしゅう》』

二『金槐和歌集』

箱根路をわが越えくれば伊豆の海や　沖の小島に波の寄る見ゆ　実朝《さねとも》

水鳥の鴨《かも》のうきねのうき❶ながら　玉藻《たまも》のとこに幾夜《いくよ》へぬらむ　実朝

『金槐和歌集《きんかいわかしゅう》』

解説

後鳥羽《ごとば》上皇は、一二〇一（建仁《けんにん》元）年、朝廷内に和歌所《わかどころ》を設置し、**藤原定家《さだいえ》《ていか》**・藤原家隆《いえたか》・寂蓮《じゃくれん》らに命じて、勅撰集《ちょくせんしゅう》としては八番目となる和歌集の編纂《へんさん》を開始した。完成した**『新古今和歌集《しんこきんわかしゅう》』**には、万葉集《まんようしゅう》を含む幅広い古典作品から同時代のものまで一九七〇首余りが収められ、**西行《さいぎょう》**・**慈円《じえん》**・**藤原俊成《としなり》《しゅんぜい》**らの歌が多く収められている。また、藤原定家を師とし、後鳥羽上皇とも和歌を通じた交流があった鎌倉幕府三代将軍・**源実朝《さねとも》**が編んだ**『金槐和歌集《きんかいわかしゅう》』**も、鎌倉という中央歌壇《かだん》から離れた環境にあった実朝の独特の歌風が高く評価されている。承久《じょうきゅう》の乱の勃発《ぼっぱつ》は、こうした文化的交流の断絶が遠因となったとも言える。

◀『新古今和歌集』

❶**其の色としもなかりけり**　どの色が特に寂しいというわけではないのだが。

❷**まき**　真木。常緑樹。

❸**苫屋**　粗末な小屋。

出典◉『新古今和歌集』　勅撰和歌集で一二〇五（元久《げんきゅう》二）年成立。以後も、追加・削除が行われた。

◀『金槐和歌集』

❶**うき**　浮きと憂きを掛けている。

出典◉『金槐和歌集』　一二一三（建保《けんぽう》元）年成立。源頼朝《よりとも》の子、三代将軍源実朝《さねとも》の私歌集。

設問19　❶曹洞宗と臨済宗の違いを権力との関係に注目しながら説明してみよう。
❷❺を読み、時代のどのような状況が「道理」と捉えられているか説明してみよう。
❸❻を読み、後鳥羽上皇や源実朝といった権力者による和歌集の編纂が持つ政治的な意義について考えてみよう。

第5章 武家社会の展開

1 南北朝の動乱

1 建武の新政

保元《ほうげん》・平治《へいじ》・治承《じしょう》より以来、武家の沙汰《さた》として政務を恣《ほしいまま》にせしかども、元弘《げんこう》三年❶の今は天下一統《てんかいっとう》に成《なり》しこそめづらしけれ。君の御聖断《ごせいだん》は延喜《えんぎ》・天暦《てんりゃく》のむかし(昔)❷に立帰《たちかえ》りて、武家安寧《あんねい》に比屋謳歌《ひおくおうか》す❸。いつしか諸国に国司・守護を定め、卿相雲客《けいそううんかく》❹各其《そ》の位階《いかい》に登りし体《てい》、実《まこと》に目出度《めでた》かりし善政なり。……古《いにしえ》の興廃を改めて、今の例は昔の新儀《しんぎ》なり。**朕《ちん》が新儀は未来の先例《せんれい》たるべし**とて新《あらた》なる勅裁漸《ちょくさいようや》くきこえけり。……

爰《ここ》に京都の聖断❺を聞奉《ききたてまつ》るに、**記録所《きろくしょ》・決断所《けつだんしょ》**❻を(置)をかるるといへども近臣臨時《きんしんりんじ》に内奏《ないそう》❼を経《へ》て非義《ひぎ》を申《もう》し断《だん》ずる間、**綸言《りんげん》**❽朝《あした》に変じ暮《くれ》に改まりしほどに、**諸人の浮沈《ふちん》掌《たなごころ》を返すがごとし**。……又、天下一同の法❾をもて安堵《あんど》の綸旨《りんじ》を下さるといへども、所帯《しょたい》❿(召)をめさるる輩《ともがら》、恨《うら》みをふくむ時分《じぶん》、公家《くげ》に口ずさみ⓫あり。**尊氏《たかうじ》なし**⓬とい

◀建武の新政

❶**元弘三年**　一三三三年。鎌倉幕府滅亡の年。

❷**延喜・天暦のむかし**　醍醐《だいご》天皇・村上《むらかみ》天皇の時代。

❸**比屋謳歌す**　都に多くの家々が立ち並ぶ平和な様子を喜ぶ。

❹**卿相雲客**　公卿《くぎょう》・大臣・殿上人《てんじょうびと》。

❺**聖断**　天皇の命令やそれに基づく政治。

❻**決断所**　雑訴決断所。

❼**内奏**　奥むきにとりいって天皇に奏聞(進言)すること。

❽**綸言**　綸旨《りんじ》(天皇の意思を伝える奉書形式の文書)のこと。

❾**天下一同の法**　一三三三(元弘三)年六月十五日に出された旧領回復令・朝敵所領没収令などの法。この法では訴訟などの裁決は綸旨によることとされた。

❿**所帯**　所領。

通釈

保元・平治・治承の内乱以来、武家が政治をほしいままにしてきたが、元弘三年のいま、天下が一つになったことはめでたいことである。後醍醐天皇のお考えは、延喜・天暦の昔に立ち帰って、武家もおとなしくなって都に多くの家々が立ち並ぶ平和を謳歌できるようになることであった。いつしか諸国に国司と守護が定められ、公家はそれぞれその官位についたということは実にめでたい善政である。……昔の繁栄や衰退を清算して、いま、恒例になっていることも、昔は新たな試みであったのであり、朕の新しくはじめたことは未来には先例となるのであると言って、新しい天皇の命令が次第に行われていった。……

さて、京都における後醍醐天皇の政治では、聞くところによると、記録所・雑訴《ざっそ》決断所が置かれてはいるが、近臣が勝手に天皇に意見を述べて不当なことを言うので、天皇の命令は朝に変わり夕暮に改まるというような状況であり、人々の浮き沈みがめまぐるしい。……また、天下一同の法によって所領の支配を保証した綸旨を出されても、所領を取り上げられてしまう

⓫口ずさみ　繰り返しささやかれる言葉。
⓬尊氏なし　足利尊氏が建武政権の要職についていないことをいう。
⓭直義朝臣　足利直義。
⓮太守　足利直義は元弘三年十二月鎌倉に下り、成良《なりよし》親王の執事として関東十か国を管轄した。

出典◉『梅松論』　歴史書。足利尊氏に近い立場の者が書いたと思われる。鎌倉末期から尊氏の政権獲得までを描く。一三四九年頃成立。

ふ詞《ことば》を好みつか（使）ひける。抑《そもそも》、累代叡慮《るいだいえいりょ》をもて関東を亡《ほろぼ》されし事は、武家を立《たて》らるまじき御為《おんため》也。然《しか》るに、直義朝臣《ただよしあそん》⓭太守《たいしゅ》⓮として鎌倉に御座ありければ、東国の輩《ともがら》、是《これ》に帰伏して京都には応ぜざりしかば、一統の御《ご》本意《ほんい》今におひてさらに其益《そのえき》なしと思食《おぼしめし》ければ、武家して又公家に恨みをふく（含）み奉《たてまつ》る輩《ともがら》は頼朝卿のごとく天下を専《もっぱ》らにせん事をいそがしく思へり。故《ゆえ》に公家と武家、水火の陣にて元弘《げんこう》三年も暮《くれ》にけり。

『梅松論《ばいしょうろん》』

人々が恨み節を述べるような時代、公家の間では、「（朝廷の要職に）尊氏なし」という言葉が流行した。そもそも、代々の天皇のお考えによって幕府を滅ぼしたのは、武家の政権を認めないためであった。しかしながら、足利直義が関東の太守として鎌倉におり、東国の者たちはこれに従って、京都に従おうとしない。これでは天下を一つにするという天皇の意図が、何の利益もないものになってしまう、とお思いになったが、武家の側で公家に恨みを抱いている者は、源頼朝卿のように（武家が）天下を握ってほしいと願っているのである。よって、公家と武家は水と火の戦いのごとく対立して、元弘三年も暮れていった。

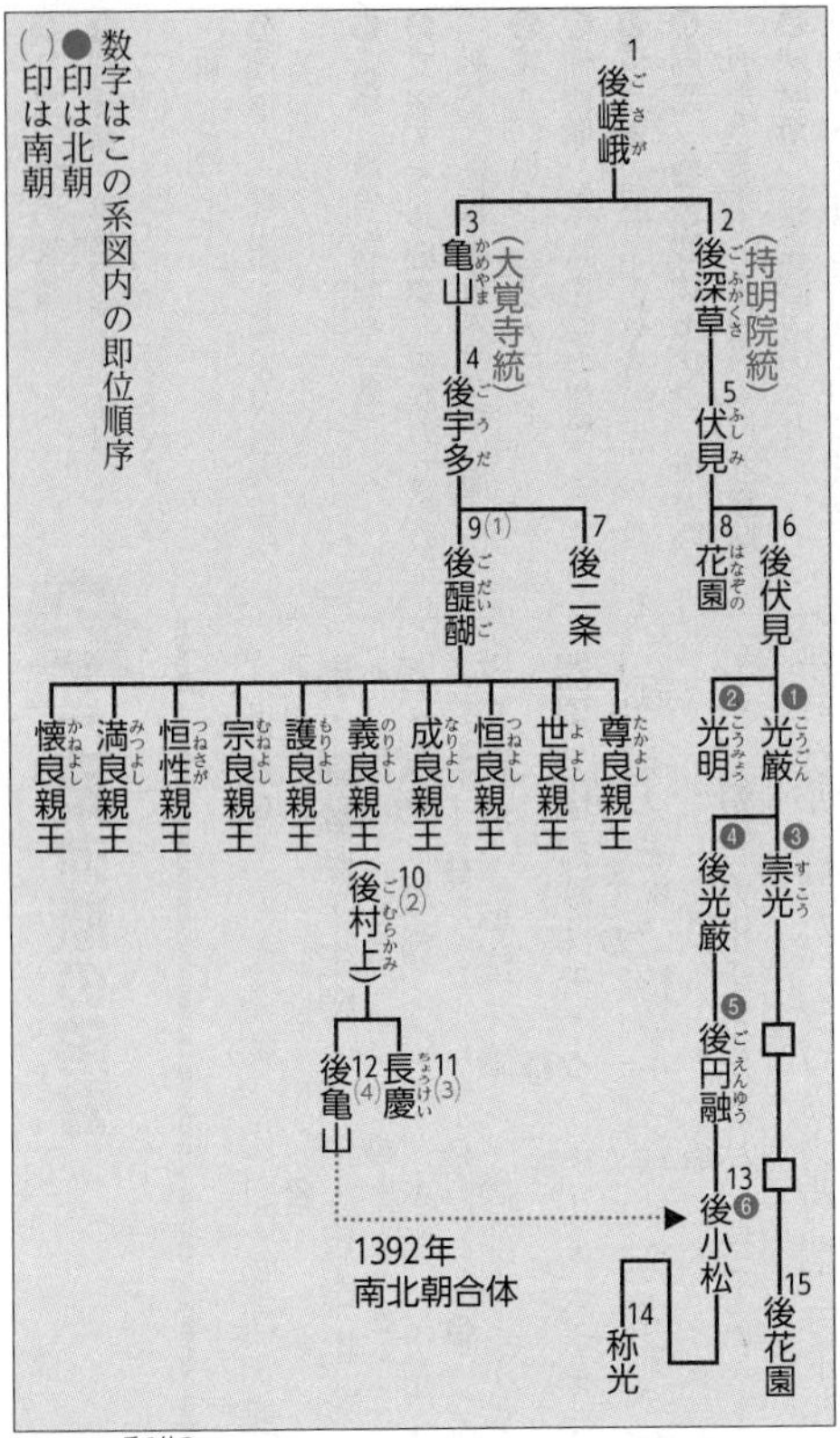

▲両統迭立《てつりつ》図

解説

『梅松論《ばいしょうろん》』は足利尊氏《あしかがたかうじ》方の立場に立つ者（一説では細川《ほそかわ》一族）によって書かれた歴史書だが、ほぼ同時代に書かれている点では貴重な史料と言える。この史料の中で、「君の御聖断《ごせいだん》」とあるのは**後醍醐《ごだいご》天皇**による政治を指し、**建武《けんむ》の新政《しんせい》**が、醍醐《だいご》・村上《むらかみ》天皇による延喜《えんぎ》・天暦《てんりゃく》の治《ち》と呼ばれた天皇親政を理想としていたことが分かる。ただしその一方で、「朕《ちん》が新儀《しんぎ》は未来の先例たるべし」と述べたともされ、その政治理念は当初から矛盾《むじゅん》に満ちたものであった。重要な政務は**記録所**で行い、訴訟は新設した**雑訴決断所《ざっそけつだんしょ》**で受け付けたが、「綸《りん》言《げん》、朝《あした》に変じ暮《くれ》に改まりし」という混乱ぶりであったため、人々の信望を失い、新政は短期のうちに崩壊した。

2 二条河原の落書《らくしょ》

此比《このごろ》都ニハヤル物、夜討《ようち》・強盗・謀綸旨《にせりんじ》❶・召人《めしうど》・早《はや》馬《うま》・虚騒動《そらさわぎ》・生頸《なまくび》・還俗《げんぞく》❷・自由出家《しゅっけ》・俄大名《にわかだいみょう》・迷《まよい》者《もの》・安堵《あんど》・恩賞《おんしょう》・虚軍《そらいくさ》❸、本領《ほんりょう》ハナル（離）、訴訟人、文書《もんじょ》入タル細葛《ほそつづら》❹、追従《ついしょう》・讒人《ざんにん》❺・禅律僧《ぜんりつそう》❻・下克（剋）上スル成出者《なりでもの》❼、器用ノ堪否沙汰《かんぷさた》モナク❽、モル（漏）、人ナキ決断所❾。キツケヌ冠《かんむり》上ノキヌ（衣）❿、持《もち》モナラハヌ（習）笏《しゃく》持テ、内裏《だいり》マジハリ（交）珍《めずら》シヤ。賢者ガホ（顔）ナル伝奏《てんそう》ハ⓫、我モ〱トミユレドモ、巧《たくみ》ナリケル詐《いつわり》ハ、ヲロカ（愚）ナルニヤヲトル（劣）ラム、……京童《きょうわらべ》ノ口スサミ（遊）、十分一ヲモラスナリ。『建武年間記《けんむねんかんき》』

通釈

この頃京都ではやっているものは、夜討、強盗、偽の綸旨、召人、早馬、空騒ぎ、討ち取ったばかりの首、還俗者、自由出家、俄大名、流《る》浪人《ろうにん》、安堵、恩賞、嘘の合戦《がっせん》、本領を離れた訴訟人、文書を入れた細葛、こびへつらい、人の悪口をいう者、禅律僧、下剋上《げこくじょう》の成り上がり者、能力を判断しないで採用する雑訴《ざっそ》決断所。かぶり慣れない冠、上等の衣装、持ち慣れない笏をもって、内裏に出入りするのはこれまでに見なかった光景である。利口ぶった伝奏は、我こそはと自信たっぷりなのだが、巧な偽《いつわ》りの訴訟を見抜けないようでは、愚かな者にも劣るというものである。……これらは京童が噂しているうちの十分の一をもれ伝えるに過ぎない。

◀二条河原の落書

❶**謀綸旨**　偽物の綸旨。綸旨については一三〇ページ（北条政子の言葉）参照。

❷**還俗**　一度出家した者が俗人に戻ること。

❸**虚軍**　虚偽の戦闘や合戦。

❹**文書入タル細葛**　訴訟のための訴状や証拠書類を入れた細い籠《かご》。

❺**讒人**　他人を誹《そし》る人のこと。

❻**禅律僧**　禅宗や律宗の僧侶。

❼**成出者**　成り上がり者。

❽**器用ノ勘否沙汰モナク**　能力の有無を審議もしないで、という意味。

❾**決断所**　雑訴決断所のこと。

❿**キツケヌ冠上ノキヌ**　着慣れない上衣。袍《ほう》と呼ばれる束帯《そくたい》（正装）用の上衣。

⓫**伝奏**　天皇・院に奏請を取り次ぐ朝廷内の役職。

出典◉『**建武年間記**』　建武政権が出した法令を集成し、諸機関の人的構成を記録した建武の新政の基本史料。二条河原の落書も収められている。

解説

落書《らくしょ》とは、当世の政治や社会を風刺《ふうし》・批判したり、犯罪の目撃情報や犯人の名前を告発したりするなどの目的で匿名《とくめい》にて記され、故意に道に落とされたり、人目につきやすい場所に貼り出されたりした文書のことをいう。この史料は、平安《へいあん》京《きょう》の東を流れる鴨川《かもがわ》べりの二条河原《にじょうがわら》に落とされていたという体で伝わるもので、後醍醐《ごだいご》天皇による建武《けんむ》政権に対し、所領の安堵《あんど》や恩賞《おんしょう》を求めて訴訟《そしょう》を起こす人が後を絶たない様子など、新政の混乱ぶりをよく伝えている。

3 一揆する国人

契約す　一族一揆の子細の事

◀一揆する国人

右、**元弘以来**《げんこう》❶、一族同心せしむるにより、将軍家より恩賞に預かり、**当知行**《とうちぎょう》❷相違なきものなり。ここに去年の秋ごろより、**両殿御不和**❸の間、世上今に静謐《せいひつ》に属さず。しかして或《あ》るいは**宮方**❹と号し、或いは将軍家、ならびに**錦少路殿方**《にしきこうじどの》❺と称し、**国人**等の所存まちまちたりといえども、この一族においては、武家の御恩に浴するの上は、いかでか彼の御恩を忘れ奉るべけんや。しかれば早く御方において軍忠《ぐんちゅう》を致し、**弓箭**《きゅうせん》❻の面目を末代に揚げんと欲す。この上は更に二心あるべからざるか。向後《きょうこう》この状に背かば、衆中において内談を加え、所存を申さるべし。もしこの条々一事たりといえども偽《いつわ》り申さば、上は梵天《ぼんてん》・帝釈《たいしゃく》・四大天王《しだいてんのう》、惣じては日本国中大小神祇《じんぎ》冥《みょう》道《どう》、別しては諏訪《すわ》・八幡大菩薩《はちまんだいぼさつ》・当国**吉備津大明神**《きびつだいみょうじん》❼らの御罰を各《おのおの》の身に罷《まか》り蒙《こうむ》るべきなり。よって**一味契約起請文**《きしょうもん》の状、くだんの如し。

『山内首藤家文書《やまのうちすどうけもんじょ》』

通釈

山内首藤一族で一揆を結ぶ契約について。

元弘三（一三三三）年以来、（山内首藤一族は）一族皆で一致団結してきたので、将軍家から恩賞を受け、自らの所領を間違いなく統治してきた。去年の秋ごろ、足利尊氏《たかうじ》方と直義《ただよし》方が不和となったことにより、世間が騒がしくなり、一方で南朝方だと称し、一方で将軍方あるいは直義方だと称し、国人たちの思惑は一致しなかったが、この一族は武家の御恩に浴してきたのだから、その恩義をどうして忘れることができようか（いや、できまい）。ならば早く尊氏方に味方して戦功をあげ、武士としての栄誉を後世に伝えようではないか。そうと決めたからには、二心があってはならない。今後、このことに背こうものなら、一揆の仲間内で相談し、所存を申し述べよう。もしこのことに少しでも嘘偽りがあったならば、梵天・帝釈天・四大天王や、諏訪大明神・八幡大菩薩・当国（備中国）の吉備津大明神の神罰仏罰を各々の身体に受けるものとする。よって一味契約起請文は以上の通りである。

❶**元弘以来**　一三三三（元弘三）年の鎌倉幕府滅亡に至る一連の戦乱を指す。

❷**当知行**　土地や地域を実際に統治すること。

❸**両殿御不和**　足利尊氏と直義が対立抗争した観応の擾乱《じょうらん》を指す。

❹**宮方**　南朝に味方する勢力。

❺**錦少路殿方**　足利直義に味方する勢力。

❻**弓箭**　弓と矢のこと。転じて武士としての栄誉を指す。

❼**吉備津大明神**　備中国の一宮である吉備津神社のこと。

出典◉『**山内首藤家文書**』　本書一四八ページ参照。

設問1　**1** ❸はどのような意図によって記されたのか、読み取れることをまとめてみよう。
2 惣領制に注目して、❸が記された背景を考えてみよう。
3 南北朝の動乱が全国的に長期化した理由を、国人の動向に注目しながら考えてみよう。

解説

一揆《いっき》とは元来、階層差を問わず、様々な集団が特定の目的を達するために一致団結して行動することを言う。したがって一揆は、中世前期以来、僧侶《そうりょ》・武士・農民など、様々な階層の人々が行った。特に南北朝の内乱が深まる中では、地域を基盤に活動する**国人**《こくじん》と呼ばれる武士たちが一揆を結び、この史料のように、一族内の団結を再確認する**一揆契**《けい》**状**《じょう》を作成した。ここでは、末尾にこの団結を神仏に誓う文言を付した**起請文**《きしょうもん》の形式を取り、それを一族内の十一名の武士が連署《れんしょ》している点が注目される。

2 室町幕府と守護大名

1 建武式目

鎌倉元のごとく柳営《りゅうえい》❶たるべきか、他所たるべきや否《いな》やの事。

……なかんずく鎌倉郡は、文治《ぶんじ》に右幕下《うばっか》❷はじめて武館を構え、承久《じょうきゅう》に義時朝臣《よしときあそん》❸天下を并呑《へいどん》❹す。武家においては、もっとも吉士《きちど》と謂《い》うべきか。……しからば居処の興廃は、政道の善悪によるべし。これ人凶《じんきょう》❺は宅凶にあらざるの謂《いい》なり。ただし、諸人もし遷移《せんい》❻せんと欲せば、衆人の情《こころ》にしたがうべきか。

政道の事。

……古典に曰《いわ》く、徳はこれ嘉政《かせい》、政は民を安んずるにありと云々《うんぬん》。早く万人の愁《うれい》を休むるの儀、速《すみや》かに御沙《ごさ》汰《た》あるべきか。その最要あらあら左に註《ちゅう》す。

(第一条)一、倹約を行わるべき事。

近日婆佐羅《ばさら》❼と号《ごう》して、専《もっぱ》ら過差《かさ》❽を好み、綾羅錦繍《りょうらきんしゅう》❾・精好《せいごう》銀剣❿・風流《ふりゅう》服飾⓫、目を驚かさざるはなし。すこぶる物狂⓬と謂ふべきか。富者はいよいよこれを誇り、貧者

【通釈】

鎌倉が今までのように幕府の所在地であるべきか、それとも他所であるべきかどうかについて。

……とりわけ鎌倉郡は文治年間に右近衛大将(源頼朝)がはじめて館を構え、承久年間に(北条)義時が天下を支配したところである。武家にとっては最も縁起のよい土地というべきであろう。……そうであるならば、居所の繁栄衰退は、政治のよしあしによって決まるものであろう。人の運不運は住んでいる場所の運不運で決まるのではない、ということである。ただし、もし多くの人が鎌倉から移すことを望むならば、その気持ちに従うべきであろう。

政治について。

……古典では次のようにいっている。徳は立派な政治、政治は民衆を安心させるためにあるということである。はやく、多くの人の悩み苦しみを無くすよう、すみやかに政治の方針を決定すべきである。そのための重要事項を左に記す。

一、倹約を行う事。

ちかごろ、婆娑羅と称して、もっぱら贅沢《ぜいたく》を好み、華美《かび》な衣服、装飾をこらした銀の剣、飾りたてた装身具など、目を驚かさないものはな

◀建武式目

❶**柳営** 幕府の所在地のこと。

❷**右幕下** 源頼朝《よりとも》のことを指す。右幕下とは右近衛大将《うこのえたいしょう》の職名を中国風に言い換えた表現で、頼朝は一時、この職を務めた。

❸**義時朝臣** 北条義時。

❹**并呑** 承久の乱により朝廷方を破ったことで武家による一統が成ったと述べている。

❺**人凶** 人の運の吉凶。

❻**遷移** ここでは幕府の移転のことを指している。

❼**婆佐羅** 婆娑羅。常識をはずれた行動。当時の流行語。

❽**過差** ぜいたく。

❾**綾羅錦繍** あやぎぬ・うすぎぬ・にしき・ぬいとり。華麗な衣装のこと。

❿**精好銀剣** 装飾を凝《こ》らした銀の剣。

⓫**風流服飾** 飾り立てた衣服や装身具。

⓬**物狂** 狂気の沙汰。

は及ばざるを恥づ。

一、(第二条)群飲佚遊《ぐんいんいつゆう》⓭を制せらるべき事。

一、(第三条)狼藉《ろうぜき》を鎮めらるべき事。

一、(第四条)私宅の点定《てんじょう》⓮を止めらるべき事。

一、(第五条)京中の空地《あきち》、本主に返さるべき事。

一、(第六条)無尽銭《むじんせん》⓯・土倉《どそう》⓰を興行せらるべき事。

一、(第七条)諸国の守護人は殊《こと》に政務の器用⓱を択《えら》ばるべき事。

一、(第八条)権貴⓲ならびに女性・禅律僧《ぜんりつそう》の口入《くにゅう》⓳を止めらるべき事。

一、(第十条)固く賄貨《わいか》⓴を止めらるべき事。

一、(第十六条)寺社の訴訟、事によって㉑用捨《ようしゃ》㉒あるべき事。

以前十七箇条、大概かくのごとし。……**遠くは延喜《えんぎ》・天暦《てんりゃく》両聖㉓の徳化を訪《とぶら》い、近くは義時・泰時《やすとき》㉔父子の行状《ぎょうじょう》をもって近代の師として**、ことに万人帰仰《きぎょう》の政道を施《ほどこ》さるれば、四海安全の基《もとい》たるべきか。よって言上《ごんじょう》くだんの如《ごと》し。

建武三年㉕十一月七日　真恵《しんえ》
是円《ぜえん》

……

『建武式目《けんむしきもく》』

い。実に狂気の沙汰というべきことである。富める者はいよいよこれを誇り、貧しき者はこのようなことができないことを恥じる。

一、大宴会や大遊興を行わない事。

一、暴力沙汰《ざた》を取り締まる事。

一、個人の住宅の強制収用を禁止する事。

一、京中の空地を元の所有者に返す事。

一、無尽銭や土倉の営業を盛んにする事。

一、諸国の守護には、特に行政能力に優れた者を選ぶ事。

一、権力者や女性・禅律僧が政治に口出しすることをやめさせる事。

一、賄賂《わいろ》を固く禁止する事。

一、寺社の訴えは内容によって取捨選択する事。

十七か条のあらましは以上の通りである。

……古くは延喜・天暦時代の両天皇の徳のある政治を慕い、最近のことでは北条義時・泰時父子の政治を近代の政治の手本とする。特にすべての人々が仰ぎ服するような政治を行えば国内が平安になる基礎になるだろう。そこで以上のように申し上げる次第である。

建武三（一三三六）年十一月七日　真恵
是円

……

⓭佚遊　勝手きままな遊興。

⓮点定　宅地の強制収用。借銭の担保や年貢の未払いに対して行われることもあった。

⓯無尽銭　加入者から徴収した掛金を入札で落札者に渡す互助制度であったが、掛金の不払いの防止のため質物を取るようになり、土倉の貸付金を無尽銭と呼ぶようになった。

⓰土倉　高利貸業者。

⓱政務の器用　行政の熟達者。

⓲権貴　権門貴族。

⓳口入　政治へ介入すること。

⓴賄貨　賄賂。

㉑事によって　訴えの内容によって。

㉒用捨　取捨。

㉓延喜・天暦両聖　醍醐《だいご》天皇・村《むら》上《かみ》天皇。

㉔泰時　北条泰時。

㉕建武三年　一三三六年。

出典◉『建武式目』　足利尊氏からの諮問に対し、新しい幕府政治のあり方を答申したもの。一三三六年制定。

設問2 ❶❶で幕府の所在地として鎌倉が望ましいと考えられているのはなぜだろうか。
❷❶で幕府の所在地を鎌倉から他の場所へ移しても構わないと考えられているのはなぜだろうか。
❸❶で足利尊氏が理想としているのはどのような政治だろうか。

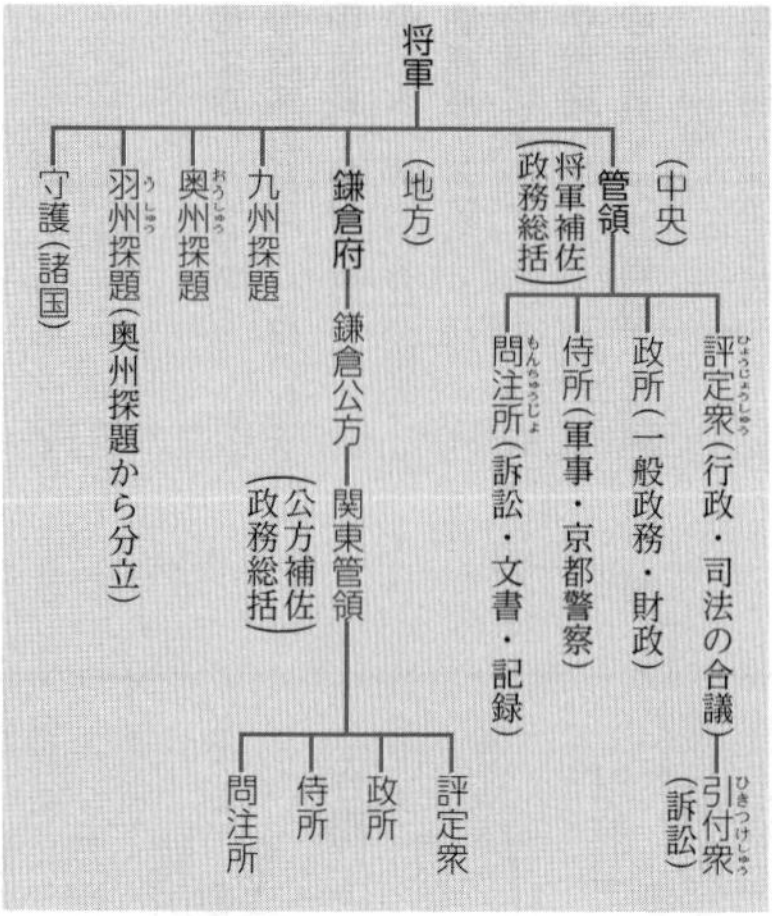

▲室町幕府の機構

解説 一三三五（建武《けんむ》二）年十月、鎌倉で**後醍醐天皇**《ごだいごてんのう》に反旗《はんき》を翻《ひるがえ》した**足利尊氏**《あしかがたかうじ》は九州へ敗走して体勢の立て直しを図り、翌年五月には、摂津《せっつ》国湊川《みなとがわ》で後醍醐天皇方の楠木正成《くすのきまさしげ》を破り、六月、入京を果たした。後醍醐天皇は一時比叡山《ひえいざん》に逃れたが、尊氏方の講和の提案を受け入れ、十一月、京に戻って皇位の象徴である神器《じんぎ》を持明院統《じみょういんとう》の光明《こうみょう》天皇に引き渡した。その五日後、尊氏が武士による幕府政治の再興と今後の施政方針を示したのが、この**建武式目**《しきもく》である。同じく式目とは称するが、御成敗《ごせいばい》式目のような体系的な法令とは異なる。全体を二つに分け、前半は幕府をこれまで通り鎌倉に置くべきか否かという尊氏の諮問《しもん》に対する答え、後半は個別の十七か条の施政方針となっている。内乱はまだ終わっていなかったが、通常はこの制定をもって、室町《むろまち》幕府の成立とするが近年では、これとは異なる見解も示されている。

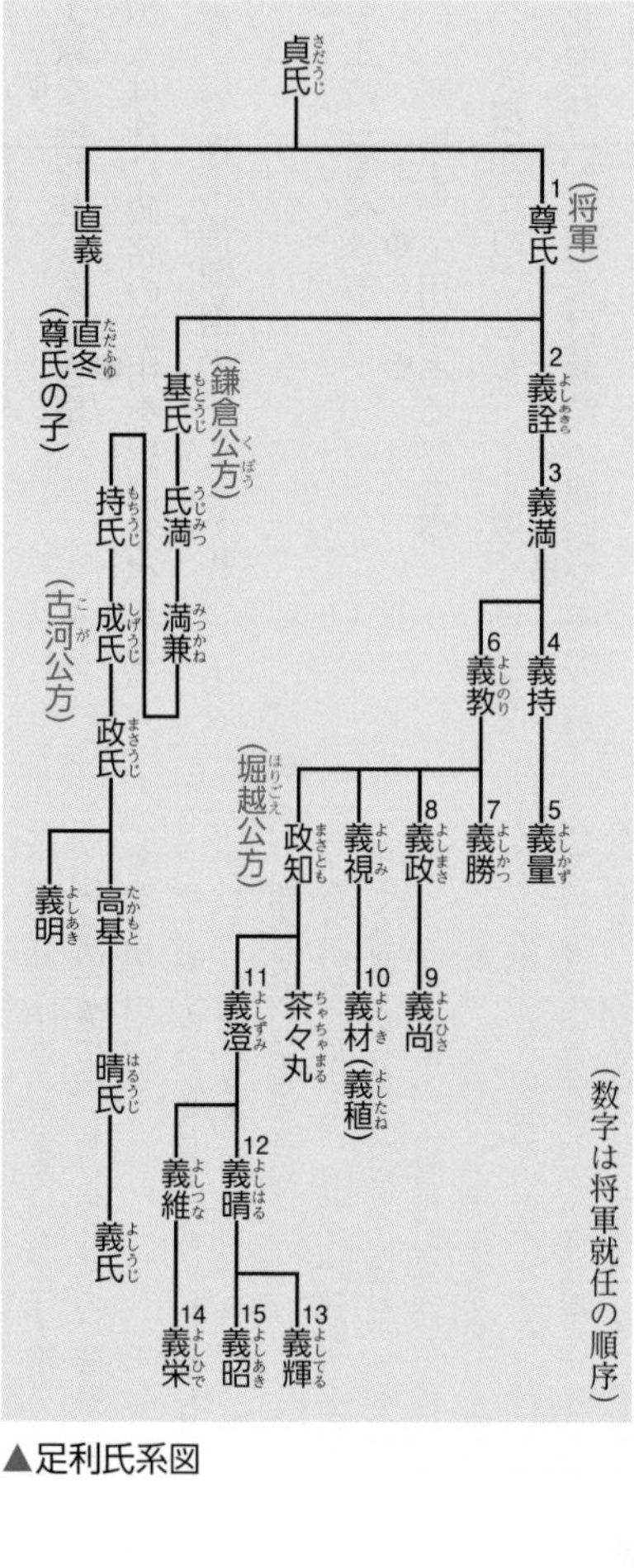

▲足利氏系図

2 半済令

一、寺社本所《ほんじょ》領の事　観応三❶　七　廿四御沙汰《ごさた》
……次《つぎ》に、近江《おうみ》・美濃《みの》・尾張《おわり》三か国の本所領半分の事。

通釈

一、寺社本所領の事について　観応三年七月二十四日の決定
……次に、近江・美濃・尾張三か国の本所領

◀半済令
❶観応三　一三五二年。

兵粮料所《ひょうろうりょうしょ》として、当年一作《とうねんいっさく》、❷軍勢に預け置く❸べきの由《よし》、守護人❹等に相触《あいふ》れおわんぬ。半分においては、よろしく本所に分ち渡すべし。もし預人《あずかりにん》、事《こと》を左右《そう》に寄せ、❺去り渡さずば、❻一円《いちえん》本所に返付《へんぷ》すべし。　『建武以来追加《けんむいらいついか》』

一、寺社本所領の事　応安《おうあん》元❼六　十七　布施弾正大夫入道昌椿❽これを奉行す

禁裏仙洞《きんりせんとう》の御料所❾、寺社一円《いちえん》の仏神領、殿下渡領《でんかのわたりりょう》❿などは、他に異なるの間、かつて⓫半済《はんぜい》の儀あるべからず。固く武士の妨《さまた》げを停止《ちょうじ》すべし。そのほか諸国の本所領⓬は、暫《しばら》く半分を相分《あいわ》かち、下地《したじ》を雑掌《ざっしょう》に沙汰《さた》し付《つ》け、向後《きょうこう》の知行を全《まっと》うせしむべし。この上もし半分の預り⓭人、或《ある》いは雑掌方を違乱し、或いは過分の掠領《りゃくりょう》⓮を致《いた》さば、一円本所に付けられ、濫妨人《らんぼうにん》に至りては罪科に処すべきなり。　『建武以来追加』

の半分の事について。兵粮米《ひょうろうまい》を徴発する土地として、本年一年の収穫を武士勢に預け置くように守護等に通達した。残り半分は本所に渡しなさい。もし預かった者が様々に口実をつけて渡さない場合は、すべて本所に返しなさい。

一、寺社本所領の事　応安元年六月十七日の決定　布施弾正大夫入道昌椿が奉行した。

禁裏・仙洞御料所、寺社一円仏神領、殿下渡領等は、他の所領とは異なるので、半済は一切行わない。厳密に武士の侵略をやめさせなさい。その他の本所領は、しばらく半分に分割して、一方の下地を本所領の雑掌に渡して支配させるようにしなさい。この上、もしもう半分を預かっている者が、雑掌に違法なことをしたり、半分以上の所領を奪ったりしたら、（所領の）すべてを本所のものとし、違法なことを行った者は処罰しなさい。

❷**当年一作**　今年一年分の年貢。
❸**預け置く**　臨時に給与する。
❹**守護人**　守護。
❺**事を左右に寄せ**　いろいろと口実を作って。
❻**去り渡さずば**　引き渡さなければ。
❼**応安元**　一三六八年。
❽**布施弾正大夫入道昌椿**　幕府の奉行人。
❾**禁裏仙洞の御料所**　天皇・院の所領。
❿**殿下渡領**　藤原氏の氏長者《うじのちょうじゃ》に付属し世襲された所領。
⓫**かつて**　まったく。全然。
⓬**そのほか諸国の本所領**　❾・❿であげられた所領以外の中小公家領の荘園。
⓭**預り人**　所領の半分の支配を任された武士。
⓮**掠領**　侵略。

出典◉**『建武以来追加』**　建武式目制定以後、室町幕府が必要に応じて追加・発布した法令を編纂《へんさん》した法令集。なお、追加は御成敗式目に対する追加法という意味。

解説　一三三九（暦応《りゃくおう》二）年、後醍醐《ごだいご》天皇が急死した後、室町《むろまち》幕府内部での主導権争いが**観応《かんのう》の擾乱《じょうらん》**へと発展していった。室町幕府は長引く内乱を有利に進めるための兵粮米《ひょうろうまい》を恒常的に確保する目的で、一三五二（観応三）年、この史料のような**半《はん》済令《ぜいれい》**を施行した。それははじめ近江《おうみ》・美濃《みの》・尾張《おわり》にある本所領《ほんじょりょう》の荘園年貢の半分を、当年一年分に限り、兵粮米調達の料所《りょうしょ》として守護《しゅご》に預け置くというものであったが、守護に与えられたこの権限は、対象地域・年限を順次拡大していった。これにより室町幕府は、守護を通じて地域の**国人《こくじん》**を編成し、内乱を有利に進めていくことができたが、逆に国人たちによる本所領の押《おう》領《りょう》が進むこととなった。これに歯止めをかける目的で施行されたのが、史料後半の応安《おうあん》の半済令である。これにより半済令は、天皇家・摂関家・寺社領以外の中小公家領荘園に限定されて適用されることとなった。

3 守護の権限拡大

同じく守護人非法条々《ひほうじょうじょう》、同日❶

一、(第一条)大犯《だいぼん》三箇条　付けたり、苅田狼藉❷・使節遵行❸　のほか、所務《しょむ》❹以下を相綺《あいいろ》い❺、地頭御家人の煩《わずら》いを成す事。

一、(第六条)請所《うけしょ》❻と号し、名字《みょうじ》を他人に仮《か》り、本所寺社領を知行《ちぎょう》せしむる事。

一、(第七条)国司・領家の年貢の譴納《けんのう》❼と称し、仏神《ぶっしん》用の催促《さいそく》と号して、使者を所々に放ち入れ、民屋《みんおく》を追捕《ついぶ》❽する事。

一、(第八条)兵粮《ひょうろう》❾ならびに借用《しゃくよう》と号し、土民の財産を責め取る事。

一、(第十条)自身の所課《しょか》❿をもって、一国の地頭御家人に分配せしむる事。

一、(第十二条)新関を構え、津料《つりょう》⓫と号して、山手《やまて》・河手《かわて》⓬を取り、旅人の煩《わずら》いを成す事。

以前条々、非法張行《ちょうぎょう》⓭の由《よし》、近年あまねく風聞《ふうぶん》す。一事たりといえども、違犯《いぼん》の儀あらば、たちまち守護職を改《かい》易《えき》すべし。もし正員《しょういん》⓮存知《ぞんち》せず、代官⓯の結構《けっこう》⓰たるの条、蹤跡《しょうせき》⓱分明《ぶんみょう》たらば、すなわちかの所領⓲を召《め》し上《あ》ぐべし。所帯《しょたい》なくば、遠流《おんる》の刑に処すべし。

『建武以来追加《けんむいらいついか》』

通釈

守護の不法行為について　同日の決定

一、大犯三箇条（ほかに、苅田狼藉の取り締まりと幕府からの命令の執行）以外で、荘園支配に干渉したり、地頭御家人の業務を妨害すること。

一、請所と称して、他人の名義で、本所領・寺社領を支配すること。

一、国司・領家の年貢の徴収や、仏事・神事の費用の徴収という理由をつけて、使者を派遣して、民家を差し押さえること。

一、兵粮米や借用と称し、民衆の財産を徴収すること。

一、自分に課せられた負担分を、国内の地頭御家人に分割して転嫁すること。

一、新しい関所を作って、通行税であると称して税をとり、通行人に迷惑をかけること。

以上のような不法行為が行われていることを近頃よく耳にする。一つでも違反していたならば、ただちに守護を解任する。もし本人は知らず、守護の代官の行為であることがはっきりすれば、その者の所領を没収する。もし、所領がない者ならば、流罪《るざい》に処す。

◀守護の権限拡大

❶同日　一三四六（貞和《じょうわ》二）年十二月十三日。

❷苅田狼藉《かりたろうぜき》　訴訟などで争っている相手や敵方の田の稲を収穫前に強引に刈り取る行為。

❸使節遵行《しせつじゅんぎょう》　幕府の命をうけ守護が使節を派遣して、押領を排除して下地・所務を正当な知行人に交付すること。

❹所務　荘園の支配。

❺綺い　介入。

❻請所　年貢納入を守護が請け負っている所領。

❼譴納　取り立て。

❽追捕　強制収用すること。

❾兵粮　兵粮米。

❿自身の所課　守護自身に幕府からかけられた諸役。

⓫津料　港湊で課される税。関銭。

⓬山手・河手　通行税。

⓭張行　露骨に強行すること。

⓮正員　代官ではない正守護。

⓯代官　守護代。

⓰結構　しわざ。

⓱蹤跡　証拠。

⓲かの所領　守護代の所領。

出典◉『建武以来追加』　本書一六五ページ参照。

設問3 **1** 一三五二（観応三）年に発令された当初の半済令では、どのようなことが定められていたのか、◆2から読み取ってみよう。**2** ◆3の中で認められている室町時代における守護の権限は何だろうか。**3** 半済令をはじめとする室町時代における守護の権限が拡大した政治的な背景について説明してみよう。

解説

南北朝の動乱が長期化・深刻化していく中で成立した室町《むろまち》幕府は、動乱の収束に向けて、国ごとに任命した守護《しゅご》の権限を強化していく方針をとった。史料にあるように、各国の守護には、鎌倉時代から引き続いて**大犯三カ条**《だいぼんさんかじょう》の権限が与えられていたが、それに加え、**刈田狼藉**《かりたろうぜき》（収穫前の他人の耕地を強引に刈り取る行為）の取り締まりと、**使節遵行**《しせつじゅんぎょう》（幕府の命令を現地で実際に執行《しっこう》すること）が新たに守護の職権とされた（一か条目）。また、二・三・四か条目には、「～と号し」「～と称し」とあって、そこに掲げられた行為を行っている守護が現実に存在していたことをうかがわせるが、この史料はこれらの行為の禁止というよりは、これらの行為をより過度に行うこと（例えば「民屋《みんおく》を追捕《ついぶ》する」こと）を禁じる点に重点があるとみるべきである。このように守護の権限が順次拡大されていったことで、守護は国内の武士たちを自身の被官として編成し、地域の公権力として成長していった。このような守護のことを**守護大名**と呼ぶ。

4 守護大名の弾圧と室町王権の確立

一 明徳の乱

能登《のと》国得田《とくだ》勘解由左衛門尉《かげゆさえもんのじょう》章長《あきなが》申す軍忠《ぐんちゅう》❶の事

右、去《さんぬ》る明徳二十二月、**山名《やまな》陸奥守**（氏清）**・同播磨守**（満幸）以下の凶徒《きょうと》のために、京都に責め上らるるの間、大将畠山《はたけやま》右衛門佐殿（基国）の御手に属し、内野《うちの》❷の御合戦に随分の忠節を致し了《おわ》んぬ。これらの次第、御見知《げんち》❸の上は、御証判❹を下し賜《たまわ》り、向後《きょうこう》の亀鏡《ききょう》❺に備えんがため、よって恐々言上くだんの如し。

明徳《めいとく》三年❻正月　日

『尊経閣古文書纂《そんけいかくこもんじょさん》』

二 応永の乱

大内《おおうち》入道泉州《せんしゅう》に城郭を構うるの間、数万の軍勢馳《は》せ向かうといえども、今に御退治なし。……

◀明徳の乱

❶**軍忠**　戦場での功績。この史料は、明徳の乱に参戦した能登国の武士・得田章長が自身の戦場での功績を大将に申告したもので、こうした文書を軍忠状という。

❷**内野**　かつて平安京《へいあんきょう》の大内裏《だいだいり》があった跡。

❸**御見知**　実際に目撃していること。

❹**御証判**　軍忠を認める大将からの証明となるサイン。

❺**向後の亀鏡**　後日の証拠。

❻**明徳三年**　一三九二年。

十二月三日、八幡の御陣❶より、泰村法眼《ほうげん》御使として、「御合戦、日を送るといえども落居《らっきょ》の儀❷なきの上は、今一度、鞍馬寺《くらまでら》において、四天王法《してんのうほう》❸を始行《しぎょう》せらるべき」の由、申す。……〈二十二日〉今日、八箇日に当る❹の間、結願《けちがん》せらる❺べきか。しかりといえども廿《(二十)》日・廿一・廿二日、御合戦あるべきの由、知り申すといえども、是非❻いまだ聞かざるの間、かの左右に随《したが》い、結願せらるべし。日中の御時を残さる。しかるところ昨日〈廿一日〉**大内入道打ち死ぬの由、夜半注進到来の旨**、御陣より知り申すの間、すなわち日中の御時❼を行われ、還御《かんぎょ》せしめ給う。御法験是非に及ばざるの由❽、天下の口遊《くちずさみ》なり。

『四天王法記《してんのうほうき》』

出典◉『尊経閣古文書纂』 尊経閣は、加賀《かが》藩主前田綱紀《つなのり》らが収集した典籍・文書・美術工芸品等を収蔵した施設で、そのうち古文書を収録した編纂物《へんさんぶつ》をいう。

◀応永の乱

❶八幡の御陣 石清水八幡宮《いわしみずはちまんぐう》（現在の京都府八幡《やわた》市）の境内に敷かれた足利義満の軍陣。

❷落居の儀 戦闘の終結。

❸四天王法 武運を祈るための仏教的な祈禱《きとう》。

❹八箇日に当る 八日間で終了する祈禱の最終日。

❺結願 すべての祈禱が終了すること。

❻是非 ここでは、戦闘の結果という意味で用いられている。

❼日中の御時 二十二日の昼に行う予定の祈禱のこと。

❽御法験是非に及ばざるの由 祈禱の効果が格別であったこと。

出典◉『四天王法記』 鞍馬寺の別当《べっとう》・実助《じつじょ》が、同寺における四天王修法《すほう》（戦勝祈禱）の事例を旧記から集めて記したもの。室町時代前期の成立。

解説

長期化する内乱を終息させるため守護《しゅご》の権限の拡大を図った結果、室町《むろまち》幕府は守護大名の連合政権のような性格を強くしていった。中でも、山陰《さんいん》地方を中心に十一か国の守護を兼ね、「**六《ろく》分一殿《ぶのいちどの》**」（日本全国六十六か国余りの六分の一を支配するとの意）と呼ばれた山名《やまな》氏や、周防《すおう》・長門《ながと》・豊前《ぶぜん》の守護を兼ね、瀬戸内海の制海権や対朝鮮貿易などの海上利権を有していた大内《おおうち》氏などは、将軍権力の確立を図る**足利義満《よしみつ》**にとっては大きな障害となっていた。

一三九一（明徳《めいとく》二）年、義満は山名氏の家督《かとく》相続争いに乗じて**山名氏清《うじきよ》・満幸《みつゆき》**を挑発し、これと戦ってその守護国を三か国にまで減じさせた（**明徳の乱**）。また、この結果、和泉《いずみ》・紀伊《きい》など、山名氏の旧守護国を併《あわ》せ持つことになった大内氏を一三九九（応永《おうえい》六）年に攻撃し、**大内義弘《よしひろ》**を戦死させた（**応永の乱**）。これにより義満は専制的な権力を確立し、武家、公家《くげ》の双方を配下に収めた「室町王権」の確立へと近づいていった。

5 室町期の荘園制

一 荘園年貢の守護請

高野《こうや》領備後《びんご》国太田《おおた》庄❶ならびに桑原方地頭職・尾道《おのみち》倉敷❷以下の事、下地《したじ》においては知行を致し、年貢に至りては、毎年千石寺納すべきの旨、山名右衛門佐入道常熙《やまなうえもんのすけにゅうどうつねひろ》に仰せられ畢《おわ》んぬ。早く存知すべきの由、仰せ下さるるところなり。よって執達《しったつ》くだんの如し。

応永《おうえい》九年七月十九日　　沙弥《しゃみ》（花押《かおう》）

当寺衆徒《しゅと》中

『高野山文書《こうやさんもんじょ》』

二　土倉による年貢の請負

吉川上庄《よかわかみのしょう》❶代官職の事、慶林坊、鷹司《たかつかさ》高倉の山上蔵❷の坊主と談ずるなり。彼、請人《うけにん》たるべしと云々《うんぬん》。帳・目録❸、今日これを渡す卌七。伏見称名院《ふしみしょうみょういん》を代官となすべしと云々。

『建内記《けんないき》』

三　禅僧による年貢の請負

右、くだんの参十貫《さんじゅっかん》においては、地頭方より久我《こが》殿へ沙汰《さた》致し申し候。しかして寺家として執《と》り沙汰すべきものなり。この卅（三十）貫文のほか、斗物米六石・大豆壱石五斗は、御代官得分《とくぶん》ならびに参拾貫文の夫賃《ぶちん》❶に給わり候うえは、天下一同の損亡《そんもう》❷候といえども、この三十貫文においては、京着分❸として未進懈怠《けたい》なく毎年十一月中に寺家として執り沙汰致すべく候。万一、この請文《うけぶみ》に背かば、何時たりといえども、御代官職を改めらるべきものなり。よって後証のため、請文の状、くだんの如し。

嘉吉《かきつ》参年十月十三日

等持院都官《つうかん》

増潔《ぞうけつ》（花押《かおう》）

『久我家文書《こがけもんじょ》』

◀荘園年貢の守護請

❶備後国太田庄　現在の広島県世羅《せら》町にあった荘園。

❷倉敷　荘園の年貢を保管するため、積み出し港などにあった蔵のこと。

出典◉『高野山文書』　本書一四三ページ参照。

◀土倉による年貢の請負

❶吉川上庄　現在の兵庫県三木市にあった荘園。

❷鷹司高倉の山上蔵　京都市中にあった土倉。

❸帳・目録　年貢納入に関わる帳簿類。

出典◉『建内記』　従一位内大臣万里小路時房《までのこうじときふさ》の日記で、建内記とは建聖院内府記の略。『大日本古記録』に所収。

◀禅僧による年貢の請負

❶夫賃　年貢米の運送にかかる費用。

❷損亡　飢饉などによる作物の不作。

❸京着分　京都の荘園領主が受け取る年貢の手取額。

出典◉『久我家文書』　中世において太政大臣《だいじょうだいじん》などを歴任した貴族・久我家に伝来した古文書。

設問4 **1** 一〜三ではどのような人物が年貢納入を請け負っているだろうか。
2 三において、全国的凶作時の年貢納入についてどのようなことを約束しているだろうか。
3 この時期の荘園領主による年貢の徴収姿勢はどのようなものか、一〜三から読み取ってみよう。

解説 南北朝・室町《むろまち》時代になると、荘園制のあり方も大きく変容していった。荘園領主は、荘園の現地に収納使《しゅうのうし》を派遣して年貢の徴収を行ったり、新たに開発を進めて年貢の増収を図ったりするといった実質的な荘園経営に対する意欲・関心をほとんど失い、固定額の年貢さえ収納できればよいと考えるようになっていった。そのような中で、荘園領主は在地の武士や守護《しゅご》大名、さらには京都の**土倉**《どそう》などの金融業者と年貢納入の請負《うけおい》契約を交わすことが多くなっていった。このうち、各地の守護が荘園年貢の納入を請け負うことを**守護請**《しゅごうけ》といい、引用史料のうち、『高《こう》野山《やさん》文書』からはその様子がうかがえる。また、『建《けん》内記《ないき》』からは京都・伏見《ふしみ》の土倉、『久我《こが》家文書』からは禅僧が請負代官となっている様子が分かる。

3 室町幕府の外交と貿易

1 南北朝の合体

御合体《がったい》の事、**連々兼熙卿**《つらつらかねひろきょう》❶をもって申し合せ候《そうろう》の処、**入眼**《じゅげん》❷の条、**珍重**《ちんちょう》に候。三種神器《さんしゅのじんぎ》帰座あるべきの上は、**御譲国**《ごじょうこく》❸の儀たるべきの旨《むね》、その意をえ《(得)》候。**自今以後**《じこんいご》、**両朝の御流相代々御譲位**❹、**治定**❺せしめ候いおわんぬ。なかんずく諸国々衙《しょこくこくが》、ことごとくみな御計《はからい》たるべく候。長講堂《ちょうこうどう》領《りょう》❻においては、諸国分一円《いちえん》に持明院殿《じみょういんどの》の御進止《しんし》❼たるべく候。……

(明徳三年)十一月十三日❽
義満《よしみつ》❾
阿野前内大臣《あのさきのないだいじん》殿❿
『近衛家文書《このえけもんじょ》』

◀南北朝の合体
❶**兼熙卿** 吉田兼熙。
❷**入眼** 文書に署名すること。ここでは交渉が成功したことを指す。
❸**御譲国** 皇位を譲る譲位のこと。
❹**両朝の御流相代々御譲位** 両統《りょうとう》迭立《てつりつ》のことをいう。
❺**治定** 決定。
❻**長講堂領** 持明院統に伝来した荘園群。
❼**進止** 支配。
❽**十一月十三日** 一三九二(明徳三)年。
❾**義満** 将軍足利義満。
❿**阿野前内大臣** 阿野実為《さねため》。
出典◉『**近衛家文書**』 近衛家に伝来した文書。

解説 鎌倉時代後期に、**後嵯峨上皇**《ごさが》の後継をめぐって**大覚寺統**《だいかくじ》・**持明院統**《じみょういん》の二つの皇統《こうとう》に分裂した天皇家は、鎌倉幕府の滅亡後、南朝と北朝に分かれるとともに、足利尊氏《たかうじ》・直義《ただよし》・直冬《ただふゆ》という武家方の分裂も加わって全国的に激しい内乱が展開していった。しかしその内乱も、室町幕府三代将軍**足利義**《よし》**満**《みつ》により守護大名が次々に制圧され、南朝方が弱体化していく中で次第に終息に向かっていった。分裂した二つの皇統の一本化にあたっての最後の焦点《しょうてん》は、皇位の象徴である三種の神器《じんぎ》の明け渡しであったが、義満は南朝の**後亀山天皇《ごかめやまてんのう》**が北朝の**後小松天皇《ごこまつてんのう》**に譲位し、神器も後小松天皇に引き継ぐという形でこれを実現した。ここでは、皇位は両統から交互に就くことが記されているが、結局この約束は反故《ほご》にされた。

2 義満の対明国書

日本准三后《じゅさんごう》某《それがし》、❶❷書を大明《だいみん》皇帝陛下《へいか》に上《たてまつ》る。日本国は開闢《かいびゃく》以来、聘問《へいもん》❸を上邦《じょうほう》に通ぜざることなし。某《それがし》、**幸《さいわ》いに国鈞《こっきん》を秉《と》り❹、海内虞《かいだいうれい》なし。特に往古《おうこ》の規法《きほう》に遵《したが》いて、肥富《こいつみ》❺をして祖阿《そあ》❻に相副《あいそ》え、好《よし》みを通じ、方物《ほうもつ》❼を献ぜしむ。**金千両・馬十匹・薄様《うすよう》❽千帖・扇《おうぎ》百本・屏風《びょうぶ》三双《そう》・鎧《よろい》一領・筒丸《どうまる》❾一領・剣十腰《よう》・刀一柄《ぺい》・硯筥《すずりばこ》一合・同じく文台《ぶんだい》❿一箇。**海島に漂寄《ひょうき》⓫せる者幾許人《いくばくにん》かを捜し尋《たず》ねこれを還《かえ》す。**某誠惶誠恐《せいこうせいきょう》、頓首頓首《とんしゅとんしゅ》、謹言《きんげん》。

応永《おうえい》八年⓬五月十三日

『善隣国宝記《ぜんりんこくほうき》』

通釈

日本の准三后である私が、書を大明皇帝陛下に献上します。日本は国がはじまって以来、あいさつのための使を貴国に送らなかったことはありません。幸い今、私は国政をつかさどり、国内を平穏《へいおん》に統治しています。ここに特に、古来の慣例に従って、使祖阿に肥富を同行させ、親交を結ぶため土産として、金千両・馬十匹・薄様千帖・扇百本・屏風三双・鎧一領・筒丸一領・剣十腰・刀一柄・硯筥一合・文台一箇を献上いたします。また、海島に漂着した者何人かを捜し、返還いたします。つつしんで申し上げます。

応永八（一四〇一）年五月十三日

◀義満の対明国書

❶**日本准三后某**　足利義満のこと。

❷**准三后**　皇后・皇太后・太皇太后に准ずるという意味。地位の高いことを示す称号で、実権はともなわない。

❸**聘問**　あいさつの使者。

❹**国鈞を秉り**　政治をつかさどる。

❺**肥富**　九州の商人。

❻**祖阿**　義満側近の僧。

❼**方物**　その地方に産するもの。

❽**薄様**　薄手の紙。

❾**筒丸**　胴を防御する武具。胴丸。

❿**文台**　文机。

⓫**漂寄**　漂流者。実際は倭寇の捕虜《ほりょ》のこと。

⓬**応永八年**　一四〇一年。なお、この日付部分は『康富記《やすとみき》』による。

出典◉『**善隣国宝記**』　瑞渓周鳳《ずいけいしゅうほう》の編著で、古代から編著時までの日本と中国・朝鮮との交渉史料を史籍から編集。

解説

南北朝の合一を実現した足利義満《よしみつ》は、一四〇一（応永《おうえい》八）年、自身三度目となる遣《けん》明使《みんし》を派遣した。一三六八年、**朱元璋《しゅげんしょう》**（太祖《たいそ》**洪武帝《こうぶてい》**）によって建国された明は、これまで九州に大きな勢力を保っていた南朝の**懐良親王《かねよし》**を**「日本国王」**に認定していたため、義満はこれまでに二度、派遣した遣明使の受け入れを拒否されていた。一方、明では洪武帝の孫・恵帝**建文帝《けいていけんぶんてい》**が、叔父《おじ》・燕王《えんおう》（後の成祖《せいそ》**永楽帝《えいらくてい》**）の反乱により窮地《きゅうち》に立たされており、日本との通交により延命を図ろうとしていた。博多の商人と考えられる**肥富《こいつみ》**の進言により、この状況を知った義満は、側近の**祖阿《そあ》**を正使、肥富を副使として明へ派遣したのである。この史料は、『善隣国宝記《ぜんりんこくほうき》』に引用された、義満による建文帝への国書で、義満はその中で自らの立場を**「日《に》本准三后《ほんじゅさんごう》」**と記し、天皇を頂点とする身分秩序にとらわれない立場で、この書を送っていると表明した。

3 明の国書

……朕《ちん》❶大位を嗣《つ》いでより、四夷《しい》❷の君長の朝献《ちょうけん》する者、十百をもって計《かぞ》う。いやしくも大義に戻《もと》るに非《あら》ずんば、みな礼をもってこれを撫柔せんと思う。ここになんじ日本国王**源道義**《みなもとのどうぎ》、❸**心**《こころ》**を王室**《おうしつ》**に存し、君**《きみ》**を愛するの誠を懐**《いだ》**き、波濤**《はとう》**を踰越**《ゆえつ》**し**❹、**使を遣**《つか》**わして来朝し、逋流**《ほりゅう》**の人**❺**を帰し、宝刀・駿馬**《しゅんめ》**・甲冑**《かっちゅう》**・紙硯**《しけん》**を貢**《こう》**し、副**《そ》**うるに良金をもってせり**。朕甚《はなは》だ嘉《よみ》す。日本もとより詩書の国と称す。常に朕が心に在れども、ただ軍国の事殷《さか》んにして、いまだ存問《ぞんもん》するに暇《いとま》あらず。今、王よく礼儀を慕《した》い、かつ国のため敵愾《てきがい》❻せんと欲す。……今、使者道彝《どうい》・一如《いちにょ》を遣わし、**大統暦**《だいとうれき》❼**を班示**《はんじ》**し、正朔**《せいさく》**を奉**《ほう》**ぜしめ**❽、錦綺《きんき》❾二十匹を賜《たま》わん。至《まさ》に領すべきなり。……

建文《けんぶん》四年❿二月初六日

『善隣国宝記《ぜんりんこくほうき》』

通釈

……私が位を継いで以来、朝貢を申し出てくる異域の王は数多い。そもそも大義に背くものでなければ、礼をもって応接しようと思う。さて日本国王である源道義は、心をわが王室に寄せ、私への忠誠の心をもち、遥かに海を越えて、使いを派遣し、捕虜《ほりょ》を送還し、宝刀・駿馬・甲冑・紙硯を献上し、良質の金まで送ってきた。喜びに絶えない。日本はもとより詩書の国と言われており、私も常にそのことを心にとめていたが、戦乱により、いまだに安否を尋ねる暇がなかった。いま日本の王は礼儀を心得て、また明国のために敵と戦おうとしている。……いま使者の道彝・一如を派遣し、明の暦を授け、錦と綾絹《あやぎぬ》二十匹を与える。到着したならば受け取ってほしい。……

建文四（一四〇二）年二月初六日

◀明の国書

❶**朕** 明の恵帝。
❷**四夷** 中国からみた野蛮人。東夷《とうい》・西戎《せいじゅう》・南蛮《なんばん》・北狄《ほくてき》のこと。
❸**道義** 足利義満の法名。
❹**踰越** 越える。
❺**逋流の人** 漂流者。倭寇の捕虜のこと。
❻**敵愾** 相手にうち勝とうとする意志。
❼**大統暦** 明の暦。
❽**正朔を奉ぜしめ** 大統暦を使用させる。明の暦を使用することは、日本の国王が中国の皇帝に臣従することを意味する。
❾**錦綺** 錦と綾絹。
❿**建文四年** 一四〇二年。建文は中国の年号。

出典◉**『善隣国宝記』** 本書一七一ページ参照。

解説

足利義満《よしみつ》からの国書を受け取った明の**建**《けん》**文帝**《ぶんてい》は、早速、義満を「**日本国王**」に冊《さく》封《ほう》した。その国書の中に「大統暦《だいとうれき》を班示《はんじ》し」とあるように、建文帝は、明で使われている暦を日本に交付した。暦を使わせることは「時間の支配」を意味する象徴的な行為であり、冊封の手続きの重要な一部をなすものであった。なお、この返書を携《たずさ》えた使者は、一四〇二（応永《おうえい》九）年九月、北山第《きたやまてい》において義満の引見を受けているが、この時既に明では、**永楽帝**《えいらくてい》により帝位の簒奪《さんだつ》が行われていた。但し、明と日本の冊封関係は、この時以降、四代将軍**足利義持**《よしもち》による一次的な中断を経て、十六世紀まで持続した。

4 遣明船

昨日、楠葉《くすば》入道来たりて、いろいろ物語りす。永享《えいきょう》五年❶の唐船は六艘なり。**一号船は公方《くぼう》**❷、**二号船は相国寺《しょうこくじ》**、**三号船は山名《やまな》**、四号船は十三人、五号船は三十三間堂《さんじゅうさんげんどう》、次の年六年に進発し了《おわ》んぬ。このうち**四号船の十三人は**、**赤松《あかまつ》**（上座なり）・**細川《ほそかわ》**・**讃州《さんしゅう》**・**畠山《はたけやま》**・武衛《ぶえい》・一色《いっしき》・三条家・聖護《しょうご》院《いん》・三宝院《さんぽういん》・大乗院《だいじょういん》・青蓮院《しょうれんいん》・善法寺《ぜんぽうじ》・田中《たなか》。四号船は二十反❸の帆なり。入目《いりめ》料足❹の事、三百貫文船賃、三百貫文同修理・船道具、四百貫文船頭四十人の給分、このほか十人ばかりは船頭方召し仕う物❺これありと云々《うんぬん》。五百貫文は粮米❻・水の桶樽《おけたる》等の代・通事給分❼、御馬のカヒ❽・塩噌・ラウソク《（蝋燭）》・薬以下、色々雑物用意の事とも、五百貫をもってこれを成す。よって一人別百二十貫文ずつか。一人別に外官一人・従二人、合わせて三十九人。このほか官ならびに従には、有徳《うとく》❾の商人を成すが秘事なり。十分の一を取る故《ゆえ》なり。一万貫には千貫取るものなり。日本到来の物に代物を付けて、その分一を取るなり。**計会《けいかい》の仁❿には叶うべからざる事なり**。……

なかんずく唐土《もろこし》へ持つべき物は、たとえ百貫の足にては十色⓫の物を持つべきなり。その時節時節にて定めざる故なり。一物にて十倍・廿《（二十）》倍に成る事もこれあり。一物は一向に用に立たずしてある物⓬もあり。よくよく覚悟すべき事なりと云々。**イ王《（硫黄）》の事は公方船ばかりにこれを積む**。たとえ申請は相違なき事なり。**ランコ《（猟虎）》皮**（唐土ニテハ冬に入るものなり）・**コ少《（胡椒）》**・**太刀**・**長太刀**・**ヤリ《（槍）》**・**銚子《ちょうし》鍉**・**赤金**・**金**・**スワウ《（蘇芳）》**・**吉扇**。大概《たいがい》かくの如きもの共なり。また唐土より相計りて持ち来たるべき物の事、**生糸**（第一に用に立つ物なり）・**北絹**・**段子《どんす》**・**金襴**・**シャ《（麝）》香**・道士の古衣（いろいろのイン金なり。唐土にてはさしたる物にてはなく、こちらにて徳⓭あり。みな破れ物どもなり。タ、ミ入りたる中は見事なり。五寸三寸も大切）・女房の古衣装も同じき事なり。

『大乗院寺社雑事記《だいじょういんじしゃぞうじき》』

◀遣明船

❶**永享五年**　一四三三年。
❷**公方**　将軍のこと。ここでは一号船を六代将軍足利義教が仕立てた、と述べている。
❸**反**　おおよそ着物一着分を作る布の大きさ。
❹**入目料足**　一艘の船を明国まで航行させるのにかかる経費。
❺**船頭方召し仕う物**　船頭たちが自分の手伝いをさせる者。
❻**粮米**　食料の米。
❼**通事給分**　通訳の給料。
❽**カヒ**　飼料。
❾**有徳**　裕福な。
❿**計会の仁**　貧乏な者。
⓫**十色**　様々な種類。
⓬**用に立たずしてある物**　役に立たない物。
⓭**徳**　役に立つこと。得。

出典◉**『大乗院寺社雑事記』**　興福寺大乗院の門跡《もんぜき》、尋尊・政覚《しょうかく》・経尋《きょうじん》三代の日記。一四五〇（宝徳《ほうとく》二）年から一五二七（大永《だいえい》七）年にわたる。書名は明治期に内閣文庫が名づけた。

解説

この史料は、貿易商人である楠葉西忍《くすばせいにん》が、興福寺大乗院《こうふくじだいじょういん》の僧・尋尊《じんそん》に、遣明船《けんみんせん》の実態を昔語りに物語ったものである。国王と国王の通交という建前を取る**勘合貿易**《かんごう》の貿易船が、実際にはその多くが貿易の利益に群がる諸大名や大寺社が仕立てた船で、その船には、「秘事」ながら「有徳之《うとくの》商人」が乗り込み、大きな利益を得ていた実態が分かる。一方、八代将軍**足利義政**《よしまさ》は、勘合の下付《かふ》に対する諸大名等からの礼銭《れいせん》目当てに大量の勘合をばらまいた結果、九隻《せき》・一二〇〇人に上る大船団を派遣することになったが、これに怒った明側により、以後、明側が費用を負担するのは十年に一度、三隻・三〇〇人までとなった。


設問5　1日明間の外交はどのような形式で行われたか、❷・❸から読み取ってみよう。

2❹において、遣明船を送り込んでいるのはどのような主体だろうか。

3室町～戦国期における日明貿易はどのように変化していくか説明してみよう。

5 後期倭寇

王直《おうちょく》は歙《きゅう》❶の人なり。……葉宗満・徐惟学・謝和・方廷助等のごとき、皆楽《この》んでこれと遊ぶ。ひそかにかつて相ともに謀りて曰《いわ》く、「中国は法度《はっと》森厳にして❷、ややもすればたやすく禁に触《ふ》る。たれかともに海外に逍遥《しょうよう》せんや」と。……嘉靖《かせい》十九年❸、時に海禁なお弛《ゆる》し。直、葉宗満等と広東に之《ゆ》き、巨艦を造り、もって硝黄糸錦等の違禁物を帯し、日本・暹羅《シャム》・西洋❹等の国にいたり、往来互市❺すること五、六年。致富はかられず。夷人大いにこれに信服し、**称して五峯船主**❻**となす**。すなわちまた亡命せる徐海・陳東・葉明❼等のごときを招聚《しょうしゅう》して、これを将領となし、貲《し》❽を傾けて倭奴の門多郎次郎四助四郎等を勾引《こういん》❾して、これを部落❿となし、また従子⓫王汝賢・義子王

通釈

王直は歙に生まれた人物であった。……葉宗満・徐惟学・謝和・方廷助らのように、王直と交わりをもつ人は多かった。ひそかにある時相談して言うには、「中国では海禁政策が厳し過ぎて、少しのことでも禁に触れてしまう。誰か私と一緒に海外で活動する人はいないか？」とのことであった。……一五四〇年、海禁が少し緩まった時、王直は葉宗満らと広東に行き、巨大な船を造って、禁止されていた硫黄や糸錦などを持って日本・シャム（タイ）・東南アジアの国々に行き、五、六年の間、貿易に従事した。私利を追求しなかったことから、外国人の信用も得、人々からは「五峯船主」と呼ばれた。亡命していた徐海・陳東・葉明等を呼び集めて首領とし、資財を投じて日本の門多郎次郎・四助・四郎らを連行して軍団を編成した。また、甥の王汝賢、養子の王滶を側近として、五島に住む

◀**後期倭寇**

❶**歙**　中国の地名で安徽《あんき》省徽州《きしゅう》歙県を指す。現在の安徽省黄山市の一部。
❷**法度森厳にして**　海禁政策が厳格であること。
❸**嘉靖十九年**　一五四〇年。
❹**西洋**　漠然と東南アジア方面を指している。
❺**互市**　貿易や物品の売買のこと。
❻**五峯**　五島列島にゆかりがあることから、王直に対してつけられた号と考えられる。
❼**徐海・陳東・葉明**　王直が捕らえられた後、倭寇の首領となった者たち。
❽**貲**　財産や資財。
❾**勾引**　人を連行すること。
❿**部落**　王直配下の戦闘集団のこと。
⓫**従子**　甥のこと。

激⑫あり。これを腹心となし、**五島の夷を会して乱をなす。**……薩摩州⑬の**松浦津**に拠居し、僭号《せんごう》して⑭京と曰《い》い、自称して徽《き》王と曰う。部署・官属もみな名号あり。

『籌海図編《ちゅうかいずへん》』

外国人たちに乱を起こさせた。……薩摩（肥前か）国の松浦津を拠点とし、そこを京と呼び、自ら徽王を名乗った。役所の部署・役人にもそれぞれ名称があった。

解説

倭寇《わこう》は、朝鮮半島から中国大陸沿海部等で活動する海賊《かいぞく》集団を指す呼称で、十四〜十五世紀においてはその構成員の大半は日本列島に拠点を置く者であったが（**前期倭寇**）、十六世紀に入ると、中国の密貿易者が中心となるとされる（**後期倭寇**）。ただしこの時期においては、そもそも国家の概念が曖昧《あいまい》であり、むしろそうした国家の枠組みにとらわれないマージナル・マン（境界に生きる人々）と捉えるべきとの見解もある。この史料にみえる**王直《おうちょく》**は、中国に生まれ、はじめ寧波《ニンポー》周辺で密貿易に携《たずさ》わり、後に日本の五島《ごとう》・平戸《ひらど》を拠点として活動するなど、そうした性格を色濃くもつ倭寇の頭目《とうもく》であった。

⑫王滶 王直の養子で別名毛海峰ともいう。
⑬薩摩州 肥前の誤りか。
⑭僭号して 分をこえて呼称する。

出典◉**『籌海図編』** 明の鄭若曾《ていじゃくそう》が編纂《へんさん》した海防・地理書。十六世紀の倭寇や明代の日本研究を考察する際の基本史料。一五六二（嘉靖四十一）年の序があるので、その頃の成立と考えられる。

6 博多のようす

筑前州《ちくぜんしゅう》。……州に**博多《はかた》**あり。あるいは覇家臺❶と称し、あるいは石城府《せきじょうふ》と称し、あるいは冷泉《れいぜい》津と称し、あるいは筥崎《はこざき》津と称す。**居民❷、万余戸。小二（少弐）殿と大友殿分治す。**小二は西南四千余戸、大友は東北六千余戸なり。藤原貞成❸をもって代官となす。居人行商を業《なりわい》とす。**琉球《りゅうきゅう》・南蛮《なんばん》の商船所集❹の地なり。**……**我が国に往来する者は九州中において博多最も多し。**

『海東諸国紀《かいとうしょこくき》』

解説

大宰府《だざいふ》にあった外国使節の迎接《げいせつ》施設・鴻《こう》臚館《ろかん》が廃絶した後、日宋貿易の拠点は**博《はか》多《た》**に移り、十一世紀後半以降、大きく発展していった。博多では、**唐坊《とうぼう》**と呼ばれる中国人街が形成され、**博多綱首《こうしゅ》**と称された商人たちが活躍した。二度のモンゴル襲来《しゅうらい》で唐坊は消滅したが、博多に居住していた宋《そう》の商人たちは日本人に同化していったと考えられ、日元貿易の担い手となっていった。十五世紀、足利義満《よしみつ》に

◀博多のようす
❶覇家臺 博多の中国での表記法。
❷居民 居住する住民。
❸藤原貞成 大友氏の一族で田原貞成のこと。
❹所集 集まってくる、の意。

出典◉**『海東諸国紀』** 李氏朝鮮の申叔舟によって編纂《へんさん》され、日本・琉球の国情を克明《こくめい》に記した研究書。一四七一年成立。

貿易の利を説いた**肥富**《こいつみ》は博多の貿易商人であったと考えられるが、この史料からは、当時の博多は息浜《おきつはま》と博多浜に分かれ、息浜を大友《おおとも》氏が、博多浜を少弐氏《しょうに》（後に大内《おおうち》氏）が掌握《しょうあく》していたことが分かる。

7 琉《りゅう》球《きゅう》の繁栄

琉球《りゅうきゅう》国は南海の勝地にして、三韓《さんかん》❶の秀をあつめ、大明《だいみん》をもって輔車《ほしゃ》❷となし、日域《じちいき》をもって脣《しん》歯《し》❸となし、この二中間に在りて湧き出ずるの蓬萊《ほうらい》嶋なり。舟楫《しゅうしゅう》をもって万国《ばんこく》の津梁《しんりょう》❹となし、異産至宝は十方の刹に充満せり。地霊人物は遠く和夏の仁風を扇《あお》ぐ。……

『首里城正殿鐘銘《しゅりじょうせいでんしょうめい》』

解説　歴代の琉球《りゅうきゅう》国王の居城・**首里城**《しゅりじょう》の正殿の前に懸《か》けられた大鐘《おおがね》に刻まれた銘文《めいぶん》。琉球は日本・明・朝鮮と深い関係にあり、貿易を通じて万国《ばんこく》の架《か》け橋《はし》となって繁栄《はんえい》していることを謳《うた》い上げるとともに、琉球は異郷の地で生み出された物であふれ、その人々の活動が、遠く日本や明に大きな影響を与えている、としている。**中継貿易**で栄える十五世紀の琉球の様相がうかがえる。

◀琉球の繁栄
❶**三韓**　朝鮮のこと。
❷**輔車**　密接な関係にあることのたとえ。
❸**脣歯**　唇と歯。
❹**津梁**　津は河海にある渡し場、梁は橋のこと。

出典◉『**首里城正殿鐘銘**』　沖縄県立博物館・美術館所蔵の首里城正殿の鐘に刻まれた銘文。

設問6　**1**博多に影響力を持つ大名権力、人々の生業、主な交易相手を❻から読み取ってみよう。
2❼では琉球が東アジアにおいてどのような位置づけにあることが読み取れるだろうか。

4 室町期の産業と商業

1 農業の集約化と多角化

一 三毛作

阿麻沙只《あまさき》村❶に宿して、日本を詠《うた》う、
日本の農家は、秋に畓《た》❷を耕《たがや》して大小麦❸を種《ま》き❹、明年初夏《しょか》に大小麦を刈《か》りて苗種《びょうしゅ》を種き、秋《しゅう》

◀三毛作
❶**阿麻沙只**　摂津《せっつ》国尼崎《あまがさき》のこと。
❷**畓**　朝鮮の造字で水田のこと。
❸**大小麦**　大麦と小麦。
❹**種き**　種をまく。

初《しょ》に稲を刈りて木麦《そば》❺を種き、冬初《とうしょ》に木麦を刈りて大小麦を種く。一畨《ひとた》に一年三たび種く。乃《すなわ》ち川塞《ふさ》がれば❻則《すなわ》ち畓と為《な》し、川決《けつ》すれば❼則ち田❽となす（日本の農家は、秋に畑を耕して大麦・小麦の種子をまき、翌年の初夏に大麦・小麦を刈り、苗を植えて、秋の初めに稲を刈り、ソバの種をまいて、冬の初めにソバを刈って、大麦・小麦の種をまく。ひとつの田に一年三回種をまく。川が塞がれば水田とし、川が決壊《けっかい》すれば陸田にする）。

『老松堂日本行録《ろうしょうどうにほんこうろく》』

二 木綿の普及

一、……朝夕かハはかま《（皮袴）》にて出仕すへからす。何時も布はかま、然らずんばもめん《（木綿）》はかま然るべく候。また見候へは、もめんかたきぬ《（肩衣）》❶召され候。なかく見わるく候、やめられへく候、

『結城氏新法度《ゆうきししんはっと》』

解説

室町時代の農業生産の特徴に、**三毛作《さんもうさく》**の開始と**木綿《もめん》**栽培の普及がある。一は、朝鮮使・宋希璟《そうきけい》が帰国の途中で見た光景を記したもので、摂津《せっつ》で稲・麦・蕎麦《そば》の三毛作が行われている様子がわかる。一方、木綿は明・朝鮮との貿易で輸入されたものから普及しはじめ、文明《ぶんめい》年間（一四六九～八七）頃には国内でも栽培されるようになったとされている。二は、下総《しもうさ》地方を支配した結城《ゆうき》氏が一五五六（弘治《こうじ》二）年に制定した**分国法《ぶんこくほう》**（結城氏新法度《しんはっと》）の一か条で、出仕の際には「布はかま」もしくは「もめんはかま」で出仕することを定めており、日常的な衣料品の原料として、東国でも木綿が一定程度、浸透《しんとう》していたことがわかる。

2 座の発達

石清水八幡宮《いわしみずはちまんぐう》大山崎《おおやまざき》神人《じにん》等❶公事《くじ》ならびに土倉役《どそうやく》の事、免除せらるる所なり。はたまた摂州《せっしゅう》❷道祖《さい》小路・天王寺《てんのうじ》・

通釈

石清水八幡宮に奉仕する大山崎の神人らは、公事・土倉役を免除されている。それなのに、摂津国の道祖小路・天王寺・木村・住吉・遠里

❺**木麦**　ソバ。
❻**川塞がれば**　水を堰《せ》き止め灌漑《かんがい》すれば。
❼**川決すれば**　河が決壊すれば。
❽**田**　陸田。

出典◉『**老松堂日本行録**』一四二〇年に朝鮮回礼使として来日した宋希璟《そうきけい》（号老松堂）の詩文集。希璟《けい》は漢城《かんじょう》（現在のソウル）を正月十五日に出発し、六月十六日将軍足利義持《あしかがよしもち》に謁見《えっけん》して、十月二十五日に漢城に帰った。その間の見聞《けんぶん》したことを詩に歌った。

◀木綿の普及
❶**かたきぬ**　肩衣。袖なしの胴衣《どうい》、束帯《そくたい》の半臂《はんぴ》に似た上着。

出典◉『**結城氏新法度**』一五五六年に下総国の領主・結城政勝《まさかつ》が制定した家法。

◀座の発達
❶**神人**　神社に奉仕する下級の神職。ここでは石清水八幡宮に所属する油座の商人。
❷**摂州**　摂津国。

木村《このむら》・住吉・遠里小野《おりおの》❸、ならびに江州《ごうしゅう》❹小秋散在《おあきさんざい》土民等、ほしいままに荏胡麻《えごま》❺を売買せしむと云々《うんぬん》。向後《きょうこう》は彼の油器❻を破却すべきの由、仰《おお》せ下さるる所なり。よって下《げ》知《ち》、件《くだん》のごとし。

応永《おうえい》四年❼五月廿（二十）六日　沙弥《しゃみ》❽（花押《かおう》）

『離宮八幡宮文書《りきゅうはちまんぐうもんじょ》』

小野と近江《おうみ》国小秋の散在の土民らが、許可もなく自由に荏胡麻を売買しているという。ついては以後、彼らの使用している油器を破壊せよとの将軍の命令である。したがってその命令を伝達する。

応永四（一三九七）年五月二十六日　沙弥（花押）

❸**遠里小野**　大阪市住吉《すみよし》区、大阪府堺《さかい》市。
❹**江州**　近江国。
❺**荏胡麻**　灯油の原料となるシソ科の一年草の植物。
❻**油器**　油を製造するための道具。
❼**応永四年**　一三九七年。
❽**沙弥**　仏門に入った者。ここでは管領《かんれい》の斯波義将《しばよしゆき》のこと。

出典◉『離宮八幡宮文書』　京都府大山崎町の離宮八幡宮に伝わった文書。

設問7　❷から読み取れることをまとめてみよう。

解説

中世の商人たちは、商品経済の発達にともなって、同業者同士で組合的な組織である座を作って活動するようになっていった。**座**《ざ》とは、朝廷や大寺社に**神人**《じにん》や**供御人**《くごにん》として所属して奉仕・貢納を行う代わりに、営業上の特権を保障してもらうための組織で、石清水八幡宮《いわしみずはちまんぐう》に神事で使用する灯油を納入する代わりに、その原料（荏胡麻《えごま》）の仕入れや油の製造・販売の独占権を幕府から保障された**大山崎油座**《おおやまざきあぶらざ》などが著名である。この史料は、大山崎の神人らに対し、その特権を侵害して荏胡麻の売買を行っている近隣の新興商人（史料中では「土民《どみん》」）たちの油器を破壊し、自分たちの権益を守るよう命じたものである。

3 撰銭令《えりぜにれい》

禁制

一、銭をえらふ（撰）事

段銭《たんせん》の事ハ、わうこ（往古）の例たる上ハ、えらふへき事❶、もちろんたりといへとも、地下の仁ゆうめん（宥免）の儀として❷、**百文に永楽《えいらく》・宣徳《せんとく》の間❸廿（二十）文あてく（宛加）ハへて収納すべきなり。**

一、り（利）銭ならびにはい〳〵（売買）銭の事

◀**撰銭令**

❶**えらふへき事**　撰銭行為を行うこと。
❷**地下の仁ゆうめんの儀として**　商売を行う者への配慮として。
❸**永楽・宣徳（えいらく・せんとく）**　永楽通宝・宣徳通宝のこと。明では銭を使用せず銀を通貨として用いるようになったため、日本にもたらされるこれらの明銭への信用も下落していた。
❹**さかひ銭**　堺で鋳造された私鋳銭と思われる。

上下大小をいはす、ゑいらく（永楽）・せんとく（宣徳）においてハ、えらふへからす。さかひ銭❹とこうふ（洪武）銭なわ切の事なり、うちひらめ（打平）❺、この三いろ（色）をはえらふへし。但しかくの如く相定めらるゝとて、永楽・せんとくはかり用へからす。百文の内ニ、ゑいらく・宣徳を卅（三十）文くハへてつかふ（遣）へし、……

『大内氏掟書《おおうちしおきてがき》』

❺**うちひらめ**　既存の銭を叩いて平たくした銭。

出典◉『大内氏掟書』　中国地方の守護大名・大内氏が定めた家法。個別に発布された法令を十五世紀末頃に編纂《へんさん》されたものと考えられ、「大内家壁書《かべがき》」ともいう。

設問8　1❸では、段銭徴収や取引での「ゑいらく・せんとく」（永楽通宝・宣徳通宝）の使用は、どのように定められているだろうか。
2 撰銭とは何か説明してみよう。

解説　商取引に使用される通貨を輸入銭に頼っていた中世の日本では、室町《むろまち》時代以降は、宋《そう》銭《せん》に加え、**洪武通宝《こうぶつうほう》**・**永楽《えいらく》通宝**などの**明銭《みんせん》**が流通していた。しかし、貨幣経済が発展し、物の流通量に対して通貨の流通量が不足してくると、**私鋳銭《しちゅうせん》**や、摩耗《まもう》したり割れたりした銭も流通するようになり、そうした価値の低い銭の受け取りを拒否して正式な銭だけを選ぼうとする**撰銭《えりぜに》**が横行し、商取引に混乱が生じるようになっていた。こうした混乱を避け、撰銭行為に規制を加えたのが**撰銭令**で、戦国大名や幕府がたびたび発令した。この史料は大内氏掟書《おおうちしおきてがき》に含まれる法令で、撰銭令の初見史料。価値の低落した永楽通宝・宣徳《せんとく》通宝でも混入率を定めて流通させる一方、私鋳銭や質の悪い銭の流通を抑制しようとしていることがわかる。

5 惣村と土一揆

1 惣の掟

定　鞆淵庄置文❶の事

条々

一、鞆淵《ともぶち》トウラム（動乱）❷の時、田畠の文書をアルイ（或）ハ山野にカクシテ、アメツユ（雨露）ニヌラシ、アルイハヒキ失い、フルヤニ取りヲトシテ（落）焼失い候事、その数を知らず候。カヤウ時、他所エモ取らレ文書アリトカウセム（号）❸人ニオキ

通釈

定　鞆淵荘の掟について

条々

一、鞆淵トウラム（闘乱・動乱）の時、田畠の権利証文を、あるいは山野に隠し置いて雨露に濡らしてしまったり、あるいは無くしてしまい、古い家に取り残して焼き失ってしまったりしたものがたくさんある。このような時に、「他所に取られてしまった」と主張する者については、

◀**惣の掟**

❶**置文**　掟。

❷**鞆淵トウラム**　紀伊国鞆淵荘（現在の和歌山県紀の川市）で一三四七年から五一年にかけて起こった農民たちによる課役減免闘争。

❸**カウセム**　号している、主張している、の意。

テハ、**置文《おきぶみ》の旨に任せて、これを用いるべからず。**アルイハ質ニヲキタルトモ申し、又ユエ《(故)》ナク、セウコ《(証拠)》不分明シテ文書アリト申すトモカラ《(輩)》ニヲイテハ、**永く庄家❹一同ニこれを用いるべからず。**

『鞆淵八幡神社文書《ともぶちはちまんじんじゃもんじょ》』

定

今堀《いまぼり》❺地下《じげ》❻掟《おきて》の事

合、延徳《えんとく》元年❼巳《(己)》酉十一月四日

(五条)一、惣ヨリ屋敷請《う》け候て、**村人ニテ無キ物《(者)》置くべからざる事。**

(七条)一、**他所《よそ》之人を地下《じげ》ニ請人《うけにん》候ハて❽置くべからざる事。**

(八条)一、惣ノ地ト私ノ地トサイメ《(境目)》❾相論ハ、金ニテ済ますベシ。

(十二条)一、犬かう《(飼)》べからず事。

(十六条)一、家売タル人ノ方ヨリ、百文ニハ三文ツ、、壱貫文ニハ三十文ツ、惣へ出すべきものなり。此旨《このむね》に背《そむ》く村人ハ座❿ヲヌク《(抜)》ベキなり。

『今堀日吉神社文書《いまぼりひよしじんじゃもんじょ》』

定

(一条)一、とまり《(泊)》客人きんせひ《(禁制)》の事。

(二条)一、**如何様《いかよう》の用所⓫有りといえども、旁々《かたがた》安《(案)》内⓬なくんば、内へ入るべからざる事。**

置文の主旨に従って（その主張は）採用しない（聞き入れない）。あるいは（その証文を）質に入れていたなどと称したり、あるいは確かな証拠もないのに文書があるなどと称したりする者については、荘家の者一同として、これを採用しない。

定める　今堀地下掟のこと

延徳元年十一月四日

一、惣から屋敷を借りて、村人ではない者を住まわせてはならない。

一、他所の人をこの地に保証人がいないまま、住まわせてはならない。

一、惣の共有地と私有地の境目についての紛争は金銭で解決すること。

一、犬を飼ってはならない。

一、家を売った者は、百文につき三文ずつ、一貫文につき三十文ずつ、惣へ出すこと。これに背いた村人は、座の構成員から外す。

定める

一、客人の宿泊を禁止する。

一、どのような用事があっても、特段の事情がなければ村の内へ入れてはならない。

❹庄家　荘園の現地。ここではその住人を指していると思われる。

❺今堀　近江国得珍保《とくちん》（現在の滋賀県東近江市）のうち今堀郷にあった惣村。古来、交通の要衝に位置し、商業が盛んであった。

❻地下　田舎・村・地方を表す語。

❼延徳元年　一四八九年。

❽請人候ハて　身元保証人もなく。

❾サイメ　境界。

❿座　特定の村人たちによって構成された宮座。

⓫用所　用事。

⓬安内　案内。特段の事情。

⓭勝負　賭け事。

⓮新座　新しく宮座に加わった者。

⓯弘治弐年　一五五六年。

出典◉**『鞆淵八幡神社文書』**　和歌山県紀の川市の鞆淵八幡神社に伝来した文書。鞆淵惣荘の活動に関わる文書が多いのが特徴。

『今堀日吉神社文書』　滋賀県東近江市の今堀日吉神社に伝わった今堀郷の活動に関わる文書。

設問9　❶から読み取れる惣の特徴をまとめてみよう。

（三条）一、よろず（万）勝負⓭きんせひ（禁制）の事。
（五条）一、新座⓮の者、惣並の異見（意）きんせひ（禁制）の事。
右、定むる所、くだんの如し。
弘治《こうじ》弐年⓯　これを改む
『今堀日吉神社文書』

一、どのような賭け事も禁止する。
一、座に新しく加入した者は、従来から座にいる者と同等の意見を申し立ててはならない。
以上のことを定める。
弘治弐年　これを制定する。

解説　中世後期になると、農業生産力の向上や商品経済の発展を背景に、荘園に暮らす住民たちの生活も大きく変わってきた。とりわけ従来、荘園内において中下層に位置づけられてきた住民たちが、政治的な発言力を増大させていったことが注目される。荘園の内部は一般的に、複数の村落で構成されていたが、その個々の村落あるいは荘園全体が、近隣との紛争や領主との対立などにより団結力を高めたものを**惣荘**《そうしょう》・**惣村**《そうそん》などという。これらの惣荘・惣村は、この史料にあるような**惣掟**《そうおきて》(住民たちが自ら定めた法)の制定、それに違反したり破ったりした者の処罰、結合の核としての堂社の維持、それらにかかる費用の徴収、文書の共有などの特徴を有し、近江《おうみ》・紀伊《きい》をはじめとした地域に多く存在したことが知られている。

2 正長の土一揆

今暁《こんぎょう》当所醍醐《だいご》の地下人《じげにん》ら、徳政《とくせい》と号して蜂起《ほうき》す。方々の借書《しゃくしょ》❶など悉《ことごと》く責め出し、これを焼くと云々《うんぬん》。およそ徳政❷の事、江州《ごうしゅう》より沙汰《さた》し出すなり。八月以来の事か❸。もっての外の次第なり。この由まずいそぎ細川右京兆《ほそかわうけいちょう》❹方に申し遣わすの間、即時に奈良《なら》入道・横尾《よこお》入道以下数百騎、入寺❺せしめ、灌頂堂《かんじょうどう》以下を警固《けいご》す。よって郷民ら嗷々《ごうごう》の儀❻に及ばず、おのおの退散し地下《じげ》❼悉く打ち開き❽了《おわ》んぬ。次いで管領（畠山満家）方へ申し遣わし了《おわ》んぬ。すなわち上意を得て、侍所赤松《さむらいどころあかまつ》❾に申し付け了んぬ。当職勢二百騎ばかり山科《やましな》に陣取る。左右《そう》に随って入寺すべしと云々。
『満済准后日記《まんさいじゅごうにっき》』

（正長《しょうちょう》元年）九月　日、一天下❿の土民蜂起《どみんほうき》す。徳政《とくせい》と号《ごう》し、酒屋《さかや》⓫・土倉《どそう》⓬・寺院⓭等を破却《はきゃく》せしめ、雑物《ぞうもつ》等をほしいままにこれを取り、借銭《しゃくせん》等悉《ことごと》くこれを破る。官領《かんれい》⓮これを成敗《せいばい》す。およそ亡国《ぼうこく》の

◀正長の土一揆
❶**借書**　借銭・借物などの証文。
❷**徳政**　一五〇ページ解説参照。
❸**八月以来の事か**　次に掲げる『大乗院日記目録』が伝える一揆のことを指している。
❹**細川右京兆**　右京兆は右京職《うきょうしき》のことで、ここでは当時右京大夫《うきょうのだいぶ》を務めていた細川持之《もちゆき》を指す。
❺**入寺**　この記事を記した満済が醍醐《だいご》寺の僧であるため、「寺」は醍醐寺を指している。軍勢が境内に入ってきたことを指す。
❻**嗷々の儀**　大規模に蜂起すること。
❼**地下**　一揆を起こした郷民たちのこと。
❽**打ち開き**　解散すること。
❾**侍所赤松**　当時、侍所所司であった赤松満祐《みつすけ》のこと。
❿**一天下**　天の下全体、全国。この場合は著者が見聞に及んだ畿内《きない》周辺の状況を指す。
⓫**酒屋**　高利貸《こうりがし》を営む金融業者。
⓬**土倉**　酒の製造、販売とその利益により高利貸を営んだ業者。
⓭**寺院**　この場合の寺院は高利貸を営む寺院のこと。
⓮**官領**　管領のこと。畠山満家《みついえ》。

一基《もとい》、これに過《す》ぐべからず。日本開白《かいびゃく》(闢)以来、土民の蜂起これ初めなり。『大乗院日記目録《だいじょういんにっきもくろく》』

解説

正長の土一揆《しょうちょうのどいっき》は、徳政《とくせい》（→一五〇ページ）を求めて起こされたはじめての一般民衆による一揆である。その衝撃《しょうげき》は、『**大乗院日記目録《だいじょういんにっきもくろく》**』に記された「日本開白《かいびゃく》以来、土民の蜂起《ほうき》これ初めなり」との言葉に象徴的に示されている。この一揆は、近江《おうみ》の**馬借《ばしゃく》**（輸送業者）が起こしたことにはじまり、広範《こうはん》な階層の人々を巻き込んで京都・奈良、さらには畿内《きない》近国一帯に広がっていったため、幕府は一部で軍勢を出して、これに対応したことが分かる。一四二八（正長元）年は、三十五年続いた応永《おうえい》の年号が改元され、将軍**足利義持《よしもち》**、称光《しょうこう》天皇が相次いで死去するなど、「代替わり」が意識されたことも一揆の遠因となった。

3 播磨の土一揆

（正長《しょうちょう》二年❶一月二十九日）「播磨《はりま》国の土民《どみん》、旧冬《きゅうとう》の京辺のごとく❷蜂起《ほうき》し、国中の侍《さむらい》を悉《ことごと》く攻《せ》むるの間、諸庄園代官《しょうえんだいかん》、しかのみならず守護方軍兵、彼らのために或《ある》いは命を失い、或いは追い落さる。一国の騒動、希代《きだい》の非法なり」と云々《うんぬん》。およそ土民の申すところは、「侍をして国中に在《あ》らしむべからず」と云々。乱世《らんせ》の至《いた》りなり。よって赤松《あかまつ》入道❸発向《はっこう》し❹了《おわ》んぬてえり。『薩戒記《さっかいき》』

解説

播磨《はりま》の土一揆《どいっき》は、前年に起きた正長《しょうちょう》の土一揆の影響を受けて起こされた土一揆である。これによれば、「諸荘園代官」や守護《しゅご》**赤松《あかまつ》氏**の軍兵が命を落とし、一揆勢により「侍《さむらい》をして国中に在らしむべからず」という状態になったという。この史料の筆者はこれを「乱世《らんせ》の至り」と非難している。

4 嘉吉の徳政一揆

（嘉吉《かきつ》元年❶九月三日）近日《きんじつ》四辺《しへん》の土民蜂起《どみんほうき》す。土一揆《どいっき》と号《ごう》し御徳政《おんとくせい》と称《しょう》し、借物《しゃくもつ》を破る。少分

出典◉『満済准后日記』 室町幕府将軍足利義持《よしもち》・義教《よしのり》の政治に深く関わった真言宗の僧・満済の日記。室町時代中期の政治動向を知る基本史料。

『大乗院日記目録』 興福寺大乗院門跡《もんぜき》の尋尊《じんそん》が大乗院に伝えられた日記の中から必要なものを選び出してまとめたもの。

◀播磨の土一揆

❶正長二年 一四二九年。

❷旧冬の京辺のごとく 正長の土一揆のこと。

❸赤松入道 この時、播磨の守護であった赤松満祐。

❹発向 出陣。

出典◉『薩戒記』 権大納言《ごんだいなごん》中山定《なかやまさだ》親《ちか》の日記。一四一八（応永《おうえい》二十五）年から一四四三（嘉吉《かきつ》三）年にわたる。

◀嘉吉の徳政一揆

❶嘉吉元年 一四四一年。

❷江州 近江国。

❸代始め 将軍を継いでそのことが行われる最初をいう。同年六月、将軍足利義教《よしのり》は赤松満祐《みつすけ》に殺され（嘉吉の乱）、七歳の義勝《よしかつ》が将軍になった。

をもって質物《しちもつ》を押《お》し請《う》く。こと江州《ごうしゅう》❷より起る。……侍所《さむらいどころ》多勢をもって防戦すれども、なお承《しょう》引《いん》せず。土民数万の間、防ぎえずと云々《うんぬん》。……**今土民ら代始《だいはじ》め❸にこの沙汰《さた》は先例《せんれい》と称《しょう》すと云々。**

(同年九月十日)今度土一揆蜂起の事、**土蔵《どぞう》❹一衆《いっしゅう》まず管領《かんれい》❺に訴え、千貫《せんがん》の賄賂《わいろ》を出す。**元来《がんらい》**政道❻のため、濫吹《らんすい》❼を止《とど》め防戦すべきの由《よし》、領状《りょうじょう》❽の処《ところ》**、今防ぐを得ず。諸大名・畠山《はたけやま》等かつは同心《どうしん》せざる人々これあり、よって管領千貫を返し防禦《ぼうぎょ》を止《や》むと云々。

(同年九月十四日)定　徳政事

右、一国平均の沙汰たるべきの旨《むね》、触《ふ》れ仰《おお》せられおわんぬ。早く存知《ぞんち》せしむべきの由、仰せ下さるるところなり、よって下知《げち》、件《くだん》のごとし。

嘉吉元年九月十二日　　　　中務少輔《なかつかさしょうゆ》源《みなもとの》朝臣《あそん》❾

『建内記《けんないき》』

解説

一四四一(嘉吉《かきつ》元)年六月、将軍**足利義《よし》教《のり》**の専制に反発した播磨《はりま》などの守護《しゅご》・**赤《あか》松満祐《まつみつすけ》**が、将軍を自邸に招いて謀殺《ぼうさつ》すると(**嘉吉の乱**)、将軍が不在となった政治的空白を突いて土一揆が起こった。この一揆でも、「土民《どみん》」たちは「御徳政と称し」て借物を破棄《はき》し、「代始め」に徳政《とくせい》を行うのは「先例」だと訴えた。そのため、一揆勢の襲撃《しゅうげき》対象となった**土《ど》倉《そう》**は、幕府に「賄賂《わいろ》」を送ったが防御《ぼうぎょ》できなかったという。この一揆でとりわけ注目されるのは、一揆勢の要求により、幕府が「一国平均」、すなわち山城《やましろ》国内全域に適用される**徳政令**を発布した点である。幕府はさらに翌月、「天下一同」の徳政令を発布している。

❹土蔵　土倉《どそう》のこと。

❺管領　細川持之《もちゆき》。

❻政道　正しい政治の道。

❼濫吹　一揆勢による暴動。

❽領状　承知している。

❾中務少輔源朝臣　京極持清《きょうごくもちきよ》。

出典◉『**建内記**』　本書一六九ページ参照。

設問10　**1**◆2・◆4において、一揆を結んだ人々は何を求めてどのような行動に出ているか、読み取れることをまとめてみよう。**2**◆3で一揆による攻撃の対象となっているのはどのような人々だろうか。**3**正長の土一揆や嘉吉の徳政一揆はどのようなタイミングで発生したのだろうか。**4**徳政令の発出が室町幕府に深刻な財政難をもたらしたのはなぜか、考えてみよう。

5　山城の国一揆

(文明《ぶんめい》十七年❶十二月十一日)一、今日山城国人集会《こくじんしゅうえ》す。上は六十歳、下は十五・六歳❷と云々《うんぬん》。同じく一国中の土民❸等群《ぐん》

通釈

(文明十七年十二月十一日)一、今日、山城の国人が集会をした。参加者の年齢は、上は六十、下は十五・六歳だという。その時同時に、

◀山城の国一揆

❶文明十七年　一四八五年。

❷十五・六歳　当時の成人年齢は十五歳なので、十五・六歳とは成人のこと。

❸土民　国人よりも下の階層の農民など。

❹**両陣** 畠山義就《よしなり/ひろ》と畠山政長《まさなが》の軍隊のこと。
❺**時宜** 撤退の条件やその頃合い。
❻**下極上** 下剋上。
❼**古市** 筒井・十市・越智などと同様の大和国の国人領主。
❽**新関** 新しく作った関所。
❾**珍重** 結構なこと。
❿**平等院** 京都府宇治《うじ》市にある寺院。
⓫**国中** この場合の国の範囲は綴喜《つづき》・相楽《そうらく》・久世《くぜ》の三郡の地域をいう。
⓬**掟法** 自治を行うための法。
⓭**興成** 勢いが盛んになる。

出典◉『**大乗院寺社雑事記**』 本書一七三ページ参照。

西暦	年号	一揆名
1428	正長元	正長の土一揆
1429	正長2	播磨の土一揆
1441	嘉吉元	嘉吉の徳政一揆
1485	文明17	山城の国一揆
1488	長享2	加賀の一向一揆
1536	天文5	天文法華の乱
1570	元亀元	石山合戦

▲おもな一揆

集《しゅう》す。今度《このたび》両陣❹の時宜《じぎ》❺を申し定めんがための故《ゆえ》と云々。然《しか》るべきか。但《ただ》しまた下極上《げこくじょう》❻の至《いた》り也。両陣の返事問答《もんどう》の様《さま》いかん、いまだ聞かず。

（文明十七年十二月十七日）一、古市《ふるいち》❼山城より帰陣。越智《おち》同じ。六十三日の在陣《ざいじん》なり。筒井《つつい》同じく退散。十市《とおち》同前。両陣の武家衆おのおの引き退きおわんぬ。山城一国中の国人等申し合わす故なり。「**自今以後《じこんいご》においては、両畠山方は国中に入るべからず。**本所領《ほんじょりょう》ともおのおの本《もと》のごとくたるべし。新関《しんせき》❽等一切《いっさい》これを立つべからず」と云々。珍重《ちんちょう》❾のことなり。

（文明十八年二月十三日）一、**今日山城国人、平等院❿において会合《えごう》す。国中⓫の掟法《じょうほう》⓬なおもってこれを定むべしと云々。**およそ神妙《しんみょう》。ただし興成《こうじょう》⓭せしめば、天下のため、然るべからざる事か。

『大乗院寺社雑事記《だいじょういんじしゃぞうじき》』

国中の土民も群集した。今度の両軍に対する撤退要求を行うタイミングを決めるためだという。もっともなことである。しかし下剋上《げこくじょう》のきわみである。両軍の返事や問答がどのようであったのかは、まだ聞いていない。

（文明十七年十二月十七日）一、古市氏は山城国から軍勢を引き上げた。（古市氏の山城駐留は）六十三日間であった。筒井氏も同じく引き上げた。十市氏も同様。越智氏も同じ。両陣の武家の軍勢はそれぞれ退いた。山城の国人らが申し合わせた結果である。「これより以後は、両畠山の軍勢は国中に入ってはならない。本所が支配する所領はもとのように本所支配にもどす。新しい関所は一切立ててはならない。」という。まことに結構なことである。

（文明十八年二月十三日）一、今日山城の国人たちが平等院で集会をした。国の法を制定するのだという。なかなかよいことである。ただし、その力が増大していけば、天下のためには好ましくないことになりそうだ。

解説

応仁《おうにん》・文明《ぶんめい》の乱（↓一八九ページ）の終息後も抗争を続けていた山城《やましろ》国の守護《しゅご》・**畠《はたけ》山政長《やままさなが》**とその従兄弟《いとこ》・**義就《よしなり/ひろ》**に対し、南山城《みなみやましろ》の**国人《こくじん》**たちは、一致団結して集会を開き、両軍の山城国内からの撤退を要求した。この状況を当時の貴族・三条西実《さんじょうにしさね》隆《たか》は「国一揆」と記している（『実隆公記』）。一方、

この史料によると、この集会は国人と呼ばれる武士たちが開催したものであったが、その集会の様子を「国中の土民」たちが群集して見守っている点が重要である。「国一揆」には武士だけではなく土民たちも参加していたのであり、「国中の掟法」と呼ばれる法の制定まで行っている点が注目される。

6 加賀の一向一揆

(文明《ぶんめい》六年❶十一月一日) 加賀《かが》国一向宗《いっこうしゅう》❷土民無碍光宗《むげこうしゅう》と号《ごう》す、侍分《さむらいぶん》と確執《かくしつ》す❸。侍分悉《ことごと》くもって土民方より国中を払わる。守護代侍方に合力《ごうりき》❹するの間、守護代こすき❺打たれおわんぬ。一向宗方二千人計《ばか》り打たれおわんぬ。国中焼け失せおわんぬ。『大乗院寺社雑事記《だいじょういんじしゃぞうじき》』

(長享《ちょうきょう》二年❻六月二十五日) 今晨《こんしん》、香厳院《こうげんいん》において、叔《しゅく》和西堂《わせいどう》語りて云《いわ》く、「今月五日、越前府中《えちぜんふちゅう》に行く。それ以前、越前の合力勢《ごうりきぜい》❼、賀州《かしゅう》❽に赴《おもむ》く。しかりといえども、一揆衆二十万人、富樫城《とがしじょう》を取《と》り回《ま》く。故《ゆえ》をもって、同九日城を攻め落され、みな生害《しょうがい》す❾。しかして富樫一家の者、一人これを取立《とりた》つ❿。」『蔭涼軒日録《いんりょうけんにちろく》』

安高《やすたか》⓫ヲ守護トシテヨリ、百姓取立《とりたて》ノ富樫ニテ候間《そうろうあいだ》、百姓等ノウテ(腕)ツヨク成《なり》テ、近年ハ百姓ノ持タル国ノヤウニ成行《なりゆき》サフラフ(候)事ニテ候。『天正三年記《てんしょうさんねんき》』

通釈

(文明六年十一月一日) 加賀国の一向宗の土民(無碍光宗という)は侍と抗争していた。侍たちはみな土民に国を追われてしまった。守護代は侍方に味方したので、守護代(小杉)は死に追いやられた。国中が焼け失せてしまった。一向宗方も二〇〇〇人ほどが殺された。

(長享二年六月二十五日) 今朝、香厳院で叔和西堂が話してくれた。「今月五日、越前からの援軍が加賀《かが》に行った。それ以前に、越前の府中に出陣した。しかし、一揆衆二十万人が富樫氏の城を取り巻いたために、ついに九日、城が攻め落とされてしまい、(城内の者は)みな殺されてしまった。そのため富樫一族の一人を(守護として)取り立てた。」

(富樫)泰高《やすたか》を守護にしたのだが、百姓が取り立てた(守護)富樫氏であるので、百姓らは強くなり、最近は百姓の持つ国のようになっていった。

◀加賀の一向一揆

❶**文明六年**　一四七四年。

❷**一向宗**　浄土真宗のこと。

❸**確執す**　争う。ここでは当時、内紛を続けていた富樫氏の一方との争いを指す。

❹**合力**　加勢《かせい》する。

❺**こすき**　小杉氏。この時、切腹している。

❻**長享二年**　一四八八年。

❼**越前の合力勢**　幕府から要請を受けて富樫政親の救援に向かった越前守護・朝倉《あさくら》氏の軍勢。国境付近で一揆勢に敗れた。

❽**賀州**　加賀国。

❾**生害**　殺害する。

❿**取立つ**　擁立《ようりつ》する。

⓫**安高**　富樫泰高《とがしやすたか》。

出典◉『**大乗院寺社雑事記**』　本書一七三ページ参照。

『**蔭涼軒日録**』　相国寺鹿苑院《しょうこくじろくおんいん》蔭涼軒の日記。一四八四(文明《ぶんめい》十六)年から一四九三(明応《めいおう》二)年までは亀《き》泉集証《せんしゅうしょう》が書いたもの。

『**天正三年記**』　蓮如《れんにょ》の子、蓮淳《れんじゅん》が記録したものを、一五七五(天正三)年に実悟《じつご》が書写したもので、『真宗史料集成』に所収。

解説　戦国時代の加賀《かが》国では、本願寺《ほんがんじ》の**蓮如**《れんにょ》による布教の影響により、国人《こくじん》・地侍《じざむらい》・百姓等の間に**一向宗**《いっこうしゅう》(浄土真宗《じょうどしんしゅう》)が広まり、その門徒《もんと》化が進んでいった。加賀国内の江沼《えぬま》・能美《のみ》・石川《いしかわ》・河北《かほく》郡の四郡を単位とする門徒の国人・地侍たち(侍門徒)は、門徒の大衆を組織しつつ一揆を形成し、一四七四(文明《ぶんめい》六)年、**富樫政親**《とがしまさちか》を擁立したが、一四八八(長享《ちょうきょう》二)年、政親に反発する国人・門徒勢力が富樫泰《やす》高を擁立《ようりつ》すると、守護の政親を滅ぼし、以後、一揆勢による実質的な国内支配が約一〇〇年続いた。この状況は「**百姓ノ持タル国**」と評されたが、実質的には一向宗門徒の国人・地侍が一般門徒を指導する、国一揆と似た組織であったと考えられる。

7 百姓は王孫

一、**諸国《しょこく》ノ百姓《ひゃくしょう》ミナ主《しゅ》ヲモタジ〳〵トスルモノ多アリ。**京《きょう》ノオホトノヤ❶ノ衆《しゅう》モ主ヲ持タズ。人ノ飯《いい》ヲ汚《けが》シ❷、冷板《ひやいた》ヲ暖《あたた》ムル❸モノハ、人ノ御相伴《おしょうばん》❹ヲセザルゾヤ。主ノナキ百姓マチ太郎《たろう》ハ貴《き》人《じん》ノ御末座《おばちざ》ヘ参ル。**百姓ハ王孫《おうそん》ノ故《ゆえ》ナレバ也。**公家《くげ》・公卿《くぎょう》ハ、百姓ヲバ御相伴ヲサセラル丶。侍《さむらい》モノ、フハ百姓ヲバサゲシムル❺ゾ。

『本福寺跡書《ほんぷくじあとがき》』

解説

『本福寺跡書《ほんぷくじあとがき》』は、近江《おうみ》国**堅田《かたた》**（滋賀県大津市本堅田《ほんかたた》）にある一向宗《いっこうしゅう》（浄土真宗《じょうどしんしゅう》）の寺院・本福寺の六世明誓《みょうせい》が記した記録で、十六世紀前半の成立と考えられる。その内容は、十五世紀以来の本福寺とその門徒《もんと》集団の形成の過程や、本願寺《ほんがんじ》に対する貢献と**一向一揆《いっこういっき》**における活躍の様相などが中心である。その中でもここに示した一節は、当時の一般民衆の自律意識がうかがえる史料として古くから注目されてきた。琵琶《びわ》湖に面し、多くの水運業者や手工業者が行き交っていた堅田の立地を踏まえれば、ここでの「百姓」にはより多様な階層の人々が含まれていると考えられるが、それらの人々で「主」を持たない者は多くおり、「王孫」（天皇の子孫）であるが故に、武士ではなく貴人（公家《くげ》・公卿《くぎょう》）の末座に列席するような存在なのだ、と述べている。

◀百姓は王孫

❶オホトノヤ　大殿屋と表記して、貴人の邸宅等を指す。

❷人ノ飯ヲ汚シ　他人に飯を分けてもらうこと、ひいては自立して生活できず、他人に仕えて生計を成り立たせていること。

❸冷板ヲ暖ム　主君のため、その座る板を暖めることのたとえ。

❹御相伴　宴席などで客の相手をすること。

❺サゲシムル　「蔑《さげす》む」がなまった表現。

出典◉**『本福寺跡書』**　近江国堅田にある一向宗（浄土真宗）寺院・本福寺の住職が記した寺誌。十六世紀前半の成立。門徒たちの活動や考え方にも触れている。

設問11

1 ◆5において、一揆を構成しているのはどのような人々か、読み取ってみよう。

2 ◆5において、一揆は畠山氏にどのような要求をしているだろうか。

3 一向一揆はどのようにして加賀国を支配下においたのだろうか、◆6を読んで考えてみよう。

6 幕府の動揺と応仁・文明の乱

1 永享の乱から享徳の乱へ

一 永享の乱

（永享《えいきょう》十年八月）廿（二十）二日、……関東また物忩《ぶっそう》と云々。鎌倉の若公《わかぎみ》❶の元服の事、管領❷上杉申し沙汰として、公方《くぼう》❸より執り御沙汰❹治定《ちじょう》のところ、その儀を改め、鶴岡八幡宮《つるがおかはちまんぐう》において御沙汰すと云々。京都御敵対露顕《ろけん》し、管領は面目を失う。結句《けっく》討たるべしと云々。已《すで》に合戦に及ぶと云々。

（十一月）十七日、……武衛《ぶえい》❺の居所に押し寄せ焼き払う。御留守警固の武士、防ぎ闘う。六人腹切ると云々。鎌倉中の敵方の家ども焼き払う。円覚寺《えんがくじ》焼け了《おわ》んぬ。建長寺《けんちょうじ》は焼けずと云々。武衛は先祖の寺・安養寺《あんようじ》に引き籠《こ》もらると云々。

『看聞日記《かんもんにっき》』

（永享十一年二月）十五日、……関東の事、已《すで》に無為《ぶい》に属す❻。鎌倉左《さ》兵衛督《ひょうえのかみ》持氏卿《もちうじきょう》、切腹の由、注進《ちゅうしん》の故《ゆえ》なり。この事、去《さん》ぬる十日の事なり。相国寺《しょうこくじ》住持、先日御使として下向し、関東管領上杉房州《ぼうしゅう》に上意《じょうい》に随うべきの由、申す。よって武衛切腹す。近習《きんじゅう》少々同じく切腹すと云々。天下太平、幸甚幸甚《こうじんこうじん》。

『建内記《けんないき》』

二 享徳の乱

（享徳《きょうとく》四年正月）六日、壬子《みずのえね》、晴れ、或《あるひと》語らいて曰《いわ》く、昨日関東飛脚到来す。鎌倉殿成氏、持氏御子、去年十二月廿（二十）七日、管領上杉右京兆（憲忠）❶房州入道❷子、鎌倉殿御所に召し出され誅伐《ちゅうばつ》せらると云々。これ

◀永享の乱

❶**鎌倉の若公**　鎌倉公方・足利持氏《もちうじ》の嫡男《ちゃくなん》・義久《よしひさ》。

❷**管領**　関東管領の上杉憲実《のりざね》。

❸**公方**　室町幕府六代将軍の足利義《よし》教《のり》。

❹**執り御沙汰**　烏帽子親《えぼしおや》として名前の一字を与えること。歴代の鎌倉公方はこれを慣例としていた。

❺**武衛**　兵衛府《ひょうえふ》を指す中国風の呼称。ここでは左兵衛督であった足利持氏を指す。

❻**無為に属す**　事件などが一件落着すること。

出典◉『**看聞日記**』　崇光《すこう》天皇の孫で後崇光院と呼ばれた貞成《さだふさ》親王の日記。室町時代前期の政治・社会・文化を知る基本史料。

『**建内記**』　本書一六九ページ参照。

◀享徳の乱

❶**管領上杉右京兆**　「管領」は鎌倉府で鎌倉公方を補佐する関東管領を指している。

❷**房州入道**　上杉憲忠《のりただ》の父で安房守《あわのかみ》であった上杉憲実のこと。

併《しかしなが》ら故鎌倉殿（足利持氏）御生涯の事❸、父房州の申し沙汰の御憤《おんいきどおり》か。これによって御所方と上杉の手、合戦あり。

『康富記《やすとみき》』

解説

京都に開設された室町《むろまち》幕府は、鎌倉幕府の基盤であった関東を重視し、その支配を地方機関である**鎌倉府**に委任したことから、その独立傾向は幕府の開設当初から顕著《けんちょ》であった。一四三八（永享《えいきょう》十）年、**鎌倉公方《くぼう》**（鎌倉府の長官）の**足利持氏《もちうじ》**は、幕府と良好な関係にあった**関東管領《かんれい》**の**上杉憲実《うえすぎのりざね》**と対立し、幕府の命を受けた今川《いまがわ》・武田《たけだ》ら東国の諸大名が鎌倉を攻撃する中出家し、後に自害した（**永享の乱**）。これにより、その後十年ほどの間、鎌倉公方は不在となり、鎌倉府は事実上、断絶した。一四五四（享徳《きょうとく》三）年、持氏の遺児・**足利成氏《しげうじ》**が**上杉憲忠《のりただ》**を謀殺《ぼうさつ》したのをきっかけに、二十年以上に及ぶ戦乱状況が続き（**享徳の乱**）、関東では一足早く戦国時代に突入したと言われる。

2 嘉吉の乱

（嘉吉《かきつ》元年六月❶）二十五日、晴れ、昨日の儀《ぎ》あらあら❷聞く、一献両三献《いっこんりょうさんこん》、猿楽《さるがく》はじめの時分《じぶん》、内方《うちかた》❸とゞめく❹、何事ぞとお尋《たず》ねあり。雷鳴かなど三条《さんじょう》❺申さるるの処《ところ》、御後《おんうしろ》の障子《しょうじ》引あけて、武士数輩出《すうはいいで》て、すなはち公方《くぼう》❻を討《う》ち申す。……細川下野守《しもつけのかみ》❼・大内《おおうち》❽等腰刀《こしがたな》ばかりにて振《ふ》り舞《ま》はすといえども、敵《かたき》取るに及ばず、手負《てお》いて引き退《の》く。管領《かんれい》❾・細河讃州《ほそかわさんしゅう》❿・一色《いっしき》五郎・赤松伊豆《あかまついず》⓫等は逃走す。そのほかの人々は右往左往《うおうさおう》して逃散《ちょうさん》す。御前《ごぜん》において腹《はら》を切る人なし。赤松（満祐）は落ち行く。追いかけ討つ人なし。

通釈

嘉吉元年六月二十五日、晴れ、昨日のことをおおよそ聞いた。三献が終わり、猿楽がはじまった頃、屋敷の奥の方が騒がしくなった。何事かと将軍のお尋ねがあり、雷が鳴ったのかと三条殿が答えた頃、後ろの障子が開いて、武士が数人出てきて、その場で将軍を討ち取った。……細川下野守や大内たちが腰刀を振り回したが、敵を討ち取ることはできず、負傷して、退いてしまった。管領・細川讃岐守《ほそかわさぬきのかみ》・一色五郎・赤松伊豆守らは逃走し、その他の人々は、右往左往して逃げ散った。将軍の前で腹を切る人は誰もいなかった。赤松が逃げていくのを追いかけて討つ人はいなかった。……これは将軍自身

❸**故鎌倉殿御生涯の事**　鎌倉公方足利持氏が関東管領上杉憲実との対立の結果、幕府によって切腹に追い込まれた（永享の乱）ことを指している。

出典◉『康富記』　室町中期に朝廷で権大外記《ごんのだいげき》を務めた中原《なかはら》康富の日記。

◀嘉吉の乱

❶**嘉吉元年**　一四四一年。
❷**あらあら**　ざっと。だいたい。
❸**内方**　邸宅の内部。家の奥の方。
❹**とゞめく**　騒々しく騒ぐ。
❺**三条**　将軍足利義教側近の三条実《さね》雅《まさ》。
❻**公方**　将軍足利義教《よしのり》。
❼**細川下野守**　細川持春《もちはる》。
❽**大内**　大内持世《もちよ》。
❾**管領**　細川持之《もちゆき》。
❿**細河讃州**　細川持常《もちつね》。
⓫**赤松伊豆**　赤松貞村《さだむら》。

……自業自得《じごうじとく》⓬の果て、無力《むりょく》のことか。将軍かくのごとき犬死《いぬじに》、古来《こらい》その例を聞かざることなり。『看聞日記《かんもんにっき》』

の自業自得の結果であり、無力のことか。将軍のこのような犬死は、古来よりそのような例を聞いたことがない。

解説

室町《むろまち》幕府六代将軍・**足利義教《よしのり》**は、有力守護《しゅご》によるくじ引きによって就任した将軍であった。その後義教は、些細《ささい》なことで多くの者を処罰し、「万人恐怖《ばんにんきょうふ》」と恐れられるような専制政治を行った。播磨《はりま》などの守護を務めていた**赤松満祐《あかまつみつすけ》**は、自らの領国を没収される恐怖から、先手を打って、自邸において義教を謀殺《ぼうさつ》する計画を立てた。この史料によると、義教は殺害され、その場で応戦・討死した者もいたが、逃亡した満祐を追いかけて討ち取る者は誰一人いなかったという。将軍のこのような死に方を、この史料の筆者は「犬死」と表現している。その後、満祐は**山名持豊《やまなもちとよ》**らによって攻められ、自害した。

3 応仁・文明の乱

一 乱の原因

応仁《おうにん》丁亥《ひのとい》ノ歳《とし》❶天下大《おおい》ニ動乱シ、ソレヨリ永《なが》ク五畿七《ごきしち》道《どう》悉《ことごと》ク乱《みだ》ル。其起《そのおこり》❷ヲ尋《たずぬ》ルニ、**尊氏《たかうじ》将軍ノ七代目ノ将軍義政《よしまさ》公ノ天下ノ成敗《せいばい》❸ヲ有道《うどう》❹ノ管領《かんれい》ニ任《まか》セズ**、只《ただ》御台所《みだいどころ》❺或《あるい》ハ香樹院《こうじゅいん》、或ハ春日局《かすがのつぼね》ナド云《いう》、理非《りひ》ヲモ弁《わきま》ヘズ、公事《くじ》❻政道ヲモ知リ給《たま》ハザル青女房《あおにょうぼう》❼・比丘尼《びくに》❽達、計《はから》ヒトシテ酒宴淫楽《しゅえんいんらく》ノ紛《まぎ》レニ申《もうし》沙汰《さた》セラレ……今迄《いままで》贔負《ひいき》ニ募《つのり》テ論人《ろんにん》❾ニ申与《もうしあたう》ベキ所領ヲモ、又賄賂《わいろ》ニ耽《ふけ》ル訴人《そにん》❿ニ理《り》ヲ付⓫、又奉行所《ぶぎょうしょ》ヨリ本主安堵《ほんしゅあんど》ヲ給《たまわ》レバ、御台所ヨリ恩賞

通釈

応仁元年、天下は大いに乱れ、以後、長い間、全国にそれが広がっていった。その原因を考えてみると、将軍足利尊氏から数えて七代目の将軍・義政が天下の政治を有能な管領に任せず、ただ将軍の正室や香樹院、春日局などという、理非をわきまえず、裁判や政治のことも知らない青女房や比丘尼たちに、酒宴や遊興のついでに処断させていたためである。……えこひいきによって、被告に与えるべきであった所領でさえも、賄賂を差し出した原告に与え、また、奉行所が元の持主に所領安堵を行えば、将軍の正

⓬**自業自得**　自分の作った原因によ る結果でやむをえないこと。

出典◉『**看聞日記**』　本書一八七ページ参照。

設問12　**1** ❷の書き手である貞成親王の足利義教への見方はどのようなものだろうか。**2** 嘉吉の乱が室町幕府の衰退に与えた影響はどのようなものだったか、考えてみよう。

◀乱の原因

❶**応仁丁亥ノ歳**　一四六七年。
❷**其起**　原因。
❸**成敗**　政治。物事の判断。
❹**有道**　力があること。
❺**御台所**　将軍の正室。ここでは日《ひ》野富子《のとみこ》のこと。
❻**公事**　裁判。
❼**青女房**　若い女房。春日局《かすがのつぼね》を指す。
❽**比丘尼**　尼。ここでは香樹院《こうじゅいん》のこと。
❾**論人**　被告。
❿**訴人**　原告。
⓫**理ヲ付**　むりやりに裁判を勝訴させる。

⓬**瑩羹様ニ**　きらびやかに。
⓭**鹿苑院殿**　足利義満《よしみつ》。
⓮**倉役**　土倉に賦課された公事。
⓯**四季**　年四回。
⓰**普広院殿**　足利義教《よしのり》。
⓱**当御代**　足利義政《よしまさ》。
⓲**大嘗会**　天皇の即位後、はじめて行われる新嘗会。ここでは一四六五（寛正《かんしょう》六）年十二月の後土御門《ごつちみかど》天皇の即位を指す。
⓳**地下方**　幕府御用以外の、民間の土倉。
⓴**寛正六年**　一四六五年。
㉑**亥ノ刻**　十時。
㉒**坤方**　南西の方角。
㉓**艮方**　東北の方角。
㉔**万歳**　いつまでも繁栄する。
㉕**北野**　北野天満宮。

出典◉『**応仁記**』　応仁の乱を記した軍記物。作者・成立年は未詳。

◀乱の実態
❶**御見所**　傍観すること。
❷**正体なし**　「正体」は実体、実存などの意。ここでは、政治への無関心ぶりを指しての表現とみられる。
❸**衛門佐**　畠山義就《よしなり》を指す通称。
❹**扶持**　支持、支援すること。

ニ行ナハル。……若此時《もしこの》忠臣アラバ、ナドカ之《これ》ヲ諫《いさ》メ奉《たてまつ》ラザランヤ。然《しか》レドモ只天下ハ破レバ破レヨ、世間ハ滅《ほろば》バ滅《ほろび》ヨ、人ハトモアレ我身サヘ富貴ナラバ、他ヨリ一段瑩羹様《けいかんよう》ニ⓬振舞《ふるまわ》ント成行《なりゆき》ケリ。……嗚呼《ああ》、鹿苑院殿《ろくおんいんどの》⓭御代《おんだい》ニ倉役《くらやく》⓮四季⓯ニカヽリ、普広院殿《ふこういんどの》⓰ノ御代ニ成《なり》、一年ニ十二度カカリケル、当御代《とうおんだい》⓱臨時ノ倉役トテ大嘗会《だいじょうえ》⓲ノ有リシ十一月ハ九ケ度、十二月八ケ度也。又彼借銭《かのしゃくせん》ヲ破ラントテ、前代未聞《ぜんだいみもん》徳政《のとくせい》ト云《い》フ事ヲ此《この》御代ニ十三ケ度迄《まで》行ハレケレバ、倉方モ地下方《じげかた》⓳ハ皆絶《たえ》ハテケリ。サレバ大乱ノ起ルベキヲ天予《あらかじ》メ示サレケルカ。寛正《かんしょう》六年⓴九月十三日夜亥《い》ノ刻《こく》㉑ニ、坤方《ひつじさるのかた》㉒ヨリ艮方《うしとらのかた》㉓ヘ光物《ひかる》飛渡《とびわた》リケル。……計《はか》ラザリキ、万歳《ばんざい》㉔期セシ花ノ都、今何《な》ンゾ、狐狼《ころう》ノ伏土《ふしど》トナラントハ、適《たまたま》残ル東寺《とうじ》・北野《きたの》㉕サヘ灰土《かいど》トナルヲ、古《いにしえ》ニモ治乱興亡《ちらんこうぼう》ノナラヒ（習）アリトイヘドモ（雖）、応仁ノ一変ハ仏法・王法トモ（共）ニ破滅シ、諸宗悉《しょしゅうことごと》ク絶ハテヌルヲ、感歎《かんたん》ニタエズ、飯尾彦六左衛門尉《いいおひころくざえもんのじょう》、一首ノ歌ヲ詠《えい》ジケル。

汝《なれ》ヤシル（知）　都《みやこ》ハ野辺《のべ》ノ夕雲雀《ゆうひばり》　アガルヲ見テモ落ルナミダ（涙）ハ

『応仁記《おうにんき》』

室が別人に恩賞を与えたりするのである。……もしこの時に忠臣がいたならば、どうにかこのような行いを諫めたであろう。しかし今は天下は破れれば破れよ、世間は滅びれば滅びよ、人はともかく自分さえ富めばよい、他人より少しでもきらびやかに振る舞いたい、という風潮になっているのである。……ああ、鹿苑院殿の代に年に四度課されていた倉役は、普広院殿の代になって、一年に十二度となった。それが現在の代には臨時の倉役として大嘗会のあった十一月は九度、十二月には八度課されている。また、借銭を破棄しようとして、前代未聞の徳政ということをこの代に十三度も行ったので、土倉も民間の業者はみな没落してしまった。それゆえ大乱の起こることを天はあらかじめ示されたのであろうか。寛正六年九月十三日夜十時頃、南西から東北の方へ流星が飛んだのだ。……永久に栄えると思った花の都が、このような狐や狼のすみかとなろうとは。運よく残った東寺・北野天満宮さえ灰土となろうとは思いもよらなかった。昔から権力者の盛衰は世の常ではあるが、応仁の乱は仏法・王法をともに破滅させ、諸宗はことごとく絶え果てた。この歎《なげ》きをこらえきれず、飯尾彦六左衛門尉が一首の歌をよんだ。

あなたは御存知でしょうか。都は焼け野原となって、夕暮れは雲雀が飛び立つ様を見ても、落ちるのは涙ばかりです。

❺**当畠山**　畠山政長《まさなが》のこと。「官領」とあるが、当時、管領であったことを示している。
❻**今度御身上につき**　自分の身の安全。足利義視《よしみ》は、これ以前に暗殺されそうになったところを、直前に察知して、細川勝元《かつもと》邸に逃げ込んでいた。しかし、畠山家の内紛については、義視自身は山名持《もち》豊《とよ》とともに義就を支持しており、政長を支持する細川勝元とは立場を異にしていた。
❼**二十六日の合戦**　細川軍が山名持豊邸を襲撃した合戦のこと。細川・山名の全面対決がこれによってはじまり、応仁・文明の乱の本格的な開戦となった。
❽**船岡山**　平安京の北側にある山。
❾**陣**　軍勢の駐屯地。
❿**家門の儀、……正体あるべからず**　この記事を書いている大乗院《だいじょういん》尋尊《じんそん》は一条兼良《いちじょうかねよし》の子であることから、乱に巻き込まれる一条家の行く末を案じてこのように記していると考えられる。

二　乱の実態

（文正《ぶんしょう》元年九月十三日）近日の京都の儀、一向に諸大名相計らう。公方（足利義政）は御見所❶なり。今出河殿（足利義視）また諸事仰せ計らわると云々《うんぬん》。公方の儀は正体《しょうたい》なし❷と云々。もっての外の事也。行く末、心元無きもの也。ことさら山名（持豊）・細川（勝元）両人、大名頭《かしら》として相計らうと云々。今出川殿は細川の屋形《やかた》に御座す。奉行以下、参り申すと云々。そもそも風聞の趣は、今出川殿・山名は衛門佐❸の事、扶持《ふち》❹あるべしと云々。細川は当畠山❺官領合力すべしと云々。両方の所存、如何なるべき事か。今出川殿、また今度御身上につき❻、憑《たの》み思《おぼ》し召《め》され、細川に御座の上は、彼の所存に背くべきの条、如何。かたがたもって世上心元無きもの也。

（応仁《おうにん》元年五月二十九日）京都より昨日返事到来す。二十六日の合戦❼に焼亡の所々、窪寺悉皆《くぼでらしっかい》、百万反、香堂、誓願寺《せいがんじ》の奥堂、小御堂、冷泉中納言《れいぜんちゅうなごん》宅、この他村雲橋を北と西とは悉《ことごと》く持って焼亡し了《おわ》んぬ。また二十七日の合戦、旧光院花坊に山名方これあり、責め破り了んぬ。すなわち彼の両所焼き払い了んぬ。二十六日より毎日、所々において合戦ならびに焼亡もっての外の次第なり。北は船岡山《ふなおかやま》、❽南は二条辺りに至り、日夜焼亡なり。実相院門跡《じっそういんもんぜき》・洞院家《とういんけ》、皆もって陣❾と成し了んぬ。家門《かもん》の儀、今の如《ごと》くんば、正体あるべからず❿候と云々。

『大乗院寺社雑事記《だいじょういんじしゃぞうじき》』

解説

十五世紀半ば、室町《むろまち》幕府を支える三管領《かんれい》のうち、畠山《はたけやま》・斯波《しば》両家が家督《かとく》争いによって分裂を深める中、ひとり大きな勢力を維持したのが**細川勝元《ほそかわかつもと》**であった。一方、嘉吉《かきつ》の乱の戦功により勢力を増してきたのが**山名持豊《やまなもちとよ》**で、史料にある通り、この両人が「大名頭」として、幕府の主導権をめぐって争う情勢となっていった。この対立に、折しも巻き起こった将軍**足利義政《よしまさ》**（史料内では「公方《くぼう》」）の後継をめぐる争い（**足利義視《よしみ》・義尚《よしひさ》**）や畠山《はたけやま》家内部の家督争い（**畠山政長《まさなが》・義就《よしなり/ひろ》**）が複雑に絡《から》み合い、一四六七（応仁《おうにん》元）年、両陣営の戦端が切って落とされた。京都市中での激しい戦闘により、市街地の大半が焼けたほか、戦火は地方にも拡大し、室町幕府の実質的な解体が進んでいった。

出典◉『**大乗院寺社雑事記**』本書一七三ページ参照。

4 幕府の実力の後退

（文明《ぶんめい》九年❶十二月十日）……なかんずく天下の事、さらにもってめでたき子細《しさい》これなし。近国においては近江《おうみ》・三乃(美濃)・尾帳(張)・遠江《とおとうみ》・三川(河)・飛騨《ひだ》・能登《のと》・加賀《かが》・越前《えちぜん》・大和《やまと》・河内《かわち》これらはことごとくみな御下知《おんげち》❷に応《おう》ぜず、年貢等一向《いっこう》❸進上《しんじょう》せざる国どもなり（近くの国では、近江・美濃・尾張・遠江・三河・飛騨・能登・加賀・越前・大和・河内、これらはすべて将軍の命令に従わず、年貢などまったく納めない国である）。そのほかは、紀州《きしゅう》❹・摂州《せっしゅう》❺・越中《えっちゅう》・和泉《いずみ》。これらは国中乱るるの間、年貢等の事、是非《ぜひ》に及ばざる者なり❻。さて公方《くぼう》❼御下知の国々は、幡摩(播磨)・備前《びぜん》・美作《みまさか》・備中《びっちゅう》・備後《びんご》・伊勢《いせ》・伊賀《いが》・淡路《あわじ》・四国等なり。一切《いっさい》御下知に応ぜず、**守護の体《てい》、則体《そくたい》においては❽、御下知畏《おそ》れ入るの由《よし》❾申し入れ、遵行《じゅんぎょう》❿等これを成《な》すといへども、守護代以下在国《ざいこく》⓫(者)の物、なかなか承引《しょういん》⓬にあたはざる事どもなり**（守護自身は将軍の命令を畏《かしこ》まって受け入れ、その命令を本国に伝えても、守護代以下の在国の者が命令を了承しない）。**よって日本国はことごとくもって御下知に応ぜざるなり。**

『大乗院寺社雑事記《だいじょういんじしゃぞうじき》』

◀幕府の実力の後退

❶**文明九年** 一四七七年。
❷**御下知** 将軍の命令。
❸**一向** 一つも。
❹**紀州** 紀伊《きい》国。
❺**摂州** 摂津《せっつ》国。
❻**是非に及ばざる** 年貢などの収入が見込めない。
❼**公方** 将軍。
❽**守護の体、則体においては** 守護自身の態度としては。
❾**畏れ入る** 恐縮して受け入れる。
❿**遵行** 守護が幕府の命令を本国にいる守護代に伝達すること。
⓫**在国** 国に在住している者。
⓬**承引** 承諾。

出典◉『**大乗院寺社雑事記**』本書一七三ページ参照。

解説

応仁《おうにん》・文明《ぶんめい》の乱は、当初こそ中央における対立・抗争であったものが、やがて地方に飛び火していった点に大きな特徴がある。それは、京都での戦闘に諸国の守護《しゅご》たちが参戦するうちに、その領国で守護に反発する動きが出てきたことによるものである。その結果、この史料にある通り、もともと将軍の下知《げち》に応じていなかった国々に加え、守護が将軍の下知を伝えても、領国にいる守護代《しゅごだい》がこれに応じないという国々が増えはじめ、日本全国で将軍の下知に従わないという状況になっていったことが分かる。

5 下剋上の風潮

三好《みよし》の人数❶、東へ打ち出づ。見物す。禁裏《きんり》❷の築地《ついじ》の上、九つ❸過ぎ時分までおのおの見物す。筑前守(三好長慶)は山崎に残ると云々《うんぬん》。同名日向守《ひゅうがのかみ》、きう介、三好弟十河《そごう》民部大夫以下、都合一万八千と云々。一条より五条に至って取り出す。細川右京兆《うけいちょう》❹の人数、**足軽百人ばかり出合う。野伏《のぶし》あり。**きう介与力一人、**鉄砲に当たり死すと云々。**東の人数、吉田山の上に陣取りして出合わず。江州《ごうしゅう》衆は北白川山上にこれあり。ついに取出ざるの間、九つ過ぎ時分、諸勢引く。山崎へおのおの打ち帰ると云々。細川右京兆の人数、見物の諸人の悪口とも不可説《ふかせつ》、不可説。

『言継卿記《ときつぐきょうき》』

通釈

三好氏の軍勢が東方へと出陣した様子を、内裏の築地塀の上に乗って、正午過ぎ頃まで見物した。ただ、三好長慶《ながよし》は山崎にとどまっているという。一族の日向守長逸《ながゆき》、久介《きゅうすけ》(長虎)、弟の十河民部大夫(一存《かずまさ》)以下、合計一万八千の軍勢とのことだ。(この軍勢が)一条大路から五条大路にかけて展開し、細川晴元《はるもと》方の足軽百人ばかりと対戦した。久介の部隊の者一人が鉄砲に当たって死んだという。東方の細川晴元の軍勢は、吉田山に陣取ったまま出陣しなかった。近江国の六角定頼の軍勢(細川晴元方)は、北白川の山上に布陣していて、最後まで出陣してこなかったので、正午過ぎには諸勢力は退却し、山崎へと帰っていった。晴元軍の兵士たち、見物の者たちの悪口はともに酷かった。

解説

応仁《おうにん》・文明《ぶんめい》の乱により室町《むろまち》幕府の権威《けんい》が失墜《しっつい》すると、その実権は管領《かんれい》の細川政元《ほそかわまさもと》からその養子の澄元《すみもと》へ、さらにその子の晴元《はるもと》へと継承されたが(細川政権)、一五四九(天文《てんぶん》十八)年、晴元の家臣・三好長慶《みよしながよし》は晴元らを近江《おうみ》に追って新たな政権を樹立した(三好政権)。この史料はその翌年、晴元が京都の奪回《だっかい》を図り、十三代将軍足利義輝《よしてる》を奉じて京都の東山《ひがしやま》に出陣し、京都の市街で晴元軍と長慶軍が戦っている様子を見物した貴族・山科言継《やましなときつぐ》の日記である。晴元軍には「足軽《あしがる》百人ばかり」が動員されており、当時の戦闘において不可欠の戦力となっていることが分かるとともに、三好軍の与力《よりき》が鉄砲《てっぽう》によって戦死したことが記されている。ちなみにこの記事は、鉄砲が実戦において使用されたことを記す最初の史料である。

◀下剋上の風潮

❶**人数** ここでは軍勢という意味。

❷**禁裏** 天皇の住居、内裏のこと。

❸**九つ** 正午のこと。

❹**右京兆** 右京職《うきょうしき》のこと。ここではこの職にあった細川晴元を指す。

出典◉『**言継卿記**』 戦国・織豊期の公卿・山科《やましな》言継の日記。戦国時代の京都周辺の情勢を知るための基本史料。

設問13 **1** ❸では、応仁・文明の乱勃発の原因を足利義政のいかなる振る舞いに求めているか説明してみよう。
2 畠山氏の家督争いについて、❸から読み取れる足利義視の立場を整理してみよう。
3 応仁・文明の乱の結果、室町幕府はどうなったのか❹から読み取れることを説明してみよう。
4 ❺から読み取れる下剋上の風潮について説明してみよう。

7 室町文化

1 足利学校

武州❶金沢《かねさわ》の学校❷は北条九代の繁盛のむかし（昔）学問ありし旧跡也《なり》。又上州《じょうしゅう》❸は上杉《うえすぎ》が分国《ぶんこく》なりければ、足利は京都 并《ならびに》 鎌倉御名字《ごみょうじ》の地にて❹、たに（他）こと（異）なりと、かの足利の学校を建立《こんりゅう》して、種々の文書を異国より求め納ける。此《この》足利の学校は上代承和《じょうだいじょうわ》六年❺の小野 篁《たかむら》❻、上野《こうずけ》の国司《こくし》たりしとき建立の所、同（承和）九年、篁、陸奥守《むつのかみ》になりて下向《げこう》の時、此所《このところ》に学所《がくしょ》をたて（建）けるよし（由）、その旧跡いま（今）にのこり（残）けるを、応永《おうえい》元年❼、長尾《ながお》景人❽が沙汰《さた》として、政所《まんどころ》より今の所に移《うつし》建立しける。近代の開山《かいざん》は❾、快元《かいげん》と申す禅僧なり。今度安房守《あわのかみ》❿、公方《くぼう》御名字がけの地なればとて、学領《がくりょう》を寄進《きしん》して、弥《いよいよ》書籍を納め学徒をれんみん（憐憫）す。されば此比《このごろ》諸国大《おおい》にみだれ、学道も絶えたりしかば、此所《このところ》日本一所の学校となる。是より猶以《なおもって》上杉安房守憲実《あわのかみのりざね》を諸国の人もほめざるはなし。西国《さいごく》・北国《ほっこく》よりも学徒 悉《ことごと》く集まる。

『鎌倉大草紙《かまくらおおぞうし》』

右の大学⓫のほかにも、五つの主なる大学があり、それらの名は高野《こうや》・根来《ねごろ》・比叡山《ひえいざん》・多武峰《とうのみね》⓬である。これらは都の周囲にあって、聞くところでは各大学に三千五百人以上の学生がいるとのことである。いとも遠隔の地に、坂東《ばんどう》⓭と称する別の大学があり、ここは日本で最大かつ主要なる大学で、もっとも多くの学生を集めている。

（鹿児島発信、一五四九年十一月五日付、ゴアの聖パウロ学院の修道士ら宛のザビエル書簡《しょかん》）

◀足利学校

❶**武州**　武蔵国。

❷**金沢の学校**　鎌倉期、金沢実時《さねとき》は武蔵国金沢（横浜市）に称名寺《しょうみょうじ》を建て多くの書籍を集めて金沢文庫を作った。

❸**上州**　上野国。群馬県。

❹**京都并鎌倉御名字の地**　京都の将軍、鎌倉の公方の名字の地。すなわち足利姓の由来の地という意味。

❺**承和六年**　八三九年。

❻**小野篁**　平安初期の官人・学者。

❼**応永元年**　一三九四年。

❽**長尾景人**　上杉氏の家臣。

❾**開山**　その寺院を創始した僧。

❿**安房守**　上杉憲実。

⓫**右の大学**　日本の首都京都にある大学。

⓬**多武峰**　別の写本では近江《おうみ》とある。

⓭**坂東**　関東のこと。足利学校を指す。

出典◉**『鎌倉大草紙』**　軍記物。一三七九（康暦《こうりゃく》元）年から一四七九（文明《ぶんめい》十一）年の鎌倉公方・関東管《かん》領《れい》以下の東国《とうごく》の武士の興亡を描いたもの。成立は戦国期といわれる。

解説

足利《あしかが》学校は、現在の栃木県足利市にあった中世の学校である。小野篁《おののたかむら》による開創説については、確かなことはわかっていない。**関東管《かん》領《れい》・上杉憲実《うえすぎのりざね》**は永享《えいきょう》年間（一四二九～四一）、円覚寺《えんかくじ》

ザビエル書簡　『十六・七世紀イエズス会日本報告集』所収。同書は、エーヴォラ版・日本書簡集を訳したものである。全訳で現代語訳されている。

◀一向宗

❶**当流ノ安心**　一向宗を信仰することによって得る心の安らぎ。

❷**帰命**　仏の教えにひたすら帰依《きえ》すること。

❸**衆生**　仏が救済の対象とするすべての人間と生物。

❹**百即百生**　百人が百人ともみな往生できること。すべての人が往生できること。

❺**毎月ノ寄合**　毎月一・二回行われる講の寄合。酒・飯・茶の呑み食いもした。

❻**具足セシメタル**　十分に備えた。

出典◉『**御文**』　蓮如が浄土真宗の教義を平易《へいい》に漢字仮名まじりの消息《しょうそく》の形式で説いた法語。

設問14　**1** ❶から足利学校のどのような様子を読み取ることができるだろうか。
2 御文とは何か説明してみよう。

の住僧快元《かいげん》を庠主《しょうしゅ》（校長）として招き、中国からもたらされた漢籍を寄進するなどして再興・整備を進めた。その他、**古河公方《こがくぼう》**の足利政氏《まさうじ》や戦国大名の**北条氏政《うじまさ》**らも書画を寄進しているが、これらの蔵書の中には現在、国宝等に指定されているものも多く、そこで行われた教育の文化的なレベルの高さは、キリスト教宣教師**ザビエル**をして「日本で最大かつ主要な大学」としてヨーロッパに紹介させたことからもうかがえよう。

❷ 一向宗

……ソレ当流ノ安心《あんじん》❶ノオモムキ《（趣）》トイフハ、アナガチニ、ワガ《（我）》身ノ罪障《ざいしょう》ノフカキ《（深）》ニヨラズ、タヾ《（唯）》モロ〳〵ノ雑行《ぞうぎょう》ノコヽロ《（心）》ヲヤメ《（止）》テ、**一心ニ阿弥陀如来《あみだにょらい》ニ帰命《きみょう》❷シテ**、今度《このたび》ノ一大事《いちだいじ》ノ後生《ごしょう》タスケ《（助）》タマヘ《（給）》ト、フカク《（深）》タノマン《（頼）》衆生《しゅじょう》❸ヲハ、コト〳〵クタスケ《（助）》タマフ《（給）》ヘキコト《（事）》、サラニウタガイ《（疑）》アルベカラス。カク《（此）》ノゴトク《（如）》ヨクコヽロエ《（心得）》タルヒト《（人）》ハ、マコトニ百即百生《ひゃくそくひゃくしょう》❹ナルベキナリ《（也）》。コノウヘ《（上）》ニハ毎月ノ寄合《よりあい》❺ヲイタシテモ、報恩報徳《ほうおんほうとく》ノタメトコヽロエ《（心得）》ナバ、コレコソ真実ノ信心ヲ具足《ぐそく》セシメタル❻行者《ぎょうじゃ》トモナツク《（名付）》ベキモノナリ《（也）》。アナカシコ〳〵。

『御文《おふみ》』

通釈

一向宗（浄土真宗）の門徒が心の安らぎを得られるのは、必ずしも自らの罪の深さによるものではなく、ただ様々な雑念を取り払い、ひたすらに阿弥陀如来にすがるからであり、来世には極楽浄土へお導き下さい、と深く頼む者たちを、（阿弥陀如来が）ことごとくお助けになることは疑うべくもありません。このことをよく理解している人は、ほんとうに一〇〇人が一〇〇人往生できるのです。したがって、毎月の寄合も、報恩報徳のために行うのだと心得れば、あなたもまさに真実の信心を備える修行者というべき存在になるでしょう。あなかしこ、あなかしこ。

解説

本願寺《ほんがんじ》八世法主の**蓮如《れんにょ》**は、一向宗《いっこうしゅう》（浄土《じょうど》真宗《しんしゅう》）の教えを門徒《もんと》たちにわかりやすく教えるため、この史料のような、**「御文《おふみ》」**「御文章《おぶんしょう》」と呼ばれる書簡形式の法語《ほうご》を多数執筆し、門徒《もんと》たちに書き送った。このため、蓮如の時代、浄土真宗の門徒数は飛躍的に増大し、特にその数が多かった北陸・東海・畿内《きない》近国地域は一向一揆の主要な基盤となった。御文は蓮如の在世中から弟子たちによって編纂《へんさん》された。

3 能

幽玄《ゆうげん》の風体《ふうてい》❶の事、諸道・諸事において幽玄なるをもて上果《じょうか》❷とせり。ことさら当芸❸において、幽玄の風体第一とせり。……そもそも幽玄の堺《さかい》❹とは、まことにはいかなる所にてあるべきやあらん。……ただ美しく柔和《にゅうわ》なる体《てい》、幽玄の本体なり。……言葉の幽玄ならんためには歌道を習《なら》ひ、姿《すがた》の幽玄ならんためには、尋常《じんじょう》なる為立《したて》❺の風体を習ひ、一切《いっさい》ことごとく物まね❻は変るとも、美しく見ゆる一《ひと》かかり❼をもつ事、幽玄の種❽と知るべし。『花鏡《かきょう》』

通釈

様々な芸道において幽玄なることを、その芸の最上の境地とする。ことに当芸（能）では幽玄なることを第一とする。……そもそも幽玄の境地とは、どのようなものなのであろうか。……まことに美しく柔和な様子、これが幽玄の本質である。……言葉が幽玄になるためには歌道を習い、姿が幽玄になるためには、立派な装いの姿を習い、すべてしぐさは様々に変わっても、美しくみえる一連の風情をもつことが幽玄の境地に達する種子であることを理解すべきである。

◀能

❶風体　芸風・情趣など、世阿弥の能楽論において多義的に使われる様式概念。
❷上果　最上の芸の境地。
❸当芸　能のことを指す。
❹堺　境地。
❺尋常なる為立　上品な扮装《ふんそう》のしかた。
❻物まね　しぐさ。
❼一かかり　一つの連続した風情。
❽種　大もと。

出典◉『**花鏡**』　世阿弥元清《ぜあみもときよ》が自己の芸得を書き連ねたもの。一四二四年に完成。

解説

平安時代の**猿楽《さるがく》**から発展し、鎌倉・南北朝時代における寺院での芸能や**今様《いまよう》**、白拍子《しらびょうし》の歌謡、早歌《はやうた》・**田楽《でんがく》**などの民間芸能の影響を受けつつ形成されてきた能は、室町時代前期、**観阿弥《かんあみ》**・**世阿弥《ぜあみ》**の親子によって大成された。観阿弥は春日《かすが》大社・興福寺《こうふくじ》に所属した大和《やまと》猿楽の結崎座《ゆうざきざ》で活動し人気を博し、子の世阿弥も足利義満《よしみつ》に認められて多大な支援を受けた。世阿弥は、「**幽玄《ゆうげん》**」の美を追究し、貴族的で優美な複式夢幻能《ふくしきむげんのう》と呼ばれる独特の形式を完成させ、その理論を『**風姿花伝《ふうしかでん》**』・『**花鏡《かきょう》**』にまとめた。

4 宗祇《そうぎ》の連歌

雪ながらやまもとかすむ夕べかな　宗祇《そうぎ》❶
ゆく水とほく梅にほふ里　肖柏《しょうはく》❷
河風に一むら柳春みえて　宗長《そうちょう》❸

◀宗祇の連歌

❶宗祇　連歌師。姓は飯尾《いいお》。
❷肖柏　連歌師。別号は牡丹花《ぼたんか》。宗祇の弟子。
❸宗長　連歌師。別号は柴屋軒《さいおくけん》。宗祇の弟子。

出典◉『**水無瀬三吟百韻**』一四八八年正月二十二日、後鳥羽院没後二五〇年の月忌の法楽のために水無瀬離宮の御影堂に奉納した一〇〇句の連歌。

ふねさすを《音》ともしるき明がた　祇
月やなお《を》霧わたる夜に残るらん　柏
霜おく野はら秋ハくれけり　長
なくむしの心ともなく草枯れて　祇

『水《み》無《な》瀬《せ》三吟百韻《さんぎんひゃくいん》』

解説

連歌《れんが》は、五・七・五の長句と七・七の短句を交互に連続して詠《よ》み、百句で満了とする詩形式の文芸で、三～八人前後が集まって一座をなし、節度と調和を保ちつつ、共同制作により、創作と鑑賞を共有しながら、新しい文芸世界を切り開いていった。院政期頃から盛んになりはじめたが、貴族から武士、庶民の幅広い階層に受け入れられ流行したのは室町時代である。中でも、**宗祇《そうぎ》**・肖柏《しょうはく》・宗長《そうちょう》らの連歌師は、大内《おおうち》氏をはじめとする大名・武士・町人・寺社等の求めに応じて諸国を旅し、旅先で活発に連歌の座を開き、地方に都の文化をもたらした点も見逃せない。『**水無《みな》瀬《せ》三吟百韻《さんぎんひゃくいん》**』は、宗祇・肖柏・宗長が後鳥羽《ごとば》上皇の二五〇年目の忌日《きじつ》（一四八八〈長享《ちょうきょう》二〉年一月二十二日）に、その離宮《りきゅう》があった地に建立されていた摂津《せっつ》国水無瀬の御影堂《みえいどう》に奉納した連歌で、純正連歌の規範とされている作品である。

設問15　能や連歌の起源および流行した階層に注目しながら、室町時代の文化の特徴について考えてみよう。

8 戦国大名と自治都市

1 分国法

(1)家臣の城下町への集住

一、朝倉《あさくら》が館《やかた》の外《ほか》、国内に❶城郭《じょうかく》を構《かま》えさせまじく候《そうろう》。惣別分限《そうべつぶげん》あらん者、一乗谷《いちじょうだに》❷へ引越、郷村《ごうそん》には代官ばかり置かるべき事。

『朝倉孝景条々《あさくらたかかげじょうじょう》』

(2)恩給地の売買禁止

◀**分国法**
❶**国内**　越前国。
❷**一乗谷**　朝倉氏の城下。現福井市。

通釈

(1)家臣の城下町への集住
一、朝倉家の館以外、国内に城を構えてはならない。領地の多い者はすべて、一乗谷に引越させて、村々には、代官のみを置くこと。

(2)恩給地の売買禁止

一、私領《しりょう》の名田《みょうでん》の外、恩地領《おんちりょう》❸左右《そう》無く❹沽却《こきゃく》❺せしむる事、これを停止《ちょうじ》しおわんぬ。かくのごとく制すといえども、去りがたき用所《ようしょ》有らば子細《しさい》を言上し、年期を定めて❻売買せしむべし。『甲州法度之次第《こうしゅうはっとのしだい》』

(3)他の分国との通信の制限

一、内儀《ないぎ》を得《え》ずして、他国《たこく》へ音物《いんもつ》❼・書札《しょさつ》❽を遣《つか》わす事、一向《いっこう》に停止《ちょうじ》せしめおわんぬ。『甲州法度之次第』

(4)他の分国との婚姻《こんいん》の制限

一、駿遠両国《すんえんりょうこく》❾の輩《ともがら》、或《あるい》はわたくし（私）として、他国よりよめを取、或《あるい》はむこに取《とり》、むすめをつかはす事、自《じ》今《こん》以後これを停止しおわんぬ。『今川仮名目録《いまがわかなもくろく》』

(5)喧嘩《けんか》の禁止

一、喧嘩❿の事、是非《ぜひ》に及ばず成敗《せいばい》を加うべし。但《ただ》し、取《と》り懸《か》かるといえども、堪忍《かんにん》せしむるの輩《ともがら》においては、罪科《ざいか》に処《しょ》すべからず。『甲州法度之次第』

一、喧嘩に及ぶ輩は理非を論ぜず⓫両方ともに死罪に行ふべきなり。『今川仮名目録』

一、喧嘩・口論闘諍《こうろんとうじょう》のうへ（上）、理非披露《りひひろう》にあたはず、わたくしに人の在所へ差《さ》し懸《か》くる事、たとひ至極《しごく》の道理《どうり》たりといふとも、差し懸け候かたの越度《おっど》⓬たるべし。

一、自分の領地の名田を除き、恩領地を理由なく売却することを禁じる。このように定めるものであるが、しかたがない事情があればその事情を申し上げて、年限を限って売買すべきこと。

(3)他の分国との通信の制限

一、許可なく、他国の者へ贈り物や手紙を送ることは禁止する。

(4)他の分国との婚姻の制限

一、駿河《するが》・遠江《とおとうみ》両国の者が、勝手に他国から嫁や婿《むこ》を取ったり、娘を他国に嫁に出したりすることは、これ以後、禁止する。

(5)喧嘩の禁止

一、喧嘩については、どのような理由があっても処罰する。ただし、しかけられても我慢をした者は処罰しない。

一、喧嘩をした者は理非を論ずることなく、両者をともに死刑に処する。

一、喧嘩・口論・決闘を行い、その理非を明確にせずに、勝手に相手の居所におしかける行為は、たとえ真っ当な理由があっても、おしかけた方の罪とする。

❸**恩地領**　大名から恩賞として与えられた土地。
❹**左右無く**　理由なく。
❺**沽却**　売却。
❻**年期を定めて**　期間を限定して。
❼**音物**　進物。贈り物。
❽**書札**　手紙。書状。
❾**駿遠両国**　今川氏の支配領域である駿河国と遠江国。
❿**喧嘩**　私的な合戦。
⓫**理非を論ぜず**　理の有無を問題にせず。
⓬**越度**　過失。
⓭**とが（咎）**　罪。
⓮**ちとう（地頭）**　戦国期の地頭は領主の意味。
⓯**しょたう（所当）**　領主に納める物品。

出典◉『**朝倉孝景条々**』　越前《えちぜん》の戦国大名朝倉孝景が定めた法。

『**甲州法度之次第**』　甲斐《かい》の戦国大名武田氏が定めた法で『信玄家法《しんげんかほう》』ともいう。

『**今川仮名目録**』　駿河の戦国大名今川氏の分国法で、下記の法令は今川氏親《うじちか》が一五二六（大永《だいえい》六）年四月十四日に定めた。

『**塵芥集**』　陸奥《むつ》の伊達稙宗《だてたねむね》が一五三六（天文《てんぶん》五）年四月十四日に制定した分国法。

国名	制定者	分国法名	制定年代
越前	朝倉氏	朝倉孝景条々	1479〜81
肥後	相良氏	相良氏法度	1495頃
周防	大内氏	大内家掟書(壁書)	15C後半
相模	北条氏	早雲寺殿廿一箇条	不明
駿河	今川氏	今川仮名目録	1526，1553
陸奥	伊達氏	塵芥集	1536
甲斐	武田氏	甲州法度之次第	1547
下総	結城氏	結城氏新法度	1556
阿波	三好氏	新加制式	1562〜69
近江	六角氏	六角氏式目	1567
土佐	長宗我部氏	長宗我部元親百箇条	1596

◀おもな分国法

(6)犯罪者の親族連座《れんざ》制

一、たうぞく《盗賊》に付て、おやこ《親子》のとが《咎》⓭の事、おや《親》のとが《咎》ハこ《子》にかけべし。たゞしこ《子》たりとも、とを《遠》きさかい《境》たんかう《談合》なすべきやうなくバ、これをかけべからず。同こ《子》のとが《咎》、おや《親》にかけべからず。たゞしひと《一》つ家に候ハゞどうざい《同罪》たるべし。また時宜《じぎ》によるべきなり。

『塵芥集《じんかいしゅう》』

(7)年貢未納の百姓の他領国への移動の禁止

一、ひやくしやう、ちとう《地頭》⓮のねんぐしよたう《年貢所当》⓯相つとめず、たりやう《他領》へまかり《罷》さ《去》る事、ぬす《盗》人のざいくわ《罪科》たるべし。よってかのひやくしやう《百姓》をきよよう《許容》のかた《方》へ、申しとゞ《届》くるのうへ《上》、せういん《承引》いたさず候ハゞ、かくご《格護》候やから《族》、どうざい《同罪》たるべきなり。

『塵芥集』

(6)犯罪者の親族連座制
一、盗賊については、親子の罪であり、親の罪は子にかけること。ただし子であっても、遠方に住んでいて相談することができないような場合は、罪をかけてはならない。同じく子の罪は、親にかけてはならない。ただし同居している場合は、(親子は)同罪である。また、その時の状況にあった処置をすべきである。

(7)年貢未納の百姓の他領国への移動の禁止
一、百姓が領主の年貢を納めず、他の領主の土地へ移住する時は、盗みの罪とすべきである。よってその百姓を受け入れた者へ届け出て、(その者が引き渡しを)承諾しなければ、かくまった者も同罪である。

解説

応仁《おうにん》・文明《ぶんめい》の乱をきっかけに幕府が実力を失う中、戦国大名は家臣団の統制と農民支配のために**分国法**《ぶんこくほう》を制定した。分国法は、必要に応じて随時《ずいじ》発せられる個別の法令と異なり、領域支配のための法を集成した基本法として恒久《こうきゅう》的効力を有した。史料は、越前朝倉《えちぜんあさくら》氏の『**朝倉孝景条々**《たかかげじょうじょう》』、駿河今川《するがいまがわ》氏の『**今川仮名目録**《かなもくろく》』、陸奥伊達《むつだて》氏の『**塵芥集**《じんかいしゅう》』、甲斐武《かいたけ》田《だ》氏の『**甲州法度之次第**《こうしゅうはっとのしだい》』のそれぞれ一節である。所領の売買制限、家臣同士の戦闘を禁じた喧嘩両成敗《けんかりょうせいばい》、他国との通信や婚姻《こんいん》の制限、家臣の城下町への集住、犯罪者の親族連座制、年貢未納百姓の他国への移動禁止など様々な内容が含まれることが分かる。御成敗式《ごせいばいしき》目《もく》や室町幕府法、国人一揆《こくじんいっき》の法、民間の慣習法の要素を含んだ分国法は、近世の法令にも影響を及ぼした。

2 堺の自治

堺《さかい》の市は非常に大きく、有力な商人を多数擁《よう》し、ヴェネツィアと同様執政官《しっせいかん》が治める共和国のような所である。

（堺発信、一五六一年八月十七日付、インドのイエズス会修道士ら宛のガスパル＝ヴィレラ書簡）

日本全国において、この堺ほど安全な場所はなく、他の国々にどれほど騒乱が起きようとも、当地においては皆無である。敗者も勝者も当市に宿すればみな平和に暮らし、互いによく和合して何ぴとも他者に害を加えない。……騒ぎを起こす者は犯人もその他の（関係）者も捕われて皆罰せられることによるのかも知れない。……市自体がいとも堅固であり、その西側は海に、また東側は常に満々と水をたたえる深い堀によって囲まれている。

（堺発信、一五六二年付、イエズス会の司祭および修道士宛のガスパル＝ヴィレラ書簡）

解説

室町期から戦国期にかけて、経済の発展により、各地に様々な性格を持った都市が成立した。門前町《もんぜんまち》は、寺社の門前に市が立って商人らが集まり発達したもので、伊勢《いせ》の宇治山田《うじやまだ》、信濃《しなの》の善光寺《ぜんこうじ》をはじめ、各地に成立した。戦国時代には、越前《えちぜん》の吉崎《よしざき》、山城の山科《やましな》、河内《かわち》の富田林《とんだばやし》など、一向宗《いっこうしゅう》（浄土真宗《じょうどしんしゅう》）などの寺院を中心に防衛施設（土塁《どるい》や堀）を整えた寺内町《じないまち》が形成された。また、戦国大名が物資調達のため商工業者を集めたことにともなって城の周辺に城下町が成立した。北条《ほうじょう》氏の小田原《おだわら》、今川《いまがわ》氏の駿府《すんぷ》、朝倉《あさくら》氏の一乗谷《いちじょうだに》、大内《おおうち》氏の山口などが城下町としてよく知られている。さらに、港町として、兵庫・敦賀《つるが》・桑名《くわな》などがある。こうした都市の中には町人自身で運営を行う**自治都市**も生まれた。**日明貿易**で栄えた**堺**《さかい》は、**会合衆**《えごうしゅう》と呼ばれる富裕《ふゆう》な商人三十六人を指導者とする自治都市として発展した。都市の周りを堀で囲み、武士を雇って防備を行った堺は、来訪したキリスト教宣教師から、日本国中で一番安全で、戦争で負けたものも堺に来れば平和に暮らすことができると評された。自治都市としてはほかに摂津《せっつ》の平野《ひらの》、伊勢の桑名、筑前《ちくぜん》の博多《はかた》などがある。

出典◉ガスパル＝ヴィレラ書簡『十六・七世紀イエズス会日本報告集』所収。本書一九五ページ参照。

設問16 1❶の各史料から戦国大名のどのような性格を読み取ることができるだろうか。室町時代の地方支配を担った守護と比較しながら考えてみよう。2❷で言及されている堺はなぜ都市として長く栄えたのだろうか。都市の立地に注目しながら説明してみよう。

コラム4 室町時代の荘園と学校教育

荘園《しょうえん》とは何かを説明できるだろうか。高等学校の日本史教科書には、荘園ということばが古代から中世にかけて頻出する。しかしながら、教科書によっては荘園とは何か、端的に説明していないものもある。荘園とは、全国各地に設けられた公家《くげ》や寺社といった権力者（権門勢家《けんもんせいか》）の財源であり、得られた税収は荘園領主である権門勢家のもとに送られた。財源といっても、中世の荘園は単なる田畠のある土地ではなく、人々の暮らしが営まれ、山《さん》野河海《やかかい》があった。その領域は、ひとつの村落がそのまま荘園になっているものから、複数の国にまたがるものまで、大小様々である。

オーナーである公家や寺社が遠く離れた荘園現地の管理を徹底するのは難しい。そこで、下司《げし》や地頭《じとう》など荘官《しょうかん》として徴税や治安維持など現地の管理に当たったのが武士など現地の有力者であった。公家や寺社は荘園のオーナーとして、武士は現地の管理人として、一般の人々は住民として荘園に関わり、荘園を介して人々が重層的につながる社会の仕組みを荘園制と呼ぶ。歴史学では、荘園の形成が全国的に進んだ平安時代後期を中世の始まりと捉え、教科書の時代区分にも反映されている。荘園こそ、武士と並んで中世という時代を特徴づける存在なのである。

この荘園について、学校での教育内容が変わりつつある。ここでは室町時代の荘園に関する教科書の記述に注目する。これまでの教科書では、南北朝の動乱を通じた守護や国人の侵略をきっかけとして、室町時代を通じて荘園の解体が進むとの論調で記述されてきた。しかし近年、このような記述が見直され、室町幕府の政治体制が崩壊する応仁《おうにん》・文明《ぶんめい》の乱まで荘園制が機能していたことを記載する教科書も現れている。その背景には、二〇〇〇年代以降に急速な進展をみた室町時代研究の成果がある。

室町時代、幕府が開かれたことで守護をはじめとする有力な武士たちが京都に集住し、政治・経済・文化の中核として京都の存在感がひと際高まった。室町幕府の関心は、もっぱら京都に近い国々の動向に集中し、東北・関東・九州といった地方社会への幕府の影響力は低下した。室町時代以前から公家・武家・寺社による消費生活を支えたのは全国各地の荘園から送られてくる税収であったが、室町幕府の影響力が低下するにつれて都に税を納める荘園の多くは京都に近い国々に限られるようになっていく。加えて、公家や寺社による荘園経営は、外部委託が主流となった（→一六八～一七〇ページ）。近年の研究では、このような状況を解体と捉えるのではなく荘園制が縮小しつつも機能していたと捉える見方が主流となってきている。普段あまり意識されることはないが、教科書や教材には研究の成果が反映され、アップデートされ続けているのである。

年		天皇	有力者	政治・経済・社会	収録史料(年代は目安)
1635	12			海外渡航禁止、帰国禁止(P.236)。武家諸法度改定(参勤交代を制度化)(P.226)	P.229 諸士法度 P.237 寛永十三年鎖国令
1637	14			島原の乱(〜38)(P.237)	
1639	16			ポルトガル船の来航禁止(P.239)	
1640	寛永17			宗門改役をおく	
1641	18			平戸のオランダ商館を長崎出島に移す	P.245 寛永十九年の農村統制
1643	20	後光明		田畑永代売買禁止令(P.247)	P.246 田畑勝手作りの禁止令
1651	慶安4		徳川家綱	由井正雪の乱。末期養子の禁緩和(P.256)	
1657	明暦3	後西		明暦の大火	
1669	寛文9	霊元		アイヌ大酋長シャクシャインの蜂起	P.231 諸宗寺院法度　P.240 オランダ風説書
1671	11			河村瑞賢、東回り航路を整備(翌年、西回り)	P.241 仰止録
1673	13			分地制限令(P.248)	P.257 大商人の成長
1685	貞享2		徳川綱吉	生類憐みの令(〜1709)(P.251)	P.228 武家諸法度(天和令)
1689	元禄2	東山		長崎に唐人屋敷が完成	P.256 商品経済の発達
1694	7			江戸十組問屋成立。このころ、大坂に二十四組問屋成立(1784年公認)	P.262 武家の困窮の根本原因
1695	8			荻原重秀、金銀貨幣を改鋳(P.252)	P.259 曽根崎心中
1709	宝永6	中御門	徳川家宣	家宣、新井白石を登用	P.232 寺請証文　P.296 新井白石の西洋観
1715	正徳5		徳川家継	海舶互市新例(P.253)	P.259 史論の発達
1716	享保1		徳川吉宗	徳川吉宗、将軍となる	
1719	4			相対済し令(P.267)	P.258 町人文化の発達
1721	6			目安箱を置く	P.248 享保の分地制限令　P.254 肥料の改良
1722	7			上米の制(P.265)	P.270 新田開発の日本橋高札
1723	8			足高の制(P.266)	P.271 改革への批判
1732	17			享保の大飢饉	P.262 藩財政の逼迫　P.264 農村の変貌
1742	寛保2	桜町		公事方御定書完成(P.268)	P.271 勘定奉行の農民観　P.299 心学の発達
1758	宝暦8	桃園	徳川家重	宝暦事件(〜59)	P.300 階級社会の批判
1767	明和4	後桜町	徳川家治	明和事件	P.276 百姓一揆と天下の動揺
1772	安永1	後桃園		田沼意次、老中となる	P.274 田沼政治の構造
1778	7			ロシア船、蝦夷地へ来航し通商要求	
1782	天明2	光格		天明の飢饉。印旛沼の干拓に着手	
1783	3			浅間山の大噴火	P.273 蝦夷地の開拓　P.275 天明の大飢饉
1787	7		徳川家斉	松平定信、老中となる	P.242 伝国の辞　P.276 天明の打ちこわしと幕政
1789	寛政1			棄捐令(P.280)、囲米の制(P.279)	P.283 藩政改革
1790	2			人足寄場設置。寛政異学の禁(P.281)	P.283 旧里帰農令
1791	3			七分金積立法を定める(P.281)	P.303 海防論
1792	4			林子平処罰。ラクスマン根室に来航。尊号一件	P.302 開国論
1798	10			近藤重蔵、国後・択捉島を探検	P.295 国学の発達
1800	12			伊能忠敬、蝦夷地を測量	
1804	享和4			レザノフ、長崎に来航、通商要求	
1806	文化3			文化の撫恤令	
1808	5			間宮林蔵、樺太探検。フェートン号事件	P.263 武士の窮乏　P.297 蘭学の発達 P.301 合理的思考の発達
1825	文政8	仁孝		異国船(無二念)打払令(P.292)	
1828	11			シーボルト事件	

第3編

年		天皇	有力者	政治・経済・社会	収録史料(年代は目安)
1543	天文12	後奈良	足利義晴	ポルトガル人、鉄砲を伝える(P.204)	
1549	18		足利義輝	ザビエル、キリスト教を伝来(P.205)	P.193 下剋上の風潮　P.206 キリスト教の普及
1551	20			大内氏滅び、勘合貿易断絶	P.177 木綿の普及
1560	永禄3	正親町		桶狭間の戦い このころ、後期倭寇盛ん(P.174)	P.200 堺の自治
1568	11		足利義昭	織田信長、足利義昭を奉じて入京	P.208 関所の廃止
1570	元亀1			姉川の戦い。石山合戦(～80)	P.209 五箇条の条書
1571	2			信長、比叡山延暦寺を焼き打ち(P.210)	
1573	天正1			室町幕府の滅亡	
1575	3			長篠の戦い	
1576	4			信長、安土城を築く	
1577	5			信長、安土城下を楽市とする(P.207)	
1582	10			天正遣欧使節。本能寺の変。山崎の戦い。太閤検地(～98)(P.211,212)	P.210 指出検地
1583	11			賤ヶ岳の戦い。羽柴秀吉、大坂城を築く	
1584	12			小牧・長久手の戦い。ポルトガル商船、平戸に来航	P.223 侘茶の完成
1585	13			秀吉、四国平定。関白となる	
1586	14	後陽成		秀吉、太政大臣に。豊臣の姓を与えられる	
1587	15			秀吉、九州平定。バテレン追放令(P.219)	P.218 キリシタン大名の統制　P.223 北野大茶会
1588	16			刀狩令(P.213,215)。海賊取締令	
1590	18			秀吉、小田原攻略。奥州平定	
1591	19			身分統制令(P.216)	P.217 人掃令
1592	文禄1			文禄の役(壬辰倭乱、～93)	P.220 朝鮮侵略の目的　P.233 朱印船貿易
1596	慶長1			サン=フェリペ号事件。26聖人殉教	
1597	2			慶長の役(丁酉倭乱、～98)	P.221 鼻請取状　P.222 豊臣政権の動揺
1600	5		(↓将軍)	リーフデ号、豊後漂着。関ヶ原の戦い	
1603	8		徳川家康	徳川家康、征夷大将軍となる	P.224 阿国歌舞伎の流行
1604	9			糸割符制度(P.233)	
1607	12		徳川秀忠	角倉了以、富士川水路を開く	
1609	14			島津氏、琉球侵攻。オランダ、平戸に商館を開く。己酉約条	
1610	15			家康、メキシコ通商を求め、田中勝介を派遣	P.234 キリスト教の禁令
1613	18	後水尾		イギリス、平戸に商館を開く 慶長遣欧使節	
1614	19			高山右近らをマニラ・マカオに追放。大坂冬の陣	
1615	元和1			大坂夏の陣で豊臣氏滅亡。一国一城令。武家諸法度(P.225)・禁中並公家諸法度(P.230)	
1616	2			中国船以外の外国船の寄港地を平戸・長崎に制限	
1623	9		徳川家光	イギリス、平戸商館を閉鎖	
1624	寛永1			スペイン船の来航禁止	
1633	10	明正		奉書船以外の渡航禁止(P.235)	P.241 本佐録

第6章　織豊政権

1 ヨーロッパ人の来航

1 鉄砲伝来

天文《てんぶん》癸《みずのと》卯《う》秋❶八月二十五日丁酉《ひのととり》、我が西村の小浦《こうら》に❷一つの大船❸有り。何《いず》れの国より来るか知らず。船客百余人、其《その》形類《たぐい》あらず❹、其語通ぜず、見る者以《もっ》て奇怪《きかい》と為《な》す。……賈胡《ここ》❺の長二人有り。一は牟良叔舎《むらしゅくしゃ》❻と曰《い》ひ、一は喜《き》利志多佗孟太《りしただもた》❼と曰ふ。手に一物を携《たずさ》ふ、長さ二・三尺《しゃく》、其体《たい》たるや、中通じ外直《そとちょく》❽にして、重きを以て質となす。其中常通《つねにつう》ず❾と雖《いえど》も其底は密塞《みっそく》を要す。其傍《かたわ》らに一穴《いっけつ》有り、火を通ずるの路也《みちなり》。形象物《けいしょうもの》の比倫《ひりん》すべきなし。其用たるや妙薬《みょうやく》❿を其の中に入れて、添ふるに小団鉛《だんえん》を以てす。先ず一小白を岸畔《がんはん》に置ひて、親《みずか》ら一物を手にして其身を修め⓫、其目を眇《すがめ》⓬にして其一穴より火を放つ。則《すなわ》ち立《たちどころに》中《あた》らざると云《い》ふことなし。……時堯《ときたか》⓭其価《あたい》の高くして及び難《がた》きを言はずして、蛮種《ばんしゅ》の二鉄炮を求め、以て家珍《かちん》⓮と為《な》す。

『鉄炮記《てっぽうき》』

通釈

天文十二（一五四三）年秋八月二十五日、種子島の西村の小浦に一隻の巨大な船が漂着《ひょうちゃく》した。どこの国から来たかはわからない。百人余りの船客が乗っていたが、これまで見たこともない人間であり、言葉も通じなかったので、見た者は奇怪に思った。……外国の商人の長が二人乗っており、一人を牟良叔舎といい、もう一人を喜利志多佗孟太といった。彼らは手に一つのものをもっていた。それは長さが七〇～九〇㎝ほどで、その形は真っすぐで中が空洞《くうどう》になっている重い棒であった。その中は空洞であるが、その底は閉ざされていることが必要で、その横に一つの穴があり火を通すためのものである。その形はまことにたとえようもないものであった。その使い方は、火薬をその中に入れ、小さな鉛の玉を添えて、まず岸辺に小さな白い的を置き、手に持って身構え目を細めて撃つ。そうすると即座に当たらないことはなかった。……領主の時堯は高価なことをものともせず、その鉄砲二挺《ちょう》を買い求め、家宝とした。

◀鉄砲伝来

❶**天文癸卯**　天文十二年（一五四三年）。ヨーロッパ側の一説によれば一五四二年の出来事とされる。

❷**我が西村の小浦**　種子島の港。

❸**大船**　ポルトガル船。ヨーロッパ側の一説では中国船とされる。

❹**其形類あらず**　姿形が他に似たものがない。

❺**賈胡**　外国の商人。

❻**牟良叔舎**　ポルトガル人、フランシスコ＝ゼイモトに比定される。

❼**喜利志多佗孟太**　同じくアントニオ＝ダ＝モタに比定されている。

❽**中通じ外直**　中が空洞で外は真っすぐ。

❾**常通ず**　中が空洞になっている。

❿**妙薬**　火薬。

⓫**身を修め**　身構えること。

⓬**眇**　目を細めること。

⓭**時堯**　当時の種子島の領主、種子島時堯。
⓮**家珍**　家宝。

出典◉『**鉄炮記**』一六〇六（慶長《けいちょう》十一）年、薩摩の島津家に重用された臨済宗の僧の文之玄昌《ぶんしげんしょう》が、種子島から伝わった史料をもとに著《あらわ》したものといわれる。鉄砲伝来とポルトガル人来航の様子を伝えた日本側の唯一の史料。

解説　一五四三（天文《てんぶん》十二）年、種子島《たねがしま》に貿易船が漂着し、乗り組んでいたヨーロッパ人によって、はじめて日本に**鉄砲**《てっぽう》が伝来した。史料は、鉄砲伝来の経緯を伝えたもので、漂着船の乗組員の様子や名称、鉄砲の形状や機能を記述し、領主種子島時《とき》堯《たか》による鉄砲二挺《ちょう》の購入、火薬の製造法の伝授などを伝えている。史料に「中《あた》らざると云《い》ふことなし」とあるように、鉄砲は弓矢より命中率や殺傷率が高く、戦国時代という時代環境の下、またたく間に各地に普及していった。伝来した鉄砲は、種子島から紀州の根来《ねごろ》寺《じ》僧兵に渡って**根来**や**堺**《さかい》で製造されるとともに、鹿児島の島津《しまづ》氏から将軍足利義晴《よしはる》に献じられ、近江《おうみ》の**国友**《くにとも》**村**の鍛冶《かじ》集団の手で製造されるようになった。伝来後十年ほどで、有力な戦国大名たちは、領土の拡大に有用な武器として競って取り入れるようになった。鉄砲の普及は、**鉄砲足軽**《あしがる》**隊**の編成と、平野部中央に広大な堀をめぐらした壮大な**平城**《ひらじろ》の出現を促し、それまでの戦闘形態を大きく変化させていった。こうして、鉄砲の伝来と普及は、戦乱の時代の終息と統一権力の形成に向けた動きを加速させていくのである。

2　キリスト教の伝来と布教

一　キリスト教の伝来

一五四九年❶、聖ヨハネの祝日❷の午後、我ら❸は当地方（日本）に至るべく、マラッカ❹において、或《あ》る異教徒の中国商人の船に乗り込んだ。……**一五四九年八月**の聖母の祝日❺、デウスは、我らがこれまでにして到着を望んでいた当地方に我らを導き給うた。**日本の他の港に入ることができず、我らは聖信《サンタ・フェ》のパウロ❻（アンジロー）の生国である鹿児島に着いた。**……驚くほど名誉を重んじ、他の如何《いか》なることにも増してこれを尊重する。概して貧しいが、貴人の間でも貴人でない者の間でも、貧しさを恥辱《ちじょく》とは考えていない。キリスト教徒の側にないと思われることが、彼らにはある。すなわち、貴人が如何《いか》に貧しくとも、また、貴人でない者が如何に多くの富を持っていようとも（後者は）甚《はなは》だ貧しい貴人に対して、いとも深い敬意を払うのであり、……このように彼ら

◀キリスト教の伝来
❶**一五四九年**　天文十八年。
❷**聖ヨハネの祝日**　聖ヨハネ生誕の祝日で、六月二十四日にあたる。
❸**我ら**　フランシスコ＝ザビエル一行。
❹**マラッカ**　マレー半島南西部の都市。当時ポルトガルの植民地。
❺**一五四九年八月の聖母の祝日**　マリアの死んだ日で天文十八年八月十五日にあたる。
❻**聖信のパウロ**　日本人青年アンジローの洗礼名とされる。

は富みよりも名誉を重んじている。……

『十六・七世紀イエズス会日本報告集』

二 キリスト教の普及

本年❶日本に在《あ》るキリシタンの数は、ビジタドール❷の得た報告によれば十五万人内外で、その中には豊後《ぶんご》、有馬《ありま》および土佐《とさ》のキリシタンの王❸のほかにも、高貴な人で親戚《しんせき》及び家臣と共にキリシタンとなった者が多数ある。**キリシタンの大部分は下《しも》の地方❹、有馬、大村、平戸《ひらど》、天草《あまくさ》等に居り、また五島《ごとう》及び志岐《しき》❺の地にもキリシタンが在って、その数は十一万五千人に上り、**豊後国には一万人、都《みやこ》地方❻には二万五千人ある。

『イエズス会日本年報《かいにほんねんぽう》』

解説

十五世紀以来、世界進出を進めていたイベリア半島の二国、**ポルトガル・スペイン**は、アジア各地にも進出し、**ゴア・マラッカ**（ポルトガル）、フィリピン（スペイン）などに拠点を築いた。これにより、室町時代から積極的に東南アジアに進出していた日本人との接触の機会が生み出された。**イエズス会**宣教師の**フランシスコ＝ザビエル**は、日本人青年アンジローに出会い、日本への伝道を決意し、一五四九（天文《てんぶん》十八）年八月十五日、アンジローの案内でその故郷**鹿児島**に上陸した。九月二十九日に島津《しまづ》貴久《たかひさ》から鹿児島での布教を許され、日本にはじめてキリスト教がもたらされることになった。続いてザビエルは、平戸《ひらど》・山口を経て京都に上った後、山口に戻って大内義隆《おおうちよしたか》から布教の許可を得、一五五一年八月には大友宗麟《おおともそうりん》に招かれ豊後《ぶんご》府内《ふない》に赴《おもむ》いたが、同年ポルトガル船でゴアに帰還した。

一は、一五四九年十一月五日付けでゴアのコレジオ（聖パウロ学院）のイルマン（修道士）らに宛てた、ザビエルの書簡である。日本での見聞を体系的に紹介した報告書としてヨーロッパで注目を集めたこの書簡には、ザビエルの日本人観や当時の日本人の精神態度を読み取ることができる。二は、ザビエルの帰還から約三十年後の一五八一（天正《てんしょう》九）年に、日本イエズス会から同会本部に宛てた報告書である。これによると、日本のキリシタン数は、九州地方を中心に約十五万人に増加し、大友宗麟や有馬《ありま》晴信《はるのぶ》ら、家臣や領民にも入信を強制した戦国大名も見られた。戦国大名の改宗には、火薬の原料である硝石《しょうせき》などの軍需品入手や南蛮《なんばん》船来航による商売の振興、倫理的規範・戒律《かいりつ》の共有による支配強化など、複数の要因があったとみられる。

出典◉**『十六・七世紀イエズス会日本報告集』** 本書一九五ページ参照。

◀キリスト教の普及

❶**本年** 一五八一（天正九）年。

❷**ビジタドール** イエズス会の巡察使。ここでは一五七九（天正七）年来日したヴァリニャーノのことをさしている。

❸**豊後、有馬および土佐のキリシタンの王** 豊後の大友宗麟《おおともそうりん》、有馬《ありま》晴信《はるのぶ》、土佐の一条兼定《いちじょうかねさだ》のこと。

❹**下の地方** 九州のこと。近畿地方を上の地方というのに対する。

❺**志岐** 壱岐《いき》のこと。

❻**都地方** 尾張《おわり》国から西の本州を指す。

出典◉**『イエズス会日本年報』** 日本イエズス会が本部に送った年度報告をまとめたものである。

設問1 1 鉄砲の伝来は当時の日本の社会にどのような影響を与えたのだろうか。
2 キリスト教の伝来以来、約三十年余りでキリスト教は日本国内でどのような広がりをみせているだろうか。史料から読み取れることをまとめてみよう。

2 織田信長の天下統一事業

1 楽市令

一 安土城下への楽市令

定　安土山下町《あづちさんげ》中❶

一、当所《とうしょ》中❷楽市《らくいち》❸として仰《おお》せ付けらるるの上は、諸座・諸役・諸公事《くじ》等❹、悉《ことごと》く免許の事。

一、往還《おうかん》の商人、上海道❺はこれを相留《あいとど》め、上下《のぼりくだり》共当町に至り寄宿《きしゅく》すべし。……

一、普請《ふしん》❻免除の事。……

一、伝馬《てんま》❼免許の事。……

一、分国❽中徳政《とくせい》❾之《これ》を行なふと雖《いえど》も、当所中免除の事。

一、他国幷《ならび》に他所の族《やから》、当所に罷《まか》り越《こ》し有付《ありつく》の者、先々より居住の者同前、誰々家来たりと雖《いえど》も異議あるべからず。若《も》し給人《きゅうにん》と号し臨時課役停止《ちょうじ》の事。

一、喧嘩《けんか》・口論《こうろん》幷《ならび》に国質《くにじち》・所質《ところじち》❿・押買《おしかい》⓫・押売⓬・宿の押借《おしかり》⓭以下一切停止の事。……

右の条々若《も》し違背《いはい》の族《やから》あらば、速《すみや》かに厳科《げんか》に処せらる

◀安土城下への楽市令

❶安土山下町　織田信長が一五七六（天正四）年に築城した安土城の城下町。それまで戦国大名の城下町では離れた所にあった宿と市場町が一体化していた。

❷当所　安土山下町。

❸楽市　市場税・営業税など旧来の座商人の特権を廃止した市。

❹諸公事　様々な公役。

❺上海道　中山道のこと。

❻普請　土木工事。

❼伝馬　伝馬役のこと。軍事などの際に運送のための人馬を負担すること。

❽分国　信長の支配している国。

❾徳政　それまでの債務関係を破棄することをいう。

❿国質・所質　債権をとりたてるため、同国・同所の他の人の荷物などを差し押さえること。

⓫押買　むりやり安く買うこと。

⓬押売　むりやり売りつけること。

⓭宿の押借　宿を強いて借りること。

通釈

定　安土山下町中へ

一、安土山下町が楽市となされた以上は、座を認めず、一切の役や負担を免除する。

一、往来の商人は、中山道を通行せずに、上り下りとも必ず安土に来て宿をとること。……

一、土木工事への徴発を免除する。……

一、街道の運送用の馬の徴発を免除する。……

一、信長の分国で債務《さいむ》関係を破棄《はき》する徳政を行うことがあっても、安土山下町だけは除く。

一、他国や他所から安土にやってきて住みついた者も、以前から住んでいた者と同じに扱う。誰かの家来であっても異議を申し立ててはならない。また、給人と称して臨時の課役をかけてはならない。

一、喧嘩・口論や国質・所質という財産の差し押さえ、押売・押買・宿を無理に借りることは一切禁止する。……

右の箇条に示したことに背《そむ》く者があれば、直ちに厳重な処罰を課すものである。

天正五（一五七七）年六月　日（信長朱印）

べき者也《なり》。

天正《てんしょう》五年⑭六月　日

(信長朱印「天下布武」)

『近江《おうみ》八幡《はちまん》市立《しりつ》資料館所蔵文書《しりょうかんしょぞうもんじょ》』

二 関所の廃止

(永禄《えいろく》十一年❶十月) 且《かつ》は天下の御為《おんため》、且《かつ》は往還《おうかん》の旅人御憐愍《ごれんびん》の儀❷を思《おぼ》しめされ、御分国中に数多《あまた》ある諸関《しょせき》諸役上《あげ》させられ(信長の分国内に数多くあった関所とさまざまな負担を廃止され)、都鄙《とひ》❸の貴賤《きせん》一同に 忝《かたじけな》しと拝《はい》し 奉《たてまつ》り、満足 仕《つかまつ》り候ひおわんぬ。……

『信長公記《しんちょうこうき》』

⑭天正五年　一五七七年。

出典◉『近江八幡市立資料館所蔵文書』　滋賀県近江八幡市立資料館が所蔵する文書。

◀関所の廃止

❶永禄十一年　一五六八年。

❷御憐愍の儀　あわれみ深い心で。

❸都鄙　都会と田舎。

出典◉『信長公記』　織田信長の家臣太田牛一《ぎゅういち》が著《あらわ》した伝記。日記のついでに書いたものを集成したという記事の信憑性《しんぴょうせい》はかなり高く、信長の天下統一過程を知る上で重要な史料である。

設問2　**1**楽市令・関所の廃止は、商人の活動にどのような変化をもたらしたのだろうか。
2楽市令・関所の廃止は、戦国大名の領国支配にどのような意味をもつ政策であったのだろうか。

解説

中世後期に各地に現れた**楽市場《らくいちば》**は、領主の警察権の介入の否定(不入権)、住民の領国内自由通行の保障、課税免除の権利、年貢納入・負債返済や人格的隷属《れいぞく》からの解放、独占的に商売をする権利(市座)を認めない**楽座《らくざ》**などの特徴を持つ場であった。「楽」は規制から解放された自由な状態を意味する語で、中世では公事や役の免除という意味で用いられた。戦国大名は、こうした楽市場を認めて安堵《あんど》したり、新たな城下町を建設する際に楽市を設置したりした。**織田信長**は、一五六七(永禄《えいろく》十)年に岐阜城下からやや離れた加納《かのう》市場に対して最初の**楽市令**を出した。これは座の全面否定ではなく、座に入っている者も含めて誰でも自由に加納市場に来て課税無しで商売することを認めるものだった。加納市場住人の信長分国内自由通行、借銭・借米の返済免除、年貢諸役の免除などを認めたこの楽市令は、商人の移住促進による市場の振興を企図した都市政策だった。一五七七(天正《てんしょう》五)年には、前年から築城がはじまっていた安《あ》土《づち》の城下町に楽市令が発せられた。一は、安土山下《さんげ》町中に宛てて出された十三か条の掟書《おきてがき》である。この掟書が普請役《ふしんやく》や伝馬役《てんまやく》など諸役の免除を徹底しつつ、基本的に加納市場宛の楽市令の内容を継承していることが読み取れる。往来する商人に対し中山道《なかせんどう》の通行をやめて安土城下町に寄宿することを求めるなど、城下町に多くの商人らを呼び込む施策を広く盛り込んで、町の振興を図った都市政策であった。信長の都市・流通政策としてもう一つ知られるのが、関所の廃止である。二は、一五六八年の上洛後に信長が領国内の関所の廃止を令したことを記したものである。南北朝期以降、幕府や荘園領主らは、通行料の徴収を目的に多くの関所を設置したが、その廃止は商人に便宜をもたらし、道路整備とあわせて流通の発展を促した。

2 織田信長の人間像

一 五箇条の条書

（足利義昭黒印）

条々

一、諸国へ御内書《ごないしょ》❶を以て仰《おお》せ出さるる子細これ有らば、信長に仰せ聞かせられ、書状❷を添へ申すべき事。

一、御下知《げち》❸の儀、皆以て御破棄有り、其の上に御思案成され、相定めらるべき事。

一、**公儀❹に対し奉り忠節の輩《やから》に、御恩賞・御褒美を加へられ度《た》く候と雖《いえど》も、領中等これ無きに於《お》てハ、信長分領の内を以ても、上意次第に申し付くべき事**（幕府・将軍に対して忠節を尽くした者に恩賞・褒美を下されたいと思っても、所領がない場合は、信長の領国の中から上意次第に与えるものとする）。

一、天下の儀、何様《なによう》ニも、信長ニ任し置かるるの上は、誰々に寄らず、上意を得るに及ばず、分《ふん》別《べつ》次第成敗《せいばい》を為《な》すべきの事。

已上《いじょう》

永禄十三❺　正月廿（二十）三日　（信長朱印「天下布武」）

日乗上人《にちじょうしょうにん》❻

明智十兵衛尉《あけちじゅうべえのじょう》❼殿

「成簣堂《せいきどう》文庫所蔵文書」

解説　一五六八（永禄《えいろく》十一）年、織田信長は足利義昭《よしあき》を奉じて入京した。征夷大将軍《せいいたいしょうぐん》に任じられた義昭は、御内書《ごないしょ》と呼ばれた将軍発給文書や奉行人《ぶぎょうにん》奉書を通じて幕府を機能させはじめたが、義昭の動きは信長との対立を招くことになった。史料は、一五七〇（元亀《げんき》元）年、信長が義昭に突きつけた五か

◀五箇条の条書

❶**御内書**　室町時代以降、将軍やそれに準ずる武家が発給した文書。

❷**書状**　信長の添状。

❸**御下知**　義昭が出した命令・政策。

❹**公儀**　ここでは幕府・将軍（義昭）を指す。

❺**永禄十三**　一五七〇年。

❻**日乗上人**　出雲朝山《いずもあさやま》の出身と伝えられる僧。信長の入京後、皇居造営などにかかわって信長に登用されていた。

❼**明智十兵衛尉**　明智光秀。

出典◉「成簣堂文庫所蔵文書」　石川武美記念図書館（旧お茶の水図書館）所蔵の古文書。史料は、このうち徳富蘇《とくとみそ》峰蒐集《ほうかいしゅう》文書の中に収められている。

条の「条々」である。信長はこの条書で、御内書による政治工作を禁じ、それまでの政策を破棄《はき》するように命じ、天下に関わることは信長の専権事項だと宣言した。文書には信長の**「天下布武《てんかふぶ》」**の朱印と内容を承認したことを示す義昭の黒印が捺《お》されている。この後、両者の対立は一層深まり、室町幕府は崩壊した。

二　延暦寺の焼き打ち

九月十二日、❶叡山《えいざん》❷を取り詰《つ》め、根本中堂《こんぽんちゅうどう》❸・三王《さんのう》廿《二十》一社❹を初め奉《たてまつ》り、霊仏《れいぶつ》・霊社、僧坊《そうぼう》・経巻《きょうかん》、一宇《いちう》❺も残さず、時に雲霞《うんか》の如《ごと》く焼き払ひ、灰燼《かいじん》の地となすこそ哀《あわ》れなれ（一軒も残さずに、一気に一切を焼き払い、焼け野原となってしまったことは悲しく哀れなことである）。……

『信長公記《しんちょうこうき》』

解説　平安時代以来大きな勢力を誇ってきた**比叡山延暦寺《ひえいざんえんりゃくじ》**にとって、荘園《しょうえん》領主の経済基盤の破壊につながる関所《せきしょ》の廃止やキリスト教保護などの信長の政策は脅威《きょうい》となっていた。そのため、足利義昭《よしあき》と結んで朝倉義景《あさくらよしかげ》・浅井長政《あざいながまさ》を支援して対抗したが、信長は一五七一（元亀《げんき》二）年九月、多数の伽藍《がらん》や山下の坂本・堅田《かたた》などを焼き払い、数千人の僧侶や信徒を殺害した。これにより延暦寺の権威は真っ向から否定された。信長と宗教勢力との対立は、天下統一の最大の障壁となった本願寺《ほんがんじ》・一向一揆《いっこういっき》との間でも続き、度《たび》重なる一向一揆勢の殺戮《さつりく》と鎮圧、本願寺との全面戦争（石山合戦）を経て、信長の勝利により終息した。

三　指出検地

廿《二十》六日、❶当国中❷寺社・本所《ほんじょ》・諸寺・諸山・国衆《くにしゅう》❸悉《ことごと》く以《もっ》て一円《いちえん》❹に指出《さしだし》❺出《いだ》すべきの旨《むね》、悉く以て相触《あいふ》れられおわんぬ。沈思《ちんし》沈思。❻……前代未聞是非《ぜんだいみもんぜひ》なき次第《しだい》、日月地に落ちず、神慮《しんりょ》頼み奉《たてまつ》る計《ばか》り也《なり》。

『多聞院日記《たもんいんにっき》』

通釈

（天正《てんしょう》八年九月）二十六日、大和《やまと》国中の寺社、公家、国衆全てに対し、土地の等級・面積などの記録を提出するよう命令が出た。考え込んでしまう。……まったく前代未聞のことだが、どうしようもない。日・月はまだ地に落ちていない。ただ神のはからいを頼みとするばかりである。

◀延暦寺の焼き打ち

❶**九月十二日**　一五七一（元亀二）年九月十二日。

❷**叡山**　比叡山延暦寺。

❸**根本中堂**　比叡山東塔にある、延暦寺の本堂。

❹**三王廿一社**　延暦寺の鎮守である山王《さんのう》社（日吉《ひえ》神社）には二十一の神社があった。

❺**一宇**　宇とは建造物のことをいう。一宇とは一軒のこと。

出典◉『**信長公記**』　本書二〇八ページ参照。

◀指出検地

❶**廿六日**　一五八〇（天正八）年九月二十六日。

❷**当国中**　大和国中。

❸**国衆**　大和国の在地領主。衆徒《しゅと》・国民と称した。

❹**一円**　一国全体という意味。

❺**指出**　領主（ここでは織田信長）に提出する、土地の面積や収量などを記した文書。

❻**沈思沈思**　考え込むこと。

出典◉『**多聞院日記**』　大和国興福寺多聞院の住僧英俊《えいしゅん》の著《あらわ》した日記。戦国時代から織田信長・豊臣秀吉の天下統一過程を伝える重要な史料である。

設問3 **1**信長の行った検地は、各地域の領主にとってどのような政策であったのだろうか。**2**信長の実施した諸政策に一貫した政策方針とは何か、前時代との違いに注目して述べてみよう。

3 豊臣秀吉の天下統一事業

解説　戦国大名は、現地測量をする丈量検地《じょうりょうけんち》によらず、家臣や領民から土地の面積や収量を申告させる**指出《さしだし》**という方法で土地の把握を行った。信長は新たに支配下に入れた地域で百姓から指出を提出させ、新たな所領の範囲や年貢などの実態を把握した。戦国大名では北条《ほうじょう》氏が行ったと見られる丈量検地は、織田政権においては一五七七（天正《てんしょう》五）年の越前《えちぜん》検地から開始された。この検地は、縄《なわ》を使用して、田地《でんち》だけでなく畠《はたけ》や屋敷も対象として石高《こくだか》を算出し、その結果に基づいて所領が宛行《あてが》われた。これらの検地は太閤《たいこう》検地の歴史的前提となった。

1 太閤検地

一 太閤検地の実施

……

一、其許《そこもと》❶検地の儀《ぎ》、一昨日仰出《おおせいだ》され候如《ごと》く、斗代《とだい》❷等の儀、御朱印❸の旨《むね》に任《まか》せて、何《いずれ》も所々、いかにも念を入れ❹申し付くべく候。若《も》しそさうニ❺仕《つかまつ》り候ハバ 各《おのおの》越度《おちど》❻たるべく候事。

……

一、仰せ出され候趣《おもむき》、国人《こくじん》❼幷《ならび》に百姓共ニ合点《がてん》❽行き候様ニ能々申聞《よくよくもうしき》かすべく候。自然《しぜん》❾相届《とど》かざる覚悟《かくご》の輩《ともがら》❿これ在《あ》るにおいては、城主にて候ハバ其《その》もの城へ追入

通釈

……

一、その方の担当する検地のことについては、一昨日命じたように、一反当たりの収穫高など、（秀吉の）命令書に従って、皆々各所で十分に念を入れて指示するようにせよ。もし、注意を欠いて失敗することがあれば、担当者の過失とする。

……

一、ご命令（検地）の趣旨については、国人や百姓たちが納得するようによくよく申し聞かせよ。もしも不服の者がいるようなら、城主の場合は城に追い込み、相談の上、一人残らずなで斬りにせよ。百姓以下に至るまで不服の場合は、一郷でも二郷でもすべてなで斬り

◀太閤検地の実施

❶**其許**　ここでは奥州地方を指している。

❷**斗代**　一反当たりの標準収穫高。石盛のこと。これは一応米の収穫高を前提にしているが、基準高として上から定めることもあった。

❸**御朱印**　秀吉の命令書。

❹**念を入れ**　丁寧に。

❺**そさうニ**　注意を欠いて。雑に。

❻**越度**　過失。

❼**国人**　在地の領主。

❽**合点**　納得する。

❾**自然**　もしも。万一。

❿**相届かざる覚悟の輩**　納得できない者。

れ、各相談《あいだん》じ、一人も残《のこ》し置《お》かずなでぎり⑪ニ申し付くべく候。百姓以下ニ至るまで相届かざるに付てハ、一郷《ごう》も二郷も悉《ことごと》くなでぎり仕るべく候。六十余州⑫堅《かた》く仰せ付けられ、出羽《でわ》、奥州《おうしゅう》迄《まで》そさうニハさせらる間《ま》敷《じく》候。たとへ亡所《もうしょ》⑬ニ成候ても苦しからず⑭候間、其意を得べく候。山のおく、海ハろかい⑮のつづき候迄念《ねん》を入るべく事専一《せんいつ》に候。自然《しぜん》各退屈⑯においては、関白殿⑰御自身御座《ござ》成され候ても仰せ付けらるべく候。急《きっ》と⑱此《この》返事然《しか》るべく候也《なり》。

八月十二日⑲　（秀吉朱印）

浅野弾正少弼《だんじょうしょうひつ》との⑳へ

『浅野家文書《あさのけもんじょ》』

にせよ。日本全国にわたって堅く命じ、出羽国・陸奥国まで徹底するようにせよ。たとえ百姓が一人もいなくなってもかまわないので、この意図を十分承知せよ。山の奥、海の果てまで念入りに行うことが最も大事である。もし怠《おこた》ることがあれば、関白秀吉様御自身が出向かれてでも命令されるだろう。必ずしかるべき返事をせよ。

（一五九〇年）八月十二日（秀吉朱印）

浅野弾正少弼殿へ

二　太閤検地の方法

右今度《このたび》御検地を以《もっ》て相定《あいさだ》むる条々。

一、六尺三寸の棹《さお》①を以て、五間《けん》六拾間②、三百歩壱反《ぶいったん》に相極《あいきわ》むる事。

一、田畠幷《ならび》に在所《ざいしょ》の上中下見届け、斗代《とだい》③相定むる事（田畑や屋敷地の等級を確認して、一反当たりの基準となる収穫高を定めること）。

一、口米《くちまい》④壱石《いっこく》に付いて弐升宛《にしょうずつ》、其外役夫《そのほかやくぶ》⑤一切《いっさい》出すべからざる事。

一、京升《きょうます》⑥を以て年貢を納所《なっしょ》⑦致すべく候。売買も同じ升たるべき事。

一、年貢米、五里、百姓として持届《もちとど》くべし。其外《そのほか》は代官給人《きゅうにん》として持届くべき事（年貢米は五里までは

⑪**なでぎり**　片端から全員斬り殺すこと。
⑫**六十余州**　日本全国。
⑬**亡所**　百姓がいなくなり、荒れ果てた村。
⑭**苦しからず**　かまわない。
⑮**ろかい**　船を進ませる艪《ろ》と櫂《かい》。
⑯**退屈**　怠る。
⑰**関白殿**　豊臣秀吉。
⑱**急と**　必ず。
⑲**八月十二日**　一五九〇（天正十八）年八月十二日。
⑳**浅野弾正少弼**　五奉行の一人、浅野長政《ながまさ》。

出典◉『浅野家文書』　旧広島藩主の浅野家に伝来した文書。戦国時代末から幕末までの文書がある。

◀太閤検地の方法
①**六尺三寸の棹**　六尺三寸（約一九一cm）を一間とした測量用の竿《さお》。
②**五間六拾間**　五間×六〇間。
③**斗代**　一反当たりの基準収穫高。
④**口米**　年貢徴収の際の減少分を補うための米で、付加税の一種。
⑤**役夫**　年貢以外に負担しなければならない夫役。
⑥**京升**　戦国時代に畿内で使っていた枡。秀吉の時代から全国の基準になった。

❼**納所**　納めること。
❽**慶長三年**　一五九八年。
出典◉『西福寺文書』　福井県敦賀《つるが》市西福寺に伝来する文書。

▼検地の基準単位

6尺3寸＝1間《けん》
1間四方＝1歩《ぶ》
30歩＝1畝《せ》
10畝＝1反
10反＝1町

従来1反＝360歩だったのが，この検地から1反=300歩（5間×60間）になった。

▼田畑の等級と石盛（近江の国の一例）

	上	中	下	下々
田	1.5石	1.3石	1.1石	0.9石
畑	1.2石	1.0石	0.8石	0.6石

注．二斗下りという。

設問4　❶太閤検地はそれまでの土地調査とどの点で異なっているのだろうか。❷太閤検地は、これまでの土地の仕組みをどのように変えようとしたのだろうか。

◀刀狩の実施
❶**諸国**　全国。
❷**脇指**　わきざし。刃渡りの長い打刀《うちがたな》に対して短い小刀をいう。
❸**子細**　理由。

百姓が運び届けるようにせよ。それ以上は代官・給人が運び届けるようにせよ）。

慶長《けいちょう》三年❽七月十八日　はら村次郎右衛門方惣《そう》百姓中

木村宗左衛門尉《じょう》（花押《かおう》）

『西福寺文書《さいふくじもんじょ》』

解説

太閤検地《たいこうけんち》以前、中世の荘園《しょうえん》では「検注《けんちゅう》」と呼ばれる土地調査が行われており、織田信長もまた新しい支配地の領主たちに指出《さしだし》検地を命じている。これに対し、豊臣政権の行った検地は全国一律の基準を定め、統一的に実施したところに大きな特色がある。二は、秀吉の意向をうけて、検地の具体的な実施要領を通知したものである。従来の一反《たん》＝三六〇歩《ぶ》を三〇〇歩とし、地域ごとにまちまちだった一歩の基準も六尺《しゃく》三寸《すん》＝一間《けん》、一間四方を一歩に統一した。さらに、斗代《とだい》（一反当たりの標準生産高）を算出するための枡《ます》も**京枡**に統一した。このように度《ど》量衡《りょうこう》を統一した上で、田畑一筆《いっぴつ》ごとの等級（上・中・下・下々）を定め、一反当たりの**石盛《こくもり》**をつけ、土地を**石高《こくだか》**で表示することとなった。秀吉は、こうした実施要領のもと、検地を全国で強力に実施していった。一には、従わない場合は地域住民全員を討滅してでも、全国くまなく入念に検地を実施するとの強い意志が示されている。検地は、秀吉の直臣《じきしん》が検地奉行《ぶぎょう》となり実施されたが、こうした方針は現地の人々との衝突《しょうとつ》も招き、各地で**検地反対一揆《いっき》**が起こった。しかし、この検地によって豊臣政権は、全国の土地の基準高を把握して諸大名に領地の配分を行うとともに、各土地の所持者を確定して農民を直接的に掌握《しょうあく》できるようになった。一つの土地に何人もの権利者が重層的に存在した中世荘園の土地所有関係が否定され、領主と百姓による近世土地制度の基礎が形づくられたのである。

❷ 刀狩

一　刀狩の実施

条々
一、諸国❶百姓、刀、脇指《わきざし》❷、弓、やり、てつはう（鉄砲）、其外《そのほか》武具《ぐ》のたぐひ（類）所持《しょじ》候事堅《かた》く御停止《ちょうじ》候。其子細《しさい》❸は、入ら

通釈
一、諸国の百姓たちが、刀・脇指・弓・槍・鉄砲などの武器類を持つことを固く禁止する。その理由としては、百姓たちが必要のない武

❹年貢所当　年貢その他、百姓に課せられた負担のこと。
❺難渋せしめ　納めることを渋り、滞らせる。
❻自然　もしも。万一。
❼給人　大名などの家臣で、実際に土地を与えられている者をいう。
❽非儀の動き　けしからん行動。
❾成敗　処罰。
❿知行　年貢収取などの支配。
⓫ついえ　無駄。欠損。
⓬大仏　秀吉が建立した京都・方広寺の大仏のこと。秀吉の死後遺児秀頼《ひでより》によりこの寺の再建が計画されたが、その際鐘の銘文が大坂の陣の引き金になったことは有名である。
⓭今生　現世。
⓮百姓御あわれみ　百姓をあわれむ心から。
⓯唐堯　中国古代の伝説上の君主である堯をいう。
⓰本朝　日本のこと。
⓱天正十六年　一五八八年。

ざる道具をあひたくはへ（貯）、年貢所当《しょとう》❹を難渋《なんじゅう》せしめ❺、自然《しぜん》❻一揆を企《くわだ》て、給人《きゅうにん》❼にたいし非儀《ひぎ》の動《はたら》き❽をなすやから（族）勿論《もちろん》御成敗《せいばい》❾あるべし。然《しか》れば其《その》所の田畠《たはた》不作せしめ、知行《ちぎょう》❿ついえ（費）⓫になり候の間、其国主、給人、代官として、右武具悉《ことごと》く取りあつめ進上《しんじょう》致すべき事。

一、右取《とり》(置)をかるべき刀・脇指《わきざし》、ついえ（費）にさせらるべき儀《ぎ》にあらず候の間、今度大仏⓬御建立《こんりゅう》の釘《くぎ》・かすがひに仰《おお》せ付《つ》けらるべし。然《しか》れば今生《こんじょう》⓭の儀は申すに及ばず、来世までも百姓たすかる儀に候事。

一、百姓は農具さへもち、耕作専《もっぱ》らに仕《つかまつ》り候へば、子々孫々まで長久《ちょうきゅう》に候。百姓御あはれ（憐）み⓮をもつて此《かく》の如《ごと》く仰《おお》せ出《いだ》され候。誠に国土安全・万民快楽《ばんみんけらく》の基《もとい》なり。異国にては唐堯《とうぎょう》⓯のそのかみ、天下を鎮撫《ちんぶ》せしめ、宝剣、利刀を農器にもちいると也。本朝《ほんちょう》⓰にてはためしあるべからず。此旨《このむね》を守り、各其趣《おもむき》を存知《ぞんじ》し、百姓は農《のう》桑《そう》を精《せい》に入るべき事。

右道具急度《きっと》取集め、進上有るべく候也。

天正《てんしょう》十六年⓱七月八日　（秀吉朱印）

『小早川家文書《こばやかわけもんじょ》』

器を持ち、年貢納入を滞《とどこお》らせ、万一、一揆を計画して、領主に反抗するような行動に出る者についてはもちろん厳重な処罰をしなければならない。そのようなことになれば、田畠を耕す者がいなくなって、年貢が入ってこなくなってしまうのだから、大名・給人・代官は、百姓の持っている武器をすべて没収して、差し出すべきこと。

一、右の取り集めた武器は無駄《むだ》に捨ててしまうべきものではないので、今度の大仏建立のための釘やかすがいに使うつもりである。そうなれば現世はいうまでもなく、来世まで百姓たちの助けになるのである。

一、百姓は農具のみを手に、田畠の耕作に専念すれば、子々孫々まで永続するだろう。百姓をあわれむ心からこのような命令を出すのである。これは本当に国土の安全と万民の幸せな暮らしの根本である。外国では唐堯（堯）という聖王の昔、天下を鎮め、宝剣や鋭利な刀を農具に用いたということである。日本ではこのような例はないだろう。この命令を守り、各自その趣旨をよくわきまえ、百姓は農業に励《はげ》むようにすること。

右の武器は必ず取り集めて、差し出すようにすること。

天正十六（一五八八）年七月六日
（秀吉朱印）

出典◉『**小早川家文書**』　小早川家所蔵の文書類を集めたもの。鎌倉時代中期から江戸時代初期までの文書がおよそ二〇〇〇点余ある。戦国時代の武将らの書状類も多数あり、鎌倉～江戸初期の研究には欠かせない史料である。

◀**刀狩への世評**

❶**大仏**　秀吉が建立した京都方広寺の大仏。

❷**現ニハ**　現世では。

❸**後生ハ**　来世では。

❹**現当ノ方便**　現世と来世のための便宜となる手段。

❺**内証ハ**　本当は。

❻**種々ノ計略也**　いろいろな計略であることよ、という意味。

出典◉『**多聞院日記**』　本書二一〇ページ参照。

設問5　❶秀吉は刀狩を大名・民衆に対して、それぞれどのような目的で実施すると説明しているだろうか。史料から読み取ろう。
❷刀狩は、秀吉の統一事業の中でどのような意味を持っていたのだろうか。

二　刀狩への世評

（天正《てんしょう》十六年七月十七日）

一、天下ノ百姓ノ刀ヲ悉《ことごと》く取る。大仏❶ノ釘《くぎ》ニこれを遣《つか》ふべし。現《うつつ》ニハ❷刀故闘諍《ゆえとうじょう》ニ及び身命相《しんめいあい》果《は》つるヲ助けんがため、後生《ごしょう》ハ❸之《これ》を釘ニ遣《つか》ひ、万民利益《ばんみんりやく》、現当ノ方便《ほうべん》❹ト仰付《おおせつ》けられ（現世には刀を持つことで戦いになって命を失うことから救うため、死後には釘に使うことで、すべての人にご利益をもたらし、現世と来世のための便宜だとしてお命じになり）了《おわんぬ》と云々《うんぬん》。内証《ないしょう》ハ❺一揆停止《ちょうじ》の為也《ためなり》ト沙汰在《さたあ》り（実のところは一揆を防止するためだとの評判である）。種々ノ計略也❻。

『多聞院日記《たもんいんにっき》』

解説

一五八八（天正《てんしょう》十六）年七月八日、豊臣秀吉は、百姓から武器を取り上げることを命じる**刀狩令**《かたながりれい》を発した。大名らに対する惣無事令《そうぶじれい》や海賊取締令《かいぞくとりしまりれい》と並んで秀吉の「平和令」の一つとも言われ、百姓に対する政策として、検地とともに重要なものである。一は、秀吉が大名・領主に対して発した刀狩令の内容である。第一条では、百姓が刀などの武具を持っていると、年貢の納入を滞《とどこお》らせたり一揆《いっき》を企てたりして領主に反抗し、処罰することになるが、そうすると田畑の不作、年貢の未納を招いてしまうと述べている。全国統一の過程で一向一揆や土一揆などの脅威に直面してきた秀吉は、武器を所持した農民による一揆などの蜂起《ほうき》を恐れ、安定的な領地支配の妨《さまた》げになるという理由を示して、大名や領主に農民の武器没収を指示したのである。一方で、第二条では没収した武器を大仏建立に使用するので百姓の救済につながること、第三条では百姓が農耕に専念することで子孫の代まで幸福を得られることが説かれている。第二条からは、京都・方広寺《ほうこうじ》の大仏建立への使用という名目によって、秀吉が刀狩令を推し進めようとしたことが読み取れる。第三条もそうした名目と見ることができるが、そこには武器を捨てて農耕に専念するという新しい百姓像（身分観・職能観）が示されており、**兵農分離政策**《へいのうぶんりせいさく》としての側面を読み取ることができる。二は、奈良・興福寺《こうふくじ》の子院である多聞院《たもんいん》の住職英俊《えいしゅん》の日記の一節である。大仏建立のためという名目が大名らを通じて広く示されたことが分かる一方で、刀狩令の意図が一揆蜂起の防止にあったことが鋭く見抜かれていたことを読み取れる。

3 身分統制

一　身分統制令

定

一、奉公人《ほうこうにん》❶、侍❷、中間《ちゅうげん》、小者《こもの》❸、あらし子❹に至る迄《まで》、去《さる》七月奥州《おうしゅう》江《へ》御出勢《ごしゅっせい》❺より以後、新儀《しんぎ》ニ町人百姓ニ成り候者これ在《あ》らば、其《その》町中地下人《じげにん》❻として相改《あいあらため》、一切《いっさい》を《(置)》くべからず。若《も》しかくし置ニ付いては、其一町一在所《ざいしょ》御成敗《ごせいばい》❼を加えらるべき事。

一、在々《ざいざい》❽百姓等、田畠を打捨《うちす》て、或《あるい》はあきない❾、或は賃《ちん》仕事❿ニ罷出《まかりいず》る輩《ともがら》これ有《あ》らば、そのものの事ハ申すに及ばず、地下中《じげちゅう》御成敗《ごせいばい》たるべし。幷《ならび》に奉公をも仕《つかまつ》らず⓫、田畠もつくらざるもの、代官、給人《きゅうにん》としてかたく相《あい》改め、を《(置)》くべからず。若《も》し其沙汰《さた》なきにおいては給人過怠《かたい》にハ、其在所⓬めしあげらるべし。町人、百姓としてかくし置くニおゐてハ、其一郷、同一町曲《くせ》事《ごと》⓭たるべき事。

……

右条々定《さだめ》置かるる所件《くだん》の如《ごと》し。

通釈

一、武家奉公人は、侍、中間、小者、あらし子に至るまで、去る天正十八（一五九〇）年七月の奥州出陣以後、新たに町人・百姓になった者がいれば、その町・村の責任で調査し、一切住まわせてはならない。もしこうした人間を隠し置いたなら、その町・村全体を処罰するものとする。

一、村々の百姓らが、田畠を捨て、商人や雇われ人になる者がいれば、当人はいうまでもなく、村人すべてを処罰する。また、奉公もせず、田畠の耕作もしない者は、代官や領主の責任で厳しく取り調べ、決して村に置いてはならない。もしこのことを行わず、それが領主の怠りによる場合は、その領地を召し上げる。町人・百姓が隠し置いた場合は、一郷・一町の責任とし処罰する。

……

右の条文を定めるところ、以上の通りである。

天正十九（一五九一）年八月二十一日

（秀吉朱印）

◀身分統制令

❶**奉公人**　武家に仕えている者。
❷**侍**　豊臣政権に直属する武士ではなく、地侍《じざむらい》のこと。
❸**中間、小者**　非戦闘員として武家に仕えた軽輩の奉公人。
❹**あらし子**　武家奉公人であるが、主に戦場での雑役に従う者。
❺**去七月奥州江御出勢**　一五九〇（天正十八）年七月の奥州出兵のこと。
❻**地下人**　武士身分を持たない人。百姓のこと。
❼**御成敗**　処罰。
❽**在々**　村々。
❾**あきない**　商売。
❿**賃仕事**　現金収入のある仕事。
⓫**奉公をも仕らず**　武家にも仕えず。
⓬**在所**　代官・給人の支配地。
⓭**曲事**　けしからぬこと。
⓮**天正十九年**　一五九一年。

天正《てんしょう》十九年⓮八月廿(二十)一日

（秀吉朱印）

『小早川《こばやかわ》家文書《けもんじょ》』

出典◉『小早川家文書』　本書二二五ページ参照。

二　人掃令《ひとばらいれい》

急度《きっと》申し候。

一、当関白様❶より六十六ケ国❷へ人掃《ひとばらい》❸の儀《ぎ》仰《おお》せ出《いだ》され候の事。……

一、家数、人数、男女、老若《ろうにゃく》共ニ一村切《きり》❹ニ書付けらるべき事（戸数、人数、男女、老若を村ごとに帳面に書き付けるようにすること）。

付《つけたり》、奉公人《ほうこうにん》❺ハ奉公人、町人ハ町人、百姓は百姓、一所ニ書出《かきだ》すべき事。……

天正《てんしょう》十九年❻三月六日

『吉川《きっかわ》家文書《けもんじょ》』

解説　一五八五（天正《てんしょう》十三）年に関白《かんぱく》に就任した秀吉は翌年、武家の下級奉公人（侍《さむらい》・中《ちゅう》間《げん》・小者《こもの》・あらし子）と百姓についての規定（天正十四年令）を発して身分法令の基本を定めていたが、一五九一年八月に**「身分統制令」**と呼ばれる法令（一）を発布した。この法令は、武家奉公人が町人や百姓になることの禁止、百姓が商売や賃仕事《ちんしごと》につくことの禁止などを内容とし、近世の士農工商と呼ばれる身分制度確立の画期とみなされてきた。しかしこの法令は、新たな身分制度や理念の実現を目指すというよりは、当時のより現実的な課題の解決を図って出されたと見られる。課題の一つは、奉公人が牢人《ろうにん》化して、また百姓が耕作を放棄して都市に流入する動向の抑制で、都市対策法の意味合いがあった。また、**朝鮮侵略**の出兵準備が進められる中、武家奉公人の確保も課題となっていた。このことは、同年三月に関白豊臣秀次《ひでつぐ》の名で発せられた、**人掃令**《ひとばらいれい》（二）が、一村ごとの家数・人数・性別・年齢などを対象とする全国戸口《ここう》調査だったことにも示されている。この人掃令により朝鮮出兵に動員可能な人員数や年貢・夫役《ぶやく》の負担能力の把握が進められたのである。これらの現実的問題に対処する中で、身分の固定化が進んでいった。

◀人掃令

❶**当関白様**　豊臣秀次の事。秀次は、豊臣秀吉の甥《おい》で一五九一年に秀吉の養子となり関白職を譲り受けていた。一五九五（文禄《ぶんろく》四）年、秀《ひで》頼《より》の誕生をうけて自害に追い込まれた。

❷**六十六ケ国**　日本全国。

❸**人掃**　人口調査。

❹**一村切**　一村ごとに。

❺**奉公人**　武家奉公人。

❻**天正十九年**　一五九一年。現在の研究では一五九二（天正二十）年のことと考えられている。

出典◉**『吉川家文書』**　毛利元就《もうりもとなり》の子元春《もとはる》が継いだ安芸国《あきのくに》の国衆《くにしゅう》吉川家、のち岩国《いわくに》藩主吉川家に伝来した文書。

設問6　秀吉がこれらの法令を出した理由と背景について述べてみよう。

4 対外政策

一 キリシタン大名の統制

（第一条）一、伴天連《ばてれん》❶門徒の儀は、其者《そのもの》の心次第《しだい》❷たるべき事（キリシタンの信仰は本人の心次第である）。

（第四条）一、二百町二三千貫より上の者❸、伴天連ニなり候においてハ、公儀《こうぎ》の御意《ぎょい》❹を得《え》奉《たてまつ》り次第ニ成《なり》申すべき事（面積二百町歩、貫高二～三〇〇〇貫以上の武士がキリスト教徒になるには、秀吉の許可を得てなること）。

（第五条）一、右の知行《ちぎょう》より下を取《とり》候ハバ、八宗九宗❺の儀候間、其主一人宛《ずつ》ハ心次第成るべき事（仏教各宗の例もあるのだから、その者一人に限り当人の心次第である）。

（第八条）一、国郡又は在所《ざいしょ》を持ち候大名、其家中《そのかちゅう》の者共、伴天連門徒ニ押付《おしつけ》成《な》し❻候事ハ、本願寺《ほんがんじ》門徒の寺内を立てし❼より、太《はなはだしか》然るべからざる義《ぎ》に候間、天下のさゝわり❽ニ成るべく候。其分別《ふんべつ》これ無き者ハ御成敗《ごせいばい》を加へらるべく候事。

（第十条）一、大唐、南蛮《なんばん》、高麗《こうらい》え日本仁《じん》を売り遣《つか》わし候事曲事《くせごと》。付《つけたり》、日本ニおゐて人の売買停止《ちょうじ》の事。

（第十一条）一、牛馬ヲ売買しころし食う事、是又《これまた》曲事たるべき事。

右の条々、堅《かた》く停止《ちょうじ》せられおわんぬ。若《も》し違反の族《やから》これ有らば、忽《たちまち》厳科に処せらるべき者也《なり》。

天正《てんしょう》十五年❾六月十八日　秀吉朱印

『神宮文庫文書《じんぐうぶんこもんじょ》』

◀キリシタン大名の統制

❶**伴天連**　キリスト教の宣教師（特にその中の司祭のこと）。ポルトガル語の「パードレ」が変じて「バテレン」となった。ここではキリスト教を指す。

❷**心次第**　心のまま。

❸**二百町二三千貫より上の者**　面積二百町歩、貫高に換算して二、三千貫以上の所領を持つ武士。

❹**公儀の御意**　秀吉の許可。

❺**八宗九宗**　八宗は南都六宗《なんとろくしゅう》と天台《てんだい》宗・真言《しんごん》宗。九宗は八宗に禅宗を加える。

❻**押付成し**　強制してならせる。

❼**本願寺門徒の寺内を立てし**　一向宗徒が、寺の周囲に堀や土塀《どべい》を築いて寺内町を造ったこと。

❽**さゝわり**　障《さわ》り。さまたげ。

❾**天正十五年**　一五八七年。

出典◉**『神宮文庫文書』**　伊勢神宮に伝来した記録等を所蔵する神宮文庫に所蔵される文書。

解説　一五四九（天文《てんぶん》十八）年の伝来から四十年近くたって、キリスト教は九州から中国・近畿地方に広がっていた。貿易での利益や伝統的宗教勢力との対抗を狙って織田信長が庇護《ひご》したこともあって、教線は近畿地方一帯にも伸張していたのである。豊臣秀吉は、当初信長と同様に貿易の利を求めてキリスト教を保護したが、一五八七（天正《てんしょう》十五）年六月十八日、九州攻めの直後に博多《はかた》で、史料のような禁令を発した。この禁令では第一条で、キリスト教の信仰は各人の心次第で自由であるとし、第五条でも知行の少ない武士の信心《しんじん》を認めたが、大名などの大身の武士がキリスト教を信仰する場合は、秀吉の許可が必要であるとして（第四条）、事実上、彼らのキリスト教信仰を禁じた。加えて、当時しばしば見られた、キリシタン大名が領民をキリスト教に改宗させる行為も禁じ、キリシタン大名への統制が強まった。あわせてこの禁令では、外国との間で日本人を奴隷《どれい》として売買することも、牛馬を食用とすることも禁じられている。

二 バテレン追放令

定

一、日本ハ神国たる処《ところ》、きりしたん国より邪法《じゃほう》❶を授《さず》け候儀《ぎ》、太《はなは》だ以《もっ》て然《しか》るべからず候事❷。

一、其《その》国郡の者を近付《ちかづけ》、門徒になし、神社仏閣《ぶっかく》を打破《うちやぶる》の由前代未聞《よしぜんだいみもんに》候。国郡在所《ざいしょ》❸知行等給人《きゅうにん》に下され候儀は当座《とうざ》❹の事候。天下❺よりの御法度《ごはっと》を相守《あいまもり》、諸事《しょじ》其意を得べき処、下々《しもじも》として猥《みだりの》❻義《ぎ》曲事事《くせごとのこと》。

一、伴天連《ばてれん》其知恵の法❼を以《もって》、心ざし次第に檀那《だんな》❽を持《もち》候と思《おぼ》し召《め》され候へば、右の如《ごと》く日域《にちいき》❾の仏法を相破《あいやぶる》事曲事《くせごとに》候条、伴天連《ばてれん》儀日本の地にはおかせられ間敷《まじく》候間、今日より廿《（二十）》日の間に用意仕《つかまつり》帰国すべく候。其中に下々《しもじも》伴天連《ばてれん》に謂《い》はれざる儀申懸《もうしかくる》ものこれ在らば曲事《くせごと》たるべき事。

通釈

一、日本は神国であるのに、キリシタンの国々からキリスト教のような邪教《じゃきょう》を広めるのは、まったくもってあってはならないことである。

一、国や郡の人々を近づけてキリシタンに改宗させ、神社仏閣を破壊するということは前代未聞のことである。国や郡、村の知行を領主に与えているのは一時的なことである。天下様（秀吉）から出された法令をよく守り、何事もその意向をわきまえるべきなのに、下々の者が勝手をはたらくのは不法行為である。

一、宣教師たちが色々な知識を駆使《くし》して、思い通りに信者を増やしていると（秀吉は）お考えになっているが、右のように日本の仏教の教えを破るのはけしからぬことであるので、宣教師たちを日本に滞在させておくことはできないから、今日から二十日以内に準備をして帰国するようにせよ。その間宣教師に理不尽なことをする者は処罰する。

◀バテレン追放令

❶**邪法**　キリスト教のこと。

❷**然るべからず候事**　けしからぬこと。あってはならないこと。

❸**国郡在所**　国や郡や村。

❹**当座**　しばらくの間。当面。

❺**天下**　ここでは豊臣秀吉のこと。

❻**猥**　勝手なこと。

❼**其知恵の法**　いろいろな知識。この時期宣教師たちは医学や自然科学の面で日本人の知らない知識を持ち込んだが、ここではそうした知識のことをいう。

❽**檀那**　寺院の檀家のこと。ここではキリスト教の信者。

❾**日域**　日本のこと。

一、黒船⑩の儀は商売の事に候間、各別《かくべつに》候⑪の条、年月を経《へ》、諸事売買いたすべき事。
一、自今《じこん》以後仏法のさまたげを成さざる輩《ともがら》は商人の儀は申すに及ばず、いづれにてもきりしたん国より往還《おうかん》くるしからず候条、其意を成すべき事。
已上《いじょう》
天正十五年⑫六月十九日
『松浦家文書《まつらけもんじょ》』

一、黒船（ポルトガルの貿易船）は商売のために来航しているので、格別のことであるから、これからも長く貿易を続けるようにせよ。
一、今後、仏法の妨げになることをしない者は、商人はもちろん、誰であってもキリシタンの国からやってきてよいので、そのつもりでいるようにせよ。
以上
天正十五年（一五八七）年六月十九日

⑩**黒船**　ポルトガル船（イスパニア船）のこと。船体を黒く塗っていたためそのように呼んだ。
⑪**各別**　特別。
⑫**天正十五年**　一五八七年。

出典◉**『松浦家文書』**　平戸《ひらど》の松浦家伝来の文書。鎌倉時代の松浦党に関する文書から近世初頭までのものを含むが、豊臣政権の動向をうかがえるものが多い。

解説　史料は、秀吉が発令した**バテレン追放令**である。秀吉は、「キリシタン国」に対して日本は「神国《しんこく》」であると宣言し、キリスト教を「邪《じゃ》法《ほう》」（邪教）として排撃した。さらに、各地の人々を入信させ、神社仏閣の破壊が行われていることを非難し、日本の仏法を破る行為を理由に宣教師の国外退去を命じたのである。しかし、貿易については今後も継続する方針を取り、ポルトガル船との貿易を保障するとともに、仏法の妨《さまた》げとならない者は商人でも誰でもキリスト教国との往来を認めるとした。そのためバテレン追放は不徹底となった。なお、領主の所領は当座のものとした箇所は、転封《てんぽう》・改易《かいえき》権が秀吉にあることを示した文言として重要である。

設問7　❶キリスト教の信仰をめぐって領民と上級武士にどのような対応の違いがあったのだろうか。❷バテレン追放令の目的は何だろうか。

三　朝鮮侵略の目的

覚
一、殿下《でんか》❶陣用意《じんのようい》、❷油断《ゆだん》有るべからず候。来年正二月比《ころ》、進発《しんぱつ》たるべき事。❸
一、高麗都《こうらいの》❹去《さる》二日落去《らっきょ》候❺。**然《しか》る間いよいよきっと御渡海成《な》され、此度《このたび》大明国迄《まで》も残らず仰《おお》せ付《つ》けられ大唐《だいとう》❻の関白職御渡《わた》し成さるべく候事**（そこでいよいよ間違いなく秀吉自身が渡海し、今度は明国も残らず支配下に置いて、中国の関白職を秀次《ひでつぐ》に渡すつもりである）。……
一、**大唐の都へ叡慮《えいりょ》移し❼申すべく候**（中国の都北京へ、後陽成《ごようぜい》天皇に移っていただくつもりである）。**其《その》用意有るべ**

◀**朝鮮侵略の目的**
❶**殿下**　豊臣秀次のこと。
❷**陣用意**　出陣の用意。
❸**進発**　出陣。
❹**高麗都**　漢城《かんじょう》。
❺**落去**　落城。陥落。
❻**大唐**　明のこと。
❼**叡慮**　天皇のこと。当時は後陽成天皇。

く候。明後年行幸《ぎょうこう》たるべく❽候。然《しか》れば都廻《みやこまわ》りの国十ケ国これを進上《しんじょう》すべく候。其内に諸公家《くげ》衆《しゅう》何《いずれ》も知行仰せ付けらるべく候。下の衆十増倍《そうばい》たるべく候。其上の衆ハ仁体《じんてい》❾に依《よ》るべき事。

……

五月十八日❿　　秀吉（花押《かおう》）

関白殿⓫

『前田家文書《まえだけもんじょ》』

❽**行幸**　天皇が外出すること。
❾**仁体**　人柄。地位。
❿**五月十八日**　一五九二（天正二十）年。
⓫**関白殿**　豊臣秀次のこと。
出典◉**『前田家文書』**　加賀《かが》国前田家に伝わった文書。

四 鼻請取状

請《う》け取り申す鼻数の事。合わせて千五百五拾壱は、慥《たしか》に請け取り申し候なり（合計一五五一の鼻を確かに受け取った）。恐々謹言《きょうきょうきんげん》。

早川主馬守《はやかわしゅめのかみ》❶

九月十三日❷　　長政（花押《かおう》）

鍋嶋信濃守《なべしましなののかみ》殿❸　御返報《へんぽう》

『鍋島家文書《なべしまけもんじょ》』

◀**鼻請取状**
❶**早川主馬守**　早川長政《ながまさ》。
❷**九月十三日**　一五九七（慶長二）年か翌年のことと推定されるが、未詳。
❸**鍋嶋信濃守**　鍋島勝茂《かつしげ》。
出典◉**『鍋島家文書』**　肥前《ひぜん》国鍋島家に伝来した文書。

解説

以前から**明**《みん》の征服計画を表明していた秀吉は、九州制圧の後、朝鮮国王に対して、服属と明侵攻の先導役を要求したが、拒否された。そこで一五九二（天正《てんしょう》二十）年三月、十六万の軍勢を**肥前名護屋**《ひぜんなごや》に集めて派兵し、**朝鮮侵略**を開始した。はじめ戦いは日本軍に有利に展開し、五月三日には朝鮮の都漢城《かんじょう》を占拠した。三はこの時、関白秀次《かんぱくひでつぐ》に対して、明征服後の国割りの方針を伝えたものである。その後朝鮮全土の制圧を狙って、鴨緑江《おうりょくこう》流域にまで攻めこんだが、明の援軍、**李舜臣**《りしゅんしん》《イスンシン》率いる朝鮮水軍や民衆の義兵《ぎへい》闘争に加え、日本側の食糧の欠乏《けつぼう》、兵士の戦闘意欲の減退などから敗退を重ね、明からの和議を受け入れて撤退した（**文禄《ぶんろく》の役・壬辰倭乱《じんしんわらん》**）。その後、一五九七（慶長《けいちょう》二）年三月、秀吉は和議の条件をめぐり、二度目の朝鮮出兵を行った。しかし再び、朝鮮義勇軍の奮闘、明の救援軍の参加もあって苦戦を強いられ、秀吉の死によって撤兵した（**慶長の役・丁酉《ていゆう》倭乱**）。この慶長の役の際、秀吉は、老若男女を問わず、首級《しゅきゅう》の代わりに鼻を削《そ》いで日本に送ることを命じた。出兵した大名らはこの命令を実行し、一般民を含む多数の朝鮮人を殺害して、その鼻を日本に送った。四は、塩漬けにして樽《たる》に詰めて送られてきた鼻の数とその受け取りを証した文書である。こうした鼻請取状は複数の大名家文書の中に残されていることが確認されている。また、これらの鼻は、京都の**方広寺**《ほうこうじ》西側に築かれた塚（一般に**耳塚**《みみづか》と呼ばれる）に埋められたと伝えられる。

5 豊臣政権の動揺（秀吉の遺言状）

返々《かえすがえす》、秀より事たのみ申候。五人のしゅ（衆）たのみ申候〳〵。いさい❶五人の物❷に申わたし候。なごりおしく候。以上。

秀より（頼）事❸なりたち候やうに、此《この》かきつけ候《そうろう》しゅ（衆）❹としてたのみ申候（秀頼がうまくやっていけるように、この書付にある五人衆にお頼みする）。なに事も此ほかにわおもひのこす事なく候。かしく。

八月五日❺　秀吉御判《ごはん》

秀吉判

いへやす　ちくせん　てるもと　かけかつ　秀いへ

まいる

『毛利家文書《もうりけもんじょ》』

◀豊臣政権の動揺

❶**いさい**　詳しく。

❷**五人の物**　五奉行のこと。石田三成、前田玄以《げんい》、浅野長政、増田《ました》長盛、長束正家《なつかまさいえ》の五名。

❸**秀より**　秀吉の子秀頼。

❹**此かきつけ候しゅ**　秀吉の遺言のあてどころになっている、いへやす（徳川家康）、ちくせん（前田利家）、てるもと（毛利輝元）、かけかつ（上杉景勝）、秀いへ（宇喜多秀家）の五名の大老のこと。

❺**八月五日**　一五九八（慶長三）年八月五日。

出典◉**『毛利家文書』**　毛利家に伝来した文書。

設問8　1 秀吉が朝鮮出兵を行った目的は何だろうか。
2 5から豊臣政権の権力のあり方を考えてみよう。
3 豊臣政権の諸政策をまとめ、秀吉はどのような政権を目指していたか、考えてみよう。

解説

一五九一（天正《てんしょう》十九）年、豊臣秀吉は甥《おい》の秀次《ひでつぐ》に関白職を譲ったが、一五九三（文禄《ぶんろく》二）年に秀吉の側室茶々《ちゃちゃ》（淀殿《よどどの》）に秀頼《ひでより》が生まれると、一五九五年、秀次は謀反《むほん》の嫌疑により切腹《せっぷく》に追い込まれた。その後、秀頼への権力継承を確実なものにするため、有力大名を権力機構に組み込んだ**五大老**《ごたいろう》・**五奉行**《ごぶぎょう》制が整えられていったが、朝鮮への出兵が続くさなかの一五九八（慶長《けいちょう》三）年五月から、秀吉は病床《びょうしょう》に伏すようになった。史料は、同年八月、死を覚悟した秀吉が、徳川家康ら五大老に宛てて記した遺言状《ゆいごんじょう》である。豊臣政権の権力基盤が不安定化する中で死に臨まざるをえなかった秀吉は、大名たちに繰り返し誓詞《せいし》を提出させて忠誠《ちゅうせい》を誓わせたが、最期に臨んで秀頼の行く末を案じ、五奉行に指示を出すとともに、五大老に秀頼の後事《こうじ》を託す遺言状を遺《のこ》したのである。この約十日後の八月十八日に秀吉はその生涯を閉じた。

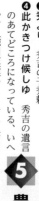

4 桃山文化

1 侘茶《わびちゃ》の完成

宗易《そうえき》の❶云《いわく》、小座敷《こざしき》の❷茶の湯は、第一仏法を以《もっ》て修行得道《とくどう》する事なり（千利休の言うことには、小座敷の茶の湯は、第一に仏法に帰依《きえ》して修行得道することである）。家居《いえい》の結構《けっこう》、❸食事の珍味《ちんみ》を楽《たのしみ》とするは俗世《ぞくせ》の事なり。家はもらぬほど、❹食事は飢《うえ》ぬほどにてたる事なり。これ仏の教《おしえ》、茶の湯の本意《ほい》なり。❺水を運び、薪《たきぎ》をとり、湯をわかし、茶をたて丶、仏にそなへ、人にもほどこし、吾《われ》ものむ。花をたて香《こう》をたく。皆〳〵仏祖《ぶっそ》の行ひのあとを学ぶなり。❻

『南方録《なんぼうろく》』

◀侘茶の完成

❶**宗易**　千利休。
❷**小座敷**　四畳半の座敷、茶室。
❸**家居の結構**　立派な家。
❹**もらぬほど**　雨漏りがしない程度。
❺**茶の湯の本意**　茶道の極意《ごくい》。
❻**仏祖の行ひのあとを学ぶなり**　仏教（禅）の教えに学びしたがうこと。

出典◉**『南方録《なんぼうろく》』**　千利休の弟子で堺南宗寺の南坊宗啓《なんぼうそうけい》が、利休から聞いた茶の秘伝を記したとされるが、この書は一六九〇（元禄《げんろく》三）年に福岡藩士立花実山《じつざん》によってまとめられたものである。

解説　この時代には、京都などの都市の町衆《ちょうしゅう》を担い手として、文化をめぐるそれまでの秩序とは異なる形で新たな文化が生み出された。堺《さかい》の商人だった**千利休**《せんのりきゅう》が、**村田珠光**《むらたじゅこう》から**武野紹鷗**《たけのじょうおう》に受け継がれた茶道《さどう》を**侘茶**《わびちゃ》として大成したのはその一例である。茶の湯は武将にも好まれ、利休は信長・秀吉にも仕えたが、史料は、道具や形式・作法より、仏教に通ずる茶の湯の心を重んじる利休の主張を伝えている。

2 北野大茶会

一、北野の森❶において十月朔日《ついたち》より十日の間❷、天気次第、大茶湯御沙汰《おおちゃのゆごさた》成さるるに付て、御名物❸共残らず相揃《あいそろ》へられ、数寄執心《すきしゅうしん》の者に見させらるべき御ため、御催《もよおし》成され候事（茶の湯の名器を残らず取り揃えて、茶の湯を愛好する者にお見せになるために、催しになられる）。

一、茶湯執心においては、また若党《わかとう》❹、町人、百姓以下によらず、釜一《かまひとつ》、つるべ一、呑物《のみもの》一、茶な

◀北野大茶会

❶**北野の森**　京都の北野。
❷**十月朔日より十日の間**　一五八七（天正《てんしょう》十五）年十月一日から十日間。
❸**御名物**　茶の名器。
❹**若党**　身分の低い武家奉公人。

きものはこがし⑤にても苦しからず候間、提来《さげきた》り仕《つかまつる》べく候事。

一、侘者《わび》⑥においては、誰々遠国の者によらず、御手前⑦にて御茶下さるべき旨仰《むねおお》せ出《い》だされ候事。

『北野大茶湯之記《きたのおおちゃのゆのき》』

解説　桃山《ももやま》文化の特徴の一つとして、自らの威光を示すという権力者の志向を背景に、豪壮さをともなう建築や絵画などが生まれたことがあげられる。一五八七（天正《てんしょう》十五）年に豊臣秀吉が催した**北野大茶会**《きたのだいちゃかい》も、九州平定を終えた秀吉がその権力を誇示するために開いた、きらびやかな茶会であった。史料からは、茶会を盛大なものにし、多様な人々を数多く参加させようとした秀吉の開催意図を読み取ることができる。こうした秀吉の考え方は、千利休《せんのりきゅう》の主張する侘茶《わびちゃ》の精神とはかけ離れたものだった。

3 阿国歌舞伎《おくにかぶき》の流行

此比《このごろ》①かぶき②躍《おどり》と云《いう》事有り。是《これ》は出雲《いずも》国神子女《みこ》③（名は国、但し好《よ》き女にあらず）仕出《しだ》し、京都へ上る（最近、かぶき踊りというものがあり、これは出雲大社の「国」という名の巫女《みこ》が、つくり出したもので、京都に上京してきている）。縦《たとえ》ば異風《いふう》なる男のまねをして、刀・脇指《わきざし》・衣装以下殊異相《ことにいそう》④、彼男茶屋の女と戯《たわむ》る体有難《ていありがたく》したり⑤。京中の上下賞翫《しょうがん》⑥する事斜《なな》めならず。伏見《ふしみ》城へも参上し度々《たびたび》躍る。其後これを学ぶかぶきの座いくらも有りて諸国へ下る。

『当代記《とうだいき》』

解説　桃山《ももやま》文化において、庶民の娯楽として広まったのが、**歌舞伎**《かぶき》や**人形浄瑠璃**《じょうるり》である。史料は、**出雲の阿国**《いずものおくに》が京都に上って行ったかぶき踊りの様子を記したものである。かぶき踊りが京都の人々の間で大いに評判を呼び、以後これを真似る人々が現れて各地に伝えていったことなどを読み取れる。歌舞伎の人気は以後も続き、一六二九（寛永《かんえい》六）年に禁止されるも、**若衆歌舞伎**《わかしゅうかぶき》を経て、元禄《げんろく》時代に、現在に至る歌舞伎の原型が形づくられた。

---

⑤**こがし**　大麦や米などを煎《い》って粉にしたもの。
⑥**侘者**　茶湯を好む者。
⑦**御手前**　秀吉自らがたてること。
出典◉**『北野大茶湯之記』**　一五八七（天正十五）年豊臣秀吉が開催した北野大茶会の記録。著者未詳。

◀**阿国歌舞伎の流行**
①**此比**　一六〇三（慶長《けいちょう》八）年三月から四月。
②**かぶき**　「傾《かぶ》く」からきた言葉で、尋常ではない風体をいう。
③**神子**　巫女《みこ》。神社に奉仕する女性の神職。
④**殊異相**　特に尋常でない風体。
⑤**有難したり**　上手に演ずる。
⑥**賞翫**　もてはやす。
出典◉**『当代記』**　松平忠明《ただあき》の著とも伝えられる。天文年間（一五三二〜五五）から一六一五（元和《げんな》元）年までの政治、社会についての記録。

設問9　❶阿国歌舞伎が人々の間で人気を博した理由は何であろうか、当時の時代状況から考えてみよう。
❷桃山文化の特徴を、社会の様子と関わらせてまとめてみよう。

第7章

幕藩体制の展開と近世文化の成立

1 幕藩体制の成立

1 大名統制

一 武家諸法度（元和令）

一、(第一条)文武弓馬《ぶんぶきゅうば》の道、❶専《もっぱ》ら相嗜《あいたしな》むべき事。
文を左にし武を右にするは、❷古《いにしえ》の法也《なり》。兼ね備へずんばあるべからず。弓馬は是《こ》れ武家の要枢《ようすう》也。❸……治《ち》にも乱を忘れず、何ぞ修錬を励まさざらんや。

一、(第二条)群飲《ぐんいん》❹佚遊《いつゆう》を❺制すべき事。

一、(第三条)法度《はっと》❻に背《そむ》く輩《ともがら》、国々に隠《かく》し置くべからざる事。

一、(第四条)国々の大名、小名幷《ならび》に諸給人、各々相抱るの士卒、叛逆《はんぎゃく》を為《な》し殺害人の告げ有らば、速かに追ひ出すべき事。夫《そ》れ野心を挟むの者、国家を覆すの利器、人民を絶つの鋒剣たり。豈允容《あにいんよう》❼するに足らんや。

一、(第六条)諸国居城修補《しゅうほ》を為《な》すと雖《いえど》も、必ず言上《ごんじょう》すべし。況《いわ》んや新儀《しんぎ》の構営《こうえい》❽堅《かた》く停止《ちょうじ》せしむる事。

通釈

一、武士として文武両道に専念して励むこと。文を尊び武を重んじることは古来から武士の作法であり、兼ね備えるべきものである。弓馬の道は武士にとって最も大切なことである。……平和な時でも戦乱を忘れず、修練に励まなければならない。

一、大勢で集まり酒を飲み、博奕《ばくち》などの好ましくない遊びをしてはならない。

一、法に背く者を国々に隠し置いてはならない。

一、国々の大名、小名、諸給人が召し抱えている士卒が、叛逆殺害人であると告発があった場合、直ちに追放すること。野心を持つ者は、国家を覆し、人民を絶やしてしまう凶器である。どうして許容できようか。

一、諸国の居城を修繕する時は、必ず届け出ること。まして、新しく城などを作ることは固く禁ずる。

◀武家諸法度（元和令）

❶**文武弓馬の道**　武士が励《はげ》むべき文武両道。

❷**文を左にし武を右にする**　文を尊び武を重んじること。

❸**要枢**　最も大切なこと。

❹**群飲**　群れ集まって酒を飲むこと。

❺**佚遊**　本務をよそに遊びほうけること。

❻**法度**　法律。

❼**允容**　許すこと、許容。

❽**新儀の構営**　城などを新しく作ること。

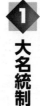

（第七条）
一、隣国に於《おい》て新儀を企《くわだ》て徒党《ととう》を結ぶ者これ有らば、早く言上《ごんじょう》致すべき事。
（第八条）
一、私《わたくし》に婚姻《こんいん》を締《むす》ぶべからざる事。
（第九条）
一、**諸大名参勤作法《さんきんさほう》の事。**

……多勢を引率すべからず。百万石以下二十万石以上二十騎《き》に過ぐべからず、十万石以下は其の相応たるべし。蓋《けだ》し公役❾の時は其の分限《ぶげん》に随ふべし。
（第十二条）
一、諸国諸侍倹約を用ひらるべき事。
（第十三条）
一、**国主政務の器用《きよう》❿を撰《えら》ぶべき事。**

右、此《こ》の旨《むね》を相守《あいまもる》べき者也。

慶長《けいちょう》廿（二十）⓫年卯《う》七月

『御触書寛保集成《おふれがきかんぽうしゅうせい》』

通釈

一、隣国で違法なことを企て、徒党を組む者があれば、すみやかに報告すること。

一、勝手に婚姻してはならない。

一、諸大名の参勤の作法について。

……多勢を率いて来てはならない。百万石以下二十万石以上の大名は、騎馬の供二十騎を越えてはならない。十万石以下は相応の供の数にせよ。公役の時はその石高・家柄に応じて決めるべきであろう。

一、諸国の武士は倹約を心がけること。

一、大名は政務能力のある者を登用すべきである。

右の内容を守るようにせよ。

慶長二十（一六一五）年卯七月

❾**公役**　おおやけの役務。

❿**政務の器用**　政務に優れた能力を持った者。

⓫**慶長廿年**　一六一五年七月十三日より元和《げんな》元年。

二　武家諸法度（寛永令）

（第一条）
一、文武弓馬《ぶんぶきゅうば》の道、専《もっぱ》ら相嗜《あいたしな》むべき事。
（第二条）
一、**大名、小名在《ざい》❶江戸交替相定《あいさだむ》る所也《なり》。毎歳《まいとし》夏四月❷中参勤《さんきん》致すべし、**従者の員数《いんずう》近来甚《はなは》だ多し。且《かつ》は国郡の費《ついえ》、且は人民の労《つかれ》也。向後《きょうこうそ》其の相応を以《もっ》て、これを減少すべし。但《ただ》し上洛《じょうらく》❸の節は教令に任《まか》せ、公役は分限《ぶげん》に随《したが》ふべき事。
（第三条）
一、**新儀の城郭構営堅《じょうかくこうえいかた》くこれを禁止す。**居城の隍塁《こうるい》石❹

通釈

一、武士として文武両道に専念して励むこと。

一、大名・小名は国元と江戸とに交替で住むこととする。毎年四月中に参勤すること。その時の供の人数が近年非常に多く、これは国の出費とも、領民の労苦ともなる。今後は各自相応に人数を減少せよ。ただし、京都に行く時は命令通りにし、公役につく時は石高相応にすること。

一、新しく城を作ることは堅く禁止する。居城

◀**武家諸法度（寛永令）**

❶**在**　国元。

❷**夏四月**　旧暦では四・五・六月が夏である。

❸**上洛**　京都に行くこと。

❹**隍塁**　から堀と砦《とりで》。

壁以下敗壊《はいかい》の❺時、奉行所《ぶぎょうしょ》に達し、其《そ》の旨《むね》を受くべき也《なり》。櫓塀《やぐらへい》門等の分は、先規《せんき》の如《ごと》く❻修補《しゅうほ》すべき事。

(第四条)一、江戸并《ならび》に何《いず》れの国に於《おい》て、仮令《たとい》何篇の事これ有ると雖《いえど》も、在国の輩《ともがら》は其処を守り、下知《げち》❼を相待《あいま》つべき事。

(第六条)一、新義《ぎ》を企て、徒党《ととう》を結び、誓約《せいやく》を成すの儀《ぎ》、制禁の事。

(第八条)一、国主、城主、一万石以上并《ならび》に近習《きんじゅう》、物頭《ものがしら》は、❽私に婚姻《こんいん》を結ぶべからざる事。

(第十二条)一、本主《ほんしゅ》の障《さわ》り❾これ有る者相抱《あいかか》ふべからず。若《も》し叛《はん》逆《ぎゃく》殺害人の告げ有らば、これを返すべし。向背《こうはい》の族《やから》は或《あるい》はこれを返し、或は追い出すべき事。

(第十五条)一、道路駅馬舟梁《しゅうりょう》等❿断絶無く、往還《おうかん》の停滞を致さしむべからざる事。

(第十六条)一、私の関所、新法の津留《つどめ》、⓫制禁の事。

(第十七条)一、五百石以上の船停止《ちょうじ》の事。

(第十八条)一、諸国散在の寺社領、古《いにしえ》より今に至るまで附け来る所は、向後《きょうこう》取り放つべからざる事。

(第十九条)一、万事江戸の法度《はっと》⓬の如《ごと》く、国々所々に於《おい》てこれを遵行《じゅんぎょう》すべき事。

右の条々、当家先制⓭の旨に准《じゅん》じ、今度潤色してこれを定め訖《おわ》んぬ。堅《かた》く相守るべき者也。

の石垣や壁が壊れた時は、奉行所に申し出てその指図に従うこと。しかし、櫓・塀・門はこれまで通り修繕《しゅうぜん》をせよ。

一、江戸及びどこの国でどんなことが起こっても、国元にいる大名はその土地を守り、命令を待つこと。

一、新規のことを計画したり、徒党を組んで誓約を結んだりすることは禁止する。

一、国持大名、城持大名、一万石以上の大名及び近習・物頭は勝手に婚姻を結んではならない。

一、元の主人との間にもめごとのあった者は召し抱《かか》えてはならない。もし謀反人や殺害人との訴えがあれば元の主人に返すこと。主人に背いた者は、元の主人に返したり、追い出したりしなければならない。

一、道路・駅馬・舟・橋などを遮断《しゃだん》せず、往還の通行を停滞させてはならない。

一、私設の関所や新しく港に関所を作ってはならない。

一、五百石積以上の船を作ってはならない。

一、諸国に散らばっている寺社の領地について、昔から今まで続いているものは取り上げてはならない。

一、万事幕府が定めた法に従って、国々でもその法を守るようにせよ。

右の箇条は、以前に定めた法の趣旨に基づき今度新たに手を加えて定めたものである。必ず堅く守ること。

寛永十二（一六三五）年六月二十一日

❺**敗壊**　壊れること。

❻**先規の如く**　以前の通りに。

❼**下知**　命令。

❽**近習、物頭**　大名の側近に仕える者の頭。

❾**本主の障り**　元の主人・主君に関する差し障り、トラブル。

❿**梁**　橋。

⓫**津留**　領内の物資の移出を禁止すること。港に置かれた関所。

⓬**江戸の法度**　幕府の法令。

⓭**当家先制**　一六一五（元和《げんな》元）年の武家諸法度のこと。

法令名	制定年	内容
武家諸法度	1615（元和元）	大名統制
禁中並公家諸法度	1615（元和元）	朝廷・公家統制
諸士法度	1635（寛永12）	旗本・御家人統制
諸宗寺院法度	1665（寛文5）	寺院・僧侶統制
諸社禰宜神主法度	1665（寛文5）	神社・神主統制

▲幕府によるおもな法度

寛永《かんえい》十二年⑭六月廿《(二十)》一日

『御触書寛保集成』

三 武家諸法度(天和令)

一、文武忠孝《ぶんぶちゅうこう》❶を励まし、礼儀を正すべきの事。

一、国主、城主、壱《いち》万石以上、近習ならびに諸奉行、諸物頭《ものがしら》、私に婚姻を結ぶべからず。惣《そう》じて公家と縁辺《えんぺん》❷を結ぶに於《お》いては、奉行所に達し、差図《さしず》を受くべき事。

一、養子は同姓相応の者を撰《えら》び、若《も》しこれ無きにおいては、由緒《ゆいしょ》を正し、存生《ぞんじょう》の内に言上致すべし。**五十以上十七以下の輩末期《まつご》に及び養子に致すと雖《いえど》も、吟味の上これを立つべし。**縦《たと》い実子と雖も、筋目違いたる儀、これ立つべからざる事。

天和三年❸七月廿《(二十)》五日

『御触書寛保集成』

通釈

一、文武忠孝に励み、礼儀正しくすること。

一、国持大名、城持大名、一万石以上の大名及び近習・奉行・物頭は勝手に婚姻を結んではならない。総じて公家と縁組をする場合は、奉行所に報告し、指示に従うこと。

一、養子は同姓の親族からふさわしい者を選び、もし該当者がいなければ、(養子とする者の)素性を明らかにし、存命しているうちに報告せよ。五十歳以上もしくは十七歳以下の者は、死に臨んで養子を定めたとしても、取り調べた上でその者を養子としてよい。たとえ実子であっても、筋違いの者は、養子としてはならない。

天和三(一六八三)年七月二十五日

⑭**寛永十二年**　一六三五年。

◀**武家諸法度**(天和令)

❶**忠孝**　主君への忠義・忠誠と親への孝行。

❷**縁辺**　婚姻関係、親族関係。

❸**天和三年**　一六八三年。

出典◉『**御触書寛保集成**』(一〜三ともに)　幕府の評定所が老中の命によって編集した法令集。寛保・宝《ほう》暦《れき》・天明《てんめい》・天保《てんぽう》の四回にわたって編纂された。寛保集成は一六一五(慶長二十)から一七四三(寛保三)年の間の触書をまとめたもので、一七四四(延享《えんきょう》元)年完成。

解説

武家諸法度《ぶけしょはっと》は全国の大名《だいみょう》(後に旗本《はたもと》も)を対象にした江戸幕府による統治の基本法令である。豊臣氏滅亡直後の一六一五(元和《げんな》元)年七月、大御所《おおごしょ》徳川家康は、将軍徳川秀忠《ひでただ》が滞在する伏見《ふしみ》城に諸大名を集めて武家諸法度(**元和令**、一)を発布した。家康はこれ以前、一六一一(慶長《けいちょう》十六)年に、鎌倉幕府以来の武家法や法度の遵守《じゅんしゅ》、謀反人《むほんにん》の隠匿《いんとく》禁止など三か条を記した誓詞《せいし》を諸大名に提出させ、全国諸大名への支配権を確立していた。南禅寺《なんぜんじ》**金地院**《こんちいん》の**崇伝**《すうでん》が起草した元和令は、「文武弓馬《ぶんぶきゅうば》の道」の奨励《しょうれい》、新規城郭《じょうかく》の構営禁止、私婚禁止、参勤作法、政務能力ある者の任用などを規定して十三か条で構成され、幕府の代表的基本法として大名を強く規制した。

以後、武家諸法度は、将軍の代替わりごとに発布されることになった。一六三五(寛永《かんえい》十二)年、三代将軍徳川家光《いえみつ》の時に改定された武家諸法度(**寛永令**、二)

設問1

❶武家諸法度元和令から寛永令で幕府の大名統制はどのように変化しているだろうか。

❷武家諸法度天和令で、元和・寛永令と異なる文言を抜き出してみよう。

❸幕府の大名支配の推移を三つの武家諸法度を比較しながらまとめてみよう。

は、条文が十九か条に増やされ、五〇〇石以上の船の建造禁止の他、**参勤交代**制度が明確に規定された。元和令に見られる規定が京都参勤を前提としていたとされるのに対して、寛永令では、江戸への参勤交代を詳細にわたって定め、武威《ぶい》に基づく江戸一元集中の政治の基本となる江戸への参勤交代制度が明文化されたのである。

三は、五代将軍徳川綱吉《つなよし》の時に発布された武家諸法度（**天和令**《てんな》）である。第一条が「文武弓馬の道」から「文武忠孝《ちゅうこう》を励まし」に改められ、儒学《じゅがく》を重視した綱吉の政治姿勢を反映し、文治《ぶんち》政治の展開を象徴する文言となった。また、この時から、諸士法度《しょしはっと》が統合されて、旗本・御家人《ごけにん》も武家諸法度の対象となった。

以後、新井白石《あらいはくせき》の起草による六代将軍徳川家宣《いえのぶ》の時の改訂を経て、八代将軍徳川吉宗《よしむね》が天和令をそのまま用いてからは、ほとんど改訂されずに幕末に至った。

四 諸士法度

一、（第二条）軍役《ぐんやく》❶定めの如《ごと》く、旗・弓・鉄砲・鑓《やり》・甲冑《かっちゅう》・馬皆具《かいぐ》❷・諸色《しょしき》❸・兵具《ひょうぐ》幷《ならび》に人積《ひとづも》り❹、相違《そうい》無き様これを嗜《たしな》むべき事。

一、（第十四条）知行所務《しょむ》諸色❺、相定むる年貢所当《しょとう》❻の外に非法をなし、領地亡所《もうしょ》❼に致すべからざる事。

一、（第十八条）**跡目《あとめ》❽の儀、養子ハ存生《ぞんじょう》❾の内言上《ごんじょう》致すべし、末期《まつご》❿に及び忘却《ぼうきゃく》の刻《きざみ》申⓫すといふとも、これを用ふべからず**（相続者のことについて、養子を取る場合は、存命のうちに届け出なければならない。死の間際になって届け出てもこれを許可してはならない）。勿論筋目《もちろんすじめ》無き者⓬許容すべからず。縦《たとえ》実子なりと雖《いえど》も、筋目違《ちがい》たる遺言立間敷《たてまじき》事。

寛永《かんえい》十二年⓭十二月十二日

『御当家令条《ごとうけれいじょう》』

解説

諸士法度《しょしはっと》は、一六三二（寛永《かんえい》九）年、幕臣である旗本《はたもと》・御家人《ごけにん》に対して幕府が定めた基本法令である。一六三五年の武家諸法度《ぶけしょはっと》改訂時に整備されて史料の内容となった。軍役《ぐんやく》や知行地《ちぎょうち》の支配、相続（末期《まつご》養子を認めない）など、幕臣の遵守《じゅんしゅ》事項二十三か条が体系的に記載されている。一六六三（寛文《かんぶん》三）年の改訂後（→二五一ページ）、一六八三（天和《てんな》三）年に武家諸法度に統合され廃止された。

◀諸士法度

❶**軍役**　石高に応じて定められた武士の軍事的な義務。

❷**皆具**　戦いにのぞむ武士の一通り揃った装束《しょうぞく》。

❸**諸色**　様々なもの。

❹**人積り**　兵士の数。

❺**知行所務諸色**　与えられた領地の支配。

❻**年貢所当**　年貢やその他の貢租。

❼**亡所**　居住者がいなくなり、田畑が荒廃すること。

❽**跡目**　相続者。

❾**存生**　生きている間。

❿**末期**　死ぬ直前。

⓫**忘却の刻**　意識が薄れた時。

⓬**筋目無き者**　血縁関係が明らかでない者。

⓭**寛永十二年**　一六三五年。

出典◉**『御当家令条』**　一五九七（慶《けい》長《ちょう》二）年から一六九六（元禄《げんろく》九）年の幕府法令約六〇〇通を集めたもの。一七一一（正徳《しょうとく》元）年に序文を書いた藤原親長の編纂《へんさん》と伝えられる。

設問2　諸士法度では、養子についてどのように定めているのだろうか。

❷ 天皇・寺院・神社統制

一 禁中並公家諸法度

一、(第一条)天子諸芸能《てんししょげいのう》❶の事、第一御学問也。……

一、(第四条)摂家《せっけ》❷たりと雖《いえど》も、其《そ》の器用《きよう》❸無きは、三公《さんこう》❹摂関《せっかん》に任ぜらるべからず。況《いわんや》其《そ》の外《ほか》をや。

一、(第七条)武家の官位《かんい》は、公家当官《とうかん》の外《ほか》❺たるべき事。

一、(第八条)改元《かいげん》、❻漢朝《かんちょう》の年号の内、吉例《きちれい》を以《もっ》て相定《あいさだ》むべし。

……

一、(第十六条)紫衣《しえ》の寺❼住持職《じゅうじしょく》、先規希有《せんきけう》の事❽也。近年猥《みだ》りに勅許《ちょっきょ》の事、且《かつ》は臈次《ろうじ》❾を乱し、且は官寺《かんじ》を汚《けが》す、甚《はなは》だ然《しか》るべからず。向後《きょうこう》においては、其の器用を撰び、戒臈《かいろう》❿を相積《あいつみ》、智者の聞こえあらば、入院の儀申沙汰《ぎもうしさた》有るべき事。……

右此《こ》の旨《むね》相守らるべき者也。

慶長《けいちょう》廿《(二十)》年⓫乙卯《きのとう》七月

『御当家令条《ごとうけれいじょう》』

通釈

一、天皇が身につけておくべき才芸・技芸は、第一に学問である。……

一、摂関家であっても、能力のない者は、太政大臣・左右大臣・摂政・関白に任じてはならない。摂関家以外なら、なおさらである。

一、武家の官位は公家が任じられる官位の定員外のものとする。

一、改元は中国の年号の中から、めでたいものを選んで定めること。

一、朝廷から紫衣の着用を許される高僧が住職を務める寺は、これまでほとんどなかった。近年は安易に紫衣を勅許しているが、これは僧の秩序を乱し、官寺の名を汚すことにもなり、大変よろしくないことである。今後は、僧の能力をよく見極め、修行の年数を重ね、優れた賢者だと評判のある者に限って、寺に入ることを命ずるべきである。

右の旨をしっかり守るべきこと。

慶長二十（一六一五）年乙卯七月

◀禁中並公家諸法度

❶**天子諸芸能** 天皇の身につけるべき才芸・技芸。

❷**摂家** 摂政・関白に就任できる家柄。藤原氏の近衛《このえ》・九《く》条《じょう》・鷹《たか》司《つかさ》・二《に》条《じょう》・一《いち》条《じょう》の各家で交互に摂政・関白職に就いた。

❸**器用** 能力。

❹**三公** 太政大臣・左大臣・右大臣。

❺**公家当官の外** 朝廷で定めている官位員数外。

❻**改元** 年号を改めること。

❼**紫衣の寺** 天皇から紫衣の着用を認められた高僧が住職を務める寺。

❽**先規希有の事** 以前はめったになかったこと。

❾**臈次** 次第、秩序。

❿**戒臈** 僧の修行年数。

⓫**慶長廿年** 一六一五年。

出典◉『御当家令条』 本書二二九ページ参照。

解説

幕府が一六一五（慶長《けいちょう》二十＝元和《げんな》元）年に発布した、朝廷に対する基本法令である。**崇伝《すうでん》**が起草し、天皇・上皇・公家《くげ》・門跡《もんぜき》などを対象に、官位の任免、年号制定、衣服や身分序列などについて、十七か条にわたり規定した。かつてこの諸法度は、天皇を学問・芸能に専念させて政治から切り離し、朝廷の弱体化を図ったものとみなされたが、『禁《きん》秘抄《ひしょう》』や『貞観政要《じょうがんせいよう》』の引照が示すように、天皇に求められたのは、中世以来重視された君主としての学問だった。幕府は、衰えた朝廷の秩序を再編して存続させ、近世国家の一翼を担わせようとしたと言える。

二 諸宗寺院法度

定

（第一条）一、**諸宗法式**《ほうしき》❶、相乱《あいみだ》すべからず。若《も》し不行儀《ふぎょうぎ》の輩《ともがら》❷これ有《あ》るにおいては、急度《きっと》沙汰《さた》に及ぶべき事

（もし、守らない者がいれば、必ず処罰すべきこと）。

（第二条）一、一宗法式を存ぜざるの僧侶《そうりょ》、寺院住持《じゅうじ》たるべからざる事。

（第三条）一、**本末の規式**《きしき》❸これを乱すべからず。たとえ本寺たりと雖《いえど》も、末寺に対して理不尽《りふじん》の沙汰❹あるべからざる事。

（第八条）一、寺領一切《いっさい》これを売買すべからず。幷《ならび》に質物に入れるべからざる事。

寛文《かんぶん》五年❺七月十一日

『徳川禁令考《とくがわきんれいこう》』

◀諸宗寺院法度

❶**諸宗法式**　諸宗派で定めている宗法。

❷**不行儀の輩**　法式を守らない者。

❸**本末の規式**　本寺・末寺の間で定められている規定。

❹**理不尽の沙汰**　非常識な命令。

❺**寛文五年**　一六六五年。

出典◉**『徳川禁令考』**　明治時代、司法省が、江戸幕府の法令を集めて分類収録した法令集。一八九四（明治二十七）年刊行。

解説

戦国時代には大名権力に武力で抗するなど、大きな勢力を持った寺院に対して、幕府は寺院法度《じいんはっと》を出すことによって統制を図った。慶《けい》長《ちょう》年間（一五九六～一六一五）頃には、徳川家康が支配を確立する過程で、頻繁《ひんぱん》に個別の宗派・寺院に対する**寺院法度**が出され、特権の剝奪《はくだつ》や政治的・経済的規制が加えられた。その後、一六六五（寛文《かんぶん》五）年に、初めて各宗派・寺院に共通して適用される、全九か条の**諸宗**《しょしゅう》**寺院法度**が定められ、以後、全国の寺院・僧侶統制の基本となった。神社統制のための**諸社**《しょしゃ》**禰宜**《ねぎ》**神**《かん》**主**《ぬし》**法度**もこれと同時に定められた。

三 寺請証文

差し上げ申す宗旨《しゅうし》手形❶の事

一、此《こ》の勘兵衛と申す仁《じん》、代々真言宗ニて、拙寺旦那《だんな》❷紛《まぎ》れ御座無く候。若《も》し何方《いずかた》よりも御法度《ごはっと》の吉利支丹《キリシタン》宗門と申す者御座候《ござそうら》はば、拙僧何方迄《まで》も罷《まか》り出《い》で、急度《きっと》申し分け仕《つかまつ》るべく候。後日の為《ため》宗門手形仍《よっ》て件《くだん》の如《ごと》し。

宝永六丑年六月日

尾車村《びしゃ》❸	如意寺（印）		
草牛村《そうぎゅう》❹	勘兵衛（印）	四十五才	
同	内方	四十四才	
同	男子壱人	十三才	

鹿野山《かのうさん》❺

普門院《ふもんいん》様

『君津市史《きみつしし》』

解説 **島原《しまばら》の乱**（**島原・天草一揆《あまくさいっき》**）の終息後、幕府は全国の寺院に対し、檀家《だんか》の者がキリシタンでないことを証明し、その身分を保証する**寺請《てらうけ》証文《しょうもん》**の提出を命じた。これを機に、すべての人々が仏教寺院の檀家に組み込まれることとなり、毎年調査されて、**宗旨人別帳《しゅうしにんべつちょう》**に記録されるようになった。寺請証文は、この宗旨人別帳に基づいて発行され、転居・旅行・奉公・出稼ぎ・婚姻・引越などに際して、移動先の寺院などに宛てて発行された。寺請証文には、史料のように、移動や移住をする者の名前、年齢、性別、所属、宗旨などが記載された。寺請制度・寺請証文により、幕府による人身支配が強化された。

◀**寺請証文**

❶**宗旨手形** 寺請証文のこと。宗門手形も同じ。

❷**旦那** 当該の寺（ここでは差出人の如意寺）を菩提寺とする檀家のこと。

❸**尾車村** 現千葉県君津市。

❹**草牛村** 現千葉県君津市。

❺**鹿野山** 現千葉県君津市。真言宗智山派の神野寺《じんやじ》が所在。

出典◉**『君津市史』** 現千葉県君津市が編纂した自治体史。現在の君津市域は江戸時代、上総国《かずさ》望陀郡《もうだ》・周《す》淮《え》郡の村々から成っていた。

設問3 ❶幕府の朝廷・寺社に対する政策をまとめてみよう。❷幕府は寺社統制や寺請制度を通じて、宗教勢力をどのように位置づけようとしていたのだろうか。

2 鎖国

1 朱印船貿易と糸割符制度

◀**朱印船貿易**

❶**文禄の初年** 文禄元年が一五九二年。

一　朱印船貿易

一、文禄《ぶんろく》の初年❶より長崎、京都、堺《さかい》の者御朱印《しゅいん》❷頂戴《ちょうだい》して（長崎・京都・堺の商人が、秀吉の朱印状を頂戴して）広南《コーナン》❸、東京《トンキン》❹、占城《チャンパ》❺、柬埔寨《カンボジア》❻、六昆《リゴール》❼、太泥《パタニ》❽、暹羅《シャム》❾、台湾、呂宋《ルソン》❿、阿媽港《アマカワ》⓫等に商売として渡海する事御免《ごめん》これ有り。

『長崎志《ながさきし》』

解説　ヨーロッパ人の来航以来、西国の戦国大名や織田信長らの保護もあって、南蛮《なんばん》貿易が拡大したが、史料は、その後も**朱印船《しゅいんせん》貿易**により、東南アジア方面との貿易が続けられたことを示している。豊臣秀吉はキリスト教こそ禁止したが、京・堺《さかい》・長崎などの商人たちに、東南アジア地方との貿易を奨励した。徳川家康も朱印状を出して統制を図りつつ、貿易を奨励し、朱印船貿易が盛んに行われた。その結果、日本人の渡航が増大し、アユタヤ・プノンペン・ツーラン・サンミゲルなどの日本町が東南アジア各地に作られた。

▲朱印船の航路と日本町

二　糸割符制度《いとわっぷ》

黒船❶着岸の時、定置《さだめおく》年寄共❷、糸の直《ね》いたさざる以前❸、諸商人長崎へ入るべからず候。糸の直相定《ねあいさだめ》候上は、万《よろず》望《のぞみ》次第《しだい》に商売致すべき者也《なり》。

慶長《けいちょう》九年❹五月三日

本多上野介《ほんだこうずけのすけ》
板倉伊賀守《いたくらいがのかみ》

通釈　ポルトガル船が長崎に着いた時、定められた糸割符仲間の年寄共が糸の値段を決めるまで、糸商人は長崎に入ってはならない。糸の値段が決まった後は、自由に取引をしてもよい。

慶長九年五月三日

本多上野介
板倉伊賀守

---

❷**御朱印**　朱肉を使って捺《お》した印。ここでは豊臣秀吉の許可状のこと。
❸**広南**　長江以南の中国南部地方。
❹**東京**　現在のベトナムのハノイあたり。
❺**占城**　インドシナ半島の南部にあった国。
❻**柬埔寨**　現在のカンボジア。
❼**六昆**　マレー半島の中央部の町。
❽**太泥**　マレー半島六昆の南にある貿易港。
❾**暹羅**　現在のタイ。
❿**呂宋**　現在のフィリピン。
⓫**阿媽港**　現在のマカオ。

出典◉『**長崎志**』『長崎実録大成』ともいう。田辺茂啓《もけい》が宝暦《ほうれき》年間（一七五一～六四）に著《あらわ》した長崎に関する地誌。

◀**糸割符制度**
❶**黒船**　ポルトガル船のこと。
❷**年寄**　糸割符仲間を統括するために置かれた役職、糸年寄といった。
❸**糸の直いたさざる以前**　糸の購入値段を決定する前に。
❹**慶長九年**　一六〇四年。

右の節、御定の題糸高《だいしだか》❺
京　百丸《がん》、堺　百弐拾丸、長崎　百丸
三ケ所合《あわせ》三百弐拾丸、但《ただし》壱丸五十斤《きん》入
壱斤に付掛目《かけめ》百六拾目
『糸割符由緒書《いとわっぷゆいしょがき》』

その時の糸の分配量
京　百丸、堺　一二〇丸、長崎　百丸
三か所あわせて三二〇丸、ただし一丸は糸五十斤入りである。一斤の目方は一六〇匁である。

解説　一六〇四（慶長《けいちょう》九）年、幕府は、京都・堺《さかい》・長崎の商人に**「糸割符仲間《いとわっぷなかま》」**を結成させ、その仲間が買取価格を決定して、生糸《きいと》を一括購入する糸割符制度を設けた。価格決定権を取り戻し、ポルトガル商人の利益独占を防ぐ意図があったとされる。史料は、ポルトガル船舶載《はくさい》の白糸《しらいと》について、糸年寄の折衝《せっしょう》による価格決定まで諸商人の長崎立入を禁じた、徳川家康の奉書《ほうしょ》である。一六三一（寛永《かんえい》八）年から大坂・江戸が加わり、仲間商人は**「五箇所商人《ごかしょ》」**と呼ばれた。唐船《からぶね》・オランダ船が制度適用対象となった後、一六五五（明暦《めいれき》元）年に廃止、一六八五（貞享《じょうきょう》二）年に復活したが、国内生産量増加により名目化した。

❺**題糸高**　輸入生糸の京都・長崎・堺の三箇所商人への配分量。

出典◉『糸割符由緒書』　一六〇四（慶長九）年から一八一五（文化《ぶんか》十二）年までの「糸割符仲間」の記録。江戸時代の末に編集されたもの。

設問4　❶当時の日本の渡海先を例示しながら、日本人の海外での活動の様子を説明してみよう。❷糸割符政策の目的は何か、説明しよう。

❷ キリスト教の禁令

一、伴天連《ばてれん》門徒❶御制禁也《せいきんなり》。若《も》し違背《いはい》の族《やから》有らば、忽《たちま》ち其科《そのとが》を遁《のが》るべからざる事（キリスト教の信徒は禁止する。もし違反する者があれば、決してその罪を逃れることはできない）。
右の趣《おもむき》、御領内え急度《きっと》相触《ふ》れらるべく候。此旨仰《このむねおお》せ出《いだ》さるもの也。仍執達件《よってしったつくだん》の如《ごと》し。
慶長《けいちょう》十七年❷八月六日
『御当家令条《ごとうけれいじょう》』

解説　一五八七（天正《てんしょう》十五）年、豊臣秀吉は**バテレン追放令**を出し、外国人宣教師の国外追放を命じたが、ポルトガル商船の来航は禁じなかった。江戸幕府も当初、貿易継続のためにキリスト教を黙認し、キリスト教の勢力は衰えなかった。しかし、一六一二（慶長《けいちょう》十七）年、徳川家康の重臣本多正純《ほんだまさずみ》

◀**キリスト教の禁令**
❶**伴天連門徒**　キリスト教の信徒。
❷**慶長十七年**　一六一二年。
出典◉『御当家令条』　本書二二九ページ参照。

の与力でキリシタンだった岡本大八《おかもとだいはち》の収賄《しゅうわい》事件が発覚した。これを契機に家康は、幕府の直轄《ちょっかつ》領に対し、史料のような**キリスト教禁令**を発した。翌年には、あらためて全国に公布され、宣教師の弾圧、信者への棄《き》教《きょう》の強制が進められた。これにより、棄教しない信者は潜伏《せんぷく》を余儀なくされ、隠れキリシタンとなっていった。このキリスト教禁令は、近世国家の基本方針とされ、一八七三（明治六）年に廃止されるまで継続した。

3 鎖国

一 寛永十年鎖国令

（第一条）一、❶**異国え奉書船**《ほうしょせん》❷**の外**《ほか》**、舟遣**《つかわ》**し候儀、堅**《かた》**く停止**《ちょうじ》**の事。**

（第二条）一、**奉書船の外ニ、日本人異国え遣し申す間敷**《まじく》**候。**

若《も》し忍《しの》び候て乗まいり候❸ものこれ有るに於《お》てハ、其《その》ものハ死罪、其船幷《ならび》に船主共ニ留置《とどめお》き、言上仕《ごんじょうつかまつ》るべきの事。

（第三条）一、異国え渡り住宅これ在《あ》る日本人❹来《きた》り候ハバ、死罪申付べく候。但《ただ》し是非《ぜひ》に及ばざる仕合《しあわせ》❺これ有りて、異国ニ逗留《とうりゅう》致し❻、五年より内ニ罷《まか》り帰り候ものハ、穿鑿《せんさく》❼を遂《と》げ、日本ニとまり申すべきニつきては御免《ごめん》。併《しか》し異国え又立帰るべきニおゐては死罪申付べく候事。

（第十二条）一、**異国船ニつみ来り候白糸**《しらいと》❽**、直段**《ねだん》**を立て候て、残らず五ヶ所**❾**へ割符**《わっぷ》❿**仕るべきの事。**

寛永十年⓫酉《とり》二月廿（二十）八日

『徳川禁令考《とくがわきんれいこう》』

通釈

一、奉書船以外、異国への船を出すことを固く禁止する。

一、奉書船以外で、日本人が外国に行ってはならない。もし密航する者がいた場合、本人は死罪、乗せた船及び船主は勾留して申し出ること。

一、異国へ渡り居住している日本人が帰国した場合、死罪とする。ただし、やむをえない事情があって異国に滞在し、五年以内に帰国した者は、よく取り調べた上、そのまま日本に留まる者は放免する。しかし異国に再び帰ろうとする者は死罪とする。

一、異国船に積んできた生糸は値段を決めて、残らず五か所の商人へ分配すること。

寛永十（一六三三）年酉二月二十八日

◀寛永十年鎖国令

❶**異国**　外国。

❷**奉書船**　江戸幕府の老中が将軍の命令を奉じて出した許可状を下付された貿易船。一六三一（寛永七）年から貿易には以前の朱印状に加えてこの奉書が必要になった。

❸**忍び候て乗まいり候**　密航する。

❹**異国え渡り住宅これ在る日本人**　海外に住んでいる日本人。

❺**是非に及ばざる仕合**　やむをえない事情。

❻**逗留**　滞在。

❼**穿鑿**　取り調べ。

❽**白糸**　中国産の生糸。

❾**五ヶ所**　京都・長崎・堺・江戸・大坂の五か所の糸割符商人のこと。

❿**割符**　輸入生糸の五箇所商人への分配。

⓫**寛永十年**　一六三三年。

出典◉『徳川禁令考』　本書二三一ページ参照。

二 寛永十二年鎖国令

(第一条)一、異国え日本の船遣《つかわ》すの儀、堅《かた》く停止《ちょうじ》の事。

(第二条)一、日本人異国え遣《つかわ》し申す間敷《まじく》候。若《も》し忍び候て乗渡る者これ有るにおいてハ、其《その》者ハ死罪、其船船主共ニ留置《とどめお》き、言上仕《ごんじょうつかまつ》るべき事。……

(第三条)一、異国え渡り住宅仕りこれ有る日本人来《きた》り候ハバ、死罪申付べき事。

(第四条)一、伴天連《ばてれん》の宗旨《しゅうし》❶これ有る所えハ、両人❷より申し遣はし、穿鑿《せんさく》を遂《と》ぐべき事。

寛永《かんえい》十二年❸

『徳川禁令考』

◀**寛永十二年鎖国令**

❶**伴天連の宗旨**　キリシタンのこと。

❷**両人**　当時の長崎奉行榊原《さかきばら》飛騨《ひだの》守《かみ》と仙石大和守《せんごくやまとのかみ》。

❸**寛永十二年**　一六三五年。

出典◉『**徳川禁令考**』　本書二三一ページ参照。

通釈

一、異国へ日本の船を出すことは固く禁止する。

一、日本人は異国へ行ってはならない。もし密航する者がいた場合、本人は死罪、乗せた船及び船主は勾留《こうりゅう》して申し出ること。……

一、異国に渡り居住している日本人が帰国した場合、死罪とする。

一、キリシタンのいる所へは、長崎奉行が命じて、よく取り調べること。

寛永十二（一六三五）年

解説

「鎖国《さこく》」は、幕府がキリスト教の禁止を核に、貿易と通交を管理・統制し、日本人の海外との往来を禁じた対外政策とそれによって実現した対外的秩序《ちつじょ》を指す用語である。ただし、江戸時代の中期までは、「鎖国」という言葉は使用されなかった。一八〇一（享和《きょうわ》元）年に志筑忠雄《しづきただお》がエンゲルベルト＝ケンペルの**『日本誌《にほんし》』**を訳出した際に、**「鎖国論」**と題したのを機に、以後の対外関係の緊迫化を背景として、広く用いられるようになった。このように、近世前期に「鎖国令」と題された禁令が出されたわけではないが、一六三三（寛永《かんえい》十）～三九年に出された五つの条目は、右のような政策と秩序を確立させた禁令として、「鎖国令」と称されている。史料は、その最初のもので、一六三一年に制度化された**奉書船《ほうしょせん》以外の海外渡航の禁止**、海外在住日本人の帰国制限、キリシタン摘発《てきはつ》に関する長崎奉行の権限強化、長崎を中心とする貿易統制の推進などを内容とし、鎖国確立の端緒《たんしょ》となった。なお、史料は、幕府が新任の長崎奉行に対して政務の要綱《ようこう》を示した条目で、広く公布されたわけではないが、長崎奉行の指示などを通じて大名らを規制することになった。

解説　一六三五（寛永《かんえい》十二）年、幕府が長崎奉行に対して示した十七か条の条目である（寛永十二年鎖国令）。寛永十年令を継承した箇条も多いが、キリシタン禁圧強化という課題を背景とした、**日本船の海外渡航と日本人の海外往来の全面禁止**は、鎖国体制の確立を進める重要な変更点である。

三　寛永十三年鎖国令

一、（第五条）伴天連《ばてれん》訴人《そにん》❶褒美《ほうび》の事。
　伴天連の訴人は、其品《そのしな》ニ寄り❷、或《あるい》ハ三百枚、或ハ弐《に》百枚たるべし❸。其外《そのほか》ハ此《これ》以前の如《ごと》く相計《あいはからい》申すべき事。
一、（第九条）**南蛮《なんばん》人❹子孫残し置かず、詳《つまびらか》ニ堅《かた》く申し付くべき事**。若《も》し違背《いはい》せしめ、残し置く族《やから》これ有るニおいてハ、其者ハ死罪、一類の者ハ科《とが》の軽重《けいちょう》ニより申し付くべき事。
　寛永《かんえい》十三年❺五月
『徳川禁令考』

通釈
一、バテレンを訴えた者に対する褒美のこと。バテレンの訴人は、そのバテレンの地位により、銀三〇〇枚から二〇〇枚と定める。それ以外は以前からの定め通りとする。
一、南蛮人の子孫を日本に残してはならない旨、詳しく厳重に申し付けること。もし違反して残しておく者がいる場合は、その者は死罪、親類の者は罪の軽重によって処分するものとする。
寛永十三（一六三六）年五月

◀寛永十三年鎖国令
❶訴人　告訴した者。
❷其品ニ寄り　バテレンの地位によって。
❸或ハ三百枚、或ハ弐百枚　褒美の銀貨の枚数。
❹南蛮人　ポルトガル人・イスパニア人。
❺寛永十三年　一六三六年。
出典◉『徳川禁令考』　本書二三一ページ参照。

解説　一六三六（寛永《かんえい》十三）年、幕府が長崎奉行に対して示した、十九か条からなる条目である（寛永十三年鎖国令）。この条目では、それまで銀一〇〇枚を上限としていたキリシタン訴人《そにん》（密告者）に対する褒美《ほうび》が増額され、**ポルトガル人子孫の海外追放**を規定するなど、キリシタン禁圧が一段と強められた。

四　島原の乱（島原・天草一揆）

　今度、下々《しもじも》として籠城に及び候事、若《も》し国家をも望ミ、国主をも背き申す様ニ思《おぼ》し召さるべく候歟《か》。聊《いささか》其《そ》の儀に非ず候。……数度御意《ぎょい》に随い宗門を改め候。然処《しかるところ》ニ

通釈
　この度、下々の者でありながら籠城の挙に出たのは、もしかすると、国家を手に入れることを望み、国主に背いたというようにお考えかもしれない。まったくそのようなことではない。

今度、不思議之《の》天慮計《はか》り難《がた》く、惣様《そうよう》かくの如《ごと》く燃え立ち候。少《すこし》として国家之望《のぞみ》これ無く、私欲之儀御座無く候。

『一揆勢矢文《いっきぜいやぶみ》』

……数度にわたり幕府・領主の意向により宗旨を替えてきた。そうしたところ、天慮は不可思議で計り知れないもので、今度皆々このように（信仰心に）燃え立つことになった。少しも国家を得たいという望みはなく、私欲もないのだ。

数年前、陛下《へいか》の命令により、アリマ❶の地方が現在の領主の父❷に、そしてまた別の地❸が当時そこに居住していた領主❹に下賜《かし》されて、その地へ移されたとき、かれはかれの兵士たちや貴人たちをすべて、もしくはほとんどともなうことなく、全員同地に残留させなくてはならなかった。その反対に、継承者すなわち現在の領主の父はその兵士や貴人たちの大部分をともなってきて、残留していたひとの収入もしくは生活の資はとりあげられて、新来の人びとにあたえられた。それゆえに残留者たちはかれらの妻たちや子供たちの生活をささえるため、農業と農作業に従事することを余儀なくされた。……このことを新しい領主は喜ばず、これらの人びとはもちろん、そのほかの土地を耕す人びとに、さまざまな税と、かれらには不可能なほど多量の米を上納するように命令した。しかもそれに不足をきたしたままでいる人びとが、かれらに命ぜられたものを上納できないと、かれらに草丈の長く、幅の広い葉の干草でできていて、日本人よりミノ❺とよばれ、船頭たちやその他の田舎の人びとが雨よけに使っている粗末な外套《がいとう》をひとつ首から体までまきつけてしばり、つるして、両手を背後でしっかりとゆわえ、そしてそのうえで前記の藁《わら》の外套《がいとう》に火をつけた。……

『オランダ商館長日記《しょうかんちょうにっき》』

解説 一六三七（寛永《かんえい》十四）年十月、島原《しまばら》半島・天草《あまくさ》島をそれぞれ支配していた領主松倉《まつくら》勝家《かついえ》・寺沢堅高《てらさわかたたか》に対して、両地域の百姓がキリスト教を紐帯《ちゅうたい》として一揆蜂起《いっきほうき》した（**島原の乱、島原・天草一揆**）。一揆勢は、島原城を落城寸前に追い込む勢いを示し、十二月からは三万人以上が島原半島南端の**原《はら》**

◀島原の乱

❶**アリマ**　有馬。島原半島の東南端。

❷**現在の領主の父**　松倉勝家の父重政《しげまさ》。

❸**別の地**　日向国《ひゅうが》延岡《のべおか》。

❹**当時そこに居住していた領主**　有馬直純《ありまなおずみ》。

❺**ミノ**　蓑《みの》。カヤ・スゲなどを編《あ》んでつくった、マントのようにはおって雨を防ぐ雨具。

出典◉**『一揆勢矢文』**　原城籠城中、一揆勢と幕府軍との間で交わされた文書。実際に射て送られた矢文や幕府軍関係者の記録によってその内容が伝えられている。

『オランダ商館長日記』　江戸時代に書かれたオランダ商館長の滞日日記。一六二七（寛永四）年から一八六〇（万延《まんえん》元）年までである。

◀鎖国年表

1604	糸割符制度のはじまり
1609	平戸にオランダ商館設置
1612	幕領に禁教令（1613全国へ）
1613	イギリスが平戸商館設立～23閉鎖
1624	スペイン船の来航を禁止
1629	踏絵の制
1633	奉書船以外の渡航を禁止
1634	長崎に出島を築く（1636完成）
1635	日本人の渡航と帰国の全面禁止
	外国船の渡来を長崎の出島に制限
1637	島原の乱（～38）
1639	ポルトガル船の来航を禁止
1641	オランダ商館を出島へ移転

城《じょう》に籠城《ろうじょう》、二月末に落城するまで、十二万をこえる幕府・大名側の軍勢を苦しめた。この一揆は当初、キリシタン禁制に対する不満が原因と見なされたが、一揆後は一揆の原因として領主の苛政《かせい》（過酷《かこく》な支配）への不満が重視され、現在も論点となっている。前半の史料は籠城中の一揆勢が幕府軍に対して放った矢文で、信仰心が高揚しての蜂起である旨記し、後半の史料は『オランダ商館長日記』の一節で、厳しい領民支配の様子を描写する。人々が一揆に参加した理由は多様だったとも理解できる。一揆に衝撃を受けた幕府は、ポルトガル船来航禁止の意向を固めていった。

五 寛永十六年鎖国令

(第一条)一、日本国御制禁《ごせいきん》なされ候切支丹宗門《きりしたんしゅうもん》の儀《ぎ》、其趣《そのおもむき》を存じながら、彼の宗を弘《ひろ》むるの者、今ニ密々《みつみつ》❶差渡《さしわた》るの事。

(第二条)一、宗門の族《やから》、徒党《ととう》を結び邪儀《じゃぎ》❷を企《くわだ》つれば則《すなわ》ち御誅《ちゅう》罰《ばつ》の事。

(第三条)一、伴天連《ばてれん》同宗旨《しゅうし》の者かくれ居る所え、彼国《かのくに》❸よりつけ届物送りあたふる事。

右茲《ここ》に因《よ》りて、**自今《じこん》以後**❹**、かれうた**❺**渡海の儀停止《ちょうじ》せられおわんぬ**。此上若《このうえも》し差渡るニおいては、其船を破却し、幷《ならび》に乗来る者は速《すみや》かに斬《ざん》に処せらるべきの旨《むね》、仰《おお》せ出さるる所也。仍執達件《よってしったつくだん》の如《ごと》し。

寛永《かんえい》十六年❻卯《う》七月五日

『徳川禁令考』

◀寛永十六年鎖国令

❶密々 ひそかに。
❷邪儀 悪事。
❸彼国 ポルトガル。
❹自今以後 今後は。
❺かれうた ポルトガルが貿易に用いた小型帆船。
❻寛永十六年 一六三九年。

出典◉『徳川禁令考』 本書二三一ページ参照。

通釈

一、日本で禁止されているキリスト教について、禁制の趣旨を知りながら、かの宗門を広めようとする者が、今でも密航してきている。

一、キリシタン宗門の者たちが、徒党を組み、悪事を企てることがあれば、直《ただ》ちに厳重に討伐する。

一、キリシタンが隠れ住む所へ、ポルトガル人が援助していること。

右のことによって、今後ポルトガル船の日本への来航を禁止する。今後もし渡航してきた時は、その船を破壊するとともに、乗員は即座に斬罪にせよとの命令があったところである。よってこの旨を通達するものである。

寛永十六（一六三九）年卯七月五日

解説

一六三七（寛永《かんえい》十四）年に島原《しまばら》の乱（島原・天草一揆《あまくさいっき》）に直面した幕府は、キリスト教を布教する宣教師の潜入根絶を図って、ポルトガル人を完全に国外に追放する意向を固めた。そこで、一六三九年、ポルトガルとの貿易のオランダによる代替と、追放によって想定されるポルトガルからの報復への対処の見通しがつくと、**ポルトガル船の来航を全面的に禁止**する命令を発した（寛永十六年鎖国令）。この鎖国令は、全国の大名にも通達され、ポルトガル船来航阻止のため、沿岸警備体制の構築が命じられ、鎖国が確立した。

六 オランダ風説書《ふうせつがき》

一、阿蘭陀《オランダ》国之《の》隣国フランサ❶と申《もうす》国之者共申合《もうしあわせ》、近年商売中間《なかま》企❷、異国方々江《え》商船遣《つかわ》し申《もうし》候之由《のよし》。夫《それ》に就《つき》、先年平戸江罷《まかり》渡り申候カロン❸と申阿蘭陀人を右之中間より雇ひ、大明国方々幷《ならびに》日本江も商売船差越《さしこし》申すべき様に承及《うけたわまりおよび》申候。此段咬𠺕吧《ジャガタラ》❹より東京《トンキン》❺江申越候。慥《たしか》には存じ奉《たてまつ》らず候得共《そうらえども》、風聞ながらも承《うけたまわり》たる儀に御座候故《ゆえ》、申上候。弥必定《いよいよひつじょう》に御座候はゞ来年申越べきと存じ奉り候間、其刻申上《そのきざみもうしあぐ》べく候。以上。

未❼十月十三日

阿蘭陀カピタン❻

こんすたんてん・らんすと

『和蘭風説書集成《オランダふうせつがきしゅうせい》』

解説

鎖国が確立した後、幕府は長崎に来航するオランダ船がもたらす情報を通じて、海外情勢を把握するようになった。その報告書が「**オランダ風説書《ふうせつがき》**」と呼ばれるもので、一六四一（寛永《かんえい》十八）年から見られるが、一六六七（寛文《かんぶん》七）年頃に、オランダ通詞《つうじ》が書き取った和文にオランダ商館長が署名する形式が確立した。史料は、その頃のオランダ風説書で、フランス東インド会社の設立や、かつて平戸オランダ商館長を務めたオランダ人・カロンが同社に招かれたこと、同社の中国・日本への貿易船派遣の企図などが報告されている。

◀オランダ風説書

❶**フランサ**　フランスのこと。

❷**商売中間企**　一六六四年に設立されたフランス東インド会社のこと。

❸**カロン**　一六三九〜四一年、平戸オランダ商館長、六五年からフランス東インド会社の首席理事を務めていた。

❹**咬𠺕吧**　ジャガタラ。ジャワ島・ジャカルタを指す。

❺**東京**　トンキン。ベトナム北部一帯を指す。

❻**カピタン**　オランダ商館長のこと。

❼**未**　一六六七（寛文七）年。

出典◉**『和蘭風説書集成』**　一六四一（寛永十八）年から幕末期までの現存するオランダ風説書を集成した史料集。日蘭学会・法政蘭学研究会編。

設問5　❶各鎖国令の要点をまとめながら、どのように政策が推移しているかを説明してみよう。❷完成した「鎖国」体制とは、どのような外交体制であったのだろうか。

3 近世の生活と文化

1 為政者の人民観

一『本佐録』

百姓は天下の根本❶也《なり》、是《これ》を治《おさ》むるに法❷有り。先《ま》づ一人一人の田地の境目《さかいめ》を能《よ》く立て❸、さて壱《いち》年の入用作食《にゅうようさくじき》❹をつもらせ❺、其《その》余を年貢に取《とる》べし。百姓は財の余らぬ様に、不足なき様に治むること道なり。毎年立毛《たちげ》❻の上を以《もつ》て納むること、古《いにしえ》の聖人の法なり（毎年、稲の作柄を調べた上で、年貢を納めさせることは、昔の聖人の統治のきまりである）。

『本佐録《ほんさろく》』

解説　「百姓は天下の根本」とあるように、幕府や藩の財政基盤である年貢を納める百姓と農家経営の安定は、為政者《いせいしゃ》にとって重要な課題だった。そのため、個々の農民が所持する土地面積を把握し、毎年稲の作柄《さくがら》を調べ、農家経営に必要な経費以外を年貢として徴収するものとされた。「財の余らぬ様に、不足なき様に」の文言は、幕府・藩の財政と農家経営双方の安定に腐心《ふしん》した為政者の姿を表している。

二『仰止録』

上様❶は、日本国中の人民を、天❷より預かり成され候。国主❸は、一国の人民を上様より預かり奉《たてまつ》る。家老と士とは、其《そ》の君を助けて、其の民を安《やす》んぜん事をはかる者也《なり》（家老と藩士は、主君である大名を支え、大名が預かった人民のくらしの安定を実現しようとする存在である）。……此《こ》の国の民を困窮《こんきゅう》せしむる❹は、上様の御冥加《ごみょうが》❺をへらし奉る義《ぎ》也。不忠なること是《これ》より甚《はなは》だしきはなし（これほどの不忠は他にない）。……

◀『本佐録』

❶**根本**　最も大切なもの。
❷**法**　きまり。方法。
❸**境目を能く立て**　土地の広さをはっきりとさせる。
❹**入用作食**　必要な経費・食糧。
❺**つもらせ**　計算させ。
❻**立毛**　稲の作柄。

出典◉『本佐録』　実際の著者、成立年は不明。徳川家康の家臣本多佐《ほんださ》渡守正信《どのかみまさのぶ》が二代将軍秀忠《ひでただ》の質問に答えてまとめた政道書として、近世を通して広く筆写され読まれた。

◀『仰止録』

❶**上様**　幕府の将軍。
❷**天**　天道。万物をつかさどる存在とされた。
❸**国主**　大名を指す。
❹**困窮せしむる**　困窮させる。
❺**冥加**　神仏の加護・恩恵。

今時何事もあらば御用に立たんと、乱世の忠を心掛け候もの、余多《あまた》これありと聞へ候へども（合戦が起これば主君の役に立とうと、戦乱の世に見合った忠義を心がける武士が多くいると聞くが）、……此の国❻に於《お》いては、上様の御冥加を増し奉り、長久の御祈を致し、無事の忠を致さんと存ずる也（平和な世に見合った忠義を行おうと考えるものである）。……

『仰止録《ぎょうしろく》』

三 伝国の辞

一、国家は先祖より子孫へ伝《つたえ》候国家❶にして、我私《われわたくし》すべき物にはこれ無く候。

一、人民は国家に属したる人民にして、我私すべき物にはこれ無く候。

一、国家人民の為《ため》に立てたる君にして、君の為に立てたる国家人民にはこれ無く候。

右三条御遺念《いねん》有るまじく候事。

天明《てんめい》五巳年❷二月七日

治憲《はるのり》

治広《はるひろ》殿　机前

「伝国《でんこく》の辞《じ》」

❻此の国　岡山藩。

出典◉『仰止録』　岡山藩主・池田光政の言行を同藩の儒学者・早川助右衛門がまとめた明君録。一八二七（文政《ぶんせい》七）年成立。

◀伝国の辞

❶国家　大名家。「御家」ともいう。

❷天明五巳年　一七八五年。

出典◉「伝国の辞」　米沢藩主・上杉治憲（鷹山）が次期藩主・上杉治《はる》広《ひろ》に宛てて記した教訓。一七八五（天明五）年成立。

設問6　1 一 で領主は、百姓をどのような存在として位置づけ、為政者としてどう治めていくべきと述べているか。
2 二 で池田光政は、領地や領民をどのようなものとして考えていたのだろうか。

解説

『仰止録《ぎょうしろく》』（二）は、近世後期の成立だが、近世前期の岡山藩主・池田《いけだ》光政《みつまさ》の言行《げんこう》を記録し伝えている。江戸時代に入り平和が続くようになると、支配者となった武士たちは、平和な時代に見合ったはたらきを求められるようになった。光政は、自らが支配する人民を「天」・将軍からの預かりものと捉え、武士が戦闘ではなく人民統治に役割を果たすよう求めた。光政は、幕府の威光を背景に、家臣に「乱世の忠」から「無事の忠」への転換を迫ったのである。「伝国《でんこく》の辞《じ》」（三）は、近世中期の米沢《よねざわ》藩主・上杉《うえすぎ》治憲《はるのり》（鷹山《ようざん》）が藩主としての心構えを述べたものである。藩主は「国家」・「人民」のためにこそ存在し、その逆ではないとする。大名家＝「国家」（「御家」）の維持・存続は、大名の最重要の関心事だったが、「伝国の辞」は、人民統治への責任も明記しているのである。武士の統治者としての自覚は、徐々に深まっていった。

四 慶安の触書

(第一条)一、公儀《こうぎ》❶御法度《はっと》❷を恐れ、地頭代官《じとうだいかん》の事をおろそかに存ぜず、扨《さて》又名主《なぬし》・組頭《くみがしら》をば真の親とおもふべき事。

(第五条)一、朝起をいたし、朝草を刈《か》り、昼ハ田畑耕作にかかり、晩にハ縄《なわ》をなひ、俵をあみ、何にてもそれぞれの仕事油断なく仕《つかまつ》るべき事。

(第六条)一、酒、茶を買《かい》のみ申間敷《もうすまじく》候。妻子同前の事。

(第十一条)一、百姓は分別《ふんべつ》❸もなく、すえ(末)の考もなきものに候ゆへ、秋に成り候へバ、米雑穀《ざっこく》をむざと❹妻子にも喰ハせ候。いつも正月、二月、三月時分の心❺をもち、食物を大切に仕《つかまつる》べく候に付、雑穀専一《せんいつ》に❻候間、麦、粟《あわ》、稗《ひえ》、菜、大根、そのほか何にても雑穀を作り、米を多く喰《くい》つぶし候ハぬやうに仕べく候。……

(第十四条)一、男は作をかせぎ、女房《にょうぼう》ハ苧《お》はた❼をかせぎ、夕なべを仕り、夫婦ともにかせぎ申べく候。然《しか》れバみめかたちよき女房なりとも、夫の事をおろかに存、大茶をのみ、物まいり❽、遊山《ゆさん》❾ずきする女房を離別すべし。去ながら、子ども多これあるか、前廉《まえかど》❿恩をも得たる女房ならバ各別なり。またみめかたちあしく候とも、夫の所

通釈

一、幕府の法度を恐れ、領主や代官をおろそかにせず、また村役人を真の親と思うようにせよ。

一、朝早く起きて田の草を刈り、昼間は田畑の耕作に従事し、夜には縄を編み、俵を作り、何でもそれぞれの仕事を油断なく行うこと。

一、酒や茶を買って飲んではならない。妻子も同様である。

一、百姓は十分な判断力もなく、将来にも考えが及ばないので、秋になればむやみに米・雑穀を妻子にも食べさせてしまう。常に食糧の少ない正月・二月・三月ごろの心構えで、食物を大切にしなければならない。ついては、雑穀が大切だから、麦・粟・稗・菜・大根など、何でも雑穀を作り、米を食いつぶさないようにせよ。……

一、男は田畑で働き、女は機織《はたお》りをし、夜なべに精を出し、夫婦共に稼《かせ》がなければならない。だから、見た目のよい女房であっても、夫のことをおろそかに考え、茶ばかり飲み、神社・仏閣の参詣や出歩くことを好む女房は離縁するべきである。しかし、子供がたくさんあって、以前から色々世話をかけた女房は別である。また、見た目がよくなくても、夫の所帯を大事にする女房は、とても大切にするべき

◀慶安の触書

❶**公儀** 幕府。
❷**法度** 法律。
❸**分別** 物事の道理や善悪の判断。
❹**むざと** 惜し気もなく。
❺**正月、二月、三月時分の心** 食物の端境《はざかい》期の緊張感。
❻**雑穀専一** 雑穀を第一に。
❼**苧はた** 機織り。
❽**物まいり** 神社仏閣に参詣すること。
❾**遊山** 方々に出歩くこと。
❿**前廉** 以前から。

⑪**布**　麻布。
⑫**結句**　結局は。
⑬**代物**　代金。
⑭**身持をかせぎ**　家計のために働く。
⑮**うとく**　有徳。裕福。
⑯**慶安二年**　一六四九年。

出典◉**『慶安御触書』**　一八三〇（文政十三）年、美濃国岩村藩が一六四九（慶安二）年発令の幕府法令として、木版本として出版したもの。この時初めて「慶安御触書」の呼称が採用された。

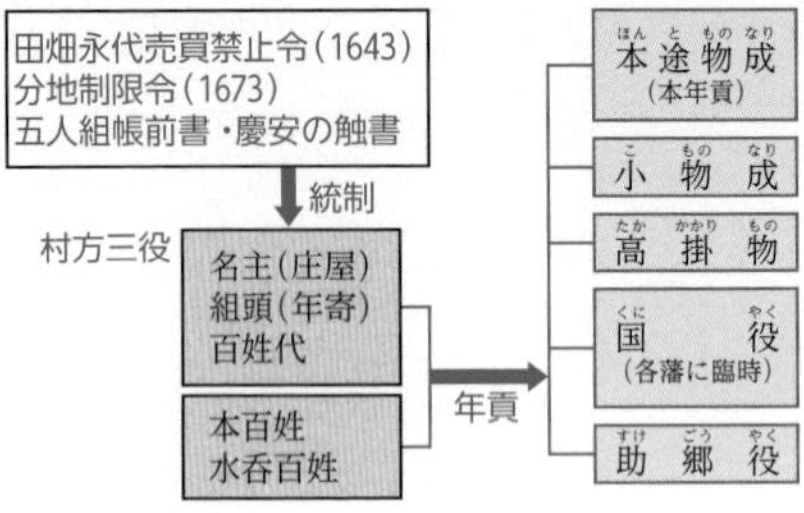

▲農民統制のしくみ

帯を大切にいたす女房をバ、いかにも懇《ねんごろ》に仕るべき事。

（第十六条）
一、**百姓は、衣類の義、布⑪木綿《もめん》よりほかハ、帯きもの裏《うら》にも仕るまじき事。**

（第二十三条）
一、多葉粉《こ》呑申間敷候。是は食にもならず、結句《けっく》⑫以来煩《わずらい》に成ものに候。其上隙《ひま》もかけ、代物《だいもつ》⑬も入、火の用心もあしく候。万事に損なるものに候事。

（第三十二条）
一、親に能々《よくよく》孝行の心深くあるべし。……右のことくにものこと念入、身持《みもち》をかせぎ⑭申べく候。身上よくなり、米金雑穀をも持候ハバ、家をも能《よく》つくり、衣類食物以下に付心の侭《まま》なるべし。米金雑穀を沢山に持候とて、無理に地頭・代官よりも取事なく、天下泰平の御代なれバ、脇よりおさへとるものもこれなく、然れバ子孫までうとく⑮に暮し、世間ききんの時も妻子下人等をも心安くはごくみ候。**年貢さへすまし候得バ、百姓程《ほど》心易《やす》きものハこれ無く、よくよく此趣《おもむき》を心がけ、子々孫々迄申伝《もうしつた》へ、能々身持をかせぎ申すべきもの也。**

慶安《けいあん》二年⑯丑《うし》二月六日　『慶安御触書《けいあんのおふれがき》』

である。
一、百姓の衣類は、麻布と木綿類以外は、帯・着物の裏地にも使ってはならない。
一、たばこを吸ってはいけない。これは食物の足しにもならず、結局は病気になるものである。そのうえ吸うには時間もお金もかかり、火の用心にも悪く、すべて損になることばかりである。
一、親によく孝行をする心を深く持たなければならない。……右のように物事に念を入れ、働かなければならない。（そうすれば）暮らし向きもよくなり、米・お金・雑穀も貯えられ、家屋もよいものにでき、衣類でも食物でも思いのままになるだろう。米・お金・雑穀を多く持っているからといって領主や代官に取られることもなく、天下泰平の時代だから強奪する者もいない。だから子孫まで裕福にくらし、飢饉が起きても妻子や下人を安心して養育できる。年貢さえ納めれば百姓ほど気楽なものはない。この趣旨をよく心得、子々孫々まで言い伝え、一生懸命に働くようにせよ。
慶安二（一六四九）年丑二月六日

設問7 [1]十九世紀の領主が求めていた、あるべき百姓像とはどのようなものだろうか。史料から読み取ってまとめてみよう。
[2][1]の百姓像の一方で、実際の十九世紀の百姓は、領主たちにとってどのような生活や行動をとる存在になっていたと考えられるだろうか。
[3]幕藩制が確立する中で、大名など領主は、自らが支配する領地や領民をどのようなものとして考えていたのだろうか。

解説
一般に「**慶安《けいあん》の触書《ふれがき》**」と呼ばれている史料である。従来、幕府による厳しい農民支配を読み取れる史料として、一六四九（慶安二）年に幕府が発令した全国法令と考えられて、広く参照されてきた。しかし、慶安二年に発令されたはずの史料の現物がまったく発見されず、研究が進められた結果、一六六五（寛文《かんぶん》五）年頃から甲州から信州にかけての地域に流布した、上層農民向けの教諭《きょうゆ》書「百姓身持《ひゃくしょうみもち》之事《のこと》」がその原型であることが判明した。同書は以降、いくつかの藩で教諭書として採用された後、一八三〇（文政《ぶんせい》十三）年、美濃《みの》国岩村《いわむら》藩が領内配布用に出版、その際、はじめて慶安二年の幕府法令だと説明され、タイトルも「慶安御触書《けいあんのおふれがき》」とされた。天保《てんぽう》年間（一八三〇～四四）には、岩村藩に続いて複数の藩で「慶安御触書」が版行・配布され、幕府の法令集にも収録されて、広く知られるようになっていった。したがって本史料は、慶安年間の農民の生活や意識を正確に示すものではないが、近世後期の幕府・諸藩の為政者《いせいしゃ》が抱いた農民像をよく示している。天保の飢饉《ききん》への対応や政治の改革を迫られ、農村立て直しを大きな課題としていた為政者らは、十七世紀以来の農民観を引き継いだ理想像を農民に示し、生活上の実践を求めたのである。

2 農村統制

一 寛永十九年の農村統制

一、祭礼・仏事等結構❶に仕《つかまつ》るまじき事。
一、男女衣類の事、これ以前より御法度《ごはっと》の如《ごと》く、庄屋は絹・紬《つむぎ》・布・木綿を着すべし。わき百姓❷は布・もめんたるべし。右のほかは、えり・帯などにも仕るまじき事。
一、嫁とりなどに乗物❸無用の事。
一、似合わざる家作❹、自今《じこん》以後仕るまじき事。
一、御料・私領共に、本田畑❺にたばこ作らざるように申しつくべき事。
一、荷鞍《にくら》❻に毛氈《もうせん》❼をかけ、乗り申すまじき事。

◀寛永十九年の農村統制
❶**結構** 豪華・立派なこと。
❷**わき百姓** 一般の百姓。小百姓。
❸**乗物** 引戸のある立派な駕籠《かご》。
❹**似合わざる家作** 身分不相応な家屋。
❺**本田畑** 検地帳に登録された田畑。
❻**荷鞍** 荷馬の背につけて用いる鞍。
❼**毛氈** 獣毛を加工して織った布。

一、来春より在々所々において、地頭・代官、木笛《きぶえ》❽を植え置き、林を仕立て候様申しつくべき事。

『御当家令条《ごとうけれいじょう》』

解説

一六四〇（寛永《かんえい》十七）年から一六四二年にかけて、牛疫病《えきびょう》や冷害、干ばつ、虫害などが相次いで発生して、全国的な大飢饉《ききん》となった（**寛永の飢饉**）。飢饉による死者は数万人に及んだと言われる。この飢饉による農村の疲弊《ひへい》に直面し、対応を迫られた幕府は、大名や旗本に飢饉対策を命じるとともに、農民の生活を規制して、農村の立て直しを図った。史料からは、衣服や住居、行事や田畑の作付けなどが統制の対象とされたことが読み取れる。この飢饉を機に、こうした本百姓《ほんびゃくしょう》維持策が、幕府農政の基調となっていった。

❽木笛　苗木。

出典◉『**御当家令条**』　本書二二九ページ参照。

二　田畑勝手《でんぱたかって》作りの禁止令

一、在々❶耕作、当年ハ別《べつ》して❷精を入れ申すべく候。**無精《ぶしょう》の輩《ともがら》、❸曲事《くせごと》❹たるべき事。**

一、来年より御料《ごりょう》❺、私領❻共ニ**本田畑❼にたばこ作り申す間敷旨《まじきむね》、仰《おお》せ出され候。若《も》し作り候ものハ、自今《じこん》❽以後新地を開き作るべき事**（もし作ろうとする者がいれば、今後は新しく畑を開墾して作るようにせよ）。

一、田方ニ木綿作り申す間敷事。

一、田畑共ニ油の用として**菜種《なたね》**作り申す間敷事。

寛永《かんえい》二十年❾未年八月　仰《おお》せ出《いだ》さる。

『徳川禁令考《とくがわきんれいこう》』

◀田畑勝手作りの禁止令

❶在々　村々。
❷別して　特に。
❸無精の輩　なまける者。
❹曲事　法に背いたこと。処罰。
❺御料　幕府の直轄《ちょっかつ》領。幕領。
❻私領　藩領、大名領。
❼本田畑　検地帳に記載された田畑。
❽自今　いまから。
❾寛永二十年　一六四三年。

出典◉『**徳川禁令考**』　本書二三一ページ参照。

解説

寛永《かんえい》の飢饉《ききん》によって農村が疲弊《ひへい》する中で、一六四三（寛永二十）年八月には、全二十三か条からなる「郷村御触《ごうそんおふれ》」が発せられ、**本田畑《ほんでんぱた》でのたばこ・木綿・菜種の作付けを禁止**する条項が盛り込まれた。年貢の確保と**本百姓《ほんびゃくしょう》経営**の安定化を目的としたこの条項を**田畑勝手《かって》作りの禁止令**と呼ぶ。一八七一（明治四）年、明治政府は田畑勝手作りの許可を令したが、この禁令は、江戸時代を通して全国に適用されたものではなかった。

三 田畑永代売買禁止令《でんぱたえいたい》

一、身上能《よ》き百姓❶は田地を買い取り、弥《いよいよ》❷宜《よろし》く成り、身体《(代)》成らざる者❸は田畠を沽却《こきゃく》せ❹しめ、猶々《なおなお》❺身上成るべからざるの間、**向後《きょうこう》❻田畠売買停止《ちょうじ》たるべき事。**

……

寛永《かんえい》二十年❼未《ひつじ》三月

『御触書寛保集成《おふれがきかんぽうしゅうせい》』

通釈

一、経済力のある農民は田畑を買い取り、ますます豊かになっていき、貧しい農民は田畑を売り払い、一層貧しくなっていくので、今後は田畑の売買を禁止する。

……

寛永二十（一六四三）年未三月

解説

寛永《かんえい》の飢饉《ききん》に際して幕府は、本百姓《ほんびゃくしょう》経営維持策として、一六四三（寛永二十）年に**田畑永代売買禁止令《でんぱたえいたいばいばいきんしれい》**を発した。史料から読み取れるように、発令の意図は、農民による田畑の売買を禁止することで、貧しい農民から流出した田畑が有力な百姓に集中することを防ごうとするものだった。発令にともなって、違反者に対する処罰を定めた「田畑永代売《うり》御仕置《おしおき》」も出された。処罰は、売り主は牢屋《ろうや》に入れた上で追放、買い主は過怠牢《かたいろう》（本刑のかわりに有期で入牢）などで、田畑を質入れした者（元の持ち主）が年貢を納める「頼納買《たのみおさめがい》」も処罰対象とされた。この禁令は一八七二（明治五）年に廃止されることになるが、永代売買は江戸時代を通して防げなかったし、質入れによる田畑の実質的な移動は頻繁《ひんぱん》に行われていた。

四 五人組帳前書

一、兼《かね》て仰《おお》せ出《いだ》され候《そうろう》通り、大小の百姓五人組を究置《きめお》き、何事によらず五人組の内にて、御法度《ごはっと》❶相背《あいそむ》き候儀は申し上ぐるに及ばず、悪事仕《つかまつ》り候者之《こ》れ有り候はゞ、其《そ》の組より早速《さっそく》申し上ぐべく候（どんなことでも、五人組の中で、法令に背くことはもちろん、悪事をはたらく者があれば、その五人組からすぐに報告しなければならない）。若《も》し隠し居《お》り、脇《わき》より❷申し出候はゞ、其の者には品《しな》により❸御褒美《ほうび》下され、五

◀田畑永代売買禁止令

❶**身上能き百姓**　富裕な農民。

❷**弥**　ますます。

❸**身体成らざる者**　貧しく生活が苦しい農民。

❹**沽却**　売り払う。

❺**猶々**　一層。

❻**向後**　今後。

❼**寛永二十年**　一六四三年。

出典◉『**御触書寛保集成**』　本書二二八ページ参照。

◀五人組帳前書

❶**法度**　法律。

❷**脇より**　その五人組以外の者から。

❸**品により**　その事柄により。

人組の者名主《なぬし》共に曲事《くせごと》に仰せ付けらるべき旨《むね》、畏《かしこ》み奉《たてまつ》り候。……

一、……壱人身《ひとりみ》の百姓煩《わずら》いに紛《まぎ》れ無く、耕作罷《まか》り成らず候時は、五人組は申すに及ばず、一村の者共寄合《よりあ》い、田畑仕付け、収納仕り候様に相互に助け合い申すべき事（一人暮らしの者が間違いなく病気で、農業に従事できない時は、五人組はもちろん、村の者が協力して、田畑を耕作し、年貢を納めることができるようにお互いに助け合わなければならない）。

『徳川禁令考』

❹**曲事**　処罰。

出典◉『**徳川禁令考**』　本書二三一ページ参照。

解説

江戸幕府は、村々の内部に、百姓の家五軒ずつを組み合わせた五人組《ごにんぐみ》という組織を作らせ、農民支配に利用した。五人組の構成員は互いに年貢納入に対する連帯責任を負い、治安維持などのため日常的な相互監視を行うことになった。これにともない、五人組の名簿である五人組帳が毎年作成され、領主と村で保管された。農民が守るべき事柄を記した前書《まえがき》部分は、次第に条数が増えていったが、毎年の読み聞かせによって内容の徹底が図られた。五人組制度は、町に住む町人に対しても実施された。

五　寛文の分地制限令

一、名主《なぬし》❶・百姓、田畑持ち候大積《おおづもり》❷、名主弐拾石《（二十）こく》❸以上、百姓拾石以上、それより内《うち》持ち候者は石高猥《みだり》❹に分け申す間敷旨《まじきむね》御公儀《ごこうぎ》様より仰《おお》せ渡され候間、自今《じこん》以後其《その》旨堅《かた》く相守り申すべき旨仰せ付けられ畏《かしこ》まり奉《たてまつ》り候。若《も》し相背《そむ》き申し候はば何様《なによう》の曲事《くせごと》にも仰せ付けらるべく候事。

『憲教類典《けんきょうるいてん》』

通釈

一、名主や百姓の田畑所持の概算は、名主は二十石以上、一般の百姓は十石以上、それ以下の者は、みだりに分家をつくってはならないと幕府からおおせ渡されたので、今後はこのことを堅く守らなければならないとご命令について承知しました。もし、このおおせに背く者があればどのような処罰もおうけいたします。

◀**寛文の分地制限令**

❶**名主**　一村の責任者。西日本では主として庄屋と呼ばれた。

❷**大積**　だいたいの見積もり。

❸**弐拾石**　一年の生産高が米にして二十石になる土地のこと。

❹**猥に**　自由気ままに。

出典◉『**憲教類典**』　近藤重蔵《こんどうじゅうぞう》が編纂《へんさん》した江戸幕府の法令集。

六　享保の分地制限令

田畑配分定《さだめ》の事

高《たか》拾《(十)》石《こく》　地面壱《いっ》町《ちょう》

右の定よりすくなく分《わ》け候儀停止《ちょうじ》たり。❶ 尤《もっとも》分け方に限らず、残り高も此《こ》の定よりすくなく残すべからず（分けられる方だけでなく、分ける方の残りの石高もこの定めより少なくなってはならない）。然《しか》ル上は高弐拾《(二十)》石地面二町よりすくなき田地持ちは、子供を始め、諸親類の内え田地配分罷《まか》り成らず候間、養介人《ようかいにん》❷これ有る者ハ、在所❸にて耕作の働き❹にて渡世《とせい》致❺させ、或《あるい》は相応の奉公人❻に差し出すべき事。

『御触書寛保集成』

◀享保の分地制限令

❶停止　禁止。

❷養介人　次男、三男などの相続者以外の子のこと。

❸在所　農村。

❹耕作の働き　農業労働。

❺渡世　暮らし、生業。

❻奉公人　雇われて働く者。

出典◉『御触書寛保集成』　本書二二八ページ参照。

設問8　1 一・二の農村法令に一貫している農民や農地に関する幕府の考え方をまとめてみよう。2 五・六では田畑の分地基準が厳格になっているが、このような背景には百姓側のどのような動向や背景があると考えられるだろうか。

解説　五は、一六七三（寛文《かんぶん》十三）年に出された最初の**分地制限令**《ぶんちせいげんれい》である。幕府は本百《ほんびゃく》姓《しょう》体制を維持するため、百姓が分家などを繰り返すことによる農地の細分化を避け、農家経営を適正規模に保とうとした。五からは当時、一般の百姓については持ち高十石、様々な費用負担が生じる名主《なぬし》（村役人）については二十石が適正規模の下限とみなされていたことが分かる。六は、一七二一（享保《きょうほう》六）年に出された享保の分地制限令である。寛文の分地制限令の規定を継承して持ち高十石を基準としているが、分地する側・される側双方が分地によって持ち高十石・耕地面積一町歩以下になることを明確に禁止した。これにともない、百姓の二、三男などは耕作・奉公人勤めにより農村で生計を立てるべきことも指示された。

③ 女性の地位

一、夫《それ》、女子《にょし》は成長して他人の家へ行き、舅《しゅうと》・姑《しゅうとめ》❶に仕《つか》ゆるものなれば、男子よりも親の教《おしえ》ゆるがせ❷にすべからず。父母寵愛《ちょうあい》❸して、恣《ほしいまま》❹に育てぬれば、夫の家に行きて必ず気随《きずい》❺にて、夫に疎《うと》まれ❻、又は舅の誨《おしえ》正❼しければ、堪難《たえがた》く思ひ、舅を恨《うら》み誹《そし》り、中悪《なかあし》くなりて終《つい》には追出され、恥を曝《さら》す。女子の父母、我訓《わがおしえ》なき事を謂《いわ》ずして、舅・夫の悪きとのみ思ふは、誤《あやまり》なり（女性の父母が、自分の教育不足を棚に上げて、舅・夫が悪いとばかり思うのは誤りである）。是皆《これみな》女子の親のをしへなき故なり。

◀女性の地位

❶舅・姑　夫の両親。

❷ゆるがせ　いいかげん。

❸寵愛　特別にかわいがること。

❹恣に　自由に。

❺気随に　我がままに。

❻疎まれ　いやがられ。

❼誨　さとすこと。

一、女は容《かたち》より❽も、心の勝《まさ》れるを善とすべし。心緒《こころばえ》❾美無《よしな》き女は、心騒《さわが》しく❿、眼《まなこ》恐しく見出して人を怒り、こと葉 訇《あららか》⓫に物いひ、さがなく⓬口謦《くちきき》て、人に先立ち、人を恨み嫉《ねた》み、我身に誇り、人を誹り笑ひ、われ人に勝り顔なるは、みな女の道に違《たがえ》るなり。**女は、唯和《ただやわら》ぎ順《したが》ひて貞信に、情《なさけ》深く静《しずか》なるを淑《よし》とす**（女性は、ただ優しく従順で、貞節な心を持って、情が深くてもの静かであるのがよい）。

『女大学《おんなだいがく》』

❽**容**　容姿。
❾**心緒**　気立て。
❿**心騒しく**　落ち着きがなく。
⓫**訇に**　荒く。
⓬**さがなく**　口悪く。

出典◉**『女大学』**　江戸時代の女性に必要とされた道徳や知識について述べた女子教訓書。江戸時代に広く読まれた。貝原益軒の著とも伝えられる。

解説　江戸時代になると、多くの女性が結婚を想定した生涯を送り、出産や安定した生活を希求するようになった。他方で、直系男子を通じて相続される**「家」**が社会の基本となる中で、男性の地位が上昇し女性の社会的地位は下降した。また、乳幼児生存率の低さや捨て子・身売りなどが頻繁《ひんぱん》に見られる社会だったことも、安定した一生を送る上で厳しい条件となった。史料は、貝原益軒《かいばらえきけん》著とも言われる女子教訓書**『女大学《おんなだいがく》』**の一節である。貞節《ていせつ》や従順《じゅうじゅん》さを女性の美徳《びとく》とし、嫁ぎ先で夫とその両親に従うべきことなどが説かれ、女性の地位下降を読み取れる。一方で、女子への教育が重視され、女性が身を保つための様々な知識が必要とされたことも分かる。改作が重ねられた『女大学』物には、子育ての知識や文芸的教養も盛り込まれ、多くの女性読者を得た。

設問9　女性が史料のように位置付けられていった理由は何だろうか。当時の社会のあり方を踏まえて説明してみよう。

4 文治政治の展開

1 家綱の治政

一 末期《まつご》養子の禁の緩和

一、跡目《あとめ》❶の儀、養子ハ存生《ぞんじょう》の内❷言上《ごんじょう》❸いたすべし。末期《まつご》❹に及びこれを申すと雖《いえど》も、これを用ふべからず。然《しかり》と雖も、其《その》父五十以下の輩《ともがら》は、末期たりと雖も、其品《しな》により❺これを立つべし（そ

◀末期養子の禁の緩和
❶**跡目**　相続。
❷**存生の内**　生きているうちに。
❸**言上**　届け出る。
❹**末期**　死の直前。
❺**其品により**　その事情によっては。

の父が五十歳以下の者は、死の直前であっても、事情によっては養子を立ててもよい）。十七歳以下の者養子を致すにおいてハ、吟味《ぎんみ》❻の上許容すべし。……

『御触書寛保集成《おふれがきかんぽうしゅうせい》』

❻吟味　取り調べ。

出典◉『御触書寛保集成』　本書二二八ページ参照。

設問10　この時代に末期養子が認められるようになったのはなぜだろうか。

解説　**末期養子《まつごようし》の禁**は、武家諸法度《ぶけしょはっと》には盛り込まれなかったものの、一六三二（寛永《かんえい》九）年発布の「諸士《しょし》法度」で末期養子が禁じられているように（→二二九ページ）、近世初頭の武家の間に定着していた。しかし、このことは、相続者不在による大名の改易《かいえき》などを招き、多数の牢人《ろうにん》を生み出して、一六五一（慶安《けいあん》四）年の**慶安事件**、一六五二（承応《じょうおう》元）年の**承応事件**などの牢人反乱を生じさせた。そのため、幕府・諸藩による統治体制が安定するようになっていた一六五一年、四代将軍徳川家綱《いえつな》は、五十歳以下で末期に及んで養子を願い出た者の相続を許すことを告げ、大名の改易といった事態の防止を図った。史料は、一六六三（寛文《かんぶん》三）年八月五日に発せられた改訂「諸士法度」の第十八条で、旗本《はたもと》・御家人《ごけにん》を対象としているが、この規定は、五代将軍徳川綱吉《つなよし》の時、諸士法度の廃止にともなって（→二二九ページ）、武家諸法度に盛り込まれた。

2 綱吉の治政

一　生類憐《しょうるいあわれ》みの令

一、主無《あるじな》き犬、頃日《けいじつ》❶ハ食物給《たべ》させ申さず候様に相聞《あいきこえ》候。畢竟《ひっきょう》食物給させ候えバ、其《その》人の犬の様に罷成《まかりな》り❷、以後迄六ケ敷《までむつかしき》事❸と存じ（食物を与えていると、その人の飼い犬のようになってしまい、後々まで面倒なことになると考えて）、いたハり申さずと相聞、不届《ふとどき》❹に候。向後《きょうこう》❺左様《さよう》これ無き様相心得《あいこころう》べき事。

一、犬計《ばかり》に限らず、惣《すべ》て生類《しょうるい》人々慈悲《じひ》の心を本《もと》といたし、あハれミ候儀肝要《ぎかんよう》❻の事。

以上

卯四月❼　日

『御当家令条《ごとうけれいじょう》』

◀生類憐みの令

❶頃日　このごろ。

❷其人の犬の様に罷成り　その人が飼っている犬のようになる。

❸以後迄六ケ敷　後々まで面倒なことになる。

❹不届　けしからぬこと。

❺向後　今後。

❻肝要　肝心のこと。

❼卯四月　一六八七（貞享四）年。

出典◉『御当家令条』　本書二二九ページ参照。

解説

五代将軍**徳川綱吉**《つなよし》の治世に、命あるものを慈《いつく》しむ（**生類憐**《しょうるいあわれ》**み**）という観点から実施された一連の政策を**生類憐みの令**という。綱吉は一六八七（貞享《じょうきょう》四）年に捨牛馬《すてぎゅうば》を禁じるとともに、史料のように、野犬などの愛護を令した（犬の愛護は後に十六万坪《つぼ》に及ぶ江戸の中野《なかの》の野犬収容所建設などに発展した）。同年にはこれらに加えて、百姓が獣害対策や猟《りょう》に使用していた鉄砲の調査を命じ、百姓の鉄砲使用を厳格に制限し、以降、魚・鳥類の飼育や、猪《いのしし》・狼《おおかみ》の捕獲、さらに捨て子が禁止された。生類憐み政策は、鉄砲使用制限が獣害の拡大を招くなど、人々の生活に支障を生じさせ、多くが綱吉の死後に撤回された。しかし、人や動物の命を大切にする意識の定着を意図した諸政策は、平和な時代に見合う秩序の構築という時代の課題を反映したものでもあった。

二 貨幣改鋳

今❶重秀《しげひで》が❷議《はか》り申す所は、御料《ごりょう》❸すべて四百万石、歳々《としどし》に納めらるる所の金は凡《およ》そ七十六七万両余、……此内《このうち》、夏冬御給金《おんきゅうきん》の料三十万両余を除く外《ほか》、余る所は四十六七万両余也。しかるに、去歳《きょさい》❹の国用❺、凡そ百四十万両に及べり。此外《このほか》に内裏《だいり》❻を造りまいらせらるる所の料、凡そ金七八十万両を用ひらるべし。されば、今国財の足らざる所、凡そ百七八十万両に余れり。……前代の御時❼、歳《とし》ごとに其出る所の入る所に倍増して、国財すでにつまづきしを以《もっ》て、元禄《げんろく》八年❽の九月より金銀の製を改造《あらためつく》らる❾。これより此《この》かた、歳々に収められし所の公利❿、総計金凡そ五百万両、これを以てつねにその足らざる所を補《おぎな》ひしに、同じき十六年の冬、大地震⓫によりて傾き壊《こぼ》れし所々

通釈

このたび荻原《おぎわら》重秀が提案したのは、つぎのようなことであった。すなわち、幕府の領地はおよそ四〇〇万石であり、毎年の収入は七十六～七万両余りである。……このうち、夏冬の二回旗本・御家人に渡す給金三十万両を除くと、残るのは四十六～七万両余りである。しかし、去年の幕府の経費は、およそ一四〇万両に及んだ。そのほかに京都の内裏の造営費が、七十～八十万両ほどかかる予定である。そうなれば、幕府の財政赤字は、およそ一七〇～一八〇万両以上になってしまう。……前代将軍の時に、毎年支出が収入を倍額ほど上回るようになり、幕府財政が傾いたので、元禄八年九月から金銀の改鋳《かいちゅう》を行った。それから今まで、毎年幕府が収めた利益は、総計およそ五〇〇万両であり、これを使って毎年の赤字を埋めてきたが、元禄十六年の冬、大地震によって損壊した各所を修

◀**貨幣改鋳**

❶**今** 一七〇九（宝永《ほうえい》六）年。

❷**重秀** 荻原重秀。当時勘定奉行。綱吉の時貨幣改鋳を建策して財政再建に乗り出したが失敗した。

❸**御料** 幕府の直轄《ちょっかつ》領。いわゆる幕領のこと。

❹**去歳** 一七〇八（宝永五）年。

❺**国用** 幕府の必要経費。

❻**内裏** 京都御所。

❼**前代の御時** 五代将軍綱吉の治世。

❽**元禄八年** 一六九五年。

❾**金銀の製を改造らる** 貨幣改鋳のこと。

❿**公利** （差益による）幕府の収益。

⓫**十六年の冬、大地震** 元禄地震のこと。関東地方に大災害をもたらした。

出典◉**『折たく柴の記』** 新井白石の自叙伝。全三巻。一七一六（正徳六）年成立。白石の出生《しゅっしょう》から一七一六年に幕政を退くまでのことについて記している。

を修治せらるるに至《いたり》て、彼歳々に収められし所の公利も忽《たちまち》につきぬ。……「今に至て此《この》急を救はるべき事、金銭の製を改造せらるるの外《ほか》、其《その》他あるべからず」と申す。

『折《おり》たく柴《しば》の記《き》』

繕することになったため、例の毎年収めた幕府の利益もたちまちなくなってしまった。……「現在の幕府の急場を救うためには、貨幣改鋳以外に方法はない」ということである。

解説

幕府開設当時安定していた財政も外国貿易の制限・金銀の産出量の減少などによって、徐々に逼迫《ひっぱく》しはじめ、五代将軍徳川綱吉《つなよし》の時には、財政再建策が不可欠な状況に立ち至った。そのため幕府は、一六九五（元禄《げんろく》八）年、勘定頭差添役《かんじょうがしらさしそえやく》（後の勘定吟味役《ぎんみやく》）**荻原重秀**《おぎわらしげひで》の献策により貨幣改鋳《かいちゅう》を実施した（**元禄金銀**）。この貨幣改鋳は金銀含有《がんゆう》量を約二〇％減らした劣悪《れつあく》な貨幣の鋳造により、発行者である幕府に利益をもたらそうとするものだった。この政策により、幕府は約四五〇万両もの差益《さえき》（**出目**《でめ》という）を得て、財政は一時的に好転し、荻原も翌年勘定頭（後の勘定奉行）に昇進した。しかし、こうした貨幣の悪《あく》鋳《ちゅう》は、やがて貨幣への人々の信頼を低下させて物価の高騰《こうとう》を招くなど経済を混乱させ、元禄地震発生などの要因も重なって、幕府財政は再び苦しくなった。史料は、綱吉の死後権力を握った**新井白石**《あらいはくせき》が荻原から幕府の財政事情を聴取した内容を記したもので、前半からは幕府財政のおおよその収支や赤字額の見込みが読み取れる。後半には、貨幣改鋳による莫大《ばくだい》な差益が元禄地震への対応で無くなった旨が記され、荻原らが繰り返し改鋳を企図したことがわかる。白石は、荻原を失《しっ》脚《きゃく》させ、貨幣の品質を以前に戻した（**正徳**《しょうとく》**金銀**）。

3 正徳の政治

一 海舶互市新例

一、長崎表廻銅《おもてかいどう》❶、凡《およ》そ一年の定数四百万斤《きん》❷より四百五拾万斤迄《まで》の間を以《もっ》て其限《そのかぎり》とすべき事。

一、唐人《とうじん》❸方《かた》商売之《の》法、凡そ一年の船数、口船《くちぶね》・奥船《おくぶね》❹合せて三拾艘《そう》（清国人との取引は、一年間に口船・奥船合わせて船数三十艘）、すべて銀高六千貫目《かんめ》に限り、其内銅三百万斤を相渡《あいわた》すべき事。

▶家綱治世～正徳の政治

家綱	1651 末期養子の禁の緩和
	1654 玉川上水完成
	1657 明暦の大火
	1663 殉死の禁止
	1665 人質の制の廃止
	1673 分地制限令
綱吉	1685 生類憐みの令（～1709）
家宣	1709 新井白石登用（～15）
	1710 乾字金鋳造
	閑院宮家の創設
	1711 朝鮮使節の待遇問題
	1712 荻原重秀罷免
家継	1714 正徳金銀鋳造
	1715 海舶互市新例発令

設問11 家綱から綱吉の時代の政治は、それ以前と異なりどのような政治の基調がみられるか、具体的な政策を挙げながら説明してみよう。

◀海舶互市新例

❶**長崎表廻銅**　長崎に送る銅。

❷**斤**　重さの単位。一斤は六〇〇グラム。

❸**唐人**　中国人のこと。この時期は清国人となる。

❹**口船・奥船**　中国船のうち、中国本土から来る船を口船、南方から来る船を奥船と呼んだ。

一、阿蘭陀《オランダ》人❺商売の法、凡そ一年之船数弐《に》艘、凡《すべ》て銀高三千貫目限り、其内銅百五拾万斤を渡すべき事。

正徳《しょうとく》五年❻正月十一日

『徳川禁令考《とくがわきんれいこう》』

解説 幕府の貿易政策は、近世を通じて、輸入品の価格および輸入量の抑制、国内産金銀銅の輸出額低減という指向性を持っていた。鎖国後も**オランダ・中国との間で行われた貿易**は、一六五五（明暦《めいれき》元）年に糸割符《いとわっぷ》制度が一旦廃止されると、輸入品の価格が高騰《こうとう》し、**銀の国外大量流出**という事態を招いた。そこで幕府は、一六七二（寛文《かんぶん》十二）年、長崎に会所《かいしょ》を設け輸入生糸《きいと》の品質管理と価格決定を行わせて（市法貨物仕法《しほうかもつしほう》）、銀流失に歯止めをかけ、仕法廃止後の一六八五（貞享《じょうきょう》二）年には年間の貿易量を制限した（定高貿易《さだめだかぼうえき》）。**新井白石《あらいはくせき》**はこれに加えて、銅の輸出量と入港船数の制限を特徴とする**海舶互市新例《かいはくごしんれい》**を出し、以後の長崎貿易の基本形を築いた。

❺阿蘭陀人 オランダ人。
❻正徳五年 一七一五年。

出典◉『徳川禁令考』 本書二三一ページ参照。

設問12 海舶互市新例は、どのような目的で出されたのだろうか。

5 経済の発達

1 農業の発達

一 肥料の改良

夫《そ》れ田地を作るの糞《こや》し❶、山より原に重《かさ》なる所❷は、秣《まぐさ》❸を専《もっぱ》ら刈《かり》用ひて田地を作るなれば、郷《ごう》村《そん》第一秣場《まぐさば》の次第《しだい》を以《もっ》て其地《そのち》の善悪を弁《べん》ずべし（農村は、第一に秣場の状況によって、土地の善悪を論ずるべきである）。近年段々《だんだん》新田新発《しんおこし》に成尽《なりつく》して❹、草一本をば毛を抜《ぬく》ごとく大切にしても、年中《ねんじゅう》田地へ入るる程《ほど》の秣たくはへ兼《か》ねる村々これあり。古《いに》しへより秣の馬屋《うまや》ごへ❺にて耕作を済《すま》したるが、段々金を出して色々の糞《こや》しを買《かう》事世上《せじょう》❻に専《もっぱ》ら多し。仍《よっ》て国々所々に秣場の公事《くじ》❼絶えず、又は海を請《うけ》たる郷村❽は、

◀肥料の改良
❶糞し 肥料。
❷山より原に重なる所 山や原と地続きの所。
❸秣 一般には牛馬の飼料。ここでは単に草のこと。
❹新田新発に成尽して 新田開発をし尽くして。
❺秣の馬屋ごへ 牛馬の糞などを使った堆肥《たいひ》のこと。
❻世上 世の中。
❼秣場の公事 秣場に関する訴訟。
❽海を請たる郷村 海に面した村。

人を抱《かか》へ舟を造りて色々の海草を、又は種々の貝類を取りてこやしとす。其他里中《そのほかさとなか》の村々は山をもはなれ海にも遠く、一草を苅《かり》求むべきはなく、皆以て田耕地の中なれば、始終《しじゅう》金を出して糞しを買ふ（刈り取るべき草もなく、すべて田畑なので、常々金を払って肥料を買っている）。

『民間省要《みんかんせいよう》』

解説

近世の農村では、肥料として、山野で刈った草（**刈敷**《かりしき》）や**堆肥**《たいひ》を用い、海沿いの村では海草や貝類も使われたが、新田開発が進み耕地面積が拡大すると、刈敷などの確保が困難になった。

こうした中で、**干鰯**《ほしか》・**油粕**《あぶらかす》・**下肥**《しもごえ》などの**金肥**《きんぴ》の利用が徐々に広がり一般化していった。金肥の利用は、農業生産力の飛躍的向上をもたらす一方で、購入肥料への依存が深まり、秣場《まぐさば》をめぐる訴訟も増加していった。

二　商品作物の栽培

綿《わた》ハ用《もち》ひざる国なければバ、何《いず》れの国にても作るべき物なれ共《ども》、東海道にてハ尾張《おわり》・三河《みかわ》・遠江《とおとうみ》・駿河《するが》ハ作れども、関東・北国にて余り作る事を聞かず。また九州の地ハ能《よく》心がけて種々の産物を出せども、綿を作る事ハ疎《おろそ》かにて多く中国の綿を求め用ひ来れり。……此《こ》の綿を所《ところ》❶に作ればバ操《く》る❷に賃《ちん》を取る女子❸有り（この綿を村でつくれば、綿繰りの賃仕事をする女子がいることになる）。綿仲買《なかがい》❹・綿問屋・女の糸をつむぐ抔《など》より、手数拾四、五通りもかかれバ各《おのおの》利を得るもの有りて、家業《かぎょう》となりて所の賑《にぎわ》ひともなる事なれば大いなる国益也《なり》。

『広益国産考《こうえきこくさんこう》』

解説

元禄《げんろく》年間（一六八八～一七〇四）頃から、年貢負担や自給のためばかりでなく、売って収入を得るための商品作物の生産が盛んになった。各地で衣料の原料としての**綿**・**麻**や灯油の原料としての**菜種**などが栽培され、桐生《きりゅう》の織物や河内木綿《かわちもめん》などの特産物生産地帯が成立したのである。史料からは、綿作の導入が、綿繰りから糸つむぎまで多くの賃仕事《ちんしごと》や商取引を生み出し、地域経済の振興につながったことを読み取れる。

出典◉『**民間省要**』　武蔵国川崎の名主だった田中丘隅《きゅうぐ》が、徴税《ちょうぜい》・治水《ちすい》など民政に関する意見をまとめたもの。一七二一（享保《きょうほう》六）年成立。この意見書が幕府に認められ、一七二九（享保十四）年、田中は代官に抜擢《ばってき》された。

◀商品作物の栽培

❶**所**　その村。

❷**操る**　綿繰りをする。

❸**賃を取る女子**　賃稼ぎをする女子。

❹**綿仲買**　農家で生産された綿を買い集める仲買人。

出典◉『**広益国産考**』　江戸後期の農学者大蔵永常《おおくらながつね》の著《あらわ》した農書。一八四二（天保《てんぽう》十三）年～一八五八（安政《あんせい》五）年刊行。商品経済の発展に対応する農家経営のあり方を説く。

設問13　❶農村で使用される肥料が変化していく様子を理由・背景とともに読み取ってみよう。❷商品作物の一例として、木綿の栽培が盛んになることは、農村部や商人、また社会全体にどのような変化や意味をもたらすといわれているだろうか。

2 商品経済の発達・農村への貨幣浸透

昔は在々《ざいざい》❶に殊《こと》の外《ほか》銭《ぜに》払底《ふってい》❷にて、一切《いっさい》の物を銭にて買はず、皆米麦にて買いたること某《それがし》❸田舎《いなか》にて覚えたることなり（昔は農村ではとくに銭貨がなく、どんなものでも銭では買わずに、すべて米や麦で買っていたことは、自分が田舎に住んでいて見覚えたことである）。近年の様子を聞合《ききあ》はするに、元禄《げんろく》の頃より田舎へも銭行き渡りて、銭にて物を買ふことになりたり。

『政談《せいだん》』

解説 城下町などの都市の発展、商品生産の発達、**年貢の石代納《こくだいのう》**（年貢を米価に換算して貨幣で納入すること）が進むにつれて、農村にも貨幣が行き渡るようになった。綿や菜種などの**商品作物**栽培が、農民に現金収入を得る道をもたらし、**貨幣経済の一層の浸透《しんとう》**を促したのである。史料によれば、元《げん》禄《ろく》年間以前は、農村には銭が全く行き渡らず、米や麦で物品を買っていた。それに対して元禄年間頃からは、銭が浸透し物品購入に用いられるようになったという。元禄以前、青年期に農村部で生活した**荻生徂徠《おぎゅうそらい》**の実体験に基づく観察である。

◀商品経済の発達・農村への貨幣浸透

❶在々 農村。

❷払底 まったくないこと。

❸某 著者荻生徂徠のこと。

出典◉『政談』 全四巻。荻生徂徠が八代将軍吉宗《よしむね》の諮問《しもん》に答え、当時の社会・経済に関する意見を論述したもの。

設問14 **1**荻生徂徠は、元禄頃から農村でどのような変化が起こっていると述べているのだろうか。**2**そしてその変化は、どのような背景・理由によると考えられるだろうか。ここまでの史料の内容を合わせて説明してみよう。

3 大坂の繁栄

総じて北浜《きたはま》の米市《こめいち》は❶、日本第一の津《つ》なればこそ❷、一刻の間に、五万貫目のたてり商《あきな》い❸も有る事なり（だいたい大坂北浜の米市場は、日本一の都会なので、一刻の間に銀五万貫目もの米相場の取引が行われている）。その米は蔵々にやまをかさね、夕《ゆうべ》の嵐《あらし》朝《あした》の雨、日和《ひより》を見合せ、雲の立所《たちどころ》をかんがへ、夜のうちの思ひ入れにて、売人有、買人有、壱分弐分《いちぶにぶ》をあらそひ、人の山をなし、互いに面を見しりたる人には、千石万石の米をも売買せしに、両人手を打て後は、少しも是《これ》に相違《そうい》なかりき。……難波《なにわ》橋より西、

◀大坂の繁栄

❶北浜の米市 大坂にあった米市場。元禄時代に堂島に移転した。

❷津 （港をひかえて）人の多く集まる地域。江戸時代には、京都・大坂・江戸を三箇《さんが》の津とも呼んだ。

❸たてり商い 立ったままで商いをすること。米の相場取引。

❹問丸 港で年貢物や商品の中継・保管・輸送・販売に営む業者。

見渡しの百景。数千軒の問丸《といまる》、❹甍《いらか》をならべ、白土、雪の曙《あけぼの》をうばふ。杉ばへ❺の俵物《たわらもの》、山もさながら動きて、人馬《じんば》に付おくれば、大道轟《とどろき》地雷のごとし。上荷・茶船、❻かぎりもなく川浪に浮かびしは、秋の柳《やなぎ》にことならず……。

『日本永代蔵《にっぽんえいたいぐら》』

解説

江戸時代、大坂は全国経済の中心地として発展し、**「天下《てんか》の台所」**と呼ばれた。大坂には、**蔵物《くらもの》**と呼ばれる年貢米や**納屋物《なやもの》**と呼ばれる各地の特産物が、西廻《にしまわ》り航路の**北前船《きたまえぶね》**によって、日本海や瀬戸内海などの沿岸地域から運び込まれるとともに、京都・奈良の手工業品や近郊農村の木綿《もめん》などが集積した。これらは南海《なんかい》路の**菱垣廻船《ひがきかいせん》**や**樽廻船《たるかいせん》**で、当時世界最大の都市であった江戸に運漕《うんそう》された。

史料は、後に**堂島《どうじま》**に移転する北浜《きたはま》の米市場の様子を描いている。活発な米の相場取引、米売買に携《たずさ》わる人々、数多の業者が軒を並べて山のような荷物が人馬・船で出入りする様子を描き出している。こうした隆盛《りゅうせい》をもたらしたのが、年貢米の換金と売買である。大商人らが、諸藩などの**蔵屋敷《くらやしき》**に集まった蔵物の換金にあたる**蔵元《くらもと》**や**掛屋《かけや》**、金融業務を行う**両替商《りょうがえしょう》**を営んで蔵物の流通を支え、大坂の繁栄の基となったのである。

4 大商人の成長

三井九郎右衛門《みついくろうえもん》といふ男、❶手金《てがね》の光❷むかし小判の駿河《するが》町❸と云所《いうところ》に、面《おもて》九間に四十間に棟《むね》高く長屋作りして、新棚《しんたな》を出し、**万現銀売《よろずげんぎんうり》**❹**にかけねなし**❺と相定《あいさだ》め(新しい店を出し、「すべて現金払いで割高な値段設定をしない」と決めて)、四十余人利発《りはつ》の手代《てだい》❻を追いまはし、一人一色《ひといろ》の役目、……手わけをして、天《び》鳶兎《ろうど》❼一寸四方、緞子《どんす》❽毛貫袋《けぬきぶくろ》になる程《ほど》、緋繻子《ひじゅす》、❾鑓印長《やりじるしたけ》、❿竜門《りゅうもん》の袖覆輪《そでふくりん》⓫かたかたにても、物の自由に売渡しぬ。殊更《ことさら》、**俄《にわ》か目見《めみえ》の熨斗目《のしめ》**、⓬**いそぎの羽織などは、その使《つかい》をまたせ、数十人の手前細工人《てまえさいくにん》立ちならび、即座《そくざ》に仕立《したて》、これを渡しぬ**(急な御目見えで必要になった礼服や、急ぎの羽織などは、使いの者を待たせておいて、数十人のお抱えの職人が並んで即座に仕立てて渡している)。さによって家栄え、毎日金子百五十両づつ、ならしに⓭商売しけるとなり、……大商人の手本なるべし。

『日本永代蔵《にっぽんえいたいぐら》』

---

❺**杉ばへ**　米俵を積み上げた様子。

❻**上荷・茶船**　中之島の蔵屋敷や米問屋に廻米を運ぶ川船。

出典◉『日本永代蔵』　井原西鶴《いはらさいかく》の著《あらわ》した町人物《ちょうにんもの》の代表的作品。

◀大商人の成長

❶**三井九郎右衛門**　正しくは八郎右衛門。当時の越後屋三井家の当主、三井高平《たかひら》。

❷**手金の光**　もっている現金。

❸**駿河町**　江戸日本橋の町名。越後屋の店があった。

❹**万現銀売**　すべて現金でしか売らないという商売。

❺**かけね**　正当な値段に上乗せした値段。

❻**利発の手代**　才知ある手代。

❼**天鳶兎**　ビロード。

❽**緞子**　絹織物の一種。

❾**緋繻子**　絹糸や綿糸・毛糸などを組み合わせた織物。

❿**鑓印長**　槍《やり》の柄につける印の切布ほどの長さ。

⓫**袖覆輪**　着物の袖口が折り返っているところ。

⓬**俄か目見の熨斗目**　急な御目見えで必要になった礼服。

⓭**ならしに**　平均して。

出典◉『日本永代蔵』本書二五七ページ参照。

設問15 **1** 大坂の商人が台頭してくる背景・理由をここまでの史料の内容を踏まえて述べてみよう。**2** 当時の経済発展が社会に及ぼした影響にはどのようなものがあるだろうか。

解説 江戸時代最大の呉服《ごふく》商として知られる**三《み》井《つ》家《い》**は、延宝《えんぽう》年間（一六七三〜八〇）頃から、伊勢《いせ》国松坂《まつさか》から江戸・京都・大坂に進出し、呉服店・両替《りょうがえ》店を出店した。従来の掛売《かけう》りや一反《いったん》売りとは異なる、**「現銀《げんぎん》かけねなし」**、「切り売り」という新しい呉服商法を打ち出した三井家は、瞬《また》く間に江戸でも一二を争う大商人に成長した。**井原西鶴《いはらさいかく》**は『日本永《にっぽんえい》代蔵《たいぐら》』の中で、自らの才覚で富をつかむ商人たちの姿を描いた。史料は、様々な布商品を自由に取り扱い、熨斗目《のしめ》や羽織《はおり》を速やかに仕立てて販売する三井家の様子を伝えた箇所である。ここで描かれたような商法によって三井家は、商品経済の発展の中で成長しつつあった都市（江戸）の町人の需要に応じ、巨富《きょふ》を得て「大商人の手本」と呼ばれるに至ったのである。

6 元禄文化

1 町人文化の発達

いにしへは百姓より町人は下座《げざ》なり❶といへども、いつの頃よりか天下金銀づかひ❷となりて、天下の金銀財宝みな町人の方に主《つかさ》どれる事にて、貴人の御前《ごぜん》に召出《めしだ》さるる事もあれば、いつとなく其品《そのしな》❸百姓の上にあるに似たり。況《いわ》んや、**百年以来は天下静謐《せいひつ》❹の御代《みよ》なる故《ゆえ》、儒者《じゅしゃ》、医者、歌道者《かどうしゃ》、茶湯《ちゃのゆ》、風流《ふりゅう》❺の諸芸者多くは町人の中より出来《いでき》ることになりぬ**（この百年間は天下が平穏であったので、儒学者・医者・歌人・茶道や様々な芸能の達者な者たちの多くは、町人の中から生まれることとなった）。……

『町人嚢《ちょうにんぶくろ》』

◀町人文化の発達

❶**下座** 身分が低い。

❷**天下金銀づかひ** 貨幣が使われる世の中。

❸**其品** 身分、地位。

❹**天下静謐** 世の中が平和で治まっている。

❺**風流** 歌や踊りの芸能。

出典◉『町人嚢』町人の心得《こころえ》をまとめたもの。西川如見《にしかわじょけん》の著書。一七一九（享保《きょうほう》四）年刊行。

解説 十七世紀後半からの商業経済の発達は、都市に住む人々の生活に余裕をもたらした。貨幣経済の主導権を握り社会的地位を向上させた町人たちは、**俳諧《はいかい》・人形浄瑠璃《じょうるり》・浮世草子《うきよぞうし》・歌舞伎《かぶき》**・陶芸・染色・絵画・木版画などを楽しんだ。諸芸能・諸工芸に秀でた人物として、俳諧の**西山宗因《にしやまそういん》・松尾芭蕉《まつおばしょう》**、人形浄瑠璃義太夫節《ぎだゆうぶし》の**竹本《たけもと》義太夫**、浮世草子の作者**井原《いはら》西鶴《さいかく》**、歌舞伎役者の**市川団十郎《いちかわだんじゅうろう》・坂田藤十郎《さかたとうじゅうろう》**、人形浄瑠璃・歌舞伎の脚本作家の**近松門左衛門《ちかまつもんざえもん》**らが活躍し、染色では友禅《ゆうぜん》染をはじめた**宮崎友禅**、絵画では土佐《とさ》派からわかれた**住吉《すみよし》派**の住吉如慶《じょけい》・具慶《ぐけい》、木版画の**菱川《ひしかわ》師宣《もろのぶ》**、陶芸の**尾形乾山《おがたけんざん》・野々村仁清《ののむらにんせい》**らが有名である。

2 曽根崎心中　道行（近松門左衛門）

此《こ》のよのなごり。夜もなごり。死にゝゆく身をたとふればあたしか原の道の霜《しも》。❶一足づゝにきえてゆく。夢のゆめこそ哀《あわ》れなれ。あれ数ふれば暁《あかつき》の。七つの時が六つなりて残るひとつが今生《こんじょう》の。鐘《かね》のひゞきの聞ゝ納め。寂滅為楽《じゃくめついらく》❷とひゞくなり。

『曽根崎心中《そねざきしんじゅう》』

通釈

（心中する二人にとってこの道行は）この世の名残りで、夜ももう終わる。死にに行く身を例えて言えば、墓地への道の霜のようにはかないもの。一足ごとに消えてゆくような夢の夢こそ物悲しい。数えてみれば、明け方の七つ時が六つまで鳴って、残りの一つがこの世での鐘の響きの聞き納め。真の安楽の境地のように響いている。

◀曽根崎心中　道行

❶**あたしか原の道の霜**　仇原《あだしがはら》は墓所のことで、無常な所、人生のはかなさのたとえ。

❷**寂滅為楽**　仏教で、煩悩を脱し真の安楽が得られること。

出典◉『曽根崎心中』　近松門左衛門作の浄瑠璃作品で、三巻、一段（三場）。一七〇三（元禄十六）年五月大坂竹本座で初演されて大ヒット、現代劇である世話物というジャンルを確立させた。

解説

近松門左衛門《ちかまつもんざえもん》の**『曽根崎心中《そねざきしんじゅう》』**は、一七〇三（元禄《げんろく》十六）年に起こった徳兵《とくべ》衛《え》・お初《はつ》の心中事件を題材とした、同年初演の浄瑠璃《じょうるり》作品である。作品で、醤油《しょうゆ》屋平野屋手代《てだい》徳兵衛は、主人の娘との縁談を断り、激怒されて返済を迫られた結納《ゆいのう》金を友人九平次《くへいじ》に騙《だま》し取られて追い詰められ、ついに恋仲のお初と曽根崎の森で心中する。町人を主人公とし、彼らが抱えた「家」をめぐる葛藤《かっとう》や世相を題材としたこの現代劇は、世話物《せわもの》と呼ばれ、多くの人々の共感を呼んで大当たりとなった。商品経済の発達が、町人の生活に余裕をもたらし、近松作品のヒット、さらには元禄文化隆盛《りゅうせい》の背景となったのである。

3 史論の発達

一、本朝《ほんちょう》❶天下《てんか》の大勢《たいせい》、九変《きゅうへん》して武家の代となり、武家の代また五変して当代におよぶ総論の事。

神皇正統記《じんのうしょうとうき》に、❷光孝《こうこう》❸より上《かみ》つかたは❹一向上古也《じょうこなり》。❺万《よろず》の例を勘《かんが》ふるも、❻仁和《にんな》❼より下《しも》つかたをぞ申《もうす》める。

通釈

一、日本の政治権力は、これまでに九回かわって武家の時代になり、武家の時代もまた五回かわって、今に至るまでの総論のこと。

神皇正統記によれば（五十八代）光孝天皇より以前はまったくの上古である。他のいくつもの例を考えても、（光孝天皇の）仁和年間以降を申し述べるものである。五十六代清和天皇は幼

◀史論の発達

❶**本朝**　日本。

❷**神皇正統記**　南北朝《なんぼくちょう》時代に北畠《きたばたけ》親房《ちかふさ》が南朝の正統性を主張するために著した歴史書。

❸**光孝**　五十八代の天皇。

❹**上つかた**　以前。

❺**一向**　まったく。

❻**万の例を勘ふるも**　いろいろな例を考えても。

❼**仁和**　光孝《こうこう》天皇の時代の年号。八八五年から八九八年。

❽**外祖**　母方の祖父。

❾**良房**　藤原良房。臣下最初の摂政。

❿**外戚** 母方の親戚。
⓫**基経** 藤原基經。最初の関白。
⓬**外舅** 妻の父。
⓭**陽成** 五十七代の天皇。
⓮**藤氏** 藤原氏のこと。
⓯**或は置ざる代** 摂政も関白も置かなかった時代。醍醐《だいご》・村上両天皇の時代。
⓰**円融……後冷泉** 六十四代から七十代の天皇。
⓱**後三条** 七十一代天皇。在位中に荘園整理を断行し（延久《えんきゅう》の荘園整理）、譲位後に院政を計画し、藤原氏の権力を奪おうとした。
⓲**白河** 七十二代の天皇。
⓳**堀河……安徳** 七十三代から八十一代の天皇。
⓴**上皇** 退位した天皇。
㉑**後鳥羽・土御門・順徳** 八十二代から八十四代の天皇。後鳥羽天皇は退位後鎌倉幕府追討の兵をあげたが失敗した（承久《じょうきゅう》の乱）。乱後、後鳥羽上皇は隠岐《おき》に、土御門・順徳の両上皇はそれぞれ土佐・佐渡に流された。
㉒**後堀河……後醍醐** 八十六代から九十六代の天皇。
㉓**光厳** 北朝第一代の天皇。
㉔**陪臣** 家臣のそのまた家臣。
㉕**重祚** 二度天皇になること。

五十六代清和《せいわ》、幼主にて、**外祖《がいそ》**❽**良房《よしふさ》**、❾**摂政《せっしょう》す。是《これ》、外戚《がいせき》専権**❿**の始《はじめ》。〈一変〉**

基経《もとつね》、⓫外舅《がいきゅう》⓬の親《しん》によりて陽成《ようぜい》⓭を廃し光孝《こうこう》を建《たて》しかば、**天下の権《けん》藤氏《とうし》**⓮**に帰す。**そののち関白《かんぱく》を置き或《あるい》は置ざる⓯代ありしかど、藤氏の権、おのずから日々盛《さかん》也。**〈二変〉**

六十三代冷泉《れいぜい》より、円融《えんゆう》・花山《かざん》・一条・三条・後一条・後朱雀《ごすざく》・後冷泉《ごれいぜい》、⓰凡《およそ》八代百三年の間は、**外戚、権を専《もっぱ》らにす。〈三変〉**

後三条⓱・白河《しらかわ》⓲両朝は**政《まつりごと》天子に出ず。〈四変〉**

堀河《ほりかわ》・鳥羽《とば》・崇徳《すとく》〈白河六年、鳥羽十三年〉、近衛《このえ》〈鳥羽十四年〉、後白河《ごしらかわ》・二条・六条・高倉《たかくら》・安徳《あんとく》⓳〈後白河三十余年〉、凡《およそ》九代九十七年の間は、**政上皇《まつりごとじょうこう》**⓴**に出ず。〈五変〉**

後鳥羽《ごとば》・土御門《つちみかど》・順徳《じゅんとく》、㉑三世凡《およそ》三十八年の間は、**鎌倉殿、天下兵馬《へいば》の権を分《わか》ち掌《つかさど》る。〈六変〉**

後堀河・四条・後嵯峨《ごさが》・後深草《ごふかくさ》・亀山《かめやま》・後宇多《ごうだ》・伏《ふし》見《み》・後伏見《ごふしみ》・後二条・花園《はなぞの》・後醍醐《ごだいご》㉒・光厳《こうごん》、㉓十二代凡百十二年の間は、**北条、陪臣《ばいしん》**㉔**にて国命を執《と》る。〈七変〉**

後醍醐重祚《ちょうそ》、㉕天下朝家《ちょうけ》㉖に帰する事纔《わずかに》三年。**〈八変〉**

そののち天子蒙塵《もうじん》。㉗**尊氏《たかうじ》**、㉘**光明《こうみょう》をたてて共主《きょうしゅ》となしてより、天下ながく武家の代となる。〈九変〉**

くして天皇となり、母方の祖父藤原良房が摂政となって政務をとった。これが外戚による専権政治のはじまりである。（時代の）一変。

藤原基経は、妻の父という関係から（五十七代）陽成天皇を廃し、光孝天皇を立てたので、権力は藤原氏のものになった。その後関白を置き、あるいは置かなかった時代もあったが、藤原氏の権力は自ずと日ごとに盛んになった。（時代の）二変。

六十三代冷泉天皇から七十代の後冷泉天皇までの八代一〇三年間は、藤原氏が母方の親類として権力を握った。（時代の）三変。

（七十一代）後三条天皇と（七十二代）白河天皇の時代は、天皇が政治を行った。（時代の）四変。

（七十三代）堀河天皇から（八十一代）安徳天皇までの九代九十七年間は、天皇を退位した後の上皇が政治を行った。（時代の）五変。

（八十二代）後鳥羽天皇から土御門・順徳天皇までの三代三十八年間は、鎌倉の将軍が天下の軍事権を分掌した。（時代の）六変。

（八十六代）後堀河天皇から光厳天皇までの十二代一一二年間は、北条氏が臣下の臣下という立場で国家の政務を執った。（時代の）七変。

（九十六代）後醍醐天皇が再び天皇の位に就き、天下が朝廷に返ったが、わずか三年間のことである。（時代の）八変。

その後、天皇は戦乱を避けてさまよい、尊氏が（北朝二代）光明天皇を立ててもう一方の天皇として以来、天下は長く武家の世となった。（時

㉖**朝家**　朝廷。
㉗**蒙塵**　天子が乱を避けて漂泊《ひょうはく》すること。
㉘**尊氏**　足利尊氏。
㉙**平義時**　北条義時。北条氏は平氏。
㉚**摂家将軍**　藤原氏出身の将軍で、藤原頼経《よりつね》と頼嗣《よりつぐ》。
㉛**親王将軍**　宗尊《むねたか》・惟康《これやす》・久明《ひさあきら》・守邦《もりくに》の各親王。
㉜**後醍醐中興**　建武《けんむ》の新政《しんせい》。
㉝**源尊氏**　足利尊氏。足利氏は源氏。
㉞**光明院**　北朝の二代天皇。
㉟**光秀**　明智《あけち》光秀。
㊱**当代**　現在、すなわち徳川家の時代。

出典◉『読史余論』　新井白石が六代将軍家宣《いえのぶ》に日本史を進講した際の記録。一七一二（正徳《しょうとく》二）年成立。摂関政治の開始から江戸幕府の成立に至るまでの時代を十四の段階にわけて編年体で説明した。為政者のための教訓的な史書として高く評価された。

設問16　**1**町人が担った文化には、具体的にどのようなものがあるか、まとめてみよう。　**2**新井白石の歴史の捉え方にはどのような特徴があるのだろうか。

武家は源頼朝、幕府を開《ひらき》て、父子三代天下兵馬の権を司《つかさ》どれり。凡三十三年。〈一変〉
平義時《よしとき》㉙、承久《じょうきゅう》の乱後、天下の権を執る。そののち七代凡百十二年、高時《たかとき》が代に至《いたり》て滅《ほろ》ぶ。**〈二変**　此《この》時に摂《せっ》家《け》将軍二代㉚、親王《しんのう》将軍四代㉛ありき。**〉**
後醍醐中興㉜ののち源尊氏《たかうじ》㉝反して天子蒙塵《もうじん》。尊氏、光明院㉞を北朝の主となして、みづから幕府を開く。子孫相継《あいつい》で十二代におよぶ、凡二百三十八年。**〈三変〉**
……足利殿《あしかが》の末、**織田家勃興《ぼっこう》して、将軍を廃し**、天子を挟《さしはさ》みて天下に令せんと謀《はか》りしかど、事未《いま》だ成らずして、凡十年がほど、其臣光秀《みつひで》㉟に弑《しい》せらる。**豊臣家、其故智《こち》を用ひ、みづから関白となりて天下の権を恣《ほしいまま》にせしこ**と、凡十五年。**〈四変〉**
其後終《つい》に当代㊱の世となる。**〈五変〉**
『読史余論《とくしよろん》』

代の）九変。
武家は源頼朝が幕府を開いて、父子三代にわたって天下の軍事権を握った。三十三年間である。（時代の）一変。
北条義時は、承久の乱の後、天下をとり、その後七代一一二年、高時の代に至って滅亡した。（時代の）二変（この間に摂家将軍が二代、親王将軍が四代あった）。
後醍醐天皇が政治の実権を取り戻してのち、足利尊氏が反旗をひるがえし、天皇は諸国をさまようことになった。尊氏は、光明天皇を立てて北朝とし、自ら幕府を開いた。子孫相継いで十二代に及んだ。この間二三八年。（時代の）三変。
……足利時代の末になって織田信長が興り、将軍を廃し、天皇を戴《いただ》いて天下に号令しようとしていたが、およそ十年で、家臣の明智光秀によって殺された。豊臣秀吉が、その知略をつかって関白となり、天下をほしいままにすることおよそ十五年。（時代の）四変。
その後、ついに現在の徳川家の時代になった。（時代の）五変。

解説

新井白石《あらいはくせき》が著した『**読史余論《とくしよろん》**』には、歴史的事実に対する批判的検討の姿勢（**合理主義**）、歴史の移り変わりの必然性を見通そうとする姿勢（**時代区分**）、合理的精神に基づく実証的批判の態度（**実証主義**）などの特徴があると言われる。史料からは、現代でも用いられるものに通じる時代区分の仕方を見て取れる。新井白石の歴史に対する見方・考え方は、『日本書紀』神代巻《じんだいかん》の記述についての「神は人也」（『**古史通《こしつう》**』）、「史は実に拠《より》て事を記して」といった合理主義的・実証主義的な言葉にも表れている。十八世紀初頭には、『日本書紀』以来の歴史叙述の枠を破ったと評価される史論が現れてきたのである。

第8章

幕藩体制の動揺と文化の成熟

1 社会の変動

1 藩財政の困窮《こんきゅう》化

一 武家の困窮の根本原因

武家御城下にあつまり居るは旅宿《りょしゅく》❶也《なり》。……その子細は、衣食住初め箸《はし》一本も買い調《ととの》へねばならぬ故《ゆえ》、旅宿也。……一年の知行米を売り払ふて、それにて物を買い調《ととの》へ、一年中に使い切る故、……御城下の町人盛んになりて、……物の直段《ねだん》❷次第に高直《こうじき》❸になりて、武家の困窮、当時❹に至《いた》りては、もはや（最早）すべきようなくなりたり。

『政談《せいだん》』

解説

近世中期になると、幕藩財政の逼迫《ひっぱく》や個々の武士の困窮《こんきゅう》といった事態が表面化し、武家の困窮が問題視されるようになった。兵農分離によって支配地を離れ、城下町に集住した武士は、年貢米を換金して役勤めや日々の生活にかかる費用をまかなっていた。それゆえ、米価が下がりそれ以外の物価が上がるにつれ、苦しい生活を送る武士が増加していった。荻生徂徠《おぎゅうそらい》の『政談《せいだん》』は、「旅宿《りょしゅく》」というキーワードを効果的に用いて、幕藩体制の仕組みそのものに武家の困窮の根本原因を見出したのである。

◀武家の困窮の根本原因
❶旅宿　旅行中の宿屋暮らし。
❷直段　値段。
❸高直　値段が高いこと。
❹当時　現在。いま。

出典◉『政談』　本書二五六ページ参照。

二 藩財政の逼迫《ひっぱく》

近来諸侯《しょこう》❶大小と無く、国用《こくよう》❷不足して貧困すること甚《はなはだ》

通釈

近年、大名は石高の大小を問わず、藩財政に不足が生じて甚だしく困窮している。そのため、家臣の俸禄を借り上げるのだが、その割合は少

◀藩財政の逼迫
❶諸侯　諸大名。
❷国用　藩の経費・藩財政。

し。家臣の禄俸を借ること❸、少きは十分の一、多きは十分の五六なり。それにて足らざれば、国民❹より金を出さしめて急を救ふ。猶《なお》足らざれば、江戸・京・大坂の富商大賈《たいこ》❺の金を借ること、年々に已《やま》ず。借るのみにて還《かえ》すこと罕《まれ》なれば、子❻又子を生て、宿債《しゅくさい》❼増多すること幾倍といふことを知らず。

『経済録拾遺《けいざいろくしゅうい》』

❸**禄俸を借る**　知行・俸禄を強制的に借り上げること。返済されない場合が多かった。
❹**国民**　ここでは藩領民。
❺**大賈**　大商人。
❻**子**　利子。利息。
❼**宿債**　年を越した借金。

出典◉『経済録拾遺』　太宰春台が『経済録』（一七二九年成立）の補遺として、問答体で記述した経世書《けいせいしょ》。当時の社会の実情に即した政治・経済論が展開されている。

ない場合で十分の一、多い場合は十分の五か六にもなる。それでも不足する場合は、領民から金銭を上納させて急場をしのぐ。それでなお足りなければ、江戸や京都、大坂の富商・大商人から借金をするが、そうした借金は年々やむことがない。借りるだけ借りて返済することはほとんどないため、利息がさらなる利息を生じさせ、年を越した借金が何倍になったか分からないほどである。

三　武士の窮乏《きゅうぼう》

なべて❶武家は大家《たいけ》も小家も困窮《こんきゅう》し、別《わけ》て❷小禄《しょうろく》なるは見体《けんたい》❸甚《はなはだ》見苦しく、或《あるい》は父祖より持伝《もちつた》へたる武具、及び先祖の懸命《けんめい》の地❹に入りし時の武器、其外《そのほか》家に取りて大切の品をも心なく売り払ひ、又拝領《はいりょう》の品❺をも厭《いと》はず質物に入れ、……又甚敷《はなはだしき》に至りては、御番❻に出る時は質屋より偽《いつわ》りて取寄せ着用いたし、帰りたる時は、直《ただち》に元の質屋へ返すなり。……

『世事見聞録《せじけんぶんろく》』

◀**武士の窮乏**
❶**なべて**　すべて。
❷**別て**　特に。
❸**見体**　見た目。
❹**先祖の懸命の地**　先祖が命がけで戦った地。
❺**拝領の品**　主君からいただいた品物。
❻**御番**　勤務。

出典◉『世事見聞録』　武陽隠士《ぶよういんし》を名乗る人物（詳細不明）の著書。一八一六（文化《ぶんか》十三）年ごろ成立。武士・百姓・医者などについての見聞をまとめたもの。

通釈

一般に武士は大きい家も小さい家もすべて困窮しているが、特に俸禄《ほうろく》の少ないものは見た目や生活の様子が非常に見苦しく、父祖から伝来した武具や、先祖が命がけで戦った時の武器、そのほか家にとって大切な品物を心なく売り払ってしまう。また、主君から拝領した品物を質に入れるのもいとわず、……また、極端な場合は、勤務に出る時、質屋から偽って着物を取り寄せて着用し、勤務から帰るとすぐに、元の質屋に返すようなことをしている。……

解説

太宰春台《だざいしゅんだい》『経済録拾遺《けいざいろくしゅうい》』は、大名（藩）財政の悪化とその実情を記述している（三）。農村からの年貢収入を基本とする大名財政は、十七世紀後半以来の商品経済の発達に十分対応しないまま、参勤交代《さんきんこうたい》や江戸での生活経費の増大、幕府が命じた役務負担の増加などに直面した。そのため、元禄《げんろく》～享保《きょうほう》期（一六八八～一七三六）になると、諸藩の財政難が表面化した。多くの大名は、年貢増徴や特産品の専売のほか、家臣の知行借り上げ・俸禄《ほうろく》の削減、領内の有力農民・商人からの御用金《ごようきん》の調達によって急場をしのごうとしたものの、結局は江戸・京都・大坂の大商人の資金に頼らざるを得なかった。こうして大名財政が大商人の手に握られることも多かったのである。
幕府・藩財政の悪化と同時に、個々の武士も苦しい生活を送る者が増加した（三）。知行・俸禄として得る収入が基本的に増加しない一方で、『政談《せいだん》』が指摘するように、都市での消費生活が支出を増加させ、武士の生活を圧迫したのである。特に俸禄の少ない下級の旗本や御家人、知行・俸禄を削減された藩士らは生活苦に直面し、先祖伝来の武器や家財を質入れしたり、内職を営んだりする場合もあった。こうして幕府・諸藩は不断の政治改革を迫られるようになるのである。

2 農村の変貌《へんぼう》

すべて村内にても、上田《じょうでん》といへるよき地所《ちしょ》は皆福有《ふゆう》等❶が所持となり、下田《げでん》にして実入《みいり》❷あしき地所のみ所持いたし、……又その悪田をも取失ひし族《やから》は小作のみを致し、高持《たかもち》百姓❸の下に付て稼《かせぎ》尽《つく》し❹、作りたる米は皆地主へ納むれば、其身は粃籾《しいなもみ》、❺糟糠《かすぬか》、❻藁《わら》のみ得て、年中頭の上る瀬《せ》なく、息を継ぐ間さへ得ざるなり（その質の悪い田も失ってしまった者は、小作だけをして本百姓の支配下で懸命に働き、作った米はすべて地主に納め、自分自身は籾、糠、藁しか得られないので、年中頭を上げて休める時がなく、息を継ぐ暇さえない）。……依て盛なるものは次第に栄へて追々田地を取込《とりこみ》、次男三男をも分家致し、何《いず》れも大造りに構へ❼、……有《う》徳人《とくにん》❽一人あれば其辺に困窮の百姓二十人も三十人も出来《しゅったい》、……

『世事見聞録《せじけんぶんろく》《けんもんろく》』

◀農村の変貌
❶**福有**　豊かな農民。
❷**実入**　収穫。
❸**高持百姓**　田畑・屋敷をもつ農民。
❹**稼尽し**　懸命《けんめい》に働き。
❺**粃籾**　実《み》の入っていない籾《もみ》。
❻**糟糠**　米の糠《ぬか》。
❼**大造りに構へ**　大きな家を持ち。
❽**有徳人**　豊かな農民。

出典◉『**世事見聞録**』　本書二六三ページ参照。

設問1　1 ❶を読み、武士の困窮を招いた原因を、幕藩体制の仕組みとの関わりから説明しよう。
2 十八世紀以降農村にあらわれた変化とは何であったのだろうか。
3 近世中期以降の社会の変化の中で、武士と百姓の関係性はどのように変わっていったのだろうか。

解説　元禄《げんろく》・享保《きょうほう》期（一六八八～一七三六）にかけて、中農層を主な構成員としていた農村は、大きく変貌《へんぼう》していった。貨幣経済の浸透《しんとう》と商品生産の進展により、経営難に陥《おちい》って良田を手放し、生産力の低い小規模な田地のみを耕作する者や、土地を失って**小作人**《こさくにん》として生計を立てざるを得ない者が増加する一方、彼らが手放した土地を集積し、**地主**《じぬし》として富裕《ふゆう》化する農民（**豪農**《ごうのう》）が現れたのである。農民の階層分化が進み、少数の有力農民と多くの小農・小作人が存在するという農村の状況は、宝暦《ほうれき》・天明《てんめい》期（一七五一～八九）以後幕末にかけて、一層顕著になっていった。

2 享保の改革

1 上米《あげまい》の制

御旗本《おんはたもと》ニ召《め》し置かれ候《そうろう》御家人《ごけにん》❶御代々段々相増《おんだいだいだんだんあいまし》候。御蔵入《おくらいり》❷高も先規よりハ多く候得共《そうらえども》、御切米《おんきりまい》、御扶持方《おんふちかた》❸其外表立《そのほかおもてだ》ち候御用筋❹渡方《わたしかた》ニ引合《ひきあわせ》❺候ては、畢竟《ひっきょう》年々不足の事ニ候。……今年ニ至て御切米等も相渡《あいわた》し難《がた》く、御仕置《しおき》❻筋の御用も御手支《てつかえ》❼の事ニ候。それニ付、御代々御沙汰《さた》❽これなき事ニ候得共《そうらえども》、**万石以上の面々❾より八木《はちぼく》差❿し上げ候様ニ仰《おお》せ付《つけ》らるべしと思《おぼ》し召《め》し**、左候《さそうら》ハねば⓫、御家人の内数百人、御扶持《おんふち》を召放《めしはな》たる⓬べきより外《ほか》はこれ無く候故《ゆえ》、御恥辱《ちじょく》を顧《かえり》みられず、仰《おお》せ出《いだ》され候。**高壱《いち》万石ニ付八木《つきはちぼく》百石積《つも》り差し上げらるべく候**。……これに依《よ》って在江戸半年充御免《ずつごめん》⓭成され候。……

『御触書寛保集成《おふれがきかんぽうしゅうせい》』

通釈

旗本として召し抱《かか》えられている家臣の数は、将軍の代ごとに次第に増えてきた。幕府の年貢《ねんぐ》収入も以前よりは多くなっているが、旗本《はたもと》や御《ご》家人《けにん》に渡す切米や扶持米、その他公用にかかる経費に照らし合わせると、結局毎年不足が生じている。……今年になって切米等を渡すことも困難になり、司法関係の公用にも支障が生じるありさまである。そのため、代々将軍の政治にも前例がないことだが、大名に米を差し出すよう命じなさいとの（将軍の）お考えである。そうしなければ、御家人の内から数百人を解雇《かいこ》するしかないため、恥を忍んで命令されたものである。高一万石につき米一〇〇石ずつ差し出しなさい。……その代わりとして、参勤交代で江戸にいる期間を半年に短縮する。……

上米の制

❶**御家人**　ここでは、将軍の家来《けらい》という意味。

❷**御蔵入**　幕府領からの年貢収入。

❸**御切米、御扶持方**　知行《ちぎょう》地を与えられていない下級の旗本・御家人に対する俸給。切米は石《こく》・俵《たわら》単位で支給され、扶持方は一人当たりの支給量を定め、その何人分という形で支給したもの。

❹**御用筋**　幕府の公用、行政。

❺**引合**　比べる。

❻**御仕置筋**　司法関係の公用。

❼**御手支**　差し支える。

❽**御代々御沙汰**　代々将軍の政治。

❾**万石以上の面々**　大名のこと。

❿**八木**　米のこと。

⓫**左候ハねば**　そうでなければ。

⓬**召放たる**　解雇する。

⓭**在江戸半年充御免**　江戸での在住期間を半年削減すること。つまり大名たちの負担になっていた参勤交代制を緩和《かんわ》すること。

解説

一七一六（享保《きょうほう》元）年に八代将軍に就任した**徳川吉宗**《よしむね》は、一七二二年五月、老中水野忠之《みずのただゆき》を幕府財政再建の最高責任者である勝手掛《かってがかり》老中《ろうじゅう》に任命し、改革政治（**享保の改革**）を本格化させた。旗本・御家人の俸給の支給も滞るほどの状態に陥った財政を立て直すため、水野は年貢増徴と新田開発を柱とする財政再建プランを吉宗に示した。同年七月、その成果があがるまでの応急措置として採用されたのが**上米《あげまい》の制**である。参勤交代《さんきんこうたい》での江戸滞在期間を半年に短縮する代わりに、ほぼすべての大名から高一万石出典◉『**御触書寛保集成**』本書二二八ページ参照。

につき一〇〇石の米を上納させるこの制度は、幕府に十八万石余りの収入をもたらしたが、「恥辱」である……とともに大名統制上の懸念《けねん》も生じ、財政事情が一旦好転した一七三一年に廃止された。

② 足高《たしだか》の制

一 足高の制の申し渡し

享保《きょうほう》八年❶六月十八日、諸職《しょしき》の有司《ゆうし》❷**俸米《ほうまい》の定額を定《さだめ》らる**（享保八年六月十八日、幕府の役人の俸米の定額が定められた）。**これを足高《たしだか》といふ**。この日近習《きんじゅう》❸の人々も、五百石にたらざるものは給米《きゅうまい》をまして、五百石の数にみてらるべしとなり。

『徳川実紀《とくがわじっき》』

◀**足高の制の申し渡し**

❶**享保八年** 一七二三年。
❷**諸職の有司** 幕府の各職掌の役人。
❸**近習** 主人（将軍）の側近。

出典◉『**徳川実紀**』 初代将軍家康から十代将軍家治《いえはる》までの歴代将軍の事績《じせき》を編年体によって記録したもの。一八四三（天保《てんぽう》十四）年成立。江戸時代史に関する基本史料。

二 足高制度の内容と背景

諸役人、役柄《やくがら》に応ぜざる小身《しょうしん》の面々、前々より御役《おんやく》料《りょう》❶定《さだ》め置かれ下され候処《ところ》、知行《ちぎょう》の高下《こうげ》❷これ有る故《ゆえ》、今迄《まで》定め置かれ候御役料にてハ、小身の者御奉公❸続兼《つづきかね》申すべく候。これに依《より》て、今度《このたび》御吟味《ぎんみ》❹これ有り、**役柄により其《その》場❺不相応ニ小身ニて御役勤め候者ハ、御役勤め候内御足高仰《おんたしだかおお》せ付けられ、御役料増減これ有り**、別紙の通《とおり》相極《あいきめ》候。此旨《このむね》申し渡すべき旨仰せ出され候。但《ただ》し此《この》度《たび》御定《おさだめ》の外取来《ほかとりきたり》候御役料は其侭下《そのままくだ》し置かれ候。……

『御触書寛保集成《おふれがきかんぽうしゅうせい》』

通釈

諸役人の内、役職に対して禄高《ろくだか》が相応《そうおう》でない小禄の者については、以前から役料《やくりょう》が定められていたが、知行《ちぎょう》高（禄高）の大小に差があるため、今まで定められていた役料では、小禄の者は勤務を続けることが困難であろう。そこで、今回、調査を行って、役職に相応しくない小禄でその役職をつとめている者には、役職在任中の足高をお命じになられたので、役料に増減が生じる。別紙の通りの決定である。この旨を申し渡すようにとのご命令である。ただし、今回決定されたもの以外の役料はこれまで通り支給される。……

◀**足高制度の内容と背景**

❶**御役料** 幕府の役職に定められた付加給。一六六五（寛文《かんぶん》五）年から支給されるようになった。
❷**知行の高下** 貰《もら》っている石高に高低があること。
❸**御奉公** 主家に対する忠義。ここでは役職にかかわる勤務。
❹**御吟味** 調査、取り調べ。
❺**其場** その役職。

出典◉『**御触書寛保集成**』本書二二八ページ参照。

3 相対済《あいたいすま》し令

解説 一七二三（享保《きょうほう》八）年に申し渡された**足《たし》高《だか》の制**は、幕府の役職ごとに基準高（役《やく》高）を定め、その役職に就いた幕臣の家禄《かろく》（その者の家に代々受け継がれた俸禄《ほうろく》）が役高に満たない場合は、在職中に限ってその差額（不足分）を支給するという制度である。もともと、役職勤務にともなう費用は、家禄でまかなうのが原則だったが、家禄が低いと勤務に支障が生じる一方、家禄自体を増やせば代々継承されるため、幕府財政を圧迫することになった。そのため、一六六六（寛文《かんぶん》六）年に役料が定められたが、支給額が定額だったことから、三にあるように、小禄の者だと必要額に満たないことがあった。これに対し、足高の制は、家禄一九二〇石の**大岡忠相《おおおかただすけ》**が一〇八〇石の足高を受けて基準高三〇〇〇石の町奉行《まちぶぎょう》に任命されたように、小禄でも能力が高い人材の登用を可能にし、勘定《かんじょう》奉行所などでの能力主義の導入につながった。また、足高は在職時に限って支給されたため、幕府財政の圧迫にはつながりにくい面もあった。

覚

一、近年金銀出入《でいり》❶段々多く成《な》り、評定所《ひょうじょうしょ》❷寄合《よりあい》の節《せつ》も此儀《このぎ》を専《もっぱ》ら取り扱ひ、公事訴訟《くじそしょう》❸は末に罷《まかり》成り、評定の本旨《ほんし》を失ひ候。借《かり》金銀、買懸《かいかか》り等の儀《ぎ》は、人々相《あい》対《たい》❹の上の事に候得《そうらえ》ば、自今《じこん》は三奉行所❺ニて済口《すみくち》❻の取り扱ひ致す間敷《まじく》候。併《しか》し欲心を以て事を巧《たく》み❼候出入は、不届きを糺明《きゅうめい》いたし、御仕置《しおき》申し付くべく候事。……

一、只今迄《ただいままで》奉行所ニて取り上げ、日切《ひぎり》❽に申し付け、段々済《すまし》寄《よ》り候金銀の出入も、向後罷出《きょうこうまかりい》で間敷《まじ》き由《よし》申し付くべく候事。

通釈

一、近頃金銭貸借《たいしゃく》に関する訴訟がだんだんと増加し、評定所の評議でもそうした訴訟の審議ばかりとなって、一般の訴訟がおろそかになり、評定所本来の役割が果たせなくなっている。借金銀や代金後払いのことは、当事者同士が互いに話し合って行っているものだから、今後は寺社・勘定《かんじょう》・江戸町の三奉行所では取り扱わないこととする。ただし、私欲から出た悪巧《わるだく》みによる紛争は、必ず糾明《きゅうめい》して処分するものである。……

一、これまで奉行所で取り上げ、期限を切って判決を出してきた金銭貸借に関する訴訟も、今後は訴え出ないよう命じるものである。

以上

（一七一九年）十一月

◀相対済し令

❶**金銀出入**　金銭貸借に関する訴訟。

❷**評定所**　幕府の最高裁判機関。老《ろう》中《じゅう》、寺社・勘定《かんじょう》・江戸町奉行、大目付《おおめつけ》、目付によって構成された。

❸**公事訴訟**　一般の訴訟。

❹**相対**　当事者同士の話し合い。

❺**三奉行**　寺社・勘定・江戸町の三奉行のこと。

❻**済口**　内済《ないさい》（示談による和解）が成立し、訴えを取り下げること。

❼**事を巧み**　事件をでっちあげる。

❽**日切**　期限を切って決済すること。

以上

十一月❾

『御触書寛保集成《おふれがきかんぽうしゅうせい》』

❾**十一月**　一七一九（享保四）年十一月。

出典◉『**御触書寛保集成**』　本書二二八ページ参照。

解説

十七世紀後半から経済が発達し、社会が複雑化してくると、社会の各方面で様々な紛争が多発するようになった。人口が集中し商取引が活発化した大都市では、特に借金銀の返済滞《とどこお》りをめぐるトラブルが頻発して多数の訴訟に発展し、一七一八（享保《きょうほう》三）年には、町奉行所に持ち込まれた訴訟三万五七九〇件のうち、金銭貸借に関する訴訟（金銀出入り・金公事《かねくじ》）は九割以上の三万三〇三七件を占めた。これらの訴訟のうち同年処理できたのは一万一六五一件にとどまり、金公事の膨大《ぼうだい》な件数は、幕府奉行所の裁判事務を機能不全に追い込んでいた。

そこで幕府は、一七一九年十一月、金銀貸借などにともなう紛争の訴訟を一切受理せず、当事者間で処理するように命じる**相対済し令**《あいたいすましれい》を出した。一七〇二（元禄《げんろく》十五）年などにも類似の法令が出されたが、この相対済し令は、金公事の受理を一切拒否する徹底的な内容だった。しかし、訴訟が受け付けられなくなった点をついて、借金を踏み倒す旗本・御家人が続出して金銭貸借関係に混乱が生じ、十年後には廃止されることになった。

4 公事方御定書《くじかたおさだめがき》

二十六　賄賂差出《わいろさしだ》し候もの御仕置《しおき》❶の事

一、公事《くじ》❷諸願其他請負《ねがいそのたうけおい》事等について、賄賂差出候もの幷《ならび》に取持《とりもち》いたし候もの❸　軽追放

但《ただ》し、賄賂請《うけ》候もの其《その》品相返《あいかえ》し申出づるにおゐてハ、賄賂差出候もの幷に取持いたし候ものともニ村役人ニ候ハバ役儀《やくぎ》取上、平《ひら》百姓ニ候ハバ過料《かりょう》❹申し付くべ

◀**公事方御定書**

❶**御仕置**　刑罰。

❷**公事**　訴訟。

❸**取持いたし候もの**　仲介《ちゅうかい》をした者。

❹**過料**　罰金。

❺**引廻し**　罪人を町中連れ回ること。

❻**獄門**　死罪の上首をさらすこと。

通釈

二十六　賄賂を贈った者の刑罰

一、訴訟《そしょう》やその他の訴願、請負事業などのことについて賄賂を贈った者、およびその仲介をした者。　軽追放

ただし、賄賂を受け取った者がその金品を返すことを申し出た場合は、賄賂を贈った者及び仲介《ちゅうかい》した者は、村役人なら役職罷免、平百姓なら罰金を申しつけること。

き事。

五十六　盗人《ぬすびと》御仕置の事

一、人を殺し盗《ぬすみ》いたし候もの　引廻《ひきまわ》し❺の上　獄門《ごくもん》❻

一、追剥《おいはぎ》❼いたし候もの　獄門

一、手元《てもと》ニこれ有る品をふと盗取候類《たぐい》

金子《きんす》ハ拾両より以上、雑物《ぞうもつ》ハ代金ニ積《つもり》拾両位より以上ハ　死罪

金子ハ拾両より以下、雑物ハ代金ニ積拾両より以下ハ　入墨《いれずみ》敲《たたき》❽

七十一　人殺し幷《ならびに》疵《きず》つけ等御仕置の事

一、主殺《しゅうごろし》　二日晒《さら》し❾、一日引廻し、鋸挽《のこぎりびき》の上❿　磔《はりつけ》

一、主人に手負《てお》はせ⓫候もの　晒《さらし》の上　磔

『徳川禁令考《とくがわきんれいこう》』

五十六　盗人の刑罰

一、人を殺し盗みをした者。　引廻しの上　獄門

一、追剝をした者。　獄門

一、手元にある品物をふと盗んだ者。

現金は十両以上、品物は金に見積もって十両以上の場合は、　死罪

現金は十両以下、品物は金に見積もって十両以下の場合は、　入墨・たたき

七十一　殺人ならびに傷害などの刑罰

一、主人の殺害。　二日晒し、一日引廻し、鋸引きの上、　磔

一、主人に傷害を負わせた者。　晒の上、磔

❼追剥　強盗。

❽敲　鞭《むち》や棒《ぼう》でたたくこと。

❾晒し　生きたまま人々の目に触れさせる。

❿鋸挽　竹の鋸《のこぎり》を罪人の横に置き、引きたい者に引かせること。

⓫手負はせ　けがをさせ。

出典◉**『徳川禁令考』**　本書二三一ページ参照。

享保3（1718）	定免制の施行
4（1719）	相対済し令の発令
5（1720）	漢訳洋書輸入の緩和
6（1721）	目安箱の設置
〃	株仲間の公認
7（1722）	新田開発奨励
〃	上米の制の施行
8（1723）	足高の制の実施
寛保2（1742）	公事方御定書の編集
3（1743）	御触書寛保集成の編集

▲享保の改革年表

解説

十七世紀後半にかけての新田開発、商品生産と流通の発達、都市の発展は、社会構造の変容を促し、金銀貸借はじめ多様な紛争が生じた。それにともない訴訟も頻発したが、当時の幕府にはその対処に不可欠となる基本法典がなかった。そのため吉宗《よしむね》は、一七二〇（享保《きょうほう》五）年に刑罰の基準制定を指示するなど、早くから法制の整備に関心を示していた。一七四〇（元文《げんぶん》五）年、吉宗は、大岡忠相《おおおかただすけ》ら三奉行に対し、従来の判例の収集を命じて、基本的成文法である**公事方御定書**《くじかたおさだめがき》を作成させ、上下二巻が一七四二（寛保《かんぽう》二）年に成立した。上巻は八十一条で司法関係の法規類が中心。刑法・訴訟法など一〇三条からなる下巻は特に「御定書百箇条《おさだめがきひゃっかじょう》」と呼ばれる。その特色は、連座《れんざ》制や拷問《ごうもん》を基本的に廃止し、追放刑を減らして罰金刑に変えるなどの寛刑《かんけい》主義にあったが、主人への犯罪行為には従来通りの厳罰が科された。

5 年貢増徴

一 新田開発の日本橋高札

覚

一、諸国御料所《ごりょうしょ》❶又は私領❷と入組《いりくみ》候場所にても、新田《しんでん》ニ成るべき場所これ有るに於《おい》てハ、其《その》所の御代官、地頭❸幷《ならびに》百姓申し談じ、何《いずれ》も得心《とくしん》の上、新田取立《とりたて》候仕形《しかた》、委細絵図・書付ニしるし、五畿内❹は京都町奉行所、西国・中国筋ハ大坂町奉行所、北国筋《ほっこくすじ》❺・関八州《かんはっしゅう》❻ハ江戸町奉行所え願出《ねがいい》づべく候。願人❼或《あるい》ハ百姓をだまし、或ハ金元のものえ巧《たくみ》を以《もっ》て勧メ、金銀むさぼり取候儀を専一《せんいつ》に存じ、偽りを以て申し出《い》づるものあらハ、吟味《ぎんみ》の上相とがむるにてこれ有るべき事。

……

寅❽七月廿（二十）六日　奉行

『御触書寛保集成《おふれがきかんぽうしゅうせい》』

◀新田開発の日本橋高札

❶**御料所**　幕府領。
❷**私領**　大名領・旗本領。
❸**地頭**　旗本。
❹**五畿内**　大和《やまと》、山城《やましろ》、和泉《いずみ》、河内《かわち》、摂津《せっつ》の五か国。
❺**北国筋**　北陸地方。
❻**関八州**　関東地方。
❼**願人**　開発出願者。
❽**寅**　一七二二（享保七）年のこと。

出典◉『**御触書寛保集成**』　本書二二八ページ参照。

通釈

覚

一、各地方の幕府領、または幕府領と旗本《はたもと》領等とが入り組んだ場所でも、新田開発可能な場所があれば、その場所を支配する代官、旗本ならびに百姓に相談し、いずれも納得した上で、新田開発の計画を詳しく絵図・文書に記し、（開発地が）五畿内である場合は京都町奉行所に、西国筋・中国筋の場合は大坂町奉行所に、北国筋・関東は江戸町奉行に、それぞれ願い出ること。開発の出願者や百姓をだましたり、資金提供元に対して計略を用いたりして開発を勧め、金銀をかすめ取ることを意図して、虚偽の申請を行う者がいた場合には、取り調べの上、処罰するであろうこと。

……

寅年七月二十六日　奉行

解説

一七二二（享保《きょうほう》七）年、幕府は日本橋《にほんばし》の高札場《こうさつば》に、新田開発計画を募る高札を掲げた。約四〇〇万石ある直轄領《ちょっかつりょう》からの年貢収入を増大させ、幕府財政を再建するために、新田開発を奨励《しょうれい》したのである。開発対象は、幕府領のほか、史料にあるように、幕府領・藩領・旗本領が入り組んだ場所も奨励された。複雑な利害関係があるため開発が進んでいなかった土地の耕地化を促進しようとしたのである。

また、この高札が特に日本橋に立てられたことが示しているように、幕府は富裕《ふゆう》な町人の資本力を新田開発に活用することを狙っていた。こうしたことから、町人が開発を請け負い新田地主となる、**町人請負新田**《うけおいしんでん》も見られるようになった。例えば、幕府が主導した新田開発のうち、現千葉県の九十九里《くじゅうくり》平野の椿海干拓《つばきのうみかんたく》では、測量・設計には代官があたり、開発資本を江戸町人が負担した。また、町人請負新田で有名なものとして、現大阪府の大和川《やまとがわ》、木津川《きづがわ》の河口の三角州地帯での二千町歩開発や川口《かわぐち》新田、名古屋の材木商が開発した尾州《びしゅう》神戸《かんべ》新田などがある。全国に数多くある地名や人名のあとに「新田」を付けた地名の多くは、こうした新田開発のなごりを示すものである。

二　勘定奉行の農民観

出生の子❶を間引《まび》く❷事はさて置き、餓死《がし》人も出来《しゅったい》する筈也《はずなり》（産まれた子供を間引くことはさておいても、餓死する者が出るはずである）。此《かく》の如《ごと》く道理明白なるものを、**神尾《かんお》氏❸が曰《いわ》く、「胡麻《ごま》の油と百姓は、絞《しぼ》れば絞る程出る物也」**と云《いへ》り。不忠、不貞、云《いう》べきなし。

『西域物語《せいいきものがたり》』

解説　一七三七（元文《げんぶん》二）年、吉宗《よしむね》は、空席となっていた勝手掛老中《かってがかりろうじゅう》に松平乗邑《まつだいらのりさと》を任命し、享保《きょうほう》の飢饉《ききん》や米価の低落で再び悪化した幕府財政の立て直しを目指した。その下で**勘定《かんじょう》奉行**となった**神尾若狭守春央**《かんおわかさのかみはるひで》は、河川敷（流作場《りゅうさくば》）や山林・原野への年貢賦課、有毛検見法《ありげけみほう》の導入、代官による厳しい取り立てなどによって、年貢増徴を強力に進めた。有毛検見法は、田畑の任意の一坪《つぼ》の実収高に面積を乗じて収穫高を算出、それに年貢率を乗じて年貢高を決定する徴租法である。二の内容は、後年に記された伝承でもあるが、享保の改革末期の厳しい年貢増徴の衝撃や反発を反映・継承した記述とも言える。

6　改革への批判

物揃《ものぞろえ》。❶上《かみ》❷の御数寄《すき》な物、御鷹野《たかの》❸と下の難儀《なんぎ》（将軍吉宗の好きな物は、鷹狩りと庶民の苦労である）。

◀**勘定奉行の農民観**
❶**出生の子**　生まれたばかりの赤子。
❷**間引く**　出産直後の子どもを殺すこと。
❸**神尾氏**　神尾春央。一七三七（元文《げんぶん》二）年から勘定奉行をつとめ幕府の財政再建にあたった。
出典◉『西域物語』　江戸時代中後期の経世家本多利明《ほんだとしあき》の著書。一七九八（寛政《かんせい》十）年成立。西洋との交易や海防の必要性を説いた。

◀**改革への批判**
❶**物揃**　「物尽」と同じ意味で、共通するあるものを並べること。世相《せそう》風刺《ふうし》や庶民《しょみん》の権力批判の手段としてよく使われた。落書に多い形式。
❷**上**　支配者。この場合は将軍吉宗《よしむね》。
❸**御鷹野**　鷹狩《たかが》り。吉宗は鷹狩りをたいへん好んだ。
❹**水野和泉守**　享保の改革の責任者、三河《みかわ》国岡崎藩主水野忠之のこと。
❺**御蔵張紙**　幕府が決めた米の公定価格。江戸城内に張り出された。
❻**四十九両**　一〇〇石を金納《きんのう》すれば四十九両になるということで、「しじゅうくろう」＝「始終苦労」と皮肉ったもの。

出典◉『享保世話』一七二二（享保七）年から二五（同十）年までの江戸の庶民の様々な話を集めたもの。著者・成立年代ともに不明。

無理で人をこまらせる物、生酔《なまよい》と水野和泉守《いずみのかみ》❹（無理を言って人を困らせるのは、酔っぱらいと老中水野忠之《ただゆき》である）。

諸大名上げ米の事に付て狂歌。

当夏御蔵張紙❺ 四十九両❻

上げ米《べい》と云《い》へ上米《まい》は気に入らず、金納ならばしじうくろうぞ。

『享保世話《きょうほうせわ》』

設問2 ❶享保の改革における財政政策の手段と目的は何か。❷❹の公事方御定書が作られた社会的背景とは何だろうか。❸享保の改革期は、幕藩体制全般においてどのように位置づけられるだろうか。

解説 享保《きょうほう》の改革に批判的な眼差《まなざ》しを向けた人々の心情を反映した史料である。年貢増徴や相対済《あいたいすま》し令の解説でも触れたが、改革で打ち出された諸政策は、庶民に無理を強い、困惑させる面を持っていた。一七二二（享保七）年の「質流地《しちながれち》禁止令」（質入れした田畑の質流れを認めない法令）に対する大規模な反対運動（翌年にかけての越後などにおける質地騒動《しっちそうどう》）もその一例である。史料には、それらに対する困惑や反感が、吉宗《よしむね》や水野忠之《みずのただゆき》ら改革責任者にも向けられたことが表現されている。また、金銀貸借に関する訴訟の増加に見られるように、当時の幕府や社会には金銭を貴ぶ風潮《ふうちょう》が現れていたが、それと上米《あげまい》の制とを結び付けて批判的に見る人々も現れていた。

コラム5 世界に類を見ない近世史料

この第3編には約一〇〇点の史料が掲載されている。たくさんの史料が載っているという印象を持つかもしれない。しかし一説によれば、現存する近世史料は約二十億点にものぼるという。すべてを本史料集のような冊子にまとめるとすれば、単純計算でも二〇〇〇万冊の史料集が出来上がる。現代の日本には、世界でも類を見ないほど多くの近世史料が伝えられているのである。

ではなぜ、こうも多くの近世史料が残されたのだろうか。各地域で名主や庄屋などの村役人をつとめた旧家に、膨大な史料（個人蔵）が伝わっていることが手がかりだ。近世社会では兵農分離により、支配者たる武士（城下町）と被支配者の大部分を占める百姓（農村）とが空間的に切り離されて存在した。物理的に隔った城下と村との意思疎通の方法として、当時の最善の手段は文書のやり取りだった。こうして、江戸時代に六万余りあった村々の全てで大量の文書が作成されることになったのである。

現在、近世史料は博物館や文書館などの史料収蔵機関等にも保管されているが、社会の変容にともない、個人蔵の史料の継承が社会的課題となっている。大学や自治体、史料収蔵機関のほか、近年では「資料ネット」と呼ばれる民間団体もそうした課題に取り組んでいる。本史料集の外側にありながらその基盤ともなっている多くの近世史料にも、ぜひアプローチしてみてほしい。

3 田沼政治

1 「蝦夷地《えぞち》」の開拓とロシアとの交易

日本の力を増《ます》には蝦夷地《えぞち》❶の金山《きんざん》をひらき、並《ならびに》其《その》出産物を多くするにしくはなし。蝦夷の金山を開く事……入用《にゅうよう》❷と出高《でだか》❸と相当せず、これに依《より》すたれ有所《あるところ》なり。……「ヲロシヤ」と交易《こうえき》の事おこらば、この力を以《もって》開発有度《ありたき》事なり。此《この》開発と交易の力をかりて蝦夷の一国を伏従《ふくじゅう》せしめば、金銀銅に限らず一切の産物、皆我国の用を助《たす》くべし。右交易の場所あながち蝦夷にも限るまじ。長崎をはじめ惣《すべ》て要害《ようがい》❹よき湊《みなと》に引請《ひきうけ》て宜《よろしき》事なり。右に申す通り日本の力を増《ます》事蝦夷にしく事なし。

『赤蝦夷風説考《あかえぞふうせつこう》』

【通釈】

日本の国力を強化するには、蝦夷地の金山を開き、産出量を増やすのが最もよい。蝦夷の金山を開くことは……金山の開発にかかる費用に見合うだけの生産量がないため、すたれてしまっている。……ロシアとの貿易ができれば、その収益で金山を開発したいものである。この開発と貿易の力を借りて蝦夷を征服すれば、金・銀・銅に限らず、すべての生産物がわが国の役に立つだろう。貿易の場所は蝦夷に限ることはない。長崎をはじめ防衛の備えのある港で行えばよい。右に述べたように日本の力を強めるには蝦夷開発が最もよいのである。

◀「蝦夷地」の開拓とロシアとの交易

❶**蝦夷地** 「蝦夷」と呼ばれたアイヌの人々の居住地。政権の支配領域の変化によって「蝦夷地」とされる地域も変わったが、ここでは今の北海道、及びそれ以北の島々。

❷**入用** 必要な資金。

❸**出高** 金の産出量。

❹**要害** けわしく、敵を防ぐのに適している土地。

出典◉**『赤蝦夷風説考』** 工藤平助《くどうへいすけ》著。「蝦夷地」の地理・歴史・風俗などを述べ、開発の必要性とロシアとの交易を主張した。一七八三（天明三）年、老中田沼意次《たぬまおきつぐ》に献じられ、田沼を「蝦夷地」開発に向かわせるきっかけをつくった。

財政	専売制度の拡張（鉄・銅・朝鮮人参など） 株仲間の積極的公認
貿易	長崎貿易の規制緩和 （銅・俵物の輸出）
開発	新田開発の奨励 印旛沼・手賀沼の干拓 蝦夷地の開発

▲田沼の政策

解説

田沼《たぬま》時代には、元禄《げんろく》~享保《きょうほう》期に進んだ民間経済の発展を背景に、様々な矛盾《むじゅん》や葛藤《かっとう》をともないつつも、積極的な経済・流通政策が実行された。専売制度の拡張、株仲間《かぶなかま》の公認・拡大、流通特権付与による運上《うんじょう》・冥加《みょうが》金の徴収、蝦夷《えぞ》地の直轄地化と開発、印旛沼《いんばぬま》・手賀沼《てがぬま》の干拓《かんたく》、銅座・俵物《たわらもの》役所設置による貿易振興、米切手《こめきって》改印制、御用金《ごようきん》を財源とする貸金会所《かしきんかいしょ》設立などである。これらは、賄賂《わいろ》政治の温床《おんしょう》となったり、社会を混乱させたりもしたが、革新的な政策でもあった。これらの政策の背景には、人々が新たな利潤《りじゅん》追求の機会を求めたこと、新しい発想や知識に基づく政策提言が民間からも活発に行われたことがあった。

この史料は、仙台藩の医師**工藤平助**《くどうへいすけ》が、一七八三(天明《てんめい》三)年に著《あらわ》した、蝦夷地の開発に関する提言である。この頃、ロシアは十六世紀後半以来のシベリア進出を本格化させ、千島《ちしま》列島の探検を繰り返していた。一七七八(安永《あんえい》七)年には、厚岸《あっけし》に渡来して通商を要求するまでになり、当時の幕府や知識人の蝦夷地に対する関心を高めさせた。工藤平助は、このようなロシアの接近を知り、『**赤蝦夷風説考**《あかえぞふうせつこう》』と題して、老中**田沼意次**《おきつぐ》に政策提言書を提出したのである。ロシアの地理・歴史・言葉などにも言及しつつ、同国との交易を提言し、その収益を元手に蝦夷地の金山開発を行って国力を強化すべきだとする工藤の発想と提言に田沼は大いに関心を示し、蝦夷地調査を実現させた。田沼時代は、経済の発展と社会の変容に対して、新たな発想による政治的対応が求められた時代だった。

2 田沼政治の構造

近来田沼主殿頭《とのものかみ》❶権柄《けんぺい》❷を握り、仁道をかき公事《くじ》❸を忘れ、自分の私曲《しきょく》❹に任せ執り行ひ候に付、……**是非**《ぜひ》**無く面々媚諂**《こびへつらい》**、自から金銀賄賂**《わいろ》**軽薄**《けいはく》**の世と成り行き、**……**諸役人各**《おのおの》**互**《たがい》**に相争ひ、御**《おん》**益**《えき》❺と号し、聚斂《しゅうれん》❻を以《もっ》て御為《おため》❼の御奉公と存じ、其《そ》の場〱の省略❽に、取り立てをきびしく仕《つかまつ》り、其の手柄によって転役❾致し、御役は誠に己が立身の踏み処と心得、……おのづから御忠節の御奉公仕《つかまつ》り候者少なく、偏《ひとえ》に運上上納を事とし、民の歎《なげ》き大方ならず候えども、人情薄きものは其の意に随《したが》ひ、余人を苦しめ、己が利欲のために御益と願い出れば叶わずといふ事なく……

「植崎九八郎上書《うえさきくはちろうじょうしょ》」

◀田沼政治の構造
❶**田沼主殿頭**　田沼意次。
❷**権柄**　政治上の実権。権勢。
❸**公事**　公的な務め。
❹**私曲**　不正な利己心。
❺**御益**　幕府の経済的利益。
❻**聚斂**　過酷な取り立て。
❼**御為**　将軍・幕府のため。
❽**省略**　倹約。
❾**転役**　役替え。転任。

出典◉**「植崎九八郎上書」**　寛政の改革の際、幕府小普請《こぶしん》組の下級幕臣・植崎九八郎が提出した幕政に対する意見書。田沼政治を厳しく批判した。

解説　田沼《たぬま》政権は財政を立て直すため、「御益《おんえき》」(幕府の経済的利益)を追求する諸政策を立案・実施した。そのため、「御益」増大という「手《て》柄《がら》」による昇進を望む幕府の役人や、流通特権を得て利潤《りじゅん》獲得の機会を狙う有力農民・商人らは、「御益」を標語に、運上《うんじょう》・冥加《みょうが》金徴収にいたる幕府利益追求策をきそうように立案した。これらの政策は、農民の階層分化が進み、社会に大きな格差が生まれる中で、一部の者にのみ特権と利益をもたらすものだったため、社会政策の恩恵を受けない多くの人々の反発を招き、社会

設問3　1 田沼政治期の経済政策は、前後の時期の改革と比べてどのように異なっていただろうか。
2 ❷の筆者は、なぜ田沼政治が失敗に終わったと評価しているのだろうか。

的混乱も生じた。そうした中で天明《てんめい》の飢饉《ききん》がはじまり、一揆や打ちこわしが続発した結果、田沼への批判が強まり、十代将軍家治《いえはる》の死とともに田沼時代は終わりを告げることになった。

4 一揆と打ちこわし

1 天明《てんめい》の大飢饉《だいききん》

出羽《でわ》❶陸奥《むつ》❷の両国は、常は豊饒《ほうじょう》の国なりしが、此《この》年❸はそれに引かへて取わけての不熟《ふじゅく》❹ニテ、南部《なんぶ》❺津軽《つがる》に至りては、余所《よそ》よりは甚《はなはだ》しく、……元《もと》より貧しき者共《ものども》は生産の手だてなく、父子兄弟を見棄《みすて》ては我一《われいち》にと他領に出《いで》さまよひなげき食を乞《こ》ふ。されど行く先〳〵も同じ飢饉《ききん》の折《お》りからなれば、他郷の人には目をかけず、一飯《いっぱん》与ふる人も無く、日々に千人二千人流民《るみん》共は餓死《がし》せし由《よし》、又出行く事のかなはずして残り留《とど》まる者共は、食ふべきものの限りは食ひたれど、後《のち》には尽《つき》果《は》て、先に死たる屍《しかばね》を切取ては食ひし由、……

『後見草《のちみぐさ》』

◀天明の大飢饉

❶出羽　現在の山形・秋田両県。

❷陸奥　現在の福島・宮城・岩手・青森の四県。

❸此年　一七八四（天明四）年。

❹不熟　不作のこと。

❺南部　主に現在の岩手県盛岡地方。

出典◉『後見草』　杉田玄白《すぎたげんぱく》編著。上・中・下三巻からなり、上巻には亀岡宗山《かめおかそうざん》が書いた一六五七（明暦三《めいれき》）年の江戸大火の記録を収録。中巻には一七六〇（宝暦十《ほうれき》）年から一七七二（明和九《めいわ》）年まで、下巻には一七七二（安永元《あんえい》）年から一七八七（天明七）年までの様々な社会的事件が収録されている。

解説

天明《てんめい》年間（一七八一～八九）は冷夏が多く、冷害が続いて、享保《きょうほう》・天保《てんぽう》の飢饉《ききん》と並んで江戸時代の三大飢饉と言われる、**天明の飢饉**が発生した。一七八二（天明二）年の東北・四国・九州地方の大凶作にはじまり、翌年には**浅間山噴火**《あさまやまふんか》・降灰《こうはい》による冷害が続いて、東北・関東・九州などで大飢饉となった。一七八四年の北日本を中心とした凶作、一七八六年の東北・関東大洪水と各地の凶作も、さらなる飢饉をもたらした。このため、飢えや疫病《えきびょう》により、東北地方だけでも約三十万人と言われる膨大《ぼうだい》な犠牲《ぎせい》者が生み出された。史料は、貧しい農民らが土地を離れて乞食《こじき》・流民《るみん》となり、放浪の果てに餓死《がし》する悲惨《ひさん》なさまを記録している。こうした飢饉の被害は、自然的要因に加え、政治・社会的要因によっても拡大した。売却益の獲得を企図した江戸・大坂への産米回漕《かいそう》、産米の藩外への販売制限（穀留《こくどめ》）といった諸藩の政策が、食料確保を困難にし、飢饉を深刻化させたのである。

❷ 天明の打ちこわしと幕政

天明未《ひつじ》六月参勤の比《ころ》、米価俄《にわか》に高直《こうじき》❶に成《なり》、江戸おもては、一両に二斗までに成りしかば、かろきものどもくらしかねて、**御府内❷の豪富之《の》町家をうちつぶし乱暴せしなり。**その比《ころ》、大阪（坂）・長崎・堺ならびに国主❸城下〳〵も、みなそのごとくなりし也。こゝによつ（て）天下の御政に缺事《けつじ》❹も侍《はべ》るによつて、かくはなりけらしと、心ある人みな眉《まゆ》をひそめあへり。……おなじ月の十九日にめして、老中に仰《おお》せ付けられ上座、……是《これ》まで御政事の行《ゆき》とゞかざるは、その本之《の》たださるによるてふことなどかき集め、金穀の柄《へい》❺上に帰し候事、並にその職々の御人を精撰あるべき事、賄賂遏絶《わいろあつぜつ》❻の事など書付て同列へ見し……

『宇下人言《うげのひとこと》』

解説 一七八七（天明《てんめい》七）年、江戸では米価・諸物価が高騰《こうとう》し、都市下層民の生活を直撃した。このため五月下旬、大坂はじめ全国諸都市に続いて、江戸でも大規模な**打ちこわし**が勃発《ぼっぱつ》した。米の買い占めや売り惜しみをしたとされた米屋や富裕《ふゆう》な商人らの家々が軒並み打ちこわされ、全市中に波及《はきゅう》する大騒動に発展したのである。史料は、翌六月に幕府老中《ろうじゅう》に就任した松平定信《まつだいらさだのぶ》の回想録である。打ちこわしの原因を幕政の欠陥《けっかん》に求めた定信は、金銭・米穀《べいこく》の流通や物価統制力を商人から幕府の手に取り戻すこと、人材登用・賄賂《わいろ》根絶などを掲げ、寛政《かんせい》の改革に着手した。打ちこわしは幕政に大きな影響を与えたのである。

◀天明の打ちこわしと幕政
- ❶**高直** 値段が高いこと。
- ❷**御府内** 江戸。
- ❸**国主** 一国以上を領有した大名。国持大名。
- ❹**缺事** 欠事。不十分な点。不備。
- ❺**金穀の柄** 金銭・米穀の流通や物価の統制力。
- ❻**遏絶** たちきること。根絶。

出典◉『**宇下人言**』 松平定信の自叙伝。定信の生い立ちや交友のほか、寛政の改革について詳しく記述されている。

❸ 百姓一揆と天下の動揺

誰も彼も奢《おごり》の腹に生れ出❶、奢りの内に育ち候へば、貧乏するは何故との合点無く……大名衆の有様《ありさま》……。少しも年貢取立、百姓あたり（当）の辛《つら》き事❷か、常に変《かわ》り候仕形《しかた》あれば、年々に打続《うちつづき》候て**そこもこゝも一揆徒党の沙汰にて、**……そろり々々々と天下のゆるゝ兆《きざし》も御座《ござ》有るべく候哉《や》。……一国の衆人と苦楽を偕《とも》にして、少しも下の潤ひになれかしと木綿に一汁一菜《いちじゅういっさい》にておはしまし

◀百姓一揆と天下の動揺
- ❶**奢の腹に生れ** 生まれた時から贅沢な暮らしに慣れていること。
- ❷**あたりの辛き** 態度、扱いがきついこと。
- ❸**人君** 君主。ここでは藩主のこと。

一候人君《じんくん》❸を得申《えもうし》候は、地獄で仏に出会《であい》申し候心地にては御座無く候哉。

「藁科松柏書簡《わらしなしょうはく》」

解説 十八世紀の半ば頃、財政難に直面した幕府・諸藩は、自らの経済的利益を優先して、厳しい年貢取立や新規の殖産《しょくさん》・専売政策などを実施した。このため、農民らの負担増となる新規の政策に反対する**百姓一揆《いっき》**が頻発するようになった。村内の全農民が強訴に参加する惣百姓《そうびゃくしょう》一揆、それが一藩全体に拡大した全藩《ぜんぱん》一揆、さらに領主の支配領域をこえた広域一揆が続発したのである。史料は、一七六八（明和《めいわ》五）年、出羽《でわ》国米沢《よねざわ》藩の藩医・藁科松柏《わらしなしょうはく》による同藩士宛ての書簡である。藁科は、大名たちの財政難に対する無理解や毎年立て続けに各地から届く百姓一揆の情報に、「天下のゆるゝ兆《きざし》」（幕藩体制の動揺）を読み取っていた。そうした中で、家臣・領民と苦楽を共有する明君《めいくん》（名君）の登場が待望されていたのである。

出典◉「藁科松柏書簡」一七六七（明和五）年、米沢藩主上杉治憲による藩政改革に際して、藩医・藁科松柏が同志に宛てて記した書簡。

4 打ちこわしの様子

一、此《この》騒ぎ出合わざる村❶へは、頭取《とうどり》より使者を以《もっ》て書状遣《つかわ》し申し候。

其《その》文言

一、今般の計《はからい》は窮民《きゅうみん》助け合いのため企て候間、村内一同に罷《まか》り出《いず》べく、……何村名主殿へ

一、打こわすべき家の前に行かば、……頭取、宰配をふり立〳〵大音に呼《よば》はり、「やあ〳〵者共《ものども》、**火の用心を第一にせよ。米穀は打《うち》ちらすな。質物には決して手を懸けまじ。質は諸人の物成るぞ。又金銭品物は身につけるな。此《この》働きは私欲にあらず。是は万人のため成るぞ。**此家の道具は皆悉く打こわせ。猫のわんでも残すな」と下知《げち》❷を聞くより、此奴原《このやつばら》❸打こわす、打くだく、その物音のすさまじさ、百雷《ひゃくらい》のおちるかの❹類《たぐい》が如《ごと》くなり。

「奥州信夫郡伊達郡之御百姓衆一揆之次第《おうしゅうしのぶぐんだてぐんのおひゃくしょうしゅういっきのしだい》」

◀打ちこわしの様子

❶**出合わざる** 参加しないの意。

❷**下知** 指図、命令。

❸**奴原** やつら・連中の意。

❹**百雷のおちる** 音や声が大きいことのたとえ。

出典◉「奥州信夫郡伊達郡之御百姓衆一揆之次第」一八六六（慶応二）年に陸奥国信夫郡・伊達郡で起きた一揆の様子を描写した記録。一揆の原因や経過に忠実な記述で知られる。

解説 幕末期にかけてたびたび起こった**打ちこわし**は、都市下層民らが大商人や米屋などを襲撃し、建物や家財道具を損壊するものだった。史料は、一八六六（慶応《けいおう》二）年に、東北地方で起こった打ちこわしの様子を描いたものである。打ちこわしの指導者の指示からは、「打ちこわすべき家」が米

の買い占めや売り惜しみをしているとみなされた商人らの家に絞《しぼ》られていたこと、放火や質物・金銭の盗難、米穀《べいこく》を散乱させることが固く禁じられていたことが読み取れる。その背景には、富裕《ふゆう》な者は貧民を救済すべきだという観念が民衆に浸透していたことがあった。

史料で「窮民《きゅうみん》助け合い」、「万人のため」が掲げられ、「私欲」からの行為ではないことが強調されているのはそのためである。激しい器物の損壊をともなう打ちこわしは、貧民救済の責務を果たしていない者に対する正当な行為と観念されていたのである。

5 渋染《しぶぞめ》一揆

一、穢多《えた》❶共《ども》衣類有合之品《ありあわせのしな》、其儘《そのまま》当分着用致《いた》すべし、尤《もっとも》新《あらた》ニ調候《ととのえそうろう》義《ぎ》は無紋渋染《むもんしぶぞめ》❷・藍染《あいぞめ》❸之外《のほか》、決《けっし》て着用相成《あいな》らず候様仰《おお》せ付けなされ、恐れ入り奉《たてまつ》り。下賤成《げせんな》ル穢多共に候得共《そうらえども》、御田地御高《たか》❹所持《しょじ》仕《つかまつり》、御年貢上納致《ねんぐじょうのういたし》、殊《こと》ニ非常ニ御備《そなえ》ニ❺も相成居《あいなりおり》申者候得《え》ば、右体之《みぎていの》衣類仰せ付けなされ候ては、老若男女《ろうにゃくなんにょ》至迄《まで》、情気落、農業守《まもり》も打捨申すべき程之《の》義、心外歎鋪《しんがいなげかしく》存じ奉り候（私達は検地帳に登録された田地を所持し、年貢も納めているし、非常の際の備えにもつとめているのに、右のような衣類を着用せよと言われては、老若男女ともやる気をなくし、農業も捨ててしまうほどでしょう。心外で嘆かわしいことと存じます）。

『禁服訟歎難訴記《きんぷくしょうたんなんそき》』

◀渋染一揆

❶**穢多**　中世・近世の被差別身分の一つ。

❷**渋染**　柿渋《かきしぶ》によって染《そ》めた衣類。

❸**藍染**　藍によって染めた衣類。

❹**御田地御高**　検地帳に石高《こくだか》の登録された田地のこと。

❺**非常ニ御備**　非常の際に人馬などの動員に応じること。

出典◉**『禁服訟歎難訴記』**　著者は不明であるが、「渋染一揆」に関する文書や伝承などを集めて著述したもの。

設問4 ❶天明の飢饉の被害には、なぜ地域差が生じたのであろうか。❶～❸から読み取ろう。❷一揆や打ちこわしではどのような行動が意識されているだろうか。❹❺から考えよう。❸一揆や打ちこわしを行った百姓等は、どのような原理に基づいて行動しているだろうか。

解説

渋染一揆《しぶぞめいっき》は、一八五六（安政《あんせい》三）年、岡山藩領の被差別民が、同藩の身分差別法令に反対して立ち上がった一揆である。一八五五年十二月、財政難を背景に藩政改革を実施していた岡山藩は、領内に倹約《けんやく》令を出したが、その中に被差別民への差別法令が含まれていた。「別段御触書」と言われるこの身分差別法令は、渋染・藍染《あいぞめ》以外や紋付《もんつき》の衣類の着用禁止のほか、雨天の際の傘《かさ》・下駄《げた》の使用を禁じるなど、身分差別を強化するもので、翌五六年一月に被差別民の人々に伝えられた。領内五十三か村の被差別民はこれに強く反発し、史料のように、田地所持・年貢納入などを根拠に法令撤廃を求める嘆願《たんがん》書を出した。しかし嘆願は認められず、約一五〇〇名が集まり強訴《ごうそ》するに至った。この結果、指導者十二名が捕縛《ほばく》され、六名が獄死《ごくし》したが、こうした抵抗により服装規制は実施されなかった。

5 寛政の改革

1 囲《かこい》米《まい》の制度

　近年凶作打続《きょうさくうちつづき》候処《ところ》、二三年以来作方《さくかた》❶多分《たぶん》宜《よろしく》候付、凶年の備《そなえ》等も自然と等閑《なおざり》❷ニ相成《あいな》るべき哉《や》ニ候。殊《こと》ニ当年は米直段引下《ねだんひきさげ》、一統難儀《いっとうなんぎ》の事ニ候。**当年弥豊《いよいよほう》熟《じゅく》ニ候はば、成丈手繰次第《なるたけてぐりしだい》❸置籾囲米《おきもみかこいまい》❹等申し付くべく**候。領分在町《りょうぶんざいまち》等えも教へ諭《さとさ》しめ、相応ニ相暮《あいくらし》候者共是《ものどもこれ》又《また》囲米等いたし候様ニ、精々《せいぜい》申し付くべく候。

『御触書天保集成《おふれがきてんぽうしゅうせい》』

通釈

　最近凶作が続いていたが、ここ二、三年作柄がかなりよく、凶作に対する備《そな》えも自然といい加減になっているのではないか。特に今年は米の値段が下がり、皆困っていることだろう。今年はますます豊作なので、できるだけやりくりして置籾・囲米などをするよう命じること。領内の町や村へも教えさとし、暮らしに余裕がある者たちも、囲米などを行うように、よくよく命じること。

◀囲米の制度

❶**作方**　作物のでき具合。
❷**等閑**　いい加減にすること。
❸**手繰次第**　いろいろやりくりして。
❹**置籾囲米**　救荒のため米を貯蓄する場合、腐敗などを防ぐため籾の形で保存した。

出典◉『**御触書天保集成**』一七八八（天明《てんめい》八）年から一八三七（天保八）年の幕府の御触書を集めたもの。

解説

　寛政《かんせい》の改革は、凶作が飢饉《ききん》と米価高騰《こうとう》を引き起こし（天明《てんめい》の飢饉）、一揆《いっき》・打ちこわしが続発する状況が続く中で開始された。そのため、農民の階層分化が進行して動揺を深めた全国の農村を立て直し、社会秩序を安定させるため、飢饉対策などの社会政策が重要な政治課題とされた。食糧備蓄の重要性を痛感していた**松平定信《まつだいらさだのぶ》**は、一七八九（寛政元）年一月、幕府領の村々に籾米《もみまい》を蓄える郷蔵の建設と貯穀を命じ、同年九月に大名に対して**囲米《かこいまい》**（囲籾）を命じた。囲米は、凶作への備えや米価調節のために米穀を貯える施策だが、史料から読み取れるように、寛政の改革では凶作対策が主眼とされた。農村政策としての囲米は、以後も続けられ、一八四三（天保《てんぽう》十四）年には、幕府五十五万石余、諸藩八十八万石、江戸町方二十三万石に達したといわれる。

財政	倹約令
社会	旧里帰農令（帰農を奨励） 囲米（各地に社倉・義倉を設置） 七分金積立法（江戸の貧民救済） 人足寄場の設置 棄捐令（旗本・御家人の救済）
教学・風俗統制	寛政異学の禁 （聖堂学問所で朱子学以外の講義を禁止） 林子平・山東京伝を処罰
海防	諸藩に海防強化を命令 定信、伊豆・相模を巡視

▲寛政の改革

2 棄捐令《きえんれい》

寛政《かんせい》元酉《とり》年九月

大目付え❶

此度《このたび》御蔵米《おんくらまい》❷取《どり》御旗本《はたもと》❸　御家人《ごけにん》❹　勝手向《かってむき》❺　御救《おすくい》のため、蔵宿《くらやど》❻借金仕法《しほう》御改正仰《おお》せ出《いだ》され候事。

一、御旗本御家人蔵宿共より借入金利足《りそく》の儀《ぎ》は、向後《きょうこう》金壱《いち》両ニ付銀六分宛《ずつ》の積《つも》り、利下《りさ》ケ《げ》申渡《もうしわたし》候間、借り方の儀ハ、是迄《これまで》の通《とおり》蔵宿と相対《あいたい》❼致すべき事。……

一、**旧来の借金は勿論《もちろん》、六ケ年以前辰年《たつどし》❽まで二借請《かりうけ》候金《きん》子《す》は、古借新借《こしゃくしんしゃく》の差別無く、棄捐《きえん》の積《つも》り相心得《あいこころう》べき事。**

……

右の趣《おもむき》、万石以下の面々え相触《あいふ》れらるべく候。

『御触書天保集成《おふれがきてんぽうしゅうせい》』

通釈

寛政元酉（一七八九）年九月

大目付へ

このたび、幕府から俸禄《ほうろく》米を受け取っている旗本・御家人の家計を救うため、札差《ふださし》からの借金に関する法の改正をお命じになった。

一、旗本・御家人の札差からの借金の利息は、今後金一両（＝銀六十匁）につき銀六分（＝〇・六匁）とし、利息を引き下げることを申し渡す。借金の方法についてはこれまで通り札差と話し合いで決めること。……

一、今までの借金はもちろん、六年前の辰年（天明四年）までの借金は、古い借金、新しい借金の区別なく、破棄するものと心得ること。……

右の内容については、一万石以下の者へも告げ知らせること。

◀棄捐令

❶**大目付**　江戸幕府の職名の一つ。幕政の監察、特に大名の監視を任務とする。

❷**御蔵米**　幕府が家臣の俸禄《ほうろく》にあてた米。ここでは浅草蔵から渡される米。

❸**旗本**　将軍直属の家臣のうちで将軍への謁見《えっけん》が許されたもの。

❹**御家人**　将軍直属の家臣のうちで将軍への謁見が許されていないもの。

❺**勝手向**　財政・家計。

❻**蔵宿**　旗本にかわって蔵米を取り扱った商人で、札差という。

❼**相対**　直接相手と交渉すること。

❽**辰年**　一七八四（天明四）年。

出典◉**『御触書天保集成』**　本書二七九ページ参照。

解説

寛政《かんせい》の改革では、窮乏《きゅうぼう》した武士の救済も課題となった。商品経済の下で消費者として江戸に居住した旗本や御家人の多くは、**札差**《ふださし》から多額の借金をして苦しい生活を送っていた。そうした武士の救済策として打ち出された施策である。**棄捐令**《きえんれい》は、史料にあるように、一七八四（天明《てんめい》四）年以前の借金は破棄し、それ以後は利息を下げて返還することを命じたのである。棄捐金額の総計は一一八万両に達したといわれる。これにより、旗本・御家人は多額の借金が帳消しになって一時的に救済された。ところが、莫大《ばくだい》な損害を被った札差が新規の融資を拒否したため、当面の資金が必要な武士たちはかえって困惑することになった。その後徐々に、元の高利貸《こうりがし》活動が活発化し、問題の根本的解決には至らなかった。

3 七分金積立法《しちぶきんつみたてほう》

寛政《かんせい》三亥《い》年❶十二月

当地❷の儀《ぎ》は、万物《ばんぶつ》諸国より入来《いりきたり》候て、自由をたし❸候事ニて候得共《そうらえども》、天明午未《てんめいうまひつじ》❹米直段《ねだん》甚《はなはだ》引上《ひきあがり》候節、弐拾《にじゅう》万両の御金御下《さ》ゲ下《くだ》され、買米相渡《かいまいあいわたし》候ても、末々《すえずえ》は困窮《こんきゅう》に及び候程《ほど》の事ニて候。都《すべ》て国々ニは諸大名囲穀《かこいこく》❺を始《はじめ》として、京、大坂、其外《そのほか》共夫々《それぞれ》ニ凶年《きょうねん》の備《そなえ》これ有《あり》といへども、江戸表にては其《その》備もこれ無きニ付、此度《このたび》町法❻改正の上、町入用《にゅうよう》❼の費用を省《はぶ》き、右を以《もって》非常の備囲籾《かこいもみ》❽幷《ならびにつみきん》積金致し置くべく候。

一、**町入用減金《げんきん》の七分《しちぶ》通《どおり》を以《もって》、町々永続の囲籾且《かつ》積金致し**（町を運営するための費用を節約した分のうち七割を、各町が永続してゆくための囲籾・積立金とし）、弐歩《にぶ》通《どおり》は地主共増《ま》し手取金《てどりきん》たる❾へし。残壱歩《のこりいちぶ》は町入用の余分として差加《さしくわ》へ申すべく候。……

『御触書天保集成《おふれがきてんぽうしゅうせい》』

解説　江戸は全国から多くの物資が集まる大消費都市だったが、天明《てんめい》の飢饉《ききん》の際には、米価が高騰《こうとう》して大きな打ちこわしが発生、多くの窮民《きゅうみん》も生み出された。松平定信《まつだいらさだのぶ》は、江戸にも飢饉への備えが必要と考え、**七分金積立法《しちぶきんつみたてほう》**を立案した。一七九一（寛《かん》政《せい》三）年、江戸の家持・地主層が負担する町入用《まちにゅうよう》を節減し、節減額の七割を囲穀・積立金に充《あ》てることを命じたのである。民衆運動の圧力と為政者《いせいしゃ》の危機感が生み出したこの政策は以後も継続され、天保《てんぽう》の飢饉の窮民《きゅうみん》救済、さらには新都市東京建設にも使われた。

◀七分金積立法

❶**寛政三亥年**　一七九一年。
❷**当地**　江戸のこと。
❸**自由をたし**　用を足し便を得ていること。
❹**天明午未**　一七八六（天明六）年と一七八七（同七）年。天明の飢饉が広がり、江戸では打ちこわしが発生した。
❺**囲穀**　救荒用に備えられた穀物。
❻**町法**　江戸時代の町の自治法規。町寄合・夜警など多方面にわたる内容を含んでいた。
❼**町入用**　町を運営するための費用。
❽**囲籾**　救荒用に備えられた籾米。
❾**地主共増し手取金**　町入用費を出した主へ割り戻すこと。

出典◉『**御触書天保集成**』　本書二七九ページ参照。

4 寛政異学の禁《かんせいいがくのきん》

寛政二庚戌《かのえいぬ》年五月廿(二十)四日

通釈

寛政二庚戌（一七九〇）年五月二十四日

学派維持ノ儀《ぎ》ニ付申達《もうしたっし》

林大学頭《はやしだいがくのかみ》へ❶

朱学《しゅがく》❷の儀は、慶長《けいちょう》以来御代々《おんだいだい》御信用《ごしんよう》の御事《おんこと》にて、已《すで》に其方家《そのほういえ》代々右学風維持の事仰《おお》せ付け置かれ候へば、油断無く正学《せいがく》❸相励《あいはげ》み、門人共取立《とりたて》申すべき筈《はず》に候。然《しか》る処《ところ》、**近来世上《せじょう》種々新規の説をなし、異学《いがく》❹流行、風俗《ふうぞく》を破《やぶ》り候類《たぐい》これ有《あ》り。全《まった》く正学衰微《すいび》の故《ゆえ》に候哉《や》。**甚《はなはだ》相《あい》済《す》まざる事にて候。其方《そのほう》門人共の内にも、右体《みぎてい》学術純正ならざるもの折節《おりふし》はこれ有る様にも相聞《あいきこ》へ、如何《いかが》ニ候。此度聖堂《このたびせいどう》❺御取締厳重《とりしまりげんじゅう》に仰せ付けられ、柴野彦助《しばのひこすけ》❻、岡田清助《おかだせいすけ》❼儀も右御用仰せ付けられ候事に候えば、**能々此《よくよくこの》旨申談《むねもうしだんじ》、急度《きっと》門人共異学相禁《あいきん》じ、**猶又《なおまた》自門に限らず他門に申し合せ、正学講窮《こうきゅう》致し、人才《じんさい》取立候様相心掛《あいこころがけ》申すべく候事。

『徳川禁令考《とくがわきんれいこう》』

学派維持の件について申し達し

林大学頭へ

朱子学については、慶長以来、将軍家代々御信用の学問で、すでにその方の家は代々朱子学の学風を維持することを命じられているのだから、気をゆるめず朱子学に励み、門人どもをとりたてなければならないはずである。ところが、最近世間ではいろいろ新しい学説を編み出して、異学が流行し、風俗を乱すような者もいる。これはまったく朱子学がおとろえたためであろうか。たいへんよくないことである。その方の門人どもの中にも、右と同様に学問が純正でない者がときどきいるようにも聞くが、いかがなものか。このたび、聖堂学問所の取り締まりを厳重にするよう命じられ、柴野彦助・岡田清助にも右のご用を命じられたので、よくこの旨を言い聞かせ、門人どもが異学を学ぶことを固く禁じ、なおまた自門限らず他門とも申し合わせて、朱子学の講義研究を行い、人材を取り立てるよう心がけなさい。

◀寛政異学の禁

❶**大学頭**　大学寮の長官。江戸時代は林氏が世襲《せしゅう》した。林家の私塾は、以後、幕府の学問所とされた。

❷❸**朱学・正学**　ともに朱子学のこと。

❹**異学**　朱子学以外の儒学。

❺**聖堂**　江戸の湯島にある孔子《こうし》を祀《まつ》ったお堂。幕府の教学の中心となった。

❻**柴野彦助**　柴野栗山。一七三六(元文《げんぶん》元)年～一八〇七(文化《ぶんか》四)年。朱子学派の儒学者。松平定信《まつだいらさだのぶ》に登用され寛政の改革に活躍。寛政の三博士(柴野栗山・尾藤《びとう》二《じ(に)》洲《しゅう》・古賀精里《こがせいり》)の一人。

❼**岡田清助**　岡田寒泉。一七四〇(元文五)年～一八一六(文化十三)年。朱子学派の儒学者。松平定信に登用され、柴野とともに寛政の改革に活躍。

出典◉『**徳川禁令考**』　本書二三一ページ参照。

解説

寛政異学《かんせいいがく》の禁は、儒学の中でも**朱子学《しゅしがく》**を「正学《せいがく》」とした上で、それ以外の学派を「異学」として、林家《りんけ》が管理していた**湯島聖堂《ゆしませいどう》**で講義することを禁じた施策である。徳川家康《いえやす》が林羅山《はやしらざん》を登用して以来、幕府が林家を召し抱えたことは史料からも読み取れるが、近世の日本では、同時代の中国や朝鮮と異なり、朱子学が圧倒的正統性を持ったわけではなかった。そのため、様々な学派が発展し、中でも荻生《おぎゅう》徂徠《そらい》らによる古学《こがく》派は、十八世紀半ばにかけて大きな影響力を持つようになった。しかし、徂徠やその門人らは、儒学の道徳学としての側面には重きを置かなかったため、道徳軽視として批判されるようになった。十八世紀末になると、幕藩体制の動揺への対応策として、武士や民衆への教育・教化政策の必要性が高まってきた。そこで幕府は、柴野栗山《しばのりつざん》（彦助《ひこすけ》）・岡田寒泉《おかだかんせん》（清助《せいすけ》）らに命じて、朱子学正学化（異学の禁）に踏み切ったのである。寛政異学の禁にともなって、幕府の役人の登用試験が整備されるとともに、湯島聖堂は幕府直轄《ちょっかつ》の公的教育機関となった（**昌平坂学問所**《しょうへいざか》）。異学の禁は、幕府の学問所に対象を限定したものだったが、これにならう藩校や私塾も多く、以後の教育や人々の教養に大きな影響を及ぼした。

5 旧里帰農令《きゅうりきのうれい》

在方《ざいかた》❶より当地❷え出居《いでおり》候者、故郷え立帰度存《たちかえりたくぞん》じ候得共《えども》、路用金《ろようきん》❸調難《ととのえがた》く候か、立帰候ても夫食《ふじき》❹・農具代など差支《さしつかえ》候者は、町役人差添願《さしそえねがい》出づべく候。吟味《ぎんみ》❺の上夫々《それぞれ》御手当《おてあて》下さるべく候（農村部から江戸に出てきている者で、故郷へ帰りたいと思っていても、旅費がなかったり、帰っても食料や農具代に差しつかえたりような者は、町役人の介添えのもと、願い出なさい。調査の上、それぞれ御手当くだされるであろう）。若《もし》村方に故障❻の義《ぎ》これ有《あ》るか、身寄《みより》のものこれ無く、田畑も所持《しょじ》致さず、故郷の外《ほか》ニても百姓に成《なり》申し度存《たくぞん》じ候者は、前文の御手当下され、手余地《てあまりち》❼等これ有る国々え差遣《さしつかわ》し、相応《そうおう》の田畑下さるべく候。

『御触書天保集成《おふれがきてんぽうしゅうせい》』

解説　関東北部や東北地方の農村では、飢饉《ききん》などをきっかけに耕地を手放し、村を離れて都市に流入する者が増えた。このため、農村では耕作されずに荒廃《こうはい》した土地（手余り地）の増加や人口減少が問題化する一方、江戸では離村者の流入により貧困層が増え、様々な社会問題が生じるようになった。そこで、一七九〇（寛政《かんせい》二）年に**旧里帰農令**《きゅうりきのう》が発令された。史料からは、帰村のための旅費や農具代まで手当てして問題解決を図る幕府の姿勢と、農村立て直しを重要課題とした寛政の改革の特徴が読み取れる。

6 藩政改革

加兵衛《かへえ》儀❶、先達《せんだっ》て御家老職相勤め候節、時世古《じせいいにし》えに較《くら》べ衰え候を相嘆き、専《もっぱ》らに御政務筋活《ごせいむすじかっ》

◀旧里帰農令

❶**在方**　町に対する村のこと。
❷**当地**　江戸のこと。
❸**路用金**　故郷へ帰るための旅費。
❹**夫食**　農民の食料とする米・雑穀《ざっこく》などのこと。
❺**吟味**　取り調べること。
❻**故障**　さしさわり。
❼**手余地**　耕作者のいなくなった農地のこと。

出典◉『**御触書天保集成**』　本書二一七九ページ参照。

設問5　❶❷において救済の対象とされた旗本・御家人は、経営の構造からして窮乏は必然であった。なぜそう言えるか。説明しよう。
❷❹において幕府が朱子学を「正学」として重んじた背景とはなんだったのだろうか。

◀藩政改革

❶**加兵衛**　会津藩家老・田中玄宰《はるなか》の通称。ここでは自身を指して用いている。

体《たい》❷に相成《あいなり》候様、興復更変《こうふくこうへん》❸に志これ有り、……国を富し兵を強くし、教えを施し善に導き、風俗を化し候儀は、漸々《ようよう》の流弊《りゅうへい》❹にて取り失い、御内証《ごないしょう》❺御難渋《ごなんじゅう》に眩惑《げんわくいた》致し、御中興《ごちゅうこう》御改正❻等の儀、評義にも及ばず候処、是迄《これまで》の通りに致し置き候ては、誠以《まこともっ》て不忠の罪、申し訳もこれ無き事に候……

「存寄書《ぞんじよりしょ》」

解説　宝暦《ほうれき》・天明《てんめい》期（一七五一～八九）に顕著《けんちょ》になった社会の動揺は、藩を支配する大名や家老らにも強い危機感を抱かせ、**「明君《めいくん》（名君）」**・**「賢宰《けんさい》（賢相《けんしょう》）」**と呼ばれる為政者《いせいしゃ》の登場と藩政の改革を促した。陸奥《むつ》国会津《あいづ》藩の家老・田中玄宰《たなかはるなか》もその一人で、史料のような「改正」（改革）への決意の下、同藩の天明・寛政改革を主導した。同改革で実施された土地の再開発や殖産《しょくさん》政策、身分統制、刑法改正、藩校創設などの政策は、同時期の多くの藩政改革と共通している。経済政策に関して掲げられた「富国《ふこく》」や、教育政策に関する「風俗教化」といった改革理念は、他藩でも掲げられ、近代まで影響力を持つことになった。

❷**御政務筋活体**　藩の政治がよくなること。
❸**興復更変**　復興のための改革。
❹**流弊**　以前からの悪習。
❺**御内証**　藩の財政。
❻**御改正**　藩政改革のこと。

出典◉「存寄書」　会津藩の天明・寛政改革を主導した家老・田中玄宰の藩政意見書。『会津藩家世実紀』（会津藩の歴史書）第十二巻所収。

6 天保の改革

1 大塩平八郎の檄文《げきぶん》❶

四海《しかい》こんきうい❷たし候はば天禄《てんろく》❸ながくたたん、小人《しょうにん》に国家をおさめしめば災害並至《ならびいたる》と。……此節《このせつ》米価弥《いよいよ》高直《こうじき》に相成《あいなり》、大坂の奉行並《ならびに》諸役人とも万物《ばんぶつ》一体の仁《じん》を忘れ、得手勝手《えてかって》❹の政道をいたし、江戸へ廻米《かいまい》❺をいたし、天子御在所《ございしょ》の京都へは廻米の世話も致《いた》さざる而已《のみ》ならず、五升《しょう》一斗位《とくらい》の米を買《かい》に下《くだ》り候もの共《ども》を召捕抔《めしとりなど》いた

通釈　全国民が困窮《こんきゅう》すれば天の恵みは永く絶え、器の小さい人物に国家を治めさせれば災害が相次いで起こるという。……この頃米価がますます高値になり、大坂町奉行所の奉行や役人たちは自分を含めて一体である万物への愛を忘れ、わがまま勝手の政治を行い、江戸へは米を廻送するのに天皇のおられる京都へは送ろうともしないばかりか、五升一斗ほどの米を買いにきた者たちを召し捕えたりし、……その上身勝手な触

◀**大塩平八郎の檄文**
❶**檄文**　人々に自分の主張などを訴え、同意を求める文書。
❷**四海こんきう**　全国の人が生活に困窮しているの意。天保の飢饉《ききん》が広まった当時の社会情勢をさしている。
❸**天禄**　天からの恵み。
❹**得手勝手**　わがまま勝手をすること。
❺**廻米**　江戸へ米を輸送すること。

し、……其上《そのうえ》勝手我儘《わがまま》の触書《ふれがき》等を度々《たびたび》差出し、大坂市中遊民《ゆうみん》❻斗《ばかり》を大切に心得《こころえ》候は、前にも申す通《とおり》、道徳仁《じん》義《ぎ》を存《ぞん》ぜぬ拙《つたな》き身故《みゆえ》にて、甚以《はなはだもって》厚ケ間敷《あつかましく》不届《ふとどき》の至《いたり》、且《かつ》三都❼の内大坂の金持共、年来《ねんらい》諸大名へかし付《つけ》候利徳《りとく》の金銀並《ならびに》扶持米《ふちまい》等を莫大《ばくだい》に掠取《かすめとり》、未曾有《みぞう》の有福《ゆうふく》に暮し、……此難渋《このなんじゅう》の時節《じせつ》に……平生同様に遊楽に耽《ふけり》候は何等の事哉《や》。……此度《このたび》有志のものと申合《もうしあわせ》、下民《げみん》を悩《なやま》し苦め候諸役人を先誅伐《まずちゅうばつ》いたし❽、引続き驕《おごり》に長《ちょう》じ居《おり》候大坂市中金持の町人共を誅戮《ちゅうりく》❾および申すべく候間、右の者共穴蔵《あなぐら》に貯置《ためおき》候金銀銭《ぜに》等、諸蔵屋敷《くらやしき》❿内に隠置《かくしおき》候俵米《たわらまい》、夫々《それぞれ》分散配当いたし遣《つかわし》候間、摂《せつ》・河《か》・泉《せん》・播《ばん》⓫の内、田畑取持《とりもち》致さざるもの、たとへ所持いたし候共、父母妻子家内の養方《やしないかた》出来《でき》難《がた》き程《ほど》の難渋者へは、右金米等取らせ遣《つかわし》候間、いつにても大坂市中に騒動《そうどう》起り候と聞伝《ききつた》へ候はば、里数《りすう》を厭《いと》わず一刻も早く大坂へ向け駆参《かけまい》るべく候。面々《めんめん》へ右米金を分け遣《つかわ》し申すべく候、……此度《このたび》の一挙《いっきょ》、……我等一同心中《しんちゅう》に天下国家を簒盗《さんとう》⓬いたし候慾《よく》念《ねん》より起し候事には更《さら》にこれ無く、……若《も》し疑しく覚《おぼえ》候はば、我等の所業《しょぎょう》終る処《ところ》を爾等《なんじら》眼を開《ひらい》て看《みよ》、……

天保《てんぽう》八丁酉《ひのとり》年⓭　月　日

『檄文《げきぶん》』

書などをたびたび出し、大坂市中の大商人だけを大切だと考えるのは、前にも申した通り、道徳仁義を知らない愚《おろ》か者であるからで、大変厚かましく不届きの至りである。しかも、三都のうち、大坂の金持ちたちは、以前から諸大名へ貸し付けた金銀の利息や扶持米などを莫大にかすめ取り、かつてない裕福な暮らしをしている。……この困難な時期に……普段同様遊楽にふけるとは何ということか。……このたび有志の者と申し合わせ、民衆を悩まし苦しめている諸役人をまず討伐し、続いて贅沢を尽くしている大坂市中の金持ちの町人どもを討滅し、右の者どもが穴蔵に貯めている金銀銭や、蔵屋敷に隠している俵米をそれぞれ分配するので、摂津《せっつ》・河《かわ》内《ち》・和《い》泉《ずみ》・播磨《はりま》の国内で田畑を持っていない者や、持っていても父母妻子家族を養うことが難しいような生活困窮者には、右の金・米などをわけてやるので、大坂市中で騒動が起こったと聞いたら、いつでも、何里離れていようとも一刻も早く大坂へ駆けつけなさい。それぞれに右の米金をわけ与えるつもりである。……このたびの挙は、……我々一同が国家を盗み取ろうという欲望から起こしたことではまったくない、……もし疑わしく思うならば、我々の行動の結果を、自分たちの目を見開いてしっかりと見よ、……

天保八丁酉（一八三七）年　月　日

❻**遊民**　ここでは、大坂の富裕な商人層を指す。
❼**三都**　京都・江戸・大坂のこと。
❽**誅伐**　その人の罪を責め、討伐すること。
❾**誅戮**　その人の罪を責めて殺すこと。
❿**蔵屋敷**　幕府・大名などが年貢米《ねんぐまい》や特産物の販売のために設けた倉庫兼取引所。
⓫**摂・河・泉・播**　摂津《せっつ》・河内《かわち》・和《い》泉《ずみ》・播磨《はりま》の各国のこと。
⓬**簒盗**　奪いとること。
⓭**天保八丁酉年**　一八三七年。

出典◉『**檄文**』　ここでは岡本良一著『大塩平八郎』所収の写真版をもとに、部分的に読みやすく改めた。

解説 一八三六(天保《てんぽう》七)年、冷害による凶作が大飢饉《ききん》を引き起こした(**天保の飢饉**)。このため米価が高騰《こうとう》し、貧農や都市貧民の生活は圧迫され、大坂市中には餓死《がし》者が続出した。元大坂町奉行所与力《よりき》・**大塩平八郎《おおしおへいはちろう》**は、その救済策を大坂町奉行に提言し、自らの蔵書を売って救済費にあてた。ところが、提言は拒否され、町奉行は米を江戸に廻送《かいそう》する。これに対して大塩は、大名への金融などで莫大《ばくだい》な利益を上げていた大商人ばかりを優遇《ゆうぐう》する身勝手な政治だと憤《ふん》慨《がい》、史料のような檄文《げきぶん》を大坂や周辺の村々へ配布して、一八三七年二月、私塾《しじゅく》**洗心洞《せんしんどう》**で**陽明学《ようめいがく》**を教えた弟子二十数名と豪商の多い船場《せんば》に向かった。約三〇〇名になった一党は一日で鎮圧されたが、大坂の町並みの約五分の一が焼失した。潜伏《せんぷく》した大塩は一か月後に発見され自殺したが、この乱は、越後《えちご》柏崎《かしわざき》の生田万《いくたよろず》の乱、摂津《せっつ》能勢《のせ》の山田屋大助《やまだやだいすけ》の乱などの連鎖反応を招き、幕府の為政者《いせいしゃ》らに大きな衝撃を与えた。

2 徳川斉昭《なりあき》の戊戌封事《ぼじゅつふうじ》

当時❶太平《たいへい》の御世《みよ》にハ御座《ござ》候《そうら》へ共《ども》、人の身にたとへ候《そうら》得《え》ば甚《はなはだ》不養生《ふようじょう》にて、種々さまざまの病《びょう》症《しょう》きざし居《おり》候《そうろう》間《あいだ》、……右の病症委細《いさい》❷ハ筆紙《ひっし》に尽《つく》し兼《かね》候得共、**大筋《おおすじ》ハ内憂《ないゆう》❸と外患《がいかん》❹との二つに御座《ござ》候《そうろう》**。内憂は海内《かいだい》❺の憂《うれい》にて、外患は海外の患《わずらい》に御座候。歴史の上にても御承知もあらせられ候通り、内憂起り候て外患を来《きた》し候事もこれ有り、外患来り候て内憂を引出し候事もこれ有り、内憂外患一時に起り立候事も御座候間、恐れながら御油断遊ばされず、幾久《いくひさ》しく太平御持張《もちはり》遊ばされ候様仕《つかまつり》度《たく》(歴史の上でもご存じの通り、内憂が起こって外患を招くこともあり、外患が内憂を引き出すこともあり、内憂と外患が同時に起こることもあるので、恐れ多いことながら油断なされず、末永く太平を維持していただきたい)、……近年参州《さんしゅう》・甲《こう》州《しゅう》の百姓一揆❻徒党《ととう》を結び、又は大坂の奸族《かんぞく》❼容易ならざる企《くわだて》仕《つかまつり》、猶《なお》当年も佐渡《さど》の一揆❽御座候ハ、畢竟《ひっきょう》下々にて上を怨《うら》み候と、上を恐れざるより起り申《もうし》候……

『水戸《みと》藩史料《はんしりょう》』

◀徳川斉昭の戊戌封事

❶**当時** 現在。この意見書が記されたのは一八三八(天保九)年。

❷**病症委細ハ** 病気の症状の詳しい点については。

❸**内憂** 国内での憂《うれ》い。心配なこと。

❹**外患** 対外(国外)的な危機。

❺**海内** 国内のこと。

❻**参州・甲州の百姓一揆** 一八三六(天保七)年に三河国で起こった加茂一揆と甲斐国で起こった郡内騒動のこと。

❼**大坂の奸族** 一八三七(天保八)年に挙兵した大塩平八郎《おおしおへいはちろう》のこと。

❽**佐渡の一揆** 一八三八(天保九)年に起こった佐渡一国騒動のこと。

出典◉『**水戸藩史料**』 一八五三（嘉永《かえい》六）年以降の幕末から明治初期の水戸藩に関する史料を集め、水戸徳川家が編集したもの。

解説

十九世紀に入って、対外的危機と国内的危機の双方が強く意識され、内外の危機が結びつくことが深刻に懸念《けねん》されるようになった。水戸藩士・会沢安《あいざわやすし》（正志斎《せいしさい》）は、一八二四（文政《ぶんせい》七）年に起きた同藩領大津浜《おおつはま》へのイギリス捕鯨《ほげい》船員上陸事件に際して、西洋諸国がキリスト教を布教して日本国内の民心を掌握《しょうあく》し、日本を侵略《しんりゃく》することへの危惧《きぐ》を表明した。天保《てんぽう》年間（一八三〇～四四）になると、大飢饉《ききん》を機に、大塩《おおしお》の乱のほか、**三河加茂一揆《みかわかもいっき》・甲斐《かい》の郡内《ぐんない》騒動**・佐渡《さど》の一国騒動など、各地で大規模な百姓一揆が続き、一方では、イギリスやアメリカの商船・捕鯨船が日本近海に次々と出没《しゅつぼつ》していた。史料は、これらの事態を憂慮《ゆうりょ》した水戸徳川家の藩主**徳川斉昭《なりあき》**が、十二代将軍家慶《いえよし》に提出した意見書である。斉昭は、国内的危機と対外的危機が同時に迫る状況を病にたとえ、「**内憂《ないゆう》・外患《がいかん》**」と表現して政治の改革を求めた。その危機感の根底には、幕藩権力を怨《うら》み、恐れなくなっている（「上を怨み」、「上を恐れざる」）ように映った民衆の動向が、対外的危機と結びつくことへの恐れがあった。この意見書はすぐには採用されなかったが、水《み》野忠邦《ずのただくに》らに影響を与え、幕府による天保の改革実施につながった。

3 天保の改革の始まり

一 水野忠邦の決意

一、町方の儀……享保、寛政も第一は驕奢《きょうしゃ》❶を禁ぜられ候儀、何《いず》れの箇条にも顕然《けんぜん》仕《つかまつ》り候。百年、五十年以前ヨリ既に其《そ》の弊《へい》はこれ有り。まして文政以来の風習、澆漓《ぎょうり》❷の極《きわみ》に御座《ござ》候《そうろう》間、此《こ》の度《たび》の機会にて挽回一洗《ばんかいいっせん》仕り候へば、都《すべ》て世上にも面目を改め候間、又三、四十年は可也《かなり》持守り申すべき哉《や》に付、たとへ御城下衰態《すいたい》を極め、今日の家職相立難《たちがた》く、商人共離散《りさん》仕り候共、聊《いささ》かも頓着《とんちゃく》せず、淳朴《じゅんぼく》❸の号令行届き候はば、両三年❹も相立候へば、自然と程能《ほどよ》く名分《めいぶん》❺も相立《あいたち》申すべく候。

『徳川十五代史《とくがわじゅうごだいし》』

◀水野忠邦の決意

❶**驕奢** ぜいたくなくらし。
❷**澆漓** 道徳が衰え、人情が薄い。
❸**淳朴** 素直で飾り気がない。
❹**両三年** 二、三年。
❺**名分** 身分によって守るべき道義上の分限。

出典◉『**徳川十五代史**』 もと水戸藩士だった内藤耻叟《ちそう》が著《あらわ》した、江戸幕府の政治に関する歴史書。一八九二（明治二十五）年から翌年にかけて十二編十二冊が刊行された。

二 天保の改革の宣言

……自今《じこん》以後、御代々様❶仰《おお》せ出《いだ》され候儀は勿論《もちろん》、分《わけ》て❷享保《きょうほう》、寛政《かんせい》の御政事向きに相復し候ようとの御儀《おんぎ》につき、……是迄《これまで》仕来《しきた》り候事たりとも、筋合いに違い候儀は改革致《いた》し、何事も正路《せいろ》❸に御為《おため》❹第一に取り計らい、御安心遊ばされ候よう、精々《せいぜい》相励まれべく候事。

『幕末《ばくまつ》御触書集成《おふれがきしゅうせい》』

◀天保の改革の宣言

❶**御代々様**　代々の将軍。
❷**分て**　特に。とりわけ。
❸**正路**　人がふみ行うべき正道。
❹**御為**　幕府・将軍のため。

出典◉『幕末御触書集成』　江戸幕府の評定所《ひょうじょうしょ》は、天保まで四回にわたり「御触書集成」と呼ばれる法令集を編纂《へんさん》したが、その後はまとめられなかった。その欠を補うために研究者によって編纂・刊行された法令集である。

解説

一八四一（天保《てんぽう》十二）年、大御所《おおごしょ》として権勢をふるっていた**徳川家斉**《いえなり》が没すると、老中・**水野忠邦**《みずのただくに》は幕政改革の断行を決意した。幕府の財政危機をはじめ、物価の高騰《こうとう》による領主の財政難や庶民の生活苦、一揆・打ちこわしの多発といった国内問題の深刻化に加え、対外的危機が差し迫り、幕政改革の必要性が強く意識されたことがその背景にあった。

一は、水野忠邦が改革に対する決意を述べたものである。水野は、財政難や生活苦をもたらす物価高騰の原因の一つに、文政《ぶんせい》年間（一八一八～三〇）に一層進んだ生活の奢侈《しゃし》（贅沢《ぜいたく》）化があると見て、改革実施を機に人々の意識を一新し、質素な生活様式を定着させようと考えていた。その決意は、一のように、江戸が衰微し、商人たちが離散してしまおうともまったく構わないとするほどのものであった。

二は、天保の改革開始にあたって、水野が申し渡した将軍の指示で、改革の宣言となっている。天保の改革は、享保《きょうほう》・寛政《かんせい》の改革にならうもので、享保・寛政の時代に復帰することを目指すとしている。この宣言は、享保・寛政・天保の改革を幕政の三大改革とする見方の起源が、幕府によって示されていたことをも物語っている。

4 株仲間の解散

仲間《なかま》株札《かぶふだ》❶は勿論《もちろん》、此外共都而《このほかともすべて》問屋《といや》仲間幷《ならびに》組合❷抔《など》と唱《となえ》候儀《ぎ》相成《あいな》らざる旨《むね》、十組《とくみ》問屋❸共《ども》へ申渡書《もうしわたししょ》

通釈

仲間株札はもちろん、その他一切、問屋仲間ならびに組合などと称してはいけない旨、十組問屋への申し渡し書。

◀株仲間の解散

❶**株札**　株仲間の構成員であることを示す札。
❷**組合**　株仲間のように特権を持つ商業組織。
❸**十組問屋**　大坂から江戸に送られる商品を取り扱う江戸問屋が作った問屋仲間。

菱垣廻船《ひがきかいせん》❹積問屋《つみといや》
十組問屋共

其方共《そのほうども》儀《ぎ》、是迄《これまで》年々金壱《いち》万弐《に》百両冥加《みょうが》❺上納致来《じょうのういたしきたり》候処《ところ》、問屋共不正の趣《おもむき》ニ相聞《あいきこえ》候ニ付、以来上納ニ及ばず候。**尤《もっとも》向後《きょうこう》仲間株札は勿論、此外共都而《このほかともすべて》問屋仲間幷《ならびに》組合抔《など》と唱《となえ》候儀は相成らず候。**

一、右に付《つき》てハ是迄《これまで》右船ニ積来《つみきたり》候諸品ハ勿論、都《すべ》て何《なに》国《こく》より出《いで》候何品《なにしな》ニても、素人直売買《しろうとじきうりかい》❻勝手次第《かってしだい》たるべく候。且又《かつまた》諸家国産類、其外《そのほか》都而江戸表《おもて》へ相廻《あいまわ》し候品々も、問屋に限らず、銘々《めいめい》出入の者共引受け売捌《うりさばき》候儀も是又《これまた》勝手次第に候間、其《その》段申し渡さるべく候。

天保《てんぽう》十二丑《うし》年❼十二月十三日

『徳川禁令考《とくがわきんれいこう》』

その方らはこれまで毎年金一万二百両の冥加金を上納してきたが、問屋たちの不正について聞こえてきているので、今後は上納しなくともよい。もっとも、以後、仲間株札はもちろん、その他一切、問屋仲間ならびに組合などと称してはいけない。

一、右のことについては、これまで右の船に積んで運んできた品物はもちろん、どこの国から出荷されたどんな品でも一切、仲間に加入していない者が問屋を介さず直接売買することは自由である。また、諸藩の国産品、そのほか江戸表への廻送の品々も、問屋に限らず、それぞれ出入りの商人が引き受けて売りさばくこともこれまた自由であるので、その旨を申し渡すべきこと。

天保十二（一八四一）年十二月十三日

❹**菱垣廻船**　大坂と江戸の間の荷物輸送にあたった廻船のこと。

❺**冥加**　各種営業に課せられた雑税の一つ。

❻**素人直売買**　仲間に加入していない者が、問屋を通さず直接取引すること。

❼**天保十二丑年**　一八四一年。

出典◉『**徳川禁令考**』　本書二三一ページ参照。

解説

水野忠邦《みずのただくに》は、人々の生活の奢侈《しゃし》（贅沢《ぜいたく》）化に加え、同業者組合として製造・営業などを独占していた**株仲間**《かぶなかま》の存在が物価高の原因であると考えた。そこで、一八四一（天保《てんぽう》十二）年、**江戸**の**十組問屋**《とくみといや》に解散するよう命じ、翌年には、すべての**株仲間の解散**を命じるに至った。商品取引の自由化によって、商品の流通量を増加させ、物価引き下げの効果を得ようとしたのである。しかし、新興の在郷商《ざいごうしょう》人《にん》らの活動により江戸・大坂を介さない商品流通が進む中で流通機構を解体したことにより、商業秩序は混乱し、江戸・大坂に商品が集中することなく、物価は上昇した。水野の意図は達成されず、一八五一（嘉永《かえい》四）年には、株仲間が再興された。

5 人返《ひとがえ》しの法

諸国人別《にんべつ》改《あらため》改正❶

諸国人別改方《あらためかた》の儀《ぎ》、此度《このたび》仰出《おおせいだ》され候ニついてハ自今《じこん》以後**在方《ざいかた》**❷のもの**身上相仕舞《しんしょうあいしまい》**、❸江戸人別《にんべつ》ニ入《いり》候儀、決して相成《あいな》らず（今後は、村に住んでいる百姓が所帯をたたんで江戸の人別に入ることを禁止する）、……

在々《ざいざい》江御触❹

在方《ざいかた》のもの当地へ出居《いでい》、……商売等相始《あいはじめ》、妻子等持候ものも、一般ニ差戻《さしもどし》ニ相成《あいなり》候てハ、難《なん》渋《じゅう》致《いた》すべき筋《すじ》ニ付《つき》、格別の御仁恵《ごじんけい》を以《もって》、是迄《これまで》年来人別ニ加リ居候分は、帰郷の御沙汰《ごさた》にハ及ばれず、……

町触❺

一、在方より新《あらた》ニ江戸人別入の儀、以後決して相成らざる事、……

『徳川禁令考《とくがわきんれいこう》』

解説

天保《てんぽう》の飢饉《ききん》による米価の高騰《こうとう》は、江戸や大坂といった都市の日雇《ひやとい》労働者などの生活を直撃した。そのため、都市下層民の不満の暴発を防ぎ、治安を維持することが課題となった。その一方で、階層分化が進む農村では、農業を放棄《ほうき》し、村を離れて江戸などに流出する農民が多くなり、耕地の荒廃や人口減少をもたらしていた。農村から都市への人口移動を抑え、江戸の下層民を減らすことを狙って出されたのが、**「人返《ひとがえ》しの法」**（一八四三〈天保十四〉年）である。都市政策・農村政策の両面を持つこの法令は、「旧里帰農令《きゅうりきのうれい》」を強化して、農民らが新規に江戸の人別に加わることを禁じ、一時的な出稼《でかせ》ぎや奉公人《ほうこうにん》は必ず領主・代官の許可を得ることとした。しかし、まもなく水野忠邦が失脚し天保の改革が挫折《ざせつ》したため、この法令は十分に機能しなかった。

◀人返しの法

❶**人別改**　人口などを調査すること。

❷**在方**　都市部である町方に対し、農村部のこと。

❸**身上相仕舞**　所帯をたたむこと。

❹❺**在々江御触・町触**　幕府から法令や規制などについて一般に広く知らせたものを御触という。❹は村への、❺は町への御触。

出典◉**『徳川禁令考』**　本書二三一ページ参照。

▼天保の改革

財政	倹約令 上知令（江戸・大坂周辺の地を天領とする）
社会	人返しの法（帰村を強制） 棄捐令（旗本・御家人の救済）
商業	株仲間の解散
風俗統制	為永春水（戯作者）を処罰（『春色梅児誉美』）
海防	西洋砲術の訓練（高島秋帆を登用） 天保の薪水給与令（異国船打払令を廃止）

6 上知令《じょうちれい》《あげちれい》

御料所《ごりょうしょ》❶の内薄地《はくち》❷多く、御収納免合《めんあい》❸相劣《あいおと》り、……当時御料所より私領の方高免《こうめん》❹の土地多くこれ有《あり》候は、不都《ふつ》合《ごう》の儀《ぎ》と存《ぞん》じ奉《たてまつ》り候。仮令如何様《たとえいかよう》の御由緒《ごゆいしょ》を以下《もってくだ》され、又は家祖《かそ》❺共武功《ぶこう》にて頂戴《ちょうだい》候領地に候とも、加削《かさく》❻は当御代《みよ》❼思召次第《おぼしめししだい》の処《ところ》、……幸此度《さいわいこのたび》**江戸・大坂最寄《もより》御取締《おとりしまり》の為《ため》上知仰《おおせ》付けられ候。**右領分其余飛地《そのよとびち》の領分にも高免の場所もこれ有り、御沙汰《ごさた》次第差上《さしあ》げ、代知《だいち》の儀いか様にも苦しからず候得共《そうらえども》、三ツ五分❽より宜敷《よろしき》場所にては折角《せっかく》上知相願《あいねがい》候詮《せん》もこれ無く候間、御定之通《おさだめのとおり》三ツ五分に過ぎざる土地下され候えば有難《ありがたく》安心仕《つかまつる》べく候。

『徳川禁令考《とくがわきんれいこう》』

通釈

幕府の直轄領《ちょっかつりょう》にはやせた土地が多く、年貢《ねんぐ》収納率《しゅうのうりつ》も低い。……現在、幕府直轄領よりも大名領の方に年貢収納率の高い土地が多くあるのは、不都合《ふつごう》なことである。たとえどのようないわれがあっても、または先祖がどのような手《て》柄《がら》をたてていただいた領地であれ、その加除増減は今の将軍のお考え次第である。……幸いにも今度、江戸、大坂周辺の土地を取り締まりのため直轄領として上知するよう命じられた。右の領地、その他飛地の領地にも年貢収納率の高い土地もあるので、ご命令が出次第差し上げ、その代わりの領地はどのようなところでも差し支えないとは言え、年貢収納率三割五分以上の地所ではせっかく上知を願い出た意味がないので、お定めの通り三割五分をこえない土地を（代わりの領地として）下されたならばありがたく思うようにせよ。

◀上知令

❶**御料所** 幕府の直轄領。
❷**薄地** やせ地。
❸**免合** 年貢収納率。
❹**高免** 年貢収納率が高い。
❺**家祖** 先祖。
❻**加削** 領地の加増と削減。
❼**御代** 今の将軍。この時は十二代将軍家慶《いえよし》。
❽**三ツ五分** 三割五分。

出典◉『**徳川禁令考**』 本書二三一ページ参照。

解説

江戸・大坂周辺は、幕府領・旗本領・藩領が入り組んでいたことから、一元的で強力な支配が困難で、治安上の不安が生じていた。そうした中で、江戸湾周辺への外国艦船《かんせん》の渡来が現実的な脅威《きょうい》になってくると、外国船の攻撃などによる周辺地域の混乱が危惧《きぐ》されるとともに、海防への百姓身分の動員を円滑《えんかつ》に行えるように措置《そち》することが課題となった。そこで幕府は、江戸・大坂周辺の私領を幕府に返上（上知《じょうち》《あげち》）させ、他の地域に代替地を与える**上知令**（一八四三〈天保《てんぽう》十四〉年）を発した。しかし、財政難の中で、年貢率の低い代替地が与えられたため、関係する大名・旗本らは不満を抱いた。彼らは、前納した年貢や債権踏み倒しへの農民の不安も背景に上知令に反対し、水野忠邦《みずのただくに》は失脚して上知令は撤回された。

設問6

1 ❶の檄文から読み取れる十九世紀前半（天保期）の社会の問題とは何だろうか。
2 ❷で徳川斉昭が述べている内憂外患とは具体的にどのような内容を指すのだろうか。
3 なぜ幕府は、天保の改革において享保・寛政期以上の生活統制を厳しく行わなければならなかったのだろうか。

7 天保の改革への風刺《ふうし》

むかし、享保《きょうほう》、寛政《かんせい》の御改革を、いみじき事❶にきゝわたりしかど、此度《こたび》のごとくにはあらじとぞ思ふ。かの丑《うし》の春、雲がくれ❷ありしより、やがて世の中眉《まゆ》に火のつける❸がごとく、俄《にわか》に事あらたまりて、士農工商おしからめて、おのゝくばかりなり。

『寝《ね》ぬ夜《よ》のすさび』

解説 天保《てんぽう》の改革では、武士・百姓・町人らに対する厳しい生活規制策がとられ、高価な料理や菓子類、衣類・装飾品、玩具《がんぐ》や錦絵《にしきえ》などの取り扱いが禁止された。一方、人々の娯楽《ごらく》であった諸芸能も厳しく規制され、江戸歌舞伎《かぶき》三座が浅草《あさくさ》の場末《ばすえ》に移転、落語《らくご》や浄瑠璃《じょうるり》、講談《こうだん》などが演じられた寄席《よせ》も二一一軒から十五軒に削減され、寺社の境内などでの芝居《しばい》興行も禁じられた。また、すべての書物を事前検《けん》閲《えつ》する出版統制策が導入され、政治批判や外国情報などの流出が規制された。水野忠邦《みずのただくに》が見習おうとした享《きょう》保《ほう》・寛政《かんせい》の改革の厳しい統制策も、天保の改革の比ではないと恐怖した人々の心情が史料から読み取れる。

◀天保の改革への風刺
❶**いみじき** 厳しい。大変な。
❷**丑の春、雲がくれ** 一八四一（天保十二）年の丑年正月（初春）に大御所徳川家斉《いえなり》が没したこと。
❸**眉に火のつける** 焦眉《しょうび》の急となる。

出典◉**『寝ぬ夜のすさび』** 幕臣片《かた》山賢《やまけん》の随筆で、文政《ぶんせい》～弘化《こうか》年間（一八一八～四八）にかけて見聞した世事を記したもの。

7 列強の接近

1 異国船《いこくせん》（無二念《むにねん》）打払令《うちはらいれい》

文政《ぶんせい》八年酉《とり》二月

大目付え

異国船渡来《とらい》の節取計《せつとりはからい》方、前々より数度仰《おお》せ出《いだ》されこれ有り、をろしや❶船の儀に付《つき》ては、文化の度《たび》❷改て相触《あいふれ》候次第《しだい》も候処《ところ》、いきりす❸の船、先年長崎において狼藉《ろうぜき》に

通釈

文政八酉（一八二五）年二月

大目付へ

外国船が渡来してきたときの対処方法については前々から数回ご命令が出されている。ロシア船のことについては、文化四年に改めて御触れを出したが、イギリス船が先年長崎で乱暴を

◀異国船（無二念）打払令
❶**をろしや** ロシア。
❷**文化の度** 一八〇七（文化四）年十二月に出されたロシア船打払令。ロシア船が樺太《からふと》や択捉《えとろふ》島などを襲撃する事件が発生したため、ロシア船に対しては打ち払いを命じた。

❸**いきりすの船**　イギリス船フェートン号。一八〇八（文化五）年に長崎港に侵入してオランダ商館員をとらえ、薪水・食料などを得て退去した（「フェートン号事件」）。
❹**去年**　一八二四（文政七）年。この年五月にイギリス捕鯨船員が常陸《ひたち》大津浜《おおつはま》に、八月には、薩摩《さつま》宝島《たからじま》に上陸した。
❺❻**邪宗門・邪教**　キリスト教。
❼**一図**　ひたすらに、ひとすじに。
❽**御察度**　行いを問いただし、非難すること。
❾**二念無く**　迷うことなく。
❿**図を失はざる様**　機会を失わないように。
出典◉**『御触書天保集成』**　本書二七九ページ参照。

及び、近年は所々へ小船ニて乗寄せ、薪水《しんすい》食料を乞《こ》ひ、去年❹ニ至り候ては猥《みだり》ニ上陸致し、或《あるい》は廻船《かいせん》の米穀《べいこく》、島《しま》方《かた》の野牛等奪取《うばいとり》候段、追々《おいおい》横行の振舞《ふるまい》、其上邪宗門《そのうえじゃしゅうもん》❺勧《すす》め入《いれ》候致方《いたしかた》も相聞《あいきこえ》、旁《かたがた》捨置《すてお》かれ難《がた》き事ニ候。一体**いきりすニ限らず、南蛮《なんばん》、西洋の儀は、御制禁邪教《じゃきょう》❻の国ニ候間、以来何《いず》れの浦方《うらかた》におゐても、異国船乗寄《のりよせ》候を見受《みうけ》候ハヾ、其所《その》ニ有合《ありあわせ》候人夫を以《もって》、有無《うむ》ニ及ばず、一図《いちず》❼に打払《うちはらい》**、逃延《にげのび》候ハヾ、追船《おいぶね》等差出《さしだ》すに及ばず、其《その》分《ぶん》ニ差置《さしおき》、若《も》し押《おし》て上陸致《いたし》候ハヾ、搦捕《からめとり》、又は打留《うちとめ》候ても苦しからず候。……尤《もっと》も唐《から》、朝鮮、琉球《りゅうきゅう》などハ船形人物も相分《あいわか》るべく候えども、阿蘭陀《おらんだ》船は見わけも相《あい》成兼《なりかね》申すべく、右等の船万一見損《みそこな》ひ、打誤《うちあやまり》候共、御《ご》察度《さっと》❽はこれ有る間敷《まじく》候間、二念無《にねんな》く❾打払《うちはらい》を心掛《こころがけ》、図《ず》を失はざる様❿取計《とりはからい》候処、専要《せんよう》の事候条、油断《ゆだん》無く申付けらるべく候。

『御触書天保集成《おふれがきてんぽうしゅうせい》』

はたらき、最近は各地へ小船で近づき、薪水・食料を要求し、去年に至ってはみだりに上陸し、あるいは廻船に積載された米穀、島の野牛を奪いとるなど、次第に乱暴な行動を重ねている。その上キリスト教への入信を勧《すす》めるようなことがあったとの情報もあり、いずれにしても捨ておきがたいことである。だいたいイギリスに限らず、南蛮・西洋の国は、わが国で禁じているキリスト教の国であり、今後どこの浜辺の村でも、外国船がやってきたのを見たならば、そこに居あわせた人を使って、有無をいわせず、すぐに打ち払い、逃げのびたならば追跡する船をだす必要はないので、そのままにしておき、もし強引《ごういん》に上陸したならば捕まえ、または殺してもかまわない。もっとも唐・朝鮮・琉球などは船の型や人物も判別できるが、オランダ船は見わけにくいだろう。そういった船を万一見間違い、誤って打ち払ったとしても、非難はしないので、迷うことなく打ち払うことを心がけ、機会を失わないように取りはからうことが大切であるので、油断することなく指示すること。

解説

日本沿岸に出没する欧米諸国の艦船《かんせん》への対応を迫られた幕府は、一八〇六（文化《ぶんか》三）年、外国船に必要な燃料や水を供給して帰らせるよう命じた**薪水《しんすい》給与令（文化の撫恤《ぶじゅつ》令）**を出した。しかし、一八〇七年の蝦夷《えぞ》地《ち》でのロシアとの紛争、一八〇八年のイギリス軍艦の長崎入港事件（**フェートン号事件**）、イギリス・アメリカの商船・捕鯨《ほげい》船の度重なる渡来・接岸事案などで一層の対応を迫られ、警備にあたる諸藩の負担も問題になりはじめた。そこで、前年のイギリス捕鯨船による上陸事件（**常陸《ひたち》大津浜《おおつはま》事件・薩摩《さつま》**

宝島《たからじま》事件）を直接のきっかけとして、一八二五（文《ぶん》政《せい》八）年、日本に近づく外国船の撃退を命じた**「異国《いこく》船打払令《せんうちはらい》（無二念《むにねん》打払令）」**が出された。幕府は、薪水給与などの穏便な方法では、外国船の渡来や不法行為を阻止できず、キリスト教布教の危険もあると判断して、迷わず（二念無く）打ち払うという強硬な外国船取扱法を指示したのである。この法令は、後に**モリソン号事件**を発生させ、**攘夷《じょうい》論**にも影響を与えた。

2 幕府の対外政策への批判──モリソン号事件

西洋の風俗は、たとひ敵船に候とも、自国のもの、其内《そのうち》にこれ有《あり》候へば、漫《みだ》りに放砲《ほうほう》❶仕《つかまつ》らざる事に御座《ござ》候。然所《しかるところ》、イキリス❷は、日本に対し、敵国にてはこれ無く、いはゞ付合《つきあい》もこれ無き他人に候故《ゆえ》、今彼《か》れ漂流人《ひょうりゅうにん》を憐《あわ》れみ、仁義《じんぎ》を名とし、態々《わざわざ》送り来《きた》り候者を、何事も取合申《とりあいもう》さず❸、直《ただち》に打払《うちはらい》に相成《あいなり》候はゞ、日本は民を憐れまざる不仁《ふじん》の国と存じ、若又《もしまた》万一其《その》不仁不義を憤《いきどお》り候はゞ、日本近海にイキリス属島《ぞくとう》夥《おびただ》しくこれ有り、始終《しじゅう》通行致し候へば、後来《こうらい》海上の寇《あだ》と相《あい》成《なり》候て海運の邪魔《じゃま》とも罷成《まかりなり》申べく、**たとへ右等の事これ無く候共《とも》、御打払に相成候はゞ、理非《りひ》❹も分り申さざる暴国と存じ、不義の国と申触《ふら》し、礼儀国《れいぎこく》の名を失ひ、是《これ》より如何《いか》なる患害《かんがい》❺萌《ほう》生《せい》❻仕り候やも計《はか》り難《がた》く**（たとえ右のようなことがなくても、打ち払いになれば、道理もわからぬ乱暴な国と思い、不義の国と言いふらし、礼儀の国の面目《めんもく》を失ってしまう。そこからどんな災《わざわ》いが生じるか計《はか》り知れない）。……

『戊戌夢物語《ぼじゅつゆめものがたり》』

解説

一八三七（天保《てんぽう》八）年、日本人漂流民七名の送還と貿易開始交渉を目的として、アメリカ商船モリソン号が向かった浦賀《うらが》・鹿児島では、**「異国船打払令《いこくせんうちはらいれい》（無二念《むにねん》打払令）」**に基づく同船への砲撃が行われた（**モリソン号事件**）。その後、再度異国船が渡来した場合は漂流民を受け取らず、打払令を遵守《じゅんしゅ》すべきとする幕府内の強硬意見を伝え聞いた**渡《わた》辺《なべ》崋山《かざん》・高野長英《たかのちょうえい》**らは、それぞれ**『慎機論《しんきろん》』・『戊戌《ぼじゅつ》夢物語《ゆめものがたり》』**を著《あらわ》し、「礼儀国」の名誉を失い、災厄《さいやく》に見舞われるなどとして幕府の強硬策を批判した。彼らの考えを危険視した幕府は、一八三九年、彼らを逮捕投《たいほとう》獄《ごく》し（**蛮社《ばんしゃ》の獄《ごく》**）、崋山は翌々年自殺、長英も脱獄の後に自殺した。対外的危機の切迫が明らかになる中で、政治的意見に対する弾圧も強まっていったのである。

◀幕府の対外政策への批判

❶**放砲**　大砲を打ち放つこと。

❷**イキリス**　砲撃されたモリソン号はアメリカ船だったが、当時は情報の誤りにより、イギリスの船と認識されていた。

❸**何事も取合申さず**　一切相手にせずに。

❹**理非**　道理にかなっているかどうか。

❺**患害**　わずらわしい害。

❻**萌生**　生まれてくること。

出典◉**『戊戌夢物語』**　高野《たかの》長英《ちょうえい》著。夢の中で学者たちが集まって話していたことを書きとめるという設定でモリソン号事件を批判した書。一八三八（天保九）年成立。

設問7　❶なぜ幕府は異国船に対して◆1のような政策をとるようになったのだろうか。
❷◆2では、幕府の対外政策をどのような理由で批判しているだろうか。

8 江戸時代中・後期の文化と社会

1 国学の発達

さてその主としてよるべきすぢは何《いず》れぞといへば、道の学問なり。そも〳〵此《こ》の道は、天照大御神《あまてらすおおみかみ》❶の道にして、天皇の天下をしろしめす❷道、四海万国《しかいばんこく》にゆきわたりたる、まことの道なるが、ひとり皇国《こうこく》に伝はれるを、其《その》道はいかなるさまの道ぞといふに、此《この》道は、古事記書紀《こじきしょき》の二典《ふたふみ》に記されたる、神代上代《かみよじょうだい》❸の、もろ〳〵の事跡《じせき》のうへに備はりたり。……さてかの二典の内につきても、道をしらんためには、殊《こと》に古事記をさきとすべし。書紀をよむには、大に心得あり、文のままに解《かい》してはいたく古《いにしえ》の意にたがふこと有て、かならず漢意《からごころ》❹に落入《おちいる》べし。次に古語拾遺《こごしゅうい》❺……次に万葉集、……まづ道をしるべき学びは、大抵上件《たいていじょうけん》のことどもなり。

『うひ山《やま》ぶみ』

【通釈】

さてその主として依拠すべき筋は何かといえば、道の学問である。そもそもこの道は、天照大御神の道であり、天皇が天下をお治《おさ》めになる道、四海万国に行き渡っていたまことの道であるが、ひとりわが国にだけ伝わっている。その道はどのようなものかというと、『古事記』『日本書紀』の二書に記された神代上代の、諸々の事跡の上にこの道が備わっているのである。……さてこの二書のうちでも、道を知ろうとするなら、とくに『古事記』を先に読みなさい。『日本書紀』を読むには大いに心得が必要で、文のままに解釈すると、本来の意味とまったく違って、必ず中国風の解釈におちいるだろう。次に『古語拾遺』、……次に『万葉集』、……まず道を知るための学びは、だいたい以上のようなことなのである。

◀国学の発達

❶**天照大御神**　『古事記』『日本書紀』の神話の中に登場する太陽神。
❷**しろしめす**　お治めになる。
❸**神代上代**　神話時代と古代。
❹**漢意**　中国の文化に感化された心。
❺**古語拾遺**　斎部広成《いんべのひろなり》撰。祭祀《さいし》にかかわった斎部氏の伝承を編集したもの。八〇七（大同《だいどう》二）年成立。

出典◉『**うひ山ぶみ**』　本居宣長の著書の一つ。初学者のためにかかれた古典研究の入門書。一七九九（寛《かん》政《せい》十一）年刊。

解説

国学《こくがく》は、古典研究によって、外来思想の影響をうける以前の日本の思想や精神の解明を目指す学問である。**契沖**《けいちゅう》、**荷田春満**《かだのあずままろ》や**賀茂真**《かものま》**淵**《ぶち》により十七世紀末頃から発展し、十八世紀後半に**本**《もと》**居宣長**《おりのりなが》によって大成された。一七三〇（享保《きょうほう》十五）年、伊勢《いせ》国松坂《まつさか》に生まれた宣長は、文学において、道徳的善悪ではなく心の感動を重視する**「もののあはれ」**論、実証的日本語文法研究、『古事記』全注釈書の完成などにより、現在でも評価される学問を築いた。史料では、日本古来の道を物語る古典を列挙し、「漢意《からごころ》」（儒教・仏教思想）を排した読解の必要を説いている。

2 新井白石の西洋観

此《この》上は、かれ❶が来りし由《よし》をもたづねきはめばやと存ず（彼が日本に来た事情を問い尋ねて究明したいと思った）。さらむにおゐては、かれが申す所、必ず其《その》教❷の旨にわたり候べければ、奉行の人々も出あひて、事の次第をよく承れと、仰下《おおせくだ》さるべくや候はんと申す（奉行の面々も同席して事情をよく聴取せよとお命じになるだろうと申した）。……凡《およ》そ其《その》人、博聞強記《はくぶんきょうき》❸にして、彼方多学の人と聞えて❹、**天文地理の事に至ては、企て及ぶべしとも覚えず**（天文学・地理学の分野では我々はとても及ばないと思った）。……**其《その》教法を説くに至ては、一言の道にちかき所もあらず**（キリスト教やそれに基づく道徳の説については、一つも道理や道徳に叶うところがない）、智《ち》愚《ぐ》たちまち地を易《か》へて、二人の言を聞くに似たり（天文地理と道徳とでは智と愚が入れ替わって智者・愚者二人の言葉を聞いているようである）。こゝに知りぬ、彼方の学❺のごときは、たゞ其形と器❻とに精《くわ》しき事を、所謂《いわゆる》形而下《けいじか》❼なるものゝみを知りて、形而上《けいじじょう》❽なるものは、いまだあづかり聞かず。さらば天地のごときも、これを造れるもの❾ありといふ事、怪しむにはたらず。かくて、問対《もんたい》の事共《ことども》、其大略をしるす所二冊、進呈す。

『西洋紀聞《せいようきぶん》』

◀新井白石の西洋観

❶**かれ**　シドッチを指す。後の「其人」も同じ。
❷**其教**　キリスト教。
❸**博聞強記**　知識が広く、記憶力が優れている。
❹**彼方多学の人と聞え**　西洋で識者として知られ。
❺**彼方の学**　西洋の学問。
❻**形と器**　物質的・技術的な事柄。
❼**形而下**　形ある、物質的な事柄。
❽**形而上**　観念的な事柄。哲学。
❾**これを造れる**　天地創造。

出典◉『**西洋紀聞**』　新井白石著。イタリア人宣教師シドッチへの尋問をもとに西洋に関する知識をまとめた書。一七九三（寛政《かんせい》五）年に幕府に献上されてから知識人らに知られるようになった。

解説　一七〇八（宝永《ほうえい》五）年に日本への潜入を試みたイタリア人宣教師・**シドッチ**が捕らえられた際、取り調べにあたった**新井白石《あらいはくせき》**は、その時の尋問をもとに、『**采覧異言《さいらんいげん》**』（世界地理書、一七一三年）、『**西洋紀聞《せいようきぶん》**』（取り調べの経緯・様子と世界地理やキリスト教についての書、一七一五年）を著《あらわ》した。史料からは、白石がシドッチの来航の事情や彼の教説に関心を持って尋問を行い、天文や地理などの分野で西洋の学問が優れていることに感嘆する一方、哲学などの観念的な学問は評価しなかったことが読み取れる。こうした関心のあり方は、後に医学や天文学を中心に発達した蘭学に通じる面があった。

❸ 蘭学の発達

帰路は、良沢《りょうたく》❶、淳庵《じゅんあん》❷、翁《おう》❸と、三人同行なり。途中にて語り合ひしは、さてさて今日の実験❹、一々《いちいち》驚き入る。且《か》つこれまで心付かざるは恥《は》づべきことなり。……なにとぞ、この実験に本《もと》づき、**大凡《おおよそ》にも身体の真理を弁《わきま》へて医《い》をなさば、この業《ぎょう》を以《もっ》て天地間に身を立つるの申訳《もうしわけ》もあるべし**と、共々嘆息《たんそく》せり（なんとかしてこの実験に基づいて、おおよそでも身体の真理を理解して、医者の仕事をするならば、この仕事で世間に身を立てていることの申し訳にもなるだろうと、共々嘆息《たんそく》した）。……

其《そ》の翌日、良沢が宅に集まり、前日の事を語り合ひ、先《ま》づ、かのターヘル・アナトミア❺の書にうち向ひしに、誠《まこと》に艫舵《ろかじ》なき船の大海《たいかい》に乗り出せしが如《ごと》く、茫洋《ぼうよう》❻として寄るべきかたもなく、ただあきれにあきれて居《い》たるまでなり（あのターヘル・アナトミアの書にむかったが、誠に櫓も舵もない船が大海に乗り出したようで、広くてよりどころがなく、ただあきれにあきれているばかりだった）。……

その頃はデ❼の、ヘット❽の、またアルス❾、ウェルケ❿等の助語の類《たぐい》も、何《いず》れが何れやら心に落付きて弁《わきま》へぬことゆゑ、少しづつは記憶せし語ありても、前後一向《いっこう》にわからぬことばかりなり。たとへば眉《まゆ》（ウェインブラーウ）といふものは目の上に生じたる毛なりとあるやうなる一句も、彷彿《ほうふつ》⓫として、長き春の一日には明らめられず、日暮るゝまで考へ詰め、互ひににらみ合ひて、僅《わず》か一二寸ばかりの文章、一行も解し得ることならぬことにてありしなり。また或《あ》る日、鼻のところにて、フルヘッヘンドせしものなりとあるに至りしに、この語わからず。これは如何《いか》なることにてあるべきと考へ合ひしに、如何《いかん》ともせんやうなし。その頃ウヲールデンブック（釈辞《しゃくじ》書《しょ》）といふものなし。漸《ようや》く長崎より良沢求め帰りし簡略なる一小冊ありしを見合せたるに、フ

◀蘭学の発達

❶**良沢**　前野良沢《まえのりょうたく》。一七二三（享《きょう》保《ほう》八）〜一八〇三（享和《きょうわ》三）年。豊前中津藩医。のちに蘭学の研究に入る。

❷**淳庵**　中川淳庵《なかがわじゅんあん》。一七三九（元《げん》文《ぶん》四）〜一七八六（天明《てんめい》六）年。若狭小浜藩医。良沢、玄白らとともに蘭学を研究。

❸**翁**　この本の著者、杉田玄白《すぎたげんぱく》。一七三三（享保十八）〜一八一七（文化《ぶんか》十四）年。若狭小浜藩医の家に生まれ蘭学研究に尽くす。

❹**今日の実験**　一七七一（明和《めいわ》八）年三月四日、三人が千住小塚原《こづかっぱら》で処刑された人の解剖《かいぼう》に立ち合ったことを指す。

❺**ターヘル・アナトミア**　ドイツ人クルムスの著した『解剖図譜』のオランダ語訳。

❻**茫洋**　広くて見当のつかぬさま。

❼**デ**　de　英語のtheにあたる。

❽**ヘット**　het　英語のit・theにあたる。

❾**アルス**　als　英語のasにあたる。

❿**ウェルケ**　welke　英語のwhichにあたる。

⓫**彷彿**　ぼんやりしているさま。

ルヘッヘンドの釈註に、「木の枝を断《た》ち去れば、その跡フルヘッヘンドをなし、また庭を掃除すれば、その塵土《じんど》聚《あつ》まりフルヘッヘンドす」といふやうに読み出《い》だせり。これは如何なる意味なるべしと、また例の如《ごと》くこじつけ考へ合ふに、弁《わきま》へかねたり。時に、翁《おう》思ふに、「木の枝を断《き》りたる跡癒《い》ゆれば堆《うずたか》くなり、また掃除して塵土聚《あつ》まればこれも堆くなるなり。鼻は面中に在りて堆《たい》起《き》せるものなれは、フルヘッヘンドは堆（ウヅタカシ）といふことなるべし。然《しか》ればこの語は堆《うずたかし》と訳しては如何」といひければ、各々《おのおの》これを聞きて、「甚《はなは》だ尤《もっと》もなり、堆と訳さば正当すべし」と決定せり。その時の嬉《うれ》しさは何にたとへんかたもなく、連城《れんじょう》の玉⑫をも得し心地せり。かくの如きことにて推《すい》して訳語を定めり。

『蘭学事始《らんがくことはじめ》』

⑫連城の玉　この上ない宝。

出典◉『蘭学事始』　杉田玄白著。老年の玄白が、蘭学草創の頃のできごとを回顧《かいこ》して書いた書物。一八一五（文化《ぶんか》十二）年成立。

解説

蘭学《らんがく》は、享保《きょうほう》の改革で八代将軍徳川吉宗《よしむね》が漢訳洋書の輸入制限を緩和して、青木《あおき》昆陽《こんよう》・野呂元丈《のろげんじょう》らにオランダ語の習得を命じた頃から発達を見せはじめた。その後、**前野良沢《まえのりょうたく》・杉田玄白《すぎたげんぱく》**は、桂川甫周《かつらがわほしゅう》・中川淳庵《なかがわじゅんあん》らとともに、オランダ語の解剖《かいぼう》書**『ターヘル・アナトミア』**を翻訳《ほんやく》し、一七七四（安永《あんえい》三）年、**『解体新書《かいたいしんしょ》』**と題して刊行した。これによって西洋医学への評価が高まると、蘭学は医学分野で大きく発展し、地方の知識人らにも広がっていった。史料は、人体解剖に立ち合って西洋医学の知識に感銘を受け、翻訳を進めることになった経緯について、杉田玄白が回顧《かいこ》したもので、苦心の末に選定した訳語のうち、神経・動脈などは今日も使われている。

医学	杉田玄白 前野良沢	解体新書	『ターヘル・アナトミア』の翻訳
医学	宇田川玄随	西説内科撰要	オランダ内科医書の紹介
生物	宇田川榕庵	菩多尼訶経	西洋植物学の紹介
化学	宇田川榕庵	舎密開宗	化学を体系的に紹介
天文	志筑忠雄	暦象新書	地動説を紹介
物理	帆足万里	窮理通	物理学を紹介
語学	大槻玄沢	蘭学階梯	オランダ語の入門書
語学	稲村三伯	ハルマ和解	最初の蘭日辞書

▲おもな洋学者とその著書

設問8　**1**本居宣長は、古典を研究する上でどのような点に注意しなければならないと説いているか。❶をもとに考えよう。**2**新井白石が西洋の学問でもっとも評価したのはどのような点だったのだろうか。❷をもとに考えよう。**3**江戸中期～後期に発達した国学や蘭学に共通する特徴とは何だろうか。

4 心学《しんがく》の発達

士農工商《しのうこうしょう》ハ天下ノ治《おさ》マル相《たすけ》トナル。四民《しみん》❶カケテハ助ケ無カルベシ。四民ヲ治メ玉《たま》フハ君ノ職ナリ。君ヲ相《たすけ》ルハ四民ノ職分ナリ。士《さむらい》ハ元来位《もとよりくらい》アル臣ナリ。農人ハ草莽《そうもう》❷ノ臣ナリ。商工ハ市井《しせい》❸ノ臣ナリ。臣トシテ君ヲ相《たすけ》ルハ臣ノ道ナリ。商人ノ売買スルハ天下ノ相《たすけ》ナリ。細《さい》工人《くにん》❹ニ作料❺ヲ給《たまわ》ルハ工ノ禄《ろく》ナリ。農人ニ作間《さくあい》❻ヲ下サルルコトハ、是《これ》モ士ノ禄ニ同ジ。天下万民産業ナクシテ、何ヲ以テ立ツベキヤ。**商人ノ買利《ばいり》モ天下御免《おゆる》シノ禄ナリ**。夫《それ》ヲ汝独《なんじひとり》、売買ノ利バカリヲ欲心《よくしん》ニテ道ナシト云《い》ヒ、商人ヲ悪《にく》ンデ断絶セントス。何《なんぞ》以テ商人計《ばか》リヲ賤《いや》シメ嫌《きら》フコトゾヤ。

『都鄙問答《とひもんどう》』

通釈

士農工商は天下を治める助けとなるものである。四民のうち一つでも欠けては助けには無くなるだろう。四民をお治めになるのは君主の職分である。君主の助けとなるのは四民の職分である。士は元々位を持つ臣である。農民は在野の臣である。商工は町に住む臣である。臣として君を助けるのは臣の道である。商人が売買するのは天下の助けとなることである。職人に工賃をたまわるのは、職人にとって武士の禄と同じようなものである。農民に作得米を下さるのは、これもまた武士の禄と同じである。天下の万民は生業なしで何をもって生活するのか。**商人の利益も天下公認の禄である**。それなのに、商人だけが売買の利益ばかりを求める欲心を持ち道に外れているといって、商人を憎み、断絶させようとする。どうして商人だけを卑しめ嫌うのか。

◀心学の発達

❶**四民**　士農工商のこと。
❷**草莽**　草むら。転じて民間、在野を指す。
❸**市井**　人家の集まっているところ。町。
❹**細工人**　職人。
❺**作料**　手間賃《てまちん》。
❻**作間**　年貢を納めた残りの作得米。

出典◉『都鄙問答』　石田梅岩著。心学の思想を問答形式でわかりやすく述べたもの。一七三九（元文《げんぶん》四）年刊。

解説

心学《しんがく》（石門《せきもん》心学）は、江戸中期の思想家である**石田梅岩《いしだばいがん》**が創始した庶民教化の学問で、儒教・仏教・神道の所論を背景に、倹約・堪《かん》忍《にん》・正直などの通俗《つうぞく》道徳（庶民道徳）を平易な言葉で説いた。一七二九（享保《きょうほう》十四）年の京都における梅岩の講話が、庶民に対する心学のはじまりである。史料からは、当時蔑《さげす》まれることの多かった商人・商業の正当性と存在理由が積極的に説かれたことが読み取れる。以後、梅岩の弟子である**手島堵庵《てしまとあん》・中沢道二《なかざわどうに》**らによって、劇場的空間を成して聴衆に語りかける道話のスタイルが確立し、庶民に広く受け入れられた。幕府・諸藩の民衆教化政策にも取り入れられた心学は、近世後期の民衆思想に大きな影響を与えた。

5 身分制社会の批判

中平土《ちゅうへいど》❶ノ人倫《じんりん》ハ❷十穀《じっこく》❸盛《さかん》ニ耕《たがや》シ出《いだ》シ、山里《やまざと》ノ人倫ハ薪材《しんざい》ヲ取リテ之《これ》ヲ平土《へいど》ニ出シ、海浜《かいひん》ノ人倫ハ諸魚《しょぎょ》ヲ取テ之ヲ平土ニ出シ、薪材・十穀・諸魚、之ヲ易《かえかえ》シテ❹、山里ニモ薪材・十穀・諸魚、之ヲ食シ之ヲ家作《かさく》シ、海辺《うみべ》ノ人倫モ家ヲ作リ穀食《こくしょく》シ魚菜《ぎょさい》シ、平土ノ人モ相同《あいおなじ》フシテ、平土ニ過余《かよ》モ無ク、山里ニ少ク不足モ無ク、海浜ニ過不足《かふそく》モ無ク、彼《か》ニ富《とみ》モ無ク、此《こ》ニ貧《ひん》モ無ク、此ニ上《かみ》モ無ク、彼ニ下《しも》モ無ク、……上無《かみなけ》レバ下《しも》ヲ責《せ》メ取ル奢欲《しゃよく》❺モ無ク、下無レバ上ニ諂《へつら》ヒ巧《たく》ムコトモ無シ、故《ゆえ》ニ恨《うら》ミ争《あらそ》フコト無シ。……貪《むさぼ》リ取ル者無レバ貪《むさぼ》ラルル者モ無ク、転定《てんち》❻モ人倫モ別《わか》ツコト無ク、転定《てんち》生《しょう》ズレバ人倫耕シ、此ノ外《ほか》ノ一点ノ私事《しじ》無シ、是《こ》レ自然ノ世ノ有様《ありさま》ナリ。

『自然真営道《しぜんしんえいどう》』

◀身分制社会の批判

❶**中平土** 平野のこと。

❷**人倫** 人間のこと。

❸**十穀** 穀物のこと。

❹**易シテ** 交易して。

❺**奢欲** 欲望のこと。

❻**転定** 天地に同じ。

出典◉『**自然真営道**』 安藤昌益著。昌益の主著で、身分制を否定した「自然世」の理想社会を説いた。十八世紀中頃成立。

通釈

平野に住む人々は多くの穀物を盛んにつくり出し、山里に住む人々は薪《まき》を切ってきてこれを平野に出し、海辺に住む人々は魚をとってこれを平野に出す。薪・穀物・魚、これらを交易して、山里でも薪・穀物・魚で食事をし家をつくり、海辺の人々も家をつくり穀物や魚を食べ、平野の人も同じようにする。その結果、平野で物が余るということもなく、山里で物が不足するということもなく、海辺でも過不足はなく、あちらもこちらも貧富の差がなく、あそこにもここにも身分の上下がない。……上の者がいなければ、下の者を責め取る欲望もなく、下の者がいなければ上の者にこびへつらう工夫をすることもない。だから恨み争うこともない。……貪り取る者がいなければ、貪り取られる者もいない。天地と人を分け隔てることがなく、天地が生み出せば自然と人が耕作する。これ以外に一つの私意もはさまることはない。これが自然世の有様である。

解説

秋田で生まれ、医学・本草《ほんぞう》学などを学んだ後、八戸で医業を営んだという**安藤昌益《あんどうしょうえき》**は、封建《ほうけん》的な身分制度を全面的に否定すべきことを主張した思想家として知られる。『**自然真営道《しぜんしんえいどう》**』一〇一巻九十三冊（稿本十二巻十二冊が現存）、『統道真伝《とうどうしんでん》』五巻が主著である。農耕を人間生活の基本とし農民を重視する立場から商工業を否定し、君主や支配者を農民に寄生《きせい》する徒食《としょく》の輩《やから》として厳しく批判、支配・被支配の関係が存在しない平等な社会を理想とした。昌益の思想は、門弟の間で学ばれるにとどまり、一般に広まったわけではなかったが、体制を否定したと言える側面などが近現代になり評価された。

設問9 **1** 心学が庶民（商人）の間に広まったのはなぜだろうか。❹をもとに考えよう。**2** 安藤昌益のような考え方が生まれてきた背景には、当時の社会（体制）のどのような側面があったのだろうか。❺をもとに考えよう。

安藤昌益	『自然真営道』 『統道真伝』	八戸の医師 農民中心の平等社会を説く
山片蟠桃	『夢の代』	播磨出身の商人 無神論を主張
富永仲基	『出定後語』	大坂の商人 仏教史などを研究

▲封建社会を批判したおもな人物の著書

6 合理的思考の発達

「ナクトケーケル」❶ニテ天ヲ望ム、「ソンガラス」❷ヲカクレバ、日輪ヲモクハシクミル、全体ヲミルベカラズ、大抵十分ノ一ヲミルナリ、グル〳〵トマハシテ全体ヲミル、太陽ノ大キサ凡《およ》ソ径一丈バカリニ見ルナリ、数々ノ小星アリテ日ヲメグル。……金・水ノ二星❸ハソノ中ノ大ナルモノ、同ジク日ヲメグル、月ハ地ヲ心トシテメグル、サマ〳〵ノモヤウハアルハ、山谷河海ニシテ、世界アリト云《いう》、火星・木星モミナ三四寸ニミル、木星ニ四小星アリ、土星ハソノ光ウスク小ナリ、外ニ環アリ、図ノゴトシ、又五小星アリ、土・木ノ小星ハミナ本星ヲ心トシテメグルナリ、地ノ為ノ月ノゴトシ、ユヘニ西洋人コレヲ月ト云、……

人スデニ耳目口アリテ、身体手足・五臓六腑《ごぞうろっぷ》❹備ハルトイヘドモ、猶《なお》愚ナル多シ、**死シタレバ一《ひとつ》モ働ク事ナシ、況《いわ》ンヤ木ニテ刻《きざ》ミ、金ニテ鋳《い》、石ニテ彫《ほ》リ、画《え》ニカキタルモノヲヤ**、五臓六腑ナケレバ心志《しんし》モナシ、何ノ知《ち》カアラン、何ノ霊験《れいげん》❺カアラン、盛饌《せいせん》❻ヲ供《そなえ》テモ食《く》フコトアタ**ハズ、シカルニ是《これ》ヲ頼ミテ我身ノ進退、身命《しんめい》ヲ委《ゆだ》ネ、唯《ただ》**

通釈

「ナクトケーケル」で天を見る。「サングラス」をかければ、太陽も詳細に見ることができる。全体を一度に見ることはできない。たいてい十分の一ほどを見るのである。ぐるぐると観測器をまわして全体を見ると、太陽の大きさは直径約一丈ほどに見える。多くの小星があって太陽のまわりをまわっている。……金星と水星はそのうちでも大きなもので、同じく太陽のまわりをまわる。月は地球を中心としてまわる。様々な模様があるのは山谷河海で、月にも世界があるという。火星・木星もみな三、四寸に見える。木星には四つの小星がある。土星はその光がうすく小さい。外に環がある。図のようである。また土星には五つの小星がある。土星・木星の小星はみな、それぞれの本星を中心にまわっている。地球にとっての月のようなものだ。だから西洋人はこれを月という。……

人には生まれた時から耳目口があり、身体手足・内臓諸器官が備わっているが、にもかかわらず愚かな者が多い。死ねばその一つも働くものはない。まして木に刻んだり、金属を鋳たり、石に彫ったり、絵に描いたりしたものが働くだろうか。内臓諸器官がなければ心も意志もない。何の知力があろうか。何の霊験があろうか。立派なごちそうをお供えしても食べることもできない。それなのに、これらのものに我が身の進退・身命を委ね、ただこの木石画像の命令に従

◀合理的思考の発達

❶**ナクトケーケル**　当時の天体観測器の一つ。
❷**ソンガラス**　サングラス。太陽観測のための色つきの板ガラス。
❸**金・水ノ二星**　金星と水星。
❹**五臓六腑**　体内の内臓など諸器官。
❺**霊験**　神仏などの力による不思議な効果。
❻**盛饌**　みごとなごちそう。

出典◉『夢の代』　山片蟠桃が著《あらわ》した実学啓蒙書。合理主義的な考え方で、天文・地理・歴史を説き、無神論を展開した。

コノ木石画像《ぼくせきがぞう》ノ命《めい》ニ従《したが》モノ、愚トイハザレバ妄《もう》、ア、浅《あさ》ハカナルカナ。

『夢《ゆめ》の代《しろ》』

う者は、愚かでなければ妄りである。ああなんと浅はかなことか。

解説　一七四八（寛延《かんえん》元）年、播磨《はりま》国に生まれた**山片蟠桃**《やまがたばんとう》は、合理主義的な思考によって地動説《ちどう》や無神論《むしん》を説いた思想家として知られる。少年期に大坂に出て、米商人で大名貸《だいみょうがし》を営んだ升屋《ますや》山片家で、別家番頭として才覚を発揮するかたわら、懐徳堂《かいとくどう》の中井竹山《なかいちくざん》・履軒《りけん》に儒学を、麻田剛立《あさだごうりゅう》からは天文学を学んだ。一八二〇（文政《ぶんせい》三）年には、大著『**夢**《ゆめ》**の代**《しろ》』十二巻を完成させた。史料は、太陽系の惑星《わくせい》の動きなどを説明した部分と（前半）、死者への供養や信仰に身を委ねることの愚かさを指摘した箇所だが（後半）、この世に神秘不思議はないとする独自の見解は、現在の一般的な認識と比較しても興味深い。

7 開国論

日本は海国なれば、渡海《とかい》・運送・交易《こうえき》は、固《もと》より国君❶の天職第一の国務なれば、万国へ船舶を遣《や》りて、国用《こくよう》の要用《ようよう》たる産物、及び金銀銅を抜《ぬ》き取《とり》❷て日本へ入れ、国力を厚《あつ》くすべきは海国具足《ぐそく》❸の仕方《しかた》なり。自国の力を以《もって》治《おさめ》る計《ばか》りにては、国力次第《しだい》に弱り、其《その》弱り皆農民に当《あた》り、農民連年耗減《れんねんもうげん》❹するは自然の勢《いきお》ひなり。

『経世秘策《けいせいひさく》』

通釈

日本は海国なので、渡海・運送・交易は、本来将軍の天職であり第一の国務だから、万国へ船舶をつかわして、国に必要な産物、および金銀銅を輸入して日本に入れ、国力を強くするのは、海国だからこその方法である。自国の力だけで治めるばかりでは、国力がしだいに弱まり、その弱まりはすべて農民の負担となり、農民が年々衰え減少するのは当然のことである。

◀開国論

❶**国君**　将軍のこと。

❷**抜き取て**　輸入すること。

❸**具足**　備わっている、ともなっている。

❹**耗減**　力が弱まり、数が減ること。

出典◉『経世秘策』　本多利明著。富国策《ふこくさく》を説《と》いた経済書。『西域物語《せいいきものがたり》』などとともに利明の主著。寛政《かんせい》年間（一七八九～一八〇一）成立。

◀海防論

❶**入津**　入港。

❷**鼓腹**　はらつづみをうつこと。転じて満ち足りて楽しい様子。

❸**石火矢**　大砲。

解説　商品経済の発展にともなって社会が動揺し、外国船の接近により対外的緊張が高まった近世中後期には、都市・農村の実情を知り、学問的知識を身につけた人々から多くの経世論《けいせい》が説き出されるようになった。代表的な論者として、太宰春《だざいしゅん》台《だい》や海保青陵《かいほせいりょう》・佐藤信淵《さとうのぶひろ》らが知られ、**本多利明**《ほんだとしあき》もその一人である。利明は、緊迫化する内外の情勢をうけて、海上輸送を軸に、国内開発や商工業の奨励を主張するとともに、史料のように対外交易による豊饒《ほうじょう》化を説くなど、重商主義的思想を打ち出した。

❹阿蘭陀　オランダ。

出典◉『海国兵談』　林子平の海防論書。一七九一（寛政三）年刊。幕府により発禁処分をうけ、林子平も処罰された。

工藤平助	『赤蝦夷風説考』	蝦夷地の地歴や風俗を記載。蝦夷地開発とロシアとの交易の必要性を説く
林子平	『海国兵談』 『三国通覧図説』	幕府の海防体制を批判し、江戸湾の防衛を主張 日本を中心に朝鮮・琉球・蝦夷地の三国を解説
本多利明	『経世秘策』 『西域物語』	富国策を説いた経済書 西洋諸国との交易、海防の必要性を説く
佐藤信淵	『経済要録』 『宇内混同秘策』	富国のための経済開発、政治改革を説く 日本の海外進出、征服を説く
渡辺崋山	『慎機論』	モリソン号事件を批判
高野長英	『戊戌夢物語』	モリソン号事件を批判

▲貿易・海防を論じたおもな人物と著書

8 海防論

当世《とうせい》の俗習《ぞくしゅう》にて、異国船の入津《にゅうしん》❶は長崎に限《かぎり》たる事にて、別の浦《うら》へ船を寄《よせ》る事は決して成らざる事と思へり。実に太平に鼓腹《こふく》❷する人と云《いう》べし。……海国なるゆへ何国《いずくに》の浦《うら》へも心に任《まか》せて船を寄《よせ》らるゝ事なれば、東国なりとて曽《かつ》て油断は致《いた》されざる事なり。是《これ》に因《よっ》て思へば、当世、長崎の港口《こうこう》に石火矢《いしびや》❸台を設《もう》けて備《そなえ》を張《は》るが如《ごと》く、日本国中東西南北を論ぜず、悉《ことごと》く長崎の港の如くに備置《そなえお》きたき事、海国武備《ぶび》の大主意《しゅい》なるべし。……当時長崎に厳重に石火矢の備有りて、却《かえっ》て、安房相模《あわさがみ》の海港に其《その》備なし、此事《このこと》甚《はなは》だ不審《いぶかし》。細《こま》かに思へば、江戸の日本橋より唐《から》、阿蘭陀《オランダ》❹まで境なしの水路なり。然《しか》るを此《ここ》に備へずして、長崎にのみ備るは何《なん》ぞや。

『海国兵談《かいこくへいだん》』

通釈

今の世の俗習で、外国船の入港は長崎に限られたことで、別の港へ入港することは絶対にできないことだと思っている。これは実に太平の世をのんきに楽しんでいる人だと言わざるを得ない。……日本は海国であるから全国どこの港にも自由に寄港できるので、東国だからといって決して油断できない。このように考えると、現在長崎の港の入り口に砲台を設けて防備を整えているように、日本国中、東西南北を問わず、すべて長崎港のように備えを置きたいものであり、それが海国を武力で守る基本である。……現在長崎には厳重な大砲の備えがあるのに、かえって江戸に近い安房・相模の海港にはその備えがない。これは非常におかしなことである。よく考えてみれば、江戸の日本橋から唐・オランダまで、境界のない水路でつながっている。それなのに江戸に備えをおかずに、長崎だけ備えを設けるとはどういうことか。

解説

十八世紀半ば以降、日本近海には、ロシア船などの外国船が現れるようになった。次第に頻繁になった外国船の接近は対外的緊張をもたらし、多くの識者が政治課題として海岸防備（**海防**）を論じた。長崎で中国人・オランダ人と交流して海外事情を知り、一七九一（寛政《かんせい》三）年に『**海国兵談**《かいこくへいだん》』を著して対策を説いた**林子平**《はやししへい》もその一人である。史料では、外国船への警戒の必要性を喚起して海防の充実を説き、その根拠として、江戸からオランダまで境界なしの水路でつながっているという認識を示している。これに対して幕府は、子平の意見は人心を惑《まど》わすとして同書の版木・製本を没収し子平を処罰した。

近現代

年		内閣	政治・経済・社会	収録史料(年代は目安)
1889	22		大日本帝国憲法発布(P.370)。衆議院議員選挙法・貴族院令公布	P.372 憲法発布前日の東京 P.379 黒田首相の超然主義演説
1890	23	山県有朋	民法公布(P.373)。府県制・郡制。第1回帝国議会開会。教育勅語(P.413)	P.380 山県首相の演説
1891	24	松方正義	大津事件。足尾銅山鉱毒事件。樺山資紀の蛮勇演説(P.381)	P.376 榎本外相の意見書
1894	27	伊藤博文	日英通商航海条約(P.378)。日清戦争(P.383)	
1895	28		下関条約調印(P.384)。三国干渉(P.385)	P.386 六三法
1897	30	松方正義	金本位制確立(P.390)。労働組合期成会設立	P.417 樋口一葉『たけくらべ』
1898	31	伊藤/大隈	憲政党結成。隈板内閣成立(P.387)。社会主義研究会結成	
1899	32	山県有朋	北海道旧土人保護法(P.374)。改正条約実施(法権回復)	P.406 製糸女工の実態
1900	33		治安警察法(P.388)。北清事変(P.391)。立憲政友会結成(P.389)	P.390 自由党を祭る文
1901	34	山県/桂	八幡製鉄所開業。社会民主党結成(P.410)。田中正造の直訴(P.409)	P.392 小村寿太郎外相の意見書
1902	35	桂太郎	第1次日英同盟成立(P.393)。	P.408 職工事情
1903	36		七博士意見書(P.395)。平民社創立	P.396 内村鑑三の非戦論
1904	37		日露戦争。第1次日韓協約(P.401)。君死にたまふことなかれ(P.397)	P.396 平民社の反戦論
1905	38		桂・タフト協定。第2次日英同盟成立。ポーツマス条約(P.398)。日比谷焼打ち事件(P.400)。第2次日韓協約(P.401)	
1906	39	西園寺公望	日本社会党結成。鉄道国有法。満鉄設立	
1907	40		ハーグ密使事件。第3次日韓協約(P.401)。第1次日露協約	
1908	41	桂太郎	戊申詔書(P.414)	
1909	42		三井合名会社設立。伊藤博文の暗殺	
1910	43		大逆事件(P.412)。韓国併合(P.403)。第2次日露協約	P.404 韓国併合に対する民衆の反応
1911	44		日米新通商航海条約の調印により関税自主権の確立。工場法公布(P.408)。青鞜社宣言(P.425)	
1912	大正1	西園寺公望	友愛会創立(P.429)。第1次護憲運動(P.418)	P.419 桂首相の発言
1913	2	桂太郎	大正政変	
1914	3	山本/大隈	ジーメンス事件。第1次世界大戦参戦(P.420)	
1915	4	大隈重信	対中国二十一か条の要求(P.420)	P.424 民本主義の提唱
1917	6	寺内正毅	金輸出禁止。石井・ランシング協定(P.422)	P.427 河上肇『貧乏物語』
1918	7		米騒動(P.428)。シベリア出兵(～22)。原政友会内閣成立	
1919	8	原敬	朝鮮三・一運動(P.431)。ヴェルサイユ条約調印	P.426 新婦人協会「綱領」
1920	9		国際連盟加盟。第1回メーデー	P.452 『日本改造法案大綱』
1921	10	原/高橋	友愛会、日本労働総同盟と改称。ワシントン会議で四か国条約調印(P.434)	P.432 一切を棄つるの覚悟
1922	11	高橋/加藤	九か国条約(P.434)・海軍軍縮条約調印(P.433)。全国水平社(P.426)・日本農民組合・日本共産党結成	
1923	12	山本権兵衛	関東大震災(P.430)。甘粕・亀戸事件。虎の門事件	
1924	13	清浦奎吾	第2次護憲運動	P.439 婦人参政権獲得期成同盟会
1925	14	加藤高明	日ソ基本条約(P.435)。治安維持法(P.440)。普通選挙法(P.437,438)	
1927	昭和2	若槻/田中	金融恐慌(P.442)。山東出兵。東方会議(P.444)。立憲民政党結成	P.407 紡績女工の実態
1928	3	田中義一	最初の普通選挙。三・一五事件。済南事件。張作霖爆殺事件(P.446)。治安維持法改正(P.440)。不戦条約調印(P.436)	P.445 対支非干渉運動の呼びかけ
1930	5	浜口雄幸	金解禁(P.443)。ロンドン海軍軍縮会議(P.447)。昭和恐慌	

第4編

年		天皇	有力者	政治・経済・社会	収録史料(年代は目安)
1833	天保4	仁孝	徳川家斉	天保の飢饉	P.243 慶安の触書
1837	8		徳川家慶	大塩の乱(P.284)。生田万の乱。モリソン号事件(P.294)	P.286 徳川斉昭の戊戌封事
1839	10			蛮社の獄	
1841	12			天保の改革(P.287,288)。株仲間解散令(P.288)	P.292 天保の改革への風刺
1842	13			天保の薪水給与令(P.308)	P.255 商品作物の栽培
1843	14			人返しの法(P.290)。上知令(P.291)。水野忠邦，失脚	P.309 オランダ国王開国親書
1846	弘化3	孝明		ビッドル、浦賀に来航し通商要求	
1853	嘉永6			ペリー浦賀に(P.310)、プチャーチン長崎に来航	P.313 ペリー来航時の狂歌・川柳
1854	安政1		徳川家定	日米和親条約(P.311)、同様の条約を英・露とも締結(P.313)	P.278 渋染一揆
1858	5			日米修好通商条約(P.314)、同様の条約を蘭・露・英・仏とも締結。安政の大獄	
1859	6		徳川家茂	横浜・長崎・箱館3港で貿易開始	
1860	万延1			桜田門外の変。五品江戸廻送令(P.316)	P.317 イギリスの対日観
1862	文久2			坂下門外の変。和宮降嫁。生麦事件(P.318)	
1863	3			下関事件。薩英戦争。八月十八日の政変	
1864	元治1			禁門の変。第1次長州征討。下関戦争	
1865	慶応1			条約勅許	P.277 打ちこわしの様子
1866	2			薩長同盟。改税約書調印。第2次長州征討	P.319 ええじゃないか
1867	3	明治	徳川慶喜	大政奉還(P.320)。王政復古の大号令(P.322)。小御所会議	P.320 討幕の密勅
1868	明治1			戊辰戦争。五箇条の誓文(P.323)。五榜の掲示(P.325)。神仏分離令(P.340)。政体書(P.326)。国威宣揚の布告	
1869	2			東京遷都。版籍奉還(P.327)。華族・士族・平民の制	
1871	4			岩倉使節団(P.346)。廃藩置県(P.329)。日清修好条規(P.347)	P.330 女子留学生派遣構想
1872	5			学制(P.343)。太陽暦採用。国立銀行条例。徴兵告諭(P.332)	P.331 山県有朋らの建議
1873	6			徴兵令(P.333)。地租改正条例(P.336)。征韓派参議辞職	P.336 四民平等　P.341 明六雑誌
1874	7			民撰議院設立建白(P.351)。佐賀の乱。台湾出兵	P.339 殖産興業
1875	8			愛国社結成。元老院・大審院設置。漸次立憲政体樹立の詔(P.352)。樺太・千島交換条約(P.349)。江華島事件。讒謗律・新聞紙条例(P.353,354)	P.344 文明開化の世情
1876	9			日朝修好条規(P.347)。廃刀令。秩禄処分。神風連の乱。秋月の乱。萩の乱。地租改正反対一揆(P.326)	P.342 福沢諭吉『学問のすゝめ』
1877	10			西南戦争。立志社建白(P.332)	P.415『日本開化小史』
1878	11			三新法施行。竹橋事件。愛国社再興	P.355『民権自由論』
1879	12			琉球処分(P.350)。府県会開設	P.345 イザベラ=バードの日本紀行
1880	13			国会期成同盟結成。集会条例(P.357)。刑法公布	
1881	14			明治十四年の政変。国会開設の勅諭(P.360)。自由党結成(P.362)。松方財政	P.356 東洋大日本国国憲按 P.357 五日市憲法草案
1882	15			立憲改進党結成(P.363)。壬午軍乱。日本銀行創立。福島事件(P.340)	P.334 軍人勅諭 P.369 伊藤博文の憲法調査
1884	17		(↓総理)	華族令。加波山事件。秩父事件(P.364)。甲申事変	
1885	18		伊藤博文	天津条約(P.354)。大阪事件(P.365)。内閣制度創設。脱亜論(P.382)	P.416 坪内逍遙『小説神髄』
1887	20			大同団結運動。三大事件建白(P.366)。保安条例(P.367)	P.375 井上馨の条約改正案
1888	21		黒田清隆	市制・町村制公布(P.373)。枢密院設置	P.405 高島炭鉱の納屋制度

年		内閣	政治・経済・社会	収録史料(年代は目安)
1964	39		IMF8条国移行。OECD加盟。名神高速道路・東海道新幹線開通。東京オリンピック開催。全日本労働総同盟(同盟)結成	
1965	40	佐藤栄作	ILO87号条約承認。日韓基本条約調印(P.510)	
1966	41		戦後初の赤字国債発行。中国で文化大革命起こる	
1967	42		公害対策基本法制定(P.510)	
1968	43		日中覚書貿易。小笠原諸島返還。学園紛争起こる	
1969	44		同和対策事業特別措置法。大学運営臨時措置法。アポロ11号月面着陸	
1970	45		核兵器拡散防止条約参加。安保条約自動延長。大阪で日本万国博覧会開催	
1971	46		沖縄返還協定調印(P.513)。環境庁発足。ニクソン=ショック	
1972	47	田中角栄	日中共同声明,国交正常化(P.514)。沖縄県本土復帰。札幌冬季オリンピック	P.512 日本列島改造論
1973	48		円の変動相場制移行。第4次中東戦争。第1次石油危機。狂乱物価	
1974	49		日中貿易協定調印。佐藤栄作、ノーベル平和賞受賞	
1976	51	三木武夫	ロッキード事件	
1977	52	福田赳夫	漁業専管水域200海里に設定	
1978	53		日中平和友好条約調印	
1979	54	大平正芳	第2次石油危機。東京サミット開催。元号法制定	
1983	58	中曽根康弘	ロッキード事件裁判で田中角栄に有罪判決	
1985	60		男女雇用機会均等法成立(P.515)。プラザ合意	
1986	61		社会党委員長に土井たか子就任(女性初の政党党首)。国鉄分割民営化	
1988	63	竹下登	リクルート事件	
1989	平成1	竹下/宇野	消費税課税実施。参議院で与野党の議席数逆転	
1991	3	海部俊樹	自衛艦のペルシア湾派遣。牛肉・オレンジ輸入自由化。ソ連解体。バブル経済崩壊	
1992	4	宮沢喜一	PKO協力法成立(P.516)。自衛隊カンボジア派遣	
1993	5	細川護熙	非自民8党派による細川内閣成立	
1994	6	村山富市	自社さきがけ連立内閣成立	
1995	7		阪神・淡路大震災。地下鉄サリン事件。戦後50年の国会決議。戦後50年談話(P.518)	P.519 沖縄県民総決起集会
1996	8	橋本龍太郎	住専処理法案。民主党結成	
1997	9		消費税5%に。アイヌ文化振興法成立(P.520)。新ガイドライン決定。長野新幹線開通。臓器移植法。京都議定書(P.521)	
1998	10	小渕恵三	長野冬季オリンピック。明石海峡大橋開通	
1999	11		ガイドライン関連3法案成立。国旗・国歌法成立	P.517 新時代の「日本的経営」
2000	12	森喜朗	沖縄サミット。韓国と北朝鮮の南北首脳会談実施	
2001	13	小泉純一郎	米同時多発テロ事件。テロ対策特別措置法成立	
2002	14		日朝平壌宣言	
2003	15		イラク戦争勃発。有事関連3法成立	
2004	16		陸上自衛隊イラクへ派遣	
2006	18	小泉/安倍	教育基本法改正(P.488)	
2014	26	安倍晋三	集団的自衛権の承認(P.522)	

年		内閣	政治・経済・社会	収録史料(年代は目安)
1931	6	若槻/犬養	三月事件。柳条湖事件(P.449)。満洲事変。十月事件。金輸出再禁止	P.448 石原莞爾『満蒙問題私見』
1932	7	犬養/斎藤	第1次上海事変。血盟団事件。五・一五事件(P.453)。満洲国建国、日満議定書調印(P.450)。リットン調査団報告(P.449)	
1933	8	斎藤実	国際連盟脱退(P.451)。滝川事件(P.456)。塘沽停戦協定	
1935	10	岡田啓介	天皇機関説事件(P.423,457)。国体明徴声明(P.458)	
1936	11	岡田/広田	ロンドン海軍軍縮会議脱退。二・二六事件(P.454)。日独防共協定締結(P.465)	
1937	12	近衛文麿	盧溝橋事件。日中戦争。日独伊防共協定。人民戦線事件	P.460 南京事件
1938	13		近衛声明(P.458)。国家総動員法(P.463)。張鼓峰事件	
1939	14	平沼騏一郎	ノモンハン事件。国民徴用令。日米通商航海条約破棄通告	P.461「慰安所」の設置
1940	15	近衛文麿	北部仏印進駐。日独伊三国同盟成立(P.466)。大政翼賛会発足(P.464)。大日本産業報国会結成。	P.473 皇民化政策の推進 P.462 斎藤隆夫の反軍演説
1941	16	近衛/東条	治安維持法全面改正(P.440)。日ソ中立条約締結(P.467)。南部仏印進駐(P.471)。ハル・ノート(P.469)。太平洋戦争開戦(P.470)	P.468 帝国国策遂行要領
1942	17		翼賛選挙。ミッドウェー海戦	
1943	18		ガダルカナル島撤退。大東亜会議。カイロ宣言(P.478)。学徒出陣	P.472 朝鮮人の労働力動員
1944	19	東条/小磯	サイパン島陥落。本土空襲本格化(P.476)	P.474 戦時下の社会批判
1945	20	小磯/鈴木	ヤルタ協定(P.479)。東京大空襲。米軍,沖縄本島占領(P.477)。広島・長崎に原爆投下。ソ連参戦。ポツダム宣言受諾(P.480)	P.475 敗戦と「国体護持」
		東久邇宮稔彦 幣原喜重郎	五大改革指令(P.483)。政党再建。財閥解体(P.490)。新選挙法で婦人参政権確立。労働組合法公布(P.491)。農地改革(〜49)(P.489)。国際連合成立	P.482 米国の初期対日方針 P.485 戦後対策婦人委員会 P.487 憲法草案要綱
1946	21	吉田茂	天皇の神格否定宣言(人間宣言)(P.484)。公職追放令。金融緊急措置令。極東国際軍事裁判開始。日本国憲法公布。傾斜生産方式の採用。	P.486 マッカーサー・ノート
1947	22	片山哲	二・一ゼネスト中止。教育基本法(P.488)。労働基準法(P.492)。独占禁止法。学校教育法成立	P.491 労働関係調整法 P.492 ロイヤル米陸軍長官演説
1948	23	芦田均	極東国際軍事裁判判決。経済安定九原則(P.494)	
1949	24	吉田茂	ドッジ・ライン(P.495)。松川事件。シャウプ勧告	
1950	25		マッカーサー「年頭の辞」。警察予備隊新設。レッド=パージ。金閣焼失。朝鮮戦争起こる	P.500 平和問題談話会声明
1951	26		サンフランシスコ平和条約(P.498)・日米安全保障条約調印(P.501)	
1952	27		日米行政協定(P.505)。メーデー事件。IMF加盟。破壊活動防止法成立(P.496)。保安隊設置	
1953	28		内灘基地反対闘争。池田・ロバートソン会談。テレビ放送開始。朝鮮休戦協定調印。奄美群島が日本に返還される	
1954	29		MSA協定。第五福竜丸被曝。防衛庁・自衛隊発足(P.497)	
1955	30	鳩山一郎	第1回原水爆禁止世界大会。砂川基地反対闘争。社会党統一。自由民主党結成(保守合同)。神武景気	
1956	31	鳩山/石橋	日ソ共同宣言，国交回復(P.506)。国連加盟	P.507 もはや「戦後」ではない
1959	34	岸信介	安保条約改定阻止国民会議結成(P.504)。岩戸景気	
1960	35		日米新安全保障条約調印(P.502)。改定阻止闘争。日米地位協定。	P.508 国民所得倍増計画
1961	36	池田勇人	農業基本法成立	
1963	38		部分的核実験停止条約に調印	

第9章

欧米文化の導入と明治維新

1 開国前夜

1 天保《てんぽう》の薪水給与令《しんすいきゅうよれい》

異国船の打払《うちはらい》の儀《ぎ》停止御書付《おんかきつけ》

異国船渡来《とらい》の節、二念《にねん》無く❶打払《うちはらい》申すべき旨《むね》、❷文政《ぶんせい》八年仰《おお》せ出され候、然《しか》る処《ところ》、当時万事《ばんじ》御改正❸にて、享保寛《きょうほうかん》政《せい》の御政事《せいじ》に復《ふく》され、何事ニよらず御仁政《ごじんせい》を施《ほどこ》され度《たし》との有《あ》り難《がた》き思召《おぼしめし》ニ候、右ニ付《つい》ては、外国のものニても、難風《なんぷう》に逢《あ》い漂流《ひょうりゅう》ニて食物薪水《しんすい》を乞《こい》候迄《まで》に渡来《わたりきたり》候を、其《その》事情相分《あいわか》らずニ、一図《いちず》ニ打払候てハ、万国に対せられ候御所置《しょち》とも思召《おぼしめ》されず候、これに依《よっ》て文化三年異国船渡来の節、取計《とりはからい》方の儀ニ付《つき》仰せ出され候趣《おもむき》❹ニ相復し候様仰せ出され候間、異国船と見受け候ハヾ、得《とく》と様子相糺《あいただ》し、食料薪水等乏《とぼ》しく、帰帆《きはん》❺成り難き趣候ハヾ、望《のぞみ》の品相応《そうおう》ニ与へ、帰帆致すべき旨申諭《もうしさとし》、尤《もっとも》上陸ハ致させ間敷《まじく》候。

『徳川禁令考《とくがわきんれいこう》』

通釈

外国船打払い停止の書付

外国船が渡ってきたときは迷うことなく打ち払いなさい、ということは文政八年にお命じになった。ところが現在万事を改め、享保・寛政の政治に戻されて何事にも仁政を施したいというありがたいお考えである。右のことについては、外国の船であっても嵐にあい漂流して食物や薪水を求めて渡来したとき、その事情もわからないままにすぐに打ち払ってしまっては外国に対する適切な処置ではないとお考えである。こういうわけで、文化三年に外国船が渡来したとき、その取り計らい方法について命じられた内容に戻るように仰せになったので、外国船を見受けたならば、念入りに事情を調べ、食物や薪水が乏しく、帰国しにくいような事情があれば、相手の望む品を相応に与え、帰国するように説得しなさい。ただし、上陸させてはならない。

◀天保の薪水給与令

❶**二念無く**　迷うことなく。

❷**打払申すべき旨**　一八二五（文政八）年の異国船（無二念）打払令。

❸**御改正**　天保の改革のこと。

❹**文化……趣**　一八〇六（文化三）年の文化の撫恤令（薪水給与令）。

❺**帰帆**　帰国すること。

出典◉『徳川禁令考』　本書二三一ページ参照。

解説 一八四〇年に**アヘン戦争**がはじまると、江戸幕府はオランダ経由で清国の劣勢《れっせい》を知った。欧米列強の矛先《ほこさき》が清国の次は日本に向かうことを恐れた幕府は、外国船を無差別に打ち払う一八二五(文政《ぶんせい》八)年の「異国船打払令《いこくせんうちはらいれい》」を改め、一八〇六(文化《ぶんか》三)年の「文化の撫恤令《ぶじゅつれい》」に戻ることをうたった法令(**天保《てんぽう》の薪水給与令《しんすいきゅうよれい》**)を出した。一八四二(天保十三)年に出されたこの薪水給与令は、外国船に対し燃料と食糧・飲料を与えて、穏便《おんびん》に退去させようとするものだった。同時に幕府は、江戸湾の海防警備体制を強化し有事に備えようとした。

2 オランダ国王開国親書

近来英吉利《イギリス》国王❶より支那《しな》国帝❷に対し、兵を出して、烈しく戦争❸せし本末《ほんまつ》は、我国の舶、毎年長崎に到《いたり》て呈《てい》する風説書《ふうせつがき》❹を見られて既《すで》に知り給《たま》ふべし。……

貴国も亦《また》此《かく》の如《ごと》き災害に罹《かか》り給はらんとす。凡《おおよそ》災害は倉卒《そうそつ》❺に発するものなし。**今より日本海に異国船の漂《ただよ》ひ浮《うか》むこと古《いにしえ》よりも多なりゆきて、是《これ》か為《ため》に其舶兵《そのはくへい》のものと貴国の民と争論を開き、終《つい》には兵乱を起するに到らん。これを熟察して深く心を痛《いた》しむ**(今後日本の近海を外国船が往き来することが以前より多くなり、このために外国船の兵隊と貴国の民が争い、ついに兵乱を起こすことになるだろう。こうしたことをあれこれ考えて深く心を痛めている)。

謹《つつしんで》古今《ここん》の時勢を通考するに天下の民は速《すみやか》に相親《あいしたし》むものにして、其勢《そのいきおい》は人力のよく防ぐ所に非《あら》ず。蒸気船❻を創製せるより以来、各国相距《へだた》ること遠《とおく》て、猶《なお》近きに異ならず。**斯《かく》の如《ごと》く互《たがい》に好《よしみ》を通ずる時に当《あたり》て、独《ひとり》国を鎖《とざ》して万国と相親まざるは、人の好《よし》みする処《ところ》にあらず**(このように国同士が互いに交流を行っているときに、独り国をとざして多くの国々と親しく交流しようとしないことを、多くの人はよく思わないであろう)。

『幕末《ばくまつ》維《い》新外交《しんがいこう》史《し》料集成《りょうしゅうせい》』

◀オランダ国王開国親書

❶**国王** イギリスのヴィクトリア女王のこと(在位一八三七～一九〇一)。

❷**支那国帝** 清の道光《どうこう》帝のこと(在位一八二〇～五〇)。

❸**戦争** 一八四〇～四二年のアヘン戦争のこと。この敗北で以後中国は半植民地状態となっていく。

❹**風説書** 毎年長崎に入港するオランダ船が幕府に提出した海外情報書を和訳したもの。一六四一(寛永《かんえい》十八)年以降毎年提出されたが、アヘン戦争勃発《ぼっぱつ》の二年後の一八四二(天保《てんぽう》十三)年からは、幕府の要請もあり、詳しい情報(別段《べつだん》風説書)を提出していた。

❺**倉卒** 急に。にわかに。

❻**蒸気船** 一八〇七年にアメリカのロバート＝フルトンによって商業的に実用化されていた。

出典◉『**幕末維新外交史料集成**』維新史学会編集による史料集。

設問1 **1**❶においてなぜ幕府は薪水給与という方針へ転換したのだろうか。
2❷においてオランダはどのような理由で日本に開国を勧めているだろうか。

解説 清国はアヘン戦争に敗北し、イギリスと南京《ナンキン》条約を結んで開港したのち、アメリカ・フランスとも条約を結んだ。中国進出を果たした欧米列強は、日本に対してもその機会をうかがっていた。またこの頃、オホーツク海から日本海にかけての海域が捕鯨《ほげい》の漁場となり、日本への外国船の渡来が増えていた。そのような状況の中、一八四四（天保《てんぽう》十五）年七月、**オランダ国王ウィレム二世**は長崎に将軍あての書翰《しょかん》を送った。内容は、日本も清国の二の舞にならないよう**「鎖国」政策の緩和を勧告**するものだった。これに対し幕府は翌年六月、オランダの申し出を謝絶し、開国政策をとる意思がないことを示した。

2 開国と幕府の滅亡

1 アメリカ合衆国大統領フィルモアの書簡

余《よ》は❶ペルリ提督《ていとく》❷に命じて、陛下《へいか》❸に他の事を告げしむ。吾が船舶《せんぱく》にして毎年カリフォルニアより支那《しな》に赴《おもむ》くもの多く、又《また》吾が人民にして、日本沿岸に於《おい》て捕鯨《ほげい》に従事するもの甚《はなは》だ多し。荒天《こうてん》の際には、吾が船舶中の一艘《いっそう》が貴国沿岸に於て難破《なんぱ》することも屡々《しばしば》なり。かかる場合には悉《ことごと》く、吾等《われら》が他の船舶を送りてその財産及人民を運び去るまでは、吾が不幸なる人民を親切に遇《ぐう》し、その財産を保護せられんことを願い又期待するものなり。余はこのことを熱望するものなり。余は又ペルリ提督に命じて、陛下に次のことを告げしむ。即《すなわ》ち余等《よら》は日本帝国内には、石炭及び食糧が豊富なることを聞知《ぶんち》し居ることこれなり。吾が諸汽船が太洋を横ぎるに当《あた》りては多量の石炭を焚《た》く。又それを遙《はるか》にアメリカより持ち来《きた》るは便利ならず。**願はくは吾が汽船及びその他の船舶が日本に停船して、石炭、食糧及び水の供給を受くることを許されよ。**……余が強力なる艦隊をもってペルリ提督を派遣し、陛下の有名なる江戸市を訪問せしめたる唯一の

◀**アメリカ合衆国大統領フィルモアの書簡**

❶**余**　アメリカ合衆国のフィルモア大統領（任一八五〇～五三）のこと。

❷**ペルリ提督**　アメリカ合衆国の東インド艦隊司令長官ペリー（一七九四～一八五八）のこと。日本に来航して開国を迫《せま》り、日米和親条約を結ばせた。

❸**陛下**　書簡は「日本国皇帝」宛てであったため「陛下」と記されているが、ここでは将軍家慶《いえよし》のこと。

目的は次の如し。即ち友好、通商、石炭と食糧との供給及び吾が難破民の保護これなり。

『ペルリ提督日本遠征記《ていとくにほんえんせいき》』

出典◉『**ペルリ提督日本遠征記**』アメリカ東インド艦隊司令長官ペリーが開国を求めて日本に来航したときの報告書。一八五二年の出発から五五年の帰国までの記録で、日米和親条約の締結など、当時の日米外交を知るための基本史料。

解説　一八五三（嘉永《かえい》六）年六月、**ペリー**に率いられたサスケハナ号以下四隻《せき》のアメリカ軍艦が**浦賀沖**《うらが》に姿を現し、ペリーは**フィルモア大統領**の親書を受理するよう幕府に求めた。幕府は長崎への回航を求めたが、ペリーは軍艦で威圧するなどの強硬姿勢で拒絶した。結局、幕府は紛争を避けるため、浦賀近くの**久里浜**《くりはま》で親書を受け取った。親書の内容は、友好関係樹立と貿易開始、石炭・食糧・飲料水を供給する寄港地の提供、捕鯨《ほげい》船等が難破した際保護を求めるものだった。ペリーは回答を得るため翌春再び来訪することを告げ、江戸湾内深く進入する示威《じい》行動をしたのち退去した。七月にはプチャーチン率いるロシア艦隊が長崎に来航し、通商開始と国境確定を求めた。**老中阿部正弘**《あべまさひろ》は、「鎖国」を維持しつつ戦争も回避するという難題に改めて向き合うことになった。

2 日米和親条約

第一ケ条　一、日本と合衆国とハ、其《その》人民永世不朽《えいせいふきゅう》の和親を取結び、場所、人柄《ひとがら》の差別これなき事《こと》

第二ケ条　一、**伊豆下田**《いずしもだ》、**松前地箱館**《まつまえちはこだて》❶の両港ハ、日本政府ニ於《おい》て、亜墨利加《アメリカ》船薪水《しんすい》食料石炭欠乏《けつぼう》の品を、日本にて調《ととのい》候丈《そうろうだけ》ハ給《きゅうし》候為《た》メ、渡来《とらい》の儀差免《ぎさしゆる》し候、尤《もっとも》下田港は、約条《やくじょう》❷書面調印の上即時《うえそくじ》にも相開《あいひら》き、箱館ハ、来年三月より相始候事《あいはじめそうろうのこと》

第三ケ条　一、合衆国の船、日本海浜漂着《ひょうちゃく》の時扶助《ふじょ》いたし、其漂民《ひょうみん》を下田又《また》ハ箱館に護送し、本国の者受取《うけとり》

通釈

第一ケ条　日本と合衆国の人民は永久に変わることのない和親を取り結び、場所・人について差別しないこと。

第二ケ条　伊豆の下田・松前地の箱館の両港は、日本政府によって、アメリカ船が薪水・食料・石炭など欠乏の品を日本で調達できるだけは供給するので渡来することを許す。もっとも下田港は、条約書面に調印の上すぐにでも開港し、箱館は来年三月より開港すること。

第三ケ条　合衆国の船が日本の海岸に漂着したときはこれを助け、その漂流民を下田または箱館に護送し、本国の者が受け取ること、所持の

◀日米和親条約

❶**箱館**　今の北海道の函館。
❷**約条**　条約に同じ。
❸**和蘭人**　オランダ人。
❹**徘徊**　歩き回ること。
❺**外国人**　アメリカ以外の外国人。

出典◉『**幕末外国関係文書**』東京大学史料編纂《へんさん》所の編集による『大日本古文書』の一部。一八五三（嘉永《かえい》六）年以降の外交史料を集めている。

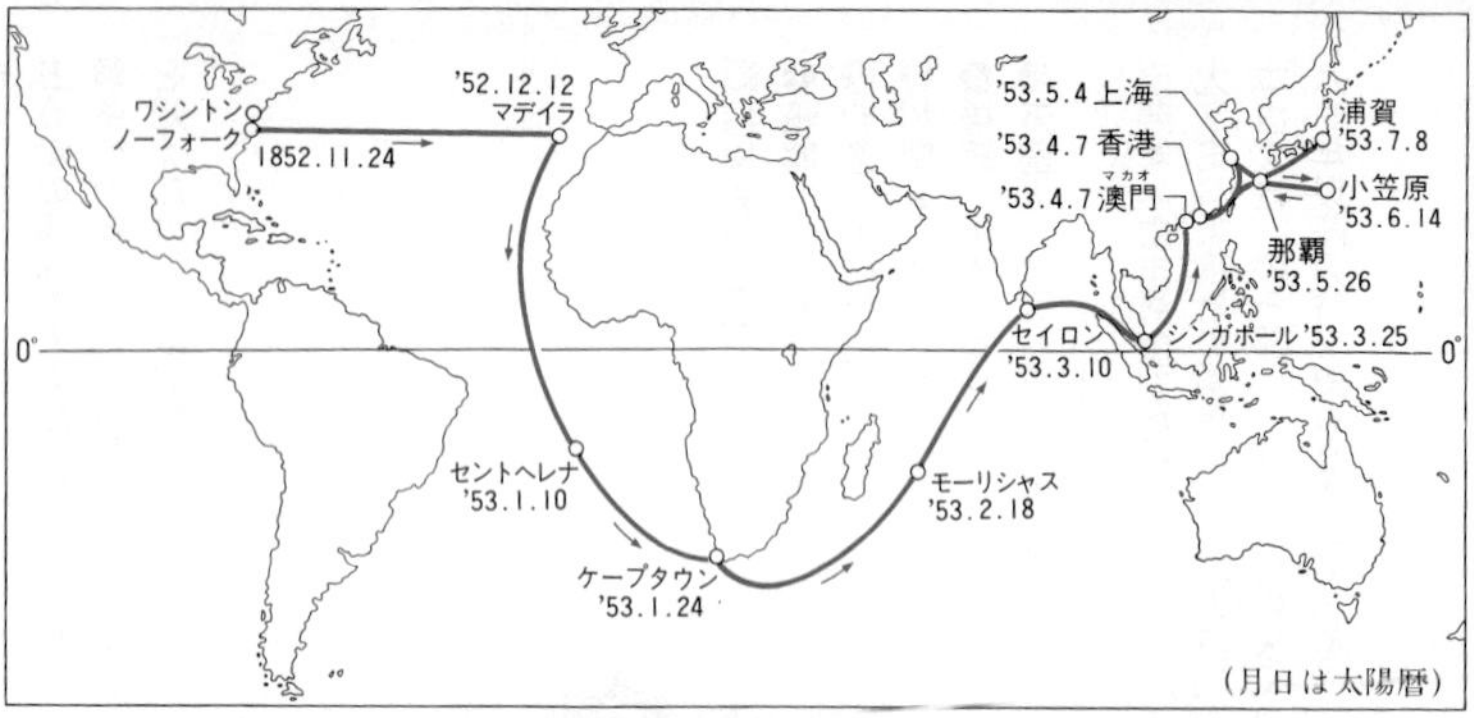

◀ペリー艦隊の航海図
(月日は太陽暦)

申すべし、所持《しょじ》の品物も同様に致《いた》すべく候

第五ケ条　一、合衆国の漂民其他の者とも、当分、下田箱館逗留《とうりゅう》中、長崎に於《お》て、唐《から》、和蘭《オランダ》人❸同様閉籠《とじこ》メ窮屈《きゅうくつ》の取扱これ無く、下田港内の小島周《まわ》り凡《およそ》七里の内は、勝手に徘徊《はいかい》❹いたし、箱館港の儀ハ、追《おっ》て取極《とりき》め候事

第七ケ条　一、合衆国の船右両港に渡来の時、金銀銭並《ならびに》品物を以《もっ》て、入用の品相調《あいととの》ひ候を差免し候、尤日本政府の規定に相従《あいしたがい》申すべく……

第八ケ条　一、薪水《しんすい》食料石炭幷《ならびに》欠乏の品を求《もとむ》る時ニハ、其地の役人にて取扱すべし、私《わたくし》に取引すべからざる事

第九ケ条　一、**日本政府、外国人❺へ当節亜墨利加《アメリカ》人へ差免さず候廉《かど》相免し候節《せつ》ハ、亜墨利加人へも同様差免し申**すべし、右に付談判猶予《だんぱんゆうよ》致さず候事

第一一ケ条　一、両国政府に於て拠《よんどころ》なき儀これ有り候模様ニより、**合衆国官吏《かんり》のもの下田に差置《さしおき》候儀もこれ**有るべし、尤約定調印より一八ケ月後ニこれ無く候てハ、其儀ニ及ばず候事

『幕末外国関係文書《ばくまつがいこくかんけいもんじょ》』

品も同様にすること。

第五ケ条　合衆国の漂流民、その他の者は、当分下田・箱館滞在中、長崎で中国人・オランダ人を閉じこめているような窮屈な取り扱いはしない。下田港内の小島のまわり、およそ七里(約二七・五キロ)のうちは自由に歩き回ってよい。箱館港のことについては近いうちに取り決めること。

第七ケ条　合衆国の船が右の両港にやってきたとき、金銀ならびに品物で必要な品をととのえることを許可すること。ただし日本政府の規定に従うこと。……

第八ケ条　薪水・食料・石炭ならびに欠乏の品を求めるときには、その地の役人が取り扱うこと。私的に取引してはならない。

第九ケ条　日本政府が外国人に対し、今回アメリカ人に対して許さなかったことを許可したときは、アメリカ人へも同様に許可すること、右については交渉の時間はとらない。

第一一ケ条　両国政府において止むを得ない事情が生じたような場合は、合衆国の役人を下田に駐在させることもある。もっとも条約調印後十八か月たってからでなくてはならない。

解説

一八五四(嘉永《かえい》七)年一月十六日、ペリーは七隻《せき》の艦隊を率いて再び来訪した。応接地として幕府は鎌倉を提案したが、アメリカ側はこれを拒否して江戸に近い場所を要望し、江戸湾内まで艦隊を進め示威《じい》行動をとった結果、横浜になった。交渉の結果三月三日に結ばれた**日米和親条約**の内容は、

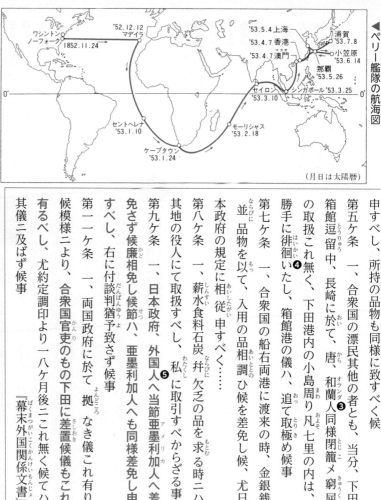

下田《しもだ》・箱館《はこだて》を開港して欠乏《けつぼう》品を供給する（第二条）、アメリカ漂流民の保護（第三条）、**最恵国待遇《さいけいこくたいぐう》**（第九条）、**領事駐在**（第十一条）などだった。貿易開始については、幕府はこれを避ける方針で交渉に臨み、ペリーも固執しなかったので、第八条の私的取引禁止の条文となった。最恵国待遇は、第三国が日本とアメリカより有利な条約を結んだ場合アメリカにも適用されるが、逆にアメリカが他国と結んだ条約の内容は日本に適用されない片務的《へんむ》なもので、不平等なものだった。

3 ペリー来航時の狂歌《きょうか》・川柳《せんりゅう》

陣羽織《じんばおり》異国❶から来て洗いはり❷　ほどいて見れば浦賀《うらが》❸大変

武具馬具師❹　亜米利加《アメリカ》様と　そっといひ

古《いにし》への蒙古《もうこ》の時❺と阿部《あべ》こべ❻に　ちっとも吹かぬ伊勢のかみ風❼

泰平《たいへい》のねむりをさますじょうきせん❽　たった四はい❾で夜も寝られず

『江戸時代落書類聚《らくしょるいじゅう》』

解説　ペリー艦隊は、軍事力を誇示して幕府との交渉を有利に進めるため、江戸湾内へと進入した。江戸などに住む人々はこれらの艦隊を目にすることも少なくなく、黒船を見物する人々の様子を描いた絵画も残されている。また実際に目撃していない人々も瓦版《かわらばん》や伝聞などを通じて情報を得ていた。この狂歌《きょうか》も黒船を見聞きした庶民の作といわれるが、明治になってから作られたものだという説もある。

◀ペリー来航時の狂歌・川柳

❶異国　アメリカ。

❷洗いはり　着物をほどいて洗濯すること。

❸浦賀　着物の「裏が」とかけている。長い間しまっていたため、着物の裏が虫食いだらけの意味。

❹武具馬具師　ペリー来航で、武士がいっせいに武器や馬具を調達したので、それらの店が繁盛《はんじょう》した。

❺古への蒙古の時　鎌倉時代のモンゴル襲来のとき。

❻阿部こべ　ペリー来航のときの老中阿部正弘が、モンゴル襲来のときと「あべこべ」で無策だという意味。

❼伊勢のかみ風　阿部正弘の官職名である伊勢守と、モンゴル襲来のとき伊勢神宮に祈願して神風が吹いたという伝承とをかけている。

❽じょうきせん　茶の銘柄「喜撰《きせん》」の上等のものである「上喜撰《じょうきせん》」と「蒸気船」をかけている。

❾四はい　船は一杯、二杯とも数えるので、茶の「四杯」とかけている。

出典◉**『江戸時代落書類聚』**　矢嶋松軒著。一九一五（大正四）年刊。江戸時代に関する落書・落首が集められている。

4 日露《にちろ》和親条約

第二条　今より後、日本国と魯西亜《ロシア》国との境、エトロフ島とウルップ島との間ニあるべし、エトロフ全島ハ、日本に属し、ウルップ全島、夫《それ》より北の方クリル諸島❶ハ、魯西亜ニ属す、カラフト島ニ至りては、日本国と魯西亜国の間ニおゐて、界《かい》を分《わか》たず、是迄《これまで》仕来《しきたり》の通《とおり》たるべし。
『幕末外国関係文書《ばくまつがいこくかんけいもんじょ》』

◀日露和親条約
❶クリル諸島　千島列島のこと。

出典◉『幕末外国関係文書』本書三一二ページ参照。

1778年	ロシア	厚岸に来航して通商を求める
1792年	ロシア	ラクスマン、根室に来航
1804年	ロシア	レザノフ、長崎に来航
1808年	イギリス	フェートン号、長崎に来航
1811年	ロシア	国後島でロシア艦長ゴローウニンを捕える
1824年	イギリス	捕鯨船員、常陸・薩摩に上陸
1837年	アメリカ	モリソン号来航、砲撃を加える
1846年	アメリカ	ビッドル、浦賀に来航
1853年	アメリカ	ペリー、浦賀に来航
1853年	ロシア	プチャーチン、長崎に来航
1854年	アメリカ	ペリー再び来航、日米和親条約を結ぶ

▲幕末の主な外国船来航

◀日米修好通商条約
❶大君　江戸幕府の将軍。
❷神奈川　実際には横浜を開港。
❸新潟　実際の開港は一八六九年一月一日。

解説

日米和親《わしん》条約の締結後、幕府はイギリス・ロシア・オランダと相次いで和親条約を結んだ。**日露《にちろ》和親条約**は、一八五四（安政《あんせい》元）年十二月二十一日に調印された。内容は、第二条で日露間の国境を定めており、**エトロフ島とウルップ島の間を両国の国境**としエトロフ島以南を日本領とすること、**カラフトは境界を定めず従来通り**とするものだった。そのほか、日本は下田《しもだ》・箱館《はこだて》・長崎を開き領事の駐在を認める、片務《へんむ》的最恵国待遇《さいけいこくたいぐう》、両国の領事裁判権《りょうじさいばんけん》を認めるなどの内容であった。領事裁判権が双務的になったことは、ラクスマン来訪以降、日本とロシアの間で儀礼的対等関係が積み重ねられていたことによる。

5 日米修好通商条約

第一条　向後《きょうこう》日本大君《たいくん》❶と、亜墨利加《アメリカ》合衆国と、世々《よよ》親睦《しんぼく》なるべし。……

第三条　下田箱館《しもだはこだて》港の外《ほか》、次にいふ所の場所を、左の期限より開くべし。

神奈川❷　午三月より凡《およそ》十五ケ月の後より　西洋紀元千八百五十九年七月四日
長崎　同断　同断
新潟❸　同断　凡二十ケ月の後より　千八百六十年一月一日
兵庫❹　同断　凡五十六ケ月の後より　千八百六十三年一月一日

……

神奈川港を開く後六ケ月にして、下田港は鎖《とざ》すべし、此《この》ケ条《かじょう》の内に載《のせ》たる各地は、亜墨利加人に居留《きょりゅう》を許す

通釈

第一条　今後日本の将軍と、アメリカ合衆国とはいつまでも仲良くすること……

第三条　下田・箱館港のほか、次に述べる場所を左の期限より開くこと。

神奈川（安政五年三月からおよそ一五か月後　西暦一八五九年七月四日）
長崎（神奈川と同じ）
新潟（安政五年三月からおよそ二〇か月後　一八六〇年一月一日）
兵庫（安政五年三月からおよそ五六か月後　一八六三年一月一日）

……

神奈川港開港の六か月後、下田港を閉鎖すること。この箇条のうちに記載した各地ではアメリ

❹**兵庫**　実際には神戸を一八六八年一月一日に開港。
❺**江戸**　実際の開市は一八六九年一月一日。
❻**大坂**　実際の開市は一八六八年一月一日。
❼**逗留**　滞在すること。
❽**別冊**　別添の貿易章程。
❾**運上**　営業者に課せられた雑税の一つ。ここでは関税のこと。
❿**コンシュル**　アメリカ合衆国の領事。
⓫**糺**　取り調べること。
⓬**宗法**　宗教に同じ。

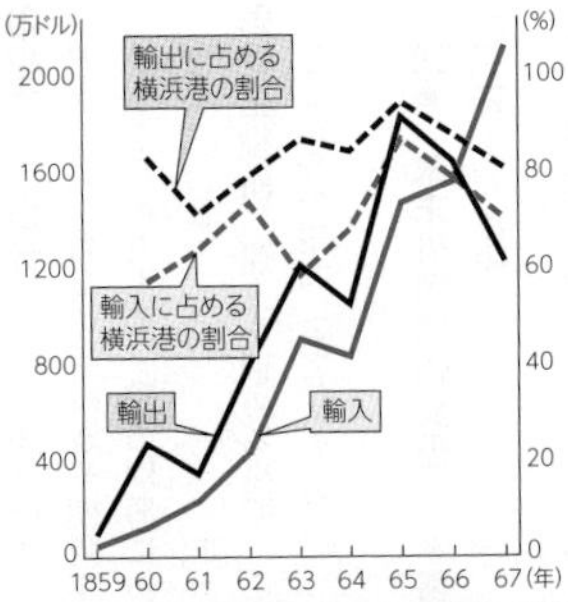

▲横浜・長崎・箱館の輸出入合計額の推移

べし。……
江戸❺　午三月より凡四十四ケ月の後より千八百六十二年一月一日
大坂❻　同断　凡五十六ケ月の後より千八百六十三年一月一日
右二ケ所は亜墨利加人、唯《ただ》商売を為《な》す間にのみ、逗《とう》留《りゅう》❼する事を得《う》べし。……
双方《そうほう》の国人、品物を売買する事、総《すべ》て障《さわ》りなく、其《その》払方等に付ては日本役人これに立会ハず、諸日本人、亜墨利加人より得たる品を売買し、或《あるい》は所持する、倶《とも》に妨《さまたげ》なし。……
第四条　総《すべ》て国地に輸入輸出の品々、別冊《べっさつ》❽の通《とおり》、日本役所へ、運上《うんじょう》❾を納むべし。……
第五条　外国の諸貨幣は、日本貨幣同種類の同量を以《もっ》て、通用すべし。……
第六条　日本人に対し法を犯せる亜墨利加人は、亜墨利加コンシュル❿裁断所《さいだんしょ》にて吟味《ぎんみ》の上、亜墨利加の法度《はっと》を以て罰すべし、亜墨利加人へ対し、法を犯したる日本人は、日本役人糺《ただし》⓫の上、日本の法度を以て罰すべし。……
第八条　日本にある亜墨利加人、自らの其国の宗法《しゅうほう》⓬を念じ、礼拝堂《れいはいどう》を居留場の内に置《おく》も障《さわ》りなく、並《ならび》に其建物を破壊し、亜墨利加人宗法を自ら念ずるを妨《さまたぐ》る事なし。……

カ人が居留することを許すこと。……
江戸　（安政五年三月からおよそ四四か月後一八六二年一月一日）
大坂　（安政五年三月からおよそ五六か月後一八六三年一月一日）
右二か所はアメリカ人が商売をする間だけ滞在することができる。……
日米双方の人が品物を売買することはまったくさしつかえない、その支払いの際などについては日本役人は立ち合わない。日本人がアメリカ人より手に入れた品物を売買すること、あるいは所持すること、ともにさまたげない。……
第四条　すべて日本に輸入輸出の品々は、別冊の通り日本の役所へ関税を納めること。……
第五条　外国の諸貨幣は、日本貨幣と同種類のものは同量で通用すること。……
第六条　日本人に対し犯罪を犯したアメリカ人は、アメリカ領事裁判所で取り調べのうえ、アメリカの法律で処罰すること、アメリカ人に対し犯罪を犯した日本人は、日本の役人が取り調べた上で、日本の法律で処罰すること。……
第八条　日本にいるアメリカ人が自分の信仰する宗教を信じ、礼拝堂を居留地に建てることには問題はなく、またその建物を破壊したり、アメリカ人が信仰する宗教をさまたげたりすることはしないこと。……

⑬**日本……章程**　通商条約の付属文書として、貿易の手続きや関税率などを定めたもの。❽の別冊にあたる。

⑭**運上役所**　運上を納める役所。ここでは今の税関にあたるもの。

出典◉『**幕末外国関係文書**』　本書三二ページ参照。

設問2　❶❶のフィルモアの書簡では、幕府に何を求めているだろうか。

❷❷の日米和親条約では、フィルモア書簡の内容に加えて幕府に何を求めているだろうか。

❸❹の日露和親条約で樺太に明確な国境が定められなかったのはなぜだろうか。

◀**五品江戸廻送令**

❶**泥み**　こだわっている。そのことばかりを気にしている。

❷**御府内入津**　江戸に入ってくること。

日本開きたる港々に於《おい》て、亜墨利加商民貿易の章程《しょうてい》⑬

第七則　総《すべ》て日本開港の場所へ陸揚《りくあげ》する物品には、左の運上目録に従ひ、其地の運上《うんじょう》役所⑭に、租税を納《おさ》むべし。

……

右ハ、神奈川開港の後五年に到り、日本役人より談判次《だんぱんし》第《だい》、入港出港の税則を再議すべし。『幕末外国関係文書《ばくまつがいこくかんけいもんじょ》』

日本の開港場においてアメリカ商人貿易の章程

第七則　すべて日本の開港場へ陸揚げする物品には左の関税目録にしたがって、その地の税関に租税を納めること。……

右は神奈川開港後五年経過したら、日本役人から談判があり次第、入港出港の税則を再議すること。

解説　一八五六（安政《あんせい》三）年アメリカ総領事として下田《しもだ》に着任した**ハリス**は、通商条約の締結を幕府に迫った。幕府も世界情勢の変化から締結を容認し、国内の反対派を抑えるため孝明《こうめい》天皇の勅《ちょう》許《きょ》を得ようとした。しかし得られなかったため、ハリスはアロー戦争で清国に勝利した英仏艦隊が日本に来ると脅《おど》し、幕府は勅許がないまま一八五八年六月十九日**日米修好通商条約**に調印した。内容は、神奈川など四港開港と江戸・大坂の開市（第三条）、付属の貿易章程《しょうてい》に基づき関税を規定すること（第四条）、内外貨幣の同種同量の交換（第五条）、**治外法権《ちがいほうけん》**（第六条）、アメリカ人の宗教の自由（第八条）などであった。貿易章程第七則では**日本の関税自主権《かんぜいじしゅけん》が否定**され、治外法権とともにその解消が明治時代の外交課題となった。

❻ 五品江戸廻送令《ごひんえどかいそうれい》

神奈川御開港、外国貿易仰《おおせ》出され候に付、諸商人共一己《いっこ》の利徳に泥《なず》み❶、競《きそ》って相場蹶《せり》上げ、荷元《にもと》を買受け、直《ただち》に御開港場所へ相廻《あいまわし》候に付、御府内入津《ごふないにゅうしん》❷の荷物相減《あいげんじ》、諸色払底《しょしきふってい》❸に相成《なり》、難儀《なんぎ》致《いたし》候趣《おもむき》相聞《あいきこえ》候に付、当分の内左の通り仰せ出され候。

一雑穀《ざっこく》　一水油《みずあぶら》❹　一蠟《ろう》　一呉服《ごふく》　一糸❺

右の品々に限り、貿易荷物の分は、**都而《すべて》御府内より相廻し候筈《はず》に候間、在々《ざいざい》より**❻**決して神奈川表へ積《つみ》出し申間敷《まじく》候。**……
『続徳川実紀《ぞくとくがわじっき》』

解説
日米修好通商条約締結のあと自由貿易がはじまり、生糸や茶が日本の主要な輸出品になると、生産地の地方商人は直接横浜に行き、当地の売込商と取引した。このようにして江戸問屋を介さない流通ルートが生まれたことで、江戸に入ってくる商品が減少し物価上昇が起こった。そこで幕府は物価を抑制するために、一八六〇（万延《まんえん》元）年に**五品江戸廻送令《ごひんえどかいそうれい》**を出して、需要の多い五品は江戸にすべて廻送するよう命じた。法令では、江戸町民の「難儀《なんぎ》」（困難）が発令の理由となっている。しかし、五品の中には主要輸出品である**生糸《きいと》**が入っている。ここから、法令は物価高から人々の生活を守るという表向きの理由とは別に、旧来の流通機構を守り、流通を統制して利益を上げようとしていた幕府の狙いがうかがえる。結局この法令は、地方商人や横浜商人さらには列強の反対にあってほとんど守られず、効果がなかった。

❸**諸色払底**　様々な物がなくなること。
❹**水油**　灯火に使う菜種《なたね》油など。
❺**糸**　生糸。
❻**在々**　村々。ここでは生産地のこと。

出典◉『**続徳川実紀**』　江戸幕府は初代家康から十代家治までの歴代将軍の治績をまとめて『徳川実紀』を編集した。この続編が『続徳川実紀』であるが、家斉《いえなり》・家慶《いえよし》二代のほかは明治維新のため完成に至らなかった。

◀**イギリスの対日観**
出典◉『**大君の都**』　初代駐日イギリス総領事（のち公使）ラザフォード＝オールコックの日本滞在記。一八五九（安政六）年の来日以来、一八六二（文久《ぶんきゅう》二）年に一時帰国するまでのできごとを記録したもの。大君とは江戸幕府の将軍のこと。

7 イギリスの対日観

われわれはたえずつぎつぎに**新しい市場をさがしもとめる**。そして、**この市場は主として極《きょく》東《とう》にあるように思われる**。そこでわれわれは、必然的ではないにしても、おのずからそこへおもむくのだ。われわれの第一歩は、条約によってかれらの提供する市場に近づくことである。相手の方では交渉に入る意図をあまりもってはいないのだから、**われわれは唯一の効果的な手段をたずさえる。それは圧力である。**そして、必要な貿易の便宜《べんぎ》やいっさいの権利を与えるという趣旨の文書をえる。のこるのはわずかにあと一歩である。そうすれば目的は達成できる。それは、条約を実施し、実効ある条約にしなければならぬということだ。
『大君《たいくん》の都《みやこ》』

解説
この記録を残した**オールコック**はもともと医師だったが、病気のため医師を諦めて外交官となり、清国で福州《ふくしゅう》・上海《シャンハイ》・広州《こうしゅう》の各領事を歴任した。一八五八（安政《あんせい》五）年に**日英修好通商条約**

が結ばれると、オールコックは条約履行《りこう》のために総領事に任命され翌年来日した。この史料は、オールコックの対日姿勢を表すものである。内容は、自由貿易を実現する条約の締結とその履行のためには、軍事力が最も効果的な手段だとするもので、イギリスの基本的な姿勢とも重なり合う。ただし、イギリスの方針は武力一辺倒というわけでもなかった。たとえば、江戸・大坂の開市と新潟・兵庫の開港について、当初オールコックは予定通り行うことを強硬に主張していたが、攘夷《じょうい》運動の高まりなど日本国内の政情を知ると延期論に転じた。つまり、圧力に譲歩《じょうほ》も取りまぜた外交を展開していたのである。

8 生麦事件

九月十四日❶に、野蛮きわまる殺戮《さつりく》がリチャードソン❷という上海《シャンハイ》の商人に加えられた。この人は、香港《ホンコン》のボラデール夫人❸およびウッドソープ・C・クラーク❹とウィリアム・マーシャル❺という二人とも横浜に住んでいる男と一緒に、神奈川と川崎の間の街道を乗馬でやって来たところ、大名の家来の行列に出会い、わきへ寄れと言われた。そこで道路のわきを進んでいくと、そのうちに薩摩《さつま》藩主の父、島津《しまづ》三郎❻の乗っている駕籠《かご》が見えてきた。こんどは、引き返せと命ぜられたので、その通りに馬首をめぐらそうとしていたとき、**突然行列中の数名の者が武器を振るって襲いかかり、鋭い刃のついている重い刀で斬りつけた。**リチャードソンは瀕死《ひんし》の重傷を負って、馬から落ちた。他の二人も重傷を負ったが、夫人に向かって「馬を飛ばせなさい。あなたを助けることはできない……」と叫んだ。夫人は無事に横浜へ帰って、急を伝えた。馬や拳銃を持っている居留地❼の人々は、すぐさま武装して殺害の現場へ馬を飛ばした。

『一外交官の見た明治維新』

◀生麦事件

❶九月十四日　和暦では八月二十一日。

❷リチャードソン　上海で活動していたイギリス商人。観光のため来日していた。

❸ボラデール夫人　マーガレット＝ボロデール。香港のイギリス商人の妻。

❹ウッドソープ・C・クラーク　横浜で商会に勤めていたイギリス人。

❺ウィリアム・マーシャル　横浜のイギリス人生糸商。

❻島津三郎　島津久光。

❼居留地　外国人の居住・営業が認められた地域。

出典◉**『一外交官の見た明治維新』**イギリスの外交官アーネスト＝サトウの回想録。

解説

一八六二（文久《ぶんきゅう》二）年、薩摩《さつま》藩主の父**島津久光**《しまづひさみつ》は、江戸に行き幕政改革を求める朝命を幕府に伝えた。その帰路、武蔵《むさし》国**生麦《なまむぎ》村**（現・神奈川県）で、久光の行列に居合わせた旅行中のイギリス人四人が、無礼のかどで薩摩藩士に斬られ、そのうち一人は死亡した。この事件に対しイギリス政府は、幕府に謝罪状の提出・賠償《ばいしょう》金支払いなどを求め、幕府はこれに応じた。一方、薩摩藩は、犯人引き渡しと賠償金支払いなどのイギリスの要求を拒否したため、一八六三年七月**薩英《さつえい》戦争**がはじまった。

9 ええじゃないか

此《この》時ニ当《あた》リ京師《けいし》❶ニ一大怪時《かいじ》アリ、空中ヨリ神符《しんぷ》❷翩々《へんぺん》❸ト飛ヒ降リ処々ノ人家ニ落ツ、其《その》神符ノ降リタル人家ハ壇《だん》ヲ設《もう》ケテ之《これ》ヲ祭リ、酒殽《さけさかな》ヲ壇前ニ陳《つら》ヌ、知ルト知ラサルトヲ問ハス、其人家ニ至ル者ノ酔飽《すいほう》ニ任《ま》カス、之ヲ祝シテ吉祥《きっしょう》ト為《な》ス、都下ノ士女ハ老少ノ別ナク綺羅《きら》❹ヲ衣《き》テ**男ハ女装シ、女ハ男装ス**、群ヲ成《な》シ隊ヲ作《な》ス、悉《ことごと》ク俚歌《りか》❺ヲ唱《うた》ヒ太鼓《たいこ》ヲ撾《う》チ以《もっ》テ節奏《せっそう》ヲナス❻（都の人は老人も若者もみな美しい衣服をつけ、男は女装し女は男装し、群れをなして隊をつくる。みんなはやり歌を歌い太鼓を鳴らして拍子をとる）、其歌辞《かじ》ハ「**ヨイジャナイカ、エイジャナイカ**、クサイモノニ紙ヲハレ、ヤブレタラマタハレ、エイジャナイカ、エイジャーナイカ」ト云《い》フ、……八月下旬ニ始マリ十二月九日王政復古発令ノ時ニ至《いた》テ止《や》ム、蓋《けだ》シ具視《ともみ》カ挙動《きょどう》モ此喧閙《けんとう》❼ノ為《ため》ニ蔽《おお》ハレテ自然ト人目ニ触《ふ》ル、コトヲ免《まぬ》カレタルナリ。

『岩倉公実記《いわくらこうじっき》』

◀ええじゃないか

❶京師　京のこと。
❷神符　神社のお札のたぐい。
❸翩々　ひらひら落ちてくるさま。
❹綺羅　美しい衣服。
❺俚歌　庶民の間でうたわれる歌。
❻節奏ヲナス　リズムをとること。
❼喧閙　やかましい騒ぎ。

出典◉**『岩倉公実記』**　宮内省皇后宮職編。全二巻。岩倉具視《いわくらともみ》の日記や意見書・書簡などを集めたもの。一九〇六（明治三十九）年刊。

解説

一八六七（慶応《けいおう》三）年八月頃から、伊勢神宮ほか諸宮のお札《ふだ》が降り、それをきっかけに人々が**「ええじゃないか」**とはやしながら歌い踊る集団乱舞がはじまった。東海地方からはじまった乱舞は、近畿から中国・四国に広がり、南関東でも起こるなど各地へ波及していった。この背景には、第二次長州征伐《ちょうしゅうせいばつ》による人々の負担増や政情の不安定、凶作、物価上昇によって、社会には不安と不満が渦巻いていることがあった。この状況から解放されたいと願う人々は、「お札降り」という非現実的で異世界の要素が彼らの日常に入り込んだことで、男装・女装といった異性装をし、性的な要素の入った歌を歌い、踊り明かして日常の生活から逃避しようとしたと考えられる。

10 討幕《とうばく》の密勅《みっちょく》

詔《みことのり》す、源慶喜《みなもとのよしのぶ》、累世《るいせい》の威《い》を藉《か》り、闔族《こうぞく》❶の強《きょう》を恃《たの》み、妄《みだ》りに忠良を賊害《ぞくがい》し、数《しばしば》王命を棄《き》絶《ぜつ》し、遂《つい》に先帝❷の詔を矯《た》めて❸懼《おそ》れず、万民を溝壑《こうがく》に擠《おと》して❹顧《かえり》みず、罪悪の至《いた》る所、神州《しんしゅう》将《まさ》に傾《けい》覆《ふく》せんとす。朕《ちん》❺今民の父母として、是《こ》の賊にして討たずんば、何を以てか上は先帝の霊に謝《しゃ》し、下は万民の深讐《しんしゅう》に報ぜんや、此《こ》れ朕の憂憤《ゆうふん》在《あ》る所、諒闇《りょうあん》❻にして顧みざるは、万已《や》むべからざるなり、**汝宜《なんじよろ》しく朕の心を体し、賊臣慶喜を殄戮《てんりく》し**❼、**以《もっ》て速《すみや》かに回天の偉勲《いくん》を奏《そう》して生霊《せいれい》❽を山獄の安きに措《お》くべし**（お前たちは私の心を理解し、賊臣慶喜を殺害し、すみやかに世の中の情勢を一変させるような手柄をあげて、人々を安心させよ）、此れ朕の願い、敢て或は懈《おこた》ること無かれ。

『維新史料聚芳《いしんしりょうしゅうほう》』

解説

一八六七（慶応《けいおう》三）年十月十三日、薩摩《さつま》藩主父子あて、翌十四日には長州《ちょうしゅう》藩主父子あてに、将軍**徳川慶喜《よしのぶ》**の悪政を並べ立ててその殺害を命じる詔書《しょうしょ》が下された。いわゆる**「討幕《とうばく》の密勅《みっちょく》」**とよばれるものである。しかし、この密勅は、本来必要なはずの天皇の直筆《じきひつ》や署名者の花押《かおう》がないなど異例の形式であった。そのため、討幕派公家が作成した偽の詔書ともいわれる。この詔書で討幕派は幕府打倒の大義名分を得たが、十四日に慶喜が大政奉還《たいせいほうかん》を受け入れて政権を返上すると、挙兵の必要性は低下した。

◀討幕の密勅

❶**闔族** 一族。
❷**先帝** 孝明《こうめい》天皇。
❸**矯めて** ねじ曲げて。
❹**溝壑に擠し** 生活苦に陥《おちい》らせること。
❺**朕** 天皇の自称。ここでは明治天皇のこと。
❻**諒闇** 孝明天皇の喪《も》に服《ふく》していること。
❼**殄戮** 殺し尽くすこと。
❽**生霊** 人民のこと。

出典◉『**維新史料聚芳**』 幕末・維新期の重要文書を集めたもの。文部省編纂《へんさん》。

11 大政奉還

臣慶喜《しんよしのぶ》、謹《つつしん》テ皇国時運ノ沿革《えんかく》ヲ考《かんがえ》候ニ、昔シ王綱《こう》紐《ちゅう》❶ヲ解《と》キ、相家《しょうけ》❷、権ヲ執《と》リ、保平《ほうへい》ノ乱❸、政権武門ニ移《うつ》リテヨリ、祖宗《そそう》❹ニ至リ更《さら》ニ寵眷《ちょうけん》❺ヲ蒙《こうむ》リ、二百余年子孫

通釈

家臣である慶喜が謹んで皇国の歴史を考えてみますと、昔天皇中心の秩序が崩《くず》れ、藤原氏が政権をとり、保元・平治の乱を経て政権が武士に移りました。それから私の祖先家康《いえやす》がさらに朝廷の寵愛《ちょうあい》をこうむり、二百年以上にわたって子孫が将軍職を受け継ぎ、私が将軍をつつしん

◀大政奉還

❶**綱紐** 天皇中心の秩序。
❷**相家** 大臣の家。ここでは藤原氏を指す。
❸**保平ノ乱** 保元《ほうげん》の乱（一一五六年）と平治《へいじ》の乱（一一五九年）。
❹**祖宗** 徳川氏の先祖、家康《いえやす》を指す。
❺**寵眷** 朝廷からの寵愛《ちょうあい》。

相受《あいうく》、臣其《その》職ヲ奉《ほう》ズト雖《いえど》モ、政刑《せいけい》❻当《とう》ヲ失フコト少《すくな》カラズ、今日ノ形勢ニ至《いたり》候モ、畢竟薄徳《ひっきょうはくとく》ノ到《いた》ス所慙懼《ところざんく》ニ堪《た》ヘズ候、況《いわん》ヤ当今、外国ノ交際日ニ盛《さかん》ナルニヨリ、**愈々《いよいよ》朝権一途《いっと》ニ出申《いで》サズ候テハ、綱紀《こうき》立チ難《がた》ク候間、従来ノ旧習《きゅうしゅう》ヲ改メ、政権ヲ朝廷ニ帰《き》シ奉《たてまつ》リ、広ク天下ノ公議ヲ尽《つく》シ、聖断《せいだん》❼ヲ仰《あお》ギ**、同心協力共ニ皇国ヲ保護仕《つかまつり》候ヘバ必ズ海外万国ト並《ならび》立ツベク候、臣慶喜国家ニ尽ス所、是《これ》ニ過ギズト存《ぞん》ジ奉《たてまつ》リ候、去《さ》リ乍《なが》ラ猶《なお》見込ノ儀モ之《これ》有リ候ハバ、申聞クベキ旨《むね》、諸侯《しょこう》へ相達《あいたつ》シ置候、之ニ依《より》テ此段《このだん》謹《つつしん》テ奏聞《そうもん》仕候、以上。

『維新史《いしんし》』

でつとめています。しかし政治・刑罰が適当でないことも少なくはなく、今日の情勢に至りましたのも、結局私の不徳のいたすところで恥ずかしさにたえません。まして現在は外国との交際が日に日に盛んになってきているので、いよいよ政権を一つにまとめないと、秩序が保ちにくくなりました。そこで今までの古い習慣を改め、政権を朝廷にお返し申し上げ、広く議論を尽くして天皇の御決断を仰ぎ、皆一致協力してともに皇国を守ったならば、必ず諸外国と並び立つことができるでしょう。私が国家のためにつくすことは、これ以上のものはないと思います。しかしながら、なお今後の見通しのことについて意見があれば聞く、と諸大名に命令しています。そこでこのことを謹んで申し上げます。以上

❻**政刑**　政治と刑罰。

❼**聖断**　天皇の判断。

出典◉『維新史』　文部省が一八四六（弘化三）年～一八七一（明治四）年の明治維新史をまとめたもの。一九三九（昭和十四）～四一（同十六）年刊。

設問3　**1** アメリカやイギリスなどの欧米諸国はどのような世界戦略のもとで日本と外交・貿易を行おうとしていたのだろうか。❺や❼から読み取ってみよう。
2 大政奉還を行った慶喜の狙いとは何だったのだろうか。❿⓫から考えてみよう。

解説　一八六七（慶応《けいおう》三）年十月三日、土佐《とさ》藩の山内豊信《やまうちとよしげ》（容堂《ようどう》）や後藤象二郎《ごとうしょうじろう》は、将軍徳川慶喜《よしのぶ》に**大政奉還《たいせいほうかん》**することを勧める建白書を提出した。この時期、薩摩《さつま》藩・長州《ちょうしゅう》藩は、将軍に就任した慶喜による幕府改革が進んでいたのを警戒して、武力による幕府打倒を目指すようになっていた。この動きに対し大政奉還は、軍事力による倒幕の名目を奪ってその機先を制し、平和的に政治体制を転換しようとするものだった。慶喜はこの建白を受け入れ、十月十四日史料にあるように天皇に対し大政奉還を願い出て、翌日受理された。慶喜が大政奉還策を受け入れた背景には、政権を返上したとしても、新しい体制（「広ク公議ヲ尽」すために開かれる諸大名の会議）で自身が主導権を握れるという判断があったといわれる。

3 明治維新と国家統一

1 王政復古《おうせいふっこ》の大号令《だいごうれい》

徳川内府《ないふ》❶従前《さきに》御委任之大政《たいせい》返上、将軍職辞退ノ両《りょう》条《じょう》今般《こんぱん》断然《だんぜん》聞《き》コシ食《め》サレ候。抑《そもそも》癸丑《きちゅう》❷以来未曾有《みぞう》ノ国難、先帝❸頻年《ひんねん》❹宸襟《しんきん》❺ヲ悩《なや》マサレ候御次第《しだい》、衆庶《しゅうしょ》之《の》知ル所ニ候。之《これ》ニ依《よっ》テ叡慮《えいりょ》❻ヲ決セラレ、**王政復古《おうせいふっこ》、国威挽回《こくいばんかい》ノ御基《おんもとい》立テサセラレ候間、自今《じこん》摂関《せっかん》・幕府等廃絶、即今《そっこん》先《まず》仮《かり》ニ総裁《そうさい》・議定《ぎじょう》・参与《さんよ》ノ三職《さんしょく》置カレ万機《ばんき》❼行ハセラル**ベシ。諸事神武《じんむ》創業ノ始《はじめ》ニ原《もとづ》キ、縉紳《しんしん》・武弁《ぶべん》❽・堂上《とうしょう》・地下《じげ》❾ノ別無ク、至当《しとう》ノ公議《こうぎ》ヲ竭《つく》シ、天下ト休戚《きゅうせき》❿ヲ同ク遊《あそば》サルベキ叡慮《えいりょ》ニ付、各《おのおの》勉励《べんれい》旧来驕惰《きょうだ》⓫ノ汚習《おしゅう》ヲ洗ヒ、尽忠報国《じんちゅうほうこく》之《の》誠ヲ以《もっ》テ奉公《ほうこう》致スベク候事。

一、旧弊御一洗《きゅうへいごいっせん》ニ付、言語之道洞開《どうかい》⓬セラレ候間、見込之《こ》レ有ル向《むき》ハ、貴賤《きせん》ニ拘《かか》ハラズ忌憚《きたん》無ク献言《けんげん》致ス可《べ》ク、且《かつ》人材登庸《とうよう》第一之《の》御急務ニ候故《ゆえ》、心当《こころあたり》之《の》仁《じん》⓭之レ有リ候ハ、早々言上《ごんじょう》有ル可ク候事。

『法令全書《ほうれいぜんしょ》』

通釈

徳川内大臣《ないだいじん》（慶喜《よしのぶ》）が、以前に天皇から委任されていた大政の返上と、将軍職辞退の両条について、今度天皇はお許しになった。そもそもペリーらの来航以来はかつてない国難で、先代の孝明天皇がたえず心を悩まされていたことは、万民が知っている。そこで、天皇は決心され、王政復古し国威挽回の基礎を立てられたので、今後は摂政・関白・幕府などを廃止し、ただちに仮に総裁・議定・参与の三職を置かれ、天下の政治を行われることになった。すべてを神武天皇の建国の始に基づき、公卿《くぎょう》や武家、位の高下の区別なく、正当な公議をつくして、天下と喜び悲しみを共にしようとする天皇の考えであるから、それぞれよく努力し、旧来のおごり怠《なま》ける悪習をやめ、尽忠報国の誠意で奉公しなければならない。

一、過去の悪習を一掃《いっそう》するにつき、言論を広く開くので、意見ある者は、身分にかかわらず遠慮なく献言すべきであり、また人材登用が第一の急務だから、これはという人物がいれば、早々に申し出るべきこと。

解説

大政奉還《たいせいほうかん》の後、徳川慶喜《よしのぶ》は諸大名の支持を得て、政治の実権を改めて握ろうとしていた。慶喜の動向を警戒した薩摩《さつま》藩の**西郷隆盛《さいごうたかもり》**・**大久保《おおくぼ》利通《としみち》**や公家の**岩倉具視《いわくらともみ》**らは、軍事力を後ろ盾《だて》にしたク

◀王政復古の大号令

❶**内府**　内大臣。家康以来、征夷大将軍が兼任し、ここでは徳川慶喜《よしのぶ》のこと。

❷**癸丑**　みずのとうし。一八五三（嘉永《かえい》六）年で、六月ペリー、七月プチャーチンの来航を指す。

❸**先帝**　孝明《こうめい》天皇。

❹**頻年**　毎年。

❺**宸襟**　天皇の心。

❻**叡慮**　天皇の考え。

❼**万機**　政治のすべて。

❽**縉紳・武弁**　対句で、公家と武士。

❾**堂上・地下**　対句で、殿上人《てんじょうびと》と昇殿を許されない官人や一般の人。

❿**休戚**　喜びと悲しみ。

⓫**驕惰**　おごり怠《なま》ける。

⓬**洞開**　広く開く。

⓭**仁**　人物。

出典◉『**法令全書**』　最初は、太政官文書局が、そののち内閣官報局、同印刷局、独立行政法人国立印刷局が編集刊行し、一八六七（慶応《けいおう》三）年十月以降現在に至る。法律・勅令・政令・省令など中央政府の各種法令を収録している。

ーデタを起こし、慶喜を除いた新政府発足を決断した。一八六七（慶応三）年十二月九日、**「王政復古《おうせいふっこ》の大号令《だいごうれい》」**が宣言され、幕府や摂政・関白などの廃止と、**三職《さんしょく》**（総裁《そうさい》・議定《ぎじょう》・参与《さんよ》）の新設が定められた。慶喜は大政奉還後もなお将軍職にあったが、この宣言は「神武《じんむ》天皇の政治に戻す」ことを名目にその職を奪うものだった。九日夜、京都御所内の小御所《こごしょ》で会議が開かれ**（小御所会議）**、天皇臨席《りんせき》のもと三職などが参加して、慶喜に領地と内大臣《ないだいじん》の返上を求める件（**辞官納地《じかんのうち》**）が議論された。辞官納地は、将軍職にともなっていた官位の内大臣も慶喜に返上させ、また新政府が幕府領を接収してその経済的基盤にすることが狙いだった。会議では激しい議論もあったが、最終的に辞官納地を慶喜に求めることに決した。しかし、慶喜や旧幕府首脳は、この方針に納得せず拒絶した。旧幕府と新政府間の緊張が高まる中、翌年一月に**鳥羽《とば》・伏見《ふしみ》の戦い**が勃発し、翌年まで続く戊辰《ぼしん》戦争という内乱状態へつながっていく。

❷ 五箇条《ごかじょう》の誓文《せいもん》

【由利公正《ゆりきみまさ》の原案】

議事之《の》体《てい》大意

一、庶民志を遂《と》げ、人心をして倦《う》まさらしむるを欲す
一、士民心を一にし、盛《さかん》に経綸《けいりん》❶を行ふを要す
一、知識を世界に求め、広く皇基《こうき》を振起《しんき》すへし
一、貢士《こうし》❷期限を以《もっ》て賢才《けんさい》に譲るへし
一、万機公論《ばんきこうろん》に決し、私《わたくし》に論するなかれ

『子爵由利公正伝《ししゃくゆりきみまさでん》』

【福岡孝弟《ふくおかたかちか》の修正案】

会盟❸

通釈

【由利公正の原案】

議事の体大意

一、庶民が志をとげ、人々の心がいやにならないことを望む。
一、武士と庶民が心をひとつにして、積極的に経済政策を行うことが必要である。
一、知識を世界に求め、天皇が国を治める基盤を奮い立てるべきである。
一、貢士は期限をもって優れた人材に譲るべきである。
一、すべてはおおやけの議論で決定し、私的に議論してはいけない。

【福岡孝弟の修正案】

会盟

一、諸大名の会議を開催し、すべてはおおやけの議論で決定すべきである。

◀五箇条の誓文

❶経綸　国家を治める方策。ただし、由利公正は「経済政策」の意味でこの言葉を用いた。

❷貢士　一八六八年一月十七日に定められた三職七科の制で設置された役職。諸藩から差し出され、新政府の議事機関に参加した。

❸会盟　会合して、誓い合うこと。

❹徴士　❷と同じく一八六八年一月十七日に定められた三職七科の制で設置された役職。諸藩士や才能ある者を選抜し、新政府の議事機関に参加した。

出典◉『**子爵由利公正伝**』　一九四〇年に刊行された由利公正の伝記。
『**法令全書**』　本書三二二ページ参照。

一、**列侯《れっこう》会議を興《おこ》シ、万機公論《ばんきこうろん》ニ決すべし。**
一、官武一途《かんぶいっと》庶民ニ至る迄《まで》各《おのおの》其《その》志を遂《と》ケ、人心をして倦《う》まさらしむるを欲す。
一、上下《しょうか》心を一ニし、盛《さかん》に経綸《けいりん》を行ふべし。
一、智識《ちしき》を世界ニ求メ、大《おおい》ニ皇基《こうき》を振起《しんき》すべし。
一、徴士《ちょうし》❹期限を以て賢才《けんさい》ニ譲《ゆず》るべし。『子爵由利公正伝』

【誓文】
一、**広ク会議ヲ興《おこ》シ万機公論《ばんきこうろん》ニ決スヘシ**
一、上下《しょうか》心ヲ一ニシテ盛《さかん》ニ経綸《けいりん》ヲ行フヘシ。
一、官武一途《かんぶいっと》庶民ニ至ル迄《まで》各《おのおの》其《その》志ヲ遂《と》ケ人心ヲシテ倦《う》マサラシメンコトヲ要ス
一、旧来ノ陋習《ろうしゅう》ヲ破リ天地ノ公道《こうどう》ニ基《もとづ》クヘシ
一、智識《ちしき》ヲ世界ニ求メ大《おおい》ニ皇基《こうき》ヲ振起《しんき》スヘシ『法令全書《ほうれいぜんしょ》』

一、文官、武官はすべて、庶民に至るまでそれぞれその志をとげ、人々の心がいやにならないことを望む。
一、身分の上下を問わず心をひとつにし、積極的に国の政策を実行すべきである。
一、知識を世界に求め、天皇が国を治める基盤を奮い起こすべきである。
一、徴士は期限をもって優れた人材に譲るべきである。

【誓文】
一、広く会議を開催し、すべてはおおやけの議論で決定すべきである。
一、身分の上下を問わず心をひとつにし、積極的に国の政策を実行すべきである。
一、文官、武官はすべて、庶民に至るまでそれぞれその志をとげ、人々のいやにならないことが必要である。
一、古い悪習を打破し、世界の正しい道理を基盤とすべきである。
一、知識を世界に求め、天皇が国を治める基盤を奮い起こすべきである。

解説

王政復古《おうせいふっこ》の大号令《だいごうれい》で新政府は発足したが、鳥羽《とば》・伏見《ふしみ》の戦いから戦線が広がる中、その政権基盤は不安定だった。そこで新政府は諸大名の支持を得るために、大名・公家が参加する政策決定の原則をつくることにした。それが一八六八（慶応《けいおう》四）年一月、福井藩出身の**三岡《みつおか》八郎**（**由利公正《ゆりきみまさ》**）が起草した「議事之体大意」である。これを土佐《とさ》藩出身の**福岡《ふくおか》孝弟《たかちか》**が修正したが、「列侯《れっこう》会議」という言葉に表れているように、大名たちが国政を議論することを想定していた。「会盟《かいめい》」という題名も、天皇・公家・大名による盟約であることを意味している。しかし、三月に最終案を出した長州《ちょうしゅう》藩の**木戸《きど》孝允《たかよし》**は、「会盟」「列侯会議」の文字を用いず「広く会議」とした。また盟約形式もとらず、天皇が公家・大名・百官を率いて神々に誓約する形とした。諸大名が力を持つ政治体制ではなく、天皇中心の政治体制を目指す意図の表れであった。

3 五榜《ごぼう》の掲示《けいじ》

諸国ノ高札《こうさつ》❶ 是迄《これまで》ノ分一切取除《ぶんいっさいとりのぞ》ケイタシ別紙ノ条々 改《あらため》テ掲示仰《おお》セ付ケラレ 候《そうろう》……但《ただし》、定《さだめ》三札《さんさつ》ハ永年《えいねん》掲示仰セ付ケラレ候。覚札ノ儀《ぎ》ハ時々ノ御布令ニ付追《つきおっ》テ取除ノ御沙汰《ごさた》之《こ》レ有ルベシ。

……

第一札　定《さだめ》　一　人タルモノ五倫《ごりん》ノ道❷ヲ正シクスヘキ事

一　鰥寡孤独廃疾《かんかこどくはいしつ》❸ノモノヲ憫《あわれ》ムヘキ事

一　人ヲ殺シ家ヲ焼キ財ヲ盗《ぬす》ム等ノ悪業《あくぎょう》アル間敷《まじき》事……

第二札　定　何事ニ由《よ》ラス宜《よろ》シカラサル事ニ大勢申合《もうしあわ》セ候ヲ徒党《ととう》ト唱《とな》ヘ、徒党シテ強《し》テ願ヒ事企《くわだて》ルヲ強訴《ごうそ》トイヒ、或《あるい》ハ申合セ居町居村ヲ立退《たちの》キ候ヲ逃散《ちょうさん》ト申ス。堅《かた》ク御法度《ごはっと》タリ。……

第三札　定　一　切支丹邪宗門《きりしたんじゃしゅうもん》ノ儀ハ堅ク御制禁タリ。若《もし》不審ナル者之《こ》レ有ラハ其筋之《そのすじの》役所へ申シ出《いず》ルベシ。御褒美《ごほうび》下《くだ》サルベキ事

第四札　覚《おぼえ》　今般《こんぱん》、王政御一新ニ付朝廷ノ御条理ヲ追ヒ、外国御交際ノ儀仰セ出《いだ》サレ、諸事朝廷ニ於《おい》テ直《ただち》ニ御取扱成ラセラレ、万国ノ公法❹ヲ以《もって》条約御履行《りこう》在ラセラレ候ニ付テハ、全国ノ人民叡旨《えいし》❺ヲ奉戴《ほうたい》シ心得違《こころえちがい》之《こ》レ無キ様仰セ付ケラレ候。……**銘々朝命ヲ奉リ猥《みだ》リニ暴行ノ所業之《こ》レ無キ様《よう》仰セ出《いだ》サレ候事。**

第五札　覚　王政御一新ニ付テハ 速《すみやか》ニ天下御平定万民安堵《あんど》ニ至リ、諸民其所ヲ得候様御煩慮《はんりょ》在❻ラセラレ候ニ付、此折柄《このおりがら》天下浮浪ノ者之レ有リ候様ニテハ相済《す》マズ候。自然今日ノ形勢ヲ 窺《うかが》ヒ猥《みだり》ニ士民トモ本国ヲ脱走イタシ候儀堅ク差《さ》シ留《と》メラレ候。……

『法令全書《ほうれいぜんしょ》』

◀五榜の掲示

❶**高札**　江戸時代、法度《はっと》や掟書などを板の札に記して、立て札として町中に高く掲げた。

❷**五倫ノ道**　儒教で人の守るべき道として、君臣の義、父子の親《しん》、夫婦の別、長幼の序、朋友《ほうゆう》の信《しん》の五つをいう。

❸**鰥寡孤独廃疾**　世の中に身寄りのない人、障害のある人や重い病気の人。

❹**万国ノ公法**　国際法のこと。

❺**叡旨**　天皇の考え。

❻**煩慮**　思いわずらうこと。

出典◉『法令全書』本書三二一ページ参照。

4 政体書

解説

明治新政府は、**五箇条《ごかじょう》の誓文《せいもん》**を出した翌三月十五日、旧幕府が出した高札の撤廃を宣言し、新たに人々が守る法令として五枚の高札を出した。第一札は人の道を守ること、第二札は徒党《ととう》の禁止、第三札はキリスト教の禁止、第四札は外国人への加害禁止、第五札が士民の脱走禁止である。第四札・第五札は、一月の堺事件や二月の浮浪人《ふろうにん》によるイギリス公使パークス襲撃事件が強く影響しており、再発防止を求める諸外国の要求に応じたものであった。第一～三札は、旧幕府の政策を引き継いだ内容だったが、第三札はキリスト教を「邪宗門《じゃしゅうもん》」とみなすことから政府内でも発令当初から問題視されていた。発令後、パークスから抗議をうけ、閏四月に「切支丹《キリシタン》」と「邪宗門」を別々の項目にする改定が行われた。一八七一年には第五札、一八七三年にはすべての高札が撤廃され、キリスト教含む信仰の自由が黙認された。

去冬❶皇政維新纔《わずか》ニ❷三職❸ヲ置キ、続《つづい》テ八局《はっきょく》❹ヲ設ケ、事務ヲ分課スト雖《いえど》モ、兵馬倉卒《へいばそうそつ》之間❺事業未《いま》タ恢弘《かいこう》セス❻。故《ゆえ》ニ今般御誓文《ごせいもん》ヲ以《もっ》テ目的トシ、政体職制相改《あいあらた》メラレ候ハ徒《いたずら》ニ変更ヲ好ムニアラス。従前未定之制度規律次第ニ相立候訳ニテ、更ニ前後異趣ニ之レ無《な》ク候間❼、内外百官❽此旨ヲ奉体《ほうたい》シ、確定守持根拠スル所有テ疑惑スルナク各其職掌ヲ尽《つく》シ、万民保全之道開成❾永続センヲ要スルナリ。

慶応《けいおう》四年❿戊辰《ぼしん》閏《うるう》四月　太政官《だじょうかん》

政体

一　**大《おお》ニ斯国是《このこくぜ》⓫ヲ定メ制度規律ヲ建《た》ツルハ御誓文《ごせいもん》ヲ以テ目的トス**……

一　**天下ノ権力総《すべ》テコレヲ太政官ニ帰《き》ス。**則《すなわ》チ政令二途《にと》ニ出《いず》ルノ患《うれい》無カラシム。太政官ノ権力ヲ分《わか》ツテ、立法行法⓬司法ノ三権トス。則偏重《すなわちへんちょう》ノ患無《なか》ラシムルナリ

一　立法官ハ行法官ヲ兼《か》ヌルヲ得《え》ス。行法官ハ立法官ヲ兼ヌルヲ得ス……

◀政体書

❶**去冬**　一八六七年の冬を指し、十二月の王政復古のこと。
❷**纔ニ**　かろうじて。
❸**三職**　王政復古《おうせいふっこ》の大号令《だいごうれい》で置かれた総裁《そうさい》・議定《ぎじょう》・参与《さんよ》のこと。
❹**八局**　一八六八年一月十七日から閏《うるう》四月二十一日の政体書まで設けられた官制で、総裁局及び神祇《じんぎ》・内国・外国・軍防・会計・刑法・制度の各事務局からなる。
❺**兵馬倉卒之間**　いくさで慌《あわ》ただしい間に。
❻**恢弘セス**　広げられない。
❼**前後異趣ニ之レ無ク候間**　事の前後で意見が違っているわけではないので。
❽**百官**　役人。
❾**開成**　易経《えききょう》の語で、人知を開発し仕事を成し遂げること。
❿**慶応四年**　一八六八年。
⓫**国是**　国家の方針。
⓬**行法**　行政を表す翻訳語。
⓭**貢士**　三二三ページ注❷参照。
⓮**入札**　投票のことで、高級官に限って一八六九（明治二）年五月の一度だけ行われた。
⓯**通宝**　通貨のこと。

一　各府・各藩・各県皆貢士《みなこうし》⑬ヲ出シ議員トス。議事ノ制ヲ立ツルハ輿論《よろん》公議ヲ執《と》ル所以《ゆえん》ナリ
一　諸官四年ヲ以テ交代ス。公選入札《こうせんにゅうさつ》⑭ノ法ヲ用フヘシ……
一　各府・各藩・各県其《その》政令ヲ施ス亦《また》御誓文ヲ体スヘシ……私ニ爵位《しゃくい》ヲ与フ勿《なか》レ。私ニ通宝⑮ヲ鋳《つく》ル勿《なか》レ。私ニ外国人ヲ雇フ勿レ。隣藩或《あるい》ハ外国ト盟約ヲ立ツル勿レ。是《これ》小権ヲ以テ大権ヲ犯シ政体ヲ紊《みだ》ルヘカラサル所以ナリ
一　官職　太政官分《わか》チテ七官ト為《な》ス
○議政官《ぎせいかん》　右一官立法之権ヲ執《と》ル　○行政官　右一官行法之権ヲ執ル
○神祇官　○会計官　○軍務官　○外国官　右四官分チテ行法之権ヲ執ル
○刑法官　右一官司法之権ヲ執ル
地方官分チテ三官ト為ス　○府　○藩　○県
『法令全書《ほうれいぜんしょ》』

出典◉『**法令全書**』　本書三二二ページ参照。

設問4　**1**❶の王政復古の大号令の狙いは何か、読み取ってみよう。**2**❷の五箇条の誓文の修正から読み取れる旧幕府と新政府の関係性とはどのようなものだろうか。**3**❶〜❹の一連の施策には、新政府のどのような姿勢があらわれているだろうか。

解説　五箇条の誓文《ごかじょうのせいもん》が出された後、それを実現するための政府組織を定める必要があった。そこで明治新政府は、土佐《とさ》藩士福岡孝弟《ふくおかたかちか》らにその起案を命じた。福岡らは日本の古典やアメリカの『連邦志略』などを参照して起案し、それをもとに一八六八（慶応《けいおう》四）年閏四月二十一日、**政体書**《せいたいしょ》が布告された。内容は太政官《だじょうかん》を中心とした三権分立がうたわれ、組織全体は七官制と呼ばれる。また、官吏の互選や、府県と藩からなる地方制度も定められた。

5　集権体制の確立

一　版籍奉還《はんせきほうかん》（雄藩《ゆうはん》四藩主による上表文）

臣某《しんそれがし》等《ら》頓首再拝《とんしゅさいはい》、謹《つつしみ》テ案スルニ朝廷一日モ失フ可《べか》ラサル者ハ大体❶ナリ、一日モ仮《か》ス可ラサル者ハ大権《たいけん》ナリ。

通釈　臣下の私どもが頭を深く下げ、謹んで申し上げるに、朝廷が一日も失ってはならないのは国家の基本であり、一日も見逃してはならないのは政治の大権です。……今や大政は天皇に戻り、親政になりました。これは実に一千年来の好機

◀**版籍奉還**
❶**大体**　国家の基本。
❷**鋒鏑**　武器、または武器を使用する戦争のこと。
❸**経始**　物事を開始すること。
❹**攘奪**　奪い取ること。
❺**紊擾**　乱れる。
❻**丕新**　まったく新しい。
❼**牧スル**　支配する。

❽**版籍**　版図（土地）と戸籍（人民）。
❾**典型**　規則。
❿**戎服**　軍服。
⓫**譾劣**　才能が浅く劣っていること。
⓬**鄙衷**　つまらない考え。謙遜《けんそん》語。

◀**明治初期の藩財政の状況**

債務額＼区分	小　藩（1～9万石）	中　藩（10～39万石）	大　藩（40万石以上）	合　計
1,000円～	31藩	4藩	0藩	35藩
800円～	18	3	0	21
700円～	19	2	0	21
600円～	9	2	0	11
500円～	19	1	1	21
400円～	24	2	3	29
300円～	12	5	1	18
200円～	17	5	0	22
100円～	24	5	1	30
100円未満	9	2	1	12
合　計	182	31	7	220

債務額は1年の貢租100石に対する藩の債務額。藩区分は明治元年段階のもの。

……方今《ほうこん》大政新《あらた》ニ復《ふく》シ、万機《ばんき》之《これ》ヲ親《みずか》ラス、実ニ千歳《せんざい》ノ一機《いっき》、其《その》名アツテ其実ナカル可《べか》ラス、其実ヲ挙《あぐ》ルハ大義ヲ明《あきらか》ニシ名分《めいぶん》ヲ正スヨリ先ナルハナシ。……其土地人民、コレヲ朝廷ニ受《うく》ルト否《いな》トヲ問ハス、因襲《いんしゅう》ノ久シキヲ以《もっ》テ今日ニ至ル。世或《あるい》ハ謂《おもえ》ラク、是《これ》祖先鋒鏑《ほうてき》❷ノ経始《けいし》❸スル所ト、吁《ああ》何ソ兵ヲ擁《よう》シテ官庫ニ入リ、其貨ヲ奪ヒ、是死ヲ犯《おか》シテ獲所《うるところ》ノモノト云《いう》ニ異ナランヤ、庫ニ入ルモノハ人其賊《ぞく》タルヲ知ル、土地人民ヲ攘奪《じょうだつ》❹スルニ至ツテハ、天下コレヲ怪《あや》シマス、甚哉《はなはだしいかな》名義ノ紊攘《びんじょう》❺スル事。今也《いまや》丕新《ひしん》❻ノ治《ち》ヲ求ム、宜《よろ》シク大体ノ在ル所、大権ノ繫《かか》ル所、毫《ごう》モ仮《かす》ヘカラス。**抑《そもそも》臣等《しんら》居《お》ル所ハ即《すなわ》チ天子ノ土、臣等牧《ぼく》❼スル所ハ即チ天子ノ民ナリ。安《いずく》ンソ私《わたくし》ニ有スヘケンヤ。今謹《つつしみ》テ其版籍《はんせき》❽ヲ収メテ之ヲ上《たてまつ》ル。**願クハ、朝廷其宜《そのよろしき》ニ処シ、其与《あた》フ可《べ》キハ之ヲ与ヘ、其奪フ可キハコレヲ奪ヒ、凡《およそ》列藩ノ封土《ほうど》、更《さら》ニ宜《よろ》シク詔命《しょうめい》ヲ下シ、コレヲ改メ定ムヘシ。而《しこう》シテ制度典型❾、軍旅《ぐんりょ》ノ政《まつりごと》ヨリ戎服《じゅうふく》❿器械ノ制ニ至ルマテ、悉《ことごと》ク朝廷ヨリ出テ、天下ノ事大小トナク皆一《いつ》ニ帰セシムヘシ。然后《しかるのち》ニ名実相得《あいえ》、始テ海外各国ト並立《ならびたつ》ヘシ。是《これ》朝廷今日ノ急務ニシテ、又臣子《しんし》ノ責《せき》ナリ。故《ゆえ》ニ臣某等不肖譾劣《ふしょうせんれつ》⓫ヲ顧《かえり》ミス、敢《あえ》テ

……今、政権が朝廷に戻り、天皇が親政を行うことは、千年に一度の好機であり、形式だけでなく、実質もなければなりません。その実質を挙げるには、大義名分を明らかにするより重要なことはありません。……土地人民を、朝廷から委任されているか否かを問わず、しきたりだけで長く支配してきました。あるいは世の人は、これは祖先が戦争の結果支配するようになったのだと思っています。ああ、兵を連れて役所の倉庫に侵入し、財貨を奪っておきながら、死を賭《か》けて獲得したのだからと、強弁《きょうべん》するのと、どう違うのでしょうか。倉庫に侵入すれば人々はそれを盗賊《とうぞく》だと理解するが、土地人民を奪っても世の中はこれを疑《うたが》わない。名義《めいぎ》が乱《みだ》れているのは、ひどいものです。いまやまったく新しい政治が求められています。国家の基本、政治の大権に関わることは、少しも見逃してはなりません。私達の居る所は、天皇の土地であり、臣下たちが支配しているのは天皇の人民です。どうして私有して良いのでしょうか。今謹んでその土地と人民を天皇にお返しします。朝廷は適切に行動し、私達に与えるべきは与え、奪うべきは奪い、総じて列藩の土地は、勅命を下して改め定めるべきです。そして制度や規則、軍政から軍服、兵器の制度まで、すべて朝廷で決め、天下のことは大小にかかわらずすべて皆朝廷だけに権限を集めるべきです。そうすれば名実ともに得られ、はじめて海外各国と並び立つことができます。これは朝廷の急務であり、また私達臣下の責務です。ゆえに臣下の私どもは才能が浅く劣《おと》っていることをも省《かえり》みず、敢《あ》えてつまらない考えを述べました。太

鄙衷《ひちゅう》ヲ献ス❶❷。天日ノ明《めい》、幸ニ照臨《しょうりん》ヲ賜《たま》へ。臣某等誠恐《せいきょう》誠惶《せいこう》、頓首《とんしゅ》再拝❶❸、以表《もってひょうす》。❶❹

正月

『法令全書《ほうれいぜんしょ》』

陽のように明敏《めいびん》な天皇に、ご覧いただきたい。誠に恐れ多いことですが、以上申し上げます。

（一八六九年）正月

解説

戊辰《ぼしん》戦争が戦われているさなかの一八六八（慶応《けいおう》四）年二月、長州《ちょうしゅう》藩の**木戸孝允**《きどたかよし》は領地（版）と人民（籍）を朝廷に返上し、天皇中心の政治体制を目指すことを**三条実美**《さんじょうさねとみ》・**岩倉具視**《いわくらともみ》に建議した。しかしこのときはまだその現実味に乏しかった。戊辰戦争が進むと、各藩の軍事費支出が増大してその財政が悪化し、農民一揆や打ちこわしが相次いで藩の政治的機能も弱体化した。十一月には姫路藩主や伊藤博文《ひろぶみ》も版籍奉還を政府内に建白しその気運が高まった。薩摩《さつま》藩の大久保利通《おおくぼとしみち》と連携した木戸は、**薩摩藩・長州藩**を中心に、**土佐**《とさ》**藩**と**肥前**《ひぜん》**藩**を巻き込み、一八六九（明治二）年一月二十日、四藩藩主からこの上表文の提出が実現した。上表文は、人民と土地が天皇のものだと強調し、政治的権限を朝廷に集中すべきと述べている。この後、他藩も四藩にならって同様の上申を次々提出した。五月に戊辰戦争が終わると、新政府は六月十七日に各藩からの奉還の上申を許可する形で**版籍奉還**《はんせきほうかん》に踏み切った。藩主はそのまま**知藩事**《ちはんじ》に任命されたが、世襲《せしゅう》でなく、家臣との君臣関係も否定され、古い体制の解体が進んだ。

二　廃藩置県《はいはんちけん》の詔《みことのり》

朕惟《ちんおも》フニ、更始《こうし》ノ時❶ニ際シ、内以《うちもっ》テ億兆《おくちょう》❷ヲ保安シ外《そと》以テ万国ト対峙《たいじ》セント❸欲セハ、宜《よろし》ク名実相副《あいそ》ヒ、政令一《いつ》ニ帰《き》セシムヘシ。朕曩《さき》ニ諸藩版籍奉還《はんせきほうかん》ノ議ヲ聴納《ちょうのう》シ❹、新ニ知藩事《ちはんじ》❺ヲ命シ、各其《その》職ヲ奉《ほう》セシム。然《しか》ルニ数百年因《いん》襲《しゅう》ノ久キ、或《あるい》ハ其名アリテ其実挙《あが》ラサル者アリ。何ヲ以テ億兆ヲ保安シ、万国ト対峙スルヲ得《え》ンヤ。朕深ク之《これ》

通釈

朕が考えるに、維新の改革の時にあたり、内は人民を保安し、外は万国と対等になろうとすれば、名と実を合わせ、政治上の命令が一本化していなければならない。朕は先に諸藩の版籍奉還を許可し、新たに知藩事を任命して各自に奉職させた。しかし、古いならわしが数百年続いたため、あるいはその形式だけで、内実がともなわないこともあった。これではどうして人民を保安し、万国と対等になれようか。朕はこれを深くなげく。そこで今、さらに藩を廃し、

❶❸**誠恐誠惶、頓首再拝**　まことに恐れ多いが、以上を申し上げる、という意味の上表文等の常用語。

❶❹**表**　臣下から天子に奉《たてまつ》る文書。

出典◉『**法令全書**』　本書三三二ページ参照。

◀廃藩置県の詔

❶**更始ノ時**　改革の時。

❷**億兆**　人民。

❸**対峙**　対等になること。

❹**聴納**　許可すること。

❺**知藩事**　版籍奉還されても、藩はそのまま残り、知藩事にも従来の藩主がそのまま任命された。

ヲ慨《がい》ス。❻ 仍《よっ》テ今更《いまさら》ニ藩ヲ廃シ、県ト為《な》ス。是務《これつとめ》テ冗《じょう》ヲ去リ、簡《かん》ニ就《つ》キ、❼ 有名無実ノ弊《へい》ヲ除キ、政令多岐《たき》ノ憂《うれい》❽ 無《なか》ラシメントス。汝《なんじ》群臣其レ朕カ意ヲ体セヨ。『法令全書《ほうれいぜんしょ》』

県とする。これはつとめてむだを省き、簡素化し、有名無実の弊害《へいがい》を除き、政治上の命令がばらばらに出される心配をなくすようにするものである。おまえたちは朕の意志をくみなさい。

❻**慨ス** なげく。
❼**冗ヲ去リ、簡ニ就キ** むだを省き、簡素化し。
❽**政令多岐ノ憂** 政治上の命令がばらばらに出される心配。

出典◉『**法令全書**』 本書三二一ページ参照。

解説

版籍奉還《はんせきほうかん》後も、藩主は**知藩事《ちはんじ》**として残り、諸藩の兵も藩の指揮下にあった。諸藩の中には、軍制や税制について新政府以上の開明的政策を進めて新政府への政治参加を求める動きもあった。一方、新政府は、戊辰《ぼしん》戦争で費やした多額の軍事費を補うため、**不換《ふかん》紙幣**（**太政官札《だじょうかんさつ》**）を大量発行し、経済の混乱を引き起こしていた。さらに一八六九年は凶作だったが、新政府は造船所や鉱山経営などの開化事業で財源を必要としたため、直轄地《ちょっかつち》である府県から厳しく徴税した。そのため新政府の政策に不満を持つ人々は、各地で一揆や打ちこわしを起こした。このように新政府の権力基盤が安定しない中、長州《ちょうしゅう》の**木戸孝允《きどたかよし》**や薩摩《さつま》の**大久保利通《おおくぼとしみち》**・**西郷隆盛《さいごうたかもり》**らは、天皇中心の中央集権国家を確立するため、薩長と土佐《とさ》が提供した**親兵《しんぺい》**一万の軍事力を背景に、一八七一年七月十四日廃藩《はいはん》を断行した。**廃藩置県《ちけん》の詔《みことのり》**では、人民保安と外国対峙《たいじ》を目的として掲げ、藩がその障害だと語られている。そこで、藩を県にして新政府の財政基盤を拡大するとともに、藩の廃止で薩長に政治的権限を集中させ中央政府の強化による政権の安定化を図ったのである。

6 黒田清隆《くろだきよたか》の女子留学生派遣構想

彼国においては婦女学校を設け、児女十余歳におよび候折は入校、学術教授を請《う》け候は一般の事にて候、小児母の懐《ふところ》を離れずして教を母に受候故、入校の頃には稍菽麦《やしゅくばく》をも弁し❶候様相成候儀、実ニ国民を保護し人材を教育するの道整へりといふへし。

皇国の儀も日々に開化に趣、追ては女学校御取建《おとりたて》之《こ》れ有る可《べ》く候得共、北海道之儀は今般更に創業にて毫髪《ごうはつ》❷の差より尺寸《しゃくすん》に誤りを生し候は必然の事故、**一日も因循《いんじゅん》❸相成難く候間、只今より人材教育ニ注意いたし候儀最第一と存じ奉り候ニ付**、既ニ先頃以来追々人物相選《えらび》、欧亜諸州え数人留学生徒差出し置候、**尚此度幼稚の女子相選、欧亜之内え留学として差遣し申度《もうしたきゆえ》故**、学費等の儀は

◀黒田清隆の女子留学生派遣構想

❶**菽麦をも弁し** 菽麦は豆と麦のこと。豆と麦の区別ができるの意味。そこから転じて、ものごとの分別がつくこと。
❷**毫髪** ごくわずかなこと。
❸**因循** 古いならわしを改めないこと。

出典◉『**津田梅子文書**』 津田梅子が開いた津田塾大学の開学八十周年を記念して、津田梅子が書いたもの、談話、関係史料を編纂した本。

一定額の内を以取計《とりはかり》申すべく候間、此段相伺候也。

『津田梅子《つだうめこ》文書』

解説　開拓使《かいたくし》次官**黒田清隆**《くろだきよたか》は、一八七一年、開拓事業視察のため欧米を訪問した。そこで黒田はアメリカでの女性の地位の高さに日本との違いを感じ、女子教育の重要性を認識した。史料は、帰国した黒田が一八七二年に政府内で提出した女子留学生派遣に関する建議書である。この構想を岩倉具視《いわくらともみ》が支持したため、**津田梅子**《つだうめこ》らが開拓使の予算で岩倉使節団に随行し渡米した。ただし黒田は、母親が子に適切な教育を与えることが人材の育成に重要だと述べており、女性教育の意義を政治や社会と切り離していた。

設問5　**1**版籍奉還を四藩主が上表した後、なぜ諸藩が続いたのだろうか。**2**廃藩置県を断行した政府の狙いは何だろうか。**3**なぜ女子留学生の派遣が必要であると考えられたのだろうか。❻から読み取ろう。

4 富国強兵と国内体制の整備

1 徴兵制

一 山県有朋《やまがたありとも》らの建議

謹《つつし》ンテ案スルニ兵部即今ノ目途《もくと》ハ内ニ在《あ》リ、将来ノ目途ハ外ニ在リ。……試ニ天下現今ノ兵備ヲ論《ろん》ンニ所謂《いわゆる》親兵《しんぺい》ハ其実聖体❶ヲ保護シ（御親兵は天皇を保護し）、禁闕《きんけつ》❷ヲ守衛スル（御所を守る）ニ過キス。四管鎮台《しかんちんだい》ノ兵総《すべ》テ二十余大隊、是《これ》内国ヲ鎮圧スルノ具ニシテ、外ニ備フル所以《ゆえん》ニ非《あら》ス。海軍ノ如《ごと》キハ数隻ノ戦艦モ未《いま》タ尽《ことごと》ク完備ニ至ラス。是レ亦《また》果シテ外ニ備フルニ足《たら》ンヤ（外敵に備えるのに不足である）。抑《そもそも》復古以来制度日ニ新《あらた》ニ月ニ就《なず》ミ❸遂ニ当今郡県ノ真治❹ニ帰シ（最近廃藩置県で中央集権制になり）、天下ノ藩兵ヲ解キ、天下ノ兵器ヲ収メ、海内《かいだい》ノ形勢始メテ一変ス。是ノ時ニ当リテ豈宜《あによろし》ク速《すみやか》ニ廟謨《びょうぼ》❺ヲ定メ（朝廷の方針を定め）、外ニ備フルノ目途ヲ確定セサル可ケンヤ。

兵部大輔　山県有朋《やまがたありとも》　兵部少輔　川村純義《かわむらすみよし》　兵部少輔　西郷従道《さいごうつぐみち》

『法規分類大全《ほうきぶんるいたいぜん》』

◀山県有朋らの建議

❶**聖体**　天皇を指す。
❷**禁闕**　皇居。
❸**日ニ新ニ月ニ就ミ**　日々新たになり、また定着し。
❹**郡県ノ真治**　廃藩置県を指す。
❺**廟謨**　朝廷の方針。

出典◉『**法規分類大全**』　幕末から一八八七（明治二十）年の条約・法規・公文書等を外交・財政・兵制などに分類して、一八八九～九四年に公刊された史料。

解説　この史料は、一八七一年十二月二十四日、兵部大輔《ひょうぶたいふ》**山県有朋**《やまがたありとも》らが提出した建議である。廃藩置県《はいはんちけん》で藩が廃止され、旧藩に残っていた藩兵組織も解散した。新たに国内に四つの鎮台《ちんだい》が設置されたが、この建議書では鎮台は国内反乱に備えるもので、「外ニ備フル」ための軍事力整備が別に必要だと述べられている。そのために、ヨーロッパにならって、海軍力の強化のほか国民皆兵《かいへい》の実現などを提起した。

二　徴兵告諭《ちょうへいこくゆ》

我朝《わがちょう》❶上古《じょうこ》ノ制❷、海内《かいだい》❸挙《あげ》テ兵ナラサルハナシ。有事《ゆうじ》ノ日❹天子之《これ》カ元帥《げんすい》❺トナリ、丁壮兵役《ていそうへいえき》ニ堪《た》ユル者ヲ募《つの》リ以《もっ》テ不服ヲ征《せい》ス。役《えき》ヲ解《と》キ家ニ帰レハ農タリ工タリ又《また》商賈《しょうこ》❻タリ。固《もと》ヨリ後世ノ双刀《そうとう》ヲ帯《お》ヒ武士ト称シ、抗顔《こうがん》坐食《ざしょく》❼シ甚《はなはだ》シキニ至《いたり》テハ人ヲ殺シ官其《その》罪ヲ問ハサル者❽ノ如《ごと》キニ非《あら》ス。……太政維新《たいせいいしん》列藩版図《はんと》ヲ奉還《ほうかん》シ、辛未《しんび》ノ歳《とし》❾ニ及ヒ遠ク郡県ノ古《いにしえ》ニ復ス❿。世襲《せしゅう》坐食ノ士ハ其禄《ろく》ヲ減シ⓫刀剣ヲ脱スルヲ許シ⓬、四民漸《ようや》ク自由ノ権ヲ得セシメントス。是《こ》レ上下ヲ平均シ、人権ヲ斉一《せいいつ》ニスル道ニシテ則《すなわ》チ兵農ヲ合一ニスル基《もとい》ナリ。……凡《およ》ソ天地ノ間一《いち》事《じ》一物《いちぶつ》トシテ税アラサルハナシ。以《もっ》テ国用ニ充《あ》ツ。然《しか》ラハ則チ人タルモノ固《もと》ヨリ心力ヲ尽《つく》シ国ニ報セサルヘカラス。西人《せいじん》之⓭ヲ称シテ血税《けつぜい》⓮ト云フ。其生血《せいけつ》ヲ以テ国ニ報スルノ謂《いい》ナリ。……西洋諸国数百年来研究実践以テ兵制ヲ

通釈

我が国の古代の制度では、国内すべて兵士ではないものはなかった。戦争の際には、天皇がその統率者となり、元気な若者で兵役に堪えられる者を募って、反乱を征伐した。兵役を解いて家に帰れば、農民であり、職人であり、また商人であった。もちろん、のちの時代の二本の刀をさし、武士と称して、厚かましく働かずに生活し、ひどいものに至っては人を殺しても官がその罪を問わなかったような者ではない。……政治はまったく改まり、諸藩は領地を奉還して、明治四年には遠く郡県制の昔に戻した。地位を世襲し働かずに食べていた武士はその家禄を減じ、脱刀を許して、士農工商の四民がようやく自由の権利を得ようとしている。これは、身分を平均にし、人権を同等にする方法であり、兵士と農民を一体にする基盤である。……総じて天地の間で税のかからないものは一つもない。それを国の経費に充てる。だから人というものは、元来心の力を尽くして、国に報いねばならない。西洋人はこれを名づけて血税と言う。その生き血で国に報いるという意味である。……西洋諸国は、数百年来の研究と実践によって兵

◀**徴兵告諭**

❶**我朝**　日本のこと。

❷**上古ノ制**　古代の兵制を指す。

❸**海内**　国内。

❹**有事の日**　戦争の際。

❺**元帥**　統率者。

❻**商賈**　商人。

❼**抗顔坐食**　厚かましく働かずに生活すること。

❽**人ヲ殺シ官其罪ヲ問ハサル者**　武士のいわゆる切捨御免《きりすてごめん》の特権を指しているが、実際には厳しく詮《せん》議《ぎ》され、恣意《しい》的な殺人権が武士にあったわけではない。

❾**辛未ノ歳**　かのとひつじ。一八七一（明治四）年。

❿**郡県ノ古ニ復ス**　廃藩置県を指す。

⓫**禄ヲ減シ**　一八六九（明治二）年に禄制を定めて、俸禄を減らし、翌年藩制改革を命じて、さらに家禄を削減したこと。

⓬**刀剣ヲ脱スルヲ許シ**　一八七一（明治四）年八月脱刀令のこと。廃刀令は一八七六（同九）年三月。

定ム。……故《ゆえ》ニ今其《その》長スル所ヲ取リ、古昔《こせき》ノ軍制ヲ補ヒ、海陸二軍ヲ備ヘ、全国四民男児二十歳ニ至ル者ハ尽《ことごと》ク兵籍ニ編入シ以テ緩急《かんきゅう》ノ用⓯ニ備フヘシ。……

明治五年壬申《じんしん》十一月二十八日　『法令全書《ほうれいぜんしょ》』

制を定めている。……よってその長所をとり、古代の軍制を補って、海軍陸軍の二軍を備え、全国四民の男子で二十歳になる者はすべてを兵籍に編入して、国の危急の場合に備えるべきである。……

明治五（一八七二）年壬申十一月二十八日

⓭**西人**　西欧人、ヨーロッパ人。
⓮**血税**　兵士としての義務をたとえている。字面の通りにとる誤解が生まれた。
⓯**緩急ノ用**　国家の危急の場合。

出典◉『**法令全書**』　本書三二二ページ参照。

解説　一八六九（明治二）年、新政府の兵部大輔《ひょうぶたいふ》となった大村益次郎《ますじろう》は、長州《ちょうしゅう》藩時代に洋式兵制を整備した経験や洋式兵学の知識から、**国民皆兵**《かいへい》の**徴兵制**《ちょうへいせい》を構想していた。大村は同年に暗殺されるが、その構想は同郷の山県有朋《やまがたありとも》に引き継がれた。当時、兵制は志願による傭兵制《ようへいせい》にすべきという意見もあったが、山県は傭兵の場合経費がかかるほか、薩長《さっちょう》などの藩兵が中心となって、戊辰《ぼしん》戦争で敗れた東北諸藩などがこれを忌避《きひ》し国内分裂につながるとして反対した。一八七二年に出されたこの告諭《こくゆ》では、古代以来の伝統を語る一方で、旧来の武士を厳しく批判し四民すべてが新たに「自由ノ権」を得て平等になったことを強調して徴兵制を正当化した。しかし「**血税**《けつぜい》」という文字の誤解や、若年労働力を奪われることへの不安から、各地で**徴兵反対一揆**が起こった。また、次の三に掲げた免役規定を利用した徴兵逃れも多発した。

三　徴兵の免役規定

第三章　常備兵免役概則

第一条　身ノ丈ケ五尺一寸❶（曲尺《かねじゃく》）❷未満者

第二条　羸弱《るいじゃく》❸ニシテ宿痾《しゅくあ》❹及ヒ不具《ふぐ》等ニテ兵役《へいえき》ニ堪《たえ》サル者

第三条　官省府県ニ奉職ノ者

第四条　海陸軍ノ生徒トナリ兵学寮❺ニ在《あ》ル者

第五条　文部・工部・開拓其他《そのた》ノ公塾ニ学ヒタル専門生徒及ヒ洋行《ようこう》修業ノ者、並《ならび》ニ医術・馬医術ヲ学フ者

◀**徴兵の免役規定**
❶**五尺一寸**　約一・五四五m。
❷**曲尺**　一尺が三〇・三〇三cmのものさし。
❸**羸弱**　身体が弱いこと。
❹**宿痾**　長い間治らない病。
❺**兵学寮**　明治初期に設置された軍人養成のための学校。

第六条　一家ノ主人タル者

第七条　嗣子《しし》並ニ承祖《しょうそ》ノ孫❻

第八条　独子独孫❼

第九条　罪科アル者但《ただし》徒❽以上ノ刑ヲ蒙《こうむ》リタル者

第十条　父兄存在スレ共病気若《もし》クハ事故アリテ父兄ニ代リ家ヲ治ル者

第十一条　養子　但約束ノミニテ未タ実家ニアル者ハ此例ニアラス

第十二条　徴兵在役中ノ兄弟タル者

『法令全書《ほうれいぜんしょ》』

❻**承祖ノ孫**　祖父から家を継ぐ孫。
❼**独子独孫**　一人っ子、一人孫。
❽**徒**　一八七〇（明治三）年の新律《しんりつ》綱領《こうりょう》で定められた五刑（笞《ち》・杖《じょう》・徒《ず》・流《る》・死《し》）のひとつ。

出典◉**『法令全書』**　本書三二一ページ参照。

解説

徴兵告諭《ちょうへいこくゆ》をうけ、一八七三（明治六）年一月十日、**徴兵令**が出された。その中で具体的な手続きを定めたのが、徴兵編成並概則《へんせいならびにがいそく》である。規則では、十七歳から四十歳までの全男子を兵籍簿に登録し、満二十歳で徴兵検査をうけ、合格すると抽選で常備軍（三年間の全日制勤務）に編入されると定めた。現役終了後は後備軍（四年間）に編入され、戦時には召集に応じることが義務づけられた。徴兵告諭では**国民皆兵《かいへい》**をうたっていたが、徴兵令には史料にあるような免役《めんえき》条項が多く定められた。全体としては、「家」を維持する者や有産者の子弟を優遇する方針だった。それゆえに、兵役の負担は貧家の次男以下に集中する傾向があった。また、第十一条の養子条項を利用するなどの徴兵逃れも多く、その手引書も出版された。そのため政府は数度の改正で免役を制限していき、一八八九年の改正で国民皆兵をほぼ実現した。ただし北海道全道（一部は先行して施行されていた）・沖縄・小笠原諸島は一八九八年に施行された。

四　軍人勅諭《ちょくゆ》

我国の軍隊は、世々天皇の統率し給ふ所にそある。……夫《それ》兵馬《へいば》の大権《たいけん》は朕《ちん》か統《す》ふる所なれは、其司々《そのつかさつかさ》をこそ臣下《しんか》には任《まか》すなれ、其大綱《そのたいこう》は朕親之《みずからこれ》を攬《と》り、肯《あえ》て臣

通釈

我が国の軍は、代々の天皇が統率されるところにこそある。……軍隊の大権は朕が統率するところだから、その各部署を臣下に任せても、そのおおもとは朕が自らこれを握り、承諾して臣下に任せるべきものではない。子々孫々に至るまでよくその趣旨を伝え、天皇は文武の大権

下に委《ゆだ》ぬへきものにあらす。子々孫々《しししそんそん》に至《いた》るまで篤《あつ》く斯《この》旨を伝へ、天子は文武の大権を掌握《しょうあく》するの義を存して、再《ふたたび》中世以降の如《ごと》き失体《しったい》❶なからんことを望むなり。**朕は汝等《なんじら》軍人の大元帥《だいげんすい》❷なるそ**。されは朕は汝等を股肱《ここう》と❸頼み、汝等は朕を頭首《とうしゅ》と仰《あお》きてそ、其親《したしみ》は特に深かるへき。朕か国家を保護して上天《しょうてん》の恵《めぐみ》に応し、祖宗《そそう》の恩に報《むく》いまゐらする事を得るも得さるも、汝等軍人か其職を尽《つく》すと尽《つく》さゝるとに由《よ》るそかし。我国の稜威《みいつ》❹振《ふる》はさることあらは、汝等能《よ》く朕と其憂《うれい》を共にせよ、……

一、軍人は忠節《ちゅうせつ》❺を尽すを本分《ほんぶん》とすへし。……
一、軍人は礼儀を正《ただし》くすへし。……
一、軍人は武勇を尚《とうと》ふへし。……
一、軍人は信義を重んすへし。……
一、軍人は質素を旨《むね》とすへし。……
……此五箇条は天地の公道、人倫《じんりん》の常経《じょうけい》❻なり。……

明治十五年一月四日　御名《ぎょめい》　『法規分類大全《ほうきぶんるいたいぜん》』

を掌握するという意義を存続させ、再び中世以降のような失敗がないことを望んでいる。朕はおまえたち軍人の最高統率者であるぞ。だから朕はおまえたちを最も頼りになるものと頼み、おまえたちは朕を首領《しゅりょう》とあおいでこそ、その親しみは特に深くなるだろう。朕が国家を保護して天の恵みに応じ、天皇の祖先から歴代天皇の恩に報いさしあげることができるもできないも、おまえたち軍人がその職を尽くすか尽くさないかによるのであるよ。我が国の威光《いこう》が現われないことがあれば、おまえたちはよく朕とその憂いを共にしなさい……

一、軍人は忠節を尽くすことを本分とすべきである。……
一、軍人は礼儀を正しくすべきである。……
一、軍人は武勇を尊重すべきである。……
一、軍人は信義を重視すべきである。……
一、軍人は質素を第一とすべきである。……
……この五か条は全世界の道理、人として守るべき秩序の常にとるべき道である。

明治十五年一月四日
御名

◀**軍人勅諭**

❶**中世以降の如き失体**　鎌倉から江戸時代は武家政権である幕府に軍事権を奪われた失敗の時代と捉え、明治維新によってそれを取り返したと認識している。
❷**大元帥**　軍事の最高統率者。
❸**股肱**　最も頼りになる。
❹**稜威**　御威光。
❺**忠節**　天皇の代理である上官の命に服すことを、第一義務とした。
❻**常経**　常にとるべき道。

出典◉『**法規分類大全**』　本書三三一ページ参照。

設問6　1二において、なぜ徴兵制の構想は人々に理解されなかったのだろうか。
2三にみられる免役の規定からは、政府のどのような意図を読み取れるだろうか。
3四の軍人勅諭（徴兵制）はどのような点が近世的であり、どのような点が近代的であるといえるだろうか。

解説　一八七八（明治十一）年八月二十三日、近衛《このえ》砲兵《ほうへい》約二六〇人が**西南《せいなん》戦争**の恩賞への不満などから暴動を起こした（**竹橋《たけばし》事件**）。事件の背景には自由民権運動の影響もあったため、陸軍卿山県有朋《きょうやまがたありとも》は忠実・勇敢・服従を規範とする軍人訓戒《くんかい》を事件後に出して軍紀統制を図った。しかし民権運動がさらに高揚したため、一八八二年一月四日、明治天皇によるこの軍人勅諭《ちょくゆ》が出された。勅諭では天皇に兵権があり、兵士は天皇に服従することが強調されている。

2 四民平等

自今平民苗氏《じこんへいみんみょうじ》❶差許《さしゆる》サレ候事

（太政官布告《だじょうかんふこく》　明治三年九月十九日）

華族ヨリ平民ニ至ル迄《まで》互《たがいに》婚姻差許サレ候条、双方願《そうほうねがい》ニ及バズ其時々戸長へ届ケ出《いず》ルヘキ事

（太政官布告　明治四年八月二十三日）

穢多非人《えたひにん》等ノ称廃サレ候条、自今《じこん》身分職業共平民《へいみん》同様タルヘキ事

（太政官布告明治四年八月二十八日）

一　人身ヲ売買致シ終身又ハ年期ヲ限リ其主人ノ存意ニ任《まか》セ虐使《ぎゃくし》致シ候ハ人倫《じんりん》❷ニ背《そむ》キ有《ある》マシキ事ニ付古来《こらい》制禁ノ処《ところ》、従来年期奉公等種々ノ名目《めいもく》ヲ以《もっ》テ奉公《ほうこう》住致サセ、其実売買同様ノ所業《しょぎょう》ニ至リ以《もって》ノ外《ほか》ノ事ニ付、自今厳禁《げんきん》タルヘキ事。（太政官布告　明治五年十月二日）『法令全書《ほうれいぜんしょ》』

◀四民平等
❶**苗氏**　江戸時代、武士身分以外は姓を名乗ることを公認されていなかった。
❷**人倫**　人としての道。
出典◉**『法令全書』**　本書三二一ページ参照。

解説　明治新政府はリーダーたちが確固たる展望をもって時代を切り開いたと思われがちだが、そうでもなかった。たとえば身分制は、最初から撤廃が考えられていたわけではなかった。政府は廃藩置県まで、江戸時代の身分制度を再編して統治しようとしていた。史料に挙がっている平民苗字《みょうじ》に関する法令も、強制ではなく許可制であり、身分制度の完全撤廃を意図していなかった。苗字義務化が定められたのは一八七五（明治八）年で、徴兵《ちょうへい》事務の必要性からであった。廃藩置県《はいはんちけん》後、政府は身分による統治をあきらめ、**四民平等**政策が進められていく。しかし身分制度をやめても、社会的な差別は残っていった。

3 地租改正（地租改正布告・条例）

◀地租改正
❶**旧来田畑貢納ノ法**　江戸時代の年貢納入方法。

今般地租改正《こんぱんちそかいせい》ニ付《つき》、旧来田畑貢納《こうのう》ノ法❶ハ悉皆相廃《しっかいあいはい》シ、

通釈　この度《たび》地租が改正されて、従来の田畑納税法はすべて廃止し、地券調査終了次第土地の価格

更《さら》ニ地券《ちけん》❷調査相済次第《あいすみしだい》土地ノ代価ニ随《したが》ヒ百分ノ三ヲ以《もっ》テ地租ト相定《あいさだ》ムベキ旨《むね》仰出《おおせいだ》サレ候条、改正ノ旨趣《ししゅ》別紙条例ノ通相心得《とおりあいこころう》ベシ。……

（別紙）地租改正条例

第一章　今般地租改正ノ儀ハ、容易ナラザル事業ニ付、実際ニ於《おい》テ反覆審按《はんぷくしんあん》❸ノ上調査致スベシ。尤《もっとも》土地ニ寄リ緩急《かんきゅう》難易ノ差別之《こ》レ有リ、各地方共一時改正出来難《がた》キハ勿論《もちろん》ニ付、必シモ成功ノ速《すみやか》ナルヲ要セス。詳密《しょうみつ》整理ノ見据《みすえ》❹相立《あいたて》候上ハ大蔵省へ申立允許《いんきょ》❺ヲ得《う》ルノ後、旧税法相廃《あいはい》シ新法施行《しこう》イタシ候儀ト相心得《う》ベキ事。

但《ただし》一管内《かんない》悉皆整理之《こ》レ無ク候共、一郡一区調査済ノ部分ヨリ施行イタシ苦シカラズ候事。

第二章　地租改正施行相成《あいなり》候上ハ、土地ノ原価ニ随《したが》ヒ賦税《ふぜい》❻致シ候ニ付、以後仮令豊熟《たとえほうじゅく》ノ年ト雖《いえど》モ増税申付ザルハ勿論《もちろん》、違作《いさく》❼ノ年柄《としがら》之レ有リ候トモ減租《げんそ》ノ儀一切《いっさい》相成ラズ候事。

第六章　従前《じゅうぜん》地租ノ儀ハ、自《おのずか》ラ物品ノ税家屋《かおく》ノ税等混淆《こんこう》❽致シ居《おり》候ニ付、改正ニ当《あたり》テハ判然《はんぜん》区分シ、地租ハ則《すなわち》地価ノ百分一ニモ相定ムベキノ処《ところ》、未《いま》タ物品等

の百分の三を地租と決めるよう命じられたので、改正の趣旨を別紙の通りに心得ること。…

（別紙）地租改正条例

第一章　今度の地租改正のことは、容易でない事業だから、実際に繰り返し審議して、調査すべきである。ただし土地によって遅い早い、困難容易の差があり、各地方一度に改正できないのはもちろんで、必ずしも事業の達成を急がなくともよい。精密な整理の見込みが立ったならば、大蔵省へ申告し、許可を得たのち、旧税法を廃止し新法を施行するよう心得ておくこと。ただしひとつの府県の内全部が整理できていなくても、その内の一郡一区でも調査済みの地域から施行してかまわない。

第二章　地租改正を施行すれば、土地の原価に従い課税するので、今後はたとえ豊作の年でも増税を命じないのはもちろん、凶作の年になっても、減税は一切認めない。

第六章　これまで地租は、物品税や家屋税などがまじっていたので、改正にあたっては明確に区分し、地租は地価の百分の一に定めるべきだが、まだ物品などもろもろの税目が決まっていないので、まずは地価の百分の三を地租の税額に定めるが、今後、茶・煙草・材木やその他の物品税が発足し、国家歳入が増え、それらの収入が二百万円以上になった時は、地租改正した土地に限り、地租に新税の増額を割り合わせて、地租は最終的に百分の一になるまで次第に減少させること。

❷地券　土地の所有権を示す権利証。一八七二年に全国で順次交付されていた（壬申地券《じんしんちけん》）。地租改正後、新地券と引き換えられた。

❸反覆審按　繰り返し審議する。

❹見据　見込み。

❺允許　認め許す。

❻賦税　課税。

❼違作　作物の実りが悪いこと。凶作。

❽混淆　まじること。

出典◉『**法令全書**』　本書三二二ページ参照。

年度	総額	地租	所得税	酒税	関税
		%	%	%	%
1868	3.2	62.5	−	−	21.9
1870	9.3	88.2	−	−	6.5
1875	59.2	85.0	−	4.4	2.9
1880	55.3	76.5	−	9.9	4.7
1885	64.4	67.2	−	18.2	4.7
1890	66.1	60.7	1.7	21.0	6.7
1895	74.7	51.8	2.0	23.7	9.1
1900	133.9	34.9	4.8	37.6	12.7
1905	251.3	32.0	9.3	23.5	14.6
1910	317.3	24.0	10.0	27.3	12.6
1915	312.7	23.5	12.0	27.1	10.3
1920	730.6	10.1	26.0	22.4	9.5

総額の単位：100 万円

◀国税総額と地租・所得税・酒税・関税

ノ諸税目興《おこ》ラサルニヨリ、先《ま》ツ以テ地価百分ノ三ヲ税額ニ相定候得共《えども》、向後《きょうこう》茶・煙草《たばこ》・材木其他《そのた》ノ物品税追々《おいおい》発行相成《あいなり》、歳入相増其収入ノ額二百万円以上ニ至リ候節ハ、地租改正相成候土地ニ限リ、其地租ニ右新税ノ増額ヲ割合《わりあわせ》、地租ハ終《つい》ニ百分ノ一ニ相成候迄《まで》漸《ぜん》次《じ》減少致スベキ事。『法令全書《ほうれいぜんしょ》』

解説

江戸時代では、土地にかかる税の負担は、内容も税率も領主によって異なっていた。また市街地など無税の土地も少なくなかった。そこで新政府は無税地をなくし収入増を目指すとともに、税負担を公平化しようと租税制度の統一にとりかかった。新政府は一八七二（明治五）年二月十五日、田畑永代《でんばたえいたい》売買《ばいばい》を解禁し、すべての土地の区画ごとに**地券**（壬申《じんしん》地券）を発行し、土地所有者と土地の価格を明記し、その価格をもとに徴税しようとした。新政府は土地所有者を確定するために江戸時代の検地帳をもとにするよう命じたが、現状と変わっているところも多くすぐに確定できなかった。そこで新政府は、一八七三年七月二十八日、新たに地租改正法を出した。史料は、そのうちの太政官布告《だじょうかんふこく》第二七二号と、**地租改正条例**である。布告では地券調査によって**地価**を決定し、その**三%を地租**として徴収することを定めた。地租改正条例は、①拙速《せっそく》に作業を進めず、②新税法は府県単位でなくてもよいこと、③従来の収穫高（石高）にかえて、土地の収益から地価を計算、④米など収穫物による物納にかえて金納にすること、⑤地租の税率は本来地価の一%にすべきだが、他の税目が未確定なので三%にすること、⑥収穫の豊凶にかかわらず税額の増減を認めないこと、⑦将来物品税が二〇〇万円をこえて国家財政を支えるようになったら、地租の税率を地価の一%とすること、などの内容であった。ただし大蔵《おおくら》省は、地租改正にあたって旧来の歳入を減らさないために、官吏《かんり》によって地価決定の基準となる田畑の収穫量などを一方的に決めていった。この決め方に対し各地で**地租改正反対一揆**が起こった。政府はこの動きに脅威《きょうい》を覚え、一八七七年一月地租を地価の二・五%に引き下げた。

地租改正事業は一八八一年に全府県で終了したが、地価の引き下げ要求はその後地価修正運動へと引き継がれる。地租改正によって農民の土地所有権は確立したが、地租金納は農産物価格の下落の際に農民を苦しめ、松方デフレ期には多くの農民が土地を失った。

4 殖産興業《しょくさんこうぎょう》

一 大久保利通の建議書

大凡《おおよそ》国ノ強弱ハ人民ノ貧富ニ由《よ》リ（国の強弱は人民の貧富による）、人民ノ貧富ハ物産ノ多寡《たか》ニ係《かかわ》ル（人民の貧富は物産の多少による）。而《しこうし》テ物産ノ多寡《たか》ハ人民ノ工業ヲ勉励《べんれい》スルト否《しから》サルトニ胚胎《はいたい》❶スト雖《いえど》モ（物産の多少は人民が工業に励《はげ》むかどうかによるが）其源頭《そのげんとう》❷ヲ尋《たずね》ルニ未《いま》タ嘗《かつ》テ政府政官ノ誘導奨励《ゆうどうしょうれい》ノ力ニ依《よ》ラサル無シ（そのはじまりは政府の誘導や奨励によらないものはない）。……客秋《きゃくしゅう》❸廟堂《びょうどう》❹大臣ノ遷替《せんたい》❺アリシヨリ人心洶々《きょうきょう》❻上下平穏ナラス（去年の秋は大臣の交替があって、人心は穏やかでなかった）、遂《つい》ニ激シテ佐嘉《さが》ノ暴動❼ト為《な》リ変シテ台島ノ征討❽ト為ル（その勢いは佐賀の乱となり、台湾出兵《たいわんしゅっぺい》となった）。実ニ国家多事❾ナリ。故ニ政府政官専《もっぱ》ラ実際上ニ注意着手シテ能《よ》ク工業ヲ奨励シ物産ヲ増殖《ぞうしょく》セシメ以《もっ》テ富強ノ根抵❿ヲ固《かた》フスル遑《いとま》⓫ナキ所以《ゆえん》ナリ。今ヤ諸《もろもろ》ノ葛藤《かっとう》漸《ようや》ク斬断《ざんだん》⓬ニ帰シ、海内《かいだい》⓭ノ人民泰平《たいへい》ヲ歓楽シテ各其生業《なりわい》ニ安堵《あんど》セントス（今や諸事件は落ち着き、人民は泰平を楽しみ、その生業を進めようとしている）。此時ニ当リテ政府政官ノ急務トスヘキハ人民保護ノ実ヲ求ムルヲ以テ至要至切《しようしせつ》⓮ト為《なさ》サル可《べか》ラス。実トハ何ソ、財用⓯是レナリ。苟《いやしく》モ財用充足セサレハ上下衣食ニ奔走《ほんそう》シテ其他ヲ顧《かえりみ》ルニ暇《いとま》アラス。果《はた》シテ如此《かくのごとく》ナレハ仮令《たとえ》海陸軍備ノ厳、学校教育ノ盛アリト雖モ徒《いたずら》ニ虚実ニ属シテ国其国ニアラサル事古今万国其例鮮《すくな》カラス。

『大久保利通文書《おおくぼとしみちもんじょ》』

◀大久保利通の建議書

❶**胚胎** 基礎がはじまる。
❷**源頭** おこり。
❸**客秋** 去年の秋。一八七三年。
❹**廟堂** 朝廷。
❺**遷替** 交替。征韓論による政府分裂を指す。
❻**洶々** 騒がしい様子。
❼**佐嘉ノ暴動** 一八七四年の佐賀の乱。
❽**台島ノ征討** 一八七四年の台湾出兵。
❾**多事** 事件の多いこと。
❿**根抵** 根本。
⓫**遑** ゆとり。
⓬**斬断** 尽きる。
⓭**海内** 全国。
⓮**至要至切** 最重要。
⓯**財用** 資財。

出典◉『**大久保利通文書**』全十巻。一八五一（嘉永《かえい》四）年から一八七八（明治十一）年までの書簡や意見書を編纂《へんさん》したもの。

二 富岡日記

私の父は信州松代《まつしろ》の旧藩士の一人でありまして、横田数馬《かずま》と申しました。明治六年頃は松代の区長を致して居りました。それで信州新聞にも出て居りました通り、信州は養蚕が最も盛んな国であるから、一区に付き何人（たしか一区に付き十六人）十三歳より二十五歳までの女子を富岡製糸場へ出すべしと申す県庁からの達しがありましたが、人身御供《ひとみごくう》にでも上るように思いまして一人も応じる人はありません。父も心配致しまして、段々人民にすすめますが、何の効もありません。やはり血をとられるのあぶらをしぼられるのと大評判になりまして、中には「区長の所に丁度年頃の娘が有るに出さぬのが何よりの証拠だ」と申すようになりました。それで父も決心致しまして、私を出すことに致しました。

『富岡《とみおか》日記』

解説　**明治六年の政変**で西郷隆盛《さいごうたかもり》が下野《げや》したのち、政府の中心となった**大久保利通**《おおくぼとしみち》は一八七三（明治六）年十一月に**内務**《ないむ》**省**を新設し、自ら内務卿《きょう》となった。一は内務卿となった大久保が一八七四年五・六月頃に書いた建議書である。建議書では、国家の強さは政府による**殖産興業**《しょくさんこうぎょう》の成否によると断言している。この考え方に沿って、政府は**富岡**《とみおか》**製糸場**などの官営模範《もはん》工場に予算を投じていく。二は官営工場の富岡製糸場で働いていた和田英《えい》（旧姓横田）の回想録である。富岡製糸場は一八七二年十月に開業したが、人々には外国人への警戒心もあってなかなか工女が集まらなかった。そこで長野県は通達を出し、それに応じて英のように集められた工女は二〇〇名余り、そのほか北海道や山口など全国から工女が集められた。

出典◉『**富岡日記**』　富岡製糸場で一八七三〜七四年に製糸女工として働いていた和田英の回想録。

設問7　1 近世の身分制を政府はなぜ否定しようとしたのだろうか。❷をもとに考えよう。
2 地租改正により、政府の税収は幕府収入と比べてどのように変化したのだろうか。❸を読んで考えよう。
3 近代化政策に対する政府の意図と人々の受け止め方にはどのような差異があったのだろうか。

5 文明開化

1 神仏分離令

今般諸国大小之《の》神社ニオイテ神仏混淆《こんこう》之儀《ぎ》ハ御廃止ニ相成《あいなり》候《そうろう》ニ付（この度神仏混淆は廃止になったので）、別当《べっとう》❶社僧《しゃそう》❷之輩《ともがら》ハ還俗《げんぞく》❸之上（別当や社僧は還俗し）、神主《かんぬし》社人等之称号ニ相転《あいてんじ》（神主や社人と唱え）、神道《しんとう》ヲ以《もって》勤仕《きんじ》到《いた》ス可《べ》ク候（神道を勤めなさい）、若亦《もしまた》拠《よんどころ》無《な》ク差支之《さしつかえこれ》有り、且《かつ》ハ仏教信仰ニテ還俗《げんぞく》之儀不得《ふとく》心《しん》之輩《ともがら》ハ神勤相止《しんきんあいやめ》（仏教を信じ還俗しない輩は神社勤めを辞め）、立退《たちのき》申ス可ク候事（立ち退きなさい）。

『法令全書《ほうれいぜんしょ》』

◀**神仏分離令**
❶**別当**　神社にいる僧侶。
❷**社僧**　神宮寺にいる僧侶。
❸**還俗**　出家した者が再び俗人にかえること。

出典◉『**法令全書**』　本書三三二ページ参照。

▲廃仏毀釈

解説 明治新政府は、一八六七（慶応《けいおう》三）年十二月九日の王政復古《おうせいふっこ》のクーデタによって成立した。クーデタを進めた大久保利通《おおくぼとしみち》や岩倉具視《いわくらともみ》らは、新政府を権威づけるために、天皇を利用しようとした。他方、明治維新の思想的原動力となった平田篤胤《ひらたあつたね》の復古神道《ふっこしんとう》の立場にたつ国学者や神官は、新政府で祭政一致《さいせいいっち》の実現を目指していた。一八六八年一月に制定された新政府の官制では太政官《だじょうかん》のもとに七科をおき、神祇《じんぎ》科をその筆頭とした。二月の官制改革で神祇事務局となり、三月十三日には祭政一致と**神祇官**再興が布告された。同二十八日には、「権現《ごんげん》」「八幡大菩薩《はちまんだいぼさつ》」のような仏教用語を神号に用いること、仏像を神体とする神仏習合《しんぶつしゅうごう》を禁止する布告が出された。この史料はこれらの布告《ふこく》に次いで、閏《うるう》四月四日に出された。内容は、神宮寺に社僧として勤務していた僧侶や神社を管理する別当を勤めていた僧侶に、還俗《げんぞく》か退去を命じるものだった。一連の神仏分離を進める布告を受けて、地域によっては激しい**廃仏毀釈《はいぶつきしゃく》**が行われた。また神祇官は版籍奉還《はんせきほうかん》の後、太政官の上位に位置づけられ、神道を国教として国民を統合する教化政策が進められていった。

2 明六雑誌

教門❶ハ信ニ因《よっ》テ立ツ者ナリ、信ハ知ノ及バサル所ニ根ザス者ナリ、人既ニ之ヲ知レバ其理《ことわり》ヤ則チ己《おのれ》ノ有トナル。然《しかれ》トモ得テ知ル能《あた》ハザレバ、唯《ただ》其知ル所ヲ推《お》シテ、以テ知ラザル所ヲ信スル耳《のみ》。故ニ其理タル亦《また》己カ有ニ非ズ。然ラバ則チ匹夫匹婦《ひっぷひっぷ》❷ノ木石蟲獣《ぼくせきちゅうじゅう》❸ヲ神トシ信ズルモ、高明《こうめい》博識《はくしき》❹ノ天ヲ信ジ理ヲ信ジ上帝❺ヲ信ズルモ、皆知ラズシテ信ズル者ナリ。是差等《さとう》❻アリト雖《いえ》ドモ、其揆《き》❼ハ則チ同一ナリ❽。而《しこうし》テ所謂《いわゆる》信ナル者ハ人々ノ心裏ニ存スル者ナリ。故ニ勇者モ力ヲ以テ侘人《わびびと》❾ノ信ヲ奪フヲ得ズ。智者モ弁ヲ以テ侘人ニ信ヲ強ユルヲ得ズ。故ニ政府ノ教門ニ於《お》ケル亦其人々ノ信ズル所ニ任スベクシテ、之ヲシテ必ズ此ヲ信ゼシメテ、必ズ彼ヲ信ゼザラシムルコト能ハズ。如何トナレバ所謂政府ナル者亦人ニ非《あらざ》ルナシ。既ニ人タレバ則チ高明博識ニシテ、愚夫愚婦《ぐふぐふ》ニ超過スルコト万々ナリト雖ドモ、亦知ラザル所ヲ信ズル者ナレバナリ。己既ニ知ラズ、而テ人ヲシ

◀明六雑誌

❶**教門** もともとは仏の教えのこと。ここでは宗教一般を指す。
❷**匹夫匹婦** 道理のわからない者ども。
❸**木石蟲獣** 木や石、虫やけもの。
❹**高明博識** 高名で博識な者。
❺**上帝** 天の神。
❻**差等** 違い。
❼**揆** やり方、方法。
❽**其揆ハ則チ同一ナリ** そのやり方は同じである。
❾**侘人** おちぶれた人。貧しい人。

出典◉『明六雑誌』 明六社が発行した雑誌。

設問8 **1**❶の神仏分離令以前には、仏教と神道はどのような関係性にあったのだろうか。
2❷の主張は、どのような点が人々にとって新しい価値観を示しているか。

テ己ガ信ズル所ヲ信ゼシメムト欲セバ、其理ナキコト明カナリ。夫既ニ其理ナケレハ、其権ナキ亦明カナリ。
『明六雑誌《めいろくざっし》』

解説　**明六社《めいろくしゃ》**は、**森有礼《もりありのり》**の呼びかけにより一八七三年に結成された学術団体で、福沢諭吉《ふくざわゆきち》・**西周《にしあまね》**・西村茂樹《にしむらしげき》・津田真道《つだまみち》・加藤弘之《かとうひろゆき》らの洋学者が参加した。明六社が発刊した『**明六雑誌**』では、国民の啓蒙《けいもう》のためにその手段を議論し発表することが目指された。取り上げられた内容は、政治・経済・文化など多岐《たき》にわたる。宗教についても複数の論考が掲載された。当時、五榜《ごぼう》の掲示《けいじ》の撤廃によりキリスト教の禁制が解かれたことに対し、どのように対応するかが政治的課題のひとつになっていた。そこで政府は一八七二年三月に教部《きょうぶ》省を設置し国民の教化を図った。このような状況の中、西周が宗教について『明六雑誌』四号（一八七四年）で論じたのが、この「教門論《きょうもんろん》」である。西は、人々は内面の自由を持っており、政府が信仰に介入することに批判的であった。その理由は、いかなる人間も宗教上の真理を知ることはできないからだとした。ただし、天皇については国政の「大本」だとし、これに抵触する教えを禁じている。

3 福沢諭吉『学問のすゝめ』

天は人の上に人を造《つく》らず人の下に人を造らずと云《い》へり。されば天より人を生ずるには、万人は万人皆同じ位にして、生れながら貴賤《きせん》上下の差別なく、万物《ばんぶつ》の霊《れい》たる身と心との働《はたらき》を以《もつ》て天地の間にあるよろづの物を資《と》り、以て衣食住の用を達し、自由自在、互に人の妨《さまたげ》をなさずして各《おのおの》安楽にこの世を渡らしめ給ふの趣意なり。されども今広く此《この》人間世界を見渡すに、かしこき人あり、おろかなる人あり、貧しきもあり、富めるもあり、貴人《きじん》もあり、下人《げにん》もありて、其有様《そのありさま》雲と泥との相違あるに似たるは何ぞや。其次第甚《しだいはなは》だ明《あきらか》なり。実語教《じつごきょう》に❶、人学ばざれば智《ち》なし、智なき者は愚人《ぐじん》なりとあり。されば賢人《けんじん》と愚人との別は学ぶと学ばざるとに由《より》て出来《いできた》るものなり。
『学問のすゝめ』

解説　**福沢諭吉《ふくざわゆきち》**は、一八三四（天保《てんぽう》五）年大坂の中津《なかつ》藩蔵屋敷《くらやしき》で生まれた。二歳のとき父が死去し、一家は中津に戻った。福沢家は下級武士の家柄で、諭吉は身分制度のもと報われず亡くなった

◀福沢諭吉『学問のすゝめ』

❶**実語教**　格言《かくげん》を集め、児童の教訓とした江戸時代の寺子屋《てらこや》の教科書。

出典◉『**学問のすゝめ**』　一八七二（明治五）年二月第一編から一八七六（同九）年十一月第十七編まで刊行された福沢諭吉の主著。

▼来日したお雇《やと》い外国人教師の業績

W.S. クラーク	米	札幌農学校の創設、キリスト教の伝道に尽力
コンドル	英	工部大学校で建築学を教授、鹿鳴館の設計
ベルツ	独	東京大学で近代医学を講義、「ベルツの日記」
ナウマン	独	東京大学で地質学を講義、ナウマン象の発見
E. モース	米	東京大学で動物学を講義、大森貝塚の発掘・調査
ミルン	英	東京大学で地震学を講義、日本地震学会創設
ボアソナード	仏	司法省で刑法・民法起草を指導
ロエスレル	独	法律顧問として憲法草案の起草に参画
フェノロサ	米	日本美の再発見、東京美術学校の創立に尽力
キヨソネ	伊	大蔵省印刷局で印刷術の指導、天皇の肖像画
ヘボン	米	キリスト教伝道、和英辞典の編纂

設問9 **1**『学問のすゝめ』はなぜ爆発的に読まれたのだろうか。当時の人々が共感した理由を説明しよう。
2文明開化政策と啓蒙思想により、人々の価値観は江戸時代とどのように変化したのだろうか。

父を思って「門閥《もんばつ》制度は親の敵」だと思ったことを後年回顧している（『福翁自伝《ふくおうじでん》』）。一八五三（嘉永《かえい》六）年、浦賀沖《うらがおき》にペリーが来航すると蘭学を学ぶ必要性を感じた中津藩の命で、翌年福沢は長崎に遊学した。一八五五（安政《あんせい》二）年には大坂に出て**緒方洪庵《おがたこうあん》**の**適《てき》塾《じゅく》**で学ぶ。一八五八年、江戸に出ると自ら蘭学塾を主催するが、翌年開港まもない横浜を訪れた際、外国人の多くが英語を話しているのを見て英学に転じた。一八六〇（万延《まんえん》元）年には幕府の遣米使節団に参加して以降都合三回欧米に渡り、欧米社会の知識や文化を実地で学んだ。一八六八（慶応《けいおう》四）年、時の年号をとって私塾《しじゅく》を**慶応義塾《けいおうぎじゅく》**と名付け、維新後は明治新政府の招きに応じず、在野の立場で教育や様々な社会事業に携《たずさ》わった。福沢は一九〇一（明治三十四）年に亡くなるまで数多くの著述を残したが、一八七二〜七六年に発表した『**学問のすゝめ**』は、とりわけ多くの人に読まれた。アメリカ独立宣言の影響を受けたとされる平等思想のもと、学ぶことの重要性を説き、学問によって個人の力を高めること（「独立」）が、国家の独立につながると主張している。

4 学事奨励に関する太政官布告（学事奨励ニ関スル被仰出書《おおせいだされしょ》）

人々自《みずか》ラ其身《そのみ》ヲ立テ、其産《さん》ヲ治《おさ》メ、其業《ぎょう》ヲ昌《さかん》ニシテ、以《もっ》テ其生《せい》ヲ遂《とぐ》ル所以《ゆえん》ノモノハ他《ほか》ナシ、身ヲ修《おさ》メ智《ち》ヲ開キ、才芸ヲ長スルニヨルナリ。而《しこうし》テ其身ヲ脩《おさ》メ智ヲ開キ、才芸ヲ長スルハ、学ニアラサレハ能《あた》ハス。是《こ》レ学校ノ設《もうけ》アル所以ニシテ、日用常行《じょうぎょう》言語書算《しょさん》ヲ初メ、士官農商百工技芸及ヒ法律政治天文医療《いりょう》等ニ至ル迄《まで》、凡《およそ》人ノ営ムトコロノ事学アラサルハナシ。人、能《よ》ク其才ノアル所ニ応シ、勉励《べんれい》シテ之《これ》ニ従事シ、而シテ後《のち》初テ生ヲ治メ、産ヲ興シ、業ヲ昌ニスルヲ得ヘシ。サレハ、**学問ハ身ヲ立**

通釈

人々が、自ら立身し、生計の道をたて、産業を盛んにして、生活していける理由となるものはほかでもない、自分の行いを正し、知識を広くし、才能や技芸を伸ばすことによる。だから行いを正し知識を広くし、才能や技芸を伸ばすには、学問によらなければできない。これは学校を設ける理由であり、毎日の行い、言葉や書写、計算等から、士族・役人・農民・商人、すべての技術や法律・政治・天文・医療などにいたるまで、人の行うことで学ばないものはない。人は才能に応じ、努力してこれに従事し、そののちはじめて生活し、産業を興し盛んにできる。

ルノ財本《ざいほん》❶共云《ともいう》ヘキ者ニシテ、人タルモノ誰カ学ハスシテ可《か》ナランヤ。……之ニ依《より》テ、今般《こんぱん》文部省❷ニ於《おい》テ学制ヲ定メ、追々《おいおい》教則❸ヲモ改正シ、布告ニ及フヘキニツキ、自《じ》今《こん》以後一般ノ人民華士族・農工商及婦女子必ス邑《むら》ニ不学ノ戸ナク、家ニ不学ノ人ナカラシメン事ヲ期ス。人ノ父兄タル者宜《よろ》シク此意《このい》ヲ体認シ、其愛育ノ情ヲ厚クシ、其子弟《してい》ヲシテ必ス学ニ従事セシメサルヘカラサルモノナリ。『法令全書《ほうれいぜんしょ》』

だから、学問は立身の資本ともいうべきもので、人であれば誰が学ばずして良いであろうか。……このような考えから、今度文部省で学制を定め、いずれ教則も改正して布告するから、今後人民（華族・士族・農民・職人・商人・婦女子）はすべて、村に不学の家がなく、家に不学の人がいないようにしてほしい。父兄たる者は、この意味をよく理解し、その愛育の情を厚くして、自分の子弟を必ず学校に通わせなければならない。

◀**学事奨励に関する太政官布告**

❶**財本**　資本。
❷**文部省**　一八七一（明治四）年七月十八日設置。
❸**教則**　教育課程・教授法を定めるもので、一八七二年十月に小学教則として制定。

出典◉『**法令全書**』　本書三二二ページ参照。

解説

新政府は一八七一（明治四）年、文部《もんぶ》省を設置して統一的な教育制度の形成による「国民」の育成を目指した。翌年八月二日、新政府は史料に挙げた「被仰出書《おおせいだされしょ》」を発し、翌日これを序文とする**学制**が布告された。「被仰出書」では、四民平等の立場から**国民皆学《かいがく》**の理想が示された。すなわち、武士による学問の独占を批判し、学問に縁遠かった農工商や婦女子が学ぶことによって貧困を免れ立身することを肯定した。また、父兄はその子弟を小学校に通わせることが義務だとした。しかし、学校設立費は町村、学費は父兄の負担になったため、**学制反対一揆**が起こった地域もあった。また画一的な学区制度が現実とかけ離れていたため、一八七九年学制を廃止し教育令が公布され、町村が小学校の設置単位となりその管理も町村に任された。しかし、家事や子守を任される女子や貧困者の中には小学校に行けない者も少なくなかった。

▶**教育制度の変遷**

1871	**文部省設置**
1872	**学制頒布《はんぷ》**——フランスの教育制度導入
1877	**東京大学創立**
1879	**教育令公布**——アメリカの教育制度導入、自由主義教育
1880	**改正教育令公布**
1886	**学校令公布**——国家主義教育、森有礼《ありのり》文相
1890	**教育勅語**——元田《もとだ》永孚《ながざね》、井上毅《こわし》ら起草
1894	**高等学校令公布**
1903	**小学校国定教科書制度の確立**
1918	**大学令公布**——原敬内閣
1941	**国民学校令公布**——第2次近衛文麿《このえふみまろ》内閣
1947	**教育基本法公布**

5 文明開化の世情

近日里俗《りぞく》ノ歌❶ニ、半髪頭《はんぱつあたま》❷ヲタ、イテミレバ、因循姑息《いんじゅんこそく》❸ノ音ガスル、総髪《そうはつ》頭❹ヲタ、イテミレバ、王政復古ノ音ガスル、ジャンギリ頭❺ヲタ、イテミレバ、文明開化ノ音ガスル、ト。『新聞雑誌《しんぶんざっし》』

◀**文明開化の世情**

❶**里俗ノ歌**　地方社会に流行している歌。
❷**半髪頭**　額と頭頂を剃り、後頭部の髪をまとめ、髷《まげ》をつくったもの。
❸**因循姑息**　進歩のない古い考え方。
❹**総髪頭**　長い髪をまとめたもの。
❺**ジャンギリ頭**　髪を短く切ったもの。

出典◉『**新聞雑誌**』　一八七一年五月に創刊された新聞。

解説 明治維新後の急速な社会や文化の変化を指して「**文明開化**《ぶんめいかいか》」と呼ぶ。一八七一年八月九日、太政官《だじょうかん》は「散髪脱刀令《さんぱつだっとうれい》」を出して髪型を自由化した。ちょんまげが、欧米と異なる野蛮《やばん》な風習とみなされることを恐れての法令だった。断髪姿は、洋服姿とあわせて、文明開化の象徴であった。

6 イザベラ＝バードの日本紀行

わたしは見たとおりの事実を書いています。もしもわたしの記述が東海道や中山道、琵琶湖、箱根について書いている旅行家の話と食いちがったとしても、どちらかがまちがっているということにはなりません。とはいえ、本当にこれはわたしにとってはじめて知る日本で、どの本にもまったくなにも書かれてはいなかったし、ここはおとぎの国ではないのです。男性はなにも着ていないといえます。女性はほとんどが腰にぴったりと巻きつける短いペティコート［腰巻き］か、膝下はとてもぴったりしてその上はぶかぶかの青い木綿の上着と頭に巻きつけてしばる青木綿の手拭い以外、ほかのものを身につけていません。衣服からは着ているのが男性か女性かさっぱりわからず、眉を剃ったり歯を黒く染めたりしていなければ、顔からも男女の区別がつきません。短いペティコートは本当に未開人に見え、女の人が裸の赤ん坊を抱いたり背負ったりしてぽかんと外国人を見つめたまま立っていたりすると、わたしには自分が「文明化された」日本にいるとは思えないくらいです。

『イザベラ・バードの日本紀行』

◀イザベラ＝バードの日本紀行

出典◉**『イザベラ・バードの日本紀行』** イギリス人イザベラ＝バードが一八七八年に日本を訪れた際の旅行紀。『日本奥地紀行』としても知られる。

設問10 ❶なぜ政府は「国民皆学」が必要だと考えたのだろうか。❹から読み取ろう。
❷イザベラ＝バードの見た日本と文明開化する日本との差異はなぜ生じたのだろうか。

解説 イギリス人の**イザベラ＝バード**は、一八七八年に東京から北海道へおよそ四か月の旅を行い、各地で人々の生活を詳しく見た。バードは旅で目にしたものをこと細かに記録し、のちに旅行記として出版した。この史料はその旅行記の一部で、日光《にっこう》近辺の村で目にした様子を記したものである。「文明国」の人間であるバードにとって日本の農村部は興味深い観察対象だった。裸ないしはそれに近い格好《かっこう》の人々の描写からは、「文明」からみた「未開」というまなざしを読み取れる。また、男女がはっきりしない人々に驚く様子は、男らしさや女らしさを区別する「文明国」の社会的・文化的視点が表れている。

6 明治初期の外交

1 米欧回覧実記《べいおうかいらんじっき》

英国は商業国なり、国民の精神は、挙《こぞり》て之を世界の貿易に鍾《あつ》む、故に船舶を五大洋に航通し、各地の天産物を買入れて、自国に輸送し、鉄炭力を借り、之を工産物となして、再ひ各国に輸出し売与《うりあた》ふ、是其《これその》三千万の精霊❶か生活をなすの道なり、欧米列国の工産に志《こころざ》すものは、其製作の元品を、英国の市場に就て求めさるを得す、又其農作を務むるものも、亦《また》其収穫の産物を、英国の市場に向ひて售《う》らさるを得す❷、是に於て倫敦《ロンドン》の一都に、世界の大市場を開き、世の製作、貿易、益盛《ますますさかん》なるに従ひ、此都の繁盛も益旺《さか》し、今は殆《ほとん》と三百五十万口の大都会をなすに至れり、行《こう》旅《りょ》の往来、船舶の出入にて、四方の寄寓《きぐう》するものを、幷《あわ》せ挙《あげ》れは、四百万口にすきたる精霊か、僅僅《きんきん》なる此小域に住するなり。

『米欧回覧実記《べいおうかいらんじっき》』

解説

岩倉《いわくら》使節団は一八七一（明治四）年十一月から一八七三年九月にかけて欧米十二か国を視察した。使節団はそのうち四か月イギリスに滞在し、帰英中の駐日公使パークスらの案内で各地を視察した。日本と似た島国という地理的条件を持ち、日本と同じような面積と人口規模であるイギリスに対する使節団の関心は高かった。イギリス各地で紡績《ぼうせき》工場や造船所、炭坑《たんこう》、製鉄所、宮殿や議事堂などを視察した使節団は、その富強《ふきょう》の理由について、工業を背景とした貿易によるものだと理解した。欧米列強の国力を目の当たりにした岩倉具視《ともみ》・大久保利通《おおくぼとしみち》ら使節団のメンバーは、帰国後内治の整備が優先だとして、留守政府の**征韓論**《せいかんろん》を挫折させた。これにより、征韓論者の西郷《さいごう》隆盛《たかもり》らが政府を去る明治六年の政変につながった。

◀米欧回覧実記

❶**精霊**　人間。

❷**售らさるを得す**　売らないわけにはいかず。

出典◉『米欧回覧実記』　一八七一年十一月から一八七三年九月にかけて欧米を視察した岩倉使節団の公式報告書。久米邦武《くめくにたけ》の編集による。

2 日清《にっしん》修好条規

第一条　此後《このOのち》大日本国と大清国は　弥《いよいよ》和誼《わぎ》を敦《あつ》くし天地と共に窮《きわ》まり無《なか》るへし、又両国に属したる邦土《ほうど》も　各《おのおの》礼《れい》を以《もっ》て相待《あいま》ち　聊《いささかも》侵越《しんえつ》する事なく永久安全を得せしむへし

第七条　両国好《よし》みを通せし上は海岸の各港に於《おい》て彼此《ひし》共に❶場所を指定《さしさだ》め商民の往来貿易を許すへし、猶《なお》別に通商章程を立て両国の商民に永遠遵守《じゅんしゅ》せしむへし

第八条❷　両国の開港場には彼此何《いず》れも理事官❸を差置《さしお》き自国商民の取締をなすへし、凡《およそ》家財産業公事訟訴《しょうそ》に干係《かんけい》せし事件は都《すべ》て其《その》裁判に帰《き》し何《いず》れも自国の律例《りつれい》を按《あん》して糺弁《きゅうべん》すへし……

『日本外交年表　竝　主要文書《にほんがいこうねんぴょうならびにしゅようぶんしょ》』

◀日清修好条規
❶**彼此共に**　日清両国共に。
❷**第八条**　両国ともに、相手国に治外法権を認める変則的な対等条約だった。
❸**理事官**　領事等の外交官。

出典◉『日本外交年表竝主要文書』　全二巻、幕末から太平洋戦争までの年表と外務省所蔵文書を外務省が編纂し、一九五五（昭和三十）年に公刊したもの。

解説　一八七一年九月十三日（明治四年七月二十九日）、日本と清国は天津で**日清修好条**《にっしんしゅうこうじょう》**規**《き》に調印した。日本は交渉当初、清に欧米列強なみの権益を求めたが、清の反対にあって対等条約を結んだ。この条約では開港場における商民の往来貿易の許可、相互に領事裁判権《りょうじさいばんけん》を認め合うことなどが規定された。

3 日朝修好条規

大日本国、大朝鮮国ト素《もと》ヨリ友誼《ゆうぎ》ニ敦《あつ》ク年所《ねんしょ》ヲ歴有《れきゆう》セリ❶。今両国ノ情意未《いま》タ洽《あま》ネ❷カラサルヲ視《み》ルニ因《より》テ重《かさね》テ旧好ヲ修メ親睦《しんぼく》ヲ固フセント欲ス。……

第一款《かん》　朝鮮国ハ自主ノ邦《くに》ニシテ日本国ト平等ノ権ヲ保有セリ。……

通釈　大日本国は大朝鮮国ともとから友情に厚く、歳月を経てきた。現在、両国の考えや気持ちがまだよく通じ合っていないのをみると、重ねて昔のよしみを整え、親睦を固めたい。……
第一款　朝鮮国は自主の邦であり、日本国と平等の権利を持っている。……

◀日朝修好条規
❶**年所ヲ歴有セリ**　歳月を経たこと。
❷**洽ネ**　ゆきわたる。

第五款　京圻《けいき》・忠清《ちゅうしん》・全羅《ぜんら》・慶尚《けいしょう》・咸鏡《かんきょう》五道《どう》ノ沿海ニテ通商ニ便利ナル港口二箇所ヲ見立タル後、地名ヲ指定スヘシ。開港ノ期ハ日本暦《れき》明治九年二月ヨリ朝鮮暦《れき》❸丙子《へいし》年正月ヨリ、共ニ数ヘテ二十個月ニ当ルヲ期トスヘシ。

第九款　両国既《すで》ニ通好ヲ経タリ。彼此《ひし》ノ人民各自己ノ意見ニ任セ貿易セシムヘシ。両国官吏《かんり》毫《ごう》モ❹之《こ》レニ関係スルコトナシ。又貿易ノ制限ヲ立テ或《あるい》ハ禁沮《きんそ》❺スルヲ得ス。……

第十款　日本国人民、朝鮮国指定ノ各口《かくこう》ニ在留中若《も》シ罪科《ざいか》ヲ犯《おか》シ朝鮮国人民ニ交渉スル事件ハ、総《すべ》テ日本国官員ノ審断《しんだん》❻ニ帰《き》スヘシ。……　『日本外交年表竝《ならびに》主要文書』

第五款　朝鮮半島東海岸（北から咸鏡・慶尚道）南海岸（全羅道の一部）・西海岸の南半部（北から京圻・忠清・全羅道）の沿海で、通商に便利な港二か所を見立て、指定すべし。開港の時期は、日本の暦で明治九年二月、朝鮮の暦で丙子年正月（ともに西暦一八七六年）から、ともに二十か月後とする。

第九款　両国はすでに友好関係をもった。お互いの人民の自由意志に任せて貿易させるべきである。両国の役人はこれに少しも関係することはない。貿易の制限をつくり、あるいは禁止することはできない。……

第十款　日本国人民が、朝鮮国指定の各港に在留中、もし罪を犯したり、朝鮮国人民に関係ある事件を起こしたりした場合は、すべて日本国の役人の判断に従わねばならない。……

❸**朝鮮暦**　太陰暦《たいいんれき》を使用。
❹**毫モ**　少しも。
❺**禁沮**　禁止。
❻**審断**　判断。

出典◉『**日本外交年表竝主要文書**』
本書三四七ページ参照。

解説
明治新政府は、成立早々の一八六八年十二月、朝鮮に国書を送った。しかし朝鮮は、国書の中に「皇」「勅」の字があるとして受け取りを拒否した。これらは清国皇帝のみが使用可能な文字で、日本が使用することは認められないとの見解であった。そこで日本は一八七一年、日清修好条規《にっしんしゅうこうじょうき》を対等条約として結んだ。朝鮮と宗属《そうぞく》関係にある清と対等条約を結ぶことで、日本が朝鮮の上に立とうとしたのである。しかし朝鮮の日本に対する姿勢は変わらなかった。一八七三年、草梁倭館《そうりょうわかん》（釜山《プサン》にある日本人居留地）の門前に日本を「無法の国」と非難した書札が掲げられているという報告が日本にもたらされると、日本国内では**征韓論**《せいかん》が強まった。しかし、明治六年の政変で征韓派の西郷隆盛《さいごうたかもり》らが下野すると、強硬策はいったん退いた。それでも日朝交渉は進展せず、日本側では再び強硬策が浮上した。一八七五年五月、日本は軍艦雲揚《うんよう》を派遣して釜山から朝鮮半島西岸を北上させる示威《じい》行為をとった。九月、雲揚が首都漢城《かんじょう》に通じる河口を守備する江華島《こうかとう》の砲台に接近したため砲撃され、雲揚は反撃して砲台を破壊した（**江華島事件**）。日本は朝鮮に事件の責任を取らせるとして軍艦を派遣し、軍事的圧力をかけた。その結果、翌年二月二十六日、**日朝**《にっちょう》**修好条規**を締結し朝鮮を開国させた。条約では、清国の宗主《そうしゅ》権を否定し（第一款）日本の朝鮮進出に道を開いた。また、日本のみに領事裁判権《りょうじさいばんけん》を認める（第十款）など、朝鮮にとっての不平等条約であった。

4 樺太《からふと》・千島《ちしま》と沖縄

一 樺太・千島交換条約

第一款《かん》　大日本国皇帝陛下《へいか》ハ其《そ》ノ後胤《こういん》❶ニ至ル迄《まで》現今《げんこん》樺太《からふと》島（即《すなわち》薩哈嗹《サハリン》島）ノ一部ヲ所領スルノ権理《けんり》及君主ニ属スル一切《いっさい》ノ権理ヲ全《すべて》魯西亜《ロシア》国皇帝陛下ニ譲リ而今《じこん》而後《じご》樺太全島ハ悉《ことごと》ク魯西亜帝国ニ属シ「ラペルーズ」海峡《かいきょう》❷ヲ以《もっ》テ両国ノ境界トス

第二款　全魯西亜国皇帝陛下ハ第一款ニ記セル樺太島（即薩哈嗹島）ノ権理ヲ受《う》ケシ代《かわり》トシテ其後胤ニ至ル迄現今所領「クリル」群島❸即《すなわ》チ第一「シュムシュ」島……第十八「ウルップ」島共計十八島ノ権理及ビ君主ニ属スル一切ノ権理ヲ大日本国皇帝陛下ニ譲リ而今而後「クリル」全島ハ日本帝国ニ属シ柬察加《カムチャツカ》地方「ラパツカ」岬《みさき》ト「シュムシュ」島ノ間ナル海峡ヲ以テ両国ノ境界トス

『日本外交年表竝《ならびに》主要文書』

通釈

第一款　大日本国の天皇陛下は、その子孫に至るまで、現在の樺太島（サハリン島）の一部を領有する権利、及び君主に所属するすべての権利を、すべてロシア国皇帝陛下に譲り、以後樺太全島はすべてロシア帝国に所属し、ラペルーズ海峡を両国の境界とする。

第二款　すべてロシア国皇帝陛下は、第一款に記した樺太島（サハリン島）の権利を受けた代わりとしてその子孫に至るまで現在領有するクリル群島、つまり第一シュムシュ島……第十八ウルップ島の合計十八島の権利、及び君主に所属するすべての権利を、大日本国の天皇陛下に譲り、以後クリル全島は日本帝国に所属し、カムチャツカ地方ラパッカ岬とシュムシュ島の間にある海峡を両国の境界とする。

◀樺太・千島交換条約

❶**後胤**　子孫。

❷**「ラペルーズ」海峡**　宗谷海峡のこと。

❸**「クリル」群島**　千島列島のこと。

出典◉**『日本外交年表竝主要文書』**　本書三四七ページ参照。

解説

一八五五年二月（安政《あんせい》元年十二月）に締結された**日露和親条約**では、両国の国境は択捉《えとろふ》・得撫《うるっぷ》両島の間とされ、カラフトは境界を従来通りと定めた。その後、一八六七（慶応《けいおう》三）年に樺太《からふと》は両国雑居の地であることが明確化する。明治新政府の発足後、一八六九（明治二）年七月**開拓使**が置かれ、北海道と樺太の開拓を担当した。一八七〇年、北海道開拓使と樺太開拓使に分離したが、十分な成果が上がらず廃藩置県《はいはんちけん》の後、再び統合された。一八七五年、外務卿**寺島宗則**《てらしまむねのり》がロシアと交渉を進めた結果、五月七日ペテルブルクで**樺太・千島交換条約**が調印された。内容は、①樺太をロシア領とし、宗谷《そうや》（ラペルーズ）海峡を国境とする、②千島《ちしま》列島は日本領とし、カムチヤツカ半島の占守《しゅむしゅ》海峡を国境とする、などが定められた。この条約で日露間の国境が画定した。

二　琉球藩処分達《たっし》

一　旧藩王又ハ旧藩吏《はんり》等ニ於《おい》テ今般《こんぱん》ノ処分❶ヲ拒《こば》ミ居城ヲ退去セズ土地人民官簿其他《そのた》諸般ノ引渡《ひきわたし》ヲ為《な》サヾルニ於テハ、本人ハ警察部ニ付《ふ》シ拘引《こういん》スルモ苦シカラズ、若《も》シ反状《はんじょう》❷ヲ顕《あら》ハシ兇暴《きょうぼう》之《の》所為《しょい》ニ及ブトキハ営所❸ニ謀《はか》リ兵力ヲ以テ処分スベキ事

一　旧藩王及ビ王子等東京住居ノ事ニ付嘆願《たんがん》固辞《こじ》スル等ノ事アルトモ決《けっし》テ許容スベカラズ、若シ詐偽《さぎ》ヲ以テ規避《きひ》❹セントスル等ノ所為《しょい》アリ、**止《や》ムヲ得《え》ザル時ハ拘引シテ東京ニ送ルベシ**　『秘書類纂《ひしょるいさん》』

解説

近世の琉球《りゅうきゅう》王国は、薩摩《さつま》藩に支配されると同時に明・清と冊封関係にあり、両属の状態だった。版籍奉還《はんせきほうかん》で薩摩藩は土地と人民を朝廷に返上し鹿児島藩となったが、琉球王国の管理は継続した。その後廃藩置県《はいはんちけん》で藩がなくなると、一八七二（明治五）年九月、明治新政府は琉球王国を**琉球藩**と改め琉球国王**尚泰**《しょうたい》を藩王とし、その外交権も外務省が接収した。一方で清への朝貢は禁じなかったので、両属関係は継続した。しかし台湾《たいわん》での琉球漂流民殺害事件を機に、一八七四年、日本は台湾に軍隊を派遣した。このとき清は事実上の賠償《ばいしょう》金を日本に支払ったことで、日本は琉球を自国領と主張する根拠を得た。一八七九年三月、日本政府は松田道之《みちゆき》内務《ないむ》省大書記官に軍隊・警察五六〇名をつけて琉球に派遣し、軍事力を背景に**沖縄県**を設置した。このとき史料にあるように、尚泰一家は東京移住を強制された。この処置を清国は承認せず、日清間の緊張は高まった。結局、琉球の帰属が実質的に日本に確定したのは、日清戦争の後であった。

◀**琉球藩処分達**

❶**今般ノ処分**　琉球藩を廃止し、沖縄県を設置すること。
❷**反状**　反抗の様子。
❸**営所**　軍の兵営。
❹**規避**　避ける。

出典◉『**秘書類纂**』　伊藤博文の手元にあった書類を編纂《へんさん》し、側近であった金子堅太郎《かねこけんたろう》らが校訂、一九三三～三六年に公刊したもの。明治二十年代を中心として、全二十四巻。


設問11　1❶において岩倉使節団は、英国の強大さの理由はどのような点にあるとみているか。

2❷❸により日本は清国・朝鮮とそれぞれどのような関係を築こうとしたか。

3❹から、日本は南北それぞれの国境をどのように画定していったことが読み取れるか。

4明治初期の日本は隣国や周辺の地域に対してどのような姿勢で外交をしたのだろうか。

7 自由民権運動

1 民権運動の開始

一 民撰議院設立建白書

臣等《しんら》❶伏《ふ》シテ方今《ほうこん》政権ノ帰《き》スル所《ところ》ヲ察スルニ、上《かみ》帝室❷ニ在《あ》ラス、下《しも》人民ニ在ラス、而《しか》シテ独有司《ひとりゆうし》❸ニ帰ス。夫《それ》有司、上帝室ヲ尊フト曰《い》ハサルニハ非《あら》ス、而シテ帝室漸《ようやく》其尊栄《そのそんえい》ヲ失フ。下人民ヲ保《たも》ツト云《い》ハサルニハ非ス。而シテ政令百端《せいれいひゃくたん》、❹朝出暮改《ちょうしゅつぼかい》、❺政情実《せいじょうじつ》ニ成リ、❻賞罰愛憎《しょうばつあいぞう》ニ出《い》ツ。言路壅蔽《げんろようへい》、❼困苦告《つぐ》ルナシ。夫レ如是《かくのごとく》ニシテ天下ノ治安ナラン事ヲ欲ス、三尺ノ童子❽モ猶《なお》其不可《ふか》ナルヲ知ル。因仍《いんじょう》❾改メス、恐《おそら》クハ国家土崩《どほう》ノ勢《いきおい》ヲ致サン。臣等愛国ノ情自《おのずか》ラ已《や》ム能《あた》ハス、乃《すなわ》チ之《これ》ヲ振救《しんきゅう》スルノ道ヲ講求《こうきゅう》スルニ、唯《ただ》天下ノ公議ヲ張ルニ在ル而已《のみ》。**天下ノ公議ヲ張ルハ、民撰議院ヲ立《たつ》ルニ在ル而已。**則《すなわち》有司ノ権限《かぎ》ル所アツテ、而シテ上下其安全幸福ヲ受《う》ル者アラン……夫《そ》レ人民、政府ニ対シテ租税ヲ払フノ義務アル者ハ、乃《すなわ》チ其政府ノ事ヲ与知可否《よちかひ》スル❿ノ権理《けんり》ヲ有ス

◀民撰議院設立建白書

❶臣等　もと参議であった板垣らの謙遜《けんそん》語。

❷帝室　語義は皇室だが、天皇を指している。

❸有司　一部の藩閥政治家を指す。

❹政令百端　政府の命令がバラバラである。

❺朝出暮改　変更がはなはだしい。

❻政情実二成リ　政治が情実に左右されている。

❼壅蔽　ふさがっている。

❽三尺ノ童子　子どものこと。

❾因仍　古い考え。

❿与知可否スル　自分も関与して可否を論ずる。

出典◉『**日新真事誌**』　一八七二(明治五)年三月、イギリス人J＝R＝ブラックが社主兼主筆となり東京で創刊した日本語の日刊新聞。

通釈

私たちが謹《つつし》んで現在の政権のある所を考えますに、上は皇室にありませんし、下は人民にもありません。ただ一部の藩閥政治家たちにあるだけです。この官僚たちが皇室を尊敬していないとは言いませんが、皇室は次第にその尊栄を失っています。また人民を保全していないとは言いませんが、政府の命令はばらばらで変更がはなはだしく、政治が情実に左右されていて、賞罰も人の愛憎で決められています。言論の道もふさがれて、私たちの苦しみを告げる方法がありません。これでは、国内の治安を保とうとしても、できないのは子どもでもわかります。古い考えを改めなければ、国家が崩壊するのは明らかです。私たちは愛国心をおさえることができず、これを救う道を考えましたが、国内に公の言論を興すほかはありません。国内に公の言論を興すには、民撰議院を設立するほかありません。つまり一部の藩閥政治家の権力を制限してこそ、身分が高い者も低い者も安全と幸福が得られるでしょう。……人民で租税を払う義務のある者は、政府に対して自分も関与して可否を論じる権利があります。……現在民撰議院

◀明治六年の政変時の政府構成（一八七三年十月）

発令時	官職	氏名（出身）	立　場
岩倉使節団外遊前	太政大臣	三条実美（公卿）	中立
	右大臣	岩倉具視（公卿）	非征韓（使節団・全権大使）
	参議	西郷隆盛（薩摩）	征韓
	参議	木戸孝允（長州）	非征韓（使節団・副使）
	参議	板垣退助（土佐）	征韓
	参議	大隈重信（肥前）	非征韓
外遊中	参議	後藤象二郎（土佐）	征韓
	参議	江藤新平（肥前）	征韓
	参議	大木喬任（肥前）	非征韓
帰国後	参議	大久保利通（薩摩）	非征韓（使節団・副使）
	参議	副島種臣（肥前）	征韓

……今民撰議院ヲ立ルノ議ヲ拒《こば》ム者曰《いわく》、我民不学無智、未《いま》タ開明ノ域ニ進マス、故《ゆえ》ニ今日民撰議院ヲ立ル尚応《なおま》サニ早カル可《べ》シト。臣等以為《おもえ》ラク、若《も》シ果《はた》シテ真ニ其謂《い》フ所ノ如《ごと》キ乎《か》。則之《すなわちこれ》ヲシテ学且智《まなびかつし》リ、而シテ急ニ開明ノ域ニ進マシムルノ道、即《すなわち》民撰議院ヲ立ルニ在リ。……

『日新真事誌《にっしんしんじし》』

の設立を拒否する者が言うには、国民に知識がなく、文物が進歩していないので、民撰議院を立てるのは時期尚早《しょうそう》と言います。私たちが思うに、もし本当にそうであれば、学問や知識を深めて一層開明の域に進ませる道は、この民撰議院を設立することにあります。

解説　明治六年の政変で下野《げや》した**板垣退助**《いたがきたいすけ》・後藤象二郎《ごとうしょうじろう》・江藤新平《えとうしんぺい》・副島種臣《そえじまたねおみ》の元参議と、古沢滋《ふるさわしげる》・小室信夫《こむろしのぶ》・岡本健三郎《けんざぶろう》・由利公正《ゆりきみまさ》は、連名で一八七四年一月十七日**民撰議院設立建白書**《みんせんぎいんせつりつけんぱくしょ》を左院《さいん》（政府の立法諮問《しもん》機関）に提出した。建白書を起草したのはイギリス帰りの古沢で、一部の藩閥《はんばつ》政治家が政治を独占していると現状を批判し、民撰議院の設立を主張した。また、納税者には政治に参加する権利があることをあわせて述べている。翌日の一月十八日、政府の議事・議案・建白書を掲載していた**『日新真事誌』**《にっしんしんじし》でこの建白書が公表された。これを契機に民撰議院の是非をめぐって、新聞紙上で論争が巻き起こった。たとえば、明六社の同人だった加藤弘之《ひろゆき》は、文明開化が十分でなく多くの人々が無知無学の現状では、性急な民撰議院の開設はかえって国家の混乱を招くとして時期尚早《しょうそう》論を展開した。賛否はあったが、建白書は政府に対して議会開設を求めたという点でその後の自由民権運動の出発点となった。また、これ以後新聞は、政治運動の動向や主張を伝え、意見を闘わせる新しいメディアとして確立していった。

二　漸次《ぜんじ》立憲政体樹立の詔《みことのり》

朕《ちん》即位ノ初首《はじめしゅ》トシテ群臣《ぐんしん》ヲ会《かい》シ、五事《ごじ》（五箇条の誓文）ヲ以《もっ》テ神明《しんめい》ニ誓《ちか》ヒ、国是《こくぜ》ヲ定メ万民保全ノ道ヲ求ム、幸ニ祖宗《そそう》ノ霊《みたま》ト群臣ノ力トニ頼リ、以テ今日ノ小康《しょうこう》ヲ得タリ、顧《かえりみる》ニ中興《ちゅうこう》❶日浅ク（改革がはじまったのは最近で）、内治ノ事当《まさ》ニ振作更張《しんさくこうちょう》スヘキ者少シトセス（内政で改革すべきことは多い）、朕今誓《せい》文《もん》ノ意ヲ拡充シ、茲《ここ》ニ**元老院**《げんろういん》ヲ設ケ、以《もっ》テ立法ノ源《みなもと》ヲ広メ（元老院を設けて立法の源とし）、**大審院**《だいしんいん》❷ヲ置キ、

◀漸次立憲政体樹立の詔

❶**中興**　明治維新を「神武創業」にさかのぼると捉えるか、「建武中興」を引き継ぐと捉えるかで二つの立場があったが、ここでは一般的に改革を指す。

以テ審判ノ権ヲ鞏《かた》クシ（大審院を置いて裁判権を強め）、又地方官❸ヲ召集シ、以テ民情ヲ通シ公益ヲ図《はか》リ（地方官を集めて民情を知り、何が公益かを判断し）、漸次《ぜんじ》ニ国家立憲ノ政体ヲ立テ、汝衆庶《なんじしゅうしょ》ト倶《とも》ニ其慶《そのよろこび》ニ頼《よら》ント欲ス、汝衆庶或《あるい》ハ旧ニ泥《なず》ミ故《こ》ニ慣ルルコト莫《な》ク（お前たちは古いことにとらわれず）、又或ハ進ムニ軽ク為《な》スニ急ナルコト莫ク（早まる事もなく）、其《そ》レ能《よ》ク朕カ旨《むね》ヲ体シテ翼賛《よくさん》スル所アレ（朕の考えに心にとどめて守り、助けるように）。
『法規分類大全《ほうきぶんるいたいぜん》』

解説

明治六年の政変によって西郷隆盛《さいごうたかもり》・板垣退助《いたがきたいすけ》らが下野した後、一八七四年には木戸孝允《きどたかよし》も台湾出兵に反対して政府を去った。同年には不平士族による佐賀の乱が起こったほか、立憲政体を求め政府批判を強める**自由民権運動**が広がり、大久保利通《おおくぼとしみち》を中心とした政権は不安定だった。一八七五年一月から、大久保は在野にあった木戸・板垣と大阪で会談を重ね（**大阪会議**）、政治改革の基本方向で一致して二人を政府に復帰させ政権基盤の強化を図った。同年四月十四日、大阪会議での合意を踏まえ、「**漸次立憲政体樹立の詔**《ぜんじりっけんせいたいじゅりつのみことのり》」が出された。詔では立法府として元老院《げんろういん》、司法府として大審院《だいしんいん》を設置し三権分立を図ったほか、地方官会議の開催により民情を汲《く》み上げ、これらにより次第に立憲政体を樹立するとした。

三　讒謗律《ざんぼうりつ》

第一条　凡《およ》ソ事実ノ有無《うむ》ヲ論セス人ノ栄誉ヲ害スヘキノ行事ヲ摘発公布《てきはつこうふ》スル者之《これ》ヲ讒毀《ざんき》トス（事実の有無に関係なく、他人の名誉を毀損《きそん》する出来事を暴き、広く知らせるものは讒毀とする）。人ノ行事ヲ挙《あ》ルニ非《あら》スシテ悪名ヲ以《もっ》テ人ニ加ヘ公布スル者之ヲ誹謗《ひぼう》トス（他人の悪口を広く知らせるものは誹謗とする）。著作文書若《も》クハ画図《がず》肖像《しょうぞう》ヲ用ヒ展観《てんかん》シ若クハ発売シ若クハ貼示《ちょうじ》シテ人ヲ讒毀シ若クハ誹謗スル者ハ下ノ条別ニ従《したがい》テ罪ヲ科ス（図書や図画などにより他人を讒毀し誹謗するものは以下の条により罰する）……。

第四条　官吏《かんり》ノ職務ニ関シ讒毀スル者ハ禁獄《きんごく》❶十日以上二年以下、罰金十円以上五百円以下。誹謗スル者ハ禁獄五日以上一年以下、罰金五円以上三百円以下。

『法令全書《ほうれいぜんしょ》』

❷**大審院**　司法省は、司法政策を執行する部門のほか、裁判所と検察庁からなっていた。大審院設置後は大審院が司法権の最高機関となった。

❸**地方官**　府県の長官。このときの名称は府知事・県令。

出典◉『**法規分類大全**』　本書三三一ページ参照。

◀**讒謗律**

❶**禁獄**　牢屋に拘禁《こうきん》することで、懲役と違い労働は課さない。

出典◉『**法令全書**』　本書三二二ページ参照。

解説 自由民権運動が広がる中、政府は一八七五（明治八）年六月二十八日讒謗律《ざんぼうりつ》を布告した。現在でいえば「讒毀《ざんき》」は名誉毀損《きそん》罪、「誹謗《ひぼう》」は侮辱《ぶじょく》罪にあたる。讒謗律のうち特に官吏への「讒毀」を禁ずる第四条は、民撰議院設立建白書《みんせんぎいんせつりつけんぱくしょ》以降活発になっていた政府批判の言論を封殺する手段となった。

四 新聞紙条例

第一条　凡《およ》ソ新聞紙及時々ニ刷出スル雑誌雑報ヲ発行セントスル者ハ持主若《もちぬしもし》クハ社主ヨリ其《そ》ノ府県庁ヲ経由シテ願書ヲ内務省ニ捧ケ允准《いんじゅん》❶ヲ得ヘシ（許可を得なければならない）。允准ヲ得スシテ発行スル者ハ法司❷ニ付シ罪ヲ論シ……発行ヲ禁止シ、持主若クハ社主、及編集人印刷人各々罰金百円ヲ科ス……

第十三条　政府ヲ変壊《へんかい》シ国家ヲ顚覆《てんぷく》スルノ論ヲ載《の》セ騒乱《そうらん》ヲ煽起《せんき》セントスル者ハ禁獄《きんごく》一年以上三年ニ至ル迄《まで》ヲ科ス……

第十四条　成法ヲ誹毀《ひき》シテ国民、法ニ遵《したが》フノ義ヲ乱《みだ》リ及顕《およびあら》ハニ刑事ニ触《ふ》レタルノ罪犯《ざいはん》ヲ曲庇《きょくひ》ス❸ルノ論ヲ為《な》ス者ハ禁獄一月以上一年以下、罰金五円以上百円以下ヲ科ス

『法令全書《ほうれいぜんしょ》』

◀新聞紙条例
❶允准　許可。
❷法司　裁判所。
❸曲庇　事実を曲げてかばうこと。
出典◉『法令全書』　本書三二二ページ参照。

解説 一八六八年、戊辰《ぼしん》戦争のさなか『中外《ちゅうがい》新聞』など旧幕臣を中心に多くの新聞が創刊された。しかし江戸を制圧した明治新政府が新聞の無許可発行を禁じたため、政府系と外国系の新聞以外は姿を消した。翌六九年二月、新聞紙印行《いんこう》条例によって新聞発行が許可制となり、『横浜毎日新聞』など新聞創刊が各地で相次いだ。その後自由民権運動が広がり、新聞がその政治的主張を伝えるメディアになると、政府は一八七五年六月二十八日、讒謗律《ざんぼうりつ》と同時に**新聞紙条例**を公布してその取り締まりを強化した。新聞紙条例では、国家転覆《てんぷく》や騒乱の扇動《せんどう》を処罰対象として明示し、政府を批判する新聞の取り締まりがそれまでの関連法令より強化された。一八七六年以降の改正では、国安妨害や風俗壊乱の記事を掲載した新聞・雑誌は、内務《ないむ》省が発行停止・禁止の処分を下せるようになった。一九〇九年、新聞紙法の制定により廃止された。

五　植木枝盛《うえきえもり》『民権自由論』

ルーソー❶と云《い》ふ人の説に、人の生《うま》るるや自由なりとありて、人は自由の動物と申すべきものであります。されば人民の自由は、縦令《たとえ》社会の法律を以《もっ》て之《これ》を全《まっと》うし得るとは申せ、本《も》と天の賜《たまもの》にて人たるものの必ずなくてならぬものでござらう。……されば人の此世《このよ》に生れてよりは最早《もはや》自由ほど尊きものはなく、命があつても才力があつても自由がなければ皆無用の長物《ちょうぶつ》、況《ま》して自由なくして幸福安楽など云ふものがあらう事か。自由なきの域《さかい》と幸福安楽の境とは千里も万里も隔《へだ》てがある。なんと自由は得なくちやならぬものではありませんか。畢竟《ひっきょう》❷自由と申すものは箇様《かよう》に尊いが故《ゆえ》、十分万全に之を保ち之を守り行かんと思ひ、仍《よっ》て国を建て政府など云ふ会所《かいしょ》❸を置き又法律を設け役人を雇《やとい》て愈々《いよいよ》この人民の自由権利を護《まも》らしめ、仲間中にて不公平の事あらば之を正して公平に直し、その悪《わる》き所業《しょぎょう》あるものは之を罰しその損失を蒙《こうむ》るものは之を救ひ、以て幸福安楽を得る様にする訳じや。……

『明治《めいじ》文化《ぶんか》全集《ぜんしゅう》』

◀植木枝盛『民権自由論』

❶ルーソー　ジャン=ジャック=ルソーのこと。一七一二～七八。フランスの啓蒙思想家。一七六二年の「社会契約論」で人民主権に基づく共和制を主張し、フランス革命に大きな影響を与えた。

❷畢竟　つまり。

❸会所　事務所。人民の契約によって政府をつくるのであり、政府がまずあるという考えを否定した。

出典◉『明治文化全集』　吉野作造・尾佐竹猛《おさたけたけき》らの明治文化研究会が編集した。近代日本ができていく過程で、重要な文献を収集し、分類刊行したもの。全二十四巻。

設問12　**1** 一 について、板垣退助は、どのような立場から何を批判し、何を目指しているといえるだろうか。
2 漸次立憲政体樹立の詔とほぼ同時に讒謗律・新聞紙条例を公布した政府の狙いとは何だったのだろうか。二～四 をもとに考えよう。
3 五 について、この書物が広く読まれたのはなぜだろうか。

解説

植木枝盛《うえきえもり》『民権自由論《みんけんじゆうろん》』は、一八七九年四月に出版された。その特徴は、自由民権思想を平易な口語体を使ってわかりやすく説明している点にある。史料では、人は生まれながらにして自由権を持つこと、自由ほど尊いものはなく、国家・政府・法律・役人は人々の自由を守るためにあると説明した部分を取り上げた。ただし、他の部分では、人々に対して、一身一家のことばかり心配して国家公共のことを考えない者は「国家の死民」だと述べている。

つまり自由民権運動は、国家に対して人々の権利を要求する運動であると同時に、人々にむかって「国民としての自覚」を求める運動でもあった。『民権自由論』は広く読まれたため、版を重ね海賊《かいぞく》版も出されるほどだった。作者の植木枝盛は一八五七（安政《あんせい》四）年、土《と》佐《さ》藩下級士族の家に生まれ、一八七四年、板垣退助《いたがきたいすけ》の演説を聴いて政治を志した。一八七七年に**立志社《りっししゃ》**に入った後、自由民権運動の理論家・活動家として活躍し、婦人解放運動や廃娼《はいしょう》運動にもかかわるなどした。

❷ 民権運動の展開

一　東洋大日本国国憲按《こっけんあん》

第二十九条　日本各州ハ日本連邦ノ大《おおい》ニ抵触《ていしょく》スルモノヲ除クノ外《ほか》皆独立シテ自由ナルモノトス何等ノ政体政治ヲ行フトモ連邦之《これ》ニ干渉スルコトナシ

第七十条　政府国憲《こっけん》❶ニ違背《いはい》スルトキハ日本人民ハ之ニ従ハザルコトヲ得《う》

第七十一条　政府官吏《かんり》圧制ヲ為《な》ストキハ日本人民ハ之ヲ排斥《はいせき》スルヲ得

政府威力《いりょく》ヲ以《もっ》テ擅恣《せんし》❷暴逆ヲ逞《たくまし》フスルトキハ日本人民ハ兵器ヲ以テ之ニ抗《こう》スルコトヲ得

第七十二条　政府恣《ほしいまま》ニ国憲ニ背《そむ》キ擅《ほしいまま》ニ人民ノ自由権利ヲ残害シ建国ノ旨趣《ししゅ》ヲ妨《さまた》クルトキハ日本国民ハ之ヲ覆滅《ふくめつ》❸シテ新政府ヲ建設スルコトヲ得

『植木枝盛選集《うえきえもりせんしゅう》』

◀東洋大日本国国憲按

❶国憲　憲法。

❷擅恣　思いのまま。

❸覆滅　滅ぼす。

出典◉『**植木枝盛選集**』　植木枝盛の主著『民権自由論』や自伝・論稿などを収録したもの。岩波文庫。

解説

一八七五（明治八）年、「漸次《ぜんじ》立憲《りっけん》政体《せいたい》樹立《じゅりつ》の詔《みことのり》」によって設置された元老院《げんろういん》は、天皇から憲法の起草を命じられ、数次の案を経て一八八〇年に「日本国憲按《こっけんあん》」を起草した。しかし、政府首脳の岩倉具視《いわくらともみ》や伊藤博文《ひろぶみ》は、西洋の憲法の焼き直しで日本の国体を考慮していないと「日本国憲按」を批判し、採用しなかった。一方民間では、民権運動が高揚した一八七九年から八一年にかけて多くの憲法草案（**私擬《しぎ》憲法**）が作成された。たとえば立憲改進党系の嚶鳴社《おうめいしゃ》案、交詢社《こうじゅんしゃ》の「私擬憲法案」、立志社の「日本憲法見込案」、千葉卓三郎《たくさぶろう》の「日本帝国憲法」（五日《いつか》市《いち》憲法草案）などがある。民間で多くの草案がつくられた理由は、一八八〇年十一月に開かれた国会《こっかい》期成《きせい》同《どう》盟《めい》第二回大会において、翌年の次期大会で各地政社《せいしゃ》が憲法草案を持参し討議すると決めたからであった。立志社の植木枝盛が一八八一年八月以降に起草したこの「東洋大日本国国憲按」もそのひとつである。植木案では国家の体制について、「武蔵《むさし》州」「山城《やましろ》州」など旧国単位の連邦制とした上で、各州の独立性を認めている（第二十九条）。また、人民の自由や人権に関する規定が三十五条にわたって細かく規定され、これを担保するための抵抗権・革命権を認めた（第七十～七十二条）。そのほか、女性天皇を否定しない、行政府に優越する一院制を採用することなどに特徴があった。

二 五日市憲法草案（日本帝国憲法）

［四五］ 日本国民ハ、各自ノ権利自由ヲ達ス可《べ》シ。他ヨリ妨害《ぼうがい》ス可《べか》ラズ。且《かつ》国法之《これ》ヲ保護ス可《べ》シ。
［四七］ 凡《およ》ソ日本国民ハ、族籍《ぞくせき》❶位階ノ別ヲ問ハズ、法律上ノ前ニ対シテハ平等ノ権利タル可シ。
［五一］ 凡ソ日本国民ハ、法律ヲ遵守《じゅんしゅ》スルニ於《お》テハ、万事ニ就《つ》キ予《あらかじ》メ検閲《けんえつ》ヲ受クルコトナク、自由ニ其《その》思想、意見、論説、図絵ヲ著述シ、之ヲ出板頒行《はんこう》シ、或《あるい》ハ公衆ニ対シ講談、討論、演説シ、以《もっ》テ之ヲ公《おおやけ》ニスルコトヲ得《う》ベシ。
但《ただ》シ其弊害《へいがい》ヲ抑制《よくせい》スルニ須要《すよう》❷ナル処分ヲ定メタルノ法律ニ対シテハ、其責罰《せきばつ》ヲ受任ス可シ。

『日本近代思想大系《にほんきんだいしそうたいけい》』

◀五日市憲法草案
❶**族籍** 華族・士族・平民などの戸籍上の区別。
❷**須要** なくてはならないこと。
出典◉『**日本近代思想大系・憲法構想**』 大日本帝国憲法制定まで各地で構想された憲法案を収録。岩波書店。原典は、東京経済大学図書館蔵「深沢家文書」。

解説
当時神奈川県に属していた西多摩《にしたま》郡五日《いつか》市《いち》町の**千葉卓三郎《たくさぶろう》**は、多摩地方の豪農などと五日市学芸講談会を結成し、「日本帝国憲法」をつくった。つくられた場所から**「五日市憲法草案」**とも呼ばれ、一九六八年の発見時にはかなりのニュースになった。一八八一年中に完成したと考えられるこの草案は、二〇四条の条文のうち、国民の権利規定に三十六条を割いており、その詳細さが特徴である。そのほか、議院内閣制を規定し、国会に対して皇室に関する権限や軍事に関する権限など大きな力を与えている。

三 集会条例

第一条　政治ニ関スル事項ヲ講談論議《こうだんろんぎ》スル為《た》メ公衆ヲ集ムル者ハ、開会三日前ニ講談論議ノ事項・講談論議スル人ノ姓名住所・会同《かいどう》ノ場所年月日ヲ詳記《しょうき》シ、其《その》会主又ハ会長幹事《かんじ》等ヨリ管轄《かんかつ》警察署ニ届出テ其認可ヲ受《う》クヘシ。
第二条　政治ニ関スル事項ヲ講談論議スル為メ結社《けっしゃ》スル者ハ、結社前其社名・社則・会場及ヒ社員名簿ヲ管轄警察署ニ届出テ其認可ヲ受クヘシ……

第六条　派出《はしゅつ》ノ警察官ハ、認可ノ証ヲ開示《かいじ》セサルトキ、講談論議ノ届書ニ掲《かか》ケサル事項ニ亘《わた》ルトキ又ハ人ヲ罪戻《ざいれい》❶ニ教唆《きょうさ》❷誘導スルノ意ヲ含ミ又ハ公衆ノ安寧《あんねい》ニ妨害《ぼうがい》アリト認ムルトキ及ヒ集会ニ臨《のぞ》ムヲ得《え》サル者ニ退去ヲ命シテ之《これ》ニ従ハサルトキハ全会ヲ解散セシムヘシ。

第七条　政治ニ関スル事項ヲ講談論議スル集会ニ、陸海軍人常備《じょうび》❸予備《よび》❹後備《こうび》❺ノ名籍ニ在《あ》ル者・警察官・官立公立私立学校ノ教員生徒農業工芸ノ見習生ハ之ニ臨会シ又ハ其社ニ加入スルコトヲ得ス

『法令全書《ほうれいぜんしょ》』

◀集会条例

❶罪戻　つみ。
❷教唆　そそのかすこと。
❸常備　現役の軍人。三年間の兵役中の兵士のほか、下士官や将校も含む。
❹予備　現役終了後の兵士（三年間の予備役）や、現役を退いた下士官・将校。
❺後備　予備役終了後の兵士（四年間在籍）や下士官・将校。

出典◉**『法令全書』**　本書三二一ページ参照。

解説

一八七四（明治七）年一月、民撰議院設《みんせんぎいんせつ》立建白書《りつけんぱくしょ》を提出した板垣退助《いたがきたいすけ》らは、同年四月高知県で片岡健吉《かたおかけんきち》・林有造《はやしゆうぞう》らとともに**立志社**《りっししゃ》を結成した。この時期、全国各地で結社の結成が相次いでいた。**河野広中**《こうのひろなか》らの石陽社《せきようしゃ》（福島県）、小室信夫《こむろしのぶ》らの自助社《じじょしゃ》（徳島県）、杉田定一《すぎたていいち》らの自郷社《じきょうしゃ》（福井県）などはその例である。一八七五年二月には立志社が中心となって、各地結社の連合組織である**愛国社**《あいこくしゃ》が創立された。しかし、大阪会議の後、板垣が政府に復帰したため、愛国社は自然消滅してしまった。一八七七年の西南《せいなん》戦争の後、武力ではなく言論による政治運動が勢いづき、一八七八年九月愛国社は大阪で再興された。このときの参加者は西日本の士族が多かったが、一八七九年十一月の第三回大会以降、豪農中心の結社からの参加が増えた。また地域的には西日本中心から全国へと及んでいた。一八七九年、三新法のうち府県会規則によって府県会が開設されると、民権派は府県会議員の全国的な結集を図ったり、国会開設の請願を行ったりした。このような運動の広がりの背景には、豪農・農民が地租改正反対運動や府県会活動にかかわって政治意識を強めたり、五日市《いつかいち》憲法草案をつくった五日市学芸講談会のような結社が各地でつくられたりしたことが挙げられる。一八八〇年三月、大阪で開かれた第四回愛国社大会をきっかけに、**国会期成同盟**《こっかいきせいどうめい》が結成された。政府は、民権運動の広がりを規制するために、同年四月五日**集会条例**を公布した。条例によれば、政治に関する集会・結社は届出制で、警察による許可を必要とし（第一・二条）、警察官による集会・結社の解散権限も定められた（第六条）。また、軍人・警察官・教員・学生などは政治結社への参加が禁止された（第七条）。この法令に基づいて、開催中の国会期成同盟大会も解散させられた。四月十七日、片岡健吉・河野広中を代表として太政官に国会開設の請願を提出したが、政府は受理を拒否している。

設問13　❶一の東洋大日本国国憲按が当時において画期的であったといえるのはどのような点だろうか。
❷全国で私擬憲法が作られた背景には、どのような運動の広がりがあったのだろうか。

コラム 6 五日市憲法草案の発見

五日市憲法草案は、今では教科書にも掲載される定番の史料になっている。しかし、一九六八（昭和四十三）年に発見されるまで、存在すら知られていなかった。どのように発見されたのだろうか。

一九六八年八月二十七日、東京経済大学の色川大吉《いろかわだいきち》ゼミでは、五日市にある深沢《ふかざわ》家の土蔵を調査することになった。調査に参加した新井《あらい》勝紘《かつひろ》（当時大学四年生）は、「何もなくてもいい。何もないことだけでも確かめられれば」という思いであった。新井は、土蔵の中で、たまたま近くにあった小さな弁当箱ほどの竹製の箱を何気なく手にした。蓋《ふた》をあけてみると、古めいた風呂敷包みが出てきた。中身は一群の文書史料で、一番下に和紙を綴《つづ》った墨書《ぼくしょ》史料があった。表に「日本帝国憲法」と記してある。新井は聞いたこともない名前に戸惑い、大日本帝国憲法の「大」の文字が虫に食われてしまったのだろうと思った。

新井はそれまで、「近代教育のあゆみ」というテーマで卒論に取り組んでいたが、新史料に出会った。「これまで誰も見たことがない、まったくの新史料である」と熱く語る教授の色川の言葉に、新井は心を揺さぶられた。新井は新史料を研究テーマにすることにし、他の「私擬憲法」との照合確認作業を行ったが、一致するものはなかった。新史料は、完全オリジナルの憲法草案だったのである。新井が卒業する際、教授の色川から、「君は二十代の若さで、歴史研究者が一生かかっても出会えるかどうかのビッグ史料に出会ってしまったが、この経験がよかったのかどうかは、これからの君次第だよ」という言葉をかけられた。この出会いをきっかけに、新井は研究の道に進んでいくことになる。

新史料発見は、一九六八年十月二十三日「読売新聞」夕刊に「明治の「草の根」民主主義　村民がつくった憲法草案」という見出しで掲載された。また、実教出版の高等学校の教科書では、一九八四年に検定を行った「日本史 改訂版」には記載がないが、一九八八年に検定を行った「日本史 三訂版」から五日市憲法草案が記載されるようになり、現在に至っている。新史料の発見により、教科書の内容が追加されたのである。

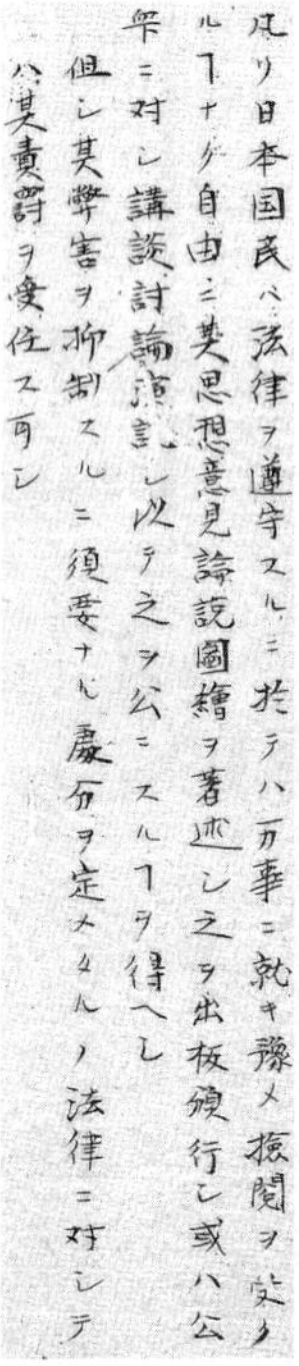
凡ソ日本国民ハ法律ヲ遵守スルニ於テハ万事ニ就キ豫メ検閲ヲ受ク
ルコトナク自由ニ其思想意見論説図絵ヲ著述シ之ヲ出板頒行シ或ハ公
衆ニ対シ講談討論演説シ以テ之ヲ公ニスルコトヲ得ヘシ
但シ其弊害ヲ抑制スルニ須要ナル処分ヲ定メタル法律ニ対シテ
ハ其責罰ヲ受任ス可シ

▲「五日市憲法草案」の直筆（五十一条部分）

3 明治十四年の政変

一 国会開設の勅諭《ちょくゆ》

朕祖宗《ちんそそう》二千五百有余年《ゆうよねん》ノ鴻緒《こうちょ》❶ヲ嗣《つ》キ、中古紐《ちゅう》ヲ解《と》ク❷ノ乾綱《けんこう》❸ヲ振張《しんちょう》シ、大政ノ統一ヲ総攬《そうらん》シ、又夙《つと》❹ニ立憲ノ政体ヲ建テ、後世《こうせい》子孫継《つ》クヘキノ業ヲ為《な》サンコトヲ期《き》ス。嚮《さき》ニ明治八年ニ、元老院《げんろういん》ヲ設ケ、十一年ニ、府県会《ふけんかい》ヲ開カシム。此《こ》レ皆漸次《ぜんじ》基《もとい》ヲ創《はじ》メ序《ついで》ニ循《したがっ》テ歩《ほ》ヲ進ムルノ道ニ由《よ》ルニ非《あら》サルハ莫《な》シ。爾有衆《なんじゆうしゅう》、❺亦《また》朕カ心ヲ諒《りょう》トセン。顧《かえり》ミルニ、立国ノ体《てい》、国各《おのおの》宜《よろし》キヲ殊《こと》ニス、非常ノ事業、実ニ軽挙《けいきょ》ニ便《びん》ナラス。我祖《わがそ》我宗《わがそう》、❻照臨《しょうりん》シテ上《かみ》ニ在リ。遺烈《いれつ》❼ヲ揚《あ》ケ、洪模《こうぼ》❽ヲ弘《ひろ》メ、古今ヲ変通《へんつう》シ、断《だん》シテ之《これ》ヲ行フ、責《せめ》朕カ躬《み》ニ在リ。**将《まさ》ニ明治二十三年ヲ期シ、議員ヲ召《め》シ、国会ヲ開キ、以《もっ》テ朕カ初志《しょし》ヲ成《な》サントス。**今在廷臣僚《ざいていしんりょう》ニ命シ、仮《か》スニ時日《じじつ》ヲ以テシ、経画《けいかく》ノ責《せめ》ニ当《あた》ラシム。其組織権限ニ至《いたり》テハ、朕親《みずか》ラ衷《ちゅう》ヲ裁《さい》シ❾、時ニ及《およん》テ公布スル所アラントス。

朕惟《おも》フニ、人心進ムニ偏《へん》シテ、時会速《すみやか》ナルヲ競フ。浮言相動《ふげんあい》カシ竟《つい》ニ大計ヲ遺《わす》ル。是《こ》レ宜《よろ》シク今ニ及テ、謨《ぼ》

◀国会開設の勅諭

❶鴻緒　天皇の系譜。
❷紐ヲ解ク　乱れる。
❸乾綱　天皇の大権《たいけん》。
❹夙ニ　以前から。
❺有衆　国民。
❻我祖我宗　天照大神《あまてらすおおみかみ》と歴代の天皇。
❼遺烈　先祖が遺した功績。
❽洪模　大きな計画。
❾衷ヲ裁シ　裁断を下し。

通釈

朕は、祖先以来二千五百余年の天皇の系譜を継ぎ、平安時代に乱された天皇の大権《たいけん》を押し広げ、政治権力の統一を掌握《しょうあく》し、また以前から立憲の政体を建て、後の子孫が継承すべき業績をあげようと決心していた。先には明治八年に元老院を設け、十一年に府県会を開かせた。これらはすべて次第に基礎からはじめ、順序だてて進んでいく方法でないものはない。汝《なんじ》ら国民も朕の心を理解できるだろう。振り返ってみると、立国の状態は、各国長所が違い、特別な事業は軽々しく行えない。朕の祖先も天から下界を見ている。先祖が遺した功績を仕上げ、大きな計画を広め、過去と現在を取捨選択して、決断実行する責任は朕が一身にかかっている。まさに明治二十三年を期して議員を召集し国会を開いて、朕の初志を貫きたい。今朝廷の役人に命じ、時間を与えて計画の責任者とする。その組織・権限については、朕自らが裁断を下し、時期がくれば公布する。

朕の考えでは、人心は進むことにかたより、時機の早いことを競っている。流言で動いて、ついに国家の大計を忘れている。今ここに国家の大計を明らかにし、全国の役人や国民に公示する。もしまだことさらにあわただしさを争ったり、事件を煽《あお》ったり、国家の安全を害したりする者があれば、国法で処罰する。特にここに

⑩謨訓ヲ明徴シ　国家の大計を明らかにし。
⑪躁急　あわただしいこと。
⑫奉勅　勅《ちょく》を承《たまわ》る。勅諭は、この下に実行責任者の署名があるのが正式な様式。勅語は天皇の署名のみ。

出典◉『**法令全書**』　本書三二二ページ参照。

氏名	官職	出身
三条実美	太政大臣	公卿
岩倉具視	右大臣	公卿
大隈重信	参議	肥前藩
伊藤博文	参議	長州藩
井上　馨	参議・外務卿	長州藩
山県有朋	参議・参謀本部長	長州藩
黒田清隆	参議・北海道開拓使長官	薩摩藩
西郷従道	参議・農商務卿	薩摩藩
松方正義	内務卿	薩摩藩

▲1880（明治13）〜1881（同14）年の政府構成

訓《くん》ヲ明徴《めいちょう》シ⑩、以テ朝野臣民《ちょうやしんみん》ニ公示スヘシ。若《も》シ仍《な》ホ故《こと》サラニ躁急《そうきゅう》⑪ヲ争ヒ、事変ヲ煽《せん》シ、国安ヲ害スル者アラハ、処スルニ国典《こくてん》ヲ以テスヘシ。特ニ茲《ここ》ニ言明シ、爾有衆ニ諭《さと》ス。

奉勅《ほうちょく》⑫　太政大臣《だじょうだいじん》　三条実美《さんじょうさねとみ》

明治十四年十月十二日

『法令全書《ほうれいぜんしょ》』

20

言明し、諭しておく。

天皇の命を承って　太政大臣　三条実美

明治十四（一八八一）年十月十二日

解説

岩倉具視《いわくらともみ》は元老院《げんろういん》が作成した憲法草案である「日本国憲按《にっけんあん》」を酷評《こくひょう》し、元老院での草案作成は中止された。かわりに岩倉の意見によって、山県有朋《やまがたありとも》・井上馨《かおる》・伊藤博文《ひろぶみ》ら参議たちが憲法に関する意見書を作成した。彼らの意見書では、民撰議員の重要性を認めつつも、すぐにつくろうとは考えられていなかった。ところが、一八八一（明治十四）年三月に参議大隈重信《おおくましげのぶ》が提出した意見書は、年内に憲法制定、八三年初めに国会開設、さらにイギリス式の政党内閣制導入を主張していた。他の参議たちとまったく異なる大隈の意見書は、特に伊藤を驚かせ、大隈が福沢諭吉《ふくざわゆきち》や立憲改進党系の民権運動と通じているのではという疑いを抱かせた。さらにこの年七月、新聞が**開拓使官有物払下《はらいさ》げ事件**を暴露《ばくろ》した。各紙は、払下げを薩摩《さつま》閥の癒着《ゆちゃく》によるものだと激しく非難した。政府内では、大隈が払下げの情報をリークしたのではという疑念が渦巻いていく。つまり伊藤たちは、大隈が薩長藩閥《はんばつ》を打倒し、イギリス流の議会政治により自らが政治の実権を握ろうとしている、と考えたのである。大隈によるリークの証拠はなかったが、岩倉や伊藤は払下げ批判に苦慮《くりょ》していたこともあって、八一年十月十二日、払下げを中止するとともに大隈を参議の職から罷免《ひめん》した。また、政府内にいた大隈派の官僚も多く免官された（**明治十四年の政変**）。同時に、**国会開設の勅諭《ちょくゆ》**を出して、将来の国会開設を約束した。勅諭は、①一八九〇年に国会開設することを明言し民権派に譲歩する、②憲法は天皇が決定する欽定《きんてい》憲法とする、③憲法制定を妨害する場合は国法で処罰すること、つまり民間の憲法制定活動に釘をさすなどの内容であった。実際一八八二年に政府は集会条例を改正し、結社どうしの連絡を禁じるなど民権運動への弾圧をさらに強めていった。

◀国会開設についての井上毅の意見

❶**昨年之請願** 一八八〇（明治十三）年四月の国会期成同盟による国会開設請願のこと。

❷**府下** 東京府のこと。一九四三年東京都になる。

❸**福沢** 慶応義塾を主宰《しゅさい》していた福沢諭吉のこと。多くの教え子が官僚になり、大隈派とみなされていた。

❹**還幸** この年、天皇は大隈重信参議らを連れて東北地方を巡幸していた。

出典◉『**岩倉公実記**』 本書三一九ページ参照。

◀自由党盟約

出典◉『**自由党史**』 一九一〇年発刊。明治維新から大日本帝国憲法発布まで、板垣退助・土佐派の動向を中心に叙述。

二 国会開設についての井上毅《こわし》の意見

……現今之景況《げんこんのけいきょう》、立志社《りっししゃ》其他昨年之請願《せいがん》連中❶ハ府下❷ニ於《おい》テ国会期成会ヲ催《もよお》シ、福沢❸ハ盛《さか》ンニ急進論ヲ唱《とな》ヘ其党派ハ三四千ニ満《み》チ広ク全国ニ蔓延《まんえん》シ已《すで》ニ鹿児島内部ニモ及ヒ、其他各地方此二三十日来結合奮起《ふんき》之勢《いきおい》ニテ、此儘打過候《ままうちすごしそうら》ハ、事変不測ト相見ヘ候。若《も》シ還幸❹後早々聖旨ヲ以《もっ》テ人心《じんしん》之方向ヲ公示セラレス候而《て》、一度《ひとたび》彼レヨリ先鞭《せんべん》ヲ着《つ》ケラレ候ニ至ラハ、憲法モ徒《いたずら》ニ空《くう》文《ぶん》ニ帰《き》シ、百年之大事ヲ誤リ、善後之策ナキニ至《いたり》候ハ必然ト存《ぞん》シ奉《たてまつ》リ候。

十月八日 毅《こわし》

『岩倉公実記《いわくらこうじっき》』

解説 この史料は、一八八一（明治十四）年十月八日に井上毅《こわし》が岩倉具視《いわくらともみ》に送った書簡である。井上は、民権運動が国会開設要求を強め、福沢諭吉《ふくざわゆきち》が「急進論」を唱え仲間を増やしている状況にあって、天皇の勅諭《ちょくゆ》によって運動を抑えることが急務だと記している。ここでいう福沢の「急進論」は、彼が一八七九年に発表した「民情一新」「国会論」で主張した国会の早期開設論と議院内閣制採用の主張を指す。また当時、開拓使官有物払下《はらいさ》げ事件で世間の政府批判が強まっていたため、勅諭によって国会開設を約束することで、民権運動の機先を制し批判をかわす意味合いもあったと考えられる。十月十一日に東北巡幸《じゅんこう》に行っていた天皇が帰京すると、御前会議が開催され、国会開設の勅諭《ちょくゆ》を出すこと、払下げ中止と大隈重信《おおくましげのぶ》の罷免《ひめん》が決定した。

三 自由党盟約《めいやく》

第一章 吾党《わがとう》は自由を拡充し権利を保全し幸福を増進し社会の改良を図るへし

第二章 吾党は善良なる立憲政体を確立することに尽力すへし

第三章 吾党は日本国に於て我党《わがとう》と主義を共にし目的を同くする者と一致協合して、以て吾党の目的を達すへし

『自由党史』

解説

一八八〇（明治十三）年に結成された国会《こっかい》期成同盟《きせいどうめい》はその名の通り、国会開設を目指す団体だった。しかし政党結成については、参加者の中でも意見が分かれ、当初は意見がまとまらなかった。一八八一年十月一日、国会期成同盟第三回大会が開かれると、同盟を拡張して政党結成に目的を切り替えることが決議された。十二日に政府から**国会開設の勅諭**が発せられると、新政党の盟約・組織案などが審議され、二十九日正式に**自由党**が発足した。役員選挙では総理に板垣退助《いたがきたいすけ》、副総理に中島信行《なかじまのぶゆき》が選出された。同時に制定された「自由党盟約」は、自由拡充と権利保全、善良な立憲政体の樹立、同じ主義の者との協同など、抽象的内容を掲げている。その後地方組織の整備も進んだが、一八八二年集会条例の改正で政党の支社設置が禁止され、地方支社は解散を余儀なくされた。

四 立憲改進党趣意書

……幸福ハ人類ノ得《え》ンコトヲ期《き》スル所《ところ》ナリ。然《しか》レドモ少数専有《せんゆう》ノ幸福ハ我党コレニ与《く》ミセズ。蓋《けだ》シ此《かく》ノ如《ごと》キノ幸福ハ所謂《いわゆ》ル利己《りこ》ノモノニシテ、我党ノ冀望《きぼう》❶スル王室❷ノ尊栄《そんえい》ト人民ノ幸福トニ反スレバナリ。王室ノ尊栄ト人民ノ幸福ハ我党ノ深ク冀望スル所ナリ。……

……政治ノ改良前進ハ我党之《こ》レヲ冀《ねが》フ。然レドモ急激ノ変革《へんかく》ハ我党ノ望ム所ニ非《あ》ラズ。……

第一章　我党ハ名《なづ》ケテ立憲改進党《りっけんかいしんとう》ト称ス。

第二章　我党ハ帝国ノ臣民《しんみん》ニシテ左ノ冀望ヲ有スル者ヲ以《もっ》テ之《これ》ヲ団結ス。

一　王室ノ尊栄ヲ保チ人民ノ幸福ヲ全《まっと》フスル事

二　内治ノ改良ヲ主トシ国権ノ拡張ニ及ボス事

三　中央干渉ノ政略ヲ省《はぶ》キ地方自治ノ基礎ヲ建ツル事

四　社会進歩ノ度《ど》ニ随《したが》ヒ選挙権ヲ伸闊《しんかつ》❸スル事

五　外国ニ対シ勉《つと》メテ政略上ノ交渉ヲ薄《うす》クシ通商ノ関係ヲ厚クスル事

◀**立憲改進党趣意書**

❶**冀望**　希望と同じ。

❷**王室**　天皇家のこと。

❸**伸闊**　のばして広くいきわたらせる。

出典◉**『立憲改進党趣意書及規約』**一八八二（明治十五）年の立憲改進党の結成にあたり、全国に頒布されたもの。

設問14 **1** なぜ政府はこの時期に **一** の勅諭を出さなければならなかったのだろうか。
2 **三**・**四** を踏まえ、自由党と立憲改進党の綱領には、どのような共通点と相違点がみられるだろうか、考えてみよう。

一六　貨幣ノ制ハ硬貨ノ主義ヲ持《じ》スル事

『立憲改進党趣意書及規約《りっけんかいしんとうしゅいしょおよびきやく》』

解説　**立憲改進党**は、一八八二（明治十五）年四月十六日に結党式が行われた。自由党への参加を検討しながら参加しなかった嚶鳴《おうめい》社など都市知識人のグループ、**明治十四年の政変**で政府を追われた元官僚グループ、小野梓《あずさ》とその影響をうけた東京大学の学生といったグループが合流して結党した。総理には政変で政府を去った**大隈重信《おおくましげのぶ》**が就任した。この趣意書では、最大目的に天皇家の繁栄と人民の幸福を掲げて漸進《ぜんしん》的な改革をうたい、自由党に比べ具体的な政治目標が示された。

4 民権運動の激化と再編

一 秩父事件

夫レ秩父郡ノ暴民タルヤ其ノ人数モ数千人ニシテ、其ノ所持スル所ノ兇器《きょうき》ハ竹槍席旗《むしろばた》ニ止マラズ銃砲刀槍ヲ携《たずさ》へ、鎮撫《ちんぶ》ノ為メニ出張シタル憲兵ニ向ヒテ抵抗ヲ試ムル程ナレバ、独リ貧民ノ集合ノミニ非ズ。其ノ間ニハ博徒《ばくと》又ハ落魄《らくはく》❶書生《しょせい》❷有テ之レヲ煽動《せんどう》セシモ亦《また》知ルベカラズ。然レドモ吾輩《わがはい》ノ聞ク所ヲ以テスレバ、秩父郡ノ人民ハ近来産業ヲ失ヒ貧困ニ陥ルモノ多ク、其ノ饑渇《きかつ》❸ニ瀕《ひん》スルヨリシテ一時ニ蜂起ヲ為スニ至リシナリト。

『朝野《ちょうや》新聞』

◀秩父事件

❶落魄　おちぶれること。
❷書生　住み込みで勉強する若者。
❸饑渇　飲食物が欠乏すること。

出典◉『**朝野新聞**』　一八七四年発刊された民権派の新聞。一八九三年廃刊。

解説　明治十四年の政変の後大蔵卿《きょう》になった**松《まつ》方正義《かたまさよし》**は、西南《せいなん》戦争の戦費調達のために乱発された紙幣の整理を進めた。また、一八八二年壬《じん》午軍乱《ごぐんらん》が起こると、軍備拡張のための増税政策を行った。このような政策は激しいデフレーションを引き起こし、農民の生活を苦しめた。一八八四年になると、地主や高利貸に負債の利子減免や元金の年賦《ねんぷ》払いなどを求める農民騒擾《そうじょう》が関東・山梨・長野の養蚕《ようさん》地帯で頻発した。これらの騒擾を組織だって起こした者は、**困《こん》民党《みんとう》**などと呼ばれた。同年十一月一日には、埼玉県秩《ちち》父《ぶ》で困民党や急進的な自由党員を中心に数千人が蜂起した。秩父地方の主要産業は養蚕で、デフレで生糸価格が下落し困窮する人々は、負債延納・減税・学校休校といった要求を掲げ、武器を手に高利貸・警察・郡役所などを襲撃した。参加者が竹槍《たけやり》や席旗《むしろばた》を持って負債減免を求める姿は江戸時代の百姓一揆の文化を引継いでいるが、鉄砲などの武器で国家権力と直接戦う点は一揆と異なっていた。蜂起のリーダー格だった田《た》代栄助《しろえいすけ》は史料にもある「博徒《ばくと》」と呼ばれる地域の争いを仲裁する顔役《かおやく》的存在だった。警察・軍隊の投入で蜂起は十日ほどで鎮圧され、田代ら七名の幹部が死刑、罰金刑など含めると三〇〇人以上が有罪となった。

二 大阪事件

……当時の風潮、日々朝野《ちょうや》を論ぜず、一般に開戦論❶を主張し、その勢力実に盛《さか》んなりしに、一朝平和にその局を結びしを以て、その脳裏に徹底する所の感情は大いに儂《のう》❷らのために奇貨《きか》なるなからん乎、**この期失うべからずと、即《すなわ》ち新たに策を立て、決死の壮士を択《えら》び、先《ま》ず朝鮮に至り事を挙げしむるに如《し》かず**と、ここにおいて檄文《げきぶん》❸を造り、これを飛ばして、国人中に同志を得、共に合力して、辮髪奴《べんぱつど》❹を国外に放逐し、朝鮮をして純然たる独立国とならしむる時は、諸外国の見る処も、曩日《さき》❺に政府は卑屈無気力にして、かの辮髪奴のために辱《はずかし》めを受けしも、民間には義士《ぎし》烈婦《れっぷ》ありて、国辱《こくじょく》をそそぎたりとて、大いに外交政略に関する而已《のみ》ならず、一は以て内政府を改良するの好手段たり、一挙両得の策なり、いよいよ速《すみ》やかにこの挙あらん事を渇望《かつぼう》し、かつ種々心胆を砕くといえども、同じく金額の乏しきを以て、その計画成るといえども、いまだ発する能《あた》はず。

『妾《わらわ》の半生涯《はんせいがい》』

◀大阪事件

❶**開戦論** 朝鮮を独立させるために清と開戦すべきとする議論。

❷**儂** わたし。

❸**檄文** 人々に自分の主張や考えを強く訴える文章。

❹**辮髪奴** 清国人。辮髪は頭髪の周囲を剃り、中央に残った髪を編んで長く後ろに垂らした髪型。これに侮蔑《ぶべつ》的な意味の「奴」をつけることで、清国人の差別的な表現としている。

❺**曩日** さきごろ。

出典◉『**妾の半生涯**』 福田英子が自らの半生を振り返った自叙伝。一九〇四年出版。

解説 福田（旧姓景山《かげやま》）英子《ひでこ》（一八六五～一九二七）は、岡山藩下級藩士の家に生まれた。英子は一八八二（明治十五）年五月岡山で開かれた演説会で、岸田俊子《としこ》が女性の権利拡張を主張するのを聞いて感銘を受けた。そこで英子は蒸紅学舎《じょうこうがくしゃ》という私《し》塾《じゅく》をつくり女性教育に力を入れたが、政府の民権運動弾圧で一八八四年閉鎖命令をうけたのを機に上京する。同年の**甲申事変**《こうしん》をみた小林樟雄《くすお》・**大井憲太郎**《けんたろう》ら自由党左派は、翌八五年自ら朝鮮に乗り込みテロで政権を倒してクーデタを起こし、朝鮮を清国から独立させようと考えた。英子も賛同し資金調達・爆弾の運び役となったが、計画が露見し英子含む関係者一三〇余名が逮捕された。史料は、獄中《ごくちゅう》で英子が記した述懐《じゅっかい》書である。清国に対し侮蔑《ぶべつ》的な視線をむけることで、クーデタを正当化している。一八八九年恩赦《おんしゃ》で出獄《しゅつごく》した英子は、社会主義思想に目覚め、女子教育や女性地位向上運動に力を注いでいった。のちに大阪事件については、国権主義に心酔《しんすい》していたと回顧している。

三　三大事件建白書

某等《それがしら》❶熟々《つらつら》❷方今《ほうこん》天下大勢を察するに（私達が天下の形勢を観察するに）、内乱亡国《ぼうこく》の徴《ちょう》❸並び至るあり（内乱が起こり国が滅びる兆《きざ》しがある）。……若《も》し政府今に及んで英断を施《ほどこ》し、政弊《せいへい》❹を革《あらた》め、天下と共に一新するに非《あ》らずんば（政府が英断を下し、政治の弊害《へいがい》を改め、天下の万民とともに政治を一新しなければ）、或《あるい》は士気の激する所、即《すなわ》ち内乱となり、或は時運の窮《きゅう》する所、忽《たちま》ち亡国とならん耳《のみ》。某等敢《あえ》て自ら好んで乱民たらんを欲する者に非《あら》ず。然《しか》りと雖《いえ》ども、亦《また》甘んじて亡国の民たるを得ざるなり。今や我邦民権の伸暢《しんちょう》❺せざる、従《したがっ》て国権の発揚《はつよう》せざるも亦《ま》た異《あやし》むに足らず（民権が拡張しないから、国権が強くならなくても不思議ではない）。若し政府内に民権を抑圧《よくあつ》するも、外に国権を失墜《しっつい》すること無くんば、姑《しば》らく之《これ》を忍《しの》ぶ可《べ》からざるに非らずと雖ども、内にして之を抑圧し、外にして之を失墜するに至らば、豈《あに》❻之を黙止《もくし》するに忍《しの》びん哉《や》。……左に其《その》最も急なるものを述べん。

第一　某等《それがしら》が政府に要《もと》むべき者は、租税徴収を軽減するに在《あ》るなり。……夫《そ》れ国の民たる者、納税の責あれば則《すなわち》参政の権なかるべからず。縦《たと》ひ納税の力あるも参政権なければ其責無きは、国民の通義なり。……

第二　某等が政府に要むべき者は、言論集会を自由にするに在るなり。……

第三　某等が政府に要むべき者は、外交失策❼を挽回《ばんかい》するに在るなり。……

『自由党史《じゆうとうし》』

◀三大事件建白書

❶某等　片岡健吉ら。
❷熟々　よくよく。
❸徴　兆候《ちょうこう》。
❹政弊　政治の弊害《へいがい》。
❺伸暢　広がること。
❻豈　どうして。
❼外交失策　井上馨外相が、治外法権撤廃とひきかえに、外国人の内地雑居と外国人裁判官制度導入を計画したことを、失策と批判している。

出典◉『自由党史』本書三六二ページ参照。

解説

自由党と立憲改進党は自由民権運動の中心だったが、一八八二年自由党党首の板《いた》垣退助《がきたいすけ》の洋行を政府が援助したとして立憲改進党が自由党を批判し、両党関係は悪化した。また同年、福島事件などの騒擾《そうじょう》事件で急進化した自由民権運動を政府は弾圧していく。一八八四年**秩父《ちちぶ》事件**の前後、自由党は解党し立憲改進党も党首大隈重信《おおくましげのぶ》らが離党した。以後自由民権運動はしばらく低調になったが、国会開設が近づいてくると、再結集を図る動きがでてきた。

ひとつは**大同団結運動**で、一八八六年十月後藤象二《ごとうしょうじ》郎《ろう》・星亨《ほしとおる》らが党派の違いを超える大同団結を訴え、その後全国を遊説してまわった。もうひとつは**三大事件建白運動**である。一八八七年九月、井上馨《かおる》外相が条約改正交渉に失敗し辞任すると、十月高知県有志が史料に挙げた三大事件建白書を元老院に提出した。三大事件建白書は、言論・集会の自由、地租軽減、対等条約の締結を政府に求める内容であった。その後全国から同様の建白書が提出され、政府批判が強まった。

四　保安条例

朕惟《ちんおも》フニ今ノ時ニ当《あた》リ大政ノ進路ヲ開通シ臣民《しんみん》ノ幸福ヲ保護スル為《ため》ニ妨害《ぼうがい》ヲ除去シ安寧《あんねい》ヲ維持スルノ必要ヲ認メ茲《ここ》ニ左ノ条例ヲ裁可シテ之《これ》ヲ公布セシム……

第一条　凡《およ》ソ秘密ノ結社又ハ集会ハ之ヲ禁ス。犯ス者ハ一月以上二年以下ノ軽禁錮《けいきんこ》❶ニ処シ十円以上百円以下ノ罰金ヲ附加《ふか》ス。……

第四条　皇居又ハ行在所《あんざいしょ》❷ヲ距《へだた》ル三里❸以内ノ地ニ住居又ハ寄宿《きしゅく》スル者ニシテ、内乱ヲ陰謀《いんぼう》シ又ハ教唆《きょうさ》シ又ハ治安ヲ妨害スルノ虞《おそれ》アリト認ムルトキハ、警視総監《けいしそうかん》又ハ地方長官❹ハ内務大臣ノ認可ヲ経《へ》、期日又ハ時間ヲ

通釈

朕が思うには、現在大政の進む道を開き、臣民の幸福を保護するために、妨害となるものを取り除き、世の中の無事を維持することの必要性を認め、ここに左の条例を裁可し、これを公布する。……

第一条　すべて秘密の結社または集会することを禁止する。犯すものは一か月以上二年以下の軽禁錮の処分とし、十円以上百円以下の罰金を付加する。……

第四条　皇居または行在所から約一二km以内の地に住むまたは寄宿する者で、内乱を計画ないしはそそのかし、または治安を妨害するおそれがあると認められるときは、警視総監または地方長官、内務大臣の認可を得て、期日または時間を限って退去を命じ、三年以内は

◀保安条例

❶**軽禁錮**　旧刑法の刑名。刑期は十一日以上五年以下で、定役（一定の労役）に服さないもの。

❷**行在所**　天皇の旅行の時の宿泊施設。

❸**三里**　約一二km。

❹**地方長官**　府県知事のこと。

限リ退去ヲ命シ三年以内同一ノ距離内ニ出入寄宿又ハ住居ヲ禁スルコトヲ得。……

『法令全書《ほうれいぜんしょ》』

同一の距離内に出入や寄宿または住居を禁止することができる。……

出典◉『法令全書』 本書三二二ページ参照。

設問15 **1** 一を読み、なぜ秩父の人々は蜂起したのだろうか、考えてみよう。 **2** 二について、なぜ自由党の一部は朝鮮でクーデタを起こそうとしたのだろうか。 **3** 明治十四年の政変後の自由民権運動はどのような方向に向かっていったと言えるだろうか。

解説 一八八七（明治二十）年九月、井上馨《かおる》外相は外国人裁判官の任用や内地開放を交換条件にした条約改正交渉を政府内外から批判され辞職した。井上辞職後も、各地の民権派はこの機をとらえて政府批判をさらに強めていった。各地から多数の有志が**対等条約の締結・地租軽減・言論の自由を求める三大事件建白書**を持って上京し、政府に提出した。しかし伊藤博文《ひろぶみ》首相は、外交を人民の公議に任せることは立憲国の取るべき道ではないと地方長官の前で訓示し、建白運動との対決姿勢を示した。さらに政府は、建白運動を抑えるために十二月、**保安条例**を出し、多くの運動家を東京から追放して弾圧した。また同じ時期には、旧自由党系と改進党系の違いをこえて団結し、来るべき国会開設に備えようと訴える**大同団結運動**も活発化していた。これに対し伊藤は改進党系の大隈重信《おおくましげのぶ》を外務大臣につけ、運動の分断を試みた。加えて、大同団結運動の中心の一人だった後藤象二郎《ごとうしょうじろう》も東京から追放されず、伊藤の後を継いだ黒田清隆《くろだきよたか》内閣の逓信《ていしん》大臣に就任させた。指導者を失った大同団結運動は分裂するが、一八九〇年の第一回衆議院議員総選挙前に旧自由党系が庚寅《こういん》倶楽部として結集し、選挙後に立憲自由党を結党した。

コラム7 デジタル化と歴史資料

デジタル化によって世の中は便利になっているが、実は歴史を調べようとするときにもその恩恵はとても大きい。

近年、様々な博物館・図書館・美術館が、収蔵する資料をデータ化してインターネット上に公開している。このようなデジタル化された資料の集合体は、デジタル・アーカイブと呼ばれる。

この史料集には多くの歴史資料が収録されているが、実はデジタル・アーカイブを用いて見ることができるものもある。たとえば「国立公文書館デジタルアーカイブ」では、天皇の署名と印がおされた大日本帝国憲法や日本国憲法の原本を見ることができる。また「国立国会図書館デジタルコレクション」では、第九章でたびたび出てくる『法令全書』のほか、『たけくらべ』『小説神髄』の古い版も見ることができる。収録されている資料は日に日に増えていて、家にいながらにして多くの歴史資料に気軽にアクセスできる。ぜひ検索して、サイトを訪れてみてほしい。

第10章 近代国家の形成と資本主義の発展

1 立憲政治の成立

1 憲法の制定

一 伊藤博文の憲法調査

博文来欧以来取調《とりしらべ》の廉々《かどかど》は、❶片紙《へんし》に❷尽兼候故不申上候《つくしかねゆえもうしあげず》処《ところ》、独逸《ドイツ》にて有名なるグナイスト、スタインの両師❸に就《つ》き、国家組織の大体を了解する事を得て、皇室の基礎を固定し、大権を不墜《おとさざる》の大眼目《がんもく》は充分相立《あいたち》候間、追て御報道申し上ぐ可《べ》く候。実に英、米、仏の自由過激論者の著述而已《のみ》を金科玉条《きんかぎょくじょう》の如《ごと》く誤信し、殆《ほと》んど国家を傾けんとするの勢《いきおい》は、今日我国の現情に御座《ござ》候へ共、之《これ》を挽回《ばんかい》するの道理と手段とを得《え》候。……両師の主説とする所は、邦国組織の大体に於《おい》て、必竟《ひっきょう》❹君主立憲体と協和(共和)体の二種を以《もって》大別と為《な》し、……君主立憲政体なれば、君位君権は立法の上に居《お》らざるべからずと云《いう》の意なり。……到底欧洲《とうていおうしゅう》現今の形勢にて、漸次《ぜんじ》君権を削弱《さくじゃく》し、政府たる者は国会の臣僕《しんぼく》❺の如《ごと》き姿に墜《おちい》り、統治の実権帰する所なきに至《いたり》ては、国権を拡張し、民庶《みんしょ》❻の幸福を保持する所以《ゆえん》に非《あら》ず。故《ゆえ》に君主立憲にして君権を完全にし、立法行政両立並行の組織を固定せん事を期す。此《この》真正の政体にして又真理の然《しか》らざるを得ざる者なりと。……『伊藤博文伝《いとうひろぶみでん》』

◀伊藤博文の憲法調査
❶廉々　ふしぶし。
❷片紙　短い手紙。
❸両師　二人の先生。
❹必竟　結局。
❺臣僕　臣下としもべ。
❻民庶　人民。

出典◉『伊藤博文伝』　一九四〇(昭和十五)年に刊行された伝記。全三巻。

解説　明治政府は、一八八二年三月憲法調査のために伊藤博文《いとうひろぶみ》らをヨーロッパに派遣し……た。史料は同年八月、伊藤がウィーンでシュタインに会って憲法に関する講義をうけた後、岩倉具視《いわくらともみ》に送った手紙である。手紙では伊藤が「国家組織の大体」と自由民権に勝《まさ》る論理をつかんだ、と書き送っている。具体的には、君主の権限を確立した立憲君主制と、立法と行政が「両立並行」する組織が重要だと記されている。また、立法＝議会の力が強くなることを警戒している。翌年八月に帰国した伊藤は、この考え方に立ち、憲法草案作成に取りかかる前に、内閣制度創設など議会から自立した行政組織の確立を試みるのである。

二　大日本帝国憲法

第一章　天皇

第一条　**大日本帝国ハ万世一系《ばんせいいっけい》❶ノ天皇之《これ》ヲ統治ス**

第二条　皇位ハ皇室典範《てんぱん》❷ノ定ムル所ニ依《よ》リ皇男子孫《こうだんしそん》之ヲ継承ス

第三条　**天皇ハ神聖《しんせい》ニシテ侵《おか》スヘカラス**

第四条❸　天皇ハ国ノ元首《げんしゅ》ニシテ統治権ヲ総攬《そうらん》シ此《こ》ノ憲法ノ条規ニ依リ之ヲ行フ

第五条　天皇ハ帝国議会ノ協賛❹ヲ以《もっ》テ立法権ヲ行フ

第八条❺　天皇ハ公共ノ安全ヲ保持シ又ハ其災厄《そのさいやく》ヲ避クル為《ため》緊急ノ必要ニ由《よ》リ帝国議会閉会ノ場合ニ於《お》テ法律ニ代ルヘキ勅令《ちょくれい》ヲ発ス

第十一条　**天皇ハ陸海軍ヲ統帥《とうすい》ス**

第十二条　天皇ハ陸海軍ノ編制及常備兵額ヲ定ム

第二章　臣民《しんみん》権利義務

第二十条　日本臣民ハ法律ノ定ムル所ニ従《したが》ヒ兵役ノ義務ヲ有ス

第二十八条　日本臣民ハ安寧《あんねい》秩序ヲ妨《さまた》ケス及臣民タルノ義務ニ背《そむ》カサル限《かぎり》ニ於テ**信教ノ自由ヲ有ス**

第二十九条　**日本臣民ハ法律ノ範囲内ニ於テ言論著作印行集会及結社ノ自由ヲ有ス**

◀**大日本帝国憲法**

❶**万世一系**　天皇の系譜は永遠にかわらず継続している。

❷**皇室典範**　皇室と皇族に関する基本法。憲法と同時に発布施行。

❸**第四条**　美濃部達吉《みのべたつきち》の天皇機関説《きかんせつ》の根拠になった条文。

❹**協賛**　賛成して協力すること。伊藤博文草案の「承認」を枢密院が修正。単なる協力ではなく、「同意」の意味を含むため、立憲主義や議院内閣制を議会が主張する根拠となった。

❺**第八条**　緊急勅令の公布権。次の議会での承認が必要。

大日本帝国憲法（参考条文）

第6条　天皇ハ法律ヲ裁可《さいか》シ其《そ》ノ公布及執行ヲ命ス

第10条　天皇ハ行政各部ノ官制及文武官ノ俸給《ほうきゅう》ヲ定メ及文武官ヲ任免《にんめん》ス但《ただ》シ此ノ憲法又《また》ハ他《た》ノ法律ニ特例ヲ掲ケタルモノハ各〻《おのおの》其《そ》ノ条項《じょうこう》ニ依ル

第13条　天皇ハ戦ヲ宣シ和ヲ講《こう》シ及諸般《しょはん》ノ条約ヲ締結《ていけつ》ス

第14条　天皇ハ戒厳《かいげん》ヲ宣告ス

第三章　帝国議会
第三十三条　帝国議会ハ貴族院衆議院ノ両院ヲ以テ成立ス
第三十四条　貴族院ハ貴族院令ノ定ムル所ニ依リ皇族華族《かぞく》及勅任《ちょくにん》セラレタル議員ヲ以テ組織ス
第三十五条　衆議院ハ選挙法ノ定ムル所ニ依リ公選セラレタル議員ヲ以テ組織ス
第四章　国務大臣及枢密顧問《すうみつこもん》
第五十五条❻　国務各大臣ハ天皇ヲ輔弼《ほひつ》❼シ其《そ》ノ責ニ任ス
第五章　司法
第五十七条　司法権ハ天皇ノ名ニ於テ法律ニ依リ裁判所之ヲ行フ
第六章　会計
第六十二条　新ニ租税ヲ課シ及税率ヲ変更スルハ法律ヲ以テ之ヲ定ムヘシ

『法令全書《ほうれいぜんしょ》』

三　憲法義解

第四条　天皇ハ国ノ元首ニシテ統治権ヲ総攬《そうらん》シ此ノ憲法ノ条規ニ依《よ》リ之《これ》ヲ行フ

恭《つつし》みて按《あん》ずるに、統治の大権は天皇之を祖宗《そそう》❶に承《う》け、之を子孫に伝ふ。立法・行政百揆《ひゃっき》❷の事、凡《およ》そ以て国家に臨御《りんぎょ》❸し、臣民を綏撫《すいぶ》❹する所の者、一に皆之を至尊《しそん》❺に総《す》べて其の綱領を攬《と》らざることなきは、譬《たと》へば、人身の四支百骸《ししひゃくがい》❻ありて、而して精神の経絡《けいらく》❼は総《すべ》て皆其の本源を首脳に取るが如きなり。故に大政の統一ならざるべからざるは、宛《あたか》も人心の弐三《にさん》なるべからざる如し。但し、**憲法を親裁❽して以て君民倶《とも》に守るの大典とし、其の条規に遵由《じゅんゆう》して❾愆《あやま》らず遺《わす》れざるの盛意《せいい》❿を明かにしたまふは、即ち、自ら天職を重んじて世運《せいうん》⓫と倶に永遠の規模を大成する者なり。蓋《けだ》し統治権を総攬するは主権の体なり。憲法の条規に依り之を行ふは主権の用なり。体有りて用無ければ**

❻第五十五条　内閣としてではなく、大臣が個別に天皇に責任を負う。
❼輔弼　補佐する。
出典◉**『法令全書』**　本書三三二ページ参照。

◀**憲法義解**
❶祖宗　歴代の君主。
❷百揆　百官。数多くの官僚。
❸臨御　皇位について国家を治めること。
❹綏撫　安らかになるように治めること。
❺至尊　天皇。
❻四支百骸　四本の手足ともろもろの骨格。
❼経絡　人体のつぼとつぼを結びつらねる筋道。
❽親裁　天皇が自ら決めること。
❾遵由して　したがって。
❿盛意　厚意。
⓫世運　世の中のなりゆき。
出典◉**『憲法義解』**　伊藤博文が著した大日本帝国憲法および皇室典範の逐条解説書。一八八九年六月一日出版。

之を専制に失ふ。用有りて体無ければ之を散慢《さんまん》に失ふ。『憲法義解《けんぽうぎげ》』

四 憲法発布前日の東京

二月九日（東京）　東京全市は、十一日の憲法発布をひかえてその準備のため、言語に絶した騒《さわ》ぎを演じている。到るところ、奉祝門《ほうしゅくもん》、照明（イルミネーション）、行列の計画。だが、こっけいなことには、誰も憲法の内容をご存じないのだ。

『ベルツ❶の日記』

解説　一八八三年、ヨーロッパでの憲法調査から帰国した伊藤博文《いとうひろぶみ》は、翌年三月諸制度の調査・改革にあたるための制度取調局《せいどとりしらべきょく》を宮中に設置し、その長官に就任した。このとき宮内卿《くないきょう》も兼任し、宮中改革の主導権を握った。一八八四年七月、**華族令**《かぞくれい》が制定され、旧公家《くげ》・大名に加え新たに勲功《くんこう》ある者に爵位《しゃくい》を与え、将来の上院《じょういん》の準備とした。一八八五年十二月には太政官制《だじょうかんせい》を廃止して**内閣**《ないかく》**制度**を創設し、立法機関＝議会に左右されない行政機関の確立を図った。また天皇は政策決定過程に直接介入せず、よって政治責任を負わないという仕組みが整えられた。さらに宮内大臣を内閣の外におき、**宮中と政治を分離**させた。立憲君主制を確立するには、皇室と政治を制度的に分離することが不可欠だった。それは、議会が開設されたとき、皇室の経費が予算審議の対象となり政治に巻き込まれる可能性を避けるためでもあった。こうして行政組織の準備を終え内閣総理大臣に就任した伊藤は、憲法草案作成に着手する。**井上毅**《いのうえこわし》・**伊東巳代**《いとうみよ》**治**《じ》・**金子堅太郎**《かねこけんたろう》とともに草案作成にあたり、**ロエスレル**の意見を入れながら、一八八八年四月草案を完成させた。憲法審議のため創設された枢密院《すうみついん》での審議・修正を経て、一八八九年二月十一日憲法発布の式典が行われた。大日本帝国憲法では、天皇は**神聖不可侵**とされ（第三条）、天皇に統治権が定められた（第一・四条）。また天皇は議会が関与できない権限（**天皇大権**）をもっていた（第八・十一条）。「臣民」と呼ばれた国民の権利は、信教の自由、言論の自由などが法律の範囲内で認められた（第二十七・二十八条）。帝国議会は二院制で、貴族院は直接選挙によらず皇族・華族・勅選《ちょくせん》議員により構成された（第三十三〜五条）。全体として天皇の権限が強く議会の権限が弱いのが特徴である。しかし、伊藤は天皇の統治権は憲法にのっとって行われるとしており（三）、天皇が野放図《のほうず》に権力を行使する専制にならない仕組みになっていた。つまり、欧米諸国から近代的憲法と認められるよう意識していた。政府は憲法発布を宣伝し、公的な祝賀行事も各地で行われたが、お雇《やと》い外国人の**ベルツ**は、人々は内容もわからず熱狂しているとして、冷ややかな目でみていた（四）。

名称	大日本帝国憲法	日本国憲法
公布日	1889年2月11日	1946年11月3日
特色	1. 欽定憲法 2. 天皇主権 3. 天皇は国家元首 4. 国務大臣は天皇を輔弼 5. 貴族院・衆議院の二院制　両院対等 6.「臣民」の権利は法律の範囲内 7. 兵役の義務、統帥権は天皇 8. 憲法の改正権は天皇	1. 民定憲法 2. 国民主権 3. 天皇は日本国と日本国民統合の象徴　国事行為は内閣の助言と承認が必要 4. 議院内閣制　内閣は国会に責任を負う 5. 国会は国権の最高機関　衆議院・参議院の二院制　衆議院の優位性 6. 基本的人権の保障 7. 永久平和主義　戦争放棄 8. 憲法改正は国会の発議と国民投票

▲新・旧憲法の比較

◀憲法発布前日の東京

❶ベルツ　一八四九〜一九一三。ドイツ人の医学者で、東京大学医学部（二十六年間在任）のお雇い外国人だった。日本人女性と結婚し、知日家として知られる。

出典◉『**ベルツの日記**』 ベルツが日本滞在中に書いた日記で、政治や社会や国民生活について観察し、批判している。岩波文庫。

総理 伊藤博文(長)	大蔵 松方正義(薩)	農商務 谷　干城(土)
外務 井上　馨(長)	陸軍 大山　巌(薩)	逓信 榎本武揚(幕)
内務 山県有朋(長)	海軍 西郷従道(薩)	内閣書記官長 田中光顕(土)
司法 山田顕義(長)	文部 森　有礼(薩)	法制局長官 山尾庸三(長)

▲第一次伊藤博文内閣(1885年12月22日成立)

◀**市制・町村制**

❶**自治** 大日本帝国憲法の下での地方自治は、中央政府の強い監督下にあって、自治の要素は弱かった。府県知事と郡長は政府が任命、市町村長は市町村会が候補を選出して、内務大臣が任命した。

出典◉『**法令全書**』 本書三二二ページ参照。

2 法律・制度の整備

一 市制・町村制

本制ノ旨趣ハ自治❶及分権ノ原則ヲ実施セントスルニ在《あ》リテ、現今ノ情勢ニ照シ程度ノ宜《よろし》キニ従ヒ以《もっ》テ立法上其端緒《そのたんしょ》ヲ開キタルモノナリ……政府ハ政治ノ大綱《たいこう》ヲ握リ方針ヲ授《さず》ケ国家統御ノ実《じつ》ヲ挙《あ》クルヲ得可《うべ》ク、人民ハ自治ノ責任ヲ分《わか》チ以テ専《もっぱ》ラ地方ノ公益ヲ計ルノ心ヲ起スニ至ル可シ、蓋《けだし》人民参政ノ思想発達スルニ従ヒ之《これ》ヲ利用シテ地方ノ公事ニ練習セシメ施政ノ難易ヲ知ラシメ漸《ようや》ク国事ニ任スルノ実力ヲ養成セントス、是《これ》将来立憲ノ制ニ於《おい》テ国家百世ノ基礎ヲ立ツルノ根源タリ。

『法令全書《ほうれいぜんしょ》』

解説 一八八八年四月、**市制《しせい》・町村制《ちょうそんせい》**が公布された。同制は**山県有朋《やまがたありとも》**が中心となって、ドイツ人のお雇《やと》い外国人**モッセ**の意見を取り入れながら策定された。史料はその末尾に付され、制度の理念を説明した「市制町村制理由」である。そこには、地方自治によって人々は行政に責任を感じるようになり、地方自治で実務を経験した人々が将来の立憲制の基礎になると記されている。つまり、地方自治の経験で穏健・着実になった人々が帝国議会の議員になり、政府と対立的な民権派が議会で多数にならないことが期待されたのである。明治維新後、地方制度はたびたび変更されてきたが、市制・町村制は翌年公布された**府県制・郡制**とあわせて、終戦後の一九四七年まで続き、近代日本の国家体制を支える制度のひとつとなった。

二 明治民法

第十四条　妻カ左ニ掲《かか》ケタル行為ヲ為《な》スニハ夫ノ許可ヲ受クルコトヲ要ス

一　第十二条第一項第一号乃至《ないし》第六号❶ニ掲ケタル行為ヲ為スコト

二　贈与《ぞうよ》若《もし》クハ遺贈《いぞう》ヲ受諾《じゅだく》シ又ハ之《これ》ヲ拒絶スルコト
第七百四十九条　家族ハ、戸主《こしゅ》❷ノ意ニ反シテ、其《その》居所ヲ定ムルコトヲ得《え》ス
第七百五十条　家族カ婚姻《こんいん》又ハ養子縁組《ようしえんぐみ》ヲ為スニハ、戸主ノ同意ヲ得ルコトヲ要ス
第七百六十五条　男ハ満十七年女ハ満十五年ニ至ラサレハ婚姻ヲ為スコトヲ得ス
第七百七十二条　子カ婚姻ヲ為スニハ、其ノ家ニ在ル父母ノ同意ヲ得ルコトヲ要ス。但《ただし》男カ満三十年女カ満二十五年ニ達シタル後ハ此限《このかぎり》ニ在ラス
第八百一条　夫ハ妻ノ財産ヲ管理ス
夫カ妻ノ財産ヲ管理スルコト能《あた》ハサルトキハ妻自ラ之ヲ管理ス
第八百十三条　夫婦ノ一方ハ左ノ場合ニ限リ離婚ノ訴《うったえ》ヲ提起スルコトヲ得
一　配偶者カ重婚《じゅうこん》ヲ為シタルトキ　二　妻カ姦通《かんつう》❸ヲ為シタルトキ　三　夫カ姦淫罪《かんいんざい》❹ニ因《よ》リテ刑ニ処セラレタルトキ（四～一〇略）

『法令全書』

解説

一八九〇年に公布された民法（旧民法）は一八九三年に施行予定だったが、その内容をめぐって論争が起こった（**民法典《みんぽうてん》論争**）。民法をめぐっては編纂《へんさん》過程から日本の習慣を踏まえていないなどの批判があり、公布後もイギリス法学者系の延期派と、フランス法学者系の断行派で対立した。一八九一年八月、**穂積《ほづみ》八束《やつか》**が「**民法出テ、忠孝《ちゅうこう》滅フ**」を発表し、この民法が日本の伝統的な家族道徳を破壊するとして厳しく批判した。結局一八九二年の第三議会で民法に加え商法の施行延期法が可決された。その後一八九六年と九八年の二回にわたって新しい民法（明治民法、新民法）が公布された。その特徴は**家父《かふ》長《ちょう》制的な家制度**を重視する観点から、**戸主《こしゅ》**に強い権限を与え、女性をその従属的地位におくものだった。

三　北海道旧土人保護法

第一条　北海道旧土人《どじん》❶ニシテ農業ニ従事スル者又ハ従事セムト欲スル者ニハ一戸ニ付土地

◀**明治民法**
❶**第十二条第一項第一号乃至第六号**　借財・不動産売買・訴訟など、単独では認められない行為の一部。
❷**戸主**　家の代表。成人男子のない時は、女戸主も可能。
❸**姦通**　夫のある女性が、他の男性と情を通じること。
❹**姦淫罪**　婦女の真意に反して性交を強制する罪。

出典◉『**法令全書**』　本書三二二ページ参照。

◀**北海道旧土人保護法**
❶**北海道旧土人**　一八七八年、開拓使はアイヌをこの差別語で呼ぶよう定めた。

一万五千坪《つぼ》❷以内ヲ限リ無償下付《かふ》スルコトヲ得《う》
第三条　第一条ニ依《よ》リ下付シタル土地ニシテ其《そ》ノ下付ノ年ヨリ起算シ十五箇年ヲ経《へ》ルモ尚《なお》開墾セサル部分ハ之ヲ没収ス
第十条　北海道庁❸長官ハ北海道旧土人共有財産ヲ管理スルコトヲ得
北海道庁長官ハ内務大臣ノ認可ヲ経テ共有者ノ利益ノ為《ため》ニ共有財産ノ処分ヲ為《な》シ又必要ト認ムルトキハ其ノ分割ヲ拒《こば》ムコトヲ得

『法令全書』

解説　明治以降、政府はアイヌに対し、農耕民への転換、日本語の習得、入れ墨《ずみ》・耳環《みみわ》といった固有の生活風俗の禁止など**同化政策**を進めた。同化政策によって生業を奪われた多くのアイヌは困《こん》窮《きゅう》していった。また農業に転じたアイヌの中には、移住してきた日本人に土地を奪われることもあった。アイヌの困窮に対し、明治中頃からアイヌの「保護」を求める声が強まり、政府は一八九九年三月、**北海道旧土人保護法**を制定した。同法では、アイヌに土地を与えること（第一条）などを定めたが、十分な生活改善につながらなかった。また第十条にある「共有財産」は、官庁がアイヌに与えた金や、アイヌがもっていた漁場から出た収益金を指す。北海道庁がこれを株式投資に流用して失敗したことなどに対応して定められた。

2 条約改正

1 改正交渉の進展

一 井上馨《いのうえかおる》の条約改正案

第一条　日本帝国政府ハ、本条約締結《ていけつ》後二ヶ年ノ中《うち》ニ於《おい》テ、全《まった》ク国内ヲ開放シ、永久外人ヲシテ雑居《ざっきょ》セシムヘシ。❶

---

❷**一万五千坪**　約五ヘクタールで、本州の標準的な農家は耕地面積一ヘクタール。

❸**北海道庁**　一八八六年設置。

出典◉**『法令全書』**　本書三二二ページ参照。

設問1　**1**◆**2**◆**三**を読み、アイヌに対してどのような政策が進められたのか、まとめてみよう。
2なぜこの時期に様々な法律・制度が整備されたのだろうか。

◀**井上馨の条約改正案**

❶**雑居セシムヘシ**　内地雑居は、外国人に旅行だけでなく、居住・土地所有・営業権などの権利を与えることを意味していた。

第四条　日本帝国政府ハ、泰西主義《たいせい》❷ニ則《よ》リ、本条約ノ定款《ていかん》ニ遵《したが》ヒ、司法上ノ組織及成法ヲ確定ス可《べ》シ。之《これ》ヲ類別スレハ、(第一) 刑法、(第二) 刑事訴訟《そしょう》法、(第三) 民法、(第四) 商法……

第五条　日本帝国政府ハ、第一条ニ定メラレタル時日内ニ於テ、前条ニ列記シタル諸法律ヲ布告ス可シ。而《しか》シテ、第一条ニ定メタル時日前八ヶ月以内、即《すなわ》チ本条約締結後十六ヶ月以内ニ於テ、該《がい》法律ノ本文ヲ英文ニ記シ、之ヲ諸外国政府ニ通達スヘシ。又其《その》改正法律ノ実施セラル、前八ヶ月以内ニ於テ、其改正ノ点ヲ摘挙《てききょ》シ、前同様英文ヲ以テ、諸外国政府ニ通達スヘシ。

第七条　其原告《げんこく》タル、被告《ひこく》タルヲ問ハス、凡《すべ》テ一人若《も》シクハ数人ノ諸外国人ガ与《あずか》リタル民事訴訟ヲ、日本裁判所ニ於テ裁判スルニ当《あた》リテハ、左ニ列記シタル条々ニ遵《したが》ハサルヘカラス。……

(一) **始審《ししん》裁判所、控訴院《こうそいん》及大審院《だいしんいん》❸ノ判事ハ、外国裁判官其多数ニ居ルヘキ事。**……

(十) 刑事ノ予審《よしん》❹ハ、外国人裁判官之ニ当ルヘシ。

(十一) 検事ノ立合《たちあい》ヲ要スル場合ニ於テ、立合検事ハ外国人タルヘシ。

『明治文化全集《めいじぶんかぜんしゅう》』

❷泰西主義　西欧の国内法の原理原則。

❸始審裁判所、控訴院及大審院　現在の地方裁判所、高等裁判所、最高裁判所にあたる。

❹予審　起訴された被告を、起訴相当か否《いな》かを審判する裁判のこと。

出典◉『明治文化全集』　本書三三五ページ参照。

二　榎本《えのもと》外相の意見書

現行条約❶ノ我ニ有害ナルコト概《おおむ》ネ是《か》クノ如キヲ以テ、之《これ》カ改正ヲ加ヘントノ冀望《きぼう》❷ハ既ニ岩倉《いわくら》大使欧米行❸ノ時ニ起リ、彼地《かのち》ニ於テ談判ノ端ヲ試《こころみ》タルモ、実際何等ノ結果ヲ見ルヲ得サリキ。後十一箇年間時ノ政府専ラ海関税増加《かいかんぜい》ノ談判❹ニ従事シタリシモ、亦《また》其効ヲ見ル能《あた》ハス。明治十五年ニ至テ、外務卿《がいむきょう》井上伯❺ハ各国公使ト条約改正予議会ナル者ヲ開キ、我国権回復ノ緒ヲ開キ、以テ大ニ改正談判ノ歩ヲ進メ、同十九年二十年間同伯ハ改正談判ノ基礎ニ向テ全ク一個ノ生面《せいめん》❻ヲ開ケリ。**即《すなわ》チ領事裁判権ノ廃棄ヲ以テ内地全開❼ノ交換物ト為セルコト是《これ》ナリ。当時我国民法商法等ノ諸法典猶未《なおいま》タ編制ニ至ラサリシ而已《のみ》ナラス**、民刑両法ノ裁判モ西人❽ノ観察上ニ信ヲ得ル多カ

◀榎本外相の意見書

❶現行条約　安政の五か国条約。

❷冀望　希望。

❸岩倉大使欧米行　一八七一年に日本を発った岩倉使節団のこと。三二六ページ参照。

❹海関税増加ノ談判　寺島宗則《てらしまむねのり》外務卿による税権回復を主眼とした条約改正交渉を指す。

❺井上伯　井上馨。伯爵。

❻生面　新しい面。

❼内地全開　外国人の居住・旅行などを自由とする内地雑居を許可すること。

ラサリシヲ以テ、法典ノ編制ト裁判官ノ組織上ニ於テ満足ノ結果ヲ得ル能ハサリシハ、亦怪《あやし》ムニ足ル者ナシ。然《しか》レトモ税額ノ増加即チ我国益上ノ談判ニ至テハ、著《いちじる》シク歩ヲ進メタリシカ、国権上ニ対シ不完全ノ条項アリト云フヲ以テ談判中止トナリ、同二十二年大隈伯《おおくま》❾ノ談判ニ至テハ、裁判権竝《ならび》ニ其他ノ条件ニ於テモ前案ニ比スレハ、更ニ一層ノ歩ヲ進メ❿、既ニ欧洲一二ノ大国政府ハ其成案ニ記名シ、若《もし》クハ批准スルニ至リシモ⓫、猶我国権上ニ対シ不完全ノ条項アルヲ免レスト云フヲ以テ、是レ亦其成績ヲ見ルニ及ハスシテ、我ヨリ端ヲ開キ我ヨリ之ヲ閉ルノ姿トナリテ止メリ。青木子⓬大隈伯ノ後ヲ承《う》ケ談判ヲ続クニ至テ、遂ニ能《よ》ク殆《ほと》ント対等条約ニ近キ立案ヲ提出シ、而シテ英政府ヲシテ一二条項ヲ除ク外ハ、其重要ノ部分ヲ承諾セシムルニ至リタルハ殆ント意想外ノ結果ト謂《い》ハサル可《べか》ラス。是レ固《もと》ヨリ同子カ周到ノ計画ト熟練ノ談判ニ坐《ざ》スルト雖トモ、抑《そもそ》モ亦一ハ井上大隈二伯ノ苦心焦慮《しょうりょ》ヨリ生セシ結果ト、一ハ亜洲全局ノ近況英政府ヲシテ深省《しんせい》ヲ発セシメシニアラスヤ。亜洲全局ノ近況トハ、西伯里《シベリア》鉄道⓭ノ起工是ナリ。蓋《けだ》シ西伯里鉄道ハ、英国ノ東洋ニ於ル特権ヲ剝奪《はくだつ》スルノ利器タルハ本官ノ贅言《ぜいげん》⓮ヲ待タス。故ニ青木子ハ、自家有為ノ器ヲ以テ目下乗ス可キノ機ニ会ヒタリト謂フモ不可ナキカ如シ。

『日本外交文書《にほんがいこうもんじょ》』

❽西人　西洋人。

❾大隈伯　大隈重信。伯爵。

❿裁判権……更ニ一層ノ歩ヲ進メ　井上外相のときは始審・控訴院・大審院に外国人裁判官を任用する条件だったが、大隈案では大審院に限ったことなどを指す。

⓫既ニ欧洲一二ノ……至リシモ　大隈の条約改正案に米・独・露が調印、英・仏が同意したことを指す。

⓬青木子　青木周蔵。子爵。

⓭西伯里鉄道　ロシア領内のシベリアを東西に結んだ約九三〇〇キロの長距離鉄道。一八九一年五月に起工式が行われた。

⓮贅言　無駄な言葉。

出典◉**『日本外交文書』**　一九三六年から現在まで、外務省が編纂、公刊している外交関係史料集。現在は、外務省のウェブページからかなりの部分が利用できる。

解説

一八七九年外務卿《きょう》（一八八五年から外務大臣）に就任した**井上馨《いのうえかおる》**は、条約改正を達成するためには、法律など制度面だけでなく文化面でも日本が欧米同様の「文明国」だとアピールする必要があると考えていた。そこで、**鹿鳴館《ろくめいかん》**で舞踏会《ぶとうかい》やバザーをたびたび開催し、**欧化政策**を進めた。同時に井上は一八八二年各国公使を集め条約改正予備会議を開き、改正交渉を進めていく。一は一八八七年四月にまとまった条約改正案である。**治外法権撤廃**の見返りとして示されたのは、**内地雑居**を外国人に認め（第一条）、ヨーロッパの主義に基づく法律を制定する（第四条）、法律の布告・改正の際には事前に列強に通知する（第五条）、裁判所に**外国人判事**を任命すること（第七条）などであった。この案に対し、政府の法律顧問**ボアソナード**や**谷干城《たにたてき》**農商務大臣から反対意見が出され、欧化主義への批判も高まり井上は辞職し改正は無期延期となった。後継の大隈重信《おおくましげのぶ》は爆弾テロで辞職、次の青《あお》木《き》周蔵《しゅうぞう》のときに改正交渉はほぼまとまったが**大津《おおつ》事件**で辞任に追い込まれた。二はその次の榎本武揚《えのもとたけあき》が一八九一年十月閣議に出した意見書で、青木外相のときの交渉進展は国際情勢の変化、特にロシアによるシベリア鉄道建設の影響が大きいと指摘している。

2 条約改正の実現

一 条約改正の回想

明治二十七年七月十三日付を以《もっ》て、青木公使❶は余《よ》❷に電稟《でんぴん》❸して曰《いわ》く、「本使は明日を以て新条約に調印することを得《う》べし」と。而《しか》して余がこの電信に接したるは抑々《そもそも》如何《いか》なる日ぞ。雞林八道《けいりんはちどう》❹の危機方《まさ》に旦夕《たんせき》に迫《せま》り❺、余が大鳥《おおとり》公使❻に向ひ、「今は断然《だんぜん》たる処置を施《ほどこ》すの必要あり、何等《なんら》の口実《こうじつ》を使用するも差支《さしつか》えなし、実際の運動を始むべし」と、訣別類似《けつべつるいじ》の電訓《でんくん》を発したる後、僅《わずか》に二日を隔《へだ》つるのみ。余が此間《このかん》の苦心惨憺《さんたん》、経営太忙《たぼう》❼なりしは、実に名状すべからず。然《しか》れども、今此《この》喜ぶべき佳報《かほう》に接するや、頓《とみ》に余をして積日《せきじつ》の労苦を忘れしめたり。『蹇蹇録《けんけんろく》』

二 日英通商航海条約

第三条　両締盟国ノ間ニハ、相互ニ通商及航海ノ自由アルヘシ……但シ、内国臣民ト同様其ノ国ノ法律、警察規則及税関規則ヲ遵守《じゅんしゅ》スルヲ要ス

第二十条　本条約ハ、其ノ実施ノ日ヨリ、両締盟国間ニ現存スル嘉永《かえい》七年八月二十三日即《すなわち》千八百五十四年十月十四日締結ノ**約定**《やくじょう》❶、慶応《けいおう》二年五月十三日即千八百六十六年六月二十五日締結ノ**改税約定**❷、安政《あんせい》五年七月十八日即千八百五十八年八月二十六日締結ノ**修好通商条約**❸及之

◀条約改正の回想

❶**青木公使**　駐英兼駐独公使の青木周蔵。

❷**余**　自分。ここでは陸奥宗光のこと。

❸**電稟**　電報で報告。

❹**雞林八道**　朝鮮全域。

❺**旦夕に迫り**　事態がさしせまっていること。

❻**大鳥公使**　駐韓公使の大鳥圭介《けいすけ》。

❼**太忙**　多忙のこと。

出典◉『**蹇蹇録**』　甲午農民戦争が起こった一八九四（明治二十七）年から翌年の三国干渉までの陸奥宗光の回想録。

◀日英通商航海条約

❶**嘉永七年……約定**　日英和親条約のこと。

❷**慶応二年……約定**　改税約書のこと。

❸**安政五年……条約**　日英修好通商条約のこと。

❹**大不列顛国**　グレート・ブリテン。

ニ附属スル一切ノ諸約定ニ代ハルヘキモノトス。而シテ該条約及諸約定ハ、右期日ヨリ総《すべ》テ無効ニ帰シ、随《したがっ》テ大不列顛《だいブリテン》❹国カ日本帝国ニ於テ執行シタル裁判権及該権ニ属シ又ハ其ノ一部トシテ大不列顛国臣民カ享有《きょうゆう》セシ所ノ特典、特権及免除ハ、本条約実施ノ日ヨリ別ニ通知ヲナサス全然消滅ニ帰シタルモノトス。而シテ**此等ノ裁判管轄権ハ、本条約実施後ニ於テハ日本帝国裁判所ニ於テ之ヲ執行スヘシ。**

『日本外交年表竝《ならびに》主要文書』

解説

第二次伊藤博文《いとうひろぶみ》内閣の外務大臣となった**陸奥宗光**《むつむねみつ》は、外相経験をもつ**青木周蔵**《あおきしゅうぞう》駐独公使に英国兼勤を命じてイギリスとの条約改正交渉にあたらせ、一八九四年七月十六日、**日英通商航海条約**の締結にこぎつけた。イギリスは、ロシアの南下政策に対抗する役割を日本に期待して改正に応じた。陸奥は**日清戦争**が不可避になる中、改正を喜んだと回想している（一）。国内では**対外硬派**が改正に反対していたが、日清戦争がはじまると挙国一致の雰囲気の中反対の声も小さくなった。内容をみると、この条約が日英和親条約・改税約書・日英修好通商条約に代わること、領事裁判権の消滅が明記されている（第二十条）。

出典◉『日本外交年表竝主要文書』
本書三四七ページ参照。

設問2 **1**❶一を読み、条約改正交渉が失敗した原因をまとめてみよう。
2❷二を読み、日英通商航海条約は、どのような条約に代わり、どのような点が変わったのかまとめてみよう。
3なぜこの時期に、条約改正交渉が成功したのだろうか。

3 初期議会と日清戦争

1 初期議会の動向

一 黒田首相の超然主義演説

今般《こんぱん》憲法発布式ヲ挙行《きょこう》アリテ大日本帝国憲法、及之《およびこれ》ニ附随《ふずい》スル諸法令❶ヲ公布セラレタリ。謹《つつしみ》テ惟《おも》フニ、明治十四年十月詔《みことのり》❷ヲ下シテ二十三年ヲ期シ、国会ヲ開ク旨《むね》ヲ宣言セラレ、爾来《じらい》政府ハ孜々《しし》トシテ❸立憲設備ノ事ヲ務メ、昨年四月枢密院《すうみついん》設立ノ後ハ、直《ただち》ニ憲法、及諸法令ノ草案ヲ

◀黒田首相の超然主義演説
❶**之ニ附随スル諸法令** 衆議院議員選挙法、貴族院令、皇室典範。
❷**明治十四年十月詔** 国会開設の勅諭《ちょくゆ》。
❸**孜々トシテ** 怠《おこた》らず努力する様子。

同院ニ下サレ、会議毎《ごと》ニ聖上臨御マシマシ、深ク宸慮《しんりょ》ヲ尽《つく》シ親《した》シク裁定アラセラレタリ。……憲法ハ敢《あえ》テ臣民ノ一辞《いちじ》ヲ容《い》ル、所ニ非《あら》ザルハ勿論《もちろん》ナリ。唯《た》ダ施政《しせい》上ノ意見ハ人々其所説《そのしょせつ》ヲ異《こと》ニシ、其《そ》ノ合同スル者相投《あいとう》ジテ団結ヲナシ所謂《いわゆる》政党ナル者ノ社会ニ存立スルハ亦《また》情勢ノ免《まぬが》レザル所ナリ。然《しか》レドモ政府ハ常ニ一定ノ方向ヲ取リ、超然《ちょうぜん》トシテ政党ノ外ニ立チ、至公至正《しこうしせい》ノ道ニ居《お》ラザル可《べか》ラズ。各員宜《よろし》ク意ヲ此《ここ》ニ留メ、不偏不党《ふへんふとう》ノ心ヲ以《もっ》テ人民ニ臨《のぞ》ミ、撫馭《ぶぎょ》❹宜《よろし》キヲ得、以テ国家隆盛《りゅうせい》ノ治《ち》ヲ助ケンコトヲ勉《つと》ムベキナリ。……

『明治文化全集《めいじぶんかぜんしゅう》』

❹**撫馭**　いたわりつつ治めること。

出典◉『**明治文化全集**』　本書三五五ページ参照。

解説　憲法発布の翌日、一八八九年二月十二日に**黒田清隆**《くろだきよたか》首相は各府県知事を鹿鳴館《ろくめいかん》に集め、**超然**《ちょうぜん》**主義演説**を行った。政党の存在はやむをえないが、政府は超然として政党の外に立つべきとする内容だった。また伊藤博文《いとうひろぶみ》枢密院《すうみついん》議長も二月十五日各府県会議長を前に同様の見解を述べている。しかし第一回衆議院議員総選挙で民党は多くの議席を獲得し、日清戦争直前まで政府と対立を繰り返していく。

二　山県首相の演説

予算帳ニ就キマシテ　最《もっと》モ歳出ノ大部分ヲ占メルモノハ、即《すなわち》陸海軍ノ経費デ御座イマス。……蓋《けだし》国家独立自営ノ道ニ二途《にと》アリ、第一ニ主権線ヲ守護スルコト、第二ニハ利益線ヲ保護スルコトデアル。其ノ主権線トハ国ノ疆域《きょういき》❶ヲ謂《い》ヒ、利益線トハ其ノ主権線ノ安危《あんき》❷ニ密着ノ関係アル区域ヲ申シタノデアル。凡《およそ》国トシテ主権線、及利益線ヲ保タヌ国ハ御座リマセヌ。方今《ほうこん》❸列国ノ間ニ介《かい》立《りつ》シテ一国ノ独立ヲ維持スルニハ、独《ひとり》主権線ヲ守禦《しゅぎょ》スルノミニテハ、決シテ十分トハ申サレマセヌ。必ズ亦利益線ヲ保護致サナクテハナラヌコト、存ジマス。今果《はた》シテ吾々《われわれ》ガ申ス所ノ主権線ノミニ止《とどま》ラズシテ、其ノ利益線ヲ保ツテ一国ノ独立ノ完全ヲナサントスルニハ、固《もと》ヨリ一朝一夕ノ話ノミデ之《これ》ヲナシ得ベキコトデ御座リマセヌ。必ズヤ寸《すん》ヲ積ミ尺《しゃく》ヲ累《かさ》ネテ、漸次《ぜんじ》ニ国力ヲ養ヒ其《そ》

◀山県首相の演説

❶**疆域**　国境。

❷**安危**　安全と危険。

❸**方今**　まさに今。

出典◉『**帝国議会衆議院議事速記録**』　帝国議会における発言が逐語的に記録されたもの。『官報』号外として公表された。国立国会図書館のウェブページ「帝国議会会議録検索システム」で検索・閲覧《えつらん》することができる。

ノ成蹟ヲ観ルコトヲ力《つと》メナケレバナラヌコトト存ジマス。即予算ニ掲ゲタルヤウニ、巨大ノ金額ヲ割《さ》イテ、陸海軍ノ経費ニ充《あ》ツルモ、亦《また》此《こ》ノ趣意ニ外ナラヌコトト存ジマス。寔《まこと》ニ是ハ止ムヲ得ザル必要ノ経費デアル。

『帝国議会衆議院議事速記録《ていこくぎかいしゅうぎいんぎじそっきろく》』

▼第一回総選挙の結果

国民自由党	5
立憲自由党	130
立憲改進党	41
大成会	79
無所属	45

解説

史料は一八九〇（明治二十三）年十二月六日、日本ではじめて開かれた帝国議会の衆議院本会議で、山県有朋《やまがたありとも》首相が行った演説である。政府はこの議会に、歳出の大部分を陸海軍経費にあてた予算案を提出した。山県は、国家の独立を維持するためには、国境である**「主権線」**だけでなく、国土の保全にかかわる**「利益線」**を守ることが重要だと主張した。そして、そのための軍事費が必要不可欠だと予算の趣旨を説明した。政府の予算案に対し、議会に先立つ初の総選挙で過半数の議席を得た**立憲自由党・立憲改進党**は、**民力休養《みんりょくきゅうよう》・政費節減《せいひせつげん》**を掲げ、政府原案八三三二万円の約一割（八八八万円）を削減する案を議決した。これに対し政府は、立憲自由党の土佐《とさ》派二十六名を切り崩して、削減額を六五一万円に減らした予算を成立させた。しかし議会運営に苦慮した山県は、閉会後首相を辞職した。政府が**超然《ちょうぜん》主義**を貫くことは、現実的には難しかったのである。なお、山県が「利益線」として想定していたのは、演説に先立つ三月、山県が閣僚に回覧した意見書（外交政略論）によれば朝鮮半島だった。また山県は、シベリア鉄道の完成によって増大するロシアの脅威《きょうい》を警戒し、朝鮮の「中立化」を構想した。「中立化」とは、朝鮮が他国と軍事同盟を結ばず、また他国も朝鮮を侵略しないと合意する意味である。具体的には、日清両国の派兵を禁じた**天津《テンシン》条約**から一歩進めて、英独日清の四カ国合意によって、ロシアに対抗することを構想していた。しかしこの構想は、朝鮮に対する清の宗主権を否定するものであり、実現には大きな困難がともなっていた。

三　樺山資紀《かばやますけのり》の蛮勇《ばんゆう》演説

此何回ノ役《えき》❶ヲ経過シテ来タ海軍デアッテ、今迄此《この》国権ヲ汚シ、海軍ノ名誉ヲ損ジタ事ガアルカ。却《かえっ》テ国権ヲ拡張シ海軍ノ名誉ヲ施《ほどこ》シタ事ハ幾度カアルダラウ。四千万ノ人民モ其位ノ事ハ御記憶デアルダラウ。先日井上角五郎《いのうえかくごろう》君❷ガ四千万人ノ人民ハ八千万ノ眼ガアルト云フタ。四千万ノ人民デ今日幾分カ不具《ふぐ》ノ人ガアルト見テモ、千万人ノ眼ハアルダラウ。其眼ヲ以テ見タナレバ、今

◀樺山資紀の蛮勇演説

❶**此何回ノ役**　台湾出兵、西南《せいなん》戦争、壬午《じんご》軍乱・甲申《こうしん》事変などを指す。

❷**井上角五郎**　一八六〇～一九三八。慶応義塾出身、衆議院議員。

日海軍ヲ今ノ如キ事ニ見テ居ル人ガアルデアラウカ。（アル〳〵ト呼ブ者アリ）此ノ如ク今日此海軍ノミナラズ、即チ現政府デアル。現政府ハ此ノ如ク内外国家多難ノ艱難《かんなん》❸ヲ切抜ケテ、今日迄《まで》来タ政府デアル。薩長《さっちょう》政府トカ何政府トカ言ッテモ、今日国ノ此安寧《あんねい》❹ヲ保チ、四千万ノ生霊《せいれい》❺ニ関係セズ、安全ヲ保ッタト云フコトハ、誰ノ功力《くりき》❻デアル。（笑声起ル）甚《はなは》ダ……御笑ニ成ル様ノ事デハゴザイマスマイ。

『帝国議会衆議院議事速記録』

解説 一八九一年の第二議会で松方正義《まつかたまさよし》内閣は、**軍備拡張**などを盛り込んだ予算案を提出した。対して**自由党**や**立憲改進党**は、第一議会に続いて**民力休養《みんりょくきゅうよう》**・**政費節減《せいひせつげん》**を訴え、軍艦製造費などの削減案を提案した。これに**樺山資紀《かばやますけのり》**海相が怒り、藩閥《はんばつ》政府を擁護《ようご》する**蛮勇《ばんゆう》演説**を行うと、議場は樺山への野次《やじ》で騒然となった。結局衆議院は予算削減案を決めたため、松方は衆議院を解散した。総選挙で政府は**選挙干渉**を指示し、民党の議席数を減らして政府系の議席を増やそうとしたが、結果は民党が過半数を獲得した。

四 福沢諭吉「脱亜論」

我日本の国土は亜細亜《アジア》❶の東辺に在《あ》りと雖《いえ》ども、其《その》国民の精神は、既《すで》に亜細亜の固陋《ころう》❷を脱して、西洋の文明に移りたり。然《しか》るに爰《ここ》に不幸なるは、近隣に国あり、一を支那《しな》と云ひ、一を朝鮮と云ふ。……此《この》二国の者共は、一身に就《つ》き、又一国に関して、改進の道を知らず、交通至便《しべん》の世の中に、文明の事物を聞見《ぶんけん》せざるに非《あら》ざれども、耳目《じもく》の聞見を以《もっ》て心を動かすに足らずして、其古風旧《こふうきゅう》慣《かん》に恋々《れんれん》するの情は、百千年の古《いにしえ》に異ならず。……左《さ》れば今日の謀《はかりごと》を為《な》すに、我国は隣国の開明を待《まっ》て共に亜細亜を興《おこ》すの猶予《ゆうよ》ある可《べか》らず。寧《むし》ろ其伍《そのご》❸を脱して西洋の文明国と進退を共にし、其支那朝鮮に接するの法も、隣国なるが故《ゆえ》にとて特別の会釈《えしゃく》に及ばず、正《まさ》に西洋人が之《これ》に接するの風に従て処分す可《べ》きのみ。悪友を親しむ者は、共に悪名を免《まぬ》かる可らず。我れは心に於《おい》て亜細亜東方の悪友を謝絶《しゃぜつ》するものなり。

『福沢諭吉全集』

❸**艱難** 困難。
❹**安寧** やすらかなこと。
❺**生霊** 生命。
❻**功力** 努力。
出典◉『**帝国議会衆議院議事速記録**』 本書三八〇ページ参照。

◀**福沢諭吉「脱亜論」**
❶**亜細亜** 欧米人が命名した地域名称。中国では日本や朝鮮を東洋と呼ぶ。
❷**固陋** 頑固《がんこ》で狭い見識のこと。
❸**伍** なかま。
出典◉『**福沢諭吉全集**』 福沢諭吉の全著作、『時事新報』論集、書簡集などからなる。全二十二巻。一九五八〜七一年刊行。

設問3 1 一と三を読み、黒田清隆と樺山資紀は「政府」をどのようなものだと考えていたのか、まとめてみよう。
2 二と四を読み、山県有朋や福沢諭吉は朝鮮半島をどのように見ていたのか、まとめてみよう。

◀日清戦争の宣戦詔書

❶**天佑**　天の助け。
❷**皇祚ヲ践メル**　天皇の位を継承する。
❸**百僚有司**　多くの官吏《かんり》。
❹**戻ラサル限リ**　反しない限り。
❺**遺漏**　不注意で漏《も》れること。手抜かり。
❻**啓誘**　教え導くこと。
❼**伍伴**　仲間。
❽**其ノ内乱**　甲午農民戦争のこと。
❾**拯難ニ籍キ**　危機を救うことを口実として。
❿**明治十五年ノ条約**　済物浦《さいもっぽ》条約。
⓫**辞柄**　口実。

軍備			日本	清
戦力	陸軍	歩兵	80大隊	862大隊（砲工を含む）
		砲兵	40中隊	
		工兵	13中隊	
		騎兵	21中隊	
		人員	12.3万人	35万人
	海軍	軍艦	28隻	82隻
		水雷艇	24隻	25隻
		総トン数	5.9万トン	8.5万トン
損害	人		死亡廃疾 17,282人 うち病死 11,894人	不明 捕虜 1,790人
	馬		11,532頭	不明

▲日清戦争の戦力と被害

解説　一八八五（明治十八）年三月十六日、『時《じ》事新報《じしんぽう》』に「**脱亜論**《だつあろん》」と題した無署名の社説が発表された。**福沢諭吉**《ふくざわゆきち》によるものと考えられている。その内容は、日本が西洋諸国と連携し、彼らが中国・朝鮮に接するのと同じようにすべきだと主張して日本のアジア進出を肯定するものだった。この社説が生まれた背景のひとつに、前年起こった**甲申**《こうしん》**事変**がある。福沢は、親日改革派の**金玉均**《きんぎょくきん》《キムオッキュン》らによる朝鮮の近代化を目指す運動を支援していたが、金玉均らによるクーデタが失敗すると失望してこの社説を書いたといわれる。その後福沢は日清戦争がはじまるとこれを**文明と野蛮**《やばん》**の戦争**と評し、開戦を積極的に支持した。

2 日清戦争

一 日清戦争の宣戦詔書《しょうしょ》

天佑《てんゆう》❶ヲ保全シ、万世一系ノ皇祚《こうそ》ヲ践《ふ》メル❷大日本帝国皇帝ハ、忠実勇武ナル汝有衆《なんじゆうしゅう》ニ示ス。朕茲《ここ》ニ清国ニ対シテ戦ヲ宣ス。朕カ百僚有司《ひゃくりょうゆうし》ハ❸、宜《よろし》ク朕カ意ヲ体シ、陸上ニ海面ニ清国ニ対シテ交戦ノ事ニ従ヒ、以テ国家ノ目的ヲ達スルニ努力スヘシ。苟《いやしく》モ国際法ニ戻《もと》ラサル限リ❹、各々権能ニ応シテ一切ノ手段ヲ尽スニ於テ必ス遺漏《いろう》❺ナカラムコトヲ期セヨ。……朝鮮ハ帝国カ其ノ始ニ啓誘《けいゆう》❻シテ、列国ノ伍伴《ごはん》❼ニ就《つ》カシメタル独立ノ一国タリ。而《しか》シテ清国ハ毎《こと》ニ自ラ朝鮮ヲ以テ属邦ト称シ、陰ニ陽ニ其ノ内政ニ干渉シ、其ノ内乱❽アルニ於テ口ヲ属邦ノ拯難《じょうなん》ニ籍《し》キ❾、兵ヲ朝鮮ニ出シタリ。朕ハ明治十五年ノ条約❿ニ依リ兵ヲ出シテ変ニ備ヘシメ、更ニ朝鮮ヲシテ禍乱《からん》ヲ永遠ニ免レ、治安ヲ将来ニ保タシメ、以テ東洋全局ノ平和ヲ維持セムト欲シ、先《ま》ツ清国ニ告クルニ協同事ニ従ハムコトヲ以テシタルニ、清国ハ翻《ひるがえっ》テ種々ノ辞柄《じへい》⓫ヲ設ケ之ヲ拒ミタリ……更ニ大兵ヲ韓土ニ派シ、我艦ヲ韓海ニ要撃シ、殆《ほとん》ト亡状ヲ極メタリ。則チ清国ノ計図《けいと》タル明《あきらか》ニ朝鮮国治安ノ責ヲシテ帰スル所アラサラシメ、帝国カ率先シテ之ヲ諸独立国ノ列ニ伍セシメタル朝鮮ノ地位ハ、之ヲ表示スルノ条約ト共ニ之ヲ蒙晦《もうかい》⑫ニ付シ、以テ帝国ノ権利利益ヲ損傷シ、以テ東洋ノ平和ヲシテ永ク担保ナカラシムルニ存スルヤ疑フヘカラス。　『官報《かんぽう》』

解説　一八九四年**甲午農民戦争《こうごのうみんせんそう》**が勃発《ぼっぱつ》すると、五月朝鮮政府は清に援軍を求めた。清は**天《テン》津《シン》条約**に従って日本に出兵を通告、日本もこれに対抗して出兵した。農民軍はこれをみて朝鮮政府と和解したが、日本は撤兵せず、日清両国が共同で朝鮮の内政改革にあたることを清に提案した。清はこの提案を拒否したため、日本は対清開戦と軍隊増派を決定した。その後、イギリス・ロシアが仲介に動くが果たせず、七月二十三日、日本軍は朝鮮側が発砲したとして京城の王宮を占領した。二日後、**豊島沖《ほうとうおき》**で日清両国が衝突し、八月一日宣戦布告が公布された。布告では、清が朝鮮を属国とみなしその内政に干渉し独立を阻害したことを開戦理由に挙げているが、実際は日本が軍事力を背景に内政改革要求や王宮占領事件を起こして開戦に持ち込んでいた。

⑫**蒙晦**　おおいかくして見えないようにすること。

出典◉**『官報』**　政府が、国民に知らせる必要のある事項を編集して毎日発行する文書。一八八三年七月二日に第一号が出て現在に至っている。

❸ 下関条約と三国干渉

一　下関条約

第一条　清国ハ朝鮮国ノ完全無欠《むけつ》ナル独立自主ノ国タルコトヲ確認ス。因《よっ》テ右独立自主ヲ損害スヘキ朝鮮国ヨリ清国ニ対スル貢献典礼《こうけんてんれい》等❶ハ将来全《まった》ク之《これ》ヲ廃止スヘシ。

第二条　清国ハ左記ノ土地ノ主権並《ならび》ニ該《がい》地方ニ在《あ》ル城塁《じょうるい》、兵器製造所及《および》官有物ヲ永遠日本国ニ割与《かつよ》ス。

一　左ノ経界《けいかい》内ニ在ル奉天《ほうてん》省南部ノ地❷……

二　**台湾全島及其《そ》ノ附属諸島嶼《とうしょ》**

三　**澎湖《ほうこ》列島**……

◀下関条約

❶**貢献典礼**　朝貢《ちょうこう》や儀礼のこと。

❷**奉天省南部ノ地**　遼東半島。

第四条　清国ハ軍費賠償金《ばいしょうきん》トシテ庫平銀《こへいぎん》❸二億両《テール》❹ヲ日本国ニ支払フヘキコトヲ約ス。……

第六条　……清国ハ本約批准《ひじゅん》交換ノ後、速《すみやか》ニ全権委員ヲ任命シ、日本国全権委員ト通商航海条約及陸路交通貿易ニ関スル約定ヲ締結《ていけつ》スヘキコトヲ約ス。而《しこう》シテ現ニ清国ト欧洲各国トノ間ニ存在スル諸条約章程《しょうてい》ヲ以テ該《がい》日清両国間諸条約ノ基礎ト為《な》スヘシ。……

『日本外交年表竝《ならびに》主要文書』

❸**庫平銀**　清国の公定の銀。

❹**二億両**　日本の約三億円。

出典◉**『日本外交年表竝主要文書』**　本書三四七ページ参照。

解説　日清間で戦争がはじまると、日本は一八九四年九月、**黄海《こうかい》海戦**で清国艦隊を破り、一八九五年二月**威海衛《いかいえい》**を占領した。三月、清の**李鴻章《りこうしょう》**が全権大臣として来日して講和協議がはじまり、四月十七日に**下関《しものせき》条約**が結ばれて講和が成立した。第一条では、朝鮮の独立をうたい清国の宗主権を否定した。これで東アジア三国の関係は、清を中心とした伝統的な冊封《さくほう》体制から、条約を基礎とした近代的な外交関係に移行した。第二条では清国が遼東《りょうとう》半島・台湾及び澎湖《ほうこ》諸島を日本に割譲することが定められ、第四条では**賠償《ばいしょう》金二億両《テール》**を清が日本に支払うとされた（両は当時の中国の貨幣単位）。第六条では、日本が欧州諸国と同等に有利な不平等条約を清と結ぶこと、**沙市《さし》・重慶《じゅうけい》・蘇《そ》州《しゅう》・杭州《こうしゅう》**の開市などを規定した。ただし調印後も台湾での戦闘は十一月まで継続し、その後も現地の人々による日本支配への抵抗は続いた。

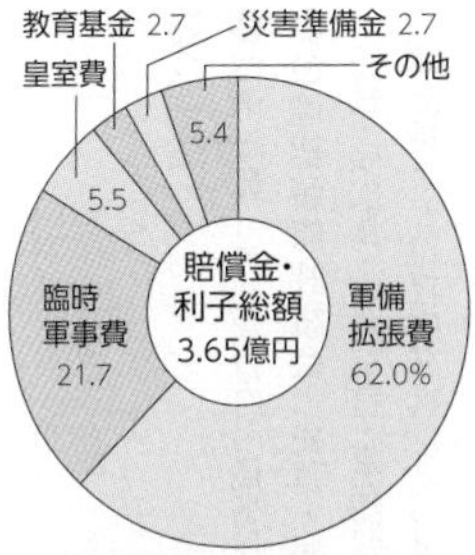

▲日清戦争賠償金の使いみち（『明治財政史』）

二　三国干渉・ロシア公使の勧告覚書

露国《ろこく》皇帝陛下《へいか》ノ政府ハ、日本ヨリ清国ニ向《むかい》テ求メタル講和条件ヲ査閲《さえつ》スルニ、其《その》要求ニ係《かか》ル遼東《りょうとう》半島ヲ日本ニテ所有スルコトハ、常ニ清国ノ都❶ヲ危《あや》フスルノミナラス、之《これ》ト同時ニ朝鮮国ノ独立ヲ有名無実《ゆうめいむじつ》トナスモノニシテ、右ハ将来永ク極東永久ノ平和ニ対シ障害ヲ与フルモノト認ム。随《したがっ》テ露国政府ハ、日本国皇帝陛下ノ政府ニ向テ、重《かさね》テ其誠実ナル友誼《ゆうぎ》ヲ表センカ為《た》メ、茲《ここ》ニ日本国政府ニ勧告スルニ、遼東半島ヲ確然領有スルコトヲ放棄《ほうき》スヘキコトヲ以《もっ》テス。

『日本外交年表竝主要文書』

◀三国干渉・ロシア公使の勧告覚書

❶**清国の都**　北京。

出典◉**『日本外交年表竝主要文書』**　本書三四七ページ参照。

解説　一八九五年四月十七日に下関《しものせき》条約が結ばれてからまもない二十三日、**ロシア・フランス・ドイツ**の三国は日本に対して**遼東《りょうとう》半島**の放棄を勧告する覚書《おぼえがき》を手渡した。史料はその覚書である。ロシアは極東進出を図るために、遼東半島が日本の支配下になることに反対だった。そこでロシアは、同盟国のフランスと、ロシアの脅威《きょうい》を極東に向かわせ、自らも中国進出の機会をうかがっていたドイツを誘って**三国干渉**を行ったのである。覚書の内容は、日本が遼東半島を持つことは、清国の都と朝鮮の独立を危うくするというものであった。この対応をめぐって、日本政府内は激論となった。**陸奥《むつ》宗光《むねみつ》**外相は、このときの日本に三国と戦う力はなく欲張れば虻蜂《あぶはち》取らずになると考えていた。最終的に陸奥の考えが採用され、日本政府は五月五日に勧告を受諾《じゅだく》し、清国から代償に**三〇〇〇万両**を受け取った。いったん獲得した領土の返還は、国民の怒りを買い、新聞『日本』は「**臥薪嘗《がしんしょう》胆《たん》**」と題した社説を掲載し、ロシアへの報復を訴えた。

三　六三法

第一条　台湾総督❶ハ其《そ》ノ管轄区域内ニ法律ノ効力ヲ有スル命令ヲ発スルコトヲ得

第二条　前条ノ命令ハ台湾総督府評議会❷ノ議決ヲ取リ拓殖務《たくしょくむ》大臣ヲ経テ勅裁《ちょくさい》ヲ請フヘシ
台湾総督府評議会ノ組織ハ勅令ヲ以テ之《これ》ヲ定ム

第三条　臨時緊急ヲ要スル場合ニ於《おい》テ台湾総督ハ前条第一項ノ手続ヲ経スシテ直《ただち》ニ第一条ノ命令ヲ発スルコトヲ得

『官報《かんぽう》』

解説　三国干渉で遼東《りょうとう》半島を返還した後、日本は台湾統治に力を入れた。一八九五年五月**樺山資紀《かばやますけのり》**を初代**台湾総督**とし、武力で島民の抵抗を鎮圧した。一八九六年三月、台湾の統治について定めた「台湾ニ施行スヘキ法令ニ関スル法律」（法律第六三号だったことから六三法と呼ばれる）が公布された。この法律では、総督は法律と同等の効力を持つ命令を発することができると規定された（第一条）。また命令は、緊急時には所定の手続きを省略して発令できた（第三条）。ほかに総督は軍隊の指揮権、行政・司法に及ぶ強大な権限を持った。また台湾は憲法の適用範囲外とされ、帝国議会で成立した法律もすぐに適用されず、参政権も与えられないなど、法的に差別された状態が日本の敗戦まで続いた。

◀六三法
❶**台湾総督**　台湾総督府の最高長官。
❷**台湾総督府評議会**　総督・民政局長・同部長・同参事官・軍務局長・同部長など総督府高官によって構成された。

出典◉『**官報**』　本書三八四ページ参照。

設問4
❶日清戦争の開戦理由は何だろうか。◆❷一の中のことばを抜き出してみよう。
❷◆❸三を読み、台湾総督の地位は、どのようなものであったのか、まとめてみよう。
❸日清戦争前後で、「朝鮮国」・「奉天省南部ノ地」・「台湾」はどのような変化を経たのだろうか。

4 帝国主義の成立と日露戦争

1 政党の進出と官僚

一 共和演説

多少金銭の勢力が強いと、君主制の立憲政体は別にして、君主のない立憲政体則ち共和政体は金銭の勢力が増加すると同時に倒るべきものである。然るに亜米利加《アメリカ》や仏蘭西《フランス》に於て厳然存して居るのは何故であるか。バンダービルト❶は大統領の候補者になることは出来ない。……日本に於ては共和政治を行ふ気遣はない。例へ千万年を経るも共和政治を行ふと云ふ事はないが、説明の便利の為に日本に仮に共和政治ありと云ふ夢を見たと仮定せられよ、**恐らく三井《みつい》三菱《みつびし》は大統領の候補者になるであらう**。亜米利加に於ては決して左様《さよう》な事は出来ませぬ。……悪くすると日本は**金銭を拝み金銭を以て人間の貴賤高下《きせんこうげ》を判断する根底となすと云ふ大弊風《へいふう》は**、悪くすると世界に類なき極度に達しはせぬかと私は憂《うれ》る。

『教育公報《きょういくこうほう》』

◀共和演説

❶**バンダービルト**　アメリカの鉄道王。

出典◉『**教育公報**』　一八九六年に創立された全国的教育者団体である帝国教育会の機関誌。

解説　一八九八年六月、自由党と進歩党が合同して結成した**憲政党《けんせいとう》**を与党として、日本ではじめての**政党内閣**である第一次**大隈重信《おおくましげのぶ》**内閣が成立した。八月、同内閣の**尾崎行雄《おざきゆきお》**文部大臣が帝国教育会で行った演説に対し、『東京日日《にちにち》新聞』は「共和政治」を理想とする内容だったと非難した。その後宮中・枢《すう》密院《みついん》・貴族院に加え、与党内の旧自由党系からも批判が相次いだ。史料は尾崎の演説速記録である。尾崎は「共和政治」ということばこそ使っているが、賞賛する内容ではなかった。しかし政党内閣に批判的な勢力や、進歩党系の尾崎の文相ポストを奪おうとする旧自由党系はその言葉尻をとらえて攻撃したのである。結局尾崎は辞任に追い込まれ、さらにその後任をめぐって憲政党は分裂し、大隈内閣は四か月で退陣した。

二 治安警察法

第五条　左ニ掲《かか》クル者ハ政事《せいじ》上❶ノ結社ニ加入スルコトヲ得ス

一、現役及召集《およびしょうしゅう》中ノ予備後備《よびこうび》ノ陸海軍軍人　二、警察官　三、神官神職僧侶《そうりょ》其ノ他諸宗教師　四、官立公立私立学校ノ教員学生生徒　五、女子　六、未成年者　七、公権剝奪《はくだつ》及停止中ノ者

女子❷及未成年者ハ公衆《こうしゅう》ヲ会同《かいどう》スル政談集会ニ会同シ若《もし》ハ其ノ発起人《ほっきにん》タルコトヲ得ス……

第八条　安寧秩序《あんねいちつじょ》ヲ保持スル為《ため》必要ナル場合ニ於《お》テハ**警察官ハ屋外《おくがい》ノ集会又《また》ハ多衆ノ運動若《もし》ハ群集ヲ制限、禁止若ハ解散シ又ハ屋内ノ集会ヲ解散スルコトヲ得**

結社ニシテ前項ニ該当《がいとう》スルトキハ内務大臣ハ之ヲ禁止スルコトヲ得……

第一七条　左ノ各号ノ目的ヲ以《もっ》テ他人ニ対シテ暴行、脅迫《きょうはく》シ若ハ公然誹毀《こうぜんひき》❸シ又ハ第二号ノ目的ヲ以テ他人ヲ誘惑《ゆうわく》若ハ煽動《せんどう》スルコトヲ得ス

一　労務ノ条件又ハ報酬《ほうしゅう》ニ関シ協同ノ行動ヲ為《な》スヘキ団結ニ加入セシメ又ハ其ノ加入ヲ妨《さまた》クルコト

二　同盟解雇《かいこ》若ハ同盟罷業《ひぎょう》❹ヲ遂行《すいこう》スルカ為《ため》使用者ヲシテ労務者ヲ解雇セシメ若ハ労務ニ従事スルノ申込ヲ拒絶《きょぜつ》セシメ又ハ労務者ヲシテ労務ヲ停廃《ていはい》セシメ若ハ労務者トシテ雇傭《こよう》スルノ申込ヲ拒絶セシムルコト

三　労務ノ条件又ハ報酬ニ関シ相手方ノ承諾《しょうだく》ヲ強《し》ユルコト❺

耕作ノ目的ニ出《い》ツル土地賃貸借ノ条件ニ関シ承諾ヲ強ユルカ為相手方ニ対シ暴行、脅迫シ若ハ公然誹毀スルコトヲ得ス

『法令全書《ほうれいぜんしょ》』

◀治安警察法

❶**政事**　政治。

❷**女子**　女性の政治活動禁止条項で、一九二二年新婦人協会の要求で改正。

❸**誹毀**　誹謗《ひぼう》する。

❹**同盟罷業**　ストライキ。

❺**労務ノ条件……強ユルコト**　団体交渉のこと。

出典◉**『法令全書』**　本書三二二ページ参照。

◀**明治のおもな社会問題年表**

1886	山梨県の雨宮製糸場で女工のストライキ
1888	長崎県の高島炭鉱三菱経営で労働者虐待が明るみに
1894	大阪の天満紡績で女工のストライキ
1897	栃木県の足尾銅山の鉱毒被害を訴える人々が東京に請願 職工義友会結成、まもなく労働組合期成会に改組
1898	日本鉄道の機関士のストライキ
1899	普通選挙期成同盟会（長野）、東京に進出 横山源之助『日本之下層社会』刊行
1900	治安警察法公布
1903	農商務省『職工事情』刊行
1907	足尾・別子の銅山で暴動、軍隊が出動して鎮圧
1908	赤旗事件
1910	大逆事件
1911	工場法公布

解説 日清戦争後の産業革命によって工場労働者が増えるにともない、ストライキなど労働争議も増えていた。その頃アメリカから帰国した**高《たか》野房太郎《のふさたろう》**・**片山潜《かたやません》**らは**労働組合期成会**を結成し、労働運動の組織化を図ったほか、工場法の成立を訴えた。労働組合期成会の活動は東京から神戸・横浜などへ広がりをみせたため、第二次**山県有朋《やまがたありとも》**内閣は一九〇〇年三月十日治安警察法を公布し、運動をおさえこもうとした。同法は**保安条例**と**集会及《および》政社法**を前身としており、軍人・警察官・学校教員や学生・女性・未成年者の政治結社加入の禁止規定（第一条）、警官による集会の解散権限（第八条）などが引き継がれた。さらに、それらの法律になかった労働運動や農民運動の取り締まり規定（第十七条）が新たに加えられている。

三 立憲政友会の趣旨書

帝国憲法ノ施行既《すで》ニ十年ヲ経テ、其《その》効果見ルヘキモノアリト雖《いえど》モ、輿論《よろん》ヲ指導シテ善《よ》ク国政ノ進行ニ貢献セシムル所以《ゆえん》ニ至リテハ、其道未《いま》タ全《まった》ク備ラサルモノアリ、即《すなわ》チ**各政党ノ言動**或《あるい》ハ**憲法ノ既ニ定メタル原則ト相扞格《かんかく》**❶**スルノ病ニ陥《おちい》リ**、**或ハ国務ヲ以《もっ》テ党派ノ私ニ殉《じゅん》スルノ弊《へい》ヲ致シ**、**或ハ宇内《うだい》ノ大勢ニ対スル維新ノ宏謨《こうぼ》**❷**ト相容《あいい》レサルノ陋《ろう》ヲ形《あらわ》シ**、**外帝国ノ光輝《こうき》ヲ揚《あ》ケ、内国民ノ倚信《いしん》ヲ繋《つな》クニ於《おい》テ多ク遺憾《いかん》アルヲ免《まぬが》レサルハ**、博文《ひろぶみ》ノ久シク以テ憂《うれい》トシタル所ナリ、今ヤ同志ヲ集合シ、其遵行《じゅんこう》スル所ノ趣旨ヲ以テ世ニ質《ただ》スニ当リ、聊《いささ》カ党派ノ行動ニ対シテ予《よ》カ希望ヲ披陳《ひちん》スヘシ。……

侯爵《こうしゃく》❸ 伊藤博文《ひろぶみ》

『政友《せいゆう》』

◀**立憲政友会の趣旨書**

❶**相扞格** 矛盾。

❷**宏謨** 大きな事業。

❸**侯爵** 伊藤博文は日清戦争の功績で侯爵になった。

出典◉『**政友**』 立憲政友会の機関誌で、趣旨書は第一号に掲載。

解説 日清戦争後、さらなる軍拡と産業育成のためには**地租増徴**が避けられなかったが、実現には衆議院で多数を占める政党の支持が憲法上不可欠であった。そのような状況で、**伊藤博文《いとうひろぶみ》**は、議会と政府の調和を図り立憲国家を安定させるための政党が必要だと考えていた。一方、憲政党は第二次山県《やまがた》内閣の地租増徴案を支持したが、山県が政党の影響力拡大を規制すると伊藤に接近した。両者の合意で、一九〇〇年八月二十五日伊藤を総裁に**立憲政友会**が発足した。伊藤は、既存の政党とは異なることを強調するため「党」ではなく「会」とした。また、総裁に強い権限を与えて、党内抗争を防ごうとした。

四　自由党を祭る文

歳《とし》ハ庚子《こうし》に在り❶八月某夜《ぼうや》、金風《きんぷう》❷淅瀝《せきれき》❸として露《つゆ》白く天高きの時、一星忽焉《いっせいこつえん》❹として墜《お》ちて声あり、**嗚呼《ああ》自由党死す矣《か》、而《しこう》して其光栄ある歴史ハ全《まった》く抹殺《まっさつ》されぬ**。……汝《なんじ》自由党の起《おこ》るや、政府の圧抑《あつよく》ハ益々《ますます》甚《はなはだ》しく迫害《はくがい》ハ愈《いよい》よ急也《なり》、言論ハ箝制《かんせい》❺せられたり、集会ハ禁止せられたり、請願《せいがん》ハ防止せられたり、而《しこう》して捕縛《ほばく》、而して放逐《ほうちく》、而して牢獄《ろうごく》、而して絞頸《こうけい》台❻、而《しか》も汝の鼎鑊《ていかく》❼を見る飴《あめ》の如《ごと》し、……一夜寒風凛冽《りんれつ》❽の夕、薩長政府ハ突如《とつじょ》として林君❾等と吾人《ごじん》❿を捕へて東京三里以外に放逐《ほうちく》せることを、当時諸君が髪指《はっし》の状宛然《えんぜん》⓫目に在り忘れざる所《ところ》也、而して**見よ今や諸君ハ退去令発布の総理伊藤侯《こう》、退去令発布の内相山県《やまがた》侯の忠実なる政友として、汝自由党の死を視《み》る路人の如く**、吾人ハ独り朝報⓬の孤塁《こるい》に拠《よ》つて尚《な》ほ自由平等文明進歩の為《た》めに奮闘しつゝあることを。……

『万朝報《よろずちょうほう》』

解説　一九〇〇（明治三十三）年八月二十五日、立憲政友会の創立委員会が開かれると、**幸《こう》徳秋水《とくしゅうすい》**は三十日「自由党を祭る文」を『**万朝報《よろずちょうほう》**』に掲載した。記事の内容は、自由党の後継である憲政党《けんせいとう》が解党し、かつて**自由民権運動**を弾圧した伊藤博文《いとうひろぶみ》と立憲政友会を結成したことに対し、自由党以来の栄光ある歴史が抹殺《まっさつ》されたと批判するものであった。幸徳秋水は高知県の出身で、**中江兆民《なかえちょうみん》**に師事し、一八八七年の**保安条例**で東京から追放された。一八九八年万朝報に入社、同じ頃から社会主義への関心を深め、一九〇一年**社会民主党**の結成に参加した。幸徳は日露戦争開戦に賛成した万朝報を退社したのち『**平民新聞**』を発刊するが、一九一〇年**大逆事件《たいぎゃくじけん》**で捕らわれ死刑となった。

五　松方正義の貨幣法案提出の説明

金本位❶実施ノ必要モハヤ疑ヲ容《い》レス。依《よっ》テ爾来《じらい》専《もっぱ》ラ金吸収ノ方策ヲ求メタリ。恰《あたか》モ好《よ》シ下ノ

◀自由党を祭る文

❶**庚子**　かのえね。一九〇〇（明治三十三）年。
❷**金風**　秋の風。
❸**淅瀝**　さびしく。
❹**忽焉**　たちまち。
❺**箝制**　束縛《そくばく》。
❻**絞頸台**　絞首台。
❼**鼎鑊**　極刑。罪人を煮殺す大釜。
❽**凛冽**　寒気厳しく。
❾**林君**　自由党の指導者林有造《ゆうぞう》。
❿**吾人**　わたし。幸徳秋水。
⓫**宛然**　さながら。
⓬**朝報**　万朝報。

出典◉『**万朝報**』　黒岩涙香《くろいわるいこう》が一八九二年十一月一日創刊した日刊新聞。一九四〇年九月『東京毎夕新聞』に合併。

◀松方正義の貨幣法案提出の説明

❶**金本位**　金貨を本位貨幣とする制度。政府の銀行が、発行した紙幣と同額の金を保管し、いつでも紙幣と交換できることを前提とする。
❷**下ノ関条約**　日清講和条約のこと。

関条約❷ニ依《よ》リ清国ハ償金弐《に》億両《テール》❸ヲ支払フコトヲ約セリ。然《しか》ルニ清国ハ償金支払ノ為メ公債《こうさい》ヲ欧洲ニ於《おい》テ募集スルノ必要アルヲ以《もっ》テ、彼我《ひが》ノ便益《べんえき》ヲ計リ償金ハ英京❹ニ於テ金貨❺ヲ以テ受取ルコトニ追約セリ。茲《ここ》ニ於テ金ノ吸収ニハ非常ノ便益ヲ得タリ。**……金本位ノ実施ハ欧米諸国貨幣市場ノ中心ト我国市場トヲ連絡セシメ、相互ノ間気脈《きみゃく》ヲ通スルノ便ヲ開キ貿易ノ発達期シテ俟《ま》ツヘキナリ。**而《しか》シテ支那《しな》朝鮮等ノ銀国❻ニ対シ金貨国ト競争ヲ為《な》ス上ニ於テ、我ハ地形ノ接近其他《そのた》生産上必要ナル事項ニ富《と》メルヲ以テ深ク憂《うれ》フルニ足ラサルヘシ。之《これ》ニ反シテ他日若《も》シ銀価ノ下落一層甚《はなはだ》シキニ至ルトキハ、支那朝鮮等ノ銀国ハ金貨国ニ対スル輸出貿易上多少競争ノ利ヲ占《し》ムル所アルハ免《まぬか》レサルヘキモ、之《こ》レ亦《また》一時ニ止《とどま》リ、幣制改革ニ依テ生スル利益ト比較スルニ足ラサルナリ。之ヲ要スルニ貨幣ノ基礎今日ノ如《ごと》ク動揺常ナクシテハ、決シテ経済ノ確実ト貿易ノ発達トハ望ムヘキニアラス。

『日本金融史資料《にほんきんゆうしりょう》』

解説　この史料は、松方正義《まつかたまさよし》総理大臣兼大蔵《おおくら》大臣が一八九七年二月二十五日に閣議で**金本位制**採用のために**貨幣法**の制定理由を述べたものである。内容は、日本が**銀本位制**から金本位制に移行すべき理由として、欧米諸国と同じ金本位制にすることでそれらの国との貿易振興につながることが挙げられている。日本の金本位制移行は、**日清戦争**で清から得た賠償《ばいしょう》金を準備金とすることで可能となった。

❸償金弐億両　下関条約で清が日本に支払った賠償金。三八四ページ参照。
❹英京　ロンドン。
❺金貨　イギリスのポンド。
❻支那朝鮮等ノ銀国　当時欧米の資本主義国は金本位制に移行し、中国・朝鮮などは銀本位制だった。

出典◉**『日本金融史資料』**　日本銀行調査局が編集した明治と大正期における日本金融史の史料集大成本。

設問5　**1**集会条例（↓三五七ページ）・保安条例（↓三六七ページ）と［二］の治安警察法の内容を比較してみよう。**2**立憲政友会の結成に関して、［三］と［四］ではどのようなことが述べられているだろうか。

❷ 東アジアと日英同盟

一　北清事変への出兵閣議決定

政略上ヨリ之《これ》ヲ観《み》レハ英仏独ハ皆遠ク師❶ヲ出スヲ以《もっ》テ到底多数ノ兵ヲ遣《や》ル能《あた》ハス。露《ろ》ハ其《そ》ノ境ヲ接スト雖《いえど》モ西比利亜《シベリア》❷ヲ隔《へだ》テ急ニ大兵ヲ送ル能ハス。北清地方ニ大軍ヲ行《や》ルノ便アル者ハ独《ひと》

◀**北清事変への出兵閣議決定**
❶師　軍隊のこと。
❷西比利亜　シベリア鉄道のウラジオストク～ハバロフスク間は一九〇二年一月開通。東清鉄道のうち、ハルビン～大連《だいれん》・旅順《りょじゅん》間は一九〇一年完成、一九〇三年七月営業開始。

リ我邦《わがくに》アルノミ。……我邦ハ地理ノ便ヲ有シ数十万ノ陸兵ヲ擁《よう》シ、各国或《あるい》ハ之ヲ促スモ僅《わずか》ニ数千ヲ発スルニ止リ、敢テ遽《にわか》ニ赴《おもむ》キ援《たす》ケスハ内ハ国民ノ輿望ニ対シテ政府当然ノ職責ヲ怠《おこた》ルノ議ヲ免《まぬが》レ難ク、外ハ列国遂《つい》ニ我ヲ異図アリト疑ヒ、又ハ前年ノ仇《かたき》❸ニ報《むく》フト為《な》シ、猜忌《さいき》❹永ク解ケス、怨《うらみ》ヲ後来ニ構フニ至ランコトヲ恐ル。今ヤ列国ノ援兵未《いま》タ到ラス、天津《テンシン》❺大沽《タークー》ノ軍敵ニ苦ムノ時ニ方《あたっ》テ急ニ大兵ヲ以テ之ニ赴《おもむ》カハ以テ彼ノ地ノ重囲ヲ解キ進テ北京《ペキン》ノ乱ヲ平《たいら》クルコトヲ得ヘク撥乱《はつらん》ノ功❻概《おおむ》ネ我ニ帰シ而《しか》シテ各国ハ永ク我ヲ徳トセン。

『日本外交年表 竝《ならびに》 主要文書』

❸**前年ノ仇**　三国干渉。
❹**猜忌**　他人をそねみ嫌う。
❺**天津**　外国の公使館は天津に置かれた。
❻**撥乱ノ功**　乱を鎮圧した功績。

出典◉**『日本外交年表竝主要文書』**
本書三四七ページ参照。

解説

日清戦争後、欧米列強による中国分割が進むと、一九〇〇年山東省《さんとう》で**「扶清滅洋《ふしんめつよう》」**を掲げる**義和団《ぎわだん》**が蜂起《ほうき》した。勢力を広げた義和団は、六月北京《ペキン》の外国公使館を包囲する。清国はこれに乗じ列国に宣戦布告すると（**北清事変**）、イギリスが日本の出兵を求めてきた。これに対し第二次**山県有朋《やまがたありとも》**内閣は七月六日、一個師団《しだん》の派遣を決定した。この史料はその閣議決定である。日本が三国干渉の恨《うら》みで出兵しないと思われては禍根を残すので、義和団の鎮圧に貢献して列強の評価を得るという出兵理由が記されている。八月に日本含む八か国連合軍は北京を制圧して清国を降伏させ、一九〇一年**北京議定書**が結ばれた。

二　小村寿太郎《こむらじゅたろう》外相の意見書

露ヲシテ我希望ノ如《ごと》ク韓国問題ノ解決ニ応セシムルハ、純然タル外交談判《だんぱん》ノ能《よ》クスル処ニ非《あら》ス。之《これ》ヲ為《な》スノ方法唯《ただ》ニアルノミ。即《すなわ》チ一ハ我希望ヲ貫徹スルカ為《た》メニハ交戦ヲモ辞セサルノ決心ヲ示スコトト、二ハ第三国ト結ヒ、其《そ》ノ結果ニ依《よ》リテ露ヲシテ已《や》ムヲ得《え》ス我希望ヲ容《い》レシムルコトナリ。……仮《か》リニ純然タル外交談判ヲ以《もっ》テ露ト協約ヲ結ヒ、彼我《ひが》❶ノ交誼《こうぎ》❷ヲシテ大ニ親密ナラシメ得ルトスルモ、其ノ得失如何ヲ稽《かんが》フレハ実ニ左ノ如クナルヘシ。　一、東洋ノ平和ヲ維持スルモ単ニ一時ニ止マルヘキコト。……二、経済上ノ利益少ナキコト。……三、清国人ノ

◀**小村寿太郎外相の意見書**

（注）得失に関する一、二、三……の項目は見出しのみあげて、説明文は省略した。

❶**彼我**　ロシアと日本。
❷**交誼**　交際。

感情ヲ害シ、其結果我利益ヲ損スル少ナカラサルヘキコト。……四、英ト海軍力ノ平衡《へいこう》ヲ保ツ必要ヲ生スヘキコト。……

之ニ反シテ若シ英ト協約ヲ結フニ於テハ左ノ如キ利益アルヘシ。一、東洋ノ平和ヲ比較的恒《こう》久《きゅう》ニ維持シ得ルコト。……二、列国ノ非難ヲ受クル恐レナク、帝国❸ノ主義ニ於テモ一貫スヘキコト。……三、清国ニ於ケル我邦ノ勢力ヲ増進スルコト。……四、韓国問題ノ解決ヲ資《し》スルコト。……五、財政上ノ便益ヲ得ルコト。……六、通商上ノ利益少ナカラサルコト。……七、露国ト海軍力ノ権衡《けんこう》❹ヲ保テハ可ナルコト。……以上述フルカ如クナルヲ以テ、日英協約ハ日露協約ニ比シ大ニ我邦ノ利益タルコト疑ヲ容《いれ》ス。

『日本外交年表竝主要文書』

❸**帝国**　日本。
❹**権衡**　バランス。
出典◉**『日本外交年表竝主要文書』**
本書二四七ページ参照。

解説

この史料は、一九〇一年十二月七日の元《げん》老《ろう》会議に、**小村寿太郎**《こむらじゅたろう》外相が提出した**日英同盟論**を主張する意見書である。かつて、日清戦争後の日本の外交方針は、満韓交換を行う**日露協商論**と日英同盟論が政府内で対立していたといわれていた。

しかし近年の研究では、日本は両方を成立させて韓国確保を狙っていたと考えられている。ではなぜ日英同盟を強調する意見書を小村が出したのか。それは、小村は伊藤博文《いとうひろぶみ》が日露協商を日英同盟に優先させていると誤解し、それに対抗しようとしたためであった。

三　第一回日英同盟協約

日本国政府及《および》大不列顚《ブリテン》国❶政府ハ、偏《ひとえ》ニ極東ニ於《おい》テ現状及全局ノ平和ヲ維持スルコトヲ希望シ、且《か》ツ清帝国及韓帝国❷ノ独立ト領土保全トヲ維持スルコト、及該《がい》二国ニ於テ各国ノ商工業ヲシテ均等ノ機会ヲ得セシムルコトニ関シ特ニ利益関係ヲ有スルヲ以テ、茲《ここ》ニ左ノ如《ごと》ク約定セリ

第一条　両締約国ハ相互ニ清国及韓国ノ独立ヲ承認シタルヲ以テ、該二国孰《いず》レニ於テモ全然侵略的趨向《すうこう》❸ニ制セラルルコトナキヲ声明ス。然《しか》レトモ両締約国ノ特別ナル利益ニ鑑《かんが》ミ、即《すなわ》チ其《その》

◀**第一回日英同盟協約**
❶**大不列顚国**　イギリス。
❷**韓帝国**　朝鮮は、一八九七年大韓帝国となり、国王は皇帝となった。
❸**趨向**　動向。

利益タル大不列顛国ニ取リテハ主トシテ清国ニ関シ、又日本国ニ取リテハ其清国ニ於テ有スル利益ニ加フルニ韓国ニ於テ政治上竝《ならび》ニ商業上及工業上格段ニ利益ヲ有スルヲ以テ、両締約国ハ若《も》シ右等利益ニシテ列国ノ侵略的行動ニ因《よ》リ、若《もし》クハ清国又ハ韓国ニ於テ両締約国孰レカ其臣民ノ生命及財産ヲ保護スル為《た》メ干渉ヲ要スヘキ騒動ノ発生ニ因《よ》リテ侵迫《しんぱく》セラレタル場合ニハ、両締約国孰レモ該利益ヲ擁護《ようご》スル為メ必要欠クヘカラサル措置《そち》ヲ執《と》リ得ヘキコトヲ承認ス。

第二条　若シ日本国又ハ大不列顛国ノ一方カ上記各自ノ利益ヲ防護スル上ニ於テ別国❹ト戦端ヲ開クニ至リタル時ハ、**他ノ一方ノ締約国ハ厳正中立ヲ守リ、併《あわ》セテ其同盟国ニ対シテ他国カ交戦ニ加ハルヲ妨《さまた》クルコトニ努《つと》ムヘシ。**

第三条　上記ノ場合ニ於テ若シ他ノ一国又ハ数国カ該同盟国ニ対シテ交戦ニ加ハル時ハ、他ノ締約国ハ来リテ援助ヲ与ヘ協同戦闘ニ当ルヘシ。講和モ亦《また》該同盟国ト相互合意ノ上ニ於テ之ヲ為《な》スヘシ。

『日本外交年表竝主要文書』

❹**別国**　暗にロシアを指す。

出典◉『日本外交年表竝主要文書』
本書三四七ページ参照。

設問6　**1** 一を読み、山県内閣はなぜ出兵を行ったのか、まとめてみよう。
2 三を読み、日英同盟では、どのようなことが決められたのか、まとめてみよう。

解説
一九〇二年一月三十日、ロンドンで**日英同盟協約**は締結された。内容は①清国における日英両国の権益と、清国・韓国における日本の権益を承認（第一条）、②日英両国の一方が他国と開戦した場合、他方は中立を維持すること（第二条）、③さらに第三国が参加した場合、他方が参戦すること（第三条）などであった。ただし、日英同盟が結ばれても、日本政府がすぐに日露戦争を決意したわけではなく、満韓交換によってロシアが朝鮮における日本の権益を承認するよう日露交渉が継続していた。日本は日英同盟がロシアの譲歩《じょうほ》を引きだす圧力になると期待したのである。日露交渉は一九〇四年一月まで続いたが、最終的にロシアは韓国の軍事的使用禁止など厳しい条件を付してきたため、交渉は決裂し**日露戦争**にむかうことになった。その後日英同盟は二度改訂され、一九〇五年適用範囲をインドまで拡大、一九一一年アメリカが適用外となった。第一次世界大戦後、一九二一年**四か国条約**の発効で日英同盟は廃棄《はいき》された。

❸ 日露戦争

一 七博士意見書

噫《ああ》**我国は既《すで》に一度遼東《りょうとう》の還附《かんぷ》❶に好機を逸《いっ》し、再び之《これ》を膠州湾《こうしゅうわん》事件❷に逸し、又《ま》た三度之れを北《ほく》清《しん》事件❸に逸す**。豈《あ》に更《さら》に此覆轍《このふくてつ》❹を踏んで失策を重ぬべけんや、既往は追ふべからず、只《ただ》之を東隅に失ふも之れを桑楡《そうゆ》❺に収むるの策を講ぜざるべからず。特に注意を要すべきは極東の形勢漸《ようや》く危急に迫り、既往の如《ごと》く幾回も機会を逸するの余裕を存せず、今日の機会を失へば遂《つい》に日清韓をして再び頭を上ぐるの機なからしむるに至るべきこと是《こ》れなり。今日は実に是れ千載《せんざい》一時の好機にして而《し》かも最後の好機たることを自覚せざるべからず、……論者或《あるい》は曰《いわ》く、朝鮮は如何《いか》なる理由に依《よ》りても他国の勢力に帰せしむべからずと、此説又大に可なり、然《しか》れども朝鮮を守らんと欲せば満州を露国の手に帰せしむべからず。……**極東現時の問題は必ず満州の保全に付《つい》て之を決せざるべからず、若《も》し朝鮮を争議の中心とし、其争議に一歩を譲らば是れ一挙して朝鮮と満州とを併《あわ》せ失ふことゝなるべし**。……縦令《たとえ》露国政治家たるもの甘言《かんげん》を以て我を誘ふことあるも、満韓交換又は之に類似の姑息退譲《こそくたいじょう》策に出でず、根底的に満州還附の問題を解決し、最後の決心を以て大計画を策せざるべからず、……

『東京朝日新聞《とうきょうあさひしんぶん》』

解説

一九〇二年、露清間で満洲《まんしゅう》撤兵協定が結ばれた。ロシアは協定に定められた第一次撤兵期限を守ったが、一九〇三年四月の第二次撤兵を実行しなかった。これをみた戸水寛人《とみずひろんど》東京帝大教授を中心とする七博士は、一九〇三年六月二十四日ロシアに対する強硬論を『東京朝日新聞』に発表した。八月には近衛篤麿《このえあつまろ》貴族院議長らが対露同志会《たいろどうしかい》を結成し、ロシアに宣戦布告することを上奏する決議を行い、日本国内の主戦論が高まった。

◀七博士意見書

❶**遼東の還附**　三国干渉による遼東半島の返還。

❷**膠州湾事件**　一八九七年ドイツ艦隊が膠州湾を占領したこと。

❸**北清事件**　一九〇〇年の北清事変を指し、ロシアは事変解決後も満洲から撤退しなかった。

❹**覆轍**　以前の失敗。

❺**桑楡に収むる**　事が遅すぎないうちに挽回する。

出典◉**『東京朝日新聞』**　一八八八年創刊。一九四〇年大阪朝日新聞と統一されて『朝日新聞』となる。

◀平民社の反戦論
❶攪乱　かき乱すこと。
❷吾人　我々。
❸露国に……同胞平民　レーニンらロシアの社会民主主義者たちも反戦を伝えて来た。

出典◉『平民新聞』一九〇三（明治三十六）年一月一日から一九〇五（同三十八）年一月まで刊行された週刊新聞。平民社発行。廃刊後も後継紙『直言《ちょくげん》』の発刊や数度の復刊がなされるが、いずれも短期間で廃刊に追い込まれた。

二　平民社の反戦論

戦争来

戦争は遂《つい》に来《きた》れり、平和の攪乱《かくらん》は来れり❶**、罪悪の横行《おうこう》は来れり**、日本の政府は曰《いわ》く、其責《そのせめ》露国政府に在りと、露国の政府は曰く、其責日本政府に在りと。……而《しか》も平和攪乱の責は、両国の政府、若《も》くは其一国の政府遂に之《これ》に任ぜざる可《べか》らず、然《しか》り其責政府に在り、吾人《ごじん》❷平民は之に与《あず》からざる也《なり》。然れども平和攪乱より生ずる災禍《さいか》に至りては、吾人平民は其全部を負担せしめらる可《べ》し、彼等平和を攪乱せるの人は毫《ごう》も其罰《ばつ》を受くることなくして、其責は常に吾人平民の肩上《けんじょう》に嫁《か》せらるゝ也。……故《ゆえ》に吾人は戦争既《すで》に来るの今日以後と雖《いえど》も、**吾人の口有り、吾人の筆有り紙有る限りは、戦争反対を絶叫《ぜっきょう》すべし**、而《しか》して露国に於《お》ける吾人の同胞《どうほう》平民❸も必ずや亦《また》同一の態度方法に出るを信ず、否《いな》英米独仏の平民、殊《こと》に吾人の同志は益々《ますます》競ふて吾人の事業を援助すべきを信ずる也。　『平民新聞《へいみんしんぶん》』

解説　「七博士意見書」が公表された後、新聞各紙は主戦論に傾いていった。一九〇三年十月は露清間で結ばれた満洲《まんしゅう》撤兵協定に定められた第三次撤兵期限だったが、ロシアは第二次に続いて実行しなかった。これを契機に、非戦論を掲載していた『万朝報《よろずちょうほう》』も完全に開戦論へ転じた。非戦論を唱えていた同紙の**幸徳秋水《こうとくしゅうすい》**・**堺利彦《さかいとしひこ》**は退社して**平民社《へいみんしゃ》**をおこし、平民主義・社会主義・平和主義を掲げた『**平民新聞**』を創刊した。史料は、日露開戦直後の一九〇四年二月十四日同紙に掲載された「戦争来」と題する幸徳の社説である。しかし、『平民新聞』はたびたび政府から発禁処分をうけ、一九〇五年廃刊となった。

三　内村鑑三の非戦論

余《よ》ハ日露非開戦論者である許《ばか》りではない、戦争絶対的廃止論者である。戦争ハ人を殺すことである。爾《そ》うして人を殺すことハ大罪悪である。爾うして大罪悪を犯して個人も国家も永久に利益を収め得やう筈《はず》ハない。世にハ戦争の利益を説く者がある。然《しか》り、余も一時ハ斯《か》かる愚《ぐ》を唱へた者である。然《しか》しながら今に至て其《その》愚の極《きわみ》なりしを表白する。戦争の利益ハ其害毒を贖《あがな》ふに足りない、戦争の利益ハ強盗の利益である。……勿論《もちろん》サーベルが政権を握る❶今日の日本に於《お》て余の戦争廃止論が直《ただち》に行はれやうとハ余と雖《いえど》も望まない。然しながら戦争廃止論ハ今や文明国の識者《しきしゃ》の輿論《よろん》となりつゝある。

『万朝報《よろずちょうほう》』

解説 日清戦争に賛同していた**内村鑑三《うちむらかんぞう》**は、戦後戦争否定に転じ、『**万朝報《よろずちょうほう》**』でキリスト教徒の立場から非戦論を主張した。史料は同紙一九〇三（明治三十六）年六月三十日に掲載された内村の「戦争廃止論」である。ここでは戦争での殺人を「大罪悪」と断じ、戦争廃止を訴えている。

四　君死にたまふことなかれ（旅順《りょじゅん》口包囲軍の中に在る弟を嘆きて）

あゝをとうとよ君を泣く
君死にたまふことなかれ
末に生れし君❶なれば
親のなさけはまさりしも
親は刃《やいば》をにぎらせて
人を殺せとをしへしや
人を殺して死ねよとて
二十四までをそだてしや

堺《さかい》の街のあきびと❷の
旧家《きゅうか》をほこるあるじにて
親の名を継ぐ君なれば
君死にたまふことなかれ
旅順《りょじゅん》❸の城はほろぶとも
ほろびずとても何事ぞ
君知るべきやあきびとの
家のおきてに無かりけり

君死にたまふことなかれ
すめらみこと❹は戦ひに
おほみづからは出でまさね
かたみに❺人の血を流し
獣《けもの》の道に死ねよとは
死ぬるを人のほまれとは
大みこゝろ❻の深ければ
もとよりいかで思《おぼ》されむ

◀内村鑑三の非戦論

❶**サーベルが政権を握る**　サーベルは西洋刀のことで、警察官や軍人を指すことがある。このとき総理大臣は陸軍大将の桂太郎《かつらたろう》だったので、このような表現になった。

出典◉『**万朝報**』　本書三九〇ページ参照。本史料は一九〇三年六月三十日付より引用。

◀君死にたまふことなかれ

❶**末に生れし君**　家業を継ぐことになっていた末弟の籌三郎《ちゅうざぶろう》。

❷**堺の街のあきびと**　与謝野晶子の実家は、大阪府堺市の和菓子商駿河屋。

❸**旅順**　ロシアの軍港と極東総督府があった。

❹**すめらみこと**　天皇。

❺**かたみに**　お互いに。

❻**大みこゝろ**　天皇の心。

あゝをとうとよ戦ひに
君死にたまふことなかれ
すぎにし秋を父ぎみに
おくれたまへる母ぎみは
なげきの中にいたましく
わが子を召され家を守《も》り
安しと聞ける大御代《みよ》も
母のしら髪《が》はまさりぬる

暖簾《のれん》のかげに伏《ふ》して泣く
あえかにわかき新妻を
君わするるや思へるや
十月《とつき》も添《そ》はでわかれたる
少女《おとめ》ごころを思ひみよ
この世ひとりの君ならで
あゝまた誰をたのむべき
君死にたまふことなかれ

『明星《みょうじょう》』

出典◉『明星』　与謝野鉄幹主宰《てっかんしゅさい》の新詩社の機関誌として、一九〇〇(明治三十三)年四月から一九〇八(同四十一)年十一月まで一〇〇号刊行された詩歌中心の文芸雑誌。

軍備		日本	ロシア極東軍
陸軍・人員		100万人	100万人
海軍	戦艦	6隻	7隻
	巡洋艦	21隻	14隻
	総トン数	26万トン	30万トン
損害		日本	ロシア
人		12万人	11.5万人
うち捕虜		2000人	7.9万人
馬		38,050頭	捕獲の馬3,983頭
艦船		沈没91隻	沈没918隻
戦費		15億2321万円	21億8000万円以上

▲日露戦争の戦力と損害

解説　この詩は、**与謝野晶子《よさのあきこ》**が日露戦争下の一九〇四(明治三十七)年九月、**『明星《みょうじょう》』**に発表したものである。晶子の弟・籌三郎《ちゅうざぶろう》が戦地に出《しゅっ》征《せい》したことに対し、「堺《さかい》の街のあきびと」の娘の立場から、また母や新妻に代わって、女性の立場から無事を祈る切実な心情と戦争に対する疑問がうたわれている。しかし「すめらみことは戦ひに　おほみづからは出でまさね」などとうたったことに対し、大町桂月《おおまちけいげつ》が天皇中心の国家主義的立場から『太陽』誌上で批判した。大町の批判に対し与謝野は、『明星』に「ひらきぶみ」を掲載した。そこでは「あれは歌に候」「少女と申す者誰も戦争ぎらいに候」と語り、自分の心を素直に詠《よ》んだものだと応答している。また同時期に、大《おお》塚《つか》楠緒子《くすおこ》も『太陽』に戦争を嫌う女性の気持ちをうたった「お百度詣《ひゃくどもうで》」を発表している。

五　ポーツマス条約

第二条　**露西亜《ロシア》帝国政府ハ日本国カ韓国ニ於《おい》テ政事上、軍事上及《および》経済上ノ卓絶《たくぜつ》ナル利益ヲ有ス**ルコトヲ承認シ、日本帝国政府カ韓国ニ於テ必要ト認ムル指導、保護及監理《かんり》ノ措置《そち》ヲ執《と》ルニ方《あた》リ之《これ》ヲ阻礙《そがい》シ❶又ハ之ニ干渉《かんしょう》セザルコトヲ約ス……

◀ポーツマス条約
❶**阻礙**　妨害。
❷**旅順口、大連並其ノ附近ノ領土**　遼東半島西端の港湾都市。一八九八(明治三十一)年ロシアが二十五年間の約束で租借。
❸**領水**　領海。

第五条　露西亜帝国政府ハ清国政府ノ承諾《しょうだく》ヲ以テ旅順口《りょじゅんこう》、大連《だいれん》並《ならびに》其ノ附近ノ領土❷及領水❸ノ租《そ》借権《しゃくけん》❹及該《がい》租借権ニ関連シ又ハ其ノ一部ヲ組成《そせい》スル一切《いっさい》ノ権利、特権及譲与《じょうよ》ヲ日本帝国政府ニ移転譲渡《じょうと》ス……

第六条　露西亜帝国政府ハ長春《ちょうしゅん》（寛城子《かんじょうし》）旅順口間ノ鉄道❺及其ノ一切ノ支線並同地方ニ於テ之ニ附属スル一切ノ権利、特権及財産及同地方ニ於テ該鉄道ニ属シ又ハ其ノ利益ノ為《た》メニ経営セラルル一切ノ炭坑❻ヲ補償《ほしょう》ヲ受クルコトナク且《かつ》清国政府ノ承諾《しょうだく》ヲ以テ日本帝国政府ニ移転譲渡スヘキコトヲ約ス……

第九条　露西亜帝国政府ハ薩哈嗹《サハリン》島❼南部及其ノ附近ニ於ケル一切ノ島嶼《とうしょ》並該地方ニ於ケル一切ノ公共営造物及財産ヲ完全ナル主権ト共ニ永遠日本帝国政府ニ譲与ス。其ノ譲与地域ノ北方境界ハ北緯五十度ト定ム……

『日本外交年表　並《ならびに》主要文書』

❹**租借権**　租借はある国が特別の合意によって、他国の領土の一部を、一定の期限を限って借りること。

❺**長春（寛城子）旅順口間ノ鉄道**　一八九六年六月、ロシアと清国の間で対日共同防衛と、ロシアが清国東北部（満洲）に東清鉄道を敷設することを承認した条約が成立していた。ロシアは❷の時に東清鉄道南部線（ハルビン―旅順間）の付設権も獲得し、一九〇一年開通した。

❻**炭坑**　❷の際に採掘権を獲得した東清鉄道沿線鉱山のことで、撫順《ぶじゅん》炭鉱などを指す。

❼**薩哈嗹島**　樺太（サハリン）。

出典◉**『日本外交年表竝主要文書』**本書三四七ページ参照。

解説

一九〇四年一月に日露交渉が決裂してまもない二月十日、日本はロシアに宣戦布告した。五月に日本軍は韓国から鴨緑江《おうりょくこう》を渡り、満洲《まんしゅう》で激戦が繰り返された。日本軍は遼陽《りょうよう》会戦、**奉天《ほうてん》会戦**でロシア軍を退却させ、一九〇五年一月**旅順要塞《りょじゅんようさい》**を陥落させたが、兵力・弾薬の不足から決定的な勝利をおさめることはできなかった。一九〇五年五月二十七日・二十八日の**日本海海戦**で日本海軍がロシアの**バルチック艦隊**を壊滅《かいめつ》させたのを契機として、日本は急速に講和に傾いていく。政府内に、増税や外債で戦費をまかなっていた日本の国力では、これ以上の戦争継続は困難だという判断があったからだった。ロシアも国内の革命運動で戦争継続が難しかったため、アメリカ大統領**セオドア＝ローズヴェルト**の斡旋《あっせん》により八月からアメリカの**ポーツマス**で講和会議がはじまった。交渉では日本が賠償《ばいしょう》金支払いと樺太《からふと》譲渡を求めるもロシアが拒否したため、賠償金放棄と**樺太南部の割譲**で日本が妥協し、九月五日講和条約が結ばれた。条約では、韓国に対する日本の利権と指導・監督権をロシアが承認すること（第二条）、旅順・大連《だいれん》の租借《そしゃく》権の譲渡《じょうと》（第五条）、長春《ちょうしゅん》以南の鉄道とそれに付属する利権の譲渡（第六条）、北緯五〇度以南のサハリン（樺太）と付属諸島の譲渡（第九条）、沿海州《えんかいしゅう》・カムチャツカの漁業権の承認（第十一条）などが定められた。

◀日比谷焼打ち事件

❶**露探**　ロシアのスパイ。

❷**勧業銀行**　日本勧業銀行。

❸**総監**　警視総監。

❹**囲繞**　とりかこむこと。

❺**一炬に**　ひとつの火で。

❻**稠密**　多く集まっていること。

❼**累**　他から受ける災難。まきぞえ。

出典◉『**東京朝日新聞**』　本書三九五ページ参照。本史料は一九〇五年九月七日付より引用。

設問7　**1**　一～四を読み、日露戦争に対して、日本社会ではどのような意見が出されたのか、まとめてみよう。

2　一～四のそれぞれの主張をした人は、どのような立場に立って主張をしたのだろうか。

3　内村鑑三は日清戦争を支持していたが、日露戦争では非戦論を唱えた。彼の考えが変化した理由を考えてみよう。

六　日比谷焼打ち事件

内相官邸焼討の余憤《よふん》迸《ほとばし》りて、血性男児の意気益《ますます》昂進《こうしん》し万歳々々露探《ろたん》❶撲滅と叫《さけび》つゝ、日比谷《ひびや》正門を左側へ折れて、勧業銀行❷前、即《すなわ》ち日比谷公園幸門《さいわいもん》の巡査派出所前に押寄するや、無能警察吏、汝《なんじ》等は頭無き総監❸の為忠実を尽さんとするか、大馬鹿巡査、汝等は屍山血河《しざんけつが》といふ事を知るまじ、勇士戦場の働きは斯《かく》の如しと喚《わめ》き叫ぶや否や、ドヤ〳〵と派出所を囲繞《いにょう》❹するかと見る間にバリ〳〵ガラ〳〵と鉄拳を打揮《うちふる》ひて破壊したる刹那《せつな》、洋灯《らんぷ》壊れてバッと燃え出し、火光天に沖《ちゅう》し、一炬《いっきょ》❺に灰燼《かいじん》となりたるより、屈辱《くつじょく》講和を弔《とむら》ひたり遣《や》るべし〳〵と、此処を見捨て虎《とら》ノ門《もん》に出で同所の派出所を襲ひ、一挙に之を倒して火を放ち、夫《そ》れより二手に分れ、一方は芝《しば》方面、一方は左折して南佐久間町《みなみさくまちょう》派出所を襲撃して焼払ひて土橋《どばし》派出所に向ひしが、同所は人家稠密《ちゅうみつ》❻の場所なれば累《るい》❼を良家に及ぼすは本意にあらずとて、同派出所をエイやと許《ばか》り担上《かつぎあ》げ久保町《くぼちょう》通りの大道路に投出し、之に火を移し、パツと火の手の上るを見て、芝口《しばぐち》一丁目の派出所へ押寄せ此処《ここ》をも焼払ひ、難波橋《なんばばし》を渡りて出雲町《いずもちょう》交番所に押寄せ、騒ぎ驚く巡査等には眼もかけずワーツと許りに競《きそ》ひかゝり、同交番所を持上げて横に倒して火を放ち、総監斯の如し、末派《まっぱ》の輩《やから》我党に与《く》みせば生命許りは助命すべし、君等には気の毒なれど国論は奈何《いかん》ともすべからず、大に之に鑑《かんが》み玉へ失敬々々と云ひ残し、夫より三十間堀分署へ決水の如くドツと許りに襲来したる。

『東京朝日新聞』

解説　日露戦争は日本軍八万四〇〇〇人という多くの戦病死者を出し、戦費調達のための増税も人々の負担となった。しかし、ポーツマス条約の内容について賠償《ばいしょう》金なし、領土割譲も樺太《からふと》の南半分にとどまることが明らかになると、多くの国民は失望した。一九〇五年九月五日の条約調印日に**東京日《ひ》比《び》谷《や》公園**で開催された条約破棄《はき》を求める市民大会をきっかけに、内務大臣官邸《かんてい》、新聞社、警察、バス車両、教会などの焼打ちが起こった。これに対し政府は**戒厳《かいげん》令《れい》**を出し、七日に騒擾《そうじょう》はおさまった。史料は派出所の焼打ちを報じた新聞記事である。記事によれば、群集には若い男性が多かったこと、無秩序に暴れ回っていたわけではなく「良家」を避けて警察だけを標的にしていたという。日常的に接している身近な警察権力に対する男性労働者の不満と、ナショナリズムとが結びついて大規模騒擾につながったことがうかがわれる。

4 韓国併合と満洲進出

一 日韓議定書・第一〜三次日韓協約

◎日韓議定書（全六条）

第四条　第三国ノ侵害《しんがい》ニ依《よ》リ若《も》クハ内乱ノ為《た》メ大韓帝国ノ皇室ノ安寧《あんねい》或《あるい》ハ領土ノ保全《ほぜん》ニ危険アル場合ハ、大日本帝国政府ハ速《すみやか》ニ臨機《りんき》必要ノ措置《そち》ヲ取ルヘシ。……大日本帝国政府ハ前項ノ目的ヲ達スル為メ、**軍略上必要ノ地点❶**ヲ**臨機収用スルコトヲ得ル事**

◎第一次日韓協約（全三条）

一　韓国政府ハ日本政府ノ推薦《すいせん》スル**日本人一名ヲ財務顧問《こもん》トシテ**韓国政府ニ傭聘《ようへい》シ、財務ニ関スル事項ハ総《すべ》テ其《その》意見ヲ詢《と》ヒ施行スヘシ

一　韓国政府ハ日本政府ノ推薦スル**外国人一名ヲ外交顧問トシテ**外部❷ニ傭聘シ、外交ニ関スル要務ハ総テ其意見ヲ詢ヒ施行スヘシ

一　韓国政府ハ外国トノ条約締結其他《そのた》重要ナル外交案件即《すなわち》外国人ニ対スル特権譲与《じょうよ》若《も》クハ契約等ノ処理ニ関シテハ、予《あらかじ》メ日本政府ト協議スヘシ

◀**日韓議定書・第一〜三次日韓協約**

❶**軍略上必要ノ地点**　日露戦争の軍事基地として朝鮮全土の使用が可能になった。

❷**外部**　韓国の外交担当部局。

◀**明治期の日朝関係年表**

1873年	征韓論争起こる
1875年	江華島事件
1876年	日朝修好条規
1882年	壬午軍乱→済物浦条約
1884年	甲申事変
1885年	漢城条約・天津条約
1894年	甲午農民戦争→日清戦争
1895年	下関条約
1904年	日露戦争・日韓議定書・第一次日韓協約
1905年	第二次日韓協約→反日暴動 韓国統監府設置
1907年	ハーグ密使事件→第三次日韓協約
1909年	伊藤博文暗殺事件
1910年	韓国併合・朝鮮総督府設置

◎**第二次日韓協約**　（全五条）

第一条　日本国政府ハ在東京外務省ニ由《よ》リ、今後韓国ノ外国ニ対スル関係及《および》事務ヲ監理指揮《かんりしき》スヘク、日本国ノ外交代表者及領事ハ、外国ニ於ケル韓国ノ臣民及利益ヲ保護スヘシ

第二条　……韓国政府ハ今後日本国政府ノ仲介《ちゅうかい》ニ由《よ》ラスシテ、国際的性質ヲ有スル何等《なんら》ノ条約若《もし》クハ約束ヲナササルコトヲ約ス❸

第三条　**日本国政府ハ其代表者トシテ韓国皇帝陛下《へいか》ノ闕下《けっか》ニ**❹**一名ノ統監《とうかん》**（レヂデントゼネラル）**ヲ置ク。統監ハ専《もっぱ》ラ外交ニ関スル事項ヲ管理スル為メ京城《けいじょう》**❺**ニ駐在シ、**親《した》シク韓国皇帝陛下ニ内謁《ないえつ》スルノ権利ヲ有ス……

◎**第三次日韓協約**　（全七条）

第一条　韓国政府ハ施政《しせい》改善ニ関シ統監ノ指導ヲ受クルコト

第二条　韓国政府ノ法令ノ制定及重要ナル行政上ノ処分ハ予メ統監ノ承認ヲ経《へ》ルコト

第四条　韓国高等官吏《かんり》ノ任免《にんめん》ハ統監ノ同意ヲ以《もっ》テ之《これ》ヲ行フコト

第五条　韓国政府ハ統監ノ推薦スル日本人ヲ韓国官吏ニ任命スルコト

『日本外交年表 竝《ならびに》 主要文書』

解説

日露戦争が開戦すると、日本は韓国の中立宣言を無視して朝鮮半島に軍を送り込んだ。一九〇四年二月二十三日、日本は**日韓議定書**を韓国に強制して、韓国における軍事行動の自由を得た（第四条）。同年八月二十二日**第一次日韓協約**が締結され、日本が推薦《すいせん》する財政・外交顧問《こもん》を韓国政府に置き、重要な外交案件は日本と協議することを韓国に認めさせた。さらに日露戦争後の一九〇五年十一月十七日には、**第二次日韓協約**が結ばれた。この協約では韓国の外交権を奪い（第一・二条）、**統監**《とうかん》を設置して韓国外交を統括した（第三条）。これに対し韓国皇帝**高宗**《こうそう》《コジョン》は、一九〇七年六月オランダのハーグで開かれた**第二回万**《ばん》

❸**国際的性質ヲ……約ス**　高宗のハーグ平和会議への使者派遣は、この条項違反となり、密使事件と呼ばれるようになった。

❹**闕下**　皇帝のもと。

❺**京城**　朝鮮の都。現在のソウル。

出典◉『日本外交年表竝主要文書』　本書三四七ページ参照。

年度	戦闘回数	参加義兵数
1907	323回	4万4116人
1908	1452回	6万9832人
1909	898回	2万5763人
1910	147回	1891人
1911	33回	216人

▲義兵運動

国《こく》平和会議に密使を送り抗議の意を示そうとした。しかし列強は韓国の外交権は日韓協約により日本にあるとして韓国の訴えを無視した。逆に日本は協約違反の責任を問うて高宗を退位させ、七月二十四日**第三次日韓協約**を結んだ。同協約では、韓国の内政を日本の管理下におき（第一条）、法律の制定や高級官吏の任命権にも統監の許可が必要となった（第二・四条）。また、日本人を韓国官吏《かんり》に任命することとし（第五条）、実際に多くの日本人を任用した。さらに秘密覚書で韓国軍を解散させたため、露骨《ろこつ》な干渉に反発する韓国軍の元兵士たちが義兵《ぎへい》運動に合流し蜂起は全国化した。

二 韓国併合条約

第一条　韓国皇帝陛下《へいか》❶ハ韓国全部ニ関スル一切《いっさい》ノ統治権《とうちけん》ヲ完全且《かつ》永久ニ日本国皇帝陛下ニ譲与《じょうよ》ス

第二条　日本国皇帝陛下ハ前条ニ掲《かか》ケタル譲与ヲ受諾《じゅだく》シ、且全然韓国ヲ日本帝国ニ併合《へいごう》スルコトヲ承諾《しょうだく》ス

第六条　日本国政府ハ前記併合ノ結果トシテ全然韓国ノ施政《しせい》ヲ担任シ、同地ニ施行スル法規ヲ遵守《じゅんしゅ》スル韓人ノ身体及財産ニ対シ十分ナル保護ヲ与ヘ且其《そ》ノ福利《ふくり》ノ増進ヲ図ルヘシ

『日本外交年表竝主要文書』

◀**韓国併合条約**

❶**韓国皇帝陛下**　併合の結果、日本の皇族と同等に遇され、親日派の貴族は華族となった。

出典◉『日本外交年表竝主要文書』
本書三四七ページ参照。

解説

韓国各地の義兵《ぎへい》運動がようやく下火にむかったのをみた第二次桂《かつら》太郎《たろう》内閣は、一九〇九年七月**韓国併合**《へいごう》を適当な時期に断行する方針を閣議決定した。同年十月、ハルビン訪問中の**伊藤博**《いとうひろ》**文**《ぶみ》が韓国の民族運動家**安重根**《あんじゅうこん》《アンジュングン》に暗殺された後、日本は併合の承認を列強から得ることにつとめた。そして一九一〇年八月二十二日「日韓併合ニ関スル条約」を韓国に強要して締結、統治機関として京城《けいじょう》に朝鮮総督《そうとく》府《ふ》を設置し総督に寺内正毅《てらうちまさたけ》を任命した。また憲法は施行されず、総督の命令が法律として効力を持った。

三 韓国併合に対する民衆の反応

地図の上　朝鮮国にくろぐろと　墨をぬりつゝ　秋風を聴《き》く

石川啄木《いしかわたくぼく》

（一九一〇年九月　『石川啄木全集』）

〔危険の〕第一は軍備費の過重に基《もとづ》く国民の疲弊《ひへい》である。元来軍備の目的は平和の保証である。然《しか》るに**帝国主義の下に行はるゝ軍備の目的は之《これ》に由《よっ》て他国を征服して領土を拡張するにある**。故《ゆえ》に其の軍備は幾《いく》らあっても足ることはない。例へば朝鮮を合併し、旅順《りょじゅん》を抑《おさ》へ、極東の海上権を掌握して、露国をして海上に一指だも染めさせない場合には露国タトヒ数百万の大軍を擁《よう》するも、我が国の拠《よ》れる位置を何《ど》うすることも出来ない。日露戦争の時、露国が戦意を失ふたのは、陸軍で勝つ見込みがないからと云ふよりは、寧《むし》ろ海軍が全滅した為めという方が適当であろう。然るに**我国は日露戦争後陸軍を二倍に拡張した**。**若《も》し支那分割の野心を包蔵するか、西比利《シベリア》征服の大志を想像しなければ、其意義を解することが出来ない**と思ふ。

『東洋時論《とうようじろん》』（三浦銕太郎《みうらてつたろう》❶「帝国主義の恐るべき側面」）

解説　歌人の**石川啄木《いしかわたくぼく》**は、雑誌『創作《そうさく》』一九一〇年十月号に史料に掲げた歌のほか、「時代閉塞の現状を奈何《いか》にせむ秋に入りてことに斯《か》く思ふかな」「明治四三年の秋わが心ことに真面目になりて悲しも」などの歌をまとめて「九月の夜の不平」と題して発表し、韓国併合を批判した。また三浦銕太郎《みうらてつたろう》の記事は『東洋時論《とうようじろん》』一九一一年九月号に掲載されたものである。日露戦後の軍備増強に対し、中国やシベリア領土獲得の野心を持つものだとして、日本の帝国主義的膨張《ぼうちょう》に警告を発している。

◀韓国併合に対する民衆の反応

❶**三浦銕太郎**　一八七四～一九七二。『東洋経済新報』の中心人物で、自由主義的論説の執筆者。同誌や『東洋時論』に政治・社会・教育など多彩な論を展開。

出典◉**『石川啄木全集』**　一九八〇年に刊行されたもの。

『東洋時論』　町田忠治《まちだちゅうじ》が創刊した経済雑誌『東洋経済新報』の姉妹編として、一九一〇年五月創刊された月刊総合雑誌。一九一二年十月廃刊。

設問8　1 一・二を読み、どのような段階を経て、日本は韓国を併合したのか、まとめてみよう。

2 三の石川啄木の韓国併合批判や石橋湛山の「小日本主義」の主張（→四三三ページ）などがあるが、なぜ韓国併合が行われたのだろうか。

3 征韓という考え方は、どのような系譜をたどっているのだろうか。

1 下層社会と労働者・農民

一 高島炭鉱の納屋制度

坑夫《こうふ》の就業《しゅうぎょう》時間は十二時間にして、三千の坑夫を大別して昼の方夜の方《かた》となし、昼の方は午前四時に坑内《こうない》に下り午後四時に納屋《なや》❶に帰り、夜の方は午後四時に坑内に下り翌日午前四時に納屋に帰る。其《その》坑夫が十二時間執《と》る処《ところ》の労業苦役《くえき》は、先《ま》づ第一に坑内一里二里の所に到り、背丈《せたけ》も伸びぬ炭層間を屈歩《くっぽ》曲立《きょくりつ》し、鶴嘴《つるはし》地雷《じらい》火棒等を以《もっ》て一塊《かい》二塊と採炭し、之《これ》を竹畚《へご》❷に盛り、重量十五六貫《かん》❸乃至《ないし》二十貫なるを這《は》へるが如《ごと》く忍《しの》ぶが如く一町《ちょう》❹二町と担《にな》ひつゝ蒸気軌道《きどう》に運ぶなり。……炭礦舎《たんこうしゃ》の規則として分秒の休憩《きゅうけい》をも与へず、小頭人繰《こがしらひとくり》❺をして採炭の個所を巡廻看督《じゅんかいかんとく》せしめ、少時も怠《おこた》る者あれば携帯の棍棒《こんぼう》を以て殴打苛責《おうだかしゃく》せり。是余《これよ》が小頭人繰等を目して青鬼赤鬼と云ふも豈《あ》に理《ことわり》なからんや。又坑夫中過度の労力に堪《た》へずして休憩を請《こ》ひ、或《あるい》は納屋頭《なやがしら》人繰の意に逆《さから》ふ者あるときは、見懲《みせしめ》と称し、其坑夫を後手に縛《ばく》し梁《りょう》上に釣《つ》り揚《あ》げ、足と地と咫尺《しせき》❻するに於《おい》て打撃を加へ、他の衆坑夫をして之を観視《かんし》せしむ。

『日本人《にほんじん》』

◀高島炭鉱の納屋制度

❶**納屋**　炭鉱の寄宿舎。人夫頭（納屋頭）による、労働者の調達、厳しい生活・作業管理によって成り立っていた労務管理体制を納屋制度といい、過酷な労働の強制や賃《ちん》金《ぎん》のピンハネが行われた。

❷**竹畚**　竹で編んだ運搬用具。

❸**貫**　重さの単位。一貫＝三・七五kg。

❹**町**　長さの単位。一町＝六十間＝約一〇九m。

❺**小頭人繰**　小頭も人繰も人夫頭のこと。

❻**咫尺**　きわめて接近しているが、離れた状態。

出典◉『**日本人**』　政教社の機関誌。本史料は第六号（一八八八年六月）より引用。

解説

高島炭鉱《たかしまたんこう》（長崎県）は、江戸時代から佐賀藩の経営で石炭を産出しており、一八七四年官営となった。同年**後藤象二郎《ごとうしょうじろう》**に払い下げられ、さらに一八八一年**三菱《みつびし》**が譲り受けた。産業革命により製糸業が盛んになると、その生産機械の動力として石炭の需要《じゅよう》が伸びていく。また製品輸送に用いる船舶・鉄道用の燃料需要の高まりも、石炭産出量の増加につながった。しかし、その生産は**炭鉱労働者**の過酷《かこく》な労働条件に支えられていた。労働者は納屋《なや》という寄宿舎《きしゅくしゃ》で共同生活し、人夫頭《にんぷがしら》による虐待《ぎゃくたい》・長時間労働に苦しめられた。史料に挙げた記事ではそのような悲惨《ひさん》な労働環境が報じられており、当時も大きな反響を呼んだ。

年次	東京平均		全国平均	
	大工	活版工	船大工	製糸工
1897（明治 30）年	0.667 円	0.333 円	0.444 円	0.182 円
1902（明治 35）年	0.825 円	0.515 円	0.650 円	0.203 円
1907（明治 40）年	1.000 円	0.638 円	0.805 円	0.265 円
1912（明治 45）年	1.188 円	0.700 円	0.913 円	0.313 円

▲職種別賃金表

◀製糸女工の実態
❶**機業地**　織物業地帯。
❷**しかく**　そのように。
❸**ワリ麦**　大麦を粗くひいた食料。
❹**醜陋**　みにくくみすぼらしいこと。
❺**二十円**　米価は一升十二銭。
❻**茶屋女**　料理屋や居酒屋などに勤める女性。暗に売春婦を指す。

出典◉『日本之下層社会』　横山源《よこやまげん》之助《のすけ》が一八九九年に刊行した社会ルポルタージュ。岩波文庫。

二　製糸女工の実態

日本の工業界において最も職工《しょっこう》を収むること多きは、織物工場と製糸工場とを以《もっ》て第一となす。特に製糸工場最も多し。農務局の調査によれば、……則《すなわ》ち日本全国総計十七万二千九百〇二人の職工あり、うち最も多き地方は長野第一にして三万九千〇七十九人、次は群馬にして二万六千百七十八人、福島一万四千七百〇九人、岐阜一万三千三百十五人、山梨一万〇二百八人。以上五県最も多きが如《ごと》し。知らず、この十七万二千九百人余の製糸職工はいかなる待遇《たいぐう》の下に在《あ》りとするか。

余《よ》かつて桐生《きりゅう》・足利《あしかが》の機業《きぎょう》地❶に遊び、聞いて極楽《ごくらく》、観《み》て地獄《じごく》、職工自身がしかく❷口にせると同じく余もまたその境遇《きょうぐう》の甚《はなは》だしきを見てこれを案外《あんがい》なりとせり。しかも足利・桐生を辞《じ》して前橋に至り、製糸職工に接し更《さら》に織物職工より甚だしきに驚けるなり。労働時間の如き、忙《いそが》しき時は朝床《とこ》を出《い》でて直《ただち》に業に服し、夜業十二時に及ぶこと稀《まれ》ならず。食物はワリ麦❸六分に米四分、寝室は豚小屋《ぶたごや》に類して醜陋《しゅうろう》❹見るべからず。特に驚くべきは、某地方の如き、業務の閑《ひま》なる時はまた期を定めて奉公《ほうこう》に出だし、収得は雇主《やといぬし》これを取る。しかして一カ年支払う賃金《ちんぎん》は多きも二十円❺を出でざるなり。……その地方の者は、**身を工女の群《むれ》に入るるを以て茶屋《ちゃや》女❻と一般**、堕《だ》落《らく》の境に陥《おちい》る者となす。もし各種労働に就《つ》き、その職工の境遇にして憐《あわ》れむべき者を挙《あ》ぐれば、製糸職工第一たるべし。……

『日本之下層社会《にほんのかそうしゃかい》』

解説　生糸《きいと》を生産する製糸業は、日本の主要な輸出品を生み出す産業として日本経済を支えた。製糸工場で働く労働者は女性が多く、**工女**・**女工**と呼ばれた。製糸業が発展すると、近隣だけでは足りなくなった労働者を遠方農村から募集するようになり、工場に寄宿舎《きしゅくしゃ》が併設されていった。しかし寄宿舎の環境は、史料にある通り劣悪《れつあく》なことが少なくなく、女工に長時間労働を強いる仕組みにもなった。また製糸工場での労働は、女子をもつ農家にとって現金収入が得られる点で魅力的であった。しかし事前に支《し》度金《たくきん》などの名目で女性の親に現金が渡されると、それはその分賃金《ちんぎん》が差し引かれる前借金となり、女工の自由を拘束《こうそく》した。その他、女工にむけられる差別的視線も彼女たちを苦しめた。日本は近代化していく中で、女性は家庭に入って**「良妻賢母《りょうさいけんぼ》」**となることがあるべき姿とされた。しかし外で働く女工はそのモデルに反する生き方だとして、「茶屋女」とともに蔑視《べっし》されたことがこの史料からも読み取れる。

三　紡績女工の実態

凡そ紡績《ぼうせき》工場くらい長時間労働を強《し》いる処《ところ》はない。大体に於《お》ては十二時間制が原則となつて居るが、先《ま》づこれを二期に分けて考へねばならぬ。

第一期は工場法発布以前であつて、此の頃は全国の工場殆《ほとん》ど、紡績十二時間、織布《しょくふ》十四時間であつた。而《しか》して第二期に当る工場法後から今日へかけては紡績十一時間、織布十二時間といふのが最も多数を占める。……

東京モスリン❶では十一時間労働が原則となつて居り、織部《おりぶ》は昼業専門だと公表して居る。而し乍《なが》ら実際では十二時間制な上に夜業がある。だから凡《すべ》ての労働事情は官省の調査や、**第三者の統計などで決して真相が判《わか》るものではない。**しからば同社は十一時間制を公表して如何《いか》なる方法によつて十二時間働かせてゐるかと言へば、**後の一時間は「残業」といふ名目であり、**夜業は自由にその希望者のみにやらせるのだと言ひ逃れてゐる。一年三百有余日残業するところがはたして欧米にあるだらうか？

『女工哀史《じょこうあいし》』

解説　綿花から綿糸をつむぐ紡績《ぼうせき》工場での女工の労働時間は、**昼夜二交代制**、**十二時間労働**が一般的だった。これは一八八三年に営業を開始した**大阪紡績会社**が導入し、広がっていった。長時間労働が当たり前だった女工だが、史料にあるように残業を強制され、休憩《きゅうけい》時間は食事をする間だけであり、

◀紡績女工の実態

❶**東京モスリン**　紡績会社。一九〇七年創立。一九四一年鐘淵《かねがふち》紡績に合併した。

出典◉『女工哀史』　細井和喜蔵《ほそいわきぞう》が一九二五年に刊行したルポルタージュ。岩波文庫。

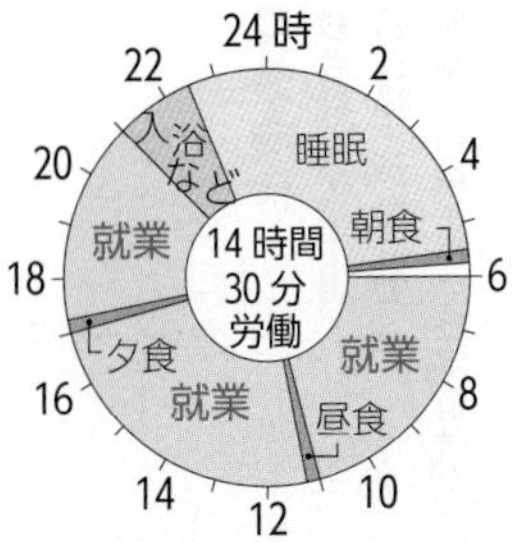

▲女工の一日（『職工事情』）

夜通し働く夜番の身体的負担は重かった。また欠勤者が出た場合、その穴埋めで別人に連続勤務が強制された。厳しい労働条件の中、作業の遅れやささいなミスでも男性監督に厳しくとがめられ、ときに暴力もともなった。『女工哀史《じょこうあいし》』には、「工場は地獄よ　主任が鬼で　廻《ま》はる運転　火の車」という小唄が書かれている。

四　職工事情

今回会社❶ヲ解雇《かいこ》サレタルハ自分ヨリ泣イテ頼ンダコトニシテ、仕事殊《こと》ニ夜業❷ガ苦シク、……十日目ヨリ十四銭トナレリ。子供ハ十二銭ナリ。……食費ハ姉ハ一日七銭妹ハ一日六銭五厘《りん》ナリ。食物ハ、朝汁香物《こうのもの》一切、昼香物二切或《きれあるい》ハ梅干二ツ……夕ハ青菜《あおな》ニ醤油《しょうゆ》ヲカケタルモノヲ普通トス。……自分等ノ居ツタ室❸ハ十畳敷《じょうじき》ニシテ、二十六人居リ、蒲団《ふとん》一枚夜具一枚ニシテ二人宛《ずつ》一所ニ寝《やす》ム。夜具蒲団ハ、昼夜交替者代々《かわるがわる》使用スレバ不潔ナリ。

『職工事情《しょっこうじじょう》』

解説　『職工事情《しょっこうじじょう》』は、**工場法**の立案準備のため農商務省が行った工場労働者の実態調査である。公的機関による調査でも、女工が夜業含む長時間労働・低賃金《ていちんぎん》・過酷な寄宿舎《きしゅくしゃ》生活・虐待《ぎゃくたい》などの劣悪《れつあく》な環境に悩まされていたことが示されている。史料はある紡績《ぼうせき》工場を解雇された工女の談話である。ここにあるような苛酷《かこく》な労働環境に耐えかねて、工女たちは離職・逃亡を繰り返し、工場を渡り歩いた。しかしどの工場も長時間労働・低賃金であり、不安定な雇用に工女たちは苦しめられていった。

五　工場法

第一条　本法ハ左ノ各号ノ一ニ該当《がいとう》スル工場ニ之《これ》ヲ適用ス

一　**常時十五人以上ノ職工ヲ使用スルモノ**

二　事業ノ性質危険ナルモノ又《また》ハ衛生上有害ノ虞《おそれ》アルモノ

本法ノ適用ヲ必要トセサル工場ハ勅令《ちょくれい》ヲ以《もっ》テ之ヲ除外スルコトヲ得《う》

◀職工事情

❶**会社**　紡績工場。

❷**夜業**　夜間労働。

❸**室**　紡績工場では寄宿舎が一般的だった。

出典◉『**職工事情**』　農商務省が一九〇〇（明治三十三）年より、綿糸紡績・生糸・織物など各種職工の労働条件や生活衛生・風紀などについて調査・記録したもので、一九〇三年に完成。

◀工場法

❶**行政官庁**　内務省。

❷**主務大臣**　内務大臣。

出典◉『**法令全書**』　本書三二二ページ参照。

第二条　工業主ハ十二歳未満ノ者ヲシテ工場ニ於《おい》テ就業《しゅうぎょう》セシムルコトヲ得《え》ス。但《ただ》シ本法施行ノ際十歳以上ノ者ヲ引続キ就業セシムル場合ハ此《こ》ノ限《かぎり》ニ在《あ》ラス。
行政官庁❶ハ軽易《けいい》ナル業務ニ付就業ニ関スル条件ヲ附《ふ》シテ十歳以上ノ者ノ就業ヲ許可スルコトヲ得。
第三条　工業主ハ十五歳未満ノ者及《および》女子ヲシテ一日ニ付十二時間ヲ超《こ》エテ就業セシムルコトヲ得ス。主務大臣❷ハ業務ノ種類ニ依《よ》リ本法施行後十五年間ヲ限リ前項ノ就業時間ヲ二時間以内延長スルコトヲ得。……
第四条　工業主ハ十五歳未満ノ者及女子ヲシテ午後十時ヨリ午前四時ニ至ル間ニ於テ就業セシムルコトヲ得ス。
『法令全書《ほうれいぜんしょ》』

解説　第二次**桂太郎**《かつらたろう》内閣は、**工場法**の制定に前向きだった。ただしその目的は労働者の人権保護ではなく、労使《ろうし》対立の緩和に加え、徴兵《ちょうへい》の際の兵士の資質を損なうことや、過酷《かこく》な労働による疾《しっ》病《ぺい》・負傷によって公的扶助に頼る労働者の増加を防ぐためであった。それでも工場法に対する資本家の反対は根強く、女子・年少者の夜間就業を禁止する規定の適用猶予《ゆうよ》を十五年に延長して一九一一（明治四十四）年ようやく成立した。しかし適用範囲が十五人以上の工場に限られ（第一条一）、製糸業などに期限付きで十四時間労働を認める（第三条）など不十分な内容だった。その上施行も遅れ、一九一六（大正五）年九月、第二次大隈重信《おおくましげのぶ》内閣のときにやっと施行された。

1923（大正12）年3月公布
第1条　適用を「常時十人以上ノ職工ヲ使用スルモノ」と改める
第2条（年少労働）　全文削除
第5条（深夜業）　全文削除など
1926（大正15）年7月施行
1947（昭和22）年11月失効←1947年9月労働基準法施行

▲工場法の改正

設問9　1❶一～四を読み、この時代の下層社会の人々は、どのような労働を強いられていたのかまとめてみよう。
2なぜこの時代に、社会運動が活発になるのだろうか。
3❶五工場法と労働基準法（→四九二ページ）の違いを比較してみよう。

2 社会運動の開始

一 田中正造「直訴状」

伏《ふし》テ惟《おもんみ》ルニ臣田間《でんかん》ノ匹夫《ひっぷ》❶敢《あえ》テ規《のり》ヲ踰《こ》エ法ヲ犯《おか》シテ、鳳駕《ほうが》❷ニ近前《きんぜん》スル其罪実《そのつみじつ》ニ万死《ばんし》ニ当《あた》レリ。

◀田中正造「直訴状」
❶**田間ノ匹夫**　田舎者。
❷**鳳駕**　天皇の乗り物。

而《しか》モ甘《あまん》ジテ之《これ》ヲ為《な》ス所以《ゆえん》ノモノハ、洵《まこと》ニ国家生民《せいみん》ノ為《ため》ニ図リテ一片《いっぺん》ノ耿耿《こうこう》❸竟《つい》ニ忍《しの》ブ能《あた》ハザルモノ有《あ》レバナリ。伏テ望ムラクハ陛下深仁深慈《へいかしんじんしんじ》臣ガ至愚《しぐ》❹ヲ憐《あわ》レミテ少シク乙夜《いつや》ノ覧❺ヲ垂《た》レ給《たま》ハンコトヲ。……伏テ惟ルニ政府当局ヲシテ能《よ》ク其責《せめ》ヲ竭《つく》サシメ、以《もっ》テ**陛下ノ赤子《せきし》ヲシテ日月ノ恩ニ光被《こうひ》セシムルノ途《みち》他ナシ**。**渡良瀬河《わたらせがわ》**❻**ノ水源ヲ清ムル其一ナリ**。河身ヲ修築シテ其天然ノ旧ニ復スル其二ナリ。激甚《げきじん》ノ毒土ヲ除去スル其三ナリ。沿岸無量ノ天産ヲ復活スル其四ナリ。多数町村ノ頽廃《たいはい》セルモノヲ恢復《かいふく》スル其五ナリ。加毒ノ鉱業ヲ止メ毒水毒屑《どくせつ》ノ流出ヲ根絶《こんぜつ》スル其六ナリ。如《かくの》此《ごとく》ニシテ数十万生霊ノ死命ヲ救ヒ居住相続ノ基《もと》ヘヲ回復シ其人口ノ減耗《げんもう》ヲ防遏《ぼうあつ》❼シ、且《か》ツ我日本帝国憲法及ビ法律ヲ正当ニ実行シテ各其権利ヲ保持セシメ、更《さら》ニ将来国家ノ基礎タル無量ノ勢力及ビ富財ノ損失ヲ断絶スルヲ得ベケンナリ。若《も》シ然《しか》ラズシテ**長ク毒水ノ横流ニ任《まか》セバ臣ハ恐ル其禍《わざわい》ノ及ブ所将《ま》サニ測《はか》ル可《べか》ラザルモノアランコトヲ**。

『田中正造全集《たなかしょうぞうぜんしゅう》』

❸**耿耿**　気にかかり忘れられないこと。こだわり。
❹**至愚**　たいへんなおろかさ。
❺**乙夜ノ覧**　天子の書を読むこと。
❻**渡良瀬河**　廃水や鉱物のかすは渡良瀬川に垂れ流された。
❼**防遏**　防ぐこと。

出典◉『田中正造全集』　田中正造の自伝や日記、論稿をまとめたもので、一九七九（昭和五十四）年に刊行された。全二十巻。

解説　栃木県の**足尾銅山《あしおどうざん》**は一八七七年**古河市兵衛《ふるかわいちべえ》**に払い下げられた後、銅が電線・軍需品などの原材料や輸出品となって急速に産銅量を伸ばした。しかし銅山から流出する鉱毒《こうどく》が、周辺の山や村、**渡良瀬川《わたらせ》**に広がった。衆議院議員**田中正造《たなかしょうぞう》**は帝国議会でたびたびこの問題を取り上げ、住民も強硬な反対運動を行ったが、政府は利益優先で鉱毒対策に消極的だった。ちなみに時の内務大臣原敬《はらたかし》は古河鉱業の副社長であった。失望した田中は一九〇一年議員を辞職し、明治天皇に**直訴《じきそ》**を試みたが相手にされなかった。一九〇七年政府は渡良瀬川下流の**谷中村《やなかむら》**を遊水池《ゆうすいち》にするため買収し、住民を強制移住させて水没させた。

二　社会民主党の宣言

如何《いか》にして貧富の懸隔《けんかく》❶を打破すべきかは実に二十世紀に於《お》ける大問題なりとす。彼《か》の十八世紀の末に当り仏国❷を中心として欧米諸国に伝播《でんぱ》したる自由民権の思想は、政治上の平等主義を実現するに於《おい》て大なる効力ありしと雖《いえど》も、爾来《じらい》物質的の進歩著しく、昔時《せきじ》の貴族平民てふ❸階級制度

◀**社会民主党の宣言**
❶**懸隔**　へだたりかけはなれていること。
❷**仏国**　フランスのこと。
❸**てふ**　という。

に代ゆるに富者貧者てふ、更《さら》に忌《い》むべき恐るべきものを以《もっ》てするに至れり。抑《そもそ》も経済上の平等は本《もと》にして政治上の平等ハ末なり。故《ゆえ》に立憲の政治を行ひて政権を公平に分配したりとするも、経済上の不公平にして除去せられざる限ハ人民多数の不幸ハ依然《いぜん》として存すべし。是《こ》れ**我党が政治問題を解するに当り全力を経済問題に傾注せんとする**所以《ゆえん》なりとす。……我党は世界の大勢に鑑《かんが》み、経済の趨勢《すうせい》を察し、**純然たる社会主義と民主主義**❹**に依《よ》り、貧富の懸隔を打破して全世界に平和主義の勝利を得せしめんことを欲するなり**。故に我党は左に掲《かか》ぐる理想に向つて着々進まんことを期す。

1、人種の差別政治の異同《いどう》に拘《かか》はらず、人類は皆同胞《どうほう》たりとの主義を拡張すること。
2、万国の平和を来《きた》す為《ため》にハ**先《ま》づ軍備を全廃すること**。
3、**階級制度を全廃すること**。
4、生産機関として必要なる土地及び資本を悉《ことごと》く公有とすること。
5、鉄道、船舶、運河、橋梁《きょうりょう》の如《ごと》き交通機関は悉くこれを公有とすること。
6、財富《ざいふ》の分配を公平にすること。
7、人民をして平等に政権を得せしむること。
8、人民をして平等に教育を受けしむる為に、国家は全《まった》く教育の費用を負担すべきこと。

是《こ》れ我党の理想とする処なれども、今日これを実行するの難《かた》きは素《もと》より論を待たず。故に我党は左の如き綱領《こうりょう》を定めて実際的運動を試みんことを期す。（綱領省略）

『労働世界《ろうどうせかい》』

解説　日清戦争後は、足尾銅山《あしおどうざん》の鉱毒《こうどく》などの環境問題や、紡績業《ぼうせきぎょう》・製糸業など諸産業の発展にともなう労働問題が深刻化した。つまり、日本における資本主義の本格的な成立と、それによって生じる矛盾《むじゅん》が明らかになる時代だった。様々な社会問題が生じる中で、社会主義に関心を持つ人々も増え、

❹**社会主義と民主主義**　経済上の不平等をなくすのが社会主義、実現する方法は民主主義。

出典◉『労働世界』　一八九七年十二月から一九〇一年十二月まで一〇〇号発行された日本最初の労働組合の機関誌。本史料は第七九号より引用。

▲労働争議件数と参加人員

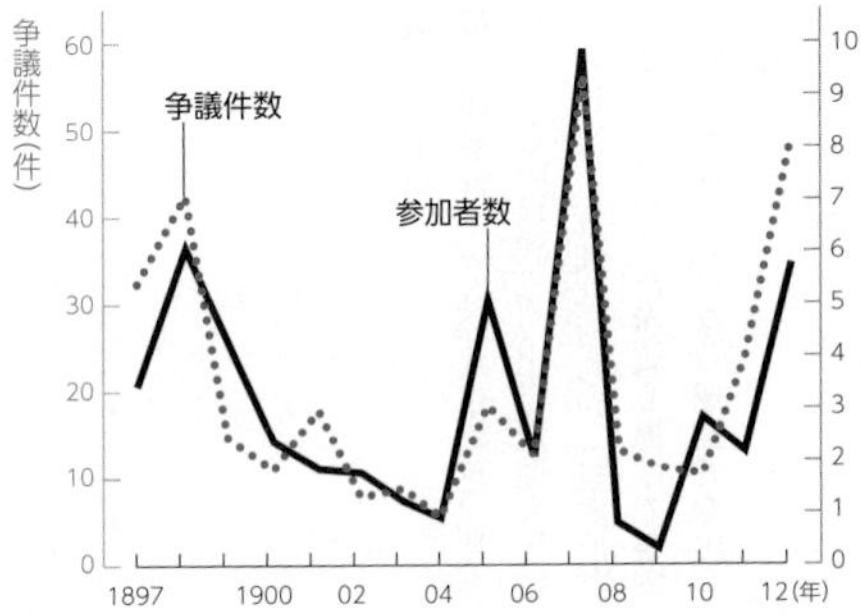

一八九八年**社会主義研究会**が設立された。初期社会主義運動の特徴のひとつは、普通選挙を求める運動と連携していた点である。同会は一九〇〇年社会主義協会に改組されたのち、一九〇一年五月十八日**安部磯雄**《あべいそお》・**片山潜**《かたやません》・**幸徳秋水**《こうとくしゅうすい》・**木下尚江**《きのしたなおえ》・**西川光二郎**《にしかわこうじろう》・**河上清**《かわかみきよし》の六人が社会主義の実現を掲げて**社会民主党**を結成した。しかし二十日には政府から結社禁止を命じられた。禁止の理由は、綱領《こうりょう》に示された重大問題に関する国民投票制、貴族院の廃止、軍備縮小または全廃の三項目であった。史料にあるような生産手段の公有や財富《ざいふ》の公平分配といった社会主義的な綱領よりも、民主主義的な内容のほうが政府に危険視されていたのである。いいかえれば、政府は民主主義が天皇を中心とした国家体制の否定につながることを警戒していたといえる。

三　大逆事件

理由の大要として裁判長が朗読せし処《ところ》に依《よ》れば、幸徳菅野《(ママ)》等が今回の叛逆《はんぎゃく》事件を企《くわだ》つるに至《いた》るは、元来無政府共産主義なる処へ、四十一年錦輝館《きんきかん》に於ける赤旗事件❶に関し、政府当局の圧迫及び裁判の不当に慊《あきた》らず、遂に権力破壊の方法として主義の鼓吹《こすい》に努めんとし、過激の文書等を刊行したるも、皇室の記事に至れば又顧みるものなきより、人民忠愛の年を殺《そ》ぐ方法として先《ま》づ**官衙**《かんが》**富豪の邸宅を焼棄**《しょうき》**し、進んで皇室に危害を及ぼさんと遂に今回の大叛逆を企つる**に至れりと云ふに在り……此時被告の多くは既に今日あるを覚悟したりと見え、孰《いず》れも静粛に控え居たるも、菅野すがより順次退廷するに当り菅野は突然編笠《あみがさ》を脱ぎ、皆さん左様《さよう》ならと離別の挨拶《あいさつ》をなすや、各被告は之に和し孰れも左様ならを連呼したるが中にも、誰とも見分られざる数名の被告は無政府党万歳を三唱し、又革命の歌を怒鳴り立て、頗《すこぶ》る喧噪《けんそう》せしも軈《や》がて護衛の看守に引立てられたり。

『東京日日《にちにち》新聞』

◀**大逆事件**

❶**赤旗事件**　一九〇八年六月、社会主義者山口義三《ぎぞう》の出獄歓迎会後に、大杉栄《おおすぎさかえ》・荒畑寒村《あらはたかんそん》らが「無政府共産」と書かれた赤旗を掲げて警官隊ともみ合いになり逮捕者を出した。

出典◉『東京日日新聞』　一八七二年創刊。一九一一年大阪毎日新聞に買収され、一九四三年『毎日新聞』に紙名が統一された。本史料は一九一一年一月十九日付より引用。

解説

一九〇六年**日本社会党**が設立され、穏健な第一次**西園寺公望**《さいおんじきんもち》内閣はこれを禁止しなかった。しかし、ゼネストによる直接行動論を提唱する**幸徳秋水**《こうとくしゅうすい》らが党の主流派になると、急進化を警戒する政府は同党を結社禁止とした。一九〇八年六月、**赤旗事件**《あかはた》（注❶参照）が起こると元老山県有朋《げんろうやまがたありとも》は社会主義者への対策が手ぬるいと西園寺内閣を批判し、倒閣に動いた。後継の第二次桂太郎《かつらたろう》内閣は、社会主義を厳しく取り締まった。一九一〇年五月、天皇暗殺のための爆弾製造計画で宮下太吉《みやしたたきち》らが逮捕されると、政府は計画を知っていたが不参加だった幸徳ら、多くの社会主義者を計画と無理に結びつけて検挙した。十二月に**大審院**《だいしんいん》の公判が非公開ではじまり、翌年一月、二十四名の死刑判決が宣告された。判決の翌日天皇による恩赦《おんしゃ》で十二名は無期懲役《むきちょうえき》に減刑されたが、ほどなくして**幸徳・管野**《かんの》**スガら十二名の死刑**が執行された。史料にあるように新聞も幸徳らを「叛逆《はんぎゃく》事件」の犯人として報じ、事実が知られることはなかった。

6 近代文化の展開

1 思想と宗教の近代化

一 教育勅語

朕惟《ちんおも》フニ我《わ》カ皇祖《こうそ》皇宗《こうそう》❶国ヲ肇《はじ》ムルコト宏遠《こうえん》❷ニ徳《とく》ヲ樹《た》ツルコト深厚《しんこう》ナリ我カ臣民《しんみん》克《よ》ク忠《ちゅう》ニ克ク孝《こう》ニ億兆《おくちょう》心ヲ一《いつ》ニシテ世々《よよ》厥《そ》ノ美ヲ済《な》セルハ此《こ》レ我カ国体ノ精華《せいか》❸ニシテ教育ノ淵源《えんげん》❹亦《また》実ニ此《ここ》ニ存ス爾《なんじ》臣民父母ニ孝《こう》ニ兄《けい》弟《てい》ニ友《ゆう》ニ夫婦相和《あいわ》シ朋友《ほうゆう》相信シ恭倹《きょうけん》己《おの》レヲ持《じ》シ博愛《はくあい》衆ニ及《およ》ホシ学ヲ修《おさ》メ業《ぎょう》ヲ習ヒ以《もっ》テ智能《ちのう》ヲ啓発《けいはつ》シ徳器《とくき》❺ヲ成就《じょうじゅ》シ進《すすん》テ公益ヲ広メ世務《せいむ》❻ヲ開キ常ニ国憲《こくけん》ヲ重《おもん》シ国法ニ遵《したが》ヒ一旦緩急《いったんかんきゅう》アレハ❼義勇《ぎゆう》公《こう》ニ奉《ほう》シ以テ天壌無窮《てんじょうむきゅう》ノ皇《こう》

通釈

朕が考えるに、我が天皇の歴代の祖先が国を創始したのははるか遠い昔のことであり、その立てられた徳は深く厚い。我が臣民がよく忠孝にはげみ、心をひとつにして代々その美徳を受け継いできたのは、我が国家の優秀な点であり、教育の源もまたここにある。おまえたち臣民は、父母に孝行し、兄弟はなかよく、夫婦は和《なご》やかに、友人は信頼し、慎《つつし》み深く自分を保ち、広く人を愛し、勉学に励み、職業に関する技能を習得し、知識を深くし、徳と才能を高め、進んで公共のために尽くし、世の中の務めに励み、いつも憲法を重んじ、法令にしたがい、ひとたび国家の危難が起これば義勇をもって国家に奉仕

◀教育勅語

❶**皇祖皇宗**　天皇の歴代の祖先。
❷**宏遠**　はるかに遠い。
❸**国体ノ精華**　国家の優れた点。
❹**淵源**　みなもと。
❺**徳器**　徳と才能。
❻**世務**　世の中の務め。
❼**一旦緩急アレハ**　ひとたび国家の危難が起これば。戦争などを想定。

運《うん》ヲ❽扶翼《ふよく》スヘシ是《かく》ノ如《ごと》キハ独《ひと》リ朕カ忠良《ちゅうりょう》ノ臣民タルノミナラズ又以テ爾《なんじ》祖先ノ遺風《いふう》ヲ顕彰《けんしょう》❾スルニ足《た》ラン

斯《こ》ノ道ハ実ニ我カ皇祖皇宗ノ遺訓《いくん》ニシテ子孫臣民ノ倶《とも》ニ遵守《じゅんしゅ》スヘキ所之《これ》ヲ古今ニ通《つう》シテ謬《あやま》ラス❿之ヲ中外《ちゅうがい》ニ施《ほどこ》シテ悖《もと》ラス朕爾臣民ト倶《とも》ニ拳々服膺《けんけんふくよう》⓫シテ咸其《みなその》徳ヲ一《いつ》ニセンコトヲ庶幾《こいねが》フ

明治二十三年十月三十日

御名《ぎょめい》　御璽《ぎょじ》⓬

『官報《かんぽう》』

し、天地とともに滅びることのない皇室の運命を助けねばならない。このことは朕の忠実な臣民というだけではなく、おまえたち祖先の遺《のこ》した道徳を世間に知らせることでもある。

これらのことは、我が天皇の歴代の先祖の遺した教訓で、その子孫である朕と臣民がともに守らねばならないことで、昔から今まで誤りがなく、日本だけでなく外国で実施しても道理に反することはない。朕はおまえたち臣民とともによく心に銘記して必ず守り、その徳を第一のものにしたいと願っている。

明治二十三年十月三十日

御名　御璽

解説　はじめての帝国議会の開設直前、一八九〇年十月に**「教育勅語《きょういくちょくご》」**は発布された。その内容は天皇への**忠誠《ちゅうせい》**を最高の道徳的価値とし、国家の危機になれば国家に尽くし皇室を守る「忠君愛国《ちゅうくんあいこく》」を説いている。これらを教育における根本的な規範《きはん》とするものであった。発布とともに勅語の謄本《とうほん》が天皇・皇后の写真（**「御真影《ごしんえい》」**）とともに各学校に配布された。祝祭日や学校行事の際には勅語の奉読《ほうどく》、「御真影」の拝礼《はいれい》などが行われ天皇の権威化が図られた。これに反対する者は糾弾《きゅうだん》され、たとえば一八九一年、第一高等中学校教師の**内村鑑三《うちむらかんぞう》**が始業式で勅語に対し「拝礼」しなかったことで多くの批判を受け、職を追われた。

二　戊申詔書《ぼしんしょうしょ》

朕《ちん》惟《おも》フニ方今《ほうこん》❶人文《じんぶん》❷日ニ就《な》リ月ニ将《すす》ミ、東西相倚《あいよ》リ彼此《ひし》相済《あいすま》シ以《もっ》テ其《そ》ノ福利《ふくり》ヲ共ニス。朕ハ爰《ここ》ニ益々《ますます》国交ヲ修《おさ》メ友義《ゆうぎ》ヲ惇《あつ》シ、列国ト与《とも》ニ永ク其ノ慶《よろこび》ニ頼《よ》ラムコトヲ期《き》ス。顧《かえり》ミルニ日進ノ大勢ニ伴《ともな》ヒ、文明ノ恵沢《けいたく》❸ヲ共ニセムトスル。固《もと》ヨリ内《うち》国運ノ発展ニ須《ま》ツ。戦後❹日尚《なお》浅ク庶政《しょせい》❺益々更張《こうちょう》ヲ要ス。宜《よろし》ク上下《しょうか》心ヲ一《いつ》ニシ忠実業ニ服シ勤倹《きんけん》産ヲ治《おさ》メ、惟《こ》レ信《しん》惟レ義、醇厚《じゅんこう》❻俗《ぞく》ヲ成《な》シ華《か》ヲ去リ実ニ就《つ》キ荒怠《こうたい》❼相誡《あいいまし》メ、自彊《じきょう》❽息《や》マサルヘシ。

❽**天壌無窮ノ皇運**　天地とともに滅びることのない天皇家の運命。
❾**爾祖先ノ遺風ヲ顕彰**　おまえたち祖先の遺した道徳を世間に知らせる。
❿**古今ニ通シテ謬ラス**　昔から今まで誤りなく。
⓫**拳々服膺**　心に銘記し必ず守ること。
⓬**御名御璽**　天皇が署名し、印を押した。

出典◉『**官報**』本書三八四ページ参照。

◀戊申詔書
❶**方今**　現在。
❷**人文**　文明。
❸**恵沢**　恩恵を受ける。
❹**戦後**　日露戦争後。
❺**庶政**　政治。
❻**醇厚**　厚い人情。
❼**荒怠**　すさむこと。
❽**自彊**　努力。

抑々《そもそも》我カ神聖《しんせい》ナル祖宗《そそう》❾ノ遺訓《いくん》ト我カ光輝《こうき》アル国史ノ成跡《せいせき》トハ炳《へい》❿トシテ日星ノ如《ごと》シ。寔《まこと》ニ克《よ》ク恪守《かくしゅ》シ淬礪《さいれい》⓫ノ誠ヲ輸《いた》サハ国運発展ノ本《もと》近ク斯《これ》ニ在《あ》リ。朕ハ方今ノ世局ニ処シ我カ忠良ナル臣民《しんみん》ノ協翼《きょうよく》ニ倚藉《いしゃ》⓬シテ維新ノ皇猷《こうゆう》⓭ヲ恢弘《かいこう》⓮シ祖宗ノ威徳《いとく》ヲ対揚《たいよう》⓯セムコトヲ庶幾《こいねが》フ。爾《なんじ》臣民其《そ》レ克《よ》ク朕カ旨《むね》ヲ体《たい》セヨ。

『官報』

解説

日露戦争後、増税や出兵による農村の疲弊、都市での貧民問題、労働運動・社会主義運動の広がり、個人主義の台頭など新しい事態が起こる。これに対し第二次桂太郎《かつらたろう》内閣は、一九〇八年十月十三日**戊申詔書**《ぼしんしょうしょ》を出して国民に**勤勉**《きんべん》**と勤倹**《きんけん》を求め、忠良《ちゅうりょう》な臣民たることを求めた。この理念を実現すべく、町村財政の再建・生産力向上のための農事改良を目指す**地方改良運動**が内務省主導のもと進められた。

❾**祖宗** 天皇の先祖。
❿**炳** 明らか。
⓫**淬礪** 能力をとぎ、みがくこと。
⓬**倚藉** 頼む。
⓭**皇猷** 天皇の計画。
⓮**恢弘** おしひろげていくこと。
⓯**対揚** 称賛。

出典◉**『官報』** 本書三八四ページ参照。

三 文明史観――田口卯吉『日本開化小史』

夫《そ》れ人の社会に仲間入《いり》するものは素《も》と其便《そのべん》を得て一生を快楽ならしめんが為《た》めならずや、各々自ら其利《そのり》を計《はか》りて労作し、害を他に及ぼさゞれば其事已《や》まんのみ、素より国を立てば何ぞ報国を要せん、素より君臣なし、何ぞ忠義を知らん、素より君統なし、何ぞ親権を用ひん、人々善を為《な》さず人々悪を為さず、善悪邪正《ぜんあくじゃせい》の教長く跡を人間社会に絶《た》たん、人間社会たるもの宜《よろ》しく此《かく》の如《ごと》くなるべし、是余《これよ》が人間社会の正状と称する所也。……**凡《およ》そ開化の進歩するは社会の性なることを知るべし**。譬《たと》へば王朝の時の如く門地《もんち》❶の貴賤《きせん》を論ずるの弊甚《へいはなはだ》しきときは、各地封建の勢を発して以《もっ》て自由を求め、足利《あしかが》氏の季世《きせい》❷の如《ごと》く封建戦国の禍乱《からん》に陥《おちい》れば、終《つい》に集合して太平を致さんことを求め、既《すで》に太平を致すの後は、文学より技芸より凡《およそ》百の事に至るまで皆《みな》進歩せしめて、以て人々の生涯を快楽ならしめんことを求む。社会の動く所常に此《かく》の如し、英雄豪傑《ごうけつ》の為す所、或《あるい》は其勢を早め或は之《これ》を遅延《ちえん》せしむるに過ぎざるなり。嗚呼此理《ああこのり》を擁《よう》して将来を察

◀**文明史観**
❶**門地** 出身。
❷**季世** 末世。

出典◉**『日本開化小史』** 古代から廃藩置県までの歴史を田口卯吉が論じたもので、一八七七（明治十）年から八二年にかけて刊行された。

せば我国前途の事また予知することを得べきなり。且《か》つ夫《そ》れ社会の発達は他の有機諸物の発達と異ならず。

『日本開化小史《にほんかいかしょうし》』

解説 **田口卯吉《たぐちうきち》『日本開化小史《にほんかいかしょうし》』**は、ギゾー『ヨーロッパ文明史』やバックル『英国文明史』から影響を受けながら、神代《じんだい》から明治維新に至る日本の歴史を**「開化」**の歴史として描いた。引用した部分にも表れているように、社会が「開化」に至る歴史の道筋は、英雄や豪傑《ごうけつ》の力によるものではなく、他の有機物の進化と同様だとした。また、同書は貨財《かざい》の集積と人心の進歩との関係から「開化」への道程を解釈するという特徴を持っていた。つまり歴史の発展を経済の発達が支えるという理解であり、このような歴史の見方はそれまでの日本の歴史書にない新しいもので、驚きをもって迎えられた。

2 近代文学の形成

一 坪内逍遥《つぼうちしょうよう》『小説神髄《しょうせつしんずい》』

小説の主脳《しゅのう》❶は人情なり、世態風俗《せたいふうぞく》これに次《つ》ぐ。人情とはいかなるものをいふや。曰《いわ》く、人情とは人間の情欲にて、所謂《いわゆる》百八煩悩《ぼんのう》❷是《こ》れなり。……此《この》人情の奥を穿《うが》ちて、所謂賢人君子《けんじんくんし》はさらなり❸老若男女《ろうにゃくなんにょ》、善悪正邪《せいじゃ》の心の中《うち》の内幕《うちまく》をば洩《もら》す所なく描きいだして周密精到《しゅうみつせいとう》、人情を灼然《しゃくぜん》❹として見えしむるを、我が小説家の務《つと》めとはするなり。よしや人情を写せばとて、其《その》皮相《ひそう》のみを写したるものは、未《いま》だ之《これ》を真の小説とはいふべからず。其骨髄《こつずい》を穿《うが》つに及びて、はじめて小説たるを見るなり。

『小説神髄《しょうせつしんずい》』

◀坪内逍遥『小説神髄』
❶**主脳** 中心。
❷**百八煩悩** 仏教でいう人間の悩み。
❸**さらなり** もとより。
❹**灼然** 明らかに。

出典◉『小説神髄』 坪内逍遥が二十六歳のとき、一八八五（明治十八）年に執筆した近代文学論。

二 樋口一葉《ひぐちいちよう》『たけくらべ』

正太《しょうた》は恐る恐る枕もとへ寄つて、美登利《みどり》さんどうしたの病気なのか心持が悪いのか全体どうしたの、とさのみは❶摺寄《すりよ》らず膝《ひざ》に手を置いて心ばかりを悩ますに、美登利は更に答へも無く押ゆる袖にしのび音の涙、まだ結ひこめぬ前髪の毛の濡《ぬ》れて見ゆるも子細《わけ》ありとはしるけれど、子供心に正太は何と慰《なぐさ》めの言葉も出ず唯《ただ》ひたすらに困り入るばかり、全体何がどうしたのだらう、己《お》れはお前に怒られる事はしもしないに、何がそんなに腹が立つの、と覗《のぞ》き込んで途方にくるれば、美登利は眼を拭《ぬぐ》ふて正太さん私は怒つてゐるのでは有りません。

それならどうしてと問はれれば憂《う》き事❷さまざまこれはどうでも話しのほかの包ましさなれば、誰れに打明けいふ筋ならず、物言はずして自《おの》づと頬《ほほ》の赤うなり、さして何とは言はれねども次第次第に心細き思ひ、すべて昨日の美登利の身に覚えなかりし思ひをまうけて物の恥かしさ言ふばかりなく、成事《なること》ならば薄暗き部屋のうちに誰れとて言葉をかけもせず我が顔ながむる者なしに一人気ままの朝夕を経たや、さらばこの様の憂き事ありとも人目つつましからずはかくまで物は思ふまじ、何時までも何時までも人形と紙雛《あね》さまとをあひ手にして飯事《ままごと》ばかりしてゐたらばさぞかし嬉しき事ならんを、ゑゑ厭《い》や厭や、大人に成るは厭やな事、何故《なぜ》このやうに年をば取る、もう七月十月《ななつきとつき》、一年も以前《もと》へ帰りたいにと老人《としより》じみた考へをして、正太の此処《ここ》にあるをも思はれず、物いひかければ悉《ことごと》く蹴ちらして、帰つておくれ正太さん、後生《ごしょう》だから帰つておくれ、お前が居ると私は死んでしまふであらう……

『たけくらべ』

◀樋口一葉『たけくらべ』

❶**さのみは**　それほどは。

❷**憂き事**　つらいこと。

出典◉『**たけくらべ**』　樋口一葉が一八九五～九六年に『文学界』に連載した短編小説。

設問10

1❶一～二を読み、政府はどのような国民を求めたのか、まとめてみよう。

2❷一～二を読み、近代文学はどのような特徴を持つのか、まとめてみよう。

解説

坪内逍遥《つぼうちしょうよう》『**小説神髄**《しょうせつしんずい》』(一)は、西洋文学の理論をもとに、江戸時代の儒教道徳に基づく勧善懲悪《かんぜんちょうあく》小説を批判し、文学とは道徳的・政治的イデオロギーに左右されず、人情すなわち人間の情欲、煩悩《ぼんのう》を客観的に描くべきだと主張した。坪内の影響を受けつつ、一八九〇年代には人間の感情や個性の動きを重んじる**ロマン主義**が日本で盛んになる。**北**《きた》**村透谷**《むらとうこく》らの雑誌『文学界』がその拠点のひとつとなり、**樋口一葉**《ひぐちいちよう》『**たけくらべ**』(二)も同誌に掲載された。

史料は、吉原《よしわら》で遊女になる運命の少女・美登利《みどり》が、いよいよ遊女になる準備をはじめたころ、友人の正太郎《しょうたろう》と話をする場面である。美登利が「心細き思ひ」を抱えた具体的な理由は描かれておらず解釈が分かれているが、その揺れ動く心の描写が印象的である。

第11章 大正デモクラシーと協調外交の展開

1 大正政変と第一次世界大戦

1 第一次護憲運動（尾崎行雄《おざきゆきお》❶の桂内閣弾劾《だんがい》演説）

彼等❷は常に口を開けば、直《ただち》に忠愛を唱へ、恰《あたか》も忠君愛国は自分の一手専売《いってせんばい》の如《ごと》く唱へてありますが、其為《そのな》すところを見れば、常に玉座《ぎょくざ》❸の蔭《かげ》に隠れて、政敵を狙撃《そげき》するが如き挙動《きょどう》を執《と》って居《お》るのである。（拍手起る）**彼等は玉座を以《もっ》て胸壁《きょうへき》❹となし、詔勅《しょうちょく》を以て弾丸に代へて政敵を倒さんとするものではないか。**此《かく》の如きことをすればこそ、身既《すで》に内府《ないふ》❺に入って、未《いま》だ何をも為さざるに当りて、既に天下の物情騒然としてなか〳〵静まらない。……又其内閣総理大臣の地位に立って、然《しか》る後政党❻の組織に着手《ちゃくしゅ》すると云《い》ふが如きも、彼の一輩《いっぱい》が如何《いか》に我憲法を軽く視《み》、其精神のあるところを理解せないかの一斑《いっぱん》が分《わか》る。

『官報《かんぽう》』

◀第一次護憲運動

❶**尾崎行雄**　一八五八～一九五四。神奈川県出身。号は咢堂《がくどう》。慶応義塾中退後、新聞記者となり、立憲改進党の創立に参加。第一回総選挙で衆議院議員となり、以後二十五回連続当選。第一次護憲運動では桂太郎内閣打倒の先頭に立った。政党政治家として長期にわたって活躍し、憲政の神様と称された。

❷**彼等**　桂太郎や山県有朋をはじめとする藩閥勢力を指している。

❸**玉座**　天皇の座るところ。ここでは天皇そのものを象徴している。

❹**胸壁**　砦、要塞。弾よけ。

❺**内府**　内大臣。天皇の側近として常侍輔弼《じょうじほひつ》にあたる宮中の官職。

❻**政党**　ここでは立憲同志会のこと。一九一三年一月、桂太郎が第一次護憲運動に対抗するために結成した。立憲国民党の約半数と中央倶楽部の議員を中心としている。一九一六年、憲政会に改組。

解説

日露戦争後、新たな国際情勢に対応するため、軍部が中心となって帝国国防方針を策定し、軍備の増強を進めた。一九一二年には、陸軍が**二個師団《しだん》の増設**を要求したが、第二次西園寺公望《さいおんじきんもち》内閣は財政難を理由にこれを拒否した。陸軍は、陸軍大臣上原勇作《ゆうさく》に帷幄上奏《いあくじょうそう》（閣議を経ずに天皇に上奏すること）・単独辞任を実行させ、後任の推薦を拒否して、西園寺内閣を総辞職に追い込んだ。つづいて長《ちょう》州閥《しゅうばつ》で陸軍出身の桂太郎《かつらたろう》が第三次内閣を組織したが、桂は内大臣兼侍従長《じじゅうちょう》に就任したばかりであったため、**宮中《きゅうちゅう》・府中《ふちゅう》の別**を乱すものとして批判された。一九一三年二月五日衆院本会議での**尾崎行雄《おざきゆきお》**の「内閣弾劾《だんがい》決議案」提案演説は、桂らが**詔勅《しょうちょく》の乱発**などで事態の収拾を図ろうとしていることを痛烈に批判している。「**閥族打破《ばつぞくだは》、憲政擁護《けんせいようご》**」を掲げる倒閣運動は全国に燃え広がり、政府系新聞社や交番を襲撃する**都市民衆騒擾《そうじょう》**も起こった。十日には数万の群衆が議事堂を包囲し、翌十一日、桂内閣は総辞職した。民衆の直接行動が内閣を倒した最初の事例である。次の山本権兵衛《ごんべえ》内閣は、「**軍部大臣現役武官制**《ぐんぶだいじんげんえきぶかんせい》」を修正し、軍部大臣の資格を予備役《よびえき》、後備役《こうびえき》の将官にまで広げたが、実際には現役以外の将官が陸海軍大臣になることはなかった。

出典◉『官報』号外、一九一三年二月六日発行。本書三八四ページ参照。

2 第三次桂内閣初閣議での桂首相の発言

……抑《そもそも》立憲ノ要義ニ於《おい》テ、内閣大臣輔弼《ほひつ》❶ノ責任ハ瞭々火ヲ見ルカ如ク一毫其《その》疑ヲ存セスト雖《いえども》、従来ノ慣行或《あるい》ハ政事ヲ閣外ノ元勲《げんくん》❷ニ私議シ、殆《ほとんど》後進カ先輩ニ対スル一ノ礼譲《れいじょう》❸視スルノ観ヲ呈シ、随《したがっ》テ一面ハ元勲ニ累《るい》ヲ嫁《か》スルノ嫌ヲ生シ、一面ハ閣臣タル自家ノ本領ヲ忘ル、ガ如キモノアリ。**由来国家又ハ個人ニシテ功臣元勲ニ優礼尊重ヲ為スハ其道別ニ存セリ。今日時世ノ進運ニ於テ豈《あに》如此《かくのごとき》ノ習慣ヲ継続スルヲ得ヘケンヤ。**故ニ太郎❹就任ノ初ニ於テ深之ヲ鑑《かんが》ミ此微《び》衷《ちゅう》❺ヲ元勲諸氏ノ聡明ニ訴ヘシニ、深ク之《これ》ヲ諒トシ、将来ハ閣臣進テ此弊《このへい》ヲ廃スヘシ、元勲モ亦《また》喜テ之ヲ避クヘキヲ以テ互ニ誓言セリ。

『桂太郎《かつらたろう》関係文書』

◀第三次桂内閣初閣議での桂首相の発言

❶**輔弼** 大日本帝国憲法第五十五条に定められた、天皇の大権行使に対する国務大臣らの助言のこと。

❷**元勲** 明治維新や明治国家形成に指導的役割を果たした薩長両藩出身の政治家。

❸**礼譲** へりくだること。

❹**太郎** 桂太郎。

❺**微衷** 自分の本心・真心をへりくだっていう語。

出典◉『**桂太郎関係文書**』千葉功編。二〇一〇年刊。東京大学出版会。引用部分は桂太郎宛の渡辺千秋《ちあき》宮内大臣の書翰《しょかん》中に「別紙」として封入されていた文書。

解説

一九一二（大正元）年十二月、二個師団《しだん》増設問題で第二次西園寺公望《さいおんじきんもち》内閣が倒れ、第三次桂太郎《かつらたろう》内閣が発足した。**第一次護憲運動**がまさに展開されようとしていた中で開かれた初閣議で、桂は、立憲制の真髄《しんずい》は国務大臣の**輔弼**《ほひつ》にあるとし、政治上の判断について山県有朋《やまがたありとも》をはじめとする元勲《げんくん》に相談する習慣を改めるべきことを述べている。さらに、そうした意図を元勲に説明したところ、元勲らは深く納得したとしている。こうして桂は、山県ら元老の政治介入を牽制しつつ、立憲政友会や立憲国民党からの脱党者を加えて新政党（**立憲同志会**）を発足させることを目指した。大正政変では藩閥《はんばつ》勢力として打倒対象となった桂内閣ではあるが、桂自身に即して見た場合、**元老**《げんろう》の影響力から脱しようとしていた姿勢もまた見受けられるのである。

設問1 ❶日露戦争後、❶と❷ではどのような意見が出されたのかまとめてみよう。❷桂内閣に対する評価が❶と❷では異なっている理由を考えてみよう。

3 元老井上馨《かおる》❶の進言

一、今回欧州ノ大禍乱《からん》ハ、日本国運ノ発展ニ対スル大正新時代ノ天祐《てんゆう》❷ニシテ日本国ハ直《ただち》ニ挙国一致《きょこくいっち》ノ団結ヲ以《もっ》テ、此《この》天祐ヲ享受《きょうじゅ》セザルベカラズ。

一、此戦局《このせんきょく》ト共ニ、英・仏・露ノ団結一致ハ更《さら》ニ強固ニナルト共ニ、日本ハ右三国ト一致団結シテ、茲《ここ》ニ東洋ニ対スル日本ノ利権ヲ確立セザルベカラズ。

『世外井上公伝《せがいいのうえこうでん》』

解説　一九一四年、第一次世界大戦が勃発すると、日本は**日英同盟**を理由に参戦した。イギリスは戦域を限定しての参戦を望んだが、日本は拒否し、ドイツの勢力範囲であった中国山東《さんとう》省や赤道以北の**ドイツ領南洋諸島**を攻撃して、支配下におさめた。元老《げんろう》井上馨《かおる》は、第一次世界大戦は日本がアジアでの利権を拡張させるまたとない機会であり、日本の国際的地位を上昇させる好機と捉えていた。当時、日本国内では海軍の汚職事件（ジーメンス事件）や大規模な廃税運動が起こるなど、政府批判が強まっている状況にあったが、井上は挙国一致でこの時局に当たるべきであると主張している。

◀元老井上馨の進言

❶**井上馨**　一八三五～一九一五。号は世外《せがい》。長州藩士の家に生まれ、幕末は倒幕運動に奔走した。維新後は第一次伊藤博文内閣の外相として条約改正に取り組むなど、要職を歴任し、元老の一員として国政に強い影響力を持った。

❷**大正新時代ノ天祐**　新天皇（大正天皇）の時代の幕開けを飾る、天からの助け。

出典◉『**世外井上公伝**』　井上馨の伝記。伝記編纂会編。全五巻。一九三三～三四年刊。引用した部分は、一九一四年八月八日付の大隈重信《おおくましげのぶ》首相と元老山県有朋《やまがたありとも》宛ての書簡。

4 対中国二十一か条の要求

第一号❶（前文略）

第一条　支那国《しなこく》政府ハ、独逸《ドイツ》国カ山東省《さんとうしょう》ニ関シ条約其他《そのた》ニ依《よ》リ支那国ニ対シテ有スル一切《いっさい》ノ権利利益❷譲与《じょうよ》等ノ処分ニ付《つき》、日本国政府カ独逸国政府ト協定スヘキ一切ノ事項ヲ承認スヘキコトヲ約ス

第二号❸　日本国政府及支那国政府ハ、支那国政府カ、南満州及東部内蒙古《うちもうこ》ニ於《お》ケル日本国ノ優越ナル地位ヲ承認スルニヨリ、茲《ここ》ニ左ノ条款《じょうかん》ヲ締約《ていやく》セリ

◀対中国二十一か条の要求

❶**第一号**　山東省を日本の勢力範囲に置く要求（全四か条）。

❷**独逸国力……権利利益**　日清戦争後、ドイツが中国から得た諸権益。膠州《こうしゅう》湾の租借権や膠済鉄道・同沿線鉱山などの権益。

❸**第二号**　日本の南満洲《みなみまんしゅう》の権益の拡大と、東部内蒙古《うちもうこ》における新たな権益獲得の要求（全七か条）。

第一条　両締約国ハ、旅順《りょじゅん》・大連《だいれん》租借《そしゃく》期限竝《ならびに》南満州及安奉《あんぽう》両鉄道❹各期限ヲ、何《いず》レモ更《さら》ニ九十九ヶ年ツツ延長スヘキコトヲ約ス

第七条　支那国政府ハ、本条約締結ノ日ヨリ九十九ヶ年間日本国ニ吉長鉄道ノ管理経営ヲ委任ス

第三号❺（前文略）

第一条　両締約国ハ、将来適当ノ時機ニ於《おい》テ漢冶萍公司《かんやひょうコンス》❻ヲ両国ノ合弁《ごうべん》トナスコト……ヲ約ス

第四号❼（前文略）

支那国政府ハ、支那国沿岸ノ港湾及島嶼《とうしょ》ヲ他国ニ譲与シ若《も》クハ貸与《たいよ》セサルヘキコトヲ約ス

第五号❽

一、**中央政府ニ政治財政及軍事顧問《こもん》トシテ有力ナル日本人ヲ傭聘《ようへい》セシムルコト**

三、……此際《このさい》必要ノ地方ニ於ケル警察ヲ日支合同トシ、又ハ此等《これら》地方ニ於ケル支那警察官庁ニ多数ノ日本人ヲ傭聘セシメ、以テ一面支那警察機関ノ刷新《さっしん》確立ヲ図ルニ資《し》スルコト

六、福建省《ふっけんしょう》ニ於ケル鉄道、鉱山、港湾ノ設備（造船所ヲ含ム）ニ関シ、外国資本ヲ要スル場合ニハ先《ま》ツ日本ニ協議スヘキコト

『日本外交年表竝《ならびに》主要文書』

❹**南満州及安奉両鉄道**　南満州鉄道（満鉄）が経営する鉄道路線。

❺**第三号**　漢冶萍公司の日中合弁会社化などの要求（全二か条）。

❻**漢冶萍公司**　鉄鉱石・コークス・銑鉄《せんてつ》・鋼材を一貫生産する中国の企業。一九〇八年設立。当時の中国では唯一の製鉄会社で、日本は多額の借款《しゃっかん》を与えるなどして、合弁を目指していた。

❼**第四号**　中国沿岸部の他国への不割譲の要求（一か条）。

❽**第五号**　中国政府を日本の影響下に置く要求（全七項目）。希望条項として秘密交渉に委ねられた。

出典◉『日本外交年表竝主要文書』
本書三四七ページ参照。

解説

一九一五（大正四）年一月、第二次**大隈《おおくま》重信《しげのぶ》**内閣は、中国の**袁世凱《えんせいがい》**政府に対して、五号二十一か条からなる要求を突きつけた。いずれも中国の主権を著しく侵害《しんがい》する内容であった。第五号については、日本は秘密裏に交渉を進めようとしたが、中国のみならずアメリカ、イギリスからの強い反対を受けたため、後に撤回している。日中間の交渉は長期化したが、日本は軍事力を背景に最後通牒《つうちょう》を発し、第五号以外のほとんどの要求項目を中国にのませた。中国政府は、五月七日の最後通牒通告日と同九日の要求受諾日を**「国恥《こくち》記念日」**と定め、中国民衆も抗議運動を展開した。一九年のパリ講和会議で中国は要求の取り消しを求めたが、受け入れられなかったため、五月四日の北京の学生ら約三〇〇〇人による抗議行動を皮切りに、反日運動が全国で燃え上がった（**五・四運動**）。

5 石井・ランシング協定

合衆国及《およ》日本国政府ハ、領土相《あい》近接スル国家ノ間ニハ特殊ノ関係ヲ生《しょう》スルコトヲ承認ス。**従《したが》テ合衆国政府ハ日本国カ支那《しな》ニ於《おい》テ特殊ノ利益❶ヲ有スルコトヲ承認ス**。日本ノ所領ニ接壌《せつじょう》セ❷ル地方ニ於テ殊《こと》ニ然《しか》リトス。尤《もっと》モ支那ノ領土主権ハ完全ニ存在スルモノニシテ、合衆国政府ハ、日本国カ其《そ》ノ地理的位置ノ結果右特殊ノ利益ヲ有スルモ、他国ノ通商ニ不利ナル偏頗《へんぱ》❸ノ待遇《たいぐう》ヲ与ヘ、又ハ条約上支那ノ従来他国ニ許与《きょよ》セル商業上ノ権利ヲ無視スルコトヲ欲スルモノニ非《あら》サル旨《むね》ノ日本国政府累次《るいじ》ノ保障ニ全然信頼ス。……右両国政府ハ常ニ、**支那ニ於テ所謂《いわゆる》門戸開放又ハ商工業ニ対スル機会均等ノ主義ヲ支持スルコトヲ声明ス**。

『日本外交年表竝《ならびに》主要文書』

解説

第一次世界大戦に日本が参戦し、中国での利権を拡大したことは、欧米列強による強い警戒を招いた。一九一七年十一月、日本特派大使**石井菊次郎**《きくじろう》と米国務長官**ロバート＝ランシング**との間で調印されたこの協定は、中国をめぐる日米両国の利害調整を狙ったものであった。この協定で日本は、二十一か条の要求で中国に認めさせた諸権益の承認をアメリカに要求し、アメリカは、中国における**領土保全・門戸開放**《もんこかいほう》の原則を認めるよう日本に要求した。協定内容の解釈は両国で一致せず、中国の国権回復の要求も事実上無視されていた。一九二二年、「**九か国条約**」（→四三四ページ）の締結《ていけつ》によって、協定は破棄《はき》された。

◀石井・ランシング協定

❶特殊ノ利益 日本の中国に対する諸権益。日本側が政治的な要素も含めて解釈するのに対し、アメリカ側はもっぱら経済的なものとみなしており、解釈の相違があった。

❷接壌セル 近接する。

❸偏頗 不公平。

出典◉**『日本外交年表竝主要文書』** 本書三四七ページ参照。

設問2 **1**日本はなぜ第一次世界大戦に参戦したのだろうか。**2**❸～❺を読み、第一次世界大戦中、日本は諸外国に対してどのような対応を取ったか、ドイツ・中国・アメリカに分けてまとめてみよう。

2 民本主義の展開と社会運動の高揚

1 美濃部達吉《みのべたつきち》の天皇機関説

美濃部達吉の天皇機関説

……君主主権主義といひ国民主権主義といふは、唯《ただ》国の憲法上の主義の問題であって、即《すなわ》ち国の政体❶の差異に外《ほか》ならぬ。その何《いず》れの主義を取るかを問はず、**統治権は常に国家に属する権利であって、国家のみが統治権の主体である。**❷ 国民主権主義を取るとしても、国民は国家の機関として統治を行ふのであり、君主主権主義に於いても亦《また》**君主は国家の機関として統治の最高の源たるのである。**……わが憲法に於ける立憲主義❸の根柢《こんてい》を為《な》して居《お》る思想は、殊《こと》に三点を挙げることが出来る。第一に、立憲政治は国民の翼賛《よくさん》に依《よ》る政治である。統治権は君主之《これ》を専行したまふのではなく、国民の同意を得て行はせらるゝことが、立憲君主政の専制君主政と区別せらるゝ第一の要点である。❹ ……第二に、立憲政治は責任政治である。統治権の総《すべ》ての作用が責任者あることを要し、国民及びその代表者としての議会が其の責任を質《ただ》し、其《そ》の作用に付いて批評し弁難《べんなん》し得る❺ことが、立憲政治の専制政治と異なる第二の要点である。……第三に、立憲政治は法治政治である。法治主義とは国民各個人の権利義務が法律を以て一定せられ行政権も司法権も法律に従ってのみ行はれ得べきものとせらるることを意味する。……

『逐条《ちくじょう》・憲法精義《けんぽうせいぎ》』

❶政体　統治権の運用形態。

❷統治権は……主体である　美濃部達吉の学説では、統治権の主体は君主や国民ではなく、法人である国家にあるとされている。

❸立憲主義　憲法によって政治権力の専制化や政治の恣意的支配を制限しようとする思想、制度。

❹統治権は……第一の要点である　憲法上天皇は統治権の総攬者とされているが、統治権の行使にあたっては、国民の同意が必要だと捉えている。普通選挙制・政党内閣制を正当化する考え方。

❺統治権の……弁難し得る　統治権の行使を支える責任を持つ者を批判する権利が国民にある、と主張している。天皇の出す詔勅の批判であっても、国務大臣の責任を問うに過ぎないので可能となる。

出典◉『逐条・憲法精義』　大日本帝国憲法に関する立憲主義的解釈論を体系的に展開した美濃部達吉の主著。一九二七年刊。

解説

天皇機関説《きかんせつ》は、東京帝国大学教授の**美濃**《みの》**部達吉**《べたつきち》（一八七三〜一九四八）が、天皇の神格的超越性を否定した師・一木喜徳郎《いちききとくろう》や、ドイツの法学者イェネリックの国家法人説の影響を受けて確立した学説である。天皇を主権者ではなく、法人である国家の最高機関とみなす内容で、日露戦争後に打ち立てられた。**天皇主権説**を唱える**上杉慎吉**《うえすぎしんきち》らと激しい論争を展開したが、大正期には、美濃部の学説が学界でも広く支持されるようになった。美濃部は、**治安維持法**批判や**ロンドン海軍軍縮条約**支持など、政治評論の分野でも活躍したが、一九三五（昭和十）年には軍部や右翼から天皇機関説が国体に反するとの批判を受け、**不敬罪**で訴えられたほか、著書も発売禁止となり、貴族院議員を辞職した。**岡田啓介**《おかだけいすけ》内閣は同年、**国体明徴**《こくたいめいちょう》**声明**《せいめい》を出し、天皇機関説を明確に否定した。

2 民本《みんぽん》主義の提唱

民本《みんぽん》主義❶という文字は、日本語としては極《きわ》めて新しい用例である。従来は民主主義という語を以《もっ》て普通に唱えられておったようだ。時としてはまた民衆主義とか、平民主義とか呼ばれたこともある。しかし民主主義といえば、社会民主党などという場合におけるが如《ごと》く、「国家の主権は人民にあり」という危険なる学説と混同され易《やす》い。また平民主義といえば、平民と貴族とを対立せしめ、貴族を敵にして平民に味方するの意味に誤解せらるるの恐れがある。独り民衆主義の文字だけは、以上の如き欠点はないけれども、民衆を「重んずる」という意味があらわれない嫌《きら》いがある。我々が視て以て憲政の根柢《こんてい》となすところのものは、**政治上一般民衆を重んじ、その間に貴賤《きせん》上下の別を立てず、しかも国体の君主制たると共和制たるとを問わず、普《あま》ねく通用するところの主義**たるが故に、民本主義という比較的新しい用語が一番適当であるかと思う。……〔民本主義の〕定義は自ら二つの内容を我々に示す。一つは政権運用の目的即《すなわ》ち「政治の目的」が一般民衆の利福《りふく》に在《あ》るということで、他は政権運用の方針の決定即ち「政策の決定」が一般民衆の意嚮《いこう》❷に拠《よ》るということである。……これ実に民本主義の要求する二大綱領である。

『吉野《よしの》作造《さくぞう》評論集《ひょうろんしゅう》』

◀民本主義の提唱

❶**民本主義**　デモクラシーの訳語として用いられた概念。主権を明示していない点で、民主主義とは異なる。民本主義という用語自体は明治末年から黒岩涙香《くろいわるいこう》や茅原崋山《かやはらかざん》など一部の知識人が使用していたが、吉野作造によって大きく広められ、一世を風靡《ふうび》した。

❷**意嚮**　意向。

出典◉『吉野作造評論集』　吉野の主要な政治評論を収めたもの（岩波文庫）。岡義武《おかよしたけ》編。一九七五年刊。

解説

一九一六（大正五）年一月、政治学者で東京帝国大学教授の**吉野作造**《よしのさくぞう》（一八七八～一九三三）は、『中央公論《ちゅうおうこうろん》』誌上に「憲政の本義を説いて其有終《そのゆうしゅう》の美《び》を済《な》すの途《みち》を論《ろん》ず」を発表した（引用史料）。同論文で吉野は、政治の目的が一般民衆の利福にあること、政策決定が民衆の意向に基づくべきであることを主張した。人民主権の立場をとらなかったことから社会主義者たちの批判を受けたが、大日本帝国憲法の枠内で立憲政治を実現することを試みたその主張は、**男性普通選挙制**を前提とした政党内閣主義、議会中心主義を追求したものであり、「**大正デモクラシー**」の思潮を牽引《けんいん》する役割を果たすものであった。

3 女性運動の高揚

一 青鞜社《せいとうしゃ》宣言❶

元始《げんし》、女性は実に太陽であつた。真正《しんせい》の人であつた。

今、女性は月である。他に依《よ》つて生き、他の光によつて輝く、病人のやうな蒼白《あおじろ》い顔の月である。

偖《さ》てこゝに「青鞜《せいとう》」は初声《うぶごえ》を上げた。

現代の日本の女性の頭脳と手によつて始めて出来た「青鞜」は初声を上げた。……

私共は隠《かく》されて仕舞《しま》つた我が太陽を今や取戻《とりもど》さねばならぬ。

「隠れたる我が太陽を、潜《ひそ》める天才を発現せよ」とは私共の内に向つての不断《ふだん》の叫声《さけび》、押《おさ》へがたく消しがたき渇望《かつぼう》、一切《いっさい》の雑多な部分的本能の統一せられたる最終の全人格的の唯一《ゆいいつ》本能である。……　最早《もはや》女性は月ではない。

其日《そのじつ》は、女性は矢張《やは》り元始の太陽である。真正の人である。

『平塚《ひらつか》らいてう評論集』

解説　**青鞜社《せいとうしゃ》**は、一九一一（明治四十四）年六月、**平塚《ひらつか》らいてう**（一八八六～一九七一）とその同窓生である**与謝野晶子《よさのあきこ》**、長谷川時雨《はせがわしぐれ》、野上弥生子《のがみやえこ》、田村俊子《たむらとしこ》らで結成した、女性の文芸団体である。社則には、「女流文学の発達を計り他日女流の天才を産む」が掲げられた。機関誌である『青鞜』創刊号には、平塚の「元始、女性は太陽であつた」が掲載され、女性の自由解放を高らかに宣言している。青鞜社に集《つど》った人々は当初「新しい女」として批判と嘲笑《ちょうしょう》の対象となったが、女性の社会的差別についての評論を掲載するなど、先進的な議論を展開した。一五（大正四）年からは**伊藤野枝《のえ》**が『青鞜』の編集を引き継ぎ、貞操《ていそう》問題や堕胎《だたい》問題、公娼《こうしょう》制度など、女性をめぐる社会問題を扱った。

◀青鞜社宣言

❶**青鞜社**　十八世紀中頃、イギリスのサロンで女権を唱えた女性たちがブルー・ストッキングと呼ばれたことにちなんで名づけられた。

出典◉『**平塚らいてう評論集**』（岩波文庫）。林登美枝・米田佐代子編。一九八七年刊。平塚らいてうの代表的評論を集めたもの。引用文の原典は、『青鞜』第一号、一九一一年九月刊。

二 新婦人協会「綱領」

一、婦人の能力を自由に発達せしめるため男女の機会均等を主張すること。
一、男女の価値同等観の上に立ちて其の差別を認め協力を主張すること。
一、家庭の社会的意義を闡明《せんめい》する❶こと。
一、婦人、母、子供の権利を擁護《ようご》し、彼等の利益の増進を計ると共に之《これ》に反する一切を排除すること。

『女性同盟《じょせいどうめい》』

解説 **新婦人協会**は一九二〇（大正九）年三月、**平塚《ひらつか》らいてう**の呼びかけで設立された。引用した綱領では、男女の機会均等や、男女同権、婦人・母・子供の権利擁護を掲げており、母性の尊重を訴える平塚の思想が反映されている。協会は、**治安警察法**第五条（女子の政治活動の禁止）の修正、**婦人参政権**の実現、花柳《かりゅう》病（性病）にかかった男性の結婚制限などを掲げて活動した。これらのうち、治安警察法第五条の修正は二二年に達成され、女性も政談演説会を聴く自由とその発起人になる権利が認められた。二一年には、**山川菊栄《やまかわきくえ》**や**伊藤野枝《のえ》**らによって、社会主義的な立場から婦人解放を目指す**赤瀾会《せきらんかい》**が設立された。

◀新婦人協会「綱領」
❶**闡明する**　はっきりとあらわす。
出典◉『**女性同盟**』第一号、一九二〇年十月刊。同誌は、新婦人協会の機関誌。

4 全国水平社《すいへいしゃ》『宣言』

全国に散在する我が特殊部落民❶よ団結せよ。……兄弟よ。我々の祖先は自由、平等の渇仰《かつごう》者❷であり、実行者であった。陋劣《ろうれつ》❸なる階級政策の犠牲者であり、男らしき産業的殉教《じゅんきょう》者であったのだ。ケモノの皮剝《は》ぐ報酬《ほうしゅう》として、生々《なまなま》しき人間の皮を剝取られ、ケモノの心臓を裂《さ》く代価として、暖かい人間の心臓を引裂かれ、そこへクダラナイ嘲笑《ちょうしょう》の唾《つば》まで吐《は》きかけられた呪《のろ》はれの夜の悪夢のうちにも、なほ誇り得る人間の血は、涸《か》れづにあった。そうだ、そうして我々は、この血を享《う》

◀全国水平社『宣言』
❶**特殊部落民**　明治後半以降被差別民に対して用いられた差別的呼称。あえて自らこの語を用いることで、尊厳と矜持《きょうじ》を堂々と宣言した。文頭の呼びかけは、マルクス『共産党宣言』の「万国の労働者よ団結せよ」を踏まえている。
❷**渇仰**　心から憧れ慕《した》うこと。
❸**陋劣**　いやしく軽蔑《けいべつ》すべきこと。

けて人間が神にかはらうとする時代にあうたのだ。……我々がエタ❹である事を誇り得る時が来たのだ。我々は、かならず卑屈《ひくつ》なる言葉と怯懦《きょうだ》❺なる行為によって、祖先を辱《はずか》しめ人間を冒瀆《ぼうとく》してはならぬ。そうして人の世の冷たさが、何《ど》んなに冷たいか、人間を勦《いた》はる事が何《な》んであるかをよく知ってゐる吾々は、心から人世《じんせい》の熱と光を願求礼讃《がんぐらいさん》するものである。水平社はかくして生れた。

人の世に熱あれ、人間に光あれ。

（『水平《すいへい》』創刊号《そうかんごう》）

❹**エタ** 中世・近世の賤民身分の一つ。皮革上納や行刑、死牛馬の処理などの役を負担した。一八七一年の解放令でこの呼称は廃止され、身分差別も否定された。しかし、それ以後も実質的な差別は根強く残り、差別的呼称としてしばしば用いられた。

❺**怯懦** 臆病で意志が弱いこと。

出典◉『水平』 水平社の機関誌。一九二二年七月創刊。

解説 部落差別撤廃の主張は、**自由民権運動**の一部で掲げられたが、明治後半以降は有産者層を中心に、部落内の生活改善と風俗改良を進める部落改善運動が展開された。大正期に入ると、政府は社会政策の一環として融和政策を進めるようになり、各府県に融和団体が設立されていった。一九二二年三月三日、京都で二〇〇〇人の参加で結成された**全国水平社**《ぜんこくすいへいしゃ》は、こうした「同情」と「融和」の路線を排し、被差別部落民自身の力による解放を訴えた。西光万吉《さいこうまんきち》の起草した水平社宣言は、被差別部落民の自覚と団結を主張し、全人類の人間解放を求める決意を表明した。運動の主体となった青年たちは、**社会主義思想**の強い影響を受けており、また朝鮮の被差別民「白丁《ペクチョン》《はくてい》」の解放運動である衡平《ヒョンピョン》《こうへい》運動との連帯を指向した。全国水平社の運動は三〇年代にかけ大きく広がったが、アジア・太平洋戦争がはじまると、活動の停止を余儀なくされた。戦後、部落解放全国委員会が結成されて部落解放運動を主導し、五五年に**部落解放同盟**に改組された。

5 河上肇《かわかみはじめ》『貧乏物語』

驚くべきは現時の文明国における多数人の貧乏である。……それ貧乏は社会の大病である。

……（一）現時の経済組織にして維持《いじ》せらるる限り、（二）また社会にはなはだしき貧富の懸隔《けんかく》を存する限り、（三）しかしてまた、富者がその余裕あるに任せて、みだりに各種の奢侈《しゃし》❶ぜいたく品を購買し需要する限り、貧乏を根絶することは到底望みがない。……いかに国民の生活必要品でも、その供給をば営利を目的とせる私人の事業に一任しておいては、遺憾《いかん》なく全国民に行き

◀河上肇『貧乏物語』

❶**奢侈** 贅沢（ぜいたく）と同義。

わたるべきものではない。また奢侈品の生産はいたずらに一国の生産力を浪費《ろうひ》することにより、いかに国民全体の上に損害を及ぼすものなりとはいえ、余裕ある人々が金を出してこれを買う以上、営利を目的とせる事業家は、争うてこれが生産に資本と労力とを集中する。……アダム・スミス❷によって産まれたる個人主義の経済学はすでにその使命を終えて、今はまさに新たなる経済学の産まれいずべき時である。

『貧乏物語』

解説　第一次世界大戦の影響で日本経済は空前の好景気（大戦景気）となったが、物価の上昇で、労働者や農民の生活は困窮化した。京都帝国大学教授の**河上肇**《かわかみはじめ》（一八七九～一九四六）は『**貧乏物語**』の中で、資本主義経済がもたらす貧困問題を、「社会の大病」と捉え、自由放任経済を前提とする既存の経済学では、問題は克服できないと主張した。当初は問題の解決を人心の改造に求めたが、櫛田民蔵《くしだたみぞう》らとの論争の中で、より徹底した社会変革を志向するようになり、**マルクス主義**に傾倒。一九一九年同書を自ら絶版にした。**日本共産党**入党後、三三年に**治安維持法**違反で検挙され、三七年に出獄。戦時中は沈黙を貫いた。

6 米騒動

富山《とやま》県中新川《なかにいかわ》郡西水橋《にしみずはし》町❶町民の大部分は出稼業者なるが、本年度は出稼先なる樺太《からふと》は不漁にて、帰路の路銀《ろぎん》に差支ふる有様にて生活頗《すこぶ》る窮迫《きゅうはく》し、加ふるに昨今の米価暴騰《ぼうとう》にて困窮愈《いよいよ》其極《そのきわみ》に達し居れるが、三日午後七時漁師町一帯の女房連二百名は海岸に集合して三隊に分れ、一は浜方有志、一は町有志、一は浜地の米屋及び米所有者を襲ひ、所有米は他に売らざること及び此際義《ぎ》侠《きょう》的に米の廉売《れんばい》を嘆願《たんがん》し、之を聞かざれば家を焼払ひ、一家を鏖殺《おうさつ》すべし❷と脅迫《きょうはく》し、事体頗る穏かならず、斯くと聞きたる東水橋警察署より巡査数名を出動させ、必死となりて解散を命じたるに、漸《ようや》く午後十一時頃より解散せるも、一部の女連は米屋の附近を徘徊《はいかい》し米を他に売るを警戒

❷**アダム・スミス**　一七二三～九〇。イギリスの経済学者で、古典派経済学の祖とされる。『国富論』（一七七六年刊）で重商主義を批判し、自由放任経済を説いた。

出典◉『**貧乏物語**』　河上肇著。一九一七年刊。河上肇が一九一六年九月から十二月にかけて『大阪朝日新聞』に連載した評論をまとめて出版したもの。引用は戦後刊行された岩波文庫版より。

設問3　❶❶～❺の史料は、どのような主張をしているのか、共通点をまとめてみよう。❷なぜ、この時期に民本主義の提唱や多方面での社会運動が起こったのだろうか。

◀**米騒動**

❶**西水橋町**　現在は富山県富山市。あいの風とやま鉄道水橋駅北側一帯および西側の一部。

❷**鏖殺**　皆殺し。

❸**特電**　特別の電報通信。

出典◉『**東京朝日新聞**』　一九一八年八月五日付。

し居れり。（高岡特電❸）

『東京朝日新聞《とうきょうあさひしんぶん》』

◀日本の物価と賃金の推移

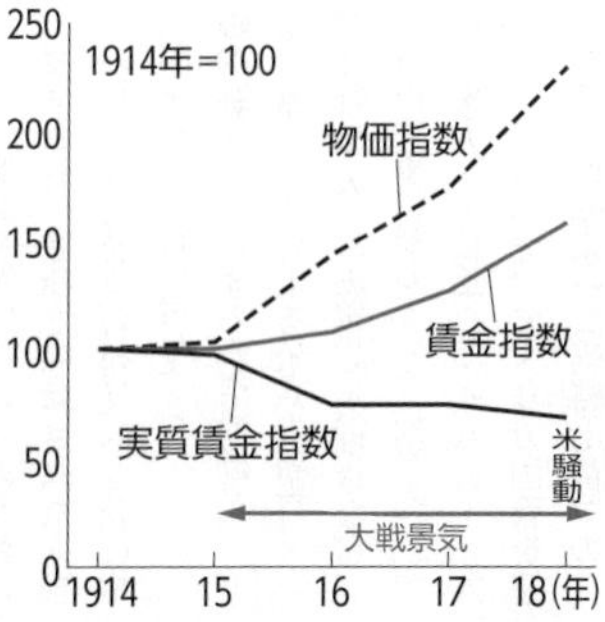

解説

大戦景気にともなう物価の上昇に、**シベリア出兵**による米価騰貴《とうき》が重なって、労働者や農民の生活はさらに困窮《こんきゅう》した。騒動は、一九一八年七月下旬富山県魚津《うおづ》町の漁民が米の移出を止めるために海岸に集まったことからはじまり、八月には西水橋《にしみずはし》町で女性二〇〇人が大挙して、米屋や有力者に米の移出をやめさせ、廉売《れんばい》を強烈に要求する動きへと展開した。こうした様子が新聞各紙で「**越中《えっちゅう》女房一揆**」などの見出しで報道されると、不満を抱えた民衆による騒動が瞬《また》く間に全国に広がっていった。各地では米商人のみならず富裕《ふゆう》層や警察署なども襲撃され、軍隊が出動して鎮圧することもあった。騒動の参加者は土《ど》方《かた》・仲仕《なかし》・人力車夫など男性下層労働者が多かったとされている。政府は東南アジアから米を緊急輸入するなどの対応をとったが、そのことがかえって旱魃《かんばつ》で苦しむ同地域の食糧難を悪化させた。米騒動への拙劣《せつれつ》な対応で信用を失った寺内正毅《てらうちまさたけ》内閣は総辞職を余儀なくされ、政党内閣への道が開かれた。**友愛会《ゆうあいかい》**の**鈴木文治《ぶんじ》**は、米騒動が「労働階級に自信を与えた」と、評価している。

7 友愛会《ゆうあいかい》七周年記念大会宣言

人間はその本然《ほんぜん》❶に於《おい》て自由である。故に我等《われら》労働者は如斯《かく》宣言す、労働者は人格である。彼はたゞ賃銀相場によつて売買せしむる可《べ》きものでは無い。彼はまた組合の自由を獲得せねばならぬ。……特に機械文化が謬《あやま》れる方向に、彼らを導き去つて以来、資本主義の害毒は世界を浸潤《しんじゅん》し、生産過剰❷と恐慌❸は交々至る。生産者は其工場より追はれ、然らざるも、彼は一個の機械の付属品として、その生理的補給を繫《つな》ぎ得る程度❹の賃銀に甘んぜねばならぬことゝなつた。故に我等生産者は如斯宣言す。我等は決して機械で無いと。我等は個性の発達と社会の人格化の為めに、生産者が完全に教養を受け得る、社会組織と生活の安定と自己の境遇に対する支配権を要求す。……世界は産れ変る。そして日本をのみ残して前へ前へと進む。故に我等日本の生産者は世界に向つ

◀友愛会七周年記念大会宣言

❶**本然**　もともとの姿。

❷**生産過剰**　社会の購買力を超過して商品が生産されること。

❸**恐慌**　生産過剰などの原因により、景気が一挙に後退する現象。

❹**生理的補給を繫ぎ得る程度**　生命を維持することができる程度。

て如斯宣言す。日本の労働者も国際連盟❺とその労働規約の精神に生き、地球が凡《すべ》て、平和と自由と平等の支配する所で有る為めには、我等も殉《じゅん》教《きょう》的奮闘《ふんとう》を辞するものでは無いと。

『労働及産業《ろうどうおよびさんぎょう》』

解説 **友愛会《ゆうあいかい》**は一九一二（大正元）年、社会問題に関心を寄せていたクリスチャンの**鈴木文《ぶん》治《じ》**（一八八五～一九四六）によって設立された。当初は、労働者の修養《しゅうよう》団体としての性格が強く、共済組合《きょうさいくみあい》などの活動が主であったが、次第に本格的な労働組合へと成長した。一九一九年には**大日本労働総同盟友愛会**と改称し、二一年には**日本労働総同盟**となった。友愛会の七周年記念大会では、賀川豊彦《かがわとよひこ》（一八八八～一九六〇）の手による宣言が発表され、「労働組合の自由」や「最低賃銀《ちんぎん》制度の確立」、「普通選挙」や「治安警察法の改正」など、戦闘的な労働組合への発展を象徴する主張が掲げられた。こうした動きは、第一次世界大戦後の**国際連盟**や**国際労働機関**（ＩＬＯ）の設立などに強い影響を受けたものであった。

8 関東大震災《だいしんさい》と戒厳令《かいげんれい》

……火事に付いてはなお諸説紛々で流言蜚語《りゅうげんひご》❶が盛んに飛んでる。しかし全国の内鮮人《ないせんじん》❷が地震を合図に、一斉に蜂起《ほうき》して、火を放ち毒を投じ、人を殺し財を掠《かす》め、日本を乗っ取らんと企んだのだ、社会主義者は予め図ってこれを煽動《せんどう》したのだ、という点は一致していた。この流言蜚語当然の結果、愛国の熱情に燃ゆる憂国《ゆうこく》の民衆は期せずして奮然《ふんぜん》と起《た》ち、ただ一杯のバケツの水よくこれを消し得た火事などには目もくれず、大国民の襟度《きんど》❸を以て遠く一目散《いちもくさん》に逃げ出した。これでは堪《たま》らんとあって戒厳令《かいげんれい》❹は布かれる、軍隊は出る、弾丸は飛ぶ伝令は走る、演説はやる掲示は貼《は》る、内訓❺も出る公報❻も出る、自警《じけい》団も出来れば義勇団も出来る、在郷《ざいごう》軍人❼も青年団員も兇徒《きょうと》も暴徒も皆一斉《いっせい》に武器を執《と》った。そこで朝鮮人の大虐殺《ぎゃくさつ》となり、支那《しな》人の中虐殺となり、半米人❽の小虐殺

❺**国際連盟**　第一次世界大戦後の一九二〇年、国際平和の維持を目的として創設された国際機構。

出典◉『**労働及産業**』　一九一九年十月。友愛会の機関誌（月刊）。一九一四年十一月、『友愛新報』を継承して刊行された。一九二〇年一月に『労働』と改題し、一九四〇年七月まで刊行。国内外の労農運動の紹介や時事評論、労働者の会員からの投書などを掲載した。

◀**関東大震災と戒厳令**

❶**流言蜚語**　口づてに広まった、根拠のない情報や噂。

❷**内鮮人**　在日朝鮮人。

❸**襟度**　度量《どりょう》。心の広さ。

❹**戒厳令**　一八八二年に制定された法令。戦時や事変という非常時に発令され、法律で保障された人権の制限などを含む包括的な執行権限を軍司令官に付与する。

❺**内訓**　内部にする訓令や訓示。

❻**公報**　官庁による公式の報告。

❼**在郷軍人**　予備役や後備役など、現役で軍に属していない軍人。

❽**半米人**　大杉栄《おおすぎさかえ》（一八八五～一九二三）の甥で、アメリカ国籍を持っていた橘宗一（当時七歳）のことを指している。

—となり、労働運動者、無政府主義者及び日本人の虐殺となった。

『地震《じしん》・憲兵《けんぺい》・火事《かじ》・巡査《じゅんさ》』

解説 一九二三年九月一日午前十一時五十八分、相模《さがみ》湾西北部を震源《しんげん》とするマグニチュード七・九の大地震《じしん》が発生した。被害は関東一円に及び、十万人をこえる死者・行方不明者が出た。震災《しんさい》のさなか、朝鮮人が暴動を起こしたなどの流言蜚語《りゅうげんひご》が広がり、政府は**戒厳令**《かいげんれい》を施行して取締りを強化した。**軍隊・警察**や、**自警団**を組織した民衆の手によって数千人に及ぶ朝鮮人と、数百人の中国人が虐殺《ぎゃくさつ》された。軍隊・警察の行動が虐殺に正当性を与え、民衆の暴力を加速化させたのであった。さらに、無政府主義者の大杉栄《おおすぎさかえ》・伊藤野枝《のえ》（一八九五～一九二三）らが憲兵大尉《けんぺいたいい》の甘粕《あまかす》正彦《まさひこ》（一八九一～一九四五）に殺害される事件（**甘粕事件**）や、労働運動の指導者十名が警察署で軍隊に殺害される事件（**亀戸**《かめいど》**事件**）も起こった。

出典◉『**地震・憲兵・火事・巡査**』社会主義者の弁護士山崎今朝弥《けさや》の自伝や著作を収めた選集（岩波文庫）。森長英三郎編。一九八二年刊。引用部分は、一九二四年に出版された同名著書の一節。関東大震災のさなかで国家権力が扇動し、朝鮮人や無政府主義者などの虐殺が起こったことを痛烈に批判している。

3 協調外交の展開

1 朝鮮の三・一独立宣言

われらはここにわが朝鮮国が独立国であること、および朝鮮人が自由民であることを宣言する。……半万年の歴史❶の権利によってこれを宣言し、二千万民衆の忠誠を合わせてこれを明らかにし、民族の恒久《こうきゅう》一筋の自由の発展のためにこれを主張し、人類の良心の発露《はつろ》にもとづいた世界改造の大機運❷に順応《じゅんのう》し、並進《へいしん》させるためにこれを提起するものである。……今日わが朝鮮の独立は朝鮮人をして正当なる生活の繁栄を遂《と》げさせると同時に、日本をして邪道《じゃどう》より出でて東洋の支持者としての重責を全《まっと》うさせるものであり、中国をして夢寐《むび》にも忘れえない❸不安や恐怖から脱出させるものである。また東洋の平和を重要な一部とする世界の平和、人類の幸福に必要なる階梯《かいてい》となさしめるものである。

『朝鮮三《ちょうせんさん》・一独立運動《いちどくりつうんどう》』

◀朝鮮の三・一独立宣言

❶**半万年の歴史** 四千数百年前に始祖神の檀君《だんくん》が古朝鮮を建国したという建国神話に基づいている。

❷**世界改造の大機運** ロシア革命の指導者レーニンや、ウィルソン米国大統領による民族自決権の提唱に見られる、第一次世界大戦後の世界的な民族主義の高まりのことを指している。

❸**夢寐にも忘れえない** 眠っている間も忘れることができない。

出典◉『**朝鮮三・一独立運動**』朴慶植著。一九七六年。平凡社。

解説

韓国併合後、朝鮮総督府《そうとくふ》による「**武断《ぶだん》政治**」で権利・自由に厳しい制限がかけられ、**土地調査事業**で土地を収奪《しゅうだつ》されるなど、朝鮮民衆は過酷《かこく》な支配の下に置かれた。独立運動は、朝鮮内外で進められたが、第一次世界大戦後の**民族自決**の機運の高まりの中で、大きく発展した。一九一九年二月八日に在日留学生が「独立宣言書」を発表すると、朝鮮では天道教《てんどうきょう》などの宗教者たちが指導者となり、三月一日、ソウルで独立宣言文を発表した。宣言文は、民族自決の機運を人類の良心の発露として歓迎し、朝鮮の独立のみならず中国の解放をも呼びかける普遍主義的な立場に立っている。宣言に呼応した民衆が「**独立万歳**」を叫ぶデモ行進を行うと、運動は瞬《また》く間に朝鮮全土へと広がり、やがて指導者たちの思惑をこえて激しい抵抗運動へと発展した。日本は軍隊を動員し、村民を教会堂に集めて一斉射撃の上に放火した提岩里《ていがんり》《チェアムリ》事件に見られるような、徹底した弾圧を行った。運動は、中国、台湾、フィリピンなどにも大きな影響を与えた。

2 石橋湛山《いしばしたんざん》「一切を棄つるの覚悟」

……もし政府と国民に、総《すべ》てを棄《す》てて掛《かか》るの覚悟があるならば、会議❶そのものは、必ず我に有利に導き得るに相違ない。例えば満洲❷を棄てる、山東❸を棄てる、その他支那《しな》が我が国から受けつつありと考うる一切の圧迫を棄てる、その結果はどうなるか、また例えば朝鮮に、台湾に自由を許す、その結果はどうなるか。英国にせよ、米国にせよ、非常の苦境に陥《おちい》るだろう。何となれば彼らは日本にのみかくの如き自由主義を採られては、世界におけるその道徳的位地を保つを得ぬに至るからである。その時には、支那を始め、世界の小弱国は一斉に我が国に向って信頼の頭を下ぐるであろう。インド、エジプト、ペルシャ、ハイチ❹、その他の列強属領地は、一斉に、日本の台湾・朝鮮に自由を許した如く、我にもまた自由を許せと騒ぎ立つだろう。これ実に我が国の位地を九地の底より九天の上に昇せ、英米その他をこの反対の位地に置くものではないか。我が国にして、一たびこの覚悟を以て会議に臨まば、思うに英米は、まあ少し待ってくれと、我が国

◀石橋湛山「一切を棄つるの覚悟」

❶**会議** ワシントン会議のこと。

❷**満洲** 日露戦争後のポーツマス条約で日本が獲得した旅順《りょじゅん》・大連《だいれん》の租借《そしゃく》権、長春《ちょうしゅん》以南の鉄道とそれに付属する利権のこと。

❸**山東** ヴェルサイユ条約によって日本のものと承認された、山東省の旧ドイツ権益。

❹**インド……ハイチ** 当時インドとエジプトはイギリス、ペルシャ（ペルシア）はロシアとイギリス、ハイチはアメリカの支配下に置かれていた。

に懇願するであろう。ここに即ち「身を棄ててこそ」の面白味がある。

『石橋湛山評論集』

解説　**石橋湛山**《いしばしたんざん》（一八八四～一九七三）は、大正から昭和にかけて活躍した経済評論家で、『東洋経済新報』を中心に、**自由主義**の立場から言論活動を展開した。日本の**軍国主義**的な領土拡張路線には反対の立場をとり、植民地の放棄を掲げるなど、当時としては斬新な主張を行ったことで注目を集めた。引用文での石橋の主張は、日本が率先して植民地を放棄すれば世界で道徳的な優位性を得ることができ、国際関係の主導権を握ることができる、というものである。こうした立場は、平和的な貿易立国を目指す「**小**《しょう》**日本主義**《にほんしゅぎ》」として石橋の主張の根幹をなした。ただし、石橋は後に中国による不平等条約撤廃や関税の引き上げなどの動きを批判しており、被支配国の自立的な動きを全面的に容認する立場ではなかった。

3　ワシントン海軍軍縮条約

第二条　……本条約実施ノ上ハ合衆国、英帝国及日本国ノ既成又ハ建造中ノ他ノ一切ノ主力艦ハ第二章第二節ノ規定❶ニ従ヒ之ヲ処分スヘシ

第四条　各締約国ノ主力艦❷合計代換《だいかん》❸噸《トン》数ハ、基準排水量ニ於《おい》テ、合衆国五十二万五千噸、英帝国五十二万五千噸、仏蘭西《フランス》国十七万五千噸、伊太利《イタリー》国十七万五千噸、日本国三十一万五千噸ヲ超ユルコトヲ得ス

第十九条　合衆国、英帝国及《および》日本国ハ、……各自ノ領土及属地ニ於テ要塞《ようさい》及海軍根拠地ニ関シ本条約署名ノ時ニ於ケル現状ヲ維持スヘキコトヲ約定ス

『日本外交年表 竝《ならびに》 主要文書』

解説　第一次世界大戦後の軍縮の機運の高まりの中、ハーディング米大統領の提唱で**ワシントン会議**（一九二一～二二年）が開催され、海軍軍縮条約が締結された。条約では、各国主力艦の保有トン数比率の制限（米英五、日三、仏伊一・六七）や、十年間の建艦休止、実行中および未着手の主力艦建造

出典◉『石橋湛山評論集』　石橋湛山の評論を収めたもの（岩波文庫）。松尾尊兊編。一九八四年刊。引用文は、『東洋経済新報』一九二一年七月二十三日号の社説。

設問4　**1**三・一運動に対して、日本はどのような対応を取ったのだろうか。
2❷において石橋湛山は、朝鮮を放棄すればどのようなメリットがあると主張しているのだろうか。

◀ワシントン海軍軍縮条約

❶**第二章第二節ノ規定**　軍艦廃棄の方法や期間などについて定めている。

❷**主力艦**　海軍の戦力の中心を占める戦艦・巡洋戦艦のこと。本条約では主力艦に加え航空母艦にも同様の制限が課された。

❸**代換**　老朽化した艦船の代替建造。

出典◉**『日本外交年表竝主要文書』**　本書三四七ページ参照。

計画の廃棄《はいき》などが定められた。日本の主席全権として出席した海軍大臣の**加藤友三郎**《ともさぶろう》（一八六一～一九二三）は、主力艦対米英六割を認める一方で、第十九条でイギリスの香港《ホンコン》、アメリカのフィリピン、グアムの軍事基地拡張の禁止を認めさせた。補助艦の制限については三〇年の**ロンドン海軍軍縮条約**まで持ち越された。

4 四か国条約

亜米利加合衆国、英帝国、仏蘭西《フランス》国及《および》日本国ハ、一般ノ平和ヲ確保シ且《かつ》太平洋方面ニ於《お》ケル其《そ》ノ島嶼《とうしょ》❶タル属地及《および》島嶼タル領地ニ関スル其ノ権利ヲ維持スルノ目的ヲ以《もっ》テ、之《これ》カ為《ため》条約ヲ締結スルコトニ決シ左《さ》ノ如《ごと》ク其ノ全権委員ヲ任命セリ（人名略）……

第一条　……締約国ノ何《いず》レカノ間ニ、太平洋問題ニ起因シ、且前記ノ権利ニ関スル争議ヲ生シ外交手段ニ依《よ》リテ満足ナル解決ヲ得ルコト能《あた》ハス、且其ノ間ニ幸ニ現存スル円満ナル協調ニ影響ヲ及ホスノ虞《おそれ》アル場合ニ於テハ、右締約国ハ共同会議ノ為他ノ締約国ヲ招請《しょうせい》シ、当該事件全部ヲ考量調整ノ目的ヲ以テ其ノ議ニ付スヘシ。

『日本外交年表竝《ならびに》主要文書』

◀四か国条約
❶島嶼　大小の島々。

出典◉『日本外交年表竝主要文書』
本書三四七ページ参照。

解説

ワシントン会議においては、太平洋・極東問題も議論の対象となった。一九二一年十二月に調印された**四か国条約**は、米英日仏の太平洋地域での現状維持や、外交交渉によって解決できない紛争については共同会議を開催することなどを約した。本条約第四条の規定によって**日英同盟**が解消されたが、これはアメリカが日英同盟を中国における**門戸**《もんこ》**開放**《かいほう》**政策**の障害と見ていたからであり、日本の中国侵略を牽制《けんせい》したものであった。一九三〇年代に日本が**満**《まん》**洲事変**《しゅうじへん》を起こして東アジア情勢が変貌《へんぼう》していくと、本条約はその実質的な効力を失った。

5 九か国条約

第一条　支那《しな》国以外ノ締約国❶ハ左ノ通《とおり》約定ス

(一)　支那ノ主権、独立並《ならびに》其ノ領土的及《および》行政的保全ヲ尊重スルコト

(三)　支那ノ領土ヲ通シテ一切《いっさい》ノ国民ノ商業及工業ニ対スル機会均等主義ヲ有効ニ樹立《じゅりつ》維持スル為《ため》、各尽力《じんりょく》スルコト

第四条　締約国ハ、各自国民相互間ノ協定ニシテ、支那領土ノ特定地方ニ於《おい》テ勢力範囲ヲ創設セムトシ又ハ相互間ノ独占的機会ヲ享有《きょうゆう》スルコトヲ定メムトスルモノヲ支持セサルコトヲ約定ス

『日本外交年表並《ならびに》主要文書』

◀九か国条約

❶**支那国以外ノ締約国**　日本、アメリカ、イギリス、フランス、イタリア、オランダ、ベルギー、ポルトガルの八か国。これら以外に、一九二七年までにノルウェー、ボリビア、スイス、デンマーク、メキシコが加入した。

出典◉『日本外交年表並主要文書』本書三四七ページ参照。

解説

九か国条約は、ワシントン海軍軍縮条約と同じ、一九二二年二月六日に調印された。中国の主権、独立とその**領土保全**の尊重をうたいながら、アメリカが年来主張してきた**機会均等主義**を確認する内容となっている。本条約によって日本は、山東《さんとう》利権を中国に還付するなど、第一次世界大戦中に目指した特殊権益の獲得・勢力範囲の設定といった外交路線を否定された。中国における日本の特殊権益を承認した**石井・ランシング協定**も解消され、アメリカが極東における国際関係の主導権を掌握《しょうあく》した。

6 日ソ基本条約

第一条　両締約国ハ本条約ノ実施ト共ニ両国間ニ外交及《および》領事関係ノ確立セラルヘキコトヲ約ス。

第二条　……千九百十七年十一月七日❶前ニ於《おい》テ日本国ト露西亜《ロシア》国トノ間ニ締結セラレタル条約、協約及協定ニシテ右「ポーツマス」条約以外ノモノハ、両締約国ノ政府間ニ追テ開カルヘキ会議ニ於テ審査セラルヘク、且《かつ》……改訂又ハ廃棄《はいき》セラレ得《う》ヘキコトヲ約ス。

◀日ソ基本条約

❶**千九百十七年十一月七日**　ソヴィエト政権が成立した日。

出典◉『日本外交年表並主要文書』本書三四七ページ参照。

第五条　両締約国ハ……公然又ハ陰密《いんみつ》ノ何等《なんら》カノ行為ニシテ苟《いやしく》モ日本国又ハ「ソヴィエト」社会主義共和国連邦ノ領域ノ何《いず》レカノ部分ニ於ケル秩序及安寧《あんねい》ヲ危殆《きたい》ナラシムルコトアルヘキモノハ之ヲ為《な》サス、且《かつ》締約国ノ為何等カノ政府ノ任務ニ在《あ》ル一切《いっさい》ノ人及締約国ヨリ何等カノ財的援助ヲ受クル一切ノ団体ヲシテ右ノ行為ヲ為サシメサルコトノ希望及意向ヲ厳粛《げんしゅく》ニ確認ス。

……

『日本外交年表 竝《ならびに》 主要文書』

解説

一九一七年十一月、**ロシア革命**によって樹立されたソ**ヴィエト政権**は、翌年三月にはドイツと単独講和を結び、欧米諸国に衝撃《しょうげき》を与えた。英・米・仏などはロシアに直接出兵し、日本も七万の大軍をシベリアに送って革命の打倒を狙った。だが、二〇年にソヴィエト政権が国内の反革命軍（白軍）を制圧すると、列国は撤兵《てっぺい》し、ソヴィエト政権を承認した。日本は、列国の撤退後も**尼港《にこう》事件**（パルチザンにより日本人捕虜《ほりょ》らが虐殺《ぎゃくさつ》された事件）を口実に撤兵を中止し、北樺太《からふと》を保障占領した。日本の姿勢に対する内外の批判が高まると、二三年から北京《ペキン》でソ連と会談・交渉を重ね、二五年一月に本条約を調印した。条約では、ポーツマス条約の有効性が確認される一方（第二条）、コミンテルンによる共産主義思想の流入を防ぐことが企図された（第五条）。同年制定された**治安維持法**は、本条約とあわせて共産主義運動を禁圧することを目的としていた。本条約を受けて、日本軍は二五年五月に北樺太から撤兵した。

7 不戦条約

第一条　締約国❶ハ、国際紛争解決ノ為《ため》戦争ニ訴フルコトヲ非《ひ》トシ、且其《かつそ》ノ相互関係ニ於《おい》テ、国家ノ政策ノ手段トシテノ戦争ヲ抛棄《ほうき》スルコトヲ、其ノ各自ノ人民ノ名ニ於テ❷厳粛《げんしゅく》ニ宣言ス

第二条　締約国ハ、相互間ニ起ルコトアルヘキ一切《いっさい》ノ紛争又ハ紛議ハ、其ノ性質又ハ起因ノ如何《いかん》ヲ問ハス、平和的手段ニ依《よ》ルノ外之《ほかこれ》カ処理又ハ解決ヲ求メサルコトヲ約ス

『日本外交年表 竝《ならびに》 主要文書』

◀不戦条約

❶**締約国**　不戦条約には当初、英・米・仏・独・日など十五か国が調印した。

❷**人民ノ名ニ於テ**　民政党や右翼は、この字句が国体に反するとして田中義一《ぎいち》内閣を批判した。そのため同内閣は一九二九年四月、当該字句が日本には適用されないものと了解する旨を宣言した。

出典◉『日本外交年表竝主要文書』 本書三四七ページ参照。

解説　**不戦条約**は、一九二八年八月パリで締結され、翌年六月に批准《ひじゅん》された。当初米仏条約を提唱した仏外相**ブリアン**に対し、米国務長官**ケロッグ**が多国間条約にすべきと逆提案したことがきっかけとなった。国際紛争解決のために戦争に訴えることを否定し、国家の政策の手段としての戦争の放棄《ほうき》を定めた本条約は、国策の一つとしての戦争を肯定《こうてい》してきたこれまでの考え方を大きく改めるものであった。多くの国が自衛戦争や自国が利害関係をもつ地域での戦争を除外する留保を付したことや、条文の中に違反に対する制裁規定を欠いていたことなどは、大きな限界ではあったが、本条約で示された戦争違法化の規範は、第二次世界大戦後の**ニュルンベルク裁判**や、**東京裁判**においても重要な役割を果たした。

設問5　1 ❸～❼ではどのようなことが取り決められたのか、共通点をまとめてみよう。
2 なぜこの時期に、1のような方向性が模索されたのだろうか。
3 この時期の世界情勢や国際システムの特徴を、第11章第1節との比較を意識しながら考えてみよう。

4 政党政治の展開

1 原敬《はらたかし》の普通選挙尚早論《しょうそうろん》

〔一九二〇年二月〕二十日　……漸次《ぜんじ》に選挙権を拡張する事は何等《なんら》異議なき処《ところ》にして、又他年❶国情こゝに至れば、所謂《いわゆる》普通選挙も左《さ》まで憂《うれ》ふべきにも非《あら》ざれども、**階級制度打破《だは》と云《い》ふが如《ごと》き**、**現在の社会組織に向て打撃を試《こころみ》んとする趣旨より納税資格を撤廃《てっぱい》すと云ふが如きは**、実に危険極《きわま》る次第《しだい》にて、此《こ》の民衆の強要に因《よ》り現代組織を破壊する様の勢《いきおい》を作らば、実に国家の基礎を危《あや》ふくするものなれば、寧《むし》ろ此際《このさい》、議会を解散して政界の一新を計る❷の外《ほか》なきかと思ふと閣僚に相談せしに、皆同感を表し、……大要余《よ》の意見に一致したり……、依《よっ》て此の決定は秘密となし臨機実行する事となせり。

『原敬日記《はらたかしにっき》』

◀原敬の普通選挙尚早論
❶**他年**　将来。
❷**議会を解散して……一新を計る**　一九二〇年二月十四日に憲政会・国民党などの普選法案が衆議院に提出されたことに対抗して解散総選挙を実行し、与党優位の体制を実現することを試みる、ということ。実際、この法案審議中の二月二十六日、原は解散を断行した。

出典◉『**原敬日記**』　原奎一郎編。全六巻。一九六五～六七年刊。原敬（一八五六～一九二一）が残した日記で、当時の政治情勢を詳細に記録したもの。近代日本政治史の一級史料である。

解説　**男性普通選挙**を求める運動は、一八九〇年代に、社会問題の解決を求める中村太八《たはち》郎《ろう》らの手によって開始され、一九〇〇年以降は、普通選挙期成同盟会などによって繰り返し議会への請願活動が行われた。一一年には普選法案が衆議院を通過するも貴族院で否決され、さらに第二次桂太郎《かつらたろう》内閣によって、社会主義運動に準ずるものとして同盟会が解散させられた。一八年に**米騒動**が起こると、運動は再び活性化し、各地で盛んに集会やデモが実施されるようになった。**原敬**《はらたかし》内閣は、一九年に改正選挙法を成立させたが、その内容は納税資格を**三円**に引き下げることにとどめるものであり、さらに与党に有利な**小選挙区制**の導入を含んでいた。原が普選を時期尚早《しょうそう》とみなしたのは、社会主義の立場から既存の政治体制が劇的に転換されることを危惧《きぐ》したからであった。二〇年に入り、野党の普選法案が上程されると、原は議会を解散してこれに対抗し、与党が総選挙で圧勝したため、普選運動は一旦その勢いを弱めることとなった。

2 普通選挙法

第五条　帝国臣民《しんみん》タル男子❶ニシテ年齢二十五年以上ノ者ハ選挙権ヲ有ス。帝国臣民タル男子ニシテ年齢三十年以上ノ者ハ被選挙権ヲ有ス。

第六条　左ニ掲《かか》クル者ハ選挙権及《および》被選挙権ヲ有セス。（一－二略）

三　貧困ニ因《よ》リ生活ノ為《ため》公私ノ救助ヲ受ケ又ハ扶助《ふじょ》ヲ受クル者

四　一定ノ住居ヲ有セサル者（五－七略）

第六十八条　議員候補者ノ届出又ハ推薦届出ヲ為《な》サムトスル者ハ、議員候補者一人ニ付二千円❷又ハ之ニ相当スル額面ノ国債証書ヲ供託《きょうたく》スルコトヲ要ス。……

第九十八条　何人ト雖《いえども》投票ヲ得若《もしく》ハ得シメ又ハ得シメサルノ目的ヲ以《もっ》テ戸別《こべつ》訪問ヲ為スコトヲ得ス。……

『法令全書《ほうれいぜんしょ》』

◀普通選挙法

❶**帝国臣民タル男子**　朝鮮・台湾などの植民地の男性も、日本内地に在住していれば選挙権・被選挙権が与えられた。他方で、植民地には、内地の衆議院にあたるような議会は開設されなかった。

❷**二千円**　当時の大卒の初任給は、五十～六十円程度。

出典◉『**法令全書**』　本書三二二ページ参照。

解説　一九二五（大正十四）年五月、衆議院議員選挙法が改正され、**男性普通選挙制度**が実現した。これによって**納税額を問わず**、二十五歳以上の男性に選挙権が認められるようになった。ただし、生活扶助《ふじょ》を受ける者や一定の住居を持たない者などは欠格者とされた（第六条）。また、高額の供託金《きょうたくきん》制度が導入されたため（第六十八条）、無産階級にとって選挙に出馬することは容易ではなかった。戸別《こべつ》訪問や電話による運動禁止など、選挙運動の規制が飛躍《ひやく》的に強化されたのもこの改正の特徴である。二六年には、府県制、市制、町村制の改正で地方議会でも普通選挙が採用され、同年九月浜松市議会議員選挙ではじめて男性普通選挙が実施された。衆議院では二八（昭和三）年二月の選挙が最初となる。

3 婦人参政権獲得期成同盟会創立総会の決議

決議一　我等は市町村に於《お》ける公民権を獲得せんがために、来る第五十議会❶に提出されんとする**市町村制改正法律案中に婦人を男子と同様に含むことを要求す。**

決議二　我等は国家の半身たる存在と義務とを全《まっと》うせんがために、来る第五十議会に提出せられんとする**選挙法改正法律案中に婦人を男子と同様に含むことを要求す。**

決議三　我等は政事的結社の自由を獲得せんがために、治安警察法第五条第一項❷中より「五　女子」の三字を削除せんことを要求す。

『日本女性運動資料集成』

◀婦人参政権獲得期成同盟会創立総会の決議

❶**第五十議会**　男性普通選挙法を成立させた議会。一九二四年十二月召集。

❷**治安警察法第五条第一項**　政治結社（政党）への加入禁止者を定めた項。

出典◉**『日本女性運動資料集成』**鈴木裕子編。全十一巻。一九九三～九七年刊。

解説　女性の政治参加は、一八八〇（明治十三）年の**集会条例**、九〇年の**集会及《および》政社法**で禁止され、一九〇〇年の**治安警察法**に引き継がれた。女性参政権運動はまずこの治安警察法第五条の修正を求めて進められ、**新婦人協会**などの活動によって、二二（大正十一）年に女性の政談集会への参加が可能となるなど、一部修正が実現した。その後は奥《おく》むめおらの婦人連盟、坂本真琴《まこと》らの婦人参政権同盟、廃娼《はいしょう》運動などで知られる矯風《きょうふう》会系の団体などが運動を進めたが、二四年十二月に、それらを統一して**婦人参政権獲得期成同盟会**（翌年、婦選獲得同盟と改称）が結成された。婦選獲得同盟の活動は、四〇（昭和十五）年まで続けられたが、三一年の満洲《まんしゅう》事変《じへん》以降は、「政治は台所より」をスローガンとし、女性参政権獲得よりも市政の浄化や選挙の粛正《しゅくせい》を目標に掲げていくようになった。

4 治安維持法体制

一 治安維持法

第一条　国体《こくたい》❶ヲ変革シ又ハ私有財産制度ヲ否認《ひにん》スルコトヲ目的トシテ結社ヲ組織シ又ハ情❷ヲ知リテ之《これ》ニ加入シタル者ハ十年以下ノ懲役《ちょうえき》又ハ禁錮《きんこ》❸ニ処ス。前項ノ未遂《みすい》罪ハ之ヲ罰ス。

『治安維持法小史』

◀治安維持法
❶国体　「万世一系《ばんせいいっけい》」の天皇を中心とした国家体制のあり方を指す。
❷情　事情。実情。
❸禁錮　刑罰の一つで、監獄に留置するが懲役を科さないもの。

二 改正治安維持法

第一条　国体ヲ変革スルコトヲ目的トシテ結社ヲ組織シタル者又ハ結社ノ役員其《そ》ノ他指導者タル任務ニ従事シタル者ハ、死刑又ハ無期若《もしく》ハ五年以上ノ懲役若ハ禁錮ニ処シ、情ヲ知リテ結社ニ加入シタル者又ハ結社ノ目的遂行《すいこう》ノ為《ため》ニスル行為ヲ為《な》シタル者ハ、二年以上ノ有期ノ懲役又ハ禁錮ニ処ス。私有財産制度ヲ否認スルコトヲ目的トシテ結社ヲ組織シタル者、結社ニ加入シタル者又ハ結社ノ目的遂行ノ為ニスル行為ヲ為シタル者ハ十年以下ノ懲役又ハ禁錮ニ処ス。

前二項ノ未遂罪ハ之ヲ罰ス。

『治安維持法小史』

◀改正治安維持法

三 治安維持法の全面改正

第三十九条　第一章ニ掲《かか》グル罪ヲ犯シ刑ニ処セラレタル者其《そ》ノ執行《しっこう》ヲ終リ釈放《しゃくほう》セラルベキ場合ニ於《おい》テ、釈放後ニ於テ更《さら》ニ同章ニ掲グル罪ヲ犯スノ虞《おそれ》アルコト顕著《けんちょ》ナルトキハ、裁判所ハ検事ノ請求ニ因《よ》リ本人ヲ予防拘禁《こうきん》❶ニ付スル旨《むね》ヲ命ズルコトヲ得。

◀治安維持法の全面改正
❶予防拘禁　刑期満了後も再犯の可能性が高い者を拘禁し続けること。

出典◉『治安維持法小史』（一〜三ともに）　奥平康弘著。二〇〇六年刊。岩波現代文庫。

第一章ニ掲グル罪ヲ犯シ刑ニ処セラレ其ノ執行ヲ終リタル者又ハ刑ノ執行猶予《ゆうよ》ノ言渡《いいわたし》ヲ受ケタル者、思想犯保護観察法ニ依リ保護観察ニ付セラレ居ル場合ニ於テ、保護観察ニ依ルモ同章ニ掲グル罪ヲ犯スノ危険ヲ防止スルコト困難ニシテ、更ニ之ヲ犯スノ虞アルコト顕著ナルトキ、亦《また》前項ニ同ジ。

『治安維持法小史』

設問6 1❶と❷を読み、原敬内閣の改正選挙法と普通選挙法は、どのように違うのか、まとめてみよう。
2❹を読み、普通選挙実施にあたって、為政者はどのようなことを恐れていたのか、まとめてみよう。
3❸を踏まえて、世界の婦人参政権獲得運動とその様々な背景を調べ、日本と比較してみよう。

解説 **国体《こくたい》の変革**と**私有財産制の否認**を目的とする結社や行動を取り締まる**治安維持法**は、日ソ基本条約調印後の一九二五年三月に成立、四月に公布された。共産主義者、無政府主義者を主たる取締り対象として想定したものだったが、国体という曖昧《あいまい》な概念を使用したことで、法の拡張解釈や恣意《しい》的運用が可能となっており、自由主義者や反戦思想の持ち主などの取締りにも利用された。最初の本格的な適用は、二八年の**三・一五事件**であり、共産党員とそのシンパ約一六〇〇人が検挙された。同年六月、緊急勅令によって同法は改正され、国体変革目的の結社罪の最高刑を**死刑**とし、**目的遂行罪**の新設によって協力者の処罰を明記した。同法に基づいて多くの共産主義者が検挙され、三〇年代中頃には共産党の組織は壊滅状態となった。検挙された者の中には、作家の**小林多喜《たき》二《じ》**のように、**特別高等（特高《とっこう》）警察**による拷問《ごうもん》で虐殺《ぎゃくさつ》された者もいた。弾圧によって転向した者は、三六年制定の思想犯保護観察法で保護観察の対象となった。四一年には法改正によって**予防拘禁《こうきん》制度**が導入され、刑期満了後に一般社会に戻ることを阻止された。

コラム8 治安維持法の運用（立澤千尋）

ここでは、長野県にある中箕輪《なかみのわ》尋常高等小学校に勤務していた立澤千尋《たつざわちひろ》（当時二十六歳）に注目したい。立澤は共産党に入ったことがなく、党員とのつながりすらなかったが、組合や研究会が主催する勉強会に参加したなどの理由で、一九三三年二月二十日に検挙された。目的遂行罪の解釈が拡大され、組合に入っていなくても、少しでも関係をもっていたことが問題にされたのである。

二月二十一日、立澤は釈放されたが、小学校では休職処分を受け、実家での謹慎となった。三月十四日と二十四日の日記には、自分の行動を深く後悔する心境が記されている。治安維持法は、抵触することで社会的な制裁を受けさせるという役割もあった。六月十七日の日記で、「人間として国民として真に正しくなる」ことを決意し、その姿勢が認められ、教職への復帰が許された。

5 経済恐慌と外交政策の転換

1 金融恐慌

……現在都下ニ於《おい》テ不確実ナル銀行破綻《はたん》ノ為《ため》ニ、数万ノ市民ガ悲鳴ヲ挙《あ》ゲツツアリ、又関西地方ニ於テ恐慌ノ度深刻ヲ極メントスルアリ。之等《これら》ハ決シテ独《ひと》リ台湾銀行❶及鈴木商店❷ノ為ノミニアラズ。我《わが》対支外交ノ無方針ニシテ、居留邦人ノ保護行届カザル為、多年支那ニ在《あ》リテ刻苦《こっく》努力シ来リタル居留民ハ、暴民ノ掠奪《りゃくだつ》ニ遭《あ》ヒテ其《そ》ノ財産ヲ喪失《そうしつ》シ……一銭ノ旅費ヲモ持タズシテ続々長崎ニ帰還シ、……又貿易関係ニ於テハ、商取引ハ一切中止シ、支那ニ対スル輸出ハ全然杜絶《とぜつ》シテ、関西方面ノ製造業者ハ、其ノ工場ヲ閉鎖セントスル惨状《さんじょう》ヲ呈シ居《お》レリ。**現内閣❸ハ一銀行一商店ノ救済ニ熱心ナルモ、支那方面ノ我ガ居留民及対支貿易ニ付テハ何等《なんら》施《ほどこ》ス所ナク、唯々我等《ただただわれら》ノ耳ニ達スルモノハ、其《そ》ノ惨憺《さんたん》タル暴状ト、而《しか》シテ政府ガ弾圧手段ヲ用イテ、之等《これら》ノ報道ヲ新聞紙ニ掲載《けいさい》スルコトヲ禁止シタルコトナリ。**

『伯爵伊東巳代治《はくしゃくいとうみよじ》』

解説

戦後恐慌《きょうこう》と**震災《しんさい》恐慌**で経済的な混乱が続く中、一九二七年三月、衆議院予算委員会での**片岡直温《なおはる》蔵相**の失言から、未決済手形（**震災手形**）を多く抱える一部銀行に預金者が押し掛ける「とりつけ騒ぎ」が起こった。さらに四月には、**台湾《たいわん》銀行**の**鈴木商店**への不良貸付が暴露され、同行が経営難に陥った。憲政会を与党とする第一次若槻礼次郎《わかつきれいじろう》内閣は緊急勅令《ちょくれい》を出して台銀を救済しようとしたが、同内閣の**協調外交路線**（**幣原《しではら》外交**）に不満を持つ立憲政友会は、枢密《すうみつ》顧問官の伊東巳代治《みよじ》らと結び、緊急勅令案を枢密院で否決した。引用した伊東の発言には、当時中国で進んでいた国民党軍の北伐に不干渉政策をとる若槻内閣への怒りが強く表れている。若槻内閣の総辞職を受けて成立した、政友会の田中義一《ぎいち》内閣は、**モラトリアム**（**支払猶予《しはらいゆうよ》令**）を発令し、日銀の非常貸出で事態の収拾を図った。騒ぎの中で引き出された預金は大銀行に集中するようになり、三井・三菱・住友・安田・第一の五大銀行の金融支配につながった。

◀金融恐慌

❶**台湾銀行**　一八九九年、日本の植民地支配下にある台湾で設立された銀行。中央銀行としての役割とともに広範な業務を兼営した。大口貸出先であった鈴木商店の経営悪化で経営が行き詰まり、金融恐慌拡大の契機となった。

❷**鈴木商店**　明治初期に砂糖の取引から出発した総合商社。第一次世界大戦期に一挙に経営を拡大し、一九一七年には年間取引高で三井物産を凌駕《りょうが》した。戦後恐慌で打撃を受け、台湾銀行への依存を深めたが、二七年同行からの貸出も停止され、倒産した。

❸**現内閣**　第一次若槻礼次郎内閣。

出典◉**『伯爵伊東巳代治』**　伊東巳代治（一八五七〜一九三四）の伝記。全二巻。晨亭《しんてい》会編。一九三八年刊。引用文は、一九二七年四月の枢密院本会議における、伊東の「台湾銀行救済に関する緊急勅令案」反対演説の一部。

2 井上準之助蔵相の金解禁論❶

……金の輸出禁止を一言で申しますれば、金貨本位制度の一時停止であります。〔金本位制では〕……外国から物を沢山買ひますと……金貨が外国に流れ出て国内の金が減り、金利が高くなり物価が下落します。従て輸入は減り……金が外国に出ることは止まり、場合によっては外国から金が入って来ます。斯《こ》ういふやうにして通貨、物価の天然自然の調節が行はれるのであります。日本は此《こ》の金貨本位制度を停止して居《お》りますから、今日自然の調節が行はれないのであります。……こんな事では日本の国の安定が出来る気遣《きづか》ひは無いのでありまして、一日も早く金の解禁をしなくてはならぬのであります。……然《しか》らばどうして金の解禁をすることが出来るかと申しますと、用意が要《い》ります。準備をしなくてはなりませぬ。……然らば準備は何かと云へば、政府は財政を緊縮する、其《そ》の態度を国民が理解して国民も消費節約をなし、国民も緊張しますれば、茲《ここ》に物価も下る大勢が出て来る。輸入も減る……と、為替相場《かわせそうば》もずっと上って参ります。……其の上って来た所で金解禁を致しますれば、金解禁そのものは、財界に何等《なんら》の影響を与へるものではありませぬ。

『井上準之助論叢《いのうえじゅんのすけろんそう》』

解説

浜口雄幸《はまぐちおさち》・民政党内閣は、**緊縮財政**による物価の引下げや**産業合理化**などを推進し、日本経済の体質改善を図った。なかでも**金解禁**は要の政策であった。第一次世界大戦後、欧米各国は次第に**金本位制**に復帰したが、長期の不況に苦しんだ日本は乗り遅れており、財界からも、金解禁で為替相場を安定させ、貿易の振興を図ることを求める声が高まった。日本銀行総裁から大蔵大臣に登用された**井上準之助**《じゅんのすけ》は、財政緊縮と国民の消費節約の必要を強調しつつ、一九三〇年一月、よりデフレ化を進める可能性の高い**旧平価での金解禁**を断行した。だが、折からの**世界恐慌**《きょうこう》も相まって日本経済は大打撃を受け、深刻な恐慌に陥《おちい》った。三一年十二月、犬養毅《いぬかいつよし》・政友会内閣は、高橋是清《これきよ》蔵相の下で**金輸出を再禁止**した。

◀井上準之助蔵相の金解禁論

❶**金解禁**　金の輸出禁止を解除し、金本位制に復帰すること。

出典◉『**井上準之助論叢**』　井上の論稿・講演・日記・書簡などを収録。論叢編纂会《ろんそうへんさんかい》編。全四巻。一九三五年刊。引用は、二九年九月の講演「国民経済の立直しと金解禁」より。

設問7　**1** ❶❷を読み、第一次世界大戦後に連続して起こった経済恐慌のそれぞれの原因をまとめてみよう。**2** 経済恐慌に対して、日本政府はどのような対策を取ったのだろうか。**3** 世界恐慌に対して、世界各国はどのような対策を取ったのだろうか。

3 山東出兵

一 東方《とうほう》会議『対支政策綱領《こうりょう》』

五、……帝国政府ハ、是等不逞分子《これらふていぶんし》❶ノ鎮圧《ちんあつ》及秩序ノ維持ハ共ニ支那政権ノ取締 竝《ならびに》 国民ノ自覚ニ依《よ》リ実行セラレムコトヲ期待スト 雖《いえども》、支那ニ於《お》ケル帝国ノ権利利益竝在留邦人《ざいりゅうほうじん》❷ノ生命財産ニシテ不法ニ侵害セラルル 虞《おそれ》アルニ於《おい》テハ必要ニ応シ断乎《だんこ》トシテ自衛ノ措置《そち》ニ出《い》テ之《これ》ヲ擁護《ようご》スルノ外《ほか》ナシ。殊《こと》ニ日支関係ニ付捏造虚構《ねつぞうきょこう》ノ流説ニ基キ妄《みだ》リニ排日《はいにち》排貨ノ不法運動ヲ起スモノニ対シテハ其ノ疑惑ヲ排除スルハ勿論《もちろん》、権利擁護ノ為進ムテ機宜《きぎ》❸ノ措置ヲ執《と》ルヲ要ス。

七、（本項ハ公表セサルコト）

若夫《もしそ》レ東三省❹ノ政情安定ニ至テハ東三省人自身ノ努力ニ待ツヲ以テ最善ノ方策ト思考ス。三省有力者ニシテ満蒙《まんもう》ニ於ケル我《わが》特殊地位ヲ尊重シ真面目《まじめ》ニ同地方ニ於ケル政情安定ノ方途《ほうと》ヲ講スルニ於テハ帝国政府ハ適宜《てきぎ》之ヲ支持スヘシ。

八、万一、動乱満蒙《まんもう》ニ波及シ治安乱レテ同地方ニ於ケル我特殊ノ地位権益ニ対スル侵害起ルノ虞アルニ於テハ、其《そ》ノ何《いず》レノ方面ヨリ来ルヲ問ハス之ヲ防護シ且《かつ》内外人安住発展ノ地トシテ保持セラルル様《よう》、機ヲ逸《いっ》セス適当ノ措置ニ出ツルノ覚悟アルヲ要ス。 『日本外交年表 竝《ならびに》 主要文書』

◀東方会議『対支政策綱領』

❶**不逞分子** 不平を抱いて無法なふるまいをする者。本史料では、日本に抵抗する中国の民族主義者や共産主義者のことを指している。

❷**在留邦人** 一九二七年十月の段階で、関東州に約九万七〇〇〇人、それ以外の中国各地に約十五万人の日本人が在留していた。

❸**機宜ノ** 時宜にかなっている。

❹**東三省** 中国東北部の遼寧《りょうねい》省・吉林《きつりん》省・黒竜江《こくりゅうこう》省。

出典◉『**日本外交年表竝主要文書**』 本書三四七ページ参照。

解説 対中国積極政策を掲げて成立した**田中義《ぎ》一《いち》内閣**は、一九二七（昭和二）年五月、北伐《ほくばつ》軍からの在留日本人の保護を理由にして、**山東《さんとう》出兵**（**第一次**）を断行した。同年六月には、田中首相兼外相ら閣僚、関東軍司令官、中国関係外交官、陸海軍関係部局長らによる**東方《とうほう》会議**を開催し、対中国政策について検討した。七月七日に公表された「対支政策綱《こう》領《りょう》」では、中国における日本の権益や在留邦人を守るため断乎《だんこ》とした行動をとり、排日運動を行う者には必要な措置《そち》をとるとしている。また、非公表の第七項では、東三省《とうさんしょう》に独立政権が樹立されることを前提にした「満蒙《まんもう》分離」の方針が示された。二八年には、第二次、第三次の山東出兵が実行され、特に第二次出兵では国民党軍との軍事衝突が起こった（**済南《さいなん》事件**）。日本軍による集中砲火で多数の中国人住民が殺害されたため、居留民保護の目的を逸脱《いつだつ》したものとして中国世論から強い反発を受けた。日中両国は互いに謝罪・賠償を求めて交渉し、二九年三月に和平が成立した。

二　対支非干渉運動の呼びかけ

今や田中軍事内閣❶は居留民保護の名の下に東、南、北の三方から巨大な軍隊を動かして、革命支那《しな》❷に対して全線的に武力干渉を開始したのだ。……南支那に於ける国民革命の勝利は最近、北支那に於ける労農大衆を刺激して急速に階級的に成熟せしめつゝある。彼等は打倒軍閥《ぐんばつ》、打倒帝国主義の闘争に敢然《かんぜん》として参加せんとしてゐる。北支《ほくし》の労農大衆の階級的成熟、これこそ我が帝国主義ブルジョアジーが最も恐れ極力おさえつけようとしてゐるものなのだ！……対支出兵に絶対反対せよ！　帝国主義戦争の誘発に対して戦へ！　対支非干渉運動を出兵反対に集注せよ！　一人の兵士も支那に置くな！　全無産大衆は出兵反対運動に参加せよ！

『無産者《むさんしゃ》新聞』

◀**対支非干渉運動の呼びかけ**

❶**田中軍事内閣**　山東出兵を進める田中義一《ぎいち》内閣を批判する呼称。

❷**革命支那**　第一次国共合作によって中国で進められていた国民革命のことを指している。

出典◉『無産者新聞』　八四号、一九二七年五月二十八日付。日本共産党の合法機関紙。一九二五年九月創刊。

解説

山東《さんとう》出兵に先立つ一九二七年一月から、**無産政党**による対支非干渉運動がはじまった。当初は労働農民党、日本労働農民党、社会民衆党の三党による共同闘争だったが、方針の違いで分裂し、五月に**労働農民党**を中心とした対支非干渉全国同盟（山本宣治《せんじ》委員長）が結成された。史料はその呼びかけ文だが、山東出兵の本質を中国革命への干渉と看破《かんぱ》し、中国の労働者農民との連帯を目指すものとなっている。

4 張作霖爆殺事件《ちょうさくりんばくさつじけん》

満洲某《ぼう》重大事件といって世間に伝へられてゐるが、張作霖《ちょうさくりん》❶が北京から引上げて奉天《ほうてん》に帰る途中、あの爆破があった時に、その報道が新聞に出ると、その日に公爵《こうしゃく》❷は自分❸に向って、「どうも怪《あや》しいぞ、人には言へぬが、どうも日本の陸軍あたりが元兇《げんきょう》ぢゃあるまいか。」と言って心配してをられた。その後……公爵は、「……事実日本の軍人であるといふことが判《わか》ったら、その瞬間に処罰しろ。」と勧告せられたが、総理❹は近く即位の御大典《ごたいてん》❺を控《ひか》へ、漸《ようや》く人気もよくなり、議会もその内開かれるといふやうな考慮から、……曖昧《あいまい》な返答をした……。〔一九二九年〕五月の中頃になっていよ〳〵総理はこの顛末《てんまつ》を上奏して、「……日本の陸軍には幸ひにして犯人はないといふことが判明致しました。……警備上責任者の手落であった事実については、これを行政処分を以て始末致します。」と申上げて、後日に至り関東軍司令官❻を予備にし、下手人《げしゅにん》であった参謀❼を転任させたといふことで済《す》ませておいた。

『西園寺公《さいおんじこう》と政局《せいきょく》』

解説

日本と協力関係にあった奉天軍閥《ほうてんぐんばつ》・**張作《ちょうさく》霖《りん》**は、一九二八（昭和三）年六月、北伐《ほくばつ》軍の攻勢を受けて奉天に帰還するさなか、**関東軍**参謀《さんぼう》**河本大作《こうもとだいさく》**らの謀略で、奉天駅近くの満鉄付属地内で爆殺された。河本らの狙いは、爆破の混乱に乗じて満洲を関東軍の直接支配下に置くことにあったが、武力衝突は起こらず、計画は不発に終わった。事件の真相は日本国内では秘密にされたが、二九年の議会で野党・民政党がこれを「**満洲某《ぼう》重大事件**」と称して政府を追及した。史料にあるように、田中首相は当初元老西園《さいおん》寺公望《じきんもち》の助言で真相の公表と関係者の厳重処分を行う旨天皇に上奏したが、閣僚や陸軍の反対を受けてこれを撤回《てっかい》し、河本の停職のみで乗り切ろうとした。しかし激怒した昭和天皇が田中首相を厳しく叱責《しっせき》し、辞職を要求するなどしたため、内閣は総辞職した。

◀張作霖爆殺事件

❶**張作霖**　一八七五〜一九二八。中国奉天軍閥の首領。日本の協力を得て北京政界に進出し、中華民国陸海軍大元帥となって中国革命軍と対決した。張学良は長男。

❷**公爵**　西園寺公望。

❸**自分**　原田熊雄《くまお》。

❹**総理**　田中義一《ぎいち》。

❺**即位の御大典**　昭和天皇の即位の儀式。

❻**関東軍司令官**　村岡長太郎《ちょうたろう》。

❼**参謀**　河本大作。

出典◉『**西園寺公と政局**』　西園寺公望の政治秘書であった原田熊雄（一八八八〜一九四六）が、職務上知りえたことを口述し、記録させたもの。昭和初期の中央政治の動向を知ることができる貴重な史料。全八巻・別巻一。一九五〇〜五二年刊。

◀ロンドン海軍軍縮条約と「統帥権干犯」問題

❶**我全権**　若槻礼次郎《わかつきれいじろう》元首相、財部彪《たからべたけし》海軍大臣ら。

❷**請訓**　在外全権が本国政府に指示を求めること。回訓はその回答。

❸**原主張** 補助艦総トン数対米七割、大型巡洋艦対米七割、潜水艦現有量七万八〇〇〇トン保有の三点。
❹**加藤** 加藤寛治《ひろはる》海軍軍令部長。
❺**東郷** 東郷平八郎（一八四七～一九三四）。日露戦争の際の戦訓で名将と呼ばれ、晩年は軍の元老《げんろう》的存在となった。
❻**伏見宮** 伏見宮博恭《ひろやす》。皇族、海軍軍人。当時は軍事参議官。一九三二～四一年の軍令部総長。

出典◉『**太平洋戦争への道（別巻）資料編**』 ロンドン会議から日米開戦に至るまでの軍事・外交関係の公文書を編纂《へんさん》したもの。角田順ほか編。一九六三年刊。引用は、ロンドン会議当時の海軍軍務局長堀悌吉の講述「ロンドン会議ト統帥権問題」（一九四六年）より。

設問8 **1** ◆3を読み、山東出兵に対する田中内閣と無産政党との考え方の違いをまとめてみよう。
2 ◆4と◆5を読み、田中内閣と浜口内閣が総辞職した理由をまとめてみよう。
3 この時期の世界情勢や日本外交の特徴を、第11章第3節との比較を意識しながら考えてみよう。

5 ロンドン海軍軍縮条約と「統帥権干犯《とうすいけんかんぱん》」問題

倫敦《ロンドン》会議ニ対シテ、我国ハ補助艦兵力量ニ関シ或《あ》ル主張ヲ以テ之《これ》ニ臨《のぞ》ムコトトシタ。我全権ハ❶英米全権ト交渉努力ノ結果一《ひとつ》ノ妥協案ニ達シテ請訓《せいくん》シテ来タ❷。之ハ我主張トハ多少ノ開キガアッタガ、政府ハ……妥協案ノ筋ニ添ッテ話ヲ纏《まと》メントシタ。海軍ハ、原《げん》主張❸ヲ固持《こじ》シテ貫《もら》イタイガ、ソレガ出来ヌトスレバ兵力ノ不足ヲ補フ意味デ此《こ》ノ機会ニ内容充実術力向上ノ為《ため》ニ必要ナル諸対策ノ実現ヲ考慮セラレ度《た》イ旨《むね》ヲ政府ニ申入レタ。政府ハ海軍ノ言分《いいぶん》ヲ聞イタ上デ回訓《かいくん》ヲ発シ、条約ハ調印ノ運ビトナッタ。**ソレガ軟弱外交政策等ノ形デ帝国議会ノ問題ト迄《まで》ナリ……加藤軍令部長ノ態度ハ一変シタ**❹。**統帥権干犯《とうすいけんかんぱん》ト謂《い》ッタ様《よう》ナ問題ガ本格的ニ擡頭《たいとう》シテ来タ**。之《これ》ト共ニ兵力欠陥問題モ再燃シテ来テ、東郷元帥❺、伏見宮《ふしみのみや》❻殿下等モ硬化シテ来タ。一時ハ条約ノ運命モ気遣《きづか》ハレタ……。

『太平洋戦争への道（別巻）資料編』

解説 一九三〇年四月、日米英三国の間で調印された**ロンドン海軍軍縮条約**は、補助艦保有トン数を**対米英六・九七割**（**大型巡洋艦六割**）などとする内容であった。海軍軍令部は大型巡洋艦対米七割を主張したが、結局は政府側の主張に折れて、調印を容認した。しかし、野党政友会は、軍令部の同意を得ずに政府が兵力量を決定するのは憲法十一条で定められた**天皇の統帥権《とうすいけん》を干犯《かんぱん》**するものとして、政府を非難し、これを機に条約反対派の軍人や国粋《こくすい》主義者らの政府批判が広がった。浜口雄幸《はまぐちおさち》首相は、憲法十二条に定められた、天皇による陸海軍の編制権は、軍部ではなく内閣が補佐するものであるという認識に立って、反対を押し切り、どうにか批准《ひじゅん》に成功した。しかし、同年十一月、浜口は東京駅で右翼活動家の佐郷屋留雄《さごうやとめお》に狙撃《そげき》されて重傷を負い、辞職を余儀なくされた。

第12章

十五年戦争と日本

1 満洲事変と「満洲国」の成立

1 関東軍参謀《さんぼう》による国家改造計画（石原莞爾《いしはらかんじ》「満蒙《まんもう》問題私見《しけん》」）

……国内ノ改造ヲ第一トスルハ一見極《きわ》メテ合理的ナルカ如《ごと》キモ所謂《いわゆる》内部改造亦《また》挙国《きょこく》一致之《これ》ヲ行フコト至難《しなん》ニシテ政治的安定ハ相当年月ヲ要スル恐尠《おそれすくな》カラス。……我国情《わがこくじょう》ハ寧《むし》ロ速《すみやか》ニ国家ヲ駆《か》リテ対外発展ニ突進セシメ途中状況ニヨリ国内ノ改造ヲ断行スルヲ適当トス。……国家カ満蒙《まんもう》問題ノ真価《しんか》ヲ正当ニ判断シ其《その》解決カ正義ニシテ我国ノ業務ナルコトヲ信シ且《かつ》戦争計画確定スルニ於《おい》テハ其《その》動機ハ問フ所ニアラス。期日定メ彼《か》ノ日韓合併❶ノ要領ニヨリ満蒙併合ヲ中外《ちゅうがい》ニ宣言スルヲ以《もっ》テ足《た》レリトス。然《しか》レ共《ども》国家ノ状況之ヲ望ミ難《がた》キ場合ニモ若《も》シ軍部ニシテ団結シ戦争計画ノ大綱ヲ樹《た》テ得ルニ於テハ謀略《ぼうりゃく》ニヨリ機会ヲ作製シ軍部主動トナリ国家ヲ強引スルコト必スシモ困難ニアラス。若シ又好機来《きた》ルニ於テハ関東軍ノ主動的行動ニ依《よ》リ回天《かいてん》ノ偉業《いぎょう》❷ヲナシ得ル望《のぞみ》絶《ぜつ》無《む》ト称シ難シ。

『石原莞爾資料《いしはらかんじしりょう》（国防論策篇《こくぼうろんさくへん》）』

◀関東軍参謀による国家改造計画

❶**日韓合併**　一九一〇年の韓国併合のことを指している。

❷**回天ノ偉業**　時代の流れを一変させる偉大な事業。

出典◉『**石原莞爾資料**』　石原の主要論考を収録。全二巻。角田順編。一九六七〜六八年刊。本史料は、一九三一年五月に執筆された「満蒙問題私見」より引用。

解説

満洲《まんしゅう》事変を起こし、傀儡《かいらい》政権「**満洲国**」を建国する謀略を主導したのは、関東軍参謀《さんぼう》の**石原莞爾**《いしはらかんじ》（一八八九〜一九四九）と同高級参謀の**板垣征四郎**《いたがきせいしろう》であった。石原は、日米による**世界最終戦争**を想定し、それに向けて国家を改造する必要を唱えたが、史料にあるように、その条件が熟していないと見て、先に対外侵出を進めて「満蒙《まんもう》」を占領し、その過程で国内改造を行うことを考えた。政府の側にその準備がない場合は、軍部が謀略《ぼうりゃく》を用いてでもこれを主導し、好機が来たら関東軍の出動でその発端を開くこともありうると認識していた。一九三一年九月十八日の**柳条湖事件**《りゅうじょうこ》は、こうした構想をもとに実行された。

設問1　❶の「謀略ニヨリ機会ヲ作製」という部分について、その後、関東軍は具体的にどのような行動をとったのか、まとめてみよう。

柳条湖事件の新聞報道
❶**北大営** 中国の東北辺防軍の兵営。
❷**暴戻** 荒々しく、道理に反していること。
出典◉『**東京朝日新聞**』 本書三九五ページ参照。本史料は一九三一年九月十九日付号外より引用。

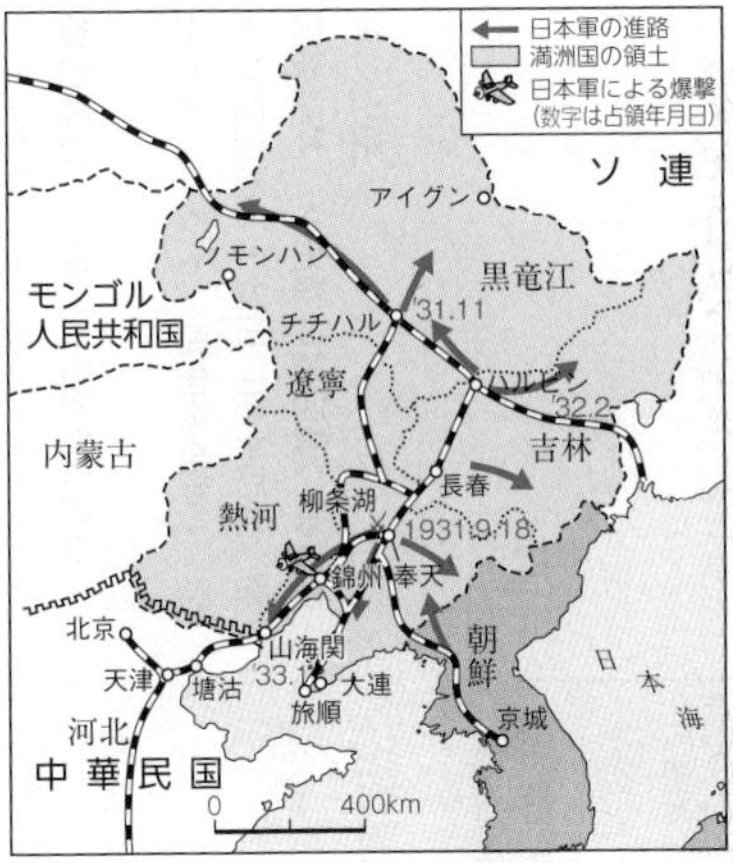

▲満洲事変時の中国東北部

2 柳条湖《りゅうじょうこ》事件の新聞報道

十八日午後十時半奉天《ほうてん》郊外北大営《ほくだいえい》❶の西北側に暴戻《ぼうれい》❷なる支那《しな》軍が満鉄線を爆破し我鉄道守備兵を襲撃したが我軍はこれに応戦した。我軍側は午後十一時直《ただ》ちに奉天の全駐在軍に対して出動命令を下し十九日朝零時半日本軍は遂に北大営を全部占領した。この日北大営北側にて将校の指揮する三四百の支那兵が満鉄巡察《じゅんさつ》兵と衝突した結果つひに日支開戦を見るに至つたもので明《あきら》かに支那側の計画的行動であることが明瞭《めいりょう》となつた。

『東京朝日新聞』

解説

石原莞爾《いしはらかんじ》や**板垣征四郎《いたがきせいしろう》**らは、一九三一年六月の段階で、九月末に奉天《ほうてん》郊外にある北大営《ほくだいえい》付近の柳条湖《りゅうじょうこ》で軍事行動を起こすことを計画していたが、事前に計画が漏洩《ろうえい》したため、時期を早めて九月十八日に実行した。最初に独立守備歩兵第二大隊第三中隊が柳条湖付近で満鉄《まんてつ》線路に爆薬《ばくやく》をしかけ、爆発音とともに北大営を攻撃した。これを受け、石原・板垣らは、中国軍が爆破して日本軍に攻撃をしかけたと偽《いつわ》り、関東軍を出動させ、**満洲《まんしゅう》事変**へと拡大させた。新聞各紙は号外でこの事件を報道したが、史料のように、爆破は「支那《しな》軍」の仕業《しわざ》であり、計画的行動であったとする、事実とは正反対の内容であった。事件が関東軍の自作自演であったことが明らかにされたのは、戦後、**極東国際軍事裁判**（**東京裁判**）においてのことであった。

3 リットン調査団の報告

……九月十八日午後十時より十時半の間に鉄道線路上若《もし》くは其《その》付近に於《おい》て爆発ありしは疑《うたがい》なきも、鉄道に対する損傷は若しありとするも、事実長春《ちょうしゅん》よりの南行列車の定刻到着を妨《さまた》げざりしものにて、其《そ》れのみにては軍事行動を正当とするものに非《あら》ず。同夜に於《お》ける叙上《じょじょう》日本軍の軍事行動は正当なる自衛手段と認むることを得《え》ず。……

一九三一年九月十八日以来、日本官憲の軍事上及《および》民政上の活動は本質的に政治的考慮に依《よ》りて為されたり。東三省《とうさんしょう》の前進的軍事占拠は、支那官憲の手により順次斉々哈爾《チチハル》❶、錦州《きんしゅう》❷及哈爾賓《ハルビン》❸を奪ひ遂には満洲に於ける総《すべ》ての重要なる都市に及びたり。……一九三一年九月以前に於て聞かれざりし独立運動が日本軍の入満に依り可能となりたることは明らかなり。……

……公私の会見、書面及声明書等の形を以て、吾人《ごじん》に提供せられたる証拠を注意して研究したる後、吾人は「満洲国政府」なるものは地方の支那人に依り日本の手先と見られ支那人一般に之に何等の支援を与《あた》へ居るものに非ずとの結論に達したり。

『リットン報告書全文』

◀リットン調査団の報告

❶**斉々哈爾**　黒竜江《こくりゅうこう》省西部の都市。

❷**錦州**　遼寧《りょうねい》省南西部の都市。南《ナン》京《キン》国民政府を支持する張学良《ちょうがくりょう》が本拠地としていた。一九三一年十月八日には関東軍による爆撃が実施された。

❸**哈爾賓**　黒竜江省南西部の都市。

出典◉**『リットン報告書全文』**鈴木文四郎編。一九三二年十月刊。朝日新聞社。本史料は第四章、第六章より引用。

解説　一九三一年九月十八日に**柳条湖《りゅうじょうこ》事件**が起こると、中国は日本の軍事行動を不法なものとして**国際連盟**に提訴した。十一月には日本が自ら調査団の派遣を提案し、英国人**リットン**を団長とする調査団が組織された。リットンらは三二年二月から日本、中国の各地で調査・聞き取りを行い、九月に報告書をまとめた。報告書では、柳条湖事件以後の日本軍の行動は自衛とは認めがたいとし、**「満洲国《まんしゅうこく》」**も満洲在住の中国人の意志によって成立したものではないとみなした。一方で、東三省《とうさんしょう》（吉林《きつりん》・黒竜江《こくりゅうこう》・奉天《ほうてん》の三省）に新たに自治政府を設け、日本人を含む外国人顧問《こもん》の設置を提案するなど、日本の優先的地位を認める内容ともなっており、日本が国際連盟と妥協《だきょう》することを期待するものでもあった。しかし、「満洲国」をすでに承認していた日本はこれを受け入れず、連盟脱退へと立ち至ることになる。

4 日満議定書

日本国ハ、満洲国カ其《そ》ノ住民ノ意思ニ基《もとづ》キテ自由ニ成立シ❶、独立ノ一国家ヲ成《な》スニ至リタル事実ヲ確認シタルニ因《よ》リ、満洲国ハ、中華民国ノ有スル国際約定《やくじょう》ハ満洲国ニ適用シ得《う》ヘキ限リ之《これ》ヲ

◀日満議定書

❶**住民ノ意思……自由ニ成立**　リットン報告書は、この点を認めなかった。（前項参照）

出典◉**『日本外交年表竝主要文書』**本書三四七ページ参照。

尊重スヘキコトヲ宣言セルニ因リ……左ノ如《ごと》ク協定セリ。

一、満洲国ハ、将来日満両国間ニ別段ノ約定ヲ締結セサル限リ、満洲国領域内ニ於《おい》テ、日本国又ハ日本国臣民《しんみん》カ従来ノ日支間ノ条約、協定其ノ他ノ取極《とりきめ》及公私ノ契約ニ依《よ》リ有スル一切ノ権利利益ヲ確認尊重スヘシ。

二、日本国及満洲国ハ、締約国ノ一方ノ領土及治安ニ対スル一切ノ脅威《きょうい》ハ同時ニ締約国ノ他方ノ安寧《あんねい》及存立ニ対スル脅威タルノ事実ヲ確認シ、両国共同シテ国家ノ防衛ニ当ルヘキコトヲ約ス。之《これ》カ為《ため》所要ノ日本国軍ハ満洲国内ニ駐屯《ちゅうとん》スルモノトス。

『日本外交年表竝《ならびに》主要文書』

解説

満洲《まんしゅう》事変勃発後、一九三二年二月までに満洲の主要部を占領した日本軍は、三月に清朝最後の皇帝・**溥儀《ふぎ》**を執政《しっせい》（三四年三月に皇帝）とする**「満洲国」**を建国した。長春《ちょうしゅん》は新京《しんきょう》と改称されて首都となり、**「王道楽土《おうどうらくど》、五族《ごぞく》（漢・満・蒙《もう》・日・朝）協和《きょうわ》」**のスローガンが掲げられた。**斎藤実《さいとうまこと》**内閣は、三二年九月に「満洲国」を承認し、日満議定書に調印した。議定書は、日本が従来から有する利権を「満洲国」が確認・尊重することや日本軍が「満洲国」内に駐屯《ちゅうとん》することなどを定めていた。また、付属の秘密協定では、国防・治安維持や、鉄道・港湾などの敷設・管理を日本に委託すること、政府要職に日本人官僚《かんりょう》を任用し、その任免権を**関東軍司令官**が持つことが定められるなど、実質的な主権は日本が握っていた。

5 国際連盟脱退の通告

……本年❶二月二十四日臨時総会ノ採択セル報告書❷ハ、帝国カ東洋ノ平和ヲ確保セントスル外何《ほかなん》等異図《らいと》ナキノ精神ヲ顧《かえり》ミサルト同時ニ、……**九月十八日事件❸当時及其《そ》ノ後ニ於《お》ケル日本軍ノ行動ヲ以テ自衛権ノ発動ニ非《あら》スト臆断《おくだん》シ、又同事件前ノ緊張状態**及事件後ニ於ケル事態ノ悪化カ支《し》那《な》側ノ全責任ニ属スルヲ看過《かんか》シ、為《ため》ニ東洋ノ政局ニ新ナル紛糾《ふんきゅう》ノ因《いん》ヲ作レル一方、**満洲国成立ノ**

設問2 ❶柳条湖事件から「満洲国」建国に至るまでの過程について、日本政府やメディアはどのような主張をしていたのか、まとめてみよう。
❷満洲事変や国際連盟の脱退について、当時の日本国民の大多数はこれを支持した。その理由を、❺にある「同事件前ノ緊張状態」を踏まえて、考えてみよう。

◀国際連盟脱退の通告
❶**本年**　一九三三（昭和八）年。
❷**報告書**　リットン報告をもとに作成された「満洲国」否認の対日勧告を含む総会報告書。
❸**九月十八日事件**　柳条湖《りゅうじょうこ》事件。

真相ヲ無視シ、且《かつ》同国ヲ承認セル帝国ノ立場ヲ否認シ、東洋ニ於ケル事態安定ノ基礎ヲ破壊セントスルモノナリ。……仍《よっ》テ帝国政府ハ、此《こ》ノ上連盟ト協力スルノ余地ナキヲ信シ、連盟規約第一条第三項❹ニ基《もとづ》キ帝国カ国際連盟ヨリ脱退スルコトヲ通告スルモノナリ。

『日本外交年表竝《ならびに》主要文書』

❹**連盟規約第一条第三項** 「連盟国ハ、二年ノ予告ヲ以テ連盟ヲ脱退スルコトヲ得。」

出典◉『日本外交年表竝主要文書』本書三四七ページ参照。

解説 一九三二年十一月、国際連盟理事会に**リットン報告書**が提出され、議論に付された。中国代表は報告書を問題解決の基礎として受け入れたが、日本代表の**松岡洋右**《まつおかようすけ》は強く反発した。審議は十二月臨時総会に移され、さらに日中を除く十九人委員会に付託《ふたく》されたが、同委員会は翌年二月にリットン報告書採択・「満洲国《まんしゅうこく》」不承認の報告案を可決した。同月、総会がこの報告案を賛成四十二、反対一（日本）、棄権《きけん》一（シャム）で採択すると、三月二十七日、日本は右史料の通告を発して、連盟を脱退した。日本は、満洲事変はあくまでも自衛権の発動の結果であるとし、「満洲国」の不承認は東洋の平和を阻害《そがい》すると主張した。

2 「国家改造」とテロリズム

1 『日本改造法案大綱』（超国家主義の思想）

巻一　国民ノ天皇

憲法停止。❶天皇ハ全日本国民ト共ニ国家改造ノ根基《こんき》ヲ定メンガ為《ため》ニ天皇大権ノ発動ニヨリテ三年間憲法ヲ停止シ両院ヲ解散シ全国ニ戒厳令《かいげんれい》ヲ布《し》ク。（註一－二略）

註三。「クーデター」ハ国家権力則《すなわ》チ社会意志ノ直接的発動ト見ルベシ。其ノ進歩的ナル者ニ就《つ》キテ見ルモ国民ノ団集《だんしゅう》❷ソノ者ニ現ハル、コトアリ。日本ノ改造ニ於《お》テハ必ズ国民ノ団集ト元首トノ合体ニヨル権力発動タラザルベカラズ。（註四略）

巻八　国家ノ権利

◀『日本改造法案大綱』

❶**憲法停止** この項は、一九二三年の改造社版では全面削除。

❷**団集** 一つにまとまること。団結。

開戦ノ積極的権利。国家ハ自己防衛ノ外《ほか》ニ不義《ふぎ》ノ強力❸ニ抑圧《よくあつ》サルル他ノ国家又ハ民族ノ為《た》メニ戦争ヲ開始スルノ権利ヲ有ス。（則《すなわ》チ当面ノ現実問題トシテ印度《インド》ノ独立及ビ支那《しな》ノ保全ノ為メニ開戦スル如《ごと》キハ国家ノ権利ナリ）。国家ハ又、国家自身ノ発達ノ結果**他ニ不法ノ大領土ヲ独占シテ人類共存ノ天道ヲ無視スル者ニ対シテ戦争ヲ開始スルノ権利ヲ有ス**。（則《すなわ》チ当面ノ現実問題トシテ満州又ハ極東西比利亜《シベリア》ヲ取得センガタメニ其《そ》ノ領有者ニ向テ開戦スル如キハ国家ノ権利ナリ）。

『北一輝著作集《きたいっきちょさくしゅう》』

解説

新潟県佐渡島《さどがしま》出身の**北一輝**《きたいっき》（一八八三〜一九三七）は、一九〇四年に上京し、大アジア主義を掲げる黒竜会《こくりゅうかい》や、中国革命を目指す中国同盟会などで活動した。**辛亥革命**《しんがい》がはじまると中国に渡ってこれを支援したが、第一次世界大戦後の中国ナショナリズムの高揚に直面し、日本国内の「国家改造」を主張する方向に転じる。一九年には、**大川周明**《おおかわしゅうめい》らと**猶存社**《ゆうぞんしゃ》を結成し、「国家改造案原理大綱《たいこう》」を土台とした国家社会主義運動を推進した。北の国家改造の構想は、天皇大権による憲法停止とクーデタからはじまり、華族《かぞく》制度の停止や私有財産の制限、男性普通選挙などの改革を断行するとともに、日本による朝鮮、台湾の支配を正当化し、さらなる領土拡張によって日本主導の世界秩序への転換を目指すものであった。大綱は、ヴェルサイユ体制や政党政治を批判する軍部の青年将校のバイブル的存在となった。

2 五・一五事件

国難ノ禍根《かこん》ハ主トシテ腐敗堕落《ふはいだらく》セル現支配階級ニアリマシタガ、**具体的事実トシテハ屈辱《くつじょく》的条約ヲ締結セル海軍軍縮会議、統帥権干犯《とうすいけんかんぱん》❶、兵農分離ノ危機❷、国防ノ軽視、露米等トノ交戦ノ予想❸等軍人トシテノ立場ヨリ断ジテ許スコトノデキヌ問題ガハナハダ多クアリマシタノデ、軍人**蹶起《けっき》ノ必要ヲ痛感シマシタ。国家ノ生命タル国防ガ危ウクサレントスル時ニオイテ軍人ガ立ツノ

❸**不義ノ強力**　正義に基づかない暴力や軍事力。ここではアジアの植民地化を進める欧米列強が想定されている。

出典◉『**北一輝著作集**』　全三巻。一九五九〜七二年刊。「改造法案」は最初『国家改造案原理大綱』として一九一九年に上海《シャンハイ》で執筆され、猶存社同人に配布されたが二〇年一月発禁。二三年に加筆・修正版が『日本改造法案大綱』と改題して刊行された。引用史料は、二六年二月に西田税《みつぎ》編で発行されたもの。

◀五・一五事件

❶**海軍軍縮会議、統帥権干犯**　一九三〇年のロンドン海軍軍縮条約をめぐる一連の過程のこと。

❷**兵農分離ノ危機**　著者は、素質優秀の兵士を多く輩出した東北農村が、昭和恐慌で疲弊していることに対して、危機感を持っていた。

❸**露米トノ交戦ノ予想**　著者は、満州事変をきっかけとして、近い将来ソ連、アメリカとの戦争が起こると予想していた。

ハ当然デアル、否必要デアルト考エマシタ。マタ国軍ノ全般特ニ青年将校ノ間ニ磅礴《ほうはく》❹タル憂国慨《がい》世《せい》ノ意識ト熱情トヲ天下ニ示ス為ニモ軍人ノ奮起《ふんき》ヲ必要ト考エマシタ。シカモスデニ海軍ニ決行ノ計画アルコトヲキイタ以上、サナキダニ蹶起ノ意思ノアッタ私ドモノ熱意ハコレヲ海軍ノミニマカシテオクコトガ出来マセンデシタ。如何《いか》ニシテモ陸軍ノ代表者トシテ士官候補生❺蹶起ノ必要ヲ痛感致シマシタ。

「五・一五事件陳情書《ちんじょうしょ》」

解説

五・一五事件は、海軍急進派の青年将校が中心となり計画したものであったが、陸軍の士官候補生や**井上日召**《いのうえにっしょう》の**血盟団**《けつめいだん》、**橘孝三郎**《たちばなこうざぶろう》の**愛郷**《あいきょう》**塾**《じゅく》なども深くかかわった。血盟団は、一九三二年二月から三月にかけ、前大蔵大臣**井上準之助**《じゅんのすけ》と三井合名《みついごうめい》会社理事長**団琢磨**《だんたくま》を殺害して先陣を切り(血盟団事件)、続いて五月に青年将校らが大規模なテロ事件を決行した。青年将校と士官候補生の一組は首相官邸を襲撃して**犬養毅**《いぬかいつよし》首相を殺害し、別の組は内大臣官邸、政友会本部などを攻撃した。愛郷塾の農民決死隊は変電所を襲撃《しゅうげき》して帝都を暗黒にし、戒厳令《かいげんれい》を施行させようとしたが、失敗に終わった。こうしたテロの背景には、**昭和恐慌**《きょうこう》に見られる農村の窮乏化《きゅうぼうか》や、財閥《ざいばつ》をはじめとする富裕《ふゆう》層への怒り、政党政治の無策や軍縮、満《まん》洲《しゅう》事変不拡大方針への不満があった。この事件で政党内閣は終止符を打たれ、軍部の発言権が強まった。

❹**磅礴** 広く満ちている様子。
❺**士官候補生** 陸軍士官学校予科を卒業し、少尉《しょうい》に任ぜられる資格を得た者。独自のエリート意識と同志的意識を持っていたとされる。

出典◉「五・一五事件陳情書」『現代日本思想大系31 超国家主義』所収。一九六四年刊。橋川文三編。筑摩書房。著者は、五・一五事件の際に首相官邸を襲撃した士官候補生の一人である後藤映範《えいはん》。

❸ 二・二六事件

……此日拝謁《はいえつ》ノ折リ、彼等行動部隊ノ将校ノ行為ハ、陛下《へいか》ノ軍隊ヲ、勝手ニ動カセシモノニシテ、統帥権《とうすいけん》ヲ犯スノ甚《はなは》ダシキモノニシテ、固《もと》ヨリ、許スベカラザルモノナルモ、其《その》精神ニ至リテハ、君国ヲ思フニ出デタルモノニシテ、必ズシモ咎《とが》ムベキニアラズト申述ブル所アリシニ、後チ御召アリ、朕《ちん》ガ股肱《ここう》❶ノ老臣ヲ殺戮《さつりく》ス、此ノ如キ兇暴《きょうぼう》ノ将校等、其精神ニ於テモ何ノ恕《ゆる》スベキモノアリヤト仰《おお》セラレ、又或時《あるとき》ハ、朕ガ最モ信頼セル老臣ヲ悉《ことごと》ク倒スハ、真綿ニテ、朕ガ首ヲ締ムルニ等シキ行為ナリ、ト漏ラサル。……尚又、此日陛下ニハ、陸軍当路ノ行動部隊ニ対スル鎮圧ノ

◀二・二六事件
❶**股肱** 最も頼りにするもの。
❷**武官長** 侍従《じじゅう》武官長。常時天皇の側近にあって、軍事関係事項の奏上、奉答命令の伝達などの役割を担う。当時は本庄繁《しげる》。
❸**近衛師団** 皇室の守護などを任務とする師団。近衛連隊に各兵科を加えて編成。

手段実施ノ進捗《しんちょく》セザルニ焦慮《しょうりょ》アラセラレ、武官長❷ニ対シ、朕自ラ近衛《このえ》師団❸ヲ率《ひき》ヒ、此ガ鎮定《ちんてい》ニ当ラント仰セラレ、真ニ恐懼《きょうく》❹ニ耐ヘザルモノアリ。決シテ左様《さよう》ノ御軫念《しんねん》❺ニ及バザルモノナルコトヲ、呉々《くれぐれ》モ申上ゲタリ。蓋《けだ》シ、戒厳司令官❻等ガ慎重ニ過ギ、殊更《ことさら》ニ躊躇《ちゅうちょ》セルモノナルヤノ如《ごと》クニ、御考ヘ遊バサレタルモノト拝サレタリ。

『本庄日記《ほんじょうにっき》』

❹恐懼 おそれかしこまること。
❺軫念 天皇が心を痛めること。
❻戒厳司令官 戒厳司令部を指揮する司令官。東京警備司令官の香椎《かしい》浩平《こうへい》が任命されていた。

出典◉『本庄日記』 一九六七年刊。原書房。陸軍軍人であった本庄繁（一八七六～一九四五）の日記。

設問3 ❶◆2について、五・一五事件に参加した士官候補生が「国難ノ禍根」として、具体的に挙げているものをまとめてみよう。❷北一輝の国家改造論を信奉する皇道派青年将校たちは、どのような目的で二・二六事件を起こしたと考えられるだろうか、また、なぜその目的は達成できなかったのだろうか。❸下の表のように、一九三〇年代前半にテロ事件が集中した理由を考えてみよう。

解説

合法的な手段で**高度国防国家**の建設を目指す陸軍「**統制派**《とうせい》」に対し、直接行動による国内改革を目指す「**皇道派**《こうどう》」は、一九三六年二月二十六日の早朝、ついに反乱を起こした。歩兵第一、第三連隊を主とする一四〇〇名の部隊は首相官邸などを襲撃し、**高橋是清**《たかはしこれきよ》蔵相、**斎藤実**《さいとうまこと》内大臣、**渡辺錠太郎**《わたなべじょうたろう》教育総監《そうかん》を殺害、**鈴木貫太郎**《すずきかんたろう》侍従長《じじゅうちょう》に重傷を負わせた。青年将校らは陸軍大臣に面会し、「君側《くんそく》の奸臣軍賊《かんしんぐんぞく》」を「斬除《ざんじょ》」するという蹶起《けっき》趣意書を読み上げた。翌二十七日には、東京市を区域とする**戒厳令**《かいげんれい》が施行され、反乱部隊が戒厳部隊に組み入れられるなど、反乱側の企図に親和的な対応がとられた。しかし史料にあるように、当の天皇は重臣が殺害されたことに激怒し、侍従武官長に反乱部隊の鎮圧を強く催促した。結果、二十八日には、反乱鎮定《ちんてい》の命令が発せられ、翌日、反乱部隊は戒厳司令部に包囲される中帰順《きじゅん》し、事件は終結した。

1931.3	三月事件	桜会の橋本欣五郎ら陸軍中堅将校が民間右翼大川周明らと結び、宇垣一成首班の軍部独裁政権樹立を目指した
1931.10	十月事件	橋本欣五郎と青年将校らが、西田税らと結び、若槻内閣の満洲事変不拡大方針に反対、荒木貞夫中将首班の軍部独裁政権樹立を目指した
1932.2～3	血盟団事件	井上日召ら血盟団員による要人暗殺事件。2.9前蔵相井上準之助が、3.5三井合名理事長団琢磨が団員に射殺された
1932.5	五・一五事件	海軍青年将校主導のクーデタ未遂事件。犬養毅首相を殺害、政友会本部・三菱銀行などを襲撃。橘孝三郎らの愛郷塾生も変電所を襲撃
1935.8	相沢事件	相沢三郎陸軍中佐が統制派の皇道派青年将校抑圧に憤激、永田鉄山軍務局長を陸軍省内で斬殺
1936.2	二・二六事件	皇道派青年将校が配下1400人の将兵を率いて反乱。内大臣斎藤実・蔵相高橋是清・教育総監渡辺錠太郎らを殺害。首謀者17名のほか北一輝らも死刑となった

▲1930年代の主要テロ事件

3 思想統制の強化

1 滝川事件

……いま滝川教授❶の学説について見るに国家思想を破壊するが如きこと毫《ごう》も❷存《そん》せず……大学において人格の陶《とう》や❸に資《し》する方法は学生をして真理の探究に熱心にしてかつその探究し得《え》たる信念に忠実なるの性格を養《やしな》はしむるにあり。……この途《みち》は教授が研究に熱中しかついやしくも国家思想を破壊せざる限り忠実にその学説を学生に講ずるの風あるにおいて始めて能《よ》くこれを達し得べし。然《しか》らば滝川教授がその学説を忠実に学生に講じたるはむしろ大学令❹にいはゆる人格の陶やに資する所以《ゆえん》にあらずや。……教授の進退について教授会の同意を得るを要することは実に我々が帝国大学にありてはつとに確立せる制度運用上の規律とす。今回の事件について新たにこれを主張するにはあらざるなり。然《しか》るに今回の滝川教授の休職は総長の具状《ぐじょう》❺なくかつ毫も教授会の同意を得るの手続存するところなくして行はれたり。かくの如きは実に我が京都帝国大学にあつて研究の自由を確保する方法としてつとに公に認められかつ久しくじゅん守《しゅ》し来れる規律を破壊しもつて大学の使命の遂行を阻害する者とす。

『東京朝日新聞』

◀滝川事件

❶**滝川教授**　滝川幸辰（一八九一～一九六二）。京都帝国大学教授。刑法学者。

❷**毫も**　少しも。

❸**陶や**　陶冶。持って生まれた性質や才能を、育て上げること。

❹**大学令**　一九一八年公布。第一条に「大学ハ……人格ノ陶冶及国家思想ノ涵養《かんよう》ニ留意スヘキモノ」とある。

❺**具状**　詳しく事情を述べること。

出典◉『**東京朝日新聞**』　本書三九五ページ参照。本史料は一九三三年五月二十七日付より引用。

設問4 京都帝国大学法学部の教授たちは、滝川事件のどのような点を問題としているのか、まとめてみよう。

解説　一九三三年三月、貴族院議員の**菊池武夫**《きくちたけお》が議会で**滝川幸辰**《たきかわゆきとき》京都帝国大学教授を「帝大赤化教授」と非難した。さらに**鳩山一郎**《はとやまいちろう》文相が滝川の著書『**刑法読本**《けいほうどくほん》』を非難し、四月に同教授の辞職か休職を要求した。京大総長と法学部教授会は処分を拒否したが、文官高等分限《ぶんげん》委員会が滝川の休職を決定したため、法学部の教授ら三十九名が辞表を提出し、右史料の声明文を発表した。処分の撤回《てっかい》は実現しなかったが、京大学生による反対運動が広がり、五〇〇〇名をこえる参加で学生大会が実施されたほか、他大学でも反対運動が起こった。斎藤実《さいとうまこと》内閣は、三三年四月に思想対策協議委員会を設置し、監視と統制を強化した。

◀天皇機関説事件

❶シロシメシマスル　お治めになります。

出典◉『官報』　本書三八四ページ参照。本史料は一九三五年二月二十六日付号外、第六十七回帝国議会貴族院議事速記録第十一号より引用。

2 天皇機関説事件

……天皇ガ天《あめ》ノ下《した》シロシメシマスル❶ノハ天下国家ノ為デアリ、其目的ノ帰属スル所ハ永遠恒久《こうきゅう》ノ団体タル国家ニ外《ほか》ナラヌノデアリマスルカラ、我々ハ統治ノ権利主体ハ国体トシテノ国家デアルト観念イタシマシテ、天皇ハ国ノ元首トシテ、言換《いいかえ》レバ国ノ最高機関トシテ此《この》国家ノ一切ノ権利ヲ総攬《そうらん》シ給《たま》ヒ、国家ノ一切ノ活動ハ立法モ行政モ司法モ総《すべ》テ、天皇ニ其《その》最高ノ源ヲ発スルモノト観念スルノデアリマス。是ガ所謂《いわゆる》機関説ノ生ズル所以《ゆえん》デアリマス、所謂機関説ト申シマスルノハ、国家ソレ自身ヲ一ツノ生命アリ、ソレ自身ニ目的ヲ有スル恒久的ノ団体、即《すなわ》チ法律学上ノ言葉ヲ以テ申セバ一ツノ法人ト観念イタシマシテ、天皇ハ此法人タル国家ノ元首タル地位ニ在《まし》マシ、国家ヲ代表シテ国家ノ一切ノ権利ヲ総攬シ給ヒ、天皇ガ憲法ニ従ッテ行ハセラレマスル行為ガ、即チ国家ノ行為タル効力ヲ生ズルト云フコトヲ言ヒ現ハスモノデアリマス。……憲法ノ条文ノ中ニハ、国家ヲ法人ト見ナケレバ説明スルコトノ出来ナイ規定ハ少ナカラズ見エテ居ルノデアリマス。

『官報《かんぽう》』

解説

憲法学者の**美濃部達吉**《みのべたつきち》（一八七三～一九四八）が唱えた天皇機関説は、統治権の主体を国家に置き、天皇をその最高の執行者《しっこうしゃ》（最高機関）とみなす学説で、君主権の一定の制約を認めるものであった。これは、穂積八束《ほづみやつか》とその継承者である**上杉慎吉**《うえすぎしんきち》らの**君主絶対主義**の立場とは対極をなすものであったため、論争となったものの、大正期には支配的な学説となった。美濃部は**ロンドン海軍軍縮条約**締結《ていけつ》を支持する論陣《ろんじん》をはったこともあり、軍部や国家主義者から批判されていたが、一九三四（昭和九）年には、菊池武夫《きくちたけお》貴族院議員が天皇機関説は国体《こくたい》に反すると議会で弾劾《だんがい》したことから、美濃部を攻撃する運動が広がった。美濃部は翌年二月に貴族院本会議で、史料の「一身上《いっしんじょう》の弁明」を行ったが、反対派の非難はかえって大きなものとなった。

3 政府の国体明徴声明（第二次）

……抑々《そもそも》我国に於《お》ける統治権の主体が　天皇にましますことは我国体の本義にして帝国臣民の絶対不動の信念なり、……然《しか》るに漫《みだ》りに外国の事例学説を援《ひ》いて我国体に擬《ぎ》し統治権の主体は　天皇にましまさずして国家なりとし　天皇は国家の機関なりとなすが如《ごと》き所謂《いわゆる》天皇機関説は神聖なる我国体に悖《もと》り其本義《そのほんぎ》を愆《あやま》るの　甚《はなはだ》しきものにして、厳《げん》に之《これ》を芟除《さんじょ》❶せざるべからず、……政府は右の信念に基き茲《ここ》に重ねて意のあるところを闡明《せんめい》❷し以て国体観念を愈々明徴《いよいよめいちょう》ならしめ其実蹟《そのじっせき》を収むる為全幅《ためぜんぷく》の力を効《いた》さんことを期す。

『現代史資料・国家主義運動（一）』

解説　美濃部達吉《みのべたつきち》の天皇機関説に対しては、軍部や右翼《うよく》団体によって激しい排撃《はいげき》運動が展開された。一九三五（昭和十）年三月には、貴族院で「政教刷新《せいきょうさっしん》決議」、衆議院で「国体明徴《こくたいめいちょう》決議」があげられ、四月には、**真崎甚三郎**《まさきじんざぶろう》陸軍教育総監《そうかん》によって、機関説排撃《はいげき》と国体明徴の訓示《くんじ》が出された。内務省は『**憲法撮要**《けんぽうさつよう》』をはじめとする美濃部の著書三冊を発禁処分にしたが、なおも右翼団体や**在郷《ざいごう》軍人会**などによる排撃運動はやまず、やがて倒閣運動にまで発展した。当初は静観していた**岡田啓介**《おかだけいすけ》内閣も、八月、十月の二度にわたって「**国体明徴声明**」を発し、機関説を明確に否定するとともに、その「芟除《さんじょ》」を明言した。美濃部は貴族院議員の辞職を余儀なくされ、大学・高等学校でも機関説に基づく講義が一掃《いっそう》されていった。

◀政府の国体明徴声明

❶**芟除**　よくないものを取り除くこと。

❷**闡明**　はっきりしていなかった道理や意義を明らかにすること。

出典◉『**現代史資料・国家主義運動（一）**』今井清一・高橋正衛編。一九六三年刊。

設問5　1 天皇機関説事件をめぐり、美濃部達吉と日本政府の主張の違いを「統治」という語句を用いて、まとめてみよう。

2 一九二〇年代に発展した自由主義的・民主主義的言論は、一九三〇年代になるとどのような立場に置かれたのか、考えてみよう。

4 日中全面戦争

1 近衛《このえ》声明

一 第一次近衛声明（国民政府を対手《あいて》とせず）

◀第一次近衛声明

❶**支那国民政府**　蔣介石《しょうかいせき》の中華民国政府。

帝国政府は南京《ナンキン》攻略後尚《な》ほ支那《しな》国民政府❶の反省に最後の機会を与ふるため今日に及べり。然《しか》るに国民政府は帝国の真意を解《かい》せず漫《みだ》りに抗戦を策し、内《うち》民人塗炭《とたん》の苦みを察せず外東亜《そととうあ》全局の和平を顧みる所なし。仍《よっ》て帝国政府は爾後《じご》国民政府を対手《あいて》とせず❷、帝国と真に提携するに足る新興支那政権❸の成立発展を期待し、是と両国国交を調整して更生新支那の建設に協力せんとす。……

『近衛首相演述集（その二）』

二　第二次近衛声明（東亜新秩序声明）

……帝国の冀求《ききゅう》❶する所は、東亜永遠の安定を確保すべき新秩序の建設に在り。今次征戦《こんじせいせん》究極ノ目的亦此《またここ》に存《そん》す。……帝国が支那に望む所は、この東亜新秩序建設の任務を分担せんことに在り。帝国は支那国民が能《よ》く我が真意を理解し、以て帝国の協力に応《こた》へむことを期待す。固《もと》より国民政府と雖《いえど》も従来の指導政策を一擲《いってき》❷し、その人的構成を改替《かいたい》して更生の実を挙げ、新秩序の建設に来り参するに於《お》ては敢《あえ》て之を拒否するものにあらず。

『近衛首相演述集（その二）』

三　第三次近衛声明（日支国交調整方針に関する声明）

日満支三国は東亜新秩序の建設を共同の目的として結合し、相互に善隣友好、共同防共、経済提携の実を挙《あ》げんとするものである。……即《すなわ》ち日本は支那が進んで満洲国と完全なる国交を修めんことを率直に要望するものである。次に東亜の天地にはコミンテルン❶勢力の存在を許すべからざるが故《ゆえ》に、日本は日独伊防共協定の精神に則《のっと》り、日支防共協定の締結を以《もっ》て日支国交調整上喫緊《きっきん》の要件とするものである。……支那は帝国臣民に支那内地に於《お》ける居住営業の自由を容認して日支両国民の経済的利益を促進し、且《か》つ日支間の歴史的経済的関係に鑑《かんが》み、特に北支及内

❷対手とせず　本声明の二日後に出された補足的声明では、「対手とせず」は「否認すると共に之を抹殺《まっさつ》せんとする」という意味であり、「対手とせぬ建前から宣戦布告もあり得ぬ」としている。

❸新興支那政権　一九三七年十二月に北平《ペーピン》で中華民国臨時政府、翌年三月に上海《シャンハイ》で中華民国維新政府という日本の傀儡《かいらい》政権がつくられた。

◀第二次近衛声明

❶冀求　強く願い求めること。

❷一擲　すべてを投げ捨てること。

◀第三次近衛声明

❶コミンテルン　一九一九年三月、レーニンの指導の下に結成された共産主義者の国際組織。共産主義インターナショナル（第三インターナショナル）。各国の共産党は、コミンテルンの支部として位置づけられる。三五年の第七回大会で、反ファシズム統一戦線（人民戦線）戦術を打ち出し、各国の情勢に大きな影響を及ぼした。四三年解散。

蒙地域に於《お》てはその資源の開発利用上、日本に対し積極的に便宜《べんぎ》を与ふることを要求するものである。

『近衛首相演述集（その二）』

出典◉『近衛首相演述集（その二）』（一〜三ともに）厚地盛茂編。一九三九年二月刊。

解説　一九三七年七月七日の**盧溝橋事件**《ろこうきょう》を皮切りに、**日中戦争**がはじまった。第一次**近衛文麿**《このえふみまろ》内閣は、当初は不拡大方針をとったが、七月十一日「北支事変《ほくしじへん》」と称して派兵を進め、九月にはさらに「支那《しな》事変」と改めて、戦争を拡大させた。対する国民政府は、**第二次国共合作**《こっきょうがっさく》によって**抗日民族統一戦線**《こうにちみんぞくとういっせんせん》を成立させ、南京《ナンキン》から漢口《かんこう》、重慶《じゅうけい》に退きながらも徹底抗戦を続けた。近衛内閣は、三八年一月の第一次近衛声明で「**国民政府を対手《あいて》とせず**」と声明し、国民政府との交渉を断ち切るとともに、各地で傀儡《かいらい》政権を次々と成立させた。同年十一月の第二次声明では、戦争の目的が日・満・華による**東亜新秩序の形成**《とうあしんちつじょ》にあることを主張し、十二月の第三次声明では**善隣友好**《ぜんりん》、**共同防共**、**経済提携**をうたった近衛三原則を打ち出して、日本が中国に求める条件を提示した。四〇年三月、日本は各地の傀儡政権をまとめて**汪兆銘**《おうちょうめい》（精衛《せいえい》）を首班《しゅはん》とする新国民政府を**南京**《ナンキン》に樹立した。しかし、汪兆銘政権の権力は限られたものにすぎず、逆に国民政府が米・英などの援助を受けて抗戦を継続したため、日中戦争は終結をみず、さらに泥沼《どろぬま》化した。

2 南京《ナンキン》事件

此日、我《わが》支隊❶の作戦地域内に遺棄《いき》された敵屍《てきし》は一万数千に上《のぼ》りその外《ほか》、装甲車が江上に撃滅したもの並《ならびに》各部隊の俘虜《ふりょ》❷を合算すれば、我支隊のみにて二万以上の敵は解決されてゐる筈《はず》である。午後二時頃、概《がい》して掃蕩《そうとう》を終つて背後を安全にし、部隊を纏《まと》めつゝ前進和平門に至る。その後俘虜続々投降し来り数千に達す、激昂《げきこう》せる兵は上官の制止を肯《うなず》かばこそ片はしより殺戮《さつりく》する。❸多数戦友の流血と十日間の辛惨（ママ）を顧《かえり》みれば兵隊ならずとも「皆やってしまえ」と云《い》ひ度《た》くなる。白米は最早一粒もなし、城内には有るだらうが、俘虜に食はせるものの持合《もちあわ》せなんか我軍には無い筈だった。

「佐々木到一《ささきとういち》少将私記《しょうしょうしき》」

◀南京事件

❶**我支隊**　南京後略戦に参加していた第十六師団の佐々木到一支隊。

❷**俘虜**　敵軍に生け捕りにされた者。捕虜。

❸**激昂せる兵は……殺戮する**　第十六師団長の中島今朝吾《けさご》は、十二月十三日の日記に「だいたい捕虜はせぬ方針なれば、片端よりこれを片づっ（ママ）くることとなしたる……」と記している。

解説

一九三七年十一月、日本軍は国民政府が首都を置く**南京**《ナンキン》に進撃し、十二月十三日に同地を占領した。その際南京城内外で、多数の軍人や非戦闘員の殺害、掠奪《りゃくだつ》、強姦《ごうかん》などがなされた（**南京事件**もしくは南京大虐殺《ぎゃくさつ》と呼ばれる）。史料にあるように、第十六師団《しだん》の佐々木到一《ささきとういち》支隊は、投降してきた兵士を容赦《ようしゃ》なく殺害しているが、これは師団全体の方針でもあった。日本軍がハーグ陸戦条約などで禁止されている市民・捕虜《ほりょ》の殺害、残虐《ざんぎゃく》行為に至った背景には、中国人に対する憎悪《ぞうお》や敵愾心《てきがいしん》があり、また食糧《しょくりょう》物資《ぶっし》を現地調達に依存する日本軍の方針と、それにともなう食糧難があった。虐殺された人数については様々な説があるが、二〇二三年現在、日本政府は、「日本軍の南京入城後、非戦闘員の殺害や略奪《りゃくだつ》行為等があったことは否定できない」という立場をとっている（外務省HP）。日本国内にいた人々の多くは戦時中事件の詳細を知らされず、具体的な事実を知ったのは、戦後の**極東国際軍事裁判**（**東京裁判**）においてであった。

出典◉「佐々木到一少将私記」『南京戦史資料集Ⅰ』所収。偕行社編。勉誠出版。二〇二一年刊。佐々木到一は、歩兵第三十旅団長として南京攻略戦に参加した、陸軍の軍人。

3 「慰安所」の設置

……〔日本軍占領地域内の〕治安回復ノ進捗《しんちょく》遅々《ちち》タル主ナル原因ハ、後方安定ニ任ズル兵力ノ不足ニ在ルコト勿論《もちろん》ナルモ一面**軍人及軍隊ノ住民ニ対スル不法行為カ住民ノ怨嗟《えんさ》ヲ買ヒ反抗意識ヲ煽《あお》リ、共産抗日系分子ノ民衆煽動《せんどう》ノ口実トナリ、治安工作ニ重大ナル悪影響ヲ及ホスコト**尠《すくな》シトセス。而《しか》シテ諸情報ニヨルニ斯《か》ノ如《ごと》キ強烈ナル反日意識ヲ激成《げきせい》セシメシ原因ハ、各所ニ於《お》ケル日本軍人ノ強姦《ごうかん》事件カ全般ニ伝播《でんぱ》シ、実ニ予想外ノ深刻ナル反日感情ヲ醸成《じょうせい》セルニ在《あ》リト謂《い》フ……各地ニ頻発スル強姦ハ、単ナル刑法上ノ罪悪ニ留ラス、治安ヲ害シ、軍全般ノ作戦行動ヲ阻害《そがい》シ、累《るい》ヲ国家ニ及ホス重大反逆行為ト謂フヘク、部下統率ノ責ニアル者ハ国軍国家ノ為《た》メ泣テ馬謖《ばしょく》ヲ斬リ❶、他人ヲシテ戒心《かいしん》セシメ❷、再ヒ斯《かか》ル行為ノ発生ヲ絶滅スルヲ要ス。……右ノ如ク軍人個人ノ行為ヲ厳重取締ルト共ニ、一面成《な》ルヘク速《すみやか》ニ性的慰安ノ設備❸ヲ整ヘ、設備ノ無キタメ不本意乍《なが》ラ禁ヲ侵《おか》ス者無カラシムルヲ緊要《きんよう》トス。

『従軍慰安婦《じゅうぐんいあんふ》資料集』

◀「慰安所」の設置

❶**泣テ馬謖ヲ斬リ**　規律を保つために、いかに才のある者であってもやむを得ず処罰することのたとえ。ここでは、住民を強姦した軍人を処罰することを指している。

❷**戒心**　よく用心すること。

❸**性的慰安ノ設備**　軍人・兵士が買春するための施設。「慰安所」。

出典◉『従軍慰安婦資料集』吉見義明編。大月書店。一九九二年刊。引用史料は、岡部直三郎（北支那方面軍参謀長）の発した「軍人軍隊ノ対住民行為ニ関スル注意ノ件通牒《つうちょう》」（一九三八年六月二十七日）。なお、従来、「従軍慰安婦」や「日本軍慰安婦」といった表記が用いられてきたが、二〇二一年の政府答弁では、「慰安婦」の表記が適切であるとされた。

解説

日中戦争の過程で、中国の住民に対する掠奪《りゃくだつ》や強姦《ごうかん》など、日本軍の不法行為が問題となった。北支那《きたしな》方面軍参謀長《さんぼうちょう》の岡部直三郎《おかべなおざぶろう》は、史料にあるように、そうした不法行為は中国人の反日意識を高め、抵抗をより激しくしているとして、厳重な取締りが必要と見ていた。強姦防止、性病防止、「慰《い》安《あん》」の提供などの観点から、日本の戦地や占領地では、「慰安所」が多数設けられ、朝鮮、中国、フィリピン、日本などから集められた女性たちが、過酷《かこく》な環境の下で性的奉仕をさせられた。だが、岡部らが期待したように「慰安所」の設置拡大で強姦件数が減少することはなく、両者は併存《へいぞん》しつづける結果となった。戦後、一九九〇年代に入り、元**「慰安婦」**の韓国人女性が日本政府を提訴し、謝罪と補償《ほしょう》を求めた。日本政府は、補償問題は解決済みであると主張する一方で、九三年の官房長官談話（**河野《こうの》談話**）で、「慰安所」の設置、管理、「慰安婦」の輸送《ゆそう》に日本軍がかかわったこと、当人の意思に反して「慰安婦」とされた事例が多数あったことなどを認め、「多数の女性の名誉と尊厳《そんげん》を深く傷つけた」として、謝罪と反省の気持ちを表明した。

4 斎藤隆夫の反軍演説

彼《か》ノ欧米ノ基督教《キリストきょう》国、之《これ》ヲ見ヨウデハアリマセヌカ。彼等ハ内ニアツテハ十字架ノ前ニ頭ヲ下ゲテ居リマスケレドモ、一タビ国際問題ニ直面致シマスト、基督ノ慈善博愛ハ蹴散《けち》ラカサレテシマツテ、弱肉強食ノ修羅《しゅら》道ニ向ツテ猛進《もうしん》ヲスル。是《これ》ガ即チ人類ノ歴史デアリ、奪フコトノ出来ナイ現実デアルノデアリマス。此《こ》ノ現実ヲ無視シテ、唯徒《ただいたずら》ニ聖戦ノ美名ニ隠レテ、国民的犠牲ヲ閑却《かんきゃく》シ、曰《いわ》ク国際正義、曰ク道義外交、曰ク共存共栄、曰ク世界ノ平和、斯《かく》ノ如《ごと》キ雲ヲ摑《つか》ムヤウナ文字ヲ列《なら》ベ立テテ、サウシテ千載一遇《せんざいいちぐう》ノ機会ヲ逸《いっ》シ、国家百年ノ大計ヲ誤ルヤウナコトカアリマシタナラバ、現在ノ政治家ハ死シテモ其ノ罪ヲ滅ボスコトハ出来《でき》ナイ。私ハ此ノ考ヲ以《もっ》テ近衛《このえ》声明❶ヲ静《しずか》ニ検討シテ居ルノデアリマス。即《すなわ》チ之ヲ過去数千年ノ歴史ニ照《てら》シ、又《また》之ヲ国家競争ノ現実ニ照シテ彼ノ近衛声明ナルモノガ、果《はた》シテ事変ヲ処理スルニ付テ最善ヲ尽シタルモノデアルカナイカ、振古未曽有《しんこみぞう》❷ノ犠牲ヲ払ヒタル此ノ事変ヲ処理スルニ適当ナルモノデアルカナイカ、東

◀斎藤隆夫の反軍演説

❶**近衛声明**　一九三八年、三次にわたって出された近衛文麿首相の声明。日中戦争の方針について述べている。

❷**振古未曽有ノ**　太古から現在に至るまで一度もなかったほどの。

出典◉**『大木操関係文書』**　国立国会図書館所蔵。本史料は、「斎藤隆夫演説削除部分」（一九四〇年二月）より引用。

設問6　**1** ❶の第三次近衛声明において、日本は中国にどのような「経済的利益」を要求しているのか、まとめてみよう。

2 日中戦争において、日本軍は食料物資を現地調達に依存するという方針をとっていたが、この方針が現地の戦闘に与えた影響について、❷・❸から読み取れることをまとめてみよう。

3 日中戦争が全面化すると、日本国内ではどのような「国民的犠牲」が払われたのか、考えてみよう。

亜ニ於ケル日本帝国ノ大基礎ヲ確立シ、日支両国ノ間ノ禍根《かこん》ヲ一掃《いっそう》シ、以テ将来ノ安全ヲ保持スルニ付テ適当ナルモノデアルカナイカ、之ヲ疑フ者ハ決シテ私一人デハナイ。『大木《おおき》操《みさお》関係文書』

解説　一九四〇年二月二日、衆議院で**斎藤隆夫**《さいとうたかお》が行った演説は、**近衛文麿**《このえふみまろ》内閣の日中戦争に対する方針を強く批判するものであった。斎藤は、近衛が「聖戦《せいせん》」の美名に隠れて国民的犠牲を無視しているとし、さらに**汪兆銘**《おうちょうめい》政権樹立による日中戦争の解決という方針を非難した。陸軍は、斎藤の演説が「聖戦」を冒涜《ぼうとく》するものであるとして攻撃し、政友会や社会大衆党の議員も懲罰《ちょうばつ》除名を要求して、三月七日の衆議院本会議で議員除名が可決された。斎藤の演説は中国との戦争自体を批判しているわけではなく、その進め方を批判するものであった。斎藤の除名は、議会という場で反軍的な意見を述べることを許さないという原則を議会自身が承認したことを意味し、議会政治の実質的な終焉《しゅうえん》をもたらす契機となった。

5 国家総動員体制と枢軸外交

1 国家総動員法（一九三八年四月一日公布）

第一条　本法ニ於《お》テ国家総動員トハ戦時（戦争ニ準ズベキ事変ノ場合ヲ含ム……）ニ際シ国防目的達成ノ為《ため》国ノ全力ヲ最モ有効ニ発揮セシムル様《よう》人的及物的資源ヲ統制運用スルヲ謂《い》フ。

第四条❶　政府ハ戦時ニ際シ国家総動員上必要アルトキハ勅令《ちょくれい》ノ定ムル所ニ依《よ》リ帝国臣民ヲ徴用《ちょうよう》シテ総動員業務ニ従事セシムルコトヲ得《う》。但《ただ》シ、兵役法❷ノ適用ヲ妨《さまた》ゲズ。

第六条❸　政府ハ戦時ニ際シ国家総動員上必要アルトキハ勅令ノ定ムル所ニ依リ従業者ノ使用、雇《やとい》入若《いれもしく》ハ解雇又ハ賃金其《そ》ノ他ノ労働条件ニ付必要ナル命令ヲ為《な》スコトヲ得。

第八条❹　政府ハ戦時ニ際シ国家総動員上必要アルトキハ勅令ノ定ムル所ニ依リ総動員物資ノ生

◀国家総動員法

❶**第四条**　本条規定の徴用に応じない者、業務に従事しない者には一年以下の懲役か、千円以下の罰金が科される。本条に基づく勅令には、国民徴用令などがあった。徴用令状は「白紙」と呼ばれた。

❷**兵役法**　一九二七年、徴用令を改正して成立。兵役法による召集令状は、「赤紙」と呼ばれた。

産、修理、配給、譲渡《じょうと》其ノ他ノ処分、使用、消費、所持及移動ニ関シ必要ナル命令ヲ為スコトヲ得。
第二十条❺ 政府ハ戦時ニ際シ国家総動員上必要アルトキハ勅令ノ定ムル所ニ依リ新聞紙其ノ他ノ出版物ノ掲載ニ付制限又ハ禁止ヲ為スコトヲ得。……
第四十四条 総動員業務ニ従事シタル者、其《そ》ノ業務遂行《すいこう》ニ関シ知得《ちとく》シタル当該《とうがい》官庁指定ノ総動員業務ニ関スル官庁ノ機密ヲ漏泄《ろうせつ》又ハ窃用《せつよう》シタルトキハ二年以下ノ懲役又ハ二千円以下ノ罰金ニ処ス。……

『法令全書《ほうれいぜんしょ》』

解説 日中戦争勃発《ぼっぱつ》後の一九三八年四月に公布された**国家総動員法**は、戦時下における人的・物的資源の統制運用に関する包括的な権限を政府に委《ゆだ》ねる法律であり、ナチ党の全権委任法にも似て、人々の生活の全面的な統制を可能にするものであった。同法案に規定されている総動員業務のほとんどが、議会の承認を経ずに勅令《ちょくれい》によって行うものとされていたため、政党からの強い反発もあった。しかし、軍部の強硬《きょうこう》的な態度に加え、運用に関する諮問《しもん》機関として国家総動員審議会を設置するなどの妥協《だきょう》策がとられたこともあり、結局原案は全会一致、無修正で可決された。同法第四条に基づいて、**国民徴用令**や**女子挺身《ていしん》勤労令**、**学徒勤労令**などが出され、朝鮮人・台湾人も含めて、多くの人々が労働力として強制的に動員された。

❷ 大政翼賛会

今や世界の歴史的転換期に直面し、八紘一宇《はっこういちう》❶の顕現《けんげん》を国是《こくぜ》とする皇国は、一億一心全能力を挙げて天皇に帰一《きいつ》し奉り、物心一如《ぶっしんいちにょ》❷の国家体制を確立し、もつて光輝ある世界の道義的指導者たらんとす。ここに本会は、互助相誡❸、皇国臣民たるの自覚に徹し、率先して国民の推進力となり、常に政府と表裏一体協力の関係に立ち、上意下達《じょういかたつ》、下情上通《かじょうじょうつう》を図り、もつて高度国防国家体制

❸**第六条** 本条規定の命令に違反した者への罰則は、第四条違反者と同様。本条に基づく勅令には、賃金統制令などがあった。
❹**第八条** 本条規定の命令に違反した者には、十年以下の懲役か五万円以下の罰金が科される。本条に基づく勅令には、電力調整令、金属回収令などがあった。
❺**第二十条** 本条規定の制限または禁止に違反した者には、二年以下の懲役か禁錮《きんこ》、もしくは二千円以下の罰金が科される。

出典◉『**法令全書**』 本書三二二ページ参照。

◀**大政翼賛会**
❶**八紘一宇** 天皇の下に世界を一つの家のように統一して支配すること。『日本書紀』の記述をもとにしたスローガン。
❷**物心一如** 物質と精神を一体化させること。
❸**互助相誡** 互いに助け合い、戒め合うこと。

出典◉『**翼賛国民運動史**』下中弥三郎編。一九五四年刊。本史料は、「大政翼賛会実践要綱」（一九四〇年十二月十四日）より引用。

の実現に努む。左にその実践要綱を提唱す。一、臣道《しんどう》の実践に挺身《ていしん》す。……二、大東亜共栄圏の建設に協力す。……三、翼賛政治体制の建設に協力す。……四、翼賛経済体制の建設に協力す。……五、文化新体制の建設に協力す。……六、生活新体制の建設に協力す。……『翼賛国民運動史《よくさんこくみんうんどうし》』

解説

一九四〇年六月、**近衛文麿《このえふみまろ》**は枢密院《すうみついん》議長を辞任し、一元的な戦争指導体制を構築するべく、**新体制運動**を開始した。近衛らの構想は、ドイツのナチ党やイタリアのファシスト党のような一大指導政党を結成することにあった。近衛の提唱に合わせて、既成政党は次々と解散し、「**バスに乗り遅れるな**」と新体制運動に合流した。だが、新体制運動は精神右翼《うよく》から財界人、無産政党までの「呉越同舟《ごえつどうしゅう》」であったため、各勢力の主導権争いが絶えず、さらにナチ党のような一国一党体制は天皇中心の「国体《こくたい》」に反するという批判もあって、近衛らの構想通りにはいかなかった。十二月に発足した**大政翼賛会《たいせいよくさんかい》**は、政党組織ではなく、総裁を総理大臣、支部長を道府県知事、下部組織を**部落会《ぶらくかい》・町内会**、**隣組《となりぐみ》**とする上意下達《じょういかたつ》の官製組織となった。史料はその実践要綱だが、抽象的で曖昧《あいまい》な表現にとどまっており、会の性格を体現している。

◀**日独防共協定**

出典◉『**日本外交年表竝主要文書**』

本書三四七ページ参照。

3 日独防共協定（一九三六年十一月二十五日調印）

大日本帝国政府及独逸《ドイツ》国政府ハ、共産「インターナショナル」（所謂《いわゆる》「コミンテルン」）ノ目的カ其《そ》ノ執《と》リ得ル有《あ》ラユル手段ニ依《よ》ル既存国家ノ破壊及暴圧ニ在《あ》ルコトヲ認メ、……共産主義的破壊ニ対スル防衛ノ為《ため》協力センコトヲ欲シ左ノ通リ協定セリ。

第一条　締約国ハ、共産「インターナショナル」ノ活動ニ付《つき》相互ニ通報シ、必要ナル防衛措置《そち》ニ付協議シ且《かつ》緊密ナル協力ニ依リ右ノ措置ヲ達成スルコトヲ約ス。

（日独防共協定の秘密付属協定）

第一条　締約国ノ一方カ「ソヴィエト」社会主義共和国連邦ヨリ挑発《ちょうはつ》ニヨラサル攻撃ヲ受ケ、又ハ挑発ニ因ラサル攻撃ノ脅威《きょうい》ヲ受クル場合ニハ、他ノ締約国ハ「ソヴィエト」社会主義共和国連邦ノ地位ニ付負担ヲ軽カラシムルカ如《ごと》キ効果ヲ生スル一切ノ措置ヲ講セサルコトヲ約ス。

『日本外交年表 竝《ならびに》 主要文書』

解説 日中戦争に先立つ一九三六年十一月、**日独防共協定**が結ばれた。ソ連が第一次**五か年計画**で国力を高め、さらに国際連盟に加盟するなど、国際的な影響力を強める中で、**コミンテルン**に共同して対抗することを目的としたものであった。協定では、相互協力と情報交換、国内共産主義活動の弾圧などを約したほか、秘密付属協定で、一方の国がソ連と開戦した場合他方の国はソ連の負担を軽減する行動を控えることを約した。満洲《まんしゅう》事変以降国際的に孤立していた日本は、イギリスやオランダにこの協定に加わるよう求めたが、失敗した。他方で、翌年にイタリアがこれに参加し、日独伊の枢軸《すうじく》陣営が形成された。

4 日独伊三国同盟（一九四〇年九月二十七日調印）

第一条　日本国ハ、独逸《ドイツ》国及伊太利《イタリー》国ノ欧州ニ於《お》ケル新秩序建設❶ニ関シ指導的地位ヲ認メ、且之《かつこれ》ヲ尊重ス。

第二条　独逸国及伊太利国ハ、日本国ノ大東亜《だいとうあ》ニ於ケル新秩序建設❷ニ関シ指導的地位ヲ認メ、且之ヲ尊重ス。

第三条　……更《さら》ニ三締約国中何《いず》レカノ一国カ、現ニ欧州戦争又ハ日支紛争ニ参入シ居《お》ラサル一国❸ニ依《よ》テ攻撃セラレタルトキハ、三国ハ有《あ》ラユル政治的、経済的及軍事的方法ニ依《よ》リ相互ニ援助スヘキコトヲ約ス。

第五条❹　日本国、独逸国及伊太利国ハ、前記諸条項カ、三締約国ノ各《おのおの》ト「ソヴィエト」連邦トノ間ニ現存スル政治的状態ニ何等《なんら》ノ影響ヲモ及ホササルモノナルコトヲ確認ス。

『日本外交年表 竝《ならびに》 主要文書』

◀**日独伊三国同盟**

❶**欧州ニ於ケル新秩序建設**　第二次世界大戦にともなうヨーロッパの国際秩序の再編のこと。

❷**大東亜ニ於ケル新秩序建設**　満洲事変、日中戦争にともなう東アジアの国際秩序の再編のこと。

❸**現ニ……参入シ居ラサル一国**　アメリカ合衆国が想定されている。

❹**第五条**　ソ連を締約国共同の仮想敵（第三条対象国）から除外する条項。独ソ不可侵条約に配慮している。

出典◉『日本外交年表竝主要文書』本書三四七ページ参照。

解説 一九三七年に**日独伊三国防共協定**が結ばれた後、これを軍事同盟に発展させるための交渉が重ねられた。しかし日本では、陸軍が推進する立場をとる一方、米英との対立を避けたい外務省や海軍などが消極的な姿勢を示し、方針が定まらない状態が続いた。三九年八月、ドイツは日本との交渉に見切りをつけて**独ソ不可侵条約**を締結し、翌月ポーランドに侵攻した。同条約に衝撃を受けた**平沼騏一郎**《ひらぬまきいちろう》内閣は退陣したが、ドイツの電撃《でんげき》戦勝利によって再同盟締結の機運が高まると、交渉は再開され、四〇年九月に**日独伊三国同盟**が成立した。三国同盟の内容は、ヨーロッパとアジアの「新秩序建設」について、ドイツ、イタリア、日本の「指導的地位」を認め合い、第三国の攻撃に対して相互に援助することを誓約するものであった。本同盟の成立は、米英の強い反発を招き、アジア・太平洋戦争勃発《ぼっぱつ》への道を開くものであった。

5 日ソ中立条約（一九四一年四月十三日調印）

第一条　両締約国ハ、両国間ニ平和及友好ノ関係ヲ維持シ、且《かつ》相互ニ他方締約国ノ領土ノ保全及不可侵ヲ尊重スヘキコトヲ約ス。

第二条　締約国ノ一方カ、一又ハ二以上ノ第三国❶ヨリノ軍事行動ノ対象ト為《な》ル場合ニハ、他方締約国ハ該《がい》紛争ノ全期間中中立ヲ守ルヘシ。

第三条　本条約ハ、両締約国ニ於《おい》テ其《そ》ノ批准《ひじゅん》ヲ了《りょう》シタル日❷ヨリ……五年ノ期間効力ヲ有スヘシ。

……

『日本外交年表　竝《ならびに》主要文書』

解説 ドイツがヨーロッパで圧倒的に有利に戦争を進める中で、日本では北守南進論《ほくしゅなんしんろん》が台頭し、一九四〇年七月から、ソ連との中立条約締結のための交渉が開始された。交渉は、**ソ連を含む四国協商を形成**して米英を牽制《けんせい》し、その間に南進を進めるという**松岡洋右**《まつおかようすけ》外相らの構想をもとに進められた。一方、この時期独ソ関係はすでに悪化しており、ドイツの侵攻《しんこう》に備える必要があったソ連にとって、日本との関係の安定化は重要な課題であった。四一年四月、**日ソ中立条約**が締結され、両国間の平和友好関係の維持、

◀日ソ中立条約

❶**第三国**　日本は米国を想定し、ソ連はドイツを想定していた。

❷**批准ヲ了シタル日**　一九四一年四月二十五日。

出典◉**『日本外交年表竝主要文書』**　本書三四七ページ参照。

設問7　1 ❺における「第三国」の解釈について、日本とソ連で想定する国が異なっていたのはなぜか、まとめてみよう。
2 ❸と❹では、ドイツが対立する国から攻撃を受けた場合、日本はどのような行動が求められたのか、まとめてみよう。
3 一九三〇年代後半において、日本とドイツはそれぞれ「新秩序建設」のためにどのような行動をとっていたのか、考えてみよう。

相互の領土不可侵、締結国の一方が第三国から軍事攻撃を受けたとき他方は中立を守ることが定められた。同年六月に**独ソ戦**がはじまると、四国協商構想は名実ともに頓挫《とんざ》し、七月に日本は**南部仏印進駐《しんちゅう》**と並行して**関東軍特種演習**（**関特演**）を秘密裏《ひみつり》に行い、独ソ戦の状況次第で対ソ戦を開始できるよう準備を進めた。

6 アジア・太平洋戦争

1 帝国国策遂行要領《ていこくこくさくすいこうようりょう》（一九四一年九月六日御前《ごぜん》会議❶決定）

帝国ハ、現下《げんか》ノ急迫《きゅうはく》セル情勢、特ニ米英蘭等各国ノ執《と》レル対日攻勢❷、「ソ」連ノ情勢❸及帝国国力ノ弾撥性《だんぱつせい》❹等ニ鑑《かんが》ミ、「情勢ノ推移ニ伴《ともな》フ帝国国策要綱《ようこう》」❺中、南方ニ対スル施策《しさく》ヲ左記ニ依《よ》リ遂《すい》行《こう》ス。

一、**帝国ハ、自存自衛ヲ全《まっと》フスル為《ため》、対米（英蘭）戦争ヲ辞《じ》セサル決意ノ下《もと》ニ、概《おおむ》ネ十月下旬ヲ目途《もくと》トシ戦争準備ヲ完整《かんせい》ス**。

二、帝国ハ、右ニ並行《へいこう》シテ、米英ニ対シ外交ノ手段ヲ尽《つく》シテ帝国ノ要求❻貫徹《かんてつ》ニ努ム。……

三、**前号外交交渉ニ依リ、十月上旬頃ニ至ルモ尚《なお》我要求ヲ貫徹シ得ル目途ナキ場合ニ於《お》テハ、直《ただ》チニ対米（英蘭）開戦ヲ決意ス**。対南方以外ノ施策ハ、既定《きてい》国策ニ基キ之《これ》ヲ行ヒ、特ニ米「ソ」ノ対日連合戦線ヲ結成セシメサルニ勉《つと》ム。

『日本外交年表 竝《ならび》主要文書』

解説　一九四〇（昭和十五）年末以降日米衝突《しょうとつ》の回避《かいひ》のための民間人同士の交渉が進められ、翌年に入ると**野村吉三郎《のむらきちさぶろう》**駐米大使と**ハル**国務長官の間での交渉がはじまった。だが、七月二日の御前会議では、軍部の要求を受けて南方進出を進めることが決定され、**南部仏印進駐《しんちゅう》**が実行された。これに対してアメリカが**対日資産凍結《とうけつ》・石油輸出禁止**で対抗すると、軍部は対米英開戦の主張をさらに強めた。対米

◀帝国国策遂行要領

❶**御前会議**　重大な国策決定のため、天皇臨席《りんせき》で開催される会議。日中戦争以降、開催頻度《ひんど》が増えていった。

❷**米英蘭等……対日攻勢**　石油禁輸・資産凍結などの対日経済制裁。軍部は「ABCD包囲陣」などと呼んで、これを不当な圧迫と主張していた。

❸**「ソ」連ノ情勢**　日ソ中立条約などにより、ソ連との衝突の可能性が弱まったことを指している。

❹**弾撥性**　弾力性。

❺**「情勢ノ推移ニ伴フ帝国国策要綱」**　一九四一年七月二日御前会議決定。南進とソ連侵攻という二正面作戦を規定していた。

強硬《きょうこう》派の松岡洋右《まつおかようすけ》外相を更迭《こうてつ》して第三次**近衛文麿**《このえふみまろ》内閣が発足したが、日米交渉の進展はなく、九月六日に開催された**御前会議**《ごぜん》で決定された**帝国国策遂行要領**《ていこくこくさくすいこうようりょう》では、日米交渉の期限が十月上旬と定められた。

❻**帝国ノ要求**　本要領の別紙では、米英が日中戦争に介入しないこと、日本の国防上の脅威《きょうい》とならないこと、日本の所要物資獲得に協力することが挙げられている。またその引き換えに、日本が和平確立後の仏印から撤兵し、フィリピンの中立を保障するとしている。

出典◉『**日本外交年表竝主要文書**』本書三四七ページ参照。

2 ハル・ノート

合衆国政府及日本国政府ハ左ノ如《ごと》キ措置《そち》ヲ採《と》ルコトヲ提案ス。

一、合衆国政府及日本国政府ハ、英帝国・支那《しな》・日本国・和蘭《オランダ》・蘇《ソ》連邦・泰《タイ》国❶及合衆国間多辺的《たへんてき》不可侵条約ノ締結ニ努ムヘシ。

三、日本国政府ハ、支那及印度支那《インドシナ》ヨリ一切《いっさい》ノ陸、海、空軍兵力及警察力ヲ撤収《てっしゅう》スヘシ。

四、合衆国政府及日本国政府ハ、臨時ニ首都ヲ重慶《じゅうけい》ニ置ケル中華民国国民政府以外ノ支那ニ於《お》ケル如何《いか》ナル政府若《も》クハ政権ヲモ、軍事的、経済的ニ支持セサルヘシ❷。

五、両国政府ハ、外国租界《そかい》及居留地内及之《これ》ニ関連セル諸権益、竝《ならび》ニ一九〇一年ノ団匪《だんぴ》事件議定《ぎてい》書《しょ》❸ニ依《よ》ル諸権利ヲモ含ム支那ニ在《あ》ル一切ノ治外法権ヲ抛棄《ほうき》スヘシ。……

九、両国政府ハ、其《そ》ノ何《いず》レカノ一方カ第三国ト締結シオル如何ナル協定❹モ、同国ニ依リ本協定ノ根本目的即《すなわ》チ太平洋地域全般ノ平和確立及保持ニ矛盾《むじゅん》スルカ如ク解釈セラレサルヘキコトヲ同意スヘシ。

『日本外交年表 竝《ならびに》 主要文書』

解説　近衛文麿《このえふみまろ》首相は、一九四一（昭和十六）年八月、日米交渉の膠着《こうちゃく》状態を打開するための日米首脳会談を開催することを米国**フランクリン＝ローズヴェルト**大統領に対して提案したが、十月二日のハル国務長官覚書《おぼえがき》でこれを否定された。**帝国国策遂行要領**《ていこくこくさくすいこうようりょう》で規定した期限である十月初旬を迎え、近衛はなおも交渉継続を主張したが、**東条英機**《とうじょうひでき》陸軍大臣が打ち切りと開戦を主張して対立し、十六日に近衛内閣は総辞職した。新たに発足した東条内閣は、十一月四日、中国からの撤兵の期限や条件など、わずかの

◀ハル・ノート

❶**泰国**　タイ。一九三九年シャムから国号を改めた。

❷**首都ヲ重慶ニ……セサルヘシ**　重慶《じゅうけい》に臨時に首都を置く蔣介石《しょうかいせき》政権を中国唯一の政権とみなし、日本が正式承認をしていた汪兆銘《おうちょうめい》政権を否定している。

❸**団匪事件議定書**　北清事変後に結ばれた北京《ペキン》議定書のこと。列国が清国に対し、北京の公使館所在区域の治外法権、守備隊の駐留などを承認させたもの。

❹**第三国ト締結シオル……協定**　日独伊三国同盟のことなどを想定している。

出典◉『**日本外交年表竝主要文書**』本書三四七ページ参照。

譲歩《じょうほ》を含んだ最終提案を行い、開戦の準備を進めた。二十六日の米国側の提案（**ハル・ノート**）は、日本側の要求を一蹴《いっしゅう》し、中国・仏印からの無条件の撤退や、「満洲《まんしゅう》国」・汪兆銘《おうちょうめい》政権の否認、日独伊三国同盟の否定などを要求するものであった。これを最後通牒《つうちょう》と受けとめた日本は、十二月一日の御前《ごぜん》会議で、対米英開戦を決定した。

3 宣戦の詔書

天佑《てんゆう》❶ヲ保有シ万世一系《ばんせいいっけい》ノ皇祚《こうそ》ヲ践《ふ》メル❷大日本帝国天皇ハ、昭《あきらか》ニ忠誠勇武《ちゅうせいゆうぶ》ナル汝有衆《なんじゆうしゅう》ニ示ス。

朕茲《ちんここ》ニ米国及《および》英国ニ対シテ戦ヲ宣ス。朕カ陸海将兵ハ全力ヲ奮《ふるっ》テ交戦ニ従事シ、朕カ百僚《ひゃくりょう》有司《ゆうし》❸ハ励精《れいせい》職務ヲ奉行《ほうこう》シ、朕カ衆庶《しゅうしょ》❹ハ各々其ノ本分ヲ尽《つく》シ、億兆一心国家ノ総力ヲ挙ケテ征戦《せいせん》ノ目的ヲ達成スルニ遺算《いさん》❺ナカラムコトヲ期セヨ。

……重慶《じゅうけい》ニ残存スル政権❻ハ、米英ノ庇蔭《ひいん》❼ヲ恃《たの》ミテ兄弟尚未《なおいま》タ牆《かき》ニ相鬩《あいせめ》❽クヲ悛《あらた》メス、米英両国ハ残存政権ヲ支援シテ東亜ノ禍乱《からん》ヲ助長シ、平和ノ美名ニ匿《かく》レテ東洋制覇《せいは》ノ非望《ひぼう》ヲ逞《たくまし》ウセムトス。剰《あまつさ》ヘ与国《よこく》❾ヲ誘ヒ帝国ノ周辺ニ於《おい》テ武備ヲ増強シテ我ニ挑戦シ、更《さら》ニ帝国ノ平和的通商ニ有《あ》ラユル妨害ヲ与ヘ、遂《つい》ニ経済断交❿ヲ敢《あえ》テシ、帝国ノ生存ニ重大ナル脅威《きょうい》ヲ加フ。朕ハ政府ヲシテ事態ヲ平和ノ裡《うち》ニ回復セシメムトシ、隠忍《いんにん》久シキニ弥《わた》リタルモ、彼ハ毫《ごう》⓫モ交譲ノ精神ナク、徒《いたずら》ニ時局ノ解決ヲ遷延《せんえん》セシメテ、此ノ間却《かえ》ッテ益々経済上軍事上ノ脅威ヲ増大シ、以テ我ヲ屈従《くつじゅう》セシメムトス。斯《かく》ノ如クニシテ推移セムカ、東亜安定ニ関スル帝国積年ノ努力ハ悉《ことごと》ク水泡ニ帰シ、帝国ノ存立亦《また》正ニ危殆《きたい》ニ瀕《ひん》セリ⓬。事既ニ此ニ至ル、帝国ハ今ヤ**自存自衛ノ為**蹶然《けつぜん》起⓭ッテ一切ノ障礙《しょうがい》ヲ破砕《はさい》スルノ外《ほか》ナキナリ。……

『日本外交年表 竝《ならびに》 主要文書』

◀宣戦の詔書

❶**天佑** 天の助け。
❷**皇祚ヲ践メル** 皇位・皇統を継ぐ。
❸**百僚有司** すべての官吏《かんり》たち。
❹**衆庶** 一般庶民。
❺**遺算** 間違いや失敗。
❻**重慶ニ残存スル政権** 蔣介石の中国国民政府のことを指す。
❼**庇蔭** かばい、助けること。
❽**牆ニ相鬩ク** 身近な者同士が争い合う。
❾**与国** 同盟国。
❿**経済断交** 一九三九年の日米通商航海条約廃棄通告（翌年失効《しっこう》）、四〇年の工作機械や鉄鋼、屑鉄《くずてつ》の禁輸、四一年の対日石油全面禁輸などを指している。
⓫**毫モ** いささかも。
⓬**危殆ニ瀕セリ** 危険な状態に陥った。
⓭**蹶然** 勢いよく立ち上がる様子。

出典◉『**日本外交年表竝主要文書**』本書三四七ページ参照。

設問8 ❸について、明治・大正期の宣戦の詔書とは異なる点と、それが意味することをまとめてみよう。

解説 一九四一（昭和十六）年十二月八日、日本陸軍は英領**マレー半島**に奇襲《きしゅう》上陸を行い、日本海軍はハワイ**真珠湾**《しんじゅわん》を奇襲攻撃した。同日野《の》村吉三郎《むらきちさぶろう》駐アメリカ大使と来栖三郎《くるすさぶろう》特命全権大使は、ハル米国務長官と会談し、日米交渉打ち切りを正式に通告したが、その段階ですでに日本軍の奇襲攻撃は開始されていた。「事後通告」での開戦に米国の世論は激しく反発し、**「リメンバー＝パールハーバー」**の掛け声の下に日本への敵愾心《てきがいしん》が燃え上がった。「宣戦の詔書《しょうしょ》」は、陸海軍のまとめた骨子をもとに、天皇や**木戸幸一**《きどこういち》内大臣の意見を入れて作成され、同日正午ラジオ放送で公にされた。詔書は、この戦争の原因を蔣《しょう》介石《かいせき》政権やそれを援助する米英によって日本の存立が脅《おびや》かされていることに見出し、あくまで**「自存自衛」**のために戦争を行うことを主張するものであった。なお、明治・大正期の宣戦の詔書が国際法の順守を必ず記載していたのに対し、この詔書では一切触れられていない。このことは、新たにはじめる戦争が、欧米列強が形づくってきた近代の国際秩序そのものを破砕《はさい》する意図の下で進められることを示すものであった。

4 南方占領地行政実施要領

第一　方　針

占領地ニ対シテハ差《さ》シ当《あた》リ軍政ヲ実施シ治安ノ恢復《かいふく》、重要国防資源❶ノ急速獲得及作戦軍ノ自活確保ニ資ス。

第二　要　領

一、軍政実施ニ当リテハ極力《きょくりょく》残存統治機構ヲ利用スルモノトシ従来ノ組織及民族的慣行ヲ尊重ス。

二、作戦ニ支障ナキ限リ占領軍ハ重要国防資源ノ獲得及開発ヲ促進スヘキ措置《そち》ヲ講スルモノトス。占領地ニ於《おい》テ開発又ハ取得シタル重要国防資源ハ之《これ》ヲ中央ノ物動《ぶつどう》計画❷ニ織《お》リ込ムモノトシ、作戦軍ノ現地自活ニ必要ナルモノハ右配分計画ニ基《もとづ》キ之ヲ現地ニ充当《じゅうとう》スルヲ原則トス。

三、物資ノ対日輸送ハ陸海軍ニ於テ極力之ヲ援助シ且《かつ》陸海軍ハ其《そ》ノ徴傭船《ちょうようせん》❸ヲ全幅《ぜんぷく》活用スルニ努ム。

◀南方占領地行政実施要領

❶**重要国防資源**　石油・ゴム・錫などを想定している。

❷**物動計画**　物資動員計画。軍需生産を中心とする物資の需給計画。

❸**徴傭船**　日本軍が現地などで徴発し、使用する船舶のこと。

六、通貨ハ勉《つと》メテ従来ノ現地通貨ヲ活用セシムルヲ原則トシテ已《や》ムヲ得サル場合ニアリテハ外貨**標示軍票《ぐんぴょう》**❹**ヲ使用ス。**

七、**国防資源取得ト占領軍ノ現地自活ノ為《ため》民生ニ及ホサザルヲ得サル重圧ハ之ヲ忍ハシメ宣撫《せんぶ》上**❺**ノ要求ハ右目的ニ反セサル限度ニ止ムルモノトス。**

『日本外交年表竝《ならびに》主要文書』

解説　アジア・太平洋戦争開戦後約半年の間に、日本軍は東南アジアから西太平洋の広大な地域を占領し、支配下におさめた。占領地の多くで軍政が施行されたが、その基本方針は、一九四一（昭和十六）年十一月二十日に大本営政府連絡会議で決定された**「南方《なんぽう》占領地行政実施要領」**に示されている。占領地では治安の回復とともに重要国防資源を獲得し、作戦軍の自活を確保することが優先され、そのために現地住民に及ぶ重圧は忍従《にんじゅう》させる方針がとられた。日本が戦争目的に掲げた**大東亜《だいとうあ》共栄圏《きょうえいけん》**の建設は、理念としては欧米人の支配からの解放をうたっていたが、実際には日本軍による現地住民の新たな支配・収奪《しゅうだつ》を正当化するものとなった。

5 朝鮮人の労働力動員

……徴用❶ハ別トシテ其《そ》ノ他如何《いか》ナル方式ニ依《よ》ルモ出動ハ全ク拉《ら》致《ち》同様ナ状態デアル。其《そ》レハ若《も》シ事前ニ於《お》テ之ヲ知ラセバ皆逃亡スルカラデアル。ソコデ夜襲、誘出《ゆうしゅつ》、其ノ他各種ノ方策ヲ講ジテ人質的掠奪《りゃくだつ》拉致ノ事例ガ多クナルノデアル。何故《なにゆえ》ニ事前ニ知ラセレバ彼等ハ逃亡スルカ、要スルニソコニハ彼等ヲ精神的ニ惹付《ひきつ》ケル何物モナカッタコトカラ生ズルモノト思ハレル。**内鮮ヲ通ジテ労務管理ノ拙悪《せつあく》極マルコトハ往々ニシテ彼等ノ身心ヲ破壊スルコトノミナラズ残留家族ノ生活困難乃至《ないし》破滅ガ屢々《しばしば》アツタカラデアル。**……故ニ彼等ハ寧《むし》ロ軍関係ノ事業ニ徴用サレルノヲ希望スル程デアル。斯《か》クテ朝鮮内ノ労務規制ハ全ク予期ノ成績ヲ挙ゲテヰナイ。如何《いか》ニシテ円満ニ

❹**軍票**　軍用手票。戦地や占領地で使用される特殊な紙幣。戦時中日本軍が乱発した結果、経済的な混乱が生じた地域が多数あった。

❺**宣撫**　占領地の住民に占領目的や政策などを知らせ、人心を安定させること。

出典◉**『日本外交年表竝主要文書』**　本書三四七ページ参照。

◀**朝鮮人の労働力動員**

❶**徴用**　国民徴用令に基づく新規徴用のことを指す。一九三九年七月に公布された同令は、朝鮮半島では四四年九月以降本格的に発動された。

出動サセルカ、如何ニシテ逃亡ヲ防止スルカガ朝鮮内ニ於《お》ケル労務規制ノ焦点トナッテヰル現状デアル。

（嘱託《しょくたく》小暮泰用発内務省管理局長宛「復命書《ふくめいしょ》」）

出典◉**嘱託小暮泰用発内務省管理局長宛「復命書」（一九四四年七月三十一日）** 外務省外交史料館所蔵。

解説　戦争遂行の過程で国内の軍需産業の労働力不足が問題となると、政府は朝鮮半島から労働者を動員してこれに充当することを試みるようになった。一九三九（昭和十四）年九月には、**朝鮮総督府《そうとくふ》**の管理の下で事業主が労働者を集める「募集」方式がとられていたが、四二年二月からは、総督府やその地方行政機関と警察などが企業と協力して労働者を選定・送出する**「官斡旋《かんあっせん》」**方式へと移行した。これらの動員方式の下では、労働環境の劣悪《れつあく》さや残された家族の生活困難を恐れ、動員を逃れようとする者が少なくなかったため、「人質的掠奪拉致《ひとじちてきりゃくだつらち》」のような方法で強引に労働者を確保するような実態もあった。日本国内に動員された朝鮮人労働者は、主に鉱山などの過酷《かこく》な肉体労働に従事する場合が多く、負傷したり、生命を落としたりする者も少なくなかった。

6 皇民化政策の推進

今、内地式の家族制度をそのままに朝鮮人にも適用するとするならば、数千年来習慣付けられた朝鮮の風習❶に一大変革をもたらすもので、これが朝鮮人に及ぼす影響は、慎重に考慮するの要がある。……朝鮮の俗語に『自己の姓を易《か》へん』と誓うのに、如何《いか》に、姓に易《か》ふべからざるものなるかを示しているではないか。……いったい氏❷制度と姓制度の長短は、見解によって異なるであらう。数千年の長いあいだ、男姓中心で経過してきた朝鮮人に新制度を適用して、果して良好な効果を見ることができるであらうか。……当局は同法令の実施前に、なお少しく、民間をして充分に理解し得るやうの諸方策を考究《こうきゅう》するの要があるのではないかと思われる。

『朝鮮日報《ちょうせんにっぽう》』

◀**皇民化政策の推進**

❶**数千年来……朝鮮の風習**　朝鮮では、男系血縁系統を表示する「姓」と、一族の始祖の発祥《はっしょう》地名を表示する「本」（本貫《ほんがん》）によって、男系血族集団を識別する。さらに、「姓＋本」を広い意味での姓と捉え、この姓で同族か否かを識別する。

❷**氏**　その人が属する家（同一戸籍の家族集団）の名称。

出典◉『**朝鮮日報**』一九三九年十一月十一日付掲載の社説。『歴史史料大系』第Ⅰ期第十三巻所収。

解説

日中戦争から敗戦に至るまで、日本の植民地や占領地では、**皇民化政策**《こうみんか》と呼ばれる、現地住民の日本人への同化政策が実行された。朝鮮では、一九三七年十月の**「皇国臣民の誓詞《せいし》」**の制定と斉唱《せいしょう》の強制、神社参拝の強制、学校での朝鮮語使用の禁止と日本語教育、国旗掲揚《けいよう》などが実施されたほか、四〇年二月には**創氏改名**《そうしかいめい》が実施された。朝鮮人に「氏」を創らせ、日本人風の氏名を名乗らせるこの政策は、朝鮮の伝統文化とそれに基づくアイデンティティを否定するものであったため、史料に見られるように、当初から強い反発があった。改名は建前《たてまえ》上は義務ではなかったが、応じない者には日本内地《ないち》への渡航許可を与えない、学校に入学させない、など様々な不利益が課されたため、多くの朝鮮人が改名を余儀なくされた。

7 戦時下の社会批判（清沢洌《きよさわきよし》❶の『暗黒日記』）

〔一九四三年〕三月四日（木）　各方面で英、米を憎《にく》むことを教えている。秋田県横手町の婦人会は、チャーチルとローズヴェルトの人形を吊《つ》って、女子供が出てザクリザクリと突きさしていると今朝の『毎日新聞』報ず。世界新秩序も何もなく、ただ封建時代の敵討《かたきう》ち思想だ。……

〔同年〕四月二十四日（土）　日本にては開戦の文書も発表されず、これら俘虜《ふりょ》の問題❷等についても一切、国民に知らさない。そして新聞は米国の秘密主義を攻撃している。……新しい時代には言論自由の確保ということが、政治の基調とならなくてはならぬ。

〔同年〕十二月二十三日（火）　婦人の労働者、男子に代《かわ》る。日本婦人への革命だ。今までのように奴隷《どれい》的ではおれなくなる。**必然にその位置も向上し、その知識もよくなろう。**……

〔一九四五年〕一月一日（月）　昨夜から今暁《こんぎょう》にかけ三回空襲警報なる。焼夷弾《しょういだん》を落したところもある。……日本国民は、今、初めて「戦争」を経験している。戦争は文化の母❸だとか、「百年戦争」だとかいって戦争を讃美《さんび》してきたのは長いことだった。……当分は戦争を嫌う気持ちが起ろうから、その間に正しい教育をしなくてはならぬ。……

『暗黒日記《あんこくにっき》』

◀**戦時下の社会批判**

❶**清沢洌**　一八九〇～一九四五。長野県生まれのジャーナリスト。一九〇六年に渡米し、政治経済学を学ぶ。帰国後『朝日新聞』などを経てフリーの評論家となる。石橋湛山《いしばしたんざん》などと共に自由主義的な立場から評論活動を行い、戦時下でも反戦、反軍部の姿勢を貫いた。四五年五月、急性肺炎で死去。

❷**俘虜の問題**　空襲時に飛行機が撃墜《げきつい》され、捕虜《ほりょ》となった米兵が、国際法に反して処刑された問題。

❸**戦争は文化の母**　陸軍省新聞班が一九三四年に出したパンフレット『国防の本義と其強化の提唱』の冒頭の一節。

出典◉『**暗黒日記**』　清沢洌が一九四二～四五年に書いた日記。原題は「戦争日記」。一九五四年、『暗黒日記』の名称で一部が東洋経済新報社から刊行された。本史料は岩波文庫の抄録《しょうろく》版より引用。

設問9 **1** 日本は「東亜新秩序」の形成を目的として戦争を開始したが、実際に日本軍が支配していた地域ではどのような政策が行われたのか、❹・❺を踏まえてまとめてみよう。
2 ❼において「婦人の労働者、男子に代る」とあるが、それはなぜか、当時の国内の様子を踏まえて考えてみよう。

解説 一九三〇年代以降、政府の厳しい弾圧と言論統制の下で、多くの共産主義者が転向し、反戦、反政府の思想を持つ自由主義者なども沈黙を余儀なくされた。知識人や作家たちの多くは**日本文学報国会**や**大日本言論報国会**などの翼賛《よくさん》団体に組織化され、自由な言論活動を封じられた。そうした中であっても、反戦的、反軍的な活動を地道に行ったり、ひそかに体制批判を行ったりした人々がいた。獄中《ごくちゅう》で非転向を貫いた共産党員や、兵役拒否を貫いた灯台社の信徒などである。自由主義者の中でも、**清沢洌**《きよさわきよし》のように反戦的な姿勢を維持した人々がいた。史料にあるように、清沢の日記には戦時下の社会を冷静な目で見つめ、戦時体制を批判的に描き出す態度が明瞭に現れている。個人雑誌『近きより』を刊行し、東条英機《とうじょうひでき》らを批判し続けた弁護士、**正木**《まさき》**ひろし**（一八九六～一九七五）も、その一人であった。

7 敗戦

1 敗戦と「国体護持」（近衛文麿上奏文）

敗戦は遺憾《いかん》ながら最早必至《もはやひっし》なりと存候。……敗戦だけならば国体上はさまで憂《うれ》ふる要なしと存候。**国体護持の立前《たてまえ》より最も憂うべきは、敗戦よりも敗戦に伴《ともな》うて起ることあるべき共産革命**に御座候。つらつら思うに我国内外の情勢は、今や共産革命に向って急速度に進行しつつありと存候。即《すなわ》ち国外に於《おい》ては、ソ連の異常なる進出に御座候。……ソ連は究極に於て世界赤化政策を捨てざることは、最近欧洲諸国に対する露骨《ろこつ》なる策動❶により、明瞭《めいりょう》となりつつある次第《しだい》に御座候。……東亜に対しても亦《また》同様にして、現に延安《えんあん》❷にはモスコーより来れる岡野❸を中心に日本解放連盟❹組織せられ、朝鮮独立連盟、朝鮮義勇軍、台湾先鋒《せんぽう》隊等と連絡、日本に呼びかけ居り候。……翻《ひるがえ》って国内を見るに、共産革命達成のあらゆる条件、日々具備《ぐび》せられ行く観有之《これあり》候。即ち

◀敗戦と「国体護持」

❶**欧洲諸国……露骨なる策動** ここでは、ユーゴスラヴィアのティトー政権の樹立など、東欧諸国へのソ連の介入の強化を指している。

❷**延安** 一九三七年一月以降、中国共産党中央委員会と紅軍《こうぐん》総司令部が置かれていた（陝西《せんせい》省北部）。

❸**岡野** 岡野進。日本共産党幹部の野坂参三《のさかさんぞう》の変名。

❹**日本解放連盟** 日本人民解放連盟。中国軍捕虜《ほりょ》となった日本軍兵士による反戦運動団体。野坂参三が指導していた。

生活の窮乏、労働者発言権の増大、英米に対する敵愾心昂揚《てきがいしんこうよう》の反面たる親ソ気分、軍部内一味の革新運動、これに便乗する所謂《いわゆる》新官僚の運動、及びこれを背後より操りつつある左翼分子の暗躍等に御座候。

『日本外交年表 竝《ならびに》 主要文書』

解説　日米開戦直前に首相を辞した**近衛文麿**《このえふみまろ》は、しばらく閑居《かんきょ》していたが、日本の敗色が濃厚となる中で、終戦と戦後を見据えた政治工作を水面下で進めた。一九四五年二月に天皇に提出された上奏文《じょうそうぶん》は、早期終戦を進言するものであったが、国内外の情勢から日本で共産主義革命が起こる可能性が高まっているとし、国体を守るためには終戦を急ぐしかない、という論理で構成されている。だがこの段階では終戦を主張する者はなおも少数派であり、天皇自身も、「もう一度戦果を挙げてからでないとなかなか話はむずかしい」として、戦争継続を支持した。敗戦を迎えると、近衛は東久邇宮稔彦《ひがしくにのみやなるひこ》内閣の国務大臣として憲法改正に携《たずさ》わるなど意欲的に活動したが、四五年十二月に戦犯に指定され、失意の中で服毒自殺を遂げた。

2 本土空襲（米国戦略爆撃❶調査団『太平洋戦争報告書』）

日本における、九ヵ月間にわたる空襲による一般市民の死傷は、原爆によるものを含めて約八〇万六千名であったが、このうち約三三万名は死亡した。これらの死傷者数は、おそらく全戦争期間中の戦闘による死傷者❷と日本側が推定した総計約七八万名を上廻《うわまわ》るものであろう。市民の死亡あるいは負傷の原因の主なものは火災である。全死傷者数の中で、約一八万五千名は一九四五年三月九日の東京初空襲❸によるものであった。……マリアナ喪失《そうしつ》❹という災厄《さいやく》が、日本の一般市民に与えた心理的影響は、日本の指導者や有識者が受けた衝撃よりは、はるかに小さくはあったが、日本人全体の戦意はこれを契機として、いろいろな形で低下していった。一九四四年一二月になると、すでにその以前から、マリアナ基地からする日本本土への空襲がはじまってお

出典◉『日本外交年表竝主要文書』 本書三四七ページ参照。

◀本土空襲

❶戦略爆撃　直接敵軍を狙うのではなく、敵国の戦争遂行基盤や敵国民の戦意低下を狙って行う爆撃のこと。

❷戦闘による死傷者　軍人軍属の戦死者は、約二三〇万人で、死傷者は数百万人規模にのぼる。

❸東京初空襲　東京大空襲。死者は約十万人。夜間低空攻撃としては最初のものだった（東京への空爆自体は四二年四月が最初）。

❹マリアナ喪失　四四年七月から八月にかけて、小笠原諸島南方のサイパン、テニアン、グアムの日本守備隊が敗退し、各島を米軍に占領された事実を指す。

り、……食糧事情がひどく悪化していたので、日本人の一〇%は日本の勝利の不可能なことを確信するに至った。一九四五年三月に夜間焼夷弾《しょういだん》攻撃❺がはじまり、食糧配給量がさらに圧縮された時、この百分比は一九%に上昇した。六月にはそれは四六%となり、降伏直前には六八%にのぼった。これら敗戦の確信を抱くに至った者の半数以上が、その主な理由としては原爆ではなくむしろ空襲の打撃であると認め、三分の一はその主因を軍事的敗北に帰している。

『現代史資料・太平洋戦争（五）』

解説

戦時下日本の国民生活の水準は、主要参戦国の中でも劣悪《れつあく》なものであり、戦線の後退にともなって、さらに悪化していった。これに加えて、戦争末期に集中的に行われた米軍による本土空《くう》襲《しゅう》が、国民の生活基盤を破壊した。米国戦略爆撃調査団は、史料にあるように、空襲が日本の一般市民の戦意を大きく低下させたと主張している。空襲は、**サイパン島陥落**《かんらく》以降、一九四四年十一月頃から本格化し、四五年三月からは、大都市の市街地に対して焼夷弾《しょういだん》による絨毯《じゅうたん》爆撃が実施されるようになった。さらに、六月以降は中小都市市街地への空襲が行われ、全国の都市が甚大《じんだい》な被害を被《こうむ》った。原爆《げんばく》を除く本土空襲の民間人犠牲者は、約二十万人に及んでいる。一九三七年制定の防空法の下で、国民は空襲時に退去することを禁じられ、消火作業に当たることを義務化されていた。戦後、軍人・軍属やシベリア抑留《よくりゅう》者、被爆《ひばく》者などが戦後補償の対象となっていく一方、民間人空襲被害者は除外されたため、これを求める運動が広がった。

3 大田《おおた》少将❶電文（沖縄戦の惨禍）

……本職ノ知レル範囲ニ於《お》テハ、県民ハ青壮年《せいそうねん》ノ全部ヲ防衛召集ニ捧《ささ》ゲ、残ル老幼婦女子ノミガ相次グ砲爆撃ニ家屋ト財産ノ全部ヲ焼却セラレ、僅《わずか》ニ身ヲ以《もっ》テ軍ノ作戦ニ差支《さしつかえ》ナキ場所ノ小防空壕《ぼうくうごう》ニ避難、尚砲爆撃下[redacted]風雨ニ曝《さら》サレツツ乏《とぼ》シキ生活ニ甘ジアリタリ。而《しか》モ若キ婦人ハ率先軍ニ身ヲ捧ゲ、看護婦❷炊事婦《すいじふ》ハモトヨリ、砲弾運ビ挺身斬込隊《ていしんきりこみたい》スラ申出ルモノアリ。所詮《しょせん》敵

❺**焼夷弾**　燃焼性の物質を装塡し、その燃焼により目標を攻撃する爆弾。日本本土空襲で多用された。

出典◉『現代史資料・太平洋戦争（五）』　米国戦略爆撃調査団報告書（抄録）を中心に編集。冨永謙吾編。一九七五年刊。同調査団は、四四年十一月に設置され、ドイツや日本で米軍の行った戦略爆撃の効果を調査する活動を行った。四六〜四七年に作成された『太平洋戦争報告書』は、全一〇八巻に及ぶ。

◀大田少将電文

❶**大田少将**　大田実《みのる》（一八九一〜一九四五）。千葉県出身の海軍軍人。沖縄方面根拠地隊司令官として、沖縄戦に参加。四五年六月十三日、自決。死後中将に昇進。

❷**看護婦**　沖縄戦で「看護婦」の役割を担った女性の中には、沖縄県立第一高等女学校、沖縄県師範学校女子部の生徒で組織された看護隊＝「ひめゆり学徒隊」も含まれている。同学徒隊三二〇名のうち、半数以上が戦死した。

来リナバ老人子供ハ殺サルベク、婦女子ハ後方ニ運ビ去ラレテ毒牙《どくが》ニ供セラルベシトテ、親子生別レ、娘ヲ軍衛門ニ捨ツル親アリ。
　看護婦ニ至リテハ軍移動ニ際シ、衛生兵既ニ出発シ身寄《みより》無キ重傷者ヲ助ケテ[redacted]、真面目《まじめ》ニシテ一時ノ感情ニ馳《は》セラレタルモノトハ思ハレズ。……**陸海軍沖縄ニ進駐以来終始一貫勤労奉仕、物資節約ヲ強要セラレテ御奉公ノ**[redacted]ヲ胸ニ抱キツツ遂ニ（数字不明）コトナクシテ、本戦闘ノ末期ト沖縄島ハ実情形（数字不明）一木一草焦土《しょうど》ト化《か》セン。糧食六月一杯ヲ支フルノミナリト謂《い》フ。**沖縄県民斯《か》ク戦ヘリ。県民ニ対シ後世特別ノ御高配《こうはい》ヲ賜《たまわ》ランコトヲ。**
「大田少将電報《おおたしょうしょうでんぽう》」

出典◉**「大田少将電報」**『戦史叢書　沖縄方面陸軍作戦』。防衛庁防衛研修所戦史部著。朝雲出版社。一九六八年刊。この電文は、大田が自決する直前の四五年六月六日に、海軍次官に宛てて発出したもの。

解説

　一九四五年三月、米軍は沖縄諸島に空襲、艦砲《かんぽう》射撃を行い、四月に沖縄本島に上陸した。日本軍は、米軍を内地まで引き込んで反撃する持久戦を選択したため、史料のように、一般市民を巻き込んでの激しい地上戦となった。沖縄県民は日本軍に物資や施設を提供させられただけでなく、男性は義《ぎ》勇軍《ゆうぐん》や防衛隊、男子学徒は**鉄血勤皇隊《てっけつきんのうたい》**などとして軍隊に動員され、女性も看護婦や炊事婦《すいじふ》などの形で戦闘の補助的役割を担わされた。日本軍の組織的抵抗が終わるまでの三か月にわたる戦闘は凄惨《せいさん》をきわめ、日米合わせて二十万人をこえる人々が死亡した。そのうち沖縄出身者は、一般住民約九万四〇〇〇人を含む十二万人余りにのぼる。住民の中には、軍の指示などによって**「集団自決」**（**集団強制死**）に追い込まれた者も少なくなく、またスパイ視されて日本兵に殺害されるケースもあった。沖縄県は、七四年に、日本軍の組織的な戦闘が終結したとされる六月二十三日を**「慰霊《いれい》の日」**とする条例を制定し、毎年慰霊祭を開催している。

4　カイロ宣言（一九四三年十一月二十七日調印）

　三大同盟国❶ハ、日本国ノ侵略ヲ制止シ且之《かつこれ》ヲ罰スル為今次《ためこんじ》ノ戦争ヲ為《な》シツツアルモノナリ。右**同盟国ハ自国ノ為ニ何等《なんら》ノ利得ヲモ欲求スルモノニ非《あら》ス。又領土拡張ノ何等ノ念ヲモ有スルモノニ非《あら》ス。**右同盟国ノ目的ハ、日本国ヨリ、千九百十四年ノ第一次世界戦争ノ開始以後ニ於《おい》テ日本

◀カイロ宣言
❶**三大同盟国**　米国、英国、中華民国（蔣介石政権）の三国。
❷**第一次世界戦争……島嶼**　旧ドイツ領のマリアナ・マーシャル・カロリン・パラオといったミクロネシアの各諸島。

出典◉**『日本外交年表並主要文書』**
　本書三四七ページ参照。

国力奪取《だっしゅ》シ又ハ占領シタル太平洋ニ於ケル一切《いっさい》ノ島嶼《とうしょ》❷ヲ剝奪《はくだつ》スルコト、並《ならび》ニ満州、台湾及澎湖《ほうこ》島ノ如《ごと》キ日本国カ清国人ヨリ盗取《とうしゅ》シタル一切ノ地域ヲ中華民国ニ返還スルコトニ在《あ》リ。……

前記三大国ハ、朝鮮ノ人民ノ奴隷《どれい》状態ニ留意シ、軈《やが》テ朝鮮ヲ自由且独立ノモノタラシムルノ決意ヲ有ス。

『日本外交年表 竝《ならびに》 主要文書』

解説　一九四三年十一月二十二日から二十六日にかけて、米国大統領**ローズヴェルト**、英国首相**チャーチル**、中国主席**蔣介石《しょうかいせき》**が、エジプトの**カイロ**で会談し、対日戦の遂行や戦後処理について議論した。その合意内容は、十二月一日発表の宣言にまとめられたが、そこでは三国の領土拡張を否定するとともに、第一次世界大戦後に日本が獲得した太平洋のすべての島嶼《とうしょ》の剝奪《はくだつ》、満洲《まんしゅう》や台湾《たいわん》、澎湖《ほうこ》諸島などの中華民国への返還、朝鮮の独立などが明記されていた。カイロ会談後にテヘランで行われた米英ソの首脳会談では、連合国軍のフランス上陸作戦やドイツ降伏後のソ連の対日参戦が確認されたほか、「圧政と隷従《れいじゅう》、抑圧と偏狭《へんきょう》の除去」のために新しい国際機構を創設することが宣言文に盛り込まれた。

5 ヤルタ協定

三大国即《すなわ》チ「ソヴィエト」連邦、「アメリカ」合衆国及英国ノ指揮者ハ、「ドイツ」国力降伏シ且《かつ》「ヨーロッパ」ニ於《お》ケル戦争力終結シタル後二月《ふたつき》又ハ三月《みつき》ヲ経テ、「ソヴィエト」連邦カ左ノ条件ニ依《よ》リ連合国ニ与《くみ》シテ日本ニ対スル戦争ニ参加スヘキコトヲ協定セリ。

一、外蒙古《そともうこ》（蒙古人民共和国）❶ノ現状ハ維持セラルヘシ。

二、千九百四年ノ日本国ノ背信《はいしん》的攻撃ニ依リ侵害セラレタル「ロシア」国ノ旧権利❷ハ左ノ如《ごと》ク回復セラルヘシ。……

三、千島列島ハ「ソヴィエト」連邦ニ引渡サルヘシ。

◀ヤルタ協定

❶**蒙古人民共和国**　モンゴル人民共和国。辛亥《しんがい》革命後に外蒙古で中国からの独立運動が起こり、一九二一年にソ連による援助を受けて臨時政府が樹立された。二四年には人民共和制へと移行し、アジアではじめての社会主義政権となった。

❷**「ロシア」国ノ旧権利**　樺太《からふと》南部と隣接島嶼《とうしょ》の領有権、大連《だいれん》利用権、旅順《りょじゅん》租借《そしゃく》権、東清鉄道・南満洲《まんしゅう》鉄道の共同経営権など。

……「ソヴィエト」連邦ハ、中華民国ヲ日本国ノ羈絆《きはん》❸ヨリ解放スル目的ヲ以テ自己ノ軍隊ニ依リ之《これ》ニ援助ヲ与フル為《ため》、「ソヴィエト」社会主義共和国連邦・中華民国間友好同盟条約❹ヲ中華民国国民政府ト締結スル用意アルコトヲ表明ス。

『日本外交年表竝《ならびに》主要文書』

解説 ヨーロッパ戦線におけるドイツの軍事的敗北が必至となる中、一九四五年二月、クリミア半島の**ヤルタ**において、**ローズヴェルト**、**チャーチル**、**スターリン**の三首脳会談が開催された。同会談では、ドイツの戦後処理や**国際連合**の創設などについての方針が確認されるとともに、秘密協定として「日本に関する合意」が約された。秘密協定では、ドイツ降伏後二、三か月で**ソ連が対日参戦**することとされ、その条件として千島《ちしま》列島の「引渡」などが明記されており、領土拡張を否定した**カイロ宣言**の内容と矛盾していた。ソ連は、千島列島の割譲と引き換えに、中国における蔣介石《しょうかいせき》政権の指導的地位を承認した。

6 ポツダム宣言（一九四五年七月二十六日発表）

一、吾等《われら》合衆国大統領❶、中華民国政府主席❷及「グレート・ブリテン」国総理大臣❸ハ、吾等ノ数億ノ国民ヲ代表シ協議ノ上、日本国ニ対シ今次《こんじ》ノ戦争ヲ終結スルノ機会ヲ与フルコトニ意見一致セリ。

六、吾等ハ、無責任ナル軍国主義カ世界ヨリ駆逐《くちく》セラルルニ至ル迄《まで》ハ平和、安全及正義ノ新秩序カ生シ得サルコトヲ主張スルモノナルヲ以テ、**日本国国民ヲ欺瞞《ぎまん》シ之《これ》ヲシテ世界征服ノ挙《きょ》ニ出《い》ツルノ過誤《かご》ヲ犯サシメタル者ノ権力及勢力ハ永久ニ除去セラレサルヘカラス**。

七、右ノ如《ごと》キ新秩序カ建設セラレ且《かつ》日本国ノ戦争遂行《すいこう》能力カ破砕《はさい》セラレタルコトノ確証アルニ至ルマテハ、連合国ノ指定スヘキ日本国領域内ノ諸地点ハ、吾等ノ茲《ここ》ニ指示スル基本的目的ノ達成ヲ確保スルタメ占領セラルヘシ。

❸**羈絆** 束縛。支配。

❹**「ソヴィエト」……同盟条約** 同条約は四五年八月十四日に調印された。

出典◉『日本外交年表竝主要文書』本書三四七ページ参照。

◀ポツダム宣言

❶**大統領** トルーマン。一九四五年四月にローズヴェルトが急逝《きゅうせい》し、副大統領から昇任した。

❷**主席** 蔣介石。会談には出席していないが、事後に同意して宣言に署名した（トルーマン代筆）。

❸**総理大臣** チャーチル。ただし、総選挙にともなう政権交代で、四五年四月二十七日（宣言公表の翌日）に労働党のアトリーが首相に就任。以後、八月二日まで続くポツダム会談のイギリス代表も交替した。

❹**戦争犯罪人** 一九四六年一月に公布された極東国際軍事裁判所条例では、三種の戦争犯罪が設定され、戦争の計画・開始などへの参加は「平和に対する罪」（A級）、戦争法規などの違反は「通例の戦争犯罪」（B級）、殺戮《さつりく》や殲滅《せんめつ》、奴隷《どれい》的虐使《ぎゃくし》などは「人道に対する罪」（C級）

八、「カイロ」宣言ノ条項ハ履行《りこう》セラルヘク又日本国ノ主権ハ本州、北海道、九州及四国並《ならび》ニ吾等ノ決定スル諸小島ニ局限《きょくげん》セラルヘシ。

九、日本国軍隊ハ、完全ニ武装ヲ解除セラレタル後、各自ノ家庭ニ復帰シ平和的且生産的ノ生活ヲ営ムノ機会ヲ得シメラルヘシ。

十、……吾等ノ俘虜《ふりょ》ヲ虐待《ぎゃくたい》セル者ヲ含ム一切《いっさい》ノ戦争犯罪人❹ニ対シテハ厳重ナル処罰ヲ加ヘラルヘシ。**日本国政府ハ日本国国民ノ間ニ於《お》ケル民主主義的傾向ノ復活強化ニ対スル一切ノ障礙《しょうがい》ヲ除去スヘシ。言論、宗教及思想ノ自由並ニ基本的人権ノ尊重ハ確立セラルヘシ。**

十一、日本国ハ、其《そ》ノ経済ヲ支持シ且公正ナル実物賠償《ばいしょう》ノ取立ヲ可能ナラシムルカ如キ産業ヲ維持スルコトヲ許サルヘシ。……

十二、前記諸目的カ達成セラレ、且日本国国民ノ自由ニ表明セル意思ニ従ヒ平和的傾向ヲ有シ且責任アル政府カ樹立セラルルニ於テハ、連合国ノ占領軍ハ直《ただち》ニ日本国ヨリ撤収《てっしゅう》セラルヘシ。

十三、吾等ハ、日本国政府カ直《ただち》ニ全日本国軍隊ノ無条件降伏ヲ宣言シ且右行動ニ於ケル同政府ノ誠意ニ付適当且充分ナル保障ヲ提供センコトヲ、同政府ニ対シ要求ス。右以外ノ日本国ノ選択ハ迅速《じんそく》且完全ナル壊滅《かいめつ》アルノミトス。

『日本外交年表 竝《ならび》主要文書』

とされた。極東国際軍事裁判（東京裁判）はA級戦犯を対象とし、B・C級は、連合国各国の軍事裁判に付された。東京裁判においては、政治的な配慮でしばしば裁判の内容が左右されたが、戦争の実態を内外に明らかにするなど、重要な意義もあった。

出典◉『日本外交年表竝主要文書』
本書三四七ページ参照。

設問10
1❷について、調査団は、本土空襲が「日本人全体の戦意」にどのような影響を与えたと考えているのか、まとめてみよう。
2❹と❺の会談では、戦後の領土問題はどのように話し合われたのか、まとめてみよう。
3❻を受けて、戦後、連合国の占領政策はどのような方針がとられたのか、考えてみよう。

解説
一九四五年七月十七日から、ドイツの**ポツダム**で**トルーマン**、**チャーチル**、**スターリン**による三国首脳会談が開催され、連合国の対日戦争終結条件と戦後処理方針を定めた「宣言」が採択された。「宣言」はのち**蒋介石**《しょうかいせき》の同意を得て、同月二十六日に米英中三国首脳の名前で発表された。この段階でヤルタ協定の内容を知らなかった日本政府は、なおもソ連を通じた和平交渉に望みを託しており、**鈴**《すず》**木貫太郎**《きかんたろう》首相の「黙殺《もくさつ》する」との談話のみを発表した。八月に入り、広島・長崎で原爆《げんばく》が投下され、ソ連の対日参戦が明らかとなると、終戦に向けた臨時閣議や御《ご》前《ぜん》会議が繰り返し開催された。そこでは、「宣言」が日本の「**国体護持**《こくたいごじ》」を認めているのか否かが焦点《しょうてん》となり、受諾《じゅだく》か戦争継続かで意見がまとまらなかったため、最後に鈴木首相が天皇に判断（「**聖断**《せいだん》」）を仰《あお》ぎ、八月十四日にようやく「宣言」の受諾が決定された。

第13章

戦後の日本と世界

1 戦後改革

1 降伏後における米国の初期の対日方針（一九四五年九月二十二日発表）

第二部　連合国ノ権限

一、軍事占領　……占領ハ、日本国ト戦争状態ニ在《あ》ル連合国ノ利益ノ為《ため》行動スル主要連合国ノ為ノ軍事行動タルノ性質ヲ有スベシ。右ノ理由ニ因《よ》リ、対日戦争ニ於《おい》テ指導的役割ヲ演ジタル他ノ諸国ノ軍隊ノ占領ヘノ参加❶ハ歓迎セラレ且《かつ》期待セラルルモ、占領軍ハ米国ノ任命スル最高司令官❷ノ指揮下ニ在ルモノトス。協議及《および》適当ナル諮問《しもん》機関ノ設置ニ依《よ》リ、主要連合国ヲ満足セシムベキ❸……有《あ》ラユル努力ヲ尽《つく》スベキモ、主要連合国ニ意見ノ不一致ヲ生ジタル場合ニ於テハ、米国ノ政策ニ従フモノトス。

二、日本国政府トノ関係　天皇及日本国政府ノ権限ハ……一切《いっさい》ノ権力ヲ有スル最高司令官ニ従属スルモノトス。日本社会ノ現在ノ性格、竝《ならび》ニ最小ノ兵力及資源ニ依リ目的ヲ達成セントスル米国ノ希望ニ鑑《かんが》ミ、最高司令官ハ、米国ノ目的達成ヲ満足ニ促進《そくしん》スル限リニ於テハ、天皇ヲ含ム日本政府機構及諸機関ヲ通ジテ其《その》権限ヲ行使《こうし》スベシ。日本国政府ハ、最高司令官ノ指示ノ下ニ国内行政事項ニ関シ通常ノ政治機能ヲ行使スルコトヲ許容《きょよう》セラルベシ。……右方針ハ日本国ニ於ケル現存ノ政治形態ヲ利用セントスルモノニシテ之《これ》ヲ支持セントスルモノニ非《あら》ズ。封建《ほうけん》的及権威主義的傾向ヲ修正セントスル……為《ため》、日本国国民又ハ日本国政府ガ其《そ》ノ反対者抑圧《よくあつ》ノ為実

◀降伏後における米国の初期の対日方針

❶他ノ諸国ノ……参加　終戦直後、米国政府内では、米英中ソによる分割統治も検討されたが、政府首脳の反対でつぶれた。ソ連軍は千島《ちしま》と北海道の一部を占領し、イギリス連邦軍（英・印・豪・新〈ニュージーランド〉の各軍で構成）は中国・四国地方で米軍を補佐した。

❷最高司令官　連合国軍最高司令官（SCAP）。ダグラス＝マッカーサー元帥《げんすい》が、一九五一年四月にトルーマン大統領と対立して解任されるまで、この職にあった。

❸協議及適当……セシムベキ　この段階ではアメリカは、日本の占領管理を単独で行うことを想定し、他の連合国の参加を形式的なものに留める考えであった。だがソ連やイギリスがこれに反発したため、ワシントンに対日占領政策決定の最高機関である極東委員会を設置し、東京に最高司令官の諮問《しもん》機関

力ヲ行使スル場合ニ於テハ、最高司令官ハ麾下《きか》部隊❹ノ安全並ニ占領ノ他ノ一切ノ目的ノ達成ヲ確実ニスルニ必要ナル場合ニ於テノミ之ニ干渉《かんしょう》スルモノトス。

『日本外交主要文書《にほんがいこうしゅようぶんしょ》・年表《ねんぴょう》』

である対日理事会を置いた。

❹**麾下**　指揮下。

出典◉『**日本外交主要文書・年表**』『日本外交年表竝主要文書』の続編として、一九四一年以降の重要外交文書を収録している。鹿島平和研究所編。一九八三年から続刊中。

解説　戦後日本の占領統治の方針については、一九四四年十二月に設置された米国の国務・陸軍・海軍三省調整委員会（SWNCC《スウィンク》）が検討してきたが、四五年七月のポツダム宣言を踏まえ、九月二十二日に公表された「**間接統治**」を基本とする内容に修正された。そこでは武装解除および非軍事化、民主化や基本的人権の尊重、財閥《ざいばつ》の解体などが明記されていたが、同時に米国による**単独占領**を念頭に置いた方針が掲げられていた。のちにソ連やイギリスの反対を受けて、**極東《きょくとう》委員会**や**対日理事会**が設定されたものの、実質的な権限は米国に集中されており、連合国軍最高司令官総司令部（GHQ／SCAP）の指令・勧告に基づいて日本政府が政治を行う、間接統治の方法がとられた。GHQの指示を受けて出される勅令《ちょくれい》は、憲法をもしのぐ超法規的性格を持ち、**ポツダム勅令**（新憲法施行後は政令）と呼ばれた。国家公務員法を改正し、官公庁労働者の争議権を剝奪《はくだつ》した四八年の政令二〇一号は、有名なポツダム政令の一つである。

❷ 五大改革指令

「ポツダム」宣言ノ実現ニ当《あた》リテハ日本国民カ数世紀ニ亘《わた》リ隷属《れいぞく》セシメラレタル伝統的社会秩序ハ是正《ぜせい》セラルルヲ要《よう》ス。右ハ疑《うたが》ヒモナク**憲法ノ自由主義化**ヲ包含《ほうがん》スヘシ。……斯《かか》ル諸要求ノ履行《りこう》及諸目的ノ実現ノ為《ため》日本ノ社会制度ニ対スル下記ノ諸改革ヲ日本社会ニ同化シ得ル限リ出来得ル限リ速《すみやか》ニ実行スルコトヲ期待ス。

一、参政権ノ付与《ふよ》ニ依《よ》リ**日本ノ婦人ヲ解放スルコト**—婦人モ国家ノ一員トシテ各家庭ノ福祉ニ役立ツヘキ新シキ政治ノ概念ヲ齎《もたら》スヘシ。

二、**労働組合ノ組織奨励**。—以テ労働ニ威厳ヲ賦与《ふよ》シ労働者階級カ搾取《さくしゅ》ト濫用《らんよう》ヨリ己レヲ擁護シ生活程度ヲ向上セシムル為大ナル発言権ヲ与ヘラルヘシ。……

三、学校ヲヨリ自由主義的ナル教育ノ為開校スルコト。―以テ国民カ事実ニ基礎付ケラレタル知識ニ依リ自身ノ将来ノ発展ヲ形成スルコトヲ得。……

四、❶国民ヲ秘密ノ審問《しんもん》ノ濫用《らんよう》ニ依《よ》リ絶エス恐怖ヲ与フル組織ヲ撤廃《てっぱい》スルコト。……

五、❷日本ノ経済制度ヲ民主主義化シ以《もっ》テ所得並《ならび》ニ生産及商業手段ノ所有権ヲ広ク分配スルコトヲ保障スル方法ヲ発達セシムルコトニ依リ独占的産業支配ヲ是正スルコト。

「総理《そうり》「マクアーサー」会談要旨《かいだんようし》昭二〇、一〇、一三」

解説 ポツダム宣言の受諾《じゅだく》後に総辞職した鈴木《すずき》貫太郎《かんたろう》内閣にかわって、皇族の**東久邇宮《ひがしくにのみや》稔彦《なるひこ》**が組閣した。東久邇宮内閣は「一億総懺悔《そうざんげ》」、「国《こく》体護持《たいごじ》」といった旧体制を継承する姿勢を示したが、一九四五年十月にGHQが治安維持法廃止、政治犯 釈《しゃく》放《ほう》などを求める**人権指令**を出したことを受け、総辞職した。続いて**幣原喜重郎《しではらきじゅうろう》**が首相に就任すると、十月十三日にマッカーサーが**「五大改革」**を口頭で指示した。五大改革の内容は、明治以来の政治体制を大きく転換し、日本社会の民主化を徹底しようとするものであった。以後、神道指令《しんとうしれい》をはじめ、改革を具体化するGHQの指示・指令が続々と発せられた。

◀**五大改革指令**

❶**四** 特別高等警察の解体を求めた項目。幣原喜重郎内閣は、本指令直後の十月十三日に国防保安法・軍機保護法など、同十五日に治安維持法と思想犯保護観察法、十一月二十一日には治安警察法をそれぞれ失効させた。

❷**五** 特に財閥《ざいばつ》や寄生地主制の解体を求めた項目。

出典◉**「総理「マクアーサー」会談要旨昭二〇、一〇、一三」**『連合国最高司令官及び幕僚と本邦首相並びに各省要人との会談要録並びに往復書簡関係』所収。国立国会図書館所蔵。

3 天皇の「人間宣言」(一九四六年一月一日の詔書)

茲《ここ》ニ新年ヲ迎フ。顧《かえり》ミレバ明治天皇、明治ノ初《はじめ》、国是《こくぜ》❶トシテ五箇条ノ御誓文《ごせいもん》ヲ下《くだ》シ給《たま》ヘリ。……叡旨《えいし》❷公明正大、又《また》何ヲカ加ヘン。朕《ちん》ハ茲ニ誓《ちかい》ヲ新《あらた》ニシテ国運ヲ開カント欲《ほっ》ス。……惟《おも》フニ長キニ亘《わた》レル戦争ノ敗北ニ終リタル結果、我国民ハ動《やや》モスレバ焦躁《しょうそう》ニ流レ、失意ノ淵《ふち》ニ沈淪《ちんりん》❸セントスルノ傾《かたむ》キアリ。詭激《きげき》ノ風❹漸《ようや》ク長ジテ道義ノ念頗《すこぶ》ル衰《おとろ》へ、為《ため》ニ思想混乱ノ兆《きざし》アルハ洵《まこと》ニ深《しん》憂《ゆう》ニ堪《た》ヘズ。然《しか》レドモ朕ハ爾等《なんじら》国民ト共ニ在《あ》リ、常ニ利害ヲ同ジウシ休戚《きゅうせき》❺ヲ分タント欲ス。朕ト爾等国民トノ間ノ紐帯《ちゅうたい》❻ハ、終始相互ノ信頼ト敬愛トニ依《よ》リテ結バレ、単ナル神話ト伝説❼トニ

◀**天皇の「人間宣言」**

❶**国是** その国の政治の基本方針・原則のこと。

❷**叡旨** 天皇の言葉、考え。

❸**沈淪** 深く沈むこと。

❹**詭激ノ風** 言動が異常に過激になる風潮。

❺**休戚** 喜びと悲しみ。幸と不幸。

❻**紐帯** 帯や紐《ひも》のように、互いを結びつける大切なもの。

❼**神話ト伝説** 「万世一系《ばんせいいっけい》」の根拠となる『古事記』『日本書紀』の神話や伝承のことを指している。

依リテ生ゼルモノニ非《あら》ズ。天皇ヲ以《もっ》テ現御神《あきつみかみ》❽トシ、且《かつ》日本国民ヲ以テ他ノ民族ニ優越セル民族ニシテ、延《ひい》テ世界ヲ支配スベキ運命ヲ有ストノ架空《かくう》ナル観念ニ基クモノニモ非ズ。

『官報《かんぽう》』

解説

一九四五年九月から十二月にかけて、GHQは戦争指導者と目される政府首脳や軍人を次々と逮捕し、戦犯裁判の準備を整えた。国内外で**昭和天皇の戦争責任**を問う声も高まったが、GHQは、天皇を裁判にかけることで日本社会に大きな動揺や混乱が広がることを懸念し、また、逆に天皇の存在を占領統治に利用することを狙って、戦犯容疑をかけなかった。GHQは、天皇が自ら神格を否定する詔《しょう》書を発表するという構想を立て、幣原喜重郎《しではらきじゅうろう》首相らの手によって、詔書が作成された。天皇自身の提案で**五箇条《ごかじょう》の誓文《せいもん》**にも触れた詔書は、四六年一月一日に発表され、**「人間宣言」**と呼ばれた。

4 戦後対策婦人委員会の活動

「婦人参政権は与へられるものではなくて婦人自身の手で獲得すべきだ」——と市川房枝《ふさえ》❶、山高《やまたか》しげり❷、赤松常子《つねこ》❸女史《じょし》等がつくつた戦後対策婦人委員会は……次のやうな申合《もうしあわ》せを政府当局、両院、並《ならび》に各政党に対して「婦人の声」として通達建議することになつた。

一、選挙法の改正に際し二十歳以上の婦人に選挙権と、二十五歳以上の婦人に対して被選挙権を与へること……

一、治安警察法を改正し、婦人の政事結社への参加を認めること

一、文官任用令を改正して各行政機関への婦人の参加を認めること

新婦人参政権運動の母胎《ぼたい》となるべき同志的結合を設けるために市川房枝女史は更に新日本婦人同盟❹を提唱し平和の使徒《しと》である婦人が今後立法、行政の諸機関へ参加するための啓蒙《けいもう》運動を起すことになつた。……

『朝日新聞』

❽**現御神**　現世に姿を現した神。現人神（あらひとがみ）。

出典◉『官報』　本書三八四ページ参照。

◀戦後対策婦人委員会の活動

❶**市川房枝**　一八九三～一九八一。戦前から婦人選挙権獲得運動の中心人物の一人であった。戦後公職追放となるが、五三年に参議院議員となる。

❷**山高しげり**　一八九九～一九七七。戦前来、市川とともに婦選運動に携《たずさ》わる。戦後は地域婦人団体の育成に努め、六二年に参議院議員となる。

❸**赤松常子**　一八九七～一九六五。兄・克麿《かつまろ》の影響で社会運動の道に入る。戦後、日本社会党婦人部長となり、四七年に参議院議員となって、芦田均《あしだひとし》内閣の厚生政務次官などを務めた。

❹**新日本婦人同盟**　一九四五年十一月三日結成。政治運動と政治学習活動の促進を目的とする組織。五〇年に日本婦人有権者同盟に改称。二〇一六年に解散した。

出典◉『朝日新聞』本書三九五ページ参照。本史料は一九四五年九月二十五日付より引用。

解説 敗戦後、GHQによる戦後改革の方針が示される以前から、女性解放運動は活発化していた。一九四五年八月二十五日、**市川房枝《いちかわふさえ》**・**山《やま》高《たか》しげり**・**赤松常子《あかまつつねこ》**らによって、**戦後対策婦人委員会**が結成され、九月二十四日には、**女性への選挙権・被選挙権の付与**、**治安警察法や文官任用令の改正**などの要求項目を決議し、政府、両院、各政党に対して申し入れを行った。マッカーサーの五大改革指令は、こうした運動の声に応える側面を持っていた。同委員会に結集した人々は、その後女性運動団体を組織したり、国会議員となって国政に進出したりするなど、女性の地位向上に重要な役割を果たした。

5 マッカーサー・ノート（憲法改正の必須三原則）

一、天皇は、国の最上位❶にある。皇位の継承は世襲《せしゅう》による。天皇の職務執行および権能行使は、憲法にのっとり、かつ憲法に規定された国民の基本的意思に応《こた》えるものとする。

二、国権の発動たる戦争は、廃止する。日本は、紛争《ふんそう》解決の手段として、さらには自《みずか》らの安全維持の手段としても、戦争を放棄《ほうき》する。……日本は、陸・海・空軍のいずれを保有することも認められず、また、いかなる日本の武力にも交戦権が与えられることはない。

三、日本の封建《ほうけん》制度は廃止される。……華族《かぞく》の特権は、今後はいかなる国民的または公民的な政治権力もともなうものではない。予算の型は、英国の制度にならう。

『資料《しりょう》日本《にほん》占領《せんりょう》（一）天皇制《てんのうせい》』

◀マッカーサー・ノート

❶**国の最上位** 原文では、the head of the state。元首の地位とも訳せる。

出典◉『**資料日本占領（一）天皇制**』山極晃・中村政則編。一九九〇年刊。なお、引用史料は英文テキストから訳出したもの。

解説 一九四五年十月、GHQによる憲法改正の指示を受けて、幣原《しではら》首相は憲法問題調査委員会（**松本烝治《まつもとじょうじ》**委員長）を設置し、改正案の作成を進めた。しかし翌年一月、『毎日新聞』のスクープで、同委員会作成の試案が天皇の統治権を前提とする旧態依然のものであることが明らかとなった。これを受けてマッカーサーは、二月四日頃に憲法改正の基本方針について三つの原則にまとめてホイットニー民政局長に提示した（**マッカーサー・ノート**）。ここでは、**象徴天皇制**、**戦争放棄《ほうき》**、**封建《ほうけん》制度の廃止**といった、日本国憲法の基礎となる考え方が示されている。戦争放棄については、マッカーサーが軍事顧問を務めたフィリピンの一九三五年憲法の影響も見られる。民政局は、この三原則の下、九日間で改正案を作成し、日本政府に提示した。政府はこの案に一部修正を加えたものをGHQに提出して審議にかけ、四月十八日に政府案（「日本国憲法草案」）として発表した。

6 憲法研究会「憲法草案要綱」

一、日本国ノ統治《とうち》権ハ日本国民ヨリ発ス。（1条）
一、**天皇ハ国民ノ委任ニヨリ専《もっぱ》ラ国家的儀礼ヲ司《つかさど》ル。**（3条）
一、国民ノ言論、学術、芸術、宗教ノ自由ヲ妨《さまた》ケル如何《いか》ナル法令ヲモ発布スルヲ得ス。（8条）
一、**国民ハ健康ニシテ文化的水準ノ生活ヲ営ム権利ヲ有ス。**（13条）
一、第一院ハ全国一区ノ大選挙区制ニヨリ満二十歳以上ノ男女平等直接秘密選挙（比例代表ノ主義）ニヨリテ満二十歳以上ノ者ヨリ公選セラレタル議員ヲ以テ組織サレ、其《そ》ノ権限ハ第二院❶ニ優先ス。（21条）
一、議会ハ国民投票❷ニヨリテ解散ヲ可決サレタルトキハ直《ただ》チニ解散スヘシ。（28条）
一、内閣ハ議会ニ対シ連帯責任ヲ負《お》フ。……（32条）

『思想《しそう》』

◀憲法研究会「憲法草案要綱」

❶第二院　本要綱では、職業・階層別に公選された議員で構成することが想定されている。

❷国民投票　他の条文で、議会の議決、内閣不信任、憲法改正についても国民投票を行うことが明記されている。

出典◉**『思想』**　岩波《いわなみ》書店の編集・発行する学術雑誌。一九五六年六月号に付録として主要政党・団体・個人の憲法草案を掲載。

解説　日本政府の動きとは別に、民間でも憲法改正に向けた議論が盛んになされ、一九四五年末から四六年にかけて、政党や民間団体、個人の手によって十数種類の**「民間草案」**が発表された。中でも**高野岩三郎《たかのいわさぶろう》**を発起人《ほっきにん》とする**憲法研究会**の**「憲法草案要綱《そうあんようこう》」**は、GHQにも注目された。同研究会のメンバー（森戸辰男《もりとたつお》や鈴木安蔵《すずきやすぞう》など）は、自由民権期の私擬《しぎ》憲法を参照しつつ、**国民主権**や立憲君主制、**生存権の保障**、男女普通選挙による比例代表制議会、国民投票制などの規定を盛り込んだ改正案を起草した。高野は同研究会案以外にも、天皇制廃止や大統領制を規定した「改正憲法私案要綱」を個人で発表している。これら以外の国民主権説に立った「民間草案」には、日本共産党の「人民共和国憲法草案」などがある。

7 教育基本法（一九四七年三月三十一日公布の旧法）

われらは、さきに、日本国憲法を確定し、民主的で文化的な国家を建設して、世界の平和と人類の福祉に貢献しようとする決意を示した。この理想の実現は、根本において教育の力にまつべきものである。**われらは、個人の尊厳を重んじ、真理と平和を希求《ききゅう》する人間の育成を期するとともに、普遍《ふへん》的にしてしかも個性ゆたかな文化の創造をめざす教育を普及徹底しなければならない。**ここに、日本国憲法の精神に則《のっと》り、教育の目的を明示して、新しい日本の教育の基本を確立するため、この法律を制定する。

第一条（教育の目的）❶ 教育は、**人格の完成**をめざし、平和的な国家及び社会の形成者として、真理と正義を愛し、個人の価値をたっとび、勤労と責任を重んじ、自主的精神に充《み》ちた心身ともに健康な国民の育成を期して行われなければならない。

『法令全書《ほうれいぜんしょ》』

◀教育基本法

❶**教育の目的** 教育の根源を「国体」に求めた教育勅語とは対照的に、個人の「人格の完成」を掲げている。

出典◉『法令全書』 本書三二一ページ参照。

解説

GHQは、教育の自由主義的改革を重視し、早い段階から注力した。一九四五年十月には、軍国主義的な教員の追放や教科書の記述の削除などを指示し、さらに修身《しゅうしん》、日本歴史、地理の授業を禁止した。四六年三月には、**米国教育使節団**が来日し、日本側教育家委員会や教員組合関係者の意見も参考にしながら、教育改革の方向性について勧告した。その勧告を受け、教育の根本理念を明示し、教育の基本を確立するために制定されたのが、**教育基本法**（四七年三月公布）である。同法の内容は、田中耕太郎《たなかこうたろう》文相を中心に、南原繁《なんばらしげる》東大総長らの教育刷新委員会（四六年八月発足）などとの協力で検討された。教育の目的（第一条）のほか、教育の機会均等（第三条）、**九年にわたる義務教育**（第四条）、**男女共学**（第五条）などの原則が定められ、教育が不当な支配に服することなく、国民全体に対し責任を負うべきことが示されている（第十条）。同法と同時に公布された**学校教育法**では、**六・三・三・四の新学制**が定められ、戦後の民主教育の柱となった。教育基本法に対しては、保守政党を中心に改正を求める声が根強く、二〇〇六年十二月、第一次安倍晋三《あべしんぞう》内閣の下で、旧法を五十九年ぶりに改正した新法が公布・施行された。新法は、「愛国心」や「公共心」の育成を条文に盛り込むもので、成立の過程では、国会内外で激しい論争が起こった。

8 農地改革（自作農創設特別措置法、一九四六年十月十九日公布）

第一条　この法律は、耕作者の地位を安定し、その労働の成果を公正に享受《きょうじゅ》させるため**自作農**❶を**急速且《か》つ広汎《こうはん》に創設し**、以《もっ》て農業生産力の発展と農村における民主的傾向の促進を図《はか》ることを目的とする。

第三条　左に掲げる**農地**は、政府が、これを**買収**する。

一　**農地の所有者がその住所のある市町村の区域……外において所有する小作地**❷。

二　農地の所有者がその住所のある市町村の区域内において、北海道にあっては四町《ちょう》歩《ぶ》、都府県にあっては中央農地委員会❸が都府県別に定める面積を超える小作地を所有する場合、その面積を超える面積の当該《とうがい》区域内の小作地。

三　農地の所有者がその住所のある市町村の区域内において所有する小作地の面積とその者の所有する自作地の面積の合計が、北海道にあっては十二町歩、都府県にあっては中央農地委員会が都府県別に定める面積を超えるときは、その面積を超える面積の当該区域内の小作地。

前項第二号又は第三号に規定する都府県別の面積は、**その平均面積が同項第二号に規定するものにあっては概《おおむ》ね一町歩**、同項第三号に規定するものにあっては概ね三町歩になるやうに、これを定めなければならない。

『法令全書《ほうれいぜんしょ》』

解説

GHQは、日本の対外侵略《しんりゃく》の動機の一つに**農民層の窮乏化《きゅうぼうか》**があったとして、安定した自作農《じさくのう》を大幅に増やす農地改革の実施を求めた。幣原《しではら》内閣は、一九四五年末に**第一次農地改革**案を決定し、**農地調整法改正**によってこれを行おうとしたが、在村地主の小作地保有限度を五町歩にするなど微温《びおん》的な内容であったため、農民組合の強い反発を受け、GHQからも改革の徹底を勧告された。四六年十月、G

◀農地改革

❶**自作農**　自分の所有する土地を、自分で耕作・経営する農家。

❷**農地の所有者が……小作地**　不在地主の小作地のことを指す。

❸**農地委員会**　一九三八年の農地調整法によって、市町村および道府県ごとに設置された組織。自作農創設維持・地主小作関係の調整などを目的とし、市町村長・地方長官を会長として、委員は地主を中心に官選された。戦後、農地改革の中心機関として権限を強化され、四五年末の改正農地調整法で地主・自作・小作から五名ずつ委員を構成することになったが、反対が多く選挙は実施されなかった。四六年の同法再改正で、委員構成が地主三・自作二・小作五に改められ、農地売渡買収計画の作成などにあたった。五一年の農業委員会法により、農業調整員会と統合され、農業委員会となった。

出典◉『法令全書』　本書三二二ページ参照。

HQの勧告に基づく**自作農創設特別措置法**が制定され、地主の小作地保有限度を一町歩《いっちょうぶ》（北海道は四町歩）におさえ、それをこえる分は国家が強制的に買い上げて小作農に優先的に安価で売り渡すこととなった。**山林地主**を対象外に置くなど不徹底な面もあったが、この**第二次改革**によって**寄生地主制**は事実上解体された。

9 財閥解体（一九四五年十一月二日指令）

……日本の対外侵略に対する財閥《ざいばつ》の責任は、人的なものでなく主として制度的なものである。……日本の産業は日本政府によって支持され強化された少数の大財閥❶の支配下にあった。産業支配権の集中は労資間の半封建《ほうけん》的関係❷の存続を促《うなが》し、労賃を引下げ、労働組合の発展を妨《さまた》げて来た。また独立の企業者の創業を妨害《ぼうがい》し日本における中産階級の勃興《ぼっこう》を妨げた。かゝる中産階級がないため、日本には今日まで個人が独立する経済的な基盤が存在せず、従って軍閥に対抗する勢力の発展もなく、ために此国《このくに》では軍事的意図に対する反対勢力として働く民主々義的、人道主義的な国民感情の発展も見られなかったのである。さらにかゝる特権的財閥支配下における低賃金と利潤の集積は、国内市場を狭《きょう》あいにし、商品輸出の重要性を高め❸、かくて日本を帝国主義的戦争に駆《か》りたてたのである。……上述せる結果をもたらす財閥の特権形態を破壊し、他の民主主義諸国の如《ごと》く軍国主義者に依《よ》る政府支配に対抗し得るグループを育成することが米国の対日財閥政策の中心目的である。

『日本財閥《にほんざいばつ》とその解体《かいたい》』

解説

財閥解体《ざいばつかいたい》は、一九四五年十一月のGHQ**覚書**《おぼえがき》「**持株会社**《もちかぶ》の解体に関する件」で、四大財閥本社などの財産の処分権を大蔵《おおくら》大臣に付与することからはじまった。翌年八月には実施機関として**持株会社整理委員会**が発足し、指定された持株会社や財閥家族の株式などを整理して、財閥の傘下《さんか》企業支配の一掃《いっそう》を図った。四七年四月には、私的独占とカルテル・トラストなどを禁止する**独占禁止法**が制定され、

◀財閥解体

❶**少数の大財閥** 三井《みつい》、三菱《みつびし》、住友《すみとも》、安田《やすだ》の四大財閥がその代表。一九三〇年代、重化学工業部門を中心に軍と結びついて満洲《まんしゅう》や朝鮮に進出した日産《にっさん》、日窒《にっちつ》などの新興財閥も含まれる。

❷**労資間の半封建的関係** 過度の労働、低賃金、強権的＝身分的労働関係などが固定化されている日本資本主義の特徴を指している。

❸**特権的財閥……重要性を高め** 財閥支配の下での労働者の賃金水準の低さが国民の購買力低下につながり、日本国内の市場を狭めることにつながったため、企業の国外市場への進出に拍車をかけた、と見ている。

出典◉『日本財閥とその解体』 持株会社整理委員会編。全三巻。一九五一年刊。引用部分は、四六年一月に米国から来日した日本財閥調査使節団団長エドワースの所見。同年十月発表の同使節団報告書もこれと同じ観点に立って書かれている。

公正取引委員会が発足した。さらに同年十二月には過度経済力集中排除法が制定され、四八年二月には三二五社が指定を受けた。しかし、その後の占領政策の転換によって、実際に分割されたのは十一社にとどまった。日本財閥調査使節団は、日本の軍国主義化の背景の一つに、財閥による支配があったと見ていたが、その解体は十分に進まず、独占資本は、朝鮮戦争を経て、旧財閥系銀行を中心に復活を遂げた。

10 労働三法の制定

一 労働組合法（一九四五年十二月二十二日公布）

第一条　本法ハ団結権ノ保障及《および》団体交渉権ノ保障助成❶ニ依《よ》リ労働者ノ地位ノ向上ヲ図《はか》リ経済ノ興隆《こうりゅう》ニ寄与《きよ》スルコトヲ以《もっ》テ目的トス。……

第十一条❷　使用者ハ労働者ガ労働組合ノ組合員タルノ故《ゆえ》ヲ以テ之《これ》ヲ解雇シ其《そ》ノ他之ニ対シ不利益ナル取扱ヲ為《な》スコトヲ得ズ。使用者ハ労働者ガ組合ニ加入セザルコト又ハ組合ヨリ脱退スルコトヲ雇傭《こよう》条件ト為スコトヲ得ズ。

第十二条　使用者ハ同盟罷業《ひぎょう》❸其ノ他ノ争議行為ニシテ正当ナルモノニ因《よ》リ損害ヲ受ケタルノ故《ゆえ》ヲ以テ労働組合又ハ其ノ組合員ニ対シ賠償《ばいしょう》ヲ請求スルコトヲ得ズ。

『法令全書《ほうれいぜんしょ》』

二 労働関係調整法（一九四六年九月二十七日公布）

第一条　この法律は、労働組合法と相俟《あいま》って、労働関係の公正な調整を図り、労働争議❶を予防し、又は解決して、産業の平和を維持し、もって経済の興隆《こうりゅう》に寄与することを目的とする。

『法令全書』

◀労働組合法

❶**団結権ノ保障……保護助成**　労働者の団結権、団体交渉権、団体行動権は、憲法二十八条でも明記された。ただし、本法第四条で、警察官、消防職員、監獄《かんごく》職員はすでに本法の対象から除外されている。

❷**第十一条**　使用者の団結権侵害行為である不当労働行為を禁じた条文。違反した場合は、六か月以下の禁固、五〇〇円以下の罰金といった直罰主義が採用されていたが、一九四九年の改正で原状回復主義に改められた。

❸**同盟罷業**　労働者が、その要求を貫徹《かんてつ》するため、団結して労働の提供を拒否し、いっせいに作業を停止する行為。ストライキ。日本でも二六年の労働争議調停法以降、消極的ながらその適法性が認められてきたが、労働組合法で明確に労働者の権利として承認された。

◀労働関係調整法

❶**労働争議**　通常の団体交渉による労使間の利害調整がならず、ストライキ（労働者側）やロックアウト（使用者側）の手段が行使される労使紛争。

◀労働基準法
❶人たるに値する生活　憲法第二十五条の「健康で文化的な最低限度の生活」に対応している。
出典◉『法令全書』（一〜三ともに）本書三三二ページ参照。

設問1
1❸が出された当時、天皇をめぐってどのような議論がなされていたのか、GHQの動きとあわせて、まとめてみよう。
2❷の第五項では、寄生地主制とあわせて「財閥」の解体が目指されている。財閥の解体が目指された理由を、❾を参考にまとめてみよう。
3GHQによる一連の「民主化」政策の中で、例えば家族のあり方はどのように変化したのか、考えてみよう。

三 労働基準法（一九四七年四月七日公布）

第一条　労働条件は、労働者が人たるに値《あたい》する生活❶を営むための必要を充《み》たすべきものでなければならない。この法律で定める労働条件の基準は最低のものであるから、労働関係の当事者は、この基準を理由として労働条件を低下させてはならないことはもとより、その向上を図るように努めなければならない。

『法令全書』

解説　GHQは、低賃金構造がもたらす国内市場の狭さが対外侵略の要因となっているという見地から、労働政策に力を入れた。一九四五年十二月に公布された**労働組合法**は、**労働基本権**（団結権・団体交渉権・争議権）をはじめて法的に承認した。翌四六年には、**労働委員会**による争議の仲裁《ちゅうさい》・調停を定めた**労働関係調整法**が、四七年には、八時間労働制など労働条件の最低基準や女性・年少者の保護を規定した**労働基準法**が制定された。こうした状況の中で、労働組合の結成が一挙に進み、組合員数は四五年十二月上旬に戦前最高水準である四十二万人を大きくこえ、推定組織率は、四九年に五五・八%に達した。だが、占領政策の転換によって、次第に労働運動を規制する動きが強まり、四八年の**政令二〇一号**で争議権を奪われた公務員労働者が組合法の対象から外され、四九年には組合への政府干渉を広げる組合法改正が行われた。

2 冷戦と占領政策の転換

1 ロイヤル米陸軍長官の演説

……陸軍省及び国務省は、両者共に、今後政治的安定が続き、自由な政府が成功するためには、健全な自立経済がなければならないことを認識しており、……また、米国が永久に年々数億ドルを占領地救済資金❶に注入し続け得るものではなく、……被占領国が自己の生産と輸出をもって自己の必需品代金を支払い得るに至ったとき、……これを打切り得るものであることをも認識している。……財閥《ざいばつ》の解消はそれ自体としては別に重大な経済問題を生じないかもしれないが、ある段階においては極端な産業集中排除は、戦争力をさらに弱めはするが同時に日本産業の製造能率を害し、従って日本の自立し得る時期をおくらせるかもしれない。これがわれわれのヂレンマである。……日本の戦争機構……を建設し運営するに当って最も積極的であった人々❷はしばしばこの国の最も有能にして最も成功した実業指導者であり、かれらの助力は多くの場合において日本の経済復興に寄与《きよ》するであろう。われわれは今やかれらをどうすべきであろうか。……国務省と陸軍省は適当な点で線を引こうと努めている。そうするにあたりかれらは占領初期以来起った政治、軍事及び経済上の諸事情の変化を充分考慮しようとしており、また考慮するであろう。……われわれは、自立すると同時に、今後極東に生ずべき他の全体主義的戦争❸の脅威《きょうい》に対する制止役として役立つほど充分に強くかつ充分に安定した自足的民主政治を日本に建設するという、同様に確固たる目的を固守するものである。

『戦後《せんご》日《に》本防衛問題《ほんぼうえいもんだい》資《し》料集《りょうしゅう》』

◀ロイヤル米陸軍長官の演説

❶占領地救済資金　ガリオア資金(Government and Relief in Occupied Areas)のこと。米軍占領地住民の最低生活を維持し、社会不安と疾病《しっぺい》を防止するために、米国政府予算から支出され、日本向けは、食糧《しょくりょう》などの救援物資を中心とした。四八年からは占領地経済復興援助資金＝エロア資金(Economic Rehabilitation in Occupied Areas)が追加され、石炭・綿花《めんか》など経済復興支援物資を供給した。

❷日本の……積極的であった人々　軍国主義的指導者として公職追放された人々のこと。

❸他の全体主義的戦争　ソ連を中心とする共産主義勢力との戦争を想定している。

出典◉**『戦後日本防衛問題資料集』**全三巻。大嶽秀夫編。一九九一年刊。引用の演説は、一九四八年一月六日、サンフランシスコのコモンウェルス・クラブでのもの。

解説

第二次世界大戦後、アメリカとソ連が国際政治の主導権を争う**東西冷戦**が顕在化《けんざいか》した。アメリカは、一九四七年三月に、共産主義封じ込めを主張する**トルーマン＝ドクトリン**を示し、六月には欧州復興援助計画(**マーシャル＝プラン**)を発表した。これに対してソ連は、十月に**コミンフォルム**(欧州共産党・労働者党情報局)を設置して、対抗姿勢を明確にした。アジアでは、国共内戦が共産党有利に展開し、朝鮮半島では十一月にアメリカ主導下の国連が南北統一選挙実施を決議した。こうした状況の中でアメリカは、民主化・非軍事化を中心とする日本の占領政策を転換していくことになる。四八年一月六日のロイヤル陸軍長官の演説は、過度の集中排除は日本の自立化を遅らせる、日本の戦争経済に関与した実業指導者は日本経済復興のためにも重要である、などと主張し、占領政策の転換を公然と要求した。この演説は当時、日本を東アジアにおける**「反共の防壁」**にしたてるものとして、批判された。

❷ 経済安定九原則指令（一九四八年十二月十八日指令）

一、極力経費の節減をはかり、また必要でありかつ適当なりと考えられる手段を最大限度に講じて真に**総予算の均衡《きんこう》**をはかること。

二、**徴税《ちょうぜい》計画を促進《そくしん》強化《きょうか》**し、脱税者に対する刑事訴追《そつい》を迅速《じんそく》、広範囲かつ強力に行うこと。

❶三、信用の拡張は日本の経済復興に寄与《きよ》するための計画に対するほかは厳重制限されていることを保障すること。

❷四、賃金安定実現のため効果的な計画を立てること。

五、現在の**物価統制を強化**し、必要の場合はその範囲を拡張すること。

六、外国貿易統制事務を改善し、また現在の外国為替《かわせ》統制を強化し、これらの機能を日本側機関に引継いで差支えなきにいたるように意を用いること。

七、特にできるだけ輸出を増加する見地より現在の資材割当配給制度を一そう効果的に行うこと。

八、一切の重要国産原料および製品の増産をはかること。

❸九、食糧集荷計画を一そう効果的に行うこと。

以上の計画は**単一為替レートの設定を早期に実現させる**途《みち》を開くためにはぜひとも実施されねばならぬものである。

『朝日新聞』

◀**経済安定九原則指令**

❶**三**　前年来の傾斜生産方式で特定産業への復興金融金庫の巨額融資がインフレを加速したことに鑑み、経済復興に役立つ企業に融資を限定することを指している。

❷**四**　賃上げ抑制と人員整理・合理化の推進を意図している。

❸**九**　当時、日本の輸入品構成比で食糧《しょくりょう》の比率が最大であり、貿易収支悪化の要因となっていたことに鑑み、食糧供出制度を強化・改善して、食糧集荷能率を向上させることを意図している。

出典◉『**朝日新聞**』　本書三九五ページ参照。本史料は一九四八年十二月十九日付より引用。

解説　経済面での占領政策の転換を象徴したのは、GHQが一九四八年十二月に発表した**「経済安定九原則」**であった。戦後の貿易は、GHQの管理下にあり、輸出は政府が国内価格で民間業者から買い入れた商品をGHQが国際価格で外国に販売し、輸入はGHQが国際価格で購入した商品を政府が国内価格で民間に払い下げるという形式をとっていた。輸出品の国内価格は生産者に利潤《りじゅん》を保証する水準で設定され、輸入品の国内価格も低めに設定されたため、企業の生産性上昇意欲が上がらず、**インフレ**を加速していると見られていた。そこでGHQは、単一為替《かわせ》レートを設定し、国際通貨と自国通貨を連結させることを企図し、その前提となる歳出削減や徴税強化、賃金抑制などを含む経済政策の断行を求めたのである。

3 「経済安定九原則」についてのドッジ❶声明

最後にわたしとしては、日本の諸君が次の簡単な事実を理解されんことを切望する。

1 日本が毎年米国から受取る数億ドルの援助資金は米国の各市民や企業に課せられた租税《そぜい》から支出されているもので、……米国市民が税を払うのをいやがるのは日本人諸君と同様である。……**日本の経済は両足を地につけていず、竹馬《たけうま》にのっているようなものだ。竹馬の片足は米国の援助❷、他方は国内的な補助金❸の機構である。**竹馬の足をあまり高くしすぎると転んで首を折る危険がある。今たゞちにそれをちゞめることが必要だ。つゞけて外国の援助を仰《あお》ぎ、補助金を増大し、物価を引き上げることはインフレの激化を来《きた》すのみならず、国家を自滅に導く恐れが十分にある。

『朝日新聞』

解説

一九四九年二月、経済安定九原則を実現する具体策を検討するため、デトロイト銀行頭取《とうどり》のドッジがGHQ財政顧問《こもん》として来日した。ドッジは、史料にあるように、日本経済がアメリカからの援助と政府からの補給金という二本の竹馬《たけうま》の足に乗ってかろうじて立っているという「竹馬経済論」を説き、財政緊縮による経済の安定化を提唱した。ドッジの提唱する経済計画（**ドッジ＝ライン**）は、租税《そぜい》の増徴や復興金融金庫の新規貸出禁止、価格差補給金をはじめとする補給金の圧縮などを通して**「超均衡《きんこう》予算」**の実現を目指すものであった。また、商品ごとに為替レートが異なる複数為替《かわせ》レートを廃止して、**一ドル＝三六〇円の単一為替レート**を実現し、日本経済と世界経済を連結させた。九月には、財政学者の**シャウプ**を中心とする専門家チームによる勧告を受け、政府は、**直接税中心主義**や**累進《るいしん》所得税制**を取入れ、大衆課税を強める方向を打ち出した。一連の政策でインフレは終息したものの、四九年後半から不況が深刻化し、中小

◀「経済安定九原則」についてのドッジ声明

❶ドッジ 一八九〇～一九六四。アメリカの銀行家。デトロイト銀行頭取《とうどり》。第二次世界大戦後、ドイツ占領アメリカ軍司令官の金融顧問兼アメリカ軍政部金融課長などを務めた。一九五〇年代には、アイゼンハワー政権の予算局長などを担当した。

❷米国の援助 ガリオア資金・エロア資金のことを指している。四九三ページ注❶参照。

❸国内的な補助金 主に価格差補給金のことを指している。重要物資の消費者価格が生産者価格より低い場合、生産者保護のために、国家がその差額を負担して支出した。

出典◉『朝日新聞』 本書三九五ページ参照。本史料は一九四九年三月八日付より引用。

企業の倒産が相次ぐなどして、失業者が増大した。人員整理の強行に対して、産別会議をはじめとする労働組合は激しく抵抗したが、下山《しもやま》・三鷹《みたか》・松川《まつかわ》事件の影響などもあり、全体として敗北を余儀なくされた。

4 破壊活動防止法（一九五二年七月二十一日公布）

第一条　この法律は、団体の活動として暴力主義的破壊活動を行った団体に対する必要な規制措《そ》置《ち》を定めるとともに、暴力主義的破壊活動に関する刑罰規定を補整し、もって、公共の安全の確保に寄与《きよ》することを目的とする。

第二条　この法律は、国民の基本的人権に重大な関係を有するものであるから、公共の安全の確保のために必要な最小限度においてのみ適用すべきであって、いやしくもこれを拡張して解釈するようなことがあってはならない。

第四条　この法律で「暴力主義的破壊活動」とは、左に掲げる行為をいう。

一❶イ　刑法……第七十七条(内乱)、……第八十一条(外患誘致《がいかんゆうち》)……に規定する行為をなすこと。

二　政治上の主義若《も》しくは施策を推進し、支持し、又はこれに反対する目的をもって、左に掲げる行為❷の一をなすこと。

『法令全書《ほうれいぜんしょ》』

◀**破壊活動防止法**

❶**一**　この項目の省略部分には、内乱および外患《がいかん》（外部からの侵略《しんりゃく》）誘致《ゆうち》の予備・陰謀《いんぼう》罪などを規定した刑法の条名が記されている。また、一のロ～ホでは、教唆《きょうさ》・煽《せん》動《どう》・文書や図画の頒布《はんぷ》・通信などを規制対象として明示している。

❷**左に掲げる行為**　騒擾《そうじょう》・建造物放火・激発物破裂・電車等往来危険・同転覆《てんぷく》・殺人・強盗・爆発物使用などと、それぞれに関する予備・陰謀・教唆・煽動。

出典◉『**法令全書**』　本書三二二ページ参照。

◀**自衛隊法**

❶**間接侵略**　外国による教唆《きょうさ》または干渉《かんしょう》によって引き起こされる大規模な内乱や騒擾のこと。具体的には、共産党とその同調者による実力行使などを、東側による侵略として想定していた。

解説

占領政策の転換を受け、一九四九年以降は「反共」に主眼を置いた**「逆コース」**と呼ばれる政治動向が強まった。軍国主義者や戦争協力者とみなされた人々の追放解除が実施される一方で、民間企業・官公庁などでの共産主義者の追放（**レッド＝パージ**）が進められた。こうした状況の下で、軍国主義復活に反対する平和運動が広がり、労働運動で産別会議にかわって主導権を握った**日本労働組合総評議会（総評）**も、日本社会党と協力しつつ、政府の対米追従《ついじゅう》的な姿勢を批判する運動を強めた。五二年四月の講和発効によって、GHQの指令で出された法令が失効することを受け、**団体等規制令**（四九年ポツダム政令として公布）にかわって、**破壊活動防止法**が制定された。同法は、事実上共産党をはじめとする反政府運動を規制することを目的としていたため、治安維持法の再来と言われた。改進党、社会党などの野党はもちろん、労働組合や知識人、マスコミからも強い批判が寄せられたが、法案は五二年七月に国会を通過し、ただちに公布・施行された。同年五月に起こった皇居前広場でのデモ隊と警官隊の衝突事件（「**血のメーデー事件**」）がその成立を早めたともいわれている。同法運用のため、**公安調査庁**が新設された。

5 自衛隊法（一九五四年六月九日公布）

第三条　自衛隊は、わが国の平和と独立を守り、国の安全を保つため、直接侵略及び間接侵略❶に対しわが国を防衛することを主たる任務とし、必要に応じ、公共の秩序の維持に当るものとする。

第七十六条　内閣総理大臣は、外部からの武力攻撃（外部からの武力攻撃のおそれのある場合を含む。）に際して、わが国を防衛するため必要があると認める場合には、国会の承認❷……を得て、自衛隊の全部又は一部の出動を命ずることができる。但《ただ》し、特に緊急の必要がある場合には、国会の承認を得ないで出動を命ずることができる。

第七十八条　内閣総理大臣は、間接侵略その他の緊急事態に際して、一般の警察力をもっては、治安を維持することができないと認められる場合には、自衛隊の全部又は一部の出動を命ずることができる。

『法令全書《ほうれいぜんしょ》』

❷国会の承認　衆議院が解散されている場合は、参議院緊急集会での承認が必要とされる。緊急の場合は国会の承認なしで出動できるが、第七十六条二項で、出動後ただちに国家の承認を得ることと定められている。間接侵略に対しては、首相が出動（治安出動）を命じることができるが、第七十八条二項で、二十日以内の国会への付議が求められている。

出典◉**『法令全書』**　本書三二一ページ参照。

解説　東西冷戦の深化の中で、アメリカ政府は対ソ戦略を基本に置いた対日講和構想を検討し、講和後も在日米軍基地を維持する方針を定めた。一方、一九五〇年六月二十五日に**朝鮮戦争**が勃発《ぼっぱつ》すると、在日米軍が朝鮮に動員されることとなった。その軍事的空白を埋めるために、マッカーサーは、出動米兵に匹敵する七万五〇〇〇人規模の**警察予備隊**の設立と、海上保安庁の八〇〇〇人増員を勧告する書簡を、吉田茂《よしだしげる》首相に送った。日本政府は国会審議抜きの**ポツダム政令**によって同隊を設置し、公職追放を解

設問2　❶❶では、従来の占領政策に対して、どのような転換を求めているのか、二点挙げてみよう。
❷❷の第一項にて「総予算の均衡」が指示されている理由を、❸に見られるアメリカ側の日本経済に対する評価を踏まえて、まとめてみよう。
❸❶が行われた一九四八年から日本が独立する一九五二年までの間、東アジアではどのような変化があったのか、考えてみよう。

除された旧軍人たちを採用して組織を固めた。国内外からの世論に配慮し、予備隊はあくまでも警察力を補うための部隊であり、戦争ではなく治安維持のための組織であると説明された。五二年四月の日米安保条約発効にあわせて海上警備隊が新設され、警察予備隊は**保安隊**《ほあんたい》に改組されたが、五四年五月発効の**日米相互防衛援助（ＭＳＡ）協定**で日本が防衛力増強義務を負ったため、同年七月に陸海空の三隊からなる**自衛隊**《じえいたい》が発足した。同隊の指揮《しき》権は内閣総理大臣に与えられ、出動については国会の承認が必要とされた。自衛隊は防衛出動と治安出動を主目的とする事実上の軍隊であり、創設以来憲法九条との関係が焦点となっている。

3 「主権回復」と日米安保体制の確立

1 サンフランシスコ平和条約（一九五一年九月八日調印）

第一条（a）日本国と各連合国との間の戦争状態は……この条約が日本国と当該《とうがい》連合国との間に効力を生ずる日❶に終了する。

（b）連合国は、日本国及びその領水《りょうすい》❷に対する日本国民の完全な主権を承認する。

第二条（a）日本国は、朝鮮の独立を承認して、済州島《さいしゅうとう》、巨文島《きょぶんとう》❸及び鬱陵島《うつりょうとう》❹を含む朝鮮に対するすべての権利、権原❺及び請求権を放棄《ほうき》する。

（b）日本国は、台湾及び澎湖《ほうこ》諸島に対するすべての権利、権原及び請求権を放棄する。

（c）日本国は、千島《ちしま》列島❻並びに日本国が千九百五年九月五日のポーツマス条約の結果として主権を獲得した樺太《からふと》の一部及びこれに近接する諸島に対するすべての権利、権原及び請求権を放棄する。

第三条　日本国は、北緯二十九度以南の南西諸島❼（琉球《りゅうきゅう》諸島及び大東《だいとう》諸島を含む）、孀婦岩《そうふいわ》❽の南の南方諸島❾（小笠原《おがさわら》群島、西之島《にしのしま》及び火山列島を含む）並びに沖《おき》の鳥島《とりしま》及び南鳥島を合衆国

◀サンフランシスコ平和条約

❶**効力を生ずる日**　一九五二年四月二十八日。

❷**領水**　国家領域の中の、水域から構成される部分。領海を含む。

❸**済州島、巨文島**　朝鮮半島の南方沖合に所在する島々。

❹**鬱陵島**　朝鮮半島の東方沖合に所在する火山島。

❺**権原**　ある権利・行為を法的に正当化する根拠。権利の原因。

を唯一の施政《しせい》権者とする信託統治《しんたくとうち》制度の下におくこととする国際連合に対する合衆国のいかなる提案にも同意する。……

第五条　（c）　連合国としては、日本国が主権者として国際連合憲章第五十一条に掲げる個別的又は集団的自衛の固有の権利を有すること及び日本国が集団的安全保障取極《とりきめ》を自発的に締結することができることを承認する。

第六条　（a）　連合国のすべての占領軍は、この条約の効力発生の後……九十日以内に、日本国から撤退《てったい》しなければならない。但《ただ》し、この規定は、一又は二以上の連合国を一方とし、日本国を他方として双方の間に締結された……協定に基く、又はその結果としての**外国軍隊の日本国の領域における駐《ちゅう》とん又は駐留を妨《さまた》げるものではない。**

第十一条　日本国は、極東《きょくとう》国際軍事裁判所並びに日本国内及び国外の他の連合国戦争犯罪法廷の裁判❿を受諾《じゅだく》し、且《か》つ、日本国で拘禁《こうきん》されている日本国民にこれらの法廷が課した刑を執行するものとする。……

第十四条　（a）　**日本国は、戦争中に生じさせた損害及び苦痛に対して、連合国に賠償《ばいしょう》を支払うべきことが承認される。**しかし、また、存立可能な経済を維持すべきものとすれば、日本国の資源は、日本国が……完全な賠償を行い且つ同時に他の債務《さいむ》を履行《りこう》するためには現在充分でないことが承認される。……

『日本外交主要文書《にほんがいこうしゅようぶんしょ》・年表《ねんぴょう》』

❻**千島列島**　英文では、the Kurile Islands。領土権放棄《ほうき》の対象となった地域のうち、千島列島のみ日本が戦争で獲得したものではない。現在の日本政府の主張では、北方四島（国後《くなしり》、択捉《えとろふ》、歯舞《はぼまい》、色丹《しこたん》）は、千島列島に含まれず、日本固有の領土とされている。

❼**南西諸島**　奄美《あまみ》諸島は一九五三年十二月二十五日、それ以外は七二年五月十五日に、日本に復帰した。なお、以下の諸島も含め、条文にいう信託統治は実際には行われなかった。

❽**孀婦岩**　鳥島《とりしま》南方約七五kmに所在する岩礁《がんしょう》で、伊豆《いず》諸島と小笠原諸島を分かつ地点。

❾**南方諸島**　一九六八年六月二十六日、日本に復帰した。

❿**裁判**　英文ではthe judgementsとなっている。

出典◉**『日本外交主要文書・年表』**
本書四八三ページ参照。

解説

冷戦の深化の中で、アメリカは日本の占領統治を早期に終わらせ、西側陣営に編入することを追求するようになった。朝鮮戦争勃発《ぼっぱつ》後の一九五〇年十一月、アメリカは日本再軍備と米軍駐《ちゅう》留《りゅう》の継続、沖縄・小笠原《おがさわら》などの占領と軍事基地の維持などを内容とする「対日講和七原則」を公表し、日本との交渉を進めた。第三次吉田茂《よしだしげる》内閣はこれに呼応する態度をとり、西側との「**単独（片面《かためん》）講和**」路線を推進した。一九五一年九月に開催された**サンフランシスコ講和会議**は、こうしたアメリカの主張を前提に進められたため、招請《しょうせい》された五十五か国のうち、**インド・ビルマ・ユーゴスラヴィア**は欠席し、**ソ連・ポーランド・チェコスロヴァキア**は調印を拒否した。また、満洲《まんしゅう》事変以降もっとも大きな犠牲を払った**中国**については、北京《ペキン》政府と台湾《たいわん》政府のどちらに代表権を認めるかで米英が合意に至らず、招請されなかった。結局平和条約には四十八か国が調印し、**日米安全保障条約**とともに翌年四月に発効した。条約で日本は朝鮮・台湾・樺太《からふと》・千島《ちしま》などの領有権を放棄したが、条文に「千島」の範囲や個々の島々の帰属先が明記されなかったこともあり、その後に領土問題を残すこととなった。賠償《ばいしょう》については、第十四条で日本の支払義務を留《りゅう》保《ほ》付きで定めたが、米国の防衛及び経済援助を担保《たんぽ》として、多くの調印国が請求権を放棄《ほうき》したため、**賠償協定**はビルマ・フィリピン・インドネシア・ベトナムの四か国とのみ締結された。

国　名	調印年	賠償金額
ビ　ル　マ	1954	720億円
ビルマ(追加)	1963	504 〃
カンボジア	1954	(請求放棄通告)
フィリピン	1955	1980億円
ラ　オ　ス	1956	(請求放棄通告)
インドネシア	1958	803億円
南ベトナム	1959	140 〃

▲東南アジア諸国との賠償協定

2 平和問題談話会❶声明

……講和が真実の意義を有し得《う》るには、形式内容共に完全なものであることを要《よう》し、然《しか》らざる限り、**仮令《たとい》❷名目は講和であっても、実質は却《かえ》って新たに戦争の危機を増大するものとなろう。**この意味に於《お》いて、講和は必然的に全面講和たるべきものである。この全面講和を困難ならしめる世界的対立の存《そん》することは明らかであるが、かの国際軍事裁判❸に発揮せられた如《ごと》き国際的正義或《あるい》は国際的道義がなお脈々《みゃくみゃく》としてこの対立の底を流れていることは、われわれを限りなく励ますものである。**更に日本がポツダム宣言を受諾して全連合国に降服した所以《ゆえん》を思えば、われわれが全連合国との間に平和的関係の回復を願うは、**蓋《けだ》し当然の要求と見るべきものである。……

結　語

一、講和問題について、われわれ日本人が希望を述べるとすれば、全面講和以外にない。

二、日本の経済的自立は単独講和によっては達成されない。

◀平和問題談話会声明

❶**平和問題談話会**　安倍《あべ》能成《よししげ》や大《おお》内兵衛《うちひょうえ》などを中心とする、知識人の平和研究団体。一九四九年三月設立。三度にわたって講和問題についての声明を発表した。

❷**仮令**　もし。仮に。

❸**国際軍事裁判**　主にニュルンベルク裁判と極東国際軍事裁判のことを指している。

出典◉『**世界**』一九五〇年三月号。

三、講和後の保障については、中立不可侵を希《ねが》い、併《あわ》せて国際連合への加入を欲《ほっ》する。
四、理由の如何《いかん》によらず、如何《いか》なる国に対しても軍事基地を与えることには、絶対に反対する。

『世界《せかい》』

解説 サンフランシスコ平和条約が、ソ連など東側諸国を排除した「片面《かためん》講和」になる可能性が高まる中で、日本国内では**「全面講和」**を求める運動が、思想や政治的立場をこえて広がった。東京と京都の研究者・知識人を中心に結成された平和問題談話会は、一九五〇年一月十五日に史料のような声明を発表し、全面講和・中立・非武装を主張した。この声明には、人文・社会・自然科学の各領域の専門家五十六人が署名した。談話会の活動の反響は大きく、日本労働組合総評議会（総評《そうひょう》）が五一年三月に採択した「平和四原則」（全面講和、中立、軍事基地反対、再軍備反対）にも影響を与えた。しかし、第三次吉田《よしだ》茂《しげる》内閣は、これらの反対運動を押し切る形で、「片面講和」に踏み切った。

3 日米安保体制

一 日米安全保障条約（旧安保条約、一九五一年九月八日調印）

……平和条約❶は、日本国が主権国として集団的安全保障取極《とりきめ》を締結する権利を有することを承認し、さらに、国際連合憲章は、すべての国が個別的及び集団的自衛の固有の権利を有することを承認している。これらの権利の行使として、日本国は、その防衛のための暫定措置《ざんていそち》として、日本国に対する武力攻撃を阻止《そし》するため日本国内及びその附近《ふきん》にアメリカ合衆国がその軍隊を維持することを希望する。アメリカ合衆国は、平和と安全のために、現在、若干の自国軍隊を日本国内及びその付近に維持する意思がある。但《ただ》し、アメリカ合衆国は、日本国が、攻撃的な脅威《きょうい》となり又は国際連合憲章の目的及び原則に従って平和と安全を増進すること以外に用いられうべき

◀日米安全保障条約

❶**平和条約** 本条約と同日に調印されたサンフランシスコ平和条約。平和条約（→四九八～四九九ページ）の第五条・第六条参照。

軍備をもつことを常に避《さ》けつつ、直接及び間接の侵略に対する自国の防衛のため漸増《ぜんぞう》的に自《みずか》ら責任を負うことを期待する。よって、両国は、次のとおり協定した。

第一条　平和条約及びこの条約の効力発生と同時に、アメリカ合衆国の陸軍、空軍及び海軍を日本国内及びその附近に配備する権利を、日本国は、許与《きょよ》し、アメリカ合衆国は、これを受諾《じゅだく》する。❷この軍隊は、極東《きょくとう》❸における国際の平和と安全の維持に寄与《きよ》し、並びに、一又は二以上の外部の国による教唆《きょうさ》又は干渉によって引き起された日本国における大規模の内乱及び騒《そう》じょう❹を鎮圧《ちんあつ》するため日本国政府の明示の要請に応じて与えられる援助を含めて、外部からの武力攻撃に対する日本国の安全に寄与するために使用することができる。

第二条　第一条に掲げる権利が行使される間は、日本国は、アメリカ合衆国の事前の同意なくして、基地、基地における若《も》しくは基地に関する権利、権力若しくは権能、駐兵若しくは演習の権利又は陸軍、空軍若しくは海軍の通過の権利を第三国に許与しない。

『日本外交主要文書・年表』

❷**平和条約……受諾する**　アメリカは、必要に応じて、日本中のどの地域でも基地として要求することができることとされている（全土基地方式）。

❸**極東**　具体的な範囲は明示されていない。また、これは駐留軍の使用目的にかかわって示された地域であり、作戦行動の範囲を示したものではない。

❹**一又は……内乱及び騒じょう**　東側諸国の「間接侵略」（自衛隊法〈→四九六ページ〉の❶を参照）を想定している。

出典◉『日本外交主要文書・年表』本書四八三ページ参照。

二　日米相互協力及び安全保障条約（新安保条約、一九六〇年一月十九日調印）

第二条❶……締約国は、その国際経済政策におけるくい違いを除くことに努め、また、両国の間の経済的協力を促進する。

第三条❷　締約国は、個別的に及び相互に協力して、継続的かつ効果的な自助及び相互援助により、武力攻撃に抵抗するそれぞれの能力を、憲法上の規定に従うことを条件として、維持し発展さ

◀**日米相互協力及び安全保障条約**

❶**第二条**　日本が米国の経済政策に沿うことを求める条文。旧安保条約にはなかった。

❷**第三条**　日本の軍事力増強を義務付けた条文。旧安保条約にはなかった。

せる。
第四条　締約国は、この条約の実施に関して随時《ずいじ》協議し、また、日本国の安全又は極東《きょくとう》における国際の平和及び安全に対する脅威《きょうい》が生じたときはいつでも、いずれか一方の締約国の要請により協議する。
第五条❸　各締約国は、日本国の施政《しせい》の下《もと》にある領域における、いずれか一方に対する武力攻撃が、自国の平和及び安全を危《あや》うくするものであることを認め、自国の憲法上の規定及び手続に従って共通の危険に対処するように行動することを宣言する。……
第六条❹　日本国の安全に寄与《きよ》し、並びに極東における国際の平和及び安全の維持に寄与するため、アメリカ合衆国は、その陸軍、空軍及び海軍が日本国において施設及び区域を使用することを許される。……
第十条❺　……この条約が十年間効力を存続した後は、いずれの締約国も、他方の締約国に対しこの条約を終了させる意志を通告することができ、その場合には、この条約は、そのような通告が行なわれた後一年で終了する。
【第六条の実施に関する交換公文】❻　……合衆国軍隊の日本国への配置における重要な変更、同軍隊の装備における重要な変更並びに日本国から行なわれる戦闘作戦行動……のための基地としての日本国内の施設及び区域の使用は、日本国政府との事前《じぜん》の協議の主題とする。

『日本外交主要文書・年表』

❸第五条　米軍の日本防衛義務を定めた条文。旧条約では、条文上、米国は防衛義務を負っていなかった。

❹第六条　旧条約と異なり、内乱・騒擾《そうじょう》（間接侵略《しんりゃく》）鎮圧への米軍援助は明記されていないが、「日本国の安全に寄与」の表現の中に、内乱などの鎮圧も含まれている、というのが日本政府の解釈となっている。

❺第十条　本条約は、一九七〇年の段階で「自動延長」されることとされている。旧安保条約には期限を定めた条文はなかった。

❻第六条の……交換公文　本条約調印時に手交された公式書簡。日本が武力攻撃を受けていない場合の、米軍の行動や配置・装備の変更などについては、「事前協議」することとされている。だが、日本側の発議権や拒否権は、明記されていない。

出典◉**『日本外交主要文書・年表』**本書四八三ページ参照。

解説　**日米安全保障条約**は、一九五一年九月八日、サンフランシスコ平和条約の調印直後に調印された。アンザス条約・米比《べいひ》相互防衛条約と同様、米国の世界戦略の一端に位置づく条約であった。内容としては、米国が日本に軍隊を駐留《ちゅうりゅう》させる権利を持つ一方、日本の安全への義務は持たないという片務的なもので、さらに米国の同意なしに第三国に基地提供の権利を認めず、有効期限も明示されていなかった。六〇年六月二十三日に発効した**新安保条約（日米相互協力及び安全保障条約）**は、**全土基地方式**を引き継ぎ……ながらも、米軍の日本防衛義務を明記し（第五条）、日本の軍事力増強を義務付け（第三条）、廃棄条項（第十条）を加えるなど、旧条約とは大きく異なる内容を含んでいた。

三 六〇年安保闘争（安保改定阻止国民会議結成の呼びかけ）

わが国は、日米安全保障条約とそれにともなう行政協定、ＭＳＡ諸協定によってアメリカの軍隊の国内駐留《ちゅうりゅう》を認め、軍事基地を提供してまいりました。……砂川《すながわ》などの軍事基地に反対する闘争❶のとき、土地を守る農民や労働者、学生に対し、日本の政府は警官を動員して棍棒《こんぼう》の雨をふらせ、日本人の要求と利益をふみにじってまで、アメリカの方針に忠実でした。……今政府は、この安全保障条約を改定しようとしています。改定は、この条約を廃止するためにではなくかえってその条約体制を強化する目的で行われるのです。改定によって、日本が共同防衛の義務を負い、それによって自衛隊の増強や核武装が要求されると言うこと、韓国や台湾と同盟して、中国やソ連を攻撃する基地を進んでひきうけること、憲法が否定されて民主主義と平和の基調《きちょう》が崩されること、等々は、日本の運命、民族の将来のために由々《ゆゆ》しい重大事《じゅうだいじ》であります。私達はかつて無責任な軍国主義と軍事同盟が、国民の意志とは別に、戦争を挑発し中国をはじめとするアジア諸国ならびに日本国民を塗炭《とたん》の苦しみに追いこんだことを忘れてはなりません。今、岸内閣が歩もうとしている途《みち》が、あの途にあまりにも共通していることを私達は、強調したいと思います。

『平和運動二〇年資料集』

◀六〇年安保闘争

❶**砂川などの軍事基地……闘争** 一九五〇年代の、内灘《うちなだ》（石川県）や砂川（東京都）などでの基地反対闘争のことを指している。これらの闘争では、運動側と警官隊がしばしば衝突した。

出典◉『平和運動二〇年資料集』日本平和委員会編。大月書店。一九六九年刊。

解説

一九六〇年の日米安全保障条約改定にあたっての反対闘争《とうそう》は、主義主張の異なる広範な団体・個人の連帯によって行われた。その連帯の中心となったのが、**安保改定阻止《そし》国民会議**である。同会議は、五九年三月二十八日に発足し、安保条約の廃止を要求するとともに、改定に反対するすべての政党・団体を網羅《もうら》した会議を各地で組織するよう呼びかけた。同会議には、一三四団体が参加し、**社会党**や**総評**など十三団体が幹事となり、共産党がオブザーバーとして参加した。国民会議は、史料にあるように、安保条約の改定が軍拡《ぐんかく》につながり、憲法に定められた民主主義や平和主義を否定することになると主張し、かつて日本が歩んだ軍国主義とアジア侵略《しんりゃく》の道を再びたどることにつながると強調した。

4 日米行政協定

第二条　1　日本国は、合衆国に対し、安全保障条約第一条に掲げる目的❶の遂行《すいこう》に必要な施設及び区域の使用を許すことに同意する。……

第三条　1　合衆国は、施設及び区域内において、それらの設定、使用、運営、防衛又は管理のため必要な又は適当な権利、権力及び権能を有する。……

第九条　2　合衆国軍隊の構成員は、日本国の旅券及び査証《さしょう》に関する法令の適用から除外される。合衆国軍隊の構成員及び軍属並びにそれらの家族は、外国人の登録及び管理に関する日本国の法令から除外される。……

第十七条　2　……**合衆国の軍事裁判所及び当局は、合衆国軍隊の構成員及び軍属並びにそれらの家族（日本の国籍のみを有するそれらの家族を除く。）が日本国内で犯すすべての罪について、専属的裁判権を日本国内で行使する権利を有する。**

『昭和財政史《しょうわざいせいし》』

◀日米行政協定

❶安全保障条約第一条に掲げる目的　極東における国際平和と安全の維持、間接侵略によって呼び起こされた内乱、騒擾《そうじょう》の鎮圧のことを指している。

出典◉『**昭和財政史**』第十七巻。大蔵省財政史室編。東京経済新報社。一九八一年刊。

設問3　❶❸の㊀と㊁を比較し、新たに㊁で加わった内容をまとめてみよう。

❷❹が日米地位協定に改定される際、米兵に関する刑事裁判権の規定はどのように変化したのか、まとめてみよう。

解説

一九五二年四月二十八日、日米安全保障条約第三条に基づき、在日米軍の日本国内とその付近における配備を規律《きりつ》する条件を定めた**日米行政協定**が発効した。米軍が日本国内のどこにでも基地を設定することができ、日本がこれに必要な便宜《べんぎ》を提供することなどを定めたものであった。また、米兵とその家族に**治外法権**を認めるなど、特権的な地位を認めている。日本の主権を大きく制限する内容と言えるが、国会承認を経ずに政府間の調印によって取り決められた。六〇年の新日米安保条約の締結にあたって**日米地位協定**に改められたが、その際は、国会承認の手続きを経ることとなり、刑事裁判権についても、施設、区域外の犯罪は公務を除き日本が裁判権を持つこととされた。しかし、施設内の刑事裁判権は日本側がこれを放棄《ほうき》し、公務の軍人、政府職員の与える損害については、たとえ施設外であっても日本側は請求権を持たないなど、その内容の不平等性が一つの争点となったまま現在に至っている。

5 日ソ共同宣言（一九五六年十月十九日調印）

1　日本国とソヴィエト社会主義共和国連邦との間の戦争状態は、この宣言が効力を生ずる日に終了し、両国の間に平和及び友好善隣《ぜんりん》関係が回復される。

4　**ソヴィエト社会主義共和国連邦は、国際連合への加入に関する日本国の申請《しんせい》を支持するものとする。**

6　ソヴィエト社会主義共和国連邦は、日本国に対し一切《いっさい》の賠償《ばいしょう》請求権を放棄《ほうき》する。日本国及びソヴィエト社会主義共和国連邦は、千九百四十五年八月九日❶以来の戦争の結果として生じたそれぞれの国、その団体及び国民のそれぞれ他方の国、その団体及び国民に対するすべての請求権を、相互に、放棄する。

9❷　日本国及びソヴィエト社会主義共和国連邦は、両国間に正常な外交関係が回復された後、平和条約の締結に関する交渉を継続することに同意する。ソヴィエト社会主義共和国連邦は、日本国の要望にこたえかつ日本国の利益を考慮して、**歯舞《はぼまい》群島及び色丹《しこたん》島を日本国に引き渡すこ**

◀日ソ共同宣言

❶**千九百四十五年八月九日**　ソ連が対日参戦した日。

❷9　平和条約交渉の継続と条約締結後の領土返還を約束した項目。しかし、一九六〇年の新日米安保条約の締結に際し、ソ連は対日覚書を発表し、日本領土からの全外国軍隊の撤退を、歯舞《はぼまい》群島、色丹《しこたん》島の引き渡し条件として付加することを申し入れ、日本は共同宣言を一方的に変更することはできないとして反発した。これ以後ソ連は領土問題の存在自体を認めないとする態度をとってきたが、九一年四月のゴルバチョフ大統領来日時に調印された日ソ共同声明で、領土問題の存在を改めて確認した。ソ連崩壊後も、交渉は継続されているが、いまだに解決を見ていない。

出典◉『日本外交主要文書・年表』
本書四八三ページ参照。

とに同意する。ただし、これらの諸島は、日本国とソヴィエト社会主義共和国連邦との間の平和条約が締結された後に現実に引き渡されるものとする。

『日本外交主要文書・年表』

解説 アジア・太平洋戦争末期のソ連の対日参戦以降、日ソの国交は断絶した状態にあった。一九五五年、吉田茂《よしだしげる》内閣の「対米一辺倒《いっぺんとう》」を批判して日ソ平和条約締結を唱える**鳩山一郎**《はとやまいちろう》内閣が成立すると、日ソの国交回復交渉が本格的にはじまった。ソ連は、一九五三年のスターリンの死後、平和共存路線に転換しつつあり、積極的に対応したが、主に領土問題をめぐって交渉が難航した。結局領土問題の解決は、平和条約締結後に先送りされる形で決着し、五六年十月十九日、共同宣言の調印に至った。宣言では、日ソの戦争状態を終了し国交を回復すること、ソ連が日本の**国際連合**加盟を支持すること、ソ連が日本に対し一切の賠《ばい》償《しょう》権を放棄することなどが明記された。この宣言を受けて、同年十二月、日本は国際連合に加盟した。一九九一年のソ連崩壊後、日ソ間の国際約束はロシアに引き継がれたが、平和条約は今なお結ばれていない。

設問4 1❶の締結後、日本は東南アジア諸国と賠償協定を結んだが、これらの協定は両者の関係にどのような影響を与えたのか、考えてみよう。
2❷や、❸の三の声明を発表した人たちは、政府の政策に対してどのような危機感を募らせていたのか、考えてみよう。

4 高度経済成長と政治・外交の展開

❶ もはや「戦後」ではない

戦後日本経済の回復の速《すみや》かさには誠に万人《ばんにん》の意表外《いひょうがい》にでるものがあった。それは日本国民の勤勉な努力によって培《つちか》われ、世界情勢の好都合な発展❶によって育《はぐ》くまれた。しかし敗戦によって落ち込んだ谷が深かったという事実そのものが、その谷からはい上るスピードを速からしめたという事情も忘れることはできない。……いまや経済の回復による浮揚力《ふようりょく》はほぼ使い尽《つ》された。……もはや「戦後」ではない。……**回復を通じての成長は終った。今後の成長は近代化によって支えられる。**……近代化―トランスフォーメーション―とは、自《みずか》らを改造する過程である。その手術は苦痛なしにはすまされない。明治の初年われわれの先人は、この手術を行って、遅れた農

◀もはや「戦後」ではない
❶世界情勢の好都合な発展 戦後、国際通貨基金（IMF）・世界銀行・関税および貿易に関する一般協定（GATT）を柱とする開放経済体制が確立され、世界的な好況が広がった。さらに一九五〇年には、朝鮮戦争勃発にともなう特需景気で日本経済の回復の大きな契機となった。

業日本をともかくアジアでは進んだ工業国に改造した。……〔逆に、その後の時代の、〕自らを改造する苦痛を避《さ》け、自らの条件に合せて外界を改造（トランスフォーム）しようという試みは、結局軍事的膨張《ぼうちょう》につながったのである。

『経済白書』《けいざいはくしょ》 一九五六（昭和三十一）年度版

出典◉『経済白書』 経済企画庁が、日本経済の動向を分析し、今後の経済と経済政策の方向を示唆する年次報告書。一九四七年経済安定本部が発行して以来、毎年発行されており、二〇〇一年以降は『経済財政白書』に改称され、内閣府により公表されている。

解説

ドッジ＝ラインによって深刻な不況に陥っていた日本経済は、朝鮮戦争勃発《ぼっぱつ》で活気を取り戻した。武器・弾薬の製造や、自動車・機械の修理など、米軍からの**「特需《とくじゅ》」**が発生したからである。一九五一年には、工業生産、実質国民総生産、実質個人消費などの指標《しひょう》で、戦前の水準（三四～三六年の平均）を回復した。その後も個人消費は順調に伸び、五五年頃には家庭電化にも国民の関心が向かって、電気洗濯機《せんたくき》・電気冷蔵庫・テレビ（白黒）が**「三種の神器《じんぎ》」**と呼ばれるようになった。**経済企画庁**が五六年の『経済白書』に記載した「もはや「戦後」ではない」は、当時の流行語となったが、史料にあるように、白書自体の内容は、これからの経済成長の見通しについて必ずしも明るい展望を描いていたわけではなかった。五五年には、経団連《けいだんれん》などの財界団体が中心となって**日本生産性本部**を発足させ、生産性向上運動を開始した。

2 国民所得倍増計画の構想（一九六〇年十二月二十七日閣議決定）

(1)計画の目的

国民所得倍増計画は、速《すみ》やかに国民総生産を倍増して、雇用の増大による完全雇用の達成をはかり、国民の生活水準を大幅に引き上げることを目的とするものでなければならない。この場合とくに農業と非農業間、大企業と中小企業間、地域相互間ならびに所得階層間に存在する生活上および所得上の格差の是正《ぜせい》につとめ、もって国民経済と国民生活の均衡《きんこう》ある発展を期《き》さなければならない。

(2)計画の目標

国民所得倍増計画は、今後十年以内に国民総生産二六兆円（三十三年度価格）に到達することを目標とするが、……技術革新の急速な進展、豊富な労働力の存在など成長を支える極《きわ》めて強い要因の存在にかんがみ、……計画当初三カ年について三十五年度一三兆六〇〇〇億円（三十三年度価格一三兆円）から年平均九％の経済成長を達成し、昭和三十八年度に一七兆六〇〇〇億円（三十五年度価格）の実現を期する。

(3)計画実施上とくに留意すべき諸点とその対策の方向

(イ)　農業近代化の推進❶　……

(ロ)　中小企業の近代化❷　……

(ハ)　後進地域の開発促進❸　後進性の強い地域……の開発促進ならびに所得格差是正のため、速やかに**国土総合開発計画を策定**し、その資源の開発につとめる。さらに税制金融、公共投資補助率等について特段の措置《そち》を講《こう》ずるとともに所要《しょよう》の立法を検討し、**それら地域に適合した工業等の分散をはかり、以《も》って地域住民の福祉向上とその後進性克服を達成するものとする。**

『国民所得倍増計画《こくみんしょとくばいぞうけいかく》』

◀**国民所得倍増計画の構想**

❶**農業近代化の推進**　農業構造の改善、他産業との経済的・社会的地位の均衡化を目的として、一九六一年に農業基本法が制定された。

❷**中小企業の近代化**　大企業との格差是正《ぜせい》を目的として一九六三年に中小企業基本法が制定された。

❸**後進地域の開発促進**　工業の地方分散を目的として、一九六二年に新産業都市建設促進法が制定され、全国総合開発計画（全総）が閣議決定された。

出典◉『国民所得倍増計画』　経済企画庁編。一九六一年刊。

解説

高度経済成長は、一九五五～五七年の「**神《じん》武《む》景気**」、五八～六一年の「**岩戸《いわと》景気**」、六六～六七年の「**いざなぎ景気**」を経て、七一年の**ドル＝ショック**と七三年の**第一次石油危機**で終息する。この間の日本経済は、技術革新をともなう大幅な成長を継続し、五五年～七三年の実質経済成長率は、年平均で一〇％をこえ、六八年には資本主義国の中でアメリカに次ぐ**世界第二位の国民総生産額**を達成した。

六〇年七月に岸信介《きしのぶすけ》にかわって組閣した**池田勇人《いけだはやと》**は、「**寛容《かんよう》と忍耐《にんたい》**」を掲げて「政治の季節」を「経済の季節」へと転換し、六〇年安保闘争後の国民の再統合を目指した。人々の間にある生活上、所得上の格差を是正することをうたう国民所得倍増計画《こくみんしょとくばいぞうけいかく》は、そうした池田の姿勢を象徴する政策といえるが、実際の経済成長は、国民総生産を二倍にするという計画をはるかにこえる速度で進行した。

3 日韓基本条約（一九六五年六月二十二日調印）

第一条　両締約国間に外交及び領事関係が開設される。両締約国は、大使の資格を有する外交使節を遅滞《ちたい》なく交換するものとする。また、両締約国は、両国政府により合意される場所に領事館を設置する。

第二条❶　千九百十年八月二十二日以前に大日本帝国と大韓帝国との間で締結されたすべての条約及び協定は、もはや無効であることが確認される。

第三条　大韓民国政府は、国際連合総会決議百九十五号（Ⅲ）❷に明らかに示されているとおりの朝鮮にある唯一の合法的な政府であることが確認される。

『日本外交主要文書・年表』

解説　日本は、サンフランシスコ平和条約で朝鮮の独立を承認し、一九五二年二月から、日韓の国交正常化にむけた交渉（**日韓会談**）を開始した。しかし、植民地支配に対する歴史認識や、在日韓国・朝鮮人の処遇《しょぐう》、財産請求権、漁業権などをめぐって交渉は難航した。同年八月には韓国の海洋主権・竹《たけ》島《しま》（独島《ドクト》）領有を一方的に宣言する「**李承晩《りしょうばん》《イスンマン》ライン**」が設定され、十月には日本側主席代表の久保田貫一郎《くぼたかんいちろう》による植民地支配肯定《こうてい》発言が問題化するなど、初期の交渉は波乱続きであった。五八年四月に交渉が再開されてからも、在日朝鮮人の北朝鮮への送還などをめぐって紛糾するなど、なかなか進展しなかったが、六一年に**朴正熙《パクチョンヒ》**軍事政権が成立すると、同政権支援と韓国軍のベトナム派兵を望むアメリカの要請が強まり、六四年末の第七次会談でようやく合意が成立した。本条約とあわせて漁業、請求権・経済協力、在日韓国人の法的地位、文化協力についての四協定が結ばれ、日本は有償《ゆうしょう》・無償《むしょう》あわせて総額八億ドル以上の経済援助を韓国と約束した。条約締結までの過程で植民地支配の清算についての議論が十分に尽くされなかったことは、その後の日韓関係に大きな課題を残すことになった。また、朝鮮民主主義人民共和国（北朝鮮）とは、現在に至るまで、なおも国交正常化が実現していない。

◀日韓基本条約

❶**第二条**　韓国併合条約をはじめとする旧条約・協定の無効を宣言した条文。韓国側は、これらの条約・協定が締結当時から無効であったと主張したが、日本側は、当時は有効であったと主張した。結果として、「もはや無効」という曖昧な表現で互いに妥協した。

❷**国際連合……百九十五号（Ⅲ）**　アメリカが主導権を握る国際連合では、一九四八年二月に南朝鮮単独選挙実施決議があげられ、大韓民国が八月に成立した。同年十二月十二日の第一九五号決議は、それを受けたもので、韓国政府の施政区域を北緯三八度以南とし、同以北の朝鮮民主主義人民共和国（北朝鮮）の存在に留意している。

出典◉**『日本外交主要文書・年表』**　本書四八三ページ参照。

4 公害対策基本法

◀公害対策基本法

❶2　いわゆる「経済との調和条項」。一九七〇年十二月の法改正で削除された。

出典◉『**法令全書**』　本書三二一ページ参照。

設問5　1❷について、国民所得倍増を実現するための「対策」として制定された法律を三つまとめてみよう。

2❸の第二条において「もはや無効」という表現が用いられている理由をまとめてみよう。

3❹が制定された一九六〇年代後半から七〇年代半ばにかけて、地方自治体ではどのような動きがあったのか、考えてみよう。

第一条　この法律は、事業者、国及び地方公共団体の公害の防止に関する責務《せきむ》を明らかにし、並《なら》びに公害の防止に関する施策の基本となる事項を定めることにより、公害対策の総合的推進を図り、もつて国民の健康を保護するとともに、生活環境を保全することを目的とする。

❶2　前項に規定する生活環境の保全については、経済の健全な発展との調和が図られるようにするものとする。

第二条　この法律において「公害」とは、事業活動その他の人の活動に伴つて生ずる相当範囲にわたる大気の汚染、水質の汚濁《おだく》、騒音、振動、地盤の沈下（鉱物の掘採《くっさい》のための土地の掘《くっ》さくによるものを除く。以下同じ。）及び悪臭によつて、人の健康又は生活環境に係《かか》る被害が生ずることをいう。

第三条　事業者は、その事業活動による公害を防止するために必要な措置を講《こう》ずるとともに、国又は地方公共団体が実施する公害の防止に関する施策に協力する責務を有する。

『法令全書《ほうれいぜんしょ》』

解説

高度経済成長にともない産業公害の拡大が進行したが、十分な対策がとられないまま環境破壊や公害病の被害が拡大した。公害を批判する世論は次第に高まり、一九六七年の**公害対策基本法**成立へと結びついた。同法は、大気汚染《おせん》、水質汚濁《おだく》、騒音《そうおん》、振動、地盤沈下《じばんちんか》、及び悪臭《あくしゅう》によって、人の健康や生活環境に被害が生ずることを公害と定義し（七〇年の改正で「土壌《どじょう》汚染」を追加）、事業者、国、地方自治体の公害防止に関する責務を規定した。しかし、

第一条第二項にあるように、制定当初の基本法では経済成長よりも国民生活を優先させるという視点が欠けているとの批判が出され、七〇年末の国会（いわゆる「公害国会」）で、同項が削除された。公害反対の世論の高まりの中で、六七～六九年にかけて**四大公害訴訟**が提起され、いずれも被害者側の勝訴に終わった。七一年には**環境庁**が発足し、公害対策と環境保全の一体化が図られた。九三年の**環境基本法**の公布・施行にともない、公害対策基本法は廃止された。

5 日本の経済大国化と国際社会

1 日本列島改造論

……昭和三十年代にはじまった日本経済の高度成長によって東京、大阪など太平洋ベルト地帯❶へ産業、人口が過度集中し、わが国は世界に類例《るいれい》をみない高密度社会を形成するにいたった。**巨大都市は過密《かみつ》のルツボで病み、あえぎ、いらだっている半面、農村は若者が減って高齢化し、成長のエネルギーを失おうとしている。**……国民がいまなによりも求めているのは、過密と過疎《かそ》の弊害《へいがい》の同時解消であり、美しく、住みよい国土で将来に不安なく、豊かに暮していけることである。そのためには都市集中の奔流《ほんりゅう》を大胆に転換して、民族の活力と日本経済のたくましい余力《よりょく》を日本列島の全域に向けて展開することである。**工業の全国的な再配置と知識集約化、全国新幹線❷と高速自動車道の建設、情報通信網のネットワークの形成などをテコにして、都市と農村、表《おもて》日本と裏《うら》日本❸の格差は必ずなくすことができる。**……私は産業と文化と自然とが融和《ゆうわ》した地域社会を全国土におし広め、すべての地域の人びとが自分たちの郷里《きょうり》に誇りをもって生活できる日本社会の実現に全力を傾けたい。

『日本列島改造論《にほんれっとうかいぞうろん》』

◀日本列島改造論

❶**太平洋ベルト地帯**　南関東から中京、阪神、瀬戸内を経て北九州に至る産業・経済の先進地帯。

❷**新幹線**　当時の段階では、まだ東海道新幹線（一九六四年開業）しか開業していなかった。

❸**表日本と裏日本**　本州の太平洋に面する地方を表日本、日本海に面する地方を裏日本と称している。

出典◉『日本列島改造論』　田中角栄著。日刊工業新聞社。一九七二年刊。

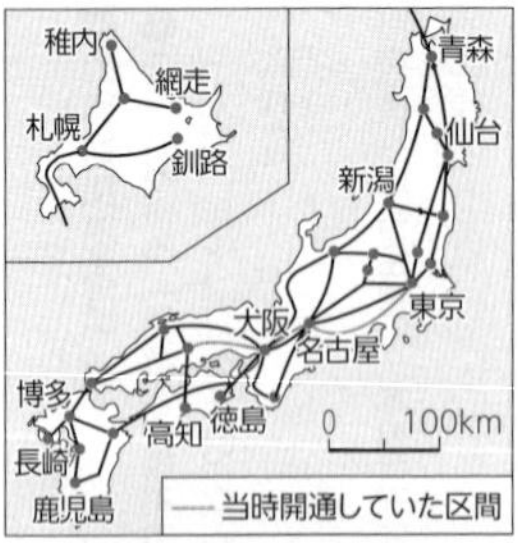

▲『日本列島改造論』で示された全国の新幹線・鉄道網の理想図

解説　高度経済成長にともなう人口移動の拡大によって、都市の過密《かみつ》化と農村の過疎《かそ》化が大きな課題となった。一九七二年、首相に就任した**田中角栄《たなかかくえい》**は、「決断と実行の政治」の旗印のもと、「日本列島改造論」を提唱した。田中の構想は、工業の都市から地方への積極的な移転、人口二十五万人規模の新地方都市の建設、新幹線や高速自動車道の延伸《えんしん》による全国的な高速交通ネットワークの形成、の三つからなっていた。田中内閣は、七三年度予算を大胆な積極財政として編成し準備を進めたが、地価対策が遅れたために企業による**土地投機《とうき》**を招き、インフレが加速した。さらに同年十月の**石油危機**で日本経済は行き詰まり、日本列島改造論は挫折《ざせつ》した。田中自身も翌年、首相辞任後にロッキード事件で逮捕された。

2 沖縄返還協定（一九七一年六月十七日調印）

第一条　1　アメリカ合衆国は……琉球《りゅうきゅう》諸島及び大東《だいとう》諸島に関し、千九百五十一年九月八日にサン・フランシスコ市で署名《しょめい》された日本国との平和条約第三条❶の規定に基づくすべての権利及び利益を、この協定の効力発生の日から日本国のために放棄《ほうき》する。……

第三条❷　1　日本国は、千九百六十年一月十九日にワシントンで署名された**日本国とアメリカ合衆国との間の相互協力及び安全保障条約及びこれに関連する取極《とりきめ》に従い、この協定の効力発生の日に、アメリカ合衆国に対し琉球諸島及び大東諸島における施設及び区域の使用を許す。**

第四条　1　日本国は、この協定の効力発生の日前に琉球諸島及び大東諸島におけるアメリカ合衆国の軍隊若《も》しくは当局の存在、職務遂行《すいこう》若しくは行動又はこれらの諸島に影響を及ぼしたアメリカ合衆国の軍隊若しくは当局の存在、職務遂行若しくは行動から生じたアメリカ合衆国及びその国民並びにこれらの諸島の現地当局に対する日本国及びその国民のすべての請求権を放棄する。

『日本外交主要文書・年表』

◀沖縄返還協定

❶**平和条約第三条**　琉球諸島及び大東諸島を含む南西諸島を、米国を施政権者とする信託統治下に置くことを定めた条文。

❷**第三条**　本条により、米軍の沖縄駐留は他の地域と同様、日米安全保障条約に基づくものとなった。なお、返還に先立って、一九七一年十一月には、核兵器を「持たず、作らず、持ち込ませず」という非核三原則が、国会で決議されている。

出典◉**『日本外交主要文書・年表』**
本書四八三ページ参照。

解説

サンフランシスコ平和条約締結後、アメリカの施政権下に置かれていた沖縄では、日本への帰属を求める**祖国復帰運動**が進められ、六〇年には**沖縄県祖国復帰協議会（復帰協）**が結成されるに至った。**ベトナム戦争**が開始され、基地用地の接《せっ》収《しゅう》や米兵の犯罪が増加する中で、復帰運動は次第に大きくなり、本土の側でも沖縄返還運動が取り組まれるようになった。こうした状況の中で**佐藤栄作**《さとうえいさく》首相は、対米協力を条件にアメリカに施政権返還を要求し、六九年十一月の**佐藤・ニクソン会談**で、その日程を決定した。返還協定は七一年六月に調印され、七二年五月に発効した。復帰協は「即時無条件全面復帰」を求め、日本政府は**「核抜き、本土なみ」**をうたったが、米軍基地の機能と規模は基本的に維持され、核兵器の持ち込みも事実上容認された。沖縄の米軍基地負担の大きさは、現在に至るまで大きな課題となっている。

3 日中共同声明（一九七二年九月二十九日調印）

日中両国は、一衣帯水《いちいたいすい》❶の間にある隣国《りんごく》であり、長い伝統的友好の歴史を有する。両国国民は、両国間にこれまで存在していた不正常な状態に終止符を打つことを切望している。戦争状態の終結と日中国交の正常化という両国国民の願望の実現は、両国関係の歴史に新たな一頁《ページ》を開くこととなろう。日本側は、過去において日本国が戦争を通じて中国国民に重大な損害を与えたことについての責任を痛感し、深く反省する。❷……

2 日本国政府は、中華人民共和国政府が中国の唯一《ゆいいつ》の合法政府であることを承認する。

3 中華人民共和国政府は、台湾が中華人民共和国の領土の不可分の一部であることを重ねて表明する。……

5 中華人民共和国政府は、中日両国国民の友好のために、日本国に対する戦争賠償《ばいしょう》の請求を放棄《ほうき》することを宣言する。

6❸ 日本国政府及び中華人民共和国政府は、主権及び領土保全の相互尊重、相互不可侵《ふかしん》、内政に対する相互不干渉《ふかんしょう》、平等及び互恵《ごけい》並びに平和共存の諸原則の基礎の上に両国間の恒久《こうきゅう》的な平和友好関係を確立することに合意する。……

7❹ 日中両国間の国交正常化は、第三国に対するものではない。両国のいずれも、アジア・太平洋地域において覇権《はけん》を求めるべきではなく、このような覇権を確立しようとする他のいかなる国あるいは国の集団による試みにも反対する。

『日本外交主要文書・年表』

◀日中共同声明

❶**一衣帯水** 一筋の帯のように細い川や海を隔てて隣り合っていること。

❷**日本側は……深く反省する** 満《まん》洲《しゅう》事変以降の日中間の戦争を、日本側の「侵略《しんりゃく》」として事実上認め、中国側に謝罪した一文。

❸**6** いわゆる「平和五原則」を確認している。のちの日中平和友好条約第一条とほぼ同文。

❹**7** 「覇権主義反対」を確認している。のちの日中平和友好条約第二条とほぼ同文。中国側は、当時関係の悪化していたソ連に対抗することを念頭に置き、この項目の明記を強く主張した。

出典◉『日本外交主要文書・年表』 本書四八三ページ参照。

解説 一九四九年、中国大陸では中華人民共和《ちゅうかじんみんきょうわ》国《こく》が成立したが、日本はアメリカの世界……戦略に沿ってこれを承認せず、五二年四月に台湾《たいわん》の中華民国と**日華《にっか》平和条約**を結び、同政府を中国の正統な政府と認めた。しかし、中ソの関係が悪化するとアメリカは対中政策を転換させ、七二年二月には**ニクソン**大統領が中国を訪問した。**田中角栄**《たなかかくえい》首相もこれに歩調を合わせ、同年九月に訪中し、**周恩来**《しゅうおんらい》首相との間で共同声明に調印した。声明で日本は、中華人民共和国を中国の唯一の合法政府であると認め、台湾がその領土の不可分な一部であることを承認した。また、中国に対する戦争を反省することを明記し、中国は日本への賠償《ばいしょう》請求権を放棄した。さらに**日中平和友好条約**締結のための交渉を行うことも確認されたが、いわゆる**「覇**《は》**権**《けん》**条項」**をめぐり交渉が長引き、実際に条約が調印されたのは七八年十二月、**福田赳夫**《ふくだたけお》内閣のときであった。

4 男女雇用機会均等法

第一条　この法律は、法の下の平等を保障する日本国憲法の理念❶にのっとり雇用《こよう》の分野における男女の均等な機会及び待遇が確保されることを促進するとともに、女子労働者について、職業能力の開発及び向上、再就職の援助並びに職業生活と家庭生活との調和を図《はか》る等の措置を推進し、もつて女子労働者の福祉の増進と地位の向上を図ることを目的とする。

第七条　事業主は、労働者の募集及び採用について、女子に対して男子と均等な機会を与えるように努めなければならない。

第八条　事業主は、労働者の配置及び昇進について、女子労働者に対して男子労働者と均等な取《と》扱《あつか》いをするように努めなければならない。

第十一条　事業主は、労働者の定年《ていねん》及び解雇について、労働者が女子であることを理由として、男子と差別的取扱いをしてはならない。

2　事業主は、女子労働者が婚姻《こんいん》し、妊娠《にんしん》し、又は出産したことを退職理由として予定する定めをしてはならない。……

『法令全書《ほうれいぜんしょ》』

◀男女雇用機会均等法

❶法の下の平等……理念　日本国憲法第十四条「すべて国民は、法の下に平等であって、人種、信条、性別、社会的身分又は門地により、政治的、経済的又は社会的関係において、差別されない」を前提としている。

出典◉**『法令全書』**⇨本書三二二ページ参照。

解説　日本国憲法には男女平等が明記されたが、労働の面での女性差別的な制度や慣習は容易にはなくならなかった。一九七九年に国際連合で**女性差別撤廃《てっぱい》条約**が採択されたこと（日本は八五年に批准《ひじゅん》）などを背景に、八五年五月、**男女雇用機会均等法**が成立し、翌年四月に施行された。内容としては、募集や採用、配置、昇進などで女性差別をしないよう事業主に**努力義務**を課すほか、福利厚生や定年、退職などでの**女性差別を禁止**するもので、紛争解決のために都道府県に機会均等調停委員会を設置することなどが規定された。だが、重要な部分が努力目標であったことから実効性は薄く、九七年には募集、採用、配置、昇進についても禁止事項に加える改正が行われた。さらに二〇〇六年には、男女双方に対する雇用上の差別が禁止され、セクシュアル・ハラスメントについて使用者に措置《そち》義務を課すなどの改正が行われた。

5　PKO協力法❶（一九九二年六月十九日公布）

第一条❷　この法律は、国際連合平和維持活動、人道的な国際救援活動に対し適切かつ迅速《じんそく》な協力を行うため、国際平和協力業務実施計画及び国際平和協力業務実施要領の策定手続、国際平和協力隊の設置等について定めることにより、国際平和協力業務の実施体制を整備するとともに、これらの活動に対する物資協力のための措置《そち》を講じ、もって我が国が国際連合を中心とした国際平和のための努力に積極的に寄与《きよ》することを目的とする。

第六条　７　……内閣総理大臣は、当該国際平和協力業務に従事する**自衛隊の部隊等の海外への**派遣の開始前に、我が国として国際連合平和維持隊に参加するに際しての基本的な五つの原則❸……及びこの法律の目的に照らし、当該国際平和協力業務を実施することにつき**国会の承認**を得なければならない。ただし、国会が閉会中の場合又は衆議院が解散されている場合には、当該……自衛隊の部隊等の海外への派遣の開始後最初に召集《しょうしゅう》される国会において、遅滞《ちたい》なく、その承認を求めなければならない。

『官報《かんぽう》』

◀PKO協力法

❶**PKO協力法**　「国際連合平和維持活動等に対する協力に関する法律」が正式名称。国際平和協力法と表記する場合もある。PKO（Peace-Keeping Operation）は、国連が加盟国の部隊などを紛争地域に派遣し、当事者の間に立って事態の沈静《ちんせい》化や紛争の再発防止を図る活動のこと。

❷**第一条**　一九九八年の改正で、「人道的な国際救援活動」の後に「及び国際的な選挙監視活動」が追加された。

❸**五つの原則**　（1）紛争当事者間の停戦合意、（2）当該国や紛争当事者の受け入れ同意、（3）中立的立場の厳守、（4）これらの要件がなくなった場合に撤収できること、（5）武器の使用を必要最小限に制限すること。

出典◉『官報』　本書三八四ページ参照。

設問6　1❹の法律が成立した当初は、女性の待遇について事業主にどのような義務が課されたのか、まとめてみよう。

2⑤が制定された時期の前後で、日米同盟の主目的はどのように変化していったのか、まとめてみよう。
3②や日韓基本条約（第4節③）が成立した背景について、一九六五年以降に本格化したベトナム戦争に注目して考えてみよう。

解説　安保条約に基づく日米同盟は、基本的にソ連を中心とする東側諸国への対抗を念頭に置いたもので、一九七八年の**「日米防衛協力のための指針《ししん》（旧ガイドライン）」**は、その具体的な指針について定めたものであった。だが、日本の経済大国化や東西冷戦の終結など状況が大きく変化する中で、アメリカは日本により重い防衛分担を求めるようになっていった。九一年の**湾岸《わんがん》戦争**では、日本は多国籍軍に一三〇億ドルの戦費支援を行い、戦後にはペルシア湾に陸上自衛隊の掃海艇《そうかいてい》を派遣した。九二年成立の**PKO協力法**は、自衛隊の海外派遣について定めた法律で、制定過程では激しい反対運動が展開された。九七年の**新ガイドライン**では、日本に対する武力攻撃だけでなく**「周辺事態」**に対しても日米防衛協力を進めることが定められた。日米同盟の主目的の変化に応じて、海外での自衛隊の活動範囲も、拡大していったのである。

6 グローバル化と新自由主義の時代

1 新時代の「日本的経営❶」

わが国の雇用慣行《こようかんこう》は、時代の諸環境の変化に柔軟《じゅうなん》に対応して今日にいたっている。今後も長期的視点に立って、人間中心（尊重）の下、従業員を大切にしていくという基本的考え方は変わらないが、意識の多様化、産業構造の変化にも柔軟に対応するシステムをあわせて検討する必要がある。雇用は好むと好まざるとにかかわらず、流動化の動きにある。

今後の雇用形態は、長期継続雇用という考え方に立って企業としても働いてほしい、従業員も働きたいという長期蓄積能力活用型グループ、必ずしも長期雇用を前提としない高度専門能力活用型グループ、働く意識が多様化している雇用柔軟型グループに動いていくものと思われる。つまり企業と働く人のニーズがマッチしたところで雇用関係が成立する。

……年功《ねんこう》的定期昇給制度❷を見直し、職能・業績を重視した職能《しょくのう》昇給を志向するとともに、従

◀新時代の「日本的経営」

❶**日本的経営**　一般的には、企業別組合、終身雇用、年功制、の三つを特徴とする日本の企業経営のあり方を指す。日本経営者団体連盟（日経連）は、本史料の中で、日本的経営の大幅な転換を提唱している。

❷**年功的定期昇給制度**　年齢や勤続年数の経過にともなって、基本給を上げていく賃金制度。

出典◉『新時代の「日本的経営」——挑戦すべき方向とその具体策』新・日本的経営システム等研究プロジェクト編。一九九九年刊。第Ⅰ部の総論より引用。

	雇用形態	対象	賃金	賞与	退職金・年金	昇進・昇格	福祉施策
長期蓄積能力活用型グループ	期間の定めのない雇用契約	管理職・総合職・技能部門の基幹職	月給制か年俸制、職能給、昇給制度	定率＋業績スライド	ポイント制	役職昇進、職能資格昇格	生涯総合施策
高度専門能力活用型グループ	有期雇用契約	専門部門（企画、営業、研究開発等）	年俸制、業績給、昇給なし	成果配分	なし	業績評価	生活援護支援
雇用柔軟型グループ	有期雇用契約	一般職、技能部門、販売部門	時間給制、職務給、昇給なし	定率＋業績スライド	なし	上位職務への転換	生活援護支援

▲グループ別にみた処遇の主な関係（『新時代の「日本的経営」』）

来の定期昇給、ベースアップによる賃金決定を再検討すべき時期にきている。

これからは、職能・業績をベースに、職務内容や職務階層に応じた複線《ふくせん》型の賃金管理を導入するとともに、現在の昇給カーブについても見直しが求められている。そのためには、ある一定資格以上は、**より成果・業績によって上下に格差が拡大する**、いわばラッパ型の賃金管理を志向すべきである。

『新時代《しんじだい》の「日本的経営《にほんてきけいえい》」——挑戦《ちょうせん》すべき方向《ほうこう》とその具体策《ぐたいさく》』

解説　一九九〇年代に入り、**バブル経済**が崩壊すると、日本経済は長期的な不況に突入した。こうした状況の中で、経済界を中心に、従来の企業経営のあり方を刷新していこうという動きが強まり、とりわけ雇用慣行を大きく改めることが提唱されるようになった。九五年に日本経営者団体連盟（日経連）が発表した『新時代の「日本的経営」』は、そうした経済界の動きを象徴する文書である。史料にあるように、日経連は、**終身雇用・年功序列**を前提とした企業経営のあり方を改め、雇用形態を三つの型に分けるとともに、年功序列的な賃金制度を能力・業績に応じたそれへと変更していくことを提唱した。こうした改革は、規制緩和による派遣労働の拡大など、雇用を市場原理に委ねる新自由主義的な改革と連動し、不安定かつ低賃金の**非正規雇用労働者**の増大をもたらすとともに、**所得格差**を拡大させることにつながった。格差社会をどう是正していくかは、日本の政治の一つの焦点となっている。

2 村山内閣総理大臣❶談話「戦後五十周年の終戦記念日にあたって」

……平和で豊かな日本となった今日、私たちはややもすればこの平和の尊《とうと》さ、有難《ありがた》さを忘れがちになります。私たちは過去のあやまちを二度と繰り返すことのないよう、戦争の悲惨さを若い世代に語り伝えていかなければなりません。とくに近隣諸国の人々と手を携《たずさ》えて、アジア太平洋地域ひいては世界の平和を確かなものとしていくためには、なによりも、これらの諸国との間に深い理解と信頼にもとづいた関係を培《つちか》っていくことが不可欠と考えます。……わが国は、遠くない過去の一時期、国策を誤り、戦争への道を歩んで国民を存亡《そんぼう》の危機に陥《おとしい》れ、植民地支配と侵略によって、多くの国々、とりわけアジア諸国の人々に対して多大の損害と苦痛を与えました。私は、未来に誤《あやま》ち無からしめんとするが故《ゆえ》に、疑うべくもないこの歴史の事実を謙虚《けんきょ》に受け止め、ここにあらためて痛切な反省の意を表し、心からのお詫《わ》びの気持ちを表明いたします。また、この歴史がもたらした内外すべての犠牲者に深い哀悼《あいとう》の念を捧げます。……『日中関係基本資料集』

解説　冷戦の終焉《しゅうえん》とアジア諸地域の民主化、自立化の気運の中で、韓国・フィリピン・中国など、日本の侵略《しんりゃく》や植民地支配によって被害を受けた人々が声を上げ、真相の究明と謝罪、補償《ほしょう》を求める動きが国内外で広がった。元**「慰安婦《いあんふ》」**の女性たちの訴えに対しては、九三年に日本軍の関与や強制性を認めて謝罪する**「河野《こうの》談話」**が発表され、九五年には**「女性のためのアジア平和国民基金」**が設立されるなど、日本政府として謝罪と一定の支援を表明した。さらに、九五年の戦後五十周年に際しては、村山富市《むらやまとみいち》首相が談話を発表し、植民地支配と侵略について、「痛《つう》切な反省の意」と「心からのお詫《わ》びの気持ち」を公式に表明した。しかし、村山首相は、戦争被害者からの日本政府への賠償《ばいしょう》請求や財産請求の問題は「法的に解決済み」であると主張し、この点については被害者からの要求を退けた。村山談話は、日本政府の公式見解としてその後も踏襲《とうしゅう》されたが、今なお侵略と植民地支配、戦後補償をめぐる論争が国内外で続いている。

3 沖縄県民総決起大会

……沖縄百二十万県民は、ここにすべての政治的立場、主義、主張の違いをこえて、今回の事件❶に対し強く抗議する。またかかる凶悪犯罪にもかかわらず、日米地位協定❷を盾《たて》にとって、沖縄県警への被疑者の身柄《みがら》引き渡しさえ拒否したアメリカ当局者と、なかんずく明確に主権の侵害が発生している事態においても、主権国家、独立国家として断固とした外交的処置がとれず軟弱外交ぶりを露呈《ろてい》したわが国政府に対して満こう❸の怒りを表明する。

特に事件発生以降の政府の対応ぶりに対しては私たちは強い憤怒《ふんぬ》と不信感を覚えるものであり、

◀**村山内閣総理大臣談話**

❶**村山内閣総理大臣**　村山富市（一九二四〜）。一九九三年、日本社会党委員長となり、翌九四年、自民・社会・新党さきがけ連立内閣の首相に就任した。

出典◉『日中関係基本資料集』霞山会編。一九九八年刊。

◀**沖縄県民総決起大会**

❶**今回の事件**　一九九五年九月四日夜、沖縄県に駐留《ちゅうりゅう》する米兵三人が、沖縄本島北部の住宅街にいた女子小学生を自動車で連れ去り、暴行した事件。

❷**日米地位協定**　在日米軍に施設や用地を提供する手続きや、日本国内での米軍人の権利、米軍への便《べん》宜《ぎ》の供与《きょうよ》などについて定めた協定。一九六〇年締結。五〇六ページ参照。

❸**満こう**　満腔。体中に満ちていること。

それはとりもなおさず、政府の沖縄に対する認識をはからずも示したものと考える。**米軍専用施設の七五%もの基地を国土の〇・六%にしかすぎない狭隘《きょうあい》な沖縄に押し付けておりながら、それを是《ぜ》とする態度であり、沖縄県民の痛みとその心を理解していないという事実である。**

私たち、本大会の参加者は、このような沖縄の現実に、戦後五十年たった今日、政府はどのような抜本的解決案を示し得るか注視している。それは戦後政治と日本の民主主義が試されることにもなると考えている。

『沖縄タイムス』

解説　沖縄県は、一九七二年に日本に復帰したものの、多数の米軍基地が置かれたままであった。沖縄では米軍の軍人・軍属による事故や犯罪がたびたび起こり、県民が犠牲《ぎせい》になることも少なくなかった。**日米地位協定**の下では、公務上の不法行為は米軍側に第一次裁判権がある。公務外のものは日本側にあるが、公務中かどうか不明な場合は、日本側当局が逮捕しても、被疑者《ひぎしゃ》を米軍側に引き渡さなければならない。また、公務外であっても、身柄《みがら》がすでに米軍の手中にある場合は起訴《きそ》まで引き渡されないこととなっていた。そのため米兵の犯罪に対する処罰《しょばつ》が曖昧《あいまい》になることがしばしばあった。九五年九月に起こった米軍人による少女暴行事件を契機として、沖縄県内で激しい抗議運動が展開され、十月二十一日には党派をこえて県民総決起大会が開催された。同大会の決議では、米軍人の綱紀粛正《こうきしゅくせい》、被害者に対する謝罪と補償《ほしょう》、日米地位協定の見直し、基地の整理縮小が主張されている。その後も沖縄米軍基地問題は大きな課題として残り続け、特に**普天間《ふてんま》基地**の**辺野古《へのこ》（名護《なご》市）への移設**の是非が、国政上の重大な争点となっている。

4 アイヌ文化振興法❶

第一条　この法律は、アイヌの人々の誇りの源泉《げんせん》であるアイヌの伝統及びアイヌ文化が置かれている状況にかんがみ、アイヌ文化の振興並びにアイヌの伝統等に関する国民に対する知識の普及及び啓発《けいはつ》を図るための施策を推進することにより、**アイヌの人々の民族としての誇り**が**尊重される社会**の実現を図り、あわせて我が国の多様な文化の発展に寄与することを目的

出典◉『**沖縄タイムス**』　一九四八年創刊の沖縄の地方新聞。本史料は一九九五年十月二十二日付より引用。

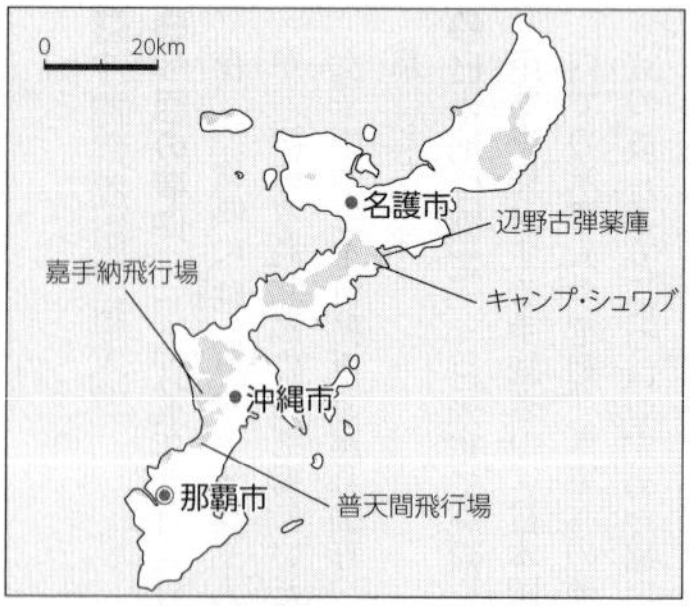

▶沖縄の在日米軍基地（二〇一七年一月時点）

◀アイヌ文化振興法

❶**アイヌ文化振興法**　正式名称は「アイヌ文化の振興並びにアイヌの伝統等に関する知識の普及及び啓発に関する法律」。アイヌ新法、アイヌ文化法などとも呼ばれる。この法律の施行で、北海道旧土人保護法は廃止された。

出典◉『**官報**』　本書三八四ページ参照。

とする。

第二条　この法律において「アイヌ文化」とは、アイヌ語並びにアイヌにおいて継承されてきた音楽、舞踊《ぶよう》、工芸その他の文化的所産及びこれらから発展した文化的所産をいう。

第三条　国は、アイヌ文化を継承する者の育成、アイヌの伝統等に関する広報活動の充実、アイヌ文化の振興等に資する調査研究の推進その他アイヌ文化の振興等を図るための施策を推進するよう努めるとともに、地方公共団体が実施するアイヌ文化の振興等を図るための施策を推進するために必要な助言その他の措置を講《こう》ずるよう努めなければならない。

2　地方公共団体は、当該区域の社会的条件に応じ、アイヌ文化の振興等を図るための施策の実施に努めなければならない。

『官報《かんぽう》』

解説　近代以降、日本政府による北海道の開発が進められる中で、先住民族のアイヌは狩猟《しゅりょう》・漁労《ぎょろう》や山林伐採《さんりんばっさい》の権利を失うだけでなく、その固有の文化を尊重されないまま、日本人への同化を迫られた。恩恵《おんけい》的な色彩の濃い**北海道旧《きゅう》土人《どじん》保護法**（一八九九年）も、アイヌの生活や文化を守るものとは程遠い内容であった。一九九七年五月に公布された**アイヌ文化振興法**は、アイヌの人々が伝統的な文化を持続していくための施策を国と地方公共団体がとることを求めるもので、日本政府が初めて公式に**アイヌを民族として認めたもの**であった。二〇〇八年には、前年の国連総会で採択された**「先住民族権利宣言」**を受け、アイヌ民族を日本の先住民族と認め、生活面での支援を含む包括的な施策を国に求める国会決議がなされた。一九年には、新たに差別禁止や観光等の産業振興などを取り入れた**アイヌ施策推進法**が制定された。

5 京都議定書❶

第三条

1　附属書Ⅰに掲げる締約《ていやく》国❷は、附属書Ⅰに掲げる締約国により排出される附属書Aに掲げる温

設問7　1 ❶について、新たな「雇用慣行」として提案されている内容を、まとめてみよう。
2 バブル経済の崩壊による不況が続く中、国内ではどのような雇用問題が生じていたのか、考えてみよう。

◀京都議定書

❶京都議定書　正式名称は「気候変動に関する国際連合枠組条約の京都議定書」。

❷附属書Ⅰに掲げる締約国　主に気候変動枠組条約（一九九四年発効）の付属書Ⅰに掲げる締約国を指す。先進国及び旧ソ連・東欧諸国からなり、日本も含まれる。

室効果ガス❸の全体の量を二千八年から二千十二年までの約束期間中に千九百九十年の水準より少なくとも五パーセント削減することを目的として、個別に又は共同して、当該温室効果ガスの二酸化炭素に換算《かんさん》した人為《じんい》的な排出量の合計が、附属書Bに記載する排出の抑制及び削減に関する数量化された約束❹に従って並びにこの五条の規定に従《したが》って算定される割当量を超えないことを確保する。

2　附属書Iに掲げる締約国は、二千五年までに、この議定書に基づく約束の達成について明らかな前進を示す。

『ベーシック環境六法《かんきょうろっぽう》』

解説　二十世紀後半以降、地球規模での環境問題が大きな問題となっている。特に地球温暖化は、海面の上昇や農作物の不作など、世界各地で深刻な問題を引き起こしてきた。一九九二年六月、**環境と開発に関する国連会議**（**地球サミット**）において採択された**気候変動枠組条約**は、人為《じんい》的な理由による地球温暖化の防止を目的とするものであった。九七年に京都で開催された同条約締結国会議では、温室効果ガスの排出量の削減方法をめぐって、先進国と発展途上国の間で激しい対立が起こったが、二〇一二年までに先進国全体で温室効果ガスを五％削減（一九九〇年比）することを定めた京都議定書《ぎていしょ》が採択された。しかし、CO_2最大排出国だったアメリカがのちに議定書を脱退し、また議定書で排出《はいしゅつ》義務を負わなかった国々がCO_2排出を急増させるなど、大きな課題が残った。二〇一五年同会議で締結された**パリ協定**では、途上国も含む二〇〇か国近い国の参加を得て、世界の平均気温の上昇を二度より充分低く抑え、さらに一・五度に抑える努力をすることを決定し、各国に温室効果ガスの排出削減行動をとることを義務づけた。

6 集団的自衛権の承認（閣議決定「国の存立を全うし、国民を守るための切れ目のない安全保障法制の整備について」）

これまで政府は……「武力の行使」が許容されるのは、我が国に対する武力攻撃が発生した場

❸附属書Aに掲げる温室効果ガス　二酸化炭素、メタン、一酸化二窒素《ちっそ》など六種類のガスが掲げられている。

❹附属書Bに記載する……約束　ヨーロッパ連合（EU）八％、アメリカ七％、日本六％など、温室効果ガスの具体的な削減目標が国別に記載されている。

出典◉『ベーシック環境六法』　大塚直ほか編。第一法規。二〇二〇年刊。環境関連法令を体系的に収載している。

◀集団的自衛権の承認

❶これまで政府……考えてきた　憲法第九条では交戦権が否認されているが、自国に対する武力攻撃に対する自衛権（個別的自衛権）の発動に限っては認められている、というのが日本政府の従来の立場であった。

❷国民の生命、自由……権利　憲法第十三条の「すべて国民は、個人として尊重される。生命、自由及び幸福追求に対する国民の権利については、公共の福祉に反しない限り、立法その他の国政の上で、最大の尊重を必要とする」を前提としている。

出典◉『東京』　三五七号。東京自治問題研究所編。二〇一四年八月刊行。

合に限られると考えてきた。❶しかし……パワーバランスの変化や技術革新の急速な進展、大量破壊兵器などの脅威《きょうい》等により我が国を取り巻く安全保障環境が根本的に変容し、変化し続けている状況を踏まえれば、今後他国に対して発生する武力攻撃であったとしても、その目的、規模、態様《たいよう》等によっては、我が国の存立《そんりつ》を脅《おびや》かすことも現実に起こり得る。……現在の安全保障環境に照らして慎重に検討した結果、我が国に対する武力攻撃が発生した場合のみならず、我が国と密接な関係にある他国に対する武力攻撃が発生し、これにより我が国の存立が脅かされ、国民の生命、自由及び幸福追求の権利❷が根底から覆《くつがえ》される明白な危険がある場合において、これを排除し、我が国の存立を全うし、国民を守るために他に適当な手段がないときに、必要最小限度の実力を行使することは、従来の政府見解の基本的な論理に基づく自衛のための措置として、憲法上許容されると考えるべきであると判断するに至った。『東京《とうきょう》』

派遣期間	派遣先	根拠法	活動目的
1991	ペルシャ湾	自衛隊法	湾岸戦争後の機雷掃海
1992～93	カンボジア	PKO協力法	国連カンボジア暫定統治機構に参加
1993～95	モザンビーク	〃	国連モザンビーク活動に参加
1994	ザイール	〃	ルワンダ難民救援国際平和協力業務に参加
1996～2013	ゴラン高原	〃	国連兵力引き離し監視軍への参加
1999～2000	インドネシア	〃	東ティモール避難民国際平和協力業務に参加
2001	パキスタン	〃	アフガン難民救援国際平和協力業務に参加
2001～07, 2008～10	インド洋	テロ特措法	テロ掃討作戦中の米軍等への後方支援
2002～04	東ティモール	PKO協力法	国連東ティモール暫定行政機構に参加
2003	ヨルダン	〃	イラク避難民救済国際平和協力業務に参加
2004～08	イラク	イラク特措法	イラク戦争に関わる人道復興支援
2007～11	ネパール	PKO協力法	国連ネパール支援団に参加
2012～17	南スーダン	PKO協力法	南スーダン国際平和協力業務に参加

▲自衛隊の海外派遣（災害緊急援助を除く）

設問8

❶❺の京都議定書と二〇一五年に締結されたパリ協定を比べた場合、参加国にどのような違いがあるのか、まとめてみよう。

❷二〇〇一年の同時多発テロから二〇一五年の安全保障関連法の成立に至るまで、自衛隊の役割はどのように変化したのか、まとめてみよう。

解説

二十一世紀に入って、自衛隊の活動範囲はさらに拡大した。二〇〇一年の**同時多発テロ**を受けて、アメリカがアフガニスタンへの「対テロ戦争」を開始すると、日本の**小泉純一郎**《こいずみじゅんいちろう》政権は、**テロ対策特別措置《そち》法**を制定し、米軍後方支援のために海上自衛隊をインド洋に派遣した。さらに〇三年には、イラク復興支援特別措置法を制定し、復興支援のためにイラクに自衛隊を派遣した。これらは戦争中ないし武力衝突《しょうとつ》がなおも継続している地域への派遣であり、従来のPKO協力法の定める範囲をこえたものであった。一四年七月には、第二次**安倍《あべ》晋三《しんぞう》**内閣が、現憲法下でも集団的自衛権の行使が可能であるとする閣議決定を行い、翌年**安全保障関連法**を成立させた。同法は、日本と密接な関係にある他国への武力攻撃に対して武力行使することを可能とする内容であり、自衛隊の役割をさらに拡張するものであった。従来の憲法解釈を大きく改めるものであったため、立憲主義を否定するものとして激しい反対運動が起こった。

た

な

さ

事　項

索　引

人　名

あ

か

さ

た

な

●執筆

早稲田大学教授	高木　徳郎
帝京大学准教授	宮川　麻紀
千葉大学准教授	小関悠一郎
防衛大学校教授	三村　昌司
茨城大学教授	佐々木　啓

●編修

早稲田大学高等学院教諭	柿沼　亮介
別府大学講師	赤松　秀亮
本郷中学校・高等学校教諭	齋藤　悦正
麻布中学校・高等学校教諭	水村　暁人
明治大学付属明治高等学校・明治中学校教諭	田中　元暁
京華中学・高等学校教諭	團藤　充己

表紙写真：川中島合戦図屏風（和歌山県立博物館蔵）
武田信玄と上杉謙信が激しい戦闘を繰り広げたことで知られる川中島の戦いの様子を描いた屏風絵。両雄が馬に乗り、川の中で太刀を合わせて戦う様子が描かれる（表紙左下）。初代紀伊藩主の徳川頼宣が、召し抱えた越後流軍学者の監修により制作させたと考えられる。

裏表紙写真：島津家文書 源頼朝袖判下文（東京大学史料編纂所蔵）
源頼朝が、薩摩国の武士で後の島津家の祖となる惟宗忠久を伊勢国波出御厨の地頭に任じることを命じた命令書。文書の袖（右端）に頼朝の花押（サイン）があることからこの呼称がある。本書p.126〜127に掲載。

写真協力・提供
あきる野市教育委員会　アフロ　石上神宮　大津市歴史博物館　国（文化庁保管）　国立国会図書館　埼玉県立さきたま史跡の博物館　正倉院　田中元暁　東京大学史料編纂所　奈良県立橿原考古学研究所　奈良文化財研究所　日本銀行貨幣博物館　宮川麻紀　和歌山県立博物館

表紙・本文デザイン　鈴木　美里

最新　詳述日本史史料集

2023年２月１日　初版第１刷発行
2024年２月１日　初版第２刷発行

●**著作者**——高木　徳郎（ほか10名）
●**発行者**——小田　良次
●**印刷所**——株式会社 加藤文明社

●**発行所——実教出版株式会社**
〒102-8377
東京都千代田区五番町5
電話〈営業〉(03) 3238-7777
〈編修〉(03) 3238-7753
〈総務〉(03) 3238-7700
https://www.jikkyo.co.jp/

002402023　ISBN978-4-407-34844-6

寛元《げん》 1243〜1247
宝治《じ》 1247〜1249
建長《ちょう》 1249〜1256
康元《げん》 1256〜1257
正嘉《か》 1257〜1259
正元《げん》 1259〜1260
文応《おう》 1260〜1261
弘長《ちょう》 1261〜1264
文永《えい》 1264〜1275
建治《じ》 1275〜1278
弘安《あん》 1278〜1288
正応《おう》 1288〜1293
永仁《にん》 1293〜1299
正安《あん》 1299〜1302
乾元《げん》 1302〜1303
嘉元《げん》 1303〜1306
徳治《じ》 1306〜1308
延慶《きょう》 1308〜1311
応長《ちょう》 1311〜1312
正和《わ》 1312〜1317
文保《ぽう》 1317〜1319
元応《おう》 1319〜1321
元亨《こう》 1321〜1324
正中《ちゅう》 1324〜1326
嘉暦《りゃく》 1326〜1329
元徳《とく》 1329〜1331

南北朝・室町時代

（北朝年号）
元徳《とく》 1329〜1332
正慶《きょう》 1332〜1334
建武《む》 1334〜1338
暦応《おう》 1338〜1342
康永《えい》 1342〜1345
貞《じょう》和《わ》 1345〜1350
観《かん》応《のう》 1350〜1352
文《ぶん》和《な》 1352〜1356
延《えん》文《ぶん》 1356〜1361
康《こう》安《あん》 1361〜1362
貞《じょう》治《じ》 1362〜1368
応《おう》安《あん》 1368〜1375
永《えい》和《わ》 1375〜1379
康《こう》暦《りゃく》 1379〜1381
永《えい》徳《とく》 1381〜1384
至《し》徳《とく》 1384〜1387
嘉《か》慶《きょう》 1387〜1389
康《こう》応《おう》 1389〜1390
明《めい》徳《とく》 1390〜1394

（南朝年号）
元《げん》弘《こう》 1331〜1334
建《けん》武《む》 1334〜1336
延《えん》元《げん》 1336〜1340
興《こう》国《こく》 1340〜1346
正《しょう》平《へい》 1346〜1370
建《けん》徳《とく》 1370〜1372
文《ぶん》中《ちゅう》 1372〜1375
天《てん》授《じゅ》 1375〜1381
弘《こう》和《わ》 1381〜1384
元《げん》中《ちゅう》 1384〜1392

（1392 南北朝合一）
応《おう》永《えい》 1394〜1428
正《しょう》長《ちょう》 1428〜1429
永《えい》享《きょう》 1429〜1441
嘉《か》吉《きつ》 1441〜1444
文《ぶん》安《あん》 1444〜1449
宝《ほう》徳《とく》 1449〜1452
享《きょう》徳《とく》 1452〜1455
康《こう》正《しょう》 1455〜1457
長《ちょう》禄《ろく》 1457〜1460
寛《かん》正《しょう》 1460〜1466
文《ぶん》正《しょう》 1466〜1467
応《おう》仁《にん》 1467〜1469
文《ぶん》明《めい》 1469〜1487
長《ちょう》享《きょう》 1487〜1489
延《えん》徳《とく》 1489〜1492
明《めい》応《おう》 1492〜1501
文《ぶん》亀《き》 1501〜1504
永《えい》正《しょう》 1504〜1521
大《たい》永《えい》 1521〜1528
享《きょう》禄《ろく》 1528〜1532
天《てん》文《ぶん》 1532〜1555
弘《こう》治《じ》 1555〜1558
永《えい》禄《ろく》 1558〜1570
元《げん》亀《き》 1570〜1573

安土・桃山時代

天《てん》正《しょう》 1573〜1592
文《ぶん》禄《ろく》 1592〜1596

江戸時代

慶《けい》長《ちょう》 1596〜1615
元《げん》和《な》 1615〜1624
寛《かん》永《えい》 1624〜1644
正《しょう》保《ほう(ほ)》 1644〜1648
慶《けい》安《あん》 1648〜1652
承《じょう》応《おう》 1652〜1655
明《めい》暦《れき》 1655〜1658
万《まん》治《じ》 1658〜1661
寛《かん》文《ぶん》 1661〜1673
延《えん》宝《ぽう》 1673〜1681
天《てん》和《な》 1681〜1684
貞《じょう》享《きょう》 1684〜1688
元《げん》禄《ろく》 1688〜1704
宝《ほう》永《えい》 1704〜1711
正《しょう》徳《とく》 1711〜1716
享《きょう》保《ほう》 1716〜1736
元《げん》文《ぶん》 1736〜1741
寛《かん》保《ぽう》 1741〜1744
延《えん》享《きょう》 1744〜1748
寛《かん》延《えん》 1748〜1751
宝《ほう》暦《れき》 1751〜1764
明《めい》和《わ》 1764〜1772
安《あん》永《えい》 1772〜1781
天《てん》明《めい》 1781〜1789
寛《かん》政《せい》 1789〜1801
享《きょう》和《わ》 1801〜1804
文《ぶん》化《か》 1804〜1818
文《ぶん》政《せい》 1818〜1830
天《てん》保《ぽう》 1830〜1844
弘《こう》化《か》 1844〜1848
嘉《か》永《えい》 1848〜1854
安《あん》政《せい》 1854〜1860
万《まん》延《えん》 1860〜1861
文《ぶん》久《きゅう》 1861〜1864
元《げん》治《じ》 1864〜1865
慶《けい》応《おう》 1865〜1868

明治以後

明《めい》治《じ》 1868〜1912
大《たい》正《しょう》 1912〜1926
昭《しょう》和《わ》 1926〜1989
平《へい》成《せい》 1989〜2019
令《れい》和《わ》 2019〜

年号の読み方は慣例による。

数字は西暦年を示す。

その末年は改元年を含む。

最新　詳述日本史史料集　―解答編

第1編　原始・古代

第1章　古代国家の形成

第1節　小国の分立――20

設問1　**1**中国の皇帝から王として認められることで、小国分立状態にあった倭国内での地位を強固なものにしようとした。

2邪馬台国は小国家連合であり、卑弥呼は連合を構成する各国の首長から「共立」される形で王となったことから、魏の皇帝から倭王として冊封されることで、国内支配を強化しようとした。また対外的には、魏の後ろ盾を得ることで、邪馬台国と対立する狗奴国との戦争を有利に進めようとした。

第2節　ヤマト政権の成立と国土統一の進展――26

設問2　**1**政治的にはヤマト政権の下での統一国家の形成が促され、社会的・文化的には乗馬の技術が伝わり、馬具が古墳に副葬されるようになった。

解説 弥生時代の日本列島は小国分立状態であり、そこに邪馬台国のような小国家連合が形成されていたが、列島全体を統一する政権はまだ登場していなかった。朝鮮半島南部の加耶地域の鉄資源をめぐって、倭の国々は半島への進出を目指し、また高句麗は勢力を半島南部へと拡げようとしたが、こうした争いを優位に進めるために、日本列島では統一国家形成が促され、ヤマト政権が誕生した。高句麗の圧迫を受けた朝鮮半島南部でも同様の動きがみられ、馬韓は百済が、辰韓は新羅が統一した。このように、倭・百済・新羅では四世紀頃、ほぼ同時に統一国家が形成されたのである。

　また、遊牧系の人々によって構成されていた高句麗との接触の中で、日本列島に乗馬の技術が伝わった。そして馬具は、五世紀の豪族や大王が武力によって統治する武人的な性格を象徴するものとして、武具とともに古墳時代中期の古墳の重要な副葬品となった。

2友好国であった百済から倭へは、仏教や儒教など大陸の先進的な文明が伝えられた。

設問3　加耶地域の鉄資源を求めていた倭は、中国王朝から朝鮮半島の国々における軍事指揮権に関する称号を得ることで、半島進出を優位に進めようとした。

解説 この時代の倭は、朝鮮半島において領土的な支配を行っていたわけではなかったが、朝鮮半島南部の加耶地域の鉄資源を確保しようとしたことから、朝鮮半島諸国における軍事指揮権に関する称号を中国南朝の宋から得ようとした。倭の五王は、朝鮮半島の国々を列記した称号を求めたが、史料の倭王武のように百済についての称号は与えられなかった。これは、百済がすでに宋に朝貢していたことによるものである。

第3節　大陸文化の摂取――30

設問4　**1**技術や知識の内容に応じて渡来人を部民として編成し、彼らの特殊な能力・技能を独占的に利用することで王権の支配力を強化した。

2百済は高句麗・新羅からの圧迫を受ける中で、仏教などの先進的な文物を伝えることで倭との関係を強化しようとした。また倭も、中国との直接的な交渉がない時期にあって、百済経由で大陸の先進的な文物を受容した。

第4節　中央集権への歩み――34

設問5　ヤマト政権と対立した磐井を滅ぼし、その支配地に屯倉を設置することで、それまで豪族によって支配されていた地域にも大王の直轄地が置かれるようになり、ヤマト政権の地方支配が強化された。

解説 ヤマト政権は豪族の連合政権であったことから、各地域や人々の支配はそれぞれの豪族に委ねられていた。しかし六世紀に、王権による地方支配は強化されるようになっていった。磐井の乱は、こうした動きに対する地方豪族による反発として起こった事件である。これを鎮圧し、さらに大王の直轄地である屯倉を設置することで、ヤマト政権による地方支配は強固なものとなっていった。

第2章　律令国家の形成と展開

第1節　推古朝の政治と飛鳥文化――35

設問1　**1**大王こそが倭の君主であり、民にとっても唯一の支配者であるとすることで民は豪族ではなく大王による直接支配を受けるべきであるということを示そうとしている。

2中国皇帝だけでなく、倭の王を表す表現としても「天子」という語を用いており、中国皇帝と倭の王を対等なものとして表現していること。

解説 六〇七年の遣隋使が持参した国書について、隋の煬帝が激怒した理由について、かつては倭を「日出づる処」、隋を「日没する処」と表現したことが問題であったと言われていた。しかし現在では、これらの表現は単純に倭が東、隋が西にあるという位置関係を示しているに過ぎず、むしろ問題とされたのは「天子」という表現であったと考えられるようになっている。すなわち、中華思想の下で「天子」（＝皇帝）は地上の支配を委ねられた唯一の人物ということになることから、中国以外に天子は存在しないはずであった。それにもかかわらず倭の国書では自国の王を「天子」と表現していることから、中国皇帝と倭国王を対等なものとして扱っており、無礼であるとして激怒されたと考えられる。

第2節　律令国家の形成——40

設問2　大王や豪族がそれぞれ土地や人々を支配するあり方を改め、国家が土地や人々を統一的に掌握する支配体制に転換しようとした。

解説 豪族の連合政権であるヤマト政権では、各豪族が個別に土地や人々を支配していた。改新の詔では、国家が統一的に土地や人々を支配するあり方への転換が目指されている。ヤマト政権による集権化は、厩戸王（聖徳太子）による冠位十二階や憲法十七条の制定、大化の改新、天智朝における戸籍の作成、天武・持統朝における王権の強化といった形で、徐々に進められていくが、それぞれの段階でどの程度の集権化が実現したかについて、具体的な政策の内容を踏まえて説明できるようにしておきたい。

設問3　❶百済の復興を目指して朝鮮半島に出兵したものの、白村江の戦いで唐・新羅の連合軍に敗れた倭は、これらの国々からの侵略に備えて、九州を防衛する兵士である防人や情報伝達網である烽を設置するとともに、大宰府を守るために水城を築いた。

❷天智天皇の死後、子で近江朝廷を率いる大友皇子と、弟の大海人皇子が対立したが、壬申の乱で大海人皇子は大友皇子に勝利し、天武天皇として即位した。天武天皇が近江朝廷を破ったことで、ヤマト政権を支えてきた伝統的豪族層が没落したことから、大王の権力は上昇して豪族から隔絶したものとなり、神として称える歌が詠まれるようになった。

❸倭は大王と豪族の連合政権であるヤマト政権によってゆるやかに統一されていたが、天武天皇の下で天皇の権力が上昇したことで、天皇を中心とする集権的な国家が成立し、その国号が「日本」と定められた。

解説 日本国号の成立年については、はっきりしたことはわかっていない。しかし、七世紀後半から使われはじめたことは確かなようである。日本国号の成立は、それまで倭と呼ばれていた国の名称を、単に日本に変更したというだけの話ではない。日本国号の成立時期は、大王権力が伸長し、律令国家の建設が本格的に進められていく天武・持統朝にあたり、国家構造が大きく転換した時期である。このときに国号が定められたということは、豪族の連合政権であるヤマト政権（＝倭国）の段階から脱し、中央集権的な律令国家が成立するときに、新たな国家の名称として「日本」と定められたということである。中国における隋や唐などと同様に、「日本」とは天皇家の王朝名であると考える研究者もいるほど、日本国号の成立は日本列島における国家形成を考える上で重要な意味を有しているのである。

第3節　律令制度——48

設問4　❶律は刑罰について定め、令は行政機構や土地制度、徴税や人民支配などについて定めている。

❷二十一歳～六十歳の成年男子にあたる正丁には重い負担が課せられているのに対して、次丁や中男、女性は、調・庸・雑徭の負担が軽く、さらに兵役や仕丁としての出仕義務もないなど、正丁とそれ以外で負担に大きな差がある。

解説 律令制における税や兵役などの負担が正丁に偏重したものであったことから、負担を軽くするために、生まれた子どもを男であっても女として登録するなどの偽籍が横行するようになり、律令に基づく人民支配が弛緩する原因となった。

第4節　奈良の都——54

設問5　❶京内に国家機構を整備するとともに、官人や貴族を集住させて本拠地と切り離し、官僚として国家に仕えさせようとした。また、外交使節に対して都城の壮麗な空間を見せつけ、国家の威信を示した。

解説 都城を整備することには、官人・貴族を本拠内から切り離して集住させ、宮内の官衙に通わせてそこで政治・行政を行うことで、官人・貴族を官僚化し、中央集権的な国家運営を行うという実務的な意味があった。また、都城には儀礼空間としての意味もあり、壮大な都は中央政府や天皇権力の大きさを象徴するものであり、それを入京した外交使節などに見せつけることで国力を示そうとした。

2 官人の給与や、平城京の造営にあたる労働者の給与として用いられた。

第5節　律令制の動揺――58

設問6　1 労役や運脚のために都に行く際の食糧は自弁だったため、途中で食糧が尽きてしまうことがあった。

2 王族や貴族の資人になったり、得度して僧侶になったりした。

3 奈良時代より前から勇猛な兵士を供給してきた東国の出身者が、防人の兵士となった。

設問7　藤原不比等の四人の子は長屋王の変で長屋王を倒し、光明子を聖武天皇の皇后とすることで、藤原氏の権力拡大に成功した。しかし藤原四子は疫病のために相次いで死去し、政権は橘諸兄が担った。これに対して四子の宇合の子である広嗣が、橘諸兄政権を支えた玄昉や吉備真備の排斥を求めて大宰府で反乱を起こしたが、鎮圧された。また、橘諸兄から藤原仲麻呂への政権交代に際して、諸兄の子の奈良麻呂は反乱を起こしたが鎮圧された。

設問8　1 墾田永年私財法では、開墾した土地の永久私有は認めるものの、位階による開墾制限があり、国司が開墾予定地の占定の許可権を持っていたことから、国家が把握する形で開発が進められた。また、開墾された土地は輸租田とされ、税を納めることになっていた。そのため、国家による土地支配は強化された。

解説 三世一身法や墾田永年私財法については、これらの法によって土地の私有が認められたことで、律令制の公地公民の原則が崩れたとかつては考えられていた。しかし現在では設問にあるように、墾田永年私財法は墾田に関する規定を欠いていた律令制の欠陥を補い、国家の管理の下で開墾を行わせて輸租田を増やすための仕組みであったと考えられている。

2 寺院には開墾を認めるとともに、農民による小規模な開墾も認めていた点。

3 富豪層は院宮王臣家と結びつき、彼らの大土地所有を支える存在となったことで、中央の権力者から保護されたから。

第6節　天平文化――70

設問9　1 聖武天皇は藤原氏出身の光明子を皇后とし、藤原氏を後ろ盾としていたが、藤原四子の死去や、橘諸兄に対して藤原広嗣が反乱を起こすなど、権力基盤にほころびが生じた。

2 行基は架橋や池溝・堤などの工事や道路建設などを行う技術を持つ人々を率いていたことから、政府は彼らを大仏造立などに協力させるため、はじめは弾圧していた行基の活動を認め、さらに大僧正に任じた。

解説 行基が展開した社会事業としては、架橋や築堤などが知られており、大阪の狭山池など行基によって築かれたとされているため池などは各地に残っている。こうした事業を支えたのが、土木工事の技術を持つ人々で、彼らは行基集団と呼ばれる。律令制の下では、僧侶による民間布教は制限されており、そのため行基の活動ははじめ弾圧を受けたが、政府は、行基集団の技術を大仏造立などに利用するため、方針を変えて行基の活動を公認したのである。

第7節　平安初期の政治――78

設問10　1 桓武天皇の側近で造長岡宮使長官であった藤原種継が暗殺される事件が起こり、桓武天皇の弟の早良親王が関与していたとされて処罰された。早良親王が憤死した後に桓武の関係者に多くの不幸が生じ、長岡京の建設が滞ったため、さらに平安京に遷都することになった。

2 低湿地であった右京は開発が進まず、左京や鴨川以東に人々が集住するようになった。

3 周囲に夷狄を従える日本を中心とした小中華を形成しようとする意識があったことから、古代国家に従わない東北の人々を「異民族」として扱うことで、夷狄を支配している体裁をとろうとした。

解説 古代の東アジアは、中国が周辺諸民族を諸蕃や夷狄として従え、朝貢と冊封によって関係を結ぶ国際秩序（＝冊封体制）によって国際関係が規定されていた。この中華帝国の秩序の中で、日本を中心とする「小中華」を形成することを目指す小中華意識を古代日本の為政者は抱いた。そのため、古代国家に従わない東北の人々を蝦夷として、また南部九州の人々を隼人として把握し、征討の対象としたり、「異民族」性を強調した支配を行ったりすることで、彼らを夷狄として位置づけ、小中華の体裁を整えようとした。

設問11　1 律令に基づき、各戸の正丁から徴発された兵士が各地の軍団に配属された。

2 律令では天皇と太上天皇は同格と

されていたことから、太政官組織を統率し、動員することができた。

解説 嵯峨天皇と平城太上天皇は、律令の法制上は同格であったため、ともに太政官組織を率いることができ、「二所朝廷」とも呼ばれる事態が生じてしまった。平城太上天皇の変の反省を踏まえて、嵯峨天皇は譲位して太上天皇となった後、政治への関与を控えたといわれている。

3 律令を運用していく上で、追加法である格や施行細則である式が求められた。

第3章　貴族社会の成熟と文化の発達

第1節　律令制の転換――84

設問1　立荘の由来がはっきりしている官荘符荘などは整理の対象とならず、荘園制そのものを否定したわけではなかった。

設問2　**1** 農民が浮浪・逃亡をしたり、偽籍によって男子が生まれても性別を偽って女子として届けたりしたため、課丁として国家が把握している人数が減少した。

2 唐の商人が来日するようになり、民間貿易によって大陸の文物や情報を入手できるようになっていた。

解説 菅原道真を大使とする寛平の遣唐使の派遣が計画されていたときには、実際に派遣された中では最後となった承和の遣唐使からすでに五十年以上が経過していたが、この時代には民間商人の活動が活発になっており、遣唐使を送らなくても大陸からの舶載品（唐物）や情報を入手できるようになっていた。こうした活発な対外交流があったことから、遣唐使を送る必要性そのものが低下していたと考えられる。

第3節　地方政治の動揺――94

設問3　財政再建のために国司の権限が強化され、国司の四等官のうち任国に実際に赴任する中の最上位者である受領は、徴税請負人化して律令の規定の範囲をこえて自由に徴税を行い、私富を拡大した。

解説 律令では、戸籍に基づく個別人身支配が目指されており、徴税台帳である計帳を作成し、人々から法に基づいた量の税を納めさせていた。しかし、浮浪・逃亡や偽籍によって徴税が困難になっていき、また地方支配が弛緩する中で、中央政府は財源を確保するため、支配の方法を変えていった。そこで力を持つようになったのが受領である。受領は、国司の四等官のうち、現地に赴任する中で最上位の者のことを指す。任国の支配において受領に権力を集中させ、さらに一定額を中央に納めさせるかわりに、本人の徴税能力次第で律令の枠をこえて自由に徴税を行うことを認めた。このように徴税請負人化した受領は私富の拡大を図ったことから、藤原陳忠のように貪欲なイメージで語られたり、藤原元命のように任国において暴政を行って郡司や百姓から訴えられたりする者も出てくるようになった。

設問4　戸籍・計帳に基づいて人に対して課税していたのを改め、名を単位とする土地に対して課税するようになった。

解説 律令は個別人身支配を原則とし、戸籍・計帳に基づいて個々の人に対して税を課していたが、浮浪・逃亡や偽籍などで徴税が困難になっていく中で、土地を名という課税単位に編成し、田堵に官物や公事の納入を請け負わせることで税収を確保しようとした。

第4節　地方の兵乱と武士団の成長――98

設問5　**1** 九世紀以降、東国において略奪行為を行う僦馬の党や富豪の輩が増えていく中で、中央政府は押領使・追捕使を任命して対処しようとした。そのときに現地の受領が自ら押領使・追捕使を兼任したり、専門の随兵の給付を受けるなどして武力を持ったりするようになった。

2 将門はもともと滝口の武士であり、また純友は伊予国司であったように、朝廷に仕えていた。そのような立場の彼らが、国府を攻め落として新皇を名乗ったり、海賊集団を率い、大宰府を襲撃したりするなどしたため、朝廷は衝撃を受けた。

解説 どのように武士が誕生したかをめぐっては、様々な説がある。かつては、自ら田地を開墾する開発領主が、受領による徴税攻勢に対抗するために武装して武士となったという、在地領主論が有力であった。しかし、源氏や平家などの貴族が武士化することもあることから、武士とは文人に対して治安維持を担う職能の人々を指すとする職能論が登場した。これは、地方における治安の悪化に対して、それらを鎮圧するために押領使や追捕使などに任じられて軍事力を持つようになった人々が武士となったという説である。いずれにしても、中央政府による地方支配の弛緩という新たな状況の中で、武力を持つ存在が社会的に大きな役割を果たすようになり、武士の時代がやってくるということである。

設問6　❶これらの反乱を鎮圧した者の子孫は、武芸という職能を継承する特定の「家」に生まれたと考えられた。

❷八世紀から九世紀初めまでは、朝貢使節である遣唐使を派遣し、唐王朝と政治的な関係を結ぶとともに、遣唐使に随行した人々によって大陸の先進的な文物の移入が行われたが、承和年間を最後に遣唐使が派遣されなくなると、来日した中国の民間商人との貿易が大宰府の鴻臚館を通して行われ、貴族層の唐物需要に応えた。

解説遣唐使が派遣されなくなった後も、民間商人を通じて大量の船載品がもたらされた。これらは唐物と呼ばれ、貴族層に熱烈に受容された。唐物の中には漢籍も含まれており、これらを学ぶことで貴族層が中国文化や中国古典についての教養を深めたことが、国風文化の発展につながった。

第5節　平安時代の文化――103

設問7　漢字を中国語の文法に従って並べて表現する漢文と異なり、仮名文字は表音文字のため、個人の心情をそのまま書き表すことができるようになった。

設問8　念仏による往生を説く源信の『往生要集』が普及し、極楽往生のために貴族は法成寺や平等院鳳凰堂などの阿弥陀堂を建立した。市聖と呼ばれた空也などの念仏僧は、社会事業を行いながら庶民にも浄土教を広め、念仏による極楽往生を説いた。そして、慶滋保胤による『日本往生極楽記』などの往生伝や来迎図が流行した。

第2編　中世

第4章　武家社会の成立

第1節　院政――108

設問1　❶寛徳二年以降に成立したものは停止され、それ以前に成立した荘園も停止の対象となる国司の仕事を妨げる存在。

❷後三条天皇は藤原氏を外戚に持たず、天皇に対する藤原氏の影響力が低かったため、それ以前の天皇よりも摂関家の所領を荘園整理の対象に含めやすかった。

❸藤原氏が外戚として国政を主導する摂関政治から、皇位を直系子孫に譲った上皇・法皇（院）が天皇家の家長として国政を主導する院政へと、政治体制が転換していく。

設問2　❶息子の堀河天皇に皇子が生まれたことで、自身の直系子孫が皇位を継承していく道が開けたから。

❷院政期の政治は、太政官を中心とする朝廷の政治機構はそのままである一方、公卿をはじめとする貴族の多くが院近臣として天皇家の家長（治天の君）である院に仕えた。そのため、院の命令を伝達する院庁下文や院宣が国政を左右するなど、院の影響力が拡大した。

またこの時期には、知行国主が国司の任命権を握る知行国制が確立し、数多くの知行国が院のもとに集中し、同時に天皇家領の荘園が集積されて権力の基盤となった。このように、天皇家の家長である院の政治的影響力が大きく拡大したのが、この時期における政治の特徴である。

設問3　❶白河上皇の思い通りにならない存在の一つに僧兵が挙げられ、強訴が起きた際には、院は大炊殿に避難して武士に対応を任せるなど、朝廷の対応には僧兵が持つ神威への畏怖が感じられる。その一方で、武士たちは実力行使に及んで僧兵を追い払っており、対極的な対応をしている。

❷摂関期から院政期にかけて末法思想が広まり、仏教信仰が高まった。そうした中で流行した浄土教の影響を受け、院をはじめとする貴族たちは極楽往生を求めて寺院の大規模造営を進めた。こうした仏教信仰の高まりが、神仏の威を借りて行われる僧兵による強訴の黙認の背景にあった。

解説日本中世は、宗教の時代とさえ言われ、寺社がとりわけ大きな影響力を有した時代であった。この時代、宗教はあらゆる階層の人々の活動を精神面や文化面で左右しただけでなく、大寺社は膨大な数の荘園を有し、僧兵などの軍事力を擁して強訴を行った。このように、寺社が公家や武家に匹敵する実力を有していたことに注意しておきたい。

第2節　平氏政権の成立——118

設問4　平忠盛は、瀬戸内海の海賊討伐などの功績により播磨など各国の受領を歴任し、また日宋貿易にも参画することで巨万の富を築いた。

設問5　❶武士の軍事力によって天皇家や摂関家の跡目争いに決着がつけられたことで、武士が台頭するきっかけとなった。

❷平氏政権では、一門で高位高官のポストを占め、知行国や荘園の集積に努めるなど、あくまで貴族社会の枠内で行動しており、強力な軍事力を有する武家政権ではあっても、後年の鎌倉幕府のように朝廷から独立した政権ではなかった。

設問6　永長の大田楽の様子が『中右記』に記録され、後白河法皇が『梁塵秘抄』を編集しているように、貴族たちが田楽や今様といった庶民の文化に関心を持ち、受容していることが読み取れる。

第3節　鎌倉幕府の成立——125

設問7　❶◆1では、「謀叛の賊義朝の子」、「凌礫」、「押領」の表現に象徴されるように、反乱を起こした人物として、捉えられている。対する◆2では、頼朝の申請により宣旨が発行され、その命令に従わない者は「頼朝の命にしたがい追討すべし」と、頼朝政権の公認へと変化している。

❷東海道・東山道における頼朝の支配権認可は、朝廷にとっては当該地域の荘園・公領からの年貢納入が再開されるというメリットが、頼朝にとっては反乱軍の立場から脱却し、朝廷の公認を得られるメリットがあった。

設問8　朝廷が頼朝に地頭の任命権を認めたのが文治元年十一月であったのに対し（三）、頼朝がそれ以前から地頭の任命を進めていたことがわかる（一）。

第4節　承久の乱——129

設問9　❶幼く、自身で政治的な判断をできない存在。

❷北条氏を中心に、大江広元や三浦義村ら有力御家人が会議をした上で、北条政子に意向を尋ねて幕府の意思決定がなされている。

❸承久の乱以前の地頭は、任命された荘園の事情によって権利がまちまちであったが、承久の乱以後に任命された地頭は、新補率法に定められた収入や直轄地などを得ることができた。

❹承久の乱後、朝廷独自の軍事力を持てなくなり、また幕府が仲恭天皇を廃して三上皇を配流したことで、安全保障や皇位の決定をはじめ、様々な面で朝廷の幕府依存が進んだ。

解説承久の乱は、朝廷・幕府間の力関係において大きな転換点となっただけでなく、西国を中心に、その後の地域社会へも大きな変化をもたらした。没収された上皇方の所領に地頭として任命された東国御家人の中には、新たな領地に移住する者も少なくなかった。東国御家人の西国への移動は、生活様式をはじめとした様々な摩擦を引き起こし、御成敗式目制定の要因となるが、移住した御家人の中には、安芸（現広島県）の毛利氏のようにその後の歴史に大きな影響を及ぼしたものも少なからずいた。

第5節　執権政治——133

設問10　❶このとき重時は六波羅探題として在京しており、御成敗式目制定の趣旨を伝えることで、律令をはじめ朝廷が定めた法を改める必要がないことを周知させようとした。

❷承久の乱後、東国御家人たちは畿内や西国で新しく地頭に任命された。その結果、東西の慣習差などもあって混乱や紛争が頻発した。折しも寛喜の飢饉が発生したことで紛争は激しくなり、幕府が扱う訴訟も増加したため、ルールの明確化を図り御成敗式目が制定された。

設問11　宮騒動や宝治合戦といった政争に勝利することで幕府内での権力を確立していった。

第6節　鎌倉期の武士社会と経済の発展——138

設問12　❶男子だけでなく女子を含め、兄弟姉妹で分割相続をしている。

❷幕府から関東御公事などが賦課された際には、庶子に負担を割り振りつつ、惣領＝御家人として、一族を代表して対応する役割。

設問13　❶請文の内容に基づき、年貢を定額で支払うこと。

❷従来は、地頭が年貢を徴収して荘園領主に納めていたが、下地中分後は、荘園領主と地頭とで分割した領域をそれぞれ治め、互いの領

域に干渉しなくなった。

3 地頭請では、地頭に荘園の経営を任せて一定額の年貢を得ることを、下地中分では、荘園全域への影響力を失っても一定の年貢を得ることを、それぞれ目指しており、年貢を確実に得ようとする姿勢を読み取ることができる。

設問14 1 農作業だけでなく、上洛時の随行や近郷への人夫などにも使役している。

2 地頭の非法を荘園領主に訴えつつ材木納入の遅れを弁明したり、稲の裏作で麦を育てて食料の確保を工夫したりしている様子から、中世という時代にたくましく生きる農民の姿を読み取ることができる。

第7節 モンゴル襲来と幕府の衰退――144

設問15 元と日本との間で使者を派遣しあって通好すること。

設問16 将軍と主従関係を結んでいない非御家人の動員は、幕府の影響力拡大というメリットがあった一方、従軍した非御家人に対して恩賞を支給しなければならず財政負担が増えるというデメリットがあった。

設問17 1 分割相続をすることで、所領の細分化が進み御家人の生活は困窮した。そうした状況を受けて、御家人の相続形態は嫡男が財産のほとんどを相続する単独相続に切り替わり、幕府は徳政令を発出して御家人の保護に努めた。

2 悪党行為に参加しているのは周辺の荘園・公領に住む地頭たちであり、荘園の枠をこえた武士たちの地域的つながりを読み取ることができる。

第8節 鎌倉文化――152

設問18 1 南無阿弥陀仏と念仏を唱えることだけが極楽往生への道である。

2 自分の力で極楽往生をするために、寺院や仏像を作ったり、修行をしたりする人のこと。

3 七難の多くがすでに起きていると述べられているように、立正安国論が執筆される直前の正嘉年間（一二五〇年代後半）には飢饉や災害の発生で不安定な社会情勢にあった。

4 念仏や題目を唱えるだけで人々が救われると説く、庶民にわかりやすい教えである点。

設問19 1 同じ禅宗でも、曹洞宗は権力からの保護を積極的には受けなかったのに対し、臨済宗は室町期における京都・鎌倉の五山制度に象徴されるように、朝廷や幕府からあつい保護を受けた。

2 保元の乱以降に進んだ武士の台頭、すなわち「乱世」も道理の結果と捉えられている。

3 勅撰和歌集は、治天の君が撰者を選んで編纂させる治世の象徴であった。後鳥羽上皇は新古今和歌集の編纂に熱心に携わり、自身の正統性を示そうとした。上皇の強い影響を受けた源実朝は自ら金槐和歌集を編んで、上皇や朝廷に対する思いや為政者として目指すところを詠んだ。このように芸術の振興には、権力者の姿を表す政治的意味合いがあった。

解説 後鳥羽天皇の即位は、安徳天皇が平家によって三種の神器とともに西国へ連れ去られた中で実施された。神器不在の即位は、自身の正統性をめぐって天皇自身の中に暗い影を落とした。土御門天皇への譲位後、後鳥羽上皇は朝廷の儀礼復興を進めるとともに、蹴鞠や武芸、そして新古今和歌集の編纂に力を注ぎ、統治者としての実力を内外に示した。

第5章 武家社会の展開

第1節 南北朝の動乱――158

設問1 1 一族の一致団結を目的として記された。

2 惣領の統率下に一族が行動する惣領制が動揺し、血縁よりも地縁が重視されつつある中で一族の団結が呼びかけられた。

3 武士の相続形態が分割相続から単独相続へ移行する中で生じた各地の武士団の分裂は、南北朝の対立や室町幕府の内紛と結びつき、国人たちは敵対者が属する勢力とは異なる勢力に属して抗争を繰り返したため。

第2節 室町幕府と守護大名――162

設問2 1 鎌倉は源頼朝が拠点を構え、北条義時が勢威を拡大した土地で幕府を置く場所にふさわしいため。

2 土地の良し悪しで政治の良し悪しが決まるわけではなく、周囲の意見によって決められるのが望ましいため。

3 古くは延喜・天暦の治、近くは北条義時・泰時父子が行った万人が服するような政治。

設問3 1 近江・美濃・尾張で一年限りの兵粮米の徴収。

2 鎌倉時代以来の大犯三カ条に加えて、刈田狼藉の取り締まりや使節遵行。

3 観応の擾乱勃発後、室町幕府は戦

いを有利に進めるため、兵粮の確保や恩賞の給付を目的に半済令を出すなど、地域社会掌握の担い手である守護の権限を強化した。

設問4 **1** **一**では守護、**二**では商人、**三**では禅僧が年貢の納入を請け負っている。

2 全国的に凶作だったとしても、毎年三十貫文を十一月中に納入することを約束している。

3 いずれの史料も守護や禅僧、商人といった外部の人間が年貢の徴収を請け負っており、荘園領主自身が荘園現地を積極的に管理しようという意識は低いことが読み取れる。

第3節 室町幕府の外交と貿易——170

設問5 **1** 日明間の外交は、将軍足利義満が明の皇帝に臣従して日本国王に冊封される朝貢形式で行われた。

2 幕府のみならず有力守護や貴族、寺社によって遣明船が仕立てられている。

3 室町初期は幕府が独占的に日明貿易を実施し、一時的な中断を経て、守護や寺社も多数参加して行われるようになった。応仁の乱を契機に幕府が衰退すると、細川氏と大内氏が主な担い手となり、寧波の乱以後は大内氏が独占することとなった。

設問6 **1** 大友氏と少弐氏が影響力を持ち、人々は商業を生業とし、琉球や南蛮との交易で栄えている。

2 日本・明・朝鮮と深い関係にあり、特に日本と明との間の中継貿易の拠点となっていること。

第4節 室町期の産業と商業——176

設問7 史料では、室町幕府が石清水八幡宮の下で油座を形成する「大山崎神人」に対し、課役の免除および競合する周辺の「土民」の取り締まりを命じている。このことから、幕府による座への保護がなされる一方、座に属さない人々の活動も活発であることが読み取れる。

設問8 **1** 段銭では百文あたり二十文分、その他の取引では百文あたり三十文分は永楽通宝・宣徳通宝を使用することを定めている。

2 取引に際して良銭だけを受け取り、悪銭を拒否する行為。

第5節 惣村と土一揆——179

設問9 構成員に対して規制を課すとともに、惣としての共有地を持ち、構成員間は平等ではなく階層差が存在する。

設問10 **1** 借金の帳消しを徳政として求め、土倉・酒屋・寺院などを襲撃して証文の破棄や略奪などを行っている。

2 荘園の代官に加えて守護の家臣に至る国内の武士全般。

3 天皇や将軍の交代・不在という権力の空白期間。

4 室町幕府の収入源が土倉役・酒屋役といった、金融業者からの税収であったため。

解説 一揆とは、「揆を一にすること」、すなわち特定の目的のために団結することであり、団結した集団を指す。正長の土一揆や嘉吉の徳政一揆をはじめ、教科書で取り扱われる事例は、庶民主体のものが多いが、本書一六一ページにみられるように武士を含めた幅広い階層が取り結ぶものであった点に注意したい。

設問11 **1** 山城の国人に加えて十五歳から六十歳の一般民衆。

2 畠山氏の軍勢が山城国内に入るのを禁じることや、荘園領主の所領をもとに戻すこと、関所を立ててはならないことを要求している。

3 対立する守護富樫政親を攻め滅ぼし、富樫泰高を擁立することで加賀国を実質的支配下においた。

第6節 幕府の動揺と応仁・文明の乱——187

設問12 **1** 腹を切って後を追う人もなく、追いかけてかたき討ちをする人もなく、自業自得でその死は犬死であると述べているように、義教の死を惜しむどころか冷ややかに捉えている。

2 室町幕府の頂点に位置する将軍が殺害されたことで、将軍権威の失墜を招いた。

設問13 **1** 政治を有能な管領に任せず、政治のわからない者に口を出させた結果、政治が乱れたと説明している。

2 もともとは山名宗全とともに畠山義就を支持していたが、畠山政長を支持する細川勝元の庇護を受けるにあたって立場の変更を余儀なくされている。

3 年貢を納め、幕府の命令に従う国は減少し、守護が従ったとしても現地では命令が実行されず、著しく権力が衰退した。

解説 応仁・文明の乱によって、室町幕府の権力は急速に衰えた一方、織田信長によって十五代将軍足利義昭が追放され、室町幕府が滅んだのは応仁・文明の乱発生から一世紀余り後のことであった。その間、室町将軍は細川氏や三好氏といった畿内有力大名のお飾りであったわけではなく、諸国の大名に偏諱を与え、大名間の争いを調停するなど、一定の影響力を及ぼすだけの権威を有し続けていた。

4 室町幕府の重臣である管領細川氏や近江守護六角氏と、細川氏の家臣であった三好氏が交戦しており、家臣筋である三好氏が細川方を撃退している。

第7節　室町文化——194

設問14　**1** 室町将軍・鎌倉公方の名字の地として関東管領上杉氏に保護され、領地や書籍を寄進されて多くの学生が集まり繁栄している様子。

2 蓮如が浄土真宗の教えをわかりやすく説くために漢字と仮名をまじえて書いた文。

設問15　能は、猿楽や田楽などの民衆芸能を起源として三代将軍足利義満の保護を得た。連歌は、もともと貴族の間で行われていたものが武士・庶民に受容された。階層をこえた文化の融合が室町文化の特徴と考えられる。

第8節　戦国大名と自治都市——197

設問16　**1** 戦国大名は、自らの実力で領国を支配し、史料のように分国法を制定して家臣団や領民を統制した。室町時代に地方支配を担った守護の地位が、あくまで幕府から任命されたもので、寺社や国人、領民への統制も限定的であったことに鑑みれば、強固な地域権力としての戦国大名の性格を史料から読み取ることができる。

2 堺は、交易品を京都に運ぶ上で交通の便の良い港であり、当時の物流の大動脈である瀬戸内海航路の終着点に位置づけられた。そのため、日明貿易や南蛮貿易の拠点として繁栄した。

第3編　近世

第6章　織豊政権

第1節　ヨーロッパ人の来航——204

設問1　**1** 鉄砲の使用によって城郭をより堅固にする必要が生じ、築城について変化がみられたほか、戦いの雌雄が従来に比べて短時間で決するようになり、戦国時代の終焉が早められた。

2 キリシタン大名が登場し、領内でのキリスト教布教の保護政策もあり、九州地方を中心に京都でも信者が拡大した。その数は十五万人に達している。

第2節　織田信長の天下統一事業——207

設問2　**1** 商人の自由な通行や商人の移住が促進され、商業活動もより多様で豊富な物資を領内で売買できるようになった。

2 多くの商人が領国内で活発な経済活動を行うことで、経済の振興や流通の発展がもたらされた。領民の生活向上にも寄与したことで領国支配はより充実した。

設問3　**1** 領主たちの経済的な背景・基盤が把握されることになり、軍役賦課などが実態に即してさらに強められる政策となった。

2 本所などにより長らく占有されていた諸特権や既得権を否定して、新たな権力者のもとに統制することを意図したものであった。

第3節　豊臣秀吉の天下統一事業——211

設問4　**1** 全国一律に統一的な基準で実際に丈量検地を行い、各耕地の耕作者を確定し農民を直接掌握するようになった。また武力を背景に強力に進めていった。

2 一つの土地に所有関係が重層的に存在していた中世以来の荘園公領制について、余剰生産物の中間搾取を否定し、領主が直接に耕作者を把握して徴税できる仕組みに変えた。

設問5　**1** 大名に対しては、領民支配において一揆などの武力抵抗の防止策となると説明し、民衆に対しては、武器の放棄により自力救済社会から解き放たれ、百姓経営の安定化や、大仏建立にかかわり仏との結縁につながると説明している。

2 民衆の武装を解除させたことで、太閤検地を実施しやすくする一方、兵農分離政策の一環として百姓身分の確定にかかわる政策としての意味を持った。

設問6　戦闘にかかわる武士身分を確定することで、大名の軍事力・兵力を確保するとともに、耕作に専念する百姓の確定により農業従事者を確保した。これらを把握することにより朝鮮侵略に動員する人員の準備を行った。

設問7　❶領民や知行の少ない武士についてはキリスト教の信仰を各自の意向に任せるとしたが、大名の上級家臣の場合には、秀吉への届け出を必要とし、実質上信仰を禁じた。

❷宣教師の国内での布教を規制し、国外退去を目的としたもので、貿易についてはキリスト教の布教とは別のこととして継続させようとした。

設問8　❶国内統一を果たした後に明の征服をもくろみ、朝鮮に先導役を要求しようとしたことと、戦乱の終息により、新たな領土獲得の必要性が生じたことなどが目的であった。

❷五大老・五奉行制により信頼のおける大名らに政治権力の一端を担わせ、他の大名たちには忠誠を誓わせたが、権力基盤は不安定であった。

❸全国統一の完成により、中世以来の戦乱を終息させ、過酷な自力救済社会を否定し、豊臣政権の裁判による紛争解決を目指した。また統一政権として全国一律の基準で度量衡や幣制を統一し、土地の丈量調査で全国の生産力を把握し、農業従事者である百姓の確保と軍事的な動員に際して武士の人員確保など人民の把握も行い、のちの身分制度につながる政策を行った。強大な軍事力を背景に、大名を従え民衆を支配する統一政権を目指していった。

第4節　桃山文化――223

設問9　❶戦乱が終息し新しい時代への転換期に、新奇異風で常軌を逸した「傾く」風潮が歓迎される中、従来の芸能の影響を受けつつも、異性装や流行の先端となる髪型や服装で新たな文化的潮流を示したため。

❷天下統一が達成され、全国を支配する権力者が登場したことで、権力の誇示と豪華絢爛さ、豪壮な特徴を持つ文化となった。

第7章　幕藩体制の展開と近世文化の成立

第1節　幕藩体制の成立――225

設問1　❶法度の条数も増え、大名に対する規制がよりこと細かに厳しく具体的に定められるようになり、大名統制がより強められた。

❷「文武忠孝を励まし、礼儀を正すべきの事」「五十以上十七以下の輩末期に及び養子に致すと雖も、吟味の上これを立つべし」

解説 武家諸法度天和令では、「忠孝」「礼儀」と儒学を重視した文言が取り入れられており、末期養子の禁を緩和した条文も明記され、文治主義的な傾向の文言がみられるようになった。

❸幕府草創期の元和令以来、武断的な対応をとり、中世の武家法を継承する形で大名の統制が行われていた。寛永令では、幕府の機構整備が進められる中、参勤交代が盛り込まれるなど大名統制策が整えられた。五代将軍綱吉の天和令になると、四代将軍家綱の政治以来進められた文治的な政治の傾向が強まり、末期養子の禁緩和や殉死の禁止などの条文が盛り込まれ、儒教的な徳目による秩序づくりが行われるようになった。

設問2　実子が生まれず、養子をとって跡目相続をする場合には、生前より幕府に届け出て許可を得なければならず、末期に及んで届け出ることは許されなかった。

設問3　❶朝廷に対しては禁中並公家諸法度により、伝統的権威に基づく権限を統制下に入れた。寺院に対しては、寺院法度・諸宗寺院法度で各宗派や寺院ごとに規制を加えた。神社に対しては諸社禰宜神主法度で統制した。

❷中世以来の宗教的権威であった寺社を統制下に入れ、寺院には寺請制度を通じてキリシタン政策にも関与させ、民衆支配の一端を担わせた。

第2節　鎖国――232

設問4　❶ルソンやシャムをはじめとする東南アジアの各地で貿易を行い、各地で日本町が形成されるなど活発な交易活動が展開し、日本にも白糸をはじめ舶来の物資が多くもたらされた。

❷生糸（白糸）購入時のポルトガル商人の利益独占を防止し、幕府の統制のもと糸割符仲間に生糸の価格決定権を持たせることで国内の価格安定化を目指した。

設問5　❶奉書船以外の海外渡航禁止や海外在住の日本人の帰国制限にはじまり、海外渡航の全面禁止、南蛮人の子孫の国外追放、ポルトガル船の来航禁止へと規制が進み、海外との往来が全面的に禁じられていった。

2ポルトガル船の来航を禁じ、通商は長崎口でオランダ・中国のみとした。そのほか薩摩口の琉球、対馬口での朝鮮、松前口でのアイヌ交易に限定した外交となった。

解説江戸時代の外交相手は、オランダ・中国との貿易のみで正式な国交のない通商国と、対馬や琉球の正式な国交関係のある通信国に大別できる。オランダと中国は長崎で、琉球は薩摩藩、朝鮮とは対馬を介して外交関係を維持した。蝦夷地のアイヌとは松前藩が交易を担った。

第3節　近世の生活と文化――241

設問6　1百姓は天下の根本、つまり国の根幹を支える存在とした上で、農業経営と再生産に必要な経費以外を年貢として最大限に徴収するように述べている。

2領地や領民は、将軍が天から預かったものであり、大名はそれを将軍から預かったものであるとし、恣意的な支配で民衆を苦しめることは将軍の天からの恩恵を減じることになるとしている。

解説池田光政は近世前期、上杉治憲（鷹山）は近世後期の大名であるが、領地・領民を将軍との主従関係や知行関係において捉え、大名個人が私物化できるものではないとの政治倫理を表明している。光政の言葉にあるように、将軍は天から支配を預けられており、大名はその一翼を将軍から委ねられているという思想や、治憲の、国家という枠組みの中に大名も領民も位置づいているという政治観は、広く当時の領主の間でも共有されていた意識として捉えることができる。なお、バテレン追放令でも述べられている、領主は当座の存在という文言は、転封や領地替えによって領主が変わりうることを表明しており、特定の領主の支配は絶対的でなく相対的なものであることも注目したい。一方で土地に根を下ろして生活し年貢を負担する土着の百姓は末代までの存在という思想も戦国時代からみられた。近世の中で形成されてきた政治思想や民衆思想は当時の社会関係をうかがう上で重要なものであるので押さえておきたい。

設問7　1農業経営を第一とし、朝から晩まで勤勉に働き、生活も質素を旨として煙草や茶などの嗜好品もたしなまず、華美に流れない生活態度を持つ百姓像を描いている。

2農村の経済や百姓の生活水準の上昇にしたがって、奢侈や贅沢な暮らしを好む風潮が生じる一方、百姓一揆や村方騒動などを通じて生活保障を求める闘争を展開し、領主政治に影響を与える存在にもなりえてきた。

3領地や領民は将軍（幕府）から預かって支配しているものであり、領民は領主のものではなく国家に帰属すること、領主は国家のために存立している存在であり、領地における領主も当座の支配者という存在であるとしている。

設問8　1農民が年貢の負担者として農業生産に専従するよう土地緊縛と米の生産の障害になる作付けを禁じ、生活面においても質素を旨とし奢侈を禁じている。

2農村の人口が増加し、百姓の次・三男の分家・分地が繰り返されることになったが、そのことにより経営規模が零細化し、農家経営の維持や農業の再生産に支障をきたすようになってきていることが考えられる。

設問9　近世において家が社会の基本単位として成立し、男性の継承によって家が維持されるようになると、女性の社会的地位は相対的に低下し、夫や両親、家への従属が是として求められるようになったため。

第4節　文治政治の展開――250

設問10　大名の改易が多くの牢人を発生させ社会問題となっていたが、その改易の理由の多くが末期養子の禁に起因するものであったことから、牢人問題への対処として末期養子が認められるようになった。

設問11　末期養子の禁緩和など、従来の武断的政治を改め、戦国時代以来の武家の間で行われていた殉死を禁止し、儀礼や秩序を重んじる、文治主義的傾向の強い政治に移行するようになった。

設問12　長崎口での中国船・オランダ船との貿易において銀の海外流出を抑えるため、貿易船の年間隻数や貿易額、銀流出を制限する目的で発令された。

第5節　経済の発達――254

設問13　1新田開発により耕地面積が拡大していくと、従来の秣や刈敷などを得る採草地のみでは肥料の確保が困難となった。また貨幣経済が農村にも浸透していくと、肥料としてより効率的な金肥が盛んに投入されるようになった。

2木綿は生産過程から加工に至るまで様々な工程を要し、多くの賃仕事が発生する。また消費段階までの商いの過程においても多くの商人の手を経るため、農村部をはじめ地域経済の振興が図れるとしている。

設問14　❶以前は農村に銭が行きわたっておらず米麦で物品購入していたが、元禄期以降は農村部にも貨幣経済が一層浸透したと述べている。

❷農村での商品作物の生産、諸稼ぎの一般化による商品流通や貨幣経済の進展、金肥をはじめとした貨幣による購入機会の増加、元禄期の貨幣改鋳によるインフレ政策などによりもたらされた。

解説 農業生産の発展にともなう商品作物の増産は国内の諸産業や流通を充実させ、経済の発展につながった。農村部でも貨幣経済が浸透し諸物資を消費する生活が広がっていくと、生活の質の向上がみられる一方で貧富の差が広がり、やがて本百姓の階層分解につながっていくことに留意したい。

設問15　❶大坂は経済の中心であったため、全国の物資が集荷し、大消費地江戸をはじめとした各地にも回漕された。特に年貢米の換金や売買が行われ、相場取引も盛んであったことで大規模な商人も発生し台頭することになった。

❷全国的規模での経済発展と流通機構の整備により商品・物資が各地に及び、生活の向上や生活文化の変化、時代の担い手であった町人を中心に新たな社会意識が生成され、独自の文化を生み出す契機にもなった。

第6節　元禄文化——258

設問16　❶茶道や和歌・儒学など前代から続く分野で新たな担い手になったほか、俳諧・浮世草子などの文芸、歌舞伎や人形浄瑠璃といった演劇などの新分野や、絵画・陶芸・染色での展開において担い手となった。

❷歴史的事実を批判的に検討し捉えようとする合理主義的な姿勢や実証主義的な態度、時代の展開や変化を見出そうとする時代区分の考え方がみられる。

第8章　幕藩体制の動揺と文化の成熟

第1節　社会の変動——262

設問1　❶武士は藩から受け取る年貢を換金して日々の生活費用をまかなっていたが、年貢高は一定であるにもかかわらず、米価の低下や物価の高騰がやまなかったため、実質的に収入が減っていくことになったから。

❷貨幣経済の浸透と商品作物の生産の進展により、地主として富裕化する豪農が現れる一方、経営難に陥り小作化する貧農が増加し、農民の階層分化が進んだ。

❸武士も百姓も貨幣経済に巻き込まれる中で、藩の財政難、武士の困窮、農民の階層分化が進み、仁政を行う領主に対し年貢を納めるという領主・百姓の関係が揺らぎ、幕藩体制が動揺へと向かいはじめた。

解説 貨幣経済の進展の影響が武士・百姓双方にどのような影響を及ぼし、さらにそれがどのような相互作用をもたらしたのかを捉えることがポイント。十八世紀中頃に財政難に陥った幕府・藩はその補填を年貢などの百姓負担に頼らざるを得ず、百姓の領主に対する恩頼関係は大きく揺らぎ、百姓一揆などを頻発させる要因となった。一方貨幣経済の進展により階層分化が進んだ農村の中で富裕化した一部の豪農や特権商人は、藩との癒着を深め藩財政に寄与し、年貢負担増や生活苦にあえぐ一般百姓との溝はますます深まった。

第2節　享保の改革——265

設問2　❶まず支出を減らすため徹底的な倹約を行い、さらに収入を増やすために代官などの不正をただし、定免法により実質的な年貢増収を図るとともに、新田開発を促進した。

❷十七世紀後半の経済・生産・流通の発達の中で複雑化する訴訟に応える法典を整え、裁判の基準を明確にする必要が生じたから。

❸貨幣経済が進展し、本百姓経営に基礎を置く幕府・諸藩は財政難に陥る中で、将軍権力の強化と徹底的な倹約により幕藩体制の再建に一定の成果を得た。しかし物価高騰は解決せず、新田開発などによる年貢収入の増加は限界を迎え、以後は百姓一揆が頻発するようになった。

第3節　田沼政治——273

設問3　❶倹約や緊縮財政を基本とする前後の経済政策に比べ、民間の利潤を促進して好循環を生み出し幕府の経済的利益を追求する積極経済型の政策を行った。

❷一部の特権商人などに利をもたらす田沼政治は、賄賂や混乱を生じさせ政治の腐敗を生んだため、多くの人々の批判や反発を招いた。

第4節　一揆と打ちこわし——275

設問4　❶全般的に不作であった東北諸藩のうちでも、日頃から備蓄を行ったり飢饉に際し穀留めを実施したりした藩の被害が軽微だったのに対し、備蓄の少ない藩や、日頃から藩外へ米を売却して収益を得ていた藩は、領内の米が不足し被害が大きくなった。

2 打ちこわしに際して火の用心や盗みの禁止を呼びかけ私欲や暴力を禁じ、一揆に際しては年貢を律儀に納めていることを前面に出しつつ正統な訴えとして領主に願い出ている様子がうかがえる。

3 領主に年貢を納める義務を果たしている百姓に対し、領主はしかるべき政治を行うべきであるという領主・百姓の関係意識に基づき、暴力や略奪を自己規制して見せしめの行為を行ったり、訴願を行ったりすることによって自らの正当性を主張している。

第5節　寛政の改革——279

設問5　**1** 江戸に在住し消費者として生活した旗本や御家人は、俸禄を札差に換金してもらい生活しており、物価高と米価安の中で何年も先の俸禄を担保に札差に借金をし続ける生活に陥っていた。

2 幕府は幕藩体制下の身分秩序を正統化する学問として朱子学を重んじてきたが、江戸中期に様々な儒学の学派が発展し、その中から朱子学を批判する動きも生まれたため。

第6節　天保の改革——284

設問6　**1** 天保の飢饉で米価が高騰し都市や農村で餓死者も出る中、三都の大商人は大名と癒着しますます富裕化しており、この富裕と窮乏の格差がますます二極化しているという状況が生まれていた。

2 内憂とは、財政難や飢饉により幕府・藩の領地支配が揺らぎ、各地で百姓一揆が頻発している状況を指し、外患とは諸外国の船が日本近海に来航し、鎖国体制が危機に直面していることを指す。

3 農村ではますます階層分化が進み、生活苦に陥った貧農は離村して田畑の荒廃を招き、都市には貧農が流入して下層民が増大した。一方、富裕な商人や豪農は奢侈な生活を送り、物価高騰の一因となっていたため、幕府は厳しい生活規制を行った。

第7節　列強の接近——292

設問7　**1** 外国船の近海出没や各地における難破船の薪水要求が増加する中で、幕府は外交政策の基本である鎖国体制やキリスト教の禁教が侵される危険性を感じたから。

2 漂流船も含めむやみに外国船を打ち払うという幕府の強硬な姿勢は、相手国に対し無礼であるばかりか、無用な対外的危機を誘引することになりかねないと批判している。

第8節　江戸時代中・後期の文化と社会——295

設問8　**1**『古事記』や『日本書紀』といった神代上代の日本の古典を、「漢意」という中国風の解釈に陥ることなく日本古来の本来の意味で捉えなければならない。

2 天文や地理などの実学的な学問では西洋がはるかに精緻であり、日本は西洋に及ばないと述べている。

3 国学は原典を先入観を排して読み解くことを主張し、蘭学は実験や調査を踏まえて結論を導くことを求める。両者とも証拠に基づき実証的な研究を行うことを目指す点で共通している。

解説 日本古来の文献を追究する国学と、西洋の学問を取り入れる蘭学との間には一見共通性は見出しにくいように思われるが、両者ともに近世社会における実証的な学問的方法への関心の深まりが影響しているという点で十八世紀後半の社会を反映したものといえる。

設問9　**1** かなまじりの平易な文章で庶民に身近な通俗道徳をわかりやすく説き、商人という身分も武士や百姓とともに社会の中で不可欠な存在であると述べているから。

2 仁政に基づく幕藩体制下の支配関係が十八世紀以降に動揺する中、年貢を搾取する存在としての武士階層に対する疑念が生じていたという側面。

第4編　近現代

第9章　欧米文化の導入と明治維新

第1節　開国前夜――308

設問1　❶アヘン戦争により清がイギリスに敗れたことで、幕府は東アジアに進出しつつある欧米列国の軍事的優位を知り、むやみに外国船を砲撃して刺激するよりも穏便に薪水を与えて退去してもらう方が現実的であると考えたから。

❷清がイギリスに敗れた今、鎖国政策を貫くことは列国との争いを生む火種となり得る。近年日本近海に欧米列国の船が多く往来するようになってきているが、それらを拒絶するのではなく、交易を行う方がよいと述べている。

第2節　開国と幕府の滅亡――310

設問2　❶アメリカの対清貿易船や捕鯨船が太平洋を航行する際の日本への停泊と石炭・食料・水の提供、難破船の保護に加え、国交と貿易を求めた。

❷開港場として下田・箱館を指定し、下田にアメリカの官吏を常駐させることに加え、アメリカに対する最恵国待遇を求めた。

❸幕府とロシアの双方がカラフト（樺太）の領有を主張したことにより両国の交渉がまとまらず、明確な国境を定めることには困難が予想されたため、蝦夷地の領有を最優先した幕府は、これまで通りに両国の境界を定めないことによりロシアとの摩擦を軽減しようとした。

設問3　❶欧米の東アジア貿易の主導権争いの中で、インド洋経由で東南アジア～清国の制海権を握ったイギリスは日本も経済圏に組み込もうとした。一方西海岸の開発以降、アメリカは太平洋経由で日本・清国との航路・貿易路を切り開こうとした。

❷倒幕の密勅により朝敵として薩長による武力討幕をうける前に、自ら将軍職を朝廷に返上することにより薩長軍の大義名分を奪い、一大名として次の政権に加わる可能性を残そうとしたから。

第3節　明治維新と国家統一――322

設問4　❶天皇のもと幕府の廃絶を宣言し、新たな政権の体裁をいち早く整えることで、薩長中心の新政権発足の既成事実を作ろうとした。

❷「列侯会議」とは大名らの議論による政権運営を意味したため、徳川氏も含めた大名連合となる可能性を排除し、天皇中心の政治体制の構築を目指して「広ク」と変更した。

❸大政奉還後の情勢は、旧幕府方と薩長方のどちらが主導権を握るか予断を許さない状況であった。大政奉還により武力討幕の大義名分を奪われた薩長方は、天皇を中心に徳川氏を排除した新政権の樹立を急ぎ、対外的には天皇を君主とした近代的政権の発足をアピールした一方、国内的には、治安の維持のために旧来の支配を変えないことを強調した。

設問5　❶雄藩の藩主が率先して奉還したことで多くの藩が追従した。また当時多くの藩は財政難であり、奉還後も藩主の地位は保障されたから。

❷幕藩体制解体後も実質的に旧藩の支配が地方で継続し、権力基盤が安定しなかった。そこで政府は廃藩置県により中央集権国家としての体制を整え、財政も一元化により安定化させることを意図して廃藩置県を断行した。

❸アメリカにおける女性の社会的な地位や役割を知り、女子も男子と同様に、家庭を離れて学校で教育を受けることが近代国家の国民を育成する上で重要であることを認識し、その先駆けとして欧米に女子を留学させる必要があると考えたから。

第4節　富国強兵と国内体制の整備――331

設問6　❶幕藩体制下において百姓や町人には兵役の義務はなかったため、政府は「徴兵告諭」で近代国家における国民の義務としての兵役を説いたが、労働力を奪われることへの懸念や「血税」の語の誤解から反発を生んだ。

❷一家の主や長男が免除されたことから、家父長制的な家制度の維持が意図されていたことが読み取れる。また公官庁や軍所属、あるいは学生や医師など専門的知識を持つ者など国家に有為とみなされた知識階級は優遇された。

❸軍人の統率と忠誠を徹底する上で、忠節や礼儀といった儒教的徳目を用いて主君としての天皇に仕えることを強調している点は近世的である一方、中央集権国家の元首である天皇のもと軍人としての職務をまっとうし国家保護に努めるよう説いている点は、近代的軍人の心得を意識しているといえる。

設問7　❶身分制に基づき結婚や職業の自由が許されていない社会は

欧米から非文明的であるとみなされるおそれがあったから。
2 豊作・不作に左右される年貢とは異なり、あらかじめ設定された地価に基づいて地租を徴収したため、政府税収は安定した。また藩により様々であった税率も統一化された。
3 政府は欧米諸国に追いつくため国家主導での産業育成と文明化を推し進めたが、急激な近代化に人々はついていけず、模範工場への女工募集に対して応募する者は少なかった。

第5節　文明開化――340

設問8　**1** 神仏習合の考え方に基づき、仏教と日本の在来の神々を祀る神道を混交した信仰が定着し、神社の境内に神宮寺が建てられたり、八幡大菩薩のように神に仏号が付けられたりするなどしていた。
2 天賦人権思想をはじめ欧米の近代思想を啓蒙するために結成された明六社は、儒教道徳や神道思想を否定し、功利主義・自由主義思想を肯定して個人の内面の自由は政府や権力により介入することができないと主張している。
設問9　**1** 機会の平等を説くことで、身分制度のもとにあった人々も、誰しもが学ぶことにより個人としての立身出世の道を開きうるという点が封建的な身分制度の下にいた人々の価値観を揺るがせたから。
2 自由や平等といった近代的な思想や技術が流入することで封建的な価値観が否定される一方、義務教育など急激な国民形成の諸政策は、江戸時代以来の生活や価値観の変化を人々に強制する側面もあり拒否反応も生んだ。
設問10　**1** 学校で学ぶことで、身分にかかわらず生計を立てる術や立身出世の道が開かれ、国全体の教育水準が上がることで近代国家にふさわしい国民を育成しようとした。
2 文明化が急速に進んだのは東京や大阪などの大都市や横浜・神戸などの開港場が中心であり、地方の農村部の暮らしや文化は依然として近世の様相が継続していた。

第6節　明治初期の外交――346

設問11　**1** 世界中に航路を有する英国は、自国の工業を育成し、製品を各国に輸出することで世界の貿易の中心として巨富を得ている点。
2 朝鮮と宗属関係にある清国と対等であるとすることで朝鮮より上の立場をとり、朝鮮は自主の国であると確認することで清国から朝鮮を切り離そうとした。
3 北方はロシアとの紛争を回避し、北海道の開発を優先的に進めるために樺太をロシアに渡すことで明確な国境を定め、南方は日清両属の立場にあった琉球を自国領とするため、琉球に対しては軍事力で威圧し、清国に対しては外交を優位に進めた。
4 東アジアにおいて最も早く欧米化を推し進めている自負のもと、中華秩序を離脱し、清国や朝鮮に対して威圧的な外交姿勢をとり、帰属が曖昧な南北の境界地域を自国内に取り込もうとした。

第7節　自由民権運動――351

設問12　**1** 参議を辞めた板垣は、在野の士族の立場から、一部の雄藩出身者で占められている政府の有司専制を批判し、選挙により選ばれた議員による民撰議院の設立を主張している。
2 自由民権運動の拡大に対し、大久保利通は漸次立憲政体樹立の詔で民権運動に妥協の姿勢を示しつつ、木戸孝允・板垣退助を政府に復帰させ政権の基盤を強化した。一方で言論を弾圧する法令を定め、政府批判の言論を封殺し、民権運動に打撃を与えた。
3 ヨーロッパの自由や権利に関する思想を平易な口語体を用いてわかりやすく説明しており、当時、士族のみならず豪農・農民へと結社活動を通じて各地に民権運動が拡大していく中で、各地の民権運動家たちの入門書として広く受け入れられたから。
設問13　**1** 日本を連邦制国家とし各州の独立性を認めたほか、人民の抵抗権や革命権を認めていた点が画期的である。
2 士族中心であった民権運動が豪農へと広がり、各地に結社が作られるようになると、結社を中心に自由や平等といった思想が地域の豪農・農民の間で盛んに学ばれるようになり、独自の憲法草案が作られた。
設問14　**1** 開拓使官有物払下げ事件が起きた結果、藩閥政府に対する激しい批判が起きて自由民権運動が高揚したため、政府は国会開設を約束することで沈静化しようとした。
2 十年後の国会開設と立憲政体の樹立を見通し、政党を基盤とした国政への関与を目指している点は共通しているが、フランス流の一院制議会を想定する自由党が人民の自由や権利を第一に掲げているのに対し、イギリス流の二院制議会を想定する立憲改進党は王室と人民双方の幸福を掲げている。

設問15 ❶養蚕が盛んな地域であり物価下落の影響を受けやすかった秩父では、松方財政により地主や高利貸に対する負債を抱える農民が数多く出て不満が噴出したから。

❷甲申事変が失敗し、朝鮮における日本の勢力が後退したことで国益が損なわれると考えた自由党左派は、テロにより朝鮮を清国から独立させようと考えたから。

❸政変により十年後の国会開設が約束されたことで民権派は当初の目的を達し、自由党や立憲改進党といった政党が結成されるなど運動は最高潮を迎えた。しかし松方デフレの影響で運動を経済的に支えていた豪農が撤退し、自由・立憲改進両党の関係も悪化する中で、各地で激化事件が起きるなど運動は急進化していった。

解説国会開設運動としてスタートした民権運動は、明治十四年の政変を経てその当初の目的を達したことで、その後は民権派内の対立や激化、停滞といった方向へと進んだ。民権派をリードするはずだった自由党と立憲改進党は、板垣洋行問題などをきっかけに関係が悪化した。さらに自由党左派は朝鮮問題で国権的行動に出て大阪事件を起こした。そうした中、松方財政によるデフレの影響で、民権運動を経済的に支えてきた豪農たちが運動から手を引き、各地の負債農民による激化事件も起き、自由党は解党に至った。その後しばらく低調となった民権運動だが、国会開設を目前にして大同団結運動、三大事件建白運動を契機に再結集の動きをみせることになった。

第10章　近代国家の形成と資本主義の発展

第1節　立憲政治の成立——369

設問1 ❶政府はアイヌに対し、農耕民への転換、日本語の習得、入れ墨・耳輪といった固有の生活風俗の禁止など同化政策を進めた。

❷近代的法治主義を確立し条約改正を実現するために、欧米諸国にならった近代法（刑法・刑事訴訟法・民事訴訟法・民法・商法など）の編纂を進めたから。

第2節　条約改正——375

設問2 ❶井上馨の［一］に対しては、ボアソナードや谷干城からの反対意見が出され、欧化主義への批判も高まり失敗した。続いて外相に就いた大隈重信は自身に対する爆弾テロのため、青木周蔵は大津事件が起こったために失敗した。

❷日英和親条約・改税約書・日英修好通商条約に代わる条約である。「日本帝国裁判所ニ於テ之（＝裁判）ヲ執行スヘシ」と記されており、領事裁判権の消滅が明記されている。

❸国内では、対外硬派が改正に反対していたが、日清戦争がはじまると挙国一致の雰囲気の中、反対の声が小さくなった。一方、国外では、イギリスがロシアの南下政策に対抗する役割を日本に期待して改正に応じたが、榎本武揚は「意想外ノ結果」だったと指摘している。イギリスの態度の急変には、一八九一年にシベリア鉄道の起工式が行われたことが影響しており、榎本はシベリア鉄道が「英国ノ東洋ニ於ル特権ヲ剝奪スルノ利器」だと見ていた。

解説条約改正への歩みを史料上の言葉を意識しながらまとめるようにしたい。イギリスの態度の急変にはシベリア鉄道が影響しているが、「山県首相の演説」（→三八〇ページ）の別の箇所で、「西伯利鉄道は已に中央亜細亜に進みその数年を出でずして竣功する」、「西伯利鉄道完成の日は即ち朝鮮に多事なるの時なることを忘るべからず」と述べている。このようにシベリア鉄道が大きなポイントになっている。

第3節　初期議会と日清戦争——379

設問3 ❶黒田清隆は、政府は「超然トシテ政党ノ外ニ立」つべきであると考えていた。樺山資紀は、「今日国ノ此安寧ヲ保チ」、「安全ヲ保ッタ」のは薩長政府の努力であると述べ、藩閥政府を擁護した。

❷山県有朋は、「利益線」として朝鮮半島を想定し、シベリア鉄道の完成によるロシアの脅威を警戒して、朝鮮の「中立化」を構想した。福沢諭吉は、日本が西洋諸国と連携し、西洋諸国が朝鮮に接するのと同じように日本もすべきだと主張した。

設問4 ❶「清国ハ毎ニ自ラ朝鮮ヲ以テ属邦ト称シ、陰ニ陽ニ其ノ内政ニ干渉」しており、「朝鮮ヲシテ禍乱ヲ永遠ニ免レ、治安ヲ将来ニ保タシメ、以テ東洋全局ノ平和ヲ維持」するため。

❷総督は法律と同等の効力を持つ命令を発することができると規定された。ほかにも、軍隊の指揮権、行政・司法に及ぶ強大な権限を有した。

❸「朝鮮国」は清国の属国とされて

いたが、日清戦争後の下関条約によって「完全無欠ナル独立自主」の国であることが認められた。「奉天省南部ノ地」は、下関条約で日本に割譲することが定められた。しかし、ロシア・フランス・ドイツの三国が日本に対して遼東半島を放棄する勧告を出したため、遼東半島は清国に返還された。その後、遼東半島はロシアが租借した。「台湾」も、下関条約で日本に割譲されることになったが、台湾在住の中国人が台湾民主国の独立を宣言して、抗日抵抗運動を展開した。

第4節　帝国主義の成立と日露戦争　387

設問5　**1**治安警察法は保安条例と集会及政社法を前身としており、軍人・警察官・学校教員や生徒・女性・未成年者の政治結社加入の禁止規定（第一条）、警官による集会の解散権限（第八条）などが引き継がれた。

2三では、世論を指導してよく国政の進行に貢献させるために、政党を結成すると書かれている。一方、四では、憲政党が解党し、かつて自由民権運動を弾圧した伊藤博文と立憲政友会を結成したことに対し、自由党以来の栄光ある歴史が抹殺されたと批判している。

設問6　**1**日本が三国干渉の恨みで出兵しないと思われては禍根を残すので、義和団の鎮圧に貢献して列強の評価を得るため。

2第一条で清国における日英両国の権益と、韓国における日本の権益を承認し、第二条で日英両国の一方が第三国と開戦した場合、他方は中立を維持し、第三条で第三国が参加した場合、ほかの同盟国が参戦することなどが決められた。

設問7　**1**一では、戸水寛人ら七人の博士が開戦論を主張し、世論をあおった。一方、二では幸徳秋水らが創立した平民社で反戦が唱えられ、三では内村鑑三が非戦論を主張し、四では与謝野晶子が戦争を嫌悪する詩を発表した。

2一では、東京帝国大学を中心とする博士という立場に立って主張した。一方、二では平民主義・社会主義・平和主義を掲げる平民社員という立場、三ではキリスト教徒という立場、四では女性という立場から主張した。

3内村鑑三は日清戦争時、正義のための戦争は全体として過ぎ去ったとしながらも、日清戦争は正義のための戦争だとして支持していた。しかし、三では戦争での殺人を「大罪悪」と断じ、戦争廃止を訴えている。考え方が変化した理由は、「余が非戦論者となりし由来」（一九〇四年）に書かれている。これによると、戦争が有害無益だということを日清戦争が教えてくれたことや、アメリカの「The Springfield Republican」という平和主義の新聞を二十年間読み続けて感化されたことなどが記されている。

解説日露戦争では、開戦論だけでなく非戦論など様々な意見が出されており、一面的に捉えるのではなく、それぞれの立場を意識しながら多面的にまとめていきたい。また、内村鑑三は日清戦争と日露戦争で違った姿勢を取っているが、その理由を実教出版『詳述歴史総合』（二三五ページ）や、「余が非戦論者となりし由来」を読みながら考えたい。

設問8　**1**第一次日韓協約では日本が推薦する財政・外交顧問を韓国政府に置き、第二次では韓国の外交権を奪い統監府を設置し、第三次では韓国の内政を日本の管理下においた。韓国併合条約では韓国を日本の領土とし、統治機関として朝鮮総督府を設置した。

2山県首相の演説（→三八〇ページ）では、朝鮮などの「利益線ヲ保ツテ一国ノ独立ノ完全ヲナサン」と述べており、エリートたちは大日本帝国が劣位の後発型帝国であることを自覚し、その脆弱性を克服するために外部に露骨な領土拡張を行う必要があると考えたから。また、メディアの扇情により、国民も西欧のような「一等国」入りを悲願としたから。

3江戸時代の人々は、歴史的事実ではないが『日本書紀』に書かれている「神宮皇后の三韓征伐」を信じていた。また、豊臣秀吉の文禄・慶長の役（二二〇ページの三・四）に関しては、武力で朝鮮を圧倒したという思いが根強くあった。安政期になると欧米列強によるアジア侵略の恐怖が現れ、吉田松陰が朝鮮を侵略すべきだと述べるようになる。明治時代に入ると、西郷隆盛や板垣退助ら留守政府は、国内の緊張をそらすために征韓論を唱え、武力を行使しようとした。

解説江戸時代の為政者・知識人は、朝鮮を高度な儒教文化を体現する国であると尊敬する一方、日本型華夷意識を基盤にして、日本の「武威」に屈した柔弱な国であると認識していた。しかし、ペリー来航によって江戸時代人の「武威」への絶対的信仰は揺らぎ、「国威」の失墜をもたらした。日本の武力は欧米列強にはるかに劣っている現実の中、「武威」の鉾先は、柔弱とみなしてきた朝鮮に向かい、それが近代以降も続いた。

第5節　産業革命と社会の変化――404

設問9　【1】男性が多数を占めた炭鉱労働者は寄宿舎で共同生活し、人夫頭による虐待・長時間労働に苦しめられた。女工は夜業を含む長時間労働・低賃金・過酷な寄宿舎生活・虐待などの劣悪な環境に悩まされていた。

【2】資本主義の本格的な成立と、それによって生じる矛盾が明らかになった時代だからである。様々な社会問題が生じる中で、それらを解決する社会運動が日清戦争以降、工場労働者の労働運動を中心に本格的にはじまった。

【3】一九一一年に制定された工場法では、十二歳未満の就労禁止、女性・年少者の深夜業禁止、十二時間労働制などを規定した。しかし、適用対象を雇用者十五人以上の工場に限るなど、例外規定が多く、当時の国際水準からみても不十分な内容であった。一方、一九四七年に公布された労働基準法は、「労働者が人たるに値する生活を営むための必要を充たすべきものでなければならない」と記されており、八時間労働制などの労働条件の最低基準や女性・年少者の保護を規定した。

解説第二次世界大戦の前後で様々なものが変化した。代表的なものは、大日本帝国憲法と日本国憲法との違いであるが、ここでは労働者を保護する法律がどのように変わったのかを比較したい。

第6節　近代文化の展開――413

設問10　【1】【一】では、天皇への忠誠を誓い、国家の危機になれば国家に尽くし皇室を守る国民を求めた。【二】では、国民に勤勉と勤倹を求め、忠良な臣民たることを求めた。

【2】坪内逍遙は文学を道徳や政治から自立させ、芸術としての独自の価値を認める文学論を展開した。樋口一葉は市民的自由が制約されていた当時の状況の中で、個人の内面の自由を説いた。

第11章　大正デモクラシーと協調外交の展開

第1節　大正政変と第一次世界大戦――418

設問1　【1】❶では、桂太郎らが詔勅の乱発などで事態の収拾を図ろうとしていることを痛烈に批判している。一方、批判されている桂は元老の影響力から脱しようとしていた姿勢が❷から読み取れる。

【2】衆議院議員であった尾崎行雄は、立憲政友会を代表して質問を行い、政府を批判する意見を述べている。一方、総理大臣であった桂太郎は、元老の政治介入を牽制することができたという手柄を述べており、両者の立場が異なっているから。

設問2　【1】イギリスからドイツ武装商船の撃破を要請された日本は、海上のみを戦争区域とするイギリスの希望を拒否した上で、日英同盟を理由に参戦した。

【2】ドイツの戦力範囲であった中国山東省や赤道以北のドイツ領南洋諸島を攻撃して、支配下におさめた。中国に対しては、二十一か条の要求を突き付けた。アメリカとは、中国における利害調整を狙って協定を調印した。

第2節　民本主義の展開と社会運動の高揚――422

設問3　【1】女性が社会的差別について考え、自由解放を高らかに宣言し、被差別部落民が自覚と団結を主張して全人類の人間解放を求め、資本主義経済によって貧困者が生まれるなど、当時弱い立場にあった人々という点が共通している。

【2】第一次世界大戦の前後を通じて、日本でデモクラシーの思想が急速に広がり、社会的平等を求めて中・下層の人々が社会運動に立ち上がったから。

第3節　協調外交の展開――431

設問4　【1】日本は軍隊を動員し、村民を教会堂に集めて一斉射撃の上に放火した提岩里事件にみられるように、徹底した弾圧を行った。

【2】石橋湛山は、日本が率先して植民地を放棄すれば、世界で道徳的な優位性を得ることができ、国際関係の主導権を握ることができると主張している。

設問5　【1】❸では各国主力艦の保有トン数比率の制限が行われ、❹・❺では太平洋地域と中国に新たな国際秩序を樹立させ、❼では国策の一つとしての戦争を肯定してきた考え方を大きく改めるなど、戦争を抑止する方向が取り決められている。

【2】第一次世界大戦の未曽有の惨禍を目の当たりにして、二度と世界戦争の惨禍を繰り返さないために、世界平和の枠組み作りが目指されたから。

3 第11章第1節では、各国は保護貿易体制をとり国内市場を守るとともに、世界市場や植民地の獲得をめぐる対立を深めるようになり、これが第一次世界大戦につながっていった。一方、大戦後は、戦争の反省から国際連盟が成立し、軍備の縮小が国際連盟の課題とされたが、各国の利害が対立して、なかなかはかどらなかった。東アジアではアメリカ合衆国が中心となり、日本の進出をおさえ、各国の利害を調整するとともに、高揚する民族運動に共同で対処しようとする国際システムが作られた。

解説 第一次世界大戦はその後の世界を大きく変えていった。大戦前後で、どのような変化があったのかをまとめたい。第一次世界大戦後に西ヨーロッパ中心の時代が終わり、国際政治の中心は、次第にアメリカや新興のソ連に移っていった。

第4節　政党政治の展開——437

設問6　**1** 原敬内閣は民衆によって既存の政治体制が劇的に転換されることを危惧して、選挙の納税資格を三円に引き下げることにとどめた。一方、普通選挙法は納税額を問わず、二十五歳以上の男性に選挙権が認められた。

2 普通選挙法の施行が共産主義者や無政府主義者の台頭につながることを恐れて治安維持法を、共産主義者、無政府主義者を主たる取り締まり対象とした。同法は、のちに自由主義者や反戦思想の持ち主などの取り締まりにも利用された。

3 世界では、一八九三年のニュージーランドを皮切りに、婦人参政権を勝ち取っていった。特に、第一次世界大戦後には、戦争への女性の協力を背景に、次々と女性が選挙権を得ていった。一方、日本では、一九二二年に治安警察法の一部が修正されたが、これは女性の政談集会への参加が可能になるなどにとどまり、選挙権は第二次世界大戦後まで獲得することができなかった。

解説 第一次世界大戦はその後の社会を大きく変えていった。世界各国は、戦争前に政府と対立関係にあった労働組合や社会主義政党との協力が進み、様々な社会福祉政策の拡大もみられた。また、男性が徴兵された後の労働力不足を補うために、多くの女性が職場に進出した。たとえば、イギリスでは一九一八年に女性に参政権が認められた。

第5節　経済恐慌と外交政策の転換——442

設問7　**1** 金融恐慌は、片岡直温蔵相の失言から「とりつけ騒ぎ」が起こり、恐慌となった。昭和恐慌は、金解禁後に世界恐慌が相まって、景気対策を優先しなくてはならないときに、財政緊縮政策をとってしまったため、日本経済は大打撃を受け、深刻な恐慌に陥った。

2 金融恐慌では、モラトリアムを発令し、日銀の非常貸出で事態の収拾を図った。昭和恐慌では、金輸出を再禁止し、管理通貨制度に移行した。また、それまでの緊縮財政を転換して、恐慌対策と軍事費の増大を盛り込んで予算を拡大する政策をとった。

3 各国は輸出を奨励し、また勢力下にある諸国を経済ブロックに囲い込み、その域外からの輸入に高関税をかけて、この危機を打開しようとした。特に、アメリカ合衆国では、ニューディールと呼ばれる大規模な対策を推進した。しかし、経済基盤が弱いドイツやイタリア、日本などでは、危機はいっそう深刻なものとなった。これらの諸国は、この危機を軍需産業の振興や対外侵略、国内統制の強化などによって切り抜けようとした。

設問8　**1** 対中国積極政策を掲げて成立した田中内閣は、北伐軍からの在留日本人の保護を理由にして、山東出兵を断行した。一方、無産政党は山東出兵の本質を中国革命への干渉と看破し、中国の労働者農民との連帯を目指すことを呼びかけた。

2 田中首相は、張作霖爆殺事件の真相の公表と関係者の厳重処分を行う旨を天皇に上奏したが、のちにこれを撤回したため昭和天皇の叱責を受けて総辞職した。浜口首相は、反対を押し切ってロンドン海軍軍縮条約を批准したため、右翼活動家に狙撃されて重傷を負い、辞職した。

3 世界恐慌によって、各国で経済ナショナリズムが強まり、第一次世界大戦後の国際協調の機運は消え去った。自国の利害のためには他国をかえりみない自国中心主義の風潮の中で、国際対立は激化していった。日本では幣原外交に対して「軟弱外交」という批判が浴びせられ、田中義一首相による積極外交へと転換した。ただし、日本が市場の多くを依存する英米に対しては協調の維持を図った。

解説 世界恐慌による打撃で、多くの国で中産階級が没落し、労働者の労働条件が悪化して、政治状況がきわめて不安定となった。これはファシズム勢力の台頭を招く要因となった。

第12章　十五年戦争と日本

第1節　満洲事変と「満洲国」の成立――448

設問1　関東軍は自ら柳条湖付近で満鉄線路を爆破すると、これを中国軍による日本軍への攻撃だと偽って出動し、満洲事変を引き起こした。

設問2　❶当時の新聞は柳条湖事件を中国軍の計画的行動と報じ、政府も満洲事変は中国軍に対する自衛権の発動だと主張した。また満洲国についても、政府は現地住民の意思に基づいて成立したと主張した。

❷中国では、張学良が満洲での国権回復を目指し、満鉄並行線計画などで日本の権益を揺るがせはじめていた。これに対して、日本国内では「満蒙の危機」が叫ばれ、強硬論が高まった。国民の大多数も、日本の「生命線」とされた満洲の確保は当然であると信じ、日本軍を激励するとともに、中国・国際連盟への敵意を募らせていたから。

解説満洲事変や国際連盟からの脱退を多くの国民が支持した背景には、長引く恐慌に対して有効な対策を実施できない政党内閣に不満が高まる一方、満洲事変によって軍需産業が伸張し、短期的には景気が好転したことがある。また新聞やラジオなどのメディアも、満洲事変を機に読者数・聴取者数を急激に伸ばしていた。各社は現地に特派員を派遣して情報を収集し、日本軍が勝利すれば号外を発行してこれを報じた。新聞・ラジオによる戦争報道は過熱化していき、その大半は戦意高揚を図るものであった。こうして政党内閣に対する不満と新聞・ラジオによる戦争報道が合わさり、軍部を支持する強力な世論が形成された。

第2節　「国家改造」とテロリズム――452

設問3　❶軍縮政策としてのロンドン海軍軍縮条約をめぐる統帥権干犯問題や、昭和恐慌による東北農村部の疲弊、さらには満洲事変を契機とする対米・対ソ関係の悪化を挙げている。

❷皇道派青年将校たちは、北一輝の唱える天皇大権による国家改造を目指したが、昭和天皇自身が反乱部隊の鎮圧を強く催促したため、失敗に終わった。

❸政党内閣が昭和恐慌に対して有効な経済政策を打ちだせずにいる中、ドル買い事件が起こり、民衆の政党や財閥に対する憤りが強まっていた。こうした風潮の中で、急進派将校や右翼などが、元老・政党・財閥などを武力で打倒し、軍部独裁政権を樹立して「国家改造」を行い、内外の危機を打開しようとする動きが強まっていたから。

第3節　思想統制の強化――456

設問4　教授の進退については教授会の同意を得ることが制度上必要だったにもかかわらず、滝川幸辰教授の休職が一方的に決定され、大学における研究の自由を侵害したこと。

設問5　❶美濃部達吉は、統治の権利主体は「国家」にあり、天皇はその最高執行者として位置づけていたが、政府は国体明徴声明にて、統治権の主体は「天皇」そのものにあるとした。

❷一九二〇年代に発展した思想・文化の自由主義的・民主主義的言論は、軍国主義の進展のもとで排斥と抑圧をこうむって退潮し、かわってドイツのナチ党をモデルにした全体主義や極端な国家主義が台頭した。また文部省が『国体の本義』を作成して国体の尊厳を説くなど、政府による思想統制も進められた。

第4節　日中全面戦争――458

設問6　❶中国国内における日本人の居住・営業の自由を認めることや、中国北部及び内蒙古地域における資源の開発・利用について、日本に積極的な便宜を与えること。

❷日本軍が市民・捕虜の殺害、残虐行為に至った背景には、この方針による食糧難が影響していた。こうした不法行為は、中国人の反日意識を高め、抵抗をより激しくさせることになった。

❸都市人口は増加する一方で、労働力を供給し戦場に多くの兵士を送り出した農村では労働力不足が深刻になった。また農業生産力が低下したことに加えて、船舶やその燃料は軍用が優先されたため、輸送にも影響が出て、食糧不足が問題となった。一九四〇年には米の供出制がはじまり、砂糖・マッチの切符制も導入されるなど、「贅沢は敵だ」というスローガンのもとで消費の抑制と貯蓄が強要された。

第5節　国家総動員体制と枢軸外交――463

設問7　❶日本はソ連を含む四国協商を形成して米英を牽制することを目的としていたのに対して、ソ連はドイツの侵攻に備えることを目的にしていたから。

❷③では、ドイツがソ連と開戦した場合は、日本はソ連の負担を軽減する行動を控えることを定めたのに対し、④では、第三国の攻撃に対して相互に援助することを誓約した。

❸日中戦争のさなか、近衛文麿内閣は第二次近衛声明にて「東亜新秩序」の建設を宣言し、ひそかに和平工作を進めていた国民党副総裁の汪兆銘を重慶から脱出させ、南京に国民政府を樹立させた。ヨーロッパではドイツがヴェルサイユ体制を打破して新秩序を打ち立てるため、一九三八年にオーストリアを併合し、さらにチェコスロヴァキアへの侵略に乗り出すなど、侵略政策を本格的に開始した。

第6節　アジア・太平洋戦争――468

設問8　明治・大正期の宣戦の詔書には国際法の遵守が記載されていたが、③ではこの点に一切触れていない。その背景には、欧米列強が形づくってきた近代の国際秩序そのものを破砕する意図がこの戦争にあったと考えられる。

設問9　❶南方の占領地では、石油・ゴム・錫などの資源獲得と作戦軍の自活が優先され、現地住民の負担は看過された。朝鮮半島では、多くの労働者が動員され、過酷な肉体労働の中で、負傷・死亡する者も少なくなかった。

❷戦争の拡大にともなって軍事動員が激増したことや、軍需産業が大拡張されたことで、国内の労働力が著しく不足するようになった。そのため、政府が一九四三年には十四歳以上二十五歳未満の女性を自主的に女子挺身隊に組織させて勤労奉仕へ動員したり、翌年には十二歳から四十歳の女性を強制的に工場などに動員したりするようになったから。

第7節　敗戦――475

設問10　❶日本本土への空襲が本格化し、配給などの食糧事情が悪化すると、日本の敗戦を確信する者の割合が増えた。最終的には日本の敗戦を確信した者の半数以上が、そのおもな理由として空襲の打撃を挙げた。

❷④では米・英・中の三国が「領土拡張」の意図を否定していたが、⑤の秘密協定では、ソ連の対日参戦の条件として、千島列島の「引渡」が明記されていた。

❸連合国の占領方針は、事実上アメリカの意向によって決定されたが、その占領目的は日本が再び世界平和の脅威とならないことなどとされ、その具体化の方法として非軍事化と民主化が掲げられた。また占領開始直後から、多くの戦前・戦中の指導者を逮捕し、一九四六年五月には極東国際軍事裁判を開廷するなど、開戦に至るまでの責任や軍の行為を統制する責任を追及した。

第13章　戦後の日本と世界

第1節　戦後改革――482

設問1　❶当時、国内外で昭和天皇の戦争責任を問う声が高まっていたが、GHQは天皇を裁判にかけることで日本社会に混乱が広がることを懸念し、また、天皇の存在を占領統治に利用することを狙って、戦犯容疑をかけなかった。

❷財閥の支配により、労使関係が固定化され、軍閥に対抗し得る勢力となるはずだった中産階級の成長が妨げられたり、国内市場が狭まったことで、企業の国外市場への進出に拍車をかけたりしたため。

❸日本国憲法にて「両性の平等」が規定されたことにより、その後、民法も改正された。戦前は家長である戸主が大きな権限を握る一方で、女性は男性と対等な権利が認められておらず、その地位も従属的なものだったが、民法改正後は戸主権が廃止されるなど家父長制的な家制度は解体され、男女同権・夫婦中心の家制度となった。

第2節　冷戦と占領政策の転換――492

設問2　❶日本の経済復興のために、過度の産業集中排除を緩和することや、日本の戦争経済に関与して公職追放を受けた実業指導者の復帰を求めた。

解説 冷戦による東西対立が深まる中、GHQの占領方針も「経済再建」を優先する方針に転換した。当時は過度経済力集中排除法の制定により、巨大独占企業として三二五社が指定されていたが、この方針転換を受け、実際に分割されたのは十一社に留まり、財閥系銀行も対象外となった。これは二度の改革で民主化が徹底された農地改革とは対照的であった。ただ、農地改革の結果、農家の大半が一町歩未満の零細な自作農となり、高度経済成長期には第二次産業・第三次産業との格差が広がる要因となったのに対して、このときに分割を免れた財閥系銀行は、のちに企業集団を組織し、高度経済成長の原動力となった。

❷当時の日本経済はアメリカからの援助と政府からの補助金に依存していたため、インフレが加速しており、財政緊縮による経済の安定化が必要だと考えられていたから。

❸一九四八年に朝鮮半島では、南にアメリカが支援する李承晩を大統領とする大韓民国と、北にソ連が支援する金日成を首席とする朝鮮民主主義人民共和国が成立した。また一九五〇年には、北朝鮮の韓国への侵攻により朝鮮戦争がはじまり、アメリカ主導の下で国連軍が組織される一方で、中国の人民義勇軍がこれに対抗したため、米中対立が深まった。

第3節　「主権回復」と日米安保体制の確立——498

設問3　❶新たに米軍の日本防衛義務を明記する一方で、日本にも軍事力増強が義務づけられ、米国の経済政策に沿うことも求められた。また条約の廃棄に関する手続きも定められた。

❷従来は米兵とその家族には治外法権を認めていたが、改定後は、施設、区域外の犯罪は公務を除いて日本が裁判権を持つこととされた。一方で、施設内の刑事裁判権は日本側がこれを放棄している。

設問4　❶東南アジア諸国への賠償はインフラの整備といった役務の提供や生産物の提供が中心となったため、以後、日本の企業や商品が東南アジアに経済的に進出する際の基礎となった。

❷◆2では、冷戦の対立が激化する中で日本がアメリカ陣営として独立することに対して、また◆3では、アメリカとの関係をさらに強化して軍拡を行うことで、アメリカの世界戦略に組み込まれ、戦争に巻き込まれるという危機感を募らせている。

第4節　高度経済成長と政治・外交の展開——507

設問5　❶農業と他産業の経済的・社会的地位の均衡化を目的として農業基本法が、大企業と中小企業の格差是正を目的として中小企業基本法が、工業の地方分散を目的として新産業都市建設促進法がそれぞれ制定された。

❷韓国併合条約をはじめとする旧条約・協定について、韓国側は締結当時から無効であることを主張したのに対して、日本側は、締結当時は有効であったとして意見が対立したため。

❸当時、公害など地域の具体的課題を通して、憲法が定める人権の意味が問われるようになり、地方首長選挙では都市問題や福祉・保育問題などの課題が争点となった。一九六七年には美濃部亮吉が東京都知事に当選するなど、社会党や共産党といった革新政党のいずれか、もしくは両方が支援する革新首長が、一九七〇年半ばにかけて大都市を含めて、各地で登場した。

解説公害対策基本法が制定されたのは「いざなぎ景気」の頃で、世界第二位の国民総生産額を達成する一方、高度経済成長の「歪み」も顕在化した。農村部では過疎化が進行し、一九七〇年には就業人口における農業人口の比率が二割を割り込み、第二種兼業農家（農外収入を主とする兼業農家）が農家総数の五〇％に達した。また都市部では過密化により、住宅不足や交通渋滞などの都市問題が深刻化し、交通事故による死者も毎年約一万人にのぼった。公害対策基本法の制定や革新首長（自治体）が登場した背景には、経済成長を優先する政府に対する世論の批判があった。

第5節　日本の経済大国化と国際社会——512

設問6　❶募集や採用、配置、昇進などで女性差別をしないように事業主へ努力義務を課したほか、福利厚生や定年、退職などでの女性差別を禁止した。

❷従来はソ連を中心とする東側諸国への対抗を念頭に置いていたが、やがて日本により重い防衛分担が求められるようになり、日本に対する武力攻撃だけでなく周辺事態に対しても日米防衛協力が進められるようになった。

❸日韓基本条約が締結された背景には、アメリカがベトナム戦争への介入を本格化させたことや中国の動向もあり、自陣営の結束を固めたいというアメリカの意向があった。また沖縄返還協定が調印された背景には、ベトナム戦争により沖縄の米軍基地利用が活発となり、爆撃機の墜落などの基地被害が続発したことにより、沖縄県内で祖国復帰運動が高揚し、基地への批判が強まったことがあった。

設問7　❶雇用形態を「長期蓄積能力活用型グループ」「高度専門能力活用型グループ」「雇用柔軟型グループ」の三つの型に分けるとともに、年功序列的な賃金制度を能力・業績に応じた制度へと変更すること。

❷バブル経済の崩壊後、中国を筆頭に急成長するアジアなどの海外に生産拠点を移す日本企業が増加し、工場等が転出することによる地域産業の空洞化への懸念が高まった。また多国籍企業による国境をこえた合併・買収が急増し、終身雇用・年功序列といった日本型雇用を組み込んできた企業でも、リストラの名での人員削減や能力給の導入が進み、働き方の不安定さが拡大した。

設問8　❶京都議定書は、日本を含む先進国と旧ソ連・東欧諸国が参加するにとどまったが、パリ協定では発展途上国を含む二〇〇か国近い国が参加した。

解説 パリ協定が画期的だったのは、発展途上国を含む二〇〇か国近い国に、温室効果ガスの排出削減行動をとることを義務づけた点にある。その背景には、従来の先進国と発展途上国の対立という構図の一部が崩れ、温暖化対策に積極的なヨーロッパ連合（EU）と発展途上国の中でも温暖化の被害を受けやすいカリブの島国連合やアフリカ諸国が手を組み、温暖化対策に消極的な姿勢を見せていた国に圧力をかけたことがある。ただし、温室効果ガスの排出削減行動に関する詳細なルール作りは、その後の交渉に委ねられるなど、世界一丸となって温暖化対策にのぞむにはまだ多くの課題が残されていることも忘れてはならない。

❷テロ対策特別措置法やイラク復興支援特別措置法の制定により、戦争中ないし武力衝突がなおも継続している地域への自衛隊の派遣が可能となった。また安全保障関連法の成立によって、日本と密接な関係にある他国への武力攻撃に対して武力行使することが可能となり、自衛隊の役割がさらに拡張された。

年号表

飛鳥時代

大《たい》化《か》 645〜650
白《はく》雉《ち》 650〜654
朱《しゅ》鳥《ちょう》 686
大《たい》宝《ほう》 701〜704
慶《けい》雲《うん》 704〜708

奈良時代

和《わ》銅《どう》 708〜715
霊《れい》亀《き》 715〜717
養《よう》老《ろう》 717〜724
神亀《き》 724〜729
天平《びょう》 729〜749
天《てん》平《びょう》感《かん》宝《ぽう》 749
天《てん》平《びょう》勝《しょう》宝《ほう》 749〜757
天平宝《ほう》字《じ》 757〜765
天《てん》平《びょう》神《じん》護《ご》 765〜767
神《じん》護《ご》景《けい》雲《うん》 767〜770
宝《ほう》亀《き》 770〜780
天応《のう》 781〜782

平安時代

暦《りゃく》 782〜806
同《どう》 806〜810
仁《にん》 810〜824
長《ちょう》 824〜834
和《わ》 834〜848
祥《しょう》 848〜851
寿《じゅ》 851〜854
衡《こう》 854〜857
安《あん》 857〜859
観《がん》 859〜877
慶《ぎょう》 877〜885
仁《にん》和《な》 885〜 889
寛《かん》平《びょう》 889〜 898
昌《しょう》泰《たい》 898〜 901
延《えん》喜《ぎ》 901〜 923
延《えん》長《ちょう》 923〜 931
承《じょう》平《へい》 931〜 938
天《てん》慶《ぎょう》 938〜 947
天《てん》暦《りゃく》 947〜 957
天《てん》徳《とく》 957〜 961
応《おう》和《わ》 961〜 964
康《こう》保《ほう》 964〜 968
安《あん》和《な》 968〜 970
天《てん》禄《ろく》 970〜 973
天《てん》延《えん》 973〜 976
貞《じょう》元《げん》 976〜 978
天《てん》元《げん》 978〜 983
永《えい》観《かん》 983〜 985
寛《かん》和《な》 985〜 987
永《えい》延《えん》 987〜 989
永《えい》祚《そ》 989〜 990
正《しょう》暦《りゃく》 990〜 995
長《ちょう》徳《とく》 995〜 999
長《ちょう》保《ほう(ほ)》 999〜1004
寛《かん》弘《こう》 1004〜1012
長《ちょう》和《わ》 1012〜1017
寛《かん》仁《にん》 1017〜1021
治《じ》安《あん》 1021〜1024
万《まん》寿《じゅ》 1024〜1028
長《ちょう》元《げん》 1028〜1037
長《ちょう》暦《りゃく》 1037〜1040
長《ちょう》久《きゅう》 1040〜1044
寛《かん》徳《とく》 1044〜1046
永《えい》承《しょう》 1046〜1053
天《てん》喜《ぎ》 1053〜1058
康《こう》平《へい》 1058〜1065
治《じ》暦《りゃく》 1065〜1069
延《えん》久《きゅう》 1069〜1074
承《じょう》保《ほう》 1074〜1077
承《じょう》暦《りゃく》 1077〜1081
永《えい》保《ほう(ほ)》 1081〜1084
応《おう》徳《とく》 1084〜1087
寛《かん》治《じ》 1087〜1094
嘉《か》保《ほう》 1094〜1096
永《えい》長《ちょう》 1096〜1097
承《じょう》徳《とく》 1097〜1099
康《こう》和《わ》 1099〜1104
長《ちょう》治《じ》 1104〜1106
嘉《か》承《じょう》 1106〜1108
天《てん》仁《にん》 1108〜1110
天《てん》永《えい》 1110〜1113
永《えい》久《きゅう》 1113〜1118
元《げん》永《えい》 1118〜1120
保《ほう》安《あん》 1120〜1124
天《てん》治《じ》 1124〜1126
大《だい》治《じ》 1126〜1131
天《てん》承《しょう》 1131〜1132
長《ちょう》承《しょう》 1132〜1135
保《ほう》延《えん》 1135〜1141
永《えい》治《じ》 1141〜1142
康《こう》治《じ》 1142〜1144
天《てん》養《よう》 1144〜1145
久《きゅう》安《あん》 1145〜1151
仁《にん》平《ぴょう》 1151〜1154
久《きゅう》寿《じゅ》 1154〜1156
保《ほう》元《げん》 1156〜1159
平《へい》治《じ》 1159〜1160
永《えい》暦《りゃく》 1160〜1161
応《おう》保《ほう(ほ)》 1161〜1163
長《ちょう》寛《かん》 1163〜1165
永《えい》万《まん》 1165〜1166
仁《にん》安《あん》 1166〜1169
嘉《か》応《おう》 1169〜1171
承《じょう》安《あん》 1171〜1175
安《あん》元《げん》 1175〜1177
治《じ》承《しょう》 1177〜1181
養《よう》和《わ》 1181〜1182
寿《じゅ》永《えい》 1182〜1184 (1185
元《げん》暦《りゃく》 1184〜1185
文《ぶん》治《じ》 1185〜1190

鎌倉時代

建《けん》久《きゅう》 1190〜1199
正《しょう》治《じ》 1199〜1201
建《けん》仁《にん》 1201〜1204
元《げん》久《きゅう》 1204〜1206
建《けん》永《えい》 1206〜1207
承《じょう》元《げん》 1207〜1211
建《けん》暦《りゃく》 1211〜1213
建《けん》保《ぽう(ぽ)》 1213〜1219
承《じょう》久《きゅう》 1219〜1222
貞《じょう》応《おう》 1222〜1224
元《げん》仁《にん》 1224〜1225
嘉《か》禄《ろく》 1225〜1227
安《あん》貞《てい》 1227〜1229
寛《かん》喜《ぎ》 1229〜123
貞《じょう》永《えい》 1232〜123
天《てん》福《ぷく》 1233〜123
文《ぶん》暦《りゃく》 1234〜123
嘉《か》禎《てい》 1235〜123
暦《りゃく》仁《にん》 1238〜123
延《えん》応《のう》 1239〜124
仁《にん》治《じ》 1240〜124